Geschichte der Stadt Kempten

GESCHICHTE DER STADT KEMPTEN

Im Auftrag der
Stadt Kempten (Allgäu)

Herausgegeben von
Volker Dotterweich, Karl Filser,
Pankraz Fried, Gunther Gottlieb,
Wolfgang Haberl und Gerhard Weber

Verlag Tobias Dannheimer Kempten 1989

CIP-Kurztitelaufnahme der Deutschen Bibliothek

Geschichte der Stadt Kempten / hrsg. von Volker Dotterweich
...Im Auftr. d. Stadt Kempten. – Kempten : Dannheimer, 1989
ISBN 3-88881-011-6
NE: Dotterweich, Volker [Hrsg.]

Schutzumschlag unter Verwendung einer Lithographie von Gustav Wilhelm Kraus, nach einer Zeichnung von Heinrich Adam. Kempten von
Norden, um 1850. Vorsatzpapier unter Verwendung eines Kupferstiches
von Gabriel Bodenehr, nach einer Zeichnung von Franz Josef Thanner,
Grundriß der beiden Kempten, 1737

© Verlag Tobias Dannheimer GmbH, Kempten 1989
Alle Rechte vorbehalten
Lithographie: Reprotechnik Kempten
Gestaltung, Satz, Druck und Bindung: Kösel, Kempten
ISBN 3-88881-011-6

Geleitwort

Mit großer Freude übergeben wir das von einem Autorenteam erarbeitete Buch »Geschichte der Stadt Kempten« der Öffentlichkeit. Es berichtet vom Werden unserer Stadt von ihren Anfängen bis in die jüngste Gegenwart, von ihrer Geschichte, die durch Höhen und Tiefen geführt hat und aus der einstigen Stadt der Gegensätze das homogene Stadtgebilde von heute werden ließ.

Es gibt eine Reihe von historischen Publikationen über Kempten, die zumeist längst vergriffen sind oder aber nur Teile der Stadtgeschichte behandeln. So schrieb Joseph Rottenkolber 1932 allein über das Fürststift Kempten, 1935 über die Geschichte der Stadt im 19. Jahrhundert. 1954 faßte er seine Forschungen in dem Abriß »Aus Kemptens vergangenen Tagen« zusammen. Das letzte Werk, das die Geschichte der Reichsstadt *und* des Fürststifts Kempten gleichermaßen behandelt, hat Johann Baptist Haggenmüller 1840 und 1847 in zwei Bänden herausgebracht. Seither sind 150 Jahre vergangen.

So bestand seit langem der Wunsch nach einer Gesamtdarstellung der Kemptener Stadtgeschichte – dies um so mehr, als die Gebietsreform im Jahre 1972 mit der Eingliederung der Gemeinden Sankt Mang und Sankt Lorenz eine neue Ära eingeleitet hat. Die Einwohnerzahl stieg um etwa 12 000. Die Flächenvergrößerung von 23,36 auf 63,27 Quadratkilometer bedeutete den größten Flächengewinn in der Geschichte Kemptens und brachte der zuvor eingeengten Stadt Entwicklungsraum im Westen, Osten und Norden.

Anfang 1979 begann ich die Herausgabe eines Kemptener Geschichtsbuches vorzubereiten. Gemeinsam mit dem Lehrstuhl für Bayerische und Schwäbische Landesgeschichte an der Universität Augsburg konnte in den Jahren seit 1982 ein Autoren- und Herausgeberteam gewonnen werden. Das Werk sollte den derzeitigen Forschungsstand wiedergeben, aber auch für einen größeren Leserkreis verständlich geschrieben sein. Neben den historisch-politischen waren auch die wesentlichen sozialen, wirtschaftlichen und kulturellen Aspekte der Stadtgeschichte zu berücksichtigen. Einzelne Lücken in der Geschichte unserer Stadt konnten überhaupt erst durch neue Forschungen in Archiven und Bibliotheken geschlossen werden. Bei alledem sollte das Buch zu einem tragbaren Preis erscheinen. Denn wir wollen es in vielen Händen wissen. Als Erscheinungsjahr haben wir 1989 gewählt: Vor 700 Jahren, am 17. Juni 1289, gewährte König Rudolf I., ein Habsburger, den Bürgern der Stadt Kempten einen Freiheitsbrief – er war der erste Schritt zur künftigen Reichsunmittelbarkeit.

So hoffe ich, daß das vorliegende Werk in Wissenschaft und Unterricht Verwendung und darüber hinaus das Interesse aller geschichtsbewußten und heimatverbundenen Bürger und Bürgerinnen finden wird.

Ich danke dem Stadtrat, der die Herausgabe des Buches aufgeschlossen mitgetragen hat, und dem Autorenteam, stellvertretend Herrn Professor Dr. Pankraz Fried.

Die Bewahrung des geschichtlichen Erbes unserer Stadt muß uns allen am Herzen liegen. Möge dieses Buch dazu beitragen, das Werden der Stadt zu verstehen und unseren Standort heute und in der Zukunft zu finden.

Kempten (Allgäu), im Juni 1989   Dr. Josef Höß
                                                  Oberbürgermeister

Vorwort

Stadtgeschichte bedeutet in Schwaben nicht selten eine nahezu zweitausendjährige Vergangenheit. Zahlreiche süddeutsche Siedlungsplätze haben ihre Anfänge in der Römerzeit und blicken auf zwar wechselvolle, aber durch Kontinuität ausgezeichnete Epochen zurück. Unbeschadet aller Individualität teilen Städte und Gemeinden dabei ihr Schicksal mit dem ganzer Regionen und geographischer Großräume, insbesondere im historisch bedingten Wandel, Niedergang oder Aufschwung.

Die zweitausendjährige Geschichte Kemptens würde allein schon die Herausgabe einer aus den Quellen neuerarbeiteten Stadtgeschichte rechtfertigen. Nun kommt im Jahre 1989 ein besonderer Anlaß hinzu: die 700. Wiederkehr der Verleihung eines ersten königlichen Schutzprivilegs durch Rudolf von Habsburg.

Das antike Kempten, das römische Cambodunum, bestand schon am Ende des ersten Jahrhunderts nach Christus aus stattlichen Steinbauten. Ihr Grundplan gehört heute zu den am besten bekannten Grundrissen römischer Städte nördlich der Alpen. Für die provinzialrömische Archäologie ist es eine stetige Herausforderung, gerade an diesem Ort weiter zu forschen, auch im Hinblick auf noch ungelöste Fragen zur Geschichte der römischen Nordprovinzen.

In Mittelalter und früher Neuzeit gewann Kempten durch seine »Doppelgesichtigkeit« als Reichsstadt und Stift eine unverwechselbare Eigenart. Von der Ausbildung der Reichsfreiheit bis zur Säkularisation im Jahre 1803 bestanden Stadt und Stift als selbständige politische Einheiten konkurrierend nebeneinander. Vorhandene Gegensätze wurden durch die Reformation und ihre Folgen noch verstärkt, als protestantische Stadt und katholisches Stift in engster Nachbarschaft zu leben gezwungen waren. Mit Rücksicht auf diesen Sachverhalt behandelt dieses Buch nicht nur die Geschichte der Reichsstadt, sondern bezieht das Fürststift in seiner historischen Entwicklung und in seinem wechselvollen Verhältnis zur Stadt ein.

Im 19. Jahrhundert waren Alt- und Neustadt vor die Aufgabe gestellt, zu *einer* Stadtgemeinde zusammenzuwachsen. Nur so konnte Kempten der Herausforderung gerecht werden, vor die es der Prozeß fortschreitender Industrialisierung und Urbanisierung stellte. Die Gebietsreform der jüngsten Vergangenheit festigte schließlich Kemptens Position als zweitgrößte Stadt Schwabens und Metropole des Allgäus.

Alle Epochen werden nach dem heutigen Wissensstand beschrieben, verschiedene Abschnitte erstmals ausführlich dargestellt. Das gilt insbesondere für die Zeit des 19. und 20. Jahrhunderts. Darüber hinaus werden einzelne Bereiche unter aktuellen

Fragestellungen und nach zeitgemäßen Untersuchungsmethoden neu erfaßt. Ziel der Darstellung ist es, sowohl die chronologische Abfolge als auch die thematische Fülle der Geschichte Kemptens zur Anschauung zu bringen: sei es im Hinblick auf Rechtsstellung und Verwaltung, Handel und Gewerbe, Gesellschaftsordnung, soziale Verhältnisse oder Kultur und Religion.

Das Buch will wissenschaftlichen Ansprüchen genügen, zugleich aber einem historisch und kulturell aufgeschlossenen Publikum Vergangenheit und Gegenwart Kemptens erschließen. Wissenschaftler und Stadtbürger treffen sich in dem Wunsch, Kemptens Vergangenheit in ihren wesentlichen Dimensionen erfahrbar zu machen. Vielleicht stimmen die Erwartungen, welche die einen wie die anderen dabei mit Geschichte verbinden, nicht immer überein. Wenn es aber gelingt, die Bürger dieser Stadt mit »ihrer« Geschichte näher vertraut zu machen und ihr historisches Bewußtsein wach zu halten, und wenn es ferner gelingt, der quellenkritischen Forschung zur Geschichte der Stadt Kempten und ihrer Region neue Impulse zu geben, dann ist das Ziel dieses Buches erreicht.

Die vorliegende Stadtgeschichte verdankt ihr Entstehen einer Anregung des Oberbürgermeisters der Stadt Kempten, Herrn Dr. Josef Höß, und wurde nach einer vorbereitenden Konferenz, an der im Jahre 1985 Vertreter der Stadt Kempten, Historiker der Universität Augsburg, Archivare und Archäologen teilnahmen, in Zusammenarbeit mit einem überregionalen Autorenteam verwirklicht.

Ohne den finanziellen Einsatz der Stadt wäre dieses Buch nicht zustandegekommen. Ihr Repräsentant, Herr Oberbürgermeister Dr. Josef Höß, hat sein Entstehen mit Energie und Aufgeschlossenheit begleitet. Ihm sowie dem Rat der Stadt Kempten und den beteiligten Mitarbeitern der Stadtverwaltung, vor allem Herrn Kulturreferent Stadtschulrat Hans Grob, danken die Herausgeber für alle materielle und ideelle Hilfeleistung. Sie schätzen die kommunalpolitische Verantwortung, die sich in diesem Engagement äußert.

Dank gebührt auch allen Institutionen und Privatpersonen, welche Bildmaterial zur Verfügung gestellt haben. Insbesondere haben wir der Allgäuer Zeitung und Herrn Peter Kolbe zu danken, ohne deren Mitwirkung der Bildteil zur Geschichte der jüngeren und jüngsten Vergangenheit nicht angemessen hätte gestaltet werden können.

Zu danken haben wir unseren Mitarbeiterinnen und Mitarbeitern, die uns bei allen Schreib- und Redaktionsarbeiten, beim Lesen der Korrekturen und Erstellen von Abkürzungsverzeichnis und Register mit Eifer und Einsatzfreude unterstützt haben. Namentlich sei Herrn Dr. Franz-Rasso Böck gedankt, der verschiedene redaktionelle Arbeiten verantwortlich ausgeführt hat.

Schließlich gilt ein herzlich empfundener Dank dem Verleger, Herrn Herbert Edele, der sich der Herstellung des Buches und der vielfältigen Wünsche der Herausgeber stets mit Verständnis, Geduld und Beharrlichkeit angenommen hat.

Augsburg und Kempten   Die Herausgeber
im Juli 1989

Die Autoren

Margit Bauer, Kempten

Professor Dr. Peter Blickle, Historisches Institut, Universität Bern

Dr. Franz-Rasso Böck, Universität Augsburg

Akademischer Direktor Dr. Volker Dotterweich, Lehrstuhl für Neuere und Neueste Geschichte, Universität Augsburg

Professor Dr. Karl Filser, Lehrstuhl für Didaktik der Geschichte, Universität Augsburg

Professor Dr. Pankraz Fried, Lehrstuhl für bayerische und schwäbische Landesgeschichte, Universität Augsburg

Professor Dr. Gunther Gottlieb, Lehrstuhl für Alte Geschichte, Universität Augsburg

Dr. Wolfgang Haberl, Direktor des Stadtarchivs Kempten

Dr. Norbert Hörberg, Augsburg

Ursula Huber, Universität Augsburg

Professor Dr. Herbert Immenkötter, Professor für Kirchengeschichte des Mittelalters und der Neuzeit, Universität Augsburg

Privatdozent Dr. Rolf Kießling, Universität Augsburg, Studiendirektor am Bayernkolleg Augsburg

Professor Dr. Franz Krautwurst, Professor i. R. für Musikwissenschaft, Universität Augsburg

Professor Dr. Georg Kreuzer, Universität Augsburg

Professor Dr. Wilhelm Liebhart, Fachhochschule Augsburg

Dr. Albrecht Miller, Museumsdirektor, Bayerische Verwaltung der staatlichen Schlösser, Gärten und Seen, München

Dr. Herbert Müller, Studienrat, Münsterschwarzach

Gerhart Nebinger, Oberregierungsarchivrat a. D., Neuburg a. d. Donau

Professor Dr. Michael Petzet, Generalkonservator, Bayerisches Landesamt für Denkmalpflege, München

Professor Dr. Walter Pötzl, Professor für Volkskunde, Katholische Universität Eichstätt

Daniela Sibbe-Fischer, Kempten

Dipl.-Kfm. Peter Stenger, Kempten

Dr. Paul Warmbrunn, Archivrat, Speyer

Dr. Gerhard Weber, Leiter der Archäologischen Abteilung der Stadt Kempten
Privatdozent Dr. Wolfgang Weber, Lehrstuhl für Neuere und Außereuropäische
  Geschichte, Universität Augsburg
Dr. Wolfgang Wüst, Archivrat, Stadtarchiv Augsburg

Inhalt

Teil I
Die Frühgeschichte Kemptens

Teil II

Kloster und Stadt Kempten im Mittelalter

Teil III

Reichsstadt und Fürststift Kempten in der frühen Neuzeit. Von der Reformation bis zum Ende des Alten Reiches

Teil IV

Kempten im 19. und 20. Jahrhundert

Teil I

Die Frühgeschichte Kemptens

Herausgegeben
von Gunther Gottlieb und Gerhard Weber

Bevor die Römer kamen

Gerhard Weber

Die ersten Kapitel dieses Buches behandeln die Vor- und Frühgeschichte im heutigen Stadtgebiet Kemptens. Sofern dazu allgemein zugängliche Veröffentlichungen vorliegen, die dem heutigen Wissensstand weitgehend entsprechen, wird auf eine eingehende Beschreibung verzichtet. Neben der zusammenfassenden Darstellung bestimmter Zeitabschnitte werden Fragestellungen und Wege zu deren Beantwortung aufgezeigt, die die Geschichtsforschung und vor allem die Archäologie als eines ihrer Fachgebiete voraussichtlich auch in der Zukunft beschäftigen werden.

Erst während der Römerzeit setzen erste schriftliche Zeugnisse ein, die sich unmittelbar auf die Regionen und Länder nördlich der Alpen beziehen lassen. Für die vorausgegangenen Epochen der Vorgeschichte können allein die im Erdboden verbliebenen materiellen Spuren und Reste menschlicher Zivilisation herangezogen werden, um aus ihnen geschichtliche Zusammenhänge zu erschließen. Die Archäologie steht jedoch gerade in den meisten Regionen des Allgäus vor großen Schwierigkeiten; denn die ersten Ansätze einer systematischen archäologischen Forschung gehören erst in das letzte Viertel des 19. Jahrhunderts, in eine Zeit also, da im Allgäu schon seit längerem die Grünlandwirtschaft vorherrschte: kein Pflug förderte das archäologische Fundgut an die Erdoberfläche, und das Grasland erweist sich »widerstandsfähiger« gegen die heutigen Möglichkeiten der Luftbildarchäologie als die meisten Ackerbauflächen.

So war es eine Überraschung, als erst zwischen 1984 und 1986 die Entdeckung, Untersuchung und der Nachweis einer Siedlungsstelle zwischen Pfronten und Füssen auf ca. 920 m über NN gelangen, die mit deutlich über 11000 Jahren in die Endphase der letzten Eiszeit und damit in die ausgehende Altsteinzeit, das Paläolithikum, gehört[1]. Sie ist die bislang älteste Spur des Menschen nicht nur im Allgäu, sondern auch im gesamten bayerischen Alpenraum.

Wie in vielen Landschaften Deutschlands sind auch im Allgäu die bis heute bekannt gewordenen Fundstellen der mittleren Steinzeit, des Mesolithikum, zahlreich[2]. Die Fundhäufung im Ostallgäu ist dabei forschungsgeschichtlich bedingt[3].

Auch im Stadtgebiet von Kempten bezeugen einige Funde auf der rechten Hoch-

Gebiet der späteren Römerstadt rechts der Iller

Abb. 1   Karte mit Eintrag der vorrömischen Funde im Kemptener Raum. Zu den Fundnummern vergleiche Abb. 2.   S: Gelände »Im Segger«

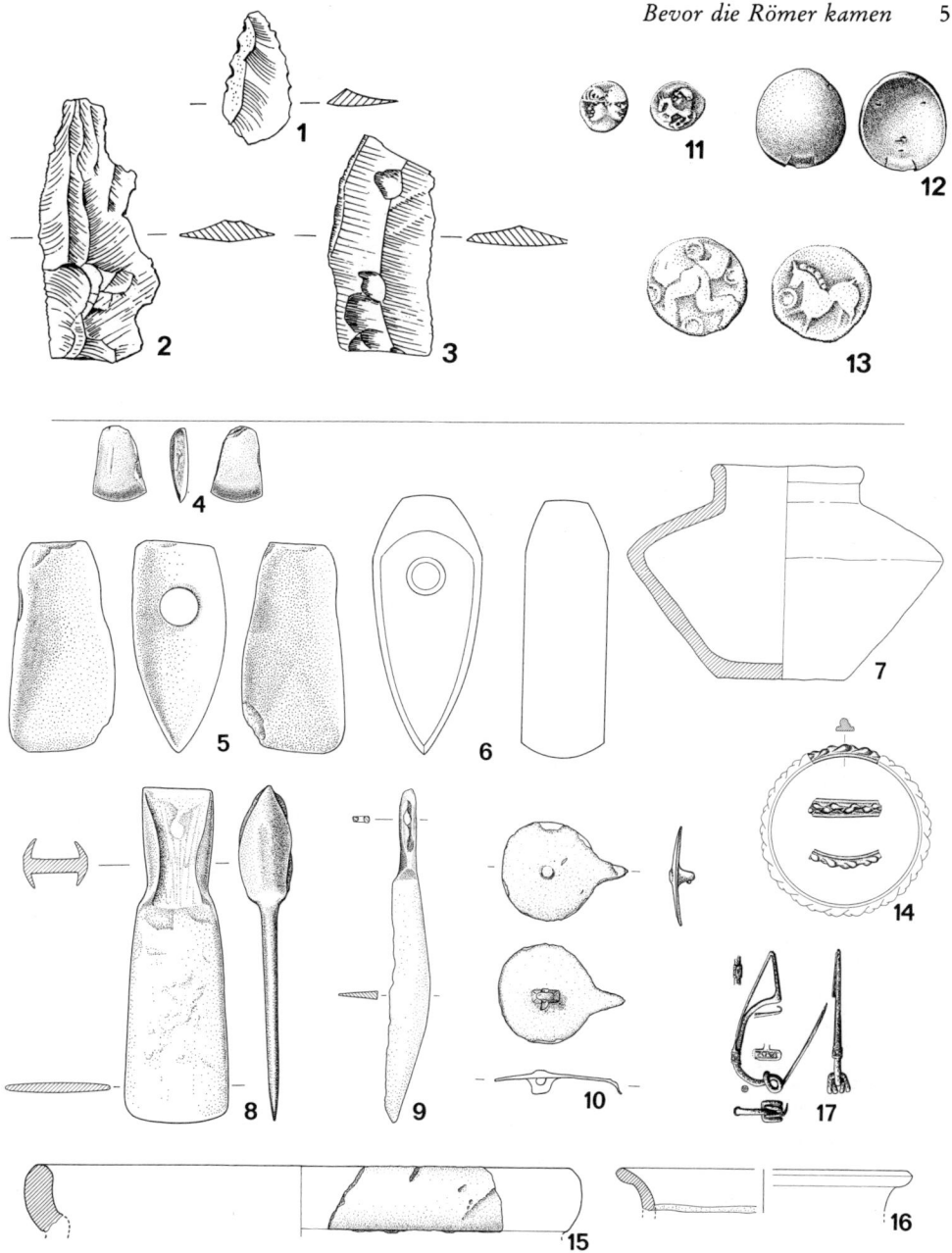

Abb. 2 Vorrömische Funde aus dem Stadtgebiet Kemptens: **1–3** ein Mikrolith und zwei Abschläge aus Hornstein (ca. 8000–5000 v. Chr.); **4** Steinbeil aus Nephrit; **5** und **6** Steinäxte (ca. 5000–2000 v. Chr.); **7** handgeformter Topf; **8** Lappenbeil aus Bronze (14./13. Jahrhundert v. Chr.); **9** und **10** Bronzemesser und -gürtelhaken (ca. 1200–750 v. Chr.); **11** und **12** ½₄-Stater und ¼-Stater aus Gold, **13** Kleinbronze der Aduatuci (1. Jahrhundert v. Chr.); **14** Glasarmreif, **15** Graphittontopf (2./1. Jahrhundert v. Chr.?); **17** Draht-Spiralfibel vom Mittellatèneschema (ca. 20 vor bis 50 nach Chr.).
Nr. **1–3** und Nr. **11–13** M 1:1; Nr. **4–10** und Nr. **14–17** M 1:3

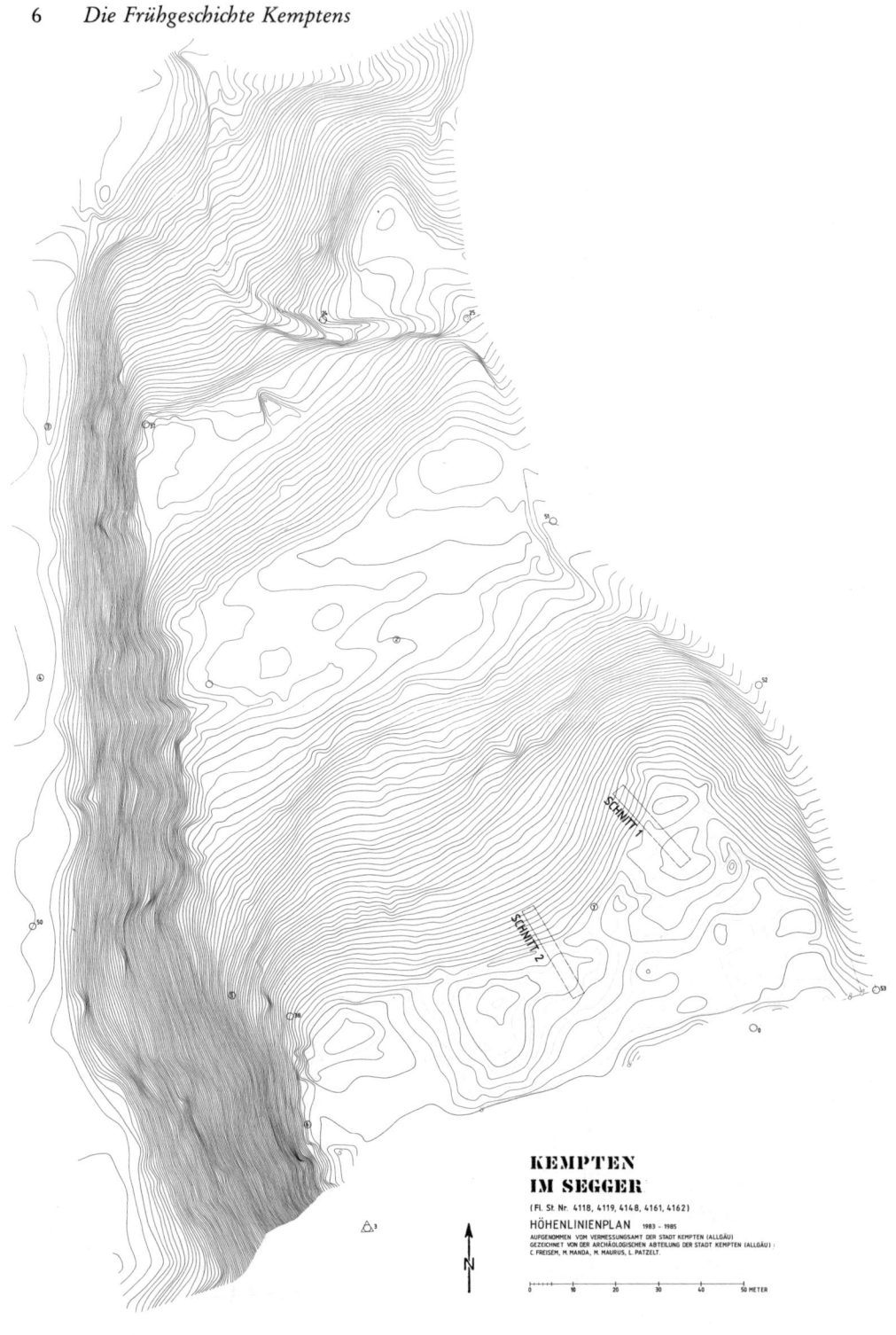

KEMPTEN
IM SEGGER

(Fl. St Nr: 4118, 4119, 4148, 4161, 4162)

HÖHENLINIENPLAN   1983 – 1985

AUFGENOMMEN VOM VERMESSUNGSAMT DER STADT KEMPTEN (ALLGÄU)
GEZEICHNET VON DER ARCHÄOLOGISCHEN ABTEILUNG DER STADT KEMPTEN (ALLGÄU) :
C. FREISEM, M. MANDA, M. MAURUS, L. PATZELT.

0   10   20   30   40   50 METER

Abb. 3   Höhenlinienplan des Geländerückens »Im Segger« mit Eintrag der Grabungsflächen von 1983

uferterrasse der Iller (Abb. 1) die Anwesenheit von Menschen während der Steinzeit: seien es Abschläge und ein Mikrolith, ein Kleingerät, aus dunkelrotem Hornstein (Abb. 2, 1–3) oder ein kleines, gut geglättetes Steinbeil aus grünlich schim-
merndem Nephrit (Abb. 2, 4); diese Fundstücke kamen in und unter den Fundschichten der Römerstadt Cambodunum zutage[4]. Zwei Äxte mit Schaftlöchern und
ein kleines handgemachtes Gefäß (Abb. 2, 5–7) könnten auf einen Siedlungsplatz
der Jungsteinzeit (ca. 5000 bis 2000 v. Chr.) am Nordrand des späteren römischen
Siedlungsgebietes hinweisen[5].

Die Bronze- und Urnenfelderzeit (ca. 2000 bis 1200 und 1200 bis 750 v. Chr.) hat
im Kemptener Stadtgebiet bislang nur wenige Spuren hinterlassen. Grabhügeln
ähnliche Geländeformationen an der Bahnlinie bei Hub im Norden Kemptens[6]
müssen als vorgeschichtliche Fundstelle Spekulation bleiben, solange kein Fund
oder Befund vorliegt. Ein Lappenbeil des 14./13. Jahrhunderts v. Chr. (Abb. 2, 8)[7],
ein Bronzemesser[8] und ein Gürtelhaken (Abb. 2, 9 und 10)[9] der Urnenfelderzeit
(ca. 1200–750 v. Chr.) sind jedoch als Funde im Siedlungsgebiet und Umfeld des
späteren antiken Cambodunum gesichert (Abb. 1).

Nicht mehr nachprüfen lassen sich bis heute angebliche Funde aus der Hallstattzeit
(ca. 750 bis 500 v. Chr.)[10].

Naturgemäß war und ist das historische Interesse seit langem auf vorgeschichtliche
Siedlungsplätze gerichtet, die unmittelbar vor dem römischen Kempten existiert
haben könnten. Der antike Geograph Strabon nennt in seinem griechisch geschriebenen Werk »Geographika« Kambódounon als »Stadt« der vindelikischen, also
keltischen Estionen[11]: in unkritischer, wörtlicher Übernahme ein keltisches Kempten.

Die Archäologie muß bis heute einen sicheren Beleg für die Existenz einer größeren
latènezeitlichen, d. h. keltischen Siedlung im Stadtgebiet von Kempten schuldig
bleiben. Einzelne Funde, deren Herkunft und Form in die Latènezeit (ca. 500
v. Chr. bis Christi Geburt) zurückreichen, sind häufig im Fundgut römischer Sied-
lungs- und Militärplätze vertreten[12]: auch die latènezeitlichen Funde aus Kempten
kamen, soweit nachvollziehbar, im Kontext der römischen Funde zutage. Vom
Bearbeiter der keltischen Münzen in Süddeutschland wurde eine der drei keltischen
Fundmünzen aus Kempten (Abb. 2, 11–13)[13] sogar mit »Typ Kempten« bezeichnet, da sie in dieser Ausprägung nur einmal aus Kempten bekannt geworden ist. Zu
nennen wären noch das Fragment eines dunkelblauen Glasarmreifs (Abb. 2, 14)[14]
sowie eine Rand- und zwei Wandscherben eines Topfes aus Graphitton (Abb. 2,
15)[15] oder z. B. drahtförmige Fibeln (z. B. Abb. 2, 17)[16], die aus keltischer Tradition und keltischem Formengut zu erklären sind.

Nach wie vor muß jedoch das Kambódounon Strabons als Herausforderung gelten, dem vorgeschichtlichen Kempten besondere Aufmerksamkeit zu schenken.
Auch zukünftig sollte man in Geländezonen, die für eine vorgeschichtliche Besiedlung geeignet scheinen, jeden notwendigen Bodeneingriff zur Spurensuche
nutzen. Trotz einer 1983 erfolgten Sondierung auf dem Geländerücken »Im Segger« (Abb. 1) lassen sich die eigenartigen, zum Teil künstlichen graben- und

wallartigen Formationen (Abb. 3 und Taf. 1.1) bisher noch nicht zeitlich sicher einordnen.

Auffällig bleibt, daß im Kemptener Stadtgebiet bis heute nur rechts der Iller vorgeschichtliche Funde bekannt geworden sind (Abb. 1).

1 Birgit Gehlen: Steinzeitliche Funde im östlichen Allgäu. In: Hansjörg Küster: Vom Werden einer Kulturlandschaft, Weinheim 1988, S. 195 bis 199 (mit weiterführenden Literaturangaben).

2 Zuletzt Birgit Gehlen: Mesolithische Siedlungsplätze im Landkreis Ostallgäu (Magisterarbeit Köln 1988). In: Archäologische Informationen 11 (1988), S. 222–227 (mit weiterführenden Literaturangaben); vgl. auch Hans Peter Uenze: Steinzeit. In: Archäologie in Bayern, Pfaffenhofen 1982, S. 16–18.

3 B. Gehlen, Funde, S. 195 und 199f.

4 Die drei Artefakte aus dunkelrotem Hornstein auf Abb. 2, 1–3 wurden am Gelände des Gallorömischen Tempelbezirks 1983 aus römerzeitlich umgelagertem Bodenmaterial geborgen (Fz. Nr. 271 und zu Fz. Nr. 18). Das Beilchen aus dunkelgrünem Nephrit stammt nach Ernst Gregor: Roemische Sammlung Cambodunum, Kempten 1982[2], S. 29 »aus Cambodunum [...] auf dem Lindenberger Ösch«.

5 Ortsakten Kempten im Bayer. Landesamt für Denkmalpflege, Außenstelle Augsburg; Herkunft nach brieflichen Mitteilungen von Alfred Weitnauer (18. 11. und 6. 12. 1947): 1938/39 beim Bau der Kasernen nordöstlich des heutigen Berliner Platzes, jedoch nicht zweifelsfrei gesichert.

6 Teure Heimat. Wochenbeilage zum Lokal-Anzeiger Dietmannsried Nr. 30, 23. Juli 1955, Titelseite: »War das Allgäu vor der Römerzeit besiedelt?« (ohne Angabe des Verfassers).

7 E. Gregor, Cambodunum, S. 29, »aus Kempten« und A. Weitnauer, Chronik Bd. 1, S. 26, »im Kemptner Augarten«.

8 E. Gregor, Cambodunum, S. 29; A. Weitnauer, Chronik Bd. 1, S. 28; AGF 38 (1935), S. 57: »15. Bericht über die Ausgrabungen im Gebiet der römischen Stadt Cambodunum« (Schriftleitung des Bay. Landesamtes für Denkmalpflege als Verfasser angegeben).

9 Ausgrabungen und Funde in Bayerisch Schwaben 1979. In: ZHVS 74 (1980), S. 26 (Verfasser: Bay. Landesamt für Denkmalpflege).

10 Weitnauer, Chronik Bd. 1, S. 30: »Scherbenfunde dieser Zeit« als Zeugnis für eine »hallstattzeitliche Siedlung auf dem Lindenberg bei Kempten denkbar«. Siehe auch oben Anm. 6.

11 S. u. Kap. »Das Kambódounon Strabons«.

12 Zuletzt Gerhard Fingerlin, Dangstetten I. In: Forschungen und Berichte zur Vor- und Frühgeschichte in Baden-Württemberg 22 (1986), S. 11, dazu die entsprechenden Funde im Katalog; vgl. auch Heinrich Chantraine: Keltische Münzen in frühen rheinischen Legionslagern. In: G. Grasmann, W. Janssen und M. Brandt (Hrsg.): Keltische Numismatik und Archäologie. British Arch. Rep. Int. Ser. 200 (1984), S. 11–19 und Hans-Jörg Kellner: Die keltischen Münzen aus Augsburg-Oberhausen. In: JbNG 27 (1977), S. 21–29.

13 Hans-Jörg Kellner: Die Münzen aus Manching und die keltischen Fundmünzen aus Süddeutschland. Die Ausgrabungen in Manching, Bd. 5 (im Druck, erscheint voraussichtlich 1989), Katalog Nr. K 1473 (»Typ Kempten«) und K 1474. Die Kleinbronze (Abb. 2,13) wurde 1988 in der Palästra der Kleinen Thermen gefunden (Fz. Nr. 6181).

14 Gefunden 1942 in einer römerzeitlichen Brandschicht im Südteil der Lerpscher Kiesgrube, d. i. noch im zentralen Siedlungsgebiet der Römerstadt.

15 Das Randstück (Abb. 2, 15) wurde 1935 im Nordteil der Römerstadt gefunden; die beiden nicht abgebildeten Wandstücke 1942 im selben Gebiet wie das Bruchstück eines blauen Glasarmreifes (s. o. Anm. 14).

16 Zu Drahtfibeln im Latèneschema zuletzt Mathilde Schleiermacher: Die römischen Fibeln aus Kempten-Cambodunum. Cambodunum-Forschungen 5 (im Druck), Katalog Nr. 1–32 a; vgl. auch Michael Mackensen: Das römische Gräberfeld auf der Keckwiese in Kempten. Cambodunum-Forschungen 4 (Materialhefte zur Bayer. Vorgeschichte, Reihe A, 34), München 1978, S. 31–33.

Farbtafel 1 Spuren der Holzbauten des ältesten römischen Cambodunum innerhalb der Palästra der Kleinen Thermen, als Pfostengräben in der Grabungsfläche (Bild oben) und als Hohlräume von vergangenen Pfosten im Bodenprofil (Bild unten). 2.–7. Jahrzehnt n. Chr.

Farbtafel 2   Ausschnitt aus der Tabula Peutingeriana, dem einzigen in vollständiger Abschrift überlieferten Kartenwerk aus römischer Zeit mit letzten Einträgen vor der Mitte des 3. Jahrhunderts n. Chr.
Neben den wichtigsten Fernstraßen ist oberhalb der stilisierten Alpenkette auch »Camboduno«- Kempten eingetragen.

Farbtafel 3 Nördlich der Alpen in ihrer Art einmalige oder sehr seltene Funde aus dem römischen Cambodunum. **1** Grünglasierter Kantharos wohl aus der Gegend von Pergamon in Kleinasien, 1. Hälfte 1. Jahrhundert n. Chr.; **2** Keramikimitation eines Lavez-Gefäßes mit einem großen Bodenstempel des Attilus, 2. Hälfte 1. Jahrhundert n. Chr.; **3** Doppelhenkeltasse des Ennion aus Glas, 1. Hälfte 1. Jahrhundert n. Chr. aus Palästina; **4** Teile eines Bronzebeckens mit walzenförmigen Griffen, 1./2. Jahrhundert n. Chr., wohl aus der italienischen Mittelmeerregion; **5** Dreiteiliges, verschieden legiertes pharmazeutisches oder kosmetisches Besteck aus Bronze in einer Bronzehülse, 4. Jahrhundert n. Chr.

Farbtafel 4 Schmuck und 407 Silbermünzen. Der Wiggensbacher Schatzfund als Beispiel einer ganzen Reihe von Hortfunden, vor allem Münzschätze, aus Kempten und seinem Umland. Vor den plündernden Alamannenscharen versuchten 233 n. Chr. offensichtlich viele Bewohner Rätiens ihre wertvollste Habe in Sicherheit zu bringen.

Cambodunum – eine Stadt in der Provinz Raetia

Gunther Gottlieb

Einführung

Die Überschrift ist eine Wegweisung. Sie deutet an, wie die Beschreibung des römischen Kempten angelegt ist. Stadt und Provinz sind Grundbegriffe der Raumordnung im Römischen Reich. Die Städte waren »Zentren der Verwaltung, des wirtschaftlichen, gesellschaftlichen und geistigen Lebens«[1]. Im Westen des Reiches einschließlich Nordafrika handelt es sich dabei fast ausschließlich um römische Gründungen. Das gilt ausnahmslos für das römische Deutschland. Die Römer führten hier eine bis dahin nicht bekannte Siedlungsform ein, die sich an Rom und den italischen Städten orientierte.

Zu jeder Stadt gehörte ein Territorium, das wir als ländliche Umgebung oder Umland bezeichnen. Das Verhältnis zwischen Stadt und Land war »ein ordnender Faktor für natürliche, wirtschaftliche, soziale und auch politische Gegebenheiten«[2]. Stadt und Land bildeten eine administrative Einheit. Sie waren siedlungstechnisch getrennt, gleichzeitig aber organisatorisch verbunden. Andere – zahlenmäßig seltenere, räumlich oft größere – Einheiten waren kaiserliche Güter, Nutzgebiete (wie z.B. Bergwerksbezirke) und Militärland[3] (das wir, in allerdings geringerer Ausdehnung, regelmäßig in der Umgebung der Grenzkastelle vermuten dürfen).

Die Provinz war der administrative Überbau. Jede Provinz hatte eine Hauptstadt. Von der Raumordnung her gesehen hatte die Provinzhauptstadt jedoch keine andere Funktion als die übrigen Städte, nur daß sie eben der Sitz der überregionalen Verwaltung war.

Wir wollen hier den Rahmen abstecken! Es geht um Cambodunum als Teil des römischen Süddeutschland oder, enger gefaßt und an der römischen Einteilung orientiert, der Provinz Rätien. Jede Stadt hatte nicht nur ihr je eigenes Schicksal, sondern war zugleich Teilhaber am Schicksal ihrer Provinz oder eines sonstwie bestimmbaren Großraumes. Daher konnten Eigenarten und Besonderheiten oder die Gesamtlage des Überbaus, wie zum Beispiel die Grenzlage einer Provinz, Vorzüge und Nachteile der Landesnatur oder Grundgegebenheiten einer Großlandschaft jederzeit die Lebensverhältnisse der zugehörigen Städte beeinflussen.

Solche Rückwirkungen sollen erkennbar werden. Wir stellen daher an den Anfang eines jeden Kapitels einen allgemeinen Teil, der die größeren Zusammenhänge darbietet und die Standortbestimmung für Kempten sowie seine Einordnung in die Geschichte des römischen Süddeutschland und das damalige Städtewesen erleichtert.

Ein Wort zur Quellenlage: die Geschichte Kemptens kann fast nur aus den archäo-

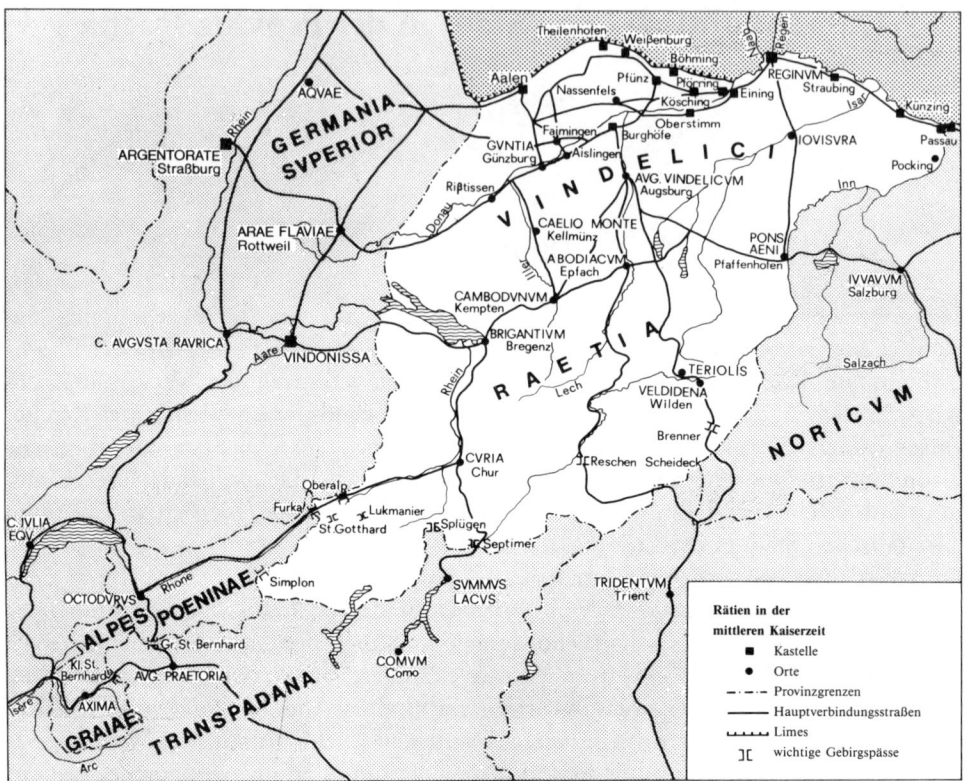

Abb. 4   Rätien in der römischen Kaiserzeit

logischen Quellen, also den Sachüberresten geschrieben werden. Die Erwähnungen Kemptens in der literarischen und administrativen Überlieferung kann man an einer Hand abzählen. Auch Inschriften gibt es nur ganz wenige. So bietet sich die von uns gewählte Arbeitsteilung von selbst an: daß nämlich der Althistoriker die mehr allgemeinen und jeweils einführenden Abschnitte, der Archäologe die eigentliche Geschichte Kemptens schreibt. Allein der Archäologe wird es auch sein, der Neuigkeiten beizusteuern und Perspektiven über die Nutzbarmachung wissenschaftlichen Ertrags zu bieten vermag.

Die Eroberung des Alpenvorlandes und die Anfänge der römischen Herrschaft[4]

Das Jahr 15 v. Chr. ist ein Schlüsseljahr für die Geschichte des Voralpenlandes und auch Kemptens, weil es der Anfang einer Herrschaft war, welche mehr als 500 Jahre die Entwicklung der Landschaften zwischen Alpen und Donau unmittelbar beeinflußt hat, und in deren Verlauf Kempten eine ansehnliche Stadt römisch-italischer Prägung geworden ist.

Augustus ließ die Alpen und, in uns unbekanntem Umfang, das Land nördlich der Alpen durch seine Stiefsöhne Tiberius Claudius Nero (der spätere Kaiser Tiberius) und Nero Claudius Drusus erobern. Zwei Heere waren aufgestellt. Das eine zog, so nimmt man an, über den Reschenpaß ins Inntal und Voralpenland, das andere kam unter Tiberius entweder von Gallien her oder über die ins Alpenrheintal führenden Pässe (Septimer oder Iulier) zum Bodensee. Der Feldzug dauerte einen Sommer, war im August beendet und hatte anscheinend keinen großen Widerstand der angegriffenen Stämme zu überwinden[5].

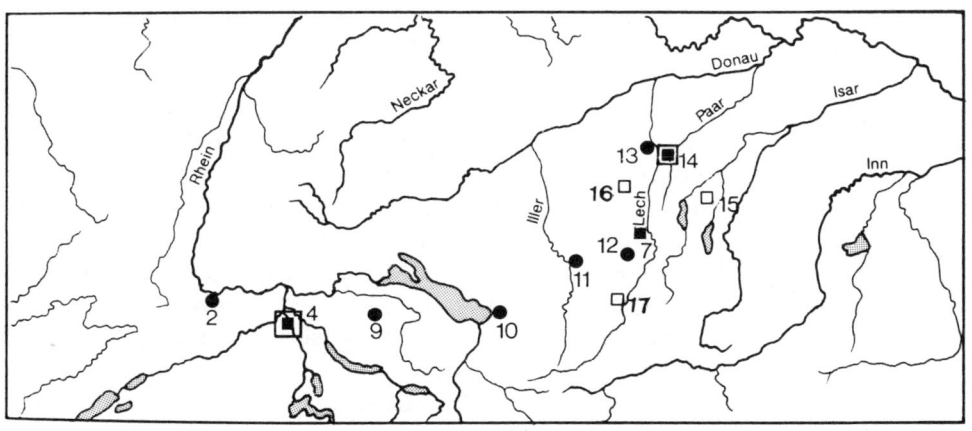

■ Legionslager ■ Auxiliarlager ■ Militärposten
□ Militärposten vermutet ● Zivile Siedlung mit Militärposten

Abb. 5 Das Alpenvorland ca. 20 n. Chr. während der Besetzung durch die Römer. Das Oberrheingebiet ist nicht kartiert. 2 Augst, 4 Windisch, 9 Winterthur, 10 Bregenz, 11 Kempten, 12 Auerberg, 13 Augsburg, 14 Rederzhausen, 15 Gauting, 16 Schwabmünchen, 17 Füssen/Forggensee (Karte nach S. v. Schnurbein und M. Mackensen)

Bereits im Jahre 16 v. Chr. hatten die Römer das Land zwischen Garda- und Comersee unterworfen und östlich davon das Königreich Noricum zu einem abhängigen Klientelstaat gemacht. Der Feldzug vom Jahre 15 hatte als Ziele die Befriedung der Alpenstämme, die immer wieder in Oberitalien einfielen; die Schaffung einer Landverbindung zwischen Italien und Gallien, das Caesar bis zum Rhein der römischen Herrschaft untertan gemacht hatte; nach heutigen Erkenntnissen jedoch kaum die Erstellung einer Ausgangsbasis für weiterreichende, gegen die Germanen gerichtete Eroberungspläne[6].

Mit der römischen Eroberung verbindet sich die Frage nach den vorrömischen, latènezeitlichen Siedlungsverhältnissen im Voralpenland: wie es um die keltische Bevölkerung bestellt war, welche wir doch als die dort einheimische bezeichnen; ob und gegebenenfalls welche anderen ethnischen Gruppen nachweisbar sind; ob es Hinweise auf keltische, oppidaartige Siedlungen gibt. Gehen wir weiter nach Osten und Norden, so haben wir an der Donau die keltischen Großsiedlungen in Manching (bei Ingolstadt) und in der Nähe von Kelheim. Andere Landschaften und spätere Siedlungsplätze wie zum Beispiel die Umgebung von Augsburg und Augsburg selbst weisen nur spärliche Befunde der Latènezeit auf[7]. Bis heute gibt es keine Anhaltspunkte für eine Besiedlung der Augsburger Hochterrasse durch Kelten, geschweige denn für eine Siedlungskontinuität zwischen Kelten- und Römerzeit. Allerdings waren auch die eben genannten Großsiedlungen nach heutigem Kenntnisstand schon längst zerstört, als die Römer über die Alpen kamen[8]. Offenkundig ist kein keltisches oppidum Opfer der römischen Eroberung geworden.

Der Geograph Strabo, dessen Werk um 18. n. Chr. veröffentlicht wurde, nennt als Städte der vindelikischen, also keltischen Brigantii, Estiones und Licatii die Siedlungen Brigantium (Bregenz), Cambodunum (Kempten) und Damasia, das heute allgemein mit dem Auerberg unweit Schongau gleichgesetzt wird[9]. Waren das nachweislich keltische Siedlungen, welche bereits oder noch bestanden, als die Römer das Land eroberten? Anscheinend nicht, da keltische Wohnsitze bis heute an keinem der drei Plätze nachgewiesen werden konnten. Trotzdem waren ihre Anfänge in der Vorstellung der Römer mit vindelikischen Stämmen verbunden, denn wie anders hätte die bei Strabo vorhandene Überlieferung entstehen können – so wie auch Licatus (Angehöriger des Stammes der Licatier) als Herkunftsbezeichnung noch im 2. Jahrhundert vorkommt[10].

Außer in Bregenz, Kempten und auf dem Auerberg gibt es aus augusteisch-frühtiberischer Zeit im Land zwischen Bodensee und Inn (der späteren Grenze zwischen den Provinzen Rätien und Noricum) nur Siedlungsspuren auf dem Lorenzberg bei Epfach (wohl rein militärisch), in Gauting (Zivilsiedlung mit kleiner Garnison?), Augsburg (zunächst rein militärisch; seit frühtiberischer Zeit auch zivil) und Friedberg-Rederzhausen (militärisch)[11]. Weder die militärische noch die zivile Erschließung des Voralpenlandes und – im weiteren Sinne – des Alpenvorlandes hatten schon unter Augustus feste Formen. Man muß sich Entwicklungen, Abläufe, auch mehr experimentelle Phasen vorstellen, wenn man die Anfänge der Römerzeit verstehen will. In welcher Weise großräumige Planungen dabei eine Rolle spielten, ist nicht ganz sicher. Die römische Besitznahme entfaltete sich, ausgehend von der ins Lechtal führenden Via Claudia und der aus dem Alpenrheinland auf den Bodensee treffenden Straße in nördlicher bzw. nordöstlicher Richtung entlang den neu geschaffenen Verkehrswegen[12].

Die Anfänge der Römerherrschaft in Süddeutschland waren von der Struktur der Kommando- und Verwaltungsstellen her über etwa 50 Jahre eine Abfolge verschiedener Ämter zunächst vornehmlich militärischen Charakters unter Einschluß ziviler Kompetenzen. Deshalb wird man die Zeit von der Okkupation bis auf Kaiser

Claudius, also bis in den Anfang der 40er Jahre, als Einheit betrachten müssen. Die zivile Erschließung des Alpenvorlandes begann am Ende der augusteischen Regierungszeit. Tiberius hat sie anscheinend tatkräftig fortgesetzt. Die rühmende Hervorhebung des Tiberius bei Strabo[13] und der archäologische Befund deuten darauf hin. Die historische und archäologische Erkundung der frühen Verhältnisse macht zugleich deutlich, daß die Römer im Alpenvorland offenkundig nicht auf eine sehr zahlreiche geschlossene bodenständige Bevölkerung stießen und die Besitznahme im wesentlichen friedlich abgelaufen ist.

1 Géza Alföldy: Stadt, Land und raumordnende Bestrebungen im römischen Weltreich. In: Stadt – Land – Beziehungen und Zentralität als Problem der historischen Raumforschung, Hannover 1974, S. 49–72 (hier S. 49); Hartmut Wolff: Probleme der Raumordnung im Imperium Romanum, dargestellt an den Provinzen Obergermanien, Raetien und Noricum (= Raumordnung). In: Ostbairische Grenzmarken. Passauer Jahrbuch 28 (1986), S. 152–177 (hier: S. 166).

2 Alföldy, ebd. S. 49.

3 Ebd. S. 52 und ders., Die regionale Gliederung in der römischen Provinz Noricum. In: Gottlieb, Raumordnung, S. 37–55.

4 Vgl. Gunther Gottlieb: Die Eroberung des Alpenvorlandes. In: Gottlieb, Augsburg, S. 18 bis 23 (mit Lit.).

5 Ebd. S. 20.

6 Mit wichtigen Argumenten stellt Siegmar von Schnurbein diese immer wieder vertretene Meinung in Frage (Die Funde von Augsburg-Oberhausen und die Besetzung des Alpenvorlandes durch die Römer. In: Forschungen zur provinzialrömischen Archäologie in Bayerisch-Schwaben, Augsburg 1985, S. 15–43); ders., Die Besetzung des Alpenvorlandes durch die Römer. In: Die Römer in Schwaben, Augsburg 1985, S. 17–24.

7 Hans-Peter Uenze: Die vorrömische Zeit – Augsburg und Umgebung. In: Gottlieb, Augsburg, S. 9f.

8 Zur keltischen Besiedlung im heutigen Bayern: Joachim Werner: Spätes Keltentum zwischen Rom und Germanien, hrsg. von Ludwig Pauli, München 1979; Bernd Rüdiger Goetze, in: Das archäologische Jahr in Bayern 1980, Stuttgart 1981, S. 104; Thomas Fischer und Konrad Spindler, ebd. 1981, S. 128; Rainer Christlein: Zu den jüngsten keltischen Funden Südbayerns. In: BVBl 47 (1982), S. 275–292; vorsichtig in Hinsicht auf die These vom nahezu völligen Fehlen spätestkeltischer Besiedlung v. Schnurbein, Römer in Schwaben, S. 19.

9 Strabo, *Geographika* VI 6,8. Erstmals wurde Ende 19. Jahrhundert die Vermutung geäußert, Damasia habe auf dem 1055 m hohen Auerberg (Landkreis Weilheim-Schongau, Gemeinde Bernbeuren) gelegen.

10 Vgl. Gunther Gottlieb: Die regionale Gliederung in der römischen Provinz Rätien. In: Gottlieb, Raumordnung, S. 75–79 und 82f.

11 Vgl. v. Schnurbein, Römer in Schwaben, S. 19–24.

12 Zum Alpenrheintal vgl. Bernhard Overbeck: Geschichte des Alpenrheintals in römischer Zeit auf Grund der archäologischen Zeugnisse, Teil I, München 1982.

13 Vgl. Gottlieb, Augsburg, S. 20f.

Die Anfänge des römischen Cambodunum-Kempten

Gerhard Weber

Das heutige Wissen über die antiken Wurzeln der Stadt Kempten, das römische Cambodunum, beruht im wesentlichen auf den Ergebnissen archäologischer Ausgrabungen[1]. Der Kemptener Kaufmann August Ullrich war nicht nur einer der Hauptinitiatoren des 1884 gegründeten »Alterthumsvereins Kempten (a.V.)«, des heutigen »Heimatvereins Kempten e.V.«; mit den 1885 bis 1892 und 1909 bis 1911 von ihm geleiteten Ausgrabungen darf er zu Recht als der »Wiederentdecker« des römischen Cambodunum gelten. Ab 1912 übernahm das neugegründete Bayerische Landesamt für Denkmalpflege die Grabungsleitung. Unter den Ausgräbern seien die Namen Paul Reinecke (1912–1935), Ludwig Ohlenroth (1936–1942), Werner Krämer (1953) und Günther Krahe (1960–1967) hervorgehoben. Seit 1982 hat wiederum Kempten in Abstimmung mit dem Bayerischen Landesamt für Denkmalpflege mit einer eigenen Stadtarchäologie die Initiative ergriffen[2].

Vor allem in der jüngeren Forschung werden die Fragen nach der frühen Geschichte der römischen Siedlung verstärkt in den Vordergrund gerückt[3]. Nach dem Spektrum der Fundmünzen (s. u. Abb. 15), vor allem aber nach den ältesten Fundstücken römischer Feinkeramik ist mit dem Beginn der Besiedlung im 2. Jahrzehnt n. Chr. zu rechnen[4].

Das Kambódounon Strabons

Eines der wenigen schriftlichen Zeugnisse für den antiken Namen Kemptens, Cambodunum, ist auf einem bei Isny gefundenen Meilenstein des Kaisers Septimius Severus aus dem Jahre 201 n. Chr.[5] erhalten geblieben, auf dem die Entfernung von Cambodunum – *a Camb(oduno)* – mit 11 römischen Meilen angegeben ist (Taf. 1.2).

Das älteste schriftliche Zeugnis aber steht in den »Geographika« Strabons. Der griechisch schreibende Historiker und Geograph wurde ca. 64/63 v. Chr. in Amaseia in Kleinasien geboren und starb nach 23 n. Chr. In seiner geographischen und z. T. historischen Beschreibung des ihm bekannten Erdkreises nennt er neben einem Ort Damasia, den er mit einer Akropolis vergleicht, und neben Brigantion (Bregenz) Kambódounon, lateinisch Cambodunum (Kempten), als polis, also als eine »Stadt«, der vindelikischen Estionen, die zu den Kelten gehören (Abb. 6). Wörtlich und unkritisch verstanden, läßt sich dieses Kambódounon als keltischer, dem römischen Cambodunum vorausgehender Ort verstehen. Und Cambodunum ist zweifellos ein keltischer Name: *Cambo* ist entweder als Eigenname zu verstehen oder läßt sich vom keltischen Wort *cambos* ›krumm‹, ›gebogen‹ ableiten; *dunum* läßt sich als ›(befestigter) Ort‹ übersetzen. Somit könnte Cambodunum z. B. mit »Ort an der Flußkrümmung« übersetzt werden[6].

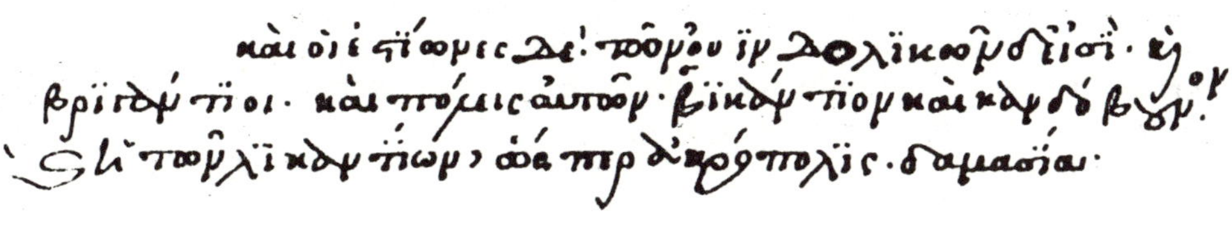

— καὶ οἱ Ἑστίωνες δὲ τῶν Οὐινδολικῶν εἰσὶ καὶ Βριγάντιοι, καὶ πόλεις αὐτῶν Βριγάντιον καὶ Καμβόδουνον καὶ ἡ τῶν Λικαττίων ὥσπερ ἀκρόπολις Δαμασία. -

---

Abb. 6   Faksimile und Umschrift aus einer der drei ältesten Abschriften von Strabons »Geographika« mit Erwähnung von »Kambódounon«, dem lateinischen Cambodunum. Das Zitat kann spätestens im Todesjahr Strabons 18 n. Chr. – nach anderer Meinung 23 n. Chr. – niedergeschrieben worden sein.
Die Übersetzung der Textstelle lautet: »... auch die Estionen gehören zu den Vindelikern, ebenso die Brigantier; und ihre Städte (heißen) Brigantion und Kambodounon und die der Likatier, gleich einer Akropolis, (heißt) Damasia«

Bedenkt man nun einerseits das Fehlen fast jeglicher archäologischer Spuren der späten Keltenzeit im Voralpengebiet und andererseits die Tatsache, daß bislang an keinem der von Strabon als einzige für das nördliche Voralpenland genannten drei Orte (s. o.) eine keltische Vorgängersiedlung gefunden worden ist, und berücksichtigt man, daß das 4. Buch der »Geographie« zwar 18 n. Chr. oder etwas früher fertiggestellt war, jedoch das Gesamtwerk noch Nachträge mindestens bis ins Jahr 23 n. Chr. enthält, so läßt sich nicht ausschließen, daß Strabon mit Kambódounon bereits jene römische Neugründung der zwanziger Jahre n. Chr. auf dem rechten Hochufer der Iller benennt, die bewußt einen keltischen Namen erhielt im Hinblick auf die darin angesiedelte Bevölkerung. Sollte in Kempten und seinem weiteren Umland eine keltische Siedlung, auf die der Name Kambódounon zu beziehen wäre, auch weiterhin nicht zu fassen sein, so wäre dies eine denkbare Erklärung.

Militär ohne ein Kastell?

Bis in die Regierungszeit des Kaisers Claudius (41–54 n. Chr.) scheint Cambodunum größtenteils aus Holzbauten bestanden zu haben (vgl. Farbtaf. 1)[7]. In diese Zeit und deutlich darüber hinaus bis in die Frühzeit des flavischen Kaiserhauses – beginnend mit Vespasian ab 69 n. Chr. – lassen sich eine ganze Reihe von Funden datieren, die sicher oder sehr wahrscheinlich zur Ausrüstung des römischen Militärs gehörten (vgl. die kleine Auswahl auf Taf. 2)[8].

Nach dem geläufigen Schema der römischen Okkupation und Entwicklungsgeschichte gerade in den Westprovinzen des römischen Reiches müßte man vor allem in der Frühzeit einer Ortsgründung mit militärischer Präsenz rechnen[9]. Bis heute wurden jedoch im römischen Siedlungsgebiet von Cambodunum »Auf dem Lindenberg« weder sichere Spuren einer Wehranlage noch z. B. Holzbaubefunde nachgewiesen, die man mit charakteristischen Militärbauten wie Mannschaftsunterkünften oder einem Stabsgebäude in Verbindung bringen könnte.

Einen Teil der Militaria, insbesondere in Gräben gefundene Stücke, kann man wohl als Hinterlassenschaft von in Cambodunum angesiedelten Veteranen erklären. Der aus dem Legions- oder Auxiliarverband ehrenvoll entlassene Soldat dürfte häufig gerade seinen Militärgürtel, das *cingulum*, als Hinweis auf seinen sozialen Status behalten haben, zumal er in der Regel noch fünf Jahre nach seiner Entlassung für den Kriegsdienst bereitzustehen hatte.

Daß ein kleines Truppenkontingent in tiberischer Zeit (14–37 n. Chr.) in Kempten vielleicht nur kurzfristig einen Posten bezogen hatte, wird man nach wie vor nicht ausschließen dürfen, ebenso wie mögliche Standorte im Bereich der Burghalde links der Iller oder auf dem Geländesporn des späteren »Gallorömischen Tempelbezirks« (Abb. 7). Zu bedenken ist, daß sich die Unterkunft einer kleinen Vexillation, eines Detachements mit einer angenommenen Mannschaftsstärke von einem Dutzend Soldaten, kaum ohne weiteres von ziviler Holzbauarchitektur unterscheiden lassen wird. Ein solches Truppenkontingent könnte dabei auch unter Beteiligung von Veteranen Polizeiaufgaben wahrgenommen haben oder etwa die Sicherung der Verkehrswege und des Flußüberganges.

Die relativ große Zahl der in die zweite Hälfte des 1. Jahrhunderts n. Chr. datierbaren Militaria-Funde wird man zu Recht im Zusammenhang mit den auch in Cambodunum anzunehmenden Auseinandersetzungen und Zerstörungen des »Vierkaiserjahres« 69/70 n. Chr. (s. o. Kap. »Cambodunum nach dem Tode Neros«) sehen müssen. Einige wenige jüngere Fundstücke gehören wohl schon in die Zeit der Alamanneneinfälle des ersten Drittels des 3. Jahrhunderts n. Chr. (s. o. Kap. »Germanen bedrohen Rätien – die Krise des 3. Jahrhunderts«).

In der weiteren gezielten Beobachtung aller militärischen Spuren im Zivilort Cambodunum liegen Chancen; diese wahrzunehmen verspricht manchen Gewinn für die Provinzialrömische Geschichte, weit über die lokale Geschichte Cambodunums hinaus.

Abb. 7 Der Geländesporn am rechten Hochufer der Iller, den später der Gallorömische Tempelbezirk einnahm, war vor der römischen Besiedlung durch eine Mulde vom übrigen Hochufer abgesetzt. Während der ersten römischen Besiedlung scheinen schmale Gräben diese Abtrennung betont zu haben

1 Zusammenfassend zur Grabungsgeschichte: Wilhelm Schleiermacher: Cambodunum-Kempten. Eine Römerstadt im Allgäu, Bonn 1972, S. 1–4; Werner Krämer: Cambodunumforschungen 1953, 1 (Materialhefte zur Bayer. Vorgeschichte 9), München 1957, S. 11–13 und 124 (Literaturliste); ergänzend dazu Literaturzusammenstellung in Gerhard Weber: APC Archäologischer Park Cambodunum. Gallorömischer Tempelbezirk. Ein Begleitheft, Kempten 1989, S. 70.

2 Gerhard Weber: Cambodunum-Kempten. Neue archäologische Forschungen und der geplante Archäologische Park. In: Gerhard Weber und Günter Ulbert (Hrsg.): Konservierte Geschichte? Antike Bauten und ihre Erhaltung, Stuttgart 1985, S. 51–74; ders.: APC – Der Archäologischer Park Cambodunum. In: Ebbes 9 (1987), H. 6, S. 31–33.

3 W. Krämer, Forschungen, S. 117–120. Schleiermacher, Cambodunum, S. 7–14; Mackensen, Gräberfeld, S. 180–182.

4 Von Michael Mackensen wurde die Vorlage der italischen Terra Sigillata weitgehend vorbereitet. Auch nach den Datierungsansätzen aus diesem Fundmaterial muß mit dem Bau der Zivilsiedlung um 15/20 n. Chr. gerechnet werden, wobei ein früheres Gründungsdatum, vielleicht noch die letzten Regierungsjahre des Augustus (bis 14 n. Chr.), nicht auszuschließen ist.

5 CIL III 5987; zuletzt bei Gerold Walser: Die römischen Straßen und Meilensteine in Rätien, Aalen 1983 (Schriften des Limesmuseums Aalen 29), S. 79, Nr. 31.

6 W. Krämer, Forschungen, S. 118; Schleiermacher, Cambodunum, S. 8 f.; Siegmar von Schnurbein weist in seinem Beitrag: Die Besetzung des Alpenvorlandes durch die Römer. In: Die Römer in Schwaben, München 1985, darauf hin, daß Strabon Bregenz, Kempten und Damasia als bestehende Orte im Präsens nennt, jedoch vom verwegenen und grausamen Verhalten der vindelikischen Stämme vor der römischen Eroberung in der Vergangenheitsform berichtet. Eine baldige Publikation der keltischen Ortsnamen mit einer ausführlichen Behandlung auch des Namens Cambodunum durch Rolf Koenig, Bad Kreuznach, wäre sehr wünschenswert.

7 Schleiermacher, Cambodunum, S. 50–53; Gerhard Weber: Ausgrabungen in der Römerstadt Cambodunum-Kempten rechts der Iller. In: Das archäologische Jahr in Bayern 1987, Stuttgart 1988, S. 102–106.

8 Zuletzt zusammenfassend dargestellt und diskutiert von Michael Mackensen: Militärische Ausrüstungsgegenstände aus Kempten. In: Münchner Beiträge zur Vor- und Frühgeschichte 41 (1987), S. 156–171.

9 Unlängst auch über den thematischen Rahmen der Arbeit hinausgehend diskutiert von C. Sebastian Sommer: Kastellvicus und Kastell. In: Fundberichte aus Baden-Württemberg 13 (1988), S. 488 f.

Rätien im ersten Jahrhundert

Gunther Gottlieb

Wir folgen der Ansicht, daß Kaiser Claudius (41–54) Name und Organisationsform der Provinz endgültig festgelegt hat, obwohl das ebensowenig aus den Quellen nachweisbar ist wie die Annahme, Augusta Vindelicum (Augsburg) sei zur selben Zeit Hauptstadt Rätiens geworden. Rätien hatte einen jeweils vom Kaiser ernannten *procurator* als Statthalter, einen Angehörigen des Ritterstandes, des zweiten Reichsstandes[1]. Das bedeutet, daß dort keine Legionen stationiert waren. Die einzigen Truppen waren die Auxiliareinheiten, also die Hilfstruppen, an der Grenze.

Die Absicherung und weitere Ausdehung der römischen Herrschaft nach Norden dauerte längere Zeit. Spätestens unter Kaiser Claudius (in einigen Fällen nachweislich schon früher) entstanden am südlichen Donauufer Kastelle: Hüfingen, Tuttlingen, Emerkingen, Rißtissen, Unterkirchberg (alle Baden-Württemberg), Aislingen, Burghöfe und Oberstimm. Zwischen Regensburg und Passau blieb die Donau noch bis in die Zeit Vespasians (69–79) ohne militärischen Schutz. Am Ende der flavischen Zeit (um 90) war die Linie Heidenheim–Oberdorf–Nördlingen (?) – Munningen–Unterschwaningen–Gnotzheim–Weißenburg–Pfünz–Kösching erreicht. Erst unter Kaiser Hadrian endete die Ausdehnung nach Norden, die ihren äußersten Punkt im heutigen Gunzenhausen hatte[2].

Rätien war eine, sagen wir ruhig, abgelegene und, was die einheimische Bevölkerung insbesondere des Alpenvorlandes betrifft, friedfertige Provinz. Wenn es in die Wirren des Vierkaiserjahres (68/69) hineingezogen wurde und unter den bürgerkriegsähnlichen Auseinandersetzungen zu leiden hatte, so lag das an den von außen aufgezwungenen Polarisierungen und der Haltung der hier stationierten Hilfstruppen[3].

Es ist nicht bekannt, daß die keltischen Vindeliker sich einmal gegen die römische Herrschaft aufgelehnt hätten, wie das die Kelten in Gallien mehrmals im ersten Jahrhundert getan haben[4]. Weder die Rekrutierung der vindelikischen Jugend noch die Erhebung von Steuern führte zu Unruhen und Aufständen. Natürlich war im Alpenvorland die von den Römern unterworfene angestammte Bevölkerung nicht so zahlreich wie zum Beispiel an Rhein und Mosel (die Römer haben sogar Siedler alpenländischer Herkunft ansässig gemacht). Aber der Vorgang der Unterwerfung unter eine fremde Herrschaft hat hier wie in Gallien stattgefunden. Vielleicht wurde die Unterwerfung von den Vindelikern psychologisch anders aufgenommen als von den gallischen Kelten. Vielleicht waren stammesmäßige Zusammengehörigkeiten zerrissen worden und die Einheimischen schon durch vorrömische Ereignisse wie das Vordringen der Germanen unter Ariovist geschwächt. Oder das vindelikische Volkstum befand sich durch die geographischen Gegebenheiten in einer Art Isolation, zumal es bis in die 70er Jahre des ersten Jahrhunderts n. Chr. keine Straßenverbindung zwischen den Rheinlanden und Rätien gegeben hat[5]. Bei einer nicht sehr zahlreichen Bevölkerung hatte zudem die Rekrutierung der Jungmannschaft erheblichere Folgen für die Sozialstruktur als im Falle dichterer Besiedlung.

Abgelegen war Rätien auf Grund der geographischen Gegebenheiten und der Situation an der Grenze. Ein Hinterland, das, selbst hoch entwickelt, die soziale und wirtschaftliche Entfaltung des Landes zwischen Alpen und Donau, später zwischen Alpen und Limes hätte anregen und beleben können, fehlte. Das Hinterland waren die Alpen: als Hochgebirge schwach besiedelt und ohne städtische Zentren, verkehrstechnisch eine Barriere. Die Pässe waren nach den damaligen Bedingungen nicht leicht zu bewältigen und jedes Jahr mehrere Monate unzugänglich. Im Alpenvorland hatte man mit nicht gerade günstigen klimatischen Verhältnissen zu leben. Erze und Metalle fehlten dort anscheinend gänzlich. Zwar wird in einer Augsburger Inschrift vermutlich des dritten Jahrhunderts ein Pächter von Abgaben aus Eisenbergwerken Rätiens und der dakischen Provinzen genannt; aber archäologisch nachgewiesen ist der Abbau von Eisen bisher nicht[6]. Zusätzlich wirkte sich im ersten Jahrhundert nachteilig aus, daß der Grenzverlauf sich mehrmals änderte und die rechtsrheinischen Landschaften zwischen Hochrhein und Untermain erst unter den flavischen Kaisern (69–96) unter die römische Herrschaft kamen. Dadurch verzögerte sich das Entstehen ziviler Siedlungen in der Nachbarschaft von Kastellen und an neuen Straßenverbindungen.

Die Grenze an der Donau und später etwas weiter nördlich war im Vergleich etwa zur Rheingrenze für die Römer eine Nebensache. Eine Bedrohung durch die nördlich wohnenden Germanen hat es im Alpenvorland zwischen der Eroberung und den Markomanneneinfällen (seit etwa 170) nicht gegeben. Die Friedfertigkeit und freundliche Nachbarschaft der Hermunduren ist sogar ausdrücklich bezeugt[7]. Zwischen etwa 17 und 176 n. Chr. waren nur Hilfstruppen (Infanterie und Reitereinheiten von in der Regel 500 Mann) in Rätien stationiert. Die militärischen Maßnahmen dienten also zunächst nur der Aufsicht im Lande, allmählich auch dem Schutz an der Grenze – aber in einer Weise, die deutlich erkennen läßt, daß die Römer nicht Bedrohungen abwehren oder ständig auf sie gefaßt sein mußten, sondern diese Grenze nur bewachen und den Grenzverkehr beaufsichtigen wollten. Nicht nur die äußeren Gefahren waren in Rätien tatsächlich weit geringer als am Rhein, auch die Auffassung von der rätischen Grenze war von vornherein eine andere, weil vom Alpenvorland und den nördlich angrenzenden Landschaften niemals Gefahren ausgegangen waren. Ja selbst die Benennung der neuen Provinz orientierte sich an binnenländischen Stämmen, den in den Alpen wohnenden Rätern, nicht an den Grenzvölkern. Die rätische Grenze entsprach weder nach Funktion noch nach Bewußtseinslage und tatsächlicher Beschaffenheit der Rheingrenze. Demgemäß betreffen die Unterschiede die Provinzialverwaltung, genau genommen die Zahl der Soldaten (zwischen 50 000 und 80 000 am Rhein gegenüber 7000 bis 8000 in Rätien),

Kompetenzen, Rang und Sozialstatus der Statthalter sowie Größe und Umfang des administrativen Stabes. Sie erklären sich aus der Anwesenheit von Legionen in Ober- und Niedergermanien und aus deren Fehlen in Rätien. Die Bedeutung zahlreich anwesenden Militärs für die infrastrukturelle Entwicklung des Provinziallandes kann nicht hoch genug eingeschätzt werden: Der Bedarf an Versorgungsgütern, Massengütern und Luxusartikeln und der Bedarf an Handwerkern war in den Rheinlanden ungleich höher als in Rätien. Die Ansprüche an das Nachschubwesen waren dort von gewaltigem Ausmaß, hier dagegen eher bescheiden[8].

Alles zusammen – die langsame, nur schrittweise Ausdehnung der Herrschaft, die geographischen Bedingungen, Zustand und militärische Organisation der Grenze – war sicher auch der wichtigste Grund für das verhaltene Fortschreiten von Urbanisierung und ländlicher Besiedlung. Über villae rusticae, die Gutshöfe in Streulage, den vorherrschenden Typ ländlicher Besiedlung, wissen wir aus dem ersten Jahrhundert nur wenig. Die Zahl der Städte oder stadtartigen Siedlungen war noch gering. Der Auerberg wurde Anfang der 40er Jahre sogar aufgegeben. Im Bereich des heutigen Epfach entstand erst ab etwa 50 n. Chr. eine Zivilsiedlung (Abodiacum). Die Kreuzung zweier wichtiger Straßen in unmittelbarer Nähe, der Via Claudia und der West-Ost-Verbindung von Kempten nach Salzburg, begünstigte Entstehung und Wachstum dieses Ortes. Sonst gab es noch Augsburg, das anscheinend mit der bei Tacitus genannten *splendidissima Raetiae provinciae colonia* gemeint ist[9], und Kempten. Von Anlage und Aussehen her konnte sich Augsburg im 1. Jh. n. Chr. aber noch nicht mit Kempten messen, das im ganzen Alpenvorland einschließlich des norischen Teiles in vieler Hinsicht eine Ausnahme war.

1 Allgemein zu Rätien Bernhard Overbeck: Raetien zur Prinzipatszeit. In: ANRW II 5,2, Berlin und New York 1976, S. 658–689; Franz Schön: Der Beginn der römischen Herrschaft in Rätien, Sigmaringen 1986.

2 Wolfgang Czysz: Die Römer im Ries. In: Archäologische Wanderungen im Ries, Stuttgart 1979, S. 73–87; Günter Ulbert und Thomas Fischer: Der Limes in Bayern, Stuttgart 1983 (mit einem Verzeichnis allgemeiner und weiterführender Literatur).

3 Tac., hist. 1,11,2 und 3; 59,2; 67,2; 68; 3,5,2; 15,1.

4 Gunther Gottlieb: Rätien, Rhein- und Mosellande – die römischen Provinzen auf deutschem Boden im Vergleich. In: Rieser Kulturtage 1986, Bd. VI/1, Nördlingen 1987, S. 221–223.

5 Ebd. S. 223.

6 Vgl. Hans Ulrich Nuber: Ein Bergwerkspächter in Rätien. In: Die Römer in Schwaben, S. 130f.

7 Tac., *Germania* 41.

8 Vgl. Gottlieb, Rieser Kulturtage VI/1, S. 223–225.

9 Tac. ebd.; vgl. Gottlieb, Augsburg, S. 52; Lothar Bakker: Die Anfänge der Zivilsiedlung Augusta Vindelicum. In: Gottlieb, Augsburg, S. 38.

Cambodunum-Kempten im 1. Jahrhundert n. Chr.

Gerhard Weber

Die in den zwanziger Jahren des 1. Jahrhunderts n. Chr. gegründete römische Siedlung Cambodunum liegt mit ihren wesentlichen Teilen auf der rechten Hochuferfläche der Iller (Abb. 8). Für ein großes regionales, alpines und voralpines Einzugsgebiet erwies und erweist sich bis heute ihre Lage am Nordrand des Alpenkammes als sehr günstig. Für die überregionale Verkehrstopographie (Abb. 19) und die daraus resultierenden Entwicklungsmöglichkeiten ist es von Bedeutung, daß das römische Kempten nicht unmittelbar an einer der großen Nordsüdverbindungen über die Alpen lag. Gleichwohl ist die für die Frühgeschichte der Provinz Rätien sicher wichtige Westostverbindung von Bregenz über Kempten weiter in Richtung Epfach und Salzburg als eine Verlängerung der Schweizer Alpenübergänge anzusprechen. Auch von der Via Claudia Augusta dürfte südlich von Füssen eine Querverbindung nach Kempten geführt haben. Die von Cambodunum nach Norden führende Straße teilte sich in einen Zweig nach Augsburg und ins spätere rätische Limesgebiet sowie in einen Zweig illerabwärts zur Donau und ins spätere obergermanische Dekumatenland.

Holzbauten und ein Forum

In den ersten drei Jahrzehnten ihres Bestehens dürfte die Siedlung Cambodunum fast ausschließlich aus Holz erbaut gewesen sein. Die ersten auch in den aufgehenden Mauern aus Stein errichteten Bauten konnten mehr oder weniger gesichert erst für die Regierungszeit des Kaisers Claudius (41–54 n. Chr.) erschlossen werden (Abb. 8 u. 9)[1]: Schon bei den Ausgrabungen Paul Reineckes wurden unter manchen

Abb. 8 Cambodunum gegen Ende des 1. Jahrhunderts n. Chr. und Funde des 1. bis beginnenden 3. Jahrhunderts n. Chr. links der Iller.
Im Osten der heutige Verlauf der Iller, im Westen der angenommene äußerste westliche Verlauf eines zweiten Illerarms, dazwischen das von der Iller bis in die 2. Hälfte des 1. Jahrhunderts n. Chr. überflutete Gebiet.
● 1 Münze, ○ 1 Münze (Fundort nicht genau lokalisierbar), ● 2–5 Münzen, ○ 2–5 Münzen (Fundort nicht genau lokalisierbar), ▲ sonstige Funde, △ sonstige Funde (Fundort nicht genau lokalisierbar), ■ Grabungsflächen mit vielen römerzeitlichen Funden, □ Grabungsflächen mit römerzeitlichen Funden, ▯ Steininschrift (Fundort nicht genau lokalisierbar) ▷

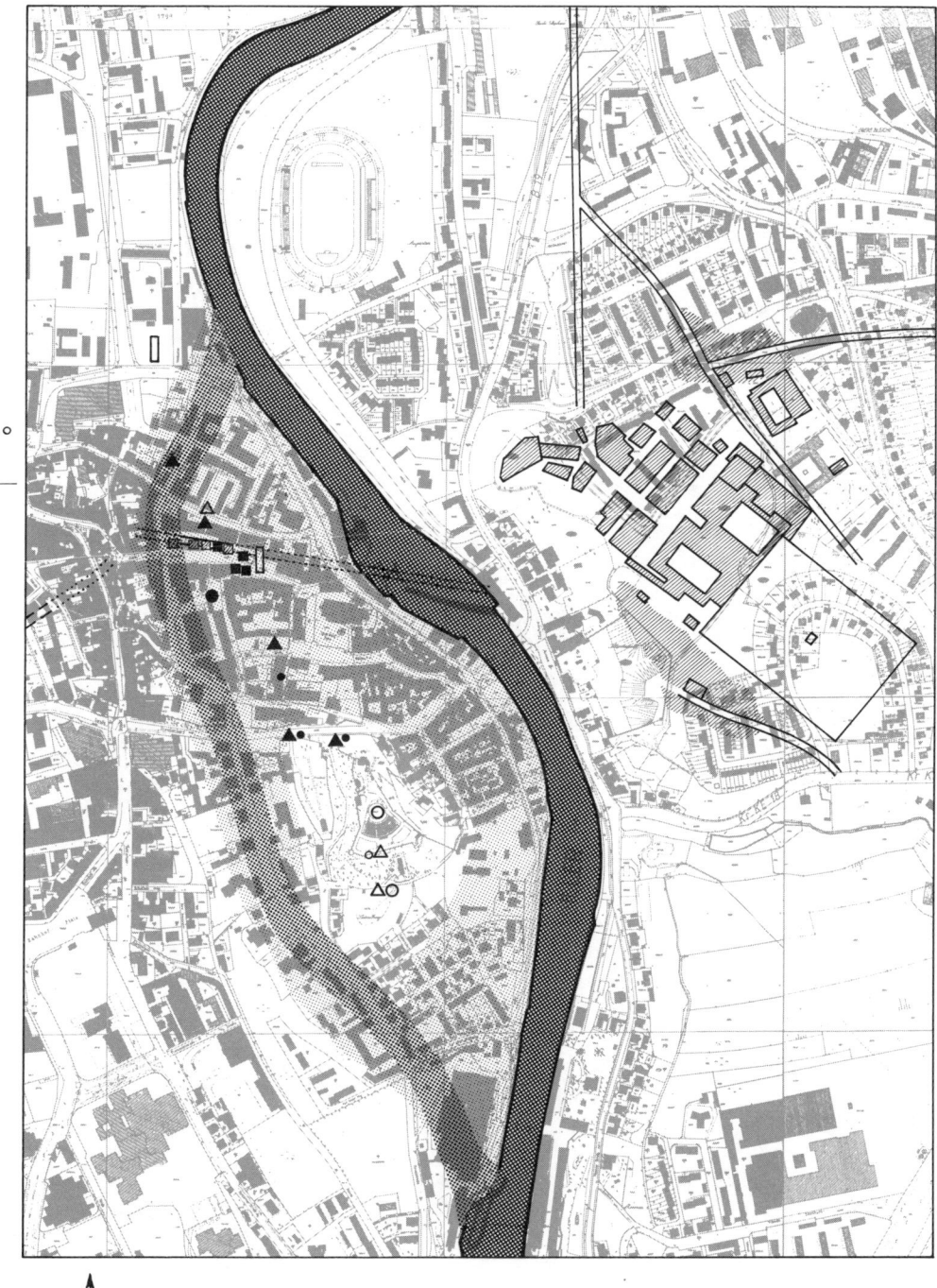

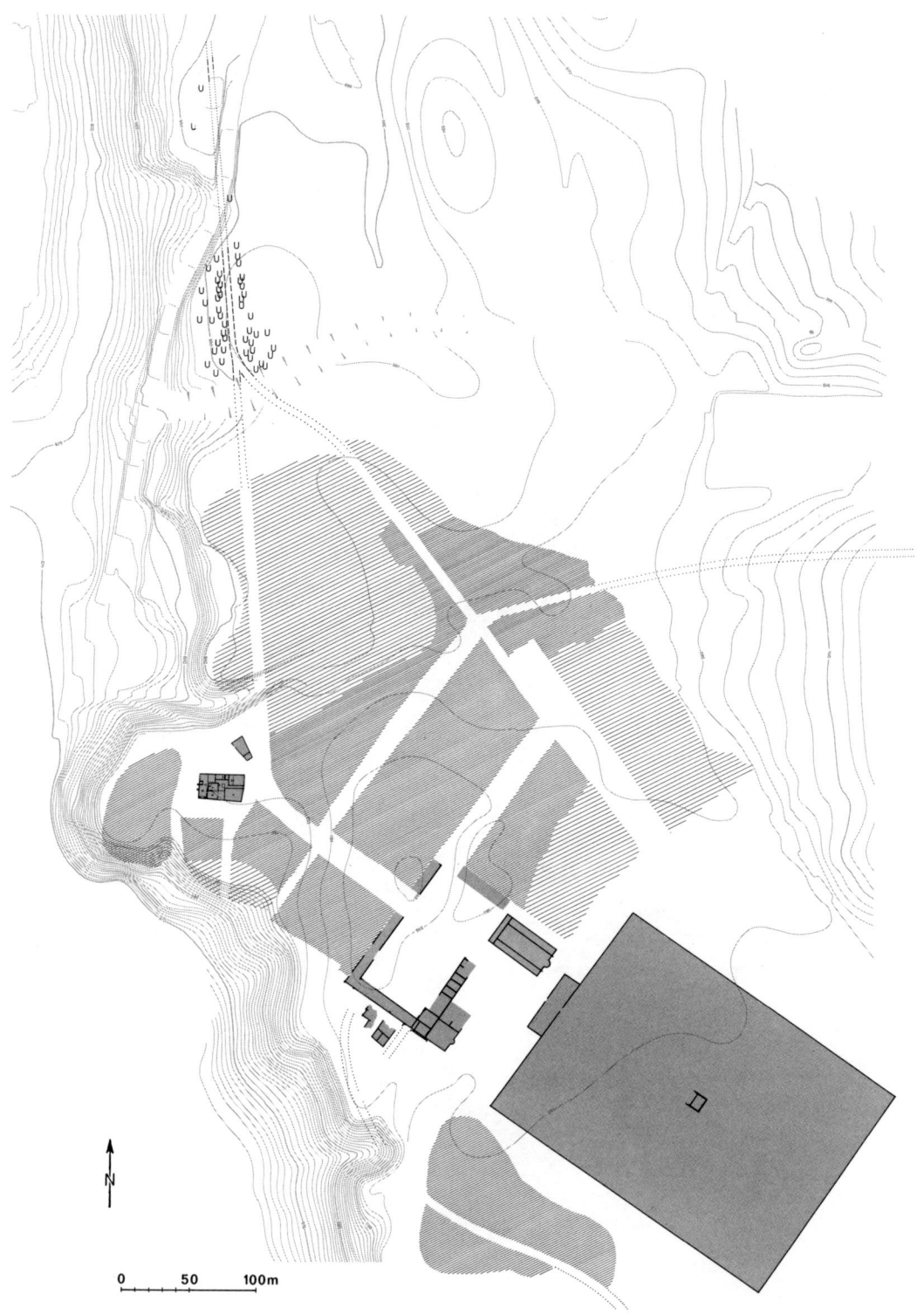

◁ *Abb. 9　Cambodunum rechts der Iller, Mitte des 1. Jahrhunderts n. Chr. In den eng schraf-*
fierten Gebieten sind Holzbauten dieser Zeit weitgehend gesichert, in den weit schraffierten
Gebieten können sie angenommen werden. Die bislang einzigen gesicherten Steinbauten
dieser Zeit sind das sogenannte Thermenhaus, das ältere Forum und der im Süden anschlie-
ßende große heilige Bezirk

römischen Steinbauten Bodenbefunde beobachtet, die zu vorausgegangenen Holzbauten gehört hatten[2]. Ludwig Ohlenroth konnte nicht nur unter dem Gallorömischen Tempelbezirk[3], sondern auch in einigen Wohn- und z. T. wohl Handwerker-
quartieren zusammenhängende Grundrisse verschiedener Holzbauphasen ermitteln[4]. Abb. 10 zeigt als Beispiel den »2. Zustand« von »Holzbaureihenhäusern« am
Nordrand des zentralen Stadtgebiets, die noch in tiberische Zeit (14–37 n. Chr.)
gehören[5]. Rechtwinklig zur Straße sind die Häuser in gut 6 bis mehr als 13 m
breiten Parzellen Wand an Wand gerückt. An einen meist zur Straße hin gelegenen
größeren Hauptraum, wohl ein Wohn- und Arbeits- bzw. Verkaufsraum, schließen
sich ein oder mehrere Räume an. Verschiedenartige Gruben und holzverschalte
Schächte lassen sich gelegentlich mit handwerklichen Arbeitsabläufen erklären und
liegen meist im rückwärtigen Teil der Parzellen. Die Parzellengrößen scheinen sich
z. T. über mehr als ein Jahrhundert und während vieler Um- und Neubauten der
Häuser nur wenig geändert zu haben.

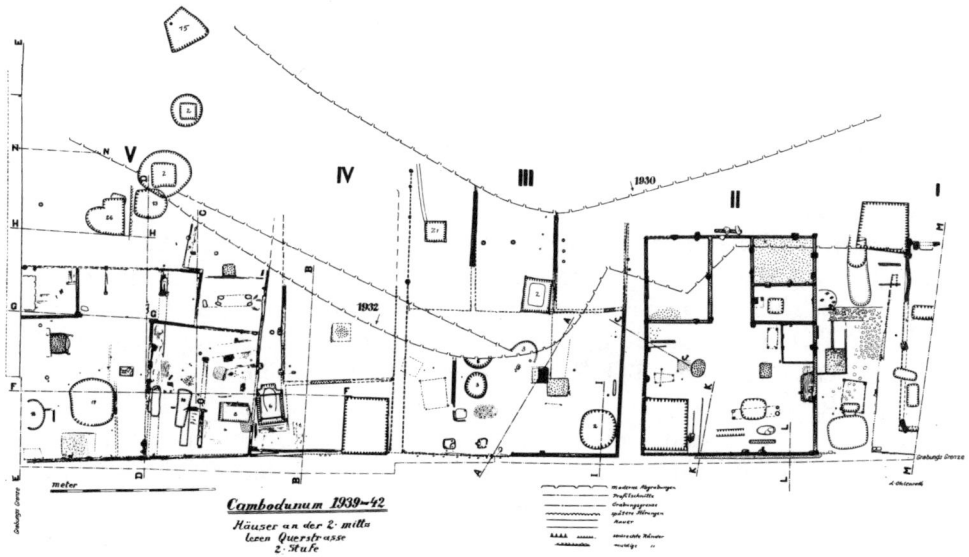

Abb. 10　Ausgrabung einer Reihe von hölzernen Privatbauten nordwestlich der »2. Quer-
straße« durch L. Ohlenroth 1939–42. »2. Stufe« bzw. »2. Zustand« in der Zeit des Kaisers
Tiberius 14–37 n. Chr. (nach L. Ohenroth »spättiberisch, frühclaudisch«)

Die wohl detaillierteste Beobachtung verschiedener Holzbauperioden gelang 1953 bei der von Werner Krämer geleiteten Ausgrabung[6] in einem Siedlungsstreifen, der im Gegensatz zu den ihn umgebenden Wohnblöcken nie mit einem Steinhaus bebaut worden war. Ein aus zwei Räumen bestehendes Gebäude der ersten tiberischen Periode war im Schwellenbereich noch so gut erhalten und erkennbar, daß Adelhart Zippelius eine Rekonstruktion des Fachwerks (Abb. 11) erstellen konnte[7]. Neben dieser kaum fundamentierten Ständerbauweise zeigten sich im selben Areal auch gleichzeitig bestehende Holzbauten, deren Pfosten in Gruben oder Gräben tiefer gegründet und auf Höhe des antiken Laufniveaus mit Schwellriegeln verbunden waren.

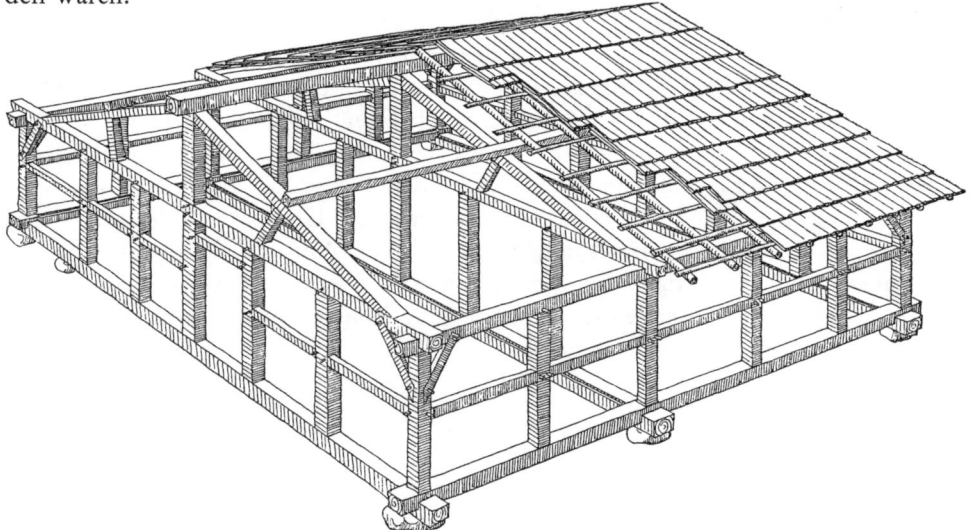

Abb. 11   Rekonstruktion des Gerüstes eines Holzständerbaues auf »Schwellriegeln« aus tiberischer Zeit nach A. Zippelius (Cambodunum-Ausgrabung 1953)

Ein wesentliches Ziel der vor einigen Jahren wieder aufgenommenen Ausgrabungen ist es und wird es bleiben, die Holzbauten der frühen römischen Stadt über ein größeres Areal hin zusammenhängend und in ihren verschiedenen Bauphasen zu verfolgen[8]. Verbindet man diese mit anderen bekannten Teilen der Stadt, ist die Hoffnung berechtigt, einen Teil des Planes und damit ein Bild des frühen Cambodunum wiederzugewinnen, um seine Siedlungsform und -art näher charakterisieren zu können. Zu diesen ›anderen‹, spätestens Mitte des 1. Jahrhunderts n. Chr. bestehenden ›Teilen‹ gehören das einzige bisher bekannte Gräberfeld auf der Keckwiese (Abb. 12)[9], das wohl von der Gründung Cambodunums an bis in die achtziger Jahre des 1. Jahrhunderts bestanden hatte. Auch eine kleine Badeanlage, das sogenannte Thermenhaus[10], am nördlichen Beginn des *decumanus*, einer der beiden

Abb. 12   Plan eines Gräberfeldes von Cambodunum »Auf der Keckwiese«, das schon im ▷ letzten Viertel des 1. Jahrhunderts n. Chr. wieder aufgelassen war

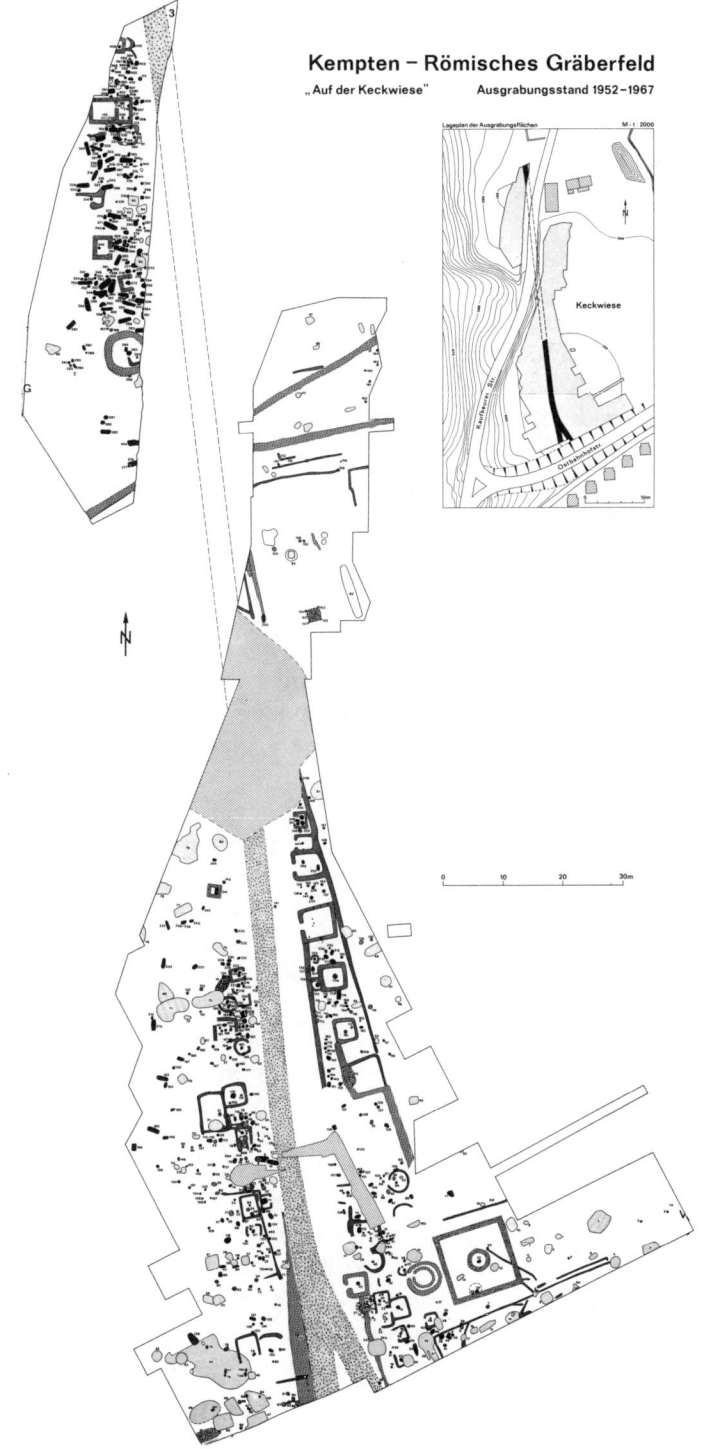

Kempten – Römisches Gräberfeld

„Auf der Keckwiese"   Ausgrabungsstand 1952–1967

Hauptachsen der Stadt, und das ältere Forum[11] existierten spätestens in claudischer Zeit (41–54 n. Chr.) als Steinbauten (Abb. 9).

Cambodunum links der Iller*

Römische Funde links der Iller in der Altstadt von Kempten sind schon lange bekannt. Diese Funde hat man gewöhnlich mit der früh- und vor allem spätkaiserzeitlich besiedelten Burghalde verbunden. Seit die 1982 eingerichtete Stadtarchäologie in der Altstadt immer wieder Bodeneingriffe kontrollieren konnte und kleine Notgrabungen durchführte, kamen vermehrt auch in anderen Zonen der Stadt frühkaiserzeitliche Funde zutage[12].

An erster Stelle sind die Grabungen unter dem Rathaus und auf dem Rathausplatz zu nennen[13]. Tiefer als die zahlreichen mittelalterlichen und neuzeitlichen Funde und Befunde wurden hier ca. 2 bis 2,5 m unter der heutigen Oberfläche vor allem aus Kies und Sand bestehende Schichten angetroffen. In ihnen fand sich im wesentlichen das römische Keramikspektrum der zweiten Hälfte des 1. Jahrhunderts n. Chr., wie es auch aus dem römischen Siedlungsgebiet rechts der Iller bis heute bekannt geworden ist. Das zweite Jahrhundert n. Chr. ist nur schwach vertreten. Fundhäufungen auf dem Rathausplatz sind in der Planabbildung 13 graphisch hervorgehoben.

Von besonderer Bedeutung waren zwölf Eichenpfähle nordöstlich des Rathausplatzes, die z. T. samt ihren eisernen Pfahlschuhen geborgen wurden (Abb. 14). Von fünf Pfählen konnte Bernd Becker, Universität Stuttgart-Hohenheim, das Fälldatum anhand der Jahresringe dendrochronologisch in die Jahre zwischen 24 und 30 n. Chr. datieren, also in die Frühzeit der römischen Siedlung rechts der Iller. In den Grabungsflächen östlich des Rathauses konnten drei bzw. fünf weitere Pfähle festgestellt werden.

Diese Beobachtungen im Bereich des Rathausplatzes und gleichartige Schicht- und Fundverhältnisse unmittelbar südwestlich des St.-Mang-Platzes lassen sich folgendermaßen erklären: Im 1. Jahrhundert n. Chr. standen weite Flächen der heutigen Kemptener Altstadt unter Wasser, insbesondere der Bereich und das Umfeld des Rathausplatzes; d. h. dieses Gebiet lag im Flußlauf eines heute verlandeten Illerarmes und seiner Überschwemmungszone (Abb. 8 und 13)[14].

Die genannten Eichenpfähle dürften zu einer Brücke gehört haben, die über die beiden Illerarme und dazwischen über die überschwemmungsgefährdete Sand- und Kiesbank führte. Vermutlich wurde so die von Südwesten in Verlängerung der heutigen Lindauer Straße kommende Römerstraße auf das östliche Illerufer geführt und erreichte im Bereich des Brodkorbweges die römische Siedlung auf dem Lindenberg.

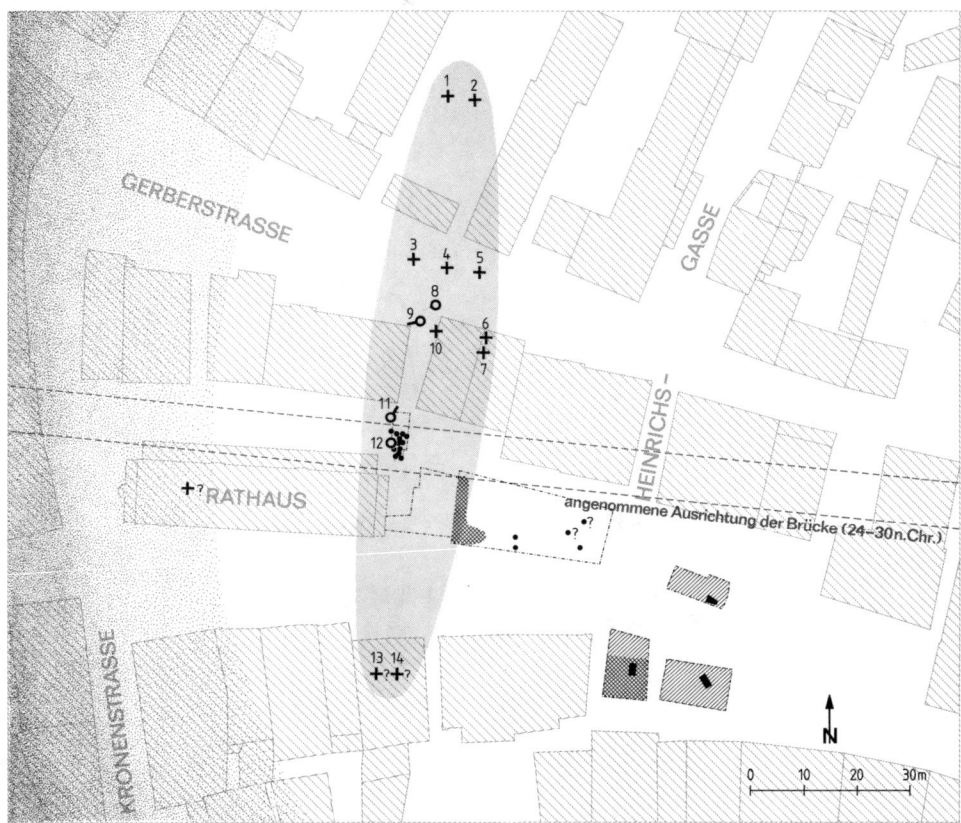

Abb. 13 Römerzeitliche Funde und Befunde im Bereich des Kemptener Rathausplatzes. Die gepunktete Fläche im Westen markiert den angenommenen äußersten westlichen Verlauf eines zweiten Illerarms

---   *Grabungsflächen 1987/88 (1./2. Jh. n. Chr.)*

☐   *wenig römische Funde*

▨   *vermehrt römische Funde*

▩   *starke Konzentration römischer Funde*

•   *römischer Eichenpfahl*

▬   *römisches Mauerbruchstück*

▨   *Gräberfeld des 4. Jahrhunderts n. Chr. in seiner bislang erschließbaren Ausdehnung*

⚲   *Körpergrab, Ausrichtung bekannt*

○   *Körpergrab, Ausrichtung unbekannt*

+   *Körpergrab, Ausrichtung und genaue Fundstelle unbekannt*

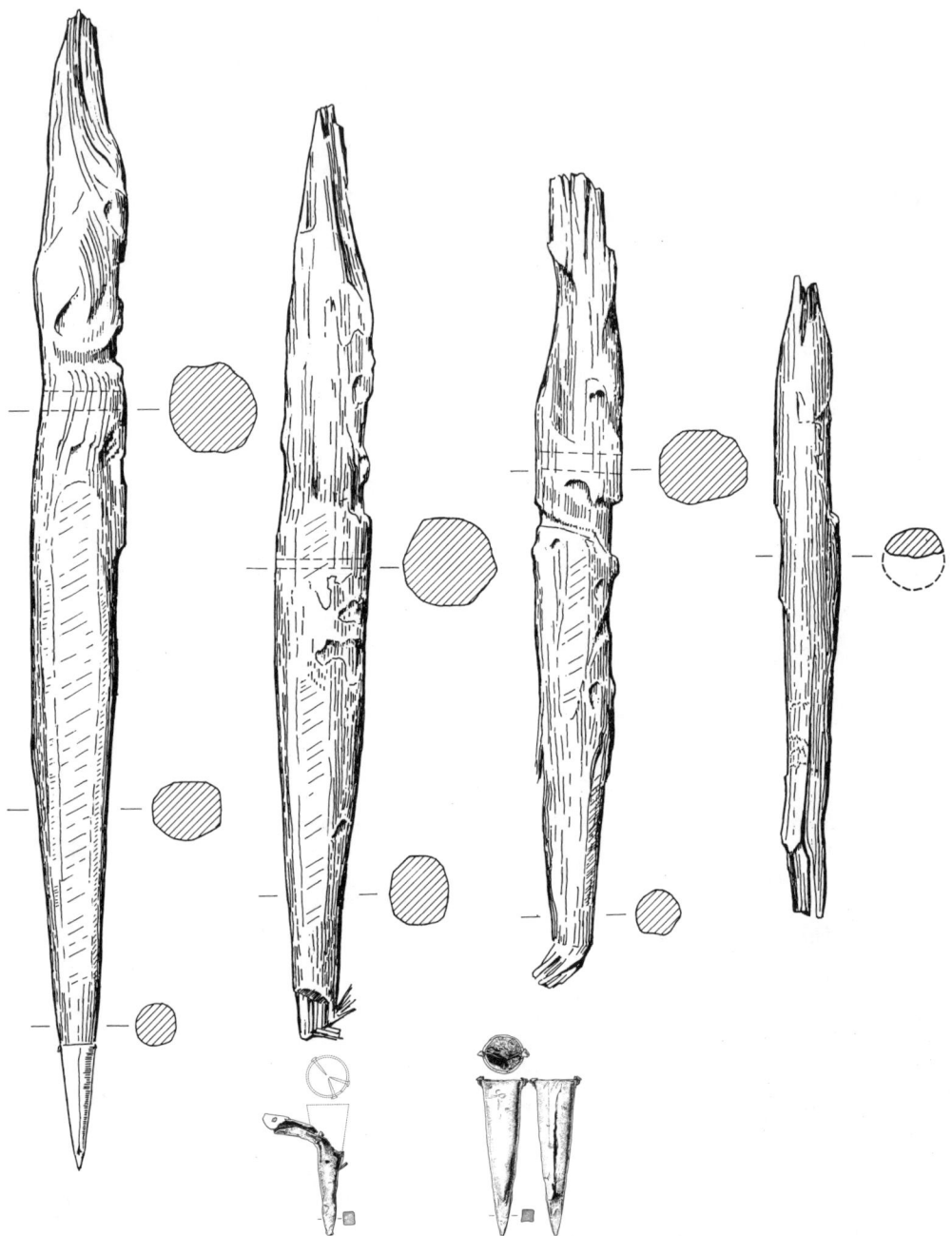

Abb. 14   Eichenpfähle mit eisernen Pfahlschuhen einer römischen Brücke im Bereich des Kemptener Rathausplatzes. Die Eichenstämme waren in den Jahren 24–30 n. Chr. gefällt worden. M 1:20

Cambodunum und der Tod Kaiser Neros

Archäologische Bodenbefunde, Bauspuren und Siedlungsschichten hätten keine oder nur sehr wenig Aussagekraft ohne die zugehörigen Funde, die in römerzeitlichen Siedlungen meist in großer Menge geborgen werden können. So kann der erste deutliche Anstieg in der Zahl der Fundmünzen (Abb. 15)[15] ein relativ verläßliches Indiz für die Gründungsjahre einer Siedlung sein.

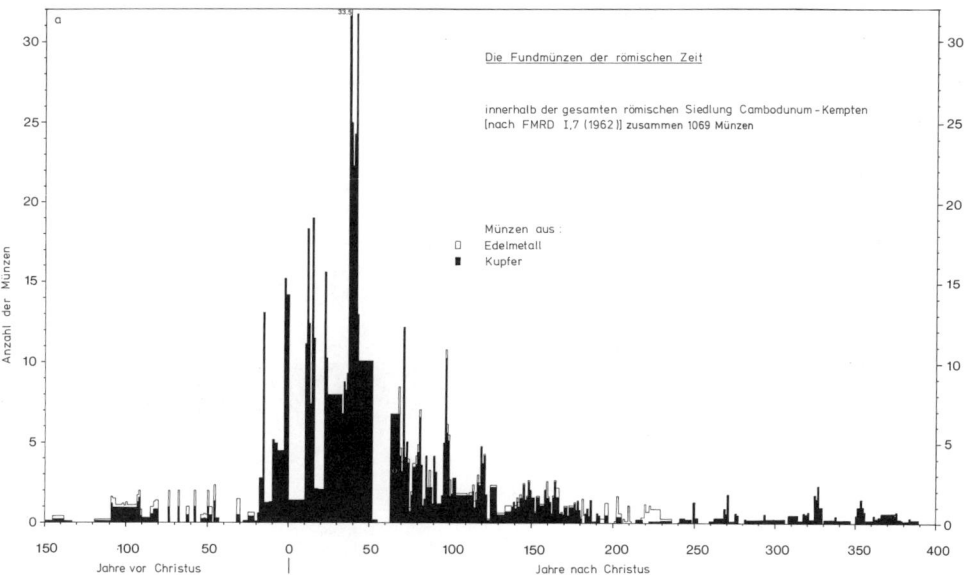

Abb. 15 Fundmünzen aus dem Siedlungsgebiet der Römerstadt Cambodunum (ohne Schatz- und Grabfunde, Stand ca. 1960)

Viele Fundmaterialien, vor allem die Gefäßkeramik, dokumentieren die Handelsbeziehungen mit anderen Teilen des römischen Reiches. In Cambodunum sind z. B. die großen, nicht selten von Töpfern gestempelten Reibschalen (Abb. 16)[16], die römischen »Mörser«, noch weitgehend unerforscht geblieben.

Allein das Gewicht des bis heute in Cambodunum gefundenen »Tafelgeschirrs der Römer«, der Terra Sigillata, ist in Tonnen zu messen. Den größten Anteil hat dabei der Import aus Südfrankreich (Taf. 3.1), eine Ware, deren Qualität im letzten Drittel des 1. Jahrhunderts n. Chr. deutlich abnimmt.

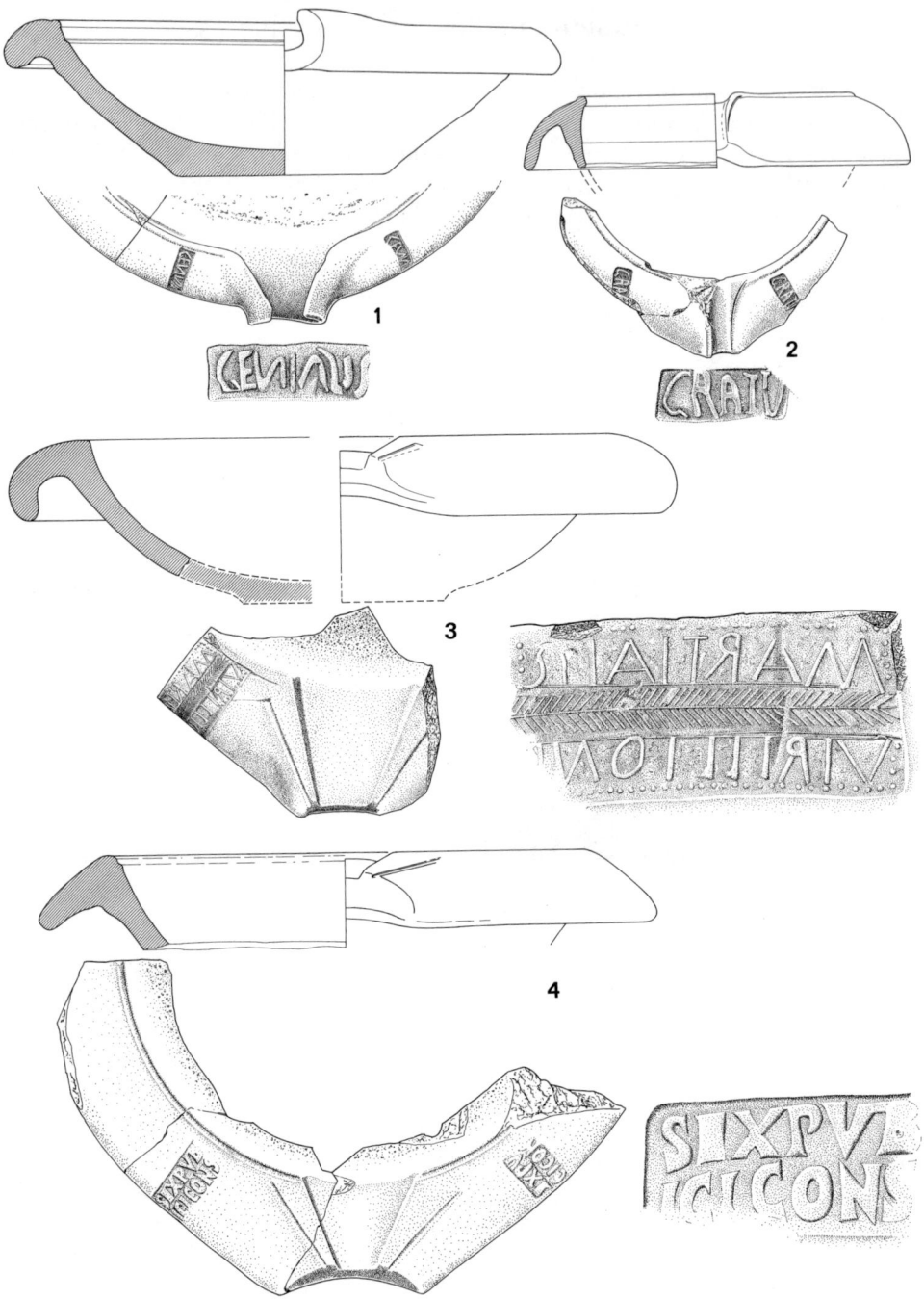

◁ *Abb. 16 Vom Töpfer gestempelte Reibschüsseln, die Mörser der Römerzeit, als Beispiele römerzeitlichen Imports.* 1 Werkstatt des Genialis wohl in Norditalien, 1. Jahrhundert n. Chr.; 2 Werkstatt des Gaius Atisius in der Gallia Narbonensis, 50–80 n. Chr.; 3 Werkstatt des Martialinus, Freigelassener des Petronius in Mailand, spätes 1. Jahrhundert n. Chr.; 4 Werkstatt des Sixtus Publicionis. M 1:5 (Stempel M 1:1, 66)

Eine Bronzebüste des römischen Gottes Merkur (Abb. 17) ist nicht nur als qualitätvolle italische Arbeit der Mitte des 1. Jahrhunderts n. Chr. von Interesse[17], sie ist eines von vielen Zeugnissen für die Verehrung dieses Gottes der Händler, Reisenden und Diebe. Sie ist in ihrer ursprünglichen Verwendung als Schiebegewicht einer Waage ein Hinweis auf den Berufsstand der Kaufleute, von denen sicher nicht wenige in Cambodunum seßhaft waren. Die Büste ist in ihrer anspruchsvollen Ausformung als Bodenfund nördlich der Alpen ebenso selten, wenn nicht einmalig, wie eine Reihe anderer Objekte aus Cambodunum. Tafel 3.2 zeigt ein kleines »Metalldepot«, das wohl erst in den ersten Jahrzehnten des 3. Jahrhunderts n. Chr. in einem Holzkeller beim Brand des Hauses verschüttet wurde[18]. Man wird kaum davon ausgehen können, daß diese ›Altmetallsammlung‹ über mehrere Generationen zusammengetragen worden war. Demnach waren in manchen Haushalten von Cambodunum offensichtlich »Erbstücke« noch aus der Zeit des julisch-claudischen Kaiserhauses (27 v. bis 69 n. Chr.) bis ans Ende des 2. oder ins beginnende 3. Jahrhundert n. Chr. in Ehren gehalten worden: ein Phänomen, das in anderen Römerorten keineswegs die Regel ist.

Nach dem Selbstmord Kaiser Neros im Jahre 68 und nach der Ermordung seines Nachfolgers Galba durch die Prätorianer, die Schutztruppe des Kaisers, zu Beginn des Jahres 69 n. Chr. wurde das gesamte römische Reich von den Kämpfen und Wirren um die Nachfolge auf dem Kaiserthron erschüttert, bis nach Otho und Vitellius im Dezember 69 endlich T. Flavius Vespasianus als Sieger Bestätigung fand[19].

Sicher war das im Westen an Rätien grenzende Gebiet der Helvetier von den Unruhen betroffen worden[20], und auch in Cambodunum könnten Zerstörungen und Brandspuren aus dieser Zeit mit den reichsweiten Wirren in Verbindung gebracht werden: sei es, daß der Statthalter oder die Bürgerschaft von Cambodunum in der vermeintlichen Gunst der Stunde auf die falsche Partei gesetzt hatten, oder daß Petronius Urbicus, der Statthalter von Noricum, bei seinem Eindringen in Rätien auch Cambodunum heimgesucht hatte[21].

*Abb. 17   Büste des römischen Gottes Merkur. Bronzeguß mit Bleifüllung. Höhe 12,6 cm.
Mitte 1. Jahrhundert n. Chr. Sie diente einst als Laufgewicht einer Schnellwaage und wurde
1911 im römischen Cambodunum gefunden*

W. Krämer konnte erstmals die Zerstörung des älteren Forum mit dieser Zeit in
Verbindung bringen[22]. Das erste Jahrzehnt des flavischen Kaiserhauses, die siebziger Jahre, erscheint in weiten Zonen von Cambodunum charakterisiert durch
Brand- und vor allem Bauschuttschichten, wobei sich im Bauschutt immer wieder
Freskenreste, Marmorplatten und Bronzeteile finden, wie sie 1885/86 am Forum
beobachtet werden konnten. Auch Teile der Planierschichten über dem Gräberfeld
auf der Keckwiese[23] und die Bauschutt führende Aufhöhung der Illerinsel[24] ab
vespasianischer Zeit wird man in diesem Kontext sehen können.
Spätestens aber in den achtziger Jahren beginnt der Neu- und Ausbau der Römerstadt Cambodunum in Stein. Und es ist der Grundriß dieser Stadt (s. o. Abb. 20),
zumindest des zentralen Ortsbereiches, dessen weitgehende Kenntnis in seiner Geschlossenheit bis heute als einmalig gelten kann im Hinblick auf die bislang bekannten Pläne römischer Städte nördlich der Alpen.

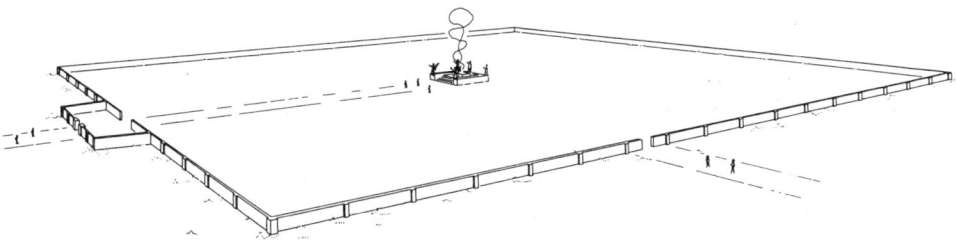

Abb. 18 Der große heilige Bezirk von Cambodunum. Als einziges Bauwerk stand in seiner Mitte ein Altar mit Standbildern aus Bronze

Cambodunum, ein römisches »Oberzentrum«

Schon um die Mitte des 1. Jahrhunderts n. Chr. existierte südöstlich des älteren Forum ein großer, von einer Steinmauer umgebener Bezirk mit einer Länge von 238,10 m, d. s. 800 römische Fuß, und einer Breite von 178,95 m, d. s. 600 römische Fuß (Abb. 9, 18 und 20)[25]. Man betrat ihn von Nordwesten über einen ebenfalls ummauerten Vorhof. Im Zentrum des Bezirks stand ein ca. 8,4 auf 12 m großer Altar, der mit Bronzestatuen ausgestattet war und der den ideellen Ausgangspunkt der decumanus-Linie der Stadt bildete.

Nach Vergleichen zu schließen, läßt sich die Anlage als heiliger Bezirk und als Versammlungsort des zumindest einmal im Jahr stattfindenden Landtages einer Region erklären. Hier konnte gegenüber dem römischen Kaiserhaus Respekt und Verehrung demonstriert werden und hier konnte gleichzeitig Anregung und Kritik, direkt an den Kaiser in Rom gerichtet, vorgetragen werden, von dem wiederum eine unmittelbare Antwort zu erwarten war. Der Bezirk bestand fast unverändert auch in der in flavischer Zeit wieder aufblühenden Stadt fort und weist Cambodunum als eine Art Oberzentrum aus.

Zieht man daneben in Betracht, daß im römischen Augsburg bis heute kein Steingebäude sicher nachgewiesen werden konnte, das bereits um die Mitte des 1. Jahrhunderts n. Chr. bestanden hätte, ist die Frage nicht ganz von der Hand zu weisen, ob der antike Geschichtsschreiber Tacitus in seiner wohl noch 98 n. Chr. veröffentlichten Germania nicht auch das römische Cambodunum gemeint haben könnte, wenn er von der »splendidissima Raetiae provinciae colonia« schreibt, »der sich prächtig entwickelnden Kolonie der Provinz Rätien«[26].

* Den Abschnitt ›Cambodunum links der Iller‹ hat Werner Zanier mitverfaßt.

1 Schleiermacher: Cambodunum, S. 50–59. Wolfram Kleiss: Die öffentlichen Bauten von Cambodunum (Materialhefte zur Bayer. Vorgeschichte 18), München 1962, S. 25, 67, 80–82 und 88f.

2 Siehe dazu z. B. die vorläufigen Insula-Pläne in Wolfgang Czysz: Der Sigillata-Geschirrfund von Cambodunum-Kempten. In: Bericht der Römisch-Germanischen Kommission 63 (1982), S. 284 Abb. 2 mit der dazu angegebenen Literatur; Peter Fasold und Gerhard Weber: Ein römischer Metall-Sammelfund aus Kempten-Cambodunum. In: BVBl 52 (1987), S. 40f. mit Abb. 2 mit der dazu angegebenen Literatur; oder W. Kleiss, Bauten, S. 55f.

3 Zuletzt G. Weber: Archäologischer Park Cambodunum, S. 17–20, 70 (Literaturhinweise).

4 Ludwig Ohlenroth: Cambodunum: 19. Grabungsbericht 1939–42. In: AGF 53 (1952), S. 1–27 und Schwabenland 7 (1940), S. 269 bis 287.

5 L. Ohlenroth, in: AGF 53 (1952), S. 15f. mit Taf. 1 und 3.

6 Krämer, Forschungen, S. 15–36 mit Planbeilagen.

7 Adelhart Zippelius: Die Rekonstruktion der Holzbauten. In: W. Krämer, Forschungen, S. 37–51.

8 Vgl. zuletzt G. Weber: Ausgrabungen, S. 102 bis 106.

9 Mackensen, Gräberfeld.

10 Kleiss, Bauten, S. 13–25 mit Tafelabb.

11 Ebd. S. 70–74 und 80–82 mit Tafelabb.

12 Die Gesamtvorlage aller römerzeitlichen Funde und Befunde aus Kempten links der heutigen Iller ist für die Bayer. Vorgeschichtsblätter vorgesehen.

13 Die Grabungen unter dem Rathaus sind bereits publiziert: Gerhard Weber: Der Umbau im Rathaus, eine Chance für die Archäologie. In: Das Rathaus zu Kempten im Wandel der Geschichte, Kempten 1987, S. 146–165; Dorothee Ade-Rademacher, ebd., S. 166ff.; Hans-Peter Uerpmann, ebd., S. 197ff. Zu den Rathausplatzgrabungen vgl. Gerhard Weber und Werner Zanier: Kempten-Cambodunum links der Iller. In: Das archäologische Jahr in Bayern 1988, Stuttgart 1989 (im Druck).

14 Zum linken Illerarm vgl. August Ullrich: Der frühere Lauf der Iller und die denselben bestätigenden Funde in der Gerbergasse zu Kempten. In: AGF 2 (1889), S. 18–20. Vgl. auch unten in Kap.: Kastell, Siedlung und Gräberfeld links der Iller in spätrömischer Zeit (S. 58).

15 In der graphischen Darstellung sind nur die vor 1960 inventarisierten Fundmünzen aus Cambodunum berücksichtigt. Maria R. Alföldi: Die Fundmünzen der römischen Zeit in Deutschland. Abt. I Bayern, Bd. 7 Schwaben, Berlin 1962, Nr. 7182.

16 Für die Bestimmung der in der Römischen Sammlung Cambodunum ausgestellten Stücke habe ich Wolfgang Czysz, Augsburg, zu danken. Er beabsichtigt, diese Stücke im Rahmen einer größeren Keramikpublikation vorzulegen.

17 Ernst Reisinger: Ein römisches Gewicht aus Kempten. In: Bonner Jahrbücher 122 (1913), S. 241–246 mit Taf. 21.

18 Peter Fasold und Gerhard Weber: Ein römischer Metall-Sammelfund aus Kempten-Cambodunum. In: BVBl 52 (1987), S. 37–55.

19 Zusammenfassend dazu Dietwulf Baatz: Das Vierkaiserjahr 69: Bataveraufstand und Imperium Galliarum. In: Ders. und Fritz-Rudolf Herrmann (Hrsg.): Die Römer in Hessen, Stuttgart 1982, S. 66–68; Jürgen Kunow: Das Vierkaiserjahr und der Bataveraufstand. In: Heinz Günter Horn (Hrsg.): Die Römer in Nordrhein-Westfalen, Stuttgart 1987, S. 59 bis 63. Vgl. auch Hans-Jörg Kellner: Die Römer in Bayern, 4. Aufl., München 1978, S. 39–41.

20 Zuletzt Rudolf Fellmann: Aufruhr der Helvetier und die Folgen. In: Walter Drack und Rudolf Fellmann (Hrsg.): Die Römer in der Schweiz, Stuttgart und Jona 1988, S. 48–52.

21 W. Schleiermacher, Cambodunum, S. 14f.

22 W. Krämer, Forschungen, S. 35f. und 121 bis 123.

23 Wolfgang Czysz und Michael Mackensen: Römischer Töpfereiabfall von der Keckwiese in Kempten. In: BVBl 48 (1983), S. 139f.

24 Gerhard Weber und Werner Zanier, Kempten-Cambodunum.

25 Gerhard Weber: Der große heilige Bezirk in Kempten – Provinziallandtage in Rätien. In: Die Römer in Schwaben, München 1985, S. 230–232 mit Litaraturangaben.

26 P. Cornelius Tacitus, Germania 41. Vgl. auch Lothar Bakker: Die Anfänge der Zivilsiedlung Augusta Vindelicum. In: Gottlieb, Augsburg, S. 39.

Entwicklung von Stadt und Land in der hohen Kaiserzeit

Gunther Gottlieb

Im zweiten Jahrhundert erreichte das Imperium Romanum den Höhepunkt seiner Entwicklung. Zugleich setzte, etwa während der Regierung Marc Aurels (161–180), die Wende ein, die in die äußere und innere Krise des dritten Jahrhunderts führte.

Der Friede an den Grenzen und der weitgehende Verzicht auf Eroberungen hatten einen ungestörten Aufschwung in allen Lebensbereichen ermöglicht. Im Westen des Reiches, so in Rätien, war das zweite Jahrhundert auch der Höhepunkt der von den Römern eingeleiteten Urbanisation und des ländlichen Siedlungswesens, damit der gesamten Infrastruktur[1]. Was bedeutet dies, bezogen auf unseren Gegenstand, im einzelnen?

Der süddeutsche Teil Rätiens war selbst im zweiten Jahrhundert nicht besonders dicht besiedelt. Es gab offenkundig siedlungsarme oder fast siedlungsleere Landschaften, etwa zwischen Günz und Wertach/Lech oder zwischen Paar, Donau und Inn – ausgenommen natürlich die Zivilsiedlungen in der Nähe einiger Donaukastelle und den fruchtbaren Gäuboden um Straubing. Andererseits kennen wir eine Reihe von größeren Orten – Städten, stadtartigen Siedlungen und zentralen Marktorten: Kempten, Epfach, Augsburg, Günzburg, Faimingen, Munningen, Nassenfels, Weißenburg, Straubing, Künzing, Passau.

Die Wahl der Begriffe deckt allerdings eine gewisse Verlegenheit auf. Mit Stadt im echten Sinne verbinden wir bestimmte Vorstellungen: herausgehobene Rechtsqualität (nachgewiesen durch die Bezeichnungen *colonia* oder *municipium*), städtebauliche Grundgegebenheiten (Forum mit Markthalle [Basilika], Verwaltungsgebäude, Theater, Tempel, Thermen, Vorratshäuser, dichte Bauweise und häufig regelmäßig angelegte Straßen und Wohnviertel), differenzierte Sozialordnung mit dem Stand der Rathsherren *(ordo decurionum)* an der Spitze, Mittelpunktsfunktion für ein zugehöriges Territorium, Konzentration von Handel, Handwerk und Gewerbe. Die herausgehobene Rechtsqualität hatten viele Siedlungsplätze nicht, die trotzdem nach Größe, Funktion, Gestalt und Organisation richtige Städte und Verwaltungsmittelpunkte ihres Umlandes gewesen sind. Die so beschaffenen Siedlungen können wir nach dem Sprachgebrauch der Quellen als *oppida* bezeichnen. Die sonstigen größeren Siedlungen, ob wir sie nun stadtartige Siedlungen oder zentrale Marktorte nennen, standen wohl nicht auf einer Stufe mit den Städten, sondern gehörten in eine mehr informelle Ebene. Vor allem fehlte ihnen die raumordnende Funktion des Mittelpunktes im Sinne einer Gebietskörperschaft und damit die administrative Bindung des Umlandes an diese Orte.

Soweit wir uns im Bereich der Theorie bewegen, läßt sich das alles bündig erklären. Fangen wir aber an, diese Erkenntnisse auf das Land zwischen Alpen und Limes anzuwenden, stoßen wir auf verschiedene Hindernisse: Die einzige Stadt im Rechtssinne war Augsburg, das Kaiser Hadrian (117–138) zum *municipium* erhob[2]. Es ist auch der einzige Ort, von dem wir wissen, daß er einen Ratsherrenstand hatte, dessen kommunale Verwaltung wir ein wenig kennen und über dessen Sozialordnung wir ein paar Informationen haben. Das alles, weil für das zweite Jahrhundert eine größere Anzahl von Inschriften mit entsprechenden Auskünften erhalten geblieben ist. Im Vergleich zu Köln, Mainz oder Trier ist es wenig; aber doch mehr als in jeder anderen rätischen Siedlung. Natürlich hatte Augsburg ein Territorium; doch wissen wir nicht, wie weit sich dieses ausdehnte und welche anderen territorialen Einheiten an das Augsburger Territorium angrenzten[3]. Nimmt man die Befunde des ersten und zweiten Jahrhunderts, müßte man auch Kempten zu den Städten mit Territorium, also den Gebietskörperschaften, rechnen. Aber schon bei Epfach, Günzburg, Faimingen, Nassenfels oder Weißenburg ist die Frage offen. Vor allem fehlen für die regionale Gliederung jegliche Anhaltspunkte.

Eine durchgehende Munizipalisierung, wie sie im östlich benachbarten Noricum bereits unter Kaiser Claudius (41–54) begonnen hatte[4], gab es in Rätien nicht. Offenkundig bot Rätien in Hinsicht auf Bevölkerung und Infrastruktur nicht die erforderlichen Voraussetzungen. Augsburg blieb, so viel wir wissen, das einzige Munizipium. Ob Abodiacum (Epfach) in severischer Zeit (Anfang 3. Jahrhundert?) als zweite rätische Stadt Munizipium wurde, ist zweifelhaft, weil wir über nichts weiter als eine mehrdeutige inschriftliche Aussage verfügen. Man kann sich auch schlechterdings nicht vorstellen, daß Epfach nach Sozialstruktur und allgemeinem Entwicklungsstand eine Stufe erreicht hatte, welche die Erhebung zum Munizipium hätte rechtfertigen können. Vielleicht wurde Abodiacum aber nach dem Ende der Auerbergsiedlung als Markt- und Handwerkerort Verwaltungsmittelpunkt der Licatier[5].

Auch Günzburg war für das landwirtschaftlich lebhaft genutzte Umland sicher Marktort und Zentrum. Ob es zugleich Verwaltungsmittelpunkt einer neuen regionalen Einheit geworden ist, bleibt völlig ungewiß[6]. Hier fehlt es an der schriftlichen Überlieferung. Die Raumordnung ist eben ein Sachgebiet, das mit rein archäologischen Funden nicht befriedigend erhellt werden kann. Nur schriftliche Zeugnisse liefern die Hinweise, die wir brauchen, um regionale Einheiten, also administrative Gegebenheiten, erkennen zu können. Andernfalls haben wir, so wichtig das ist, nur Material zur Bestimmung der Siedlungsstruktur von geographischen Großräumen. Mit Recht betont Wolfgang Czysz, daß sich Gemeinwesen von gehobener Qualität und Stellung im archäologisch nachweisbaren Siedlungsbefund nur unscharf von ausgedehnten dorfartigen Ansiedlungen unterscheiden[7]. Stadt und Dorf sind siedlungskundliche Begriffe. Selbstverständlich besaßen beide Siedlungstypen zentralörtliche Funktionen im Sinne von Marktort und Straßenknotenpunkt. Nur muß eine solche Siedlung nicht zugleich Zentralort einer regionalen Einheit gewesen sein. Das macht aber Aussagen über die Raumordnung so schwer, wenn wir nichts weiter als archäologisches Material haben.

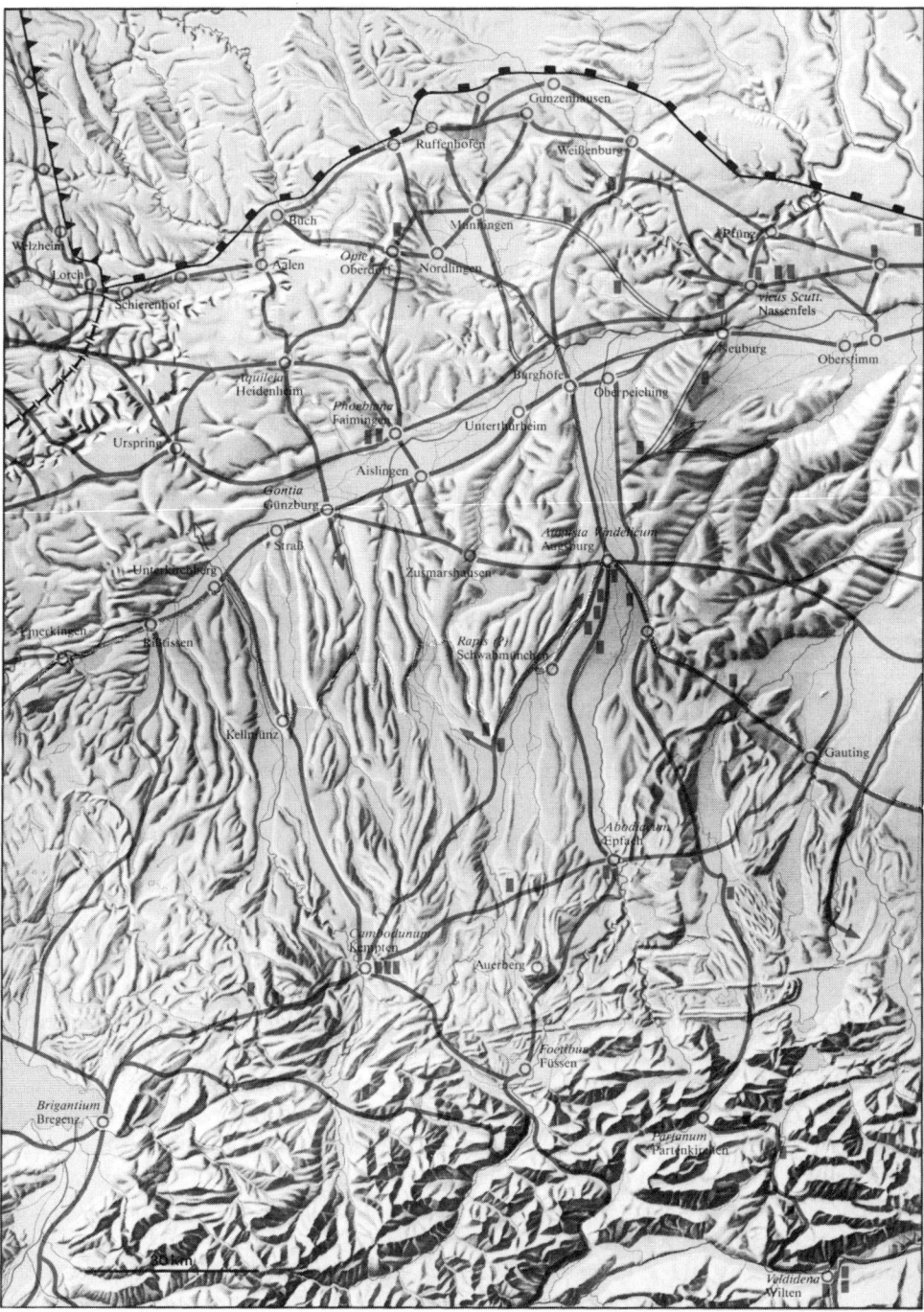

Abb. 19 Römerstraßen und Meilensteine, Städte und Dörfer der mittleren Kaiserzeit in Weströtien

Die nächst tiefere Ebene der Siedlungsstruktur waren die Dörfer (*vici*) ohne über-örtliche Funktion, weniger reine Bauerndörfer, wie wir sie heute kennen, eher Handwerkersiedlungen in der Umgebung von Manufakturen. Beispiele für diese Art Siedlung sind das römische Schwabmünchen und (unweit westlich) Schwab-egg[8].

Der Regeltyp der ländlichen, bäuerlichen Siedlung war die *villa rustica*, der einzeln gelegene Gutshof. Im zweiten Jahrhundert finden wir *villae rusticae* im ganzen Alpenvorland, auch unmittelbar am Alpenrand, aber in unterschiedlicher Dichte[9]. Kleine Gutshöfe in kargen Gegenden wie etwa auf den Jurabergen (zwischen Donau und Limes) konnten wohl nur den Bauern und seine Familie ernähren. Häufig jedoch erwirtschafteten die *villae rusticae*, wenn sie Feldfrüchte anbauten, einen Überschuß, oder sie waren ganz auf Viehzucht und damit Produktion von Fleisch oder Wolle eingestellt, wie das in der Umgebung von Augsburg der Fall gewesen ist[10].

Insgesamt waren die Gutshöfe wichtig für die Versorgung der größeren Orte und der Garnisonen an der Grenze mit Grundnahrungsmitteln. Daraus erklärt sich zum Beispiel die außerordentliche Dichte der Bauernhöfe im Nördlinger Ries und im Gäuboden – wobei man natürlich auch berücksichtigen muß, daß diese fruchtbaren Landschaften geradezu zur Expansion bäuerlicher Besiedlung einluden.

Besonders wichtig für das zweite Jahrhundert ist die riesige Fundmenge von Zeugnissen des wirtschaftlichen Lebens in Stadt und Land: Steininschriften mit Berufsbezeichnungen, Händlerinschriften mit Angaben über die Handelsgüter, direkte Zeugnisse gewerblicher Tätigkeit (wie Reste von Töpferöfen, Spuren der Metallerzeugung und -verarbeitung) und die Produkte gewerblicher Tätigkeit, die entweder an Ort und Stelle gefertigt wurden oder über den Fernhandel nach Rätien gelangten. Für viele Waren des gehobenen Bedarfs, darunter Glas und feine Keramik, aber auch für Spezialitäten der Küche und die in großen Mengen benötigten Nahrungsmittel wie Wein und Olivenöl waren die Bewohner Rätiens und die Soldaten an der Grenze auf die Zufuhr von weither angewiesen[11].

Das Straßennetz war, wie überall im Römischen Reich, gut ausgebaut. An Transportmitteln und Transportunternehmen fehlte es auch nicht. Trotzdem erreichte das Wirtschaftsleben in Rätien nicht den hohen Standard der Rhein- und Mosellande. Wir können zur Beweisführung auf Fakten zurückgreifen, die in anderem Zusammenhang schon genannt wurden: die nicht allzu große Dichte der Besiedlung, die Auffassung von der Grenze und die geographischen Gegebenheiten[12]. Allein die Tatsache, daß an Rätiens Grenze nur Auxiliareinheiten und bis weit in das zweite Jahrhundert nicht eine einzige Legion stationiert waren, hatte nachteilige Rückwirkungen auf die wirtschaftliche Entwicklung. Die Soldaten hatten ihren regelmäßigen und guten Verdienst; sie hatten stets Geld auf der Hand – eine Voraussetzung für die Kontinuität der Kaufbereitschaft. Je mehr Soldaten in einem Land stationiert waren, je mehr höhere Ränge sich darunter befanden, desto größer waren die im Sinne von Prosperität, zivilisatorischem Fortschritt und allgemeiner Entwicklung günstigen Einflüsse auf alle Bereiche des Lebens[13].

Die militärische und zivile Besiedlung der Rhein- und Mosellande äußert sich in einer riesigen Hinterlassenschaft an schriftlichen, bildlichen und sachlichen Quellen, die alles, was Rätien bieten kann, weit übertrifft. Obwohl sich auch in Köln, Mainz, Trier oder im kleineren Ladenburg zwischen Heidelberg und Mannheim wie in Augsburg, Kempten oder Regensburg Mittelalter und Neuzeit über der römischen Siedlung ausbreiteten und vieles Römische zerstörten, sind in diesen Städten ungleich mehr Steininschriften und Gegenstände des einfachen und gehobenen Bedarfs in allen denkbaren Materialien und Qualitäten erhalten geblieben. Es war eben von vornherein mehr vorhanden, was wir mit der stärkeren sozialen Strukturierung der Rhein- und Mosellande, der stets garantierten Nachfrage nach Waren in großen Mengen und mit dem größeren Reichtum der Käuferschichten erklären können.

Reichtum ist eine relative Größe, ebenso wie Großgrundbesitz, kommunale Elite, Urbanisation, Prosperität, Siedlungsdichte oder was wir sonst nehmen wollen. Augsburg und andere größere Orte in Rätien hatten eine städtische Oberschicht, die wir als die ›reichen Leute‹ bezeichnen können. Großgrundbesitz war auch hier verbreitet. Das zweite Jahrhundert brachte auch dem römischen Süddeutschland einen bemerkenswerten Aufschwung, was sich in Menge und Qualität der Waren, Baubefunden, Siedlungsdichte äußert. Aber alles orientierte sich an hier gültigen Maßstäben, wo weder Urbanisation noch Erschließung der ländlichen Räume, weder Binnen- noch Fernhandel, weder künstlerische noch handwerkliche Produktion mit den Rhein- und Mosellanden (wenn wir den Vergleich auf das römische Deutschland beschränken) mithalten konnten.

---

1 Vgl. Géza Alföldy: Stadt, Land und raumordnende Bestrebungen, S. 49–51.

2 Vgl. Gottlieb, Augsburg, S. 50–56.

3 Karlheinz Dietz und Gerhard Weber: Fremde in Rätien. In: Chiron 12 (1982), S. 418–420; Gottlieb, Augsburg, S. 57–59; ders., Die regionale Gliederung in der römischen Provinz Rätien. In: Gottlieb, Raumordnung, S. 77–79.

4 Vgl. zu Noricum G. Alföldy, in: Gottlieb, Raumordnung, S. 44–50.

5 Gabriele Seitz: Militärdiplomfragmente aus Rainau-Buch und Aalen. In: Fundberichte aus Baden-Württemberg 7 (1982), S. 330–341 zu den Problemen der regionalen Gliederung im Siedlungsgebiet der Licatier; Gottlieb, Raumordnung, S. 83 f.

6 Vgl. Gottlieb, ebd. S. 78 f.; sonst zu Günzburg Wolfgang Czysz und Lothar Sperber: Römische Funde aus Günzburg. In: Kastelljubiläum Guntia 77 (1977), Günzburger Hefte

10 (1977), S. 22; W. Czysz: Die ländlichen Vici. In: Die Römer in Schwaben, S. 150; ders., Günzburg: Vom Garnisonsort zur Handelsstadt, ebd. S. 150–155.

7 Czysz, Die Römer in Schwaben, S. 150.

8 W. Czysz: Töpfer, Ziegler und Geschirrhändler. In: Die Römer in Schwaben, S. 158–161 (mit Literatur); ders., in: Archäologie und Geschichte der Keramik in Schwaben, Ausstellung Neusäß 1988, S. 62–111.

9 Nur wenige *villae rusticae* sind bisher im Voralpenland zwischen Bregenz und Lech nachgewiesen. Zahlreiche Landgüter gab es in der Umgebung Augsburgs, am Chiemsee und zwischen Chiemsee und Salzburg; weiter nördlich war eine dichte bäuerliche Besiedlung im Nördlinger Ries und im Straubinger Gäuboden.

10 Vgl. dazu G. Gottlieb, Augsburg, S. 60 f.; L. Bakker: Das wirtschaftliche Leben im römischen Augsburg, ebd. S. 62–73.

11 Vgl. L. Bakker, ebd.; Hartmut Wolff: Inschriftenfunde aus Passau. In: Ostbairische Grenzmarken 23 (1981), S. 5–9; Wolfgang Kuhoff: Der Handel im römischen Süddeutschland. In: Münstersche Beiträge zur an

tiken Handelsgeschichte 3 (1984), S. 77 bis 107.

12 Vgl. S. 20 f.

13 G. Gottlieb, in: Rieser Kulturtage VI/1, S. 225–229.

Cambodunum-Kempten, eine Stadt nach mediterranem Vorbild

Gerhard Weber

Die Wohnquartiere

Schon am Beginn des 2. Jahrhunderts n. Chr. dürfte Cambodunum in wesentlichen Teilen dem Bild des Stadtplanes entsprochen haben, wie er in seiner detaillierten Form 1952 erstmals vorgelegt wurde[1]. Im zentralen Bereich der Stadt waren nicht nur die öffentlichen Bauten, sondern auch die meisten Privatbauten als Steingebäude errichtet worden (Abb. 20). Ein System von rechtwinkligen Straßen gliederte dieses Gebiet in zehn meist längsrechteckige Häuserblöcke, in sogenannte *insulae*. Als Bewohner der einzelnen Hausparzellen einer *insula* darf man Händler und Wirtsleute annehmen, zu Vermögen gekommene Handwerker ebenso wie den Besitzer eines größeren Landgutes, der hier sein Stadthaus hatte, und wohl auch den einen oder anderen Reichsbeamten. Zu den Hauptstraßen hin waren die Häuser mit Portiken, einer Art überdachter Gehsteige, versehen, die den Straßen jenes Aussehen gaben, wie man es heute noch an manchen Stellen Pompejis, Herculaneums oder Ostias nachvollziehen kann.

Eine der vornehmen *insulae* lag in bevorzugter Lage nordwestlich des Forum (Abb. 20 und Taf. 4.1 und 2). Das 1888 bis 1891 aufgedeckte Quartier[2] umfaßt mit einer Breite von ca. 61 m und einer Tiefe von 43,5 m eine Fläche von mehr als 2600 m². Gegliedert ist es in Richtung Nordwest-Südost in vier ungleich breite »Grundstücksstreifen« (Taf. 4.2, Haus 6/7, 5, 4 und 3/8). Der Ausgräber August

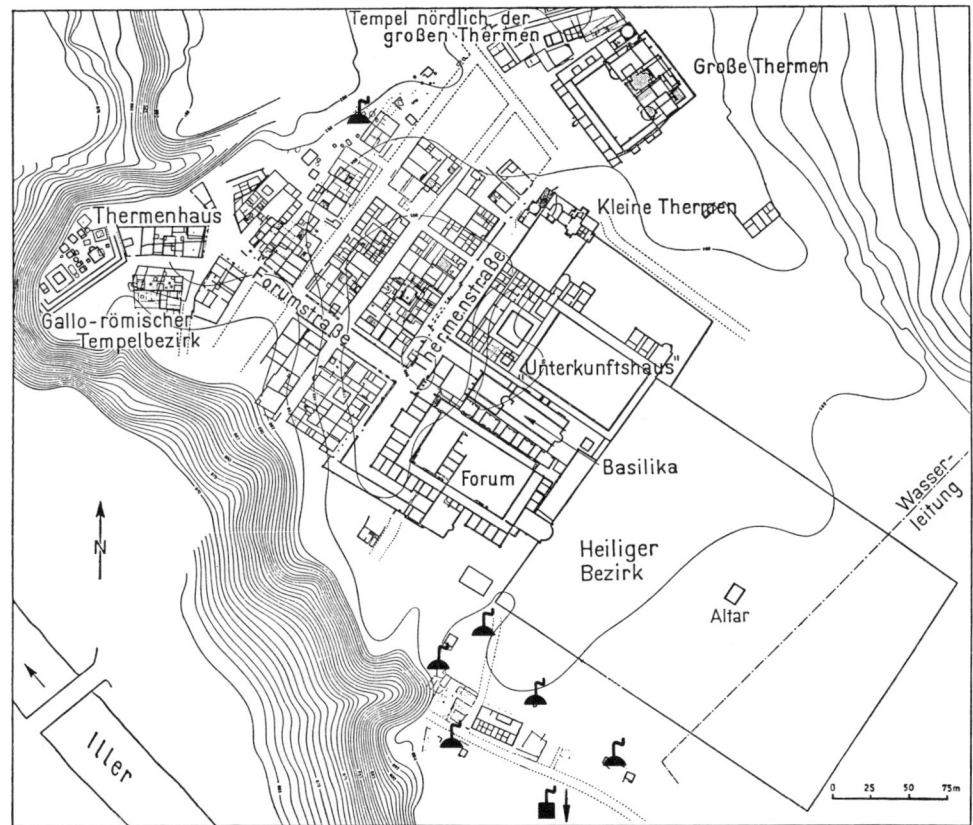

Abb. 20 Der zentrale Bereich der Römerstadt Cambodunum rechts der Iller, Ende 1. bis 1. Hälfte 3. Jahrhundert n. Chr. ⚒ *Töpferofen,* ⚒ *Zieglerofen*

Ullrich untergliedert zwei Streifen noch einmal, so daß insgesamt sechs einzelne »Häuser« entstehen (Taf. 4.2, Haus 6/7 und 3/8).

Haus 6 öffnet sich über eine innere Stützenreihe nach Südosten zur »Thermenstraße« hin mit zwei nahezu gleich großen Ladenräumen, von denen einer mit farbigen Ornamenten ausgemalt war. In dem knapp 2 m schmalen dazwischenliegenden Gang dürfte eine Treppe in ein oberes Geschoß geführt haben. Ein südwestlich anschließender, aus dem Geländeblock der *insula* vorspringender, mit einer Fußbodenheizung versehener Raum wird zum Aufenthalt in der kalten Jahreszeit gedient haben.

Haus 7 müßte nach Ullrich von Nordwesten oder von Südwesten zugänglich gewesen sein. Über einen L-förmigen Gang sind fast alle Räume zu erreichen: eine Reihe von Wohn- und Versorgungsräumen, ein kleines, aus zwei Apsisräumen bestehendes Bad und ein Innenhof (Taf. 4.2, Haus 7, Raum H).

Mit ca. 9 m lichter Breite ist Haus 5 schmäler als die übrigen Grundstücksstreifen. Zur »Thermenstraße« hin ist diese Breite durch eine Fachwerkwand in zwei langrechteckige Räume gegliedert. Von einem derselben ist eine kleine Küche mit Herdstelle abgetrennt. Man wird nicht fehlgehen, in diesen Räumen eine kleine Taverne zu vermuten.

Haus 4 ist das flächenmäßig größte. Über einen schmalen, parallel zur Straße liegenden Vorraum gelangte man in einen größeren Ladenraum – vielleicht ein Kontor –, an den sich nordöstlich ein kleines Nebenzimmer anschloß. Eine in einem knapp 1 m breiten Schacht nach oben führende Treppe war durch einen 2 m breiten Gang zu erreichen. Über diesen Gang gelangte man von der »Thermenstraße« in einen quadratischen, von einer Stützen- oder Säulenhalle umgebenen Atriumhof (Taf. 4.2, Haus 4, Raum H), dessen Rückwände zum Teil farbige Bemalung trugen. Im Nordwesten schlossen sich wohl Wohnräume an.

Auch in den Häusern 3 und 8 wird man z. T. Läden und zugehörige Nebenräume annehmen können. Der knapp 5 m lange und ca. 1,6 m breite Schacht im Haus 3 dürfte auch hier als Treppenhaus zu deuten sein. Als man 1953 bei der Überbauung des Geländes erneut auf diese *insula* stieß, waren in Haus 3 manche Mauern noch mehr als 150 cm über dem römischen Laufniveau erhalten und trugen z. T. noch den farbig bemalten Wandverputz (Taf. 5.1)[3]. Ob der nach Nordosten zur »Forumstraße« hin offene Vorraum von Haus 8 zu einer Taverne gehörte oder einem Händler als Laden diente, läßt sich auch über die hier geborgenen Kleinfunde nicht klären.

Entlang der »Forum- und Thermenstraße« war der *insula* durchgehend eine *porticus*, eine Stützen- oder Säulenhalle, vorgelagert, die in diesem Falle eine Art Gehsteig überdachte. An manchen Stellen dürften die zugehörigen Stützen nicht nur ein Vordach, sondern auch auskragende Teile eines Obergeschosses getragen haben (Taf. 4.1). Bei einer anderen *insula*, an der »Thermenstraße«, gegenüber dem sogenannten »Unterkunftshaus« gelegen (Abb. 20), konnten die Basen von Steinsäulen, die als *porticus*-Stützen dienten, beobachtet werden (Taf. 5.2).

Der einzige innerhalb der oben besprochenen *insula* bekannte Keller wurde in Haus 8 gefunden (Taf. 4.2, Haus 8, Raum K). Er war wohl über eine Holztreppe zu erreichen, wie sie sich im Keller einer anderen *insula* noch im Wandverputz abzeichnete. Meist waren die Keller jedoch über gesonderte Treppenhäuser zugänglich (Taf. 6.1). Naturgemäß bieten die Keller die aufschlußreichsten Baubefunde, wie Fenster, Licht- und Luftschächte, Details in der Ausführung der Zugänge, Ablagenischen, Regaleinlassungen oder Auflager für die Balkendecke des Erdgeschoßfußbodens.

Öffentliche Bauten

Unter den öffentlichen Bauten der Stadt nimmt das Forum als Zentrum des öffentlichen Lebens auch optisch eine besondere Stellung ein (Abb. 21)[4]. Es fügt sich in seiner letzten Ausbauphase mit einer kleinen Abweichung ebenfalls in das zentrale Raster des Stadtgrundrisses ein (Abb. 20). Über einen eigenen Torbau, eine Art *propylon*, gelangte man direkt in die Säulenhalle, die den ca. 37 × 69 m großen Hof auf allen vier Seiten umschloß. Aus den Gebäuden, die diesen Hof umgaben, ragten drei besonders hervor: die dreischiffige *basilica*, die Gerichtshalle, an die sich im Nordwesten wohl das Archiv der in der *basilica* tätigen Magistrate anschloß, als zweites die *curia*, der Versammlungsraum des *ordo decurionum*, des Gemeinderats und schließlich auf der gegenüberliegenden Schmalseite des Hofes der Forumtempel, wohl der kapitolinischen Trias Juppiter, Juno und Minerva geweiht.

Im Nordosten reichte das sogenannte Unterkunftshaus (Abb. 22)[5] direkt an das Forum heran. Von der Straße aus betrat man die Anlage über ein großes, breites *vestibulum*, das nach der Straße zu in einer Säulenstellung geöffnet war. Nach dem mittleren von drei daran anschließenden Räumen öffnete sich ein fast quadratischer Innenhof, der einen gedeckten Umgang besaß. Über verschiedene Gänge konnte man schließlich die einzelnen z. T. relativ klein parzellierten Kammern (12 bis 20 m²) erreichen, die sich als Quartiere für durchreisende Gäste erklären lassen. Platz für die Fahrzeuge und Zugtiere der Reisenden boten die beiden großen Höfe südöstlich des Unterkunftshauses und der »Kleinen Thermen«, wenngleich deren Zufahrt bislang ungeklärt ist.

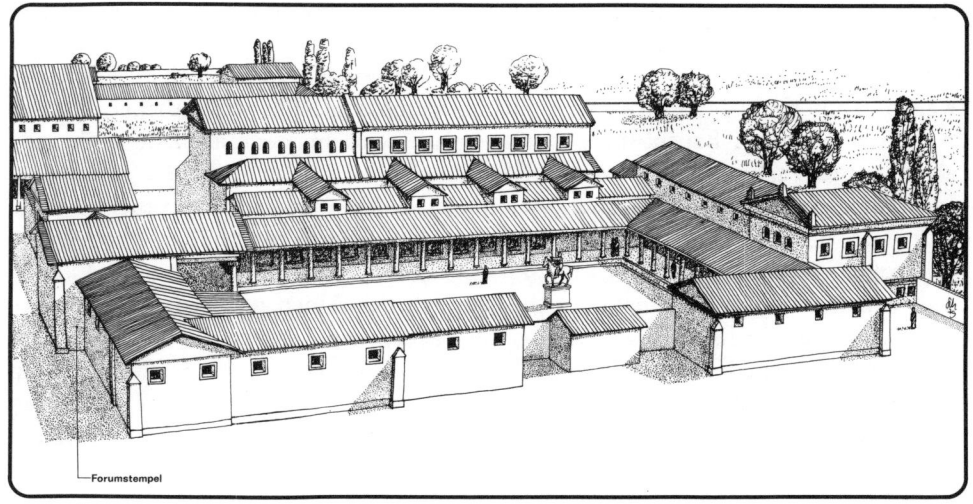

Abb. 21   Das Forum von Cambodunum im 2. Jahrhundert n. Chr.

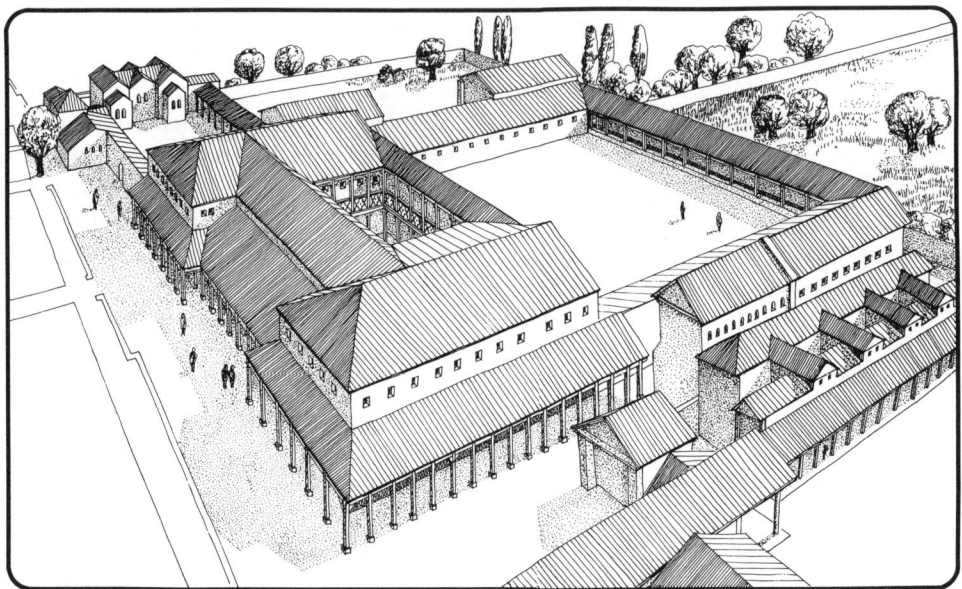

Abb. 22   Das sogenannte Unterkunftshaus von Cambodunum mit den zugehörigen Kleinen Thermen, Anfang 2. Jahrhundert n. Chr.

Eine Reihe von Indizien spricht jedoch dafür, im Unterkunftshaus ursprünglich den Palast des römischen Statthalters zu vermuten: zum einen der palastartige, nahezu axialsymmetrische Aufbau des Grundrisses mit einer Folge von Hallen und Höfen, zum zweiten die Feststellung des Ausgräbers Paul Reinecke, daß die Einteilung in relativ kleine Einzelräume erst in einer zweiten Aus- bzw. Umbauphase erfolgt war, und nicht zuletzt die Lage des Gebäudes unmittelbar neben dem Forum.

Auch der zugehörige Komplex der »Kleinen Thermen«[6] wird somit erst in einer zweiten Bauperiode öffentlich zugänglich gewesen sein. Ein wesentlicher Teil der erhalten gebliebenen Bausubstanz dieser Anlage wird im derzeit entstehenden archäologischen Park unter einem Schutzbau zugänglich gemacht (Taf. 6.2).

Noch vor dem Ende des 1. Jahrhunderts n. Chr. entstanden am nordöstlichen Ende der zweiten Hauptstraße von Cambodunum, der »Thermenstraße«, die sogenannten Großen Thermen (Abb. 23)[7], die mit einer Grundfläche von weit über 4000 m² zu den bedeutendsten Thermenanlagen nördlich der Alpen gehören. In der Mitte einer Reihe von sechs Ladenräumen (Abb. 23, Räume 17–19 und 21–23) lag im Südwesten der mit einem steinernen Torgewände hervorgehobene Hauptzugang (20). In den nach außen hin offenen Läden dürften nicht nur Waren angeboten worden sein, die mit dem Badevorgang und der Körperhygiene in Zusammenhang

Abb. 23   Die Großen Thermen von Cambodunum, Ende 1. und Anfang 2. Jahrhundert n. Chr.   ▷

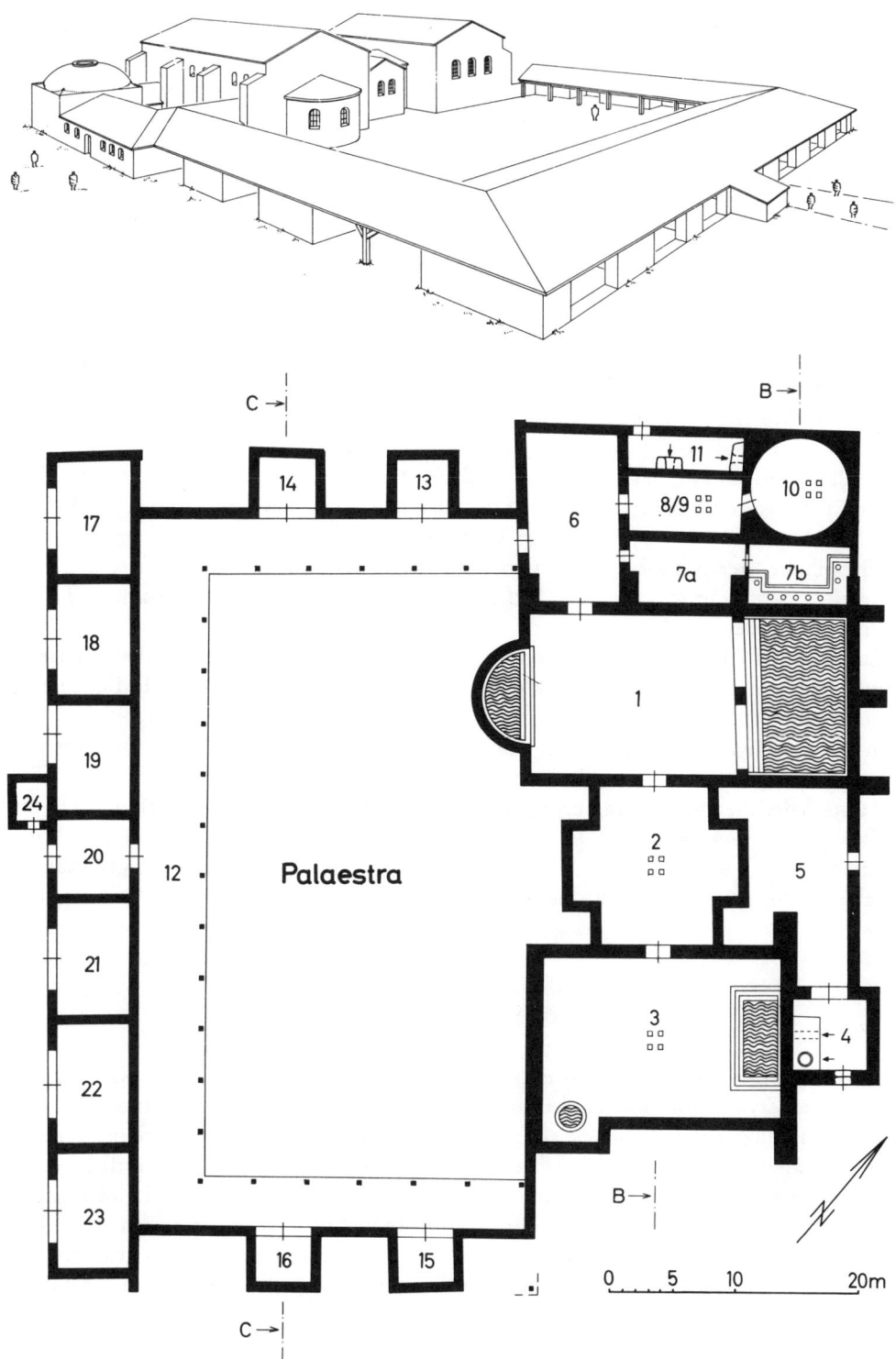

standen. In einem kleinen Anbau (24) links neben dem Eingang war der Eintritt mit einer Scheidemünze zu bezahlen. Über eine zu einem großen Innenhof hin offene Stützenhalle gelangte der Besucher in den Vorraum (6). Im Sommer konnte man sich hier der Kleider entledigen – im Winter wohl im beheizten Nebenraum (8/9) –, bevor man über das *frigidarium*, den Kaltbaderaum (1), das *tepidarium*, den Laubaderaum (2), erreichte, um sich hier bei etwa 25 bis 30°C Raumtemperatur mit ersten Handhabungen zur Körperpflege auf den wichtigsten und heißesten Raum der Thermen vorzubereiten, das *caldarium* (3). In diesem 13 × 19,2 m großen Raum herrschte eine Raumtemperatur von ca. 50°C. Der Fußboden war bei einer Oberflächentemperatur von mehr als 60°C nur noch mit Holzschuhen zu begehen. Nachdem der Körper mit einem Schabeisen von Schweiß, Schmutz und Badeöl gereinigt worden war, hielt man sich hier unter Benutzung des Heißwasserbeckens häufig solange auf, wie es der Körper vertrug. Über das *tepidarium* (2) ging man ins *frigidarium* (1) zurück, um sich in einem der beiden Kaltwasserbekken zu erfrischen.

Anschließend konnte der Badegang wiederholt werden, oder man suchte vom Vorraum (6) aus den Schwitzbaderaum, das *laconicum* oder *sudatorium* (10) auf. Von diesem Vorraum (6) aus war auch die Latrine (7a und 7b) erreichbar. Die zur Stützenhalle, der *palaestra*, hin offenen Räume 13 bis 16 können ebenso als überdachte Storträume wie auch als Treffpunkte von Vereinen oder als einfache Tavernenstuben gedeutet werden.

Nach der 1. Hälfte des 2. Jahrhunderts n. Chr. erfuhr der Badetrakt der Thermen einen völligen Umbau. In etwas kleineren Räumen konnten jedoch alle Badegänge ebenso absolviert werden wie zuvor.

Eine Badeanlage wie die »Großen Thermen« in Kempten konnte sicher nur mit viel Personalaufwand zur Zufriedenheit ihrer Benutzer betrieben werden. Zu dieser Mannschaft, die dem Bademeister, dem *balneator*, unterstand, gehörten auch die *fornacatores*, jene Sklaven, die von außen her (Abb. 23, Räume 4 und 11) die Wasserkessel und die hohlen, hypokaustierten Böden und Wände einiger Räume während des ganzen Tages zu beheizen hatten.

Der gallorömische Tempelbezirk

Antike Badeanlagen sind zweifellos ein wesentliches bauliches Charakteristikum römischer Zivilisation und Baukultur. Dagegen fällt bei Tempeln und Heiligtümern eine Differenzierung zwischen römischen und nichtrömischen Kultureinflüssen in vielen Fällen nicht leicht. Ein Beispiel für das Fortwirken vermeintlich »einheimischer«, vor allem gallischer, also keltischer Traditionen, ist der Gallorömische Tempelbezirk[8], gelegen am Westrand der Römerstadt auf einem Sporn des Illerhochufers. Die ursprünglichen, bis in die Gründungszeit von Cambodunum zurückreichenden Holzbauten wurden in flavischer Zeit nach und nach durch Stein-

Tafel 1.1   Kempten, Im Segger. Bodenprofil in Grabungsfläche 2, Ostseite, mit grabenartigen Eintiefungen.

Tafel 1.2   Römischer Meilenstein mit Angabe der Entfernung von Cambodunum. Errichtet 201 n. Chr. Höhe 154 cm, entdeckt vor 1550 bei Isny. Die Inschrift (CIL III 5987) lautet:
Imp(erator) Caesar / L(ucius) Septimius Severus Pius Pertinax Aug(ustus) Arabicus / Adiab(enicus) Parthicus Maximus / pontif(ex) max(imus) trib(unicia) pot(estate) VIII / imp(erator) XII co(n)s(ul) II p(ater) p(atriae) proco(n)s(ul) et / Imp(erator) Caesar Marcus Aurel(ius) / Antoninus Pius Aug(ustus) trib(unicia) / pot(estate) IIII proco(n)s(ul) et [......] / vias et pontes rest(ituerunt) / a Camb(oduno) m(ille) p(assus) / XI, d. h.: Der Imperator Caesar Lucius Septimius Severus Pius Pertinax Augustus, der größte Arabische, Adiabenische, Parthische (Siegernamen), Oberster Priester, im 9. Jahr seiner tribunizischen Gewalt, Imperator zum 12. Mal, Konsul zum 2. Mal, Vater des Vaterlandes, Prokonsul und der Imperator Caesar Marcus Aurelius Antoninus Pius Augustus, im 4. Jahr seiner tribunizischen Gewalt, Prokonsul und [der Imperator Publius Septimius Geta Antoninus] haben die Straßen und Brücken wiederhergestellt. Von Cambodunum 11 000 Schritt.

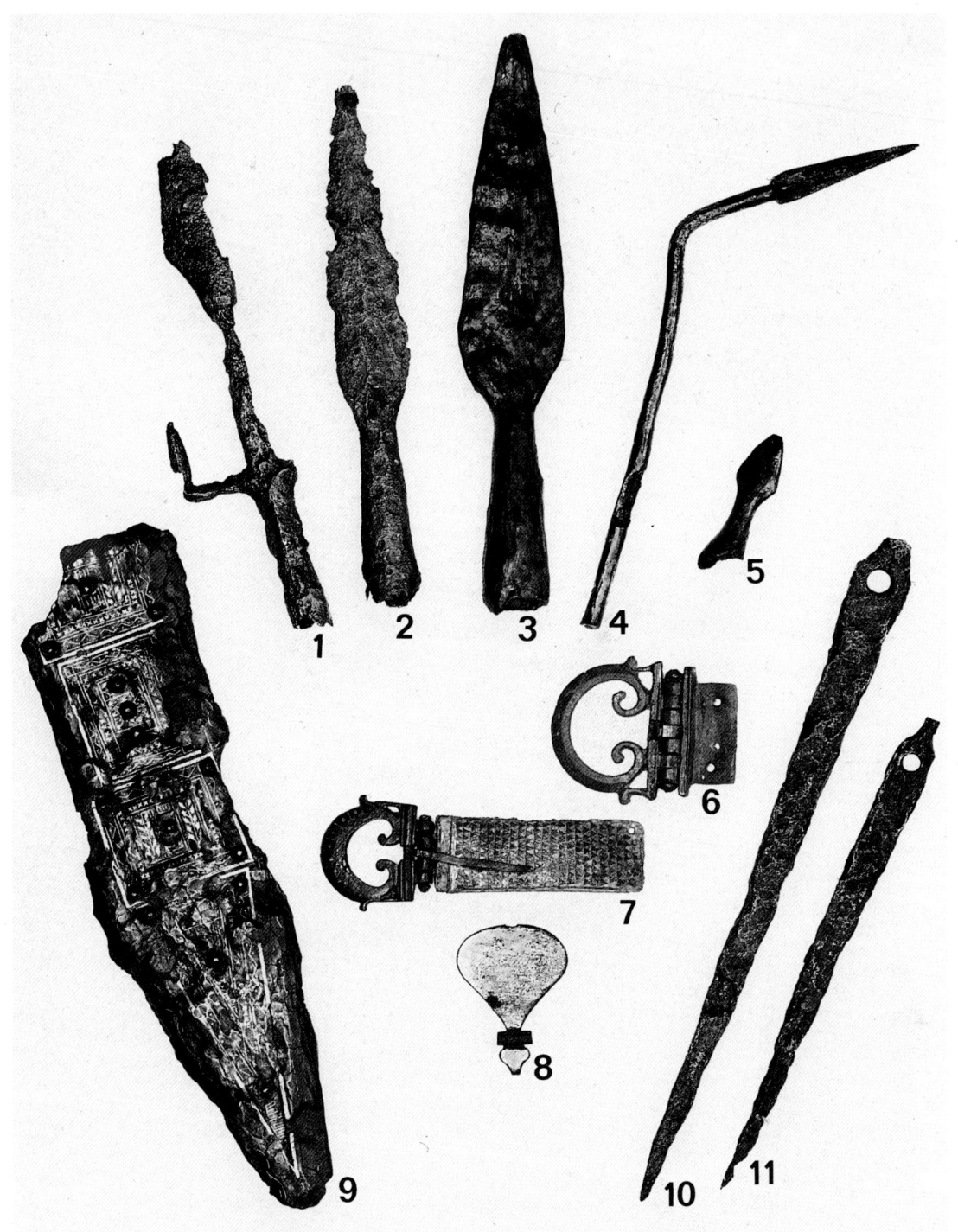

Tafel 2   Teile von der Ausrüstung des römischen Militärs im 1. Jahrhundert n. Chr.
1 Standartenspitze; 2 und 3 Lanzenspitzen; 4 Pilumspitze; 5 Geschoßspitze; 6, 7 und 8 Gürtelschnallen und Anhänger vom *cingulum,* dem Soldatengürtel; 9 tauschierte Dolchscheide aus Eisen; 10 und 11 Zeltheringe. (Höhe der Dolchscheide 22,6 cm).

Tafel 3.1   Schüssel mit floralem Reliefdekor aus Terra Sigillata der Form Dragendorff 29, 2. Hälfte 1. Jahrhundert n. Chr. (Randdurchmesser 27 cm).

Tafel 3.2   Metall-Sammelfund aus dem Keller eines Wohnhauses. Die Teile von verschiedenen Gefäßen und Geräten aus Bronze stammen aus Haushalten des 1., 2. und beginnenden 3. Jahrhunderts n. Chr.

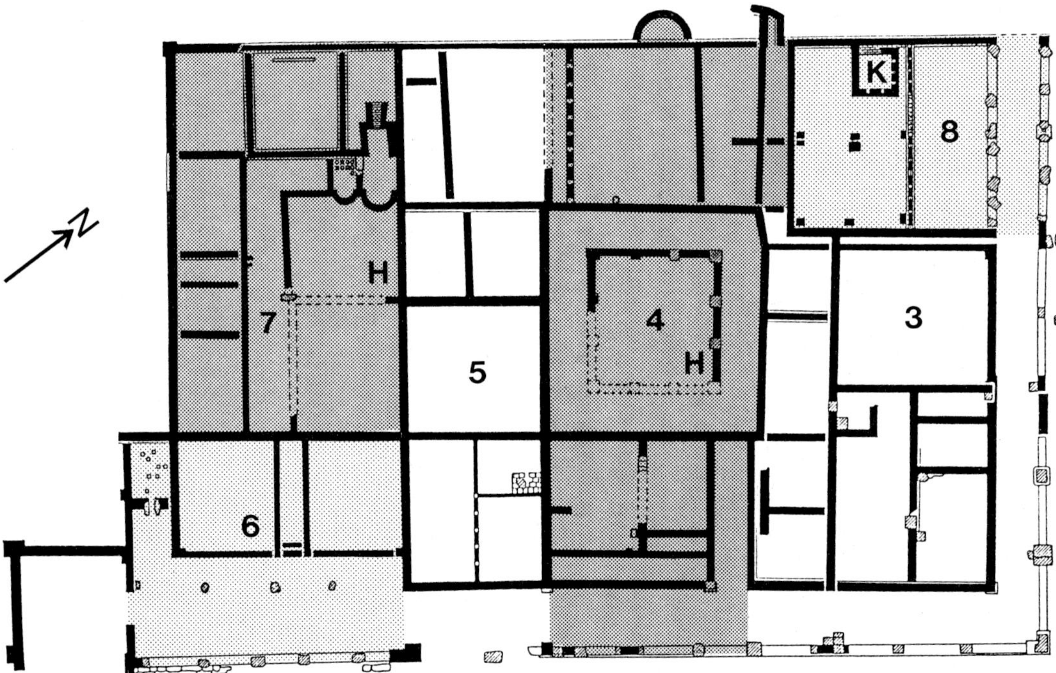

Tafel 4.1 und 4.2   Modell und Grundriß einer insula, *eines Wohnblocks, nordwestlich gegenüber dem Forum, 2. Jahrhundert n. Chr. Die Ziffern im Plan bezeichnen die von August Ullrich vermutete Einteilung in »Wohnungen«; H: Hof; K: Keller*

Tafel 5.1 Im Aufgehenden mit farbig bemaltem Wandverputz erhaltene Mauer in der insula nordwestlich des Forum (vgl. Taf. 4.1 und 4.2). Ende 1., Anfang 2. Jahrhundert n. Chr. Aufnahme 1953 im Zuge der teilweisen Überbauung der Römerstadt.

Tafel 5.2 Säulenbasen der porticus, des überdachten Gehsteiges, einer insula nördlich des Forum. Ende 1., Anfang 2. Jahrhundert n. Chr.

Tafel 6.1 Keller eines römischen Wohnhauses mit überwölbtem Zugang und Ablagenischen. Ende 1., 1. Hälfte 2. Jahrhundert n. Chr.

Tafel 6.2 Das frigidarium *(Kaltbaderaum) im Vordergrund und das* tepidarium *(Laubaderaum) der Kleinen Thermen von Cambodunum. Blick von Nordwesten. Ende 1., Anfang 2. Jahrhundert n. Chr.*

Tafel 7.1   Weihealtar eines Kultvereins zur Vereh-rung des Gottes Hercules. Gefunden 1937/38 im Gallorömischen Tempelbezirk. Breite des Schrift-blockes 66 cm. 2. Jahrhundert n. Chr.

Tafel 7.2   Blick in den teilrekonstruierten Gallorömischen Tempelbezirk von Cambodunum. Im Vor-dergrund ein Weihealtar an die gallorömische Göttin Epona. Der Stifter des Steines, Florus, (Sohn) des Dullavius, trägt einen römischen Vornamen und einen keltischen, also gallischen Familiennamen. 1./2. Jahrhundert n. Chr.

Tafel 8.1 *Die Brennkammer eines Töpferofens in der südlichen Vorstadt von Cambodunum. Die in die Brennkammer ragende Mauerzunge trug ursprünglich den Brennrost.*

Tafel 8.2 *Teile eines Depots mit Geschirr aus Terra Sigillata aus dem Keller eines Keramikhändlers in Cambodunum. Mitte 2. Jahrhundert n. Chr.*

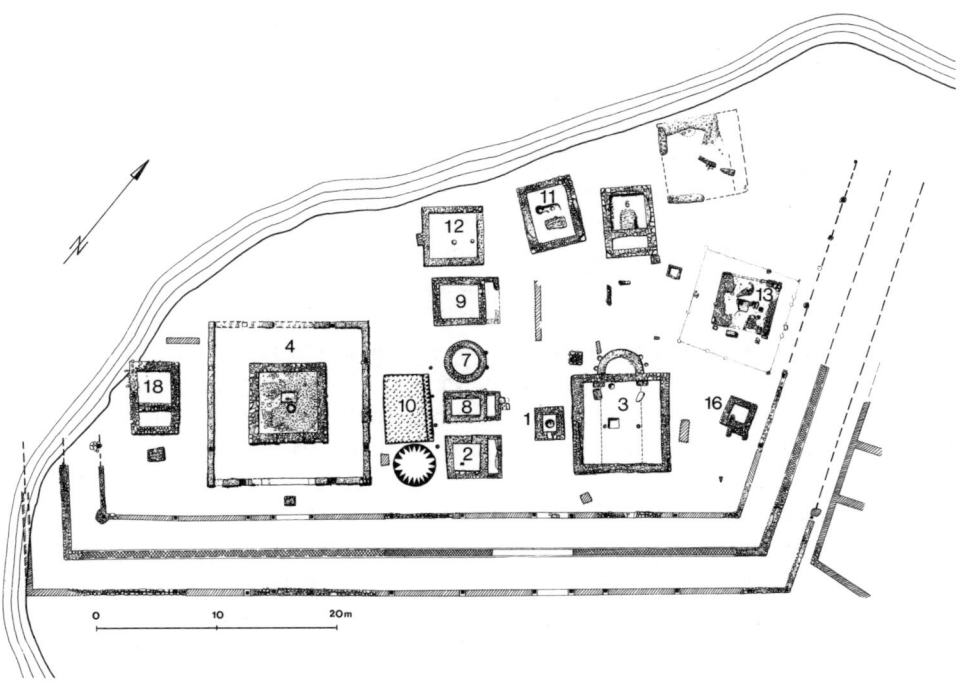

Abb. 24   Grundriß des Gallorömischen Tempelbezirks, Anfang des 2. Jahrhunderts n. Chr. Eine Doppelhalle umgibt auf drei Seiten eine Reihe von steinernen Kultbauten

bauten ersetzt (Abb. 24 und Taf. 7.2). Eine U-förmige Doppelhalle umgab einen nach Norden hin offenen Bezirk mit mindestens zwölf Steingebäuden, die allerdings nicht alle gleichzeitig bestanden haben müssen. Der größte unter diesen Bauten ist ein gallorömischer Umgangstempel (Abb. 24, Bau 4, und Taf. 7.2 im Hintergrund), ein Tempeltyp, dessen Vorkommen innerhalb der römischen Provinzen fast ausschließlich auf jene Regionen beschränkt ist, die in vorrömischer Zeit als keltisches Stammland eingeschätzt werden.

Etwas kleiner ist ein fast quadratischer Bau mit sekundär angesetzter Apsis (Abb. 24, Bau 3). Die meisten Tempelchen haben die Größe von Kapellen, wobei die Bauten, 2, 8, 9 und vielleicht auch 12 als einfache *prostyloi* zu rekonstruieren sind, bei denen das Dach über dem kleinen Vorraum von Stützen getragen wird. Der Typ des Antentempels, dessen Dach über dem Vorraum auf seitlich vorgezogenen Mauerzungen ruht, ist mit den Bauten 6 und 18 vertreten. Der westliche Zugang durch die Südseite der Doppelhalle ist auf die Längsachse des Umgangstempels ausgerichtet, der östliche auf ein kleines Denkmalfundament (1) hin orientiert, das im östlich davon gelegenen Bau 16 von der Größe her ein Gegenstück hat. Der Rundbau 7 ist als Brandopferaltar mit innenliegender Grube *(bothros)* zu deuten. Dieser Altar scheint mit den zwei Tempeln zur Rechten und den zwei (?) Tempeln zur Linken eine Art Ensemble zu bilden. Zwischen und vor allem vor den Tempelbauten standen verschiedene Kleinaltäre. Von zwei derselben haben sich die monolithischen Aufbauten gefunden: Einmal ein Weihestein für die gallorömische Pferdegöttin Epona (Taf. 7.2)[9], gestiftet von einem Mann mit dem römischen Namen Florus, dem Sohn des Dullavius, zweifellos ein keltischer Name. Der zweite Stein war zu Ehren des göttlichen Kaiserhauses von einem Kultverein zur Verehrung des Gottes Herkules gestiftet worden (Taf. 7.1)[10]. Größere plattenartige Fundamente und einige isoliert stehende Mauerstreifen waren vermutlich Podeste, auf denen diverse Weihegaben aufgestellt werden konnten. Von der relativ großen Menge an Kleinfunden aus Metall, Keramik oder Bein sind jedoch nur wenige mit einer gewissen Wahrscheinlichkeit als Devotionalien, als Weihegaben, anzusprechen.

In den Kemptener Tempelbezirk wird sowohl der Töpfer aus der Vorstadt, dessen Eltern noch kein Wort Latein gesprochen hatten, gegangen sein, um hier Gebete an einen Merkur zu richten, dessen gallischen Beinamen wir nicht kennen. Hier wird aber auch der Kaufmann aus norditalischem Gebiet einen Herkules gefunden haben, dem gegenüber er sein Gelübde mit einer Weihegabe erfüllen konnte.

Handwerk in der Vorstadt, Handel im Stadtzentrum

Nach den bislang entdeckten und als solche erkannten Töpferöfen (Abb. 20 und Taf. 8.1) waren die Töpfer einer der Handwerkszweige, dessen Wohn- und Arbeitsstätten in den weitgehend unerforschten Vorstadtbezirken gelegen waren[11], von denen bis heute nur ein kleines Areal am Nordrand des zentralen Stadtbereichs und eine größere Zone im Süden bekannt sind. Die Spuren von beiderseits der Straße gelegenen, z. T. wohl barackenähnlichen Holzbauten lassen sich in manchen Fällen zu Langhäusern ergänzen, wie sie von vielen, auch kleineren römischen Straßensiedlungen bekannt sind.

Die Handelkontore und Wohnstätten von Kaufleuten sind in erster Linie in den zentral gelegenen *insulae* zu suchen; so z. B. auch jener Geschirrhändler, dessen Lager in der *insula* nördlich des Forum in den »späten sechziger Jahren des 2. Jahrhunderts n. Chr.« einer Brandkatastrophe zum Opfer fiel[12]. Ein Teil des Bestandes, vor allem Geschirrsätze glatter Terra Sigillata aus Rheinzabern (Taf. 8.2), war dabei in einen Keller gelangt, der beim Wiederbezug des Hauses aufgelassen und gänzlich verfüllt worden war.

Ein anderes Gefäß aus Terra Sigillata mag als Beispiel dafür gelten, wie aus der weiteren wissenschaftlichen Aufarbeitung der römischen Funde noch so mancher Gewinn, mancher auch noch so kleine Mosaikstein, für die provinzialrömische Archäologie insgesamt erzielt werden kann: Es ist eine reliefverzierte Schüssel, im Dekor gestempelt vom Töpfer CIBISVS (Taf. 9)[13]. Dadurch, daß der Töpfer statt einer normalen Punze zur Verzierung der Formschüssel eine Bronzemünze des Kaisers Mark Aurel aus dem Jahre 171 n. Chr. verwendet hat, läßt sich die Schüssel »aus sich heraus« gesichert »frühestens 171 n. Chr.« datieren, was sonst bei archäologischen Fundstücken in der Regel nur aus dem Fundzusammenhang möglich ist. Sofern Produkte des Cibisus mit entsprechendem Dekor natürlich auch in anderen Römerorten gefunden wurden und werden, können diese Stücke dort wiederum entsprechend dem Kemptener Stück als gute Datierungshilfen gelten.

Für die regionale Geschichtsforschung wird es eines der vorrangigen Ziele sein, gerade jene Merkmale innerhalb der archäologischen Funde und Befunde herauszuarbeiten, die sich neben den reichsweit zu beobachtenden römerzeitlichen Gemeinsamkeiten als typische regionale Erscheinungen abzeichnen. So gilt es auch weiterhin der Frage nachzugehen, vor welchem Hintergrund es sich erklären läßt, daß im römischen Cambodunum bis heute relativ viele verschiedenartige Fundobjekte geborgen werden konnten, die nördlich der Alpen kein Gegenstück oder nur sehr wenige Parallelen haben (Farbtaf. 3)[14].

Über den unmittelbar stadtgeschichtlichen Rahmen hinaus geht die Frage nach dem römisch besiedelten Umland[15]. Bislang sind nur südlich von Kempten vereinzelte Villen- bzw. Siedlungsplätze bekannt geworden[16] und erst ab dem Raum Obergünzburg wird nördlich von Kempten eine römerzeitliche Besiedlung wieder faßbar[17]. Eine wichtige Aufgabe der Cambodunumforschung ist es, auch im Umland von Kempten auf vor- und frühgeschichtliche Fragen und Themen aufmerksam zu machen, um diesen Siedlungsraum, einen wesentlichen Teil des Allgäus, in römischer und nachrömischer Zeit historiographisch beleuchten zu können.

Stagnation in der Entwicklung der Stadt?

Nachdem Augusta Vindelicum, das römische Augsburg, unter Kaiser Hadrian wohl um 121 n. Chr. den Rechtstitel *municipium* erhalten hatte, und spätestens zu der Zeit, da nach der Mitte des 2. Jahrhunderts n. Chr. die weit über die Donau nach Norden vorgeschobene Grenze Rätiens mit der Steinmauer des rätischen Limes markiert war, scheint die Entwicklung Cambodunums zum Stillstand gekommen, wenn nicht rückläufig geworden zu sein[18]. Die Zahl aller Funde nimmt deutlich ab; größere Um- und Ausbauten, geschweige denn Neubauten, sind nicht mehr festzustellen und die Qualität des wenigen noch in diese Zeit gehörenden Mauerwerks läßt nach[19]. Zu einer Zeit, da im Nordteil Rätiens und in den meisten Regionen der gallisch-germanischen Provinzen das Gros der bis heute bekannten

Werksteinbauten, Inschriften und Bildwerke aus Stein entstand, scheinen in Cambodunum die Auftraggeber und Ausführenden derartiger Arbeiten zu fehlen. Konnte man zu Beginn des 2. Jahrhunderts n. Chr. für das gesamte Stadtgebiet einschließlich der weitgehend unbekannten Vorstädte und des näheren Umlandes noch mit einer Einwohnerzahl von ca. 3000 und mehr spekulieren, dürfte nun auch die Bevölkerungszahl deutlich zurückgegangen sein.

Es bleibt zukünftigen Forschungen überlassen, gezielte Untersuchungen darüber anzustellen, ob diese vermeintliche Stagnation nicht zumindest teilweise auch durch die Erosion der oberen Fundschichten bedingt ist und darüber hinaus durch die nicht seltene Ausgrabungspraxis, die obersten stark gestörten Deckschichten einer Grabungsfläche weitgehend unbeobachtet abzunehmen.

1 BVBl 18/19 (1951/52), S. 321 f. und Beilage 2; dazu auch Werner Krämer: Denkmalpflegerische Probleme um Cambodunum. Jahresbericht des Bayer. Landesamts für Denkmalpflege 1952 (1954), München 1954.

2 August Ullrich: Die Ausgrabungen auf dem Lindenberg bei Kempten in den Jahren 1888 und 1889. In: AGF 3 (1890), S. 117–128; ders.: Die Ausgrabungen auf dem Lindenberg bei Kempten in den Jahren 1891, 1892 und 1909. In: AGF N. F. 3 (1910), S. 93 f.; Schleiermacher, Cambodunum, S. 52 f. mit Abb. 25.

3 Max Strauß und L. f. D. (Bayer. Landesamt für Denkmalpflege): Kempten. In: BVBl 21 (1956), S. 295–297.

4 Kleiss, Bauten, S. 70–84 mit Taf. 38–41 und Beilagen 2–4; Schleiermacher, Cambodunum, S. 18–23 mit Abb. 3–5.

5 Kleiss, Bauten, S. 55–64 mit Taf. 7–9, 33–35 und Beilagen 1 und 4; Schleiermacher, Cambodunum, S. 36–41 mit Abb. 14 und 17–19; siehe auch Gerhard Weber, Ausgrabungen, in: Das Archäologische Jahr in Bayern 1987, Stuttgart 1988, S. 105.

6 Kleiss, Bauten, S. 26–41 mit Taf. 3–6 und Beilage 1 und 4; Weber, Ausgrabungen, S. 102–106.

7 Kleiss, Bauten, S. 42–54 mit Taf. 23–32; Schleiermacher, Cambodunum, S. 31–36 mit Abb. 15 und 16; Gerhard Weber: Die Kemptener Thermen. In: Die Römer in Schwaben, S. 69 f.

8 Zuletzt Gerhard Weber, Archäologischer Park Cambodunum, insbes. S. 70 (Literaturangaben).

9 Friedrich Wagner: Neue Inschriften aus Raetien. In: BRGK 37/38 (1956/57), S. 219 (Nr. 11).

10 Ebd. S. 219 f. (Nr. 12).

11 Wolfgang Czysz und Michael Mackensen, Töpfereiabfall, S. 129–164 mit Taf. 3–8.

12 Czysz, Geschirrfund, S. 218–348.

13 Paul Reinecke: Neue Funde. Kempten. Sigillataschüssel des Cibisus vom Jahre 171 oder später. In: Röm.-Germ. Korrespondenzblatt 5 (1912), Nr. 1, S. 1 f.

14 Zum grünglasierten Kantharos: Ulrich Fischer: Cambodunumforschungen 1953, 2 (Materialhefte zu Bayer. Vorgeschichte 10), München 1957, S. 26 mit Taf. 15.18 und 31; zur Lavezimitation mit Bodenstempel des ATTILVS: Gerhard Weber: Ein Stempel des ATTILVS? In: Rei Cretariae Romanae Fautorum Acta 27/28 (1989 im Druck); zur dunkelblauen Doppelhenkeltasse: Peter Fasold: Die früh- und mittelrömischen Gläser von Kempten – Cambodunum. In: Schwäb. Geschichtsquellen und Forschungen 14 (1985), S. 206 und 214 f.; zu den Teilen eines Bronzegefäßes: Peter Fasold und Gerhard Weber: Metall-Sammelfund, S. 47 (Nr. 11 mit Abb. 3.4 und Abb. 6.3) und 50 (Nr. 14 mit Abb. 3.1); alle Teile gehören zu einem Becken. Zum Bronzebesteck: Gerhard Weber und Werner Zanier: Kempten-Cambodunum links der Iller.

15 Vgl. oben G. Gottlieb: Entwicklung von Stadt und Land in der hohen Kaiserzeit.

16 Zuletzt Bartholomäus Eberl: Römisches Gebäude bei Durach. In: BVBl 10 (1931/32), S. 88–90; Ludwig Ohlenroth: Die römerzeitli-

che Siedlung an der Lojakapelle. In: AGF 41 (1937), S. 51–86 mit Taf. 1–4 und ders.: In: Schwabenland 1940, S. 290–293.

17 Rainer Christlein: Die vor- und frühgeschichtlichen Funde im Landkreis Marktoberdorf, Marktoberdorf 1959, S. 33–38 (Albrechts, Gde. Günzach), S. 38 f. (Günzach), S. 43–48 (Obergünzburg, Nikolausberg); siehe auch Friedrich Vollmer: Inscriptiones Baivariae Romanae, München 1915, S. 29 und 58–60 (Willofs, Gde. Obergünzburg); Bartholomäus Eberl: In: Schwäbisches Museum 2 (1926), S. 63 (Römisches Gebäude (?) in Reichholz, Gde. Obergünzburg).

18 Fischer, Forschungen, 42 f.; Schleiermacher, Cambodunum, S. 145.

19 Vgl. Kleiss, Bauten, S. 12.

Germanen bedrohen Rätien – die Krise des 3. Jahrhunderts[1]

Gunther Gottlieb

Völkerbewegungen in Mittel- und Osteuropa und politische Veränderungen bei den dem Reich am nächsten wohnenden Germanen, wie etwa Zusammenschlüsse zu größeren Stammesverbänden, beunruhigten die Nordgrenze des Reiches schon im zweiten Jahrhundert. Waren es zunächst die Markomannen, so bedrohten seit Kaiser Caracalla (211–217) die Alamannen nahezu ununterbrochen Obergermanien, Rätien und Teile von Noricum. Methodisch gesehen dienen vor allem Brandschichten und Münzschatzfunde dem Nachweis von Zerstörungen durch Eingriffe von außen. Möglicherweise sind Münzschatzfunde aus Augsburg und Kempten mit Schlußmünzen (das sind die jeweils jüngsten Münzen) aus den Jahren 164/5 erste Belege für das Vordringen der Feinde ins Alpenvorland.

Kaiser Caracalla hielt sich 212/213 in Rätien auf und zog über die Grenze nach Norden, um gegen die Germanen (die Alamannen) Krieg zu führen. Die Verteidigungsbemühungen hatten keine dauerhafte Wirkung. 233, um 240, 253/4 und 259/260 fielen die Alamannen in Obergermanien und Rätien ein. Das Provinzialland war unterschiedlich betroffen: 233 mehr der Nordwesten und Westen Rätiens bis zur Iller und zum Bodensee, um 240 vornehmlich die östlichen Teile und das angrenzende Noricum, 253/4 wieder der Nordwesten Rätiens und Obergermanien, 259/260 schließlich das gesamte Land zwischen Alpen und Limes. Die Ereignisse von 259/60 hatten ja auch den Rückzug der Römer, zumindest von Militär und Verwaltung, aus dem gesamten rechtsrheinischen Obergermanien und aus den Gebieten zwischen Donau und rätischem Limes zur Folge. Fortan verlief die Grenze wieder entlang der Donau und Iller und weiter auf der Strecke Kempten-Isny zum Bodensee und Hochrhein.

Auch nach 259/60 drangen von Zeit zu Zeit alamannische Scharen bis weit in das Reich vor. Sie zogen über die Alpenpässe mehrmals sogar nach Oberitalien. Ab etwa 270 lassen sich Zerstörungen auch im Alpenrheintal nachweisen.

Zu den Verteidigungsmaßnahmen der Römer gehörten die Verstärkung oder Erneuerung von Kastellen und der Ausbau von Straßen in Obergermanien und Rätien. Beides ist durch zahlreiche Inschriften bezeugt.

Eine Konsolidierung der Grenze begann erst unter den Kaisern Probus (276–282), Diokletian (284–305) und Konstantin d.Gr. (306–337). Diese Kaiser hatten nicht nur Erfolge bei der Abwehr plündernder Germanenscharen, sondern verstärkten auch die Grenze selbst, zumal dort, wo sie seit 259/60 überhaupt neu befestigt

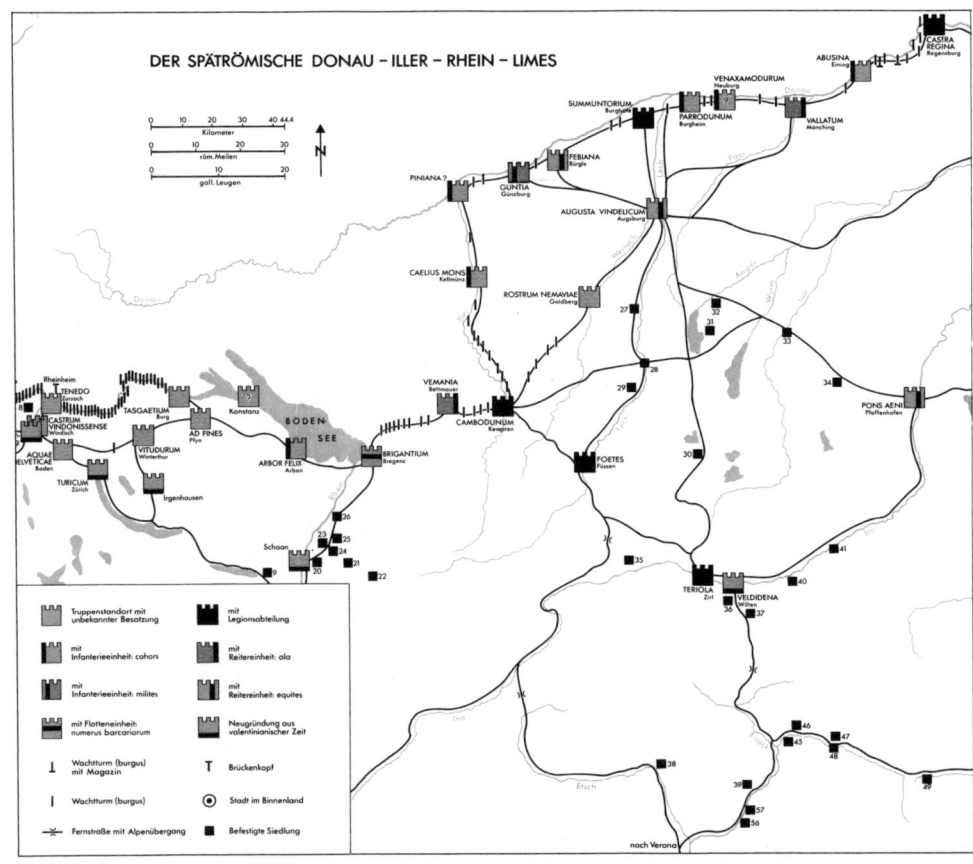

Abb. 25   Der spätrömische Donau–Iller–Rhein-Limes zwischen Rheinheim und Regensburg, nach J. Garbsch

werden mußte, wie an Donau und Iller, zwischen Kempten und Bodensee. Sie schufen gute Voraussetzungen für eine ruhige Entwicklung im grenznahen Hinterland, damit den Anreiz zu zivilen Investitionen. Schäden wurden beseitigt; vielerorts entstanden sogar neue *villae rusticae*[2].

Der Umschwung zu einer gewissen Besserung setzte am Ende des dritten Jahrhunderts ein, während die übrige Zeit durch eine umfassende Krise geprägt war. Diese war keineswegs nur die Folge der äußeren Notlage, sondern auch in den inneren Verhältnissen begründet. Seit etwa Mitte des zweiten Jahrhunderts machte sich eine Strukturschwäche der städtischen Produktions- und Wirtschaftsformen bemerkbar, die anscheinend aus einer Sättigung des Marktes bei gleichzeitigem Fehlen technischer Innovationen und neuer Märkte und Kaufbedürfnisse entstanden war. Die Erschließung der westlichen Provinzen durch die Urbanisierung hatte im ersten Jahrhundert ein außerordentlich eindrucksvolles wirtschaftliches Wachstum eingeleitet, dem in der zweiten Hälfte des zweiten Jahrhunderts eine Art Rezession folgte, die sich im dritten Jahrhundert fortsetzte. Das Unglück war, daß die äußere Krise mit der inneren zusammenfiel und diese noch fühlbarer machte. Der Rückgang von Produktion und Handel führte zu geringeren Steuereinnahmen. Gleichzeitig stiegen der Finanzbedarf der öffentlichen Hand und die Staatsausgaben ständig. Dies ergab sich aus der Vergrößerung von Armee und Beamtenschaft, der Erhöhung des Truppensoldes und aus Tributzahlungen an fremde Völker, womit die Kaiser im dritten Jahrhundert mehrmals den Frieden erkauften. Diese Umstände führten zum Absinken des Geldwertes. Als das Geld knapp wurde, erhöhte der Staat den Geldumlauf und förderte dadurch die inflationäre Entwicklung. Unmittelbare Folgen waren Preisanstieg und Senkung des Silbergehaltes des Denars, der schließlich nur noch aus einem Kern unedlen Metalls mit hauchdünnem Silberüberzug bestand. Die wirtschaftliche Krise begann nicht überall gleichzeitig und sie hatte in den einzelnen Reichsteilen unterschiedliche Auswirkungen. Daß sie, verstärkt durch den Druck von außen, in den Provinzen an Rhein und Donau besonders bedrohlich war, ist naheliegend. Insgesamt war vornehmlich die städtische Gesellschaft geschwächt, die während zweier Jahrhunderte zur Entfaltung römischer Kultur und Gesittung maßgeblich beigetragen hatte.

1 Nachstehend wichtige Literatur und Hilfsmittel zum Thema: Vgl. das Kapitel ›Auf der Suche nach Land und Beute‹ in: Die Römer in Schwaben, S. 238–246; Bernhard Overbeck: Alamanneneinfälle in Raetien 270 und 288 n. Chr. In: Jb.NG 20 (1970), S. 81–150; ders., Alpenrheintal (wie S. 13, An. 12), S. 197–207; Joseph Keim und Hans Klumbach: Der römische Schatzfund von Straubing, 2. Aufl. München

1976; Hans Jörg Kellner: Die römische Ansiedlung bei Pocking (Niederbayern) und ihr Ende. In: BVBl 25 (1960), S. 132–164.

2 Vgl. Bernhard Overbeck: Münzfunde aus der römischen Villa von Königsbrunn, Ldkr. Augsburg. In: Die Römer in Schwaben, S. 281–295 (286 f.).

Das spätrömische Cambodunum

Gerhard Weber

Grenzort mit einer Garnison

Der Niedergang der römischen Macht ist auch in Kempten mit dem Namen der germanischen Alamannen verbunden. Sieht man in Versteckfunden, insbesondere in Münzschatzfunden, ein Indiz für unruhige Zeiten, so scheinen Cambodunum und sein Umland vor allem um 233 n. Chr. vom ersten alamannischen Durchbruch nach Süden besonders betroffen gewesen zu sein[1]. Eine Karte des süddeutschen Raumes mit der Verteilung der Münzschatzfunde aus dem Jahr 233 und 259/60 bestätigt es augenfällig: Neben Kempten selbst, mit vier Fundplätzen, sind als Fundorte Buxheim, Ronsberg, Wiggensbach, Martinszell, Steingaden und der Öschlesee zu nennen[2].

Nach dem endgültigen Fall des obergermanisch-rätischen Limes (259/260 n. Chr.) hatte sich Rom wieder auf die Grenzlinie Rhein, Iller, Donau zurückgezogen (Abb. 25). Cambodunum lag nun am Ostende der »trockenen« Linie zwischen Bodensee und Iller[3]. Eine Grenzlinie, soweit sie genauer definiert überhaupt existierte, wird kaum der Straße zwischen Bregenz und Kempten entsprochen haben, eher dürfte sie sich an den Bachläufen der Laiblach, Oberen Argen, Wengener Argen und Rottach orientiert haben.

Nach einem spätantiken Staatshandbuch, der Notitia Dignitatum, saß in Cambodunum spätestens im 4. Jahrhundert n. Chr. ein Abschnittskommandant, der mit einer Einheit der 3. italischen Legion einen der drei Grenzabschnitte Rätiens, die *pars media*, kontrollieren sollte.

Abb. 26   Cambodunum in spätrömischer Zeit, im letzten Drittel des 3. und im 4. Jahrhundert n. Chr.
Im Osten der heutige Verlauf der Iller und im Westen der angenommene äußerste westliche Verlauf eines zweiten Illerarmes.
. 1 Münze, ● 2–5 Münzen, ⬤ über 10 Münzen, ○ Münzen (Fundort nicht genau lokalisierbar), ▲ sonstige Funde, △ sonstige Funde (Fundort nicht genau lokalisierbar)
──── Mauerwerk   ▦ besiedeltes Areal (1. Jh.–1. Hälfte 3. Jh. n. Chr.)   ▨ Gräberfeld   ▷

Kastell, Siedlung und Gräberfeld links der Iller*

Nach Aufgabe der römischen Stadt auf dem Lindenberg in den Alamannenstürmen der Mitte des 3. Jahrhunderts hatte sich die römische Besiedlung auf die linke Seite der Iller verlagert. Die Verteilung der spätrömischen Funde und Befunde in der heutigen Altstadt (Abb. 26) zeigt einen deutlichen Siedlungsschwerpunkt im Bereich der Burghalde.

In der Spätantike saß das Militär bevorzugt auf natürlich geschützten Erhebungen, die gut zu verteidigen waren. Die etwa 25 m aufragende Burghalde entsprach dieser Neigung bestens. Einen zusätzlichen natürlichen Schutz bot der linke Illerarm, der noch in spätrömischer Zeit die Burghalde westlich umfloß (Abb. 26)[4]. Auf der Burghalde wird man also zu Recht das Kastell der in der Notitia Dignitatum erwähnten Abteilung der *legio III Italica* vermuten dürfen. Unter und neben den mittelalterlichen Bauteilen konnten hier auch Teile der Kastellmauer aufgedeckt werden[5]. Mit etwa 0,75 ha Fläche wäre die Burghalde eine der größten spätrömischen Kastellanlagen in Rätien. Ab wann die Burghalde in der zweiten Hälfte des 3. Jahrhunderts militärisch besetzt war, läßt sich anhand des spärlichen Fundmaterials (Abb. 27) heute noch nicht sicher sagen.

Daß wie an anderen Militärplätzen in Rätien auch in Kempten ein Teil der Besatzung germanischer Herkunft war[6], lassen zwei Armbrustfibeln[7] elbgermanischen Ursprungs vermuten, von denen eine (Abb. 27.1) auf der Burghalde gefunden wurde.

Für den Bau der Befestigungsanlagen war Material aus älteren Steinbauten – wohl von der aufgegebenen Stadt auf dem Lindenberg – benutzt worden, wie unter anderem die 1950 aufgedeckten Säulenteile und wiederverwendete Werksteine zeigen (Taf. 10.1)[8].

Die spätrömische, etwa 1,8 m starke Befestigungsmauer wurde von August Ullrich und später von Ludwig Ohlenroth westlich der Burghalde auf einer Länge von ca. 200 m festgestellt[9]. Sie verlief unter der Mauer, die den protestantischen Friedhof im Westen umgibt, und reichte nach Norden und Süden über dieselbe hinaus. Ihr weiterer Verlauf ist unsicher. Im Norden könnte der St.-Mang-Platz noch mit eingeschlossen gewesen sein. Im Süden wäre ein Anschluß an ein 1950 entdecktes Mauerstück an der Südwestecke der Burghalde denkbar[10]. Auf der Ostseite fehlt jeglicher Anhaltspunkt.

Nördlich des protestantischen Friedhofs im Bereich der Burgstraße hat Ohlenroth einige spätrömische Gebäude und Gebäudeteile aufgedeckt[11]. Das größte Gebäude (Hauptraum: 18,4 m × 11,4 m) besaß zwei Apsiden auf der Ost- und Südseite, weshalb es vom Ausgräber als frühchristliche Kirche angesprochen wurde (Taf. 10.2). Er schließt sogar Überlegungen an, Kempten sei in spätrömischer Zeit Sitz eines Bischofs gewesen[12]. Doch sind Datierung und Interpretation des Gebäudes keineswegs sicher. Zudem ist die Annahme eines spätrömischen Bischofssitzes in Kempten auch aus anderen Gründen kaum aufrecht zu halten[13].

Bei Ausgrabungen in der Burgstraße 20 fanden sich 1987/88 27 spätrömische Mün-

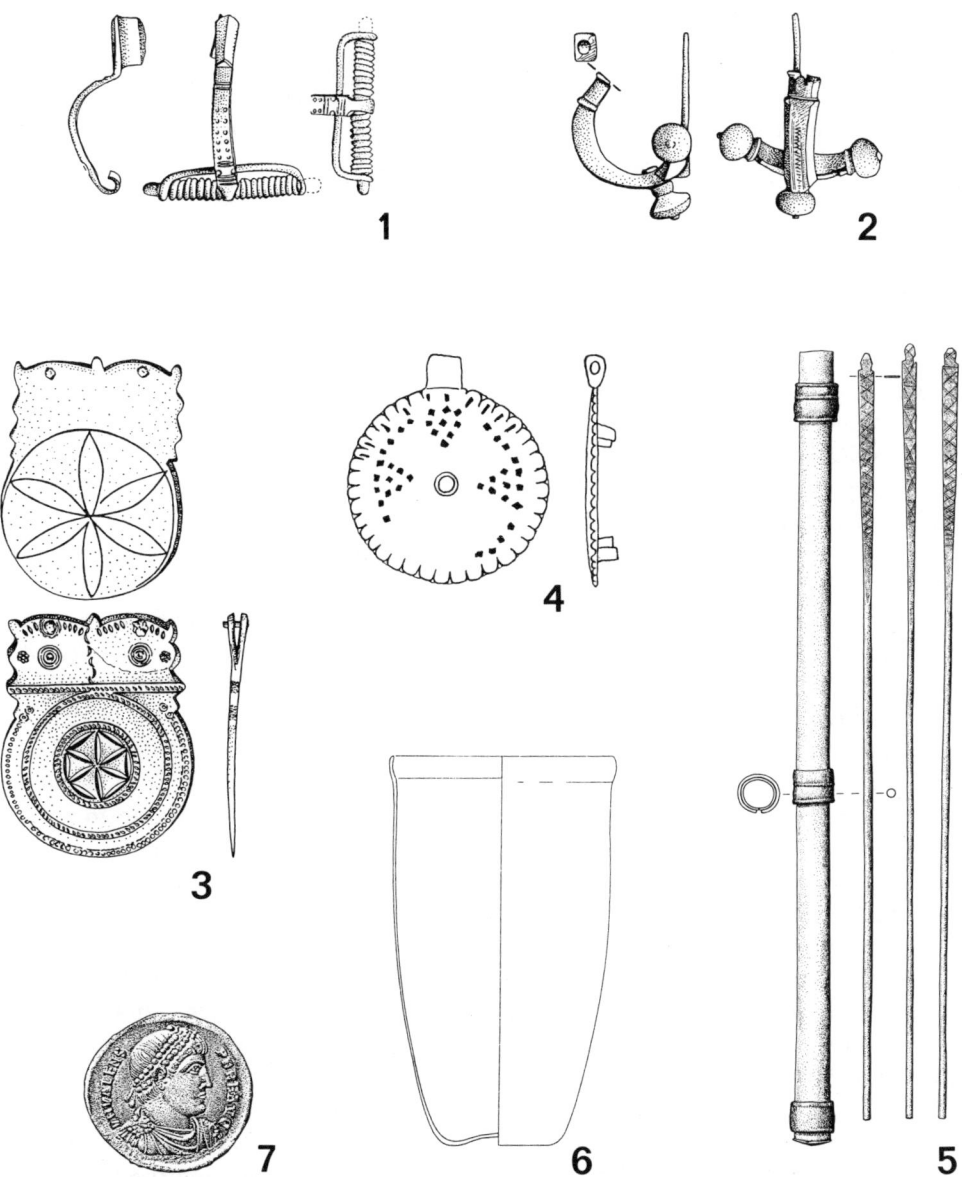

Abb. 27 Cambodunum-Funde aus spätrömischer Zeit. **1** Armbrustspiralfibel (3. Jahrhundert n. Chr.); **2** Zwiebelknopffibel (4. Jahrhundert n. Chr.); **3** und **4** Riemenzunge und Anhänger aus Bronze (4. Jahrhundert n. Chr.); **5** pharmazeutisches oder kosmetisches Besteck aus verschieden legierten Sonden in einer Hülse aus Bronze (4. Jahrhundert n. Chr.); **6** konischer Becher aus Glas (1. Hälfte des 4. Jahrhunderts n. Chr.); **7** Vorderseite einer Münzprägung des Valens, Kaiser des oströmischen Reiches, aus den Jahren 364/367 n. Chr. Nr. **1–6** M 1:2, Nr. **7** M 1:1

zen vor allem der zweiten Hälfte des 4. Jahrhunderts und einige glasierte Reibscha-lenbruchstücke. Ein kurzes Nord-Süd-verlaufendes Mauerstück dürfte ebenfalls spätrömisch sein. Auffallend ist, daß in dem unmittelbar östlich anschließenden Gebäude Burgstraße 18 (Grabungen 1988/89) außer einem glasierten Reibschalen-bruchstück kein einziger spätrömischer Fund zum Vorschein kam.

Ein zur spätrömischen Siedlung gehöriges Gräberfeld, das bereits von Michael Mackensen etwa 400 m nordwestlich der Burghalde vermutet wurde[14], konnte jüngst von der Stadtarchäologie präzisiert und näher lokalisiert werden (Abb. 13)[15].

Bereits im letzten Jahrhundert sind nördlich der Gerberstraße und in der Gerber-straße einige Skelette bekannt geworden (Abb. 13, Gräber 1–5)[16]. Bei Bauarbeiten in den Häusern Gerberstraße 18 und Rathausplatz 15 ist man 1936 bzw. 1957 auf je zwei weitere Skelette gestoßen (Gräber 6, 7, 13, 14)[17]. Kanalbauarbeiten nordöst-lich des Rathauses und im Wachtgässele erbrachten im Frühjahr 1988 nochmals fünf Körpergräber (Gräber 8–12). Sämtliche Bestattungen befanden sich in Sand und kleinsteinigem Kies etwa 1,1 bis 1,5 m unter der heutigen Oberfläche. Die Ausrichtung der meisten Gräber ist unbekannt. Zweimal lagen der Kopf im Ost-nordosten, einmal im Südwesten und einmal wohl im Westen.

Mit einer oder zwei Ausnahmen scheinen alle Gräber beigabenlos. Die C 14-Datie-rung des rechten Oberarmknochens aus Grab 11 durch Bernd Kromer von der Universität Heidelberg in den Zeitraum von 350 bis 420 n. Chr. paßt zur Sitte, beigabenlos zu bestatten.

Bei einem der im letzten Jahrhundert beobachteten Gräber in der Gerberstraße fand sich eine Fibel »des 2.–4. Jahrhunderts«[18]. Diese Fibel ist nicht mehr sicher identifizierbar, doch dürfte es sich um eine gegitterte Aucissa-Variante mit Zier-knöpfen am Bügel und mit abgesetztem Fuß handeln. Diese Fibel des 2. Jahrhun-derts gehörte jedenfalls nicht zum Grab – was schon August Ullrich vermutete – oder sie ist als Altstück zu interpretieren.

Außergewöhnlich war Grab 4: Das Skelett eines erwachsenen Mannes lag auf dem Bauch, die Arme waren vor dem Körper abgewinkelt, eine erhebliche Hiebverlet-zung am Schädel zeigte deutliche Heilungsspuren, hatte also nicht zum Tode ge-führt. Neben dem rechten Oberschenkel lag eine 21 cm lange Bronzehülse mit drei Sonden, deren flache spatelförmige Enden linear verziert waren (Abb. 28 und Farb-Taf. 3). Dieses Instrumentarium, für das es keine genau entsprechende Parallele gibt, gehört in den pharmazeutisch-medizinischen Bereich. Nach Ernst Künzl ist eine Datierung in die zweite Hälfte des 4. Jahrhunderts n. Chr. aufgrund ähnlicher Vergleichsstücke »sehr akzeptabel«[19].

Leben in den Ruinen der alten Stadt rechts der Iller

Funde der zweiten Hälfte des 3. und des 4. Jahrhunderts n. Chr. gibt es nicht nur links der Iller und in der heutigen Altstadt von Kempten. Spätrömische Münzen,

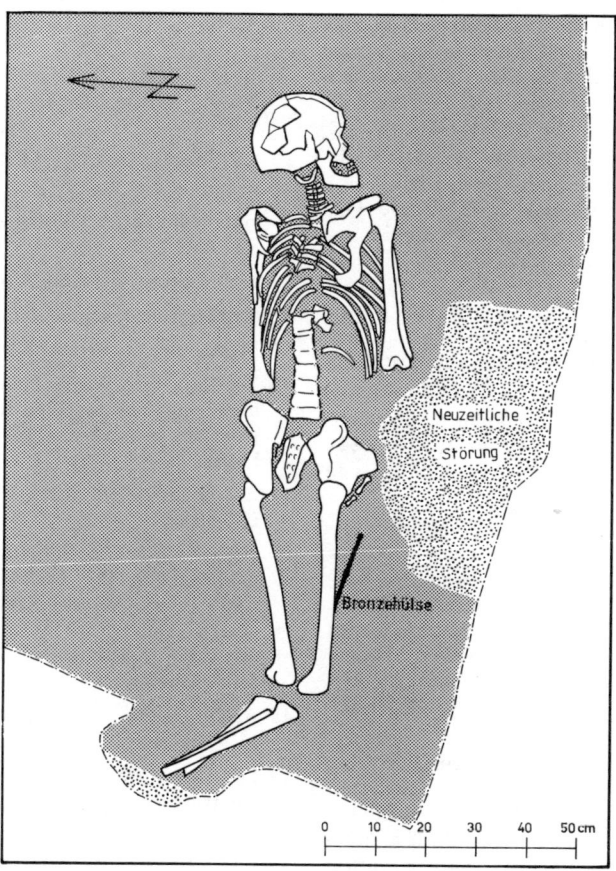

Neuzeitliche
Störung

Bronzehülse

0   10   20   30   40   50 cm

Abb. 28   Grab 4 im spätrömischen Gräberfeld im Bereich des Kemptener Rathausplatzes (vgl. Abb. 13). Auf dem Bauch liegende Sonderbestattung mit einem Bronzebesteck am rechten Oberschenkel (vgl. Abb. 27.5)

Gläser und einige andere Fundstücke fanden sich auch in der spätestens 260 n. Chr. aufgegebenen Stadt auf dem Lindenberg (Abb. 26)[20]. Vereinzelt können solche Funde verloren worden sein, als die alte Stadt nach geeignetem Baumaterial für die neue Siedlung links der Iller durchsucht wurde. Doch wird man annehmen dürfen, daß das alte Stadtgebiet sporadisch auch noch nach 260 n. Chr. bewohnt war[21]. Einige Baubefunde scheinen dies zu bestätigen[22]. Vielleicht können damit die 38 Körpergräber des 4. Jahrhunderts n. Chr. aus dem Bereich des Gräberfeldes auf der Keckwiese[23] verbunden werden, die auf Grund der topographischen Situation sicher nicht zur spätantiken Besiedlung im Bereich der Burghalde links der Iller gehörten (Abb. 26).

* Die Abschnitte ›Kastell, Siedlung und Gräberfeld links der Iller‹ und ›Leben in den Ruinen der alten Stadt rechts der Iller‹ sind zusammen mit Werner Zanier verfaßt.

1 Zuletzt Hans-Jörg Kellner: Die Alamanneneinfälle im 3. Jahrhundert. In: Die Römer in Schwaben, S. 241 f. (mit Literaturangaben); Schleiermacher, Cambodunum, S. 130–142, bes. 130–133; Verteilungskarten der Münzschatzfunde in: Hans-Jörg Kellner: Die Römer in Bayern, München 1978⁴, S. 131–155, insbes. Abb. S. 140 f. und S. 149; und Jochen Garbsch: Der spätrömische Donau-Iller-Rhein-Limes, Stuttgart und Aalen 1970, insbes. Abb. 1.

2 Maria L. Alföldi: Die Fundmünzen der römischen Zeit in Deutschland 1, 7 (1962), Nr. 7186–7189 und 7194, 7196, 7199 und 7227.

3 Zuletzt Literaturzusammenstellung von Otmar Schöner und Walter Keinert: Untersuchungen am spätrömischen Donau-Iller-Rhein-Limes im Bereich Buchenberg. In: AGF 85 (1985), S. 14–39; Siehe auch Jochen Garbsch: Das spätrömische Kastell Vemania bei Isny 1, München 1988 (Münchener Beiträge zur Vor- u. Frühgeschichte 44), insbesondere S. 119.

4 Das Problem des linken Illerarms, das auch die mittelalterliche Grenze der Bistümer Augsburg und Konstanz betrifft (vgl. z. B. Müller, Reichsstädte, S. 288 f.) wird ausführlich diskutiert in der für die BVBl geplanten Vorlage aller römerzeitlichen Funde und Befunde links der Iller.

5 Friedrich Zollhoefer: Feststellungen zur Baugeschichte der Burghalde in Kempten. In: AGF 54 (1953/54), S. 1–8.

6 Zuletzt Erwin Keller: Germanische Fremdenlegionäre in Rätien: Der Bruderkrieg an der Grenze. In: Die Römer in Schwaben, S. 252–255 (siehe auch 255–257).

7 M. Schleiermacher, Fibeln, Katalog Nr. 313 und 314.

8 F. Zollhoefer, AGF 54 (1953/54), S. 6 f. Vgl. dazu auch A. Ullrich. In: AGF 5 (1911), S. 68.

9 A. Ullrich: In: AGF 6 (1893), S. 118 f.; Ders., In: AGF 7 (1894), S. 1 f.; Ders., In: AGF 5 (1911), S. 68 f.; L. Ohlenroth. In: AGF 39 (1936), S. 106 ff.; Ders., In: AGF 47 (1941), S. 58 ff.

10 F. Zollhoefer, In: AGF 54 (1953/54), S. 4 f.

11 Neben der in Anm. 9 genannten Literatur kommt hinzu: A. Ullrich: In: AGF 4 (1891), S. 65 ff.

12 L. Ohlenroth: In: AGF 47 (1941), S. 64 ff.

13 Schleiermacher, Cambodunum, S. 140 ff.

14 Mackensen, Gräberfeld, S. 199 und 10 Abb. 1.

15 Vgl. dazu auch Weber/Zanier: Kempten-Cambodunum links der Iller. In: Das archäologische Jahr in Bayern 1988, München 1989 im Druck.

16 A. Ullrich: AGF 2 (1889), S. 19; Kartiert nach L. Ohlenroth ebd. 40 (1937), Abb. 1 nach S. 80.

17 Gerberstraße 18: L. Ohlenroth, AGF 40 (1937), S. 98, Anm. 1; Kartiert nach AGF 40 (1937), Abb. 1 nach S. 80. Rathausplatz 15: Ortsakten des Bayerischen Landesamts für Denkmalpflege, Außenstelle Augsburg.

18 A. Ullrich, In: AGF 2 (1889), S. 19. Vgl. dazu M. Mackensen, Gräberfeld, S. 199.

19 Für eine ausführliche Analyse dieses Instruments ist Ernst Künzl, Mainz, zu danken.

20 M. Mackensen, Gräberfeld, S. 260 Anm. 12 und 13; Peter Fasold: Spätrömische Gläser vom Lindenberg in Kempten. In: BVBl 48 (1983), S. 207–216; Schleiermacher, Cambodunum, Taf. 78.16 (Bruchstück einer Zwiebelknopffibel). Grabungen zwischen 1983 und 1985 erbrachten fünf spätrömische Münzen: 1 Münze südlich des Tempelbezirks, 3 Münzen in den Kleinen Thermen, 1 Münze aus der Basilika des Forums.

21 So auch P. Fasold, Spätrömische Gläser, S. 208 f.

22 Paul Reinecke: In: ZHVS 39 (1913), S. 18; Ders.: In: AGF 22 (1924), S. 26.

23 M. Mackensen, Gräberfeld, S. 193 ff.

Spätrömische Zeit und Ende der römischen Herrschaft

Gunther Gottlieb

Spätestens unter Kaiser Konstantin wurde Rätien im Zuge der reichsweiten Neugliederung der Provinzen in Raetia prima mit Curia (Chur) als Hauptstadt und Raetia secunda mit Augusta Vindelicum (Augsburg) geteilt. Die Grenze verlief vom Bodensee ostwärts am Alpenrand entlang. Kempten gehörte also zur Raetia II.

Die Konsolidierung, von der die Rede war, währte etwa 100 Jahre. Die Kaiser Iulian (355–363) und Valentinian I. (364–375) haben sich sogar noch einmal mit aller Kraft und, wenigstens vorübergehend, erfolgreich um die Sicherung der Grenze an Rhein und Donau bemüht. Mit defensiven und offensiven Maßnahmen konnten sie die Germanen am Eindringen in das Reich hindern. Valentinian hat die Verteidigung durch Dislozierung der Truppen sowie durch Errichten stark befestigter Kastelle und Wehrtürme *(burgi)* neu organisiert.

Aber dem Druck der zahlreichen germanischen Völker hielt die Grenze auf Dauer nicht stand. Zu den Alamannen, die rechtsrheinisch und nördlich der Donau zunächst einmal seßhaft geworden waren und die grenznahen Provinzen vornehmlich plündernd heimsuchten, kamen die Völker, die noch auf der Wanderung waren und Land und Lebensunterhalt suchten: Burgunder, Rugier, Sueben, Vandalen und Westgoten. Vom 4. zum 5. Jahrhundert vollzog sich die Seßhaftwerdung ganzer germanischer Völker oder Volksgruppen im Provinzialland, so auch in Rätien und in angrenzenden Provinzen[1].

Wie lange die römische Militär- und Zivilverwaltung hier noch Herrschaft ausübte, läßt sich nicht genau festlegen. Wir wissen auch recht wenig über die römische Restbevölkerung (Restromanitas), die etwa in Augsburg und Passau zweifellos vorhanden war. Aber in Hinsicht auf Erfassung spätrömischer Siedlungsspuren und Siedlungskontinuität sind nicht nur in Augsburg noch viele Fragen offen.

Nicht besser steht es mit unseren Kenntnissen über die Anfänge der alamannischen Besiedlung im 5. Jahrhundert. Die Befunde sind unterschiedlich. In Regensburg hat man im römisch-mittelalterlichen Stadtgebiet germanische Siedlungsspuren entdeckt, in Augsburg nur im Umland. Insgesamt hat man für das bayerische Alpenvorland eine »Kontinuität unterschiedlicher Wertigkeit« festgestellt: ansässig gebliebene restromanische Bevölkerung und landnehmende germanische (alamannische) Bevölkerung, welche sowohl die Siedlungsplätze einander streitig machten als auch miteinander wohnten[2].

Zur Beschäftigung mit dem 4. und 5. Jahrhundert gehört auch die Frage nach dem Christentum. Die Antwort fällt allerdings dürftig aus. Raetia II gehört zu den überlieferungsarmen Provinzen. Der einzige, bisher bekannt gewordene frühchristliche Grabstein stammt aus Regensburg. Für Augsburg bezeugt Venantius Fortunatus, ein Schriftsteller des 6. Jahrhunderts, die Verehrung der Märtyrerin Afra; und das kann nur bedeuten, daß seit den Christenverfolgungen unter Kaiser Diokletian (303/4) Christen das Andenken an diese fromme Frau bewahrten[3]. Im Unterschied zu diesem kargen Befund wissen wir dank der Severins-vita des Eugipp mehr nur über das Christentum in den nordöstlichen Landschaften Rätiens, in und um Künzing und Passau[4].

Fassen wir zusammen! Die beiden Jahrhunderte spätrömischer Zeit waren eine Epoche des Umbruchs und Wandels: Veränderung der ethnischen und gesellschaftlichen Grundstrukturen, Niedergang der Stadtkultur, Ende der römischen Herrschaft, Rückzug vornehmlich der gehobenen Schichten, Verlust des hohen zivilisatorischen und ökonomischen Standards, dazu in beiden Rätien das langsame Vordringen des Christentums. Eine leidvolle, aufregende, in der Retrospektive aber auch spannende Zeit, über die wir gerne mehr wüßten!

1 Vgl. die Kapitel ›Rückzug aus Rätien‹ und ›Frühes Christentum‹ in: Die Römer in Schwaben, S. 250–288 und 290–299; Bernhard Overbeck, Alpenrheintal (wie S. 13, Anm. 12), S. 208 bis 228; die antiken Quellen zur Geschichte der Alamannen sind nun zusammengestellt in: Quellen zur Geschichte der Alamannen I, II und VI, hrsg. von Camilla Dirlmeier, Gunther Gottlieb und Wolfgang Kuhoff, Heidelberg 1976/1978/1984 (dazu Indices in Bd. VII, 1987).

2 Volker Bierbrauer: Alamannische Besiedlung Augsburgs und seines näheren Umlandes. In: Gottlieb, Augsburg, S. 87–100.

3 Walter Sage: Frühes Christentum und Kirchen aus der Zeit des Übergangs. In: Gottlieb, Augsburg, S. 100–112 (100).

4 Eugippius, Vita S. Severini XIX und XXVII, 1 f., in: Quellen zur Geschichte der Alamannen II, hrsg. von Camilla Dirlmeier und Gunther Gottlieb, Heidelberg 1978, S. 73–75.

Kempten von der Spätantike bis ins Mittelalter

Gerhard Weber

Schon zu Beginn des 5. Jahrhunderts kann mit einem »stillschweigenden und friedlichen Abzug« römischer Truppen gerechnet werden[1]. Eine Reihe überlieferter Auseinandersetzungen unter anderem mit den »rebellischen« Vindelikern zeigt jedoch, daß Rom die Provinz Rätien noch längst nicht aufgegeben hatte. Erst im dritten Viertel des 5. Jahrhunderts geriet das Land fast vollständig in den alamannischen, später merowingischen, wohl auch ostgotischen Einflußbereich.

Tafel 9 Terra Sigillata-Reliefschüssel des Töpfers Cibisus aus Rheinzabern oder Ittenweiler, Dragendorff Form Nr. 37 (Randdurchmesser 26 cm). Auf Grund der in der Formschüssel als Zierelement verwendeten Bronzemünze des Mark Aurel kann die Schüssel frühestens 171 n. Chr. produziert worden sein.

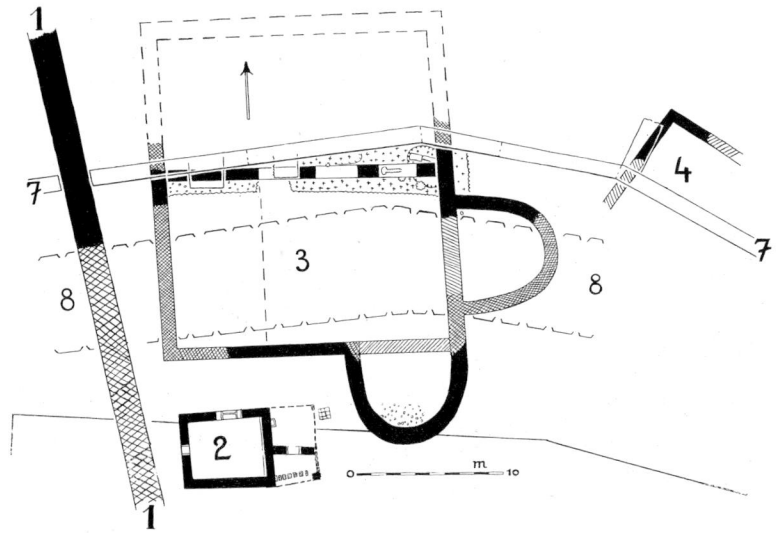

Tafel 10.1   Bauteile, vor allem Säulentrommeln, aus der aufgelassenen Römerstadt rechts der Iller, wiederverwendet in der spätrömischen Befestigung auf der Burghalde links der Iller. Aufnahme 1950.

Tafel 10.2   Spätrömische Baureste, 1939 beobachtet und untersucht von L. Ohlenroth unter der heutigen Burgstraße nördlich des evangelischen Friedhofs; 1 »Stadtmauer«, 2 kleines »Wohnhaus«, 3 Bau mit Apsiden (»Kirchenanlage«), 4 Ecke eines Steingebäudes, 7 und 8 mittelalterliche Stadtmauer und Stadtgraben

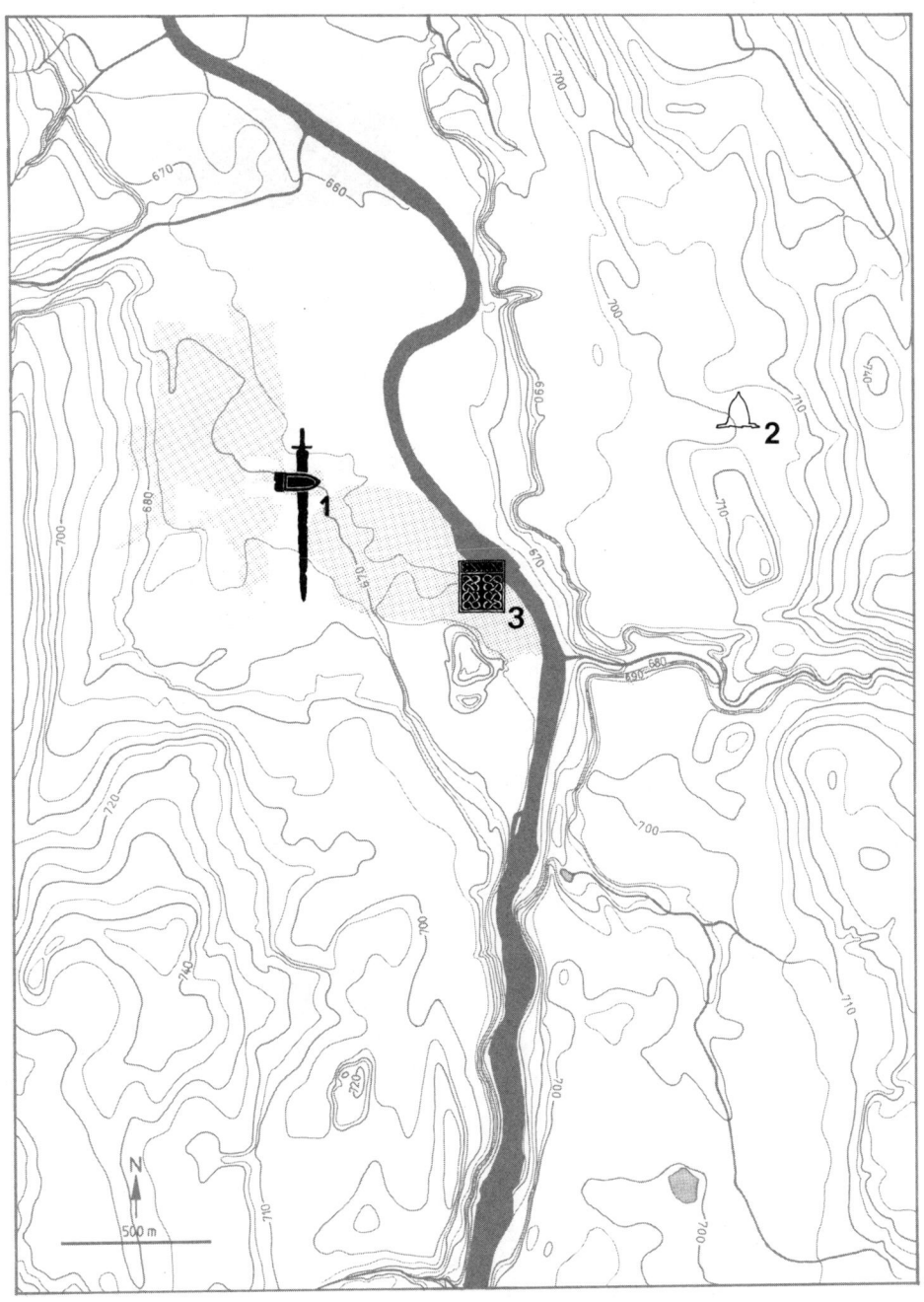

Gebiet der späteren Reichs- und Stiftstadt

Abb. 29   Nachrömische Funde im Kemptener Stadtgebiet. Zu den Fundnummern vergleiche
Abb. 30; Nr. 3 entspricht Abb. 31

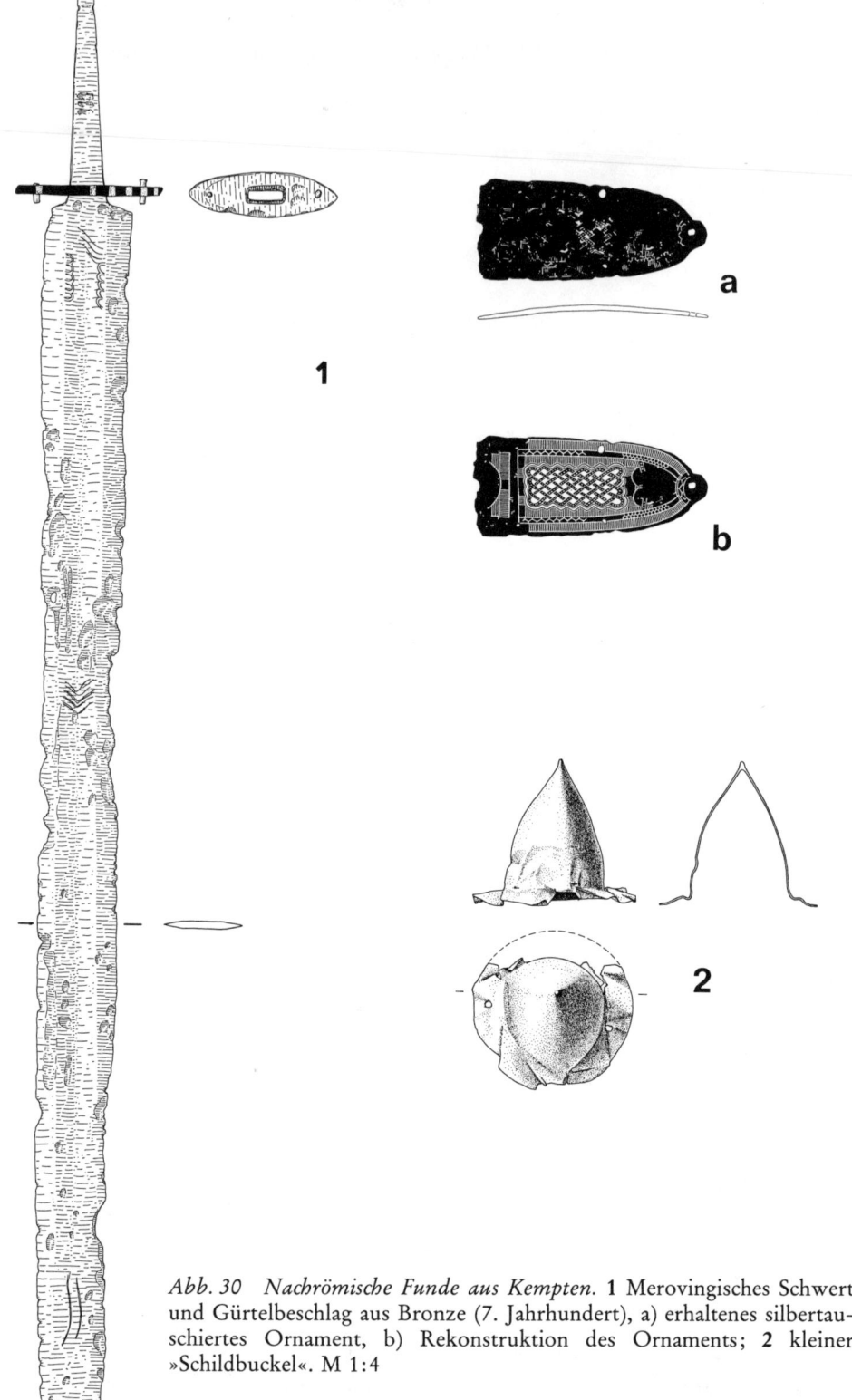

Abb. 30 Nachrömische Funde aus Kempten. **1** Merovingisches Schwert und Gürtelbeschlag aus Bronze (7. Jahrhundert), a) erhaltenes silbertauschiertes Ornament, b) Rekonstruktion des Ornaments; **2** kleiner »Schildbuckel«. M 1:4

Abb. 31 Rekonstruierte Chorschrankenplatte aus Stein mit Flechtwerkornament. Das originale Bruchstück wurde 1894 in der Sankt-Mang-Kirche in Kempten gefunden. Höhe des Bruchstücks etwa 83 cm

Kempten und sein Umland wird in keiner der überlieferten frühchristlichen Quellen, wie z. B. der Severins-Biographie, genannt. In welcher Form die Ortskontinuität des Siedlungsplatzes Cambodunum bis zum Einsetzen der ersten mittelalterlichen Quellen für das 8. Jahrhundert[2] vorstellbar ist, das ist eine Frage, deren Beantwortung auch zukünftig vor allem von archäologischen Neufunden zu erhoffen ist.

Die bisherigen archäologischen Hinweise sind sehr spärlich. Mit den Prägezeiten der beiden jüngsten römischen Fundmünzen, je einer Maiorina des Theodosius I. (371–395) und des Magnus Maximus (383–388)[3] geht der archäologische Faden für die Spätantike verloren (vgl. Abb. 15).

In einem Hof der Kemptener Residenz konnten ein merovingisches Schwert und ein silbertauschierter Gürtelbeschlag des 7. Jahrhunderts geborgen werden[4] (Abb. 29 und 30.1). Die Funde können als ein erster Hinweis für ein Gräberfeld und damit einen Siedlungsplatz der Völkerwanderungszeit gelten an jenem Platz, wo man ab dem 11. Jahrhundert, nun auf hochwasserfreiem Gelände, das in die »Neustadt« verlegte Kloster annimmt[5]. Der Fund eines kleinen »Schildbuckels« im Bereich des Ostbahnhofs[6] (Abb. 30.2) läßt formale Vergleiche mit Stücken aus der Völkerwanderungszeit und dem frühen Mittelalter zu.

Matthäus Much nennt 1876 germanische »Gräber bei Kempten« mit »deutschen Pfeilspitzen [...] der ältesten Form« und »mit Schwertern«[7]. Die Funde und ihr Fundort lassen sich nicht mehr ermitteln.

Noch ins 8. Jahrhundert kann man das Bruchstück einer mit Flechtwerk ornamentierten steinernen Chorschrankenplatte datieren (Abb. 31). 1894 östlich außerhalb des Kirchenraumes bei der »Taufgrube« wohl der romanischen Vorgängerkirche von St. Mang gefunden[8], ist es bis heute das einzige Zeugnis eines ersten karolingischen Kirchenbaues in Kempten. Für ein bei Baumaßnahmen aus dem aufgelassenen Friedhof von St. Mang geborgenes menschliches Skelett konnte radiometrisch das Sterbedatum zwischen 985 und 1050 ermittelt werden[9]. Neben dem Genannten gehen die ältesten archäologischen Siedlungsfunde des Mittelalters in der Kemptener Altstadt bisher nicht über das 9./10. Jahrhundert zurück[10].

Gerade die großen Lücken im Wissen um die Geschichte der Stadt und um die Entwicklung des Kemptener Siedlungsbildes sind es, die für die Geschichtsforschung, insbesondere die Archäologie, auch weiterhin eine Herausforderung sein werden.

1 Zuletzt Karlheinz Dietz: Das Ende der Römerherrschaft in Rätien. In: Die Römer in Schwaben, S. 287 f.

2 Siehe unten das Kap. »Gründung und Frühgeschichte des Klosters Kempten« von Georg Kreuzer.

3 Maria R. Alföldi: Die Fundmünzen der römischen Zeit in Deutschland 1, 7 (1962), Nr. 7182.1060 und 1061.

4 Gregor, Cambodunum, S. 29.

5 Vgl. unten Georg Kreuzer: Gründung und Frühgeschichte des Klosters, S. 71.

6 Im Magazin der Archäologischen Abteilung Kempten, ohne Fundnummer »am Ostbahnhof 1949« (oder 1948).

7 Matthäus Much: Germanische Wohnsitze und Baudenkmäler in Niederösterreich, Wien 1876, S. 51.

8 Petzet, Kempten, S. 20; vgl. auch unten Albrecht Miller: Kunstgeschichte Kemptens im Mittelalter, S. 156.

9 Beobachtung bei Baumaßnahmen am Gebäude des evangelischen Kindergartens, St.-Mang-Platz 2, südlich der Kirche, 1987. Radiometrische Datierung am Institut für Umweltphysik der Universität Heidelberg, Proben Nr. HD 12081–11812 vom 26. 09. 1988.

10 Siehe z. B. Dorothee Ade-Rademacher: Die Funde. In: Das Rathaus zu Kempten, S. 174 mit Abb. 20.1.

Teil II

Kloster und Stadt Kempten im Mittelalter

Herausgegeben
von Pankraz Fried

Gründung und Frühgeschichte des Klosters

Georg Kreuzer

Der Gründungsvorgang

Da sich für das Kloster Kempten kein urkundlich belegter Gründungsakt nachweisen läßt, wird man mit einer längeren Gründungsphase rechnen müssen. Die Forschung[1] hat in diesem Zusammenhang drei Stufen herausgearbeitet.

Die Initiative zur Missionierung des Raumes zwischen Iller und Lech um 740 wird von dem Augsburger Bischof Wikterp (gest. vor 772)[2] ausgegangen sein. Der St. Galler Mönch Magnus, der Wikterp unter Führung des Augsburger Presbyters (Priesters) Tozzo in Epfach aufsuchte, hatte seinen Begleiter Theodor in Kempten zurückgelassen, wo möglicherweise noch eine christliche Gemeinde bestand, die aus spätantiker Zeit überdauert hatte. Theodor errichtete dort eine Missionszelle mit Kirche. Die Kirche wurde von Wikterp auf Bitten ihres Erbauers und des Magnus um 742 (?) geweiht[3]. Während der kriegerischen Auseinandersetzungen im Jahre 743 zwischen den fränkischen Hausmeiern Karlmann und Pippin und den Herzögen von Schwaben und Bayern, Theudebald und Odilo, wurde auch Kempten in Mitleidenschaft gezogen. Theodor verließ seine Missionszelle und kehrte nach St. Gallen zurück. Daraufhin entsandte der Abt des Gallusklosters, Otmar, den Mönch Perechtgoz mit vier weiteren Mönchen nach Kempten[4].

Die zweite Stufe im Werden des Kemptener Klosters wird mit einer Bemerkung Hermanns des Lahmen (gest. nach 1054), eines Reichenauer Geschichtsschreibers, verknüpft, der zum Jahre 752 berichtet, daß ein Audogar, der als Gründer und erster Abt des Klosters bezeichnet wird, begonnen habe, jenen Ort zu bewohnen[5]. Trotz des zeitlichen Abstands des Autors von diesem Geschehen erscheint seine Schilderung durchaus glaubwürdig[6]. Offenbar verdankte der Mönch Audogar dem immer stärker werdenden fränkischen Einfluß, auch im Bereich zwischen Iller und Lech, seine Bestallung zum Abt von Kempten[7].

Die dritte Stufe des Gründungsvorgangs repräsentieren drei Urkunden, die auf Karl den Großen (768–814) und Papst Hadrian I. (772–795) gefälscht wurden[8]. Wenn auch zweifelsfrei nachgewiesen werden konnte, daß diese drei Diplome zu

Beginn des 12. Jahrhunderts von einem Reichenauer Fälscher verfertigt wurden[9], so kann ihr Inhalt – zumindest teilweise – durchaus einen historischen Sachverhalt widerspiegeln[10]. Es ist nicht unwahrscheinlich, daß im Jahre 774[11] Karl der Große in Rom auf Intervention Papst Hadrians I. und auf Bitten seiner Gemahlin, der Königin Hildegard, dem Kloster Kempten Immunität mit Königsschutz sowie freie Abtswahl verliehen hatte. Hildegard soll der alemannischen Abtei mütterliche Erbgüter im Iller-, Alb- und Augstgau übertragen haben. Da Hermann der Lahme für das Jahr 774 von einer Translation (Übertragung) der Reliquien der Katakombenheiligen Gordianus und Epimachus von Rom nach Alemannien berichtet[12], worauf der etwa ein halbes Jahrhundert später wirkende Reichenauer Fälscher ebenfalls verweist, ist damit zu rechnen, daß hier auf eine glaubwürdige ältere Kemptener Überlieferung zurückgegriffen wurde. Allerdings fehlt bei Hermann die Verknüpfung von Reliquientranslation und Königin Hildegard, die in zwei der genannten Urkunden zu fassen ist[13]. Ab dem beginnenden 13. Jahrhundert wird dann die Gemahlin Karls des Großen gar als Gründerin des Alpenklosters apostrophiert[14]. Ob das fränkische Herrscherpaar »tatsächlich eine Rechtsauffassung verbrieft hatte, welche den monastischen Leitbildern des 12. Jhs. entsprach, kann bezweifelt werden«[15]. Eindeutig scheint dagegen festzustehen, daß Karl der Große nach Ausweis der ältesten echten für Kempten ausgestellten Urkunde[16] der Abtei die Immunität verliehen hat. Auf jeden Fall läßt sich aus den genannten Nachrichten mit einiger Sicherheit erschließen, daß Karl und seine Gattin durch ihre Maßnahmen den Bestand der kleinen Zelle, der immer noch Audogar als Abt vorstand, endgültig absicherten. Die Gründungsphase des Klosters Kempten war damit abgeschlossen.

Zur Frühgeschichte (bis zum Beginn des 13. Jahrhunderts)

Historisch einigermaßen gesicherten Boden betreten wir erst mit der schon erwähnten Urkunde Ludwigs des Frommen vom 3. 6. 815 (814?)[17]. Der Kaiser bestätigt darin dem Abt Theotun die schon von seinem Vater dem Kloster zugestandene Immunität. Zwei Jahre später (817) gehörte Kempten zu den Klöstern, die gegen Zahlung einer Steuer vom Kriegsdienst befreit wurden[18]. Die Abtei, deren Konvent zur Zeit Karls des Großen nur etwa die Hälfte der bisher angenommenen Zahl von Mönchen gehabt haben dürfte[19], wurde in der Folgezeit weiter privilegiert. Ab dem Jahre 831 bis zum Ende der Regierungszeit Ludwigs des Deutschen (843–876), des Sohnes Ludwigs des Frommen, empfing Kempten unter den Äbten Tatto (genannt 831–839)[20], Bischof Erchanbert von Freising (ca. 844–ca. 853)[21] und Rimgrim (genannt 862)[22] insgesamt zwölf Urkunden. Von diesen zwölf Diplomen geben sechs[23] Auskunft über den Besitz der Abtei, wovon eine[24] den Umfang eines eigenen Rechtsbezirks des Klosters, der Kemptener Mark, erkennen läßt. Dieser aus dem Alb-, Augst- und Illergau herausgelöste Bereich, der im Westen weit über die Iller hinausreichte, im Norden bei Wolfertschwenden, Böhen und am Mindelur-

Farbtafel 5 Kreuzigung Christi, vom Meister der Kemptener Kreuzigung, um 1460–1470, im Germanischen Nationalmuseum Nürnberg

Farbtafel 6   Kemptener Psalter: Initiale B mit dem Harfe spielenden König David, 13. Jahrhundert, Germanisches Nationalmuseum Nürnberg

Farbtafel 7 Sieg der Eidgenossen über die Truppen des Kemptener Fürstabtes Gerwig von Sulmentingen bei Buchenberg am 17. März 1460, aus Diebold Schillings Eidgenössischer Chronik 1509, Zentralbibliothek Luzern

1289. Juni 17

Farbtafel 8   *Freiheitsbrief König Rudolfs von Habsburg für die Stadt Kempten vom 17. Juni 1289, im Bayer. Hauptstaatsarchiv München*
In der lateinisch geschriebenen Urkunde verspricht der König, die Stadt vor allen Übergriffen des Klosters in Schutz zu nehmen. Darin heißt es:
»... Wir (König Rudolf), rechtmäßiger Vogt dieser Stadt, gestehen den Bürgern dieser Stadt zu und verleihen ihnen auf Grund königlicher Vollmacht diese besondere Gnade, daß die genannten Bürger nicht auf Betreiben des Abtes oder der Kemptener Kirche (gemeint ist der Mönchskonvent) von diesem (dem Abt) angegriffen, auf irgendeine Weise verpfändet oder beschwert (d.h. mit Lasten belegt) werden dürfen...«

sprung das Ottobeurer Abteigebiet berührte, im Osten an der Wertach endete, und dessen südlichster Punkt an der Mündung der Rottach in die Iller lag[25], kann durchaus schon zur Zeit Karls des Großen seinen Ursprung haben. Auf jeden Fall ist diese Mark ein Werk der fränkischen Könige, deren Grenzen Ludwig nach einer Untersuchung seines missus Iring durch ein Gericht unter seinem eigenen Vorsitz festschreiben ließ.

Obgleich die Abtei reich dotiert schien, war ihre wirtschaftliche Lage so schlecht, daß sie Ludwig der Fromme im Jahre 834 unter seinen Schutz stellte, von allen öffentlichen Leistungen und Steuern befreite sowie den Abt und seine zinspflichtigen Lehensleute von der Heeresfolge entband[26].

Obwohl Ludwig der Fromme dem ursprünglich zur Diözese Konstanz gehörenden, eng mit St. Gallen verbundenen Kloster[27] 839 die freie Abtswahl zugestanden[28] und sein Sohn Ludwig der Deutsche 862 dieses Privileg dem Abt Rimgrim bestätigt hatte[29], haben sich die fränkischen Herrscher im 9. Jahrhundert wenigstens zweimal darüber hinweggesetzt. Ca. 844–ca. 853 amtierte Bischof Erchanbert von Freising (835–854) als Abt von Kempten[30]. Ob der spätere Bischof Salomo III. von Konstanz (890–919) nach Karomann, der für das Jahr 865 nachzuweisen ist[31], dem Kloster vorstand[32], muß offen bleiben[33]. Salomos Bruder Waldo dürfte als Bischof von Freising Abt von Kempten geworden sein[34].

Die Ausstattung des Klosters Kempten war spätestens zur Zeit Ottos I. des Großen (936–973) abgeschlossen, nachdem sein Vater Heinrich I. (919–936) Schenkungen an die Abtei im Augst- und Keltensteingau auf Bitten des Abtes Egilolf von Niederaltaich bestätigt hatte[35]. Die Privilegien Ottos I. betreffen eine Besitzschenkung aus dem Hausgut des Königs in Thingau und Tussenhausen[36], die Bestätigung einer Schenkung des Presbyters Baldmunt[37] sowie die Befreiung der Abtei vom Zoll im Laden-, Kraich- und Gartachgau[38].

Wie in der zweiten Hälfte des 9. Jahrhunderts, so führte die Abtei auch im 10. und 11. Jahrhundert einen ständigen Kampf um ihre Selbständigkeit, deren wesentliche Elemente, das Abtswahlprivileg und die Immunität, immer wieder von den Herrschern bestätigt wurden[39]. Trotz dieser Zusicherungen haben die Könige mehrmals dagegen verstoßen. Lassen schon die drei genannten Urkunden Heinrichs I.[40] eine Nähe des Klosters zu Herzog Arnulf (dem Bösen) von Bayern erkennen, so übertrug es Otto I. um 950 Bischof Ulrich von Augsburg (923–973), welcher zwei Mönche mit der Leitung betraute[41]. Ulrich scheint seine insgesamt segensreiche Tätigkeit für die Abtei[42] spätestens 972 beendet zu haben, da am 25. 8. 972 ein Abt mit Namen Giselfred in Kempten amtiert[43]. Die wirtschaftliche Lage des Klosters scheint 980 so gut gewesen zu sein, daß es verpflichtet werden konnte, für den geplanten Italienzug Ottos II. (973–983) 30 Panzerreiter zu stellen[44]. Abt Rudolf scheint zumindest am Hoftag von Verona im Juni 983 teilgenommen zu haben[45]. Allerdings war diese Selbständigkeit des Klosters nicht von langer Dauer. Im Jahre 1026 verlieh Konrad II. (1024–1039) – wohl nach dem Tode des Abtes Burchard – die Abtei an seinen Stiefsohn Herzog Ernst II. von Schwaben, der sie an seine Dienstleute weitergab[46]. Die Ursache für eine Verlegung des Klosters in die Neustadt, welche für die Zeit angenommen wird, als es der genannte Herzog in Besitz hatte[47], könnte ein Brand gewesen sein, der die ursprünglichen Klostergebäude und deren Inventar »vielleicht vor 1005«[48] erheblich zerstört hatte. Konrads II. Sohn und Nachfolger Heinrich III. (1039–1056) vergab Kempten im Jahre 1050 an Bischof Gebhard III. von Regensburg (1036–1060), seinen Stiefonkel[49]. Heinrich IV. (1056–1106) übertrug schließlich das Kloster, obwohl er ihm am 29. 10. 1062 die alte Freiheit und seine Rechte unter Ausschluß jeglicher Beeinträchtigungen durch geistliche und weltliche Gewalt zugesichert hatte[50], im Jahre 1065 Rudolf von Rheinfelden, dem Herzog von Schwaben[51].

Hatten schon Wipo und Lampert von Hersfeld unverhohlene Kritik an den Maßnahmen Konrads II. und Heinrichs IV. geäußert[52], so scheint sich in Kempten selbst unter dem Einfluß der Mönchsreform Widerstand geregt zu haben. In einer auf Heinrich IV. zum 4. 4. 1076 gegen Ende des 11. Jahrhunderts gefälschten Urkunde werden alle Lehen, die aus dem Klostergut stammen, wieder in den Besitz der Abtei zurückgeführt und jegliche weitere Verlehnungen von Klostereigentum untersagt[53]. Zum Inhalt und Zeitpunkt dieser Fälschung paßt, daß Kempten am Ausgang des 11. Jahrhunderts zur gregorianischen Partei gehört zu haben scheint. Im Jahre 1094 bemühte sich Abt Eberhard von Kempten mit Unterstützung Welfs IV. bei Konrad, dem Sohn Heinrichs IV., in Italien um die Übertragung des Bistums Augsburg. Der Tod Eberhards zerstörte schließlich auch die Hoffnungen des Welfen[54].

Hatten die Herrscher vom 9. bis 11. Jahrhundert Kempten faktisch wie ein königliches Eigenkloster behandelt, und richtete sich deshalb die erwähnte Urkundenfälschung[55] ganz allgemein gegen jegliche Einwirkung auf das Kloster von seiten geistlicher wie weltlicher Gewalt, so wurde ab Beginn des 12. Jahrhunderts unter dem Einfluß jungcluniazensischer Äbte[56] die Haltung gegenüber klosterfremden Machtinteressen noch weiter präzisiert. Wenn auch die Äbte Hartmann von Göttweig (gest. 1114) und der aus Hirsau kommende Manegold – er stand der Abtei ab 1114 vor – Heinrich V. (1106–1125) ihre Einsetzung verdankten[57], können sie durchaus jungcluniazensisches Rechtsgut, wie es uns in den Fälschungen auf Karl den Großen und Hadrian I. entgegentritt[58], vermittelt haben[59]. Dieses betraf die Einsetzung des Abtes, die Gewalt des Vogtes, die Verfügung über Klostergut und die Verpflichtung gegenüber dem Reich. Die Mönche sollten bei der Wahl des Abtes völlig frei sein. Nur in einem Notfall könne ein auswärtiger Professe (Klosterangehöriger) gewählt werden. Von einer Mitwirkung des Königs bei der Abtserhebung ist überhaupt nicht die Rede[60]. Das Verbot Klostergut als beneficium (Belohnung) zu verleihen, wird auch auf den König ausgedehnt.

Ein sehr ins einzelne gehendes Statut über den Vogt des Klosters läßt deutlich die Befürchtungen des Konvents vor einer Bedrückung durch diesen Rechtsvertreter ihrer Institution erkennen[61]. Der von der Abtei frei gewählte Vogt sollte an die Weisungen des Abtes gebunden sein, jährlich nur einen Gerichtstag abhalten und feste Einkünfte erhalten. Die Bestellung eines Untervogtes wurde untersagt. Der Vogt solle anstelle des Abtes mit dem klösterlichen Aufgebot in den Krieg ziehen.

Diese gefälschten Verfügungen über die Pflichten und Rechte des Vogtes hatten sicher einen konkreten Hintergrund. Sind im 9. und 10. Jahrhundert gelegentlich Vögte von Kempten nachzuweisen, die wohl vom König eingesetzt wurden[62], so waren anscheinend gegen Ende des 11. Jahrhunderts die Welfen in den Besitz der Klostervogtei gelangt. Sie hatten sich wohl vor allem deshalb darum bemüht, weil die Abtei zwischen den beiden welfischen Besitzkomplexen am nördlichen Bodenseegebiet und am Lech lag, und die Verbindungsstraße zwischen diesen Herrschaftsbereichen unmittelbar nördlich des Kemptener Gebiets verlief[63]. Ob es sich bei dem zum 4.9.1143 genannten Kemptener Vogt Bertolf[64] um einen welfischen Untervogt handelt[65], muß offen bleiben. Möglicherweise ist Abt Eberhard von Kempten deshalb Zeuge in einer 1144–1147 zu datierenden Urkunde Welfs VI. für das Stift Polling[66], weil der Aussteller des Diploms damals schon Kemptener Vogt war. In zwei Traditionsnotizen für die Jahre 1170 und 1187 wird Welf VI. als Vogt des Abtes Lantfried von Kempten bezeichnet[67]. Sein Eigengut im Ammergau hatte der Welfenherzog im September 1179 dem Kloster übertragen[68].
Es ist bisher nicht beachtet worden, daß gerade zu der Zeit, als Welf VI. Kemptener Vogt gewesen sein wird, die Kemptener Äbte sich auch mehrmals in der Umgebung des Stauferkönigs Friedrich I. Barbarossa (1152–1190) nachweisen lassen[69]. Allerdings haben fränkische und deutsche Könige die Abtei – wie auch das benachbarte Ottobeuren – im Früh- und Hochmittelalter nie aufgesucht. Eine besondere Königsnähe kann man deshalb für Kempten, zumindest was diesen Zeitraum betrifft, nicht annehmen.
Spätestens nach dem Tod Welfs VI. (1191) wird neben den übrigen Besitzungen des Verstorbenen auch die Vogtei über Kempten an die Staufer gefallen sein[70]. Zumindest mit einem Teil dieser Vogtei scheint dann Heinrich VI. (1190–1197) den Markgrafen von Ronsberg betraut zu haben[71]. Nach dem Tod des letzten Ronsbergers (1212) belehnte Abt Heinrich von Kempten den Stauferkönig Friedrich II. (1212–1250) mit der Klostervogtei und erhielt im Gegenzug von dem jungen Herrscher die Grafschaft Kempten als Reichslehen[72]. Als Friedrich II. am 18.9.1218 zugunsten des Abtes Heinrich und des Klosters von Kempten auf die Klostervogtei gegen eine jährliche Zahlung von 50 Mark Silber verzichtet hatte[73], war die Grundlage für eine eigene Herrschaft der Abtei gelegt[74].

1 Vgl. Franz Ludwig Baumann: Zur älter(e)n Geschichte des Stiftes Kempten. In: ZHVS 2 (1875) S. 227–233 (ergänzter Nachdruck in ders.: Forschungen, S. 110–116; zitiert wird künftig nach diesem Nachdruck!); Rottenkolber, Studien, S. 265–275; vor allem Schwarzmaier, S. 8–13, 20–22; Blickle, Kempten, S. 11–15.

2 Vgl. zu ihm Reg. Augsb. Nr. 1–8 (mit Nachträgen S. 314–317).

3 S. Reg. Augsb. Nr. 5 (mit Nachtrag S. 316), wo allein die Vita S. Magni als Quelle genannt wird. Zur vermutlichen Lage von Mönchszelle und Kirche (heutige St. Mang-Kirche) vgl. Alfred Weitnauer: Das erste Kloster Kempten. In: AJb 1953, S. 171–177. – Neuerdings ist die Vita S. Magni auch nach der jüngst erschienenen kritischen Edition von Dorothea Walz: Auf den Spuren der Meister. Die Vita des heiligen Magnus von Füssen, Sigmaringen

1989, S. 102–195 (künftig zitiert: Walz, Vita des heiligen Magnus) zu benutzen. Die hier einschlägige Passage (c. 23) findet sich S. 170–173.

4 Vgl. dazu die Vita S. Magni lib. II c. 14. In: Melchior Goldast (Hrsg.): Alamannicarum rerum scriptores aliquot vetusti, Frankfurt a. M. 1606, S. 314 sowie Walz, Vita des heiligen Magnus, S. 182–185 (c. 26), wo freilich die geschilderten Vorgänge unrichtig in die Zeit nach König Pippins Tod (768) verlegt werden. Zur Vita S. Magni, ihrem Autor, ihrer Überlieferung, ihren Fassungen und ihrer Glaubwürdigkeit vgl. neben Reg. Augsb. Nr. 34 (mit Nachtrag S. 320 f.) nun auch Walz, Vita des heiligen Magnus, S. 9–99. Zu den erwähnten Kämpfen s. neben Bruno Behr: Das alemannische Herzogtum bis 750, Bern/Frankfurt a. M. 1975, S. 192–196 auch Kurt Reindel: Grundlegung: Das Zeitalter der Agilolfinger (bis 788). In: HdbBayG I, 2. Aufl., S. 164–166.

5 Herimanni Augiensis Chronicon a. 752. In: MG SS V, S. 99.

6 Schwarzmaier, S. 11 f. Die Glaubwürdigkeit Hermanns von Reichenau betont in anderem Zusammenhang, gleichfalls für Nachrichten zur Mitte des 8. Jahrhunderts: Ludwig Holzfurtner: Gründung und Gründungsüberlieferung. Quellenkritische Studien zur Gründungsgeschichte der bayerischen Klöster der Agilolfingerzeit und ihrer hochmittelalterlichen Überlieferung, Kellmünz 1984, S. 39 f., 166, 266.

7 Schwarzmaier, S. 12.

8 MG DD Karl d. Gr. 222, 223; JE 2406 (Druck bei Johann Lechner: Schwäbische Urkundenfälschungen des 10. und 12. Jahrhunderts. In: MIÖG 21 [1900] S. 103–105; Regest in GP II, 1, S. 235 [Nr. 2]. Vgl. zu diesen drei Diplomen jüngst auch Thomas Frenz: Die angeblichen Gründungsprivilegien des Klosters Kempten und ihre Rolle im Streit zwischen Stift und Reichsstadt Kempten. In: Fälschungen im Mittelalter, Teil 3, Hannover 1988 (MG Schriften, Bd. 33,3), S. 616–618.

9 So Lechner, Schwäbische Urkundenfälschungen, S. 41–46. Zu den Reichenauer Fälschern vgl. neuerdings auch Hans Jänichen: Zur Herkunft der Reichenauer Fälscher des 12. Jahrhunderts. In: Helmut Maurer (Hrsg.): Die Abtei Reichenau, Sigmaringen 1974, S. 277–287.

10 Vgl. dazu neben Baumann, Geschichte, S. 114–116, vor allem Schwarzmaier, S. 25–27 und Blickle, Kempten, S. 13–15.

11 MG DD Karl d. Gr. 222 und JE 2406 bringen die unrichtige Jahresangabe 773.

12 Herimanni Augiensis Chronicon a. 774. In: MG SS V, S. 100. Zu Gordianus und Epimachus vgl. vor allem Walter Pötzl: Gordianus und Epimachus. Translatio und Kult. In: StMBO 79 (1968) S. 359–368.

13 Vgl. MG DD Karl d. Gr. 222 und JE 2406.

14 Vgl. MG DD LdD 66: ex quo ipsum Campidonense monasterium a beatae memoriae Hiltegarda regina, uxore ipsius magni Karoli, fuerat fundatum. Diese Urkunde Ludwigs des Deutschen ist in die zu Beginn des 13. Jahrhunderts entstandene Fälschung MG DD O II 325 inseriert worden. – Zu den Kemptener Hildegardtraditionen vgl. neben Schwarzmaier, S. 21–29, besonders Klaus Schreiner: »Hildegardis regina«. Wirklichkeit und Legende einer karolingischen Herrscherin. In: AfKG 57 (1975), S. 10 f., 15–18, 23–39 sowie Walter Pötzl: St. Hildegard – Leben, Legende und Kult. In: AGF 83/84 (1984), S. 79–96.

15 Schreiner, Hildegardis regina, S. 18.

16 RI I, Nr. 582 – gedruckt in: MB 28,2, S. 9 f. (Nr. 5).

17 S. Anm. 16. Vgl. dazu vor allem Schwarzmaier, S. 20 f.

18 MG Capit. I, Nr. 171 (S. 350).

19 Schwarzmaier, S. 41, Anm. 131 nahm an – gestützt auf die Verstorbenenliste des Theotunkonvents im Reichenauer Verbrüderungsbuch, die aus der Zeit um 815 stammt (vgl. dazu neuerdings den Faksimile-Druck. In: MG Libri mem. N.S. I: Das Verbrüderungsbuch der Abtei Reichenau, hrsg. von Johanne Autenrieth, Dieter Geuenich und Karl Schmid, Hannover 1979) – das Kloster hätte zur Zeit Karls des Großen »eine ziemlich gleichbleibende Konventsstärke von 50–70 Mönchen« gehabt. Eckhard Freise: Zur Datierung und Einordnung fuldischer Namensgruppen und Gedenkeinträge. In: Karl Schmid (Hrsg.): Die Klostergemeinschaft von Fulda im früheren Mittelalter, Bd. 2.2, München 1978, S. 540 bis 543, konnte nachweisen, daß 41 Namen, die bisher dem Kemptener Konvent zugerechnet wurden, einen Auszug aus den Fuldaer Totenannalen von Frühjahr 826 bis Anfang 828 darstellen. Da die Kemptener Toten-

liste bis 815 demnach nur wenig mehr als 50 Namen umfaßt, dürfte der Kemptener Konvent zur Zeit Karls des Großen also nur eine Stärke von etwa 25–35 Mönchen gehabt haben.

20 RI I, Nr. 883 vom 25.2.831; RI I, Nr. 889 vom 14.5.831; RI I, Nr. 899 vom 28.3.832; RI I, Nr. 921 vom 4.4.833; RI I, Nr. 929 vom 3.7.834; MG DD LdD 24 vom 8.4.837; RI I, Nr. 978 vom 14.6.838; RI I, Nr. 990 vom 18.4.839; RI I, Nr. 998 vom 1.9.839. – Arno Borst: Mönche am Bodensee 610–1525, Sigmaringen 2. Aufl. 1985, S. 53, 58, 581 identifiziert den Reichenauer Klosterschulmeister Tatto, einen Lehrer Walahfrid Strabos, mit dem Kemptener Abt.

21 MG DD LdD 36 vom April 844; MG DD LdD 66 vom 11.3.853 (?).

22 MG DD LdD 107 vom 23.3.862.

23 RI I, Nr. 883, 889, 929, 978, 990; MG DD LdD 66.

24 MG DD LdD 66. Vgl. dazu neben Schwarzmaier, S. 27–31, bes. 29f. auch Blickle, Kempten, S. 19–25 und Reinhard Bauer: Die ältesten Grenzbeschreibungen in Bayern und ihre Aussagen für Namenkunde und Geschichte, München 1988, S. 189–201.

25 Vgl. die Karte bei Blickle, Kempten, S. 25. Zu den in MG DD LdD 66 genannten Örtlichkeitsnamen s. auch Bauer, Grenzbeschreibungen, S. 196–201.

26 RI I, Nr. 929.

27 Vgl. Schwarzmaier, S. 30f.

28 RI I. Nr. 998. Zum Vorwurf der Verfälschung dieser Urkunde s. Schwarzmaier, S. 21 Anm. 62.

29 MG DD LdD 107.

30 Er wird MG DD LdD 36 und 66 als solcher bezeichnet. Vgl. auch Theodor Bitterauf (Hrsg.): Die Traditionen des Hochstifts Freising, Bd. 1, München 1905, Nr. 730 (S. 607), wo Erchanbert für das Kloster Kempten einen Tausch vornimmt.

31 Vgl. MG Libri confraternitatum Sancti Galli, Augiensis, Fabariensis, ed. Paul Piper, Berlin 1884, S. 142.

32 Dies behaupteten Baumann, Geschichte, S. 122f. und Rottenkolber, Studien, S. 279f., die sich dafür auf Ekkehard IV., Casus S. Galli. In: MG SS II, S. 78, stützten.

33 Josef Maß: Das Bistum Freising in der späten Karolingerzeit, München 1969, S. 180f., will Salomo aus der Liste der Kemptener Äbte streichen. Auch Hans F. Haefele hält ein Kemptener Abbatiat Salomos für zweifelhaft (vgl. Ekkehard IV., St. Galler Klostergeschichten, Darmstadt 1980, S. 20f., Anm. 10). Auf jeden Fall ist bei der Schlichtung eines Streits zwischen Kempten und Ottobeuren um einen Wald, welche 876–879 von Bischof Witgar von Augsburg vorgenommen wurde (vgl. Reg. Augsb. Nr. 47 mit Nachtrag S. 322), von keinem Kemptener Abt die Rede.

34 Vgl. MG DD Arn 47 vom 3.6.889. S. dazu Maß, Bistum Freising, S. 82f., 179–181.

35 MG DD HI 19 vom 30.6.929. Schwarzmaier, S. 57, vermutet, daß dieser Abt Egilof (Agilolf) bis 929 Abt von Kempten war.

36 Vgl. MG DD OI 54 vom 18.1.943.

37 MG DD OI 106 vom 26.12.948. Dieser Presbyter war von Heinrich I. auf Bitten Herzog Arnulfs von Bayern freigelassen worden (s. MG DD HI 10 vom 11.8.926.

38 MG DD OI 420 vom 25.8.972.

39 Vgl. MG DD HI 15 vom 27.12.927; DD OI 22 vom 11.9.939; DD OI 255 vom 14.6.963; DD OII 303 vom 10.6.983 = RI II,2, Nr. 904; DD OIII 121 vom 30.4.993 = RI II,3, NR. 1089; DD HIV 94 vom 29.10.1062 = RI III,2, Nr. 270.

40 Vgl. die Anm. 35, 37, 39. Arnulf ist in allen drei Urkunden Petent. S. auch Schwarzmaier, S. 57.

41 Reg. Augsb. Nr. 115 (Mit Nachtrag S. 329). Zur weiteren Tätigkeit Ulrichs als Abt von Kempten s. Reg. Augsb. Nr. 117 (mit Nachtrag S. 329) und Reg. Augsb. Nr. 134.

42 Vgl. dazu Schwarzmaier, S. 44.

43 MG DD OI 472.

44 MG Const. I, Nr. 436 (S. 633). Zur Datierung dieses Aktenstücks vgl. Leopold Auer: Der Kriegsdienst des Klerus unter den sächsischen Kaisern. In: MIÖG 79 (1971) S. 372–378.

45 RI II,2, Nr. 904.

46 Wipo, Gesta Chuonradi c. 11, ed. Harry Breßlau, Hannover und Leipzig 3. Aufl. 1915 (MG SS rer. Germ.), S. 32f.; Herimanni Augiensis Chronicon a. 1026. In: MG SS V, S. 120. – Weitnauer, Kempten, S. 178, vermutet, daß zu der Zeit, als Herzog Ernst das Kloster innehatte, es in die Neustadt verlegt wurde.

47 Weitnauer, Kempten, S. 178.

48 Vgl. Hermann Tüchle: Das Kalendar von Kempten. In: StMBO 81 (1970) S. 18.

49 Herimanni Augiensis Chronicon a. 1050. In: MG SS V, S. 129.

50 RI III,2, Nr. 270.

51 Lamperti Hersfeldensis Annales a. 1063, ed. Oswald Holder-Egger, Hannover und Leipzig 1894 (MG SS rer. Germ.), S. 89 f.

52 Vgl. die in den Anm. 46 und 51 zitierten Textstellen.

53 MG DD HIV 282. S. zu dieser Urkunde neben Schwarzmaier, S. 136 f., 140 Anm. 79 neuerdings auch Raymund Kottje: Ein Diplom Ludwigs des Deutschen für Kempten als Vorlage für DH IV 282? In: DA 39 (1983) S. 214 f.

54 Reg. Augsb. Nr. 364.

55 S. Anm. 53.

56 Vgl. dazu vor allem Hermann Jakobs: Der Adel in der Klosterreform von St. Blasien, Köln/Graz 1968, S. 124–129.

57 Jakobs, Adel, S. 124–126.

58 Vgl. den Text der oben Anm. 8 zitierten Urkunden.

59 S. Jakobs, Adel, S. 127 f.

60 Jakobs, Adel, S. 128 Anm. 31 meint, daß MG DD Karl d. Gr. 222, wo ausführlich über die Abtswahl gehandelt wird, vielleicht vor dem Wormser Konkordat (1122), sicher aber vor 1125 entstanden ist.

61 Vgl. MG DD Karl d. Gr. 223.

62 S. die Belege bei Blickle, Kempten, S. 28 f.

63 Vgl. dazu überzeugend Schwarzmaier, S. 139 f.

64 MG DD KIII 95; Reg. Augsb. 504.

65 So Schwarzmaier, S. 138. Eher skeptisch Blickle, Kempten, S. 32.

66 Vgl. Karin Feldmann: Herzog Welf VI. und sein Sohn. Das Ende des süddeutschen Welfenhauses, phil. Diss. Tübingen 1971, Nr. 14.

67 S. Baumann: Isnyer Geschichtsquellen des zwölften Jahrhunderts. In: NA 8 (1883), S. 154, 158.

68 Vgl. Feldmann, Welf VI., Nr. 161.

69 Abt Albert ist Zeuge in MG DD FI 128 und 129 (ausgestellt Ende November 1155 in Konstanz), in DD FI 204 (ausgestellt 7. 2. 1158 in Ulm) und DD FI 470 (ausgestellt 1. 11. 1164 in Ulm); Abt Hartmann ist Zeuge in DD FI 506 und 507 (beide ausgestellt am 8. 3. 1166 in Ulm).

70 Zur 1179/80 erfolgten Übertragung der Güter Welfs VI. an Friedrich I. und deren vertragliche Regelung vgl. Feldmann, Welf VI., S. 86–91.

71 S. RI V,1, Nr. 703.

72 Ebd.

73 RI V,1, Nr. 951.

74 Vgl. dazu Blickle, Kempten, S. 34 f.

Klosterherrschaft im Mittelalter
Zur Entstehung des stift-kemptischen Territorialstaats

Peter Blickle

Das Kloster Kempten gehört zweifellos zu den bedeutenderen monastischen Gemeinschaften im schwäbischen Raum. Das drückt sich einerseits in seinem adeligen Konvent aus, andererseits in seiner beachtlichen »weltlichen« Herrschaft. Mönchische Gemeinschaften bedurften einer wirtschaftlichen Grundlage, sie hatten gleichzeitig aber auch immer eine »politische« Funktion. Aus diesen Voraussetzungen erklärt sich, daß sich Klostergeschichte immer auch als Herrschaftsgeschichte darstellt.

Herrschaftsformen wandeln sich im Laufe der Jahrhunderte. Für das »Sacrum Imperium Romanum«, das »Heilige Römische Reich« – und wie es seit dem 15. Jahrhundert präzisierend heißt – »deutscher Nation«, ist kennzeichnend, daß es sich um 1500 in seinen Verfassungsstrukturen verfestigt, das gilt jedenfalls zumindest für die kleineren Herrschaften innerhalb des Reiches. Die um 1500 ausgebildeten Herrschaftsformen bleiben in ihren Grundfiguren bis zum Ende des Alten Reiches 1806 erhalten. Das erlaubt es, das Mittelalter als eigene Epoche im Rahmen einer Klostergeschichte darzustellen. Um 1500 hatte auch die Herrschaft des Klosters Kempten jene Form gefunden, die für die Folgejahrhunderte bestimmend bleiben sollte. Die vorangegangenen acht Jahrhunderte freilich stellen sich als ein äußerst dynamischer Prozeß der Verschiebung und Verlagerung von Herrschaftsrechten dar, mit ihren wirtschaftlichen und gesellschaftlichen Implikationen, der bei behutsamer Zuordnung in drei Phasen gegliedert werden kann: Aus einer starken Abhängigkeit von Kaiser und Reich, die bis in die Stauferzeit reicht (I), löst sich das Kloster zusehends, einerseits durch den Erwerb ehemals königlicher und reichischer Rechte, andererseits durch eine systematischere Erschließung neuer wirtschaftlicher Ressourcen im 13. und 14. Jahrhundert (II), die schließlich die rechtlichen und ökonomischen Voraussetzungen schaffen, die Klosterherrschaft in einen »Territorialstaat« zu transformieren, in dessen Grenzen Abt und Konvent als Inhaber politischer Kompetenzen nahezu konkurrenzlos sind (III).

Kempten im Rahmen der Reichspolitik

Kempten ist von St. Gallen aus gegründet worden und wurde wahrscheinlich 742 oder 743 vom Augsburger Bischof geweiht[1]. Die wirtschaftliche Grundausstattung des Klosters erfolgte im wesentlichen durch das Königtum[2]. Diplome Ludwigs des

Frommen zeigen, daß dem Kloster an die 100 Hufen »a quibusdam liberis hominibus« geschenkt worden waren, die von der Zins- und Heerfahrtspflicht gegenüber
dem Reich befreit und dem Kloster schließlich eigentümlich übertragen wurden[3].
Die frühen Urkunden zur Klostergeschichte verbieten jeden Zweifel an der Feststellung, daß die Karolinger Kempten besonders förderten[4], freilich muß das nicht
heißen, daß alle dem König unterstehenden Freien und deren Besitz im Interessenbereich Kemptens auch an das Kloster übergegangen wären. Jedenfalls deckt sich
der urkundliche Befund mit der kemptischen Tradition, in der Hildegard, die
Gemahlin Karls des Großen, einen hervorragenden Platz einnimmt[5].
Der ehemals königliche Besitz wurde von den Karolingern auch zugunsten Kemptens »herrschaftlich« gesichert, und zwar in der Weise, daß dem Kloster für seine
Güter Immunität verliehen wurde[6]. Was genau darunter zu verstehen ist, lassen die
einschlägigen Urkunden offen, doch legt ein Vergleich mit ähnlichen Privilegien für
St. Gallen[7] den Schluß nahe, daß die Immunität für alle Klostergüter galt. Dieser
Hinweis ist wichtig, weil die ältere Forschung die Auffassung vertreten hat, die
Immunität sei nur im Rahmen der »marca Campidonensis« wirksam gewesen[8]. Von
ihr, der »Mark«, ist erstmals 853 die Rede[9] und dies in durchaus zweideutiger
Weise. Die »seniores« der Region, die auf Befehl Kaiser Ludwigs vor dem königlichen Missus und zwei Grafen dem Kloster das Recht weisen, die Mark »cum terris
et silvis cultis et incultis« zu nutzen und damit den angeblichen Tatbestand begründen, daß kein Graf »gewagt« habe, innerhalb der Mark Gericht zu halten, stoßen
auf den entschiedenen Widerspruch des »populus«. Das könnte so gedeutet werden, daß es innerhalb der Mark noch Freie auf Eigengut gegeben hat, die sich der
klösterlichen Gewalt nicht unterwerfen, vielmehr ihren Gerichtsstand vor dem
königlichen Grafengericht aufrecht erhalten wollten. Aus St. Gallen ist Gleiches
bekannt[10].
Die verfügbaren Quellen erlauben letztlich keine eindeutige und widerspruchsfreie
Interpretation der Rechtslage. Es spricht aber auch nichts gegen die Annahmen,
– die »marca Campidonensis« umschreibe eine wirtschaftliche Interessensphäre des
Klosters, ähnlich späteren Forstbannverleihungen,
– ein königliches Grafengericht, zuständig für die Freien innerhalb der Kemptener
Mark, habe weiter bestanden und
– die Immunität habe sich auf die klösterlichen Güter, die zweifellos territorial
nicht geschlossen waren, erstreckt.
Plausibilität gewinnt diese Interpretation durch die Herrschaftsgeschichte späterer
Jahrhunderte.
Festzuhalten ist jedenfalls: mit der Immunität war über die Besitzausstattung hinaus ein Herrschaftsanspruch des Klosters verbunden, der sich territorial im Rahmen der »marca Campidonensis« besonders gut weiter ausbauen ließ.
Die Klostergeschichte vom 9. bis zum 12. Jahrhundert steht – auch das spricht für
königliche Präsenz – im Schatten königlicher und reichischer Interessen. In karo-
lingischer, ottonischer und salischer Zeit wurden vielfach von den Königen Äbte in
Kempten eingesetzt, unbeschadet der Tatsache, daß Ludwig der Deutsche dem

Tafel 11   Das Letzte Abendmahl, spätgot. Fresko in der Kapelle St. Stephan im Keck, Kempten, um 1460

Tafel 12.1 Plattenfragment (39 cm hoch, 82 cm breit) der ehemaligen Chorschranke aus der St. Mangkirche Kempten, 9. Jahrhundert

Tafel 12.2 Kopfreliefs am Kirchturm der ehemaligen stiftkemptischen Pfarrkirche Wilpoldsried, um 1500

Kloster die freie Abtwahl verliehen hatte[11]. Gesichert sind vier Fälle, in denen die Könige von Otto I. bis Heinrich III. eigenmächtig Äbte in Kempten einsetzten[12], das Kloster also wie eine »Eigenkirche« behandelten. Das sollte sich erst ausgangs des Hochmittelalters entscheidend ändern.

Auf dem Weg zur politischen Autonomie

Zweifellos bilden gerichtliche Rechte ein Kernstück frühmoderner territorialstaatlicher Herrschaft, was freilich voraussetzt, daß ein Substrat dinglicher und personaler Herrschaft – wissenschaftsterminologisch ausgedrückt in »Grundherrschaft« und »Leibherrschaft« – vorhanden sein muß, auf das sich die Gerichtskompetenzen erstrecken können. Im Einfluß- und Interessenbereich des Reichsklosters Kempten wurden Gerichtsrechte auf zweifache Weise wahrgenommen: in Form der Grafenrechte und in Form der Vogtei. Eine Grafschaft Kempten wird erstmals im Jahr 1213 erwähnt[13]; Friedrich II. verleiht sie an den Abt von Kempten. Über Alter und Funktionen dieser Grafschaft ist viel gerätselt worden[14], letztlich ohne befriedigendes Ergebnis. Es scheint aber nicht abwegig, die Grafschaft in die Kontinuität königlicher Verfügungsgewalt über das Kloster einzubetten und sie mit den bemerkenswert zahlreichen Freien – oder Königsfreien – des 8. und 9. Jahrhunderts in Verbindung zu bringen. Sollte das zulässig sein, dann hätte das Reich mittels einer »Grafschaft Kempten« die gerichtlichen Rechte über Freie wahrgenommen, und zwar im Rahmen der Kemptener Mark, denn die Grenze der Grafschaft Kempten ist mit der der »marca Campidonensis« nahezu identisch[15]. Diese Lesart macht Sinn insofern, als noch im 15. Jahrhundert zahlenmäßig bedeutende Gruppen von Freien im Kemptener Einflußbereich nachzuweisen sind – davon wird noch ausführlicher zu sprechen sein – und generell im Allgäu mit einem hohen Anteil von Freien gerechnet werden muß. Noch im 16. Jahrhundert weisen »Leibeigenschaftsrodel« des benachbarten Reichsklosters Ottobeuren 20% der klösterlichen »Untertanenschaft« als Freie aus[16].
Mit der Übertragung der Grafschaft Kempten an den Abt erfolgte ein für die Freien wie für die klösterlichen Herrschaftsrechte entscheidender Schritt: die Freien – und mit ihnen ihre Güter, soweit sie bäuerlicher Eigenbesitz waren – wurden klösterlicher Gerichtsbarkeit unterstellt.
Es gehört zu den Grundtatbeständen des germanisch-fränkischen Rechts und des Selbstverständnisses der Kirche, daß geistliche Institutionen zu ihrem Schutz und zur Wahrung ihrer weltlichen Rechte einen rechts- und waffenfähigen Vogt haben mußten. Das waren Adelige unterschiedlichster Dignität, vom König bis zum Ritter. Der Stellung der kirchlichen Institutionen korrespondierte in der Regel die Stellung der Vögte. Als solche begegnen im 12. Jahrhundert – frühere diesbezügliche Belege fehlen – die Welfen[17], 1190 übernahmen die Staufer die Vogtei[18], die sie praktisch von Untervögten verwalten ließen. Doch bereits 1218 verlieh Friedrich II. gegen einen jährlichen Zins von 50 Mark Silber die Vogtei an das Kloster[19]. Zwar

blieb diese Verleihung nicht unangefochten, doch im Verlauf des 13. Jahrhunderts konnte der Abt seine Ansprüche durchsetzen. Jetzt ernannte er die Vögte, meist Adelige aus der engeren Nachbarschaft, die jedoch in hohem Maße von ihm abhängig waren und durch kurzfristige Dienstverträge und Geld- und Naturalentschädigungen anstelle der früher üblichen Lehen deutliche Züge von frühen »Beamten« annahmen[20].

Die »königliche« Grafschaft und die »hochadelige« Vogtei wurden so im 13. Jahrhundert Herrschaftsrechte in der nahezu ausschließlichen Verfügungsgewalt des Abtes und seines Konvents. Das war ein bemerkenswerter Schritt von der »Eigenkirche« zum »reichsunmittelbaren« Kloster, vom Grund- und Leibherrn über Bauern und deren Güter zum »Landesherrn«. Kurzum, für »politische« Aktivitäten des Klosters eröffneten sich gänzlich neue Räume, und daß Kempten sie nützen würde, war angesichts des ausschließlich mit Adeligen besetzten Konvents zu erwarten.

Wohl nicht zufällig folgte dem Erwerb von Grafschaft und Vogtei eine energischere Erschließung der Kemptener Mark, die durchaus Züge einer gezielt betriebenen Binnenkolonisation erkennen läßt. Das Allgäu ist eine karge Gegend, die Bonitäten der Böden sind bescheiden, nicht zufällig hat sich die Vieh- und Milchwirtschaft durchgesetzt, nachdem sich die Landwirtschaft relativ frei und unabhängig von grundherrlichen Bindungen entwickeln konnte. Entsprechend spät wurde auch die Gegend um Kempten besiedelt; 200 genitivische Ortsnamen, die auf Rodungstätigkeit schließen lassen, sprechen eine deutliche Sprache[21].

Offensichtlich erfolgte die Ausbautätigkeit mittels klösterlicher Ministerialen, ein verbreitetes Kennzeichen klösterlicher »Kulturraumpolitik« im Spätmittelalter. Daß die Ministerialität über Rodung »groß« geworden ist, belegt die topographisch-geographische Lage ihrer Burgen und Sitze; fast ausnahmslos liegen sie nicht im Altsiedelland, sondern an der Peripherie der noch heute recht geschlossenen Waldgebiete[22]. Nahezu alle adeligen Familien im Bereich der Kemptener »Mark« – zum Teil auch darüber hinaus – dürften aus Dienstmannenfamilien hervorgegangen sein, die bedeutenderen wie die Hirschdorf, Sulzberg, Wagegg und Werdenstein bekleideten die Hofämter Truchseß, Schenk, Marschall und Kämmerer. An die 20 Familien lassen sich mühelos als stift-kemptische Ministerialen nachweisen[23]. Mit ihrer Hilfe wurde die Grafschaft recht eigentlich erschlossen. Die zum Teil stattlichen Grundherrschaften des Adels geben einen ungefähren Überblick vom Erfolg dieser mühsamen Arbeit.

Herrschaftsgeschichtlich war die Kolonisation mittels Ministerialen für das Kloster selbst nicht ungefährlich. Wo die wirtschaftliche Grundlage ausreichte, anders gewendet die grundherrschaftliche Position tragfähig genug war, gelang dieser Schicht nicht selten der Aufstieg in den Adel, die ursprünglichen Dienstlehen wurden erblich und damit ihren Lehensherrn entfremdet. Die ausgedehnte Grundherrschaft St. Gallens – die größte, die es im süddeutschen Raum im Mittelalter überhaupt gab – wurde im wesentlichen durch die Verselbständigung der Ministerialenschicht auf jenen bescheidenen Umfang reduziert, den sie in der Frühneuzeit in Form der »Alten Landschaft« zwischen Rorschach und St. Gallen hatte.

Auch in Kempten deutete sich eine ähnliche Entwicklung an. Erblichkeit der Dienstlehen scheint sich auch hier herausgebildet zu haben, die freilich erst in dem Augenblick für das Kloster gefährlich wurde, als die Dienstmannen ihre adelige Qualität durchsetzen konnten. Das drückte sich derart aus, daß sie vor dem kaiserlichen Landgericht auf Leutkircher Heide ihr Recht suchten und fanden[24], also vor einem Gericht, das personal nur für Freie und Adelige zuständig war. Diese äußerst prekäre Situation hat das Kloster nicht gänzlich, aber doch weitgehend gemeistert, indem es wo immer möglich von seinem Heimfallrecht Gebrauch machte oder die adeligen Herrschaften zur Gänze oder stückweise zurückkaufte[25]. Dieser Prozeß setzt im 14. Jahrhundert ein, kam aber erst im 16. Jahrhundert zu einem gewissen Abschluß.

Der Rückkauf der Adelsherrschaften fällt in jene Zeit, in der das Kloster seine stärksten und auch erfolgreichsten Anstrengungen unternommen hat, seine streuenden, weit über den Bereich der »Mark« hinausreichenden Rechtstitel, seien sie grundherrlicher oder leibherrlicher Art, im Raum der »marca Campidonensis« zu konzentrieren. Der Prozeß war mühsam, von Rückschlägen begleitet und ging nicht ohne Gewaltsamkeit vonstatten. Wohl selten waren die »sozialen Kosten« der »politischen Modernisierung« in Schwaben so hoch wie im Herrschaftsbereich des Fürststifts Kempten. Das Ergebnis der »Modernisierung« war der »Territorialstaat«.

Territorialstaatsbildung – der beschwerliche Weg in die Neuzeit

Gemessen an frühneuzeitlichen Formen der Territorialstaatlichkeit, deren Markenzeichen in kleinen reichsunmittelbaren Herrschaften eine rechtlich gleichgestellte Untertanenschaft, eine vergleichsweise geschlossene Grundherrschaft mit gleichen Besitzrechten der Bauern, eine uniforme Gebots- und Gerichtsgewalt der Obrigkeit waren, stellt sich die stift-kemptische Herrschaft noch recht »archaisch« dar. Weder war die »Untertanenschaft« gleichgestellt, noch die Grundherrschaft geschlossen, noch die umfassende Gebotsgewalt gesichert.

»Archaisch« war vornehmlich der persönliche Rechtsstatus der Bauern in der Kemptner Mark. Neben Leibeigenen gab es rechtlich besser gestellte sogenannte Freizinser, und über diesen standen Freie, die gelegentlich auch freie Muntleute oder Muntleute schlechthin genannt wurden[26]. Die Rechtsstellung dieser drei Gruppen genau zu lokalisieren ist schwierig, weder das »Recht der Freien«, noch das »Recht der Freizinser« sind kodifiziert, auch nicht die »Pflichten der Leibeigenen«. Man muß die Statusmerkmale aus einer Fülle von Urkunden und Akten herausdestillieren; das Ergebnis bleibt bis zu einem gewissen Grade unbefriedigend, weil die Quellen erst zu einem Zeitpunkt gesprächig werden, in dem der ältere Rechtsstatus bedroht ist[27].

Der Freie unterstand zwar gerichtlich der Grafschaft Kempten – dem »kaiserlichen Landgericht der Grafschaft Kempten« wie die Bezeichnung seit dem 15. Jahrhundert üblicherweise heißt – und war damit in der Munt des Klosters, er konnte sich aber auch einen anderen Schutz- und Schirmherrn wählen, galt somit als freizügig; entsprechend bescheiden waren seine Verpflichtungen: ein »gemessenes Geld« für den Schutz scheint üblich gewesen zu sein, eine Hilfspflicht, wenn das Kloster militärisch bedroht wurde[28].

Freizinser entrichteten üblicherweise einen jährlichen Zinspfennig und bei ihrem Tod den »Fall«, wohl in Form des besten Stücks Vieh und des besten Gewandes[29]. Zinser war man an eine Kirche oder auf einen Altar, beispielsweise den Marienaltar im Kemptener Münster, weshalb die Zinser häufig auch als »Frauenzinser« begegnen. Insofern das Kloster Kempten Patron der Kirche war, nahm es die Rechte über die Zinser wahr. Mehrheitlich waren sie umstritten; die Zinser beanspruchten Freizügigkeit und freie Wahl des Schutz- und Schirmherrn[30], Kempten hingegen bestritt die Rechtmäßigkeit solcher Ansprüche. Leibeigene schließlich – »Eigenleute« werden sie in den Quellen zunächst mehrheitlich genannt –, die Nachfahren der älteren Unfreien hofrechtlicher Verbände, mußten im Todesfall einen großen Teil ihrer Verlassenschaft an das Kloster abtreten, von Abgaben bis zur Hälfte des Vermögens ist die Rede, sie waren nicht freizügig, heiraten konnten sie nur im Kreise der stift-kemptischen Leibeigenen, in der »Genossenschaft« nennen das die Zeitgenossen, alle anderen Ehen galten als »ungenoßsame Ehe« und wurden bestraft. Darüber hinaus zahlten sie Steuern, und zwar für ihren Eigenbesitz, und waren gegenüber dem Kloster kriegspflichtig.

Das Spätmittelalter ist eine Zeit höchster Mobilität. Das numerische Wachstum der Städte von 50 im Jahr 1200 auf 3000 im Jahr 1500 zeigt den Grad der »Verstädterung« an, die steil ansteigenden Bevölkerungszahlen in vielen Städten belegen, daß der Zuzug nur vom Land kommen konnte. »Landflucht« ist ein geradezu definitorisches Merkmal des Spätmittelalters. Auch für Kempten hatte das gravierende Folgen. Die Freien und Freizinser, gestützt auf ihren Anspruch auf Freizügigkeit, saßen weit außerhalb der Grenzen der Grafschaft, die Leibeigenen folgten ihrem Vorbild. Die Mobilität war umfassend, sie erstreckte sich nicht nur auf die Städte, sondern auch auf benachbarte Herrschaften. Damit wurden die herrschaftlichen Verhältnisse lockerer, unübersichtlicher, wo nicht chaotisch. Die Kemptener Äbte betrieben Territorialpolitik zunächst einmal in der Absicht, diese Zustände zu beseitigen. Die Tendenzen sind eindeutig und durch eine Fülle von Urkunden und Akten belegt: Freie, Freizinser und Leibeigene sollen auf dem Niveau der Leibeigenschaft nivelliert werden; die bunte Durchmischung der Dörfer und Regionen mit Leibeigenen verschiedenster Herren soll beseitigt werden – innerhalb der Grafschaftsgrenzen nur stift-kemptische Leibeigene, so heißt die aus den Quellen interpretatorisch ableitbare Zielvorstellung des Klosters. Beides wurde bis zum Beginn des 16. Jahrhunderts erreicht. Mit welchen Mitteln?

Im Mittelalter folgten die Kinder üblicherweise dem Rechtsstand der Mutter. Die Kinder einer freien Frau, selbst wenn sie mit einem Zinser oder einem Leibeigenen verheiratet war, wurden frei. Dieses Recht verdrängte das Kloster durch das Prinzip der »ärgeren Hand«[31]. Ihmzufolge schlugen die Kinder dem rechtlich schlechter gestellten Elternteil nach; Kinder aus einer Ehe zwischen Freien und Leibeigenen wurden generell leibeigen. Im Laufe mehrerer Generationen wären auf diese Weise ohnehin alle vom Kloster abhängigen Leute zu Leibeigenen geworden. Kempten freilich wollte den Prozeß beschleunigen und erlaubte »ungenoßsame« Ehen, auch mit Freizinsern und Freien, nur dann, wenn der besser gestellte Partner sich bereit fand, den Rechtsstatus seines Ehegatten anzunehmen[32]. Die Maßnahmen Kemptens scheinen nicht sehr erfolgreich gewesen zu sein; sie waren ja auch zumindest kirchenrechtlich äußerst dubios, weil jedem Christen erlaubt war, das Sakrament der Ehe einzugehen, es sei denn, enge Verwandtschaftsverhältnisse hätten dem im Weg gestanden. Die Äbte haben ihrer Politik in gewaltsamer Weise in der Form forciert, daß dort, wo Ergebungen in den schlechteren Rechtszustand freiwillig nicht zu erreichen waren, durch Festnahmen und Einkerkerungen nachgeholfen wurde. Ein im deutschen Raum einmaliges Quellenstück dokumentiert diesen Vorgang – der sogenannte Kemptener Leibeigenschaftsrodel, der vom Kaufbeurer Stadtschreiber nach Aussagen der Kemptener Bauern im Januar 1525 niedergeschrieben wurde[33]. Er verzeichnet 335 Einzelbeschwerden, die rund 1200 Fälle von Standesminderungen durch das Kloster dokumentieren. »Item Nesa Hainzelmännin von Bachen ain freyin«, heißt eine dieser typischen Klagen, »han genommen mein man sålig, was leybaigen, den fyeng man, wolt Ich In aus dem thurn han, da must Ich mein freybrieff von mir geben, vnd mich vnnd meine kinndt, auch zu leibaigen geben, vnd Ist beschehn bey dem allten herrn [Abt Johann Rudolf von Raitnau, 1507–1523], das clag Ich gott vnnd dem Rechten«[34]. Eine Auszählung des Leibeigenschaftsrodels ergibt, daß von klösterlichen Gewaltmaßnahmen Freie und Freizinser in gleichem Maße betroffen waren, Frauen mehr als Männer (60:40). Soweit Begründungen für die Rechtsminderung überhaupt angegeben werden, wird in 75% die ungenoßsame Ehe genannt.

Wie erfolgreich diese Maßnahmen waren, ergibt sich aus zwei Beobachtungen: Von 1500 bis 1590 geht die Nennung von Freien und Freizinsern im Urkundenbestand Kemptens rapide zurück[35]; 1526, als infolge des Bauernkriegs der Schwäbische Bund die Rechtsstellung der Leibeigenen und Freizinser vertraglich festschreibt, bestehen zwischen den beiden ursprünglich scharf geschiedenen Gruppen nur mehr geringe rechtliche Unterschiede[36].

Zeitlich parallel zur rechtlichen Nivellierung der drei Bevölkerungsgruppen, eher jedoch etwas später, verläuft ein zweiter Prozeß, nämlich jener der Ausbildung eines relativ geschlossenen Leibeigenenbezirks.

Die horizontale Mobilität war offenkundig schwer aufzuhalten, die ungenossame Ehe schwer durchzusetzen. Die Problemlösung stellte der »Leibeigenentausch« dar. Das Wort klingt dramatischer als der Sachverhalt selbst in Wirklichkeit ist. Beim Leibeigenentausch blieb der Bauer auf seinem Hof sitzen, lediglich sein Leibherr wechselte. Gleichbleibende Abgaben und Rechtsansprüche gingen lediglich an einen anderen Herrn, einen Adeligen, ein Kloster oder eine Stadt über. Ein Beispiel: das Kloster Ottobeuren verzichtete auf die Rechtsansprüche gegenüber seinen Leibeigenen in der Grafschaft Kempten, umgekehrt Kempten auf seine Leibeigenen im Herrschaftsbereich Ottobeurens. Das Beispiel ist verallgemeinerbar und zeigt die Absicht: mit kostenneutralen Operationen eine »Territorialleibherrschaft« aufzubauen. Der Prozeß setzte um 1400 ein und kam in der Mitte des 16. Jahrhunderts etwa zum Abschluß. Das Unternehmen, an dem alle Leibherrn im Allgäu beteiligt waren, nahm enorme Ausmaße an: Zehntausende von Bauern dürften ihren Leibherrn gewechselt haben[37]. Wenigstens eines dieser Rechtsgeschäfte sei beschrieben. 1558 tauschte das Kloster Kempten Leibeigene mit den Grafen von Montfort[38]; Kempten erhielt 2732 Leibeigene, von denen 1758 im engeren Stiftsgebiet wohnten. Auf gleiche Weise wurden mit dem Hochstift Augsburg[39], dem Haus Österreich[40], den Klöstern Isny[41] und Ottobeuren[42], der Reichsstadt Kempten[43], den Rittern von Laubenberg als Inhabern der Herrschaft Wagegg[44], den Werdensteinern[45] und Waldburgern[46] Leibeigene getauscht.

Die politisch aufwendigen Anstrengungen der Herrschaften im Allgäu, und damit auch die des Klosters Kempten, erklären sich aus dem Umstand, daß die Leibeigenschaft im Allgäu eine besondere Ausprägung in Form des sogenannten »Allgäuischen Gebrauchs« erfahren hatte[47]. Das besagt: an der Person hing die Gerichtsbarkeit, die Steuerpflicht und die Wehrpflicht. Gerichtshoheit, Steuerhoheit und Wehrhoheit sind ganz unstreitig unentbehrliche Grundlagen der Territorialstaatlichkeit. Der Leibeigenentausch – das ist der »Witz« des gesamten Unternehmens – machte aus einer streuenden, personal gebundenen Gerichts-, Steuer- und Wehrhoheit eine »flächige«, eine »geschlossene«, eine »territoriale«.

Genial war die Architektur des Kemptener Territorialstaats insofern, als die Äbte die ausgangs des Hochmittelalters verfügbaren Herrschaftsrechte und Anspruchstitel einerseits erweiterten, andererseits verzahnten. Die »marca Campidonensis« diente gewissermaßen als Bauplatz. Indem das Kloster die Vogtei in die Hände bekam, wertete es seinen Grundbesitz um die vogteilichen Rechte – und das hieß Gerichtsbarkeit, Steuerhoheit und Verteidigungspflicht für die Grundholden – auf; indem es mit den Grafschaftsrechten belehnt wurde, gewann es Zugriff auf die stattlichen Kontingente der Freien und Freizinser; indem es die Freien und Freizinser in die Leibeigenschaft hinabdrückte, sicherte es sich über die gesamte Bevölkerung das Recht der Gerichtsbarkeit, sowohl der hohen wie der niederen, die Steuerhoheit – natürlich auch über den freieigenen bäuerlichen Besitz – und die Wehrhoheit.

Unter herrschaftsstrategischen Erwägungen war es richtig, daß Kempten sein Interesse vornehmlich auf die personalen Rechtstitel richtete. Die »Grundherrschaft« spielt hingegen eine vergleichsweise untergeordnete Rolle im territorialstaatlichen Aufbau. Ökonomische Gründe beziehungsweise finanziell beschränkte Möglichkeiten können – das läßt sich heute nicht mehr entscheiden – eine Bedeutung gehabt haben. Der Ankauf von Grund und Boden und damit die Verbreiterung der »Grundherrschaft« hätte in jedem Fall enorme finanzielle Aufwendungen erfordert, die Ausdehnung und Verbreiterung der »Leibherrschaft« hingegen erforderte lediglich politische Rücksichtslosigkeit. Freiheit und Eigentum nämlich waren, so wird man annehmen dürfen[48], verbunden: mehrheitlich verfügten die Freien über Eigentum und mehrheitlich war Eigentum in den Händen von Freien. Sie in die Leibeigenschaft zu drücken, war auch ökonomisch reizvoll, denn über die Steuerpflicht des Leibeigenen kam das Kloster an den bäuerlichen Eigenbesitz heran. Und in der Tat bezog das Kloster seine Revenuen wesentlich über die Steuern und in sehr viel geringerem Maße über grundherrliche Besitztitel.

Die Grundherrschaft des Klosters Kempten war, verglichen mit anderen Klosterherrschaften, immer bescheiden. Weil sie unbedeutend war, blieb auch der Quellenniederschlag gering, und exakte Berechnungen über Umfang und Rechtsqualität der Klostergüter sind problematisch. Die erste umfassende, statistisch exakt auswertbare Erhebung – sie datiert aus der Zeit nach 1800 – ergibt einen Anteil stiftkemptisch »leibfälliger« Güter von rund 10% am gesamten Höfebestand in der Grafschaft[49]. Leibfälligkeit spricht für altes Klostergut. Hinzu traten später erworbene, oft »lehenbar« genannte Güter, deren Umfang schwer zu ermitteln ist. Berechnungen für das 17. und 18. Jahrhundert haben ergeben, daß immerhin 65–70% der Höfe bäuerlicher Eigenbesitz waren[50]. Es gibt keinen Grund anzunehmen, daß er sich vom Hochmittelalter bis in die Frühneuzeit vergrößert hätte. Eher das Gegenteil ist wahrscheinlich. Jedenfalls zeigt ein Vergleich der Salbücher von 1394[51] und 1527[52] eine Ausdehnung der Klostergrundherrschaft, wenn auch nur bescheidenen Umfangs. Überwiegend bleiben also die Güter im Besitz der Bauern, wahren ihre Qualität als »freies Eigen«[53].

Das unterstreicht nochmals die Bedeutung der Leibherrschaft beim territorialen Aufbau. Grund und Boden wurde für das Kloster dann interessant, wenn er als Grund»herrschaft« in adeliger Hand war, weil damit Herrschaftsrechte niedergerichtlicher und vogteilicher Art verbunden waren, die dem Prinzip der Territorialstaatlichkeit widersprachen. So sind denn auch in diesem Bereich die Kaufaktivitäten des Klosters besonders ausgeprägt. Solche Erwerbungen waren teilweise »kostenneutral« deswegen, weil das Kloster seinerseits entfernten Besitz außerhalb seines Interessengebiets verkaufte und damit Mittel freibekam.

Größere Besitzkomplexe erwarb Kempten etwa 1339[54] durch den Kauf von Maierhof und Kirchensatz zu Martinszell von den Sulzbergern, 1398 der Herrschaft Wolkenberg[55], 1406 der Feste Schönberg von den Königseggern[56], der Feste Neuenburg von den Schellenbergern[57], der Burg und des Dorfes Betzigau 1440[58], der Herrschaft Liebenthann von den Rittern von Stein 1447[59], der Herrschaft Ehrensberg 1448[60]; 1460 kamen Burg und Dorf Fischen an Kempten[61], 1467 das Dorf Hirschdorf[62] und 1499 schließlich die Herrschaft Hohentann[63].

Nur größere Käufe wurden hier berücksichtigt. Verkäufer sind aber auch in den anderen Fällen mehrheitlich Adelige, allenfalls noch stadt-kemptische Bürger, nicht Bauern. Das bestätigt, daß es dem Kloster offensichtlich nicht vorrangig um »Besitz« ging, sondern um »qualifizierten« Besitz.

Um 1500 hatte das Territorium des Fürststifts Kempten jene Form erreicht, mit der es in die Frühneuzeit eintrat. Nur unter Effektivitätsgesichtspunkten fällt die Bilanz günstig für die Äbte und ihre Konvente aus. Die Politik der Territorialstaatsbildung nämlich wurde überwiegend auf dem Rücken der Bauern ausgetragen. Die

Bauern wehrten sich. Dadurch hat das Allgäu »Weltgeschichte« gemacht – der Bauernkrieg von 1525, die hinsichtlich Massenbasis, Gewaltsamkeit und perspektivischer Weite des Programms bedeutendste bäuerliche Erhebung in Alteuropa, begann und endete im Fürststift Kempten. Die Renitenz der Kemptener Bauern auch nach der militärischen Niederlage führte zur »Landschaft« Kempten, einer bäuerlichen Repräsentation, ähnlich Landtagen, die dem stiftischen Territorium einen Hauch von »vorparlamentarischer« Verfassung gab[64].

1 Soweit auf archivische Quellen Bezug genommen wird, stammen sie überwiegend aus den Beständen des Bayerischen Hauptstaatsarchivs (in München), Abteilung 1, Bestand »Fürststift Kempten«. Die in den Monumenta Germaniae Historica edierten Quellen werden in der üblichen Form abgekürzt zitiert. Die Monumenta Boica werden mit MB und Bandnummer abgekürzt wiedergegeben. – Breiter behandelt wird die Territorialgeschichte im Historischen Atlas von Bayern, Teil Schwaben, Heft 6, Kempten, bearbeitet von Peter Blickle, München 1968, auf den verschiedentlich zurückgegriffen wird.

2 Dazu noch immer grundlegend Schwarzmaier.

3 MB 31 Nr. 26; MB 28 b Nr. 17; MB 28 b Nr. 15.

4 Dazu gehört auch die Übereignung der beiden Zellen Stöttwang und Martinszell an Kempten. Vgl. MB 31 Nr. 12 und UK 6 (Kopie) sowie Richard Dertsch: HONB, Schwaben, Bd. 4: Stadt- und Landkreis Kempten, München 1966, Nr. 788.

5 MG DD Karol. I, 222.

6 MG DD LdD 107, zu 862 III.23. Schwarzmaier, S. 29, vermutet, daß das Immunitätsprivileg bereits von Karl dem Großen ausgestellt wurde.

7 Karl Heinz Ganahl: Studien zur Verfassungsgeschichte der Klosterherrschaft St. Gallen, Innsbruck 1931, S. 36 ff.

8 Baumann, Allgäu, Bd. 1, S. 299.

9 MG DD LdD 66.

10 Ganahl, St. Gallen, S. 38.

11 MG DD LdD 66.

12 MG SS 5, S. 120, 129; Sigmund Riezler: Geschichte Baierns, 1. Bd. 2. T., Gotha 1878, S. 384.

13 MB 30a Nr. 605.

14 Die Literatur zusammengestellt bei: Blickle, Kempten, S. 24 ff., 34 f.

15 Vgl. Blickle, Kempten, S. 25 und Karte 2 im Anhang.

16 StA Neuburg: KL Ottobeuren 600.

17 Baumann, Forschungen, S. 132 ff.

18 MB 30a Nr. 605.

19 UK 19.

20 Bestallungsbriefe UK 61, 211, 1410, 2343.

21 Vgl. Dertsch, Kempten.

22 Kartographische Darstellung bei Blickle, Kempten, S. 45.

23 Anstelle der hier notwendigen aufwendigen Einzelbelege vgl. die Zusammenstellung des einschlägigen Materials bei Blickle, Kempten, S. 35–48.

24 Baumann, Allgäu, Bd. 2, S. 500 ff.

25 Blickle, Kempten, S. 133 (Kartenskizze)

26 UK 1108. – L (MüB) 217.

27 Die größeren Zusammenhänge des Problems diskutiert zuletzt bei Claudia Ulbrich: Leibherrschaft am Oberrhein im Spätmittelalter, Göttingen 1979. – Die häufiger auf Kempten bezugnehmende Untersuchung von Hannah Rabe: Das Problem Leibeigenschaft. Eine Untersuchung über die Anfänge einer Ideologisierung und des verfassungsrechtlichen Wandels von Freiheit und Eigentum im deutschen Bauernkrieg, Wiesbaden 1977, S. 39–46, ist abwegig.

28 UK 1527, 1596. L (MüB) 217 und 407.

29 UK 812 relativ ausführlich: Dokumentation eines Prozesses zwischen Freizinsern und dem Abt von Kempten. Detailbelege zu Einzelfragen Blickle, Kempten, S. 79–83.

30 UK 211, 281, 812.

31 Blickle, Kempten, S. 77.

32 Belege im einzelnen bei Blickle, Kempten, S. 84 f.

33 Der Kemptener Leibeigenschaftsrodel, unter Mitarbeit von Heribert Besch kommentiert und eingeleitet von Peter Blickle. In: ZBLG 42 (1979), S. 567–629.

34 Ebd., S. 586.

35 Dazu eine graphische Darstellung bei Blickle, Kempten, S. 83.

36 Die Quelle ist ediert von Alfred Weitnauer: Die Bauern des Stifts Kempten 1525/26, Kempten 1949, S. 21–55.

37 Zusammenstellung der urkundlichen Belege bei Blickle, Kempten, S. 88–101.

38 UK 3629.

39 UK 2501, 3110, 3609, 4232.

40 A (NA) 1811.

41 UK 2979.

42 UK 3767.

43 HStA München: RU Kempten 924, 1006, 1027, 1050, 1077, 1155.

44 UK 2431, 2847, 3308, 3475, 3527, 4031.

45 UK 4621.

46 Fürstlich Waldburg-Zeil'sches Gesamtarchiv Schloß Zeil, Archivkörper Trauchburg, UK 132, 432, 800.

47 Rudolf Wiedemann: Der »Allgäuische Gebrauch« einer Gerichtsbarkeit nach Personalitätsprinzip, München 1932.

48 Der Zusammenhang von Freiheit und Eigentum müßte für Kempten noch deutlicher herausgearbeitet werden. Daß solche Korrelationen existierten, ist für Europa insgesamt breit abgesichert und gilt beispielsweise für Skandinavien und die Schweiz. Aus dem Allgäu gibt es Räume, wo die sachliche Zusammengehörigkeit von Freiheit und Eigentum noch im Spätmittelalter nachgewiesen werden kann. Vgl. Peter Blickle: Die Eglofser Freien. In: ZWLG 44 (1985), S. 113, 116.

49 Blickle, Kempten, S. 66. Dort eine entsprechende Zusammenstellung der Auswertung der sogenannten Grundsteuerkataster des frühen 19. Jahrhunderts.

50 Peter Blickle: Bäuerliches Eigen im Allgäu. In: ZAA 17 (1969), S. 65.

51 L (MüB) 181.

52 Ediert von Richard Dertsch: Das stiftkemptische Salbuch von 1527, Kempten 1941.

53 Die Terminologie ist uneinheitlich: eigen, freieigen, rechteigen, lehenfrei, grundeigen und eigentümlich sind die dominierenden Quellenbegriffe. UK 2542, 2668, 2680, 2890, 4900, 5264. Man kann davon ausgehen, daß solche Güter nicht grundherrlich gebunden waren.

54 UK 47.

55 UK 451.

56 HStA München, RU Kempten 126.

57 UK 451.

58 Baumann, Allgäu, Bd. 2, S. 133.

59 UK 597.

60 UK 620.

61 UK 770.

62 Baumann, Allgäu, Bd. 2, S. 134.

63 A (NA) 517.

64 Vgl. dazu den zweiten Beitrag des Verfassers in diesem Band.

Anfänge und Frühgeschichte von Stadt und Bürgertum

Pankraz Fried

I

»Schneisen in die Freiheit«, so ist ein Beitrag[1] überschrieben, der sich anläßlich der 200-Jahrfeier der französischen Revolution 1989 mit Frankreichs Weg in die Große Revolution von 1789 befaßt. Man könnte gerade in diesem Erinnerungsjahr der Meinung sein, daß es vor 1789 keine Freiheit gab und diese einzig und allein der französischen Revolution und ihren Auswirkungen verdankt wird. Dem ist in Wirklichkeit nicht so. Eine der bahnbrechendsten Umwälzungen in Richtung auf mehr Freiheit vollzog sich bereits im Mittelalter, meist evolutionär, jedoch auch immer wieder in revolutionären Schüben: es war die Entstehung und Entwicklung der Stadt und des bürgerlichen Wesens[2]. Vielfach wird diese Erscheinung als so selbstverständlich angenommen, wie wenn es eine ungebrochene Entwicklung von den griechischen Stadtstaaten und der römischen Munizipalverfassung zur mittelalterlichen und neuzeitlichen Stadt gegeben hätte. Gerade das Beispiel Cambodunums führt uns mit aller Deutlichkeit vor Augen, daß die antike städtische Welt in unseren Regionen vollkommen in Trümmer fiel und uns nur Ruinen hinterlassen hat. Es mußte ein völliger Neubeginn im Mittelalter stattfinden. Dieser hatte seine Anfänge nicht im durch und durch agrarisch und feudal geprägten deutschen Raum, sondern in den Kommunen Italiens und Südfrankreichs, in denen städtisches Leben seit der Antike nie ganz erloschen war und seit dem 10. Jahrhundert im Zusammenhang mit dem neu erweckten Handel und Verkehr wieder aufzublühen begann. Zentren von Handel und Bürgertum erwuchsen damals vor allem in den norditalienisch/lombardischen und nordfranzösisch/flandrischen Gebieten. Von dort aus strahlte der bürgerliche Freiheitsgedanke auch auf die Gebiete nördlich der Alpen und östlich des Rheins aus, wo sich seit dem 11. und im 12. Jahrhundert in stärkerem Maße städtisches Leben regte – zur vollen Blüte sollte es hier erst im 13. und 14. Jahrhundert gelangen. Die Bischofssitze waren in der Regel die ersten Orte, in denen seit dem 11. Jahrhundert Vorformen von Stadt und Bürgertum, sogenannte »präurbane« Siedlungen und Gesellungsformen begegnen, in den Quellen zunächst »civitas« (=Bischofsstadt) und »Burg« (Bürger!) genannt. Seit dem ausgehenden 11. und im 12. Jahrhundert entstanden jedoch in großer Zahl Städte auch neben den Burgen[3] des Königs und des Hochadels, also der Herzöge und Grafen, – aber auch an oder neben bedeutenden Klöstern mit umfangreichen Grundherrschaften. Damit stehen wir auch am Anfang der Stadt Kempten.

II

Bevor darauf näher eingegangen wird, bedarf es der Veranschaulichung, was Stadt und Bürgertum im Mittelalter bedeutet haben. Wie bereits angedeutet, war nach dem Zusammenbruch des römischen Reiches und der germanischen Besiedlung unser Raum rein agrarisch verfaßt[4]. Auf Fron- und Bauernhöfen wurde nur Landwirtschaft (mit dem dazu gehörigen Handwerk) betrieben, und zwar von leibeigenen Bauern, die unter dem Hofrecht ihrer Grundherrn lebten, für den sie zu arbeiten und Abgaben zu entrichten hatten. Grundherren waren die Adeligen, allen voran der König, die Herzöge und die Grafen, dann aber, aufgrund großzügiger Schenkungen seit dem ausgehenden 8. Jahrhundert, die Kirche in Gestalt der Bistümer, Klöster und Pfarreien. Kleinere Adelige und eine immer geringer werdende Zahl von freien, aber kriegsdienstpflichtigen Bauern lebten nach dem Landrecht eines Stammes, das durch Kodifizierung seit dem 8. Jahrhundert bekannt ist und in erster Linie den Landfrieden zu garantieren hatte. Die überwiegende Mehrzahl der Bauern und Landleute war jedoch unfrei, was totale Abhängigkeit vom Herrn bedeutete, die sich in Schollengebundenheit, Heiratsgenehmigung, Verfügung über das Eigentum der Leibeigenen, ja in Verkauf und Tausch an einen anderen Herrn äußerte. Es ist verständlich, daß in der leibeigenen Bauernschaft des Mittelalters ein unbändiger Drang nach Freiheit vorhanden war. Auf dem Lande war sie nur durch Erringung von gewissen Freiheitsrechten (z. B. durch Rodung[5]) zu erlangen, deren Besitz immer wieder gefährdet war. Die Leibeigenschaft, deren Abschaffung gerade die aufständischen Bauern Schwabens 1525 gefordert hatten, ist erst 1808 im Rahmen des Königreichs Bayern und im Zuge der Reformen eines aufgeklärten und von den Idealen der französischen Revolution beeindruckten bayerischen Staatsministers Montgelas endgültig beseitigt worden. Eine andere »Schneise zur Freiheit« war die Flucht oder die Abwanderung in die Stadt, seitdem es diese gab. Stadtbürger zu sein, beinhaltete nichts Geringeres als die Freiheit von der drückenden Leibeigenschaft und die Teilnahme an einer mehr oder weniger großen Selbstregierung der Stadt sowie die Ausübung eines handwerklich-gewerblichen und zünftisch organisierten Berufes. Verglichen mit den drückenden Verhältnissen auf dem Lande kann man die Städte des Mittelalters mit gutem Grund als »Inseln der Freiheit« in der von Unfreiheit und feudaler Abhängigkeit geprägten ländlichen Welt des Mittelalters bezeichnen, auch wenn die bürgerlichen Gemeinschaftspflichten noch sehr intensiv waren und es für die bürgerliche Unterschicht in den Städten keine Vollfreiheit gab.

Die Entstehung einer Stadt mit den geschilderten bürgerlichen Freiheitsrechten war im Mittelalter ein Vorgang, der Jahrhunderte dauern konnte. Doch ein erster Akt war meist entscheidend: die Herrschaft gewährt den in einer »präurbanen« = vorstädtischen Siedlung wohnenden Handwerkern und Händlern das Recht, einen Schwurverband = Gemeinde zu bilden und bis zu einem bestimmten Grad nach eigenem Recht zu leben und sich selbst zu verwalten[6]. Meist war, wie wir heute aus der Forschung wissen, die Herrschaft selbst die treibende Kraft für die Anlage einer handwerklich-gewerblichen und Händler-Siedlung, um nach italienischem Vorbild Steuern verlangen zu können, welche die agrarischen Abgaben um ein Vieles überstiegen. Entstanden deswegen bis zur Mitte des 11. Jahrhunderts vornehmlich »Städte« an Bischofssitzen, so bewirkte im 12. und 13. Jahrhundert die Initiative der Welfen und Staufer sowie der anderen Landesherren ausgesprochene »Wellen« von Stadtgründungen[7]. In diesem Rahmen sind auch die Anfänge der Stadt Kempten zu sehen, auch wenn uns darüber erst sehr spät, d. h. im 13. Jahrhundert berichtet wird.

III

Die Entstehung der Altstadt Kempten ist nur verständlich, wenn sie in Bezug zum Stift Kempten gesehen wird. Es ist sicher, daß sie auf klösterlichem Grund und Boden entstanden ist, wenngleich dieser selbst wieder auf ehemals königlichen Besitz zurückgehen kann[8]. Es ist sehr wahrscheinlich, daß auf der natürlichen Insel, gebildet durch die Iller, um die St. Mangkirche als älteste Pfarrkirche schon im 8. Jahrhundert eine Siedlung erwuchs, die im engeren Gerichtsbezirk (Immunität) des Klosters lag und deren Bewohner zum Kloster leibeigen waren. Die weitere Entwicklung ging nach K. O. Müller folgendermaßen vor sich: »Infolge der Übersiedlung des Klosters an seine heutige Stelle (vor dem 12. Jahrhundert) ließen sich nun auch bald neuzuziehende Ansiedler, Gewerbetreibende und Kaufleute rechts und links der Klostersteig, der zur Iller führenden Hauptstraße, nieder und so wuchsen die beiden durch das frühere Sumpfgebiet getrennten Teile rasch zusammen«[9]. Infolge des Fehlens jeder Quelle können wir dem bis heute nur wenig sicher Belegbares hinzufügen[10]. Für die Siedlungsgeschichte des frühen Altkempten ist zweifellos von Bedeutung, daß bis zum 15. Jahrhundert in den Quellen noch die Unterscheidung zwischen einer »Oberen Pfarrei«, zu der das westliche, jenseits der Iller gelegene Gebiet der Altstadt gehörte, und einer »Unteren Pfarrei« = St. Mang-Pfarrei erscheint. Die Teilung Altkemptens in zwei Pfarreien war auch insofern bedeutsam, als die obere Pfarrei zusammen mit dem Stift zur Diözese Konstanz, die untere St. Mang-Pfarrei jedoch zum Bistum Augsburg gehörte. Der ursprünglich die Stadt durchschneidende Illerarm muß also die Grenze gebildet haben. Neben der zentralörtlichen Funktion der Siedlung St. Mang als Mittelpunkt der stiftkemptischen Großgrundherrschaft, die sicher schon sehr früh einen Markt entstehen ließ, muß die besonders günstige überörtliche Verkehrssituation der Siedlung zu den Alpenpässen, den Verkehrswegen vom Inntal über den Fernpaß zum Bodensee und nach Oberschwaben, ferner zu den Straßen von Augsburg bzw. Ulm nach Chur und Mailand oder über Füssen und den Fernpaß nach Italien beigetragen haben. Auch wenn keine Quellen vorhanden sind, ist mit Sicherheit anzunehmen, daß bereits im 12. Jahrhundert eine präurbane Siedlung bestand, in der dem Abt das Markt- und Zollrecht zustand. K. O. Müller vermutet, daß die Markt-

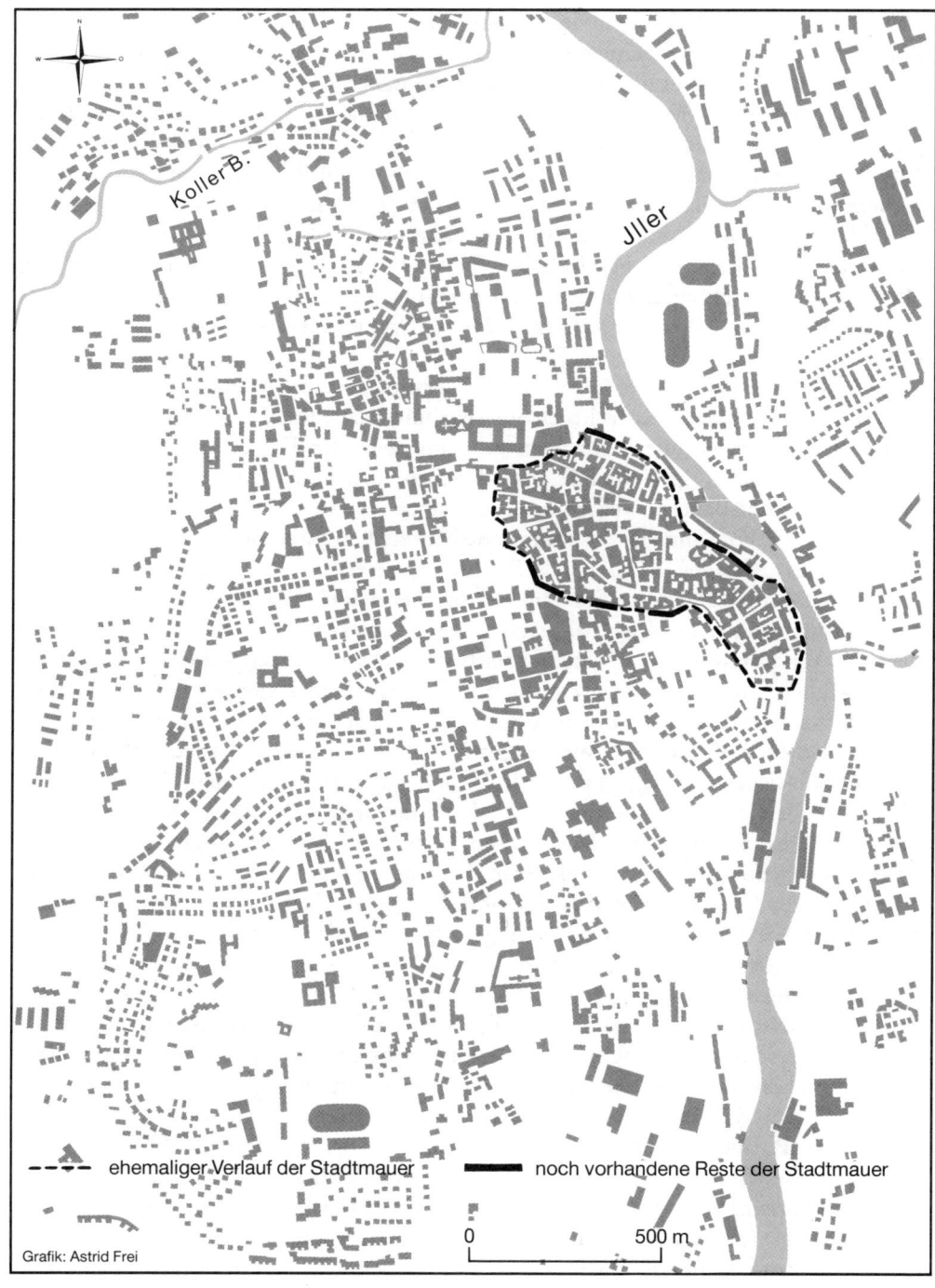

Koller B.

Jller

- - - ▲ - - - ehemaliger Verlauf der Stadtmauer ▬▬▬ noch vorhandene Reste der Stadtmauer

0   500 m

Grafik: Astrid Frei

errichtung wie in Lindau und in Buchau bereits in ottonischer Zeit erfolgt sein könnte[11]. Eine rege Prägetätigkeit des Abtes auf der kemptischen Münzstätte läßt sich seit dem 12. Jahrhundert nachweisen. Kemptener Kaufleute sind dann erstmals 1237 auf Südtiroler Messen bezeugt. Eine erste Ummauerung der Bürgersiedlung nimmt man unter dem Staufer Friedrich II. an; sie ist allerdings wie die ersten Erweiterungen bis jetzt archäologisch nicht festzustellen. Da Friedrich II. mehrfach in kemptischen Angelegenheiten tätig war, hat auch die Auffassung sehr viel für sich, daß Altkempten von ihm Stadtrechte erhielt. Ob sich damals schon, wie M. Weikmann[12] meint, der Stauferkaiser die Stadtvogtei durch Abtrennung von der allgemeinen Klostervogtei vorbehalten hat, läßt sich zwar urkundlich nicht belegen, würde aber erklären, warum sich 1289 die Stadtvogtei im Besitz des Königs befindet.

Jedenfalls begegnen in den Quellen 1257 erstmals »cives Campidonenses«. Die Bevölkerung dürfte damals rechtlich aus sehr unterschiedlichen Gruppen bestanden haben; nach K. O. Müller[13] machten »die Hörigen des Klosters und sogenannte Freizinser ... einen großen Teil aus, daneben aber doch viele freie Kaufleute, Handwerker und Bauern, wenige ritterliche Dienstmannen«. Diesem Personenkreis stand ein vom Vogt mit der Marktgerichtsbarkeit betrauter Beamter, der Amman, vor, den der Abt des Klosters als Stadtherr einsetzte. Als erster deutlich vom Landamman unterschiedener Stadtamman erscheint 1269-1288 ein Minister Heinricus von dem Raine, wohl ein Ministeriale des Klosters oder der Staufer. Vergleicht man die Verfassungen der oberschwäbischen Reichsstädte, wie seinerzeit es schon K. O. Müller[14] getan hat, so ergibt sich, daß es auch in Kempten noch in staufischer Zeit neben dem Amman einen Rat mit »exklusiv ministerialischer Prägung«[15] gegeben haben muß, der sich aus Bürgern der Stadt rekrutierte. Erste urkundliche Nennungen liegen aus den Jahren 1273 und 1277 vor. In einem Privileg vom 17. VI. 1289, in dem Kempten erstmals als »oppidum« = befestigte Stadt bezeichnet wird[16], bestimmt König Rudolf von Habsburg, »da das Vogteirecht (= Gerichts- und Schutzrecht) der Stadt Kempten uns und dem Reich zusteht« und als »rechtmäßiger Vogt dieser Stadt«, daß »die Bürger zu Gunsten des Abtes oder der Kemptener Kirche von niemandem angegriffen, verpfändet oder irgendwann beschwert werden dürfen.« Der Inhalt dieser ältesten kemptischen Königsurkunde hat zu verschiedenen Deutungen Anlaß gegeben. Daß damit erstmals eine formale Trennung zwischen Stadt und Stift erfolgt sei[17] muß daraus nicht unbedingt gefolgert werden, weil eine solche längst bestanden haben kann[18]. Doch ist es zweifellos der erste sichere Beleg für die Tatsache, daß wir es mit zwei getrennten Rechtssubjekten Stift und Stadt zu tun haben und daß die Stadtvogtei eindeutig im Besitz des Reiches ist. P. Blickle hat es trefflich formuliert: »Diese (vorher) noch vage rechtlich-politische Einheit (der Stadt) tritt mit einem Privileg Rudolfs von Habsburg 1289 als *eindeutige Rechtsfigur* in Erscheinung«[19]. Ein weiteres geht aus der Urkunde hervor: die Stadt erhielt damals königlichen Schutz vor Übergriffen des mächtigen Stifts Kempten, das ja seit alters Stadtherr war und deswegen noch 1289 bedeutende Grund-, Gerichts- und Hoheitsrechte in der Stadt besaß. Ein drittes ist der Urkunde zu entnehmen: wie die anderen ehedem welfisch-staufischen oder unter welfisch-staufischer Vogtei stehenden Städte Schwabens ist Kempten, wenn auch verspätet und verzögert durch die mächtige Stiftsherrschaft, den Weg zur Reichsfreiheit aufgebrochen. Nur so war letztlich, wie die Kemptener Bürger wohl richtig erkannt hatten, das Absinken in die landesherrliche Abhängigkeit, ja sogar Leibeigenschaft des Stifts wirkungsvoll zu verhindern[20]. Es war für Kempten ein dornenvoller und kampferfüllter Weg, bis durch den »Großen Kauf« von 1525 endgültig die Reichsunmittelbarkeit erreicht werden konnte[21].

IV

Es ist aus den bisherigen Ausführungen deutlich geworden, welch bedeutende Rolle der Besitz der Vogtei für die Ausübung der Herrschaft und die Erlangung der Reichsunmittelbarkeit durch Klöster und Städte gespielt hat. Deswegen sei abschließend auf die Kemptener Vogteiverhältnisse noch einmal eingegangen. Da die Kirche und Geistlichkeit vor dem weltlichen Gericht nicht auftreten durfte, bedurften sie seit der Karolingerzeit eines weltlichen Rechtsvertreters, eben des Vogts (vom lat. advocatus)[22]. Seit dem 10. Jahrhundert wurde das Vogtamt durchwegs von Hochadeligen ausgeübt, in deren Familien es erblich wurde, meist als Lehen vom König oder von der bevogteten Institution. Zur Aufgabe der Rechtsvertretung und des Schutzes war spätestens seit dem 11. Jahrhundert noch das Recht der Ausübung der hohen Gerichtsbarkeit über die Kirchen- und Klosteruntertanen gekommen. Für all diese Dienste und Aufgaben standen dem Vogt reichliche Entlohnung in Form von Kirchenlehen und Vogtabgaben von den Klosterbauern zu. Die mittelalterlichen Quellen sind voll von Klagen über Über- und Eingriffe gewissenloser Adelsvögte in das Kirchengut. Es ist verständlich, daß sich Kirchen und Klöster bemühten, sich der Vogtei zu entledigen, indem sie diese durch Kauf an sich selbst brachten, oder die Vogtrechte zu beschränken versuchten, indem sie diese an einen weniger mächtigen Adeligen zu vergeben bestrebt waren. Unter königlicher Vogtei zu stehen, bedeutete zwar, einen mächtigen Schutzherrn zu haben, u. U. jedoch als königlichen Vogtrichter einen besitzhungrigen Ministerialen (Beamten) vorgesetzt zu bekommen, der das Kloster ausbeuten konnte. Verdeutlichen wir diese allgemeinen Bemerkungen am Beispiel Kempten[23]: Nach dem Aussterben der älteren Linie der Grafen von Marstetten fiel die erblich gewordene Kemptener Klostervogtei 1150 an Herzog Welf VI., den Onkel Herzog Heinrichs des Löwen von Bayern. Durch Kaufvertrag ging die Vogtei 1191 an die Söhne Barbarossas über. Nach dem Tode Philipps von Schwaben erhielt sie 1213 der Staufer Friedrich II. als Lehen vom Abt übertragen. Unter staufischer Vogtei erlangten wohl die Kemptener Bürger wie die Bürger in anderen, unter direkter königlicher Vogtei stehenden Städten einen besonderen Rang, was schließlich zur Stadterhebung und zur Einrichtung einer eigenen Stadtvogtei geführt haben dürfte.

1218 schloß jedoch Friedrich II. mit dem Abt von Kempten einen Vergleich, worin der Kaiser auf die *Kloster*-Vogtei verzichtete, dafür aber vom Kloster einen jährlichen Zins von 50 Mark Silber erhielt. Der königliche Verzicht auf die Vogtei wurde nochmals 1224 von Heinrich (VII.) bestätigt. Da das kemptische Reichnis von 50 Mark Silber auch im Reichssteuerverzeichnis von 1241 erscheint, stand auch damals noch die kemptische Klostervogtei zur freien Disposition des Abtes. Der letzte Staufer Konradin überließ 1262 wiederum die Klostervogtei dem Stift, wobei jedoch ausdrücklich vermerkt ist, daß sein Vater Konrad (IV.) und er die bisherigen Inhaber der Vogtei waren.

Dementsprechend begegnen auch 1253 auf der Burg zu Kempten die Schenken Heinrich und Ulrich von Winterstetten, die zu den treuesten staufischen Ministerialen gehören, wohl in der Funktion von Untervögten. Rudolf von Habsburg bestätigte 1275 dem Kloster wieder das freie Verfügungsrecht über die Vogtei. Daß die Stadtvogtei ihre eigenen Wege gegangen war, scheint, wie schon ausgeführt, die Urkunde von 1289 zu beweisen. Obwohl darin eigens die Verpfändung der Vogtei an das Kloster verboten war, trat dies aber einige Jahre später doch ein: über mehrere Verpfändungen gelangte das Kloster selbst 1310 in den pfandschaftlichen Besitz der Kloster- und Stadtvogtei. Dies bedeutete, daß der König die Vogtei über Stadt und Kloster dem Stift selbst bis zur Wiedereinlösung überlassen mußte. Sollte es dazu nicht mehr kommen, war die akute Gefahr gegeben, daß Kempten zu einer landsässigen Stadt des Stiftlandes Kempten absinken würde. Daß es dazu damals nicht kam, »verdankt die Stadt ihrer eigenen Tatkraft, der Gunst der Könige und den wirtschaftlichen Schwierigkeiten des Klosters in der ersten Hälfte des 14. Jahrhunderts«[24]. Daraus ist nochmals zu ersehen, wie stark der Abt von Kempten als Grund-, Markt- und Vogtherr (=Gerichtsherr) seine Hand auf dem kleinen städtischen Gemeinwesen Kempten hatte[25]. Es grenzt schier an ein Wunder, daß es der Stadt, obwohl von allen Seiten vom stiftischen Territorium eingeschlossen, trotzdem gelang, bis 1525 viele Rechte des Stiftes abzuschütteln und im gleichen Jahr durch den Kauf aller stiftkemptischer Rechte im Stadtgebiet für 26100 fl. endgültig die Reichsunmittelbarkeit zu erwerben: eine Stellung, die anderen benachbarten Städten schon Jahrhunderte früher und ohne größeren Kampf zugefallen war.

Literatur

Blickle, Kempten; Blickle, Dokumente II/4 (Abdruck der Urkunde von 1289 S. 162 Nr. 6); Friedrich Zollhoefer: Artikel Kempten. In: Erich Keyser u. Heinz Stoob (Hrsg.): Deutsches Städtebuch Bd. V/2 = Bayer. Städtebuch Teil 2, Stuttgart 1974, S. 291 – 299; Rottenkolber, Vergangene Tage, S. 26 ff., S. 113 ff.: Aus der Kemptener Geschichtsliteratur; Müller, Reichsstädte, Kempten S. 283-314; Baumann, Allgäu, 3 Bde., Literatur Bd. 3, S. 674 f; Weitnauer, Bürger; Herrmann, Kempten; HdBBayG III/2 (Schwaben), Kempten S. 1035 ff; Spindler/Diepolder, Atlas, Karte 22: Städte und Märkte im Mittelalter; Zittel, Familienstreit.

1 SZ v. 29./30. 4. / 1. 5. 1989 S. I.

2 Edith Ennen: Die europäische Stadt des Mittelalters, 3. Aufl. 1977; Erich Keyser: Bibliographie zur Städtegeschichte Deutschlands, Köln/Wien 1969.

3 Vgl. für Bayern Pankraz Fried: Hochadelige und landesherrlich-wittelsbachische Burgenpolitik im hoch- und spätmittelalterlichen Bayern, Sigmaringen 1976, S. 331 – 352; ders.: Die Stadt Landsberg am Lech in der Städtelandschaft des frühen bayerischen Territorialstaats. In: ZBLG 32 (196), S. 68 – 103; Historischer Atlas und Stadtgeschichtsforschung. In: ZHVS 70 (1976), S. 225 – 232.

4 Wilhelm Abel: Geschichte der deutschen Landwirtschaft vom frühen Mittelalter bis zum 19. Jahrhundert, Stuttgart 1962; Friedrich Lütge: Geschichte der deutschen Agrarverfassung vom frühen Mittelalter bis zum 19. Jahrhundert, Stuttgart 1962; Werner Rösener: Bauern im Mittelalter; München 1985

5 Z. B. Eduard Hanslik: Die freien Bauern zu Pfronten. In: ZBLG Bd. 46 (1983), S. 391 ff.

6 E. Ebel: Der Bürgereid als Gestaltungsgrund und Gestaltungsprinzip des deutschen mittelalterlichen Stadtrechts, 1958.

7 Vgl. HdBBayG III/2, S. 852 ff.

8 Siehe dazu die oben angegebene Literatur.

9 Müller, Reichsstädte, S. 287.

10 Siehe Beitrag Nebinger.

11 Müller, Reichsstädte S. 290.

12 Meinrad Weikmann: Ansatzpunkte und Voraussetzungen mittelalterlicher Städtegründungen. In: Deutsche Gaue 54 (1962), S. 93, Anm. 51.

13 Müller, Reichsstädte S. 292 f.

14 Müller, Reichsstädte S. 293 f.

15 Blickle, Dokumente II/4, S. 117.

16 HStA München: Kaiserselekt 1061; gedruckt zuletzt bei Blickle, Dokumente II/4, S. 162, Nr. 6; eine Übersetzung findet sich bei Herrmann, Kempten, S. 97.

17 Z. B. Blickle, Kempten, S. 150; Dokumente II/4, S. 117;

18 Siehe Weikmann, Ansatzpunkte.

19 Dokumente II/4, S. 117.

20 Vgl. Zittel, Familienstreit, S. 193 f. Hier sind die einzelnen Streitpunkte übersichtlich aufgeführt.

21 Siehe Beitrag Nebinger.

22 Adolf Pischek: Die Vogteiverhältnisse süddeutscher Klöster, 1907; Pankraz Fried: Zur Ausbildung der reichsunmittelbaren Klosterstaatlichkeit in Ostschwaben. In: ZWLG 40 (1982), S. 418 ff.; S. 425 ff.: die Rolle der Vogtei.

23 Siehe dazu Blickle, Kempten, S. 146 ff. und Dokumente II/4, S. 117 f.; Zollhoefer, Artikel Kempten.

24 Blickle, Kempten S. 151.

25 Vgl. bei Herrmann, Kempten, S. 97 f. die Aufzählung der Rechte, die nach dem Privileg von 1289 noch beim Kloster verblieben: 1. Eigentum am größten Teil von Grund und Boden in der Stadt, 2. alle Gerichte, Zwing und Bänne, Stock und Galgen, 3. alle Ämter in der Stadt (Stadtammann, Münzer und Zöllner sowie Büttel), 4. das Recht, alle Jahre den Rat einzusetzen, 5. Eich- und Waaggebühren, 6. Stadtsteuer und Teil des Ungeldes (Verbrauchssteuer), 7. Metzg, 8. Salzstadel, usw. bis zum Dorfgericht, das über alle hofrechtlichen (grundherrschaftlichen Angelegenheiten Recht sprach und bei der St. Mang-Kirche tagte.

Das Bürgertum. Anfänge und Entwicklung. 13.–15. Jahrhundert

Gerhart Nebinger

Was die Geschichte der Reichsstadt Kempten von der Zeit ihrer wohl im frühen 13. Jahrhundert erfolgten Stadterhebung bis zum Jahre des Großen Kaufs (Erwerb der dem Stift gehörenden Rechte) 1525 von den meisten anderen Reichsstädten unterscheidet und die besondere Problematik Kemptens 300 Jahre lang blieb, ist, daß es ihr erst so spät gelang, die längst fällige »Abnabelung« vom Stadtherrn und vielfachen Grundherrn durchzusetzen. Daß dies gelang, ist der hervorragenden politischen Begabung des damaligen Bürgermeisters Gordian Seuter zu verdanken.

Viel hat zu dieser Spätentwicklung beigetragen, daß seit dem Aussterben des Staufergeschlechts[1] 1268 dessen zwar auf selbstverwaltende, aber dem Herrscher als militärische und wirtschaftliche Stützpunkte verpflichtete Reichsstädte ausgerichtete Politik zum Stillstand kam. Zwar hatte König Rudolf aus dem Hause der Grafen von Habsburg versucht, diese Politik wieder zu reaktivieren – ein Beispiel dafür ist auch seine 1289 erfolgte Erklärung der Vogtei der Stadt Kempten zum Reichseigentum – jedoch war bei seinen Nachfolgern von einer konsequenten Politik hinsichtlich der Reichsstädte meist nichts mehr zu verspüren. So hing von Kaiser Ludwig dem Baiern bis zu den Kaisern Friedrich III. und Maximilian I. deren Verhalten gegenüber den Reichsstädten von den für die Kaiser jeweils wichtigen politischen Machtverhältnissen im Reiche und vor allem auch von finanziellen Erwägungen (Verpfändungen!) ab. Hier sind insbesonders die bei Kaiser Karl IV., dem König von Böhmen aus dem Hause Luxemburg, auffallenden, einander durchaus widersprechenden Urkunden für Stift und Reichsstadt Kempten signifikant.

Das Thema Bürgertum in der Frühzeit der Stadt Kempten ist bisher primär vom politischen und rechtsgeschichtlichen Standpunkt aus angegangen worden. Es erschien daher wichtig, Literatur und Quellen nach Angaben über die Personen und Familien der Bürger hier zu untersuchen. In Anbetracht des in der Literatur herrschenden Defizits habe ich mich bemüht, dem Beispiel Peter Eitels[2] für Überlingen (1440f.) folgend, Listen der Kempter Bürgermeister (1362f.), Stadtammänner (1269f.) und auch der in der Stadt für die Landbewohner (Dorfgericht!) rechtsprechenden stiftischen Landammänner (1339f.) auf Grund nur urkundlicher Belege zusammenzustellen. Besonders notwendig erschien es mir auch, die zeitraubende Mühe nicht zu scheuen, aus den wichtigsten Urkundenbeständen die Nennungen der siegelnden Kempter Bürger vom 14. bis zum Ende des 15. Jahrhunderts aufzulisten. Nur dadurch ist es möglich, die in der bisherigen Literatur in der Regel undifferenziert und manchmal nur pauschal aufgeführten Bürgernamen in ihrer durch das Siegeln nachgewiesenen gesellschaftlichen Bedeutung zu erfassen. Auch diese Sieglerliste ist aussagekräftig, wenn man z. B. dem nach dem Übergang zur Zunftherrschaft sich mehrenden Auftreten von siegelnden Bürgern mit aus dem Handwerk stammenden Familiennamen, z. B. 1369 Schmid, 1373 Fischer, 1378 Binder, nachgehen will. Aus Raumgründen kann im Anhang nur die Liste der Bürgermeister gebracht werden. Höchst wünschenswert wäre es, wenn man für Kempten ein Verzeichnis der reichsten Bürger des 15. Jahrhunderts erstellen könnte, wie dies Eitel[3] für die hundert reichsten Bürger von vier Reichsstädten zusammengestellt hat, und zwar für Überlingen (1444), Memmingen (1450), Ravensburg (1473) und Kaufbeuren (1479) auf Grund der in den dortigen Archiven vorhandenen Steuerbücher. Da das älteste Steuerbuch von Kempten erst aus dem Jahre 1559 stammt, bleibt das leider ein unerfüllbarer Wunsch. Einen ganz kleinen Ersatz könnte vielleicht eine von Weitnauer[4] unterlassene gründliche Auswertung der Schwarz'schen Liste der vornehmsten Kempter Bürger 1460/1490 durch Vergleich mit allen greifbaren urkundlichen Erwähnungen bieten. Stichproben haben indessen schon gezeigt, daß die Jahresangabe 1460/1490 nicht unbedingt bei allen Nennungen zutreffend ist.

Schon der große Geschichtsschreiber des Allgäus, Franz Ludwig Baumann[5], bedauert, daß die Quellenlage für die Frühzeit der Stadt Kempten so schlecht ist. Verschiedene Katastrophen vom Mittelalter bis zum »Sturm auf Kempten« 1633 haben den Archivbeständen von Stadt und Stift großen Schaden zugefügt. Trotzdem sind noch bedeutende Geschichtswerke entstanden. Forschern wie Haggenmiller[6], Karrer[7], Baumann[8] und Rottenkolber[9] ist es gelungen, trotz aller Defizite anschaulich die Vergangenheit aufzuhellen. Allerdings darf nicht verschwiegen werden, daß, wie schon Baumann[10] feststellte, die von den beiden erstgenannten Autoren zu gläubig benützten Chroniken von Birckius[11] manche Verwirrung geschaffen haben. Auch in der 1927 für das Stadtarchiv erworbenen Gebhartschen »Kronik«[12] kann nicht alles unbesehen akzeptiert werden. Weitgehend auf z. T. heute nicht mehr vorhandenen Archivalien aufgebaut ist indessen die 1495 f. verfaßte Schwarz'sche[13] Chronik. An speziell auf Personen und Familien gerichteter Literatur gibt es, wenn man von verdienstvollen Einzelaufsätzen, wie von Zollhoefer und Diercks[14], absieht, nur zwei Werke, die für die Stadt Kempten einschlägig sind. Alfred Weitnauer hat das große Verdienst, in seinen »Kempter Bürger aus sechs Jahrhunderten«[15] hier erstmals reiches personal- und ständegeschichtliches Quellenmaterial publiziert zu haben, so die Bürgeraufnahmen von 1333 (3–11), dann Kempter Bürger betreffende Auszüge aus dem Stift Kemptischen Salbuch von 1394 (13–24), ferner in Archiven (vor allem Bayer. Hauptstaatsarchiv München und mit Kempten an der Spitze Archive ehem. Reichsstädte) und Literatur erhobene »Kempter Bürger und Einwohner in Urkunden vor 1500« (25–58; von mir in meinen Listen als Quelle »WU« abgekürzt), sowie »Familiengeschichtliches aus der Schwarzschen Chronik« (1313 f.; 59–76; von mir als »WS« zitiert). Für die Zeit vor 1500 sind zunfteigene Quellen nur spärlichst vorhanden, daher kann Weitnauer

nur Angaben aus dem Zunftbuch der Kramer 1452 f. bringen (84 f.). Für die Zeit
der Publikation ist Weitnauers Werk eine erstaunliche Leistung. Trotzdem kann es,
wie schon oben angedeutet, als Unterlage für eine Untersuchung der ständischen
Einordnung der Kempter Bürger und für eine Ausarbeitung exakt belegter Listen
der Amtsträger der Reichsstadt nicht genügen. Vor allem kann bei Weitnauer nicht
entnommen werden, wer ein Siegel geführt hat und wer nicht.

Diesem Wunsch wollte das Werk des Historikers Friedrich Zollhoefer und des
Heraldikers Eduard Zimmermann, Kempter Wappen und Zeichen[16], in seinem
Textteil entsprechen. Die beiden Verfasser haben hier eine für jeden Freund Kempter Vergangenheit ebenso zuverlässige wie sorgfältige Arbeit geschaffen. Auch sind
durch das positive Wirken Zollhoefers die methodischen Fehler Zimmermanns in
seiner sonst sehr schätzbaren Kaufbeurer[17] Publikation (Übermaß von zum Wap-
penthema nicht gehörigen Daten, z. T. durch Auseinanderreißen von nur im Zusammenhang verständlichen Nachrichten) hier weitgehend vermieden worden.
Dem Thema angemessen, jedoch für meine Untersuchungen zu wenig bringend, ist
der Umstand, daß verständlicherweise nur Siegel, die noch vorhanden sind, Erwähnung fanden. Ich mußte dagegen für mein Thema jede urkundlich greifbare Nachricht über eine stattgefundene Besiegelung verwerten. Auch hier empfand ich wieder schmerzlich die Nichtexistenz eines Kempter Urkundenbuchs oder wenigstens
eines Regestenwerks, für das m. E. schon längst ein Platz in der entsprechenden
Publikationsreihe (2a) der Schwäbischen Forschungsgemeinschaft fällig wäre.

Neben gedruckten Werken über Urkunden anderer Städte wurden nach den Belegen für die siegelnden Kempter Bürger vor allem die Urkunden des Stadtarchivs
Kempten (zitiert K), solche des Bayer. Hauptstaatsarchivs München, und zwar aus
Bestand Reichsstadt Kempten (zitiert R), Bestand Fürststift Kempten (zitiert F)
und des Bestands Sonthofen-Rettenberg (zitiert S) der Gerichtsurkunden herangezogen.

Die geschichtlich bemerkenswerten deutschen Städte sind in ihrer Mehrzahl von
den Staufenkaisern bzw. in deren Zeit gegründet worden. Dies war ohne Bürger
und eine alsbald entstehende städtische Organisation nicht denkbar. Wie sich dies
im einzelnen entwickelte, hing jeweils vom Verhältnis des Stadtherrn zu seiner in
der Regel schnell an Eigengewicht zunehmenden Stadt ab. Kempten ist eine der
zahlreichen Städte, die im Territorium einer geistlichen Körperschaft entstand. Die
außerordentlich günstige Verkehrslage der Stadt zu den Alpenübergängen, die Straßen von Tirol zum Bodensee und weiter nach Westen, ebenso von dort über
Kempten nach Memmingen-Ulm und über Württemberg in die Pfalz und die
Rhein- und Niederlande, wie auch die Verbindung von München und Augsburg
über Kempten nach Lindau und in die Schweiz, nicht zu vergessen die ab Kempten
flößbare Iller, mag schon lange vor der ersten urkundlichen Erwähnung Kaufleute
veranlaßt haben, sich am Markt des Klosters niederzulassen. Für Sicherheit waren
die Dienstmannen (Ministerialen) des Klosters Kempten und in der Frühzeit auch
solche des Klosters St. Gallen, dessen ursprünglicher Besitz bis weit nach Schwaben
hereinreichte, verantwortlich. Für Einnahmen sorgten neben Marktgebühren und

den dem Stadtherrn zustehenden Grundzinsen der Bewohner der angehenden Stadt vor allem die vom Kaiser verliehenen Zollgerechtsame.

Während Rottenkolber[18] 1932 noch die »Markterhebung« erst auf das Ende des 12. Jahrhunderts datieren möchte, ist nach heutigen Erkenntnissen die Existenz eines Markts wesentlich früher anzusetzen, so z. B. wie von Stolze[19] für Lindau geschehen, 1079. Bereits 1912 hatte K. O. Müller[20], der zunächst die damals gängige Angabe Marktflecken Ende des 12. Jahrhunderts wiedergibt, eingeräumt, daß der Markt in Kempten schon in die Zeit der Ottonen zurückgeführt werden könnte.

Hinsichtlich der Zeit der Stadterhebung ist es für Kempten von Interesse, Vergleiche mit anderen Städten ähnlicher Struktur des südlichen Schwaben zu ziehen, wobei betont werden muß, daß das Datum einer ersten Erwähnung, welche Stadtqualität anzeigt, jeweils lange Zeit nach der eigentlichen Stadterhebung liegen kann. Es seien z. B. genannt: Isny[21] (1171 Markterweiterung, 1238 cives), Kaufbeuren[22] (1230 cives), Leutkirch[23] (1239 burgum), Lindau[24] (1216 cives), Memmingen[25] (zwischen 1142/1182 cives) und Wangen[26] (1217 cives). Hier muß es sich überall um, wie oben erwähnt, Stadterhebungen der Stauferzeit handeln. Ich möchte diese Zeit in diesem Zusammenhang mit dem Regierungsantritt Friedrich Barbarossas 1152 beginnen und mit dem Tode Friedrichs II. 1250 begrenzen. In Kempten übernahm 1191 Barbarossas Nachfolger die Klostervogtei. Es erscheint deswegen nicht abwegig, die Stadterhebung Kemptens in der Zeit zwischen 1191–1250 anzunehmen. Schon K. O. Müller[27] setzt das Stadtwerden Kemptens in die erste Hälfte des 13. Jahrhunderts.

Die wechselvolle Geschichte der Vogtei (= Gerichts- und Schutzherrschaft) sei nur kurz angedeutet. Im Jahre 1218 überließ Kaiser Friedrich II. gegen eine finanzielle Entschädigung dem Kloster Kempten die Vogtei. 1250/53 nahm sie, offenbar als staufisches Hausgut, dessen Sohn König Konrad wieder an sich. Mit dem Erlöschen des Stauferhauses in Person von Konrads Sohn Konradin 1268 scheint die Vogtei wieder an das Kloster Kempten gefallen zu sein. König Rudolf (reg. 1273–1291) bestätigte zunächst 1275[28] die Rechte des Klosters, erklärte aber 1289 die Vogtei zum Reichseigentum. Sie war aber dann durch das Reich ab 1310 bis in die Mitte des 14. Jahrhunderts dem »Gottshaus« (Stift) Kempten verpfändet.

Der Abt als Inhaber der Vogtei bezog die Stadtsteuer und die Gerichtsgebühren und als Marktherr die Zölle und das Ungelt. Als Grundherr hatte er seit jeher von den Freien die Kaufrechte und von den Zinsern die Zinse. Den Abt als Vogt vertraten in der Stadt der Stadtammann und auf dem Land der Landammann, letzterer als Vorsitzender des dreimal im Jahre in der Stadt tagenden Dorfgerichts.

In der Stadt, wie diese ja wohl 1289 schon seit 2–3 Generationen war, scheint es damals schon ein Ratskollegium von vielleicht 6 Schöffen gegeben zu haben, alle offensichtlich aus den ursprünglich dem Ministerialenstande angehörigen Geschlechtern (heute meist als Patrizier bezeichnet). Diese erscheinen in den Gerichtsurkunden des 13. Jahrhunderts regelmäßig als Zeugen. Im genannten Jahre 1289 benützten die Bürger schwere Konflikte zwischen den Stiftern St. Gallen und Kempten, um am 17. Juni von König Rudolf den oben schon angezogenen Freiheitsbrief zu erlangen, in dem steht, daß die Vogtei der Stadt dem König gehört und nicht zugunsten des Stifts Kempten beeinträchtigt oder verpfändet werden darf[29].

Während das Stift in den folgenden Jahrzehnten oft in finanziellen Schwierigkeiten war, wurden die Stadtbürger immer reicher und mächtiger. So wurde es ihnen zunehmend zum Ärgernis, daß der Abt alljährlich den Rat besetzte und den Stadtammann, den Büttel und Zöllner ernannte.

1331 erlangten die Bürger vom König zwei Freiheitsbriefe. Der eine regelte die Handhabung von Schuldforderungen. Im anderen wurde den Bürgern das Recht zuerkannt, nur vor ihrem Ammann und Stadtgericht beklagt zu werden. Auch bestätigte der König der Stadt das Recht, Freie, Zinser und losgekaufte Leibeigene zu Bürgern aufzunehmen. Auch wurde ihnen Brückenzoll und Ungelt in hergebrachter Form bestätigt.

Die nicht aufhörenden Versuche der Stadt, ihre Rechte eigenmächtig zu erweitern, lösten indessen Gegenvorstellungen des Stifts aus, so daß Kaiser Ludwig der Baier am 11. 5. 1340[30] der Stadt u. a. verbot, Zinser oder Eigenleute des Stifts zu Bürgern zu machen. Diese sollten, wenn sie in der Stadt wohnen, weiterhin der Gerichtsbarkeit des Landammanns unterstehen. In einem Vergleich im gleichen Jahr verpflichtete sich dann die Stadt, vom Ungelt dem Stift ¼ zu zahlen und erkannte erneut die Oberhoheit des Abts an. Die unsichere Situation im Reiche ließ es dem Stift und der Stadt ratsam erscheinen, wenigstens in der nächsten Nachbarschaft in Frieden zu leben. So verständigten sie sich am 26. 10. 1347[31] über ihre gegenseitigen Rechte. Der Abt verpflichtete sich für das Stift, in allen rechtlichen Sachen hinsichtlich der Bürger vor dem Stadtammann Recht zu nehmen, außer bei ungenossamen Ehen, das heißt bei der Heirat eines Bürgers mit einer Leibeigenen des Stifts. Der Abt räumte auch ein, den (Unter-)Vogt über das Gotteshaus und die Burg Kempten nur mit dem Willen der Bürger, die demselben dann gehorsamen sollen, zu setzen. In dieser Urkunde läßt die Eingangsformel: »Wir der Ammann und der Rat und gemeiniglich alle Bürger der Stadt Kempten, arm und reich« erkennen, wie sehr unterdessen sich die Machtposition der Zünfte in der Stadt vergrößert hatte[32].

Kaiser Karl IV. trieb eine schwankende Politik, meist waren das Motiv finanzielle Gründe. So stellte er 1353 und 1354 hinsichtlich der beiden Kempter Partner widersprüchliche Urkunden aus. Das führte zunächst dazu, daß am 7. 12. 1355[33] ein nicht alle Streitpunkte lösender provisorischer Vergleich abgeschlossen wurde. Daß die später 1363 erfolgende kriegerische Eskalation, Erstürmung der Burg, schon in der Luft lag, zeigt die am 21. 9. 1360[34] erfolgte Kundmachung des Kaisers, daß die Stadt Kempten und die dortige Burg dem Reich gleich *ein* Ding sein sollen und dem Reich gleich miteinander »gewarten« und ein jeglicher Vogt sie gleich miteinander schirmen soll. Als Begründung gibt der Kaiser ausdrücklich an, es solle kein Auflauf und kein Zweiung zwischen des Reiches Stadt und der Burg (des

Stifts) entstehen. Ermahnungen und versuchte Entscheidungen des Kaisers im April und Juli 1361[35] vermochten nichts auszurichten. Schließlich betraute der Kaiser ein Schiedsgericht, bestehend aus seinem Ammann in Schwaben, Rudolf von Homburg, und den Vertretern von fünf Reichsstädten, mit der Bereinigung der Streitfälle. Das Ergebnis wurde als sogenannte Homburgische Richtung am 13.12.1361[36] urkundlich fixiert. Es wurden u.a. die grundherrlichen Rechte des Abtes anerkannt, ebenso sein Dorfgericht in der Stadt. Auch wurde ausgesprochen, daß die Stadt keinen Eigenmann des Stifts als Bürger aufnehmen und Zinsern des Stifts, nur wenn sie haushäblich in der Stadt sitzen, das Bürgerrecht verleihen darf. Dagegen wird die bisherige Setzung des Rats der Stadt durch den Abt allein durch ein gegenseitiges Vorschlagsrecht und entsprechende Setzung von je der Hälfte der 12 Ratsmitglieder ersetzt. Die Ernennung des Stadtammanns durch den Abt wird jetzt an die Zustimmung des Rats gebunden, während die Ernennung des Büttels nunmehr dem Rat allein zusteht.

Die selbstbewußten Bürger waren offensichtlich mit dieser Regelung noch nicht zufrieden. Sie wollten vor allem keinen vom Abt ernannten Vorsitzenden ihres Rats. Daher wählten sie eigenmächtig ihren Mitbürger Heinrich Spikel den Alten 1362 (vor dem 16.11.)[37] zu ihrem Bürgermeister. Aus der Rangordnung in der einzigen Urkunde, in der Spikel in dieser Würde überliefert ist, ergibt sich, daß Spikel (aus einer schon 1331 mit einem Priester bei St. Mang genannten Familie) kein Geschlechter war, sondern ein Zunftangehöriger gewesen sein muß. Im Rang gingen ihm bei der Zeugenreihe vor: 1. ein Geistlicher, und 2. der Patrizier »Herr« Jakob Schellank.

Die wählenden Bürger konnten sich vielleicht darauf berufen, daß die Kanzlei des Kaisers in der Goldenen Bulle vom 9.7.1361[38], wohl in Unkenntnis der damaligen lokalen Rechtsverhältnisse Kemptens ein für sonstige schwäbische Reichsstädte übliches Formular benützt hatte, und von einem Bürgermeister in Kempten gesprochen hatte.

Es wurde nun als Nachtrag zur Homburger Richtung eine neue Richtung am 1.2.1363[39] erstellt. In ihr wurde festgesetzt, daß in Zukunft der Stadtammann zwar in die Sitzungen des Rats zugelassen werde, aber dem Rat wie jedes andere Mitglied schwören müsse. So war er von dem Vorsitz entfernt, der ihm nur im Stadtgericht verblieb. Stadtammann war damals Hans der Wermaister[40], »eines ansehnlichen Geschlechts, der leibeigene Leut hat«, und in diesem Amt vom 21.2.1360 bis 14.2.1371 nachweisbar ist. Er entstammt einem in vielen Reichsstädten, vor allem in Wangen, ansässigen Dienstmannengeschlecht und war offensichtlich als ein mit den gleichrangigen Adeligen im Stift sympathisierender Standesgenosse den Zunftmeistern ein Dorn im Auge. Er erscheint in Kempten nach 1371 nicht mehr in Urkunden. Ein Sohn oder Neffe (? Sohn des als Bürger in Kempten 1360–1380, vielleicht noch 1410 genannten Claus Wermaister) dürfte der 1425–1433 in Kempten als Stadtammann genannte zweite Hans Wermaister gewesen sein.

Diese 1363 erfolgte Verdrängung des »Stadtammann des Stifts« scheint aber den aufstrebenden, ihrer finanziellen und militärischen Potenz bewußten Bürgern nicht genügt zu haben. Man gab vor, sich durch die im Besitz des Stifts befindliche Burg bedroht zu fühlen und erstürmte sie am 12. 11. 1363. Alsbald wurde zwischen Stadt und Burg auf stiftischem Grund eine neue Stadtmauer gezogen. All das war ein offener Landfriedensbruch. Die Stadt mußte sich zwar in einem durch die Landvögte von Ober- und Niederschwaben vermittelten Vergleich vom 23. 7. 1364[41] verpflichten, dem Abt 5000 Pfund Heller zu zahlen, ein weiteres Viertel des Ungelts ihm abzutreten und gegebenenfalls Steine zum Wiederaufbau der Burg zu liefern. Aber politisch gesehen hatte die Stadt Erfolg gehabt. Denn der Abt verzichtete auf die Steinelieferung und bemühte sich, mit der Stadt gütlich auszukommen, wie aus zwei Verträgen von 1368 und 1370[42] zu ersehen ist. Der wegen der unmittelbaren Nähe für die Stadt besonders wichtige Stein des Anstoßes, die stiftische Burghalde, wurde am 17. 3. 1379[43] aus der Welt geschafft, indem sie um 1600 Pfund Heller samt der Grundfläche der widerrechtlich erbauten Mauer an die Stadt verkauft wurde. Vier Tage darauf, am 21. 3. wurde unter Mitsiegelung der Städte Ulm, Isny und Leutkirch ein »Ewiges gegenseitiges Schutzbündnis« zwischen Stift und Stadt geschlossen. Interessant ist, daß in der Urkunde vom 17. 3. 1379 als Vertragspartner des Stifts Bürgermeister, Rat und die Bürger von Kempten genannt werden, also der Bürgermeister als erster Repräsentant der Stadt vom Stift ausdrücklich anerkannt wurde.

Vor der Schilderung der zwischen Stift und Reichsstadt Kempten 1353/1379 ausgetragenen Konflikte wurde schon auf die in deren Vertrag vom 26. 10. 1347 erkennbare zunehmende Bedeutung der *Zünfte* hingewiesen. Die beherrschende Rolle des Stadtadels begann mit den 1340er Jahren in allen Reichsstädten zu schwinden. Seit dem 12./13. Jahrhundert hatte, beginnend mit der Stadterhebung, überall ein aus Ministerialen und gleichrangigen oder gelegentlich auch aus aufgestiegenen reichen Fernhändlern zusammengesetzter Stadtadel das Regiment, also die Teilhabe an dem unter dem unter Vorsitz des Ammanns tagenden Gericht gehabt, aus dem dann nachmals der Rat erwuchs. Hier kann Kempten etwa mit der Reichsstadt Konstanz[44] verglichen werden, nur, daß Stadtherr in Konstanz der Bischof und in Kempten der Abt war. Auch war die Entwicklung in Konstanz derjenigen in Kempten jeweils zeitlich um etwa zwei Generationen voraus. Urkundlich wird der Kempter Rat erstmals 1273 und 1277 genannt.

Zu den ursprünglichen Ministerialen des Stifts Kempten – vielleicht von der Burg – muß auch das mit seinem vorherigen, in der Kempter Zeit geführten Namen nicht bekannte nachmalige Memminger Stadtadelsgeschlecht »von Kempten« gehören. Es spielte in seiner neuen Heimat eine führende Rolle. Eirich[45] vertritt die Auffassung, daß die von Kempten (oder auch Kempter) das Bürgermeister- und Ammann-Amt bekleideten – der Bürgermeister war bis 1414 zugleich auch Großzunftmeister –, was den Beweis für ihre Geschlechtereigenschaft liefert. Sie gehörten schon vor 1348 zu den 14 Familien des Memminger »Urpatriziats« und besaßen ein umfangreiches Immobiliarvermögen. Mitglieder der Familie hatten Anteil am Memminger Salzzoll und waren im Dienste der Ravensburger Handelsgesellschaft. Marquard von Kempten war 1285 und 1295–1317 Ammann zu Memmingen, ist 1300 Gläubiger des Herzogs von Kärnten und hat 1303 ein Guthaben beim Land Tirol. Er ist einer der ältesten bekannten Memminger Fernhändler.

Auch Baumann[46] ist sich bewußt, daß die Kempter Stadtadelsgeschlechter genau so wie die von anderen Reichsstädten, soweit sie nicht in andere Reichsstädte auswanderten oder in den Landadel übergingen, meist schon im 14./15. Jahrhundert in ihrer Heimatstadt erloschen sind. Von Kempten erwähnt Baumann die Geschlechter Laufner, Motz, Seuter, Wermeister, Schellang und Reichenbach und zählt zu den »jungen Patriziern« die reiche Familie Vogt. Diese Geschlechter galten stets den Familien des niederen Landadels ebenbürtig und standen auch mit diesen im Connubium (Eheverbindung). Bei der gemeinsamen Herkunft aus dem Stand der Ministerialen oder Dienstmannen ist dies ja auch nicht verwunderlich.

Bei dem Mangel an Quellen für die Reichsstadt Kempten ist es ein großes Glück, daß solche für die benachbarte Reichsstadt Memmingen reichlich vorhanden sind. Nur durch deren Existenz wurde es möglich, daß schon seit hundert Jahren eine große Anzahl Publikationen mit auf die führenden Geschlechter Memmingens und ihre Funktionen gerichtetem Inhalt erscheinen konnten. Deren wichtigste Autoren sind Ascan Westermann[47], Eirich und von Ruepprecht[48].

Hilfreich sind auch die von Eitel[49] aufgelisteten Verhältniszahlen des Reichssteueranschlags von Memmingen und Kempten. Memmingen war immer (1500 etwa 5000 Einwohner) etwas größer als Kempten, dessen Einwohnerzahl für 1500 auf etwa 3–4000 geschätzt wird. Der Anschlag an Reichssteuer betrug für Memmingen 1241 70 Mark, 1401 und 1471 je 300 Pfund Heller, für Kempten 1241 50 Mark, 1401 225 und 1471 100 Pfund Heller. Auffällig ist die starke Minderung Kemptens in der zweiten Hälfte des 15. Jahrhunderts. Dies setzt sich auch – nach Verhältniszahlen ausgedrückt – nach 1471 fort. Bei späteren Anschlägen ist das Verhältnis Memmingen zu Kempten für das Jahr 1487 wie 3 zu 1, und für 1495 wie 5 zu 1. Allerdings muß, wie Eitel betont, berücksichtigt werden, daß es sich nur um Anschläge und nicht um wirklich gezahlte Steuern handelt. Es war also durchaus möglich, daß eine starke Reduzierung nicht oder nicht nur wirtschaftlichen Niedergang anzeigt, sondern u. U. nur auf eine tüchtige Lobby beim Reichspfennigmeister zurückzuführen ist.

Memmingen und Kempten waren hinsichtlich ihrer Wirtschaft weitgehend von den gleichen Gegebenheiten und Interessen[50] geleitet. Beide Städte betrieben einen blühenden Wein- und Salzhandel. Beide hatten bedeutende Schmiedezünfte, die Waffen und Sensen (»Segessen«) für den Export vor allem in die Schweiz, nach Burgund und Italien herstellten. Daß Leinwand und Barchent der Allgäuer Städte berühmt und ein begehrter Exportartikel in alle Welt war, braucht nicht eigens betont werden. Die Weber waren bis ins 18. Jahrhundert in fast allen schwäbischen Städten die an Kopfzahl stärkste Zunft.

Auch die rechtliche Entwicklung hinsichtlich der Ausbildung der Zunftherrschaft um die Mitte des 14. Jahrhunderts war in den beiden, durch viele verwandtschaftliche[51] und geschäftliche Kontakte verbundenen Städten sehr ähnlich, wenn auch Kempten dem von Memmingen am 9. 11. 1347 gegebenen Vorbild infolge seiner

Konflikte mit dem Stift, die ein Zusammenhalten der Bürgerschaft erforderten, nach einem kurzen Zwischenspiel im Jahre 1362 erst einige Jahre vor dem bisher überlieferten, aber keineswegs belegten Jahr 1378 folgen konnte. Es erscheint nicht ausgeschlossen, daß das Jahr des »Umbruchs« in der Zeit zwischen den Stadtammännern Heinrich Ru(e)sch (zuletzt 1373 genannt) und dem seit 1377 erwähnten Cunrat Brugger zu suchen ist. Weitere Forschungen nach personengeschichtlichen Daten in allen erreichbaren urkundlichen Quellen könnten hier vielleicht noch Ergebnisse zeitigen.

Über den Erwerb des Bürgerrechts hat Weitnauer, beginnend mit 1333, als im Verfolg der von Kaiser Ludwig dem Baier 1331 erteilten Freiheit in einem Jahr 90 neue Bürger aufgenommen wurden[52], genaue Angaben gemacht[53a]. Die Kempter Alt-Bürger, die sich für Korrektheit und Vermögen der Neu-Bürger verbürgten, mußten damals pro Person eine Haftung von 5 Pfund Pfennig Konstanzer Währung auf die Dauer von fünf Jahren übernehmen. Im Jahre 1410 mußte ein antragstellender Neubürger eine Gebühr von 4 Pfund und 5 Schilling Heller bezahlen. Diese Nachrichten entstammen dem städtischen Statuten- und Artikelbuch von 1358[53b]. Entsprechend einerseits der Geldentwertung und andererseits dem Wunsch, eine ungesunde Übersetzung der Gewerbe zu vermeiden, haben sich die Gebühren in der Folge nur nach oben verändert, wenn man davon Pest- und Kriegszeiten ausnimmt, in denen große Sterblichkeit einen stärkeren Zuzug erwünscht erscheinen ließ. Mit dem Erwerb des vollen Bürgerrechts war der gleichzeitige Erwerb einer Zunftangehörigkeit verbunden. Über deren Gebühren (10 bzw. 5 Schillinge Pfennig) gibt die in einer Abschrift von 1773 vorhandene Urkunde[54] der Müßiggengelzunft (= Bürgerzunft) von 1419 Auskunft.

Neben den Vollbürgern gab es auch Ausbürger, wie z. B. der Stadt Kempten grundherrschaftlich verbundene Dorfbewohner im Hoheitsgebiet des Klosters (Stifts). An der von der Stadt großzügig – sei es in die Stadt selbst oder als Ausbürger – gehandhabten Bürgerrechtserteilung und der restriktiven, auf unanfechtbaren Rechtstitel der Abtei beruhenden Politik derselben hinsichtlich ihrer Leibeigenen und Freizinser, entzündeten sich von Generation zu Generation immer wieder von Prozessen bis zu offener Feindseligkeit führende Differenzen der beiden so nahen und doch aufeinander angewiesenen, wenn man so sagen darf, »Kleinstaaten«.

Nicht zu kaufen hatten das Bürgerrecht die Bürgersöhne, die in der Stadt blieben und in die Rechte ihrer Väter eintraten. Fremde, welche Witwe oder Tochter eines Bürgers heirateten, genossen bei den Gebühren Vergünstigungen. Aber jeder aus der Fremde kommende Neubürger mußte zwei der Bürgerschaft angehörende und für ihn haftende Bürgen stellen, dafür, daß der Neubürger mindestens fünf Jahre Stadtbürger blieb, und daß dessen Angaben über eheliche Geburt, Herkunft und Vermögen der Wahrheit entsprachen. Sehr besorgt war man seitens des Rates stets, daß die Handwerke nicht übersetzt waren und damit dem Einkommen des einzelnen Meisters keine Minderung drohte. Hier wirkte dann eine Erhöhung der Aufnahmegebühr als Zuzugsbremse. Man wünschte auch nicht, daß eine aus religiösen und zunftrechtlichen Gründen gebotene Unterstützungspflicht übermäßig strapaziert würde.

Für solche Zwecke standen das vom Rat 1390 beschlossene und 1412 vor dem Illertor erbaute Spital, ein Leprosenhaus und aus Stiftungen und Spenden errichtete Seelhäuser zur Verfügung. Im Spital gab es – wie überall – eine obere Abteilung (manchmal auch reiche Pfründe genannt), in die sich wohlhabende Bürger sozusagen ins Altersheim einkaufen konnten. Eine überwiegend aus städtischen Mitteln finanzierte untere Abteilung war für die Aufnahme armer Mitbürger, auch Witwen und Waisen bestimmt.

Bei der in den 1370er Jahren eingeführten Zunftverfassung war es für die Stadtbürger das wichtigste Anliegen, die rechtlich fundierten Einwirkungsmöglichkeiten des Stifts möglichst zu beschneiden bzw. zu unterlaufen. Dem wurde durch die Wahl eines Bürgermeisters als Vorsitzender des Rats (an Stelle des Ammanns) wie in anderen Städten Rechnung getragen. Die Zusammensetzung des Rats mit seinen 10 Mitgliedern wurde durch die Zuziehung der Zunftmeister aller neun bzw. seit dem Bestehen der Burgerzunft aller zehn Zunftmeister geändert.

Die neun Zünfte[56] auf handwerklicher bzw. kleingewerblicher Basis waren: Kramer, Becken (Bäcker), Metzger, Schneider, Schmiede (die im Feuer arbeitende Handwerke), Schuhmacher, Bierbräuen, Gerber und Weber. Die zehnte Zunft war durch einen parallelen oder, wenn man die Urkunde von 1419 als erste Vereinigung ansieht, späteren Zusammenschluß der ursprünglich verfassungsmäßig nicht organisierten Kaufleute (Gewandschneider) und Weinschenken entstanden. Da diese Berufe meist von den vorher allein regierenden Geschlechtern ausgeübt wurden, waren diese damit auch in die neue Verfassung eingebaut. Ihre Zunft war genau so eingerichtet wie die anderen. An der Spitze stand der Zunftmeister, ihm standen die Elfer, ein Ausschuß der Mitglieder, zur Seite.

Die Wahl des Bürgermeisters war so festgelegt, daß ihn der nun durch die Zunftmeister vergrößerte vorjährige (alte) Rat einschließlich des bisherigen Bürgermeisters und die Gesamtheit der bisherigen (alten) Elfer wählte.

Ähnlich wie dieses Wahlkollegium war der selten einberufene Große Rat zusammengesetzt, nämlich aus dem amtierenden (kleinen) Rat (inkl. Zunftmeistern) und den Elfern aller Zünfte. Für die Gesamtheit der Elfer war vor 1400 die Bezeichnung »Gemeinde« üblich gewesen.

Ein sozusagen inoffizielles Gremium stellten die Zunftmeisterkonferenzen dar, die laut Müßiggengelbrief von 1419 insbesondere wegen berufsständischer Angelegenheiten unter dem Vorsitz des Zunftmeisters der Müßiggengel (Burgerzunft) stattfanden. Von diesen wird ausdrücklich gesagt, daß es sich um zwanglose Besprechungen, bei denen keine Beschlüsse gefaßt werden sollen, handelt.

Mit dem Vertrag von 1379 hatte das Stift die neue zünftisch bestimmte Stadtverfassung und die Unabhängigkeit von der stiftischen Vogtei anerkannt. Es folgten dreißig Jahre des Friedens zwischen den beiden Nachbarn, zu deren Ende 1408 die Verleihung des Blutbanns für die Stadt durch König Rupprecht erfolgte, und ein Jahr später, 1409, die einzige Nachricht über die Aufnahme eines jüdischen Bürgers, die aus dem Mittelalter bekannt ist, nämlich die des Juden Lazarus mit Weib und Kindern berichtet wird[57]. Im gleichen Jahr 1409 begannen neue Streitigkeiten, verursacht dadurch, daß die Stadt und ihre Einwohnerzahl sich ständig vergrößerten. Es wurden daher, zwar innerhalb des Stadtgebiets, aber auf dem Stift mit Kaufrecht gehörigen Grund neue Häuser erbaut. Widerrechtlich weigerten sich die inhabenden Bürger die dem Stift daraus zustehenden Abgaben zu zahlen. Auch erlaubte sich die Stadt Eingriffe in Rechte des Stifts im Kempter Wald[58]. Ein endgültiger Friede kam erst 1434 zustande, als sich die Stadt dem Urteil einer eigens bestimmten Kaiserlichen Kommission unterwerfen mußte. Jedoch nach 26 Jahren, 1460, brach der alte Streit erneut aus. Nachdem 1486 der Abt beinahe dem Rat des Kaisers, seine grundherrlichen Rechte in der Stadt dieser zu verkaufen, nachgekommen wäre, aber dann zurücktrat, gab Kaiser Friedrich III. 1488 der Stadt, neben Vergünstigungen auf dem Gebiete der Gerichtsbarkeit, das Recht, den Rat und alle Ämter, vor allem das des Ammanns, selbst besetzen und entsetzen zu dürfen. Zwar wurde 1494 im Kölner Spruch des Kaisersohnes, König Maximilians, das Ammann-Ernennungsrecht der Stadt wieder entzogen, doch hatte der Spruch mit seinen nachfolgenden Zusätzen 1495–1500 das Ergebnis, daß alle schwebenden Streitpunkte geregelt wurden, und zwar, wie z. B. Bürgeraufnahme der Freizinser, zum Vorteil der Stadt. 1510 verlieh Maximilian I., unterdessen zum Kaiser gekrönt, der Stadt das Münzrecht. Zu einer wirklichen Reichsstadt, der keine wesentlichen, eine solche kennzeichnenden Rechte mehr fehlten, wurde Kempten am 6. 5. 1525, als durch den »Großen Kauf« die Stadt um 30 000 fl. sämtliche grundherrlichen Rechte des Stifts in ihrem Gebiet an sich brachte.

Zum Schluß sei noch auf die Probleme hinsichtlich einer Aufhellung der Geschichte der Kempter Geschlechter (Patriziat) eingegangen. Es gibt kaum eine schwäbische Stadt, welche in dieser Hinsicht so quellenarm ist, und für die sogar vorhandene Quellen nicht richtig ausgewertet wurden. Das Archiv des Patriziats, von dem man natürlich nicht weiß, wie groß seine Verluste bei der Kempter Katastrophe von 1633 gewesen sind, war in der Zeit des letzten Direktors der Patriziergesellschaft, des 1808 vom König von Bayern geadelten Großhändlers und Kommerzienrats Joh. Felix Edlen von Fehr, in dessen Obhut. Fehr geriet – offenbar eine Folge der Kontinentalsperre – in Konkurs. Seitdem ist das Archiv verschwunden und wohl mit Ausnahme des Großfoliobandes »Die neuen renovierten Statuten der Gesellschaft zum Strauß« von 1773, der sich jetzt im Stadtarchiv[59] befindet, zugrunde gegangen. Fehrs Witwe zog 1839 mit dem Rest ihres Vermögens und ihrem ältesten Sohn, der den Adel nicht mehr führte, nach Grönenbach, wo sie 1854 starb.

Dem Statut von 1773 sind in Abschrift beigefügt, der schon erwähnte Stiftungsbrief der Zunft der Müssiggengel vom 21. 3. 1419, sowie ein Verkaufsbrief vom 26. 4. 1449, mit welchem Hans Rudolff, Bürger zu Kempten, sein neben Ulrich Vogts Haus gelegenes Anwesen an die »Constäveln und Gesellen der Trinkstube, die man nennt gemeiniglich zu dem Strauß zu Kempten« um 620 fl.rh. (Gulden rheinisch) verkauft.

Eitel bemerkt[60] in seiner gründlichen Arbeit mit Recht, daß in Kempten vor 1528 – und man kann das erweitern noch bis 1551 – eine klare Trennung zwischen der

Burgerzunft und der Gesellschaft zum Strauß bestand. Nicht alle Mitgleider der ersteren waren zugleich solche der Gesellschaft. Die Burgerzunft war zum Unterschied von der Gesellschaft, bei der auch der benachbarte Landadel einen Treffpunkt gehabt haben muß, hinsichtlich der Mitgliederaufnahme offener nach unten und war, wie ja schon die Ordnung von 1419 verrät, in erster Linie eine kaufmännische Interessenvertretung. Dies ergibt sich auch aus einer von Eitel mitgeteilten prozentuellen Auflistung[61] des 1525 bestehenden Anteils einzelner Zünfte innerhalb der Gesamtheit der zehn Zünfte: Hier führen die Weber mit 51,5%, es folgt die Schmiedezunft mit 15,5%, dann die Kramer, also die kleinen Händler, mit 6,5% und schließlich die Großkaufleute der Burgerzunft mit 5%. Diese Zahlenverhältnisse entsprechen auch in etwa der der Umsätze und Exporte der Gewerbe aus Kempten. Durch die Reform Kaiser Karls V. von 1551 war, da der Kaiser die Geschlechter bei der Ratsbesetzung begünstigte, eine Vertretung gegenüber Interessen anderer Zünfte durch eine Burgerzunft nicht mehr nötig. Das Ergebnis kann nicht anders gewesen sein, als daß in der zweiten Hälfte des 16. Jahrhunderts die Burgerzunft mangels eigener Aufgaben in der Gesellschaft zum Strauß aufging, die also sich in Zukunft beider Bezeichnungen bedienen konnte.

Erstaunlich ist, daß dies bis heute in der Literatur nicht beachtet wurde, und daß vor allem der Frage der wirklichen Gründung der Gesellschaft zum Strauß nicht nachgegangen wurde.

Dies zeigt schon Haggenmüller[62] mit seiner aus Chroniken geschöpften Nachricht, daß die Constablergesellen Ulrich Vogt, Peter Steinbrecher, Hans Rist (= Rüst), Albrecht Schellang und Heinrich Laufner 1449 »das Haus zum Strauß in der Vogtgasse zu einer Trinkstube für (ihre) Brüderschaft« gekauft haben. Die Nachricht ist in ihrem ersten Teil richtig, ja sogar infolge der namentlichen Nennung der Gesellen vollständiger als die im Buch von 1773 erhaltene Urkundenabschrift, in welcher der Kopist von 1773, der auch den zweiten Angrenzer des gekauften Hauses, weil er den Namen nicht lesen konnte, wegließ, sich auch von der Nennung der nunmehr in der Chronik überlieferten Gesellen dispensierte.

Auch A. Weitnauer, der Karrer folgend, feststellt, »Die Gesellschaft zum Strauß ist die Nachfolgerin der vornehmen, 1419 gegründeten Zunft der Müssiggengel«, irrte sich. So blieb auch dem Bayer. Städtebuch nichts anderes übrig, als in seinem Kempten-Artikel unter 9c die unrichtige Angabe Weitnauers zu einem Gründungsjahr 1419 nun gar der Gesellschaft zum Strauß zu erweitern.

Aufklärung hätte man wohl schon früher von dem an Patriziatsgeschichte höchst interessierten Kempter Syndikus Dr. Michael (seit 1663) von Praun[63] erhoffen können, der ein vielbeachtetes, noch heute geschätztes Werk »Ausführliche Beschreibung ... der adelichen und erbaren Geschlechter in den vornehmsten Reichsstädten« (Ulm 1667) geschrieben hat. Er war 1664–1680 und von 1692 bis zu seinem Tode 1696 Syndikus der Stadt Kempten. In den Zwischenjahren war er Syndikus von Lindau gewesen, wo er in erster Ehe eine Tochter Jakob Heiders aus der dortigen berühmten Juristenfamilie geheiratet hatte. In seinem Buch sind von schwäbischen Reichsstädten nur Augsburg, Biberach, Leutkirch, Lindau, Memmingen, Nördlingen, Ravensburg und Ulm berücksichtigt. Daß Kempten fehlt, könnte zwei Gründe haben. Der eine wäre der uns bekannte Mangel an Quellen älterer Zeit. Der andere könnte sein, daß das Kempter Patriziat nach Ende des Dreißigjährigen Krieges einerseits sehr schwach besetzt war, und daß andererseits der Vater von Prauns zweiter Gattin, der Kempter Bürgermeister Jakob Stattmüller[64], ein homo novus, demselben nicht angehört hatte.

So bleibt, um die bisherigen Irrtümer zu widerlegen, nur ein Blick auf die Hauskaufurkunde vom 26. 4. 1449, die offenbar noch von keinem der Kempter Geschichtsschreiber genau gelesen wurde. Kein Wort steht darin, daß etwa die Müssiggengelzunft das Haus gekauft hätte. Es ist im Gegenteil, wie Eitel ja schon richtig festgestellt hat, die neben und schon vor ihr, wie hinzugefügt sei, existierende Gesellschaft zum Strauß, die als Käufer auftritt mit den von Haggenmüller offensichtlich richtig angegebenen Namen von fünf Mitgliedern der vornehmsten Geschlechtsfamilien. Außerdem haben sie 1449 nicht das Haus zum Strauß gekauft, sondern das mit seinem Beinamen nicht genannte Haus des Bürgers Hans Rudolff, auf das dann offenbar nochmals der der Gesellschaft zu eigen gewordene Name »zum Strauß« übertragen wurde.

Der Wortlaut der Urkunde zeigt deutlich, daß die Käufer bereits Constävel und Gesellen einer Trinkstube zum Strauß waren, also eines Hauses zum Strauß, in welchem sie vorher ihr Domizil hatten. Es sei daher die Meinung geäußert, daß – Quellen gibt es hierfür leider keine – der Zusammenschluß der Kempter Geschlechter zu einer Trinkstubengesellschaft genau so in der Mitte des 14. Jahrhunderts gelegen haben dürfte, wie bei anderen vergleichbaren Städten. Auf jeden Fall ist ein Gründungsjahr der Gesellschaft von 1419 zu streichen, wie auch die Behauptung, sie wäre Nachfolgerin einer bestimmt lange Jahre nach ihr gegründeten Zunft geworden. Allenfalls kann man, wie oben erwähnt, von einem Aufgehen der ab 1551 als Organisation überflüssig gewordenen Zunft in der Gesellschaft sprechen.

1 Erich Maschke u. Jürgen Sydow (Hrsg.): Südwestdeutsche Städte im Zeitalter der Staufer, Sigmaringen 1980.

2 Peter Eitel: Die oberschwäbischen Reichsstädte im Zeitalter der Zunftherrschaft, Stuttgart 1970, insbes. S. 265–296.

2a Die Liste der Bürgermeister siehe im Anhang. Die übrigen Listen werden im Allgäuer Geschichtsfreund abgedruckt.

3 Eitel, Reichsstädte, S. 297f.

4 Alfred Weitnauer: Bürgerbuch der Stadt Kempten 1526–1612, Kempten 1940, S. X.

5 Baumann, Allgäu Bd. I, S. 318: Ganz dunkel ist die Urgeschichte der mittelalterlichen Stadt Kempten.

6 Haggenmüller, Bd. I.

7 Karrer, Kempten.

8 Baumann, Allgäu Bd. II.

9 Rottenkolber, Stift. In: AGF 34 (1932), S. 1–128.

10 AGF 8 (1895), S. 61 f.; vgl. auch AGF 10 und AGF 26, S. 8.

11 Vgl. Klaus Schreiner in AGF 74 (1974), S. 65 f.

12 AGF 27, S. 19.

13 StadtA Kempten B 31.

14 Siegfried Diercks: Quellen zur Allgäuer Geschichte, AGF (1974), S. 83 f.

15 Weitnauer, Bürger.

16 Eduard Zimmermann, Friedrich Zollhoefer: Kempter Wappen und Zeichen, Kempten 1963.

17 Zimmermann: Kaufbeurer Wappen und Zeichen, Kempten 1951.

18 Rottenkolber, Stift, S. 41.

19 Alfred Otto Stolze (Hrsg. Bernhard Zeller): Der Sünfzen zu Lindau. Das Patriziat einer schwäbischen Reichsstadt, Lindau–Konstanz 1956, S. 15.

20 Müller, Reichsstädte. S. 282–314.

21 Immanuel Kammerer: Isny im Allgäu, Kempten 1956, S. 42; Erich Kayser u. Heinz Stoob (Hrsg.): Württ. Städtebuch I, Stuttgart 1962, S. 369–371.

22 Erich Kayser u. Heinz Stoob (Hrsg.): Bayer. Städtebuch Bd. II, Stuttgart 1974, S. 279–283.

23 Württ. Städtebuch, S. 375–378.

24 Stolze, Sünfzen, S. 16; Bayer. Städtebuch II, S. 340–350.

25 Bayer. Städtebuch II, S. 361–372.

26 Württ. Städtebuch I, S. 477–479; Albert Scheurle: Wangen im Allgäu. Wangen 1950.

27 K. O. Müller, Reichsstädte, S. 292; Weitnauer, Bürger, spricht Seite 4 von etwa 1240; Blickle, Kempten, S. 149.

29 Walther E. Vock: Der erste Bürgermeister von Kempten und seine Zeit. In: AGF 26 (1927), S. 27–38, insbes. 30.

30 RB VII, 279.

31 HStAMünchen: Fst. Kempten UK 59.

32 Vock, Bürgermeister, S. 32.

33 RB VIII, 335.

34 RB IX, 23.

35 RB IX, 36 u. 41.

36 RB IX, 48.

37 HStAMünchen: Fst. Kempten UK 104; Vock, Bürgermeister, S. 36. – Raimund Eirich: Memminger Wirtschaft und Patriziat von 1347 bis 1551, Ottobeuren/Weißenhorn, überschätzt hier, irrigerweise Baumann, Allgäu, Bd. II, S. 289 zitierend, die Dauer der Spikelschen Bürgermeisterepisode.

38 Baumann, Allgäu Bd. II, S. 273. – Was das auf der gleichen Seite abgebildete Siegel des Bürgermeisters Schulthaiß betrifft: Dieser ist nicht der erste, sondern, soweit urkundlich nachweisbar, der dritte Bürgermeister von Kempten.

39 RB IX, 75.

40 Baumann, Allgäu Bd. II, S. 22–23; Richard Dertsch, Die Urkunden der Stadt Kaufbeuren 1240–1500, Augsburg 1955.

41 RB IX, 104/105.

42 RB IX, 207.

43 RB X, 29.

44 Helmut Maurer: Die Bischofsstadt Konstanz in der staufischen Zeit. In: Maschke/Sydow, Südwestdeutsche Städte, S. 68–94; Peter F. Kramml. Das Verhältnis zwischen Bischof und Stadt Konstanz. In: Die Bischöfe von Konstanz, Geschichte und Kultur, I, Friedrichshafen 1988, S. 289.

45 Eirich, Wirtschaft und Patriziat. Vgl. auch Ascan Westermann: Die Memminger Ammänner und Bürgermeister. In: MGBl 20 (1935), S. 25 f., sowie HStAMünchen: Fst. Kempten UK 121, 124, 132, 161, und RU Memmingen 15, 46, 54, 55, 65. – Vgl. RB VIII, 374, und XII, 121. – Weitnauer, Bürger, führt S. 28/29 den Memminger Bürgermeister Cunrat von

Kempten irrig für 1370 u. 1378 als Bürger der Stadt Kempten auf.

46 Baumann, Allgäu Bd. II, S. 604–606.

47 Vgl. Anm. 45 sowie die in Eirichs Buch aufgeführten Arbeiten Westermanns.

48 Hans Ulrich Frhr. v. Ruepprecht, Die Memminger Patrizier. In: MGBl., Jahresheft 1981/82, S. 5–144. In dieser Arbeit ist S. 108–115 ein Personenregister zu Eirichs in Anm. 45 genanntem, leider registerlosen Buch enthalten.

49 Eitel, Reichsstädte, S. 12.

50 Eirich: Allgäuer Kaufleute im Fernhandel mit Sensen im ausgehenden Mittelalter. In: AGF 81 (1981), S. 105–122.

51 Auch Eirich, Kaufleute, betont S. 107 ebenso wie der von ihm zitierte Werner Schnyder die Wichtigkeit der familiären Verbindungen. Fast alle im Sensengeschäft unabhängig voneinander auftretende Einzelkaufleute oder Mitgesellschafter von Handelsgesellschaften aus den oberschwäbischen Reichsstädten waren direkt miteinander verschwägert oder doch verwandt. Ähnliche Forschungsziele veranlaßten I. Kammerer und G. Nebinger in Bd. V. des Handbuchs des in Bayern immatrikulierten Adels (Neustadt a. d. Aisch 1955) umfangreiche Genealogien der in vielen Reichsstädten auftretenden Handels-Geschlechter Eberz und Furtenbach zu publizieren. – Vgl. auch Hellmuth Rössler (Hrsg.), Deutsches Patriziat 1430–1740, Büdinger Vorträge 1965 (Limburg/Lahn 1968), S. 277f.: Gerd Wunder, Der Adel der Reichsstadt Hall im späten Mittelalter, und S. 299f.: Albrecht Rieber, Das Patriziat von Ulm, Augsburg, Ravensburg, Memmingen, Biberach.

52 Weitnauer, Bürger, S. 6–11.

53a Weitnauer, Bürgerbuch, S. III–IX, nach dem Original im HStAMünchen, Fst. Kempten KL 142.

53b Peter Beck, Das Stadtbuch der Stadt Kempten von 1358 (Dissertation der Univ. Kiel), Kiel 1973.

54 StadtA Kempten: B 54.

55 Otto Erhard: Die christliche Liebestätigkeit im mittelalterlichen Kempten. In: AGF 20 (1923). Desgleichen Ludwig Dorn, Die spätmittelalterliche Pfarrei St. Mang in Kempten. In: AGF 75 (1975), S. 63, welcher bedauert, daß es noch keine ausführliche Kempter Spitalgeschichte gibt.

56 Weitnauer, Bürger, S. 83 (nach Karrer).

57 RB XII, 42: Lasarus der Jud verpflichtet sich, den Bürgern zu Kempten, welche ihn mit Weib und Kind als Bürger aufgenommen haben, jährlich 10 fl.rh. als Steuer zu entrichten, dann Harnasch, unzerbrochen Kelch, »nass Hut und blutig Häss« weder zu kaufen, noch als Pfand zu nehmen, ferner den Bürgern zu Kempten das Pfund Heller um wöchentlich zwei Heller, den Gulden rheinisch um drei Heller zu leihen.

58 Vgl. Otto Geiß, Die Forstobrigkeit im Fürststift Kempten. In: AGF 19 (1922).

59 StadtA Kempten: B 31

60 Eitel, Reichsstädte, S. 48, 50.

61 Eitel, Reichsstädte, S. 150.

62 Haggenmüller, Bd. I, S. 299.

63 Vgl. Ferdinand von Praun, Aus der Geschichte des Geschlechts von Praun. In: Zeitschrift Genealogie 32 (1983), S. 561–568.

64 Jakob Stattmiller kam, beginnend als armer Commis, durch Tüchtigkeit zu einem stattlichen Vermögen und städtischen Ehrenämtern. Er war u. a. lange Zeit Kämmerer. Seine Eltern sind bis heute nicht mit Sicherheit zu ermitteln, da die mit Porträt des † Bürgermeisters ausgestattete gedruckte Leichenpredigt ihre Namen nicht angibt. Er ist als Ururgroßvater der Susanna Nebinger, geborenen Gradmann aus Ravensburg mit der Anlaß gewesen, daß der Verfasser dieses Abschnitts sich schon in seiner Jugend für Kempter Geschichte zu interessieren begann.

Bürgertum, Kirche und Sozialentwicklung

Rolf Kießling

Kempten ist im Mittelalter nicht gerade dem Typus einer geistlichen Stadt zuzuordnen. Zwar war die Bürgerstadt im Anschluß an das Kloster entstanden, doch die Einwohnerschaft wie das Stadtbild wurden nur bedingt von Klerus und Kirchen geprägt: Neben der Benediktinerabtei, die ja einen eigenen Rechtsbezirk bildete, gerade im Spätmittelalter aber oft nur wenige Konventualen beherbergte, ließen sich in den verschiedenen monastischen Reformbewegungen keine weiteren Stifte oder Klöster mit Ausnahme der Franziskaner-Terziarinnen von St. Anna in der Stadt selbst nieder. Neben dem gemeindlichen Kirchenzentrum St. Mang wurden lediglich noch insgesamt sechs weitere Kapellen im Stadtgebiet errichtet, die insgesamt 20 Kaplaneien umfaßten[1].

Da der Klerus kraft seiner Privilegien dem weltlichen Gericht entzogen sowie steuer- und abgabenfrei blieb, konnte er zunächst kaum in die Bürgergemeinde assimiliert werden, obwohl diese bestrebt war, möglichst viele Bereiche des alltäglichen Lebens autonom zu regeln. Dabei empfand sich auch eine Stadt wie Kempten als sakraler Raum[2]; das Brauchtum überliefert eine ganze Reihe von kirchlichen Festen, die Bürgerschaft und Klerus, Stift und Stadt gemeinsam begingen: die Kirchweihe des Klosters am Tag von St. Gordian und Epimach, der Zug mit dem Palmesel vom Münster nach St. Mang, die verschiedenen Prozessionen an besonderen Tagen des Jahres[3].

Doch die Tatsache, daß die Bürgerstadt sich erst nach und nach vom Abt als Stadtherrn ablösen konnte und das ganze Mittelalter hindurch einer gemischten Stadtherrschaft von König und Kloster unterstand, bis der sog. »Große Kauf« von 1525 den Status der Autonomie auch tatsächlich erreichte, bedingte ein spezifisches Verhältnis von Bürgerschaft und Kirche. So wie das Stift den herrschaftlichen und wirtschaftlichen Spielraum der Stadt einschränkte, so prägten die Spannungen auch das kirchliche Leben.

Zunächst bleibt festzuhalten, daß das Kloster eine adelige Exklusivität ausbildete und bis zur Säkularisation beibehielt[4]. Im Gegensatz zu anderen benediktinischen Reichsklöstern, die sich im Spätmittelalter den bürgerlichen Schichten öffneten und damit nicht zuletzt auch eine stärkere gesellschaftliche Integration zwischen Stift und Stadt vollzogen – wie etwa St. Ulrich und Afra in Augsburg –, fungierte der Konvent von Kempten als eine Pfründe für die nachgeborenen Söhne des schwäbischen Adels, was sich zudem auch auf die weltlichen Ämter der stiftischen Territorialherrschaft ausdehnte. Aufgrund dieser ständischen Kluft zwischen Stift und Stadt hatte das Kloster kaum eine Chance, zum kirchlichen Mittelpunkt der Bürgerschaft zu werden, zumal gerade in dieser Zeit die allgemeine Grundtendenz bürgerlich-städtischer Kirchenpolitik darauf zielte, die kirchlichen Institutionen in den eigenen Rechtskreis und die eigene Verfügungsgewalt einzubeziehen oder zumindest Elemente der Mitsprache der Laien geltend zu machen. Die Streitpunkte waren damit vorprogrammiert.

Ein Angelpunkt war die *Pfarrei*[5]. Die Stadt war seit dem Hochmittelalter in die *obere* Pfarrei St. Lorenz und die *untere* von St. Mang aufgeteilt, wobei offenbar ein älterer Illerarm im Bereich des Fußpunktes der Steige, der später zugeschüttet und bebaut wurde, die Grenze – zudem zwischen den Diözesen Konstanz und Augsburg – bildete. Da der Kern der Stadtentwicklung östlich davon lag, stieg St. Mang zum kirchlichen Mittelpunkt der Bürgergemeinde auf, während St. Lorenz schon allein räumlich lediglich Randbereiche umfaßte. Zudem wurde St. Lorenz schon im 14. Jahrhundert in das Kloster inkorporiert –, St. Mang dagegen blieb zunächst selbständige Pfarrei, reichte aber seinerseits über die Stadt hinaus und schloß die Dörfer Durach und Betzigau mit ein; das Patronatsrecht lag freilich ebenfalls beim Stift. Die Lage inmitten der Altstadt und der wirtschaftliche Aufstieg lösten eine umfangreiche Stiftungstätigkeit der Bürger an diese Pfarrkirche aus. Die Zahl der im Nekrolog eingetragenen Jahrtage betrug bereits um 1400 stattliche 64, dazu kamen die drei älteren Kaplaneien bei Unser Lieben Frau, St. Michael und St. Jos[6].

Bereits seit dem ausgehenden 14. Jahrhundert tauchen bürgerliche *Pfleger* auf, die zumindest einen Teil der Stiftungsgüter in der *Zeche* verwalteten und damit als laikale Treuhänder dem Pfarrgeistlichen an die Seite gestellt wurden[7]. Diese Institution gewann sicher im Laufe der Zeit ein gewisses Eigengewicht, wenn auch die Kompetenzen auf rein weltlich-finanzielle Angelegenheiten beschränkt waren: Hier liegt der Ansatz für eine laikale Kirchengemeinde. Die Spannungen verstärkten sich, als das Kloster, einem allgemeinen Zug der Zeit folgend, die Inkorporation von St. Mang anstrebte und 1418 auch durchsetzte[8], denn damit war der Weg zu einer intensiveren Mitsprache der Bürgergemeinde versperrt. Andernorts strebte sie im Gegensatz zu diesem Vorgang danach, über das Patronat auch die Besetzung der Geistlichen in die Hand zu bekommen – für St. Mang war dies nun aussichtslos, im Gegenteil: da diese Inkorporation die Kirchengüter ans Stift brachte, drohte auch der bisherige Einfluß verlorenzugehen.

Deutlich wird der Interessengegensatz beim Kirchenneubau der folgenden Jahre[9]. Das 1426 begonnene Projekt ging auf die Initiative der Bürgergemeinde zurück, die offenbar über besondere Stiftungen die Hauptlast der Finanzierung trug und mit den Zechpflegern auch die Verwaltung übernahm, während der Abt als Patronatsherr seinen Beitrag – das Bauholz – verweigerte. 1431 mußte die Gemeinde anerkennen, daß sie den Bau ohne Zustimmung des Abtes in Angriff genommen hatte, und damit auch auf eine Kostenbeteiligung verzichten. Die Auseinandersetzungen verlagerten sich nunmehr auf die traditionellen Kompetenzen der Pfarrgemeindevertreter[10]: Hatten die Bürger bei der Inkorporation der Pfarrei immerhin ein Urteil erlangt, daß ihnen die Einsetzung der Heiligenpfleger bzw. Mesner und Baumeister und die Rechnungslegung zustanden, so versagte der Abt nun die glei-

chen Rechte in der Filialkirche, der Kapelle von Ursulasried – obwohl dort ebenfalls seit dem ausgehenden 14. Jahrhundert derartige bürgerliche Heiligenpfleger
nachweisbar sind, ja selbst bei der Pfarrei der Stiftskirche St. Lorenz eine eigene
Zeche bestand. Erst nachdem der Rat entsprechende Urkunden vorgelegt hatte, die
diese Rechte für die Mutterkirche bestätigten, konnte er die Einsetzung der Heiligenpfleger in Ursulasried behaupten, doch bei der Rechnungslegung mußten der
Abt bzw. seine Amtleute dabeisein.

Dieser Streit erscheint symptomatisch; er zeigt auf, daß die Bürgergemeinde in
ihrem Drängen auf den entschiedenen Widerstand des Abtes stieß, der auch im
Bereich der Kirchenverwaltung seine Hoheitsrechte nicht beschneiden lassen
wollte. Gegen Ende des 15. Jahrhunderts flammte dieser Gegensatz sogar erneut
auf. In einem erbitterten Rechtsstreit, der vor dem Geistlichen Gericht in Augsburg, dann dem Kaiser und dem päpstlichen Gericht ausgetragen wurde, einigten
sich Stadt und Abt schließlich 1496 auf einen Kompromiß: Beide sollten gemeinschaftlich Kirchenpfleger und Mesner in St. Mang bestimmen. Das stellt eindeutig
einen Rückschritt dar, denn schon im 14. Jahrhundert war nach dem Stadtbuch die
Einsetzung der Pfleger und deren Rechnungslegung Sache des Rates – ein Entwick-
lungsgang, der ungewöhnlich ist, schränkte er doch einen Zustand laikaler Mitwirkung ein, der bereits erreicht war[11].

Auf dem Hintergrund dieser Auseinandersetzung nimmt es nicht wunder, daß auch
die Pfarrvikare im Zentrum der Beobachtung standen und ihre seelsorgerliche Praxis immer in Gefahr war, grundsätzliche Differenzen auszulösen, wie z. B. die
Vorgänge um den Pfarrer Oswald Schmid[12]. Schon bei der Übernahme der Pfarrei
1449 stieß er auf den Widerstand der Bürger, die ihm dann offenbar die herkömmlichen Opfergelder vorenthielten, während der Pfarrer einige besonders exponierte
Familien – die Kaufleute Ulrich Vogt, Oswald Rüst und den Stadtschreiber Jos
Schütt/Scheiterer – der üblen Nachrede bezichtigte, den Vollzug einer Stiftungs-
messe und das Sakrament verweigerte; er wurde sogar beschuldigt, in Frankfurt
einen Acht- und Bannbrief gegen die Stadt erwirkt und öffentlich angeschlagen zu
haben. Erst ein Wechsel der Pfarrei mit Ulrich Ruch aus Kaufbeuren konnte die
Wogen wieder glätten. Man wird wohl nicht fehlgehen, wenn man – neben der
möglicherweise besonders kantigen Persönlichkeit – dahinter strukturelle Gegensätze als Ursachen vermutet: zwischen einem Pfarrer, der die Herrschaftskirche
betonte, und einer selbstbewußt gewordenen Bürgergemeinde, die »ihre« Kirche
selbst in die Hand bekommen wollte.

Denn in den folgenden Jahren lassen sich neben den traditionellen Stiftungsformen
– bei St. Mang kamen zu den Jahrtagen aus dem 14. Jahrhundert bis ca. 1450
weitere 62, 1521 waren es 126(?), dazu bis 1523 insgesamt 20 Kaplaneien aus
Ewigmessen[13] – neue Impulse für die Bedürfnisse der Pfarrgemeinde festmachen.
Die 1461/62 errichtete Schule, die Pfarrer Linhart Märklin mit kaiserlicher und
päpstlicher Erlaubnis gründete[14], dürfte nicht zuletzt von der Gemeinde getragen
worden sein. Dem Verlangen nach Predigt kam die Stiftung einer eigenen Prädikatur beim Benefizium St. Barbara 1474 durch Bürgermeister und Rat unter Ein-

schluß des Präsentationsrechts entgegen[15]. Selbst scheinbare Kleinigkeiten wie 1481 die Anschaffung eines eigenen Palmesels, um nicht mehr den des Stifts verwenden zu müssen[16], belegen die Absicht, das religiöse Brauchtum in der bürgerlichen Kirchengemeinde allein zu verankern. Und um 1515 mußte erneut ein grundsätzlicher Streit mit der Abtei um die Aufbewahrung des heiligen Öls bei St. Mang ausgetragen werden, damit es bei Notfällen nicht erst beim Stift abgeholt werden mußte – ein Recht, das bereits 1449 einmal erlangt, aber wieder zurückgenommen worden war und jetzt erneut nach langwierigen Verfahren bei der Rota und Papst Leo X. durchgesetzt werden konnte, was der Stadt stattliche 1500 Dukaten wert war[17]. Nicht nur die Praktikabilität wird als Motiv dahinter gestanden haben – das Stift lag ja außerhalb der Stadtmauern –, sondern die Betonung der Eigenständigkeit der Pfarrei.

Es dürfte kaum als Ersatz gewertet worden sein, daß es der Bürgerschaft bei verschiedenen *Kaplaneien* seit dem 14. Jahrhundert gelang, ihre Stellung zu behaupten, weil mit dem Stiftungsvorgang auch die Patronats- bzw. Präsentationsrechte der Vikare in ihren Händen blieben, sei es daß sie bei der Stifterfamilie lagen oder an den Rat fielen, und für die treuhänderische Pfleger zum Teil früh und kontinuierlich greifbar werden. Die Spannbreite der faktischen Verhältnisse zeigen etwa folgende Beispiele[18]: Die Kaplanei zu Unser Lieben Frau geht wohl auf eine Stiftung Konrad des alten Motz vor 1329 zurück, und das Präsentationsrecht vererbte sich in der Familie weiter: Seit etwa der Mitte des 14. Jahrhunderts hatte es die Familie Kontzelmann aus Kempten bzw. Augsburg inne und entschied auch über ihre Dotationsgüter, ehe sie 1537 in der Reformation in eine rein karitative Stiftung umgewandelt wurde. Für die um 1480 in der Steinrinnenvorstadt erweiterte Marienkapelle erwirkte der Rat sogar direkt in Rom das Patronat. St. Michael auf den Kirchhof, bereits 1313 anläßlich einer Zustiftung samt Pflegern erwähnt, könnte ebenfalls zum bürgerlichen Stiftungsbereich gehören, wie das für St. Leonhard am Laufenbach 1379 nachweisbar ist und für das auch seit 1390 bürgerliche Pfleger überliefert sind; ihr Präsentationsrecht lag freilich beim Abt und sie wurde 1428 St. Lorenz inkorporiert.

Im Zusammenhang mit der grundsätzlichen Revision der Rechtsbeziehungen Kloster–Stadt im Rahmen des sog. »Großen Kaufs« erfolgte schließlich auch eine Bereinigung der Verhältnisse um die Pfarrei[19]: Zum einen erwarb nun die Bürgergemeinde die Patronatsrechte von St. Mang samt den Kaplaneien St. Jos und St. Leonhard sowie die Präsentationsrechte der Messe bei St. Anna in der Klause; damit war die Loslösung der Pfarrei vom Stift gelungen. Zum anderen wurde 1527 ein Übereinkommen getroffen, wonach die Pfarrgrenzen mit dem tatsächlichen Stadtgebiet in Deckung gebracht, d. h. der Anteil von St. Lorenz umgepfarrt, dafür aber die Gemeinden Durach und Betzigau dem Stift zugewiesen wurden. Diese Bereinigung war freilich bereits von den Ereignissen der Reformation bestimmt.

Die äußerst beschränkte Einflußmöglichkeit im Rahmen der Pfarrei im Spätmittelalter konnte in Kempten auch nicht mit Hilfe anderer Klöster umgangen werden. Standen in anderen Städten verschiedene Stifte und insbesondere die Bettelorden mit ihrer besonderen Zuwendung zum Bürgertum zur Verfügung, so sperrte sich offenbar das Stift auch gegen derartige Niederlassungen. Erstaunlich spät und nur bedingt erfolgreich verliefen die Bestrebungen, *Franziskaner* in die Stadt zu holen[20]. Die dramatische Gründungsgeschichte 1458/63 von Lenzfried sah neben dem (wohl aus dem Bürgertum stammenden) Kaplan Ulrich Rist bei St. Stephan auch die Bürger Hans Konrader, Heinrich Belzinger und Hans von Griesingen (ein Neffe des verstorbenen Bürgers Nikolaus von Griesingen, aus Tirol) als wesentliche Förderer, während der Abt samt Konvent ebenso wie der anfänglich aufgeschlossene Pfarrer Leonhard Märklin, mit ihnen allerdings auch bürgerliche Gruppen, sich mit allen Mitteln gegen eine Ansiedlung sträubten. Daß das Kloster schließlich in Lenzfried 1461/63, nunmehr unter erheblicher Fürsprache des Landadels und der Landpfarrer, als Ausweichplatz eine Bleibe fand, erscheint wiederum als Kompromiß: Es lag zwar noch in der Pfarrei St. Mang, aber nicht mehr in der Stadt selbst – überlebte freilich auch nicht lange. Mit der Bürgerschaft selbst scheint der Konvent kaum intensivere Kontakte gepflegt zu haben – zumindest nicht in vergleichbarer Weise wie bei den Mendikanten in anderen Städten.

Immerhin bewirkte die Ansiedlung eine Ausstrahlung auf die weiblichen Niederlassungen der sog. Beginen- oder *Seelhäuser*[21]. Diese religiöse Frauenbewegung ohne Ordensregel und Gelübde, die seit dem 13. Jahrhundert von den Niederlanden ihren Ausgang nahm, erreichte spätestens im 14. Jahrhundert auch Kempten. Aus den ältesten Jahrtagsstiftungen lassen sich seit ca. 1380 neben einem Klausnerinnenhaus in Durach sechs weitere im Stadtgebiet selbst nachweisen, davon zwei bei St. Lorenz und vier innerhalb der Mauern[22]. 1403 verlegte der Rat ein für zwei arme Frauen gestiftetes Haus an eine andere Hofstatt *auf der Staig* in der oberen Pfarrei, die bald auch weitere Zustiftungen erhielt[23]. Auch die Neudotierung eines solchen Hauses *zum Steg* am Mühltor durch Agnes Wyssach 1469 fußte bereits auf einer früheren Einrichtung; es erhielt 1482 ein beachtliches Eintrittsgeld von 200 Pfd.h für Hiltgart Bärtlin. 1501 zogen die Frauen an einen anderen Standort beim Neustädter Tor um und errichteten 1502 einen Klosterbau, 1508 eine Kapelle mit einer eigenen Kaplanei St. Anna, einer Stiftung der Benzenauer um 1510. Der Übergang in den Status der Franziskaner-Terziarinnen, der damit verbunden war, änderte freilich nichts an der Ratsaufsicht: Der Konvent unterstand, was die Aufnahme der Schwestern, die Rechnungslegung, die Steuer- und Abgabenpflicht betraf, eindeutig dem Rat und seinen Pflegern; er mußte dabei auch eine Beschränkung auf drei Webstühle hinnehmen, um keine gewerbliche Konkurrenz entstehen zu lassen, und die Predigt bei St. Mang besuchen[24]. Diese vollständige Unterwerfung unter die städtische Obrigkeit resultierte sicher aus der Tatsache, daß der Rat sich als Rechtsnachfolger der bürgerlichen Stifter betrachtete, so wie er ja schon die Seelhäuser selbst kontrollierte.

Bei der Entstehung dieser Seelhäuser flossen nicht zuletzt auch soziale Motive ein: die Versorgung armer Frauen mit Wohnraum. Religiöse Stiftungtätigkeit und Sozialfürsorge standen im Mittelalter immer in engem Zusammenhang[25]. Dabei dürfte vorauszusetzen sein, daß die erste institutionelle Versorgung von Armen und Kranken vom Kloster geleistet wurde. Bürgerlich-städtische Bemühungen um eigene *Spitäler* finden sich erstmals bei einem Leprosenhaus[26] im 14. Jahrhundert: Eine Jahrtagsstiftung bei der St. Michaels-Kapelle von 1313 sah unter anderem auch einen Zinsanteil für die Siechen *zu den hohen stegen* vor, denen im 15. Jahrhundert eine ganze Reihe weiterer Dotationen zuflossen, die deren Pfleger in Zinsbezügen und Grundbesitz anlegten. 1451 erfolgte schließlich zur geistlichen Versorgung der Kranken die Stiftung einer Kapelle St. Stephan samt Ewigmesse durch die Bürgerin Agnes Willach und den Priester Ulrich Rist. Wiederum sorgten vom Rat eingesetzte Pfleger für die Güterverwaltung, und das demonstriert erneut, daß die Bürgergemeinde über diese Aufsichtsfunktion in das ehemals rein kirchliche System der Fürsorge eindrang.

Zentrum dessen wurde das Spital zum Hl. Geist[27] – relativ spät freilich im Vergleich zu anderen Städten, ein Umstand, der erneut darauf schließen läßt, daß auch diese Gründung ein Faktor für die Emanzipation von der Abtei gewesen sein dürfte. In dieser Richtung argumentiert auch die chronikalische Überlieferung: Der Abt habe das Klosterspital hinter St. Lorenz geschlossen und der Rat sowie bürgerliche Dotationen seien in die Bresche gesprungen, um die notwendige Versorgung von Armen und Pilgern in eigener Regie durch ein städtisches Spital zu organisieren. Das erste Haus erwies sich offenbar bald als unzureichend, so daß kurz nach der Jahrhundertwende ein großzügigerer Neubau an der Iller in Angriff genommen wurde – zunächst außerhalb der Stadt, 1488 in das Befestigungswerk einbezogen. Wiederum – und diesmal urkundlich belegbar – sperrten sich Abt und Konvent, und erst der Weg nach Rom und zum Konstanzer Konzil konnte den Einspruch beseitigen. Das Stift sah hierin einen Eingriff in seine Hoheitsrechte über die Stadt; es ging wieder einmal um das grundsätzliche Verhältnis von Stift und Stadt, nicht um ein unsoziales Verhalten der adeligen Stiftsherren! Denn konsequenterweise unterstellte der Rat das Hl. Geist-Spital ebenfalls seiner Aufsicht – eine Mitwirkung des Abtes wird nirgendwo greifbar.

Die weitere Entwicklung des 1412 geweihten Spitalkomplexes entsprach den im Stiftungswesen üblichen Vorgängen: Jahrtage an die Spitalkirche selbst, bei St. Mang oder anderen Kapellen der Stadt brachten entsprechende Reichnisse, Ablässe wie die von 1426 durch den päpstlichen Legaten und 1431 durch Bischof Peter von Augsburg, förderten die Spendenfreudigkeit. Um die Mitte des 15. Jahrhunderts flossen Zinseinnahmen aus 50 Häusern, acht Gärten, elf Äckern, zwei Badstuben, einer Mühle und drei Bainden in Höhe von ca. 155 Pfd.h allein aus der Stadt, zu denen noch weitere Bezüge aus 21 Gütern auf dem Land kamen[28]. Damit war das Spital zu einem ansehnlichen Wirtschaftsbetrieb geworden, wobei besonders auffällt, daß der Faktor eigener grundherrschaftlicher Erwerbungen[29] sich in sehr engen Grenzen hielt. Erst 1436 gelang mit dem Kauf des Spitalhofes auf dem Lindenberg für 565 Pfd.h ein solcher Einstieg, dann folgte 1477 für 400 Pfd.h der Hölehof im Ried und schließlich 1479 aus der Hand der Schellang das Schloß Baldenstein mit Zubehör für 1550 Pfd.h sowie die Kirchenrechte zu Kimratshofen für 675 fl. – um nur die wichtigsten Fälle zu nennen. Der gesamte Grundbesitz wird 1483 mit neun Gütern im Herrschaftsbereich des Stiftes Kempten angegeben, dann diversen Waldparzellen, einer Reihe von landwirtschaftlichen Grundstücken sowie Zehntrechten, seit 1498 auch einem Anteil an der Traualp im Tannheimer Tal[30]; er blieb erstaunlich bescheiden, gemessen etwa an der umfassenden Grundherrschaft, die das Memminger Unterhospital in städtischer Hand entwickelte[31]. In deutlicher Parallele zum bürgerlichen Individualbesitz auf dem Land und dem Ratsbesitz fehlte auch beim Spital die herrschaftsbildende Kraft; sie wurde durch die intensive und umfassende Territorialisierung des Stiftes verhindert und konnte somit auch keinen Beitrag zu einer eigenen reichsstädtischen Territorialpolitik abgeben. Das schließt nicht aus, daß das Spital über ansehnliche Kapitalien verfügte, die vorwiegend in Zins- und Gültbezügen angelegt waren: Im Rechnungsjahr 1525/ 26 erhielt es insgesamt aus der Stadt gut 307 Pfd.h und vom Land knapp 320 Pfd.h bei einer Gesamteinnahme von ca. 1411 Pfd.h; zurecht wird ihm eine ausgeprägte Bankfunktion zugesprochen, da es auch reine Leibgedinge verkaufte[32].

Die ursprüngliche Stiftungsintention, für Arme, Kranke und Pilger zu sorgen, mußte dabei nicht unbedingt zweitrangig werden, denn die Versorgung der Insassen wie des Pflegepersonals erforderte entsprechende laufende Einkünfte. Nicht selten galten die persönlichen Stiftungen den Kranken selbst, wenn etwa an Jahrtagen besondere Reichnisse an Wein, Brot, Fleisch oder Geld verteilt werden sollten, ähnlich für die durchreisenden Pilger. 1522 waren bei insgesamt 192 Gedächtnismessen 30 mit solchen Verpflichtungen verknüpft[33]. Dennoch bürgerte sich auch in Kempten ein, daß Vermögendere sich einkauften: Erstmals 1455 erhielt Hans Hennsel für 70 Pfd.h eine lebenslängliche Pfründe in der oberen Stube mit einer eigenen Kammer; zuweilen befreite ein etwas geringerer Betrag auch Insassen der unteren Stube von der Arbeitsverpflichtung und garantierte besondere Lebensmittel- oder Holzrationen[34] – das Spital wurde damit auch zum Altenheim. Doch sehr umfangreich ist die Versorgung für die Stadt nie geworden. Selbst wenn man den Rückschluß aus der Inventarliste von 1535 auf die Bettenzahl – acht Erwachsene und sechs Kinder[35] – mit großer Vorsicht behandeln muß, gemessen an anderen Städten erscheint die Institution recht klein.

Der bürgerlich-städtische Charakter des Spitals, der sich vor allem darin zeigt, daß der Rat die Pfleger einsetzte und Bürger als Lehenträger bestimmte, die Güterverwaltung und Rechnungslegung überwachte und über die Aufnahme von Pfründnern entschied[36], fand seine Ergänzung auch darin, daß er das Patronat der Spitalkirche innehatte, somit die Kaplanei selbständig besetzte sowie auch über die Annahme von Jahrtagen entschied – womit eine weitere »Bürgerkirche« zur Verfügung stand. Dieses institutionalisierte Fürsorgewesen – Hl. Geist-Spital, Sondersiechenhaus St. Stephan – konnte freilich nur in gravierenden Notfällen einspringen; die materielle Armut, bei der die Grenze zum Existenzminimum unterschritten wurde und die aus zeitweiser Erwerbslosigkeit oder geringen regelmäßigen Einkünften resultierte – man denke etwa an die periodisch auftretenden Hungerkrisen, oder an Konjunktureinbrüche wie in den 30er und 50er Jahren des 15. Jahrhunderts – konnte damit nicht aufgefangen werden[37]. Einige wenige Hinweise lassen erkennen, daß auch Kempten in die allgemeinen Erscheinungen der Zeit einzuordnen ist.

Daß bereits in der zweiten Hälfte des 14. Jahrhunderts das Betteln verbreitet war – ein Status, der nichts Ehrenrühriges hatte – belegt eine Ratsverordnung, die es von der Erlaubnis des Rats abhängig machte, wobei deren Inhaber bei Bedarf ein Drittel des Ertrags *an vnser kilchen zu sant Mangen* abzuführen hatten; daneben durften nur die städtischen Kirchen selbst sowie einmal pro Jahr die Bettelorden (die in Kempten gar nicht ansässig waren, sondern von auswärts kamen) sammeln[38]. Die Pfarrgemeinde fungierte auch hier als früheste Versorgungsbehörde. Das *gmain almusen* bei St. Mang, verwaltet im Rahmen der Zeche, bestand bereits um 1380 und war damit ein Vorläufer des späteren Spitals, hatte aber eben weitreichendere Aufgaben, die auch nach der Errichtung von Hl. Geist weiterliefen und wofür es auch später noch Zustiftungen erhielt[39]. Die Verteilung von Fleisch, Brot und Geld an Arme bei Jahrtagen dokumentiert erneut die enge Verbindung von religiöser und karitativer Stiftung, wobei besonders an *Hausarme* gedacht war, die nicht betteln wollten und mit derartigen Spenden wenigstens kurzfristig aufgefangen werden konnten.

Doch für großzügige *Sozialstiftungen* aus privater Hand mit Geldbeträgen von Tausenden von Gulden, wie sie in den großen Städten getätigt wurden[40], reichte in Kempten das erwirtschaftete Kapital wohl nicht aus. Eine gutdotierte Stiftung war bereits die des Heinrich Kontzelmann vom Ende des 14. Jahrhunderts mit einem Ertrag von 7½ Pfd.h an Geld und ein Malter Haber aus diversen Höfen, die neben den beiden Pfarreien und den auswärtigen(!) Spitälern und Bettelorden an nahezu alle kirchlichen und kirchenähnlichen Institutionen der Stadt verteilt werden sollten: die Beginenhäuser, diverse Kapellen und Altäre, aber eben auch als Armenspeisung mit Fleisch und Brot; der karitative Anteil machte etwa die Hälfte aus[41]. Auch die Stiftung des Konrad Haug von 1411 mit 120 Pfd.h Kapital gehörte schon zu den großen Dotationen: 60 Pfd.h waren für einen Jahrtag bei St. Mang gedacht, 50 Pfd.h für das Seelhaus oder das Spital bzw., sollten beide nicht bestehen, zur besonderen Verwendung für soziale Zwecke sowie zehn Pfd.h für das Siechenhaus St. Stephan[42]. In die gleiche Größenordnung reichten die Stiftungen Meister Peters 1427 mit vier Pfd.h Ewiggeld, also etwa 80 Pfd.h Kapital, und des Pfarrers Hans von Uttenried 1501 mit 100 Pfd.h.[48] Das Streben nach einer Garantie für das eigene Seelenheil, das dem Spätmittelalter in besonderem Maße eigen war und sich in einer steigenden Anzahl von verschiedenartigen Dotationen niederschlug, sollte im Sinne der christlichen *caritas* auch und nicht zuletzt den Armen zugute kommen und über ihre Fürbitte auf den Stifter zurückwirken.

In besonders krisenreichen Zeiten fanden sich Rat, Spital und Almosenstiftungen zusammen, um die Hungersnöte zu überbrücken, wie für das Jahr 1482 die Chronik berichtet: *Item die pestilentz ist so grusam gewesen, wo der gemain seckel der statt vnd das spital, auch die zech nit so milt wern gewesen, so mußten uil lut hungers nott vnd menschlichs trost halb gestorben sin*[44] – hier ist wohl daran zu denken, daß auch Kempten billiges Getreide und Brot an Arme ausgegeben hat, wie das etwa für Augsburg oder Memmingen bei gleichen Anlässen überliefert ist. Leider erfahren wir keine präziseren Daten über die latent gefährdeten sozialen Gruppen in Kempten, doch müssen wir annehmen, daß nicht zuletzt wegen der allgemeinen Strukturentwicklung im gewerblichen Sektor, vor allem im Textilbereich, eine gesellschaftliche Polarisierung und damit ein Absinken vieler Handwerker drohte[45]. Freilich dürfte bei einer geschätzten Einwohnerzahl von ca. 1200–1300 um 1394 und knapp 1800–2000 um die Mitte des 15. Jahrhunderts[46] dieses Problem keineswegs so gravierend ausgefallen sein wie in den Städten, deren Entwicklung unter dem Vorzeichen einer bedeutsameren wirtschaftlichen Expansion in die nächsthöhere Größenordnung reichte. Die Kirche aber hatte auch in Kempten im religiös-karitativen Bereich ihr Monopol endgültig zugunsten der Bürgergemeinde eingebüßt.

Alle diese Veränderungen im kirchlichen Bereich, ob sie die Mitwirkung in der Pfarrgemeinde, die Aufsicht über die Seelhäuser und den Franziskanerinnenkonvent, die Übernahme schulischer und karitativer Aufgaben betraf, dürfen freilich nicht so verstanden werden, als ob sie eine Loslösung von der Kirche als Sakralgemeinde, eine wie immer geartete Säkularisation bedeutet hätten, im Gegenteil: die Sorge um das Heil der eigenen Seele wie um das der Stadt als geistlicher Gemeinde bestimmte das tägliche Leben. Die Vielzahl der Stiftungen, in welchen Formen sie auch immer sich äußerten und wohin sie auch konkret zielten, sollten das Leben sakralisieren, und sie brachen bis zur Reformation nicht ab, sondern ihre Zahl steigerte sich eher im Laufe des 15. und beginnenden 16. Jahrhunderts. Die Ausstattung mit Altären und liturgischen Geräten, die Sorge um die Predigt und kirchliche Prozessionen oder besondere Ablässe sprechen beredt dafür[47]. Die damit verbundenen materiellen Transaktionen an die *tote* Hand drohten sogar die Steuereinkünfte der Stadt zu schmälern, so daß der Rat 1416 (wie in anderen Städten auch) verbot, die zur Stadt gehörenden Liegenschaften und Zinsen an Kirchen, Klöster und Geistliche zu veräußern und damit der Steuer zu entziehen[48]. Und wer selbst finanziell nicht in der Lage war, eine eigene Stiftung zu tätigen – und das war immerhin der Großteil der Bevölkerung –, der konnte vielleicht wenigstens im Rahmen einer Bruderschaft daran teilhaben, wie sie 1471 für die Sensenschmiede oder 1476 für die Weberknappen belegt sind – neben einer eigenen Priesterbruderschaft[49].

In diesem Sinne war auch Kempten eine »geistliche« Stadt – wie alle anderen auch. Dennoch sind am Vorabend der Reformation Spannungen nicht zu übersehen, gerade in Kempten trugen sie besonders ausgeprägte strukturelle Züge: Ein sich ständisch abschließendes Stift verweigerte sich weitgehend den aus der Gemeinde kommenden Impulsen zur Teilnahme der Laien an der aktiven Gestaltung »ihrer« Kirche, verstand die Amtskirche eher als Versorgungsinstitut und Herrschaftsinstrument. Das Bemühen, die Emanzipation der Bürgerstadt gegenüber dem Stift zu verhindern oder gar zurückzudrängen, übertrug sich auch und nicht zuletzt auf den praktischen Vollzug einer insgesamt gesteigerten und materialisierten Religiosität – eine Grenze, die im Rahmen des gegebenen Systems nicht zu überwinden war.

1 Vgl. Karrer, Kempten, S. 102–104; Georg Hammon: Geschichte der Kirche und Gemeinde bei St. Mang in Kempten von ihren Anfängen bis 1802, Kempten 1902, S. 22–29; Ludwig Dorn: Die spätmittelalterliche Pfarrei St. Mang in Kempten. In: AGF 75 (1975), S. 41–73, hier S. 54–56, 68–71.

2 Vgl. allgemein Heinrich Schmidt: Die deutschen Städtechroniken als Spiegel des bürgerlichen Selbstverständnisses im Spätmittelalter, Göttingen 1958, S. 89–97; zur Gesamtproblematik Kießling, Bürgerliche Gesellschaft.

3 Haggenmüller, Bd. 1, S. 220–224; Baumann, Allgäu, Bd. 2, S. 468–471; Dorn, Pfarrei, S. 63 f.

4 Volker Dotterweich: Die Fürstabtei Kempten und die nachtridentinische Ordensreform. In: Pankraz Fried (Hrsg.): ABLG Schw 3, Sigmaringen 1985, S. 97–110, hier S. 101–104.

5 Vgl. die Urkunde StadtA Kempten 1403 Nov. 13, sowie Müller, Reichstädte, S. 287 f; zu St. Lorenz auch Rottenkolber, Stift, S. 49.

6 Dorn, Pfarrei, S. 53 f., 57–59.

7 StadtA Kempten: UK 1381 Aug. 3: Stiftung eines Zehnten an das Almosen, *das man nennt die zech zu sant Mang;* ebd. 1384 Juli 22, 1401 März 12, u.a.m.

8 HStA München: KU Kempten 303; vgl. Haggenmüller, Bd. 1, S. 248 f.; Dorn, Pfarrei, S. 49 f.; Baumann, Allgäu, Bd. 2, S. 374 f.

9 Dazu ausführlich Ludwig Dorn: Die Reichsstadt Kempten um 1450 und der Kirchenneubau St. Mang 1426–1450. In: AGF 76 (1976), S. 80–100; der Schiedsspruch HStA München: RU Kempten 344: 1431 Okt. 13.

10 Haggenmüller, Bd. 1, S. 266 f., 280; Nachweise für Zechpfleger bei St. Lorenz bei Dorn, Pfarrei, S. 61: Ende des 14. Jh.; StadtA Kempten: UK 1465 April 26; für Ursulasried HStA München: RU Kempten 73: 1378 April 24, 74: 1378 Juni 15; zum Streit ebd. 369: 1433 März 24, 387: 1434 Juni 28.

11 HStA München: RU Kempten 818: 1496 Dez. 17; vgl. Haggenmüller, Bd. 1, S. 455; zum Eintrag im Stadtbuch, S. 8 (HStA München: KL Kempten MüB 142) vgl. Beck, Stadtbuch, S. 138 f.

12 Zum folgenden HStA München: RU Kempten 497, 502, 503, 504, 511, 512: 1449–1452; vgl. Haggenmüller, Bd. 1, S. 308 f.

13 Dorn, Pfarrei, S. 53–59.

14 HStA München: RU Kempten 561, 571, 585: 1461–1464.

15 Dorn, Pfarrei, S. 45; Haggenmüller, Bd. 1, S. 380; Hammon, St. Mang, S. 35.

16 Haggenmüller, Bd. 1, S. 380, nach der Chronik des Birck.

17 HStA München: RU Kempten 936: 1518 Nov. 15: Entscheid des Bischofs von Augsburg; Haggenmüller, Bd. 1, S. 493 f., 300 f.; Baumann, Allgäu, Bd. 2, S. 376 f.

18 Ausführlich Ludwig Dorn: Die Liebfrauenkaplanei bei St. Mang in Kempten im 14. und 15. Jahrhundert. In: AGF 80 (1980), S. 5–15; ansonsten Haggenmüller, Bd. 1, S. 123, 186, 363; Hammon, St. Mang, S. 24 f.; Baumann, Allgäu, Bd. 2, S. 370, 373; Nachweise für Pfleger bei St. Leonhard HStA München: RU Kempten 107: 1390 März 17, 192: 1412 Juli 13.

19 HStA München: RU Kempten 961/962: 1525 Mai 6; Haggenmüller, Bd. 1, S. 529 f., 561 f.

20 Vgl. Rottenkolber: Beiträge zur Geschichte des ehemaligen Franziskanerklosters Lenzfried. In: FS (1935), S. 76–103, hier S. 76–84; Haggenmüller, Bd. 1, S. 333 f.

21 Vgl. Otto Erhard: Die christliche Liebestätigkeit im mittelalterlichen Kempten. In: AGF 20 (1923), S. 1–9, 21 (1924), S. 29–35, hier 20, S. 7–9.

22 Dorn, Pfarrei, S. 60–62, nach Einträgen in das *Selbuch* von St. Mang.

23 StadtA Kempten: UK 1403 Nov. 16, 1407 Sept. 28; HStA München: RU Kempten 187: 1411 Sept. 7, Testament des K. Haug, s.u.

24 Erhard, Liebestätigkeit, S. 8; HStA München: RU Kempten 711: 1482 Juni 1; Haggenmüller, Bd. 1, S. 560 f.

25 Vgl. allgemein Michel Mollat: Die Armen im Mittelalter, München 1984; zu Augsburg Kießling, Bürgerliche Gesellschaft, S. 215 bis 239.

26 Haggenmüller, Bd. 1, S. 123; Erhard, Liebestätigkeit, 20, S. 6 f.; Stiftungen StadtA Kempten: UK 1422 Mai 20, 1430 Mai 31, 1435 Juni 10, 1443 Sept. 28, u.a.m.; Stadtbuch, S. 75 f.: Verzeichnis der Zinsen und Gülten, Abschrift des Stiftungsbriefs von 1451; StadtA Kempten: Ratsprotokolle B, S. 61: 1522, Bestellung eines Einnehmers durch den Rat.

27 Neben Erhard, Liebestätigkeit, 20, S. 1–5; Haggenmüller, Bd. 1, S. 194, 225, 233 f., 264 f.; Baumann, Allgäu, Bd. 2, S. 371, 373;

vor allem Ludwig Dorn: Das Heilig-Geist-Spital Kempten im 15./16. Jahrhundert. In: AGF 77 (1977), S. 38–71.

28 Vgl. die genaue Auswertung bei Dorn, Heilig-Geist-Spital, S. 48 ff., mit Korrekturen gegenüber Erhard.

29 StadtA Kempten: UK 1436 Okt. 3, 1477 Juni 13, 1479 Okt. 1; Dorn, Heilig-Geist-Spital, S. 44–48, 52 f.

30 StadtA Kempten: UK 1498 Okt. 1: für 30 Rinder und 2 Rosse.

31 Vgl. Blickle, Kempten, S. 155–165; Blickle, Memmingen, S. 187–219.

32 Dorn, Heilig-Geist-Spital, S. 57 f., nach dem Einnahmebuch 1525/26.

33 Erhard, Liebestätigkeit, 20, S. 3 f.; Dorn, Heilig-Geist-Spital, S. 64.

34 StadtA Kempten: UK 1455 Juli 14; ebd. 1465 Okt. 14, ähnlich 1478 Febr. 18; weitere Belege bei Erhard, Liebestätigkeit, S. 4.

35 Ebd., S. 5; Dorn, Heilig-Geist-Spital, S. 65.

36 Lehenträger StadtA Kempten: UK 1461 April 8, 1495 Mai 30, 1483 Aug. 4; zum Patronat der Revers HStA München: RU Kempten 665: 1475 April 8; zu den Jahrtagen Erhard, Liebestätigkeit, S. 5.

37 Vgl. allgemein Wilhelm Abel: Agrarkrisen und Agrarkonjunktur, Hamburg–Berlin 1978; Kießling, Stadt und Land.

38 Stadtbuch, S. 12; ed. bei Beck, Stadtbuch, S. XIII.

39 StadtA Kempten: UK 1381 Aug. 3, 1401 März 12, 1431 Juli 21, 1441 März 24, Dez. 11, u. a. m.

40 Vgl. zu Augsburg Kießling, Bürgerliche Gesellschaft, S. 219–230.

41 Dorn, Pfarrei, S. 61 f.

42 HStA München: RU Kempten 187: 1411 Sept. 7.

43 Erhard, Liebestätigkeit, 21, S. 31.

44 Stadtbuch, S. 49; vgl. Erhard, Liebestätigkeit, 21, S. 32.

45 Vgl. ausführlich Kießling, Stadt und Land.

46 Dorn, Kempten um 1450, S. 83 f., ders., Pfarrei, S. 71–73, nach dem Häuserverzeichnis der Zinslehen des Stifts.

47 Liturgische Geräte bei Dorn, Pfarrei, S. 56, 70 f.; zu den Ablässen neben den bereits genannten auch StadtA Kempten: UK 1479 Dez. 10: für die St. Michaelskapelle.

48 Stadtbuch, S. 38.

49 Dorn, Pfarrei, S. 65; HStA München: RU Kempten 813: 1495 Nov. 26, Priesterbruderschaft.

Handel und Gewerbe, Stadt-Land-Beziehungen

Rolf Kießling

Die Stellung Kemptens als wirtschaftliches Zentrum[1] war im Mittelalter von einer auffälligen Diskrepanz bestimmt: Auf der einen Seite war es eingebunden in das oberdeutsche Handelsnetz, das gerade im 14./15. Jahrhundert eine deutliche Expansion erfuhr, auf der anderen Seite blieb die Bürgerstadt durch die verfassungsrechtliche Stellung gegenüber dem Stift in mancher Hinsicht in ihrer Entwicklung gehemmt, wie sich nicht zuletzt aus den ständigen Auseinandersetzungen auch um Wirtschaftsprojekte ablesen läßt, die erst mit dem sog. »Großen Kauf« von 1525 ein vorläufiges Ende fanden.

Kempten tritt als Handelsstadt um 1300 schlagartig ins Licht, und zwar in Geschäftsbeziehungen mit Tirol:[2] Die Handelsgesellschaft des Berchtold Albus/Weiß mit seinem Sohn Jakob sowie seinem Schwiegersohn Konrad Motz erhielt bereits 1295 von Herzog Meinhard ein auf ein Jahr befristetes Geleitsprivileg für Warenlieferungen in und durch das Land; sie trug offenbar dazu bei, die Bedürfnisse des Herzogshofes insbesondere an hochwertigen Tuchen aus Flandern zu befriedigen. Die Beziehungen mögen bei Aufenthalten der Herzöge in Kempten angeknüpft worden sein, doch trat die Firma 1299 auch auf dem Meraner Martini-Markt auf und half 1304 als Kreditgeber in einer finanziellen Krise der Herzöge aus.

Es wäre sicher übertrieben, daraus abzuleiten, die Kemptener Kaufleute hätten einen Hauptanteil am Tirolhandel getragen; die Augsburger, Münchner, Regensburger und vor allem die Florentiner Firmen sind sehr viel intensiver in diesen Geschäftsbeziehungen zu verfolgen. Immerhin zeigt die Familienhandelsgesellschaft der Motz/Weiß, zu der 1306/08 noch ein Rapoto als *socius* (Partner) sowie ein Gebzo und Jakob Straeler stießen, daß mit der Vermittlung flandrischer Tuche Kempten offenbar Anteil an der damaligen Hauptachse des Nord-Süd-Handels hatte. Dafür, daß damit der Strang eines umfangreicheren und langfristigeren Handelsnetzes der Kemptener Bürger zu fassen ist, spricht, daß bereits 1237 Bozener Notariatsimbreviaturen einige Kemptener Kaufleute auf dem Meraner Pfingst-Markt überliefern: Hildebrand Morzus [Motz] und Hildebrand von Pruk bzw. ein Hermann vom Kempten hatten Forderungen an Bozener Kaufleute für die Lieferung von *panni colores*, also von gefärbtem Tuch.[3] Freilich sind bis jetzt noch keine sicheren Belege für Kemptener auf anderen europäischen Handelsplätzen bekannt, weder im Südosten in den Donauländern, wo Regensburg dominierte, noch auf den Champagner Messen, wo vor allem Konstanz die schwäbischen Kaufleute repräsentierte.[4] War Kempten doch noch nicht voll in den internationalen Handel integriert, stellten die Motz/Weiß lediglich einen singulären Fall dar, oder resultierte er aus der *Verkehrslage* Kemptens?

Das System der Römerstraßen[5] nach Bregenz, Augsburg, Epfach, Füssen und Memmingen-Kellmünz ist wohl auch im Mittelalter noch längere Zeit intakt gewesen und bot Ansatzpunkte für den Handel – freilich ist nicht immer zweifelsfrei gesichert, inwieweit es bis 1300 tatsächlich auch durchgängig begangen wurde. Anzunehmen ist das sicher für die Route über den Fernpaß nach Süden und über Isny an den Bodensee. Trotzdem wird zu berücksichtigen sein, daß die Hauptverbindungslinien eher an Kempten vorbeiliefen: von Augsburg über die obere und untere Straße zu den Tiroler Pässen, von Ulm über Memmingen nach Lindau/Konstanz und in die Schweiz. Die für das 15. Jahrhundert belegte Verbindung Memmingen-Kempten[6] ist dagegen bezüglich größerer Warentransporte mit Vorsicht zu bewerten: Die Memminger Verkehrspolitik jedenfalls schenkte ihr keine große Aufmerksamkeit, und im 16. Jahrhundert scheint die Straße wegen der Leubas-Schlucht nur bedingt begehbar.

Als Marktort[7] konnte Kempten keine herausragende Stellung gewinnen, obwohl ein solcher im Zusammenhang mit der Stadtwerdung eventuell schon seit ottonischer Zeit, sicher aber parallel zu der seit 1144 nachweisbaren Münze mit erheblicher Prägetätigkeit entstanden sein muß. Vermutlich wurde neben dem Wochenmarkt bereits damals an den Kirchweihfesten des Klosters und bei St. Mang ein Jahrmarkt abgehalten, wobei sich die Termine um Gordian und Epimach (10. Mai) und Peter und Paul (29. Juni) herausschälten. 1410 gestand dies jedenfalls ein Spruchbrief den Gewandschneidern zu.

Die *Markt- und Verkehrspolitik* der Bürgerstadt Kempten zielte wie die ihrer größeren Nachbarn auf Absicherung und Verbesserung der wirtschaftlichen Außenbeziehungen ab, doch geriet sie dabei sehr schnell in Auseinandersetzungen mit dem Stift. Bereits früh konnte die Stadt die Brücke[8] an sich ziehen: Die rechts der Iller gelegene Steinrinnen-Vorstadt gehörte mit zu den ältesten Siedlungsbereichen, und 1340 besaß die Bürgergemeinde den Brückenzoll, mußte den Bau freilich auch unterhalten und dem Kloster Zollfreiheit gewähren. Ein weiterer Vorstoß betraf seine Haupthandelsachse in Richtung Tirol durch den Kemptener Wald. 1447 erwirkte die Bürgerschaft die kaiserliche Erlaubnis, anstelle des alten Saumpfades eine neue Straße anzulegen, geregelt durch ein Abkommen mit den Grundherren, dem Stift Kempten und dem Hochstift Augsburg[9]. Und Anfang des 16. Jahrhunderts setzte die Stadt ein kaiserliches Mandat durch, daß anstelle einer neuen Verbindung durch *die Eng* (im Hohenegger Gebiet) nach Vils die alte Straße zu benützen war.[10] Spätestens seit dem 15. Jahrhundert spielte auch die Illerflößerei eine gewisse Rolle, zumindest für den Holztransport. Trotz seiner Klagen gestand der Abt im Schiedsspruch von 1434 zu, um des allgemeinen Nutzens willen die Wuhr bei Martinszell zu belassen, die die Stadt auf ihre Kosten errichtet hatte.[11]

Umgekehrt mußte der städtische Markt gegen die Konkurrenz jüngerer Land-Märkte abgeschirmt werden, zu deren Gründung die umliegenden Herrschaften, vor allem das Stift Kempten im 15. Jahrhundert übergingen, um den Territorialisierungsprozeß voranzutreiben. Mit Hilfe eines Privilegs Kaiser Friedrichs III. von 1443 wollte deshalb die Bürgerschaft zunächst ein Banngebiet von einer Meile gegen informelle Märkte absichern.[12] Nachdem der Abt 1407 in Obergünzburg einen Markt, dann 1455 in Legau ein Gredhaus für Getreide, Wein und andere Waren errichtet hatte und 1485 mit Hilfe eines weiteren Privilegs neben dem Blutbann je zwei Jahrmärkte in Legau, Buchenberg, Unterthingau und Martinszell sanktioniert erhielt, war Kempten mit einem Kranz von subzentralen Orten des Stiftes umgeben.[13] Die Konkurrenzsituation wird allein dadurch deutlich genug, daß in den Jahren vorher die Stadt sich ebenfalls kaiserliche Privilegien erwirkt hatte: 1483 die Erlaubnis zur Erhöhung der Zölle auf der Salzstraße und 1484 die Erneuerung des Verbotes, innerhalb einer Meile neue Märkte zu etablieren[14] – Buchenberg lag an der Grenze dieses Umkreises von 7,5 km an der wichtigen Straße nach Isny. Zudem enthielt das Privileg des Stiftes von 1485 den Passus, die Termine so zu gestalten, daß andere Jahrmärkte innerhalb eines Zwei-Meilen-Umkreises keinen Schaden nehmen sollten.

Der Zolltarif von 1394[15] gestattet einen ersten Einblick in die Warensortimente, die in Kempten gehandelt wurden: Die detailliertesten und damit wichtigsten Bestimmungen galten Salz und Wein (auch Welschwein), daneben sind Stahl bzw. Eisen und verschiedene Kaufmannswaren registriert. Getreide und Vieh sowie andere landwirtschaftliche Produkte und nicht zuletzt Garn und diverse Leinwandsorten deuten ebenso auf eher regionalen Verkehr wie Häute, Felle und Leder. Gegenüber der Auflistung von Einzelwaren auf der Basis der Verpackungsarten (Fässer, Ballen) oder nach Wert (Pfundzoll) richtete sich der neue Tarif im Anschluß an das Privileg von 1483[16] vor allem an der Einheit der Saumrosse, also der Wagengespanne aus. Zudem erlaubt er genauere Angaben über die räumliche Abstufung des Handels: Die Allgäuer und Walser lieferten Käse, Schmalz, Unschlitt und Felle, was bei Einfuhr zollfrei blieb; für die Rückfracht von Getreide erhob man dagegen Zoll – Zeichen für einen regionalen Handel zwischen der südlichen Gebirgslandschaft und Kempten. Die Zufuhr von Holz, Heu, Holzkohlen, Kalk, Rüben und *hubgeld* bezogen sich auf den lokalen Versorgungsverkehr samt den grundherrschaftlichen Abgaben; sie waren ebenso zollfrei wie der Transport von Korn, Mehl, Brot und anderem Kleingut für die *Nachbarn.*

Die ständigen Querelen zwischen Stift und Stadt, die aus der Tatsache resultierten, daß der Abt Grundherr und immer noch teilweiser Stadtherr war, bezogen sich nicht zuletzt auf die Initiativen der Bürgerschaft zur Erweiterung von Gewerbe und Handel. So läßt sich auch aus den ersten Spruchbriefen um die Mitte des 14. Jahrhunderts die Wirtschaftsstruktur genauer rekonstruieren: 1340 verfügte der Abt über Eiche und Elle, also die Prüfung der Maße und Gewichte und damit die Gewerbeaufsicht[17], 1351 beanspruchte er neben der Münze auch die Waage, den Marktzoll, die Metzg und den Zins von den Fleischbänken, den Salzstadel samt der Steuer vom Salzverkauf, die Lagergebühren für Kaufmannsgüter, den Hüttenzoll (Zinsen von den Verkaufsständen) von den Schuhmachern und Abgaben von Bäckern, Kramern und Weinschenken; dies wurde ihm 1361 in der Homburger Richtung bestätigt, wobei auch erstmals der Leinwand-*Raif,* also die Aufsicht über die Weberei, genannt wird.[18] Dagegen gestand der Abt 1340 der Bürgerschaft die Erhebung bzw. Verpachtung eines eigenen Ungelds zu, einer Getränkeabgabe auf Wein, eine äußerst wichtige Einnahmequelle, da nur ein Viertel davon an das Kloster abgeführt werden mußte.[19] Doch die städtische Wirtschaft expandierte und machte neue Abkommen nötig: 1368 wegen eines Kornhauses, 1433 wegen einer neuen *Gred*, d. h. eines allgemeinen Kaufhauses.[20] Dazu kam die *nuwe mulin, da der walk uf stat*, eine Walkmühle für Loden also, die 1394 genannt wird, aber offenbar dem Rat gehörte.[21]

Spätestens im 14. Jahrhundert waren also die wesentlichen Einrichtungen vorhanden, die Kempten zur Gewerbe- und Handelsstadt machten: der Warentransithandel, bei dem Tuche, Wein und Salz eine besondere herausgehobene Stellung einnahmen, das einheimische Gewerbe der Woll- und Leinenweberei, dazu die Versorgung mit Lebensmitteln und Waren des gehobenen Bedarfs, Funktionen, die offenbar aus der Klosterwirtschaft herausgewachsen waren und deren Träger deshalb auch weiterhin dem Abt ihre Abgaben zu entrichten hatten.

Inzwischen hatte sich auch in Kempten in den 70er Jahren des 14. Jahrhunderts die *Zunft*verfassung etabliert.[22] Der Zusammenschluß der Gewerbe zu eigenen Verbänden, die einerseits die inneren Angelegenheiten ihrer Warenproduktion und des Vertriebs regelten, andererseits Anteil an der politischen Willensbildung über die Besetzung des Rates und des Gerichts erhielten, läßt sich bisher nicht im einzelnen verfolgen, dürfte aber bereits, wie in anderen oberschwäbischen Städten, seit geraumer Zeit vorauszusetzen sein. Die Beschränkung auf neun Zünfte fiel gegenüber den zwölf von Memmingen ab, ist aber vergleichbar mit den sieben von Kaufbeuren und den neun von Ravensburg. Die Größe der Mitgliederschaft und die Vermögensverhältnisse blieben weitgehend im Dunkeln, doch gestatten eine Aufstellung der Wehrfähigkeit von 1423 und eine chronikalische Zusammenstellung von 1525 wenigstens Anhaltspunkte:[23]

	1423	1525	weitere Angaben
Burgerzunft	130 Panzer	80 Mitglieder	
Kramer	46	100	1419: + Kürschner, Seiler, Sattler, Spengler
Schmiede	78	240	1419: + Bau-, Holzgewerbe, Bader
Weber	57	ca. 800 (?)	
Schuster	34	70	
Lederer (Gerber)	37	40	
Bäcker	46	130	einschl. Müller
Schneider	44	52	
Metzger	18	50	
Summe	485	1562	

Seit 1419 – nach einem erneuten Konflikt zwischen Abt und Stadt um die Rechtssituation – ging die Bürgerschaft daran, in einer Serie von Zunftbriefen die Organisation nach innen zu festigen.[24] Während die *Burgerzunft* die ehemals allein ratsfähigen Familien vereinigte, die vor allem den traditionellen Handel von Tuchen, Wein und Salz trugen und deren Mittelpunkt die *Gesellschaft zum Straußen* bildete[25], stellten die Kramer und Schmiede ausgesprochene Sammelzünfte dar. Die übrigen spiegeln das übliche Spektrum der Versorgung, doch fällt auf, daß die Lederherstellung und -verarbeitung immerhin auf zwei (zusammen mit den Kramern drei) Zünfte aufgeteilt war und damit eine herausragende Bedeutung neben den (Leinen-) Webern und Schmieden als Gewerbe besaß – auch hierin eine Parallele zu den größeren Gewerbestädten Ostschwabens. Hier lagen offenbar die Ansätze für eine überlokale Wirtschaftskraft. Wie wichtig die Stellung der Zünfte im städtischen Leben war, geht aus den im Laufe des 15. Jahrhunderts errichteten, zum Teil recht repräsentativen Zunfthäusern hervor.[26]

Die Ordnungen selbst regelten zunächst die Aufnahme – Bürger wurden bevorzugt durch ermäßigte Gebühren –, dann grenzten sie die Handwerke nach außen durch ein weitgehendes Produktionsmonopol und nach innen durch das Verbot der Abwerbung von Arbeitskräften, Regeln für den Rohstoffbezug und den Verkauf ab, wobei dem *Fürkauf,* also dem Zwischenhandel, besondere Aufmerksamkeit geschenkt wurde. Da volles Bürgerrecht und Zunftrecht einander bedingten,[27] wurde ein Anspruch auf die Gewerbegerechtigkeit mit der Zugehörigkeit zur Stadtbürgerschaft begründet.

Der *Lebensmittel*sektor war am ausgeprägtesten von lokalen Dimensionen bestimmt. Das Kornhaus von 1368 am Markt – von einem eigenen *Kastenvogt* verwaltet –, die fünf Mühlen (Korbstall, Sparren, Werbach, zwei zu Hinwang), bei denen die Bürger mahlen lassen mußten, dienten wohl vorrangig der Eigenversorgung von Stadt und Stift.[28] Immerhin belegt der Zolltarif von 1484 den Export nach Süden bis in die Schweiz, andererseits sprechen die Ratsprotokolle zunächst von fremden *Melbern,* d. h. Mehlhändlern, vor allem aus Memmingen, die den um 1500 errichteten Mehlmarkt belieferten.[29]

Ähnliches gilt für die Metzger[30] und die vom Abt verliehenen Fleischbänke – bei einer weit verbreiteten Hausschlachtung. Zwar hinderte diese Rechtslage die Bürger nicht daran, die Fleischbänke wie ihr Eigentum zu behandeln, und eine detaillierte Metzgerordnung erließ die üblichen Taxen. Doch die Versorgung mit Vieh war im Allgäu ohnehin nicht problematisch, so daß der Auftrieb ungarischer Ochsen, der in Memmingen Ende des 15. Jahrhunderts einsetzte, noch nicht notwendig schien und erst 1525 belegt ist.[31]

Wenn die *Schmiede*ordnung von 1419 unter anderem verbot, Werkstücke außerhalb der Zunft herstellen zu lassen, so deutet das darauf hin, daß bereits Organisationsformen des Verlags bzw. der Stücklohnarbeit Eingang gefunden hatten, wobei vor allem Äxte und Pfannen genannt werden. Sensen und Sicheln, bereits 1394 im Zolltarif enthalten, spielten dann im Laufe des 15. Jahrhunderts eine größere Rolle als Exportgut:[32] 1458 schlossen sich die Kemptener Sensenschmiede mit denen anderer Städte von München und Schwäbisch Gmünd bis Isny zu einer zehnjährigen Vereinigung bei einer maximalen Produktionsmenge von 2000 Stück pro Meister und Jahr zusammen, um den Eisen-, Holz- und Holzkohlenbedarf nicht zu sehr ansteigen zu lassen; 1471 belegt schließlich eine eigene Bruderschaft der Sensenschmiede bei Unser Lieben Frau die gewichtige Rolle dieses Gewerbes.[33] Dem Ausbau mechanischer Fertigungsformen dienten seit 1477 ein Hammer bei Kottern, 1490 eine Schleif- und Poliermühle für Harnische und 1500 der Eisen- und Wasserhammer bei Neudorf an der Iller.[34] Über den Bezug des Roheisens erfahren wir freilich nichts; ob er an das Vertriebsnetz aus der Oberpfalz über die Nördlinger Messe und Ulm nach Südwesten, oder – was eher zu vermuten ist – über den Einkauf der Memminger Eisenhändler in der Steiermark und in Kärnten erfolgte, bleibt im Dunkeln.[35]

Aufgrund der vorhandenen Wasserkraft der Iller und ihrer Zuflüsse, die in verschiedenen Mühlenwerken genutzt wurde, und seiner Handelsverbindung nach Süden und Südwesten gelang Kempten auch relativ früh der Anschluß an die *Papier*fertigung[36], die in Oberschwaben ihr erstes Zentrum in Ravensburg hatte. Der chronikalisch überlieferten ersten Papiermühle bei Kottern 1477 folgten in der 1. Hälfte des 16. Jahrhunderts in einem geradezu stürmischen Ausbau eine ganze Serie von weiteren. Das in ganz Schwaben wichtige *Leder*gewerbe mit großräumigen Herstellungs- und Exportbeziehungen[37], läßt sich in Kempten leider nicht genauer verfolgen. Lediglich eine Notiz aus der Zeit um 1500 über ein Fürkaufsverbot von rohen Häuten zeigt, daß der allgemeine Anstieg der Lederverarbeitung auch in Kempten zu wirken begann.

Der entscheidende Impuls für die Kemptener Wirtschaft lag jedoch zweifellos im *Textil*sektor.[38] Die Frage, seit wann und in welchem Umfang eigene Leinengewebe exportiert wurden, ist wiederum nur aus Parallelen zu den Nachbarstädten ableitbar. Bekanntlich entfaltete sich das nordschweizerisch-schwäbische Gebiet zwischen Konstanz/St. Gallen und Augsburg bzw. Nördlingen/Ulm spätestens seit dem 13. Jahrhundert zu einem flächig angelegten Leinenrevier auf der Basis des einheimischen Flachses; aus italienischen Notariatsregistern ist der Export dieser *tela de Alamannia*, die im ganzen Mittelmeerraum gehandelt wurde, seit dieser Zeit in Genua, Bozen und Como nachzuweisen.[39] Kempten ist dabei nur einmal mit der Lieferung von 41 Ellen *(ulnae linei panni)* der Gesellschaft Motz/Weiß 1299 erwähnt[40], ansonsten lassen uns die einheimischen Quellen bis ins 14. Jahrhundert im Stich, doch wird man wohl nicht fehlgehen, auch hier eine solche Entwicklung anzusetzen. Um die Mitte des 14. Jahrhunderts tritt jedenfalls das Gewerbe als voll organisiert in Erscheinung: Die 1394 im stiftkemptischen Salbuch erstmals genannte Bleiche bestand sicher schon lange vorher, und die Homburger Richtung von 1361 gestand dem Abt den *Raif* zu, also die Überprüfung der Exportware nach den vorgeschriebenen Herstellungsnormen von Länge, Breite und Fädenzahl, überwacht von geschworenen Messern, die auch als Makler *(underkouff)* fungierten. Freilich ist zu erwarten, daß dieses Amt, das Fachkenntnisse erforderte, auch in Kempten immer von Mitgliedern der Bürgerschaft, in der Regel Kaufleuten, ausgeübt wurde. Bezeichnenderweise verweigerte nach einem undatierten frühen Eintrag ins Stadtbuch der Pächter des *Raiff*, Peter Wüst (urkundlich um 1400), gegenüber dem Abt den Treueid, *er schwur aber aim Burgermeister vnd Rate, den Raiffe redlich ze halten.*[41]

Herstellung und Verkauf in bürgerlicher Regie wurden nach und nach zu einem Rückgrat der städtischen Wirtschaft. Trotzdem darf man sich nicht verleiten lassen, die Produktionsmengen zu hoch anzusetzen. Die Weberzunft nahm nach der Aufstellung von 1423 erst den 3. Rang in der Stadt ein. Auch die kaufmännischen Möglichkeiten hielten sich in Grenzen: 1393 datiert beispielsweise ein Liefervertrag über 43 Säcke guter weißer Leinwand des Webers Waeltz aus Kempten an Utz Untaesch aus München.[42] Vor allem aber nahm Kempten wie seine kleineren Nachbarn Wangen, Isny, Leutkirch, im Gegensatz zu Kaufbeuren und Memmingen, nicht an der Innovationswelle des Barchent – einem Mischgewebe aus leinener Kette und baumwollenem Durchschuß – teil, die Ende des 14. Jahrhunderts Ostschwaben einen gewaltigen Wirtschaftsboom verschaffte.[43] An den Transportmöglichkeiten von Baumwolle aus Venedig kann es nicht gelegen haben – 1394 wird sie im Zolltarif verzeichnet –, vielmehr ist daran zu denken, daß die Kemptener Kaufleute nicht über das nötige Startkapital verfügten, um den Einstieg zu bewerkstelligen;[44] so setzte man hier weiterhin auf die Leinwand, wobei eine recht breite Palette von Sorten gewoben wurde.[45] Zumindest in der 2. Hälfte des 15. Jahrhunderts dürfte Kempten zu einem Mittelpunkt der Allgäuer Leinenproduktion geworden sein, die bis nach St. Gallen konkurrierend wirkte, indem sie die dortigen Preise um ca. 20–30% unterbot, weil man nur gröbere Sorten herstellte.[46] Um 1475 richtete die Stadt auf dem Lenzfried eine neue Bleiche ein, und offenbar nahm auch Kempten teil an der Konjunktur der gefärbten Ware: 1499 reversierte sich ein Färber gegenüber der Stadt für eine Werkstätte mit zwei Kesseln, 1520 ist von einem städtischen Färb- und Manghaus die Rede.[47]

In Parallele zu den übrigen schwäbischen und nordschweizerischen Städten muß auch bei Kempten dem Land ein wesentlicher Anteil an dieser Produktion zugesprochen werden, sei es für die Bereitstellung des Rohstoffes Flachs, sei es mit dem Spinnen des Garns oder der Lieferung fertiger normgerechter Stoffe.[48] Doch erst gegen Ende des 15. Jahrhunderts lassen sich die Verhältnisse genauer beschreiben, als die Kemptener Zunft 1476 in den oberschwäbisch/Allgäuer Leinwandbund eintrat, der bis Ravensburg und Lindau reichte.[49] Danach war zunächst der Garnhandel im Umkreis von zwei Meilen um die Städte für die *Pfragner*, also die gewerbsmäßigen Händler, generell untersagt. Als spezielles Aufkaufgebiet war den Kemptener Webern der Raum unterhalb Immenstadt-Meiselstein zugewiesen, ansonsten das Herumstreifen auf dem Land verboten, und nur beschränkte Mengen bis 25 Pfund pro Woche durften auf gefreiten Märkten im sonstigen oberen Allgäu bis zum Bregenzer Wald erworben werden. Produkte der Gäuweber sollten nirgendwo geschaut – und damit als Exportware akzeptiert – werden, die städtischen Weber selbst durften nur auf drei, im Winter nur auf zwei Webstühlen wirken, und die Aufnahme von Lehrlingen mußte nach den Regeln der Zunft erfolgen. Dieses

Weberbündnis zielte darauf, die Dominanz des städtischen Handwerks zu erhalten und das Land auf die Funktion der Zulieferung zu beschränken – alles freilich eher ein Ziel als eine Realität. Kempten trat in der Folgezeit mehrfach für eine Verlängerung ein, nicht zuletzt, um das Ausgreifen von Memminger Garnhändlern in sein Gebiet zu verhindern.

Doch auch für diese Blütezeit sind kaum Quantifizierungen möglich. Die chronikalisch überlieferte Zahl von ca. 800 Webern für das Jahr 1525 erscheint übertrieben, bedeutete sie doch eine Größenordnung, die weit über die Memmingens hinausging (1530:256 Zunftmitglieder) und schon an die Augsburgs (1536:1451 Meister) heranreichen würde.[50] Ähnlich steht es mit der angeblichen Produktionsziffer von 200–300000 Stück Leinen pro Jahr.[51] Wenn diese Zahlen überhaupt auf Tatsachen beruhen, so können sie wohl nur den gesamten Kemptener Einzugsbereich meinen, also auch die ländlichen Weber und ihr Produktionsaufkommen, das über den städtischen Mittelpunkt Kempten in den Handel eingeschleust wurde. Realistische Zahlen liefern allein die Einkäufe der Großen Ravensburger Handelsgesellschaft[52], die 1496–1520 in verschiedenen Abrechnungen zur Verfügung stehen: Danach erwarb die Gesellschaft innerhalb einer Frist von 8½ Jahren 1845 Stück Leinwand mit einem Maximum von 531 in den 1½ Jahren 1502/03 und 438 Stück in einem ¾ Jahr um 1507. Natürlich spiegeln diese Zahlen nur einen Bruchteil der tatsächlich hergestellten Menge, denn auch andere auswärtige Firmen waren am Aufkauf beteiligt, wie etwa 1507/11 die Vöhlin, 1511 die Besserer von Memmingen und die Buffler von Isny, die Kemptener und Wangener Leinwand in Wien handelten.

Wo bleiben die eigenen Kemptener Firmen in diesem Geflecht? Eigenständiger Handel einheimischer Kaufleute mit Textilien läßt sich durchaus während des ganzen 15. Jahrhunderts verfolgen: Der Weg nach Osten ist erstmals 1400/02 in den Passauer Mautbüchern greifbar, wo Oswald und wohl auch Hans Reichenbach auf dem Weg nach Böhmen registriert wurden, 1440 erscheint Hans Vogt in den Wiener Satzbüchern, 1496 ff. diverse Kaufleute auf den Linzer Messen, eine Beziehung, die auch ins 16. Jahrhundert weiterlief. Für die Frankfurter Fastenmesse erhielten die Kemptener Kaufleute zusammen mit anderen oberschwäbischen Städten bereits 1403 einen Geleitsbrief, und für die Nördlinger Pfingstmesse verzeichnen die Messestandsbücher seit der Mitte des 15. Jahrhunderts eine ganze Reihe von Kemptenern, unter anderem auch wieder Hans Vogt, der 1448 mit gefärbter Leinwand dort auftrat.[53] Eine Beteiligung am Italienhandel ist dagegen nur indirekt nachweisbar und kaum zu gewichten: Im berühmten *Fondaco dei Tedeschi*, dem Haus der deutschen Kaufleute am Canal Grande, fehlen im Mittelalter Kemptener; immerhin beantragten drei Schreiben des Dogen von Venedig an den Kemptener Rat von 1432/33 die Freigabe von beschlagnahmten, für Flandern bestimmten Waren, da doch die Kemptener Kaufleute in Venedig und dessen Gebiet entsprechende Handelsfreiheit genössen[54] – ob und in welchem Maße das tatsächlich realisiert wurde, ist bisher nicht zu greifen.

Alle Anzeichen deuten darauf hin, daß die Kemptener Kaufleute ihre Möglichkeiten zunächst sehr viel mehr im *Salzhandel* liegen sahen, wobei die Verkehrsorientierung nach Tirol die Entwicklung vorzeichnete.[55] Bereits 1324 erhielt die Bürgerschaft ein allgemeines Geleitsprivileg von Graf Heinrich und 1325 die Zusage, wonach seine Kaufleute bei Forderungen nur vor dem eigenen Gericht angezogen werden durften, was wohl in Zusammenhang mit dem Salzhandel zu bringen ist; das Privileg Herzog Leopolds III. von Tirol von 1376 nennt folgerichtig speziell die Einfuhr von Tuchen und die Ausfuhr von Salz. Tatsächlich spielte Kempten – neben Füssen, Isny, Ravensburg und Lindau – für den Salzexport der Haller Saline über den Fernpaß nach Westen eine bedeutsame Rolle. In den Abrechnungen der Tiroler Kammer[56] war bereits 1314 der Kemptener Stadtschreiber gegenüber der Saline von Hall verschuldet, und 1357–1370 erhielt eine erhebliche Zahl von Kemptener Großhändlern besondere Rabatte: Schwarzhans, Seuter, Sartor/Schneider (eventuell identisch mit einem Gerhard), Forster, Wyessel, eventuell auch Kramer, Mulner, Beck und Straeler. Dabei bleibt zu beachten, daß dieser Salzhandel nach Kemptener Recht nicht an eine bestimmte Zunft gebunden war, sondern von jedem Bürger ausgeübt werden konnte – Anzeichen für die herausragende Bedeutung. Weil die Versorgung des Allgäus und des oberen Lechtales nicht zuletzt durch Kemptener Kaufleute erfolgte, versuchte Herzog Ernst von Bayern 1403 bei der Stadt zu erreichen, die Zufuhr von Haller Salz über den Fernpaß einzustellen und nur noch per Saumtier und Träger über den Arlberg ins westliche Schwaben zuzulassen, um den Export des eigenen Salzes zu steigern[57] – was freilich nicht realisiert wurde. Die weiterhin tragende Rolle des Handels mit Tiroler Salz wird schon in dem Privileg Herzog Sigmunds für die Kemptener Kaufleute von 1460 sichtbar, weitere fünf Jahre aus der Saline in Hall jedes 13. Faß kaufen zu dürfen.[58] Die Zielorte des Salzhandels lagen aber auch am Oberrhein. Unter den Lieferanten des Schaffhauser Salzamtes von 1430–1550[59] finden sich neben Einzelnennungen auch spezialisierte Gesellschaften mit langjährigem Handel wie die Oesenbri (1430–38), Lentz (1430–41), Meyer (Peter 1501–44, Hans 1535–48, Jakob 1537–50), Sigmund Thoman (1511–18) und Hans Bentz (1532–49). Zumindest bis etwa 1540, als die Fahrstraße von Reutte über Tannheim nach Immenstadt-Bregenz/Lindau für die Ausfuhr von Haller Salz nach Westen ausgebaut wurde, blieb also diese Funktion für Kempten bestimmend.

Um diese beiden tragenden Säulen der Kemptener Wirtschaft, Textilien und Salz, gruppiert sich eine Reihe von ergänzenden Einzelnachrichten für den *Handel*: Allgäuer Sicheln und Sensen aus Kempten und den Nachbarstädten Wangen und Isny gelangten unter anderem nach Freiburg i. Ue.[60] Daß die Beziehungen in die Schweiz nicht zu unterschätzen sind, läßt 1443 ein Protest Zürichs ermessen, daß Kempten wie andere oberschwäbische Reichsstädte durch Lieferung von Getreide, Salz und Eisen zugunsten der Eidgenossen in den Krieg eingreife, und 1472 waren die Kemptener Kaufleute von einer Fehde eines Berner Bürgers betroffen.[61] Mit dem westlichen Oberitalien stand vor allem Ulrich Vogt in Verbindung.[62] Zwischen 1458 und 1462 allein viermal in Como und Mailand zu belegen, lieferte er neben Tuchen und Wolle auch Kupfer sowie Rüstungsbestandteile an einen Mailänder

Waffenschmied. 1461 erhielt er, der selbst ursprünglich im Auftrag von Jakob von Stein aus Lindau tätig gewesen war, einen persönlichen Geleitbrief für seinen Handel von Herzog Francesco Sforza. Die im 15. Jahrhundert im Aufschwung befindlichen Messen von Genf und Lyon besuchte Heinrich Stüdlin 1467 mit einer Ladung Silber, und sein Sohn Jörg unterhielt 1478 Verbindungen nach Bologna.[63]

Doch so weiträumig auf den ersten Blick das Feld auch ausfällt, auf dem Kemptener Kaufleute auftauchen, eine gewisse Zurückhaltung in der Gesamteinschätzung scheint am Platze: Auch wenn man in Rechnung stellt, daß häufig nur Zufallsnachrichten über derartige Handelsbeziehungen unterrichten, im Vergleich mit den benachbarten Städten zeigt sich doch, daß das Gewicht Kemptens nicht allzu hoch zu veranschlagen ist. Im Venedighandel dominierten die Augsburger und Nürnberger, der Weg über Lindau zum Bodenseegebiet und über die Bündner Pässe nach Mailand, in die Schweiz und nach Westfrankreich sah mehr Firmen aus Memmingen und Ulm. Als bedeutendere Handelsgesellschaft sind offenbar nur die Vogt anzusprechen. Hatte Kempten eher Zubringerdienste zu leisten? Die familiären Verbindungen etwa nach Memmingen, die wie bei den Stüdlin Kempten eher als eine Art Ableger erscheinen lassen, deuten das an.

Einen gewichtigen Beweis dafür bietet die Große Ravensburger Handelsgesellschaft, die um 1380 aus einer Familienfirma erwuchs, ihren Mitgliederkreis der *Gesellen* auch auf die benachbarten oberschwäbischen Städte ausdehnte und damit zu einer beherrschenden regionalen Rolle aufstieg.[64] Der Anteil Kemptens an dieser Organisation blieb dennoch sehr bescheiden. Keiner der aktiven Gesellschafter stammte aus Kempten, lediglich die Vertreter Hans Frei in Spanien 1428–40 und Heinrich Frei 1436 in Genua hatten zeitweise dort Bürgerrecht, und die Kemptener Hans Grimmel und Jodocus Schedler waren über längere Zeit um die Wende vom 15. zum 16. Jahrhundert als Faktoren in Mailand bzw. Alicante tätig. Immerhin stand Gordian Seutter mit ihr über Geschäfte mit Leinwand und Schwazer Kupfer in engerer Verbindung. Sehr viel bedeutender war aber Kempten offenbar als Einkaufsort der Gesellschaft für Leinwand, die über Wien und Nürnberg bzw. Mailand und Valencia exportiert wurde. Kempten erscheint damit tatsächlich am Ende des Mittelalters eher als eine Mittelstadt, deren Funktion für die Wirtschaft des Allgäus und Oberschwabens neben einem spezifischen Salztransithandel darin lag, daß sie Waren für den internationalen Verkehr lieferte und ansonsten vorwiegend den regionalen und lokalen Austausch leistete.

Eine mögliche Erklärung dafür liegt in den *Stadt-Land-Beziehungen*.[65] Die Beengtheit Kemptens, sein Eingespanntsein in das stiftische Territorium, äußerte sich darin, daß seine Initiativen in der Stadt selber und dann vor allem in seinem Umland immer auf Widerstand stießen. Das wurde für die wirtschaftliche Entwicklung auch deshalb relevant, weil damit ein Faktor kaum zum Tragen kommen konnte, der den Aufstieg der Nachbarn begleitete und bedingte: die Kapitalbildung.

Noch im 14. Jahrhundert gab es wenig Möglichkeiten, Handelsgewinne sicher anzulegen, um sie bei Bedarf wieder zu verflüssigen. Eine der wesentlichsten Investitionsformen war noch bis ins 15. Jahrhundert der Besitz an Grund und Boden oder Herrschaftsrechten, verbunden mit entsprechenden Abgabenbezügen. Während die Bürger der Nachbarstädte – Augsburg, Ulm, Memmingen, Lindau etc. – seit der 2. Hälfte des 13. Jahrhunderts dazu übergingen, Höfe und Dörfer, Zehnten und Niedergerichtsrechte zu erwerben, und damit gleichzeitig den Aktionsraum der Bürgerstadt erweiterten, fällt im Vergleich dazu die Kemptener Bürgerschaft ganz erheblich ab. Immerhin lassen sich einige charakteristische Beispiele verfolgen, die zumindest zeigen, daß die Ansatzpunkte prinzipiell gleich gerichtet waren.[66] Um die Mitte des 14. Jahrhunderts hatten beispielsweise die Tirolkaufleute Motz und Straeler zeitweise diverse Höfe sowie die Herrschaft Wagegg mit Zubehör als Pfandbesitz inne, die Burg Überbach gehörte vor 1364 der Bürgerfamilie Berkhofen, und 1370 erwarb Ruf Schellang den Burgstall Baldenstein mit Zubehör. Die meisten dieser Güter stammten von benachbarten Adeligen, deren Finanznot die bürgerlich-kaufmännisch-patrizische Gruppe offenbar ausnützen konnte. 1346 verkaufte allerdings Rudolf Wermeister Hof und Mühle zu Huggen an der Iller an das Kloster, und auch Heinrich Kontzelmann stieß 1373 seinen Besitz im Umfeld der Stadt ans Stift ab.

Damit ist schon signalisiert, warum diese Tendenz zum Aufkauf unterbrochen wurde: Das Stift Kempten schritt bereits nach der Mitte des 14. Jahrhunderts aus der wirtschaftlichen Talsohle heraus und trat damit vielfach die Besitznachfolge des Adels an.[67] Ausgesprochen umfangreiche Komplexe, wie sie im benachbarten Memmingen von den einflußreichen Patriziergeschlechtern angesammelt wurden, fehlten im 15. Jahrhundert in Kempten, und die vorhandenen Ansatzpunkte waren meist nur kurzfristig in ihrer Hand und konnten keine herrschaftsbildende Kraft entfalten: etwa die Schellang mit Baldenstein-Betzigau, die Vogt mit Schwabelsberg sowie einem Komplex der Stein von Ronsberg um Willofs/Mindelberg, die Seutter mit Gütern der Rothenstein in und um Altusried.[68] Die Vermutung liegt nahe, daß Auseinandersetzungen mit dem Stift Kempten, das ja im 15. Jahrhundert eine recht rigorose Territorialpolitik betrieb, ein dauerhaftes Ausgreifen verhinderten. Denn andererseits fällt auf, daß Bürger seit dem ausgehenden 14. Jahrhundert sehr häufig dazu bereit waren, ihr Geld in Zinsen und Gültbezügen bei Bauern anzulegen[69], ohne über Besitzrechte an Höfen oder anderen Herrschaftsrechten in Konflikt mit dem Stift kommen zu müssen.

Die städtische Territorialpolitik[70] war sogar bedeutungslos. Da der Rat in fast allen oberschwäbischen Reichsstädten erst spät selbst mit Aufkäufen in Erscheinung trat und in der Regel die entscheidenden Initiativen über die Kommunalisierung der Spitäler und Stiftungen bzw. die Pflegschaft über Klöster liefen, das Kemptener Spital aber wie die Bürger nur bedingten Spielraum entfalten konnte und andere städtische Klöster und Stifte neben dem Fürststift keine Rolle spielten, mußte ein solcher Ansatz von vornherein aussichtslos erscheinen. Lediglich einige Höfe und Güter im näheren Umkreis konnten in der 1. Hälfte des 14. Jahrhunderts für einige Zeit gehalten werden:[71] etwa das Gut Dorf (= Neudorf) und ein Hof zu Schleien. Als 1452 die Stadt von Pantelin von Heimenhofen und seinem verstorbenen Bruder

Konrad Anteile an Schloß Burgberg bei Sonthofen mit Zubehör erwarb, geriet sie in Streit mit den übrigen Inhabern, so daß sie 1469 ihre Rechte wieder an die Heimenhofener abstieß, bezeichnenderweise aber die Holzwuhr auf der Ostrach und Iller für die Flößerei ausnahm. Dieser kurzfristige Besitz beruhte zweifellos auf der Tatsache, daß Konrad von Heimenhofen 1444 sich der Stadt als berittener Söldner verpflichtet hatte und auch sonst einige Familienmitglieder im Bürgerrecht Kemptens standen. Darüber hinaus hatte die Stadt aus dem Erbe der Herren von Rauns umfangreicheren Besitz zur Tilgung von Schulden erhalten, von denen aber der wichtige Komplex Fischen an der Iller 1460 an das Kloster überging. Was 1508 als Lehen vom Stift Kempten an die Bürgerschaft ausgegeben wurde, war entsprechend bescheiden: Grundstücke, die zur Erweiterung der Bleiche bei Lenzfried verwendet worden waren, der dortige Hof, die Papiermühle und das Hammerwerk zu Kottern, das Gut Schleien, ein Hof zu Ried, die Viehweide gen. Hacker sowie einige Gefälle und Eigenleute.

Die Stadt stieg also vor allem dort ein, wo wirtschaftliche Zwänge dies nahelegten: im Bereiche der gewerblichen Anlagen in Stadtnähe, insbesondere den Mühlenwerken an der Iller. Schon die *Almay*, die städtische Allmende, war bereits 1380 Gegenstand eines Streites mit dem Kloster, wobei in einem Vergleich die Beschickung mit bestimmten Viehzahlen aus den Höfen im näheren Umkreis geregelt wurde, und 1508 erfolgte eine Vereinbarung für eine gemeinsame Viehweide an der Rottach mit Hilfe einer Grenzausscheidung.[72] Selbst beim Holzbezug mußte die Bürgerschaft erst ihre Nutzungsrechte gegenüber dem Abt behaupten.[73] Der Vergleich von 1410 legte erstmals den Grundsatz fest, daß die ganze Gemeinde das nötige Holz im Kemptener Wald schlagen und herausführen durfte. Als gegen Ende des 15. Jahrhunderts eine Verknappung eintrat, verbot der Abt den Verkauf durch seine Untertanen an die Stadt, ehe der Kölner Spruch nochmals das Schlagen von Zimmer- und Brennholz für Bürger der Stadt und der Vorstädte aus dem Kemptener Wald bestätigte, freilich nicht zum Fernverkauf über die Illerflößerei. Die Bedarfsdeckung war damit freilich nicht gesichert, obwohl der Rat einen eigenen Holzwart aufstellte und die Rodung durch Klosteruntertanen schon um 1470 mit Gewalt unterbunden hatte. Dem Raubbau suchte schließlich eine Übereinkunft gegenzusteuern, die einen Bezirk zu gleichen Teilen für das Kloster und die Bürger zur Nutzung ausmarkte. Das zusätzliche Bestreben, an die obere Iller auszuweichen sowie kleinere Waldparzellen aufzukaufen, diente sicher auch dazu, den einträglichen Holzhandel weiter zu betreiben.

Eine aktive Umlandpolitik wäre für den wirtschaftlichen Ausbau eine wesentliche Voraussetzung gewesen, doch das Stift behinderte die Entfaltung der Bürgerstadt in vieler Hinsicht erheblich. Die vielversprechenden Ansätze des 14. Jahrhunderts konnten nur bedingt entwickelt werden, so daß Kempten am Ende des Mittelalters lediglich zwar als städtisches Zentrum für seine Region erscheint, jedoch eher passiv in den überregionalen Wirtschaftsraum eingebunden war. Die Generalbereinigung vieler Probleme mit dem »Großen Kauf« von 1525[74] aber fand zu einem Zeitpunkt statt, als die entscheidenden Impulse bereits abgeebbt waren und Kempten damit, wie die meisten Mittelstädte, seine regionale Verankerung nicht mehr durchbrechen konnte.

1 Eine zusammenfassende Darstellung zur Wirtschaftsgeschichte Kemptens fehlt; einige Bemerkungen bei Rottenkolber, Vergangene Tage, S. 26–39; Baumann, Allgäu, Bd. 2, S. 659–686; Herrmann, Kempten, S. 96–115.

2 Dazu Franz Bastian: Oberdeutsche Kaufleute in den älteren Tiroler Raitbüchern (1288–1370), München 1931, A 73, 77, 110, 114, 125, 128, B 11, 13, 24, 26, C 1,3; Otto Stolz: Geschichte des Zollwesens, Verkehrs und Handels in Tirol und Vorarlberg von den Anfängen bis ins XX. Jahrhundert, Innsbruck 1953, S. 233; Josef Riedmann: Die Beziehungen der Grafen und Landesfürsten von Tirol zu Italien bis zum Jahre 1335, Wien 1977, S. 254–328.

3 Hans von Voltelini (Hrsg.): Die Südtiroler Notariats-Imbreviaturen des 13. Jahrhunderts, Teil I, Innsbruck 1899, Nr. 875, 879.

4 Vgl. Hektor Ammann: Deutschland und die Tuchindustrie Nordwesteuropas im Mittelalter. In: HGBl 72 (1954), S. 1–63, hier S. 84–103; ders.: Deutschland und die Messen der Champagne (1939). In: Heinz Stoob (Hrsg.): Altständisches Bürgertum, Bd. II, Darmstadt 1978, S. 51–95, hier S. 64–67.

5 Vgl. Spindler/Diepolder, Atlas, S. 6f.; Müller, Reichsstädte, S. 284; Aloys Schulte: Geschichte des mittelalterlichen Handels und Verkehrs, 2 Bde., Berlin 2. Aufl. 1966; Werner Schnyder: Handel und Verkehr über die Bündner Pässe im Mittelalter, 2 Bde., Zürich 1973/75.

6 Schulte, Handel, Bd. 1, S. 503; Henry Simonsfeld: Der Fondaco dei Tedeschi in Venedig und die deutsch-venetianischen Handelsbeziehungen, Stuttgart 1887, Bd. 1, S. 101f.; Kießling, Stadt und Land.

7 Müller, Reichsstädte, S. 290f.; Haggenmüller, Bd. 1, S. 220; zu 1410: HStA München: RU Kempten 175: 1410 April 29.

8 Müller, Reichsstädte, S. 287, 299f.; Haggenmüller, Bd. 1, S. 125f.; HStA München: RU Kempten 11: 1340 Aug. 24.

9 Haggenmüller, Bd. 1, S. 300; HStA München: RU Kempten 493: 1447 Sept. 19.

10 HStA München: RU Kempten 933: 1518 Okt. 8; StadtA Kempten, Ratsprotokolle B, S. 16–23: Bericht über die Verhandlungen Kemptens; vgl. Haggenmüller, Bd. 1, S. 496f.

11 HStA München: RU Kempten 387: 1434 Juni 28; ebd. 393: 1435 Jan. 30, Abkommen mit den Müllern über die Wuhr; ein ähnlicher Revers des Inhabers der Mühle zu Fischen ebd. 525: 1454 Juni 13. Vgl. Ernst Neweklowski: Die Schiffahrt und die Flößerei im Raum der oberen Donau, München 1958, S. 546f.

12 HStA München: RU Kempten 469: 1443 Mai 23; Haggenmüller, Bd. 1, S. 284f.

13 Blickle, Kempten, S. 116–119; Baumann, Allgäu, Bd. 2, S. 683f.; Haggenmüller, Bd. 1, S. 316; die wichtigen Urkunden von 1485 Febr. 5 (HStA München: KU Kempten 1268) bei P. und R. Blickle, Dokumente II/4, Nr. 49, bzw. 1485 Febr. 6 (HStA München, KU Kempten 1270) bei Werner Scharrer: Zur Bedeutung der Markterhebung in Buchenberg Anno 1485. In: AGF 86 (1986), S. 22–36.

14 HStA München: RU Kempten 720: 1483 März 21; ebd. 735: 1484 Dez. 20; vgl. Haggenmüller, Bd. 1, S. 389.

15 Richard Dertsch: Das Stiftkemptische Salbuch von 1394. In: AGF 31 (1930), S. 1–61, hier S. 35–37.

16 Stadtbuch (HStA München, KL Kempten MüB 142), S. 62.

17 Haggenmüller, Bd. 1, S. 125f.; Müller, Reichsstädte, S. 297–299.

18 Haggenmüller, Bd. 1, S. 138f., 145f.; HStA München: RU Kempten 38: 1361 Dez. 13; vgl. Müller, Reichsstädte, S. 307f.

19 HStA München: RU Kempten 11: 1340 Aug. 24; vgl. Müller, Reichsstädte, S. 299; ähnlich in der Ergänzung der Homburger Richtung von 1363 (HStA München, RU Kempten 39): 8 Jahre Aufschlag auf Wein, Salz und Honig.

20 HStA München: RU Kempten 52: 1368 Nov. 10; ebd. 369: 1433 März 24.

21 Dertsch, Salbuch 1394, S. 28, als Ortsangabe; vgl. die Chroniknotiz bei Haggenmüller, Bd. 1, S. 194, zu 1390: Verbot im Wollhaus

gemischte Wolle feilzuhalten. Die Walke wird auch später vom Rat verpachtet: HStA München: RU Kempten 825 (1498), 827 (1499), 862 (1505).

22 Dazu ausführlich Müller, Reichsstädte, S. 309–314; Walther E. Vock: Der erste Bürgermeister von Kempten und seine Zeit. In: AGF 26 (1927), S. 29–38; Peter Eitel: Die oberschwäbischen Reichsstädte im Zeitalter der Zunftherrschaft, Stuttgart 1970; Beck, Stadtbuch, S. 110–135.

23 Die Liste von 1423: Stadtbuch, S. 41 (ed. bei Beck, Stadtbuch, S. XXXVI); sie verzeichnet sicher nur die Vollbürger, läßt also keine exakten Rückschlüsse auf die Einwohnerschaft zu! Die Liste von 1525 nach der Schwarzschen Chronik anläßlich des Großen Kaufs bei Franz L. Baumann: Über die städtische Chronik von Kempten. In: ZHVS 4 (1877), S. 298–324, hier S. 305; auch sie ist mit Vorsicht zu betrachten; zu den Webern vgl. unten.

24 Folgende Zunftordnungen sind überliefert: Kramer StadtA Kempten: UK 1419, StadtA Kempten, B 1 a, fol. 1–8: 1497; dazu auch Seiler StadtA Kempten, UK 1466 Juli 14. Schmiede StBMünchen Cod. germ. 5167 (Kopie StadtA Kempten B II 571): 1419. Zu den Quellen über die Kemptener Zünfte vgl. Weitnauer: Das Bürgerbuch der Reichsstadt Kempten 1525–1612, Kempten 1940, S. XI–XIV, ders.: Kemptner Bürger aus sechs Jahrhunderten, Kempten 1942, S. 84–88.

25 Blickle, Dokumente II/4, Nr. 28: Stiftungsbrief mit gewerberechtlichen Bestimmungen; vgl. Eitel, Reichsstädte, S. 42, 47f., 50.

26 Vgl. auch Carola Engler: Auf den Spuren der Kemptener Zünfte. In: DSA 47 (1984), S. 9–12, 25–27.

27 Nach den Ordnungen von 1419; vgl. Beck, Stadtbuch, S. 206f.

28 Stadtbuch, S. 17: 1373, Gebot von Ammann, Rat und Bürgerschaft über die Mühlen.

29 Zum Mehlmarkt Stadtbuch, S. 51; StadtA Kempten, Ratsprotokolle B, S. 4, 33f.: 1518, Ordnungen aufgrund von Ratsbeschlüssen.

30 Ausführlich dazu Anton Götz: Die Metzger und der Schlachthof in Kempten im Allgäu, Kempten 1958, S. 10–16; die Metzgerordnung von 1573, ediert ebd. S. 67–73, geht in ihrer Anlage sicher auf das 15. Jahrhundert zurück.

31 StadtA Kempten: Ratsprotokolle B, S. 98:

1525, Taxen, u. a. ungarische Ochsen pro Pfd. 4 Pfg.

32 Vgl. Raimund Eirich: Allgäuer Kaufleute im Fernhandel mit Sensen im ausgehenden Mittelalter. In: AGF 81 (1981), S. 105–122.

33 StadtA Memmingen 466/1: 1458; StadtA Kempten: UK 1471 Juni 11.

34 Baumann, Allgäu, Bd. 2, S. 666; StadtA Kempten: UK 1500 März 10; HStA München: RU Kempten 835: 1500 März 10.

35 Allgemein Rolf Sprandel: Das Eisengewerbe im Mittelalter, Stuttgart 1968; zu Memmingen Raimund Eirich: Memmingens Wirtschaft und Patriziat, Weißenhorn 1971, S. 189f.; ders., Sensen.

36 Vgl. allgemein mit Karte Wolfgang von Stromer: Gewerbereviere und Protoindustrien in Spätmittelalter und Frühneuzeit. In: VSWG Beiheft 78 (1986), S. 103–108; sowie Friedrich von Hößle: Geschichte der alten Papiermühlen im ehemaligen Stift Kempten und in der Reichsstadt Kempten, Kempten 1900.

37 Vgl. Kießling, Stadt und Land; die Notiz StadtA Kempten: Ratsprotokolle A (1477 bis 1517) Register.

38 Vgl. zusammenfassend Ernst Schremmer: Gewerbe und Handel [Ostschwaben]. In: HdBBayG II, S. 673–693.

39 Hektor Ammann: Die Anfänge der Leinenindustrie des Bodenseegebietes. In: AJb 1953, S. 251–313.

40 Bastian, Kaufleute, B 13; dieses Leinen muß nicht unbedingt aus Kempten stammen, zumal auch die Menge gering ausfällt, so daß Bastian vermutet, es handle sich nur um Einschlagtücher für Kaufmannsware (ebd. S. 5); auch die in der Schwarzschen Chronik für 1324 genannte neue *Ferbin und Mang* für *schetter* ist nirgendwo sonst belegt (vgl. Haggenmüller, Bd. 1, S. 123).

41 Stadtbuch, S. 39; zur Datierung vgl. die Nennung von Peter Wüsts Kindern 1411 (Weitnauer, Bürger, S. 33); vgl. StadtA Kempten: Ratsprotokolle B, S. 47: 1520, Verleihung des Amtes für ein Jahr, usw.; ebd. S. 91: 1524, S. 123: 1529, Ratsbeschlüsse über Auslegetermine auf der Bleiche und Schau.

42 StadtA Kempten: UK 1393 Sept. 7.

43 Vgl. Wolfgang von Stromer: Die Gründung der Baumwollindustrie in Mitteleuropa, Stuttgart 1978, S. 16 Karte 3, S. 58 Tabelle: erst 1640 belegt.

44 Dertsch, Salbuch 1394, S. 36; vgl. Kießling, Stadt und Land, zu den Vorgängen in Nördlingen.

45 Schon der Zolltarif von 1394 nennt schmale und breite Leinwand, Zwillich und Gugler; für das 16. Jahrhundert genaue Vorschriften in der Weberordnung von 1587 (StadtA Kempten, B 44), die im Kern älter sein dürfte.

46 Hans Conrad Peyer: Leinwandgewerbe und Fernhandel der Stadt St. Gallen von den Anfängen bis 1520, St. Gallen 1960, Bd. 2, S. 10 f., 25, 32, 34; Aloys Schulte: Geschichte der Großen Ravensburger Handelsgesellschaft 1380–1530, Stuttgart-Berlin 1923, Bd. 3, S. 396.

47 StadtA Kempten: UK 1480 Febr. 28, neue Bleiche; vgl. Haggenmüller, Bd. 1, S. 352; HStA München: RU Kempten 829: 1499 März 25; StadtA Kempten: Rb B, S. 49: 1520.

48 Vgl. Rolf Kießling: Stadt und Land im Textilgewerbe Ostschwabens vom 14. bis zur Mitte des 16. Jahrhunderts. In: Neithard Bulst u. a. (Hrsg.): Bevölkerung, Wirtschaft und Gesellschaft, Trier 1983, S. 115–137.

49 Schulte, Ravensburger Handelsgesellschaft Bd. 1, S. 479 f., Bd. 3, S. 482 f.; Kießling, Stadt und Land.

50 Vgl. oben Anm. 23; vgl. Eitel, Reichsstädte, S. 152, 154 f.; Claus Peter Clasen: Die Augsburger Weber, Augsburg 1981, S. 17–19.

51 So bei Engler, Zünfte, S. 10; Herrmann, Kempten, S. 105; die Vergleichszahl Augsburg um 1500 nach Clasen, Weber, S. 427: ca. 50–60 000 Stück Barchent pro Jahr.

52 Schulte, Ravensburger Handelsgesellschaft, Bd. 2, S. 81 f., Bd. 3, S. 396, 452.

53 Ebd., Bd. 1, S. 436, 469 f., 475; zu Nördlingen Heinrich Steinmeyer: Die Entstehung und Entwicklung der Nördlinger Pfingstmesse im Spätmittelalter, Nördlingen 1960, S. 92 f., 191.

54 Simonsfeld, Fondaco, Bd. 2, S. 62, Bd. 1, Nr. 393, 396; HStA München: RU Kempten 346, 347, 348, StadtA Kempten, UK 1433 Jan. 17. Ähnlich 1442/43 Simonsfeld, Fondaco, Bd. 1, Nr. 445, 448, 449.

55 Vgl. allgemein zur Saline Hall Rudolf Palme: Geschichte des Salzbergbaus und der Saline Hall. In: Stadtbuch Hall in Tirol, Innsbruck 1981, S. 67–88; zum Salzhandel Stolz, Zollwesen, S. 152 f., 218–220, 228, 233 u. ö.; die Privilegien für Kempten HStA München: RU Kempten 5: 1325 Aug. 24, 64: 1376 Sept. 1, dazu 66: 1376 Okt. 19.

56 Bastian, Kaufleute, A 160, 278 ff., Register.

57 Stolz, Zollwesen, S. 152 f., Bastian, Kaufleute, S. 32.

58 HStA München: RU Kempten 559: 1460 Okt. 31.

59 Hektor Ammann: Schauffhauser Wirtschaft im Mittelalter, Thayngen 1948, S. 139 f., 319–333; er spricht allerdings von bayerischem Salz über Landsberg!

60 Schulte, Ravensburger Handelsgesellschaft Bd. 1, S. 515; vgl. Eirich, Sensen, S. 111 f.

61 Peter F. Kramml: Kaiser Friedrich III. und die Reichsstadt Konstanz (1440–1493), Sigmaringen 1985, S. 90; Schulte, Verkehr, Bd. 1, S. 488.

62 Schnyder, Bündner Pässe, Bd. 1, S. 88 f., Dokumente Nr. 391, 414, 418, 425.

63 Schulte, Verkehr, Bd. 1, S. 592, 687; Eirich, Patriziat, S. 224–227, 302–306.

64 Schulte, Ravensburger Handelsgesellschaft, Bd. 1, S. 162, 166, 198, 505, Bd. 2, S. 496 f., Bd. 3, S. 391 f., 396, 452, 456–461; Schnyder, Bündner Pässe, Bd. 1, S. 59, 78, 92.

65 Vgl. allgemein für Ostschwaben Kießling, Stadt und Land; sowie ders.: Bürgerlicher Besitz auf dem Land. In: Pankraz Fried (Hrsg.): ABLG Schw, Bd. 1, S. 121–140.

66 Die Belege bei Blickle, Kempten, S. 135, 136, 143, 156.

67 Vgl. Rottenkolber, Stift S. 45, 66 f.; Blickle, Kempten, S. 51–68.

68 Zu den Schellang StadtA Kempten: UK 1406 Juni 24, 1440 Dez. 9, 1479 Okt. 1; Blickle, Kempten, S. 52; zu den Vogt ebd., S. 144, 157; zu den Seutter ebd., S. 157.

69 Eine Vielzahl von Beispielen StadtA Kempten, UK z. B. 1406 Febr. 1: Peter Haßlach gen. von Schongau kauft in (Neu-)Dorf um 160 Pfd. h 1 Malter Kern, 2 Malter Haber und 2 Pfd. 4 Schillg. Pfg. Gült.

70 Zusammenfassend Blickle, Kempten, S. 155 bis 168; ders.: Zur Territorialpolitik der oberschwäbischen Reichsstädte. In: Erich Maschke/Jürgen Sydow (Hrsg.): Stadt und Umland, Stuttgart 1974, S. 54–71; Kießling, Stadt und Land.

71 Zu Neudorf StadtA Kempten: UK 1335 Nov. 25, 1423 Mai 10, 1433 Juli 13, 1434

Dez. 13, 1435 April 11; zu Schleien HStA München: RU Kempten 459, 464: 1442, 488: 1447, 541: 1457; zu Burgberg HStA München: RU Kempten 478: 1444, 630: 1469, Haggenmüller, Bd. 1, S. 286f., 345f.; zu Rauns StadtA Kempten: UK 1455 Dez. 2, HStA München, RU Kempten 723: 1483, Haggenmüller, Bd. 1, S. 315, 329, 385; zu den Kemptener Lehen HStA München: RU Kempten 809: 1495; Haggenmüller, Bd. 1, S. 489f.

72 Zur *Almay* HStA München: RU Kempten 82: 1380 Aug. 9; zur Weide an der Rottach ebd.

886: 1508 Nov. 13; Haggenmüller, Bd. 1, S. 490.

73 HStA München: RU Kempten 175: 1410 April 29, 803: 1494 Juni 25, 942: 1520 Juli 5; Haggenmüller, Bd. 1, S. 231, 243f., 350f., 415f., 421f.; zur oberen Iller vgl. oben zu Burgberg; Aufkauf von Wald HStA München: RU Kempten 883: 1508, 896: 1510, 905 und 906: 1512, u. a. m.

74 HStA München: RU Kempten 960–964, 968; Haggenmüller, Bd. 1, S. 529ff., sowie der folgende Beitrag von Wolfgang Wüst.

Geistige Entwicklung in Stift und Stadt

Norbert Hörberg

Wenn wir uns nun der geistigen Entwicklung in Stift und Stadt im Mittelalter zuwenden, denken wir zunächst an kulturelle Einrichtungen, die vielleicht bestanden haben. Wir wüßten gerne etwas über wissenschaftliche Leistungen, die in den Zellen der Mönche und in den Stuben der Bürger vollbracht wurden. Leider ist die Überlieferung für Kempten hier weitgehend mangelhaft. Es sind nur wenige Handschriften aus dem Mittelalter erhalten. Geistige Entwicklung meint aber auch den Prozeß, in dem die Menschen ihre Geschichte geistig verarbeiteten. Danach sei in diesem Abschnitt vor allem gefragt, wenn sich ein Gemeinwesen aus Anlaß eines Gedenkjahres seiner Geschichte erinnert.

Das Stift

Was die Missionsstation des Theodor und der nachfolgenden St. Galler Mönche betrifft, so ist es wohl müßig, die Frage nach schriftlich greifbaren geistigen Überlieferungen überhaupt stellen zu wollen. Wir müssen für einige Fakten dankbar sein, die die Anfänge markieren. Auch bezüglich der ersten Blüte des Klosters zu Zeiten Karls des Großen haben die Geschichtsforscher nur Vermutungen, etwa dergestalt: Zum festen Bestand eines Klosters habe eine Schule gehört. Und wenn Karl der Große 789 eine Schulinstruktion erlassen habe, dann müsse wohl ein von

ihm so hervorragend geförderter Konvent wie Kempten dieser herrscherlichen Anordnung nachgekommen sein und eine Schule errichtet haben[1]. Bemerkenswert ist
die vierfache Gebetsverbrüderung[2], die das Kloster mit St. Gallen einerseits und der
Reichenau andererseits einging. Sie läßt nicht nur auf Konventsstärke und Bedeut-
samkeit der Kemptener Abtei schließen, sondern deutet auch geistige Beziehungen
der Klöster untereinander an. Aus der Menge der Namen hebt sich Abt Tatto (um
840) hervor, der vor seiner Abtszeit in Kempten Mönch auf der Reichenau und der
Lehrer Walafrid Strabos gewesen war. St. Gallen und die Reichenau waren unbe-
stritten die führenden geistigen Zentren im alemannischen Raum. Beide Klöster
repräsentierten die karolingische Kultur und gaben sie weiter. St. Gallen versorgte
mehrere Klöster im Reich mit Lehrern. Räumliche Nähe und Gründungsbeziehun-
gen, Gebetsverbrüderungen und andere persönliche Kontakte zeigen, daß Kempten
im Ausstrahlungsbereich dieses Klosters lag.
Als Mittelsmann zwischen Kempten und St. Gallen könnte in gewissem Sinne auch
Bischof Ulrich von Augsburg betrachtet werden. Er hatte im Kloster St. Gallen
seine geistige Formung erhalten und war als Bischof für Kempten zuständig. Vorübergehend war er sogar als Abt des Klosters eingesetzt. Neben der Weihe einer
Kirche »im Obstgarten« durch Ulrich ist eine zweite Kirchweihe »bei der Schule«
erwähnt. Auch diese weist in die Zeit Ulrichs, womit im 10. Jahrhundert eine
Klosterschule ausdrücklich genannt ist.
Die Notiz von der Kirchweihe mit dem Zusatz »bei der Schule« steht in einem
Kalender in einer Pergamenthandschrift[3], die wahrscheinlich im Kloster Kempten
um 1000 geschrieben wurde. Der Kemptener Abt Burkhard (gest. 1026) brachte die
prächtig geschriebene Handschrift ins Kloster Rheinau bei Schaffhausen, als er
zusätzlich diese Abtei übernahm. Das Werk zählt heute zu den Kostbarkeiten der
Züricher Zentralbibliothek, wohin es nach der Säkularisation des Klosters Rheinau
gelangte. Es enthält neben dem genannten Kalender Psalmen und liturgische Gesänge, die zweifach bemerkenswert sind. Ihre lateinische Textform ist älter als die
um 1000 gebräuchliche Vulgata. Sie gehört einer früheren, der Itala ähnlichen
Version an. Ebenso sind bestimmte Melodien älter und rhythmischer als die später
gebräuchlichen. Die Kemptener Mönche haben also aus älteren Quellen geschöpft,
die vielleicht von St. Gallen stammten.
Neben dieser Pracht-Handschrift sind noch drei weitere aus Kempten mit liturgischen oder erbaulichen Texten über Kloster Rheinau nach Zürich gelangt[4]. Das ist
nur ein bescheidener Einblick in das kulturelle Schaffen der Mönche im hohen
Mittelalter.
Auch zum Kloster Reichenau leuchten noch einmal Verbindungslinien auf. Dort
schrieb in der ersten Hälfte des 11. Jahrhunderts der gelähmte Mönch Hermann an
seiner großen Weltgeschichte. Er hat darin einige sehr genaue Angaben über das
Kloster Kempten: Zu 752: Audogar, Gründer und erster Abt des Klosters, zu 774:
Übertragung der Leiber der Heiligen Gordian und Epimachus von Rom nach
Alemannien, zu 1026: Übergabe der Abtei Kempten an Herzog Ernst von Schwa-
ben und Tod Abt Burkhards von Kempten und Rheinau, zu 1050: Belehnung

Bischof Gebhards von Regensburg mit der Abtei Kempten. Wir dürfen vermuten, daß Hermann aus Kemptener Vorlagen schöpfte, was auf schriftlichen Austausch hinweist. Hermanns »Nähe« zu Kempten deutet sich nicht zuletzt darin an, daß sich unter seinen musikalischen Kompositionen für schwäbische Patrone auch Gesänge auf Gordian und Epimachus befinden.

Durch die Äbte Hartmann (1108/09–1114) und Manegold (nach 1114) kehrte die Hirsauer Reform ins Kloster ein. Ein wichtiges Reformanliegen bestand darin, die alten Rechte, vor allem das der freien Abtwahl, zu sichern. Deshalb mußte nachgewiesen werden, daß das Kloster sehr alt war und frühzeitig diese Rechte erhalten hatte. Also legten die Mönche am Ende des 11. und zu Beginn des 12. Jahrhunderts eine Urkundensammlung an, das Kopialbuch[5]. Darin wurden Urkundenabschriften eingetragen. Teils lagen den Schreibern echte Urkunden vor, teils aber griffen sie auch zum Mittel der Fälschung, um ihre Rechte zu dokumentieren.

Die aus dem Mittelalter vielfach bekannten Fälschungen entsprangen nicht der bösen Absicht des Fälschers, sondern wollten bestehende Rechtsverhältnisse bestätigen und mit der Autorität eines Papiers sowie der Unterschrift hochgestellter Personen der Vergangenheit versehen. Sie sind daher für den Geschichtsforscher eine wertvolle Quelle, indem sie in die Rechtsverhältnisse der Fälschungszeit einen echten Einblick gewähren. In unserem Zusammenhang interessiert vor allem, wie sich die Mönche des 11. und 12. Jahrhunderts ihrer Geschichte vergewisserten. Über die Fälschungen wird einsichtig, daß sich in einem länger währenden geistigen Prozeß die Traditionen ausgebildet haben, die sich schließlich zur überlieferten Klostergeschichte zusammenfügten. Die Fälschungsaktionen sollen hier also nicht inhaltlich diskutiert werden, sondern sie sollen im Hinblick auf die Legendenbildung festgehalten sein, durch die vor allem die Chronistik des späten Mittelalters beeinflußt wurde.

Aufgrund der echten Urkunden, vor allem des Privilegs Ludwigs des Frommen von 815, läßt sich sagen, daß Karl der Große dem Kloster Immunität verliehen, es in seinen Schutz genommen, Audogar als Abt bestätigt und die Abtei mit Gütern ausgestattet hat. Auch eine Mitwirkung seiner Gemahlin Hildegard ist danach möglich. Aber den »Klosterjuristen« des 12. Jahrhunderts war dies zu wenig. Sie wollten nachweisen, daß ihre Abtei durch die Übernahme in den Königsschutz von einer kleinen Zelle zu einem mächtigen Reichskloster herangewachsen war. Um also die Geschichte ihres Klosters noch zu erhöhen, stellten sie ihrem Kopialbuch drei gefälschte Urkunden voran. Die erste gibt sich als Privileg des Papstes Hadrian I. (772–795) aus, die beiden anderen als Urkunden Karls des Großen. Auf diese gefälschten Urkunden ist zurückzuführen, warum Königin Hildegard als Gönnerin und schließlich Gründerin des Klosters Kempten in die Klostergeschichte einging. Daß Papst Hadrian an der Gründung beteiligt war, hat ebenfalls hier seinen Ursprung. Auch für die Legende von der Grablege Hildegards und ihres Sohnes Ludwig des Frommen liegen hier die Wurzeln[6]. In der Hadrian-Urkunde ist auch gesagt, daß Hildegard für Kempten die Reliquien der heiligen Gordian und Epimachus besorgen ließ. Wahrscheinlich wurden die Heiligen schon zur Zeit Karls des

Großen in Kempten verehrt. Möglicherweise besaß das Kloster Reliquien von ihnen. Aber die Fixierung des Reliquiengeschenks auf Königin Hildegard ist ein Werk der Fälscher des 12. Jahrhunderts. Wahrscheinlich hat es für die Verhältnisse der Gründungzeit sogar einmal eine Urkunde Karls des Großen gegeben, die aber den Fälschern nicht mehr vorlag. Sie bezogen ihre Daten aus anderen Quellen, darunter Reichenauer Urkunden und die Mitteilungen Hermanns des Lahmen in seiner Chronik. Wenn Hermann selbst noch schrieb, daß die Reliquien »nach Alemannien« kamen, so präzisiert eine Chronikabschrift des 12. Jahrhunderts aus dem Kloster Göttweig bereits auf die Angabe »nach Kempten«[7]. Auch dies scheint mir ein Hinweis darauf, wie sich die Traditionen in dieser Zeit ausformten. Sich auf Reliquien und Persönlichkeiten zu berufen, ist für das Mittelalter charakteristisch. Es entsprang dem Anliegen, gefährdete Rechte zu sichern. Da in den gefälschten Urkundenabschriften freie Abtwahl und freie Vogtwahl gefordert werden, sind sie als typisch für den Hirsauer Reformkreis anzusehen. Aber es wurden durch diese stark von der politischen Lage ihrer Zeit her bestimmten Fälschungsaktionen gleichzeitig Aussagen getroffen, die das Geschichtsbewußtsein der Mönche prägen mußten. Sie durften sich stolz als Mitglieder einer alten und in hohem Maße ausgezeichneten Reichsabtei fühlen. Weiterhin setzten sich diese Aussagen in der Klostertradition fest, beeinflußten die Chronistik im späten Mittelalter und geistern mehr oder weniger reflektiert durch die Klostergeschichte bis auf den heutigen Tag.

Daß in der Kemptener Abtei im 12. Jahrhundert ein stärkeres historisches Interesse erwachte, beweist schließlich auch die Tatsache, daß der Schreiber des Kopialbuches nicht nur Urkundenabschriften zusammenstellte, sondern am entsprechenden Platz die Teile aus Gerhards Lebensbeschreibung des heiligen Ulrich einfügte, die vom Wirken des Bischofs in Kempten handeln[8]. Annalen und Chroniken wie anderswo sind zu dieser Zeit aus dem Kloster nicht hervorgegangen, soweit uns die Überlieferung darüber Aufschluß gibt. Zur Frage der Schule stößt man auf eine biographische Notiz: Der Tegernseer Abt Eberhard (1068–1091) ist »in Kempten erzogen« worden[9]. Dies ist aber kein Hinweis auf eine besondere Schulstätte, sondern eher eine allgemeine Formel, die in Lebensbeschreibungen das Herkunftskloster bezeichnet.

In den nun folgenden Jahrhunderten bis zum Ende des Mittelalters wird es sehr still, was die wissenschaftliche Betätigung der Mönche zu Kempten betrifft. Zwar möchten wir von einem Reichskloster, dessen äußere Geschichte sehr stark in die reichspolitischen Vorgänge eingebunden war und das seine geistigen Kräfte möglicherweise in der Politik verbrauchte, keine zusätzlichen intellektuellen Leistungen erwarten. Doch dürfen wir aufgrund des Schweigens der Quellen die Konventsmitglieder nicht unbedingt des geistigen Unvermögens oder Müßiggangs verdächtigen.

Die Zahl der Kemptener Mönche war im 13. wie im 14. Jahrhundert sehr niedrig, das Stift nicht in bester Verfassung[10]. Auch rekrutierte sich der Konvent überwiegend aus Herren, die dem Adel entstammten. Von Abt Konrad von Gundelfingen

(1284–1302) weiß man, daß er nicht schreiben konnte[11]. Es ist allerdings allgemein zu beobachten, daß die Pflege der Wissenschaften ab dem 13. Jahrhundert in den Benediktinerklöstern rückläufig war, während sie sich an die Universitäten verlagerte und von Mitgliedern der Bettelorden übernommen wurde. Abt Heinrich von Isny (1320–1331) wird persönlich als sehr gebildet geschildert[12]. Wie sich dies auf das geistige Leben im Konvent ausgewirkt hat, wissen wir jedoch nicht.

Im Verlaufe des 15. Jahrhunderts erfuhren viele Benediktinerklöster einen Aufschwung durch die Reformen, die durch das Konzil von Konstanz angeregt wurden. Der Kemptener Abt Friedrich von Laubenberg (1405–1434) nahm 1417 an einem Provinzialkapitel des Benediktinerordens der Mainzer Kirchenprovinz teil, das eine gemeinschaftliche Reform aller Klöster dieser Provinz anstrebte. Er verpflichtete sich, sein Kloster im Sinne dieses Kapitels zu reformieren, hatte jedoch bei seinem Konvent damit keinen Erfolg. Dem Nachfolger, Abt Pilgrim von Wernau (1434–1451), gelang es immerhin im Sinne des Reformkonzeptes, die Konventherren, die bisher gegen die Ordensregel eigene Häuser bewohnten, zu bewegen, die Wohnungen aufzugeben und zum gemeinsamen Leben zurückzukehren. Damit wäre der Grund zu einer neuen, auch geistigen Blüte des Klosters gelegt gewesen. Doch folgte 1460 bis 1481 der Neffe Pilgrims, Johann von Wernau, als Abt. Er war Mönch in Ottobeuren gewesen, von dort aber bereits 1447 ins Kloster Kempten übergetreten, weil er die in Ottobeuren in Angriff genommene Klosterreform gescheut hatte. Er brachte also für seine Abtzeit in Kempten sicherlich nicht die besten Absichten mit. Er war kunstsinnig und baufreudig und vermehrte auch die Büchersammlung des Stiftes. Den Umfang und die Bedeutung der Bibliothek des 15. Jahrhunderts können wir leider nicht mehr ermessen, da uns keine Bücher erhalten sind. Wahrscheinlich haben die Zerstörungen während des Dreißigjährigen Krieges (1632) alle Spuren verwischt. Denn die bei der Säkularisation registrierten Bücher gingen nicht weiter als bis ins 18. Jahrhundert zurück[13]. Ähnlich wie Wernau war sein Nachfolger Johann von Riedheim (1481–1507) den Künsten zugetan und trat als Bauherr hervor. Wenn er deshalb auch als »bedeutendster Abt des Spätmittelalters« (Baumann) gilt, so blieb er wohl ohne Einfluß auf die geistige Formung seines Konvents.

Die Klosterreform des 15. Jahrhunderts verbunden mit der Geistesströmung des Humanismus führte in vielen Benediktinerklöstern zu einer neuen wissenschaftlichen Blüte, die man als »Klosterhumanismus« bezeichnet[14]. Im literarischen Schaffen der Klosterhumanisten nahm die Geschichtsschreibung eine bevorzugte Stellung ein. Das Stift Kempten hat jedoch keinen Mönch vorzuweisen, der als Humanist literarisch hervorgetreten wäre. Die Geschichtsschreibung überließ man einem Schulmeister: Johannes Birk von Biberach, Meister der freien Künste und kaiserlichem Notar, der in Wien und Heidelberg studiert hatte.

Birk war Leiter der Stiftsschule vom Ausgang der sechziger Jahre bis 1502. Es handelte sich bei dieser Institution sicherlich um eine Lateinschule, die eine längere Tradition besessen haben muß. Denn bereits 1288 ist ein Magister Heinrich Gunzeburger bekannt, der an der Stiftsschule lehrte[15]. 1434 ist für Kempten ein »rector scolarum« Heinrich von Mengen, 1451 Lorenz Bruchli als »Schulmeister des Klosters« aktenkundig[16]. 1485 zählte die Stiftsschule 230 Schüler[17]. Daß Birk, wie es den Anschein hat, ein weltlicher Lehrer war, verwundert nicht so sehr. Ist doch etwa auch bei St. Ulrich und Afra zu Augsburg 1431 ein weltlicher Schulmeister erwähnt.

In den siebziger und achtziger Jahren sind sechs chronikalische Werke entweder unter der Verfasserschaft Johannes Birks entstanden, oder sie werden ihm zugeschrieben[18]: 1. eine lateinische Lebensbeschreibung der Königin Hildegard, die den Gründungsvorgang des Klosters und Hildegards Beteiligung daran darstellt sowie von Wundern um ihr Grab berichtet, 2. eine ebenfalls lateinisch geschriebene Geschichte Karls des Großen mit der Gründungsgeschichte des Klosters Kempten, 3. eine erste deutsch geschriebene Kemptener Chronik, die aus den beiden genannten lateinischen Werken und unbekannten Schriften schöpfte, 4. eine deutsch geschriebene erste Klosterchronik[19], die zur Gründungsgeschichte die weitere Klostergeschichte, gegliedert nach den Regierungen der einzelnen Äbte, hinzufügt, 5. ein lateinisches Gedicht, das die Inhalte der vorausgegangenen Chroniken verarbeitet und schließlich 6. eine zweite Klosterchronik auf deutsch, die nach Art einer Nachlese die früheren Angaben zur Klostergeschichte noch vermehrt. Das lateinische Gedicht (Nr. 5) könnte wegen seiner Versform im Schulunterricht gebraucht worden sein. Reime konnten sich die Schüler besser merken. Auch werden darin Schulmeister Birk und die Stiftsschule mehrfach erwähnt.

Inhaltlich beschäftigt sich Birk in seinen Chroniken ausführlich mit der Gründungsgeschichte des Klosters. Es ist die Lieblingsstiftung Karls des Großen und seiner Gemahlin Hildegard. Sie hat die Reliquien Gordians und Epimachs hierher bringen lassen. Papst Hadrian nahm die Kirchweihe vor, Hildegard und Ludwig der Fromme fanden ihr gemeinsames Grab in Kempten. Im Abtkatalog erscheinen völlig phantastische Namen mit für das Mittelalter anachronistischen Formen. Erst mit dem Beginn des 14. Jahrhunderts sind die Äbte mit den historischen Personen identifizierbar, und Birks Mitteilungen können einen gewissen Quellenwert beanspruchen.

Baumann fällt über Birk ein vernichtendes Urteil: Seine Chroniken seien wüste Machwerke, ohne wissenschaftlichen Wert, rein erfunden, Fabelwerk. Birk selbst nennt er einen Ignoranten, der von Geschichte wenig verstand und noch die barbarische lateinische Sprache des späten Mittelalters schrieb. Das harte Urteil wird etwas gemildert, wenn man bedenkt, daß Birk mit seiner Gründungsgeschichte auf die Fälscher des 12. Jahrhunderts (siehe oben) zurückgreifen konnte. Er bewegte sich also im Rahmen der gängigen Klostertradition. Freilich hat seine Phantasie einiges hinzugefügt, wobei er sich teils auf fingierte Gewährsmänner berief, teils echte Quellen zur Geschichte der Karolinger benützte. Er muß aber auch Vorbilder der humanistischen Geschichtsschreibung gekannt haben. Denn es begegnen bei ihm bestimmte Topoi. In seiner Urgeschichte kommen die Amazonen und die Göttin Cisa vor, die wir auch aus der spätmittelalterlichen Stadtchronistik in Augsburg kennen[20]. An einigen Stellen nimmt er sogar ausdrücklich auf die Augsburger

Tafel 13 Künstlerische Kost-
barkeiten aus dem Kloster
Kempten, 12. Jahrhundert:
Aquamanile und Drachen-
leuchter aus Bronze, 1926
ausgegraben in Ursulasried,
Allgäuer Heimatmuseum
Kempten

Tafel 14 Vergoldeter Bronzekruzifixus in der Pfarrkirche Rechtis, wahrscheinlich aus dem Kloster Kempten, Mitte des 12. Jahrhunderts, 17 cm hoch, vermutlich in Schwaben gefertigt

Tafel 15   Lebensgroßer Astkruzifixus in der St. Lorenzkirche Kempten, Mitte 14. Jahrhundert.

Tafel 16   Die Kirchenpatrone Cosmas und Damian aus Rauns, Werke eines unbekannten Kemptener Künstlers, Ende des 13. Jahrhunderts

Stadtgeschichte Bezug, so daß man meinen möchte, es hätte ihm eine Augsburger Stadtchronik vorgelegen, an die er die Kemptener Stadtgeschichte angelehnt hätte. Dort, wo er auf die angeblich alten Stadtnamen von Kempten zu sprechen kommt, zitiert er auch jene von Augsburg. Doch diese Beziehungen könnte nur eine Spezialuntersuchung klären.

Birk liebt nach Art der humanistischen Geschichtsschreiber die Etymologie. Häufig haben diese Chronisten ihre Geschichten aus ihren, philologisch freilich anfechtbaren Deutungen von Ortsnamen abgeleitet. Dafür ein Beispiel, das Stil und Arbeitsweise Birks zu beleuchten vermag: Der Name der Stadt Kempten, Campidona, wird von ihm als »donum campi«, d. h. »geschenktes Feld« gedeutet. Und folgerichtig wird daraus eine Schenkungsgeschichte konstruiert: Do sprach Esnerius: »Wenn ir mir das verhaissend bey dem schwur Edepol und Hercule und bey meiner göttin Cisa, so wil ich euch da unden veld geben, dahin ir hütten buwen mügen.« Da sprachend sy, die Algonti (Allgäuer) all: »Ja, ja, Edepol und Hercule.« Sprach der Esnerius widerumb zu inen: »Nun wol, so gib ich euch das feld da unden auff.« Das ist in Latein gezickt und genempt worden hindennach Campidona, das so vil tutt, als ain gab des velds, scilicet quasi donum campi etc. Das feld ist gewesen das under dem burgberg oder burghaldlyt, da yetzot hewsser stand«[21]. Erzählt wird hier, wie die Bewohner der zerstörten Stadt rechts der Iller, des alten Cambodunum, zum Herzog (!) Esnerius auf die Burghalde kamen, und dieser ihnen einen neuen Siedlungsplatz am Burghaldenabhang (burghaldlyt) zuwies.

Ähnlich wie die Fälscher des 12. Jahrhunderts hatte auch Birk Motive für sein Unternehmen: Das Stift sollte verherrlicht und die Stadt möglichst herabgesetzt werden. Es spiegeln sich in seinem Werke die Streitereien zwischen Stift und Stadt wider, die zu seiner Zeit noch in vollem Gange waren. Eine besonders schöne Handschrift der Lebensbeschreibung Hildegards wurde für Kaiser Friedrich III. hergestellt, um seinen Schutz für das Kloster zu gewinnen.

Die Stadt

Die Stadt Kempten tritt als solche erst im Verlaufe des 13. Jahrhunderts in Erscheinung, als sich einige wichtige Schritte zur Stadtwerdung vollzogen[22]. Der Markt um St. Mang bekam Mauer, Graben und Wall. 1257 sind erstmals »cives Cambidonenses«, also Bürger von Kempten, erwähnt. Neben dem vom Abt ernannten Stadtammann ist auch ein von den Bürgern der Stadt gebildeter Rat urkundlich belegt. Die Bürgerschaft strebte nach Königsrechten, was im Freiheitsbrief durch König Rudolf 1289 zu einem ersten Erfolg führte. Das Ringen der Stadt um ihre Hoheitsrechte und die endgültige Lösung aus der Abhängigkeit vom Stift zog sich dann noch 200 Jahre hin, bis sie 1494 im »Kölner Spruch« bzw. 1525 im »Großen Kauf« zu einem für die Stadt erfolgreichen Ende kamen. Über die einzelnen Schritte auf dem Weg zur selbständigen Stadt unterrichten uns Urkunden. Wir versuchen den geistigen Prozeß zu beschreiben, in dem sich das wachsende städtische Selbstbewußtsein artikulierte. Aber auch hier läßt das Quellenmaterial zu wünschen übrig. Die spätmittelalterlichen Chronisten, die in anderen Städten die Arbeit der Selbstreflexion geleistet haben, fehlen in der Stadt Kempten. Wie fragwürdig sich die Stadtgeschichte beim Stiftschronisten Birk darbietet, haben wir soeben gesehen.

Unter den Patrizierfamilien aus der Zeit vor 1800 hat sich offensichtlich keine durch Gelehrsamkeit oder geistiges Mäzenatentum besonders hervorgetan. Die Familie Vogt ließ gegen Ende des 15. Jahrhunderts eine neue Orgel anschaffen[23].

Ein wichtiger Beleg dafür, wie das Gemeinwesen »Stadt« seine Form bekam, ist allerdings das Stadtbuch aus der Zeit um 1358[24]. Es hatte wahrscheinlich sogar schon einen Vorläufer und war möglicherweise nicht das einzige Rechtsbuch der Stadt zu seiner Zeit. Das Buch unterrichtet über die Verfassung der Stadt und das Gerichtswesen, über Verwaltung und in geringem Maße über das Finanzwesen. Wir dürfen auf eine funktionierende städtische Kanzlei mit mehreren Schreibern schließen, die unter der Oberaufsicht eines beamteten Stadtschreibers standen. In ihrer Kanzleistube wurde wohl auch das Stadtbuch geführt.

Unter den identifizierten Stadtschreibern ist von 1364 bis 1374 ein »Konrad, der Schulmaister« genannt. In der Stadt muß es bereits eine deutsche Schreib- und Leseschule, die Vorläuferin unserer deutschen Volksschule, gegeben haben. Zu 1384 ist im Stadtbuch gesagt, wie der Schulmeister und die Schulmeisterinnen besoldet werden sollen[25]. 1394 ist im stiftischen Salbuch eine Zinssumme erwähnt, die ein namentlich genannter Städter von seinem Garten »bei der Schul« zu leisten hatte[26]. Die Kemptener Bürger wollten in ihrem Streben nach Selbständigkeit und Unabhängigkeit vom Stift schließlich jedoch auch eine eigene Lateinschule besitzen, wie sie beim Kloster existierte. Sie trugen ihr Verlangen dem Pfarrer von St. Mang vor. Pfarrer Heinrich Ützel jedenfalls machte bereits 1448 auf den Wunsch der Bürger hin den Versuch, eine lateinische Schule zu gründen[27]. Sie kam tatsächlich 1462 durch einen Freiheitsbrief von Kaiser Friedrich III. zustande[28]. Gelehrt wurden die sieben freien Künste. Die Schule berechtigte zum Übertritt auf die Universitäten.

Kemptener Studenten sind schon seit 1317 auf den Hohen Schulen Europas nachweisbar[29]. Die ersten waren in Bologna oder Prag eingeschrieben. Später, im 15. Jahrhundert, scheinen Heidelberg und Leipzig beliebte Studienorte für die Allgäuer gewesen zu sein, aber auch Erfurt, Köln, Paris, Freiburg, Ingolstadt und Tübingen werden mehrfach genannt.

Die Gründung der städtischen Lateinschule rief den Widerstand des Klosters hervor, das sich dadurch in seinen Rechten beschnitten sah. Vor allem der Schulmeister beim Stift, Johannes Birk, opponierte in seinen Schriften gegen die Schule in der Stadt. Er verwies auf die alte Schultradition des Klosters, die bis auf Königin Hildegard und Abt Audogar zurückzuführen sei. Nach altem verbrieftem Recht seien alle Schüler »in Unser frowen schul der säligen Hyltgarten gangen ze Kempten und sunst in kain«[30]. Der Name »Unser Frauen Schule« weist auf das alte Muttergottespatrozinium des Klosters hin. An anderer Stelle argumentiert der

Stiftslehrer so: »Und do was dennocht die schul sant Hyltgarten in grossem lob und gewesen by maister Hannsen Bircken. Und do hand die Kempter ain nüwen schul by sant Mangen angefangen, die nit formlich was, wann kain Latinischen Schul sol in der rinckmur sin wider ain herren von Kempten als brieft ußwyssend«[31]. Birk verweist nicht ohne einen Schuß Selbstgefälligkeit auf sich selbst, vor allem aber wieder auf die alten Rechte, die verbrieft seien. Er betont, daß die städtische Schule gegen den Stiftsherrn gerichtet sei. Dabei wird auch die Ringmauer um die Stadt ins Feld geführt, die den Stiftischen immer ein Dorn im Auge war. Letztlich ging die Stadt als Siegerin aus dem Schulstreit hervor, denn im Kölner Spruch von 1494 wurde ihr die Lateinschule ausdrücklich und endgültig zugestanden.

Nun bleibt als Bildungsinstitution noch die Kirche allgemein, wenn man davon ausgeht, daß die Pfarrer bei jeder Predigt auch belehrend auf ihre Gläubigen einwirken. Die Pfarrei St. Mang wurde 1418 formell dem Stift inkorporiert, was das Verfügungsrecht des Abtes über die Pfarrerstelle begründete. Die Bürger wehrten sich gegen die Inkorporation, aber ohne Erfolg.

1474 stiftete die Bürgerschaft bei der St. Mang-Kirche eine Predigerstelle, für die sie selbst das Vorschlagsrecht beanspruchte. Die Prädikatur wurde von Papst Sixtus IV. bestätigt und wird später im bischöflichen Steuerregister geführt[32]. Damit setzten sich die Bürger in Widerspruch zum Abt, der sich in seinen Patronatsrechten beeinträchtigt sah. Doch seine präsentierten Pfarrer erwiesen sich den Städtern oft als schlechte Prediger. Deshalb förderte das gebildete Bürgertum die eigene Predigerstelle mit der Auflage, daß der Bürgermeister und Rat zu Kempten, die die Stelle besetzten, nur einen Doktor oder Lizentiaten der Heiligen Schrift oder einen Doktor des kanonischen Rechts auf die Predigerstelle berufen durften. Der erste Inhaber der Predigerstelle bei St. Mang war Sixtus Rinnhart aus Augsburg, der auch eine Bücherstiftung in die Kirchenbibliothek einbrachte.

Zum Predigen brauchten die Pfarrer Literatur, vor allem wenn höhere Ansprüche an den Prediger gestellt wurden, wie es bei den Kemptener Bürgern offensichtlich der Fall war. Wir sind über den Aufbau einer Kirchenbibliothek bei St. Mang durch einige Bücherschenkungen gut unterrichtet.[33]

Die Bibliothek erwuchs aus bescheidenen Anfängen. Die ersten Bücher dienten auch keinerlei wissenschaftlichem Interesse, sondern ausschließlich den liturgischen Bedürfnissen. Im Seelbuch bei St. Mang des Jahres 1456 sind ein Graduale, ein Antiphonar, ein Psalter, Gebetsbücher, ein Taufbüchlein und ein Brevier aufgezählt. Diese Bücher wurden im Chor der Kirche, am Lettner beziehungsweise an der Lesebank des Pfarrers, aufbewahrt, wo sie beim Gottesdienst zur Hand sein mußten.

Von einer eigentlichen Handbibliothek eines Pfarrers können wir aber erst sprechen, wenn es sich um Bücher handelt, die als theologische Nachschlagewerke etwa für die Predigtvorbereitung dienen konnten. Als Schenker von theologischer Fachliteratur sind erwähnt: Zwischen 1435 und 1437 Priester Johannes Rot, der Priester Jos Hägelin aus Kaufbeuren mit der Historia scolastica (wohl des Petrus Comestor, einem wichtigen theologischen Lehrbuch), die er 1447 eigenhändig abgeschrieben hatte, Konrad Bywang oder Binwang, Kirchherr von Hopfen, weiter Ulrich Rüst, seit 1451 Kaplan bei St. Stephan zu Kempten, Vikar Johannes Frölich von Maiselstein und Johannes Küchlin, Pfarrer in Nesselwang. Unter den Stiftern waren gelehrte Leute. Jos Hägelin, Baccalaureus der sieben freien Künste, und Johannes Küchlin, Lizentiat der Rechte. So kam schließlich bei der Pfarrei St. Mang eine theologisch gut sortierte Handbibliothek zustande, wie ein Bücherkatalog von 1483 ausweist. Er nennt Bibeln und Bibelkommentare, Predigtsammlungen und Heiligenleben, theologische Summen und Rechtssammlungen. Es fehlen nicht berühmte Theologen wie Thomas von Aquin und Bonaventura, Nicolaus von Lyra, Urban von Melk, Johannes Aurbach, Heinrich von Langenstein und Johannes Nyder, um nur einige zu nennen. Vor der Jahrhundertwende wurde die Bibliothek noch einmal durch zwei umfängliche Schenkungen bereichert, nämlich 1486 durch 26 handgeschriebene Bücher und sechs Druckwerke überwiegend theologischen Inhalts des Priesters Thomas Brack und 1497 durch sieben Bücher, die der Kaplan von St. Mang, Johannes Wermaister, für das Seelenheil seiner Eltern und seines Bruders stiftete.

Solch eine Bibliothek und so reiche Bücherschenkungen sind bei einer Pfarrkirche zu dieser Zeit bestimmt nichts Selbstverständliches. Die Pfarrei St. Mang muß damals ein nicht unbedeutendes geistliches Zentrum gewesen sein. Im Jahre 1454 kam dort auch eine Bruderschaft von Geistlichen zustande, die überregionale Bedeutung besaß[34], die »größere Priesterbruderschaft zu St. Mang«. In der Stube des Notars Konrad Stadelmann in Kempten erlebte sie ihre Gründung. Unter den 24 genannten Priestern befanden sich die Pfarrer von Buchenberg, Seeg, Haldenwang, Moosbach, Boos, Reicholzried, Untrasried, Maiselstein und Memhölz. Aus Kempten selbst werden sechs Geistliche als Mitglieder namentlich erwähnt. 1461 wurde diese Bruderschaft vom Bischof von Augsburg, 1474 vom Bischof von Konstanz bestätigt[35].

Wie stellte sich also die Kemptener Bürgerschaft am Ende des Mittelalters dar? Sie hatte sich im Widerstand gegen die alte Schulinstitution beim Kloster ihre eigene Lateinschule geschaffen. Es kündigte sich im geistigen Prozeß ein eigenständiges, neuzeitliches Bildungsbewußtsein an, das fortschrittlicher erscheint als die eher nach rückwärts gerichteten und auf alte Rechte pochenden Geschichtsbetrachtungen, wie sie beim Stift angestellt wurden. Sie hatte die Predigerstelle bei St. Mang durchgedrückt mit der Auflage, daß nur gelehrte Männer diesen Posten bekommen sollten. Politisch kam es am Ende des Mittelalters mit dem »Kölner Spruch« im Verhältnis von Stift und Stadt zu einem bemerkenswerten Ausgleich, der vor allem das städtische Gemeinwesen mit den Rechten der Selbstregierung ausstattete. Zur gleichen Zeit entstand aber, so hat es den Anschein, bei der Stadtpfarrei St. Mang ein geistiges Zentrum, das von Geistlichen getragen wurde, mit dem sich aber auch die Bürgerschaft in hohem Maße identifizieren konnte.

1 Rottenkolber, Stift, S. 21 f.

2 Vgl. Schwarzmaier, S. 41–43.

3 Zürich, Zentralbibliothek, Cod. Rh 83. Vgl. Hermann Tüchle: Das Kalender von Kempten. In: StMBO 81 (1970), S. 7–21; Adolf Layer: Musikgeschichte der Fürstabtei Kempten, Kempten 1975.

4 Zürich, Zentralbibliothek, Cod. Rh 57, 75 und 87. Vgl. Tüchle: Abtei und hochfürstliches Stift Kempten. In: StMBO 81 (1970), S. 393.

5 HStA München: KL Kempten Nr. 231. Ich folge Schwarzmaier, S. 12–31 und 135–148, der das Kopialbuch quellenkritisch untersucht und überzeugend interpretiert hat. Zum Geschichtsbild der Kemptener Mönche des 12. und 13. Jahrhunderts vgl. auch Klaus Schreiner: »Hildegardis regina«. Wirklichkeit und Legende einer karolingischen Herrscherin. In: AfKG 57 (1975), S. 15–18.

6 Einen Hinweis auf eine Grablege in Kempten gibt es außerdem in einem St. Galler Codex des ausgehenden 11. Jahrhunderts. Vgl. Schwarzmaier, S. 13 und 135 f. Tatsächlich liegen beide in St. Arnulf/Metz begraben.

7 MG SS, Bd. 5, S. 100 Anm. 1.

8 HStA München: KL Kempten Nr. 231, fol. 80–83^V. Die Regesten der Bischöfe und des Domkapitels zu Augsburg, Bd. 1, Augsburg 1985, Nr. 115 und 117, S. 70 f.

9 Rottenkolber, Stift, S. 38.

10 Vgl. Baumann, Allgäu, Bd. 2, S. 364–383.

11 Baumann, Allgäu, Bd. 2, S. 701.

12 Rottenkolber, Stift, S. 43.

13 Vgl. Rottenkolber, Allgäuer Klosterbibliotheken.

14 Dazu ein guter Überblick bei Rolf Schmidt: Reichenau und St. Gallen. Ihre literarische Überlieferung zur Zeit des Klosterhumanismus in St. Ulrich und Afra zu Augsburg um 1500, Sigmaringen 1985, S. 15–25.

15 Baumann, Allgäu, Bd. 2, S. 701.

16 Regesten der Bischöfe zu Konstanz, Bd. 3, Nr. 9560 und Bd. 4, Nr. 11524.

17 Baumann, Forschungen, S. 27.

18 Vgl. Baumann, Forschungen, S. 1–30. Peter Johanek: Birk, Johannes. In: Die deutsche Literatur des Mittelalters. Verfasserlexikon, Bd. 1, Sp. 870–875. Klaus Schreiner: »Hildegardis regina«, S. 23–40.

19 Gedruckt in Baumann, Forschungen, S. 31–94.

20 Norbert Hörberg: Geschichtsschreibung. In: Augsburger Stadtlexikon, Augsburg 1985, S. 132 f.

21 Baumann, Forschungen, S. 7 f.

22 Vgl. Müller, Reichsstädte, S. 282–314: Kempten.

23 Baumann, Allgäu, Bd. 2, S. 701.

24 HStA München: KL Kempten 142. Dazu Beck: Stadtbuch.

25 Vgl. Otto Erhard: Zur Kempter Schulgeschichte vom Jahre 1384. In: AGF 8 (1913), S. 23–24.

26 Weitnauer, Bürger, S. 15.

27 Ludwig Dorn: Die spätmittelalterliche Pfarrei St. Mang in Kempten. In: AGF 75 (1975), S. 41–73, hier S. 52.

28 Erhard, Schulgeschichte, S. 23.

29 Weitnauer, Hohe Schulen, S. 60–62.

30 Chronik des Johannes Birk. In: Baumann, Forschungen, S. 76.

31 Ebd. S. 77.

32 Dorn, Pfarrei St. Mang, S. 45.

33 Vgl. Otto Erhard: Die Kirchenbibliothek bei St. Mang in Kempten. In: AGF 2 (1911), S. 74–88. MBK 3.1. Bistum Augsburg, München 1932, Nr. 39–44.

34 Otto Erhard: Bruderschaften in der Reichsstadt Kempten. In: AGF 6 (1912), S. 7–11. Dorn, Pfarrei St. Mang, S. 65.

35 Regesten der Bischöfe von Konstanz, Bd. 4, Nr. 14093.

Das Schulwesen im Mittelalter

Margit Bauer, Daniela Sibbe-Fischer

Jede menschliche Gesellschaft ist bestrebt, ihr erworbenes Wissen in irgendeiner Form an die nächste Generation weiterzugeben. Ging es in frühen Zeiten hierbei lediglich um die Vermittlung von einfachen, lebenspraktischen Kenntnissen, so entwickelte sich später der Wunsch nach weiterführender Bildung. Bald konnte diese innerhalb der Familie nicht mehr geleistet werden. So wurde diese Aufgabe von speziell hierfür geschaffenen Einrichtungen, den Schulen, übernommen; d. h. von pädagogischen Institutionen, die die in der »Gesellschaft vorhandenen Wissensbestände, gesellschaftlich-kulturellen Gehalte, Werte und dgl.« bewahrten, weiterentwickelten und tradierten[1].

Träger der schulischen Einrichtungen waren im Früh- und Hochmittelalter fast ausschließlich die Klöster. Da die Gründung des Stiftes Kempten im achten Jahrhundert erfolgte, ist anzunehmen, daß auch die Wurzeln des Kemptener Schulwesens in diese Zeit zurückreichen. In der karolingischen Renaissance erhielt das Bildungswesen wichtige Impulse[2]. So erließ auf Anregung Karls des Großen die Aachener Synode im Jahre 789 die Verordnung, daß an allen Kathedralkirchen wie in den Klöstern Schulen eingerichtet werden sollten.

Natürlich ist nicht nachweisbar, ob oder inwieweit diese kaiserlichen Erlasse überhaupt vom Stift Kempten ausgeführt wurden. Allerdings haben sich Abt und Konvent des Klosters in späteren Jahrhunderten immer wieder auf die ihnen angeblich von Kaiser Karl dem Großen gewährten Privilegien berufen. So heißt es in einer Klageschrift des Stiftes aus der zweiten Hälfte des 15. Jahrhunderts: »Ist allzyt herkomen und ouch mit gewonhait das die Schul der Knaben und pfäfflin ze Kempten gehalten worden ist by dem Kloster Kempten, ain Abbt die besetzt und entsetzt hat«[3]. Auch wenn die Klageschrift nur auf althergebrachte Rechte verweist, ohne deren Gewährung zu datieren, so stützt sie doch die Vermutung, daß in Kempten schon zu Beginn des neunten Jahrhunderts eine Schule bestanden hat.

Klosterschulen waren zunächst nur Ausbildungsstätten des Ordensnachwuchses. Die Klageschrift des Stifts spricht aber ausdrücklich von zwei Schulen, von einer für »pfäfflin« und einer für »Knaben«, die im allgemeinen auch als »Innere« und »Äußere Schule« bezeichnet wurden. Die Zöglinge der »Inneren Schule« waren für die Aufnahme in den Orden bestimmt und gänzlich in das Klosterleben integriert. In der »Äußeren Schule« wurden zunächst die künftigen Weltgeistlichen, später wohl auch Laienschüler, ausgebildet[4]. »Innere« und »Äußere Schule« sind für das Kloster St. Gallen als getrennte Institutionen verbürgt[5]. Das Schweizer Kloster stand mit Kempten in enger Verbindung[6]. Doch·kann daraus nicht geschlossen werden, daß auch in Kempten die »Innere Schule« räumlich und organisatorisch von der »Äußeren Schule« getrennt war. Überhaupt ist in dieser Zeit für keines der schwäbischen Klöster eine derartige Trennung eindeutig nachweisbar. Fest steht nur, daß in der Kemptener Stiftsschule, einer sogenannten »Lateinschule«, sowohl Mönche als auch angehende Kleriker unterrichtet wurden.

An den klösterlichen Lateinschulen erfolgte der Unterricht in drei Stufen[7]. Die erste Stufe, der »Elementarunterricht«, umfaßte die Einführung ins Lesen und Lernen der Psalmen, Rechnen, Gesang, grundlegende lateinische Grammatik und Konversation. Nach drei Jahren folgte in der zweiten Stufe, dem »Trivium« und »Quadrivium«, das Studium der »Sieben freien Künste«. Das sogenannte »Trivium« umfaßte die Grammatik der lateinische Sprache, Rhetorik und Dialektik. Dazu gehörte auch das Abfassen von Schriftstücken aller Art, die Übung im logischen Denken und das Disputieren, für die das notwendige philosophische, politische und rechtliche Sachwissen vermittelt wurde. Das sogenannte »Quadrivium« beinhaltete Arithmetik (die Vermittlung von Kenntnissen über die christliche Zeitrechnung), Geometrie (Geographie, Naturkunde und Vermessungskunst), Musiktheorie und Astronomie (Kenntnisse über Himmelskörper und die Zeitrechnung). Diese Ausbildungsstufe dauerte acht Jahre, in ihren Inhalten verband sich antikes mit christlichem Gedankengut. Die dritte und letzte Stufe war den theologischen Studien, wie der Auslegung der heiligen Schrift und der Dogmatik, vorbehalten. Auch außerhalb der Schule waren die Schüler eng in das kirchliche Leben eingebunden. In der genannten Klageschrift wird angeführt, daß »die schuler ze Kempten [...] mit Korgeen singen und lesen Inn dem Kloster auch Inn der procession gewertig gewesen send, die selben auch Iren selwarten insonderhait ainen custor des gotzhus gehabt, dem Ire vier opfer geraicht haben und so sich begeben hat, der schuler [...] mit tod verschiden ist [...] nach seinem abgang mit der proceß zu dem Kloster geholet und by dem Kloster Inn dem frythoff den man der Schulerfrythoff genannt hat und noch also genannt wirt bestattet als ainen undertan und pfarrkind«[8]. Wenngleich für das Mittelalter zur Schulgeschichte des Stifts nur wenige Nachrichten überliefert sind, so darf doch angenommen werden, daß die Schule weiterbestand. So berichtet eine Tegernseer Geschichte, »daß Abt Eberhard von Ottobeuren [um 1050] seine Bildung der wohleingerichteten Schule zu Kempten zu verdanken hatte«[9]. Im Jahre 1288 hören wir von einem »magister Heinricus Gunzeburgus«, einem lateinischen Schulmeister[10] des Stifts. In einem Verzeichnis des Stiftsarchivars Josephus Franciscus Salesius Dullinger aus dem Jahre 1738, das alle Beamten des Fürststiftes Kempten enthält, werden für das Jahr 1451 Lorenz Buctelin als Professor und für 1491 Johann Birk von Biberach als »Rector Scholarum« genannt[11]. Johann Birk berichtet in einem Anhang zu dem von ihm verfaßten »Tractatus de monasterio Campidonensis«[12], daß um das Jahr 1485 230 Schüler die Münsterschule besuchten.

Bis zum 14. Jahrhundert war das Bildungswesen weitgehend eine kirchliche Angelegenheit. Durch den Aufschwung von Handel und Gewerbe in den Städten erstarkt, entwickelte das Bürgertum ein neues Selbstbewußtsein. Vor allem strebte es danach, Aufgaben des öffentlichen Lebens, und dazu gehörte auch die Errichtung von Schulen, selbst zu übernehmen. Das Bedürfnis der Kemptener Bürger, eine eigene Stadtschule einzurichten, führte unweigerlich zu einer Konfrontation mit dem Stift, das auf sein Bildungsprivileg nicht verzichten wollte. Damit kündigte sich eine Konkurrenz im Bildungswesen an, die Stift und Stadt über Jahrzehnte hinweg Anlaß zu Streitigkeiten gab.

Noch im Jahre 1353 bestätigte Kaiser Karl IV. dem Stift Kempten das ausschließliche Schulrecht und legte fest, daß in der Stadt keine Schule sein sollte[13]. Und im Jahre 1362 mußten die Bürger von Kempten das Zugeständnis machen: »Wir obgenannte Burger Von Kempten Verichen auch, das Unser Her der Abt, und das gotzhus ainen Schulmeister setzen, und nimmen ond, als es Von alter Herkomen ist, uns als dis das not beschicht«[14].

Allerdings betrafen diese Auseinandersetzungen nur die Lateinschule, nicht jedoch das unabhängig von ihr existierende »niedere Schulwesen«. Wenn das »Statuten und Articulbuch«[15] der Stadt im Jahre 1384 von einer weiteren Schule berichtet, so kann es sich hierbei nur um eine sogenannten »niedere« oder »deutsche Schule« handeln. Dies läßt sich aus der Tatsache schließen, daß sowohl Schulmeister wie Schulmeisterinnen unterrichteten. Die Heranziehung weiblicher Lehrkräfte wäre jedoch an einer Lateinschule des Spätmittelalters undenkbar gewesen. Es ist anzunehmen, daß an der deutschen Schule nur elementare Grundkenntnisse, wie z. B. die Anfänge des Lesens und Schreibens, vermittelt wurden. Diese Schule war jedoch keine städtische, sondern eine private Einrichtung. Die Entlohnung des Schulmeisters und der Schulmeisterin erfolgte ausschließlich durch die Eltern der Schüler. Allerdings legte der Rat der Stadt die Höhe des Schulgeldes genau fest. So sollten dem Schulmeister von jedem Schüler nicht mehr als zwölf Schilling Haller im Jahr gegeben werden. Daneben erhielt er am Sankt Martinstag eine Maß Wein oder drei Pfennig, zur Fastnacht einen Hahn oder wiederum drei Pfennig und vier Pfennig für Holz. Der Schulmeisterin stand etwas weniger zu, nämlich von jedem Kind nur zehn Schilling Haller im Jahr und zu Sankt Martin eine Maß Wein oder drei Pfennig. Unterrichtet wurde nicht etwa in einem eigenen Schulgebäude, sondern in der Wohnung des Schulmeisters und der Schulmeisterin. Es bestand keinerlei Schulpflicht. Maßgebend für den Schulbesuch war ausschließlich der Wille der Eltern.

Der Stadt war, wie gesagt, daran gelegen, auch über eine eigene lateinische Schule, d. h. eine Stätte der höheren Bildung, zu verfügen. Demgegenüber beharrte das Kloster auf seinem Bildungsmonopol. Der Geistliche von St. Mang versuchte, den fortwährenden Streit dadurch zu beenden, daß er sich an Papst Nikolaus V. mit der Bitte wandte, die Errichtung einer Lateinschule in seiner Pfarrei zuzulassen. Daraufhin unterrichtete der Papst am 4. Juni 1449 den Bischof von Augsburg über die unterschiedlichen Auffassungen von Stift und Stadt bezüglich der Schulfrage. Die päpstliche Bulle[16] gibt Aufschluß über die Argumente der Stadt. Der Geistliche von St. Mang, der als »rector seu perpetuus vicarius parrochialis ecclesiae« bezeichnet wird, suche um das Recht nach, die Knaben seiner Pfarrei selbst unterrichten zu

Farbtafel 9   Wandmalereien im Stadtarchiv Kempten (entdeckt 1962) von Ulrich Mair, letztes Viertel 15. Jahrhundert.

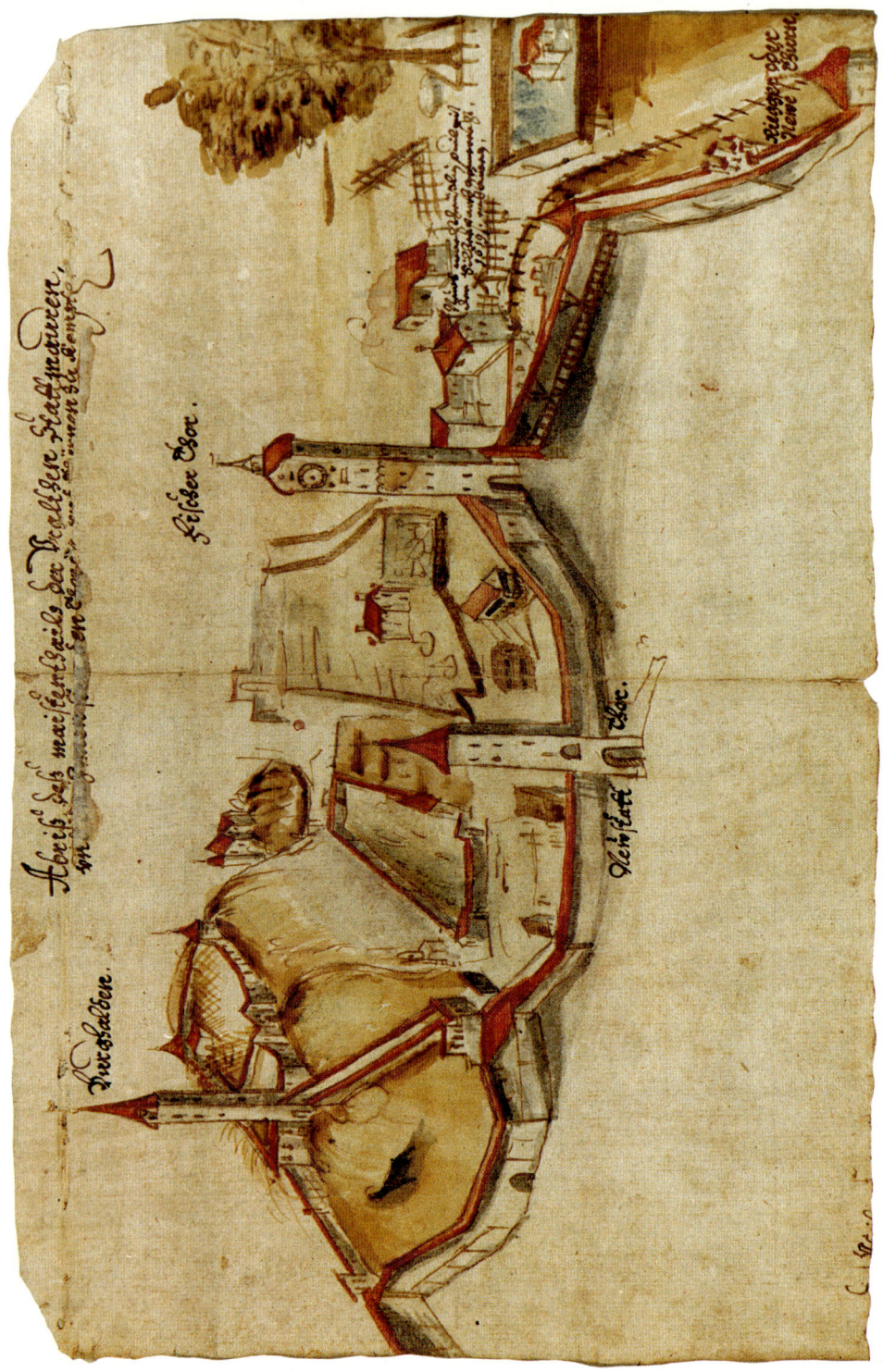

Farbtafel 10 Die Kemptener Stadtmauern auf einer mittelalterlichen Planzeichnung

Farbtafel 11 Verherrlichung der Fürstabtei und ihrer Geschichte, Deckengemälde im Thronsaal der Residenz, von Franz Georg Hermann (1740/1742)

Farbtafel 12   Die Allegorie der Stadt empfängt die Götter des Olymp, Deckengemälde im Festsaal des Ponikau-Hauses, von Franz Georg Hermann, um 1741

dürfen, denn die stiftische Schule liege außerhalb der Stadtmauern, der Schulweg sei zu gefährlich. Die Eltern würden ihre Kinder nicht in die Stiftsschule schicken, weil sie wegen der häufigen Überfälle auf die Stadt um das Leben ihrer Kinder fürchteten. Deshalb blieben diese Kinder gänzlich ungebildet. Daher wolle der Geistliche einen Lehrer anstellen, um die Knaben der Pfarrei, aber auch auswärtige Schüler, in der Grammatik und anderen Gegenständen zu unterrichten. Der Papst befürwortete das Anliegen des Pfarrers von St. Mang und beauftragte den Bischof von Augsburg, die Verhältnisse zu überprüfen und, sofern die Schilderungen zuträfen, die Einrichtung einer Stadtschule in die Wege zu leiten. Im übrigen sei die Stadt bereit, dem Stift eine angemessene Entschädigung zu zahlen[17]. Freilich, zu einer Einigung führte auch die päpstliche Intervention nicht.

Dreizehn Jahre später versuchten der Pfarrer von St. Mang, Linhart Merklin, der Bürgermeister und der Rat der Stadt gemeinsam, Kaiser Friedrich III. für ihr Anliegen zu gewinnen. Der Kaiser war der Stadt wegen ihrer Haltung im Reichskrieg gegen Ludwig von Niederbayern wohlgesonnen[18]. In einem Freiheitsbrief gestand er ihr am 5. Februar 1462 das Recht zu, eine Lateinschule zu errichten[19]. An einem geeigneten Ort solle eine Schule erbaut und ein Lehrer eingesetzt werden. Die Urkunde geht ausdrücklich davon aus, daß »Maister Linhart und die benanten Burgermeister und Rate der Statt zu Kempten und Ir nachkomen ein gemeyne Schul bey der gemelten sannd manngen Pharrkirchen, [...] zusampt der Schul so yetz ausserhalb der Statt Kempten in dem Closter vnnser lieben Frawen daselbs ist vnd gehalten wirdet«, einrichteten, d. h. daß die Klosterschule und die Stadtschule unabhängig nebeneinander bestehen sollten. Sodann legte das kaiserliche Privileg, das dem Wunsch der Bürger nach verbesserten Bildungsmöglichkeiten entsprach, großen Wert auf die Unterweisung der Schüler in weltlichen wie in kirchlichen Dingen: »Yedoch so haben wir insonnderheit neigung und begirde, dardurch vnnser vnd des reichs vndertanen von Jugent auf mit rechter vnderweisung vnd lere in zunemenden tugenden mit teglicher übung vnd fleiß erwachssen, ir vernunfft erleücht vnd zu dinst des almechtigen gotes vnd erberm gutem wesen geschickt werden«. Unterrichtsstoff sollten die »sieben freien Künste« sein und das Lernen von christlichen Liedern zur Bereicherung des Gottesdienstes. Der Unterricht solle ungehindert durchgeführt werden können. »Vnd wir gebieten darumb Allen [...] von Romischer Keyserlicher machtvolkomenhait ernstlich vnd vesticlich mit disem briefe; das sie den obgenanten Maister Linhartten vnd die egenanten von Kempten vnd Ire nachkomen an solichen egemelten vnsern gnaden vnd freyheiten der vorgeschriben Schul nicht hindern noch irren in kein weise«. Zuwiderhandelnden wird eine empfindliche Strafe, nämlich »zwainzig marck lotigs goldes«, angedroht.

Kraft kaiserlichen Privilegs verfügte nun auch die Reichsstadt Kempten über eine Stätte höherer Bildung. Allerdings unterschied sich die Stadtschule als »niedere Lateinschule« von der »höheren Lateinschule« des Stifts in einigen nicht unwesentlichen Punkten. Der Lehrstoff der Stadtschule ähnelte zwar dem der unteren Stufen der Stiftsschule – der Freiheitsbrief weist ja ausdrücklich darauf hin, daß in der

Stadtschule die »freien Künste« nach der Gewohnheit des Landes unterrichtet werden sollen –, doch kann davon ausgegangen werden, daß die Stadtschule die elementare, praktische Ausbildung stärker betonte und auch die theologischen Studien nicht den Umfang derjenigen der Klosterschule erreichten. So dürften die Unterrichtsinhalte der niederen Lateinschule im allgemeinen den Ansprüchen der Reichsstadt als Sitz von Handel und Gewerbe besser entsprochen haben. Ferner waren im Unterschied zum Stift in der Reichsstadt neben dem Geistlichen von St. Mang auch der Bürgermeister und der Rat an der Einrichtung der Schule und der Besetzung der Lehrerstelle beteiligt. Trotzdem ist die Stadtschule noch als eine kirchliche Institution anzusehen.

Am 8. Februar 1462 schlug Kaiser Friedrich III. der Stadt in einem weiteren Schreiben einen Hans Argon von Lindau als Lehrer vor. »Als wir [...] ain Schul daselbs in der Stat zehalten vergunnet und erlaubt haben, der nun die verrer durch den Erbern auch unserm lieben andechtigen maister Hannsen Argon von lindav zuverwesen bevollen hat, als uns ist anpracht, Begern wir an ew mit fleiß Empfellen ew auch ernstlich und wellen, sey der benant maister Hanns zuverwesung derselben Schul teuglich, daz Ir In alsdann die verwesen und berublich Innhalten lasset [...]«[20]. Bis zur Mitte des 15. Jahrhunderts waren die Lehrer an Lateinschulen fast ausschließlich Kleriker. Hans Argons Titel »maister« (»Magister der freien Künste«) weist indes auf einen weltlichen Lehrer mit Universitätsstudium hin.

Die vom Kaiser genehmigte Schule wurde am 20. Juni 1464 durch eine Urkunde des päpstlichen Legaten, Bischof Rudolph von Lavant, offiziell bestätigt[21]. Gleichwohl verweigerte der Abt des Stiftes, Johannes von Wernau, der Stadtschule noch immer die Anerkennung. Auch in den folgenden Jahrzehnten zweifelten die Äbte die Rechtmäßigkeit der Stadtschule an. Um 1492 klagte Johann von Riedheim gegen die Stadt vor den zu Ulm versammelten Reichsständen[22]. Wieder berief sich der Abt auf das Gewohnheitsrecht des Stifts. Kaiser Karl der Große habe festgesetzt, daß »die Schul by dem Kloster sein sol und söll kain Schul Inn der stat sein«. Weiter verweist die stiftische Klageschrift auf die Übereinkunft mit den Kemptener Bürgern von 1362, »das ain Abbt und gotzhus zu Kempten ainen schulmaister setzen und nemen söllend als es von alter Herkomen ist« und »das der Abt und sein nachkomen beliben söllen by allen Iren alten Briefen fryhaiten gewonhaiten und rechten«.

Offenbar sind auch die Schülerzahlen an der Klosterschule seit dem Bestehen der Stadtschule zurückgegangen. In einem schriftlichen Disput mit der Reichsstadt führt der Abt an, daß die Stadtschule der Klosterschule schade, da die Bürgerskinder die Klosterschule mieden und die Bürger Kemptens sich weigerten, auswärtige Schüler der Gotteshausschule in Kost und Logis zu nehmen[23]. Viele Bürger der Stadt nahmen die Möglichkeit, ihre Kinder in die städtische Lateinschule zu schikken, vor allem auch deshalb wahr, weil der Unterricht an der Klosterschule in Verruf geraten war. So bemängelten die Kemptener Bürger, »der Abt besetze die Klosterschule nicht der Kirchenordnung gemäß mit einem Schulmeister, der die Kinderlehre versteht, sondern mit einem Custos, der ein Mönch ist«[24].

Keine der beiden Parteien war zum Einlenken bereit. Am 8. September 1493 mußten die kaiserlichen Kommissäre Graf Eberhart zu Würtemberg, Graf Ulrich zu Montfort und die Bürgermeister der Städte Augsburg und Biberach ihre Schlichtungsversuche aufgeben, da »Abt Johann zu Kempten [...] bei seines Gotteshauses Oberkaiten, Gerechtigkeiten, auch altem Brauch und Herkomen« und auch die Reichsstadt »bei ihrer kaiserlichen Freiheit [...] zu bleiben vermeinten«[25]. Erst durch einen erneuten kaiserlichen Schiedsspruch konnte der Zwist im Jahre 1494 endgültig beigelegt werden: »Item es solln hinfüro baid schuler, Inner und osserhalb der Statt Kempten beleiben, und den Schulern freyer Wille vorbehallten sein, welche Schul Sie wollen haim zu suchen, one des Abbts Convents und der von Kempten Irrung und Hindernuß«[26]. Kaiser Maximilian I. bestätigte noch einmal ausdrücklich, daß die Stadtschule unabhängig neben der Stiftsschule bestehen und es den Eltern überlassen sein sollte, ihre Kinder in die eine oder die andere Schule zu schicken.

Als sich die Reichsstadt im Jahre 1525 die völlige Freiheit und Unabhängigkeit vom Stift Kempten erkaufte, nahm sie den Schiedsspruch des Kaisers wörtlich in den »Großen Kauf« auf[27]. Von nun an war das Stift gezwungen, das Bestehen der städtischen Lateinschule hinzunehmen.

Im ausgehenden Mittelalter verfügten somit das Stift und die Stadt Kempten über unterschiedliche Schulen: das Stift über eine höhere Lateinschule, die Stadt über mindestens eine deutsche Schule und über eine niedere Lateinschule.

1 Bruno Hamann: Geschichte des Schulwesens. Bad Heilbrunn 1986, S. 9.

2 Vgl. die Bildungsgesetze Karls des Großen. In: MG LL II.1, S. 79 und S. 357.

3 Magistratsakt der Stadt Kempten A VI 243, StadtA Kempten.

4 Vgl. Hans-Werner Goetz: Leben im Mittelalter vom 7. bis zum 13. Jahrhundert. München 1986, S. 7.

5 Der St. Gallener Klosterplan. Prospekt der Ausstellung der Schweizer Kulturstiftung pro Helvetia. 2. Aufl., Zürich 1984.

6 Johannes Duft: St. Gallen und Kempten. In: Die Ostschweiz, Nr. 208 vom 6. 9. 1975 (Beilage).

7 Hamann, S. 23.

8 Magistratsakt der Stadt Kempten A VI 243.

9 L. Schönchen: Übersicht über die Geschichte der Schulen und der Volksbildung im Kreise Schwaben. In: Bavaria II, S. 940.

10 Wolfgang Haberl: Ein Orden in Kempten. In: DSA 49 (1986), S. 51, Nr. 2.

11 HStAMünchen: Fst. Kempten, MüB 40.

12 StBMünchen: cod. lat. 2211.

13 Adolf Horchler: Beiträge zur Geschichte des Kemptener Schulwesens bis ca. 1802, StadtA Kempten A VI 80 (Handschrift), S. 8.

14 HStAMünchen: Fst. Kempten, MüB 63.

15 StadtA Kempten B II 570.

16 Abgedruckt in: Hans Ockel: Geschichte des höheren Schulwesens in Bayerisch-Schwaben während der vorbayerischen Zeit. Berlin 1931, S. 340−342.

17 Ebd.

18 Haggenmüller Bd. 1, S. 322.

19 HStA München: RU Kempten 571; hier auch die folgenden Zitate.

20 HStA München: RU Kempten 561.

21 HStA München: RU Kempten 585.

22 Magistratsakten der Stadt Kempten A VI 243. (Die Klage ist nicht datiert, der Inhalt läßt jedoch aufgrund der angesprochenen historischen Ereignisse rückschließen, daß sie um das

Jahr 1492 entstanden sein muß.) Hier auch die folgenden Zitate.

23 Horchler, S. 15.

24 Ebd., S. 19 f.

25 HStA München: RU Kempten 800.

26 HStA München: Fst. Kempten, MüB 606.

27 Ebd.

Kunstgeschichte der Stadt Kempten im Mittelalter

Albrecht Miller

Von den Bauten des um 750 als Tochterkloster St. Gallens gegründeten Stiftes Kempten, als dessen erster Abt Audegar 752 bezeugt ist, fehlt heute jegliche Spur. Bei Restaurierungen in der Pfarrkirche St. Mang wurden 1894 Teile der Fundamente einer frühmittelalterlichen Kirche mit halbrunder Hauptapsis und zwei Nebenapsiden freigelegt, dazu eine Taufgrube, bei der man den heute in der Kirche aufgestellten Flechtwerkstein (Taf. 12.1) fand. Ob die Grundmauern zur zweiten Klosterkirche gehören, die der Tradition nach im Jahre 869 errichtet wurde[1], ist gegenwärtig nicht zu entscheiden. Auf jeden Fall aber gehört das von einer Chorschranke stammende Plattenfragment ins 9. Jahrhundert und stellt damit ein wichtiges Indiz für den Standort der ersten Klosteranlage im Bereich der Pfarrkirche St. Mang dar. Die 39 cm hohe, 82 cm breite Reliefplatte weist als Hauptmotiv achterförmig geschlungenes Flechtwerk auf, das Trauben- und Weinlaub einschließt. Die Rahmung bildet ein dichtes Flechtband. Vergleichbares kennen wir aus Frauenchiemsee[2], Füssen[3], Westendorf und Mehrerau[4]. Im Zusammenhang mit der Entwicklung des Klosters stand der Ausbau der Burghalde, auf der von der Karolingerzeit an die Klostervögte residierten.

Das Kemptener Urkloster fiel 926 dem Ungarnsturm zum Opfer[5], was wohl den Anlaß gab zur Verlegung auf die Anhöhe westlich der Iller, jenem Ort, an dem sich die Abtei weitgehend unabhängig von der Stadt entwickelte. Kurz vor oder zur Zeit der Regierung des Abts Burkhart († 1026) ging das Kloster in Flammen auf. Der nachfolgende Kirchenbau, von dem die Stadtveduten des 16. und 17. Jahrhunderts kein einheitliches Bild vermitteln, war eine dreischiffige Basilika mit Ostturmpaar, die Bestand hatte bis zur Zerstörung des Dreißigjährigen Kriegs.

Aus der Zeit gegen 1000 ist ein Kemptener Hymnar erhalten geblieben, das wenige Jahre nach seiner Entstehung vom Abt Burkhart nach Kloster Rheinau gebracht wurde, dem er seit 1010 vorstand. Von dort gelangte es in die Zentralbibliothek

Zürich[6]. Die mit Initialen aus kunstvoll geflochtenen Ranken verzierte Handschrift läßt einen hohen Standard der Kemptener Schreibstube der ottonischen Zeit erahnen. Über deren Produktivität und Qualität, Eigenständigkeit oder Abhängigkeit von der bedeutenden Reichenauer Malschule kann infolge des nahezu totalen Verlusts der Kemptener Handschriften keine Aussage mehr gemacht werden.

Unsere Kenntnis der künstlerischen Kultur des Klosters Kempten im 12. Jahrhundert stützt sich auf wenige Zufallsfunde. 1926 wurden bei Grabungsarbeiten in Ursulasried eine Aquamanile und ein Drachenleuchter entdeckt (Taf. 13), die offenbar nach der Plünderung des Stifts durch die Bauern im Jahr 1525 angesichts der heranrückenden Truppen des Jörg von Waldburg verscharrt worden sind[7]. Die beiden figürlichen Bronzegeräte, die heute zu den größten Kostbarkeiten des Allgäuer Heimatmuseums zählen, sind von archaischer Primitivität, kompakt in ihrer Grundform und nur durch sparsame Strichgravierungen in ihrer Stofflichkeit charakterisiert. Wahrscheinlich stammt der kleine feuervergoldete Bronzekruzifixus der Pfarrkirche Rechtis (Taf. 14) ebenfalls aus dem Kloster Kempten. Die Strenge und Symmetrie seines figürlichen Aufbaus wird durch die Neigung des Kopfes nur wenig gemildert. Vor allem wirken die aus walzenförmigen Teilen zusammengesetzten Arme, bei denen die Kürze der Oberarme und die als scharfe Ecken heraustretenden Ellenbogen auffallen, geometrisch schematisiert. Unter den schwäbischen Bronzekruzifixen der Zeit findet sich nichts unmittelbar Vergleichbares. Am nächsten steht unserem Werk ein Gekreuzigter unbekannter Herkunft im Bayerischen Nationalmuseum[8].

Ebenso spärlich ist der erhaltene Denkmälerbestand des 13. Jahrhunderts. Dieser Epoche zuzuordnen sind die Längswände der Kapelle St. Stephan im Keck, deren halbrunde Apsis nach 1451 erneuert wurde, sowie die ehemals in der Mitte des St. Mang Platzes stehende, 1857 abgebrochene Kapelle St. Michael, an die nur noch die an der Kirche St. Mang angebrachte, ehemals das Kryptengewölbe tragende achteckige Sandsteinsäule erinnert. Die Kemptener Buchmalerei der Jahrhundertmitte repräsentiert ein Psalterium, das 1889 als Geschenk aus Kempten an das Germanische Nationalmuseum ging[9]. Auf 163 Blättern enthält die Handschrift eine Reihe von ganzseitigen Miniaturen und Bildinitialen mit Darstellungen aus dem Leben Jesu (Farb-Taf. 6). Die ungestüme, drastische Malerei entfernt sich vom Miniaturhaften und strebt nach monumentaler Wirkung. Am Ende des Jahrhunderts war in Kempten ein Bildhauer tätig, aus dessen Werkstatt die säulenhaft statischen Figuren der Kirchenpatrone Cosmas und Damian in Rauns (Taf. 16) hervorgegangen sind. Von gleicher Hand stammt die hl. Katharina in der Kapelle zu Kornau bei Oberstdorf[10].

Die künstlerischen Hinterlassenschaften des 14. Jahrhunderts sind kaum zahlreicher als die der vorausgegangenen Epochen. Überraschend ist die Existenz von drei Vortragekreuzen aus dem 1. Jahrhundertviertel, die auf eine leistungsfähige Kemptener Goldschmiedewerkstatt schließen läßt. Das größte und typologisch interessanteste befand sich in der Kirche von Ried bei Ottacker, bis es kurz nach dem Zweiten Weltkrieg entwendet und zerstört wurde. Immerhin ist es dokumentiert in einer Abbildung bei Förderreuther[11]. Es unterscheidet sich von den beiden anderen durch seine schlanken Proportionen und die Lilienenden der Arme, wogegen die Kreuze in Waltenhofen und aus Linsen im Allgäuer Heimatmuseum Vierpassenden besitzen, die ein Quadrat überschneiden. Gemeinsam ist allen drei Werken die Art der locker eingerollten Ranken auf den das Kreuzholz verkleidenden vergoldeten Kupferplatten. Demgegenüber ist jeweils der Körper des Gekreuzigten vom Typus her verschieden und auch die eingearbeiteten Emailmedaillons zeigen stilistische Differenzen. Wahrscheinlich handelt es sich bei diesen Teilen um Arbeiten spezialisierter Werkstätten, deren Sitz in dem zu dieser Zeit dominierenden schwäbischen Kunstzentrum Konstanz zu vermuten ist.

Zu den größten kunsthistorischen Kostbarkeiten Kemptens zählt der lebensgroße Astkruzifixus des mittleren 14. Jahrhunderts in St. Lorenz (Taf. 15). Ob er zum alten Bestand gehört und die Plünderungen und Zerstörungen des Bauernkriegs und des Dreißigjährigen Kriegs überdauert hat oder erst danach in die Kirche gelangte, sei dahingestellt. Der Erhaltungszustand ist ungewöhnlich gut. Sowohl das Kreuzholz als die Fassung sind ursprünglich. Die Befestigung der etwas angewinkelten Arme in den Achselhöhlen geschieht durch Scharniere, so daß der Leib Christi während der Karfreitagsliturgie vom Kreuz genommen und ins Grab gelegt werden kann. Unter den erhaltenen Kruzifixen dieser Art gehört er zu den ältesten[13]. Der zerschundene Körper beeindruckt durch seine strenggebaute hoheitsvolle Erscheinung. Die formale Abstraktion transzendiert das realistisch Menschliche ins Erhabene, Symbolhafte. Unter den Allgäuer Bildwerken des 14. Jahrhunderts ist es nur das ähnlich archaisch wirkende Vesperbild in Hörmannshofen[14], das an den Kemptener Gekreuzigten heranreicht.

Die 1557 profanierte, 1857 abgebrochene St. Michaelskapelle enthielt einen Freskenzyklus, der im wesentlichen der ersten Hälfte des 14. Jahrhunderts zugeordnet werden kann. Die im Stadtarchiv erhaltenen Kopien von Josef Buck lassen erkennen, daß es sich um sehr bemerkenswerte Malereien gehandelt hat[15], deren stilistische Wurzeln in der Kunst des Bodenseeraums gelegen haben dürften.

Das 15. Jahrhundert gehört zu den fruchtbarsten in der Kunstgeschichte der Stadt. Die herausragende architektonische Leistung war der Neubau der Pfarrkirche St. Mang im zweiten Jahrhundertviertel. Sie gehört zu einer Gruppe oberschwäbischer Stadtkirchen, die im basilikalen Aufbau und im Verzicht auf die Einwölbung des Mittelschiffs altertümliche Motive der Bettelordensarchitektur übernommen haben. Ein ähnliches Bild bieten die alten Memminger Pfarrkirchen St. Martin und Unserer Frauen sowie die Kaufbeurer Martinskirche. Die schlichte Architektur von St. Mang, die erst durch den Anbau der drei patrizischen Familienkapellen an der Südfront in den Jahren 1512, 1518 und 1519 bereichert wurde, war das Gehäuse einer reichen, unter anderem zehn Altäre umfassenden spätgotischen Ausstattung, die dem Bildersturm 1533 zum Opfer fiel[16].

Im späten 15. Jahrhundert und im frühen 16. Jahrhundert entwickelte sich allenthalben eine rege Bautätigkeit. Im Stift wurden die Gebäude vergrößert und ein neuer Kreuzgang angelegt. Die überwiegende Zahl der heute bestehenden stifts-

kemptischen Pfarr- und Filialkirchen stammen im Kern aus dieser Zeit. Sie folgen
in der Regel einem schlichten Bautypus: An einen eingezogenen, gewölbten Chor
mit 5/8 Schluß ist ein saalartiges, flach gedecktes Langhaus angefügt. Der quadratische Turm steht in einem der Chorwinkel. Stattliche Beispiele sind die aus Tuff-
steinquadern errichteten Pfarrkirchen in Obergünzburg, geweiht 1480, und Untrasried. Spätere Beispiele in Oberthingau und Unterthingau, vollendet 1514, zeigen dagegen Roll- und Bruchsteinmauerwerk mit gebuckelten Sandsteinquadern an
den Ecken, die als Signum der stiftskemptischen Bauhütte gelten dürfen. Die
kemptischen Kirchen Unterthingau, Oberthingau, Wirlings und Wildpoldsried
weisen an den Buckelquadern skulpierte Köpfe auf (Taf. 12.2). Die dreischiffige
Anlage in Wildpoldsried mit überhöhtem, fensterlosem Mittelschiff bildet typologisch eine Ausnahme.

Auch im Bereich der Profanarchitektur hat sich in der zweiten Hälfte des 15. Jahrhunderts in Kempten einiges ereignet, wie die noch heute bestehende spätgotische
Häusergruppe nördlich von St. Mang bezeugt. Die meisten spätmittelalterlichen
Bürgerhäuser sind jedoch im 16.–18. Jahrhundert um- oder neugebaut worden.
Auch das 1474 errichtete Rathaus hat eine Reihe von Umgestaltungen erfahren,
doch wird sein Erscheinungsbild von spätgotischen Elementen wie dem Treppen-
giebel im Osten und den (erneuerten) doppelläufigen Treppenvorbauten bestimmt[17]. Eine späte Hinzufügung aus dem Jahre 1937 ist die Ausstattung des
kleinen Saals. Die spätgotische Balkendecke und die maßwerkverzierten Wandver-
täfelungen schmückten vormals den Saal des Weberzunfthauses.

Da die spätmittelalterlichen Ausstattungen von St. Mang und St. Lorenz so gut wie
ganz verloren sind, andererseits aber auch die Schriftquellen nicht gerade reichlich
fließen und für die erste Hälfte des 15. Jahrhunderts ganz versiegen, ist es in erster
Linie durch Heranziehung der im Kemptener Umland erhalten gebliebenen Denkmäler möglich, ein Bild von der hochrangigen künstlerischen Kultur der Stadt am
Ende der Gotik zu skizzieren.

Um 1420 scheint in Kempten eine Bildhauerwerkstatt von beachtlicher Leistungs-
kraft bestanden zu haben. In der gegen 1800 erbauten Kapelle von Engelwarz bei
Weitnau steht die Kopie eines hl. Johannes Bapt. aus dem frühen 15. Jahrhundert,
der sich heute im Badischen Landesmuseum in Karlsruhe befindet[18]. Da Johannes
der Täufer zu den Weitnauer Altarpatronen gehört, ist davon auszugehen, daß der
Karlsruher Johannes ursprünglich im Hochaltar der Pfarrkirche Weitnau stand.
Der feingliedrige, asketische Heilige steht mit zögerndem Schritt nach rechts ge-
wandt. Sein schmales, von langen, ornamental gewellten Haar- und Bartsträhnen
symmetrisch gerahmtes Gesicht enthält noch viel Formengut des 14. Jahrhunderts.
Rückgriffe sind vor allem festzustellen auf die Ulmer Chorpfeilerpropheten aus den
Jahren 1383–1387. Dem Weitnauer Johannes lassen sich stilistisch anschließen die
vollrund gearbeiteten Figuren der Heiligen Petrus und Paulus in Gindels bei Unter-
maiselstein[19] und die Muttergottes in Unternützenbrugg[20], deren Qualität durch
entstellende Neufassungen nahezu unkenntlich geworden ist. Dem selben Bildschnitzer möchte ich ferner die grazile Figur des hl. Magnus im Klostermuseum

Ottobeuren[21] zuschreiben. Mit diesen um 1410–1420 zu datierenden Skulpturen hängt stilistisch zusammen eine Gruppe von Bildwerken, die beginnt mit den aus dem ehemaligen Altar der 1419 geweihten Kapelle von Margarethen bei Sonthofen stammenden Figuren der Heiligen Margaretha und Barbara[22] und fortgesetzt wird durch die etwas gedrungener proportionierten Schreinfiguren der Muttergottes und der Heiligen Martin und Augustin in Grasgrub bei Dietmannsried[23] sowie die Gruppe zweier trauernder Frauen im Klostermuseum Ottobeuren[24]. Da auch die Margarethener und Grasgruber Werke durch schreckliche Neufassungen entstellt sind, ist gegenwärtig nicht zu entscheiden, ob sie stilistische Weiterentwicklungen der Werkstatt des Weitnauer Johannes Bapt. darstellen oder ob um 1420–1430 ein zweiter Kemptener Bildhauer am Werk war.

Bei der Restaurierung der Pfarrkirche St. Mang in den Jahren 1911–1913 kamen Reste verschiedener Ausmalungen zum Vorschein, die nach Aufnahme des Befunds wieder übertüncht wurden[25]. Von besonderer Bedeutung für die Kemptener Kunstgeschichte dürfte ein Tryptichon an der Nordwand des Chors gewesen sein, von dem der rechte Flügel noch relativ deutlich zwei stehende Heilige, den Papst Sixtus und den hl. Laurentius, erkennen ließ. Derselbe säulenhaft starre Figurenaufbau mit dachartig schräg abfallenden Schultern ist bei drei Altarflügeln zu finden, die zu zwei von Caspar von Laubenberg und seiner Gattin Anna von Freiberg gegen 1450 für die Marienkapelle der Pfarrkirche zu Stein und für die Kapelle der Burg Laubenberg gestifteten Altären gehörten und die sich heute im Museum Raleigh, North Carolina (Taf. 17), und im Schloß Rauhenzell befinden[26]. Die Schreine der beiden Altäre enthielten Standfiguren der Muttergottes und der Heiligen Georg und Leonhard. Erhalten haben sich nur zwei Figuren, eine Muttergottes und ein hl. Georg in der Kapelle von Obereinharz bei Stein, die zum Stilkomplex des Meisters des Fischener Vesperbildes gehören[27]. Aufgrund dieses Zusammenhangs wird zu prüfen sein, ob die bisher angenommene Lokalisierung der Bildhauerwerkstatt nach Kaufbeuren richtig ist oder ob möglicherweise ein aus Kaufbeuren nach Kempten abgewanderter Geselle die Obereinharzer Figuren geschaffen hat.

Den Laubenberger Altarflügeln stehen zeitlich und stilistisch die Fresken im Chor der Keckkapelle nahe, die 1898 entdeckt und freigelegt wurden und von denen überwiegend nur noch die Untermalungen zu sehen sind. Das umfangreiche Programm enthält neben den klugen und törichten Jungfrauen am Chorbogen einen Zyklus der Kirchenväter und verschiedener Heiliger. Ungewöhnlich ist die perspektivisch wiedergegebene Scheinarchitektur des zweigeschoßigen Sakramentshauses, dessen bekrönende Fialen bis in den Gewölbescheitel reichen. Während das untere Geschoß die reale Sakramentsnische enthält, illusioniert die Malerei im Obergeschoß eine plastische Darstellung des in einem Maßwerksöller stattfindenden Abendmahls.

1468 erscheinen in den Kemptener Archivalien ein Maler Konrad und ein Maler Ulrich. Bei letzterem handelt es sich wohl um Ulrich Mair, der bis 1477 in Kempten nachweisbar ist, 1478–1482 aber vorübergehend in Ravensburg ansässig war und bei dem Bildhauer Jakob Ruß wohnte[28]. Der Meister Konrad könnte identisch

Tafel 17 Altarflügel mit Hl. Barbara und Hl. Valentin, gegen 1450, ehemals in der Pfarrkirche Stein bei Immenstadt, heute im Kunstmuseum von Raleigh in North Carolina / USA.
Die Figuren ähneln stark denen auf einem bei Restaurierungsarbeiten (1911–1913) entdeckten und wieder übertünchten Tryptichon in der Kemptener St. Mangkirche.

Tafel 18 Verkündigungstafel des Kemptener Malers Ulrich Mair, um 1475, Schweizer Landesmuseum Zürich

Tafel 19 Krönung Mariens durch die Dreifaltigkeit am ehemaligen Hochaltar der Pfarrkirche Trinitatis in Sulzberg bei Kempten, vom »Meister des Sulzberger Altars« Ende 15. Jahrhundert, Pfarrkirche Sulzberg

Tafel 20 Plastiken des »Meisters des Imberger Altars«, der zwischen 1470 und 1500 in Kempten gewirkt hat:

Muttergottes, um 1470, im Badischen Landesmuseum Karlsruhe

Hl. Andreas aus dem ehemaligen Hochaltar der Pfarrkirche Nesselwang, um 1490, Bayerisches Nationalmuseum München

sein mit dem Maler der Kemptener Kreuzigung[29], dessen namengebendes Hauptwerk aus Kempten ins Germanische Nationalmuseum gelangte (Farb-Taf. 5). Es ist durch das Wappen am unteren Bildrand, eine weiße Muschel auf blauem Grund, als Stiftung der Familie Grimmel[30] gekennzeichnet. Dieses um 1460–1470 entstandene bedeutende Gemälde zeigt die Kreuzigung Christi als vielfigurige, das Bildfeld dicht füllende Szene. Die übereinander gestaffelten Figurengruppen sind nicht nach räumlichen sondern nach flächig-dekorativen Gesichtspunkten geordnet. Die Formgebung ist durchweg subtil und prägnant, dabei keineswegs kleinlich sondern frisch und spannkräftig. Der zu den besten schwäbischen Malern seiner Zeit zählende Meister war auf seiner Wanderschaft mit der niederländischen Kunst in enge Berührung gekommen. Der Gekreuzigte beispielsweise hat unmittelbare Vorbilder im Werk des Rogier van der Weyden.

Ulrich Mair war wohl etwas jünger als der Meister der Kemptener Kreuzigung und wahrscheinlich dessen Schüler[31]. Deutlich erkennbar ist der Zusammenhang bei der um 1475 anzusetzenden Verkündigungstafel im Schweizer Landesmuseum Zürich (Taf. 18), die noch ganz den flächenfüllenden, von einem horror vacui beherrschten Stil zeigt. Bei Ulrich Mair entwickelt sich jedoch bald ein Sinn für räumliche Vertiefung und damit verbunden großes Interesse an Landschaftshintergründen. Schon bei der Darstellung des Drachenkampfs des hl. Georg auf der Rückseite der Züricher Tafel findet sich eine prachtvolle Stadtansicht. Ähnliches ist an dem von ihm signierten und 1483 datierten Altar zu beobachten, der sich heute im Schloßmuseum Wernigerode befindet. Dem nicht sehr umfangreichen Werk Ulrich Mairs, zu dem eine schöne Petrus- und eine Verkündigungstafel im Allgäuer Heimatmuseum zählen, möchte ich die erst 1962 in einem kleinen Raum im heutigen Stadtarchivgebäude entdeckten Wandmalereien hinzufügen (Farb-Taf. 9)[32]. In Grau, Rot und Grün gehaltene Ranken überziehen vollständig die Wände der Stube. In das Rankennetz eingeflochten sind kleine Figürchen wie ein tanzender Jüngling, ein Armbrustschütze, eine Matrone, zwei junge Stutzer und die Muttergottes. Auffallend ist die pralle, rundliche Modellierung der Köpfe, die in der Kemptener Malerei nur bei Werken Ulrich Mairs wie dem Ursulamartyrium in Wernigerode Entsprechungen hat.

Am Altar von Wernigerode hat Ulrich Mair mit einem Bildschnitzer von relativ bescheidenen künstlerischen Möglichkeiten zusammengearbeitet, von dessen Arbeiten eine größere Zahl erhalten geblieben ist[33]. Er wird nach seinem Hauptwerk »Meister des Sulzberger Altars« genannt. Diese stattliche Retabel (Taf. 19) stammt mit Sicherheit nicht, wie immer wieder behauptet wird, aus der Kapelle der Burg Sulzberg, die im Baubestand der Ruine nicht mehr nachzuweisen ist, sondern aus dem Chor der Pfarrkirche St. Trinitatis in Sulzberg. Sowohl die Breite von 362 cm bei geöffneten Flügeln als die Ikonographie lassen keinen anderen Schluß zu. Die Gruppe der Krönung Mariä durch die Dreifaltigkeit im Schrein ist etwas schematisch aus extrem schlanken, zerbrechlich wirkenden Figuren symmetrisch zusammengesetzt. Das die Gliedmaßen überspielende kleinteilige Faltenwerk erweist sich als wenig akzentuiert.

Zwischen etwa 1470 und 1500 war in Kempten ein anderer, weit bedeutenderer Bildschnitzer tätig: Der Meister des Imberger Altars[34]. Im oberen Allgäu lassen sich noch heute eine Vielzahl seiner Werke nachweisen. Altäre aus seiner Werkstatt standen in Altusried, Bolsterlang, Durach, Hopfen, Imberg, Nesselwang, Oberstdorf, Rechtis, Ried bei Ottacker, Riedis, Schöllang (jetzt in Reichenbach), Weitnau und Wirlings. In Kemptener Kirchen haben sich nur der Ölberg von St. Lorenz und die nachträglich dem Auszug des Hohenthanner Altars in der Pfarrkirche Christi Himmelfahrt hinzugefügte Sebastiansmarter erhalten. Der Meister des Imberger Altars war ein Schüler des großen Ulmer Bildhauers Hans Multscher. Vor allem in seinem Frühwerk finden sich mehrfach unmittelbare Wiederholungen multscherischer Kompositionen. Die Johannes-Bapt.-Figuren von Reichenbach und Weitnau beispielsweise sind freie Nachbildungen des Johannes vom Sterzinger Altar Multschers von 1458. Desgleichen wurzelt die voluminöse Muttergottesfigur im Badischen Landesmuseum Karlsruhe (Taf. 20)[35] ganz im Spätwerk Multschers, wobei der melodiöse Schwung und die geistreiche Fülle der Gewandmotive der Sterzinger Figuren ins Schwere, Pfeilerhafte umgewandelt ist. Gegen das Ende seiner Schaffenszeit nahm der Meister neue Anregungen aus der Ulmer Bildschnitzerei auf, die um 1480 bis 1500 von Michel Erhart beherrscht wurde. Aber auch die Graphik des oberrheinischen Meisters ES mit ihren komplizierten Faltenüberschneidungen war für ihn maßgeblich, wie an der um 1490 entstandenen Andreasfigur aus dem ehemaligen Nesselwanger Hochaltar (Taf. 20) abzulesen ist.

Um die Zahl der Anmerkungen nicht übermäßig zu erhöhen, wurden die für die Kunstdenkmäler von Stadt und Stiftsland Kempten grundlegenden Inventare von Michael Petzet, Stadt und Landkreis Kempten, München 1959 und Landkreis Marktoberdorf, München 1966 sowie das für die Künstlerviten grundlegende Allgemeine Lexikon der bildenden Künstler von Ulrich Thieme und Felix Becker, Leipzig 1907–1950, nicht im einzelnen zitiert.

1 Wolfgang Haberl: Evangelische St. Mangkirche Kempten, München 1982, S. 4.

2 Hermann Dannheimer: Steinmetzarbeiten der Karolingerzeit, München 1980, S. 44–45.

3 Paul Mertin: Das vormalige Benediktinerstift St. Mang zu Füssen im ersten Jahrtausend seines Bestehens, Füssen 1965, S. 70–72.

4 Ausst. Kat.: Suevia Sacra, Augsburg 1973, Nr. 32 u. 36.

5 Rottenkolber: Stift, S. 22.

6 Adolf Layer: Musikgeschichte der Fürstabtei Kempten, Kempten 1975, S. 9.

7 Heinrich Reifferscheid: Das Drachen-Giessgefäss und der Drachen-Leuchter im Allgäuer Heimatmuseum in Kempten. In: Das Schwäbische Museum 1928, S. 104–106 – Suevia Sacra, Nr. 100 u. 109.

8 Hans R. Weihrauch: Die Bildwerke in Bronze. Kataloge des Bayer. Nationalmuseums XIII, 5, München 1956, Nr. 6.

9 Hanns Swarzenski: Die lateinischen illuminierten Handschriften des 13. Jahrhunderts in den Ländern am Rhein, Main und Donau, Berlin 1936, S. 141–142 – Weitnauer: Chronik, Bildband, Tafel 64–69.

10 Petzet, Sonthofen, S. 494–495.

11 Max Förderreuther: Die Allgäuer Alpen, 3. Aufl., München 1929, S. 411.

12 Hans-Jörgen Heuser: Oberrheinische Goldschmiedekunst im Hochmittelalter, Berlin 1974, S. 85, Kat. 102.

13 Johannes Taubert: Mittelalterliche Kruzifixe mit schwenkbaren Armen. In: ZKW 23 (1969), S. 79–121, Nr. 12.

14 Albrecht Miller: Die Kunst des Mittelalters. In: Kohler, Ewald/Kolb, Aegid (Hrsg.): Ostallgäu – Einst und Jetzt, Kempten 1984, S. 295–353, Abb. S. 307.

15 Friedrich Zollhoefer: Die Fresken der ehemaligen St. Michaelskapelle auf dem St. Mangplatz in Kempten. In: AGF 70 (1970), S. 31–38.

16 Ludwig Dorn: Die spätmittelalterliche Pfarrei in Kempten. In: AGF 75 (1975), S. 41–73 – ders.: Der Bildersturm in der Pfarrkirche St. Mang in Kempten. In: AGF 78 (1978), S. 114–115.

17 Höß, Josef (Hrsg.): Das Rathaus zu Kempten im Wandel der Geschichte – eine Dokumentation. Kempten 1987.

18 Eva Zimmermann: Badisches Landesmuseum Karlsruhe. Die mittelalterlichen Bildwerke, Karlsruhe 1985, Nr. 88.

19 Petzet, Sonthofen, S. 316, Abb. 281–282.

20 Horn/Meyer, Lindau, S. 487 Abb. 468.

21 Gebhard Spahr: Der hl. Magnus, Kempten 1970, Taf. nach S. 8, Abb. S. 126.

22 Petzet, Sonthofen, S. 529, Abb. 463–464.

23 Petzet, Kempten, S. 91.

24 Julius Baum: Gotische Bildwerke Schwabens, Augsburg 1921, Nr. 77.

25 Friedrich Zollhoefer: Reste der ehemaligen Wandmalereien in der St.-Mang-Kirche in Kempten. In: AGF 55 (1955), S. 24–29.

26 Justus Bier: Zwei gotische Altarflügel aus dem Allgäu im Kunstmuseum des Staates Nordkarolina. In: AGF 74 (1974), S. 7–17.

27 Albrecht Miller: Allgäuer Bildschnitzer der Spätgotik, Kempten 1969, S. 2–4, Kat. 22.

28 Hans Rott: Quellen und Forschungen zur südwestdeutschen und schweizerischen Kunstgeschichte im XV. und XVI. Jahrhundert. Bd. I, Stuttgart 1933, S. 174, Bd. II, Stuttgart 1934, S. 139.

29 Ernst Buchner: Zur Kemptner Malerei der Spätgotik. In: Das Schwäbische Museum 1925, S. 157–186 – Alfred Stange: Deutsche Malerei der Gotik. Bd. VIII, München 1957, S. 119–120.

30 Eduard Zimmermann: Kempter Wappen und Zeichen, Kempten 1963, Nr. 794.

31 Buchner, Spätgotik, ebd. – Stange, Gotik, S. 121–122.

32 Wolfgang Haberl: Kempten – Führer durch unsere Stadt, Kempten 1980, S. 38–39.

33 Karl Feuchtmayr: Zur spätgotischen Plastik in Kempten. In: Das Schwäbische Museum 1925, S. 187–193. – Miller, Bildschnitzer, S. 20–22, Kat. 127–144.

34 Miller, Bildschnitzer, S. 18–20, Kat. 84–126 – Albrecht Miller: Der Meister des Imberger Altars. In: Weltkunst 1981, S. 2974–2978.

35 Zimmermann, Bildwerke, Nr. 152.

Teil III

Reichsstadt und Fürststift Kempten in der frühen Neuzeit

Von der Reformation bis zum Ende des Alten Reiches

Herausgegeben
von Volker Dotterweich

Stadt und Stift in der Reformationszeit

Herbert Immenkötter

Das Kirchenwesen in Kempten war zu Beginn des 16. Jahrhunderts reformbedürftig. Jedenfalls hat dies die Geschichtsschreibung aus dem wenig umstrittenen Verkauf der Pfarrechte von St. Mang durch das Stift an die städtische, damals schon reformationsfreundliche Obrigkeit im Jahre 1525 gefolgert[1]. Und in der Tat gab es Beispiele liederlichen, einseitig verrechtlichten und veräußerlichten Christentums. Wenn sich unter insgesamt 19 Klerikern der Stadtpfarrkirche zeitweise kein einziger für die Seelsorge fand[2], oder wenn die Stadt gegen die Fürstäbte jahrzehntelange Prozesse, hohe Kosten, schließlich gar Päpste und Kaiser bemühen mußte, um das hl. Öl für die Krankensalbung auch nachts innerhalb der Stadtmauern zur Verfügung zu haben[3], dann deutet dies auf krasse religiöse Mißstände. Auf der anderen Seite will dazu aber die hohe Zahl von frommen Stiftungen aus eben derselben Zeit nicht recht passen. Allein aus den letzten zwei Jahrzehnten vor der städtischen Reformation sind sieben bedeutende Bürgerstiftungen bezeugt: die St.-Anna-Kapelle der »Grauen Schwestern« in den Jahren 1508/09 und die Stiftung der dortigen Kaplanei 1510[4], die Gründung des Frauenklosters des Dritten Ordens 1508 und die Stiftung von drei Kapellen an St. Mang in den Jahren 1512, 1518 und 1519[5], schließlich die Verlegung des städtischen Seelhauses nach St. Stephan im Jahre 1521[6]. Hinzu kamen zahllose Stiftungen für jährliche Seelenmessen in St. Mang[7] und im Heilig-Geist-Spital[8] sowie für Armenspeisungen im Sondersiechenhaus bei St. Stephan und zugunsten der städtischen Hausarmen[9].

Der Schlüssel zum Verständnis dieses auf den ersten Blick leicht verwirrenden Befundes liegt in der feindseligen Rivalität zwischen Stadt und Stift in politischer und wirtschaftlicher Hinsicht[10]. Noch zu Beginn des 16. Jahrhunderts verfügte das exklusiv adelige Stift über grund- und gerichtsherrliche Rechte in der Stadt, und noch immer stellte es sich dem ungetrübten Genuß der seit 1361 verbrieften Reichsfreiheit hindernd in den Weg. Darüber hinaus lagen das Stift und die selbstbewußt gewordene Stadt um wirtschaftlicher Vorteile willen in fortwährendem Streit. Bei all dem wurde die traditionell vom Stift verantwortete seelsorgerliche Betreuung je länger je mehr als unbefriedigend, in vieler Hinsicht gar als ärgerlich empfunden. Berechtigte Kritik konnte das Stift aber stets mit Hinweis auf uraltes Herkommen abwenden.

Frühe evangelische Predigt in der Stadt und im Stift

In dieser Situation mußte die neue Theologie aus Wittenberg, wo die Standesprivilegien der Geistlichen abgeschafft waren, wo Klerus und Laien als gleichrangig und schließlich mit ein und denselben Rechten und Pflichten in die Bürgergemeinde eingegliedert wurden, dem frommen, selbstbewußten Kemptener Stadtbürger als überzeugende – und höchst willkommene – Marschroute erscheinen. Sie wies den lange ersehnten Weg, die als unzureichend empfundene Seelsorge, außerdem das allgemeine Bildungswesen und die kirchliche Sozialfürsorge mit gutem Gewissen neu zu ordnen. So ließ sich christliche Nächstenliebe in eigener Verantwortung überzeugender, letztlich unabhängig von den auf ihre Standesprivilegien pochenden adligen Stiftsherren verwirklichen. Kempten jedenfalls war der neuen Lehre aufgeschlossen.

Ganz sicher läßt sich heute gar nicht mehr ausmachen, wann und durch wen die evangelische Lehre Eingang in Kempten gefunden hat. Im Nachlaß des Sixtus Rummel, des letzten vom Stift bestellten Pfarrers von St. Mang, fanden sich zahlreiche Schriften Martin Luthers, was auf eine frühe Beschäftigung des gelehrten Priesters mit reformatorischer Theologie schließen läßt. Auch seine beiden Kapläne Johannes Rottach und Jakob Haystung bekannten sich seit Beginn der zwanziger Jahre offen zur evangelischen Sache. Der erstere gewann als überzeugter Lutheraner Sympathien vornehmlich unter den wohlhabenden Bürgern; der zweite wirkte als Anhänger des Züricher Reformators Huldrych Zwingli erfolgreich unter den Kemptener Handwerkern und Tagelöhnern.

Noch wirkungsvoller fand die neue Lehre Eingang in die Pfarrei »St. Lorenz auf dem Berg«, und zwar durch Matthias Weibel, den begabten Bauernsohn aus Martinszell, der nach dem Besuch der Stiftsschule auf Betreiben des Fürstabtes vier Jahre lang in Wien studiert hatte und seit 1519 Vikar der Stiftskirche und eigentlicher Seelsorger der Pfarrei war[11]. Unerschrocken lehrte er trotz heftiger Anfeindungen durch die Stiftsherren die Rechtfertigung des Menschen allein durch den Glauben ohne Werke und stellte so einen großen Teil der herkömmlichen Frömmigkeitspraxis – Wallfahrten und Prozessionen, Fasten und Abstinenz, Weihrauch-, Kerzen- und Ewig-Licht-Opfer – in Frage.

Als am 10. Mai 1523 die Gebeine der Stiftspatrone Gordianus und Epimachus in feierlicher Prozession aus der Lorenzkirche in die Marienkapelle auf der Schweigwiese getragen wurden, damit sie dort wie alljährlich dem frommen Volk zur Verehrung gezeigt werden konnten, nutzte Weibel die Anwesenheit der vielen Gläubigen, um gegen die leichtfertige Selbstsicherheit derer zu predigen, die sich aus dem Erwerb des an diesem Tage angebotenen Ablasses Vergebung ihrer Sünden einreden ließen. »40 Tage Ablaß tödlicher Sünd und ein Jahr Ablaß läßlicher Sünd« soll nach landläufiger Meinung dieser Ablaß verheißen haben, wenn wir dem Bericht des Chronisten glauben dürfen[12]. Das allerdings widersprach jeder christlichen Bußtheologie. Die Stiftsherren aber kritisierten Weibels Beeinträchtigung der Ablaßpredigt, denn an den Ablaßgeldern waren sie prozentual beteiligt.

Zum offenen Streit zwischen dem Stift und seinem Vikar kam es dann wenige Tage später anläßlich der ersten Meßfeier des neuen Fürstabtes Sebastian von Breitenstein (1523–1535). Da verglich Weibel in seiner Predigt die selbstherrliche Regierung der Kemptener Äbte mit dem Anspruch der Hl. Schrift: »Ein Bischof soll untadelig sein als ein Haushalter Gottes [...]« (Tit 1,7 ff). Die kühne Anklage brachte einen Teil seiner Zuhörer so sehr gegen ihn auf, daß einige Freunde nach dem Gottesdienst um sein Leben fürchteten und ihn heimlich versteckten.

Der Bauernkrieg

Danach mußte der Fürstabt bei seinem Umritt durch die stiftischen Lande erfahren, daß seine Untertanen mit Klagen und Beschwerden gegen ihn nicht länger zurückhielten und immer schroffer Erleichterung ihrer bedrückenden Abgaben oder Rückversetzung in den Stand freier Zinsbauern forderten[13]. Nicht weniger als 1200 Personen seien in ihren angestammten Rechten beeinträchtigt, d. h. von Freien zu Zinsern bzw. von Zinsern zu Leibeigenen gedrückt worden, so lautete der Vorwurf[14]. Der allgemeine Unmut konnte bei mehreren Zusammenkünften von Bauernführern mit Beamten des Abtes nicht besänftigt werden. Als Sebastian von Breitenstein schließlich im Herbst 1524 eine neue, zusätzliche Kriegssteuer ausschrieb, um seinen erhöhten Verpflichtungen gegenüber dem Schwäbischen Bund nachkommen zu können, beschlossen die stiftkemptischen Bauern unter Leitung von Jörg Knopf aus Leubas eine formelle Beschwerde bei eben demselben Schwäbischen Bund.

Inzwischen hatte der große Bauernaufstand mit besonderer Heftigkeit längst das ganze Allgäu erfaßt[15]. Am 24. Februar 1525 schlossen sich den aufständischen Allgäuer Bauern auch die stiftkemptischen an und übernahmen von diesen auch die religiöse Begründung für ihr Tun. »Gottes Wort und das heilige Evangelium« verbreiten zu wollen gebe ihnen das Recht zu obrigkeitsfeindlichem Verhalten. Damit trat für die Kemptener Bauern der zuvor angestrebte Rechtsstreit mit dem Fürstabt in den Hintergrund. Im März 1525 verabschiedete die »Allgäuer christliche Vereinigung« in Memmingen die »Zwölf Artikel gemeiner Bauernschaft«, deren Augsburger Druck unerhörte Werbekraft für die ganze Bewegung bekam. Darin forderten sie die »reine Predigt des Evangeliums«, sodann freie Wahl der Pfarrer durch die Gemeinde, Bezahlung der Geistlichen aus dem großen Zehnten und Abschaffung des kleinen Zehnten, Aufhebung der Leibeigenschaft, da Christus alle Menschen zur Freiheit erlöst habe, schließlich die Freigabe von Jagd und Fischfang. Im letzten Artikel verpflichteten sich die Bauern, von allen Forderungen abzurücken, die nicht in der Heiligen Schrift begründet seien. Die »Zwölf Artikel« sollten Programmschrift der aufständischen Bauern in ganz Schwaben und weit darüber hinaus werden.

In Kempten ergriff zur selben Zeit der Franziskanerobservant Johannes Winzler[16], der schon in Nürnberg und Basel gegen religiöse Neuerungen gekämpft hatte und seit August 1523 als Guardian und Prediger in Lenzfried wirkte, öffentlich Partei für die Altgläubigen. Am 4. Oktober 1524, dem Festtag des hl. Franziskus, hatte er in einer Predigt Ordensstand und Klostergelübde verteidigt. Darauf erschienen zwei Tage später Sixtus Rummel zusammen mit Jakob Haystung und Matthias Weibel in Lenzfried, um den Franziskaner für eine einvernehmliche Lehre in Kempten zu gewinnen, »damit das Christenvolk nicht durch widersprüchliche Predigt verunsichert werde«, wie sie betonten. Es kam darauf zu einem Streitgespräch über die Anrufung und Fürbitte der Mutter Gottes und der Heiligen sowie über die Klostergelübde. Beides lehnten die evangelischen Prediger mit Hinweis auf die unsichere biblische Begründung strikt ab. Die Diskussion verlief ergebnislos. Sie wurde in den nächsten Wochen schriftlich fortgesetzt. Es geschah dies auf beiden Seiten in einer Form, die sich gemessen an der damals üblichen gehässigen Polemik wohltuend zurückhaltend ausnimmt. Gegen die reformatorische Forderung unbedingter Schriftgemäßheit verwies Winzler auf die biblischen Beispiele des Stephanus und des Paulus, die ihre Mitbrüder um Fürbitte bei Gott gebeten hätten. Ebenso sei auch die Fürbitte jener Verstorbenen, die bereits in der ewigen Seligkeit weilten, zu werten.

Die Kontroverse fand ein jähes Ende durch den Bauernkrieg. Winzler floh vor den Aufständischen und kehrte nicht wieder nach Kempten zurück, obwohl sein Kloster verschont blieb. Ein schreckliches Schicksal ereilte dagegen seinen Kontrahenten Matthias Weibel. Die Allgäuer Bauern hatten ihn als einen von 14 Theologen benannt, deren Schiedsspruch sie anerkennen würden. Das machte ihn bei der Obrigkeit verdächtig. Er besaß zudem großen Rückhalt in weiten Kreisen der aufständischen stiftischen Bevölkerung. Vor allem aber galt er dem Fürstabt als hauptverantwortlich für alle Unbotmäßigkeit, die dieser seit Beginn seiner Regierungszeit in seinen Landen erfahren hatte. Richtig daran ist wohl, daß Weibels Predigt gegen die Härte und Prachtentfaltung des Kirchenfürsten die Aufständischen bestärkt haben wird. So war es vermutlich Sebastian von Breitenstein selber, der seinen Vikar beim Schwäbischen Bund als Hauptträdelsführer anklagte. Dessen Hauptmann Georg Truchseß von Waldburg wagte aber nicht, den Beschuldigten offen zu verhaften, da er den Widerstand der kemptischen Bevölkerung fürchten mußte. Statt dessen ließ er den ahnungslosen Geistlichen durch eine arglistige Täuschung in einen Hinterhalt locken und überfallen[17]. Man schleifte den Schwerverletzten dann nach Leutkirch, einige Tage später von dort aus in die Nähe von Reichenhofen, wo man ihn als Aufrührer ohne Gerichtsverfahren an einem Baum aufhängte. Nach der Überzeugung seiner Anhänger starb Weibel als Märtyrer seines Glaubens. Davon kündet ein Produkt Kemptener Meistergesangs, jenes 37strophige Versgedicht, das kurz nach seinem Tode entstand[18] und bis heute wichtigste, wenn auch poetisch verklärte Quelle seines Lebens und Sterbens geblieben ist.

Der »Große Kauf«

Die Fürstabtei hat die bäuerliche Wut am nachhaltigsten zu spüren bekommen. Nach schonungsloser Verwüstung und Plünderung des Klosters brachten die Aufständischen den verhaßten Fürstabt und seine Getreuen in allergrößte Bedrängnis. Vorübergehend konnte sich Sebastian von Breitenstein noch in seine Burg Liebenthann retten, bis man ihn zwang, auch diese seine letzte Feste zu räumen und als Flüchtling hoch verschuldet und mittellos innerhalb der Kemptener Stadtmauern Schutz zu erbitten. In dieser Notlage gelang es dem Rat unter Führung seines gewandten Bürgermeisters Gordian Seuter[19], dem Fürstabt die Unterschrift unter jenen schon früher in Vorschlag gebrachten Vertrag abzuringen, der als »Großer Kauf«[20] mit dem Datum vom 6. Mai 1525 in die Stadtgeschichte eingegangen ist: Gegen eine einmalige Zahlung von 30000 Gulden[21] verzichtete der Fürstabt künftig auf alle grundherrlichen und obrigkeitlichen Rechte, auf alle Güter und Einnahmen, die das Kloster noch innerhalb der Stadt besaß, d. h., er entließ die Kommune endgültig in die Reichsfreiheit.

Die kaiserliche Bestätigung vom 15. April 1526[22] war dann auch nur eine Formsache; anders die päpstliche Bestätigung, die erst am 23. März 1529 erfolgte[23] – unter der Bedingung, daß die Stadt auf die Gemeinden Durach und Betzigau, die bis dahin zur Pfarrei St. Mang gehört hatten, verzichtete. Damit war einer möglichen Ausdehnung der städtischen Reformation auf das Umland ein Riegel vorgeschoben. Dafür verzichtete der Fürstabt auf das Patronatsrecht in St. Mang und auf einige Hofstätten, die zwar innerhalb der Stadtmauern lagen, aber seit altersher zur Klosterpfarrei St. Lorenz gehörten.

»Ihr Herren von Kempten, Ihr habt nun einen sauberen Garten, sehet aber zu, daß Ihr kein Unkraut darin wachsen lasset!« So wird der Vogt zu Wolkenberg, Hans von Breitenstein, ein Bruder des Abtes, nach Besiegelung des »Großen Kaufes« zitiert[24]. Die alleinige Verantwortung auch für das Kirchenwesen lag nun beim Rat. Und dieser hat seine neue Verpflichtung sehr ernst genommen.

Einführung der Reformation

Die erste Sorge der neuen Kirchherren galt der Ordnung der Finanzen, vordringlich zur Beschaffung der hohen Kaufsumme und langfristig zur Bestreitung der Kosten für die Seelsorge. Bekanntlich war bis dahin das alte Pfründenwesen – bei allen ärgerlichen Auswüchsen und Mißbräuchen – materielle Grundlage für das kirchliche Personal und die benötigten Sachausgaben gewesen. Künftig fiel die materielle Sicherstellung der Seelsorge und Seelsorger an die weltliche Obrigkeit, und das waren Bürgermeister und Rat der Stadt, die dafür kirchliches Gut säkularisierten. Feste Posten waren neben dem Aufwand für den Erhalt des Kirchengebäudes und die Pflege des Inneren von St. Mang die Besoldung von anfänglich zwei, ab 1528 drei und nach 1533 in der Regel vier Geistlichen[25].

Zunächst einmal eröffnete die Einführung der Reformation, die einen großen Teil

der Kirchenschätze entbehrlich machte, eine zwar einmalige, aber nicht unerhebliche Geldquelle. So wurden die große Monstranz von St. Mang, insgesamt zehn Kelche und 30 silberne Reliquiare eingeschmolzen und zur Münzprägung verwandt. Dann wurden die eigenen Bürger zusätzlich belastet. Schließlich ergingen Bitten um Anleihen, die von den Nachbarn mit Ausnahme der reichen Memminger auch durchweg positiv beschieden wurden. Nach Hinterlegung der Kaufsumme war eine Rücknahme des Vertrages durch Fürstabt oder Konvent nicht mehr zu befürchten. Um so mehr hatte sich die stiftkemptische Bevölkerung nach dem grausigen Ende des Bauernkrieges erneut unter das fürstliche Joch zu beugen.

In städtischer Verantwortung wurde nunmehr viel altes kirchliches Brauchtum, sofern es nicht schon zuvor aufgegeben war, abgeschafft: Fasttage und Fastengebote, Prozessionen und Wallfahrten, Kräuter- und Speisenweihe, Reliquien- und Heiligenverehrung, liturgische Kleidung, der Gebrauch von Weihwasser, Palmzweigen, ewigem Licht und geweihten Kerzen[26]. Die übliche Eidesformel war schon 1523 verändert worden[27]. Statt »zu Gott und allen Heiligen« schwor man künftig »zu Gott und seinem heiligen Wort«. Wenig später wurde das Taufsakrament in deutscher Sprache gespendet, den Geistlichen die Eheschließung vom Rat freigestellt, dann die Abendmahlsfeier auf die biblischen Texte konzentriert.

Luther oder Zwingli?

In der Lehre von der Gegenwart Jesu Christi im Abendmahl aber gingen die Meinungen bald auseinander. Jakob Haystung, den der Rat 1527 offiziell zum ersten evangelischen Prediger an St. Mang bestellte – unter der Bedingung, daß er sich zuvor verheirate –, bekannte sich wortgewaltig zur Lehre Zwinglis, der in Brot und Wein nur Zeichen des Leibes und Blutes Christi annahm, während Johannes Rottach und seit 1528 Johannes Seger, der in Leipzig und Wittenberg studiert hatte, die lutherische Lehre von der realen Gegenwart Jesu Christi im Sakrament verteidigten. Bekanntlich endete im Jahre 1529 auch das Marburger Religionsgespräch zwischen Luther und Zwingli über eben diese Frage ergebnislos. Als dann wenig später Magister Sixtus Rummel, der stets beruhigend auf die Kemptener Kontrahenten eingewirkt hatte, verstarb, wurde der Abendmahlsstreit in der Stadt vor aller Öffentlichkeit mit zum Teil grotesken Begleiterscheinungen ausgetragen.

Der Rat aber war fest gewillt, die Entscheidung wenigstens innerhalb des eigenen Machtbereichs an sich zu ziehen. Nach Schweizer Vorbild ließ er zunächst beide Parteien über den genauen Sinn der Einsetzungsworte Jesu formell disputieren. Als die Räte im Anschluß daran mehrheitlich meinten, daß die lutherische Interpretation biblisch besser begründet sei, weigerten sich aber Haystung und sein Freund Wolfgang Maler, der ihm aus der Schweiz zu Hilfe geeilt war, die Entscheidung zu akzeptieren. Vor dem Rathaus kam es gar zu Gewalttätigkeiten, als Haystung sein Schwert zog, das er nach Aussage des Chronisten stets bei sich trug, und gegen die lutherischen Gegner richtete.

Zugunsten der Gegenseite, nämlich der zwinglianischen Partei, votierten wenig später Theologen aus dem benachbarten Isny, unter ihnen der nachmals hochberühmte Hebraist Paul Fagius[28], die der Kemptener Rat in einer neuerlichen Disputation um ihre Entscheidung ersucht hatte. Diesmal aber widersetzten sich die Lutheraner Rottach und Seger, so daß eine Einigung wiederum nicht zustandekam.

Der Rat aber hielt an seiner Absicht fest, einen Ausgleich zwischen Lutheranern und Zwinglianern herbeizuführen. Anfang 1532 erreichte er tatsächlich, daß sich die drei streitbaren Geistlichen formell auf einen Kompromiß einigten, den sie auch schriftlich festhielten[29]. In vier Artikeln erklärten sie übereinstimmend, an den Einsetzungsworten Jesu festhalten zu wollen, sodann »festiglich zu glauben, was Christus mit seinen Worten zu glauben und zu tun befohlen hat«, und so das Abendmahl zu empfangen. Das Sakrament sei Erinnerung an den Kreuzestod Jesu und werde für den Empfänger Seelenspeise zum ewigen Leben. Dadurch werde der Glaube gestärkt, die Liebe zu Gott und den Menschen entzündet; es sterbe schließlich der alte Mensch.

Vermittlung durch Wolfgang Capito

Schon jubelte man in Kempten über die »christliche Einigung« und setzte auf den 10. März, den Sonntag »Laetare« (d. h.: Freuet Euch, frohlocket), einen gemeinsamen öffentlichen Abendmahlsgottesdienst der drei Geistlichen an, um so die Versöhnung sinnfällig zu besiegeln. Das aber verhinderte ausgerechnet jener berühmte Theologe Wolfgang Capito aus Straßburg, der in diesen Jahren seine ganze Person und Gelehrsamkeit in den Dienst der Einigungsbemühungen im Abendmahlsstreit stellte. Er befand sich eben auf einer Rundreise durch eidgenössische und oberdeutsche Städte, die er nach Straßburger Vorbild zu einem Ausgleich zwischen Luther und Zwingli zu führen hoffte. Basel, Bern, Zürich, dann Konstanz, Lindau und Augsburg waren die Stationen seiner Reise gewesen, bevor er am Donnerstag vor dem bereits anberaumten Versöhnungsfest in Kempten eintraf. Hier besprach er sich zunächst mit Haystung, bot sich dann dem Bürgermeister als Vermittler an und lud schließlich Johannes Seger zu einem Vorgespräch. Offenbar gewann er die Überzeugung, daß ihm beide Seiten gleichermaßen Vertrauen entgegenbrachten. Denn am darauffolgenden Tage wagte er es, Haystung, Seger und Rottach gemeinsam an seinen Tisch zu bitten. In einer mehr als sechsstündigen Aussprache führte er dann den Nachweis, daß die Kemptener Einigungsformel theologisch nicht viel wert sei, weil sie die wirklichen Gegensätze nur verdecke: der Kompromiß leide an dem Fehler, daß er lediglich die Worte Christi wiedergebe, ohne sie zu erklären. Was nämlich Christus zu glauben und zu tun im einzelnen befohlen habe, das sei weiterhin kontrovers. Weit ausholend warb er statt dessen für seine, im wesentlichen reformierte Abendmahlslehre. Dies trug ihm prompt erneute Kritik von Seger und Rottach ein, die schließlich sogar die öffentliche Predigt Capitos in Kempten zu verhindern wußten. In der Allgäuer Reichsstadt war damit die Mission Capitos gründlich gescheitert.

Trotzdem schien sich auf Druck des Rates ein weiterer Anlauf zur Einigung schon im Sommer 1532 anzubahnen, als die Prädikanten ihre unterschiedlichen Auffassungen über das Abendmahl schriftlich formulieren und von der Kanzel herab verlesen mußten[30]. Bürgerschaft und Rat bestimmten daraufhin in einer gemeinsamen Versammlung, daß das Abendmahl künftig jedem Bürger je »auf seinen Glauben« gereicht werden solle, ungeachtet der Lehrdifferenzen der Geistlichen. Diesem Ansinnen widersetzten sich nun allerdings die Prediger. Das sei mit ihrem Gewissen nicht vereinbar.

Die Entscheidung

So sandte der Rat die drei schriftlichen Bekenntnisse Haystungs, Rottachs und Segers an das lutherische Nürnberg, an das damals zwinglianische Augsburg und an das auf Vermittlung bedachte Straßburg mit der Bitte um ein abschließendes Gutachten. Wie nicht anders zu erwarten fiel der Augsburger Ratschlag und jener der Nürnberger jeweils zugunsten einer der beiden Kemptener Parteien aus. Vermittelnd aber gab sich das Straßburger Gutachten. Es empfahl, alle Geistlichen der Stadt auf die Aussage zu verpflichten, daß »im Abendmahl der wahre Leib und das wahre Blut mit dem Brot und dem Wein zur Speise der Seele gegeben werde; man könne sagen, daß Brot und Leib des Herrn lediglich sakramental vereinigt seien und daß der Leib des Herrn, würde man im eigentlichen Sinne davon sprechen, lediglich von der Seele empfangen werde«[31]. Genau dieses Gutachten machte sich der Rat zu eigen und drängte seine Geistlichen mit Macht zur Annahme dieses Kompromisses. Nach Haystung stimmten schließlich auch Rottach und Seger zu – jedenfalls vorläufig. Der Friede schien hergestellt. Das war im Januar 1533.

Blicken wir an dieser Stelle noch einmal zurück: wie hoch genau der Anteil von Lutheranern und Zwinglianern Kemptens in einem bestimmten Jahr dieser religiös so bewegten Zeit war, ist heute nicht mehr leicht auszumachen. Der Ausgang der jährlichen Rats- und Bürgermeisterwahlen läßt aber den Schluß zu, daß die Zwinglianer nach dem Tode des Sixtus Rummel von Jahr zu Jahr mehr Anhänger gewannen und schließlich im Winter 1532/33 in drückender Überlegenheit waren. Man wird diese Entwicklung sicher der Persönlichkeit des wortgewaltigen Predigers von St. Mang Jakob Haystung zuschreiben dürfen. Im übrigen aber ist daran zu erinnern, daß Kempten hier dieselbe Entwicklung nahm wie zur selben Zeit fast alle oberdeutschen Reichsstädte: nach Ulm und Augsburg auch Lindau, Memmingen und Isny, vorübergehend Wangen und Nördlingen; rund ein Jahrzehnt später auch das benachbarte Kaufbeuren.

Daß auch auswärtige Theologen die Entscheidung in Kempten beeinflußt haben, darf man unterstellen. Haystung war es nämlich gelungen, die anerkannten Wortführer seiner Glaubensüberzeugung zu schriftlichen Interventionen an den Kemptener Rat zu gewinnen. In unterschiedlich langen Eingaben verwandten sich sowohl Huldrych Zwingli aus Zürich als auch die Reformatoren Konrad Sam aus Ulm und Martin Bucer[32] aus Straßburg, schließlich auch der Konstanzer Prediger

Ambrosius Blarer[33] für die reformierte Abendmahlslehre und für eine Gottesdienst-form, die den überschwenglichen, spätmittelalterlichen Wildwuchs auf das reine Bibelwort und wenige, schlichte Zeichen reduzierte.

Die katholische Minderheit

Wenn sich auch die weit überwiegende Mehrheit der Bürger der jungen Reichsstadt zum evangelischen Glauben bekannte, so waren doch auch noch Zentren altgläubi-gen Lebens erhalten geblieben. Allen Anfeindungen zum Trotz waren nach dem Bauernkrieg zunächst die Konventsherren nach St. Lorenz zurückgekehrt, und nach fast zweijähriger Unterbrechung nahm auch Sebastian von Breitenstein die Regierung der Stiftslande wieder selbst in die Hand, ab März 1534 unterstützt durch seinen Koadjutor und späteren Nachfolger Wolfgang von Grünenstein. Kon-fliktstoff mit der evangelischen Reichsstadt ergab sich auf dem Lande überall dort, wo der Rat der Stadt in den insgesamt zwölf ihm unterstehenden Dörfern die Annahme des neuen Glaubens durchzusetzen suchte und dabei stiftisches Land berührte. Dauerhafter Erfolg war den städtischen Bemühungen freilich nicht be-schieden.

Um die Franziskaner in Lenzfried war es nach der überstürzten Flucht ihres Guar-dians still geworden. Dafür sorgten die »Grauen Schwestern« in St. Anna[34] für beständige Reibungsflächen. Es waren traditionell durchweg reiche Bürgertöchter, die in St. Anna eintraten; ihre familiären Beziehungen hatten ihnen auch als Non-nen manchen Vorteil verschaffen können. Erst im Winter 1501/1502 hatten sie nach langjährigem Widerstand des Rates am Neustädter Tor mehrere Grundstücke für einen Klosterneubau erwerben können. Gegen eine Beeinträchtigung städtischer Einnahmen hatte die Stadt damals allerdings strenge Auflagen erlassen. So durften die Nonnen für ihren Unterhalt nie mehr als drei Webstühle aufstellen, waren zur jährlichen Rechnungslegung verpflichtet, hatten Steuern und Schutzgeld zu entrich-ten und mußten städtische Grundstücke, die ihnen durch Stiftung oder Erbschaft zufielen, alsbald wieder veräußern. Sogar in den internen Angelegenheiten des Klosters hatte sich der Rat ein entscheidendes Mitspracherecht gesichert. So be-durften Neuaufnahmen von Novizinnen städtischer Genehmigung. Vor allem aber drohte die anfangs weniger umstrittene Verpflichtung, die Predigt an Sonn- und Feiertagen zusammen mit allen Pfarrangehörigen in St. Mang zu hören, zum Dauer-konflikt zu werden, als nämlich die Klosterschwestern die Einführung der Refor-mation in der Stadt nicht mitvollzogen. Zwar waren ihnen die Räte des Schwäbi-schen Bundes zu Hilfe gekommen, indem sie sich anläßlich ihrer Tagung in Kemp-ten am 29. Juli 1525 in einer formellen Eingabe an den Rat für das Annakloster verwandten[35]. Der Rat hatte es deshalb vorläufig bei einer Erinnerung an den bestehenden Vertrag bewenden lassen. Danach konnte er die regelmäßige Teil-nahme der Nonnen an der evangelischen Predigt in St. Mang verlangen. Er war überdies gewillt, Neuaufnahmen in den Konvent künftig nicht mehr zuzulassen. Damit mußte der Untergang des Klosters eine Frage der Zeit sein. Immerhin besaßen die Nonnen das Bürgerrecht und konnten auch nach Einführung der Reformation nicht einfach aus der Stadt ausgewiesen werden.

Außenpolitik zwischen den Religionsparteien

Während all dieser Jahre innerer Zerrissenheit suchte die junge Reichsstadt nach außen den Eindruck kirchenpolitischer Einigkeit und Zuverlässigkeit zu erwecken. Bereits im Sommer 1529 gehörte Kempten zu den 14 Städten, die auf dem Reichstag in Speyer gegen den Mehrheitsbeschluß der Reichsstände jene Protestation unterschrieben, die den Evangelischen den Namen »Protestanten« verlieh. Gegenüber den Nürnberger Reichstagsgesandten bekundeten die Kemptener sogar, »Vermögen, Leib und Gut zum Schutz des göttlichen Wortes« einsetzen zu wollen, so daß man die Kemptener in Nürnberg als Anhänger der Wittenberger Theologie vermutete. Diese Annahme war auch während des Augsburger Reichstages im Jahre 1530 gestützt worden, als Kempten die Unterschrift unter das oberdeutsche Vierstädtebekenntnis ablehnte und statt dessen knapp drei Wochen nach der offiziellen Verlesung dem sächsischen, d. h. lutherischen Bekenntnis beitrat.

Kempten nahm sogar Ende 1530 die Einladung des sächsischen Kurfürsten zu einer Tagung in Schmalkalden an, trat aber dann dem gegen Kaiser und Schwäbischen Bund gerichteten Schmalkaldischen Bund weder 1531 noch 1532 bei. Die Stadt würde Hochverrat üben und müsse Vergeltung des Schwäbischen Bundes, d. h. all ihrer Nachbarn, befürchten, wenn sie sich auf das evangelische Bündnis einließe, so beschwor der immer noch hochangesehene Altbürgermeister Gordian Seuter den Rat seiner Stadt – und vermochte sich noch einmal durchzusetzen[36]. Die Gefahr eines Krieges zwischen Alt- und Neugläubigen im Reich schien allerdings gebannt, als der Nürnberger Anstand vom Sommer 1532 – eine Art Waffenstillstand angesichts der drohenden Türkengefahr – allen Reichsständen Gewaltanwendung in Sachen des Glaubens untersagte und die anhängigen Kammergerichtsprozesse bis auf weiteres sistierte. Trotzdem blieb es in Kempten bei der von Seuter empfohlenen politischen Neutralität. Erst die sich überstürzenden Entscheidungen des darauffolgenden Jahres vermochte auch Gordian Seuter nicht mehr zu steuern. Enttäuscht, verbittert vor allem über den Bildersturm in seiner Heimatstadt, kehrte er Kempten 1533 für immer den Rücken und zog sich nach Ottobeuren zurück.

Bildersturm

Um die Jahreswende 1532/33 erinnerte Jakob Haystung den Rat an eine alte zwinglianische Forderung: die »Götzen« – und das waren in seinem Sprachgebrauch alle Heiligenbilder, Altartafeln, Statuen, Fresken und Epitaphe – aus St. Mang und den Kapellen der Stadt entfernen zu lassen. Genau dies hatte schon mehr als ein Jahr zuvor Ambrosius Blarer aus Konstanz angemahnt. Jetzt war der Rat gewillt, darauf einzugehen. Im Blick aber auf jene einflußreichen Stifterfamilien, die den reichen Kirchenschmuck in den letzten Jahrzehnten auf eigene Kosten erheblich vermehrt hatten, wagte der Rat nicht, die Verantwortung für diese weitreichende Entscheidung allein zu treffen. So ließ er am Dreikönigstag die gesamte Bürgerschaft nach Zünften getrennt über die Bilderfrage abstimmen, wohl wissend, daß die Zwinglianer in deutlicher Mehrheit waren und die zahlenmäßig wenigen Stifterfamilien, auch die Lutheraner und die Altgläubigen, überstimmen würden. Das Ergebnis konnte niemanden überraschen: 500 Bürger votierten für eine sofortige Entfernung aller Bilder, und nur 174 sprachen sich für eine Erhaltung des Kirchenschmuckes aus. Vergebens erbot sich ein wohlhabender Bürger, die Innenwände von St. Mang auf seine Kosten mit weißem Leinen bespannen zu lassen, hinter dem die spätgotischen Fresken verschwinden würden. Die »Bilderstürmer« duldeten keine Halbheiten. Lediglich ein viertägiger Aufschub mag einzelnen Bürgern Gelegenheit gegeben haben, einst selbst gestifteten oder sonstwie liebgewonnenen Kirchenschmuck aus St. Mang in Sicherheit zu bringen. Darauf deutet jedenfalls die Tatsache, daß sich einige wenige Objekte bis heute erhalten haben[37]. Der weitaus größte Teil aber wurde am 11. Januar 1533 gewaltsam entfernt und anschließend in der Nähe der Illerbrücke verbrannt, so als fürchte man einen baldigen Umschwung der Machtverhältnisse. Ebenso wurden die Wandmalereien in St. Mang nicht nur einfach übertüncht, sondern zuvor oder gleichzeitig zerstört, um eine Rückkehr zur »Götzen«-Verehrung ein für allemal auszuschließen. Wie gründlich das fromme Brauchtum der jüngsten Vergangenheit verhaßt war – aber eben auch mißdeutet wurde –, bewies kein geringerer als Bürgermeister Michael Flach, der sich den abgesägten Kopf des Palmesels auf einem Teller förmlich servieren ließ, um bei Tisch seinen Spott damit zu treiben. Einzig die Orgel von St. Mang entging der Zerstörungswut. Sie war vor noch gar nicht so langer Zeit von der Familie Vogt, die unter den Habsburgern zu Ehren und Reichtum gekommen war, gestiftet worden[38], und eine Provokation des Kaiserhofes mochte man bei aller Radikalität auch in Kempten nicht riskieren. Es blieb die Orgel deshalb erhalten, aber mehr als vier Jahrzehnte unbenutzt.

Mit Vehemenz hatten sich Rottach und Seger einer »Abthuung der Bilder« widersetzt. Wenn sie auch mit Haystung jede Bilderverehrung als Götzendienst ablehnten, so galten ihnen die Bilder in den Kirchen trotzdem als pädagogisch nützlich; im übrigen hatten sie kein Verständnis für den Rigorismus in dieser Angelegenheit, die nach ihrer Überzeugung nicht zu den zentralen Themen reformatorischer Theologie gehörte. Jetzt bedauerten sie, dem städtischen Kompromiß in der Abendmahlsfrage grundsätzlich zugestimmt zu haben. Und nur wenige Tage später verschafften sie sich erneut Gehör beim Rat, nahmen ihre Zusage feierlich zurück und erklärten, bei der Wahrheit der lutherischen Lehre bleiben zu wollen.

Der Rat durfte die über viele Jahre mühsam erkämpfte Einigung nicht erneut gefährden. Kurz entschlossen entließ er deshalb die beiden lutherischen Geistlichen am 31. Januar 1533 aus den Diensten der Stadt. An ihrer Stelle berief er zwei Prediger, die sich durch ihre Tätigkeit in der Umgebung Zwinglis empfohlen hatten: Veit Kappeler aus dem Kanton Thurgau und Magister Paul Roßdorfer aus dem Kanton Glarus. Damit war die zwinglianische Partei Sieger – in Kempten wie in den meisten oberdeutschen Reichsstädten.

Das städtische Kirchenwesen im Zeichen Zwinglis

In enger Absprache zwischen Rat und Geistlichkeit wurde in den folgenden Jahren das Leben in der Stadt im Sinne der reformierten Lehre reglementiert, zunächst durch 24 Artikel, die das Leben der Gemeinde regeln sollten, später durch eine eigene Kirchenordnung, die leider nicht erhalten ist. Auch die Armenfürsorge suchte man in den Griff zu bekommen, das Schulwesen durch Visitationen zu ordnen[39], beides allerdings vorerst mit nur mäßigem Erfolg. Das seit 1417 bestehende Bordell »nächst am Pfeiler Thörle« wurde geschlossen[40]. Zur besseren Kontrolle wurde die Stadt nach Straßburger Vorbild in vier Viertel aufgeteilt und für jedes Viertel ein Zensor als oberster Sittenwächter bestellt. Dieser mußte dem Rat über religiöse oder sittliche Vergehen der ihm Anbefohlenen wöchentlich Bericht erstatten[41]. Die hohe Zahl von jährlichen Feiertagen war durch den Wegfall der großen Heiligenfeste bereits erheblich verringert. Jetzt reduzierte man die arbeitsfreien Tage nochmals und behielt nur noch die Sonntage, die drei Hochfeste Weihnachten, Ostern und Pfingsten sowie Christi Himmelfahrt bei[42].

Der Rat prüfte die neu zu ernennenden Prediger auf ihre lehrmäßige Zuverlässigkeit, erst den aus Kempten gebürtigen Christoph Zuckschwert, dann Johannes Jung, der sich bereits in Konstanz als reformierter Prediger ausgewiesen hatte. Daneben gelang es, namhafte Theologen von auswärts jeweils für einige Monate als Gastprediger für die noch immer schwankende Gemeinde in St. Mang zu gewinnen: so den ehemaligen Buxheimer Kartäuser Simprecht Schenk[43], der als Anhänger Zwinglis in Memmingen gewirkt hatte, und den Konstanzer Reformator Ambrosius Blarer.

Zur selben Zeit fielen auch einzelne Taufgesinnte in der Stadt auf. Sie verwarfen die übliche Kindertaufe, verweigerten jede Eidesleistung und den aktiven Kriegsdienst und sprachen dem Rat das Recht ab, in religiösen Angelegenheiten zu entscheiden. Sie warben für die Gründung einer Gemeinde nach neutestamentlichem Vorbild, in der jeder für die Belange des Nächsten eintreten und der Wohlhabende seinen Reichtum mit den Armen teilen werde. Als Zeichen der Zugehörigkeit zu dieser wahrhaft christlichen Gemeinde von »Brüdern und Schwestern« galt ihnen die Erwachsenentaufe.

Neben den Täufern gab es in Kempten auch Verehrer des schlesischen Edelmannes Caspar Schwenckfeld, der im Jahre 1534 durch begeisterndes Auftreten und schwärmerische Beredsamkeit Anhänger unter den Patriziern gefunden hatte. Gerade sein Eintreten für ein »inneres, gotterfülltes Christentum«, das in frommer Ergebenheit alle Sakramente und jede Kirchenordnung ablehnte, sollte in Kempten lange nachwirken. Der Rat ließ einige Täufer und Schwenckfeldianer noch in den Jahren 1545 und 1546 vorladen, ausführlich belehren und verlangte schließlich unter Androhung der Ausweisung und des Verlustes des Bürgerrechts eine Abkehr von den »Schwärmern«[44].

Nach außen erzwang reichspolitische Notwendigkeit den Anschluß der kleinen, jungen Reichsstadt an den bestehenden Bund der evangelischen Stände; dieser war aber auf Drängen des mächtigen Kursachsen lutherisch verfaßt. Mit den anderen oberdeutschen Städten stimmte auch Kempten der auf Vermittlung Bucers erarbeiteten Kompromißformel in der Abendmahlslehre zu. Danach ist »der Leib und das Blut des Herrn im Abendmahl wahrhaftig, das ist substantive et essentialiter, nicht aber quantitative oder localiter, gegenwärtig«[45]. Das war ein entscheidender Schritt für die Unterzeichnung auch der sogenannten Wittenberger Konkordie im Mai 1536. Hier wurde die den Oberdeutschen anstößige Formulierung Luthers, daß auch Ungläubige den Herrn im Abendmahl empfangen können, dahingehend abgemildert, daß man vom Abendmahlsempfang Unwürdiger sprach. Die Kemptener Unterschrift unter dieses wichtige Dokument rechtfertigte nachträglich die Aufnahme der Stadt in den evangelischen Schmalkaldischen Bund zu Anfang desselben Jahres und bedeutete langfristig den allmählichen Übergang Kemptens zum Luthertum, – wenn auch bis dahin noch erhebliche Widerstände der reformierten Protestanten in der Stadt selbst zu überwinden waren[46].

Fürstabt Wolfgang von Grünenstein als Förderer der katholischen Religion

So ganz und gar protestantisch war die Reichsstadt gar nicht geworden. Zwar hatte der Rat schon frühzeitig den letzten katholischen Geistlichen Johann Frick aus der städtischen Spitalkirche mit einer Pension abgefunden[47]. Trotzdem ist eine völlige Unterdrückung der katholischen Religionsausübung in der Stadt nicht gelungen. Das verhinderte wohl die katholische Nachbarschaft des Stifts, das unter Fürstabt Wolfgang von Grünenstein allmählich wieder zu Ansehen und Einfluß gelangte. In der Reichsstadt selbst lebten in St. Anna noch immer zehn Franziskanerinnen, die sich nach wie vor der Einführung der Reformation widersetzten[48]. Wenn ihnen auch am 30. November 1533 zum letzten Mal gestattet wurde, die hl. Messe in ihrem Klösterchen zu feiern[49], so hatte der Rat ihnen doch vergeblich geboten, die Predigtgottesdienste in St. Mang zu besuchen und die Ordenstracht abzulegen[50]. Lieber wollten sie die Stadt verlassen, als solchen Weisungen zu folgen, so ließ die Oberin Cäcilia Böß den Rat wissen. Nach Vermittlung des Abtes gaben die Nonnen schließlich 1536 ihr Kloster in der Stadt auf, zogen vorübergehend nach Hirschdorf, bis ihnen der Abt im darauffolgenden Jahr das fürstäbtliche Schloß Schwabelsberg zur Verfügung stellte[51]. Acht Jahre später verkauften sie ihr städtisches Gebäude an den Rat[52]. 1548 schließlich zogen sie in das von den Franziskanern verlassene Haus nach Lenzfried.

Den verhältnismäßig friedfertigen Umgang der protestantischen Stadt mit dem katholischen Stift seit Mitte der dreißiger Jahre hat man der Person des neuen Fürstabtes Wolfgang von Grünenstein (1535–1557) zugeschrieben. Die zeitgenössischen Chroniken ebenso wie die Literatur loben ihn in überschwenglichen Tönen[53]. Richtig ist, daß er in Kontakten zu seinen protestantischen Nachbarn große Zurückhaltung übte, sofern nicht sein eigenes Stift betroffen war. In seinen Landen nämlich untersagte er gebieterisch jede religiöse Neuerung. Da verbot er seinen Untertanen, die evangelischen Predigten des vom kemptischen Heilig-Geist-Spital bestellten Pfarrers in Kimratshofen zu besuchen, und gab erst Ruhe, als ihm die Stadt die Rechte an der dortigen Kirche verkauft hatte. Aus demselben Grund verschaffte er sich auch das Patronatsrecht der Kirche in Waltenhofen[54]. Auf der anderen Seite hat er sich nach dem Sieg Karls V. im Schmalkaldischen Krieg großherzig und erfolgreich für eine Schonung der evangelischen Reichsstadt eingesetzt[55].

Auf dem Reichstag zu Regensburg 1541, den der Fürstabt persönlich besuchte, erwarb er von König Ferdinand das Privileg, daß seine Untertanen künftig ohne seine Erlaubnis keine Güter mehr bei Juden verpfänden durften. Die Maßnahme richtete sich freilich nicht gegen die üblicherweise horrend hohen Zinssätze der Juden, sondern gegen die Gepflogenheit, daß im Falle von Streitigkeiten stets das Landgericht in Leutkirch statt des stiftkemptischen vereinbart worden war[56].

Maßgeblichen Anteil hatte Grünenstein an der Gründung der schwäbischen Benediktiner-Universität im Jahre 1542[57]. Ausgehend von der Überlegung, daß eine innerkirchliche Reform auch in den Klöstern nur mit einem geistig und sittlich hochstehenden Klerus gelingen konnte, verständigte sich Grünenstein zunächst mit dem Abt von Ottobeuren, gewann dann auch die Abteien Irsee, Weingarten, Zwiefalten, Ochsenhausen, Wiblingen, Elchingen und Donauwörth für den Plan, eine ordenseigene Akademie, die aber auch Laien offenstehen sollte, zu begründen. Nachdem man zunächst Obergünzburg vorgeschlagen, dann das stiftkemptische Legau als Sitz der neuen Anstalt in Aussicht genommen hatte, dort aber keine geeigneten Räumlichkeiten vorfand, begann der Lehrbetrieb nach einer feierlichen Eröffnung am 22. Januar 1543 im Ritterhaus von Ottobeuren. Nur eineinhalb Jahre später siedelte die Universität nach Elchingen um, wo sie im Vorfeld des Schmalkaldischen Krieges unterging, noch bevor ein Bescheid über die bei Papst und Kaiser erbetene Bestätigung und Unterstützung ergangen war.

Schmalkaldischer Krieg und Interim

Vorübergehend geriet das sorgsam verteidigte Gefüge der beiden großen Religionsparteien in Stadt und Stift Kempten noch einmal ins Wanken[58], als nämlich im Frühsommer 1546 die schmalkaldischen Truppen unter ihrem genialen Bundeshauptmann Sebastian Schertlin von Burtenbach das ganze Allgäu in ihre Gewalt brachten und auch im stiftischen Kempten die Einführung des evangelischen Gottesdienstes erzwangen. Das geschah fast überall unter Mitwirkung der örtlichen Pfarrer, für die sich die Unterscheidung zwischen alter und neuer Lehre an Erscheinungen wie der Priesterehe oder der Spendung des Abendmahls unter beiden Gestalten manifestierte. Ein Verständnis der neuen Theologie wird man noch bei niemandem unterstellen dürfen. Noch bevor sich allerdings die neue Ordnung festigen konnte, leitete ein päpstliches Entsatzheer an der Seite der kaiserlichen Truppen die Wende ein. Ende Oktober verließen die letzten Schmalkaldener das Stift, das seinerseits innerhalb weniger Wochen zu den vorherigen politischen und religiösen Zuständen zurückkehrte.

Die Stadt aber, die noch im Sommer ernste kaiserliche Warnungen im Vertrauen auf ihre Verbündeten in den Wind geschlagen hatte, schickte nun ihren Bürgermeister zur förmlichen Unterwerfung an den Kaiserhof. In Heilbronn akzeptierte Karl V. die fußfällige Bitte um Gnade gegen die Zusage hoher Wiedergutmachungszahlungen – zu leisten an die Sieger: Kaiser, König, Bischof und Abt.

Der Augsburger »geharnischte« Reichstag verabschiedete auf Druck der siegreichen Stände am 30. Juni 1548 ein Reichsgesetz[59], das die Religionsfrage vorläufig regeln sollte: ein umfassendes Reformprogramm für die katholisch verbliebenen Länder und für die Protestanten ein in 26 Artikeln zusammengefaßtes Lehrdokument, das in allen wichtigen Kontroversen katholisch war, den Evangelischen lediglich Laienkelch und Priesterehe zugestand. Dieses sogenannte »Interim« verlangte die Wiederzulassung katholischer Gottesdienste auch in der Reichsstadt Kempten[60]. Der Rat hoffte wohl zunächst, mit Hinweis auf das unmittelbar vor den Mauern liegende Stift, wo katholische Lehre und Kult gepflegt wurden, das Gesetz unterlaufen zu können. Der Kaiserhof aber verlangte die sofortige Einführung des Interims und drohte harte Strafen an, als nichts geschah. Daraufhin öffnete der Rat die evangelische St.-Mang-Kirche dem katholischen Pfarrer von St. Lorenz, duldete wieder Altarbilder, Paramente und Kirchenschmuck, führte einige frühere Feiertage, vor allem das Lorenzfest, wieder ein und erneuerte die Fasten- und Abstinenzgebote. Mit diesem Diktat mochte sich Paul Roßdorfer nicht abfinden. Er verließ deshalb Kempten mit seiner Familie und zog nach Zürich.

Der Augsburger Bischof Kardinal Otto Truchseß von Waldburg, der vom Kaiser beauftragt war, die Durchführung des Interims in Kempten zu überwachen, bemängelte, daß keiner der Kemptener Geistlichen die Priesterweihe ordnungsgemäß empfangen hatte. Auch habe am Gründonnerstag 1549 niemand aus der Reichsstadt das geweihte Chrisam in Augsburg abgeholt. Ein eigens nach Kempten entsandter Visitator gewann gleichfalls den Eindruck, daß sich die Geistlichen und die Bevölkerung dem Interim widersetzten. Da befahl der Kaiser am 17. August 1551 alle Geistlichen und Schullehrer der Stadt zum Examen ins bischöfliche Gericht nach Augsburg. Dort wurden zwei der drei Geistlichen, die standhaft mutigen Christoph Zuckschwert und Johannes Scheurlin, ihrer Ämter entsetzt; eine Rückkehr in ihre Heimatstadt wurde ihnen auf Lebenszeit verboten. Der dritte Geistliche und die beiden Lehrer unterwarfen sich dem bischöflichen Gericht.

Der erzwungene Wegzug der reformierten Prediger begünstigte in der Folgezeit die allmähliche Hinwendung der Reichsstadt zum Luthertum. Das Interim aber war in Kempten gescheitert.

1 Vgl. Haggenmüller; Baumann und Rottenkolber, Allgäu, Bd. 3; Georg Hammon: Geschichte der Kirche und Gemeinde bei St. Mang in Kempten von ihren Anfängen bis 1802, Kempten 1902; Otto Erhard: Die Reformation der Kirche in Kempten auf Grund archivalischer Studien, Kempten 1917; Rottenkolber, Stift; Peter Blickle: Kempten, München 1968 (HAB Schwaben 6); Weitnauer, Chronik, Bde. 2, 5; Hans Wiedemann: Kempten und die Reformation. In: Dokumentation ›450 Jahre Reformation in Kempten‹, Kempten 1978, S. 25–37; Wolfgang Reinhard: Stadt und Stift im Zeichen des konfessionellen Gegensatzes. In: UniPress Augsburg 1984, H. 1, S. 4–11.

2 Erhard, Reformation, S. 2 f.

3 Haggenmüller, Bd. 1, S. 493 f.; Otto Erhard: Der Streit ums heilige Oel in der Reichsstadt Kempten. In: Heimgarten 6 (1914), S. 77–79; Rottenkolber, Stift, S. 65.

4 Joseph Rottenkolber: Geschichte des ehemaligen Frauenklosters St. Anna in Lenzfried, Kempten 1929, S. 5.

5 Erhard, Reformation, S. 2–5; Ludwig Dorn: Die spätmittelalterliche Pfarrei St. Mang in Kempten. In: AGF 75 (1975), S. 41–73, bes. S. 53–56.

6 Gebhartsche Chronik: Kapitelsbibliothek St. Mang, Kempten: M. 24, S. 53.

7 Ebd. S. 57–59.

8 Ludwig Dorn: Das Heilig-Geist-Spital Kempten im 15./16. Jahrhundert. In: AGF 77 (1977), S. 38–71; Otto Erhard: Die Bruderschaften in der Reichsstadt Kempten. In: AGF 9 (1912), S. 7–11 und 11 (1914), S. 46–48, hier S. 48.

9 Haggenmüller, Bd. 1, S. 499. Dazu allgemein Otto Erhard: Die christliche Liebestätigkeit im mittelalterlichen Kempten. In: AGF 20 (1923), S. 1–9; Theodor Stark: Die christliche Wohltätigkeit im Mittelalter und in der Reformationszeit in den ostschwäbischen Reichsstädten, phil. Diss. Erlangen 1926.

10 Dazu allgemein Zittel, »Familienstreit«, S. 177–195.

11 Franz Ludwig Baumann: Über die städtische Chronik von Kempten. Ein Beitrag zur Geschichte des Allgäuer Bauernkriegs und des Meistergesangs. In: ZHVS 4 (1877), S. 298 bis 324, hier S. 308–322. Otto Erhard: Matthias Weibel, Berlin 1925.

12 StadtA Kempten: Literalien B 31, fol. 59rv. Die sogenannte Schwarzsche Chronik stammt zwar aus den ersten Jahren des 17. Jahrhunderts (vgl. Baumann, Chronik, S. 299 f.), konnte sich aber für die fragliche Zeit auf ältere Quellen berufen. Vgl. Erhard, Reformation, S. 5.

13 Einzelheiten bei Haggenmüller, Bd. 1, S. 505 bis 511.

14 Rottenkolber, Stift, S. 77.

15 Peter Blickle: Die Revolution von 1525, München 1977; Wolfgang Petz: Der Allgäuer Bauernkrieg von 1525. In: AGF 80 (1980), S. 92–111.

16 Nikolaus Paulus: Johann Winzler. In: Der Katholik 74 (1894), S. 40–57.

17 Einzig Rottenkolber, Stift, S. 86 hält die Vorgeschichte der Gefangennahme Weibels offenbar für legendär. Immerhin ist jener Brief erhalten, den Marschall Heinrich Burkhard von Pappenheim an die Hauptleute Wilhelm Gyß von Gyssenberg und Walter von Hürnheim schrieb; darin die formelle Anweisung, Weibel zu erstechen: StadtA Augsburg, Literaliensammlung, 27. August 1525.

18 StadtA Kempten: Literalien B II 575, fol. 30–33. Ebd.: Literalien B 31, fol. 92v–95v. Druck: Baumann, Chronik, S. 312–316; Erhard, Reformation, S. 71–76; ders., Weibel, S. 17–20.

19 Max Förderreuther: Gordian Seuter. (Sd. aus: Im Heimgarten 2 [1925] Nr. 1–3), Kempten 1925.

20 Text: Kapitelsbibliothek St. Mang, Kempten: M. 23, S. 188–190 (23 Seiten!), StadtA Kempten: Literalien B 20, S. 37–88; Literalien B 22a und Literalien B 25. Vgl. Haggenmüller, Bd. 1, S. 529–533.

21 »Umb 30000 fl. in gold, sind in 32000 fl. in müntz erlegt worden« (StadtA Kempten: Literalien B II 547, fol. 18r).

22 StadtA Kempten: Literalien B 20, S. 153–172.

23 Ebd. S. 127–151.

24 »Historische Cronica«: Kapitelsbibliothek St. Mang, Kempten: M. 23, S. 190v.

25 Vgl. z. B. Hammon, S. 73.

26 Im einzelnen vgl. den Brief von Sixtus Rummel an Andreas Althamer in Gmünd, 2. Febr. 1525: Erhard, Reformation, S. 66–70.

27 Gebhartsche Chronik: Kapitelsbibliothek St. Mang, Kempten: M 24, S. 53.

28 Vgl. R. Raubenheimer: Paul Fagius, Grünstadt 1957.

29 Das folgende nach dem Bericht Segers und Rottachs an Luther, 10. Juli 1533: StadtA Straßburg: Thomasarchiv, Nr. 17, S. 4: Varia Ecclesiastica IX, fol. 282r–307v. Vgl. WABr Bd. 12, S. 142–148. Erhard, Reformation, S. 77–87.

30 Zum folgenden Otto Erhard: Die Sakramentsstreitigkeiten in Kempten 1530–1533. In: Beiträge BayKiG 17 (1911), S. 153–173.

31 Ebd. S. 167: Ut utrinque dicant, dominum in coena dare verum suum corpus, verum sanguinem cum pane et vino in cibum animae et fas sit testari panem et corpus domini nonnisi sacramentaliter uniri et corpus domini, proprie si loquamur, nonnisi ab anima percipi.

32 Robert Stupperich: Martin Bucer. In: TRE 7 (1981), S. 258–270.

33 Bernd Moeller: Ambrosius Blarer. In: TRE 6 (1980), S. 711–715.

34 Rottenkolber, St. Anna, S. 5–7.

35 StadtA Augsburg, Literaliensammlung, 29. Juli 1525.

36 Förderreuther, S. 29. Erhard, Reformation, S. 33.

37 Ludwig Dorn: Der Bildersturm in der Pfarrkirche St. Mang in Kempten im Januar 1533. In: AGF 78 (1978), S. 114f.

38 Erste Erwähnung 1480: Haggenmüller, Bd. 2, S. 6; Hammon, S. 73.

39 Kapitelsbibliothek St. Mang, Kempten: M. 24, S. 69.

40 Ebd. S. 65.

41 Ebd. S. 70.

42 Ebd.

43 Emil Schenck, Simprecht Schenck. Lebensbild eines schwäbischen Reformators, Frankfurt 1938.

44 Kapitelsbibliothek St. Mang, Kempten: M. 24, S. 72f.; Erhard, Reformation, S. 42.

45 WABr Bd. 12, Nr. 4261, Beilage I.

46 So z.B. 1538, als eine sechsjährige Verlängerung des Schmalkaldischen Bundes anstand, die Kemptener Prediger aber in etlichen Punkten die lutherische Position nicht akzeptieren mochten: StadtA Kempten: Literalien B 31 (Schwarzsche Chronik), fol. 104.

47 Haggenmüller, Bd. 2, S. 6.

48 Rottenkolber, St. Anna, S. 6f.

49 Krälersche Chronik: Kapitelsbibliothek St. Mang, Kempten, fol. 37r.

50 Kapitelsbibliothek St. Mang, Kempten: M. 23, S. 215f.

51 So übereinstimmend die Chroniken: StadtA Kempten: Literalien B II 547, fol. 21 und ebd. Literalien B 8 b, Teil 1, fol. 2v. Kapitelsbibliothek St. Mang, Kempten: M. 24, S. 67 und ebd. M. 23, S. 215f.

52 Ebd. S. 230. StadtA Kempten: Literalien B 31, fol. 112v.

53 »Er ist gewesen ein milder Herr, gütig gegen seine Untertanen [. . .] ein guter Mittler [. . .] guter Hausherr [. . .] hat sich mit der Stadt Kempten friedlich und nachbarlich gehalten«: Kapitelsbibliothek St. Mang, Kempten: M. 23, S. 217f. Er »hat sein Regiment ganz demütig angefangen [. . .] ist so ein gütiger Hausherr gewesen wie keiner vor ihm [. . .] ein barmherziger Herr«: StadtA Kempten: Literalien B 8b, Teil 2, fol. 55vf. »Ein gottesfürchtiger, gelehrter und hochverständiger Herr«: StadtA Kempten: Literalien B 31, fol. 101v. Vgl. Haggenmüller, Bd. 2, S. 10; Rottenkolber, Stift, S. 90.

54 Haggenmüller, Bd. 2, S. 13f., 17; Erhard, Reformation, S. 41.

55 Ebd. S. 51.

56 Haggenmüller, Bd. 2, S. 17f. Weitnauer, Bd. 2, S. 76f.

57 Friedrich Zoepfl: Geschichte der ehemaligen Universität Ottobeuren. In: AGHA 5 (1916–19), S. 517–562; ders.: Kloster Ottobeuren und der Humanismus. In: Ottobeuren. Festschrift zur 1200-Jahrfeier der Abtei, hrsg. v. Ägidius Kolb und Hermann Tüchle, Augsburg 1964, S. 187–267.

58 Zum folgenden Otto Erhard: Kempten im Schmalkaldischen Krieg 1546/47. In: Blätter aus dem Allgäu 1 (1910), S. 75f.

59 Vgl. Joachim Mehlhausen: Interim. In: TRE 16 (1987), S. 230–237.

60 Zum folgenden vgl. im einzelnen die Holdenriedsche Chronik: StadtA Kempten: Literalien B 32, fol. 132–169. Erhard, Reformation, S. 51–58.

Das Fürststift Kempten: Ein typischer Kleinstaat in der Frühneuzeit

Peter Blickle

Am 1. Januar 1693 brach in der Kemptener Residenz der Hofstaat auf, nahm – wie der Chronist berichtet[1] – den Auszug »durch die Statt Kempten, welche in gewöhr an dem oberen und unteren thor gestanden«, und schwenkte auf die Landstraße nach Memmingen ein. In einer »mit sechs Pferden bespanten Carossen [...] welche gantz mit roth Samet ausgemacht, mit Seiden und goldt vermengten Porten inner halb umb und umb garniert [...] saßen [...] Ihre hochfürstl. Gnaden«, der Fürstabt von Kempten, »Rupertus aus der Uhralten Bodmanischen familie«, begleitet vom Dechant und gefolgt vom Kanzler, dem Syndikus, dem Landrichter, den Kapitularen und Hofräten. »Ungefähr in 100 Pferden [...] bestunden die völlige Suite«, die an diesem Wintertag am Spätnachmittag ihr Ziel, Grönenbach, erreichte. Dort fand am folgenden Tag ein Staatsakt statt: »Nach 8 Uhr morgens hat man sich in die Kirchen begäben, bey Eintritt derselben hat sich daß völlige Geläuth, heerpauken, Trompeter und Orgel hören lassen«. Nach dem Gottesdienst nahm der Fürstabt unter einem Baldachin Platz, ihn umgab nach einem festgelegten Zeremoniell der Hofstaat, »auff beyden Seithen stunden die 12. Trabandten mit ihren Hellenporthen [...] im halben Mond die ordinari Wacht und die neu ahngehenden Untertanen«. Vor dieser festlichen Gesellschaft hielt der Hofrat Motz eine kurze Ansprache. »Synopsis dieser Sermon ware, das nach deme durch hohe Interpolation des Churfürsten in Saxen [...] undt Bischoff zu Aichstett [...] die durch 43 Jahre gewehrte Streitigkeiten endtlich *per amicabilem transactionem* beygelegt undt durch herschießung 65000 fl [...] die Rotensteinische Papenheimbische Allgeuische Underthanen *plenissimo et omni jure cum omnibus apertinentiis, jurisdictionalibus etc.* auff das fürstliche Stifft gefallen undt hiemit angewisen und übergäben werden«. Das kemptische Lehen Rotenstein war wieder im Besitz des Fürststifts, das »*dominium utile cum dominio directo* consolidiret worden«; Kempten verfügte wieder – wie der Chronist sichtlich zufrieden vermerkt – über das »*dominium directum pleno et omni jure*«. Der Hofratssekretär Schultz verlas »denen neuen *Subditis* alles das Jenige, was die *vasalli secundum consuetudinem Romani Imperii* Ihren Landsfürsten zu prästieren schuldig«; der Hofrat und Landrichter Motz sprach den Untertanen »das gewöhnliche *Juramentum* vor«, worauf »die neuen Vasallen solches *erectis duobus digitis* nachgesprochen«. Mit dem Segen für die Untertanen, dem Versprechen, »sich gegen dieselben als ein milder, barmherziger, guter gnädiger Landtsfürst jederzeit zu erzaigen«, und einem gnädigen Darbieten der Hand für die 302 »*novi subditi*« endete unter dem feierlichen Te Deum

Farbtafel 13   Reichsstadt und Fürstabtei Kempten im 16. Jahrhundert, kolorierter Kupferstich von Braun-Hogenberg 1576

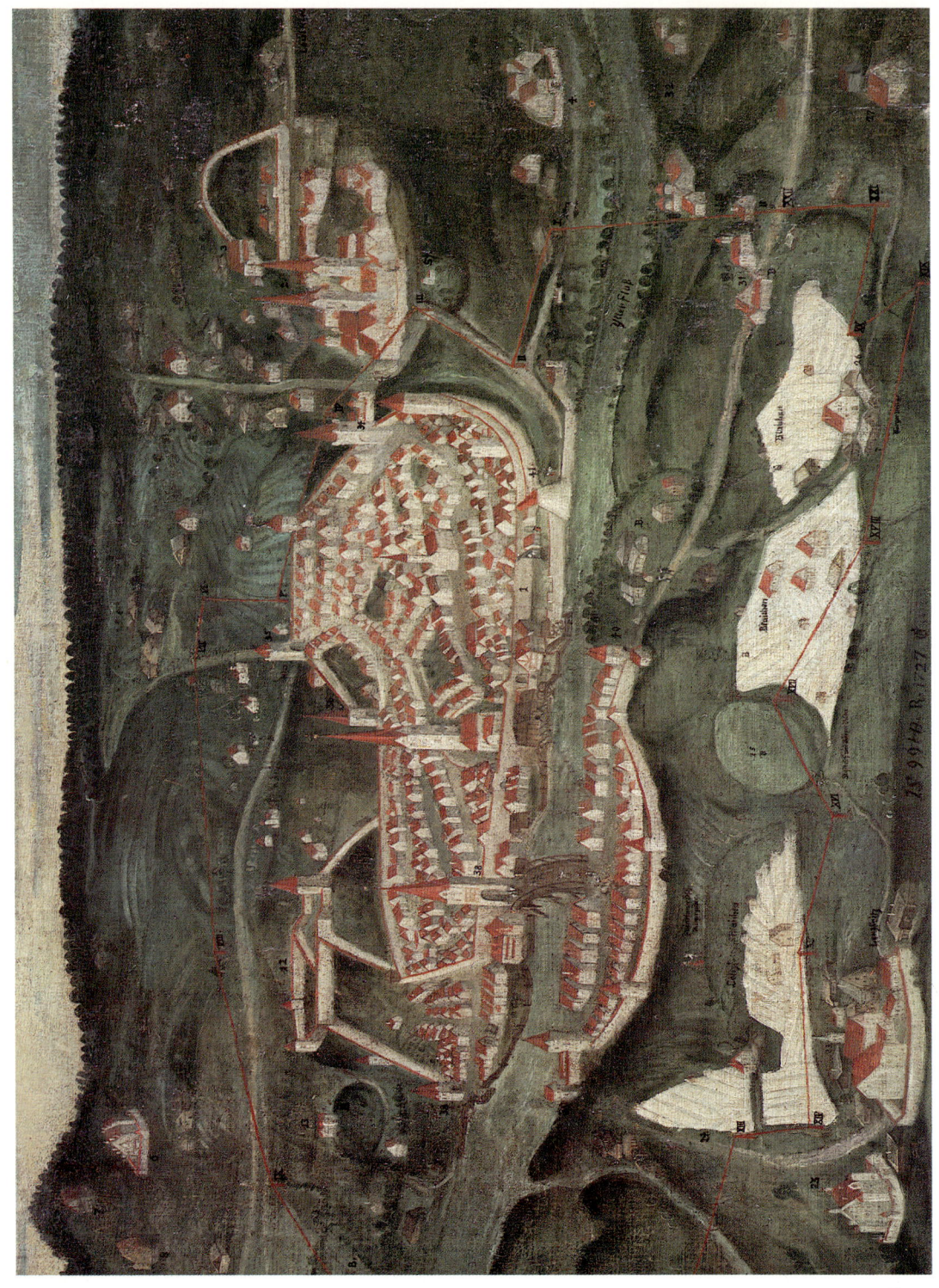

Farbtafel 14 Älteste gemalte Ansicht der Stadt und der Abtei Kempten, mit Friedsäulen, Bleichflächen und Patrizierschlößchen der Umgebung, von Heinrich Beusch 1599, im Stadtarchiv Kempten

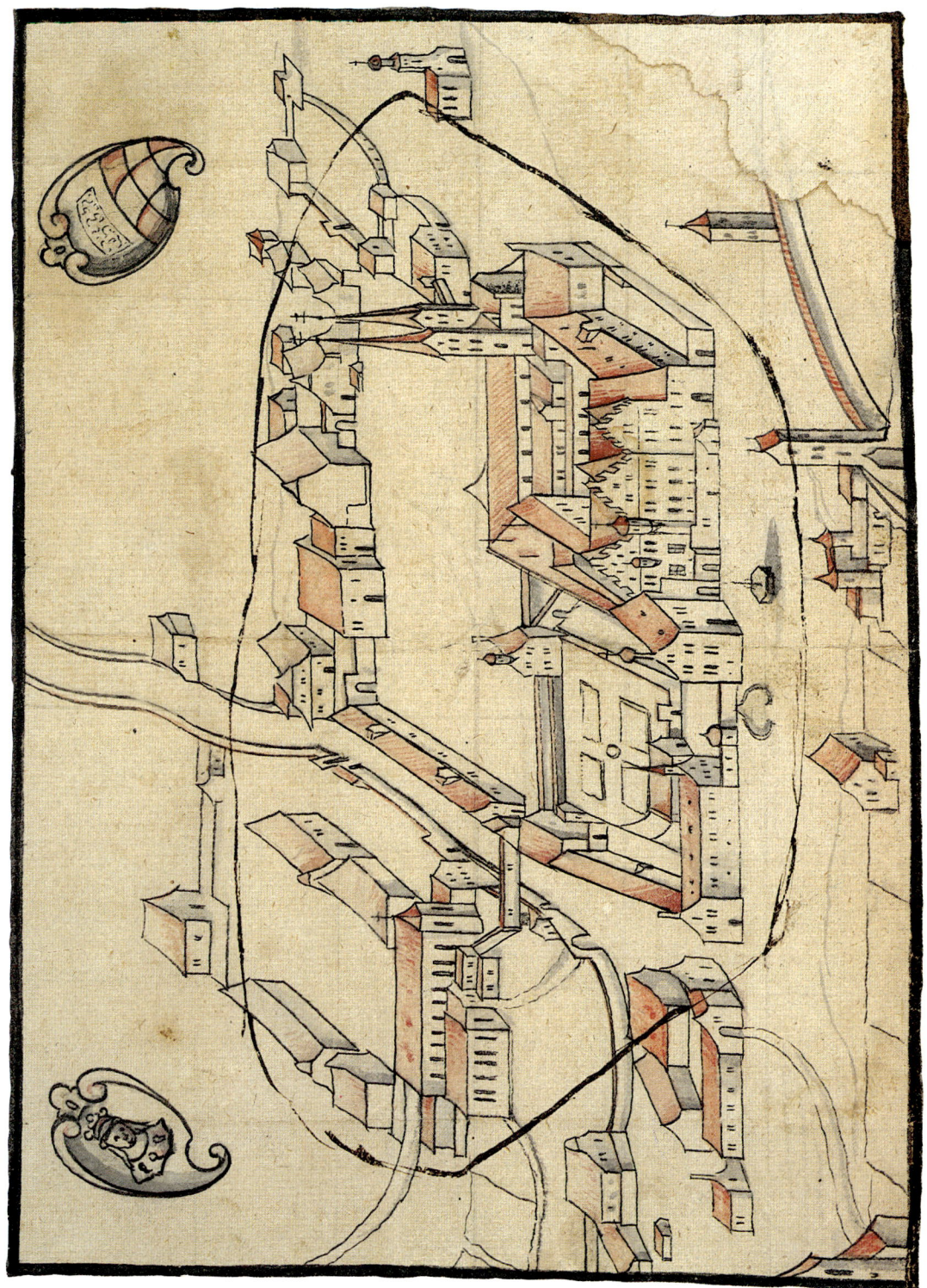

Farbtafel 15   Die Abtei Kempten vor der Zerstörung im Dreißigjährigen Krieg (1632) mit eingezeichneter Baulinie für den geplanten Neubau, zeitgenössische Zeichnung im Bayer. Hauptstaatsarchiv München

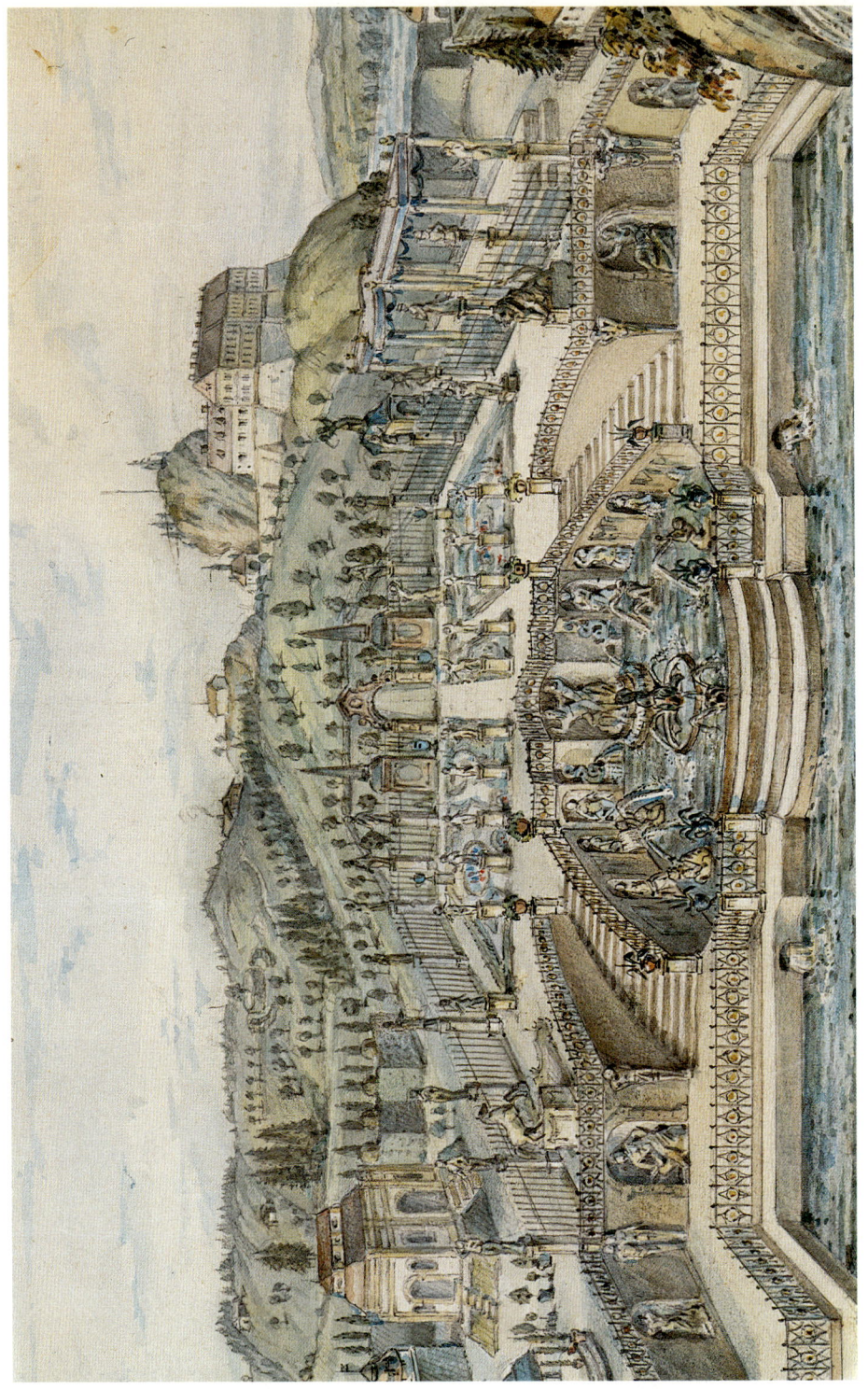

Farbtafel 16 Geplanter Lustgarten beim fürstäbtlichen Jagdschloß Wagegg, kolorierte Zeichnung (wohl von Joseph Buck 1820–1897) nach einem Gemälde in der Kemptener Residenz

dieser offizielle Teil der Besitzergreifung der Herrschaft Rotenstein. Ihr folgte ein eher privater Teil: Ein gewissenhaft ausgewählter, erlesener Kreis von 16 Personen durfte mit dem Abt speisen, vier Stunden lang unter Tafelmusik. »Und ist«, so schließt der Augenzeuge seinen Bericht, »mancher mit gutem rausch in das beth gewisen worden«.

Die Freude an ausladenden Formen barocker Repräsentation gehört zum Charakter des Absolutismus. Das ist die eine, äußere Seite der eben beschriebenen Übernahme der Herrschaft Rotenstein. Die andere, nicht minder wichtige, ist das hier nur ganz sublim angedeutete, in Wahrheit aber zähe Ringen eines Reichsklosters um die Sicherung und Erweiterung seiner Herrschaft. Seit Jahrhunderten war es ein Ziel der Kemptener Politik, die Herrschaft Rotenstein dem fürststiftischen Territorium einzugliedern. Denn je mehr die mittelalterliche, hierarchische Herrschaft zum neuzeitlichen, frühmodernen Staat wurde, um so deutlicher empfand man fremde Herrschaftsrechte im Stiftsgebiet als störende Enklaven. »*Plenissimo et omni jure*« wurde Rotenstein an Kempten übergeben, »*superioritas territorialis*« war das Ziel der Politik. Das unbeschränkte »*dominium*«, die »landesfürstliche Obrigkeit«, die »Landeshoheit« – Souveränität würden wir heute sagen – in einem abgegrenzten Herrschafts- und Interessenbereich durchzusetzen, war die vorherrschende Zielsetzung der Reichsstände in der Frühneuzeit.

Fürstabt Rupert von Bodman kann als ein typischer Vertreter der Prälaten des Fürststifts Kempten gelten (1). Insofern steht er in der Kontinuität der Politik des Reichsklosters in der Frühneuzeit (2). Sie ihrerseits ist charakteristisch für die Kleinstaaten im Heiligen Römischen Reich deutscher Nation (3).

Absolute Herrschaft und territorialstaatliche Stabilisierung – das Beispiel Rupert von Bodman

Absolutismus ist ein Begriff, der nicht nur in Verbindung mit den europäischen Monarchien seine Berechtigung hat. Die absolute Monarchie mit ihren charakteristischen Zügen – Sicherung der fürstlichen Herrschaft durch das Ausschalten konkurrierender Gewalten, Erschließung neuer staatlicher Einnahmen durch eine Belebung der Wirtschaft, Modernisierung der Verwaltung durch eine Rationalisierung der Zuständigkeiten und Zentrierung der Regierungsgewalt in der Person des Fürsten – hat der alteuropäischen adeligen Führungsschicht für zwei Jahrhunderte als Leitbild gedient[2]. Die Ausrichtung, ja Zuspitzung der gesellschaftlichen Ordnung und staatlichen Verfassung auf *eine* Person wurde bestimmend für die Ordnung Europas. Für Deutschland gilt das nicht nur für die Kurfürstentümer und Herzogtümer, sondern – in Grenzen – auch für die Grafschaften und Stifte.

Rupert von Bodman, der politische Zielstrebigkeit mit persönlicher Selbstherrlichkeit verband, entspricht durchaus dem Typus eines Reichsfürsten im Zeitalter des Absolutismus. Zu seinen politischen Erfolgen gehört der Erwerb der Herrschaften Rotenstein, Grönenbach und Kalden, um die sich seine Vorgänger vergeblich be-

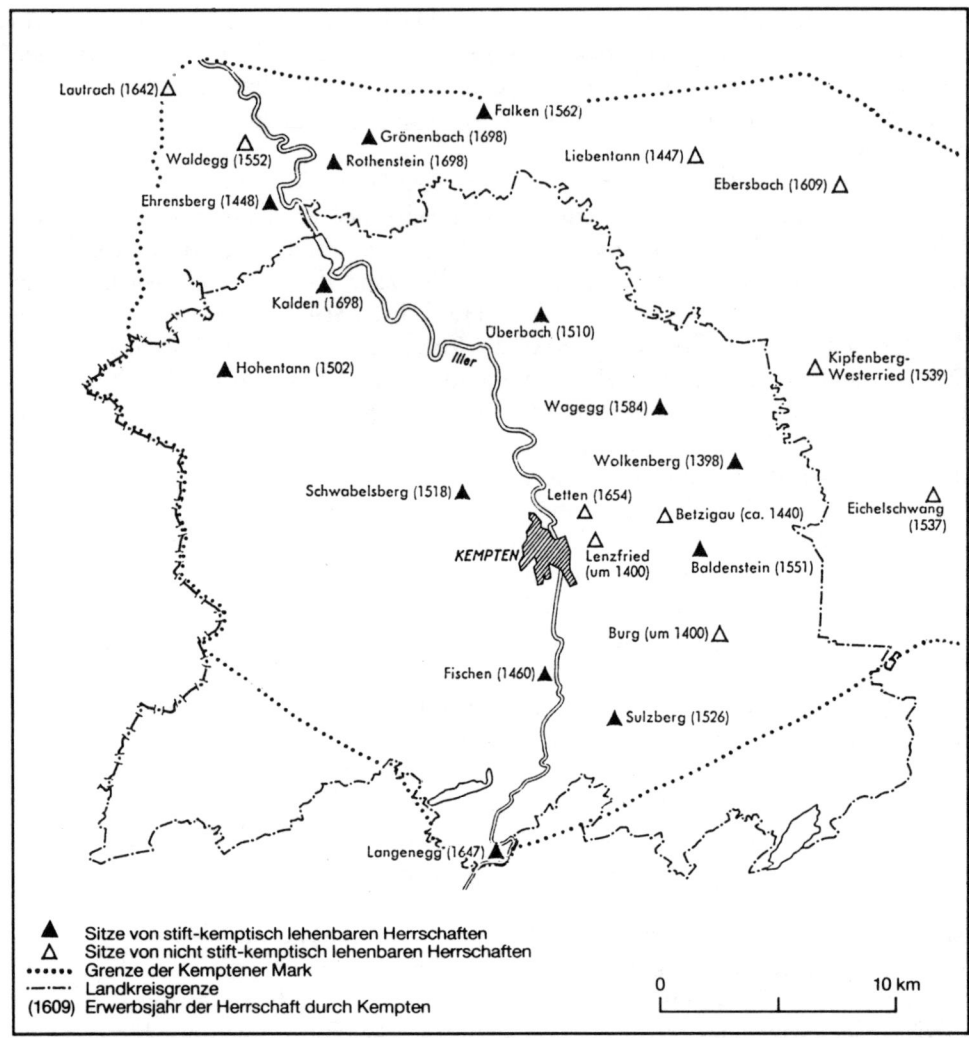

Abb. 1   Erwerb adeliger Besitzungen durch das Stift Kempten (nach: P. Blickle: Kempten. HAB Schwaben 6, München 1968, S.133)

müht hatten. Das Interesse Ruperts von Bodman gerade an diesen Herrschaften scheint auf den ersten Blick nicht besonders einsichtig. Im Kaufvertrag mußte sich das Stift Kempten verpflichten, für die bisherige Adelsherrschaft die Steuern an die Reichsritterschaft zu entrichten; das bedeutete eine doch spürbare Beeinträchtigung des Anspruchs auf exklusive Landeshoheit. Weiter mußte Kempten das reformierte Bekenntnis, das die Pappenheimer in Grönenbach eingeführt hatten, zulassen; das hieß, im eigenen Territorium mehrere Konfessionen dulden[3]. Um eine bloße Erweiterung des fürststift-kemptischen Territoriums kann es somit bei diesem Kauf nicht gegangen sein. Worum dann? Zu einer Antwort führt ein Blick auf die historische Landkarte.

Rotenstein und Grönenbach liegen innerhalb der Grenzen der Grafschaft Kempten – ein Bezirk, der schon in karolingischer Zeit ausgemarkt worden war[4]. Innerhalb dieses Bezirks besaßen die Äbte durch die Grafenrechte hochgerichtliche und andere hoheitliche Befugnisse, die so lange nicht voll zur Entfaltung gebracht und zur Landeshoheit aufgewertet werden konnten, als es innerhalb desselben auswärtige grundherrliche, leibherrliche und niedergerichtsherrliche Titel in fremder Hand, etwa der Marschälle von Pappenheim, gab. Der Erwerb von Rotenstein, Grönenbach und Kalden diente also vornehmlich dazu, Herrschaftsanspruch und Herrschaftswirklichkeit zur Deckung zu bringen – das »dominium directum« mit dem »dominium utile« zu vereinigen, wie es der Hofchronist anläßlich des Grönenbacher Huldigungszeremoniells zutreffend formuliert hatte.

Daß so der Ankauf der Grenzherrschaften einsichtig erklärt ist, läßt sich mit Hilfe der Territorialpolitik Ruperts von Bodman überzeugend nachweisen. Grenzregulierungsversuche und Grenzstreitigkeiten bestimmen in seiner Regierungszeit das Verhältnis zur Nachbarherrschaft Ottobeuren. Letztmals hatten Ottobeuren und Kempten 1699[5] durch den Tausch von Gütern und Herrschaftsrechten ihre Territorien gegeneinander abzugrenzen gesucht. Allein aufgrund der Tatsache, daß ein geschlossener Block von Gütern, über die Ottobeuren die Niedergerichtsbarkeit und andere Herrschaftsrechte beanspruchen konnte, innerhalb des kemptischen Hochgerichtsbezirks lag, kam es zu Prozessen vor dem Kaiser um die Landeshoheit. Kempten behauptete, »er [der Fürstabt] hat die Malefiz [Blutgerichtsbarkeit] ergo hat er die landesfürstliche Obrikait«, während Ottobeuren mit seiner Grund- und Niedergerichtsherrschaft und seiner Steuerhoheit die Landeshoheit reklamierte[6].

Der Grenzregulierung diente schließlich auch ein Güter- und Leibeigenentausch zwischen dem Fürststift und den Truchsessen von Waldburg als Inhabern der Herrschaft Trauchburg 1693: Kempten erhielt hier innerhalb seiner Grafschaftsgrenzen trauchburgische Leute in Mutmannshofen, Häfelinswald und Hellengerst[7].

Hinter solchen Käufen und Prozessen macht man ein obrigkeitliches Interesse aus, als dessen vorrangiges Ziel das Territorium, das geschlossene Territorium, der Territorialstaat gelten kann. In concreto wird im Rahmen einer vorgegebenen oder fiktiven Grenze die Gesamtheit der möglichen Herrschaftsberechtigungen erworben und damit real das vorbereitet, was der moderne Staatsbegriff neben anderem inhaltlich deckt: Staatsgebiet und Staatsvolk.

Die »Verstaatlichung« der Herrschaft, wie man diesen Vorgang benennen könnte, hat neben der außenpolitischen eine innenpolitische Dimension. Letztere äußert sich in den Verwaltungsreformen. Rupert von Bodman hat bereits unmittelbar nach seiner Einsetzung als Fürstabt von Kempten die scharfe Trennung von Regierung und Hofkammer durchgeführt[8] und damit die bisher ungeschiedenen Ressorts Verwaltung, Justiz und Finanzen derart verselbständigt, daß die Hofkammer allein für die Finanzen zuständig wurde, die Regierung jedoch für die allgemeine Verwaltung und Rechtspflege. »Es begann sich hiermit schon die privatrechtliche Funktion des Staates und der Begriff des Fiskus von der hoheitsrechtlichen Aufgabe des Staates zu unterscheiden«[9].

Solche und andere administrative Maßnahmen dienten auch wirtschaftspolitischen Zielen. Verbesserung der Verwaltung und Vermehrung der Staatseinkünfte wird nicht zu Unrecht mit ein und derselben Bezeichnung belegt – Kameralismus[10]. Auch die Verleihung des Stadtrechts für die um das Stift gelegene Siedlung durch Kaiser Karl VI. 1712 muß man vorrangig unter wirtschaftspolitischem Aspekt sehen. Denn gleichzeitig wurden Zünfte und ein Wochenmarkt in Konkurrenz zur Reichsstadt eingerichtet[11].

Die Theorie der absoluten Herrschaft beschränkte den Fürsten allein durch das Naturrecht und die Verantwortung gegenüber Gott: sie leistete nicht nur einer »Vergottung« des Amtes Vorschub, sondern gefährdete auch die verfassungsmäßige Kontrolle des Herrschers und das gewachsene historische Recht[12]. Rupert von Bodman ist auch hier absoluter Fürst. Zeugnis dafür ist sein Umgang mit Verfassungsorganen des Fürststifts: dem »Kapitel« und der »Landschaft«. Beide Institutionen beengten sein persönliches Regiment und begrenzten seinen Aktionsradius – das Kapitel, weil es nach dem Selbstverständnis des Benediktinerordens und aufgrund kaiserlicher und päpstlicher Privilegien eine Institution war, mit der ein Fürstabt zu regieren hatte, die Landschaft, weil sie als Korporation der fürststift-kemptischen Untertanenschaft dem Abt im wesentlichen den finanziellen Rahmen seiner politischen Aktivitäten abstecken konnte.

Zu den vornehmsten Rechten der Klosterkonvente und damit auch des Kemptener Kapitels gehörte die Wahl des Abtes. Der regierende Fürst in Kempten hatte damit kein Recht, seinen Nachfolger zu bestimmen (Designationsrecht). Dieses oblag dem Kapitel. Eine gewisse Hoffnung auf die Abtswürde konnte sich ein Koadjutor machen, (d. h. ein Vikar, der den Abt z. B. bei Krankheit oder im Alter vertrat). Eine solche Koadjutorwahl durch das Kapitel betrieb Rupert von Bodman bereits seit 1697 mit dem deutlich erkennbaren Ziel, seinen Günstling Adalbert von Falkenstein zu seinem Nachfolger zu machen[13]. Gegen die Mehrheit des Konvents und offenbar durch eine Täuschung des Papstes erreichte er die päpstliche Bestätigung für Adalbert von Falkenstein. Es bedurfte erst einer Aufklärungskampagne der opponierenden Kapitelsmehrheit bei der Reichsritterschaft, dem Kaiser und dem Papst, um die Rechtsgültigkeit der zweifelsfrei illegalen Wahl aufzuheben und den Weg für eine neue Koadjutorwahl frei zu machen. Diese endete schließlich 1723 mit einer Niederlage Ruperts von Bodman.

Auch gegenüber der Landschaft sollte der Versuch scheitern, eine absolute Herrschaft durchzusetzen. Die Landschaft des Stifts Kempten war die korporativ verfaßte Untertanenschaft[14], die sich im Gefolge von Bauernaufständen um 1500 institutionell verfestigt hatte. Wie alle kemptischen Prälaten der Neuzeit hatte sich auch Rupert von Bodman mit ihr auseinanderzusetzen. Der erste zwischen ihm und der

Landschaft geschlossene Vertrag von 1680[15] ist gewissermaßen der Nachvollzug der modernstaatlichen Tendenzen in Kempten; denn die bisherigen Naturalfronen der Bauern wurden in eine pauschale Geldzahlung und damit letztlich in eine Steuer umgewandelt, die Pflicht aller stift-kemptischen Untertanen, Steuern an die Landschaft zu zahlen, wurde vereinbart und damit über die Steuerverfassung ein einheitlicher Untertanenverband hergestellt.

Die stift-kemptische Steuerverfassung sicherte der Landschaft die Kontrolle über die wirtschaftlichen Ressourcen des Landes. Rupert von Bodman hat dies gewiß als Beeinträchtigung seiner landesherrlichen Rechte empfunden. Zwar konnte er durchsetzen, daß die Landschaft im Jahr 1683 dem Kloster 60000 fl zur Verfügung stellte – kaum mehr hatte es für den Kauf von Rotenstein, Grönenbach und Kalden aufwenden müssen –, doch schien diese Summe auch vom Abt teuer erkauft. Widerstrebend mußte er der landschaftlichen Forderung zustimmen, für alle seit 1667[16] geschlossenen Verträge zwischen Kloster und Landschaft die kaiserliche Bestätigung (Konfirmation) einzuholen[17].

Die kaiserliche Konfirmation solcher Verträge betrieben die Bauern in der Hoffnung, damit die Verfassung der Landschaft gegen das absolutistische Regiment zu schützen. Die Hoffnung sollte trügen. Schon 1682 setzte Bodman seinen Kammerdirektor Johann Ried ohne Rücksprache mit den Deputierten und Ausschüssen der Landschaft, die dazu ihre Zustimmung hätten geben müssen, ein. 1689 eröffnete er den Ammännern und Hauptleuten, die Ausschüsse der Landschaft seien aufgehoben, eine Kontrolle über die Finanzen der Landschaft stehe ihnen nicht mehr zu. Hier wird das eigentliche Motiv für den Verfassungsbruch des Fürstabts deutlich: Ihm ging es um den unkontrollierten Zugriff auf die Kasse der Landschaft. Eine spätere Rechnungsprüfung bestätigte überzeugend diese Vermutung. Die Gelder, die satzungs- und gewohnheitsgemäß allein für Kriegszwecke, die Eigenbedürfnisse der Landschaft und allenfalls für das »*bonum commune*« (»Gemeinwohl«) des ganzen Landes Verwendung finden sollten, waren vom Abt und den Konventualen für Reisekosten, Badekuren und die Steigerung der persönlichen Bezüge verwendet worden. Der Abt selbst bewilligte sich aus der Landschaftskasse eine jährliche Summe von 3000 fl, weil er ein Angebot des Kaisers, das Amt eines Reichshofratspräsidenten in Wien zu übernehmen, abgelehnt hatte. Eine derart mißbräuchliche Verwendung, Veruntreuung, ja Verschwendung von zweckbestimmten Steuern der Untertanen mußte geradezu den Widerstand der Bauern heraufbeschwören, »wo ein guter Theil nicht einmal das Brodt hat/sondern sich mit Bohnen/Grüsch und der gleichen vergnügen muß«, ja, wie das Kloster gegenüber dem Schwäbischen Kreis selbst zum Ausdruck brachte, »wo 10. oder 12. Bauren mit einem Bauren sonsten in Schwaben zu vergleichen/wo kein Gewerb/Handel oder Wandel/wo die Nahrung mit geringer Vieh-Zucht oder Gespunst mühsamlich muß gesucht werden. [...] Wo die Unterthanen gantz arm sind/und bey 10. oder 12. Tropffen kein Groschen baar sich findet«[18].

Zu Beginn des 18. Jahrhunderts wurde offensichtlich, daß das absolute Regiment nicht nur dazu neigte, den Untertanen politisch zu entmündigen, sondern ihn auch wirtschaftlich stärker zu belasten. Wenn das Kloster gegenüber dem Kaiser »wider das gegen Recht und Gebühr beständig arrogirte Praedicat einer Landschaft *solennissime* protestierte«[19], wollte es damit eine verfassungsmäßige Institution beseitigen; wenn es verlauten ließ, man könne mit den »Leibeigenen nach Belieben verfahren und ihnen selbst die Sohlen von den Füßen schneiden«[20], meldet sich ein Despotismus zu Wort, der eine totale Verfügungsgewalt über die Untertanen geltend machte.

Des desolaten Zustandes der Landschaft nahmen sich um 1720 ein Schneider aus der Kemptener Neustadt und der Wirt zu Leubas an, die beide dem alten Landschaftsausschuß vor 1689 angehört hatten[21]. Sie brachten die Bauern dazu, den Ausschuß wieder zu wählen, und wurden von diesem beauftragt, mit dem Stift in Verhandlungen zu treten. Zunächst wollte das Kloster die von den Gemeinden gewählten Landschaftsvertreter nicht anerkennen; schließlich erklärte sich der Abt zu Verhandlungen mit den Untertanen bereit, aber nur, um der beiden Anführer habhaft zu werden, die mehrere Wochen ins Gefängnis gelegt wurden. Der Abt suchte sich damit zu rechtfertigen, daß es hier einen Aufstand niederzuhalten gelte; auch die Auflösung der Versammlung von 30 Landschaftsausschüssern durch den Großdekan stützte sich auf die Behauptung unzulässiger Umtriebe. Solche Argumente mußten um so erzwungener scheinen, als sich die Ausschüsser in einem Wirtshaus gegenüber dem Kloster versammelt hatten. Danach verwundert es kaum mehr, daß das Kloster das landschaftliche Gesuch ablehnte, die Verhandlungsführer freizulassen und den Landschaftsausschuß zu bestätigen, obwohl dieser seine Legitimation durch eine von 4000 Untertanen unterschriebene Vollmacht hinreichend nachweisen konnte. Einen Rechtskonsulenten zu Rate zu ziehen wurde der Landschaft verboten. Das Kloster verlangte schließlich, die alten Urkunden und Verträge, die im Besitz der Landschaft waren, auszuliefern.

Wenn sich daraufhin die Bauern verzweifelt an den Kaiser wandten, so ergriffen sie die letzte Möglichkeit, um nicht endgültig vom absolutistischen Fürstentum ausgeschaltet zu werden. Vom Reichshofrat wurde daraufhin ein Conclusum (Entscheid) erlassen[22], das dem Abt verbot, der Landschaft die Wahl eines Ausschusses zu verwehren. Der Kaiser selbst bestimmte als Kommissare die Ausschreibenden Fürsten des Schwäbischen Kreises. Angesichts der verhärteten Fronten gelang es der kaiserlichen Kommission trotz dreimonatiger Verhandlungen nicht, den Konflikt mit einem Vertrag beizulegen. Erst nach dem Tod Ruperts von Bodman wurden im November/Dezember 1731 erfolgreiche Verhandlungen geführt und 1732 durch einen Vertrag gekrönt, mit dem die Landschaft wieder voll in ihre alten Rechte eingesetzt wurde[23].

Landeshoheitliche Ansprüche zu erweitern und zu sichern war das Ziel Ruperts von Bodman; landschaftliche Rechte zu festigen und zu behaupten die Absicht seiner Untertanen. In der Spannung herrschaftlicher und genossenschaftlicher Bauelemente bewegt sich das stift-kemptische Territorium in der Frühneuzeit.

Kemptens Territorialpolitik in der Frühneuzeit

Territoriale Abgrenzung und administrative Durchdringung der Herrschaft kenn-
zeichnen die Zielrichtung der stiftischen Politik, kontrapunktisch begleitet vom
Bestreben der Bauern, die expansiv-aggressiven Züge dieser Politik durch eine
verfassungsmäßig garantierte, bäuerliche Interessenvertretung in den Schranken des
herkömmlichen Rechts zu halten.

Das Kloster Kempten besaß außerhalb der *marca Campidonensis* stattlichen Besitz
mit Herrschaftsrechten, der zumeist an Bürger benachbarter Reichsstädte verliehen
wurde. Nach den Urkunden des 15. Jahrhunderts war das Dorf Boos Lehen von
Kempten; unter den Fuggern stieg es zur vollwertigen Herrschaft auf, im 16. Jahrhundert konnte es den Blutbann hinzuerwerben[24]. Dasselbe gilt für Heimertingen,
wo Kempten Lehensherr von »Dorf«, »Sitz« und »Gericht«, den Ehaften, dem
Widdumhof und den Kirchlehen war; hier verzichtete die Landvogtei Schwaben
1592 gegen eine jährliche Zahlung von 30 fl auf ihre Hochgerichtsbarkeit zugunsten
der Fugger. In Frickenhausen, wo zunächst Memminger Bürger und seit 1520 das
Unterhospital in Memmingen bzw. die Reichsstadt Ortsherren waren, bestanden
die kemptischen Lehen in Gericht, Zwing und Bann, Meierhof, Kirchensatz (Patronat) und Vogtrecht. Für Frickenhausen konnte Erhard Vöhlin 1517 die Belehnung mit dem Blutbann (Hochgerichtsbarkeit) erlangen. Die Beispiele könnten um
weitere vermehrt werden.

Es ist offenkundig, daß Kempten in den genannten Orten als Lehensherr eine
hervorragende Ausgangsposition zur Herrschaftsbildung besaß[25]. Wiewohl das
Kloster wiederholt die Möglichkeit gehabt hätte, die Lehen aufgrund des Heimfall-
rechts einzuziehen oder doch wenigstens durch sein Lehengericht auf sie Einfluß
zu nehmen, hat es keinerlei Anstrengungen unternommen, diesen Besitz zurückzu-
gewinnen. Im Gegenteil wurden in einer Reihe von Fällen Güter und Herrschaftsrechte zugunsten der Lehensinhaber in Eigentum umgewandelt. Daraus muß man
folgern, daß das Kloster selbst an den Besitzungen nicht interessiert war.

Ein Kontinuitätsmoment in der kemptischen Güterpolitik stellt die Orientierung
auf die Grafschaftsgrenze dar. In diesem Rahmen bewegte sich die kemptische
Territorialpolitik generell. Ihr vorrangiges Instrument stellte die Leibherrschaft
dar. Damit hatte das Kloster die prinzipiellen Voraussetzungen für eine stärkere
rechtliche Normierung und administrative Durchdringung des Territoriums geschaffen. Diesbezügliche Maßnahmen zeigen eine deutliche zeitliche Übereinstimmung mit dem Territorialisierungsprozeß. Dies bestätigt sich etwa in der Gesetzgebung. Die erste Landsatzung von 1519/1520[26] begnügt sich noch mit 10 Artikeln,
eine zweite von 1544 weist bereits 23 Artikel auf[27], die Ordnung von 1562[28] ist
schon auf 34 Titel angewachsen, und die letzte große Polizei- und Landesordnung
von 1641[29] umfaßt schließlich 96 Titel. Die enormen Zuwächse sind nicht nur auf
eine stärkere Differenzierung der einzelnen Rechtsmaterien zurückzuführen – darauf sicher auch –, vielmehr treten von Ordnung zu Ordnung materiale Erweiterungen hinzu, die insgesamt den ständigen Zuwachs ordnungsstiftender und reglemen-

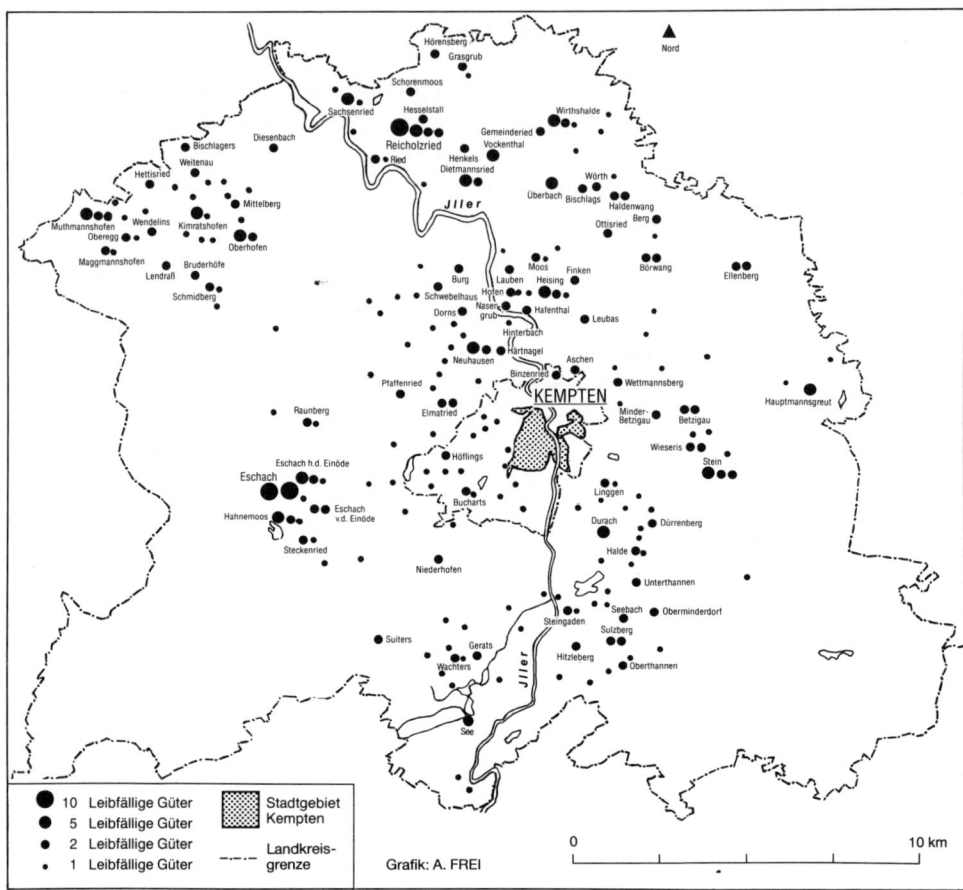

Abb. 2 Altkemptisch-leibfällige Güter des Fürststiftes Kempten um 1800 (nach: P. Blickle: Kempten. HAB Schwaben 6, München 1968)

tierender Funktionen der Obrigkeit dokumentieren. Den sachlichen Gehalt der kemptischen Landesordnungen zu gliedern, ist schwierig, weil ihnen die klare Ordnung fehlt – von der Systematik heutiger Kodifikationen sind sie vollends entfernt. Will man die Landesordnung in ihrer schließlich endgültigen Form nach größeren Sachgebieten gruppieren, so wären etwa folgende Bereiche zu nennen: Religionsausübung und Landesherrschaft, öffentliche Ordnung und Rechtsgang, Erbrecht und Liegenschaftsverkehr, Landwirtschaft und Handel. Der ständige Zugewinn an staatlicher Kompetenz und die stärkere Normierung des wirtschaftlichen und sozialen Lebens sind bezeichnend für den frühmodernen Staat.

Nicht minder bezeichnend für die Modernisierungsbestrebungen im herrschaftlichen Bereich ist die Erweiterung und Effektivierung der Verwaltung[30]. In der Grafschaft Kempten setzt sie schon im 15. Jahrhundert mit der Neugründung und Aufgabenerweiterung der Dorfgerichte ein. Zusätzlich bildet sich mit der Erweite-

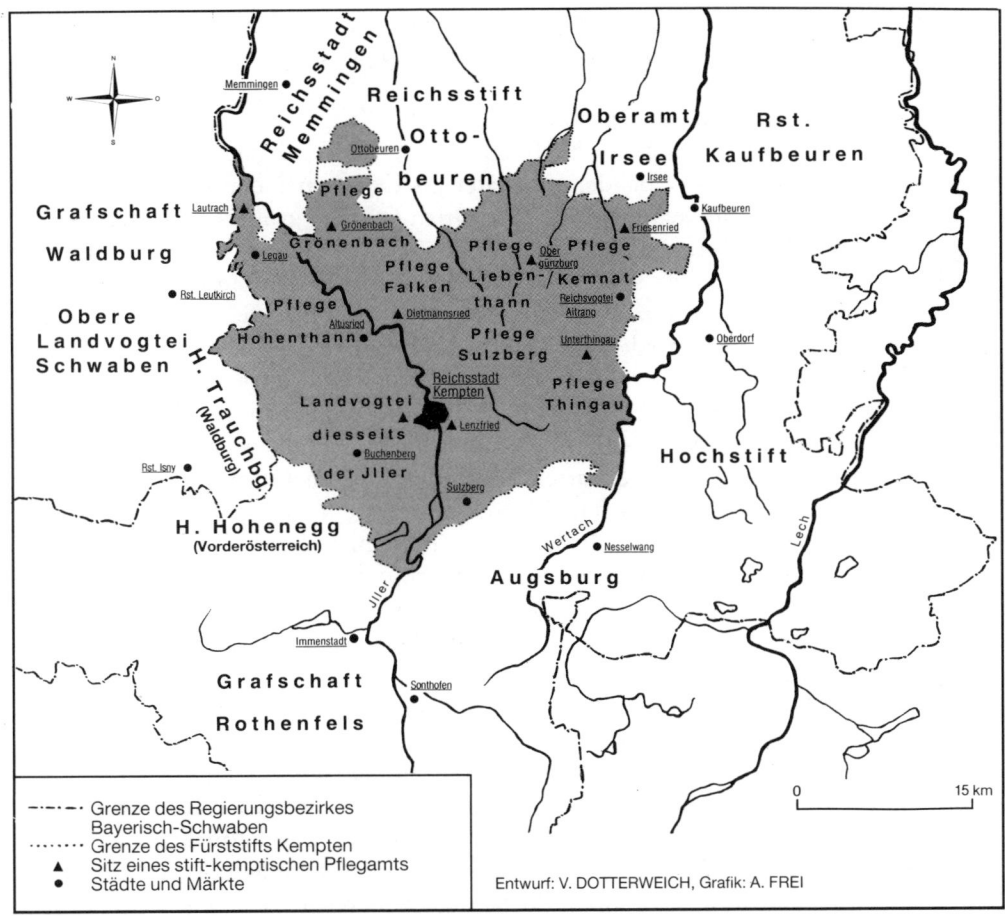

Abb. 3 Das Territorium des Fürststiftes Kempten 1802

rung des Territoriums durch den Erwerb der Adelsherrschaften seit dem mittleren 16. Jahrhundert die Amtsverfassung aus. Acht Ämter kannte das Klosterterritorium seit der Mitte des 17. Jahrhunderts. An ihrer Spitze standen Pfleger mit gerichtlichen und administrativen Funktionen, die gewissermaßen als vorgesetzte Behörde der Dorfschaften und Hauptmannschaften gelten konnten, andererseits nachgeordnete Behörde der stift-kemptischen Regierung waren. Auch in der Zentralverwaltung hatte sich mit der Ausweitung der staatlichen Tätigkeit und Zuständigkeit eine Erweiterung des behördlichen Apparates als notwendig und sinnvoll erwiesen. Wo im 16. Jahrhundert noch ein Vogt, ein Landammann und ein Kanzler die Verwaltungsgeschäfte erledigen konnten, war im 18. Jahrhundert ein Regierungskollegium von 21 Hof- und Regierungsräten getreten[31].

Der stift-kemptische Territorialstaat der Frühneuzeit wäre freilich in seinen Bauprinzipien nicht vollständig erfaßt, würde man nicht auf die geschichtliche Entwicklung jener Institutionen aufmerksam machen, die in der Regierungszeit Ruperts von Bodman Kaiser und Reichshofrat beschäftigte: die Landschaft und die sie tragenden Gemeinden.

Zum Charakter mittelalterlicher politischer Verbände gehören neben den herrschaftlichen auch genossenschaftliche Institutionen. In der bäuerlichen Welt sind dies die sogenannten Hofverbände, die später als Dorfgemeinden erscheinen. Solche Verbände hat es in kemptischen Territorien in den größeren Dörfern früh gegeben; in Analogie dazu entwickelten sich ähnliche Strukturen in den sogenannten Hauptmannschaften, den spät erschlossenen Gebieten der Einöd- und Weilersiedlung[32]. Dorf- und Hauptmannschaften regelten die Flur- und Allmendangelegenheiten, sicherten den Frieden im Dorf, übten polizeiliche Befugnisse bei der Kontrolle der Wirtshäuser, der Badstuben, Schmieden und Backstuben aus, wirkten im dörflichen Gericht mit. Insgesamt freilich gewinnt man den Eindruck, als wäre die Gemeindeverfassung im Stift Kempten nicht im selben Umfang ausgebildet gewesen wie etwa im benachbarten Klosterterritorium Ottobeuren. Denn auf der einen Seite hatte die Dorf- und Hauptmannschaft in den stiftischen Ämtern konkurrierende Institutionen erhalten, die ihre Befugnisse beschnitten; auf der anderen Seite hatte sich an der Wende zum 16. Jahrhundert die Landschaft Kempten als genossenschaftliche Organisation aller stift-kemptischen Untertanen entwickelt und jenen Teil der Interessen von Dorf- und Hauptmannschaften übernommen, der allen Bauern gemeinsam war. Die Beteiligung landschaftlicher Vertreter an der Berechnung und Einziehung der Steuer sicherte dieser Institution ihre Kontinuität, die Wachsamkeit der Landschaft selbst verhinderte eine völlige politische Entmündigung des Bauern durch den Absolutismus. 1667, 1680, 1682, 1732, 1737, 1753/54, 1767 und 1791 wurden, meist unter Beteiligung kaiserlicher Kommissionen, zwischen Kloster und Landschaft Verträge geschlossen, die gleichermaßen die überkommenen Rechte der Bauern sicherten und sie doch veränderten Verhältnissen anpaßten. Wie die Herrschaft ihren Zuständigkeitsbereich ständig erweiterte, so auch die Landschaft. Über die Steuerverfassung entwickelte sich die Landschaft zur Finanzbehörde, deren Bedeutung – mißt man sie am Jahreshaushalt – den des Fürststifts im ausgehenden 18. Jahrhundert deutlich in den Schatten stellte. Die finanziellen und militärischen Anforderungen des Schwäbischen Kreises an das Fürststift Kempten als Kreis- und Reichsstand wurden ausschließlich durch die Landschaft erfüllt; sie unterhielt darüber hinaus ein Zuchthaus und Polizeistreifen. Damit wird deutlich, daß staatliche Funktionen nicht allein durch Fürstabt, Konvent und Regierung wahrgenommen wurden. Herrschaft und Landschaft beginnen zur Gesamtheit Staat zu verschmelzen.

Ohne die Intervention des Schwäbischen Bundes, des Schwäbischen Kreises, des Reichshofrats und des Kaisers hätte die Landschaft ihre Position auf die Dauer allerdings schwerlich behaupten können. Hier macht man eine Abhängigkeit von überstaatlichen Institutionen aus, die auch der fürstäbtlichen Politik Grenzen zogen. Überhaupt konnte ein so kleines Territorium eine Reihe von hoheitlichen Funktionen gar nicht wahrnehmen: die Sicherung der Straßen, den Schutz des

Landes vor minderwertigen Zahlungsmitteln, die Fernhaltung von Landstreichern. Um solche staatlichen Aufgaben sinnvoll ausüben zu können, bedurfte es überstaatlicher Institutionen; solche stellten die mittelalterlichen Bünde dar und seit dem mittleren 16. Jahrhundert die Reichskreise. Die Notwendigkeit des überterritorialen Zusammenschlusses zeigt nichts deutlicher als die »Kollektivgesetze«, die Kempten mit anderen Allgäuer Herrschaften in jenem Zeitraum erließ, als der Schwäbische Bund als überterritoriale Institution nicht mehr und der Schwäbische Reichskreis noch nicht funktionierten[33].

So bleibt zu fragen, ob Kempten Modellcharakter für einen bestimmten Typus von Territorialstaat in der bunten Vielfalt der Verfassungswirklichkeit des Römischen Reiches deutscher Nation beanspruchen kann.

Überlegungen zur Kategorisierung des frühmodernen Staats – der Typus Kleinstaat

Jede beliebige historische Karte des 17. oder 18. Jahrhunderts macht auf die territoriale Vielgestaltigkeit des Heiligen Römischen Reiches deutscher Nation aufmerksam. Sie zeigt darüber hinaus, daß sich die rund 300 Territorien von ihrer flächenhaften Ausdehnung her in drei Gruppen einteilen lassen: Großterritorien, Mittelterritorien und Kleinterritorien. Wiewohl die Abgrenzung von der Größe her im Einzelfall durchaus Schwierigkeiten bereiten kann, drängt sich die Dreiteilung geradezu auf. Den Großterritorien der Hohenzollern, Habsburger und Wittelsbacher stehen Mittelterritorien gegenüber, zu denen etwa das Erzstift Salzburg und das Herzogtum Württemberg zu zählen sind. Neben den Mittelterritorien stehen Kleinterritorien, reichsgräfliche, reichsritterschaftliche und reichsklösterliche Herrschaften. Zu ihnen gehört das Kloster Kempten.

Die territorialstaatliche Entwicklung Kemptens, die mit den Begriffen Territorialisierung, administrativ-juridische Intensivierung und Institutionalisierung bäuerlich-genossenschaftlicher Verbände umschrieben werden kann, ist kein Einzelfall.

Betrachtet man die Räume im Römischen Reich deutscher Nation, in denen sich die Kleinterritorien vorwiegend angesiedelt haben – Franken, Schwaben, den Oberrhein[34] –, so macht man für das Spätmittelalter eine Beobachtung, die nicht allen, aber vielen Gebieten gemeinsam ist: es herrscht eine weder vorher noch nachher belegbare Gütermobilität mit der klar erkennbaren Tendenz, geschlossene Grundherrschaftsbezirke aufzubauen. In der Regel versuchte der adelige oder geistliche Grundherr mit einer natürlichen Besitzmassierung in einem Dorf, die anderen Grundherren aus eben diesem Dorf, sei es durch Gütertausch, sei es durch Güterkauf, zu verdrängen. Verfügungsgewalt über Grund und Boden brachte nicht nur Einkünfte in Form von Natural- und Geldabgaben, sondern – wie es im Begriff Grundherrschaft treffend zum Ausdruck kommt – auch Herrschaftsrechte, im wesentlichen gerichtlicher und vogteilicher Art[35]. Die grundherrschaftliche Arrondierung eines Dorfes verschaffte dem Grundherrn über die am einzelnen Hof oder am

Meier- oder Fronhof haftenden vogteilichen oder gerichtlichen Rechte in der Regel – sozusagen nebenbei – die wesentlichen Herrschaftsrechte über den Bereich eben dieser Grundherrschaft. In der stereotypen Formel »Gericht, Zwing und Bann«, die in den zeitgenössischen Urkunden den Verkauf von größeren Gutskomplexen und Dörfern begleitet, kommt zum Ausdruck, daß der Grundherr das Recht hatte, Gebote und Verbote oder – um es modern zu sagen – Gesetze zu erlassen und ihre Befolgung mittels Polizeigewalt durchzusetzen. Wo konkurrierende Herrschafts- inhaber auf diesem Weg aus einem Raum verdrängt wurden, fand die ursprünglich sachlich beschränkte Gesetzgebungs- und Polizeigewalt keinen Widerstand und konnte bis zur Quasi-Souveränität fortentwickelt werden.

Die Territorialisierung der Grundherrschaft ist ein ähnlicher Vorgang wie die an Kempten beschriebene und für weite Teile Süddeutschlands nachweisbare Territo- rialisierung der Leibherrschaft[36]. Nicht die Grundherrschaft oder die Leibherr- schaft als solche hatten staatliche Qualität, sondern die aus der Kontraktion gewon- nenen flächig wirkenden Herrschaftsrechte[37] schlechthin, die in Schwaben und am Oberrhein mit »Gericht, Zwing und Bann«, in Franken mit »Vogtei« umschrieben werden. Diesen Begriffen entspricht – um die spätmittelalterliche Terminologie in die Sprache des 20. Jahrhunderts zu übersetzen – der Gesamtbereich der inneren Verwaltung und der Zivil- und Strafgerichtsbarkeit heutiger Amts- und Landge- richte, mit Ausnahme der Schwurgerichtskompetenz. Den so von unten aufgebau- ten Territorien ist es in den meisten Fällen ohne nennenswerte Schwierigkeiten gelungen, den Blutbann vom Kaiser hinzuzuerwerben, der weniger als Herrschafts- recht denn als Herrschaftssymbol von Bedeutung war[38]. Damit wird angedeutet, daß es berechtigt scheint, ein Kurfürstentum und ein Reichskloster aufgrund der Gesamtheit der ausgeübten Funktionen zu parallelisieren. Die Staatsrechtler des 17. und 18. Jahrhunderts haben gleiches häufig genug vertreten. »Der unmittelbare Reichsadel« – so schreibt Ende des 17. Jahrhunderts ein Staatsrechtler – »gaudiert die Reichsoberkeit oder Territorial-superiorität eben wie die anderen undiskutierli- chen Reichsstände in der gleichen Art [...]«. Selbst der berühmte Staatsrechtler Johann Jakob Moser hat sich im 18. Jahrhundert in ähnlicher Weise ausgesprochen und die Vergleichbarkeit großer und kleiner Territorien von ihrer funktionalen Zuständigkeit her betont[39].

Angesichts eines solchen Befundes kann man im Hinblick auf die Kleinterritorien auch von »Kleinstaaten«[40] sprechen. Die Eigenheiten dieser Kleinterritorien und damit der Typus des Kleinstaates im Reich treten deutlicher hervor, wenn man ihre Strukturelemente kursorisch mit denen der Großterritorien wie Brandenburg-Preu- ßen oder Habsburg-Österreich vergleicht, auf die die Geschichtswissenschaft den Staatsbegriff schon lange anwendet[41].

Von seiner Kleinräumigkeit und von seinen Bauelementen her blieb der Kleinstaat – man ist versucht zu sagen notwendigerweise – Agrarstaat. Das Sozialprodukt kam fast ausschließlich aus der Landwirtschaft, der Kleinstaat lebte de facto von der Rentengrundherrschaft und den Zehnten[42]. Handwerk und Gewerbe blieben auch dort, wo sie sich ansatzweise entwickeln konnten, unbedeutend. Bei der agrarischen Ausrichtung des Kleinstaates bestand zwar eine Abhängigkeit von Agrarkrisen und Agrarkonjunkturen, doch waren diese Schwankungen auf lange Sicht nie so grundsätzlicher Art, daß sie die wirtschaftliche Basis des Kleinstaates ernsthaft gefährdet hätten. Dessen wirtschaftliche Stabilität[43] kommt am sichtbarsten wohl im Barock zum Ausdruck. Als ein Zeichen der gesunden wirtschaftlichen Basis des Kleinstaates kann auch gelten, daß er auf die Erhebung von Steuern verzichtet hat, die die Haupteinnahmequellen des Großstaates waren. Wenn Steuern erhoben wurden, dann in der Regel nur, um den Anforderungen des Reiches genügen zu können.

Die Wechselwirkung von Staatsbildung und ökonomischer Struktur der Kleinterritorien hat eine Entsprechung im sozialen Bereich. Da der Kleinstaat über Grundherrschaft, Leibherrschaft oder Vogteiherrschaft aufgebaut worden war, stützte er sich ausschließlich auf die Bauern. Damit war er homogen in seiner ständisch-sozialen Struktur – auch dort, wo er sich um ein ländliches Handwerkertum erweiterte. Weil er andere als bäuerliche Untertanen nicht kannte, war er wesentlich kompakter als der Großstaat, der bei ausgeprägter ständischer Differenzierung das staatstheoretische Ziel der rechtlichen Gleichheit aller Untertanen erst im 19. Jahrhundert erreicht hat. So blieb die »innere Souveränität« des Großstaats unvollkommen, insofern landsässige Adelige und Klöster, ja selbst die landesherrlichen Städte partiell hoheitliche Rechte wahrnahmen, die nicht allein delegierte herrschaftliche Funktionen waren. Das Subordinations- und Integrationsproblem hat der Großstaat bis zum Ende des Alten Reiches nie in restlos befriedigender Weise gelöst. Die dem Großstaat eigene soziale Vielschichtigkeit brachte nicht nur innere soziale Spannungen, sondern hatte auch für die territoriale Rechtsstruktur gravierende Folgen. Im Großstaat überlagerten sich Hofrecht, Stadtrecht und Landrecht. Dagegen war der Kleinstaat schon von seiner Genesis her ein Gebiet einheitlichen Rechts, das ganz wesentlich auf Hofrecht basierte. Wo das Hofrecht weiterentwickelt wurde, geschah das nicht allein kraft landesherrlicher Gebots- und Verbotsgewalt, sondern weitgehend unter Beiziehung der Rechtsgenossen und das heißt bei der sozialen Homogenität unter Beiziehung der Bauern[44]. Auch die Rechtssprechung blieb eine Rechtssprechung durch die Bauern. Allerorten bestanden – vom Absolutismus freilich gelegentlich da und dort durchlöchert und ausgehöhlt – die bäuerlichen Geschworenen- oder Schöffengerichte, die unter dem Vorsitz eines Gerichtsammanns Recht sprachen, der seinerseits wie die Geschworenen aus der Dorfgemeinde kam und Bauer war.

Damit ist das Problem der Regierung und Verwaltung überhaupt angesprochen. In weit höherem Maße als im Großstaat war der Landesherr im Kleinstaat gezwungen, Herrschaftsrechte an die Gemeinde oder die Landschaft zu delegieren. Vögte, Schultheißen und Ammänner übten meist ehrenamtlich eine sachlich beschränkte Gebots- und Verbotsgewalt aus, Vierer und Hauptleute nahmen die Polizeigewalt wahr, vereidigte Dorfgenossen schätzten das steuerbare Vermögen ihrer Nachbarn zur Berechnung der Reichssteuern[45]. Steuerliche Befugnisse und sekundär daraus entwickelte politische Rechte bis zur Polizeigewalt und eine weitreichende Wirtschaftspolitik in Form der Kreditvergabe wurden von gewählten Landschaftsvertretern wahrgenommen. Vergeblich sucht man nach so weitgehenden Rechten der Bauern in Bayern oder in Brandenburg-Preußen.

Der Kleinstaat ist jedoch nicht nur durch seine innere Struktur bestimmt, sondern auch durch seine größere Abhängigkeit vom Reich und dessen Institutionen. Für den Großstaat war das Reich mehr Fiktion als Realität, und deutlich illustriert diese Konstellation das politische Testament König Friedrich Wilhelms I. von Preußen, der seinem »lieben Successor« vor Augen führte, wer eine so »grohße schöne formidabehle Armée hat den ein König in Preußen der hat nichts nach des Kaißers befehle und Mandaten sich zu kehren«[46]. Im Kleinstaat konnte die kaiserliche Autorität durchaus zu einem Machtfaktor werden, wie sich aus seinen und des Reichshofrats Eingriffen in die Auseinandersetzungen zwischen Herrschaft und Landschaft in Kempten und anderen parallelen Fällen ergibt[47]. Wo sich kaiserlicher und reichischer Einfluß deutlicher erkennen lassen, muß freilich berücksichtigt werden, daß der Kleinstaat nicht Militär- und Machtstaat war, sich so nicht hinreichend zu schützen vermochte und folglich die Anlehnung an Kaiser und Reich suchte. Überall dort war er verwundbar, wo er mit der Außenwelt in Verbindung kam. Ein Beispiel soll verdeutlichen, was konkret gemeint ist. Als Deutschland um die Mitte des 18. Jahrhunderts die Bevölkerungsverluste des Dreißigjährigen Krieges wieder ausgeglichen hatte, stellte sich der vor dem Krieg spürbare Bevölkerungsdruck bei der inzwischen kaum vermehrten Erzeugung landwirtschaftlicher Produkte wieder und nun verstärkt ein. Das führte nicht nur zu den hinreichend bekannten Auswanderungen nach Ostmitteleuropa und Amerika[48], sondern auch zu einem von Jahr zu Jahr zunehmenden Vagantentum[49].

Vom Heer der Bettler macht man sich schwerlich eine genaue Vorstellung, weil solche Leute seinerzeit statistisch kaum erfaßt werden konnten, doch mag ein Anhaltspunkt das Ersuchen habsburgischer Untertanen beim Kaiser sein, dem Reichskloster Weingarten die Verteilung von Geldgeschenken an die Armen zu verbieten, die jährlich zweimal erfolgte, weil dadurch Tausende von Bettlern angelockt würden, die anschließend Wochen, ja Monate die benachbarten Territorien überschwemmten und dem Bauern unter Androhung der Brandstiftung ebensoviel abverlangten, wie er selbst zum Unterhalt seiner Familie benötigte. Ein Großstaat war bei seiner effektiveren Verwaltung und seinem ausgebauteren Beamten- und Polizeiapparat eher in der Lage, den fahrenden und gartenden Knechten den Durchzug durch sein Gebiet zu verwehren, während der isolierte Kleinstaat solchen Erscheinungen hilflos ausgesetzt war. Nur überterritorialstaatliche Gebilde, wie sie die Reichskreise darstellten, konnten in den Verbreitungsgebieten des Kleinstaats diesen Erscheinungen entgegentreten und sie sind ihnen entgegengetreten: gemeinsam stellten sie Polizeitruppen auf, unterhielten sie Zucht- und Arbeitshäuser und zwangen sie ihre bischöflichen Mitstände die Einsegnung solcher Ehen zu verbieten, die nicht durch ein festgesetztes Mindestvermögen gesichert waren. Solcherart glaubte man der Bevölkerungsvermehrung wirksam begegnen zu können. Das ist ein Beispiel stellvertretend für viele. Ob es sich darum handelte, den

Kleinstaat in der Kipper- und Wipper-Zeit vor dem Einströmen minderwertiger Münzen zu schützen, ob es sich um Fragen der Friedenssicherung handelte, ob um Straßenschutz, Gewerbepolizei oder Handelspolitik (Fruchtsperren) oder ob es um das Heer der Bettler ging, das nach dem Dreißigjährigen Krieg sprunghaft anwuchs, allen solchen Fragen konnte der Kleinstaat nur im Verbund mit Nachbarterritorien begegnen[50]. So haben sich die Kleinstaaten gleichsam zum Staatenbund in den Reichskreisen vereinigt und jene Hoheitsrechte freiwillig weiter eingeschränkt, die sie ohnehin nicht zur Entfaltung bringen konnten. Der Kreis in seinen Kompetenzen spiegelt den Versuch, jene Funktionen, die das Reich nicht mehr und der Kleinstaat selbst noch nicht ausfüllen konnten, einer Institution zu übertragen, die wirksam genug war, den Kleinstaat zu schützen, ohne ihn selbst überflüssig zu machen.

Eines hat der kursorisch angesetzte Vergleich zwischen Groß- und Kleinterritorien deutlich werden lassen: deutsche Verfassungsgeschichte kann nicht allein von Brandenburg-Preußen und anderen Großterritorien geschrieben werden, ohne die Vielgestaltigkeit deutscher Staatlichkeit in der altständischen Gesellschaft zu verkürzen. Das aber hat die Geschichtswissenschaft viel zu lange getan; sie stand damit im Bann des National- und Machtstaates, der Kleinstaat wurde mit Rückständigkeit, Fortschrittsfeindlichkeit, ja Sinnlosigkeit identifiziert.

»Der Patriot der Kleinstaaten«, so schrieb Heinrich von Treitschke vor der Gründung des Norddeutschen Bundes, »weiß nicht, daß das Bewußtsein der Macht und einer großen Geschichte ein Volk mit ungleich festeren Banden zusammenkettet, als einige Vorzüge der Verwaltung und des socialen Lebens, deren die Kleinstaaten sich rühmen«. Und nach der endlich erfolgten Reichsgründung 1870/71 zog Treitschke Bilanz: »Bei allen großen Entscheidungen gibt Preußens Wille den Ausschlag, und der gesunde Sinn der Nation hat längst eingesehen, daß diese neue Ordnung den gegebenen Machtverhältnissen und mithin der Gerechtigkeit entspricht.« Den Staat an seinem Zweck zu messen und den Staatszweck in der Macht zu sehen, war in der Euphorie der nationalen Einigungsbewegung üblich, und Treitschke hat nur sehr akzentuiert das ausgesprochen, was viele meinten. Man mußte die Entwicklung Deutschlands aus räumlicher Distanz sehen, um wie der Basler Historiker Jacob Burckhardt zur selben Zeit sagen zu können, die »Macht an sich ist böse«. Nur so ist Raum für eine positive Beurteilung des Kleinstaates. Ihn zeichnet aus – ich zitiere Burckhardt – daß in ihm »die größtmögliche Quote der Staatsangehörigen Bürger in vollem Sinne sind« und daß er »überhaupt nichts als die wirkliche Freiheit [hat], wodurch er die gewaltigen Vorteile des Großstaates, selbst dessen Macht, ideal völlig aufwiegt«[51]. Die von Burckhardt gemeinte Freiheit ist die der politischen Partizipation. Sie war nicht nur in Republiken wie der Eidgenossenschaft und den Niederlanden gegeben, sondern in Form politischer Mitverantwortung in den bäuerlichen Institutionen der Dorfgemeinden und Landschaften im Kleinstaat innerhalb des Reiches. Leibeigenschaft als Signum der Kemptener Geschichte und Freiheit als Signum des Kleinstaates sind Begriffe, die sich nicht ausschließen, wenngleich dies auch paradox klingen mag.

Die Namen der großen Historiker Treitschke und Burckhardt sind Chiffren für extrem divergierende Positionen in der Bewertung von Ziel, Zweck und Wesensbestimmung des Staates. Solange es den Kleinstaat gegeben hat, sind die Diskussionen um die Berechtigung seiner Existenz nicht verstummt. Wo Friedrich der Große über ihn wegen seiner geschichtlichen Bedeutungslosigkeit seinen kaustischen Spott ergoß, pries ihn Rousseau als die beste Voraussetzung für ein menschenwürdiges Leben[52].

Übersetzung der lateinischen Zitate: *S. 184: per amicabilem transactionem*: durch freundschaftliche Übergabe – *plenissimo et omni iure cum omnibus apertinentiis, jurisdictionalibus etc.*: aus vollem Recht mit allem, was dazugehört, Gerichtsbarkeiten usw. – [es war] das *dominium utile cum dominio directo* consolidiret worden: das Nutzeigentum war durch das direkte Eigentum befestigt worden – über das *dominium directum pleno et omni jure*: über die direkte Herrschaft aus vollem Recht – *subditis*: den Untertanen – was die *vasalli secundum consuetudinem Romani Imperii* ihren Landesfürsten zu prästieren schuldig: was die Lehensleute nach dem Herkommen des Römischen Reiches ihren Landesfürsten zu geben schuldig – *Juramentum*: Huldigungseid – *erectis duobus digitis*: mit zwei [zum Schwur] erhobenen Fingern – *novi subditi*: die neuen Untertanen – *S. 185: Plenissimo et omni jure*: aus vollem Recht – *superioritas territorialis*: Landeshoheit – *S. 190:* wider das [...] arrogirte Praedicat: gegen den ... angemaßten Titel – *solennissime*: feierlichst – *S. 191:* außerhalb der *marca Campidonensis*: außerhalb der Kemptener Grafschaftsgrenzen

(Die Redaktion)

1 »Kurze Beschreibung der von Ihro hochfürstl. Gnaden zu Kempten Ruperto aus dem Uhralten Bodmanischen familie den 2.ten Jenner deß 1693. Jahres genombene Possession der de novo ahn sich gebrachten herrschaft Rotenstein«, HStA München, Abt. I, Fürststift Kempten (NA) A 385, Stück 10. – Die im folgenden verarbeiteten Quellen entstammen überwiegend den Münchner Beständen. Deswegen wird auf eine ausführliche Zitierweise verzichtet. Der Bestand Fürststift Kempten im Bayerischen Hauptstaatsarchiv liegt in der Abteilung 1 und untergliedert sich in Akten (zit. A), Literalien (zit. L) und Urkunden (zit. U); zu unterscheiden ist darüber hinaus zwischen Münchner Beständen (zit. MüB) und Neuburger Abgabe (zit. NA) bei den Beständen Akten und Literalien.

2 Vgl. Walther Hubatsch (Hrsg.): Absolutismus, Darmstadt 1974; Karl Otmar Frhr. von Aretin (Hrsg.): Der Aufgeklärte Absolutismus, Köln 1974; Perry Anderson: Die Entstehung des absolutistischen Staates, Frankfurt 1979.

3 Rottenkolber, Stift, S. 156 f.

4 Dazu ausführlicher das folgende Kapitel.

5 U 5658.

6 StA Neuburg, Klosterakten Ottobeuren 52/11, S. 3.

7 Baumann, Allgäu, Bd. 3, S. 241, 280.

8 Ludwig Margraf: Die Landeshoheit im Fürststift Kempten, Masch. Diss. iur. München 1951, S. 28 f.

9 Ebd. S. 29.

10 Hans Maier: Die ältere deutsche Staats- und Verwaltungslehre, 2. Aufl. München 1980.

11 Haggenmüller, Bd. 2, S. 256 f. Danach im wesentlichen auch Rottenkolber, Stift, S. 158 f.

12 Kurt von Raumer: Absoluter Staat, korporative Libertät, persönliche Freiheit. In: Hanns Hubert Hofmann (Hrsg.): Die Entstehung des modernen souveränen Staates, Köln 1967, S. 173–199.

13 Joseph Rottenkolber: Der Koadjutorstreit unter dem Kemptner Fürstabt Rupert von Bodman. In: ZfBayKiG 2 (1927), S. 34–41, 154–161.

14 Monographische Behandlung der Landschaft bei Peter Blickle: Landschaften im Alten Reich. Die staatliche Funktion des gemeinen Mannes in Oberdeutschland, München 1973, S. 316–390.

15 L (MüB) 425.

16 Mit dem Vertrag von 1667 (U 5497) wurden

ältere landschaftliche Rechte des 16. Jahrhunderts bestätigt.

17 U 5594. – Vgl. zuletzt Hartmut Zückert: Die sozialen Grundlagen der Barockkultur in Süddeutschland, Stuttgart-New York 1988, S. 107f., 124, 190f., 238f.

18 Die Zitate der landschaftlichen und herrschaftlichen Ausführungen in: Recueil Oder Zusammentragung Einiger Piecen Die Gravamina der Stifft-Kemptischen Landschafften betreffen (1721), Nr. II.

19 Fernere Zusammentragung einiger Piecen. So die Gravamina Der Stifft-Kemptischen Landschafft Betreffenden Beschwerden (1723), S. 65.

20 Zitat bei Haggenmüller, Bd. 2, S. 263.

21 Vgl. auch Haggenmüller, Bd. 2, S. 265–273; Rottenkolber, Stift, S. 155f.

22 A (NA) 1925/II.

23 U 5810.

24 Die wichtigsten Daten bei Alfred Weitnauer (Hrsg.): Das Lehenbuch des Fürstlichen Stifts Kempten von 1451, Kempten 1938.

25 Einzelnachweise unter den entsprechenden Ortsartikeln bei Peter Blickle: Memmingen, München 1967 (HAB Schwaben 4), besonders S. 189, 334ff.

26 L (MüB) 120 b, fol. 200ff.

27 Ebd., fol. 239–242.

28 L (MüB) 116.

29 L (MüB) 117.

30 Vgl. Peter Blickle: Kempten, München 1968 (HAB Schwaben 6), S. 118ff., 165ff.

31 Rottenkolber, Säkularisation, S. 18. – Ergänzend Margraf, Landeshoheit.

32 Klaus von Andrian-Werburg: Der Gemeindevorstand im Stift Kempten in der 2. Hälfte des 17. Jahrhunderts. In: Teure Heimat. Wochenbeilage zum Lokal-Anzeiger Dietmannsried Nr. 3–13 (23.1.1960–12.3.1960).

33 L (MüB) 120 b. Vgl. für die größeren Zusammenhänge Peter Blickle und Renate Blickle: Schwaben von 1268 bis 1803, München 1979, S. 66–69.

34 Das regionalgeschichtliche Schrifttum ist unübersehbar. Besonders deutlich wird der hier skizzierte Prozeß aus den Arbeiten zum Historischen Atlas von Bayern, Teil Schwaben und Franken. Für Südwestdeutschland insgesamt vgl. Karl Siegfried Bader: Der deutsche

Südwesten in seiner territorialstaatlichen Entwicklung, 2. Aufl. Sigmaringen 1978. Für Franken Hanns Hubert Hofmann: Adelige Herrschaft und souveräner Staat. Studien über Staat und Gesellschaft in Franken und Bayern im 18. und 19. Jahrhundert, München 1962, S. 47–94.

35 Otto Brunner: Land und Herrschaft. Grundlagen der territorialen Verfassungsgeschichte Österreichs im Mittelalter, 6. Aufl. Darmstadt 1970, S. 328–347. Jetzt grundlegend Hans Patze (Hrsg.): Die Grundherrschaft im späten Mittelalter, 2 Bde., Sigmaringen 1983.

36 Rudolf Wiedemann: Der »Allgäuische Gebrauch« einer Gerichtsbarkeit nach Personalitätsprinzip, München 1932.

37 Peter Blickle: Leibherrschaft als Instrument der Territorialpolitik im Allgäu. In: Günther Franz (Hrsg.): Deutsches Bauerntum im Mittelalter, Darmstadt 1976, S. 258–280; ders.: Agrarkrise und Leibeigenschaft im spätmittelalterlichen deutschen Südwesten. In: Hermann Kellenbenz (Hrsg.): Agrarisches Nebengewerbe und Formen der Reagrarisierung im Spätmittelalter und 19./20. Jahrhundert, Stuttgart 1975, S. 39–55; Claudia Ulbrich: Leibherrschaft am Oberrhein im Spätmittelalter, Göttingen 1979.

38 Karl Siegfried Bader: Territorialbildung und Landeshoheit. In: BlDtLG 90 (1953), S. 125.

39 Johann Jakob Moser: Neues teutsches Staatsrecht, Bd. 3/2 (Nachdruck 1967), S. 1287ff.

40 Noch immer wichtig Werner Kaegi: Der Kleinstaat im europäischen Denken. In: Ders.: Historische Meditationen, Zürich (1946), S. 249–314.

41 Vgl. etwa Fritz Hartung: Deutsche Verfassungsgeschichte vom 15. Jahrhundert bis zur Gegenwart, 8. Aufl. Stuttgart 1964, S. 65ff., 100ff., 135ff. Ähnlich in der Beurteilung Werner Conze: Staat und Gesellschaft in der frührevolutionären Epoche Deutschlands. In: HZ 186 (1958), S. 6f.

42 Der Sachverhalt wird am Beispiel mehrerer Herrschaften gut dokumentiert bei Wolfgang von Hippel: Die Bauernbefreiung im Königreich Württemberg, Boppard am Rhein 1977.

43 Für ein geistliches Territorium vgl. Peter Scherer: Reichsstift und Gotteshaus Weingarten im 18. Jahrhundert, Stuttgart 1969. Für ein weltliches Territorium Wilhelm Mößle: Fürst Maximilian Wunibald von Waldburg-Zeil-Trauchburg 1750–1818, Stuttgart 1968.

44 Überblick über den Forschungsstand bei Peter Blickle (Hrsg.): Deutsche Ländliche Rechtsquellen, Stuttgart 1977; Jürgen Weitzel: Dinggenossenschaft und Recht. Untersuchungen zum Rechtsverständnis im fränkisch-deutschen Mittelalter, 2 Bde., Köln 1985.

45 Karl Siegfried Bader: Studien zur Rechtsgeschichte des mittelalterlichen Dorfes, 3 Bde., Weimar-Wien-Köln-Graz 1957–1973.

46 Georg Küntzel und Martin Haß (Hrsg.): Die politischen Testamente der Hohenzollern, 2. Aufl. Leipzig-Berlin 1919, S. 94–119.

47 Blickle, Landschaften.

48 Wolfgang von Hippel: Auswanderungen aus Südwestdeutschland. Studien zur württembergischen Auswanderung und Auswanderungspolitik im 18. und 19. Jahrhundert, Stuttgart 1984.

49 Zusammenfassend zur Bevölkerungsentwicklung Hermann Kellenbenz: Deutsche Wirtschaftsgeschichte, Bd. 1, München 1977, S. 305 ff. Zum Problem selbst Carsten Küther: Menschen auf der Straße. Vagierende Unterschichten in Bayern, Franken und Schwaben in der zweiten Hälfte des 18. Jahrhunderts, Göttingen 1983.

50 Bisher besonders deutlich für den Schwäbischen Kreis herausgearbeitet. Vgl. Karl Siegfried Bader: Der Schwäbische Kreis in der Verfassung des Alten Reiches. In: Ulm und Oberschwaben 37 (1964), S. 9–24; Adolf Laufs: Der Schwäbische Kreis, Stuttgart 1977; James A. Vann: The Economic Policies of the Swabian Kreis, 1664–1715. In: The Old Reich. Essays on German Political Institutions 1495–1806, Bruxelles 1974, S. 105–123.

51 Jakob Burckhardt: Weltgeschichtliche Betrachtungen, Basel 1956, S. 70 bzw. 24.

52 Jean Jacques Rousseau: Du contrat social. In: Ders.: Oeuvres complètes, vol. III, Paris 1964, S. 347–470.

Bürgertum, Handel, wirtschaftliche und politische Außenbeziehungen der Reichsstadt

Wolfgang Wüst

Als der kurpfalz-bayerische Oberamtmann zu Söflingen, Johann Paul Wilhelm von Werner, im Dezember 1802 die Zivilinbesitznahme der Reichsstadt Kempten vollzog, beeindruckte ihn die Wirtschaftskraft der Bürgerschaft. So bemerkte er, daß »in Kempten alles die kaufmännische pünktlichkeit und gradheit beweise«[1]. Zur wirtschaftlichen Fernwirkung ihrer Handelshäuser indes stand die politische Ausstrahlung der Reichsstadt in krassem Gegensatz. Kempten zählte innerhalb des Schwäbischen Reichskreises weder zu den kreisausschreibenden Ständen, noch kam es jemals als Standort für Kreistage (meist in Ulm) in Betracht. Auf der schwäbischen Städtebank votierte Kempten bei 31 Mitgliedern an 16. Position – nach Memmingen, Lindau und Dinkelsbühl, aber noch vor Kaufbeuren. Auch auf den Reichstagen spielte Kempten keine eigenständige Rolle. Häufig bat es andere

Reichsstädte, seine politische oder konfessionelle Position mitzuvertreten. So ersuchte der Kemptener Rat 1550 die Vertreter Augsburgs: »Sy wöllen uns auf werendem reichstag vertrethenn, auch unsers abwesens gegen der Röm[ischen] K[aiserliche]n M[ajestä]t etc. unsernn allergnedigisten herren [...] endtschuldigen unnd darauf sampt und neben den gemainen stenden und der erbarn stätt gesandtenn pottschafftenn alles das ihre, so zu guttem gelanngen mag, in unserm namen helfen, fürnemenn, bedenckhenn und beradtschlagenn; auch von unserthwegenn alles das bewilligen und annemen, so [...] der mer thail annderer erberer stätt, gesandten pottschafftenn annemen und bewilligenn.«[2] Auch am Immerwährenden Reichstag zu Regensburg (seit 1663) blieb das Votum Kemptens gering. Dort teilte sich die Stadt, die im reichsstädtischen Kollegium auf der Schwäbischen Bank saß, mit 37 anderen städtischen Gesandten eine sogenannte Kuriatstimme, während etwa der Fürstabt von Kempten auf der Geistlichen Bank des Reichsfürstenrates eine eigene, das heißt eine Virilstimme, führte. Kempten zählte zu jenen Städten, die keinen ständigen Vertreter am Reichstag unterhalten konnten. In der Regel übertrug es sein Stimmrecht anderen Gesandten, zeitweise auch dem reichsstädtischen Direktorium[3]. Ende des 18. Jahrhunderts vertrat der »Reichstagsstimmverführer« Johann Christoph von Selpert, der bezeichnenderweise als »hiesiger und verschiedener wohllöblicher reichsstädte rath« tituliert wurde, die Kemptener Position[4]. Wie am Reichstag, so ließ sich die Kemptener Bürgerschaft auch am Reichshofrat, am Reichskammergericht und auch auf Konzilien vertreten. 1551 delegierte sie zum Beispiel ihr Mandat auf dem Konzil von Trient an die »theologes und gelertenn« Kaiser Karls V.[5]

Aus dieser politischen Schwäche und Abstinenz erklären sich auch Gesuche um Rechtsbeistand und Information in monetären Reichsangelegenheiten, wie sie im Falle der Beitragsleistungen zur Finanzierung des Reichskammergerichts oder der Türkensteuer an andere schwäbische Reichsstädte gerichtet wurden.[6] Wurde aber Kempten reichspolitisch initiativ, dann hauptsächlich wegen des mitunter mit »crocodilischen Zähren« geführten »Familienstreits«[7] mit dem benachbarten Fürststift. Im allgemeinen aber ordneten die politischen Vertreter der Stadt, die Bürgermeister, die häufig dem Seniorat patrizischer Handelsgesellschaften entstammten, die politischen ihren merkantilen Interessen nach.

Bürgerrecht und territoriale Außenbeziehungen

Der Besitz »extra muros«

Nach dem Dreißigjährigen Krieg war die Reichsstadt in der Auseinandersetzung mit dem Stift sicherlich die Schwächere. Die Stadterhebung der Stiftsstadt 1712 traf das Sicherheitsempfinden der Bürger tief; sie empfanden diese so, »als wann man dem reichsfeind eine sichere retirade und die beste bequemlichkeit bauete, pour braquer les canons contre la ville, und damit die gute stadt Kempten, welche doch

in vorigen kriegs-zeiten reichskundiger massen zu dienst ihro kayserlichen majestät
[...] guth und blut aufgeopffert hat, in einer stund in grund zu schiessen.«[8] Andererseits bildeten trotz dieser bedrohlich wirkenden Stadterhebung die Rechtstradi-
tion des Reiches[9] und bürgerlicher Streu- und Lehensbesitz im Stiftsland Ausgangs-
punkte zu einer selbstbewußten, mitunter auch offensiven städtischen Politik. Am
Ende des Ancien Régime besaß die reichsstädtische Bürgerschaft außerhalb der
Bannmeile, d. h. des reichsstädtischen Hoheitsbereiches, einen Ziegelstadel und
acht leibfällige Bauernhöfe, die zwar »von der stift-kemptischen besteurung gänzlich befreyt« blieben, deren Bewirtschafter aber unter stiftischer Leibherrschaft
stehen konnten: Das Stadtweihergut an der Duracher Straße (Pfarrei St. Lorenz),
die Tafernwirtschaft zu Waltenhofen, das Gut Leuten (Pfarrei Waltenhofen), drei
Anwesen in Ermengerst (Pfarrei Wiggensbach) und zwei Höfe zu Wachters (Pfarrei
Memhölz). Außerdem gehörten der Reichsstadt das Gut Stadtallmey in der Pfarrei
St. Lorenz, ausgedehnte Viehweiden und Holzgründe zum »blumenbesuch«, 66
Waldbezirke mit einem Gesamtumfang von rund 550 Jauchert (Tagwerk), die als
Ressourcen des städtischen Bauamts dienten, 75 Jauchert Ackerbau und neun
Fischweiher. Das Kemptener Hl. Geist-Spital, das der Reichsstadt unterstand, ver-
fügte über weitere acht leibfällige Güter in den Orten und Fluren Kaisermahd
(Pfarrei Betzigau), Baltenstein, Minderbetzigau, Hueb (Pfarrei St. Mang) und Leuten mit 100 Jauchert Wald, 200 Jauchert Wiesen und Äckern sowie über Zehnt-
rechte in den Pfarreien Betzigau, Wildpoldsried und Hochgreut. Bescheidene Ge-
bietserweiterungen stellen sodann die städtische St. Stephans- oder Sonder-Siechen-
Pflege und die Schulpflege dar. Von reichsstädtischer Herrschaftsbildung wird man
freilich nicht sprechen können[10]. Allerdings stand der reichsstädtische Lehensbesitz
der Absicht des Fürststifts Kempten entgegen, ein geschlossenes Territorium *(territorium clausum)* auszubilden.

Die Lehenshoheit

Zudem verfügte die Reichsstadt über lehensherrliche Rechte außerhalb der Stadtge-
markung, die zwar nicht wie im Fürststift als wirkungsvolles Herrschaftsinstrument eingesetzt werden konnten[11], die aber doch die Position der Bürgerschaft
stärkten. Die Einträge im Lehenbuch (1555–1643)[12] weisen reichsstädtische Rechte
vor allem innerhalb der »Bürgerweiden« aus. 1572 befanden sich dort von 496
Weiden 53 % in Kemptener Lehensbesitz. Als Lehensträger erscheinen bei 38 dieser Weiden sogar die Reichsgrafen von Königsegg-Rothenfels. Im Hochstift Augsburg lagen ferner die »albweiden«, die seit 1586 zum reichsstädtischen Lehensver-
band zählten, und im Fürststift Kempten saßen reichsstädtische Lehensmänner in
den Orten Memhölz, Walkarts, Waltenhofen, Langenegg, Hatzenberg, Martinszell, Zellen (Gde. Memhölz) und Hupprechts (Gde. Memhölz). Der reichsstädtische Lehenhof verfügte schließlich noch über sechs Lehen in der Grafschaft Königsegg-Rothenfels und über Vasallen in den Herrschaften Hohenegg und Laubenberg,
in Wollmuths (Gde. Memhölz), in der Pfarrei Sonthofen und im Werdenstaini-

schen[13]. Die Kemptener Bürgerschaft ließ diesen Lehensbesitz in einer Lehenspropstei verwalten. Im 16. Jahrhundert wurde der Todfall von Lehensträgern noch in der Stadtkanzlei angezeigt, welche die Funktion der Lehenspropstei zeitweise offenbar miterfüllte[14].

Besitzverhältnisse in der Stadt

Die innerstädtischen Territorialverhältnisse spielten seit dem 16. Jahrhundert für die reichsstädtische Entwicklung keine entscheidende Rolle mehr. Denn mit der Verleihung des Münzrechtes 1510 und der Privilegien für eigene Gerichtswappen und Gerichtssiegel 1518[15] durch Kaiser Maximilian I. sowie mit dem Vertrag von 1525 schien die Unabhängigkeit der Stadt von der Klostervogtei garantiert. Trotzdem zählte die Sicherung der Grenze zwischen Stifts- und Reichsstadt durch »fried- und marck-saulen« zu den wichtigsten Verwaltungsaufgaben. Beiderseitige Grenzbeschreitungen fanden seit 1525 gehäuft statt, wobei für die Jahre 1541, 1606, 1619 und 1744 ausführliche Protokolle überliefert sind. Seitens der Reichsstadt führte diesen Hoheitsakt der Rat mit dem Stadtschreiber und den Baumeistern aus; nach 1559 übernahmen das Stadtammannamt und die städtische Kanzlei die Federführung. 127 Marksteine sowie zahllose andere topographische Fixpunkte grenzten den beiderseitigen Besitz zweifelsfrei ab. Allerdings veränderte der Ausbau der Stiftsstadt das System der »gepflogenen nachbarlichen [grenz]unterredung«[16]. Die Stadterhebung und Ausgrenzung des Gebiets um St. Lorenz führte, so meinte man, »zu gemeiner stadt und burgerschafft unwiederbringlichem schaden und nachtheil, [da] der weg und offene [!] straß, welche [...] mitten durch den stifts-platz zu gemeiner stadt viehweid [...] und hochgericht oder richtsstatt, so beede immediate hinter den stifftischen häusern gelegen, wie auch zu denen bürgerlichen gütern und feldern gehet, wo nicht völlig versperrt und abgeschnitten, doch wenigstens deren ungehinderter freyer gebrauch sehr erschweret oder wohl gar innutil gemachet« würde[17].

Bürgerrecht

Die Bestandssicherung dieses schmalen äußeren Besitzgürtels und der Schutz vor Überfremdung in der Stadtsiedlung waren beherrschende tagespolitische Themen in der Kemptener Bürgerschaft. Seit 1559 war sichergestellt, daß künftig »kein bürger, inwohner noch zugewandter [Vorstufen zum Bürgerrecht] ihre ligende güther, so in ihren und gemeiner stadt bürger- und kauffrecht begriffen und gehörig, fremden oder auslandischen, so nicht burger zu Kempten, wes standts oder würden sie seyen,« veräußern sollte. Der Inhalt dieses Privilegs von Kaiser Ferdinand I. (1556–1564) war außerdem Bestandteil des Bürgereids, so daß Übertretungen strafrechtlich als Meineid geahndet werden konnten[18].
Eine detaillierte gesetzliche Regelung in Besitzveränderungsfällen mit »auf- und abfahrtsgeldern« *(ius retractus)*, die reichsstädtische Obsorge über Leib und Erb-

recht und ein strenges Zuzugsrecht blieben Ausfluß des reichsstädtischen Selbstverständnisses. Die verbindende Kraft des geförderten Handels war nur geduldet, solange das konfessionelle und soziale Gefüge der Ende des 18. Jahrhunderts über 3000 Köpfe zählenden reichsstädtischen Einwohnerschaft[19] nicht destabilisiert wurde. Ferner kontrollierte das Bürgermeisteramt auch kurzfristiges Wohnbegehren. Die reichsstädtischen Statuten[20] sahen diesbezüglich restringierend vor: »es solle [...] kein burger in seinem also ererbten, erkauften oder auch bestandshäußern inn- und ausser der stadt, innerhalb den friedsäulen ohne vorwissen und bewilligung eines löbl. magistrats fremde, verehelichte manns- und weibs- noch auch dergleichen ledige personen, in der köst- und erlernung seines handwercks, [...] einnehmen noch wohnen lassen [...]. So dann sollen auch die burgere keine fremde personen ohne consens deß heren amtsburgermeisters in ihre häuser aufnehmen noch sie beherbergen.«[21]

Eine besondere Rolle sowohl für die Entwicklung des bürgerlichen Gemeinwesens als auch für den Handel spielte das Kemptener Bürgerrecht. Das Stadtrecht (»waß und wievil eine frembde außländische hereinheurende persohn aigenthumblichen guths haben und wie ein solche daß bürgerrecht erkauffen soll«) legte den Schwerpunkt zunächst auf den Vermögensnachweis. 1705 waren wenigstens 100 Gulden »an baarem gelt« vorzuweisen, für jedes weitere Familienmitglied mußten männlicherseits 30 Gulden und weiblicherseits 20 Gulden erbracht werden. Hinzu kamen obligatorische Beglaubigungen auswärtiger Gerichts- und Ortsherrschaften, daß »solche hereinheurende persohn, ehelich gebohren [und] niemandts mit der leibaigenschafft oder zinßbarkeit zugehörig« sei[22]. Die strengen Bürgerrechtsbestimmungen waren begleitet von der Meldepflicht für Gesinde und Taglöhner, die in reichsstädtischen Anwesen nächtigten: »Wer aber alberait dergleichen leuth und sonderlich Tyroler[23] bey sich in seiner aignen oder bestandsbehausung hette, die wie gemeldt einen aignen rauch halten oder [bei] ihnen selbsten arbaithen und gewinnen theten, der soll solche frembde persohn unverzöglich abschaffen oder [...] dem herren ambtsburgermaister angeben.«[24]

Die Aufnahme in die Kemptener Bürgerschaft war aber primär von wirtschaftlichen Gesichtspunkten abhängig. Um das soziale Gleichgewicht nicht zu stören, erteilte der Rat, wohl auf Zuraten der Zünfte, in verantwortungsbewußter Weise den Aufnahmekonsens. Zwischen 1526 und 1612 entspricht die berufliche Ausbildung der Neubürger durchaus dem Bedarf der Reichsstadt. Allerdings brachte die Massenzuwanderung von Webern[25] Kempten in enge handelspolitische Abhängigkeit vom Absatz der Leinwandproduktion. Die Mehrzahl der Zuwanderer – hauptsächlich Bäcker, Färber, Gerber, Maurer, Müller, Schmiede, Schneider, Schuhmacher und Zimmerleute – konnte eine Ausbildung in zünftischen Handwerksberufen vorweisen. Im Bäckerhandwerk wurden bei 42 alteingesessenen Bäckern im genannten Zeitraum 48 Bürgerrechtsbriefe ausgestellt[26]. Bei den Färbern betrug das Verhältnis 19 zu sieben zugunsten der Neubürger. Bei geringerem Bedarf fiel die Zuwanderung bescheidener aus. So zogen vor 1612, um ein weiteres Beispiel zu nennen, nur ein Seifensieder, ein Seiler und zwei Uhrmacher zu. Bei qualifizierten

Einzelberufen wie den Apothekern konnte die Zuwanderung den etablierten Berufsstand sogar um 100% übersteigen. Die Reichsstadt regelte somit über das Bürgerrecht die Zuwanderung, wobei sie vorrangig die Interessen des Handwerks- und Handelsstandes berücksichtigte. Dabei waren die Zünfte zur Kooperation aufgerufen. Wörtlich schrieb zum Beispiel die Satzung für das Säcklerhandwerk von 1772 vor: »soferne hingegen für den fremden keine arbeit zu erlangen wäre, so solle der obermeiste meister die ihme von dem würthgesellen oder jungmeister zurückgebrachte kundschaft den fremden wiederum zurückgeben.«[27]

Daneben spielten bei der Vergabe des Bürgerrechts auch die geographische Lage der Reichsstadt und das konfessionell gebundene Kopulationsverhalten der Bevölkerung eine wichtige Rolle. So weist das Kemptener Bürgerbuch[33] im Zeitraum von 1526 bis 1612 die evangelischen Territorien Ostschwabens als Zuwanderungsschwerpunkte aus. Dabei bildete die Verehelichung mit Angehörigen der gleichen Konfession die häufigste Ursache für den Zuzug. Aus Memmingen, wo sich 1526 die Reformation bereits voll entfaltet hatte, wanderten 47 Personen, aus Augsburg 16 Bürger zu, darunter 1598 Daniel Jenisch (1547–1610), dessen Familie im 18. Jahrhundert für Kempten große Bedeutung erlangen sollte[28]. Aber auch der Zuzug aus dem katholischen Fürststift Kempten wurde keineswegs unterbunden; so erwarben im selben Zeitraum zehn Personen, zumeist Weber aus Grönenbach, und weitere zehn Zuwanderer aus Legau das reichsstädtische Bürgerrecht[29].

Daß die konfessionelle Zugehörigkeit das Zuwanderungsverhalten der Oberschicht noch im späten 18. Jahrhundert prägte, zeigte indes die Übersiedlung der aus Savoyen stammenden katholischen Familie Dalpierre (Zumstein) nach Kempten. Ihre von Johann Josef und Johann Nikolaus Zumstein gegründete Großhandlung sollte 1784 in der Stifts- und nicht in der handelspolitisch aktiveren Reichsstadt ihre Niederlassungskonzession erhalten[30].

Bürgerschaft und Stadtregiment

Kaiser Karl V. setzte sich nachhaltig für eine Stärkung der katholischen Kräfte in dem von der Reformation erschütterten Reich ein. Die von ihm im Sinne seiner Reichskirchenpolitik geplante verfassungsrechtliche und personelle Neuordnung erstreckte sich gerade auch auf lutherische Reichsstädte. Das Patriziat dieser Städte mußte ihm hierbei allerdings behilflich sein. Denn diese Minderheit versuchte er gegen die Mehrheit der Zunfthandwerker auszuspielen, bei denen er die eigentliche, reformatorisch untermauerte Gegnerschaft zu seiner Politik vermutete.

Mit den Verfassungsänderungen von 1551/52 ging auch für Kempten die Zeit der Zunftherrschaft zu Ende. Die Zunftmeister als Vorsteher ihrer Gilde hatten künftig keine Vertretung im Rat, die Zunftmitglieder keinen Einfluß mehr auf die städtischen Regimentswahlen. Die neue oligarchische Verfassung sicherte dem Patriziat die Stadtherrschaft. Allerdings konnte der Kaiser mit diesen Maßnahmen der Gegenreformation in Kempten nicht mehr den Weg ebnen. Die Reformation war bereits zu weit fortgeschritten. Das neue Stadtregiment setzte sich aus fünf Geheimen Räten, einem Ausschuß des »Kleinen Rats« (22 Mitglieder), zusammen, von denen vier dem reichsstädtischen Patriziat entstammten. Zu den fünf Räten zählten drei Bürgermeister mit einer Amtszeit von jeweils vier Monaten und zwei Ratgeber, von denen nur einer durch den »Großen oder Äußeren Rat« (46 Mitglieder) berufen wurde, also durch das einzige Gremium, in dem die Handwerker noch die Mehrheit bildeten. Als beratende Mitglieder ohne Stimmrecht gehörten dem Geheimen Rat ferner der Syndikus und der Stadtschreiber an, der das Protokoll an den Ratstagen führte[31]. Ferner wurde die Bürgerschaft nicht mehr in Zünfte, sondern nach Quartieren unterteilt, denen Quartierherren als Kontrollorgane des Rates vorstanden. Diese Einteilung lag auch der militärischen Organisation der reichsstädtischen Bürgerschaft zugrunde. Sie löste die traditionsreiche Harnischstellung durch die Zunftmeister ab[32] und hat sich im Dreißigjährigen Krieg bewährt.

1559 änderte Kaiser Ferdinand I. noch einmal die Ordnung des Kemptener Stadtregiments. Die ferdinandeische Stadtverfassung liberalisierte zwar die bestehende Ordnung nach Protesten der Bürgerschaft, doch zementierte sie gleichzeitig ihre grundsätzliche oligarchische Struktur auf Dauer. Bis zur Mediatisierung der Reichsstadt standen zwei jährlich alternierende Bürgermeister an der Spitze des Stadtregiments. Sie bildeten zusammen mit dem Stadtammann, zwei Stadtrechnern (»Geheimbde«), 17 Ratsherren, dem Syndikus und dem Stadtschreiber den »Kleinen Rat«. Der Stadtammann, der zugleich das Präsidium über das Stadtgericht führte, blieb dem Bürgermeisteramt politisch nachgeordnet, personifizierte aber als Träger des Blutbannes das Hochgericht. Das Stadtgericht, das die niedere und hohe Gerichtsbarkeit umfaßte, trat jeweils am ersten Dienstag des Monats zusammen und setzte sich neben dem Ammann aus dem Stabhalter, 16 gewählten Beisitzern und dem Gerichtsschreiber oder Aktuar zusammen. Kleiner Rat, Stadtgericht und 20 aus der Gemeinde hinzugewählte Bürger (Zwanziger) bildeten den Großen Rat, der formal für die Gesetzgebung, die Steuerfestsetzung, die Wahlen und andere politische Angelegenheiten zuständig war. Von den jährlichen Wahltagen abgesehen, wurde er aber nur selten durch den Kleinen Rat zusammengerufen und blieb so für die politische Teilhabe der reichsstädtischen Bürgerschaft am Stadtregiment weitgehend bedeutungslos.

Die Zünfte waren zwar als politische Verbände aufgehoben, bestanden aber in ihrer wirtschaftlichen Form weiter. Lediglich die »Gesellschaft zum Straußen« (Bürgerstube), zu der sich die Oberschicht seit 1419 zusammengeschlossen hatte – sie wurde von der Handwerkerschaft polemisch als »Müßigengelzunft« bezeichnet –, konnte auch nach 1551 ihren politischen Einfluß behaupten. Ihr gehörten Patrizier, Großhändler, Gelehrte und Inhaber angesehener Stadtämter an. Die übrigen Zünfte blieben verfassungsrechtlich vom Stadtregiment ausgeschlossen. Allerdings führte die Ämtervernetzung innerhalb des kleinen reichsstädtischen Patriziats auch hier zu politischer Verflechtung. So waren zum Beispiel Caspar Zeller, Stadtammann von 1539 bis 1543 und Bürgermeister von 1546 bis 1552, oder, zwei Jahrhunderte später, der Bürgermeister Johann Adam Kesel 1764 bis 1770 krämerzünftig;

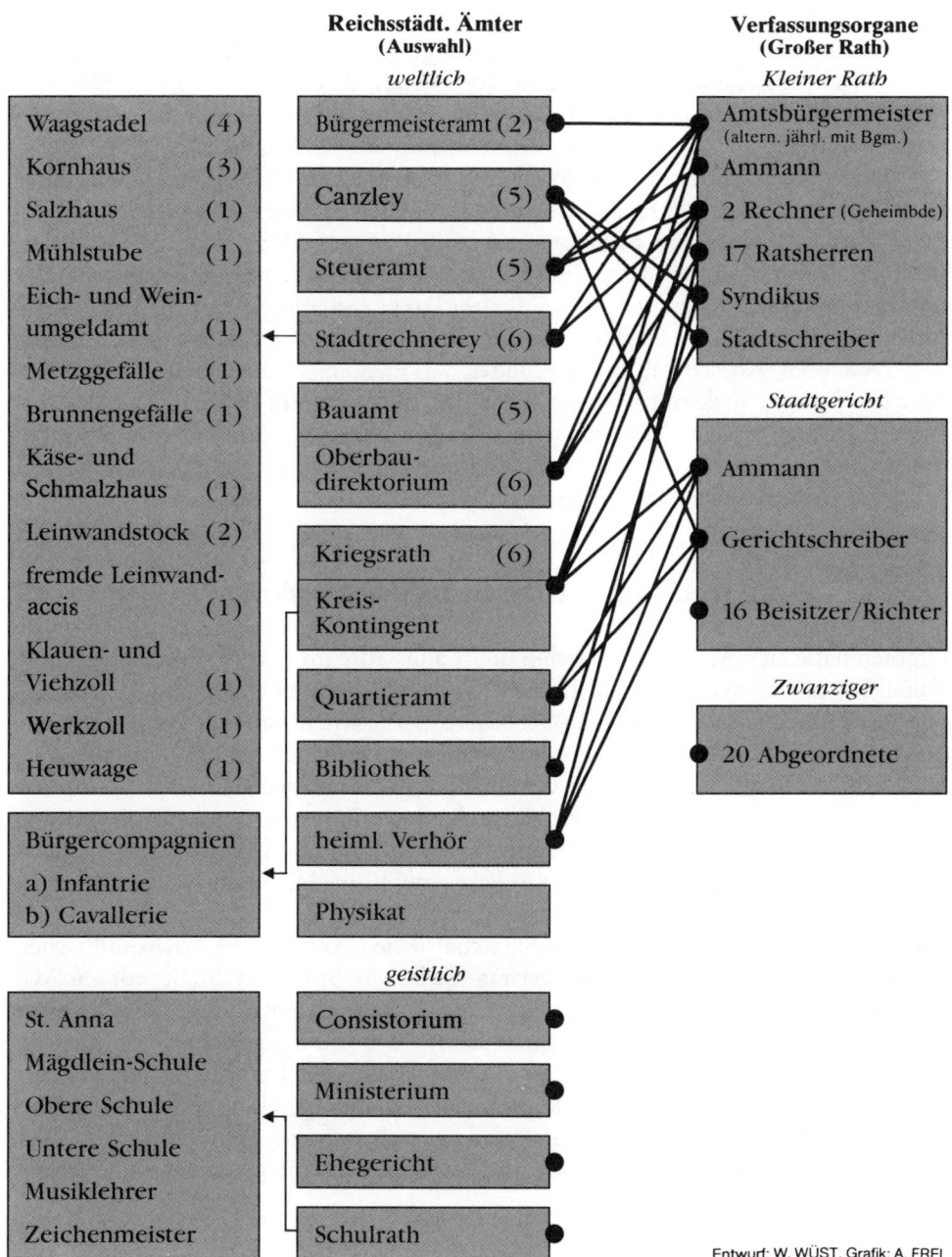

Reichsstädt. Ämter
(Auswahl)
weltlich

Verfassungsorgane
(Großer Rath)
Kleiner Rath

Waagstadel (4)	Bürgermeisteramt (2)
Kornhaus (3)	
Salzhaus (1)	Canzley (5)
Mühlstube (1)	
Eich- und Wein-umgeldamt (1)	Steueramt (5)
Metzggefälle (1)	Stadtrechnerey (6)
Brunnengefälle (1)	Bauamt (5)
Käse- und Schmalzhaus (1)	Oberbau-direktorium (6)
Leinwandstock (2)	
fremde Leinwand-accis (1)	Kriegsrath (6)
	Kreis-Kontingent
Klauen- und Viehzoll (1)	
Werkzoll (1)	Quartieramt
Heuwaage (1)	Bibliothek
Bürgercompagnien	heiml. Verhör
a) Infantrie	
b) Cavallerie	Physikat

Amtsbürgermeister
(altern. jährl. mit Bgm.)
Ammann
2 Rechner (Geheimbde)
17 Ratsherren
Syndikus
Stadtschreiber

Stadtgericht

Ammann

Gerichtschreiber

16 Beisitzer/Richter

Zwanziger

20 Abgeordnete

geistlich

St. Anna	Consistorium
Mägdlein-Schule	
Obere Schule	Ministerium
Untere Schule	
Musiklehrer	Ehegericht
Zeichenmeister	Schulrath

Entwurf: W. WÜST, Grafik: A. FREI

Abb. 1 Behörden und Verfassungsorgane der Reichsstadt Kempten 1559–1802

ein Christian Kesel fungierte sogar gleichzeitig als Stadtammann und Zunftmeister der Kramerzunft[33]. Allerdings konnten zünftige Ehrenfunktionen in der Regel nur zeitversetzt mit politischen Laufbahnen korrelieren, da der Rat 1476 bereits festgelegt hatte, daß Ämterlaufbahnen in der Reichsstadt nicht mit Funktionen als Zunftmeister oder als Elfer (Beirat in der Zunft) gekoppelt sein durften[34].

Das Handwerk organisierte sich somit in der Neuzeit in nicht ganz unpolitischen Zünften. Die Zünfte der Krämer, Schmiede, Weber, Bäcker, Schuhmacher, Metzger, Gerber, Schneider und Bierbräuer bestanden bis zur Mediatisierung fort[35]. Die einzelnen Zünfte konnten dabei ein vielfältiges Berufsspektrum umfassen; so zählten zur Kemptener Kramerzunft Kaufleute, Posamentierer, Säckler, Sailer, Nadler, Sattler, Lodner, Glaser, Stricker, Buchbinder, Knopf-, Perücken- und Kammacher, Drechsler, Kürschner, Bürstenbinder, Apotheker, Weinwirte und Tuchscherer[36]. Das soziale Spektrum ein und derselben Zunft konnte dabei bis ins 19. Jahrhundert sehr groß sein. Während etwa die Kürschner zu den reichsten Bürgern zählen, sind die in derselben Zunft organisierten Bürstenbinder eher der vagabundierenden Unterschicht zuzuordnen[37].

Handel und städtische Wirtschaftskraft

Kempten hatte sich wie andere Reichs- und Landstädte im Allgäu seit dem Spätmittelalter vor allem als Textilstadt entwickelt, in der der Leinwandhandel eine zentrale Rolle spielte. In den Spinnstuben der bäuerlichen Kleinanwesen wurden aus dem Flachs des Umlandes jene Produkte gefertigt, die über ein ausgedehntes Verlagssystem zum reichsstädtischen Großhändler geliefert wurden. Das Kemptner Verlagssystem sorgte bis zur Strukturkrise der Heimindustrie durch die Errichtung mechanischer Spinnereien und Webereien in der Frühindustrialisierung im 19. Jahrhundert für eine erfolgreiche Handelsbilanz sowohl in der Reichsstadt als auch in der Stiftsstadt. Trotzdem entwickelte sich auch hier zwischen den Nachbarterritorien eine harte Konkurrenz. Für den wirtschaftlichen Aufstieg des reichsstädtischen Bürgertums kommt dabei einem Vertrag zwischen Stift und Stadt vom 6. Mai 1525[38] große Bedeutung zu. Dieser Vertrag besiegelte den Rückzug der Fürstäbte aus der sogenannten Bannmeile. Damals kaufte sich die Bürgerschaft von dem im Bauernkrieg erschütterten Stiftsgebiet für 30000 Gulden los. Die so gewonnene politische Unabhängigkeit, die 1648 auch reichsrechtlich anerkannt wurde, begünstigte in der Folgezeit einen handels- und wirtschaftspolitischen Dualismus zwischen Reichsstadt und Stiftsgebiet, der sich sowohl im städtischen Marktgeschehen als auch im Fernhandel niederschlug.

Märkte

Die Reichstadt besaß bei der Entfaltung überregionaler Märkte gegenüber dem Fürststift einen zeitlichen und standortbedingten Vorteil. Denn sie führte traditionell einen Wochenmarkt (Mittwoch, Samstag) und einen Jahrmarkt (Kirchweih am 10. Mai zu Ehren der Stadtpatrone Gordian und Epimachus, St. Katharina) durch. Diesen zu erhalten war vor allem ein Anliegen der tonangebenden Kramerzunft[39], die auf reichsstädtische Wirtschaftskraft pochte und Handelshemmnisse für stiftische Landkrämer initiierte. Trotzdem lassen die Ratsprotokolle in Wirtschaftsfragen eine flexible Haltung der Reichsstadt erkennen, die im Gegensatz zum Stift ihren Handel nicht primär territorialen Interessen unterordnete[40]. 1656 verfügte der Rat, daß fremden Landkrämern der Zugang zum reichsstädtischen Markt zu verwehren sei, mit Ausnahme der »inn beeden fürstlichen stifftern Augspurg und Kempten und inn der gravschafft Königsegg gesessnen benachbarten landcramern,« die »zu erhaltung nachbarlichen vernemens« berechtigt sein sollten, »wochentlich am mittwoch alß ordinariwochenmarckht mit irer wahr alher zu kommen und offenlich fail zu haben.«[41] Der Rat handelte nicht ganz uneigennützig. Denn der reichsstädtische Fiskus profitierte an den Standgeldern, die vom Stadtbüttel eingenommen, »allezeit am sambstag inn daß rechenstüblin zu lifern schuldig« waren[42]. Außerhalb der Markttage blieb die Wareneinfuhr durch fremde Händler streng reglementiert. Bereits in der Zunftordnung von 1532[43] hatte sich der reichsstädtische Handel ein vierköpfiges Amtssorgan geschaffen, das die Einfuhr auswärtiger Produkte überwachte und die Preise in einer für alle Zunftmitglieder verbindlichen Höhe festlegte.

Diese Sonderstellung der reichsstädtischen Jahrmärkte wurde empfindlich gestört, als das Fürststift in der Stiftstadt 1714 einen eigenen Markttag einrichtete. Dem reichsstädtischen Rechtsempfinden nach war dies ein »illegaler« Akt. Aber auch auf stiftischer Seite hatte man Grund zur Klage. Denn das Agieren reichsstädtischer »aufkäufler« (Verleger) im Kemptener Umland führte im Stiftsgebiet zu Engpässen in der Lebensmittelversorgung. So beschwerte sich die fürststiftische Regierungskanzlei noch 1771 über Versorgungsengpässe bei Schmalz, Hühnern und Rindern, von denen der reichsstädtische Markt offenbar verschont blieb[44].

Zoll und Stapelrechte

Um gegenüber dem Stiftsgebiet machtpolitisch bestehen zu können, mußte die Reichsstadt handelspolitisch aktiv bleiben. Hierbei fiel den städtischen Zollstationen eine wichtige Rolle zu. Die Zollerhebung schlug sich auch in der Ämterorganisation nieder. Zuständig war die Stadtrechnerei. Dort sorgten die Beamten im Korn- und Salzhaus, der Beauftragte für fremde »leinwandaccis«, der Klauen- und Viehzoller, der Werkzoller und der Heuwäger für die Zolleinnahmen. Diese wurden aber durch Handelshemmnisse seitens des Stiftes zunehmend mehr in Frage gestellt, so beispielsweise 1693 durch den Bau einer Zollbrücke bei Schwarzenbach

(Krugzell) nördlich der Reichsstadt (siehe die Abb. S. 248). Die neue Zollbrücke wurde stiftischerseits gerechtfertigt mit dem Argument, daß sie »*extra distantiam milliarem*« (außerhalb der Bannmeile) gelegen sei und daß dem Stift über das Lehnrecht das »*ius pontis*« (Brückenbaurecht) zustehen würde[45]. Allerdings konnte die räumliche Ausdehnung der reichsstädtischen Schutzzone, der Bannmeile, selbst vor dem Reichskammergericht und dem Reichshofrat nie eindeutig geklärt werden, denn das Stift unterschied »*subtilissime*« (äußerst spitzfindig) zwischen einer »kleinen«, »mittleren« und »großen teutschen meil«, wobei man den reichsstädtischen Einfluß auf die kleine Meile begrenzen wollte. So lagen z. B. Sulzberg mit eineinhalb und Wiggensbach mit zwei Wegstunden Entfernung von Kempten außerhalb der »mittleren« bzw. der »großen Meile« und somit außerhalb des reichsstädtischen Wirtschaftseinflusses.

Sodann erregte der Ausbau von Straßen im Stiftsgebiet und die damit verbundene Entwertung des Monopols der alten Reichs- und Zollstraße, die durch Kempten führte, den Zorn der reichsstädtischen Handelsleute. »So hat man sich dennoch an seiten des fürstl. stifts nicht entsehen, [...] in allen dorffern rings um die stadt Kempten herum in- und ausserhalb der privilegirten meil als zu Lenzfrid, Wiggenspach, zum Haibels, Rauns und den häusern zu Sultzberg, Waltenhofen, an der Hueb, zu Altesried, Wildbolzried [Wildpolzried], Bezigau, Martinszell, Buchenberg und vielen andern orthen mehr neue weg-gelder, zölle und licencen auf alle victualien, alles vieh, wagen und pferdt, karren und schlitten, wein, getraid, saltz, schmaltz, eisen, flachs, garn und alles andere [...] de facto anzulegen und zu beziehen.«[46]

Aber nicht nur mit dem Fürststift Kempten gab es wegen der Zollerhebung Ärger. Auch die Reichsstadt Memmingen mißachtete Kemptener Zoll- und Stapelrechte. Graf Zinzendorf berichtete von seiner Handelsreise im Jahre 1764, daß Memminger Fuhrleute das Niederlagsrecht der Reichsstadt negierten, wenn sie durch Kempten hindurch nach Pfronten spedierten, dessen Händler den Weitertransport nach Bozen in Konkurrenz zum Kemptener Fernhandel besorgten[47].

Gewerbeaufsicht – die Leinwandschau

Neben Zoll- und Stapelrechten konnte die Reichsstadt ihren Handel über die Gewerbeaufsicht regulieren. Die Textilim- und -exporte standen hierbei im Mittelpunkt des Interesses.

Die Rohstoffbeschaffung für die Kemptener Textilproduktion verschlechterte sich zu Beginn der frühen Neuzeit aus zwei Gründen. Zum einen verlor Kempten zusammen mit den Reichsstädten des Schmalkaldischen Bundes seit der Niederlage der Protestanten gegen den Kaiser 1547 den Handel mit den habsburgischen Erbländern, vor allem mit Tirol und Voralberg[48]; sodann sorgten der steigende Getreidepreis und »spekulative« Garnaufkäufer auf dem Lande zu einer Verringerung des Flachsanbaus bzw. zur Verteuerung von Flachsprodukten. Garnbündnisse, wie sie

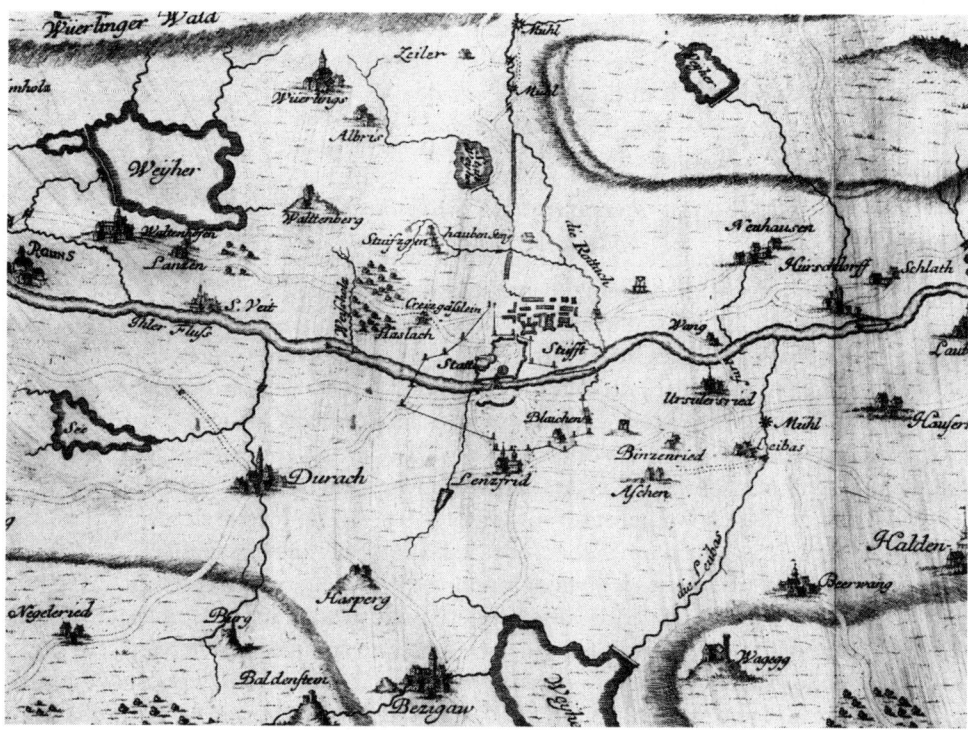

Abb. 2   Das reichsstädtische Hoheitsgebiet, abgegrenzt vom Stiftsland, 1737 (Deß Hoch-Fürstlichen Stiffts Kempten Gruendliche Widerlegung Des von der Statt ejusdem Nominis vor demselben sich anmassenden aeltern Herkommens [...], Kempten 1737. – Die Vorlage stellte freundlicherweise W. Liebhart zur Verfügung.)

die Reichsstadt 1532 zusammen mit Memmingen, Ravensburg, Wangen, Isny und Leutkirch einging, schufen wenig Abhilfe. Trotzdem kam es auf Drängen der Kemptener Stadtweber, die sich gegen das »Hereinweben« der stiftischen Landweber in die Reichsstadt zur Wehr setzten, und durch die Produktionskontrolle seitens der Zünfte zu strengen Ansprüchen bei Qualität und Meßgenauigkeit, die in sogenannten »Schauvorhaben« spezifiziert wurden[49].

Der Flachs- und Rohkattunimport wurde durch eine reichsstädtische »werckwägerin« auf dem Kirchhof vor St. Mang in Maß, Gewicht und Preis kontrolliert. Mißbrauch bei der Einfuhr der Rohstoffe und der Ausfuhr von Leinentüchern, »sie seyen roch oder weiß«, wußte der Rat bei hohen Konventionsstrafen zu verhindern. Vor allem wachte er darüber, daß die Weber nur abgewogene Ware annahmen und Fertigprodukte »vor dem schauen und abzollen [...] nicht verhandlen, vertauschen oder hinauß verkauffen«. Es sollte sichergestellt sein, daß der Leinwandschau und somit dem reichsstädtischen Fiskus nichts Nennenswertes entging.

Es verwundert daher nicht, daß die Kemptener Leinwandschau ein personalstarkes Gremium bildete, das sich aus »Roh- oder Vorschauern«, »Weißschauer«, Feldschauer, Leinwandmessern und »Zeichner in den Walken« arbeitsteilig zusammensetzte[50].

Fernhandel – Südhandel

In der Auseinandersetzung mit dem Fürststift konnte sich die Reichsstadt vor allem im Fernhandel durchsetzen. Demzufolge trug der Fernhandel auch am wirksamsten zur Prosperität der Reichsstadt bei. Der Kemptener Südhandel war aufs engste mit Speditionsgeschäften (Baumwollimport) und dem Leinwandexport verknüpft, wobei Verbindungen zu Bozen, zu den oberitalienischen Städten und zu St. Gallen das Marktgeschehen beherrschten. Der Leinwandhandel wuchs so immens, daß er im 16. Jahrhundert einen Absatz von 200 000–300 000 Stück erzielte. Trotzdem hielt die Konkurrenz mit, und die Reichsstadt verhinderte nicht den Ausbau des St. Galler Verlagnetzes, das in Immenstadt und Sonthofen eigene Faktoreien errichtete. So hatte sich die reichsstädtische Weberzunft z. B. 1697 bei den St. Galler Leinwandshandelshäusern P. Schlumpf, J. Spengler und L. Schobingers Erben hoch verschuldet[51], nachdem sich die steigende auswärtige Konkurrenz zum Nachteil der Kemptener Leinwandschau ausgewirkt hatte. 1694 war zusätzlich in der Stiftsstadt eine konkurrierende Leinwandschau durch den Fürstabt eröffnet worden, die das reichsstädtische Handelsvolumen verminderte und zu einer rigorosen Handhabung der städtischen Schaumeister gegenüber stiftischer Steuerhinterziehung bei Textileinfuhren führte. Der Druck auf die reichsstädtische Handelspolitik war freilich schon vorher spürbar. So kam zu den seit dem Spätmittelalter etablierten Allgäuer Leinwandschauen 1536 eine weitere in Isny hinzu, und 1611, als der Kemptener Magistrat auch den Zugang auswärtiger Weber zum reichsstädtischen Markt weiter liberalisierte, rebellierten die Weber in einem unblutigen Aufstand[52].
Handelspolitisch noch aktiver gestalteten sich im Leinwandsüdhandel die Beziehungen nach Tirol und Italien. Im Tiroler Binnenhandel waren die Kemptener Bürger auch juristisch privilegiert, da Schuldklagen aus der Grafschaft Tirol ausnahmslos vor reichsstädtischen Stadtgerichten verhandelt werden mußten. In Bozen vertrat die Handelsfamilie Jenisch die reichsstädtisch-kemptischen Interessen seit 1698 sogar im Mercantilmagistrat[53]. Seither zählten die Jenisch zu den reichsten Kemptener Bürgerfamilien. 1725 überstieg ihr steuerpflichtiger Liegenschaftsbesitz bei weitem die 10 000-Gulden-Grenze pro Familienmitglied. Die Gruppe der damals in der Stadt steuerleistenden Bürger wurde unangefochten von Matthias und Wolfgang Jenisch mit 13 720 Gulden bzw. 11 350 Gulden Liegenschaftskapital angeführt[54].
Erst 1778 löste der Erbe des Kesel'schen Rauchwarenhauses, Matthäus Philipp Neubronner, die Jenisch als größte Steuerzahler ab[55]. Schließlich sorgte der Südhandel mit Textilien auch für intensivere Beziehungen der Reichsstadt mit Venedig, an denen sich außer den Jenisch die Handelskontore der Familien Fehr/Föhr,

Westen/Norden

Osten

Antwerpen

Leipzig (M)

Osten

Augsburg — Wien

St. Gallen ⊙ **Kempten**

Lindau Innsbruck

Bern Zurzach (M) Bozen (M)

Trient

Lyon

Vercelli Triest

Turin Mailand Padua Venedig

Casale

Genua Pesaro

Spanien/Portugal Florenz

Südfrankreich

Terni

Rom

Foggia

Neapel

N
✧

(M) Messe
------- Handelswege
● Handelsplätze   Entwurf: W. WÜST, Grafik: A. FREI

Reggio

Abb. 3 Handelsbeziehungen der Reichsstadt Kempten 1500–1802

Seutter, Weitnauer, Daumüller, König, Zeller, Dick, Hau und Ellhart/Elhardt beteiligten. Zwei Mitgliedern der Kaufmannsfamilie Fehr gelang es, in international bedeutsame Handelsämter aufzusteigen. Johann Jakob Fehr wurde 1720 zum kaiserlich privilegierten Niederlagsverwalter in Wien bestimmt, Felix Fehr 1731 bis 1735 zum Consul der Deutschen im Fondaco dei Tedeschi (deutscher Handelskontor) gewählt[56]. Die benachbarte Reichsstadt Memmingen überflügelte aber in der zweiten Hälfte des 18. Jahrhunderts im Venedighandel die Kemptener Handelsgesellschaft. Das Memminger Handelshaus Hermann galt vor seiner Verlegung 1784 als die reichste deutsche Firmenniederlassung in Venedig, das Haus F. Fehr rangierte dagegen nur auf dem dritten Rang im venezianischen Geldadel[57].

Die »*mandata procuratoria*« (Prozeßakten)[58] des Kemptener Notars Theodor Andreas Faulhaber geben für die Jahre 1753–1787 einen geographischen Überblick über den reichsstädtischen Italienhandel. So führten die Jenisch 1756, 1757, 1759, 1760, 1771, 1774, 1785, 1786 und 1787 Prozesse mit Handelsfirmen in Rom (A. Siccero, F. Vivarelli, Fani & Ludovici), Genua (G. Degola, J. B. Tini), Terni (Cherubini & Giovenangli), Turin (Juden: N. Barhi & Jachias), Vercelli bei Mailand (J. C. Rubino), Casale (Juden: A. Lebles Erben & S. Lebles, S. Fiz) und in Pesaro (A. M. Billi). Ferner werden über die Faulhabersche Notariatskanzlei die Italiengeschäfte der Geschlechter Fehr offenbar, die dreimal in Rechtsstreitigkeiten mit Handelshäusern zu Rom, Venedig und Foggia (1756–1761) verwickelt wurden, die der König, die in 18 Prozesse mit Geschäftspartnern zu Rom, Genua, Pesaro, Venedig, Neapel und Padua (1775–1787) verwickelt waren sowie die der Praun und der Krämersfamilie Wanckmiller[59]. Aus den Ortsangaben läßt sich auch eine regionale Spezialisierung der großen Kemptener Kaufmannshäuser im Italienhandel erkennen (siehe Skizze S. 215), die nur im Handel mit den Zentren Rom, Venedig und Genua durchbrochen wurde. Die reichsstädtischen Handelshäuser standen ferner in Kooperation mit anderen ostschwäbischen Reichsstädten, vor allem mit den Augsburger Fernhandelsgesellschaften der Baumgartner, Herwart, Fugger und Oesterreicher. Reichsstädtische Handelsverbindungen bestanden außerdem mit Triest, wo Wolfgang Friedrich Oesterreicher vom Kemptener Zweig der Familie ein eigenes Handelshaus gründete. 1783 trat Wolfgang Friedrich Renner zunächst als Teilhaber und später als Inhaber in diese Firma ein – eine Verbindung, die sich 1807 in der Nobilitierung (Renner von Östreicher) niederschlug[60].

Fernhandel – Osthandel

Neben Speditionsgeschäften über Lindau-Bregenz-Bozen in Richtung Italien, neben Handelsbeziehungen mit Südfrankreich (Lyon), Spanien, Portugal, den Niederlanden, Flandern, der Levante, orientierte sich der Kemptener Fernhandel auch in Richtung Osten. An erster Stelle ist hier der Rauchwarenhandel des Hauses J. A. Kesel zu nennen, das 1750 infolge der Teilhaberschaft des aus Ulm zugewanderten Matthias Philipp Neubronner zur Großhandlung Kesel & Neubronner aufstieg. Der Handel mit Rauch-, Leder- und Papierwaren sowie mit Pelzen führte zur Gründung einer Niederlassung in Leipzig, von der aus russische und ostindische Pelze über Kempten in die Schweiz zur Zurzacher Messe gelangten. Dort und in der Leipziger Messe fanden sie einen derart gewinnbringenden Absatz, daß seit 1767 auch der Kemptener Tabakgroßhändler Johann Opitz die Leipziger Messe besuchte[61]. Wie einträglich die Geschäfte im Ost-West-Fernhandel waren, zeigt unter anderem die Tatsache, daß die Reichsstadt vom neugegründeten Kesel & Neubronner »raggion« (Handelshaus) hohe Kredite aufnehmen konnte, die nach 1772 250000 Gulden überschritten. Nach den Einträgen in das »Geheime Schuld-

Tafel 21   Kemptener Münzen.
Stift Kempten: **1** ältester Brakteat um 1180, **2** Hildegardis-Brakteat um 1200, **3** Princeps-Brakteat 1213/18.
Reichsstadt Kempten: **4** Dicken 1510, **5** Batzen o. J. (1510–1519), **6** Taler 1538, **7** Taler 1623.
Regimentstaler: **8** Stift Kempten 1626.
Maßstab ca. 1:1

BÜRGERMEISTER GORDIAN SEUTER ∗ 1534 ∗

Tafel 22   Gordian Seuter, Kemptener Bürgermeister, Kaiserlicher Rat und Bundesrat im Schwäbischen Bund, Gemälde im Rathaus Kempten.
Unter Seuter gelang es der Stadt 1525, durch den »Großen Kauf« (32 000 Gulden) alle Herrschaftsrechte, die der Fürstabt in der Stadt noch besaß, abzulösen und sich damit die endgültige Unabhängigkeit zu sichern.

Tafel 23   Die Fürstäbte Johann Rudolf von Raitnau (1507–1523) und Sebastian von Breitenstein (1523–1535), Kalksteinepitaph (256 cm hoch, 138 cm breit) von Jakob Maurus, 1528, in der Gruft von St. Lorenz in Kempten

Tafel 24.1 Anbetung der Könige, Lindenholzrelief (53 cm hoch, 64 cm breit) von Endras Maurus, um 1530, in der Niedersächsischen Landesgalerie in Hannover

Tafel 24.2 Anbetung der Könige, Lindenholzrelief vom linken Flügel des ehemaligen Wildpoldsrieder Altars (102 cm hoch, 113 cm breit) von Lux Maurus, um 1520, im Allgäuer Heimatmuseum in Kempten

buch«[62] wurden die reichsstädtischen Rückzahlungen, die zwischen 1777 und 1782 ihren Höhepunkt erreichten, zugunsten von Matthias Philipp Neubronner, Johann Adam Kesel (Stiftung) und dem gemeinsamen Handelshaus abgewickelt.

Der Schweizer Handel

Der Schweizhandel steht im Zusammenhang mit der starken Stellung der reichsstädtischen Spedition über Lindau und den Bodensee in Richtung Süden. Im Gegensatz zur Memminger Salzgesellschaft, die kurbayerisches Salz weitervertrieb, besorgte Kempten die Weiterbeförderung des Inntaler Salzes in die Schweiz. Außerdem betrieben die reichsstädtischen Handelshäuser für die Schweiz den Import schwäbischer Leinwand. Zu diesem Zweck besuchten die Jenisch und die Fehr regelmäßig die Messen von Zurzach. 1784 berichtete Karl Graf Zinzendorf, daß die Spediteure Halder und Kramer für die Strecke von Lindau nach Zürich oder Bern sechs Kreuzer für jedes kleinere Salzfaß berechneten[63]. Die reichsstädtische Salzspediton florierte im 16. Jahrhundert derart, daß 1575 in der Brennergasse ein zweiter Salzstadel angelegt werden mußte. Dann allerdings verlor Kempten gegenüber der Konkurrenz aus Memmingen den Anschluß. Seit dem Spanischen Erbfolgekrieg bot der alte Salzstadel in der Neuen Gasse für den dezimierten Umsatz auf dem Salzmarkt ausreichend Platz[64].

Stiftische Konkurrenz

Die starke reichsstädtische Stellung im Fernhandel sollte aber ähnlich wie auf dem Binnenmarkt durch konkurrierende Handelsaktivitäten des Stifts, namentlich unter Fürstabt Engelbert von Syrgenstein (1747–1760), bedroht werden. 1759 wurde dem Schaffhauser Tuchhändler Ludwig von Peyer das Privileg für eine Baumwollspinnerei in der Kemptener Stiftsstadt erteilt, die nach merkantilistischem Prinzip der Reichsstadt die ländliche Baumwollverarbeitung entziehen sollte. Trotzdem kam die reichsstädtisch-stiftische Kooperation nicht zum Erliegen, denn die stiftische Garnproduktion ließ sich zwar in der Schweiz absetzen, doch hätte die zeitweise 400 Köpfe zählende Belegschaft der Peyerschen Spinnerei ohne reichsstädtische Baumwollimporte nicht ausreichend beschäftigt werden können. 1760 wurde im Stiftsgebiet zu Grönenbach eine weitere Manufaktur eröffnet, die von Madame de l'Espine und dem Memminger Kattunfabrikanten Schleich geleitet wurde. Auf die Dauer jedoch konnte das Fürststift die reichsstädtisch-kemptischen »entrepreneurs« (Unternehmer) nicht umgehen. So wurde die in der Reichsstadt ansässige Witwe J. Falgers 1761 Teilhaberin am Spinnereiverlag der Stiftsstadt, als dieser unter der Leitung Ludwig von Peyers Konkurs hatte anmelden müssen. Die Neugründung der »hochfürstl. cotton oder baumwollfabrique« konnte sich zwar mit reichsstädtischem Kapital in der Stiftsstadt weiter behaupten, hatte es aber schwer gegen den Wettbewerb der benachbarten Verleger[65]. Die Verbesserung der stiftischen Wirtschaftsstruktur, wie sie zum Bestandteil aufklärerischer Reformvorhaben der Fürstäbte werden sollte[66], führte in reichsstädtischen Handelskreisen ebenfalls zur Verstimmung. So glaubte J. R. Wegelin den Ausbau der Chaussee bei Martinszell im Jahre 1722 von einem 2,5 Schuh breiten »steg« auf eine Fahrbreite von 5,5 Schuh und den der stiftischen Brücken von drei auf acht Joch, »worüber die größte last-wägen kommlich passiren können«, darin begründet zu sehen, daß »damit der [Reichs]stadt Kempten nicht nur von unten herauf mittelst der Schwartzbacher-Brugg, sondern auch von oberhalb und insbesondere aus dem Tyrol aller transitus und zufuhr abgeschnitten und hingegen selbig allein in das stift gezogen werden möchte«.[67]

Der Handel als reichsstädtischer Kreditgeber

Bei der starken finanziellen Stellung des Kemptener Handelspatriziats verwundert es nicht, daß die Reichsstadt gegenüber den Handelshäusern erhebliche Schuldrückstände aufzuweisen hatte. Bei der Führung der »schuld register oder strazzen, so die kaufleute, krämer und handwerksleute halten«[68], schreiben die städtischen Gerichtsordnungen als zusätzliche Sicherung städtische Buchführungskontrolle und den Eid als Beweismittel vor. Dies geschah nicht grundlos, da nach den Einträgen im »Geheimen Schuldbuch« der Stadt reichsstädtische Schuldrückzahlungen Ende des 18. Jahrhunderts an Einzelpersonen nicht selten die 10 000-Gulden-Marke überschritten. Zu den namhaftesten Gläubigern der Stadt zählten im Zeitraum von 1772 bis 1798 die einheimischen Firmensitze Jenisch, Neubronner, Kesel, Fehr und König. Daneben traten aber auch auswärtige Kreditgeber auf, die sich aus dem Kreise der italienischen, jüdischen und schwäbischen Finanzoberschicht rekrutierten. Unter ihnen finden sich die Besserer aus Ulm, die Stetten aus Augsburg, Wolf Levi aus Illereichen, die Reutlinger aus Karlsruhe, die Gebrüder Salis zu Chur oder das Handelshaus Hermann in Venedig[69].

Schlußbetrachtung

Es ist keine Frage, daß die reichsstädtische Innen- und Außenpolitik nicht isoliert von der wirtschaftlichen Stadtentwicklung untersucht werden kann. Die großen Fernhandelshäuser der König, Fehr, Jenisch, Fels, Neubronner oder Kesel bestimmten auch die Leitlinien in den beiden wichtigsten reichsstädtischen Ämtern, dem Bürgermeister- und dem Stadtammannamt. Der Einfluß auf diese Ämter potenzierte sich überdies durch die Tatsache, daß die Stadtammänner in der Regel nach Ablauf ihrer Amtszeit in das Bürgermeisteramt gewählt wurden, so daß sich für Einzelpersonen wie Matthäus Philipp Neubronner nicht selten zehn- oder mehrjährige Amtsperioden[70] einstellten (1773–1778 Ammann; 1778–1785 Bürgermeister). Seit dem Dreißigjährigen Krieg führten die genannten Familien das Regiment im Bürgermeisteramt von 1642–1656, 1674–1683, 1698–1710, 1713–1725, 1726–1727, 1734–1745, 1763–1770, 1773–1789 und von 1792–1802. Somit ergibt sich ein 92jähriges oligarchisches Handelsregiment, das seit 1642 über 57 % der gesamten Amtsperiode reichsstädtischer Bürgermeister abdeckte. Zählt man die Bürgermeister aus kleineren kaufmännischen oder handwerklichen Familien hinzu, steigt der Prozentsatz nochmals erheblich an. Im Stadtammannamt ergab sich für diesen Zeitraum ein frappierendes Bild. Dort regierten dieselben Familien von 1672–1674, 1690–1703[71], 1710–1713, 1725–1726, 1732–1734, 1745–1746, 1762–1764, 1770–1785 und 1790–1802. Im Fernhandel erworbener Reichtum führte allerdings erst mit zeitlicher Verzögerung zum Aufstieg in das Patriziat und somit zur politischen Ämterlaufbahn. So zählten zwar die Handelshäuser Daumiller oder Oesterreicher im 18. Jahrhundert zur monetären Oberschicht, doch blieb ihnen der Zugang zu den Spitzenämtern der Reichsstadt verwehrt, die bald ihre Selbständigkeit verlieren sollte.

1 StA Neuburg, Reichsstadt Kempten, Lit 18 (Revisionsbericht des Referenten im Landeskommissariat Schwaben zur Zivilinbesitznahme der Reichsstadt, 15. 12. 1802); Staats- und Adresshandbuch des Schwäbischen Reichs-Kraises auf das Ja(h)r 1799. Bd. 1, Ulm 1799, S. 34.

2 Staats- und Adresshandbuch. Bd. 1, Ulm 1799, S. 4–11.

3 Walter Fürnrohr: Der immerwährende Reichstag zu Regensburg. Regensburg 1963, S. 17 f.

4 StA Neuburg, Reichsstadt Kempten, Lit 21.

5 StadtA Augsburg, Reichsstadtakten (Geheimer Rat) Nr. 545 (Schreiben vom 17. 7. 1551 und 2. 3. 1555).

6 StadtA Augsburg, Reichsstadtakten (Geheimer Rat) Nr. 544 (Schreiben vom 10. 7. 1537 und 7. 5. 1543).

7 Zittel, »Familienstreit«.

8 StStBA, Handschrift 2° H21, Teil 1, S. 73.

9 Volker Press: Bischof und Stadt in der Neuzeit. In: Stadt und Bischof, hg. v. B. Kirchgassner/W. Baer, Sigmaringen 1988, S. 137 bis 160. Als Konsequenz dieses Sachverhalts spricht auch die außergewöhnliche Verzögerung stiftischer Klagen vor dem Reichshofrat. So dauerte der Entscheidungsprozeß in einer 1611 eingereichten Klage über ein halbes Jahrhundert. In einem anderen Verfahren schlugen Wiener Agenten 1719 sogar vor, daß es »noch besser wäre,« wenn auch »euer hochfürstlich gnaden einige lutherische (reichsstädtische) zeugen haben könnten«. Vgl. dazu: HStA München, Fst. Kempten, NA, Lit 2522, S. 527; Zittel, Familienstreit, S. 191.

10 Zusammengestellt aus: StA Neuburg, Reichsstadt Kempten, Nr. 21.

11 Peter Blickle: Kempten, München 1968 (HAB Schwaben 6), S. 145, 155–165.

12 Vgl. zum reichsstädtischen Lehenrecht: HStA München, Reichsstadt Kempten, Lit 35 (Lehenbuch 1557–1627), Lit 36 (Lehenbuch 1555–1643) und Lit 37 (Lehen im Albbach 1684).

13 Manfred Ott: Lindau, München 1986 (HAB Schwaben 5), S. 276 f.; die Herren von Werdenstein verfügten u. a. über die Dorfherrschaften zu Ebersbach (rechts d. Iller), Neuenried und Weitenau. HStA München, Reichsstadt Kempten, Lit 36.

14 StA Neuburg, Reichsstadt Kempten, Nr. 21; HStA München, Reichsstadt Kempten, Lit 36, fol. 1.

15 HStA München, Reichsstadt Kempten (Urkunden Nr. 833 und 874 (1510 VII 14 und 1518 V 13). Vgl. Blickle, Kempten, S. 146 bis 155.

16 StadtA Kempten, Reichsstadt B 27, Grenzverträge zwischen Stift und Stadt, 1541–1804, hier: Vertrag vom 19./20. 5. 1744, fol. 43 r.

17 StStBA, Handschrift 2° H21, Teil 1, S. 72 f.

18 StA Neuburg, Reichsstadt Kempten, Nr. 8, S. 54 f.; HStA, München, Reichsstadt Kempten, Lit 19, Teil 1, S. 72.

19 Die Reichsstadt zählte 1795: 3282 und 1798: 3152 Einwohner, während die Stiftsstadt 1778 noch 2238 und 1790 bereits ca. 2900 Seelen zählte. Erich Keyser/Heinz Stoob (Hrsg.): Bayerisches Städtebuch, Teil 2, Stuttgart 1974, S. 291–299.

20 Die Statuten der Reichsstadt wurden häufig aktualisiert (»revidiert«). Hier die Fassung aus dem Jahre 1748.

21 StA Neuburg, Reichsstadt Kempten, Nr. 8, S. 68 f.

22 StA Neuburg, Reichsstadt Kempten, Nr. 5, fol. 13, fol. 14.

23 Der Hinweis auf die Tiroler könnte 1705 neben der sozialen Komponente, die in den Schwabenkindern zu suchen ist, auch vor dem politischen Hintergrund im bayerischen Nachbarland erfolgt sein, das von 1704–1714 unter österreichischer Besatzung stand. Vgl. Siegfried Laferton: Zur Schulpflicht der Schwabenkinder im Allgäu. In: AGF 87 (1987), S. 118–143.

24 StA Neuburg, Reichsstadt Kempten, Nr. 5, fol. 15 v.

25 Als Bürger und Zuwanderer sind für diesen Zeitraum 508 Personen nachweisbar. Die Einträge im Bürgerbuch lauten dabei wie folgt: »Item Caspar Hertz zu Veld in Taler pfarr, webergesell, alhie burger wordenn. Tröster [Bürgen]: Hanns Häringer des raths unnd Caspar Herr, baid burgere zu Kempten«. Vgl. HStA München, Reichsstadt Kempten, Lit 32, fol. 24 (Eintrag für das Jahr 1536).

26 HSTA München, Reichsstadt Kempten, Lit 32.

27 HSTA München, Reichsstadt Kempten, Lit 24, fol. 3 v. (»Articul des ehrbaren seckler handwercks in Kempten, a magistratu ratificirt den 19.ten octobris anno 1772«).

28 Alfred Weitnauer: Das Bürgerbuch der Reichsstadt Kempten 1526–1612, Kempten 1940.

29 Gerhart Nebinger: Die Jenisch in Kempten. In: AGF 83/84 (1984), S. 140–255, hier: S. 144; Eduard Zimmermann/Friedrich Zollhöfer: Kempter Wappen und Zeichen. In: AGF 60/61 (1960/61), S. 184 f.; zusammenfassender Druck in: Allgäuer Heimatbücher Bd. 60, Kempten 1963; Weitnauer, Bürgerbuch, S. 152, 159.

30 Karl Martin: Die Einwanderung aus Savoyen in das Allgäu und in einige angrenzende Gebiete, Kempten 1955, S. 8 f.

31 Vgl. hierzu: Ludwig Fürstenwerth: Die Verfassungsänderungen in den oberdeutschen Reichsstädten zur Zeit Karls V., Göttingen 1893; Peter Eitel: Die oberdeutschen Reichs-

städte im Zeitalter der Zunftherrschaft, Stuttgart 1970, S. 74–76.

32 So stellten z. B. 1423 von 490 gepanzerten Reitern die Bürgerzunft 130, die Schmiedezunft 78, die Weber 57, die Krämer- und Bäckerzunft je 46, die Lederer 37, die Schuhmacher 34 und schließlich die Metzger 18. Alfred Weitnauer: Kempter Bürger aus sechs Jahrhunderten, Kempten 1942, S. 155–186; ders.: Die Rüstung der Reichsstadt Kempten im Dreißigjährigen Krieg. In: AGF 47 (1941), S. 83–85.

33 Gerichts- und Process-Ordnung des Heil. Römischen Reichs Stadt Kempten, Kempten 1770, S. 10; StA Neuburg, Reichsstadt Kempten, Nr. 21; Zimmermann/Zollhöfer, Kempter Wappen, S. 50, 365; Johann Zorn: Sammlung der merkwürdigsten Ereignisse in der ehemaligen Reichsstadt Kempten, Kempten 1820, S. 50, 108.

34 StadtA Kempten, Reichsstadt B I, S. 1 (Zunftbuch der Krämer, 1452–1568).

35 StA Neuburg, Reichsstadt Kempten, Lit 21.

36 Barbara Thürauf: Das älteste Zunftbuch der Krämerzunft zu Kempten, 1452–1568, Augsburg 1976; HStA München, Reichsstadt Kempten, Lit 24 (»Articul des ehrbaren secklerhandwercks in Kempten«, 19. 10. 1772).

37 Wolfgang Wüst: Bettler und Vaganten als Herausforderung für die Staatsraison im Hochstift und der Reichsstadt Augsburg. In: JVAB 21 (1987), S. 240–279.

38 HStA München, Kloster Kempten (Urkunden) Nr. 2295 (1525 V 6); HStA München, Kloster Kempten, MüB, Lit 78, fol. 9 ff.

39 Thürauf, Zunftbuch, S. 34 ff.

40 Joseph Rottenkolber: Zur Geschichte des stiftkemptischen Handels. In: Hochvogel 8 (1931), S. 118–120. Bei der Geringfügigkeit des eigenen Territoriums schied ein merkantilistisches Wirtschaftsdenken von vornherein aus.

41 StadtA Kempten, Ratsprotokoll von 1656 (23. 4. 1656) fol. 234 r.

42 Ebd., fol. 234 v.

43 StadtA Kempten, Reichsstadt B I; Thürauf, Zunftbuch, S. 89–142.

44 StStBA, Handschrift 2° H21, Teil 1, S. 54; Rottenkolber, Stiftkemptischer Handel, S. 118–120; Richard Dertsch: Altkemptischer Handelsverkehr. In: Hochvogel 1 (1924), S. 93.

45 HStA München, Reichsstadt Kempten, Lit 19, Teil 2, S. 156 (= Johann Reinhard Wegelin: Gründliche Ausfuhr- und Rettung des Hl. Reichsstadt Kempten uralten Herkommens und Reichsimmedietät, wie auch derselben Freyheiten, Rechten und Gerechtigkeiten in der privilegirten Bann-Meile wider die anmaßliche Beeinträchtigungen des Fürstlichen Stiffts daselbst, Kempten 1731); StStBA, Handschrift 2° H21, Teil 1, S. 49–51.

46 StStBa, Handschrift 2° H21, Teil 2, S. 157.

47 Berichte des Grafen Karl v. Zinzendorf über seine handelspolitischen Studienreisen durch die Schweiz 1764, hrsg. v. Otto Erich Deutsch. In: BZfG 35 (1936), S. 154–354, hier: S. 176.

48 Vgl. Kümmerlen: Die Leinwandweberei Leutkirchs. In: WJbSL (1903), S. 135–176, hier: S. 147. Kümmerlen war Amtmann zu Leutkirch.

49 Vgl. zur Forschungslage ostschwäbischer Textilgeschichte Rolf Kießling: Stadt und Land im Textilgewerbe Ostschwabens vom 14. bis zur Mitte des 16. Jahrhunderts. In: Bevölkerung, Wirtschaft und Gesellschaft. Stadt-Land-Beziehungen in Deutschland und Frankreich, Trier 1983, S. 115–137.

50 StA Neuburg, Reichsstadt Kempten, Nr. 21 und Nr. 5, fol. 36 v–37 v.

51 StadtA Kempten, Reichsstadt A/VIII, S. 382; Wolfgang Zorn: Handels- und Industriegeschichte Bayerisch-Schwabens 1648–1870, Augsburg 1961, S. 76 f.

52 Baumann, Allgäu, Bd. 3, S. 570 f.; Karrer, Kempten, S. 150–152.

53 Südtiroler LandesA Bozen, Libri catastali e fassioni (Bolzano) Nr. 1. Die Jenisch standen mit ihrer Handelsniederlassung in Konkurrenz zur Reichsstadt Augsburg, die bis ins 18. Jahrhundert über die Handelsmänner Johann Peter Provin und Johann Peter Briollei über zwei Anwesen in Bozen verfügte.

54 Weitnauer, Kempter Bürger aus sechs Jahrhunderten, S. 238; Nebinger, Jenisch, S. 140–255.

55 Die Nobilitierung der Jenisch erfolgte 1746.

56 Henry Simonsfeld: Der Fondaco dei Tedeschi in Venedig und die deutsch-venetianischen Handelsbeziehungen, 2 Teilbde., Stuttgart 1887, S. 183. Felix Fehr verstarb 1768 in Venedig, seine dortige Firma existierte weiter. Neben der Firma Fehr agierten in Venedig noch die Kemptener Handelshäuser Seutter, Mellin, Brombis, Zeller, Dick, Hau, Weitnauer & Ellhardt, Daumiller, Karrer und Zäberlein.

57 StA Venedig, Inquisitorato alle acque, inventario Nr. 60 (1782); Zorn, Handels- und Industriegeschichte, S. 92.

58 Es handelt sich hierbei um Finanzprozesse und andere Rechtsstreitigkeiten, die die reichsstädtischen Handelshäuser mit italienischen Firmen führten. StA Neuburg, Reichsstadt Kempten, Nr. 127.

59 Unter genealogischen Gesichtspunkten wertete Gerhart Nebinger die Faulhaber'schen Mandate aus: Italien. Beziehungen Allgäuer Handelshäuser im 18. Jahrhundert. In: BlBLfFam 23 (1960), S. 313–315. Welches Ausmaß die Leinwandimporte schwäbischer Handelsleute selbst noch für Seestädte wie Genua erreichten, zeigen die Statistiken Beutlins. Höhepunkte bildeten die erste Hälfte des 17. und die zweite Hälfte des 18. Jahrhunderts, in denen der deutsche Leinwandanteil in der Regel mehr als die Hälfte des Umsatzes ausmachte. Vgl. Ludwig Beutlin: Deutscher Leinenhandel in Genua im 17. Jahrhundert. In: VSWG 24 (1931), S. 157–168.

60 Eberhard Zorn: Kempter Bürgersöhne im Ausland 1700–1950. In: AGF 87 (1987), S. 83–86.

61 Zorn, Handels- und Industriegeschichte, S. 87 f.

62 StA Neuburg, Reichsstadt Kempten, Lit 149 (Geheimes Schuldbuch der Stadt, 1772 bis 1808).

63 Bericht des Grafen Karl v. Zinzendorf, S. 175.

64 Die Ansicht der Reichsstadt Kempten von 1628 (Kupferstich v. Hain/Raidel, gedruckt bei Christoff Krausen, Kempten) verzeichnete nur einen Salzstadel; Karrer, Kempten, S. 109. Vgl. außerdem zur Bauförderung unter Fürstabt Engelbert v. Syrgenstein Hugo Schnell: Die fürstäbtliche Residenz zu Kempten und ihre Prunkräume, München 1947, S. 14 f.

65 Rottenkolber, Stift, S. 224 f.; HStA München, Fst. Kempten, Akt 1564; Zorn, Handels- und Industriegeschichte, S. 89–91.

66 Wolfgang Wüst: Aufklärung und Reform im Augsburger Umland. In: JHLKA 21 (1987/88), 1989.

67 HStA München, Reichsstadt Kempten, Lit 19, Teil 1, S. 56.

68 Gerichts- und Process-Ordnung von 1770, S. 110 f. Die reichsstädtischen Ratsprotokolle wurden im übrigen ebenfalls als »strazzae-protokolle« bezeichnet. Vgl. StA Neuburg, Reichsstadt Kempten, Nr. 13.

69 StA Neuburg, Reichsstadt Kempten, Lit 149.

70 Die Amtszeiten als Bürgermeister alternierten allerdings jährlich mit denen der Amtsbürgermeister (d. h. der Zweiten Bürgermeister).

71 Der Amtsantritt Ferdinand Königs lag zwischen 1690 und 1694.

Bevölkerung – Gesellschaft und Wirtschaft – Wohlfahrtspolitik und Stadtfinanz

Wolfgang Weber

Bevölkerung

Kempten trat wie nahezu die gesamte europäische Gesellschaft in einer Phase langsamen Bevölkerungswachstums in die Neuzeit ein. Dieses Wachstum beschleunigte sich während des 16. Jahrhunderts allmählich. Schon im ersten Jahrzehnt des 17. Jahrhunderts schlug es jedoch in Stagnation bzw. krisenhaften Rückgang um. Die wenig später folgende Katastrophe des Dreißigjährigen Krieges mußte daher doppelt schwer treffen. Ein neuerlicher Aufschwung setzte zwar bereits um 1650 ein. Doch erst für die Phase ab etwa 1720 kann man von einer Normalisierung des demographischen Geschehens im Sinne einer allmählichen, immer wieder von kurzfristigen Krisen unterbrochenen, insgesamt aber dennoch stetigen, gegen Jahrhundertende freilich wieder abflachenden Bevölkerungszunahme sprechen[1].

Diese Entwicklung spiegelt sich vor allem in der (quellenmäßig meist nur schwierig zu fassenden) Bevölkerungsgesamtzahl. In der *Reichsstadt* Kempten lebten im ersten Drittel des 16. Jahrhunderts schätzungsweise etwa 2000 Menschen. 1618 sollen es nach älteren Angaben bereits 6000 gewesen sein, eine vermutlich deutlich überhöhte, um mindestens ein Drittel zu reduzierende Schätzung. 1635 lebten in der Stadt noch 1500–2000 Menschen. Für 1725 werden wieder ca. 2400 Einwohner angegeben, für 1789 genau 3154. Diese Bevölkerungszahl blieb trotz einiger Schwankungen ziemlich konstant (1790: ca. 3100; 1792: 3282; 1795: 3013; 1798: 3152; 1807: 2892). Erheblich unübersichtlicher ist die Entwicklung in der *Stifts-*

stadt, die sich erst um 1560 zu formen begann. Vor ihrer ersten Zerstörung während des Dreißigjährigen Krieges dürfte sie höchstens 300–400 Einwohner gehabt haben. Im frühen 18. Jahrhundert waren es vermutlich rund 800, mit steigender Tendenz bis zum Jahrhundertende, 1778 angeblich genau 2238, 1790 bereits rund 2900 Einwohner[2].

Die internen Faktoren, welche diese Entwicklung bedingten, lassen sich anhand der Kirchenbücher rekonstruieren. Besonders bedeutsam ist dabei zunächst das Verhältnis der Geburten zu den Todesfällen. Die Kirchenbücher von St. Mang belegen für die erste Dekade des 17. Jahrhunderts einen regelmäßigen Überschuß von durchschnittlich 90 Geburten. Danach sank dieser Durchschnittswert. Gleichzeitig verlief die Entwicklung weniger stetig. 1616 lagen die Todesfälle erstmals knapp über den Geburten. 1623 starben 100 Menschen mehr als geboren wurden. Das Seuchenjahr 1628 sah gar 1564 Tote mehr als Neugeborene. Ab 1686, dem Beginn des zweiten lückenlos dokumentierten Zeitraums, lag der durchschnittliche Geburtenüberschuß deutlich niedriger, dazu mit allmählich fallender Tendenz. Von etwa 30 ging er auf höchstens zehn bis 15 zurück. Die Ursache für diesen Trend waren die wesentlich häufiger auftretenden Sterbeüberschüsse. 69 Jahren mit Geburten-

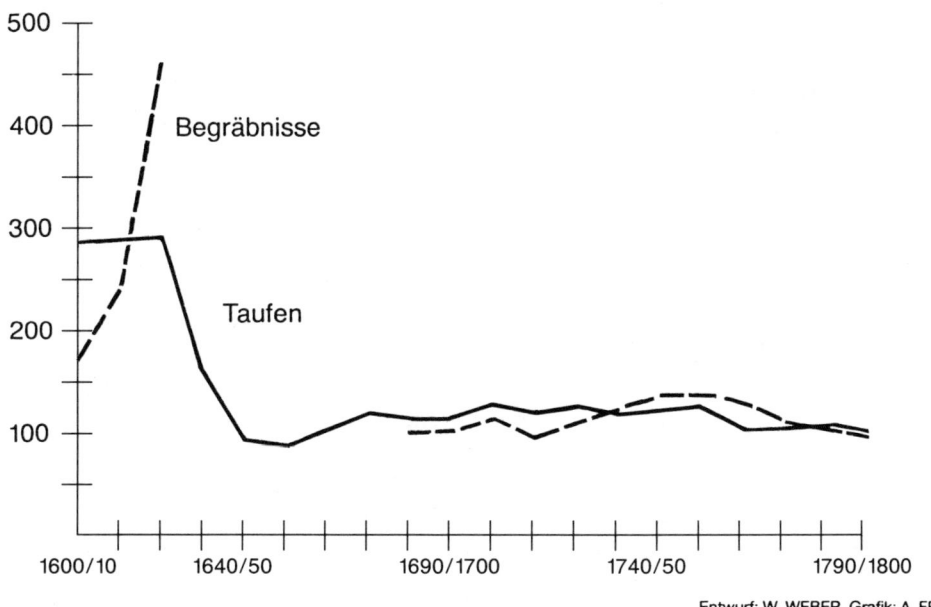

Entwurf: W. WEBER, Grafik: A. FREI

Abb. 1 Taufen und Begräbnisse in der Reichsstadt Kempten 1600–1800 (10-Jahresmittel, nach: Kirchenbücher St. Mang)

überschüssen standen 46 Jahre ohne Geburtenüberschüsse bzw. mit Sterbeüberschüssen gegenüber. Besondere Krisenzeiten waren demnach die Jahre 1686, 1691–1693 (mit einem Sterbeüberschuß von zuletzt 81 Toten), 1704 (Sterbeüberschuß 98), 1713/14, 1737/38, 1741 und 1743, 1746–1750, 1752–1755, 1757, 1759 (Sterbeüberschuß 62), 1761–1768, 1770–1772, 1776/77, 1783–1785 und 1795–1797. Im *stiftischen Bereich* scheint der im Vergleich mit anderen Städten der Zeit ohnehin recht niedrige Geburtenüberschuß der Reichsstadt in der zweiten Hälfte des 18. Jahrhunderts deutlich übertroffen worden zu sein.

Diesen Befunden ordnet sich auch die Entwicklung bei den Eheschließungen zu. Bis zum Katastrophenjahr 1633 zeigen die ab 1596 einsetzenden Registrierungen von St. Mang ein ziemlich konstantes Hochzeitsaufkommen von 40–60 pro Jahr. Gelegentlich waren es sogar merklich mehr (1615: 77; 1617: 74; 1622: 72; 1632: 89). Die im Pestjahr 1628 verschobenen Eheschließungen (nur 26 fanden statt) wurden in den folgenden Jahren nachgeholt (144 bzw. 103). Danach (für 1633 sind noch 68 Hochzeiten vermerkt) gingen diese Zahlen drastisch zurück. Von 1637 bis 1692 wurden nur noch neunmal 30 bis 37 Paare innerhalb eines Jahres getraut. In den meisten Jahren waren es nur elf bis 21 (1639–1653) bzw. in der Folgezeit 22 bis 29. Mit Beginn des 18. Jahrhunderts verschob sich der Durchschnitt wieder auf rund 30, um dann ab 1750 wieder leicht (auf 25 bis 27) zurückzugehen.

Zu diesen Merkmalen der städtischen Selbstreproduktion kommen jedoch die Beziehungen zur Außenwelt in Form von Zu- und Abgängen entweder in Verbindung mit der Eheschließung oder außerhalb von ihr. Das Bürgerbuch der Reichsstadt von 1526 bis 1612, in dem diejenigen Personen verzeichnet sind, denen das Bürgerrecht neu verliehen wurde, läßt verschiedene Phasen erkennen. Im Ganzen wurden in dieser Zeit 1061 von außen kommende Personen in die bürgerliche Gemeinschaft aufgenommen. Auf den Durchschnittswert von jährlich rund zwölf Aufnahmen pendelte sich der Zugang aber erst ab 1598 ein. Zunächst (1526–1536) lag er deutlich höher (1532: 31 Personen; 1536: 36), um dann in den folgenden Jahrzehnten bis unter zehn zu fallen. Eine wesentliche Ausnahme war das Jahr 1549 mit 26 Zugängen. Ab 1563 wurde wieder unübersehbar mehr Zuwanderern das Bürgerrecht verliehen, nämlich durchschnittlich 15 bis 18 pro Jahr. Höhepunkte dieses Trends waren die Jahre 1565 (23 Bürgerrechtsverleihungen), 1579 (27), 1586 (31), 1593 (22), 1595 (25) und 1596 (23). Stichproben in den Ratsprotokollen, die für die Bürgeraufnahmen der Folgezeit zu konsultieren sind, belegen für die zweite Hälfte des 17. Jahrhunderts wieder ein leichtes Ansteigen, danach einen gemäßigten Rückgang der Zuwanderung. Die Hochzeitsbücher, die den Zugang im Rahmen der Eheschließung auch bei den unterbürgerlichen Einwohnern dokumentieren, bestätigen diese Entwicklung. Die quellenmäßig kaum zu greifenden Abgänge dürften keinesfalls so umfangreich gewesen bzw. jeweils so gegenläufig vonstatten gegangen sein, daß sie die Zugangsgewinne wieder völlig ausglichen oder sogar übertrafen.

Die Hauptherkunftsgebiete der Zuwanderer waren die im Umkreis von bis zu rund 30 Kilometern gelegenen reichsstädtischen Örtlichkeiten, stiftischen Gebiete und

Farbtafel 17

Matthias Philipp Neubronner, Handelsherr und Bürgermeister (1778–1785), Gemälde aus dem Jahr 1764 im Stadtarchiv Kempten

Das Ehepaar Neubronner als Vertreter der selbstbewußten und politisch einflußreichen Kemptener Oberschicht

Regina Rosina Neubronner, geborene Engler, 1764, im Stadtarchiv Kempten

Farbtafel 18 Fürstabt Roman Giel von Gielsberg (1639–1673), Bauherr von St. Lorenz und der Residenz, Gemälde auf der Reisensburg bei Günzburg, die den Giel von 1660 bis 1760 gehört hat.

Farbtafel 19.1 Kardinal Bernhard Gustav von Baden–Durlach, Fürstabt von Kempten (1673–1677), Gemälde im Fürstensaal der Residenz

Farbtafel 19.2 Fürstabt Rupert von Bodman (1678–1728), Begründer der stiftischen Neustadt, die 1712 das Stadtrecht erhielt, Gemälde (vermutlich von Franz Georg Hermann) im Fürstensaal der Residenz

Farbtafel 20 Aufschwörbuch der Fürstabtei, angelegt von dem Kapitular Bernhard von Buseck um 1760, Bayer. Hauptstaatsarchiv München. Jedes Mitglied des Konvents mußte eine bestimmte Anzahl adeliger Vorfahren »aufschwören« (= nachweisen), z. B. seit 1669 acht.

sonstigen Nachbarschaften. Aus dem unmittelbarsten städtischen Umkreis sowohl reichsstädtischer als auch stiftischer Herrschaft stammt deutlich mehr als ein Viertel aller genauer identifizierbaren Zuwanderer. In diese Gruppe dürften mehrheitlich auch die im Bürgerbuch naturgemäß nur in Ausnahmefällen genannten Beisassen fallen, also die nicht mit dem Bürgerrecht ausgestatteten sonstigen ständigen Stadtbewohner. Ein weiteres knappes Drittel kommt aus den geistlichen Gebieten der mittleren Umgebung, und zwar insbesondere aus den Pflegämtern Oberdorf und Sonthofen, sowie öttingischen und Rothenfelser Orten (hier besonders Immenstadt). Die Abwanderung aus den katholischen Gebieten in die protestantische Reichsstadt war demnach bedeutend. Dann aber folgen die fast ausschließlich protestantischen Reichsstädte, und zwar an der Spitze mit fast zehn Prozent Memmingen, dann mit rund drei Prozent Kaufbeuren, das (katholische) Wangen, Leutkirch, Augsburg, Isny, Lindau und Ulm. Aus Württemberg stammen rund sieben Prozent der Zuwanderer. Die konfessionellen Beziehungen, die Kempten mit Württemberg verbanden, wurden demnach auf der gesellschaftlichen Ebene durch die Ungunst der Geographie gelockert. Auch aus der Schweiz (St. Gallen, Zürich) wanderten rund 20 Neubürger zu. Das gleiche gilt für Österreich (Bregenz) mit Tirol.

Eine spezifische Erscheinungsform der Immigration stellte die Zuwanderung österreichischer Protestanten dar, die wohl schon 1618 einsetzte, aber lange nur sehr gering blieb. Spektakulär wurde sie erst im Januar 1732 beim Durchzug der Salzburger Emigranten, von denen schließlich rund 100 blieben. Entsprechende *Verluste* dürfte die Reichsstadt mit bzw. nach ihrer Annahme des protestantischen Bekenntnisses erlitten haben, als diejenigen numerisch nicht faßbaren Mitbürger bzw. Beisassen, die altgläubig bleiben wollten, abzogen.

Zu den ständigen Bewohnern der Reichs- und Stiftstadt kommen freilich verschiedene Gruppen durchziehender bzw. nur zeitweilig ansässiger Menschen, vor allem Handwerksgesellen, deren Zahl auf jährlich regelmäßig mindestens 300 zu schätzen ist, wandernde Handwerker, Kaufleute und Söldner, ferner zahlreiche Vaganten und Bettler. Andererseits wohnten auch Kemptener Bürger, namentlich Geschäftsleute, in der Fremde, z. B. in Venedig.

Welches konkrete, im städtischen Alltag wurzelnde Geschehen verbirgt sich hinter diesen Entwicklungen? Beginnen wir dort, wo das menschliche Leben beginnt, also mit der *Geburt*. Die Geburt eines Kindes war im frühneuzeitlichen Kempten ein alltägliches Ereignis. Vor dem Dreißigjährigen Krieg kam alle ein bis zwei Tage ein Kind zur Welt. Besonders geburtenstark waren in dieser Phase die Jahre 1606, 1616, 1619, 1621/22 und 1624–1626, in denen stets über 300 Kinder nach St. Mang zur Taufe gebracht wurden. 1633 waren nach einem Durchschnitt von rund 240 pro Jahr erstmals nur 174 Taufen zu verzeichnen – ein unübersehbarer Vorbote des massiven Einbruchs 1636/37 (nur 78 bzw. 93 registrierte Geburten). 1638–1643 lag das jährliche Aufkommen noch immerhin stets über 100, während in den folgenden 15 Jahren nur noch durchschnittlich 85 Kinder getauft wurden. Dann nimmt die Geburtenzahl wieder auf durchschnittlich 110–120 zu, eine Rate, die auch die gesamte erste Hälfte des 18. Jahrhunderts kennzeichnet. Ab 1756 hingegen ist wieder ein leichter Rückgang zu verzeichnen. Dieser Rückgang der Geburtenhäufigkeit (Natalität) in der zweiten Hälfte des 18. Jahrhunderts ist ein gesamteuropäisches Phänomen.

Das Verhältnis von Jungen und Mädchen entspricht dem biologisch bedingten allgemeinen Erfahrungswert: Auf 100 Mädchengeburten kamen etwa über 106 Knabengeburten. Zwillings- oder gar Drillingsgeburten waren äußerst selten. Die saisonale Geburtenverteilung läßt den Einfluß der städtischen Lebensbedingungen durchscheinen. Die Belastung der Eheleute durch die Erntearbeiten der Monate Juli bis November, die in agrarisch bestimmten Lebensverhältnissen regelmäßig zu einer verringerten Empfängnishäufigkeit führt, schlägt deutlich weniger zu Buche.

Hochzeit und Familie: Die Erscheinungsformen der Geburtlichkeit sind freilich wesentlich sozial bedingt. Von entscheidender Bedeutung ist im europäischen Raum dabei das Heiratsverhalten. Nachdem die Fasten- und die Adventszeit nach den kirchlichen Vorschriften beider Konfessionen als Heiratszeit nicht in Frage kam, wurde auch in Kempten vor allem während des August, September, Oktober und November Hochzeit gehalten. Fast ebenso beliebt waren Mai und Juni. Die bevorzugten Wochentage scheinen der Sonntag, Montag und Dienstag gewesen zu sein. Über das Alter der Eheleute schweigen sich die untersuchten Kirchenbücher vollständig aus. Die (noch wenigen) familiengeschichtlichen Zusammenstellungen, die inzwischen vorliegen, lassen jedoch durchaus durchschnittliche Verhältnisse erkennen. Der Mann war zumeist Mitte bis Ende zwanzig, die Frau etwa 23 bis 25 Jahre alt. Das Heiratsalter war damit wie im gesamten mitteleuropäischen Raum relativ hoch und dürfte nach einer vorübergehenden Verjüngung 1650–1700 noch gestiegen sein, und zwar in erster Linie aus wirtschaftlichen Gründen. Eine Eheschließung war regelmäßig erst dann möglich, wenn der Ehemann sich durch Übernahme einer Hof- oder Gewerbestelle in die Lage versetzt sah, für den Lebensunterhalt seiner künftigen Familie aufzukommen. Diese Stellen waren in der agrarisch-zünftischen Gesellschaft aber zumeist knapp. Nur in Ausnahmefällen wie nach verlustreichen Seuchen oder Kriegen, wenn beispielsweise ein erheblicher Teil der Inhaber von Meisterstellen des Handwerks verstorben war, verbesserten sich die Aufstiegschancen der Jungen.

In diesem Zusammenhang sind auch die Eheschließungen der Verwitweten zu sehen. Am 29. Januar 1598 untersagte der Rat den Witwen und Witwern, sich schon wenige Wochen nach dem Tod ihres Partners erneut zu verheiraten. Die rasche, aus religiös-moralischer Sicht anstößige Wiederverheiratung war vor allem wirtschaftlich bedingt. Der Ausfall eines Partners sollte nicht die Kontinuität der Familie und das Gewerbe gefährden, das diese Familie trug. Deshalb war der Anteil der Hochzeiten mit Beteiligung von Verwitweten durchweg hoch, z. B. im Jahrzehnt zwischen 1740 und 1750 zwischen 25 und 56 Prozent.

Für Auswärtige waren Bürgerwitwen und Bürgertöchter aber auch aus dem Grunde begehrte Partien, weil sich erst über die Heirat das wertvolle Bürgerrecht

erwerben ließ. Im reichsstädtischen Bürgerbuch (1526–1612) gehen 357 Einbürgerungen, d. h. ein gutes Drittel, *unmittelbar* auf Einheirat jüngerer Meister bzw.
Gesellen zurück. 45 von ihnen heirateten Witwen, 312 noch unverheiratet gewesene Bürgertöchter. Gelegentlich gaben die einheiratenden Männer sogar ihr erlern-
tes Handwerk auf. In zahlreichen Fällen (bei den 16 Einbürgerungen allein des
Jahres 1593 dreimal!) suchten die beiden Partner das zeitraubende Verfahren noch
zu beschleunigen, indem sie in Form einer Schwangerschaft vollendete Tatsachen
schufen. Die Strafe, die für vorehelichen Geschlechtsverkehr drohte, wog geringer
als die Aussicht, erst viel später oder gar nicht gemeinsam in gesicherte Verhältnisse
zu gelangen. Im übrigen fiel der im ausgehenden 18. Jahrhundert allgemein zu
beobachtende Anstieg der unehelichen Geburten bzw. vorehelichen Schwangerschaften hier sehr gering aus. Die Aufklärung, die das Selbstbestimmungsrecht
jedes Bürgers betonte und damit auch zu einem freieren Sexualverhalten beitragen
konnte, blieb in dieser Hinsicht ohne nennenswerte Auswirkung.

Das Leben in der Familie war demnach, wie auch zahlreiche Einzelbeispiele belegen, durch die folgenden Merkmale gekennzeichnet: (1.) im biologischen Mindest-
abstand aufeinanderfolgende Schwangerschaften; (2.) schwierige Geburten; (3.)
eine hohe, fast regelmäßig über zehn hinausgehende Kinderzahl bei (4.) gleichzeitig
vielfachem Kindes- und Muttertod, so daß (5.) die tatsächliche Familiengröße im
Durchschnitt vier bis fünf Personen kaum überstieg.

Krankheit und Tod: Wer krank wurde, stand in dieser Zeit dem Tod wesentlich
näher, als dies heute der Fall ist. Das gilt nicht nur im Hinblick auf die Seuchen-
wellen, die den frühneuzeitlichen Menschen in wechselnden Abständen trafen,
ohne daß dieser sich wirksam wehren konnte. Die spektakulärste von ihnen, die
(aus Zentralasien stammende, seit dem Mongolensturm durch Rattenflöhe nach
Europa getragene) Pest, war in Kempten ein vertrauter Gast. Im 14. Jahrhundert
hatte die größte Welle des »Schwarzen Todes« vermutlich zwei Drittel aller Euro-
päer dahingerafft. Noch ein Jahrhundert später schlug die Pest in Kempten zweimal heftig zu. Nämlich 1429 mit angeblich rund 2500 und 1482 mit rund 1400
Toten. Im 16. Jahrhundert wurde Kempten dreimal – 1521, 1536 und 1563/65 –
heimgesucht. Es soll durch diese Pestwellen mindestens 5000 Menschen verloren
haben. Im folgenden Jahrhundert kehrte die Pest 1628 und 1635 zurück. Im ersten
Fall notierte der Pfarrer wenigstens am Rande seines Registers, daß die 1812 Toten
dieses Jahres »meistenteils« an dieser Seuche zugrundegegangen seien. Die zweite
Welle, die in die Stadt flüchtende Bauern oder Soldaten verursachten, soll genau
1714 Menschenleben gefordert haben. Auf das Konto der vor ihr aufgetretenen
Hungersnot, die ihrerseits eine Folge der kriegerischen Ereignisse jener Jahre war,
gingen nahezu 2000 Tote. Im 18. Jahrhundert blieben derartig dramatische Ereignisse aus. Der generell zu beobachtende Rückgang der Infektionsanfälligkeit kennzeichnet auch den schwäbisch-allgäuischen Raum. Gleichzeitig lernte man die Verbreitung von Seuchen besser einzudämmen. Dennoch flackerte auch die Pest in
kleinerem Maßstab noch bis ins 19. Jahrhundert immer wieder auf. Und im Alltag
wechselten sich weiterhin jene allgemeinen und ortstypischen Lungen-, Verdau-

ungs- und Infektions- bzw. Erschöpfungskrankheiten ab, deren Ursachen hauptsächlich schlechte Lebensbedingungen in Form von unzureichender Kleidung, Ernährung, beengter Wohnverhältnisse, fehlender Hygiene usw. waren: Typhus, Ruhr, Blattern; »Fieber«, Keuchhusten, »Engbrüstigkeit«, Lungenschwindsucht, »Auszehrung«, aber auch Rheuma.

Erst im Laufe des 18. Jahrhunderts konnten sich auch die »kleinen Leute« geeignete Kleidung leisten, um sich dem für die Region typischen täglichen Wetterwechsel (in den wärmeren Jahreszeiten morgendliche und abendliche, schnell scharfe Kühle; tagsüber sich zur Schwüle steigernde Hitze), dem Niederschlagsreichtum und den jahreszeitlich bedingten Wetterlagen anzupassen. Die Einführung der Kartoffel zur selben Zeit ergänzte nicht nur den traditionellen Speiseplan, sondern schuf erst die Basis für eine ausreichende Ernährung. Während bis zur ersten Hälfte des 17. Jahrhunderts das Fleisch im Mittelpunkt stand, trat danach die Getreidekost in den Vordergrund. Eine wichtige Rolle als echtes Nahrungsmittel spielte durchgehend das Braunbier.

Im 18. Jahrhundert kamen sodann das Branntweintrinken und der Tabakkonsum (Kauen, Rauchen) auf. Beiden Genüssen wurde schon von den Zeitgenossen krankheitsfördernde Wirkung zugeschrieben. Als besonders verbreitet galt das übermäßige Trinken. Die Wohnverhältnisse verschlechterten sich im Laufe des 16. Jahrhunderts, da dem Bevölkerungswachstum in der Hauptsache nur durch Anbauten Rechnung getragen wurde und der Auszug derjenigen Stiftsuntertanen, die nach dem Großen Kauf ihre Wohnung auf stiftisch gebliebenem Grund außerhalb der Reichsstadt nahmen, nur wenig Erleichterung brachte. Neue Beengungen ergaben sich in der Konsolidierungs- und Aufschwungsphase ab 1650, denen durch verstärkte Bautätigkeit seit Beginn des 18. Jahrhunderts abgeholfen werden sollte. Aber erst ein halbes Jahrhundert später wurden auch die übrigen für die Gesundheit wichtigen Lebensverhältnisse entscheidend verbessert. Gegen die häufigen winterlichen und frühjährlichen Überschwemmungen wurden Wehre gebaut, ab 1762 die Straßen befestigt, nur wenig später die Quellen (Kottern, Neudorf, Tiefenbach) überdacht, die Wasserleitungen unterirdisch geführt und die öffentlichen Brunnen vervielfacht. Um 1800 hatten bereits rund 120 Privathäuser der Reichsstadt eigene »Röhrenkästen«. Die öffentlichen Bäder (unter anderem im Wirtshaus Zu den sieben Hansen, Rabbad, Loh- und Schwitzbad in der Rindendörrhütte) wurden vermindert und schärfer kontrolliert. Um 1755 wurde der seit etwa 1530 bestehende reichsstädtische Friedhof in Planquadrate aufgeteilt, um versehentliches Angraben bestehender Ruhestätten auszuschließen, ferner die Anlage und Tiefe der Gräber genau vorgeschrieben. Die Bestellung des ersten städtischen Amtsarztes geht bereits auf das Jahr 1519 zurück. Etwa zur selben Zeit wurde eine Stadtapotheke eingerichtet, der in der Stiftstadt spätestens 1686 eine Klosterapotheke zur Seite trat. Der Amtsarzt mußte auch bei der Lebensmittelkontrolle tätig werden. Seine Konkurrenten, die nicht akademisch gebildeten Chirurgen und Bader, konnten sich in Kempten freilich lange halten. Noch 1807 waren sieben von ihnen tätig. Gegen die keineswegs seltenen Brandkatastrophen (1507, 1521, 1533, 1542, 1708,

1710, 1734, 1741 und 1763) erließ der Rat seit 1515 Feuerordnungen. Zur Linderung von Not durch Mißernten (extreme Winter herrschten 1607, 1726, 1740, 1762, 1770 und gehäuft bis zur Jahrhundertwende) und Teuerung (besonders 1571/72 sowie in der Inflation und Geldkrise 1619–1623, aber auch um 1705, 1739 und 1770–1772) legte die Stadt Vorräte an oder sie kaufte Getreide, das zugunsten der ärmeren Schichten verbilligt abgegeben wurde.

All diese Bedingungen und Maßnahmen wirkten auf die Entwicklung der Sterblichkeit ein. Bei den meisten in den Registern verzeichneten Verstorbenen (55–80 Prozent) handelt es sich regelmäßig um Kinder sowie unverheiratete junge Leute. Dann folgen die erwachsenen Frauen mit zumeist etwa einem Drittel, nur der geringere Rest entfällt auf erwachsene Männer. Die Kinder- und, wie sich an Anmerkungen in den Taufregistern ablesen läßt, Säuglingssterblichkeit war also sehr hoch. Die Lebenserwartung der Kemptener des 16. bis 18. Jahrhunderts war dementsprechend ziemlich gering. Sie dürfte im Durchschnitt 40 Jahre nicht wesentlich überschritten haben. Den hohen Geburtenzahlen entsprach der frühe Tod. Die Bevölkerung setzte sich zu dieser Zeit vor allem aus rasch wechselnden kurzen Altersjahrgängen und Verwandtschaftsgruppen zusammen. An diesen grundlegenden Verhältnissen konnten auch die Entwicklungen kaum etwas ändern, die sich im 18. Jahrhundert abzuzeichnen begannen: Nämlich (1.) die ansatzweise Reduzierung des außerordentlich hohen Sterbeüberschusses bei den Kindern (ihr Anteil an den zu Grabe Getragenen pendelte sich langsam auf rund 50 Prozent ein), (2.) die Annäherung der Sterbeziffer von Männern und Frauen, und (3.) die anhaltende Einebnung der saisonalen Unterschiede im Sterbegeschehen. Für die Erwachsenen insgesamt war der Winter (Dezember bis Februar/März) am gefährlichsten. Relativ mehr männliche Erwachsene starben außerdem im August/September, während bei den Frauen infolge des Geburts- und Kindbettodes die Sterberate auch im April/Mai stieg. Die Kinder hingegen fielen bevorzugt den Übergangsperioden Frühjahr und Spätsommer sowie dem Winter zum Opfer. Diese Unterschiede verwischten sich zusehends, obwohl die Häufung der Sterbefälle infolge der anhaltenden Kindersterblichkeit (Höhepunkte April bis Juni und August bis Dezember) erhalten blieb. Auch absolut gesehen sank die Sterblichkeit, wenngleich sie noch häufig über der Geburtenrate lag. Die stagnierend-rückläufige Bevölkerungsentwicklung der zweiten Hälfte des 18. Jahrhunderts war demnach sowohl durch relativ weniger Geburten als auch durch reduzierte Sterblichkeit (Mortalität) verursacht. Sie signalisiert den Übergang zu einer moderneren Bevölkerungsweise, die durch eine Verlangsamung des Menschenumschlags und mithin der Entstehung eines relativ älteren (aus heutiger Sicht aber dennoch jungen) Bevölkerungskerns gekennzeichnet ist.

Gesellschaft und Wirtschaft

Die Chancen und Risiken des Lebens sind wesentlich durch den Ort bestimmt, den ein Mensch in der gesellschaftlichen Hierarchie einnimmt. Gleichzeitig wirkt die gesellschaftliche Position massiv auf sein Verhalten und seine Orientierung im Leben ein. Das gilt zumal für die ständische Gesellschaft, die ihre Positionen vornehmlich schon durch Geburt zuwies, wesentlich auf dieser Grundlage materiell ausgestaltete und sich auch in Kempten in die voneinander streng geschiedenen Bestandteile Patriziat, Bürgertum und unterbürgerliche Schichten gliederte.

Das Steuerbuch von 1559, das uns einen Einblick in die gesellschaftlichen Verhältnisse der Reichsstadt im 16. Jahrhundert erlaubt, führt die steuerpflichtigen Bürger nach Namen und Steuerbetrag sowie manchmal der Erwerbstätigkeit auf. Die deutlich weniger bemittelten Beisassen, die etwa zehn bis 15 Prozent der Gesamtbevölkerung ausmachten und nicht steuerpflichtig waren, sind nicht dokumentiert. Und ebensowenig ist eindeutig erschließbar, auf welchen Grundlagen (mobiler Besitz, Immobilien, Einkünfte) die Zahlungspflicht bzw. Steuerhöhe beruhte. Was faßbar ist, sind jedoch die Besitz- bzw. Einkommensrelationen der im Steuerbuch aufgeführten Bürger[3].

Von etwa 1070 Steuerzahlern entrichteten rund 50 Personen nichts oder weniger als den festgelegten Pauschalbetrag von acht Schilling. Rund fünf Prozent der zur Steuerzahlung verpflichteten Bürger dieser Zeit können demnach als arm bezeichnet werden. Bemerkenswert ist, daß es sich dabei mehrheitlich um Witwen und Waisen handelt. Die Pauschale hatten dagegen rund 440 Steuerzahler zu entrichten. Mit 41 Prozent Anteil an der Gesamtzahl der Steuerpflichtigen ist diese nicht mehr ganz arme, aber am wenigsten vermögende Schicht damit die umfangreichste. Oberhalb des Pauschbetrages sind die Verhältnisse differenzierter. Die Grenze zwischen der relativ ärmeren und der reicheren Hälfte der Steuerpflichtigen ist jedoch schon in der Schicht derjenigen erreicht, die bis elf Schilling zu bezahlen haben. Mit anderen Worten, die weniger bemittelten 50 Prozent der Steuerpflichtigen kommen nur für etwa fünf Prozent der gesamten Steuerschuld von 2250 Gulden

... Prozent der Steuerzahler	bezahlten mit einem Steuerbetrag von	... Prozent der gesamten Steuerschuld
5	0 bis unter 8 Schilling	unter 1
41	8 Schilling (Pauschbetrag)	4
47	über 8 Schilling bis unter 10 Pfund Heller	44
7	10 Pfund Heller bis 235 Pfund Heller	52

Abb. 2 Steuerverhältnisse in der Reichsstadt Kempten 1559

auf. Die nächste Gruppe der Bessergestellten (Beiträge bis unter zehn Pfund Heller bzw. rund sechs Gulden; der Schwerpunkt liegt jedoch im unteren Bereich), die insgesamt 464 Zahler umfaßt, steuert dagegen 43 Prozent der gesamten Steuerschuld (rund 970 Gulden) bei. Und die 71 bestbetuchten Steuerpflichtigen, von denen jeweils zehn bis 235 Pfund Heller (oder bis zu 134 Gulden) erhoben werden können, bringen allein 52 Prozent der gesamten Steuereinnahmen auf. Selbst in dieser schmalen Schicht der reichsten Kemptener sind die Unterschiede aber beträchtlich. Eine Hälfte (36) bezahlte nur zehn bis 15 Pfund Heller. In der anderen lag das Schwergewicht bei den Beiträgen zwischen 16 und 25 Pfund Heller (14 Zahlungspflichtige). Nur neun Zahler verfügten über Besitztümer bzw. Einkünfte, die sie zu einem Steuerbetrag von 26 bis 35 Pfund verpflichteten. Zwei bezahlten 37 bzw. 38 Pfund, einer 42, zwei weitere 62 bzw. 63 und wiederum zwei je 73 Pfund. Die fünf reichsten Bürger der Stadt jedoch schätzten sich als zur Zahlung von 100, 106, 118, 125 und schließlich 235 Pfund Heller verpflichtet ein. Die reichsstädtische Besitzverteilung um die Mitte des 16. Jahrhunderts fiel demnach höchst ungleich aus. Die Besitzkonzentration war sehr stark ausgeprägt, auch im Vergleich mit anderen Städten der Zeit. Die Unterschiede schlugen sich im übrigen auch topographisch nieder. Die Reichen wohnten, wie in der frühen Neuzeit nicht anders zu erwarten, vor allem im Zentrum der Stadt. Die mittleren Schichten und die Armen dagegen verteilten sich grob ringförmig nach außen.

1725, als die Reichsstadt die Höhe ihrer Abgabeverpflichtungen an das Reich erheblich verringern wollte und zu diesem Zweck eine auf die Steuerangaben gestützte umfangreiche Dokumentation des *immobilen* Besitzstandes ihrer Bürger erstellte, hatte sich an diesen Besitzverhältnissen noch kaum etwas geändert[4]. Im ganzen wurde der Haus- und Feldbesitz auf rund 504000 Gulden geschätzt. Die Häuser waren rund 266000 Gulden, die auch im Hinblick auf ihre Lage näher spezifizierten Felder rund 238000 Gulden wert. Von den namentlich und regelmäßig beruflich gekennzeichneten 757 Bürgern hatten jedoch 298, das heißt rund 39 Prozent, überhaupt keinen Immobilienbesitz. Weitere 19 verfügten nur über Werte in Höhe von unter 100 Gulden, 83 über solche von 100 bis 200 Gulden. Die Trennlinie zwischen der Hälfte der relativ ärmeren und der relativ reicheren Steuerpflichtigen verläuft bei einem Besitz im Wert von 175 Gulden. Auf die Hälfte aller aufgeführten Bürger, die Kleinbesitzer, entfallen demnach nur zwei Prozent (9608 Gulden) des Wertes aller Immobilien. Über 200 bis 300 Gulden hingegen ist der jeweilige Besitz von 48 Bürgern wert, über 300 bis 400 derjenige von 32, über 400 bis 500 derjenige von genau 30. Über einen Wert von 501 bis 600 Gulden verfügen 25 Besitzer. Noch höher steigende Besitzwerte verteilen sich auf immer weniger Bürger. Besitz im Wert von 601 bis 700 und schließlich 1101 bis 1200 haben nur noch jeweils bis höchstens 16 Steuerpflichtige. Ab der Klasse von mehr als 1200 Gulden sinkt die Zahl der jeweiligen Besitzer unter zehn, um dann noch weiter auszudünnen. Insgesamt sind es 148 Bürger, die über einen Besitz im Wert von mehr als 1000 Gulden verfügen. Auf diese Gruppe entfällt aber über 77 Prozent des gesamten Wertbestandes an Häusern und Feldern. Den reichsten zehn Prozent aller

Immobilienbesitzer gehört Besitz im Wert von 286479 Gulden, d.h. 57 Prozent des Gesamtwertes.

Hausbesitzer sind insgesamt 413, Feldbesitzer hingegen nur 234, und über beide Besitzarten verfügen 191. Die Verteilung dieser Besitzarten auf die verschiedenen Schichten der Besitzer ist eindeutig: Die kleinen und mittleren Immobilienbesitzer verfügen nur über einen Hausanteil, ein Häuschen oder ein Haus. Nur selten (in vier Fällen) besteht das Immobilienvermögen lediglich in Feldbesitz. Erst in der Vermögensschicht von 235 Gulden an nehmen die Fälle zu, in denen zum Hausbesitz Feldbesitz hinzukommt. Bei den 150 reichsten Bürgern wird diese Kombination jedoch zur Regel. Oder anders betrachtet: Insgesamt ist beim Doppelbesitz in 103 Fällen (54 Prozent von 191) der Wert der Häuser größer als derjenige der Felder, während in 87 Fällen der Wert der Felder denjenigen des Hausbesitzes übersteigt. Je reicher jedenfalls im Hinblick auf das immobile Vermögen die Bürger sind, desto häufiger beruht ihr Reichtum stärker auf dem Feldbesitz. Die Allerreichsten verdanken ihre Spitzenposition immer vor allem dem Feldbesitz.

Kurz vor dem Ende der reichsstädtischen Zeit zeigt sich das gleiche Bild. Nach dem Steuerbuch von 1799 bleibt die ärmere Hälfte der 924 steuerzahlenden Bürger (und Institutionen) mit einem Beitrag von bis zu 136 Kreuzer erneut wesentlich unter dem rechnerischen Steuerdurchschnittsbetrag von 843 (!) Kreuzern. Von ihr werden nur etwas über drei Prozent der gesamten Steuersumme entrichtet, während die reichsten zehn Prozent der Zahler allein 77 Prozent aufbringen. Um die Hälfte des gesamten Steueraufkommens zu bezahlen, sind 98 Prozent der relativ weniger bemittelten Zahlungspflichtigen notwendig. 550 Zahler, d.h. knapp 60 Prozent, haben weniger als 200 Kreuzer zu entrichten. Nur auf zwei Prozent hingegen entfallen Beträge in Höhe von jeweils über einhundert Gulden (d.s. 6000 Kreuzer). Ihr Anteil macht aber zusammengenommen 54 Prozent der gesamten Steuereinkünfte der Stadt aus. Allein auf den allerreichsten Zahler (1149 Gulden und 13 Kreuzer) entfallen neun Prozent der Gesamtsteuerschuld. Er steuerte damit einen Betrag bei, für den am unteren Ende der Skala weit über 600 Einzelzahler notwendig waren[5].

Welche wirtschaftlichen Gegebenheiten lagen diesen gewaltigen Vermögensunterschieden zugrunde? Welche Erwerbstätigkeiten waren besonders einträglich, welche nicht? Die ökonomische Struktur der *Reichsstadt* war diejenige eines zwar keineswegs ausschließlich, aber doch in erster Linie auf Selbstgenügsamkeit angelegten, begrenzten urbanen Territoriums. Deshalb kam auch dem Primärsektor, also der Land- und Gartenwirtschaft, große Bedeutung zu. Die großen und kleinen Felder, Halden, Gärten, Krautländer, Holzmarken und Viehweiden nicht nur außerhalb, sondern auch innerhalb der Stadt, nämlich vor allem auf den Plätzen der 1633 zerstörten rund 140 Häuser, wurden intensiv genutzt. Im Handwerk und Gewerbe waren die zur Selbstversorgung der Stadtbevölkerung notwendigen Zweige am bedeutsamsten. 1725 waren von den Immobilienbesitzern 55 Prozent im Bereich Textil, Holz, Leder, Metall und Ton Beschäftigte, gefolgt von 24 Prozent im Nahrungsgewerbe Tätigen. Der Rest entfiel auf städtische Amtsträger (sieben Pro-

... Prozent der Bürger	verfügten über Immobilien im Wert von jeweils Gulden	und damit über ... Prozent des gesamten bürgerlichen Immobilienbesitzes
39	0	0
47	12 bis 999	22
14	1000 bis 13 720	78

Abb. 3   Immobilienbesitz in der Reichsstadt Kempten 1725

zent), kleine und große Händler (sechs Prozent) sowie Dienstleistende verschiedener Kategorien (einschließlich Gastgewerbe, Gesundheit usw.). Immerhin acht Tagelöhner sind ebenfalls genannt. Die größten einzelnen Berufsgruppen waren hiernach zu dieser Zeit die Weber (absolut 104), Metzger und Bäcker (53 bzw. 42), die Bierbrauer (27), schließlich die Kramer, Schmiede, Gerber und Schuhmacher (jeweils um 20). Faßt man die Dienstboten aller Arten als eigene Gruppe zusammen, so ist freilich diese am stärksten. Denn 1763 wurden in 661 von insgesamt 1096 Haushalten alles in allem 374 dieser Boten, Knechte und Mägde beschäftigt: in 131 Haushalten je eine Person, in 55 je zwei, in 28 je drei, in sieben je vier und in fünf je fünf oder in einem Fall sechs.

An der Wende zum 19. Jahrhundert hingegen war der Anteil der städtischen Bediensteten an der im Steuerbuch erfaßten Erwerbsbevölkerung bereits auf über 20 Prozent angestiegen, während das Textil-, Holz-, Leder-, Metall- und Töpfereigewerbe auf rund 50 Prozent geschrumpft ist. Im Bereich Nahrung waren nur noch 14 Prozent aller Arbeitenden tätig. Der Prozentanteil der Händler hat sich gar um die Hälfte reduziert, während die Dienstleistungen ihren Anteil verdoppelten. Tagelöhner sind nur noch zwei vermerkt. Des weiteren ist ein deutlicher Rückgang der Zahl der Weber (auf nur noch knapp zehn Prozent aller Erwerbstätigen) festzuhalten. Ihnen zur Seite sind im Zuge des fortschreitenden Differenzierungsprozesses im Textilgewerbe verstärkt die Strumpf- und Wollstricker getreten. Ähnliches ergibt sich bei den Bäckern und Melbern (Mehlverkäufer), zu denen jetzt zwei Konditoren kommen. Die Metzger haben dem Rückgang im Fleischkonsum entsprechend absolut und relativ merklich abgenommen (auf nur noch fünf Prozent). Hingegen sind jetzt rund 30 Wirte genannt, daneben ein erster Cafétier.

Die relativ reichsten Berufe waren zu Anfang des 18. Jahrhunderts (in dieser Reihenfolge) die Apotheker, großen Händler, Bierbrauer, der städtische Arzt, die Goldschmiede, der Weinwirt, die Färber, die Gerichtsangehörigen, die Papierer, Kramer, Bäcker, Zinngießer und Sattler. Auf sie allein entfiel im Durchschnitt Immobilienbesitz im Wert von über 1000 Gulden, während die übrigen Berufe zumeist deutlich darunter lagen. Die statistische Mittelschicht (Immobilienbesitz im Wert von 100 bis unter 1000 Gulden) setzte sich bunt aus Berufen vor allem der großen Gewerbe zusammen. Die Weber zählten zur unteren Mittelschicht (immobiles Vermögen von 100 bis 500 Gulden), die Bortenmacher, Nadler, Seiler, Melber und Metzger hingegen zur oberen. In die Unterschicht (immobiler Besitz von null bis unter hundert Gulden) fielen vor allem die kleinen städtischen Bediensteten (Zoller, Torwarte, Nachtwächter, auch Lehrer), die Knopfmacher, Drechsler, Tagelöhner und die Schneider. Freilich gab es in allen Berufen und Erwerbsbereichen relativ große Vermögensunterschiede. Insgesamt bot trotz aller Binnenunterschiede um 1725 der Handel die besten Verdienstmöglichkeiten, gefolgt vom städtischen Dienst, dem Nahrungsmittelgewerbe, den Dienstleistungen und dem Textil-, Holz- und den übrigen »klassischen« Gewerben.

75 Jahre später haben sich diese Verhältnisse nur wenig, dafür aber in höchst aufschlußreicher Weise verändert. Die im Handel Tätigen stehen mit einem Durchschnittssteuerbetrag von über 7600 Kreuzern weit abgehoben an der Spitze, gefolgt von den städtischen Bediensteten mit durchschnittlich über 2200 Kreuzern. Dann folgen die Dienstleistungsberufe mit noch über 1000 Kreuzern, während der Rest zumeist unter 500 Kreuzern bleibt: der Bereich Nahrung: knapp 520 Kreuzer; Bau: knapp 490 Kreuzer; Textil/Holz usw.: rund 260 Kreuzer. Dementsprechend überrascht es nicht, daß die Spitzenverdiener jetzt ausschließlich diejenigen sind, die sich als Kaufleute betätigen, als solche im städtischen Rat sitzen oder sonstige hohe städtische Ämter einnehmen und/oder über diese ihre kaufmännischen Aktivitäten fördern können: Senatoren, der Stadtammann, Handelsherren, der Amtsbürgermeister sowie der reichere der beiden Rats- bzw. Stadtrechner. Die nächstunteren Ränge nehmen ein Hauptmann, zwei Wirte (Zum Weißen Hund, Zum Roten Ochsen), zwei Bäcker und ein reicher Strumpfwirker ein. Auf derselben Ebene ordnen sich noch die Amtsträger des Stadtgerichts ein, die zum Teil aus den Zünften kommen. Die unterste Schicht dagegen setzt sich wiederum aus kleinen städtischen Bediensteten, sonstigen Knechten, Schneidern und Soldaten der niederen Grade, daneben aber auch zahlreichen Webern, Schuhmachern usw. zusammen. In dieser Steuerhierarchie hat sich im Vergleich zur Lage 1725 die Position der im Textilbereich Tätigen am merklichsten verschlechtert, diejenige der Wirte aber am deutlichsten verbessert. Im übrigen waren 1725 die in eine eigene Gruppe zusammengefaßten Witwen (insgesamt 88) mit einem durchschnittlichen Immobilienbesitz im Wert von über 400 Gulden weit besser gestellt als die ebenfalls gesondert aufgeführten unmündigen Vermögensinhaber oder die unverheirateten Immobilienbesitzer mit zusammengenommen nur 90 Gulden. Noch um 1800 galt dieser Sachverhalt (773 Kreuzer gegenüber nur 220). Dabei läßt sich erstmals eine um etwa das Doppelte bessere Vermögenssituation der Töchter gegenüber den Söhnen nachweisen (vgl. oben!). Aus den verschiedenen Stiftungen bzw. Pflegen flossen der Reichsstadt in dieser Zeit ebenfalls bedeutende Mittel zu. Die Keselsche Stiftungsadministration war der zehntgrößte Steuerzahler überhaupt. Der Durchschnittsbetrag der neun steuerpflichtigen frommen Stiftungen (Pia Corpora) lag bei nahezu 2400 Kreuzern (!).

Die wirtschaftlich-gesellschaftliche Struktur der *Stiftsstadt* wurde demgegenüber durch deren Funktion als Haupt- und Residenzstadt und den bewußten Versuch der Fürstäbte bestimmt, die Reichsstadt wirtschaftlich auszutrocknen. Im Kern setzte sich die Gesellschaft dort Ende des 18. Jahrhunderts aus den über 230 Hofangehörigen der verschiedenen Funktionen und Ränge (von den »Hofcavaliers« und den übrigen adeligen Beamten über die Kammerbedienten einschließlich des Küchenpersonals bis zu den bürgerlichen Hofräten, Sekretären und Schreibern), den Konventsmitgliedern, dem Militär, den Bedienten bzw. Klienten zentraler stiftischer Institutionen (siehe unten) sowie den Gewerbetreibenden und Kaufleuten zusammen, die für die Versorgung dieses Personenkreises zuständig waren, also beispielsweise Bäcker, Metzger, Tuchhändler und Goldschmiede. Hinzu kamen jedoch verstärkt seit dem Wiederaufbau in der zweiten Hälfte des 17. Jahrhunderts Vertreter jener Erwerbszweige, die besonders profitabel erschienen und die reichsstädtische Konkurrenz empfindlich treffen mußten. In teilweise offener Mißachtung der im Großen Kauf 1525 festgelegten Bannmeile siedelte der Abt schon im 16. Jahrhundert an der Rottach unweit der Stadt eine Metzgerei an, ließ weitere Handwerker zu, eröffnete eine Gastwirtschaft und versuchte den Handel der Reichsstadt durch Schikanen zu stören. Zu Beginn des 17. Jahrhunderts verbot er seinen Untertanen das Essen und Trinken in der Reichsstadt; er zog »welsche« Krämer und 20–30 Schuster bzw. Schneider in das Stift, eröffnete weitere Tavernen und richtete verschiedene Mühlen und Sägen ein. 1690 verbot er seinen Untertanen, in der Reichsstadt Waren feilzubieten. 1673 bzw. 1683 wurde der stiftische Jahrmarkt von Martinszell nach Sulzberg unmittelbar vor die Stadt verlegt und gleichzeitig in einen Wochenmarkt umgewandelt. 1691 und 1770 verschärften stiftische Fruchtsperren die Teuerung in der Stadt. Um 1710 erging die Anordnung, alle stiftischen Märkte genau auf die Reichsstadtmarkttage zu legen, um damit deren Umsätze weiter zu verringern. Schon 1673 wurde zudem versucht, durch den Bau einer neuen Illerbrücke den wichtigsten, von Tirol bis in die Niederlande führenden Handelsweg ganz an der Reichsstadt vorbeizuführen. 1690 entstand im nahgelegenen Schwabelsberg eine große Weberei mit schweizerischen Knappen, für deren Produkte in der Stiftstadt durch eine Leinwandschau geworben wurde. Die Verweigerung des Weggeldes ab 1717 für die an das fürstliche Bräuhaus gelieferte Gerste, das der Reichsstadt von Rechts wegen zustand, ging mit der Einführung eigener stiftischer Zölle einher. Nach und nach wurde der Kauf reichsstädtischer Produkte ganz untersagt bzw. durch die Belegung mit zusätzlichen Abgaben (Bier!) verteuert und damit vom Markt verdrängt. Auch die unmittelbar beim Kaiser ohne Anhörung der Nachbarn erwirkte Stadterhebung des Stiftsbereichs 1712 ist in diesem Zusammenhang zu sehen.

Im Hintergrund dieses auch mit allen juristischen Mitteln geführten erbitterten Konkurrenzkampfes standen freilich unerbittliche soziale und ökonomische Zwänge. Die überkommenen Wirtschaftsstrukturen waren allerorten zunehmend nicht mehr geeignet, der anschwellenden Bevölkerung ein angemessenes Auskommen zu sichern[6]. Je mehr Menschen versorgt werden mußten, desto höher stiegen die Getreide- und Brotpreise. Die steigenden Erlöse der Hersteller dieser lebenswichtigen Produkte führten noch nicht zu einer entsprechenden Produktionssteigerung, weil vor allem für die Selbstversorgung produziert wurde und die hierfür benötigten Anbauflächen entweder völlig fehlten oder nur unter erheblichen Kostensteigerungen zu erschließen waren. Während sich immer mehr Menschen vergeblich um Stellen in Handwerk und Gewerbe bemühten, mußten diejenigen, die das Glück hatten, in ein entsprechendes Lohnverhältnis zu kommen, einen ständig wachsenden Anteil ihres Einkommens für den unerläßlichen Grundbedarf an Nahrung, Wohnung und Bekleidung ausgeben. Ihr Lebensstandard sank, und mit ihm gingen alle Gewerbe zurück, die nicht unmittelbar zum Existenzbedarf gehörende Produkte herstellten. Nur die Grundbesitzer und Händler, die von der gestiegenen Getreidenachfrage profitierten, verfügten über wachsenden, nach Belieben verbrauchbaren Reichtum. Dieser floß aber in erster Linie in das örtliche oder, noch schlimmer, ortsfremde Luxusgewerbe (Goldschmiede, Kunsthandwerk). Kam es zu zusätzlichen Getreideverknappungen infolge von Mißernten, waren Hunger, Zunahme des Bettels, Erhöhung der Kriminalität und verschärfte herrschaftliche Kontrolle und Bestrafung der betreffenden Volksschichten unausweichlich. Lediglich noch diejenigen, denen die Umsetzung dieser verstärkten Herrschaftstätigkeit oblag, also die öffentlich Bediensteten, konnten ihre Einkommen teilweise dem steigenden Kostenniveau anpassen oder sogar Zugewinne erzielen. Wie die politischen Entscheidungsträger selbst, bezogen sie ihre Einkünfte ja im wesentlichen aus der scheinbar nie versiegenden Steuerkraft der Allgemeinheit[7].

Wohlfahrtspolitik und Stadtfinanz

Um den gefährlichen Spannungen zu begegnen, die sich aus den wachsenden Unterschieden zwischen arm und reich ergaben, und um ihrer Verantwortung für ihre Untertanen vor Gott gerecht zu werden, mußte die Obrigkeit schon früh sozialfürsorglich tätig werden. Diese Fürsorge betraf zuerst die am augenfälligsten und unverschuldet in Not Gekommenen. Von 1313 bis 1769 bestand in der *Reichsstadt* das seit Beginn des 16. Jahrhunderts in die Stadt verlegte Siechenhaus St. Stephan, in dem zumeist zehn bis fünfzehn Kranke versorgt wurden. Ein neues Siechenhaus wurde 1770, im Gefolge einer Hunger- und Sterbewelle, vor dem Schwärzlinstor errichtet. Das 1390 erstmals genannte, relativ kleine Heilig-Geist-Spital vor dem Illertor, das ursprünglich für Pilger und Arme bestimmt war, veränderte, wie die meisten Spitäler der Reichsstädte, allmählich seinen Charakter. Mehr und mehr kauften sich begüterte Bürger als »Halbpfründner« oder »reiche Pfründner« dort einen Platz, um im Alter gut versorgt zu sein. 1708 wurde anstelle des 1633 zerstörten alten Waisenhauses ein neues gebaut, das insgeamt rund 240 Knaben und 230 Mädchen beherbergte. Die meisten dieser Kinder stammten aus verarmten Handwerkerfamilien, vor allem der Weberzunft. Ein erheblicher Teil wurde infolge elterlicher Armut nur vorübergehend dem Waisenvater anvertraut. Die Kinder erhielten einfachen Unterricht, hatten entsprechende Arbeiten zu verrichten (Spinnen, Nähen, Kerzenziehen) und konnten im allgemeinen nach rund zwei Jahren in eine Dienst- oder Lehrstelle wechseln. Ihre Eltern wurden wie die übrigen Armen durch die Almosenpflege unterstützt. Gelegentlich teilte der Rat auch Brennholz an die Armen aus. In der *Stiftsstadt* bestanden demgegenüber ein ebenfalls zum Teil von Pfründnern bewohntes zentrales Seelhaus (St. Lorenz), ein Spital für Arme und Leprose mit rund 70 Insassen und eine Speisung von täglich bis zu 40 Armen[8].

Reichsstadt und Stift sahen sich jedoch zunehmend gezwungen, ihre fürsorglichen Maßnahmen durch disziplinierende zu ergänzen. Armut, Verarmung und Entwurzelung waren ja ein Kennzeichen der gesamten Epoche und brachten daher eine ganze Schicht ziellos wandernder Bettler und vagierenden Gesindels hervor. Die geregelte Arbeit erfuhr zudem eine immer höhere Bewertung, während der (tatsächliche oder vermeintliche, freiwillige oder erzwungene) Müßiggang anstößiger erschien. Gleichzeitig setzten die Obrigkeiten in zunehmendem Maße alles daran, ihre herrschaftlichen Möglichkeiten auszudehnen. Reichsstadt und Stift schlossen mit den Nachbarterritorien bzw. im Rahmen des Schwäbischen Reichskreises Sicherheitsbündnisse zur Bettler- und Vagantenabwehr, koordinierten ihre Ansiedelungs- und Heiratspolitik und richteten sowohl eigene Zwangsanstalten als auch ein gemeinsames Arbeits- und Zuchthaus, nämlich dasjenige in Buchloe, ein[9].

Sowenig die oft gute Ausstattung der verschiedenen karitativen Einrichtungen ausreichte, Not und Armut erfolgreich zu bekämpfen, so unzureichend blieben alle Zwangsmaßnahmen. In den öffentlichen Kassen zumindest der *Reichsstadt* herrschte chronische Leere. Kemptens Lage an einer bedeutenden Verkehrsachse (bei eng begrenztem isoliertem Territorium und ohne angemessene Expansionsmöglichkeiten) brachte nicht nur immer wieder belastende Militärdurchzüge und die Notwendigkeit mit sich, hohe Würdenträger zu beherbergen, zu verpflegen und zu beschenken. Sie bedingte auch eine starke Abhängigkeit von Kaiser und Reich. Diese Abhängigkeit führte zu relativ hohen Zahlungsverpflichtungen, die sich fallweise, vor allem nach dem Konfessionswechsel, noch verstärkten. Der Reichsmatrikularanschlag betrug 1521 bis 1545 180 Gulden, danach 156 und seit 1682 schließlich 52 Gulden, weil die Stadt zu höheren Beträgen nicht mehr in der Lage war. Die Stadtsteuer für den Kaiser machte bis 1725 rund 129 Gulden aus, danach offenbar etwas mehr, bei freilich rapide abnehmender Zahlungsmoral. Für das Reichskammergericht in Speyer hatte Kempten rund 47 Reichstaler zu entrichten. Alle Beträge konnten je nach den Umständen mehrfach im Jahr erhoben werden. An Kriegslasten sind vor allem die erstmals im Jahre 1500 erhobene Türkensteuer, dann verschiedene Türkenhilfen, die Entschädigungszahlungen an altgläubige Kriegsgegner nach dem Schmalkaldischen Krieg 1546 in Höhe von über 35 000 Gulden und das 1631 von den Kaiserlichen unter Oberst Pallandt abgepreßte Bußgeld in Höhe von 80 000 Gulden zu erwähnen. Hinzu kamen die Aufwendungen der Stadt selbst. Der Große Kauf kostete 30 000 Gulden, also deutlich mehr als der Betrag, den die reguläre jährliche direkte Steuer einbrachte. Fortlaufende, in ihrer Höhe zumeist nur höchst schwierig zu ermittelnde Kosten verursachten neben den wechselnden Kreisumlagen die Gehälter und Aufwendungen der Amtsträger und Bedienten einschließlich des Stadtphysicus, Baumaßnahmen aller Art, die

Unterhaltszahlungen für Gefängnisinsassen und Arme (Almosen), die Beschaffung von Ausstattungen und Geräten sowie Zins- und Tilgungsgelder zur Schuldenabgleichung.

Die Einnahmen der Stadt flossen demgegenüber aus direkten und indirekten Steuern verschiedener Arten. Die direkte Normalsteuer war wie üblich eine auf die liegende und fahrende Habe bezogene Vermögenssteuer. Der steuerpflichtige Bürger mußte alle drei Jahre seinen Besitz anzeigen und diese Angabe beschwören. Vermögenslose hatten bestimmte, stets sehr niedrige Pauschalbeträge zu entrichten, wenn sie überhaupt zu irgendeiner Zahlung fähig waren. Ansonsten blieb der Steuerfuß jedoch stets unter einem Prozent (1725: für liegende Habe rund 0,30 Prozent, für Mobilien 0,70 Prozent). Dafür wurde in Zeiten besonderer Belastungen (z. B. bei Pest) dieser einfache Steuersatz (Ordinaristeuer) als Extrasteuer in voller oder ermäßigter Höhe mehrfach erhoben. Hinzu kamen als weitere direkte Zahlungen eine Abgabe für jedes Haus in Höhe von zumeist elf Kreuzern, das Wachtgeld (sieben Kreuzer), das die ursprüngliche Wachtpflicht jedes Bürgers ersetzte, eine Abgabe (drei Kreuzer) für jeden im Haus gehaltenen Dienstboten sowie gegebenenfalls eine Markt- bzw. Verkaufsstandsgebühr (34 Kreuzer). Die Beisassen hatten im Prinzip ein Schutzgeld (45 Kreuzer bis zwei Gulden) beizusteuern. Indirekte, alle Bewohner und Besucher der Stadt in dieser oder jener Form treffende Abgaben waren die Aufschläge auf Güter des täglichen Bedarfs (Ungelder) sowie Zölle, Weggebühren und – in ihrer Bedeutung nicht zu unterschätzen – Geldstrafen. In der Kipper- und Wipperzeit um 1620 (siehe hierzu unten S. 242) hat die Stadt wie viele andere Herrschaften offenbar außerdem versucht, durch taktische Münzverschlechterungen ihre Bilanz zu verbessern.

Die äußerst komplizierte Geschichte der städtischen Einnahmen und Ausgaben ist noch nicht geschrieben. Dennoch spricht wenig gegen die Annahme der älteren Forschung, daß sich Kempten seit den Wirren des Dreißigjährigen Krieges finanziell im Grunde nie mehr erholen konnte. Wie Alfred Weitnauer herausgearbeitet hat, dauerte die Abzahlung der damals in höchster Not gemachten Schulden (Anleihen vor allem bei protestantischen Reichsständen und der reformierten Schweiz) rund 120 Jahre. Die erwähnten Bau- und sonstigen Modernisierungsmaßnahmen des letzten Säkulums reichsstädtischer Freiheit waren nur unter Aufbietung aller Kräfte zu bezahlen. Wie bereits im ersten Jahrhundertviertel, so mußten auch im letzten gehäuft Extrasteuern ausgeschrieben werden, während sowohl die Zahl der Steuerzahler als auch deren finanzielle Kraft stagnierte[10]. So düster manchem Kemptener die Zukunft erscheinen mochte, als Reichsstadt und Stift an Bayern fielen, so bedrückend konnten schon manche Zustände des ausgehenden 18. Jahrhunderts empfunden werden.

1 Den verstreuten Bemerkungen zur Entwicklung vergleichbarer Städte liegen vor allem die Angaben bei Ingrid Bátori und Erdmann Weyrauch: Die bürgerliche Elite der Stadt Kitzingen, Stuttgart 1982, und Gunther Gottlieb (Hrsg.): Geschichte der Stadt Augsburg von der Römerzeit bis zur Gegenwart, Stuttgart 1984, zugrunde. Beide Bände sind auch methodisch vorbildlich.

2 Vgl. die Zusammenfassung im Kempten-Artikel des Bayerischen Städtebuches Teil 2, Stuttgart 1974, S. 291–299, hier: S. 293. Zur Bevölkerungsgeschichte wurden weiter benutzt: StadtA Kempten: Sachkartei, Karte »Bevölkerung«; BII 587 (vgl. den Abdruck bei Alfred Weitnauer [Hrsg.]: Das Bürgerbuch der Reichsstadt Kempten 1526–1612, Kempten 1940); B36 St. 109; A II 44; A VI 82; Ratsprotokolle; Evangelisches Pfarrarchiv St. Mang: Kirchenbücher K1–K4 (das Edikt zur Wiederverheiratung in K2, das Zitat zum Jahr 1628 in K1/3); Proclamationen 1; Chronik der Familie Walch, Augsburg 1984 (MS); Die Kesel Familie in den Kirchenbüchern des Ev.-lutherischen Pfarramts St. Mang zu Kempten. Zusammengestellt von Hans Wiedemann, Kempten 1980 (MS); Das älteste Proclamationsbuch der ev.-lutherischen Pfarrei Kempten St. Mang (1612–1647). Bearbeitet von Hans Wiedemann, Kempten 1979 (MS); ferner Weitnauer: Pest im Allgäu! In: Ders. (Hrsg.): Die Bevölkerung des Stifts Kempten vom Jahre 1640, Kempten 1939, S. 85–107; Karrer, Kempten, S. 2 f., 14 ff., 37, 123, 135, 259, 485 und 501. Zu den Steuerbüchern, deren Angaben zur Steuerpflichtigenzahl multipliziert mit drei zur Prüfung der Bevölkerungsgesamtzahl benutzt werden kann, siehe unten.

3 StadtA Kempten B39, vgl. auch den knapp kommentierten Abdruck bei Alfred Weitnauer, Kempter Bürger aus sechs Jahrhunderten, Kempten 1942, S. 115–148. Alle folgenden Berechnungen sind mit dBASE III durchgeführt worden.

4 StadtA Kempten B88, vgl. den kommentierten, nicht ganz vollständigen Abdruck bei Weitnauer, Kempter Bürger, S. 189–253.

5 StadtA Kempten B111 St. 46, vgl. auch B113, B114 St. 51 (Dienstboten) usw. Die Gewerbestatistik von 1807 (B128) ebenfalls nahezu vollständig bei Weitnauer, Kempter Bürger, S. 255–270; hier auch Materialien zu den verschiedenen Zünften (S. 81–113).

6 Die wirtschaftlichen Auseinandersetzungen von Stift und Reichsstadt sind im Spiegel der städtischen Klagen gut dokumentiert bei Johann Jacob Moser: Schwäbische Merkwürdigkeiten, oder Abhandlungen und Auszüge von Schwäbischen Sachen, Frankfurt 1765, S. 483–508, 637–656 u. ö., sowie: Ders.: Reichs-städtisches Hand-Buch [...], Tübingen 1732, Bd. II, S. 45 ff.; archivalisches Material für das Stift: HStA München, Fst. Kempten, NA, Akten 1556 und 1916; Haggenmüller, Bd. 2, besonders S. 135 f. Vgl. ferner Zittel, »Familienstreit«, hier: S. 183 ff. Zum Fernhandel (Leinwand, Salz) vgl. den Beitrag von W. Wüst in diesem Band.

7 Wilhelm Abel: Massenarmut und Hungerkrisen im vorindustriellen Deutschland, Göttingen 1972; ders.: Agrarkrisen und Agrarkonjunktur, Hamburg 1978; Hans-Jürgen Gerhard: Stadtverwaltung und städtisches Besoldungswesen von der Frühen Neuzeit bis zum 19. Jahrhundert. In: VSWG 70 (1983), S. 21–49.

8 StadtA Kempten R69, BII 594, R115a–b, R116a; HStA München, Fst. Kempten, NA, Akten 655; Festschrift zur Feier des 200jährigen Bestehens des protestantischen Waisenhauses in Kempten im November 1913, Kempten 1913; Ludwig Dorn: Das Heilig-Geist-Spital Kempten im 15./16. Jahrhundert. In: AGF 77 (1977), S. 38–71; Haggenmüller, S. 308 ff.; Karrer, Kempten, S. 148.

9 StadtA Kempten R118a und 118c (das seit 1731 aus finanziellen Gründen im Waisenhaus untergebrachte reichsstädtische Zucht- und Arbeitshaus erwirtschaftete in der Regel Überschüsse, weil die Strafgelder für unterlassene Handwerks-Wanderschaften reichlich flossen); HStA München, Fst. Kempten, NA, Akten 120b (das stiftstädtische Zuchthaus konnte bis zu 20 Verbrecher aufnehmen). Vgl. allgemeiner für unseren Raum jetzt Wolfgang Wüst: Bettler und Vaganten als Herausforderung für die Staatsraison im Hochstift und der Reichsstadt Augsburg. In: JVAB 21 (1987), S. 240–279. Einen guten Einblick in die gesamte wohlfahrts- und polizeistaatliche Herrschaftsverdichtung im Stift gibt der frühe Sammelband Des hochwirdigsten Fürsten und Herrn Georgen Abbte des Stiffts Kempten [...] Articul [...], o. O. 1562.

10 StadtA Kempten AXI34, B101–113, B125–128, R6–R9; Alfred Weitnauer: Der Reichsstadt Kempten Kriegslasten und deren Aufbringung während des Dreißigjährigen

Krieges. In: AGF 33 (1931), S. 22–26, 30, 59, 73 f., 78 f., 97 f. und 105; zu den Kosten des Reiches vgl. auch die tabellarischen Übersichten bei Moser, Reichs-städtisches Handbuch (Kempten ist hiernach keineswegs extrem belastet!), zur Schuldenentwicklung Haggenmüller, S. 135 ff. Die Kompliziertheit der reichsstädtischen Finanzgeschichte ist vor allem durch die parallele Führung verschiedener öffentlicher Kassen bedingt.

Münzrecht und Münzen

Peter Stenger

Der politische Gegensatz und die wirtschaftliche Konkurrenz zwischen Stift und Reichsstadt haben sich im 15. und 16. Jahrhundert auch in einem zähen Streit um das Münzrecht niedergeschlagen, von dem sich die selbstbewußt werdende Stadt zusätzliche Einnahmen versprach. In diesem mehr als einhundert Jahre währenden Ringen ist es den Äbten nie gelungen, das Münzrecht des Stifts urkundlich zu belegen oder auch nur die Verleihung desselben zeitlich genau festzulegen[1].

Erst 1881 brachte der Münzfund von Leubas die älteste, bis heute bekannte Kemptener Münze zutage. Sie dürfte um 1180 entstanden sein[2]. Dabei handelt es sich um einen Brakteat, das heißt um einen einseitigen, dünnen Silberpfennig. In der Folgezeit, bis 1218/1219, wurden auch noch andere Brakteaten geprägt. Aufgrund von Schriftzeichen läßt sich nachweisen, daß die sogenannten Architektur-, Hildegards- und Princeps-Brakteaten eindeutig Kemptener Herkunft sind. Sie kamen in vielen Münzfunden, vor allem des Bodenseegebietes, vor. Danach ruhte die Münzung des Stifts bis in die Neuzeit, das Münzrecht bestand jedoch fort. Die Münzaufsicht wurde weiterhin durch einen vom Abt bestellten Münzmeister ausgeübt, der seinen Sitz in der sich allmählich entwickelnden Stadt hatte. Seine Aufgabe war es, die umlaufenden Münzen zu prüfen. Gängiges Geld waren bis weit in das 14. Jahrhundert hinein in Kempten die *Constantienses*, Münzen aus verschiedenen Münzstätten der Diözese Konstanz. Allmählich wurden sie durch Münzen anderer Art und Herkunft, so vor allem durch Heller und Prager Groschen, verdrängt. Erstmalig 1385, dann 1404, 1423 und 1501 beteiligte sich die Reichsstadt an Absprachen der oberschwäbischen Reichsstände (sogenannte Münzbündnisse) über Art und Wertgehalt der Münzen. Denn in der Stadt wurden Handel und Gewerbe ausgeübt, wurde Markt gehalten, und so bestand vor allem hier Interesse an einem geordneten Münzwesen.

Wie in den Bischofsstädten Augsburg und Konstanz konnte auch in Kempten der

Farbtafel 21.1 Ausschnitt aus dem Deckengemälde im Thronsaal der Residenz: Jagdgruppe mit einem über die Brüstung der Balustrade stukkierten Hirsch

Farbtafel 21.2 Die Orangerie, errichtet 1780, als Abschluß des Hofgartens, mit vier Fischteichen, Gemälde im Orangeriegebäude

Farbtafel 22.1 Zunfttafel der Rotgerber von 1794, Allgäuer Heimatmuseum

Farbtafel 22.2 Haustafel der Rotgerberei »Zu den sieben Hansen« in der Gerberstraße, um 1800, Allgäuer Heimatmuseum

Farbtafel 23.1 Einer der drei wertvollen Eckschränke mit Einlegearbeiten im fürstäbtlichen Tagzimmer

Die Prunkräume der Kemptener Residenz, zwischen 1732 und 1743 für Fürstabt Anselm von Reichlin-Meldegg geschaffen, gehören zu den schönsten Profanräumen des süddeutschen Rokoko

Farbtafel 23.2 Das Audienzzimmer mit der Stuckdekoration des Kemptener Hofstukkators Johann Georg Üblher und Malereien Franz Georg Hermanns

Farbtafel 24 Vorhang im Stadttheater Kempten, gemalt von Franz Sales Lochbihler (1777–1854) im Jahre 1824: Reigen der Musen mit Apoll. Der in Wertach geborene Historienmaler, der für einige Jahre das Theater in eigene Regie übernahm, stiftete den Vorhang der Stadt. In Kempten verbrachte er auch seinen Lebensabend.

Abt als geistlicher Münzherr nicht verhindern, daß die Bürger immer stärkeren Einfluß auf den Geldumlauf nahmen. Als die Stadt seit Anfang des 15. Jahrhunderts gleich anderen oberschwäbischen Städten auch fremde Münzen »abstempelte« (das heißt: genehmigte) oder verbot, brach darüber mit dem Stift ein Streit aus, der sich bis 1514 hinzog. Dieser konnte auch durch einen Schiedsspruch zu Ulm 1474, der der Stadt zwar ihren Rechtsanspruch, dem Abt aber gleichzeitig sein uraltes Münzrecht bestätigte, nicht beigelegt werden. Denn nachdem die benachbarten Städte Konstanz (1499 und 1507) und Isny (1507) das Münzrecht erhalten hatten, bemühte sich die Stadt Kempten um Gleichstellung. Am 14. Juli 1510 verlieh ihr Kaiser Maximilian I. das große Münzprivileg für Gold- und Silbermünzen. Der Abt wurde davon völlig überrascht und versuchte sofort, den Kaiser zu einer Rücknahme dieses Gunsterweises zu bewegen. Am 8. Oktober 1514 bestätigte der Kaiser jedoch sowohl das reichsstädtische als auch das stiftische Münzrecht. Somit gab es in Kempten wie in Augsburg und Konstanz endgültig zwei Münzrechte.

Der Abt ließ sein Münzrecht weiterhin ruhen, die Reichsstadt machte dagegen sofort regen Gebrauch davon und verstand es, ihren Münzen überörtliche Verbreitung zu verschaffen. Hierzu trugen die ungewöhnlichen kaiserlichen Vorschriften über Schrift und Bild der Kemptener Silbermünzen bei. Nicht Maximilian I. mit seinen Titeln, sondern sein jugendlicher Enkel und Thronfolger Karl (V.), dessen Titel und die Wappenschilder von Österreich, Burgund und Tirol waren in Bild und Schrift bestimmend[3]. Solange die Stadt Kempten münzte, traten auf ihren Silbermünzen die Habsburger Länderwappen auffallend in Erscheinung, während das Stadtwappen, vielfach ersetzt durch ein kleines Schild mit der Initiale K, meist nur eine untergeordnete Stellung einnahm.

Kempten versorgte ab 1511 zusammen mit Konstanz und Isny den gesamten oberschwäbischen Wirtschaftsraum mit Batzen (4 Kreuzer) und Halbbatzen (2 Kreuzer). Als ab 1537 in Süddeutschland auch die Prägung von Silbergroßmünzen begann, war wiederum die Stadt Kempten führend in der Versorgung Oberschwabens mit dem neuen Zahlungsmittel, das zuerst Guldiner, später Taler genannt wurde. In den Jahren 1537–1549 und 1552–1555 waren neben den Kemptener Münzen nur noch diejenigen von Kaufbeuren von größerer Bedeutung. Groß- und Kleinmünzen von Kempten waren weitverbreitete, im römisch-deutschen Reich anerkannte Zahlungsmittel, aus deren Schlagsatz die Stadt beträchtliche Einnahmen erzielte.

Aufgrund eines kaiserlichen Mandats mußte ab Mai 1549 die Prägung eingestellt werden, da Kempten kein Silberbergwerk besaß. 1551 erhielten statt dessen die Brüder Paumgartner, die neben den Fuggern den Silberhandel in Süddeutschland beherrschten, vom Kaiser die Genehmigung, in der Reichsstadt Kempten ihr eigenes Münzrecht auszuüben. Sie pachteten zwar die Münzstätte der Stadt, haben aber allem Anschein nach dann doch keine eigenen Münzen geprägt. Die von 1552–1555 in Kempten geprägten Münzen sind wohl reichsstädtischer Herkunft.

Nach 1555 war es weder dem Stift noch der Stadt erlaubt, selbst zu münzen. 1572 machte indes der Abt von seinem Münzrecht erneut Gebrauch: Eberhard vom Stain ließ anläßlich seiner Wahl in geringer Zahl Münzen prägen, vermutlich in der

Münzstätte des Schwäbischen Reichskreises in Augsburg. Von ihm und einigen anderen Fürstäbten gibt es auch sogenannte Gnadenpfennige, das sind Bildnismedaillen[4], die Repräsentations- und Geschenkzwecken dienten. Bildnismedaillen sind auch von drei reichsstädtischen Bürgern – Moses Pflacher sowie Joseph und Maria König – bekannt.

Die ersten Jahre des Dreißigjährigen Krieges waren die einzige Periode in der Geschichte Kemptens, während der die beiden Münzrechte gleichzeitig ausgeübt wurden. Überall im Reich wurden damals die guten, werthaltigen Münzen eingeschmolzen und durch minderwertige ersetzt. Dies war vor allem auch eine Folge des Krieges, zu dessen Finanzierung die Münzstände ihr Münzrecht immer rücksichtsloser mißbrauchten. Die fortwährende Geldentwertung zog eine Inflation nach sich, die im Juli 1622 ihren Höhepunkt erreichte. Um dem Mangel an Münzen abzuhelfen, war es ab 1621 erlaubt, Kleinmünzen aus Kupfer auszugeben. Der Abt ließ Anfang 1622 in Obergünzburg, danach im Herbst in Schwabelsberg eine Münzstätte einrichten. Im Sommer desselben Jahres nahm auch die Reichsstadt ihre alte Münzstätte wieder in Betrieb. Außer den erlaubten Kupfer-Notmünzen prägten Stift und Stadt Taler und Drei-Bätzner, von denen die stiftischen zu den minderwertigen zählten. Auch eine Münzreform im April 1623 konnte keine Abhilfe schaffen. Die Prägung zur Behebung des Mangels an neuem Kleingeld lief weiter. Die beiden Münzstätten wurden verpachtet, die Prägekapazität durch die neuen Pächter mit Duldung von Stift und Stadt erheblich erweitert und, vor allem ab 1624, millionenweise meist minderwertige Halbbatzen und Kreuzer hergestellt. Wiederholte Aufforderungen der drei Münzkreise an Stift und Stadt, das Münzen einzustellen, wurden ignoriert. Schließlich veranlaßte der Kurfürst von Bayern im Sommer 1626, daß alle minderwertigen Kemptener Kleinmünzen einzuziehen und auf Kosten von Stift und Stadt einzuschmelzen seien. Dies führte zur endgültigen Stillegung der beiden Münzstätten. Noch kurz zuvor hatten die Stadt (1625) und das Stift (1626) sogenannte Regimentstaler als Schaumünzen zu Repräsentationszwecken ausgegeben. Beide Prägungen können als eine Art Demonstration der reichsstädtischen Selbständigkeit einerseits und des stiftkemptischen Machtbewußtseins andererseits gedeutet werden. Hingegen entsprach es dem fürstlichen Repräsentationsbedürfnis der absolutistischen Zeit, wenn einige Fürstäbte meist anläßlich ihrer Wahl, im ausgehenden 17. und 18. Jahrhundert in Augsburg Gold- und Silbergedenkmünzen prägen ließen. Die protestantische Reichsstadt begnügte sich ihrerseits mit der Ausgabe einiger Reformationsmedaillen[5].

1 In der Numismatik gibt es zwei Münzgeschichten Kemptens, die des Stifts und die der Reichsstadt, denn es handelte sich um zwei verschiedene Stände, die das Münzrecht besaßen (Münzstände). Ortsgeschichtlich ist es jedoch zweckmäßig, die Entwicklung des Münzwesens im Wirtschaftsraum Kempten nicht nach hoheitlichen Gesichtspunkten, sondern nach Münzperioden darzustellen. Alle bisherigen Versuche, die Verleihung des Münzrechts an einen Abt oder den Beginn einer Kemptener Münzung zu datieren, führten ausnahmslos zu

fragwürdigen Ergebnissen. So fand, wie man irrtümlich angenommen hat, im Jahre 1067 keine Münzrechtsverleihung statt (hier liegt ein Übertragungsfehler aus den »Münzprivilegien im Gelände des geschichtlichen und heutigen Bayern« [MBNG 31 (1913), S.75] vor). Sicher ist bis heute nur, daß in der zweiten Hälfte des 12.Jahrhunderts Kemptener Münzen im Umlauf waren, die dem Konstanzer Währungsbezirk zuzuordnen sind. Die verbreitete Ansicht, in Kempten hätten sich Diözesan- und Währungsbezirk nicht gedeckt, verkennt, daß das Kloster und der Sitz des Abts auf das westliche Illerufer und damit in die Diözese Konstanz verlegt worden sind. Kempten war kulturell und wirtschaftlich zum Bodenseeraum orientiert. – Vgl. Hans Gebhart: Die Münzgeschichte des Stiftes Kempten. In: MBNG 51 (1933), S.19–107; Max Bernhart: Die Münzen der Reichsstadt Kempten, Halle 1926; eine ausführliche Darstellung der Kemptener Münzge-schichte wird im *Allgäuer Geschichtsfreund* (Kempten) 1989 erscheinen.

2 Elisabeth Nau: Münzen der Stauferzeit. In: Die Zeit der Staufer. Bd. I, Stuttgart 1977, S.168.

3 Elisabeth Nau: Die Münzen und Medaillen der oberschwäbischen Städte, Freiburg 1964, S.143.

4 Peter Stenger: Bildnismedaillen der Fürstäbte von Kempten. In: AGF 83/84 (1984), S.106 bis 124.

5 Damit wäre die Kemptener Münzgeschichte zu Ende gewesen, wenn nicht der Erste Weltkrieg und die nachfolgende Inflation noch einmal, wie schon 1622, die Ausgabe von Notgeld erforderlich gemacht hätten. In den Jahren 1917–1923 brachte die Stadt Kempten verschiedene Kleinmünzen, Geldscheine und schließlich Inflationsgeld in Umlauf. Dazu Peter Stenger: Allgäuer Notgeld. In: AGF 79 (1979), S.9–57.

Krieg und Frieden.
Von der Mitte des 16. Jahrhunderts bis 1803

Wilhelm Liebhart

Konflikte zwischen Fürststift und Reichsstadt

Seit dem Spätmittelalter standen Fürststift und Reichsstadt mehr oder minder offen miteinander in Konflikt. Der Stadt gelang zwar 1525 die Ablösung der letzten Rechte, die das Stift innerhalb ihrer Mauern besaß, aber durch die Einführung der Reformation 1527 verschärfte sich das gespannte Verhältnis erneut. Denn die protestantische Reichsstadt war nun gänzlich von einem katholischen Fürstentum umschlossen, besaß kein eigenes Territorium und war wirtschaftlich in hohem Maße vom bäuerlichen Stiftsland abhängig. Solange das Fürststift mit inneren Schwächen (Bauernkrieg, Verfall der Ordensdisziplin) zu kämpfen hatte und die Reichsstadt sich defensiv verhielt, wirkte sich der Konflikt nur unterschwellig aus. Seit der Wende vom 16. zum 17. Jahrhundert machten sich dann die auf Reichsebene bestehenden konfessionellen Gegensätze zwischen Katholiken, Lutheranern und Calvinisten auch im Verhältnis von Stift und Stadt bemerkbar[1]. Der Streit der Reichsstände um die Auslegung des Augsburger Religionsfriedens von 1555 lähmte die verfassungsmäßigen Institutionen des Reiches – die Reichskreise, das Reichskammergericht, den Reichstag und selbst das Kaisertum. Den politischen Köpfen der Zeit schien ein Glaubenskrieg europäischen Ausmaßes unvermeidlich zu sein. Allenthalben wurde gerüstet und befestigt. Damals handelten Herzog Maximilian I. von Bayern (1597–1651), der Vorkämpfer der katholischen Sache im Reich, und sein calvinistischer Vetter, der wittelsbachische Pfalzgraf (Kurpfalz), bei jeder sich bietenden Gelegenheit zum Vorteil ihrer Konfessionen, aber auch im Sinne ihrer politischen Ziele. Als Kaiser Rudolph II. nach innerstädtischen Streitigkeiten 1607 die Acht über die gemischt konfessionelle Reichsstadt Donauwörth verhängte, bot sich Maximilian I. als Vollstrecker an, obwohl die Stadt dem Schwäbischen Reichskreis angehörte. Denn er wollte das an der bayerischen Grenze gelegene, strategisch wichtige Donauwörth auf keinen Fall mehr in die alte Selbständigkeit entlassen. Durch die Besetzung Donauwörths aufgeschreckt, schlossen sich mehrere protestantische Territorien, darunter die Reichsstädte Ulm und Nürnberg, unter Führung der Kurpfalz 1608 zu einem Verteidigungsbündnis, der Union, zusammen. Als direkte Antwort darauf betrieb Bayern die Gründung eines katholischen Gegenbundes, der Liga (1609). Die Reichsstadt Kempten trat, nicht zuletzt auf Drängen Ulms, am 3. Juli 1609 der Union bei[2]. Was veranlaßte sie zu diesem Schritt?

Unter Fürstabt Johann Adam Renner von Allmendingen (1594–1607) hatte sich das Verhältnis zwischen Stift und Reichsstadt erheblich verschlechtert[3], unter seinem streitbaren Nachfolger Heinrich von Ulm (1607–1616) sanken die nachbarlichen Beziehungen auf einen Tiefpunkt[4]. 1601 mußte die Stadt vertraglich Beschränkungen ihrer Besitzrechte im Stiftsgebiet hinnehmen und 1608 zum Nachteil der städtischen Zünfte zugestehen, daß stiftische Handwerker ihre Waren auf den Kemptener Wochenmärkten verkaufen durften. 1611 erreichte der »Wirtschaftskrieg« zwischen Stift und Stadt mit einem wechselseitigen Warenboykott seinen Höhepunkt[5]. Man darf annehmen, daß der unmittelbare Konflikt mit Fürstabt Heinrich von Ulm den reichsstädtischen Rat in erster Linie bewogen hat, sich der Union anzuschließen. Daraufhin trat das Fürststift seinerseits der Liga bei[6]. Beide Stände begaben sich damit in ein gefährliches Fahrwasser. Denn ihre Rivalität wuchs nun aus dem lokalen Rahmen hinaus.

Obgleich die wirtschaftliche und finanzielle Lage der Stadt angespannt war, brachte sie für die Rüstungen der Union von 1609 bis 1621 rund 36000 Gulden auf[7] und verließ dann, wohl aus finanziellen Gründen, das protestantische Bündnis. Im Gegenzug versprach ihr Kaiser Ferdinand II. (1619–1637) seinen besonderen Schutz. Ferner räumte er ihr die Freistellung von teuren Einquartierungen der kaiserlichen Soldateska ein[8]. Vergeblich polemisierte der protestantische Theologe und Prediger zu St. Mang, Dr. Georg Zeämann, gegen die Entscheidung des Rats[9]. Die Entscheidung erwies sich zunächst als politisch klug, denn der große Krieg, der 1618 ausgebrochen war, als die böhmischen Stände den pfälzischen Kurfürsten Friedrich anstelle des Habsburgers Ferdinand II. zum König gewählt hatten, verlief für den Kaiser siegreich. Hauptsächlich aber war dem Fürststift, das von 1609 bis 1631 an die Liga nicht weniger als 93000 Gulden leistete[10] – im übrigen weniger als ein Drittel der von der Liga verlangten Beiträge[11] –, die Möglichkeit genommen, gegen die isoliert gelegene protestantische Stadt gewaltsam vorzugehen[12], die ohnedies bis 1626 mit Inflation, Geldknappheit und Teuerung zu kämpfen hatte.

Neues Unheil braute sich zusammen, als Fürstabt Johann Euchar von Wolffurt (1616–1631) und der Augsburger Bischof Heinrich V. von Knöringen (1598–1646) in den Jahren 1627/1628 gegen die Stadt zusammenspielten, der Abt, um die Vogtei über die Stadt wiederzuerlangen, der Bischof, um in Kempten tatsächlich nicht mehr bestehende Ansprüche der Katholiken durchzusetzen[13]. Die beiden geistlichen Fürsten konnten dabei auf Unterstützung durch den Kaiser rechnen, der auf dem Höhepunkt seiner Macht alle den Katholiken seit 1552 entfremdeten Bistümer, Stifte, Klöster und Kirchen durch das sogenannte Restitutionsedikt (1629) wiederherstellen wollte. Auf die Reichsstadt Kempten trafen die Bestimmungen des kaiserlichen Edikts im Grund nicht zu: Die Pfarrei St. Mang war schon lange vor 1552 in evangelische Hände gelangt, und auch die innerhalb der Stadtmauern lebenden Katholiken waren Gäste, Inwohner oder Beisassen, aber keine Bürger der Stadt im rechtlichen Sinne. Nur die Michaelskapelle war nach dem Stichjahr, nämlich 1557, profaniert worden. Allerdings zwang die kaiserliche Kommission, die die Rekatholisierung Kemptens 1628 prüfte, den Magistrat unter Gewaltandrohung, den Wortführer der Evangelischen, Dr. Georg Zeämann, auszuliefern. Zeämann wurde gefangen gesetzt[14]. Von direkten Kriegshandlungen blieb Kempten bis 1632 verschont. Dennoch hatte die Stadt in den Jahren 1628 bis 1630 schwer zu leiden: Am 24. August 1628 brach die Pest aus; sie wütete ein Jahr und forderte 2000 Tote, etwa ein Drittel der Bevölkerung[15]. Sodann stiegen die Quartierkosten für das kaiserliche Kriegsvolk, das nun auch Kempten überschwemmte, ins Unermeßliche. Schließlich versuchten kaiserliche Kommissäre 1630 erneut, das Restitutionsedikt mit der Einführung des katholischen Gottesdienstes in St. Mang und mit der geistlichen Schulaufsicht durchzusetzen[16].

Finanzielle Not und fortgesetzter politisch-konfessioneller Druck veranlaßten die Stadt, sich den Gegnern des Kaisers anzuschließen. Kempten trat im Februar 1631 dem Leipziger Konvent bei, einem evangelischen Bündnis gegen das Restitutionsedikt. Gleichzeitig begann es, heimlich zu rüsten[17]. Fürstabt Johann Willibald Schenk von Kastel (1631–1639) warnte vergeblich. Der Rat bekräftigte, bis »zum Schluß steif zu halten und Leib, Gut und Blut« für die evangelische Sache geben zu wollen. Das Verhältnis zwischen Stift und Stadt sei »nun mehr da hin gekommen, daß einer den andern auffressen müsse«[18]. Politisch war diese Entscheidung falsch. Am 16./17. Juni 1631 rückte kaiserliches Kriegsvolk in die Stadt ein. Am Tag darauf wurde die reichsstädtische Bürgerschaft entwaffnet und zu 50 000 Gulden »Buße« verurteilt[19]. Gegen Jahresende zeichnete sich freilich ein Hoffnungsschimmer ab, als im Reich eine Machtverschiebung zuungunsten der Habsburger eintrat.

Die Wirren des Dreißigjährigen Krieges

Am 17. November 1631 bei Breitenfeld und am 15. April 1632 bei Rain am Lech bereitete König Gustav Adolf II. von Schweden dem Feldherrn der Liga, Tilly, zwei vernichtende Niederlagen. Die kaiserliche Militärmacht brach zusammen, ganz Süddeutschland stand den Schweden offen. Schon vor diesem Sieg hatte Generalmajor Patrick Ruthven die Reichsstadt Kempten aufgefordert, sich unter schwedischen Schutz zu begeben. Er sicherte zu, daß das Fürststift die Quartierkosten tragen müsse, die Stadt aber in kaiserlicher »Devotion« bleiben könne. Den Kontakt zur fremden Kriegsmacht scheint der aus Kempten stammende, nun in schwedischen Diensten stehende Philipp Sattler hergestellt zu haben. Kempten schloß am 14. April 1632 mit den Schweden einen Vertrag. Später rechtfertigte sich die Reichsstadt damit, zu diesem Schritt durch das Verhalten des Stifts gezwungen worden zu sein. Dies entsprach nicht den Tatsachen, hatte doch Fürstabt Johann Willibald aus dem Exil eine gemeinsame Verteidigung von Stadt und Stift vorgeschlagen[20].

Fürstabt Johann Willibald war zu keinerlei Kollaboration mit den Schweden bereit. Das schwedische Angebot, für 1500 Gulden auch das Fürststift in Schutz und Schirm zu nehmen, lehnte er gegen den Rat seiner Regierung ab. Diese Entscheidung stürzte Stift und Stiftland in eine Katastrophe[21]. Am 22. Mai 1632 trafen zwölf

Kompanien schwedischer Dragoner in Kempten ein. Noch am selben Tag begann die Plünderung der Stiftsstadt, an der sich trotz ausdrücklichen Verbots durch den Magistrat auch Bürger der Reichsstadt beteiligten. Ein Zeitgenosse berichtet darüber: »Stift und Kirche wurden geplündert, Altäre und Bilder abgebrochen, geweihte Hostien profaniert, dieselben auf den Boden geworfen, mit Füßen getreten, teils auf den Hut gesteckt, aus der Kirche ein Roßstall gemacht [...], auch die Residenz, die Kanzlei, das kaiserliche Landgerichtshaus, der Amtsleute, Diener und Untertanen Behausung an Schriften, Dokumenten, Hausrat, Wein, Roß, Vieh gänzlich ausgeraubt, Tür und Kästen, Fenster und Öfen aller Art heraus und eingeschlagen.«[22] Doch nicht genug. Mit Genehmigung des schwedischen Statthalters beschloß der Rat am 2. August 1632 den Abbruch des Stifts. Nur Bürgermeister Hans Dorn, Stadtammann Martin Geiger und Ratsmitglied Vinzenz König sprachen sich gegen den Abbruch aus, den hauptsächlich Ratsmitglied Ferdinand Heel befürwortete. Mit Trommeln und Pfeifen begann das Zerstörungswerk. Es dauerte den ganzen Monat. Auch die stiftischen Bauern wurden dazu gezwungen. Schließlich übertrug König Gustav Adolf von Schweden der Stadt am 29. September die Verwaltung und die Einkünfte des Stiftslandes. Der Magistrat rückte in die stiftischen Ämter ein. Allerdings hatte das ohnehin schon schwer geschädigte Land für die Schweden 125000 Gulden Kontributionen aufzubringen. Ein Teil der stiftischen Bauern leistete Widerstand, ein anderer beteiligte sich an der Ausplünderung der heimischen Schlösser. Auch gegenüber den Stiftsbauern beglich die reichsstädtische Bürgerschaft »alte Rechnungen«. So sollen die Metzger der Reichsstadt die schwedische Soldateska besonders auf reiche Stiftsbauern gehetzt haben[23].

Der Triumph der Reichsstadt über den benachbarten Rivalen war nicht von langer Dauer. Bald konnte das Stift zu einem Gegenschlag ausholen, der alles bisherige noch übertraf. Die schwedische Hauptarmee hatte schon Anfang August das strategisch abgelegene Allgäu wieder verlassen. Mitten im Winter, am 6. Januar 1633, bezog der kaiserliche Kommandant von Lindau, Freiherr Peter König, im ruinierten Stift überraschend Stellung. Seine Forderung, die Reichsstadt zu übergeben, wurde von der 270 Mann starken Besatzung und von der bis an die Zähne bewaffneten Bürgerschaft abgelehnt. Übergabewillige Patrizier wurden massiv bedroht. Tags darauf begann der Artilleriebeschuß, nach Verstärkungen aus Memmingen am 13. Januar der Sturm auf die Stadt. Nach zwei erfolgreich abgeschlagenen Angriffen gelang den Kaiserlichen der Einbruch. Unter der Bevölkerung brach Panik aus, nur wenige konnten sich auf die Burghalde flüchten. Die Untrasrieder Chronik berichtet: »Man hat die ganze Nacht niedergemacht, was man ertappt oder was nit das Leben teuer genug erkaufen können. [...] Zudem raubte man sie ziemlich aus und gab im Geläger einen zweentägigen Trentelmarkt: die arme Bauernschaft kam damals wieder zu ihrer geraubten Ware.«[24] Am 14. Januar kapitulierte die Besatzung der Burghalde. Über die Zahl der Toten auf beiden Seiten gibt es widersprüchliche Angaben. Die Stadt dürfte mindestens 230, höchstens aber 300 Tote[25] beklagt haben[26]. Der kaiserliche Kommissär von Ossa nahm Geißeln und legte der Stadt eine Kontribution von 76000 Gulden auf. Fürstabt Johann Willibald aber forderte die Übergabe der Burghalde, die vollständige Instandsetzung des zerstörten Stifts und die evangelische Pfarrkirche St. Mang. Keine dieser Forderungen konnte er indes durchsetzen.

Kempten blieb bis Ende März 1634 kaiserlich. Am 30./31. März gelang dem schwedischen Feldherrn Gustav Horn überraschend die Einnahme der Stadt. Angeblich war Verrat im Spiel. Jedenfalls lief ein Teil der kaiserlichen Besatzung nach der Kapitulation zum Gegner über. Als die Schweden aber am 6. September 1634 bei Nördlingen eine vernichtende Niederlage erlitten, brach ihre Machtstellung in Süddeutschland zusammen. Auch in Kempten rückte die schwedische Garnison ab. Am 12. Oktober leistete die Stadt auf den Kaiser den Treueid. Verschuldet, verarmt, hungernd und wehrlos stand die Bevölkerung einer zweiten Pestwelle gegenüber, die die Stadt Anfang Juni 1635 erreichte und nach vier Monaten erlosch. Die Angaben über die Zahl der Opfer schwanken zwischen 1000 und 3000[27]. Wenn

Abb. 1   Die Illerbrücken zwischen Kempten und Memmingen um 1730 (Johann Reinhard Wegelin: Gruendliche Ausfuehr- und Rettung Des Heiligen Reichs Stadt Kempten Uralten Herkommens und Reichs-Immedietaet Wie auch Derselben Freyheiten Rechten und Gerechtigkeiten in der Privilegirten Bann-Meile, Kempten 1731)

Kempten 1635 tatsächlich nur mehr 900 Einwohner zählte[28], dann haben Pest, Krieg und Abwanderung die Stadtbevölkerung seit 1634 (3200 Einwohner) um 2300 Einwohner oder 85% dezimiert.

Sieht man von weiteren kostspieligen Einquartierungen ab, dann blieben Stadt und Stift von nun an von direkten Kriegseinwirkungen auf längere Zeit verschont. Allerdings brach der alte Konflikt zwischen den beiden Lokalrivalen wieder aus, als das Stift von der Stadt Wiedergutmachung forderte. Sodann traten innerhalb der Bürgerschaft soziale Spannungen auf. Diese wurden von Rudolf Schalter geschürt, einem Prediger, der in das Patriziat eingeheiratet hatte und den Rat für die mißliche wirtschaftliche und soziale Lage der Stadt verantwortlich machte[29]. Schalter wurde 1642 seines Amtes enthoben, durch ein Urteil des Reichskammergerichts jedoch wieder eingesetzt. Im gleichen Jahr ließ der Rat die gesamte Schuhmacherzunft, die ebenfalls rebellierte, ins Gefängnis bringen. Schließlich kam es 1644 zum offenen Aufruhr und zur Belagerung des Rathauses. Doch Schalters Versuch, die bestehende Zusammensetzung und Rekrutierung des Rates gewaltsam zu ändern, scheiterte. Zusammen mit seinen Anhängern wurde er 1646 aus der Stadt verbannt. Die innerstädtischen Konflikte traten in den Hintergrund, als wenig später die verbündeten Schweden und Franzosen unter Graf Wrangel und Vicomte Turenne von Schongau über Kaufbeuren, Mindelheim und Memmingen an die Iller zogen und Kempten besetzten[30]. Stadt und Stift hatten erneut unter den Kontributionen zu leiden, die ihnen von der schwedischen Armee auferlegt wurden, welche die benachbarte Reichsstadt Memmingen erfolglos belagerte. Ein Überraschungsangriff des kaiserlichen Obersten Kaspar Schoch aus Vorarlberg, der Kempten mit Hilfe stiftischer Bauern am 20. Dezember 1646 zu entsetzen versuchte, hatte keinen Erfolg. Am 14. März 1647 schlossen Schweden, Frankreich und Bayern einen Waffenstillstand, der Kempten offenbar der kaiserlich-bayerischen, Memmingen aber der schwedischen Machtsphäre zusprach. Nach einem halben Jahr kündigte Bayern den Waffenstillstand und zwang Memmingen zur Kapitulation (23. November). Damit ging der Krieg im Allgäu zu Ende. Ein nochmaliger schwedisch-französischer Vormarsch richtete sich nach Altbayern. Am 24. Oktober 1648 wurde der Westfälische Frieden verkündet.

Die Generalamnestie des Westfälischen Friedens schloß auch die Reichsstadt Kempten ein. Fürstabt Roman Giel von Gielsberg (1639–1673) hoffte vergeblich auf die Erfüllung seiner Entschädigungsforderungen[31]. Mit welchen Mitteln hätte die Stadt auch Wiedergutmachung leisten sollen? Die Quartierkosten des Krieges hatten nach einem geheimen Rechnungsbuch des Rates rund 580 000 Gulden verschlungen[32]. Noch Jahre nach dem Krieg sah sich die Stadt gezwungen, durch Kredite oder mit Hilfe von »Bettelaktionen« bei befreundeten Schweizer Städten den reichsstädtischen Haushalt aufrechtzuerhalten. 1690 griff das Fürststift die Entschädigungsfrage noch einmal auf. Erneut wurde der lokale Konflikt durch einen Krieg von europäischen Ausmaßen überschattet, den Spanischen Erbfolgekrieg.

Spanischer Erbfolgekrieg

Als im Jahre 1700 König Karl II. von Spanien, der letzte spanische Habsburger, ohne Erben verstarb, beanspruchten sowohl König Ludwig XIV. von Frankreich für die Bourbonen als auch Kaiser Leopold I. für die österreichischen Habsburger das gewaltige spanische Erbe. Kurfürst Max Emanuel von Bayern (1680–1726), der sich Hoffnung auf Kriegsgewinn machte, verband sich im März 1701 mit Frankreich. Im Juli desselben Jahres begann er mit Kriegsvorbereitungen gegen den Kaiser[33]. Zunächst wollte er sich der befestigten Städte Ulm und Memmingen bemächtigen, sich dann mit den Franzosen vereinigen und mit ihrer Hilfe schließlich den Kaiser und seine Verbündeten schlagen. Der Schwäbische Reichskreis, dem Stadt und Stift Kempten angehörten, schloß sich im März 1702 dem Kaiser an. Am 8. September 1702 eröffnete Max Emanuel in Schwaben den Kampf, Kaiser und Reich erklärten Frankreich und Bayern den Krieg. Noch am selben Tag fiel Ulm, nach längerer Gegenwehr, am 30. September, auch Memmingen[34]. Kempten, das von geringerer strategischer Bedeutung war, wurde offenbar nicht besetzt. Im Frühjahr 1703 bedrohte der bayerische Kurfürst Tirol und Oberösterreich. Zum Entscheidungskampf kam es jedoch nicht, obwohl kaiserliche Armeen mehrmals Ostschwaben und das Allgäu durchquerten, das bayerische Heer sich am 25. Oktober 1703 bei Memmingen mit der französischen Armee unter Marschall Villars vereinigte und die Kaiserlichen zur gleichen Zeit bei Dietmannsried ihr Lager bezogen. Vom 11. bis 13. November belagerten 2000 Franzosen die Reichsstadt Kempten[35]. Die 600 Mann starke Besatzung kapitulierte erst, als es den Franzosen gelang, die Artillerie auf der Burghalde auszuschalten und eine Bresche in die Stadtmauer zu schießen. Die Kaiserlichen erhielten freien Abzug. Am 15. November trafen Max Emanuel und Villars in Kempten ein. In der Folgezeit mußten Stift und Stadt für das französische Heerlager bei Dietmannsried und die nunmehr 650 Mann starke französisch-bayerische Besatzung auf der Burghalde beträchtliche Kontributionen aufbringen: Die Reichsstadt lieferte 723 Zentner Kern, 723 Zentner Roggen, 1222 Immi (Eimer) Hafer, 4342 Zentner Heu, 21684 Bund Stroh und 280 Klafter Holz, wofür alles in allem 16554 Gulden veranschlagt wurden. Insgesamt brachte die Stadt für Bayern und Franzosen 239130 Gulden, das Fürststift 141000 Gulden auf. Daß das reichere Stift den geringeren Teil der Quartierlasten und Kontributionen trug, hing wohl mit der Plünderung der Residenz und der Stiftsstadt durch die Franzosen zusammen[36]. An diesen Plünderungen nahmen die reichsstädtischen Bürger keinen Anteil mehr.

Umgehend begannen die Franzosen, nach der allgemeinen Entwaffnung, die Stadttore und die Burghalde zu befestigen. 50 Bürger und 400 Bauern des Stifts Kempten, des Augsburger Hochstifts und der Grafschaft Trauchburg arbeiteten an den Verstärkungen der Stadtfestung. Von hier aus unternahm die fremde Besatzung dann mehrere Streifzüge bis Füssen und Isny, ehe im Sommer 1704 ein kaiserliches Kontingent mit Tiroler und Vorarlberger Bauern in die Stadt eindrang und nach zehntägiger Belagerung die französische Besatzung zur Kapitulation (24. Juli) zwang. Stadt und Stift blieben von nun an kaiserlich. Am 13. August 1704 erlitten Bayern und Franzosen bei Höchstädt an der Donau eine vernichtende Niederlage. Bayern gelangte für elf Jahre in Feindeshand, Max Emanuel verließ zusammen mit den Franzosen das Reichsgebiet.

Im Vergleich mit dem Dreißigjährigen Krieg hielten sich Kemptens Verluste in Grenzen. Doch wurden die Wirtschaft, das Vermögen und der Bevölkerungsstand der Stadt durch die neuerlichen Kriegswirren schwer getroffen. Kempten sah sich gezwungen, Kredite von rund 300000 Gulden aufzunehmen[37]. Eine Analyse der Geburten und Todesfälle seit 1686 zeigt, daß im Kriegsjahr 1704 doppelt so viele Bürger starben wie in den Jahren zuvor und danach[38]. 1708 zählte die Stadt 2500 Einwohner.

Der Krieg sollte noch eine weitere Folge haben: Die Burghalde hatte erneut ihre militärische Bedeutung erwiesen. Als nun der kaiserliche Feldherr Prinz Eugen 1704 riet, das Befestigungswerk der Franzosen zu zerstören[39], betrieb Fürstabt Rupert von Bodman, unterstützt durch den Bischof von Augsburg, die vollständige Schleifung der Wehranlage. Die Reichsstadt begnügte sich mit passivem Widerstand. Gleichwohl nahmen die Differenzen mit dem Stift kein Ende. Denn Fürstabt Rupert baute in der Folgezeit die Stiftssiedlung zum wirtschaftlichen Nachteil der Reichsstadt systematisch zur Stiftsstadt aus, errichtete zahlreiche Gewerbeanlagen, belebte die Zünfte neu und hielt eigene Jahr- und Wochenmärkte[40]. 1712 erteilte der Kaiser der Stiftssiedlung das Stadtrecht, aber die Urkunde wurde aus ungeklärten Gründen erst 16 Jahre später ausgestellt. Organe bürgerlicher Selbstverwaltung ließ der absolutistische Herrschaftsstil der Fürstäbte freilich nicht zu. Unter Fürstabt Anselm von Reichlin-Meldegg (1728–1747) flammte der Streit mit der Reichsstadt, aber auch mit den Untertanen des Stifts erneut auf[41]. 1731 verfaßte Johann Reinhard Wegelin eine Kampfschrift, in der er alle Beschwerden der Stadt auflistete und ausführlich erläuterte[42]. Für den Fürstabt waren die Klagen indes nichts anderes als das neidische »Zettergeschrey« einer eigentlich stiftischen (!) »Municipal-Stadt«. Während das Stift mit seinen Untertanen im sogenannten Landrezeß von 1732 und im Nebenrezeß von 1738 einen Ausgleich fand, bereinigte es die Streitpunkte mit der Stadt 1737 und 1749 auf dem Vertragswege[43].

Zeit des Friedens. Französische Revolutionskriege

Der innere und äußere Frieden, den Stift und Stadt im 18. Jahrhundert genossen, kam Kemptens wirtschaftlicher Entwicklung zugute. Zwar waren auch jetzt noch Quartierkosten für durchziehende Truppen aufzubringen, etwa im Österreichischen Erbfolgekrieg (1741–1745)[44], oder Kontingente für das Reichsheer zu stellen, wie im Siebenjährigen Krieg (1756–1763)[45], von direkten Kriegseinwirkungen blieb Kempten jedoch verschont. Mehrere Reiseberichte liefern ein anschauliches Bild von Wirtschaft und Gesellschaft jener Jahre. So schildert der ökonomisch versierte Graf Karl von Zinzendorf detailliert die Gewerbe- und Handelsstruktur der Stadt um 1764: Neben den »70 Webern, die theils Leinwand, theils Schnur-Parchet [Barchent] fabriziren«[46], fielen ihm besonders die Baumwoll-Druckerei der Firma Jenisch, eine Papiermühle und zwei Scheidemühlen auf. Als vornehmste Kaufleute benannte er die Kesel und Neubronner, die in Leipzig eine Niederlassung unterhielten und russischen und ostindischen Tabak in die Schweiz exportierten. In den Leinwandbleichen und Fabriken der Kaufleute König und Jenisch und im Handel »nach Botzen, nach Lindau und Bregenz« sah er das Rückgrat der städtischen Wirtschaft. Geradezu entspannt schien im 18. Jahrhundert das konfessionelle Verhältnis gewesen zu sein. So berichtet ein Reisender 1772, daß Kempten »ganz lutherisch« sei, »außer vielen katholischen Dienstbothen, denen zu Liebe sie auch hier an Fasttagen Fastenspeise kochen«[47]. Über das Verhältnis von Stadt und Stift schreibt indes ein Engländer noch 1794: Beide »haben immer Händel mit einander, die oft durch allerhand Kleinigkeiten entstehen, und daß das Reichsstädtchen sogar hiebey sehr unpolitische Ausfälle auf das Hochstift macht, die noch einen offenbar niedrigen Religionshaß verraten«[48]. Zum wirtschaftlichen Leben bemerkt er: »Die Kleinhändler, oder was man überhaupt Krämer und auch zugleich Handwerker nennt, müssen fast alle von den stiftischen Unterthanen, die auf Markttägen, auch an Sonn- und Feyertagen häufig herein kommen, und ihre Bedürfnisse, auch fleißig die Bier- und Weinhäuser besuchen, leben.« Als im Mai 1802 der kurbayerische Major Karl Roger von Ribaupierre gleichsam als Agent und Vorbote der Mediatisierung und Säkularisation Kempten besuchte, fand er Stadt und Stift »in der vollständigsten und wechselseitigen Antipathie«. Vor allem der Handelsstand sähe ein, »daß die unbedeutende Stadt nur durch Vereinigung mit ihren Umgebungen emporkommen kann«[49]. Diese Einsicht war freilich nicht zuletzt Folge eines neuen Krieges, der die Stadt in Schulden gestürzt und den Handel schwer geschädigt hatte, des Ersten (1792–1797) und Zweiten Koalitionskrieges (1798–1801).

Als der preußische König Friedrich Wilhelm II. und Kaiser Leopold II. der Expansion des revolutionären Frankreich ein Defensivbündnis entgegenstellten, erklärte Frankreich Österreich und Preußen den Krieg (20. 4. 1792). 1793 schloß sich das Reich der Koalition gegen Frankreich an – und damit auch der Schwäbische Reichskreis, der im Westen an Frankreich angrenzte und schon 1792 zu rüsten begonnen hatte[50]. Auch die Reichsstadt Kempten rührte die Werbetrommel für die aus einer Artilleriekompanie, zwei Kavallerie- und vier Infanterieregimentern bestehende Kreisarmee. Als es dem französischen General Moreau 1796 gelang, bei Kehl über den Rhein vorzustoßen, ging der Schwäbische Reichskreis am 27. Juli einen separaten, im Grunde verfassungswidrigen Waffenstillstand mit Frankreich ein[51]. Daraufhin wurden die Reste der sich auflösenden schwäbischen Kreisarmee von kaiserlich-österreichischen Truppen entwaffnet. Für Stadt und Stift Kempten folgte eine Zeit der Durchzüge, Einquartierungen und Requisitionen von – je nach Kriegslage – kaiserlichen oder französischen Truppen. Auf der Seite der Koalition kämpften auch französische Royalisten unter dem Prinzen von Condé. Über sie berichtet der zeitgenössische Chronist Peter Gebhart, sie seien »sehr böse Leuthe«, die »stehlen [...], wo sie können«[52]? Nicht anders fiel sein Urteil über das französische Volksheer aus, das zum ersten Mal vom 15. August bis 17. September 1796 in Kempten weilte: »Die Franzosen lassen sich das Fressen und Saufen wohl schmek-ken und zahlen nichts.«[53] Waffenstillstand und Neutralitätserklärung nützten der Stadt und dem Fürststift nicht viel: Allein der einmonatige Aufenthalt der Franzo-sen verschlang 42 283 Gulden. Insgesamt waren seit 1792 112 000 Gulden für Kon-tributionen aller Art ausgegeben worden. Die Unterhaltskosten des Kemptener Kontingents für die Reichsarmee beliefen sich im gleichen Zeitraum auf über 158 668 Gulden[54]. Resignierend notierte der Chronist: »Kein Gewerb, kein Han-del, die Handwerksleuthe dahero ohne Arbeit, allgemeiner Geldmangel, kein Cre-dit und das schon lang, das ist eine große Noth.«[55] Im benachbarten Stift brachen 1795 Unruhen aus, als die Regierung ohne Rücksicht auf die Bevölkerung Soldaten aushob[56]. Fürstabt Kastolus von Reichlin-Meldegg (1793–1802) und das Stiftskapi-tel mußten einlenken: Zunächst sollten alle diejenigen ausgehoben werden, die sich eines Vergehens schuldig gemacht hatten, unter den übrigen kriegspflichtigen ledi-gen Männern zwischen dem 18. und 36. Lebensjahr sollte das Los entscheiden. Aber noch immer widersetzte sich die Kemptener Landschaft der Forderung des Kreises, Truppen zu stellen. Als die Revolutionstruppen näher rückten, zogen es Fürstabt und Kapitel vor, nach Tirol zu fliehen. Bald hielt der französische General Tarreau in der fürstäbtlichen Residenz Hof. Erst am 17. Oktober 1796 kehrte Ka-stolus von Reichlin-Meldegg nach Kempten zurück.

Der Friede von Campoformio, den Frankreich und Österreich am 18. Okto-ber 1797 schlossen, war nur von kurzer Dauer. Schon 1798 bildeten Großbritan-nien, Rußland und Österreich gegen den Hegemonialanspruch Napoleon Bonapar-tes erneut eine Koalition. Den Alliierten erklärte Frankreich am 20. Februar 1799 den Krieg. Der Schwäbische Reichskreis stellte sich auf die Seite des Kaisers. Ende Oktober bezogen verbündete Russen in Kempten Quartier. Damals notierte Geb-hart: »Das waren abscheuliche Leute. Sie lebten wie das Vieh« und betrugen sich »nicht wie Soldaten, sondern als Mörder, Straßenräuber, Hausdieb, Mägdenschän-der.«[57] Trotz Sondersteuern und Kreditaufnahmen waren die finanziellen Möglich-keiten der Stadt zum Jahresende offensichtlich erschöpft. Eine im Druck erschie-nene Denkschrift vom 19. November 1799 listete die gewaltige Summe von 413 874 Gulden auf, welche die Stadt in den letzten sieben Jahren für das »Kreis-Extraordi-narium«, für die »Proviantur Umlage«, für die »Reichs-Operationskasse«, für »Marsch, Quartier und Vorspann«, für des »Hiesigen Kontingents Verpflegung«, für »Requisitionen«, für den »Ulmer Festungsbau« und anderes mehr aufgebracht hatte.

Im Mai 1800 überschritten die Franzosen wieder den Rhein. Am 12. rückten sie in Stadt und Stift ein, nachdem sich die kaiserliche Armee nach Ulm und Schongau zurückgezogen hatte. Zwei Tage später trug Peter Gebhart in sein Tagebuch ein: »Herr hülf uns, wir verderben!«[58] In den nächsten acht Wochen lagerten bis zu 5000 Franzosen im Kemptener Land. Stift und Residenz wurden erneut ausgeplün-dert. General Martial Thomas raubte 21 Gemälde, 31 Pferde und alle Wagen und Kutschen des Fürstabts[59]. Der Chronist gibt die hoffnungslose Stimmung in Kemp-

ten zum Jahresende wieder: »Man sehe in die verschwundenen Zeiten, man sehe
der Zukunft entgegen, wo kann ein heiterer Sinn uns gebeugte Einwohner Kemptens beleben?«[60] Das neue Jahr brachte am 9. Februar 1801 den Frieden von Lunéville. Als Mitte April die Franzosen aus Kempten abzogen, jubilierte Gebhart:
»Endlich können wir auch mit getrostem Herzen uns des Friedens erfreuen, indem
der Truppenmarsch durch hiesige Stadt und Gegend geendet ist und die Einquartierungen, Fuhrwerk und dergleichen nun aufhören.«
Der Frieden von Lunéville, der den deutschen Fürsten versprach, den Verlust ihrer
linksrheinischen, von Frankreich annektierten Territorien mit Reichsgebiet zu ent-
schädigen, beendete zugleich die Selbständigkeit von Stift und Stadt. Ende Mai
1802 sagte der Erste Konsul der Französischen Republik, Napoleon Bonaparte,
dem Kurfürsten von Bayern sechs geistliche Fürstbistümer, darunter das Hochstift
Augsburg, 13 Reichsabteien und 15 Reichsstädte, darunter auch das Fürststift und
die Reichsstadt Kempten, als Entschädigungsmasse zu[61]. Am 27. Juli eröffnete ein
kurbayerischer Kommissär dem Magistrat, der Kurfürst habe sich veranlaßt gesehen, »die Höchstdemselben zur Entschädigung zugesprochenen Reichslande provisorisch in Besitz zu nehmen«. Am 2. September rückten 120 Mann leichte Reiterei
in Kempten ein, am 30. November wurde auch die zivile Besitzergreifung der
Reichsstadt und des geistlichen Fürstentums vollzogen. Die bayerischen Beamten
gewannen den Eindruck, »daß man in Kempten die Besitznahme durch Bayern mit
einer gewissen Sehnsucht erwartet habe«[62].
Als zwei Jahre später der Dritte Koalitionskrieg (1804–1805) ausbrach, in dem
Bayern an der Seite des französischen Kaisers teilnahm, war die Stadt Kempten
bayerische Provinzstadt, bestand der alte Rivale, das Fürststift, nicht mehr.

1 Vgl. Geoffrey Parker: Der Dreißigjährige
   Krieg, Frankfurt 1987, S. 72–102.

2 Joseph Rottenkolber: Stadt und Stift Kempten
   im Dreißigjährigen Kriege. In: Heimgarten 15
   (1930), S. 16, 19f., 23f., 27f., 30f., 34f., 39f.,
   42f., 46ff., 51f. u. 55f.; hier S. 16.

3 Rottenkolber, Stift, S. 107.

4 Joseph Rottenkolber: Der Kemptner Fürstabt
   Heinrich von Ulm 1607–1616. In: AGF 15
   (1918), S. 16–61; ders., Stift, S. 109f.

5 Blickle, Kempten, S. 162f.

6 Joseph Rottenkolber: Die Fürstabtei Kempten
   und ihr Anteil an der Liga. In: Im Heimgarten
   5 (1913), S. 119f., 121f. u. 125f.; ders., Fürstabt Heinrich, S. 62–82.

7 Alfred Weitnauer: Der Reichsstadt Kempten
   Kriegslasten und deren Aufbringung während
   des Dreißigjährigen Krieges. Diss. phil. Würz-

burg 1931. In: AGF 33 (1931), S. 5–130; hier
S. 13–21.

8 Weitnauer, Reichsstadt, S. 22.

9 Brandmüller, Geistiges Leben, S. 614ff. u.
   S. 628–631.

10 Joseph Rottenkolber: Die Kriegskosten der
    Fürstabtei Kempten in den Jahren 1619–1631.
    In: Im Heimgarten 6 (1914), S. 29–31.

11 Nach Rottenkolber, Stift, S. 115, hätte das
    Stift 327766 Gulden bezahlt.

12 Ebd. S. 125.

13 Ebd. S. 117.

14 Weitnauer, Reichsstadt, S. 29; zum Hinter-
    grund aus stiftischer Sicht Adolf Horchler:
    Ein Beitrag zur Geschichte des Jahres 1628 in
    Kempten. In: AGF 3 (1890), S. 108–111.

15 Nach Weitnauer, Reichsstadt, S. 59–62.

16 Rottenkolber, Stift, S. 117.

17 Ebd. S. 118; Weitnauer, Reichsstadt, S. 31.

18 Rottenkolber, Stadt und Stift, S. 19.

19 Ebd. S. 20; Weitnauer, Reichsstadt, S. 32; ders.: Die Rüstung der Reichsstadt Kempten im Dreißigjährigen Krieg. In: AGF 47 (1941), S. 83–85.

20 Weitnauer, Reichsstadt, S. 34f.; Rottenkolber, Stadt und Stift, S. 20 u. 23.

21 Zum Ablauf der Ereignisse von Mai 1632 bis Januar 1633: Johann Zorn (Hrsg.): Sammlung der merkwürdigen Ereignisse in der ehemaligen Reichsstadt Kempten [...], Kempten 1820, S. 63–74; Haggenmüller, Bd. 2; Baumann, Allgäu, Bd. 3, S. 177–188; Weitnauer, Reichsstadt, S. 35ff.; Rottenkolber, Stift und Stadt, S. 23f., 27f., 30f., 34f., 39f. u. 42f.; Rottenkolber, Stift, S. 119–126. – Quelle: Rottenkolber: Die Chronik des Pfarrers Johann Megglin. In: Hochvogel 6 (1929), S. 182f. u. 186f. Nochmals bekanntgemacht durch Klaus von Andrian: Die Grafschaft Kempten im Dreißigjährigen Krieg. Auszüge aus der »Untrasrieder Chronik«, 1952. – Bemerkenswert sind die unterschiedlichen Bewertungen Weitnauers und Rottenkolbers. Ersterer argumentiert »prostädtisch«, der andere »prostiftisch«. Regelrechte Konfusion besteht hinsichtlich des zeitlichen Ablaufs schon seit Zorn und Haggenmüller. Folge hier der Chronologie bei Baumann und Rottenkolber.

22 Zitat bei Rottenkolber, Stadt u. Stift, S. 27.

23 Rottenkolber, Stift, S. 122.

24 Zitiert nach Andrian, S. 25 u. 27.

25 Vgl. Zorn, S. 67–71 (226 Tote) und Weitnauer, Reichsstadt, S. 37 (200 Tote). Die Zahl von 1100 Toten, so Baumann, Allgäu, Bd. 3, S. 186, erscheint als weit übertrieben, wie auch der 1669 erschienene Greuelbericht der »Oberländischen Jammer- und Strafchronik« (ebd. S. 184–186), der propagandistischen Zwecken diente.

26 Über ein zu diesem Anlaß entstandenes Lied vgl. Otto Erhard: Ein Kempter Lied aus dem dreißigjährigen Krieg. In: AGF 8 (1913), S. 1–8.

27 Weitnauer, Reichsstadt, S. 48, erwähnt 1000 und 1714 Tote; Rottenkolber, Stadt und Stift, S. 51, hält eine Zahl von mehr als 3000 Toten für übertrieben.

28 Weitnauer, Reichsstadt, S. 62.

29 Ebd. S. 53–57. Zum Folgenden S. 57 Anm. 1.

30 Wolfgang Zorn: Der Dreißigjährige Krieg im schwäbischen Land: Feldzüge der Schweden und Franzosen. In: SchwBl 5 (1954), S. 73–84; hier S. 80.

31 Joseph Rottenkolber: Der Kemptener Fürstabt Roman Giel von Gielsberg. In: Heimgarten 16 (1931), S. 88–91, 93ff., 98f. u. 101ff.; Rottenkolber, Stift, S. 130–150. – HStA München, Fst. Kempten, NA, Literalien 2518.

32 Weitnauer, Reichsstadt, S. 58.

33 Zum Hintergrund Michael Doeberl: Entwicklungsgeschichte Bayerns. 2. Band, 3. Aufl. München 1928, S. 139–163; Ludwig Hüttl: Max Emanuel – Der Blaue Kurfürst 1679 bis 1726, München 1976, S. 281–363.

34 Zum Kriegsverlauf in Schwaben: Baumann, Allgäu, Bd. 3, S. 208–213; Weitnauer, Chronik, III, S. 1–10.

35 Zorn, S. 85–97; Flugschrift: Deß Heiligen Reichs Stadt Kempten allgemeine Außlagen und anders / so dieselbe wegen der Frantzösischen und Chur-Bayerischen Trouppen von Anno 1701 bis 1704 für Contributions, Quartiers / Kriegs- auch andern Unkosten und Schäden erlitten, Kempten 1704. – Wiederabgedruckt von Alfred Weitnauer: Kempten im spanischen Erbfolgekrieg. In: Heimgarten 9 (1934), S. 1 f.

36 Fürstabt Rupert von Bodman (1678–1728) machte deshalb 1709 auf dem Reichstag eine Entschädigungsrechnung von 690 727 Gulden auf, deren Begleichung das Stift noch 1779 vergeblich erhoffte. Vgl. Kurzgefaßte Vorstellungen Über die In Anno 1709. Bey dem offentlichen Reichstag Dem Hochfürstlichen Stift Kempten für Reichsgesetzmäßig anerkannte Indemnisation [...], Kempten 1709.

37 Eine Untersuchung über die wirtschaftliche Entwicklung seit 1650 steht noch aus. Ansätze bei Zorn, Handels- und Industriegeschichte, S. 71–97; vgl. Weitnauer, Reichsstadt, S. 117.

38 Wilhelm Ehrhart: Die Sterblichkeit in der Reichsstadt Kempten (Allgäu) in den Jahren 1606–1624 und 1686–1870. In: Archiv für Hygiene und Bakteriologie 116 (1936), S. 125–130; hier S. 118.

39 Alfred Weitnauer: Prinz Eugen, der edle Ritter und die Zerstörung der Burghalde. In: Heimgarten 11 (1936), S. 1–3.

40 Rottenkolber, Stift, S. 158f.

41 Zittel, »Familienstreit«, S. 183–186. Eine gründliche Untersuchung der Konflikte steht

nach wie vor aus. Vgl. dazu im HStA München, Fst. Kempten, MüB, Literalien Nr. 42, 45, 60, 60a, 65, 73½, 74, 215 und NA, Literalien Nr. 2055–2058, 2511–2513, 2515f., 2518, 2520–2523, 2548–2554, 2559f., 2564–2567, 2569–2573, 2592, 2616–2618 zu Konflikten im 17./18. Jahrhundert.

42 Johann Reinhard Wegelin: Gründliche Ausführ- und Rettung Des Heiligen Reichs Stadt Kempten Uralten Herkommens und Reichs-Immedietät [...], Kempten] 1731.

43 HStA München RU Kempten 1718 vom 24. Mai 1737 (Vergleich wegen des Mit-Jagens) und 1729 vom 5. September 1749 (Vergleich wegen der Viehweide genannt Allmay).

44 Baumann, Allgäu, Bd. 3, S. 213 ff.

45 Josef Buck: Die Reichskontingentler. In: AGF 8 (1895), S. 103–106.

46 Bericht des Grafen Karl von Zinzendorf über seine handelspolitische Studienreise durch die Schweiz 1764, hrsg. von Otto Erich Deutsch. In: BZfG 35 (1936), S. 171–176. Die folgenden Zitate S. 171 u. 174.

47 Hildebrand Dussler (Hrsg.): Reisen und Reisende in Bayerisch-Schwaben und seinen Randgebieten in Oberbayern, Franken, Württemberg, Vorarlberg und Tirol. Bd. 2, Weißenhorn 1974, S. 225.

48 Otto Marquard: Stift und Reichsstadt Kempten am Ende des 18. Jahrhunderts. In: AGF 8 (1913), S. 8–17. Zitate S. 15f.

49 Hans Hubert Hofmann: [...] sollen bayerisch werden. Die politische Erkundung des Majors von Ribaupierre durch Franken und Schwaben im Frühjahr 1802, Kallmünz 1954, S. 36ff. Zitate S. 36f.

50 Heinz-Günther Borck: Der Schwäbische Reichskreis im Zeitalter der französischen Revolutionskriege (1792–1806), Stuttgart 1970; ferner Alfred Weitnauer (Hrsg.): Kempten in den Kriegen der Französischen Revolution (1792–1802). In: AGF 40 (1937), S. 1–80 u. 41 (1937), S. 1–50. Zum Kriegsverlauf im Allgäu Baumann, Allgäu, Bd. 3, S. 216–229.

51 Borck, S. 128–136.

52 Weitnauer, Kempten in den Kriegen 1, S. 19.

53 Ebd. S. 30.

54 Zu den Zahlen ebd. S. 18 u. 42.

55 Ebd. S. 43.

56 Rottenkolber, Stift, S. 190f.

57 Weitnauer, Kempten in den Kriegen 1, S. 74 u. 77.

58 Weitnauer, Kempten in den Kriegen 2, S. 9.

59 Rottenkolber, Stift, S. 193.

60 Weitnauer, Kempten in den Kriegen 2, S. 38; das folgende Zitat S. 47.

61 Rottenkolber, Säkularisation; ders., Das Ende der Reichsstadt Kempten. In: Heimgarten 12 (1927), S. 310f., 317ff., 325f., 335f. u. 341f.; Georg Nagel: Mediatisierung und Organisation der Reichsstadt Kempten. In: Heimgarten 16 (1931), S. 91f., 95f., 99f. u. 103.

62 Zitate bei Rottenkolber, Ende der Reichsstadt, S. 325 u. 326.

Das Fürststift und die katholische Reform
in der Barockzeit

Volker Dotterweich

In einem Bericht des Luzerner Nuntius Ladislao d'Aquino an die römische Kurie
aus dem Jahre 1613 findet sich ein aufschlußreiches Resümee über den Zustand der
Benediktiner- und Zisterzienser-Abteien im Bereich der Schweizer Nuntiatur, die
unter anderem die Bistümer Basel und Konstanz und damit auch das Oberelsaß
und einen Teil von Schwaben umfaßte[1]. Ansehen, politische Macht und materieller
Wohlstand der Abteien täuschten den Nuntius nicht darüber hinweg, daß es, ein
halbes Jahrhundert nach dem Trienter Konzil, in seiner Nuntiatur noch immer
zwei Klassen von Benediktiner-Klöstern gab, nämlich solche, die sich der katholischen Reformbewegung angeschlossen hatten und solche, die sich derselben noch
immer verschlossen.
Zu den Reformklöstern zählte er vorrangig diejenigen, die sich zur Durchführung
der Konzilsdekrete zu Partikular-Kongregationen vereinigt und auf diesem Wege
einem periodisch zusammentretenden Generalkapitel mit einem gewählten Präses,
eigenen Visitatoren und verbindlicher Konstitution unterstellt hatten. Namentlich
die Klöster der Schweizerischen Benediktiner-Kongregation, darunter St. Gallen,
Einsiedeln und Muri, aber auch Rheinau, Fischingen, Pfäfers und Engelberg,
zeichneten sich nach den Worten des Nuntius durch gemeinsames monastisches
Leben, würdige Verrichtung des Officiums, Disziplin und gewissenhafte Erfüllung
der benediktinischen Regel aus. Innerhalb der schwäbischen Benediktiner-Kongregation sprach er Weingarten den ersten Rang zu. Zu den schwarzen Schafen seines
Amtsbezirks, den *disreformati,* rechnete d'Aquino die Abtei Murbach im Elsaß
und das Fürststift Kempten im Allgäu. In Kempten, resümierte er, sei es schwierig,
überhaupt etwas zu erreichen. Denn diese Abtei sei vom Sitz der Schweizer Nuntiatur zu weit entfernt und zugleich »sehr stolz«.
Konkreter informierten zwei Visitationsberichte aus dem Jahre 1594 über den inneren
Zustand des Fürststifts. Den ersten verfaßte Erzabt Petrus Paulus de Benalli[2]. Benalli
bereiste zwischen 1592 und 1595 die deutschen Benediktinerabteien in der Absicht, sie
zu einer umfassenden Kongregation (Union) zusammenzuschließen. In Kempten vi-
sitierte er das Kloster. Er fand Anlaß genug, den Mitgliedern des Konvents eindringlich ins Gewissen zu reden. »Nonnen, Frauenzimmern sowie Andersgläubigen«,
mahnte er vor seiner Abreise, sei künftig der Zutritt zum Kloster unter allen Umständen zu verwehren; den Klosterschlüssel dürfe niemand anderer führen als der
Abt; der tägliche Weinkonsum sei um die Hälfte zu reduzieren; den jüngeren Mitgliedern des Stifts aber sei das Studium der Theologie und der Philosophie nahezulegen.

Dem nur wenige Tage vor seinem Eintreffen in Kempten gewählten Abt Johann Adam Renner von Allmendingen (1594–1607) stellte Benalli das beste Zeugnis aus[3]. Zu Unrecht, wie Monate später eine zweite Visitation durch den Luzerner Nuntius Hieronymus Graf Portia zu Tage brachte[4]. Des Prälaten Leben, bemängelte der Kardinal, sollte vor allem auf das eigene und seiner Untertanen Seelenheil gerichtet sein, hauptsächlich auf die Rückkehr zu geordnetem Leben nach der benediktinischen Regel. Durch diese allein könne das Kloster seine frühere Achtung und sein altes Ansehen zurückgewinnen. Alles, was dem »göttlichen Gesetz« zuwiderlaufe, müsse mit Stumpf und Stiel ausgerottet werden: der Zutritt verdächtiger Personen zum Kloster, das leichtfertige Schwören, Zank und Hader, die gewissenlose Veräußerung des Klosterguts, die Mißachtung von Fastengeboten und der Gebetszeiten, Jagdvergnügungen, Trinkgelage, Ausschweifungen in Spiel und Tanz. Habe bisher jeder der Konventsherren ein eigenes Wohnhaus beansprucht, so sei nun ein gemeinsames Wohngebäude mit einzelnen Zellen und ein Refektorium zur Einnahme der gemeinsamen Mahlzeiten zu errichten. Weltliche Kleidung, Ringe, Ketten, Korallenarmbänder, silberne Knöpfe und Spangen müßten abgelegt, der Gottesdienst wieder würdig gehalten werden. Nur gut veranlagte und sittlich einwandfreie Novizen seien in das Stift aufzunehmen, und zwar ohne Rücksicht auf Alter und Stand.

Kein Zweifel, Kempten, das politisch mächtigste Kloster des oberschwäbischen Raumes, erlebte in den Jahrzehnten nach dem Trienter Konzil, als sich in den benachbarten Abteien Schwabens, am Rhein, am Bodensee und in der inneren Schweiz die monastische Reform durchzusetzen begann, seinen Tiefstand. Die Ursachen dieser so ungleichzeitigen Entwicklung sind zunächst und vor allem in der Geschichte des Klosters selbst zu suchen. Denn auch im umfassenden Ordensverband, in der Kirchenprovinz, selbst im Strome säkularer Bewegungen bleibt die einzelne Mönchsgemeinschaft Individualität, geprägt durch die religiös-geistige, politische und soziale Landschaft, der sie angehört, immer aber durch diejenigen, die in ihr leben, die sie führen und ergänzen. Indes, nicht nur in Kempten stießen die monastischen Reformbemühungen auf Abwehr. Die beiden exemten Adelsstifter Murbach und Fulda zum Beispiel verschlossen sich mit ähnlicher Beharrlichkeit noch im 17. Jahrhundert der nachtridentinischen Reform. Exemtion, adelige Exklusivität und Ablehnung der Reformbeschlüsse des Tridentinum befanden sich in Kempten, Murbach und Fulda beisammen. Es stellt sich die Frage nach ihrem inneren Zusammenhang.

Exemtion und Adelsprivileg

Kirchenrechtlich war Kempten exemt, das heißt, es unterstand Rom unmittelbar, ohne der Diözesangewalt eines Bischofs unterworfen zu sein. Obgleich es namentlich im 16. und 17. Jahrhundert über den Umfang dieses Privilegs zwischen den Fürstäbten und den Bischöfen von Augsburg und Konstanz zu heftigen Auseinandersetzungen kam, war die Exemtion der klösterlichen *familia* und die Freiheit der Abtswahl spätestens seit dem 15. Jahrhundert gesichert[5].

Eine Bulle Papst Martins V. aus dem Jahre 1419, ausgestellt an den Abt von Ottobeuren, enthält erstmals die Formel: *monasterium Campidonense Sanctae sedi immediate subiectum* (das dem Heiligen Stuhl unmittelbar unterstellte Kloster Kempten). Sodann sicherte Papst Sixtus IV., der sich bemühte, die beherrschende Stellung des Adels innerhalb der kirchlichen Hierarchie zu festigen, im Jahre 1483 die Exemtion der Abtei durch ein umfangreiches Privileg: *monasterium ipsum et illius abbatem et conventum ac monachos, colonos, subditos et personas [...] ab omni dominio, iurisdictione et superioritate episcopi constantiniensis [...] et aliorum ordinariorum de novo prorsus eximimus et totaliter liberamus.* Er befreite das Gotteshaus, seine Äbte und Konventualen, seine Bauern und Bediensteten – das heißt, die im Dienste des Klosters stehenden und auf klösterlichen Gütern tätigen Personen, nicht aber die Kemptener Stiftsuntertanen – von neuem vollständig von der Gerichtsbarkeit und Hoheit des Konstanzer und jedes anderen Bischofs. Die bei der Neubesetzung der Prälatur an das Bistum Konstanz zu entrichtenden Annaten sollten künftig entfallen. Statt dessen erhob die römische Kurie ihrerseits erhebliche Gebühren. Sie beliefen sich im Jahre 1535 auf 461, im Jahre 1631 schon auf 900 Dukaten, die üblichen Geschenke an den Nuntius nicht miteingerechnet. Wesentlich höher lag die Taxe im 17. und 18. Jahrhundert. Während Fürstabt Heinrich von Ulm bei seiner Wahl im Jahre 1607 noch 3200 Gulden entrichtete, mußte Engelbert von Syrgenstein Mitte des 18. Jahrhunderts mehr als 5000 Gulden aufbringen. Im Gegenzug hat Rom die Wahlentscheidungen des Kemptener Konvents stets anerkannt[6].

Für die Reformgeschichte der Abtei ist die Exemtion des Klosters von der bischöflichen Jurisdiktionsgewalt von weittragender Bedeutung. Das Privileg unterstellte den Abt und seine Untergebenen der direkten Aufsicht durch die römische Kurie und die päpstlichen Nuntien. Die Verwaltung der inneren Klosterangelegenheiten stand einzig und allein dem Abt zu. Jede Einmischungsmöglichkeit seitens der Diözesangewalt war ausgeschlossen. Das Privileg entzog somit das Stift der Visitation, dem Interdikt und der Exkommunikation durch benachbarte Bischöfe. Schließlich machte es die Gültigkeit der Abtswahl, deren Konfirmation nun allein dem Papst zustand, von der Zustimmung des Diözesanbischofs unabhängig. Andererseits trugen die römische Kurie und die päpstlichen Nuntien nicht zuletzt wegen der kirchenrechtlichen Exemtion der Abtei für die Aufrechterhaltung der monastischen Ordnung in besonderem Maße die Verantwortung. Von ihnen mußten die entscheidenden Reformimpulse ausgehen. Denn daß der Geist der Erneuerung im *Adelsstift* selbst lebendig werden würde, war mehr als zweifelhaft.

Über die ständische Zusammensetzung des Kemptener Konvents fehlen bis in die erste Hälfte des 13. Jahrhunderts alle Nachrichten. Kein einziger der seit 1269 namentlich bekannten Kapitulare war jedoch bürgerlicher oder bäuerlicher Herkunft. Denn im Unterschied zu den Reformklöstern des ausgehenden Mittelalters paßte sich Kempten der gesellschaftlichen Umschichtung nicht an, die sich seit dem

Erstarken des städtischen Bürgertums auch in den Benediktiner-Konventen vollzog. Das Stift hielt bis zu seiner Auflösung durch die Säkularisation mit beispielloser Konsequenz am Adelsprivileg fest. In diesem Zusammenhang spielt die Verflechtung mit dem heimischen schwäbischen Adel eine nicht unerhebliche Rolle. Rottenkolber hat in verdienstvoller Detailarbeit die Abkunft von 242 mit Namen bekannten Konventualen ermittelt und 147 Adelsfamilien geographisch lokalisiert[7]. Demnach hatte das Kloster den stärksten Zuzug aus dem heutigen Ostschwaben und aus Württemberg, einer Landschaft, der mehr als die Hälfte der Konventsherren entstammte. Trotz konkurrierender Abteien am Rhein und Bodensee, von St. Gallen und Einsiedeln, folgten die Schweiz mit einem Anteil von 17,7%, dann Baden mit 9,1%, Bayern mit 5,7% und Österreich mit 3,8%. Daneben finden sich Familien aus dem Elsaß, aus Franken und Hessen. In einem weiteren Sinne gehörte so der gesamte süddeutsche Raum zum Einzugsgebiet des Klosters, ohne daß deswegen die überaus enge Verflechtung des Kemptener Konvents mit dem schwäbischen Umland beeinträchtigt worden wäre.

Der heimische Adel hatte das Kloster durch Stiftungsgut, Schenkungen und die »Mitgift« der Novizen freigebig ausgestattet. Es entsprach altem Recht und Herkommen, daß die Stiftsstellen seinen nachgeborenen Söhnen reserviert blieben. Bald wurden die Pfründen des Konvents, die man im übrigen von denen des Fürstabts trennte, mehr als Standes- denn als Amtsversorgung aufgefaßt. Kempten ist in dieser Hinsicht kein Sonderfall. In allen Stiften, die wie Fulda und Murbach, Komburg und Ellwangen am Adelsprivileg festhielten, ganz besonders aber in den adeligen Domkapiteln der Bistümer, machten die Kapitulare ihren Anspruch auf standesgemäße Ausstattung und materielle Versorgung mit Nachdruck geltend. Wenn auch die Vorstellung, Kempten sei mit seinen verhältnismäßig reichen Einkünften das »Spital« des »niedergehenden« schwäbischen Adels schlechthin gewesen, die soziale Funktion des Stifts als Institut adeliger Standesversorgung weit überschätzt, so hat es in dieser Hinsicht doch durchaus die Erwartungen der schwäbischen Ritterschaft erfüllt.

Adelsprivileg und Ergänzung des Monasteriums durch Ritterbürtige ist freilich nur *ein* Aspekt der intensiven Verflechtung zwischen dem Reichskloster und der adelig-ständischen Gesellschaft. Nicht allein im Chorgestühl der Stiftskirche, auch am Hofe des Prälaten, in den Vogteien und Pflegeämtern draußen auf dem Lande, in zahlreichen administrativen und diplomatischen Funktionen sind vorzugsweise Angehörige des schwäbischen Adels zu finden. Auch ihnen bot das geistliche Fürstentum ein hinreichendes und standesgemäßes Auskommen, ohne sie zum Ordenseintritt zu nötigen.

Tatsächlich spielten das Familieninteresse des schwäbischen Adels, Verwandtschaftsbeziehungen und Nepotismus bei der Aufnahme ins Kloster sowie bei der Vergabe der Konventspfründen, der Pflegeämter und Vogteien eine wesentliche Rolle. Den zur Würde des Fürstabtes Emporgestiegenen, auch einzelnen Offizialen fiel es nicht schwer, versorgungsbedürftige Verwandte in stiftkemptischen Diensten unterzubringen. Einzelne Adelsfamilien haben ihre Söhne über Generationen hinweg im Stift untergebracht und nur wenige schwäbische Adelshäuser verstanden es nicht, aus der Verbindung mit dem Kloster Vorteil zu ziehen. Möglichkeiten dazu waren zahlreiche gegeben und nicht zu Unrecht hieß es: »Kommt der Tag, so bringt der Tag das Leben von Gott und das Essen vom Hof«[8].

Die Ressourcen des Klosters waren freilich nicht unerschöpflich. Auch in Kempten kam es seit dem 15. Jahrhundert zu schweren ökonomischen Krisen, die durch die spätmittelalterliche Agrardepression, den Übergang von der Agrar- zur Geldwirtschaft, hauptsächlich aber durch die langjährigen Auseinandersetzungen des Stifts mit der benachbarten Reichsstadt, durch den Bauernkrieg von 1525 und die Katastrophe des Dreißigjährigen Krieges, aber auch durch die Mißwirtschaft einzelner Äbte, das Besitzstreben der adeligen Insassen und Nutznießer des Klosters sowie durch die Aufteilung des Konventsgutes in einzelne Pfründen verursacht wurden. Reformation und wirtschaftlicher Niedergang des Klosters waren die Hauptursachen, daß sich die Zahl der Konventsherren kontinuierlich verringerte.

Der Konvent schmolz nicht nur aufgrund äußerer Einwirkungen zusammen. Adelige Abschließung und Verschärfung der Ahnenprobe trugen erheblich dazu bei, den Kreis der Privilegierten klein zu halten. Dies macht vor allem ein Vergleich mit denjenigen Benediktinerabteien deutlich, die sich den spätmittelalterlichen Reformbewegungen angeschlossen und mit der ständischen Exklusive gebrochen hatten. Ihre Konvente umfaßten vor der Reformation nicht selten bis zu drei Dutzend oder mehr Mitglieder. Das Chorgestühl von Blaubeuren hatte, um ein extremes Beispiel zu nennen, gegen Ende des 15. Jahrhunderts nicht weniger als 66 Sitze. Ottobeuren zählte 13 (1508), Weingarten 15 (1491), Irsee 15 (1525), St. Georgen im Schwarzwald 17 (1505), St. Blasien 33 (1493) und Hirsau 40 Mitglieder (1460/80)[9]. Der Kemptener Konvent indes umfaßte zwischen 1451 und 1607 nur selten mehr als ein halbes Dutzend, zeitweise auch noch weniger Stiftsherren. Bei der Abtswahl im Jahre 1481 waren es neun, 1523 sieben, 1524 nur drei[10]. Beim Tode Albrechts von Hohenegg (1587) bestand der Konvent aus dem Dekan Johann Erhard Blarer von Wartensee und dem Kustos Wolf-Dietrich von Erolzheim. Eilends wurde Johann Adam Renner von Allmendingen, der damals in Ottobeuren studierte, nach Kempten beordert, um den Konvent beschlußfähig zu machen. Erst infolge der Klosterreform des 17. Jahrhunderts stieg die Zahl der Novizen auch in Kempten kontinuierlich an. 1639 hatte das Kloster acht, 1669 zwölf, 1678 dann 14 und 1747 schließlich 18 Konventualen. In der zweiten Hälfte des 18. Jahrhunderts erreichte der Konvent mit vorübergehend zwanzig Mitgliedern seinen absolut höchsten Stand[11].

Die adelige Abschließung – auch in Zeiten wirtschaftlicher Prosperität – gewährleistete denjenigen, die im Kloster Aufnahme fanden, einträgliche Pfründen. Zugleich hielt sie deren Vergabe und die Möglichkeit, über die Wahl zum Abt bis in den Reichsfürstenstand aufzusteigen, streng in den Reihen des Adels. Die beharrliche Weigerung des Kemptener Konvents, Novizen bürgerlicher oder bäuerlicher Herkunft aufzunehmen, verhinderte andererseits über Jahrzehnte hinweg das Eindringen eines mehr auf innerweltliche Askese gerichteten Geistes sowie von Impulsen benediktinischer Erneuerung und sicherte so auch innerhalb der »Klostermauern« den Fortbestand adelig-ständischer Lebensform.

Adelig-ständische Lebensform und monastische Disziplin

Das adelig-ständische Interesse der Konventualen trug spätestens seit dem ausgehenden 15. Jahrhundert wesentlich dazu bei, die monastische Verfassung schrittweise zu unterlaufen. Hauptsächlich die Entwertung der Abtsgewalt und die Verselbständigung des Konvents haben den Verfall der klösterlichen Disziplin und den Niedergang des monastischen Lebens begünstigt. Damit kam am Ende des Spätmittelalters in Kempten eine Entwicklung zum Abschluß, deren Ursprünge bis in das 10. Jahrhundert zurückreichen.

Das Fundament der benediktinischen Klosterverfassung ist das Leben in der Gemeinschaft nach der idealen Ordnung der *regula*. Den Mittelpunkt der klösterlichen Gemeinschaft bildet der Abt, der diese gesetzliche Ordnung den Verhältnissen der Zeit und der Umwelt entsprechend handhabt. Er hat die volle Leitungsgewalt über das Kloster und über jedes einzelne seiner Mitglieder. Gleichwohl trägt ihm die Regel auf, die gesamte Klostergemeinde zu hören, *quoties aliqua praecipua agenda sint* (Reg. c. 3), wenn wichtige Entscheidungen anstehen. Dann tritt die *congregatio* oder der Konvent dem quasi-monarchischen Abt als beratendes Gremium an die Seite.

Diese einfachen Grundprinzipien des innerklösterlichen Zusammenlebens erfuhren schon im hohen Mittelalter einschneidende Veränderungen. Analog zur verfassungsrechtlichen Entwicklung anderer geistlicher Kollegien (Domkapitel, Kardinalskollegium) wurde die Leitungsgewalt des Abtes durch ein immer weiter ausgelegtes Einspruchsrecht der monastischen Gemeinschaft eingeengt. Doch blieb die Gewalt der Konventualen in der Regel darauf beschränkt, den Klostervorstand bei fehlendem Konsens in zustimmungsbedürftigen Fällen am Handeln zu hindern. Spätestens seit dem ausgehenden Mittelalter gingen die Kemptener Stiftsherren über diese Befugnis weit hinaus. Denn in Kempten gewann der Konvent vom 16. bis in die erste Hälfte des 17. Jahrhunderts mitentscheidenden Einfluß auf die Handhabung der disziplinären Gewalt, die Gestaltung des monastischen Lebens, die Nutzung des Stiftungsvermögens sowie die Regierung und Verwaltung der Abtei.

Die schrittweise Aushöhlung der Abtsgewalt wurde nicht unwesentlich durch die Mitwirkung der Klostergemeinde bei der Wahl ihres Oberen begünstigt. Zwar setzte die benediktinische Regel die Eignung des Kandidaten und die Kontrolle der Wahl durch eine außerklösterliche Autorität voraus, aber die Wahlprüfung, die sich Rom im Falle der exemten Fürstabtei selbst vorbehielt, entwickelte sich zu einem rein formalen Akt. Seit dem Ende des 14. Jahrhunderts bestätigte die Kurie ausnahmslos alle Kemptener Fürstäbte, deren Konfirmation erhebliche Taxen und den Mitgliedern der Konsistorialkongregation großzügige Geschenke einbrachte. Die Stiftsherren nutzten ihrerseits das Wahlrecht als eine Sonderform innerklösterlicher

»Mitbestimmung«. Nach Beispiel der Domkapitel trafen sie vor der Wiederbesetzung der erledigten Prälatur mehr oder minder umfangreiche Wahlkapitulationen[12], um den künftigen Klostervorstand auf ihre Ansprüche zu verpflichten. Im Vordergrund dieser Vereinbarungen standen die Wahrung hergebrachter Rechte sowie die Sicherung gemeinsamer ständischer und materieller Interessen. Über diese konnte sich das adelige Wahlgremium seiner sozialen Homogenität und des noch offenen Wahlausgangs wegen in der Regel relativ rasch verständigen.

Wahlkapitulationen der Kemptener Stiftsherren sind erstmals aus dem Jahre 1481 überliefert, sodann aus den Wahljahren 1523, 1587, 1594, 1607, 1639 und 1668[13]. Sie hatten im wesentlichen die Mitregierung des Konvents in wichtigen Stiftsangelegenheiten, die Trennung zwischen Abts- und Konventgut, die Verteilung der Konventsämter, Pfarrstellen und sonstigen Klosterpfründen unter den Stiftsherren, schließlich die Verwirklichung eines weitgehend säkularen und »standesgemäßen«, das heißt adeligen Lebensstils zum Inhalt. Am weitesten gingen die Kapitulationen von 1587 und 1594[14]. Damals zählte der Konvent, wie bereits erwähnt, nur jeweils drei stimmberechtigte Mitglieder. Diesen fiel es nicht schwer, Ämter und Pfründen unter sich aufzuteilen, die Ernennung und Entlassung stiftischer Räte und Amtsleute gemeinsam zu regeln sowie die gesamte Dienerschaft des Klosters nicht nur auf den Abt, sondern auch auf den Konvent zu vereidigen. Noch weniger war man kleinlich, als es darum ging, sich gegenseitig »Wohltaten« zu erweisen. Mit Ausnahme der Pfarrei St. Lorenz, die der Prälatur zukam, inkorporierten die Stiftsherren alle erledigten Klosterpfründen dem Konvent und verpflichteten den Abt zu wertvollen Geschenken an Geld, Geschirr, Schmuck und Pferden. Sie sicherten sich das Recht auf eigene Wohnung und Pferdehaltung, auf Lieferung von jährlich zehn Klaftern Brennholz, von wöchentlich elf Pfund Fleisch, von Bodensee- und Neckarwein nach Bedarf. In der Fastenzeit sollte jeder ein Anrecht auf eine Maß Wein und zwei Hofbrote haben. Dem Abt sollte es frei stehen, sein persönliches Vermögen und seine sonstige Hinterlassenschaft nach Gutdünken zu vererben. Und auch sieben Jahre später konnte die drohende Klostervisitation durch den päpstlichen Legaten Benalli die drei wahlfähigen Stiftsherren nicht veranlassen, hinter den »Errungenschaften« und Sicherungen von 1587 zurückzustehen.

Wenn es zutrifft, daß die theologische Verwirrung und die Verwilderung des katholischen Klerus in Süddeutschland nach dem Augsburger Religionsfrieden (auch gegenüber der Zeit vor der Reformation) ihren Höhepunkt erreichte, dann ist Kempten hierfür ein sprechendes Beispiel. Von klösterlicher Gemeinschaft und Verzicht auf Privateigentum, von Gehorsam, Armut und Klausur, mit einem Wort, von monastischer Observanz war keine Spur. »Die Lebensgewohnheiten eines seiner religiösen Aufgabe nicht mehr bewußten Stiftes, das Beispiel der adeligen Verwandten, der moralische Tiefstand der Zeit, das Fehlen jeglicher Autorität, die Rechenschaft fordern konnte, die Exemtion und Reichsunmittelbarkeit des Stiftes«, resümierte Hermann Tüchle, »ließen das Übel von Geschlecht zu Geschlecht weiterwuchern«[15]. Als sich aber dem Streben nach Versorgung, Eigentum und Macht, nach Verwirklichung individueller Lebensführung und säkularer Daseinsfreuden die Erneuerungskräfte der nachtridentinischen Zeit entgegenstellten, stand das Adelsstift Kempten vor der Alternative, sich selber aufzugeben oder aber sich der monastischen Reform nicht länger zu verschließen.

Durchbruch der benediktinischen Reform

Würde das Stift aus eigener Kraft und Initiative jemals wieder zum Bewußtsein seiner geistigen und religiösen Bestimmung gelangen? Die Voraussetzungen dazu waren denkbar schlecht. Anstoß und Hilfe mußten von außen kommen.
In der Geschichte des Benediktiner-Ordens bedeutet das Konzil von Trient einen Markstein – trotz der Eile, mit der es sich in seiner letzten Sitzung am 3. und 4. Dezember 1563 der Ordensreform annahm[16]. Zwar gingen vom Konzil für die Wiederbelebung der benediktinischen Tradition keine neuen, fundamentalen Richtlinien aus. Aber die Konzilsdekrete gaben der bereits wirksamen benediktinischen Erneuerungsbewegung eine nicht zu unterschätzende Absicherung. Sie forderten nachdrücklich den Verzicht auf Privateigentum, schärften die strenge Einhaltung des Ordensgelübdes ein und erließen Bestimmungen im Hinblick auf die Sicherung und Verwaltung des Klostervermögens. Profeß sollte künftig erst nach Ablauf eines einjährigen Noviziats und nicht vor dem vollendeten 16. Lebensjahr abgelegt werden können. Darüber hinaus verpflichtete das Konzil, und dies war speziell für Kempten bedeutsam, alle exemten Klöster, sich zu Generalkapiteln oder Kongregationen zusammenzuschließen.
Im Zusammenhang mit der Ordensreform sollte der kanonischen Visitation eine Schlüsselfunktion zukommen. Diese konnte den päpstlichen Nuntien, den zuständigen Diözesanbischöfen oder dem Orden selbst übertragen sein. Ihr Erfolg setzte jedoch immer ein Entgegenkommen des Klosteroberen oder wenigstens eines Teils der Klosterinsassen voraus. An deren »geistiger Inspiration« hatte wiederum der Jesuitenorden entscheidenden Anteil. Alle diese Reformkräfte waren, freilich mit unterschiedlichem Gewicht, auch in Kempten wirksam.
Da war zunächst der Bischof von Konstanz, Kardinal Andreas von Österreich, Sohn Erzherzog Ferdinands und Philippine Welsers, der seine Diözese reformierte, sich aber auch nicht uneigennützig um Kempten kümmerte[17]. Starken Rückhalts in Wien sicher, hätte er in den Jahren nach 1589 die Fürstabtei unter dem Vorwand der Reform nicht ungern der eigenen Herrschaft unterworfen. Doch der Widerstand des Adels und die Exemtion stellten für alle seine Versuche, in das innere Leben des Klosters einzugreifen, unüberbrückbare Hindernisse dar.
Da war der Einfluß des Jesuiten Julius Priscianensis aus Dillingen[18]. Als Professor für Moral- und Kontroverstheologie, für Scholastik und Bibelkunde sowie als Kanzler (1582–1607) und Rektor der Universität (1588/89, 1599–1603) zog er eine ganze Generation reformeifriger Benediktiner heran. Pater Julius hielt mit seinen Schülern auch nach dem Studium Kontakt, um mit ihnen gemeinsam die monastische Reform voranzutreiben. Als er im Februar 1588 Kempten besuchte, hatten

erst drei Konventsmitglieder in Dillingen studiert. Daß sich unter ihnen Johann Erhard Blarer von Wartensee, der soeben gewählte Abt befand, mag ihn zur beschwerlichen Winterreise veranlaßt haben. Was Priscianensis jedoch an Eindrücken aus Kempten mitnahm, war wenig ermutigend. »Ich bin nicht derjenige«, schrieb er, »der jetzt an die Herstellung der klösterlichen Disziplin denken würde, sondern zunächst an die Beobachtung der zehn Gebote und des Evangeliums«. Auch bei seinen erneuten Besuchen in den Jahren 1601 und 1602 dürfte er zu keinem anderen Ergebnis gekommen sein. Das Adelsstift widersetzte sich jeder strengen Regulierung, obwohl von den fünf Fürstäbten, die ihm zwischen 1571 und 1616 vorstanden, nicht weniger als vier in Dillingen studiert hatten[19].

Da war sodann der Orden selbst. Von ihm hätte Hilfe kommen können. Aber als sich die oberschwäbischen Benediktiner-Abteien im Jahre 1568 zu einem lockeren Verband zusammenschlossen, fürchtete Kempten um den Verlust seiner Exemtion und trat der schwäbischen Benediktiner-Kongregation erst gar nicht bei[20].

Da war schließlich die Wirksamkeit der Nuntien. Die Visitatoren der Kurie stellten in Kempten ohne Zweifel die konsequenteste und letztlich erfolgreiche Reformkraft dar. Am 7. September 1594 forderte der Luzerner Nuntius Hieronymus Graf Portia unter Androhung des Kirchenbannes die Erneuerung der monastischen Gemeinschaft, strenge Observanz, würdige Gestaltung des Gottesdienstes, sittlich einwandfreien Lebenswandel, Ergänzung des Konvents ohne Standesvorurteil, schließlich die Bildung eines geistlichen Kirchenrats[21]. Zur Kontrolle kam er ein halbes Jahr später erneut nach Kempten. Von Besserung konnte noch nicht die Rede sein. Nun drängte Portia mit aller Härte auf die Durchführung seiner Anordnungen. Binnen vier Wochen sollte der Abt die Reformbereitschaft des Klosters verbindlich erklären und dann alle drei Monate über die erzielten Fortschritte an die Kurie berichten. Ein Ausweichen schien nun nicht mehr möglich.

Doch auch jetzt noch konnte man sich in Kempten nicht entschließen, dem Beispiel der benachbarten schwäbischen Abteien zu folgen und zu strengerer Observanz zurückzukehren. Der Prälat, seinen Konventualen gegenüber selbst nur Erster unter Gleichen und den ständischen Interessen wie diese verpflichtet, ersuchte die schwäbische Reichsritterschaft um Hilfe[22]. Diese wurde tatsächlich beim Kaiser energisch vorstellig, er möchte ihre Privilegien schützen, die Klosterreform verhindern und dem Abt die Durchführung jeder weiteren Visitation grundsätzlich verbieten. Kaiser Rudolf II. zögerte. Auch wiederholte Klagen vermochten ihn nicht zum Eingreifen zu bewegen. Als schließlich Kardinal Andreas, der sich auf Kempten noch immer Hoffnungen machte, den Luzerner Nuntius ein drittes Mal entsandte, um den Widerstand des Stifts zu brechen, griff die Reichsritterschaft zur »Selbsthilfe« und schlug Anfang Februar 1598 die Umwandlung der Abtei in ein (weltliches) Säkularstift vor[23]. Jetzt erst intervenierte der Kaiser bei der Kurie. Er verbot rundweg alle künftigen Visitationen, damit die adeligen Stiftsherren »wider altes Herkommen in keiner Weise beschwert würden«[24].

Indes, die Zeit arbeitete für die Reform. Als Johann Euchar von Wolffurt (1616–1631), ein kirchenfrommer, zugleich diplomatisch versierter Mann, zum Abt gewählt wurde, verband Papst Paul V. die Bestätigung seiner Wahl mit der Auflage, das Stift zu reformieren. Aber erst die schwere finanzielle Notlage, in die der Böhmische Krieg das Reichsstift brachte, dann eine eindringliche Mahnung Papst Gregors XV. veranlaßten den Abt im Jahre 1622, die Reform in die Wege zu leiten, freilich mit der Bitte, der Nuntius möge den »Handel nicht gar zu grob machen und zwischen einem Fürstentum des Reichs und einem gemeinen Kloster etwas Unterschied« halten, damit dem »adeligen *collegio* kein Nachteil entstehe«[25]. Im Sommer 1623 führte Nuntius Alessandro Scappi die Visitation durch[26]. Er beharrte auf einem umfassenden Statutenentwurf, der im wesentlichen die bereits bekannten Reformforderungen enthielt. Der schwäbische Adel schickte sich in das Unvermeidliche. 1626 legte Abt Johann Euchar das Ordenskleid an.

Durch energische Unterstützung von außen, seitens der Kurie und der Nuntien, und innere Reformbereitschaft bei den jüngeren, jesuitisch erzogenen Mitgliedern des Konvents faßte die benediktinische Observanz auch in Kempten Fuß. Sie hat die monastische Gemeinschaft gefestigt und befähigt, das Unheil des Dreißigjährigen Krieges und die völlige Zerstörung von Kloster und Kirche im Jahre 1632 zu überleben. Als die Konventualen nach dem Tode Abt Johann Willibald Schenks von Kastell 1639 zur Wahl schritten, standen sie noch unter dem Eindruck des »Gottesgerichts«, als das sie die Kriegskatastrophe empfanden: Die Wahlkapitulation verpflichtete den künftigen Oberen, darauf zu halten, »daß die Regel des hl. Benedikt observiert und alle, welche in das Stift aufgenommen werden, danach instruiert werden, oder im widrigen Falle die Kapitulare Macht haben, den Abt nicht allein zu ermahnen, sondern ihm alle Mittel und Wege so lange zu verschließen, bis er dieser Kapitulation Genüge tun werde«[27].

Vor Rückschlägen gesichert war das Reformwerk jedoch noch lange nicht. Abt Georg Wegelin von Weingarten hatte seinem Kemptener Amtsbruder einst nach Rat der Jesuiten empfohlen, neben den adeligen Novizen solche bürgerlicher und bäuerlicher Herkunft ins Kloster aufzunehmen, um die Reform zu beschleunigen und die monastische Gemeinschaft mit religiösem Leben zu erfüllen. In Kempten opponierte der Adel indes nach wie vor dagegen, »daß das Stift [...] den *plebeis* und anderen *humilis conditionis hominibus* [Menschen niederer Herkunft] eingeräumt würde«[28].

Auch dem energisch zupackenden Abt Roman Giel von Gielsberg (1639–1673) gelang es innerhalb einer mehr als dreißigjährigen Amtszeit nicht, gegen das empfindliche Standesgefühl der Kapitularen und den hartnäckigen Widerstand der schwäbischen Reichsritterschaft die exklusiv adelige Zusammensetzung des Konvents auf Dauer zu durchbrechen[29]. Im Jahre 1644 vereinbarte er mit dem Konvent einen Reformrezeß, demzufolge die Novizen acht adelige Ahnen aufzuschwören hatten, der aber auch den Eintritt von nichtadeligen Söhnen »ehrbarer Eltern« ins Kloster zuließ. So hoffte er, die Zahl der Konventsherren auf 24 zu bringen und damit nach den Wirren des Dreißigjährigen Krieges die Existenz des Fürststifts zu sichern. Bei der Abtswahl sollten die nichtadeligen Konventualen zwar nicht das passive, wohl aber das aktive Stimmrecht besitzen. Doch als der Abt im Frühjahr

1646 mit seinem Reformplan Ernst machte und mit der lothringischen Benediktiner-Kongregation Verbindung aufnahm, um mit ihrer Hilfe die monastische Disziplin zu erneuern, zu diesem Zweck »fremde Leute als Burgunder, Niederländer und dergl[eichen] ohne Unterschied ihrer Nationalität und ihres Standes«[30] nach Kempten rief und das Kloster schließlich auf die Statuten der benachbarten oberschwäbischen Benediktiner-Kongregation verpflichtete, die unter den Konventualen keinerlei Standesunterschiede zuließen, setzte die schwäbische Reichsritterschaft am 4. April 1650 die Adelsexklusive erneut durch. Und auch gegen alle späteren Versuche des Fürstabtes, diesen Beschluß zu unterlaufen, klagte sie mit Erfolg vor dem Kaiser.

Gleichwohl kommt Abt Roman für die Fortexistenz von Kloster und Stift zentrale Bedeutung zu. Denn nach den Zerstörungen des Krieges setzte er nicht nur die Wiedererrichtung der Kirche und der Stiftsgebäude ins Werk, sondern er kämpfte auch unbeirrt, wenngleich zuweilen sehr sprunghaft in seinen Entscheidungen und mit äußerst zweifelhaften Mitteln, für eine strikte Einhaltung der *vita communis*, des gemeinsamen Lebens der Mönche. Dabei gingen seine Pläne über den eigenen Amtsbereich weit hinaus. Die monastische Reform sah er solange gefährdet, als sich Kempten nicht mit anderen Klöstern verband und die Reformidee nicht alle gemeinsam durchdrang. Daher eilte er persönlich mit dem Gesuch nach Rom, der Apostolische Stuhl möge ihn ermächtigen, die deutschen Benediktineräbte zusammenzurufen und zu bewegen, sich in einer allumfassenden Union mit dem Namen *Congregatio Monasteriorum Ordinis Sancti Benedicti in Germania* zusammenzuschließen[31]. Diese Generalunion der deutschen Benediktiner sollte ebenso rechtskräftig und mit denselben Privilegien ausgestattet sein wie die berühmten Kongregationen von Monte Cassino in Italien, Saint-Maur in Frankreich und St. Viton und Hidulph in Lothringen. Ferner sollte ein päpstlicher Kommissar ausreichende Vollmachten besitzen, um die strenge Observanz der benediktinischen Regel aufrechtzuerhalten. Es ist nicht bekannt, welche Resonanz Abt Roman bei der Kurie fand. Aber sein weitgreifender Plan wirft ein bezeichnendes Licht auf seinen ungestümen, weder durch die Kriegsnot noch durch die Opposition der Kapitulare zu erschütternden Reformeifer.

Die unbeständige, rastlose, leicht erregbare Natur des Abtes, sein impulsives Temperament und seine im Alter krankhafte Gereiztheit, die ihn selbst zu Tätlichkeiten an seinen Untergebenen verleitete, führten zu ständigen Querelen und machten einen dauerhaften Ausgleich mit dem Konvent nahezu unmöglich. Es bleibt jedoch das Verdienst Abt Romans, den Anschluß Kemptens an die lothringische, dann an die oberschwäbische Benediktiner-Kongregation gesucht und eine Zeitlang den Austausch von Ordensleuten ermöglicht zu haben. Er hat damit das Stift aus seiner Isolation gelöst und vor der in diesen Jahrzehnten stets gegenwärtigen Gefahr bewahrt, als Kommende an die Erzherzoge von Österreich-Tirol vergeben zu werden.

Die Klöster der oberschwäbischen Kongregation unterstanden der Jurisdiktionsgewalt des Bischofs von Konstanz. Um nicht die eigene Exemtion zu gefährden, schlossen sich die Kemptener Kapitulare unter tatkräftiger Mithilfe des Luzerner Nuntius Federigo Borromeo und der Äbte von St. Gallen und Einsiedeln und gegen den gewaltsamen Widerstand Abt Romans am 9. Mai 1664 auf sieben Jahre der selbst exemten schweizerischen Benediktiner-Kongregation an[32]. Sie übernahmen, ohne auf die Adelsexklusive des Stifts zu verzichten, die Schweizer Klosterordnung, entsandten sodann mehrere Kemptener Fratres zum Studium und zur Einübung der klösterlichen Disziplin nach St. Gallen und beriefen im Gegenzug Kapitulare aus den Abteien der Schweiz zur Durchführung der Reformen, zur Besorgung des Chordienstes sowie zur Unterrichtung der adeligen Jugend und des Klosternachwuchses nach Kempten. Dem Wirken der Schweizer Benediktiner, namentlich der Tatkraft des aus Einsiedeln entsandten Kapitulars Christoph von Schönau, der dem Fürstabt als Subprior beigegeben wurde, war es zuzuschreiben, daß sich die Reform letztendlich in Übereinstimmung mit der Konventsmehrheit durchsetzte. Freilich galt es auch jetzt noch, erhebliche Hindernisse aus dem Weg zu räumen.

Namentlich Abt Roman versuchte unter dem Einfluß der lothringischen Benediktiner, die Vereinigung Kemptens mit der schweizerischen Benediktiner-Kongregation zu hintertreiben. Im Jahre 1666 eilte er ein zweites Mal nach Rom, um gegen das eigenmächtige Vorgehen des Kapitels zu klagen. Nach seiner Rückkehr verweigerte ihm die Mehrheit des Konvents den Gehorsam und war auch unter Gewaltandrohung nicht zu bewegen, Schloß Schwabelsberg, wohin man sich nach der Zerstörung des Stifts begeben hatte, zugunsten der neuerbauten fürstlichen Residenz zu verlassen. Als schließlich der Fürstabt den Bauern des Stifts befahl, Kirche und Schloß Schwabelsberg zu stürmen, entschlossen sich die Kapitulare zur Flucht in die Schweiz. Der Luzerner Nuntius, der Bischof von Konstanz und die schwäbische Reichsritterschaft aber erhoben Klage gegen die Gewaltmaßnahmen des Abtes vor Kaiser und Papst und beantragten die Suspension oder Absetzung des »geistesgestörten« Fürsten. So weit wollte man weder in Wien noch in Rom gehen. Jedoch wurde Abt Roman im Jahre 1668 Markgraf Bernhard Gustav von Baden-Durlach, zu dieser Zeit Fürstabt von Fulda und wenig später Kardinal, als Koadjutor mit dem Recht der Nachfolge, seit 1672 als Administrator an die Seite gestellt[33]. Dieser zögerte nicht, die Verbindung Kemptens mit den Schweizer Abteien um weitere sieben Jahre zu verlängern und so das Reformwerk für Jahrzehnte zu stabilisieren. Bereits aus Anlaß seiner Bestellung zum Koadjutor hatte sich das Kapitel seine wichtigsten Privilegien bestätigen lassen: die Freiheit der Abtswahl (auch hinsichtlich eines etwaigen Statthalters), das Mitspracherecht bei allen wichtigen Entscheidungen in Kloster und Stift und schließlich die exklusiv adelige Zusammensetzung des Konvents.

Katholische Reform und Barockkultur

Wie überall im katholischen Deutschland so hielt auch im Fürststift Kempten mit der Durchführung der tridentinischen Reform und dem – hier ganz wörtlich zu verstehenden – Wiederaufbau von Kirche und Kloster nach den Stürmen des Dreißigjährigen Krieges die Kultur des Barock ihren Einzug. Die Kämpfe zwischen den Kaiserlichen und Schweden hatten das Stift 1632 und 1634 in Schutt und Asche gelegt. Selbst die Abtssärge waren damals zerschlagen und geplündert worden, so daß Fürstabt Johann Willibald Schenk von Kastell 1639 in Obergünzburg bestattet werden mußte. Seinem Nachfolger, Abt Roman Giel von Gielsberg, wurde die Wiedererrichtung von Kirche, Residenz und Konventsgebäude übertragen. 1651 verpflichtete Abt Roman den Baumeister Johann Michael Beer aus Vorarlberg zum Bau der St. Lorenzkirche, der dann 1654 von dem Graubündener Johann Serro weitergeführt und unter Fürstabt Bernhard Gustav abgeschlossen wurde. 1748 konnte kein Geringerer als Kardinal Quirini, einer der bedeutendsten Gelehrten des Benediktinerordens, die Stiftskirche einweihen, die als das erste große, nach italienischen Vorbildern errichtete Barockgotteshaus in Schwaben gilt. Von 1656 bis 1670 baute Johann Serro an der fürstäbtlichen Residenz, deren Prunkräume jedoch erst Fürstabt Anselm von Reichlin-Meldegg (1728–1747) im Stile des Rokoko ausgestalten ließ, wobei das Sakrale ganz hinter die höfisch-profane Ausgestaltung zurücktrat[34].

Zu Recht kann man gerade auch mit Blick auf Kempten den Barock als Kunst der »katholischen Reform« und des »absoluten Fürstentums« bezeichnen. Denn die *Ecclesia triumphans,* die wiedererstarkte katholische Kirche, wie das nach dem alleinigen Besitz der politischen Gewalt strebende absolute Fürstentum fanden in der barocken Architektur, Malerei, Plastik und Musik den adäquaten Ausdruck ihres Selbstverständnisses und ihres Repräsentationswillens. Die barocke Stiftskirche spiegelte deutlich die tridentinischen Reformelemente wider und machte den Aufschwung des verjüngten kirchlichen Lebens, das Gefühl wiedergewonnener Sicherheit nach höchster innerer und äußerer Gefährdung und das freudige Bewußtsein einer neuen, mit geistigen und materiellen Gütern reich gesegneten Kultur sichtbar. Sie wurde als Raum der Anwesenheit Gottes, der Repräsentanz der geistigen und gesellschaftlichen Macht der Kirche und der anbetenden Kirchengemeinde ausgestaltet, als ein Raum der Gott und Welt, Ordensdisziplin und adeliges Standesbewußtsein, Volksfrömmigkeit und irdische Festfreude miteinander in Einklang zu bringen suchte. Im Neubau der barocken Residenz und Klosteranlage kamen die ideologischen und politischen Intentionen des Fürststifts zum Ausdruck. Das aufwendige Ensemble von Wohn- und Amtsräumen, von Thronsaal, Residenzgarten und Orangerie war der gegenüber dem Stiftsland und der Reichsstadt herausgehobene Lebensraum der höfisch-aristokratischen Gesellschaft. In dieser Gesellschaft, die alles zum Fest zu machen strebte – die Abtsweihe wie die Huldigung der Stiftsuntertanen, den Gottesdienst wie die Jagd – fielen den Kunsthandwerkern und Künstlern reiche Aufgaben zu. Im Kempten des 17. und 18. Jahrhunderts war ein ganzes Heer von Stukkatoren und Malern beschäftigt.

Gab ihnen das Stift auch Arbeit und Brot, so stellt sich andererseits die Frage nach den Kosten der prachtvoll-verschwenderischen barocken Kirchen-, Kloster- und Herrschaftsarchitektur in Kempten besonders eindringlich. Denn als Fürstabt Roman mit dem Wiederaufbau des Klosters begann, hatte sich das Stiftsland noch kaum von den Folgen des Dreißigjährigen Krieges erholt. Steuerdruck und Fronen lasteten derart schwer auf den Untertanen, daß sie beim Fürsten 1666 mit einer Beschwerdeschrift[35] vorstellig wurden und, als die Antwort unbefriedigend ausfiel, die Juristische Fakultät der Universität Ingolstadt baten, ein Gutachten darüber zu erstellen, ob sie »zu den unnützlichen, großen, kostbaren Gebäuden«, zu deren »Niederreißung und wiederum schädlichen Anführung« tatsächlich zu »kontribuieren« schuldig seien, mithin zu Leistungen, die sie in die »äußerste Armut« stürzten[36]. Insgesamt habe man in den letzten 40 Jahren neben den »jährlichen Gefällen an barem hartem Geld, Steuern, Renten, Zinsen, Gras- und Lehengeldern« nicht weniger als 534 000 fl *außerordentliche* Steuern aufgebracht. Unter anderem klagten die Stiftsbauern über die Verdreifachung der Vermögenssteuer, die Abwälzung der gesamten Reichssteuern auf die Landschaft und den Einzug der Türkensteuer (von 1664) in einer Höhe, die weit über die erforderliche Summe hinausgehe und in die Kassen des Stifts fließe.

In einer ausführlichen Entgegnung rechtfertigte der Fürstabt die Erhöhung der Vermögenssteuer nicht nur dadurch, daß das Stift im Dreißigjährigen Krieg zur Bezahlung der Kriegssteuern 380 000 fl aufgenommen habe, sondern auch damit, daß »das notwendige [Stifts]gebäude vollendet und perfektioniert« werden müsse[37]. Dazu seien allerdings Kapitalien erforderlich, die, wie Abt Roman in einer für damalige Verhältnisse seltenen Offenheit eingestand, durch die jährlichen *Gefälle* (Einkünfte) des Stifts »unmöglich zu verzinsen, geschweige abzulösen« seien. Wenn man aber meine, es würden zuviel Aufwand getrieben und Steuergelder verschleudert, dann solle man bedenken, daß Kempten ein »altes und fürstliches Stift« und es somit »billig« sei, wenn »[et]was Köstlicheres gebaut« werde.

Ohne Zweifel hatte das Fürststift alle seine Kriegslasten auf seine ländlichen Untertanen abgewälzt, nach Kriegsende zur Wiedergewinnung seiner Finanzkraft die Steuererhöhung nicht rückgängig gemacht und mit den vermehrten Einnahmen seine ehrgeizigen Bauprojekte in Angriff genommen. Schon wenige Jahre nach den Verwüstungen des Krieges glaubte der Fürstabt, mit den Geldmitteln so großzügig umgehen zu können, daß er den Stiftsneubau ganz nach seinen Wunschvorstellungen verwirklichte. So zögerte er nach zehnjähriger Bauzeit nicht, das Gewölbe von St. Lorenz einreißen, die Kirche erhöhen und nach seinem Geschmack aufs neue wölben zu lassen. Ähnliches wird vom Bau der Residenz berichtet. Unter seinen Nachfolgern wuchs die Zahl der Gebäude um Kirche und Residenz von Jahr zu Jahr: nach und nach erhoben sich ein Seelhaus, ein ausgedehntes Konviktsgebäude für die studierende Jugend, daran anschließend die Häuser der fürstlichen Minister und Räte, ein großes Brauhaus, das geräumige Kornhaus, die Seelenkapelle, ein Schul- und Schießhaus und schließlich eine Reihe von Handwerksbetrieben.

Die repräsentative Barockkultur verpflichtete zu einer »standesgemäßen« Lebensführung. In diese war nach adeliger Tradition auch das Land mit einbezogen. Fürstabt Rupert von Bodman zum Beispiel errichtete 1683 anstelle des zerfallenen Schlößchens Waldegg ein neues Wohnhaus, legte im gleichen Jahr den Waltenhofener Weiher an, erbaute 1715 das landschaftlich herrlich gelegene Schloß Wagegg – fortan sein Lieblingsaufenthalt –, ließ den am Fuße der Anhöhe versumpfenden Weiher mit Hilfe eines mächtigen Staudammes zu einem ansehnlichen See umschaffen und führte zu Grönenbach ein Schloß und zu Grüneck ein Jagdhaus auf[38]. Nicht unerhebliche Summen verschlang das Leben des Hofs. 1742 zog Fürstabt Anselm von Reichlin-Meldegg als Erbmarschall der Kaiserin zur Kaiserkrönung nach Frankfurt am Main und belegte dort im »Roten Mennigen« 52 Räume, die zuvor nach seinem Geschmack hergerichtet werden mußten[39]. In Kempten gab er ansehnliche Gelder für Hofmoden und dergleichen Aufwand aus. Vor der Säkularisation im Jahre 1802 zählte der Hofstaat nicht weniger als 232 Personen. Zu diesem Zeitpunkt war das Fürststift mit 2¼ Million Gulden verschuldet, was zu einem nicht geringen Teil der ungehemmten Baulust und der überzogenen Hofhaltung des absolutistischen Kleinstaates zugeschrieben werden darf[40].

Diese enorme Schuldenlast steht nicht zuletzt für den Widerspruch zwischen dem kirchlichen Reformanliegen der nachtridentinischen Zeit und der politischen Funktion der deutschen Adelskirche symbolisch, der auf dem Verfassungsboden des Alten Reiches nicht mehr gelöst werden konnte.

1 Übersetzung nach der Handschrift in der Bibliothek Corsini, Rom (Cod. 40 F 30) bei Johann Georg Mayer: Skizze einer Geschichte der schwäbischen und schweizerischen Benedictiner-Congregation. In: StMBO 9 (1888), S. 382–394, 573–588, hier S. 583. Zur benediktinischen Reformgeschichte: Raphael Molitor: Aus der Rechtsgeschichte benediktinischer Verbände. Bde. I–II, Münster 1928 bis 1932; Philibert Schmitz: Geschichte des Benediktinerordens. Bde. III–IV, Einsiedeln–Zürich 1955–1960. Ferner Martin Kiem: Die schweizerische Benediktiner-Kongregation in den drei ersten Jahrhunderten ihres Bestehens, Solothurn 1902; Helvetia Sacra. Bd. III/1, Bern 1986; Rudolf Reinhardt: Restauration, Visitation, Inspiration. Die Reformbestrebungen in der Benedikterabtei Weingarten von 1567–1627, Stuttgart 1960; Gebhard Spahr: Die Schwäbische Benediktinerkongregation vom hl. Joseph. In: StMBO 83 (1972), S. 291–337; Rottenkolber, Stift; Hermann Tüchle: Abtei und hochfürstliches Stift Kempten. In: StMBO 81 (1970), S. 390–406; Volker Dotterweich: Die Fürstabtei Kempten und die nachtridentinische Ordensreform. In: Pankraz Fried (Hrsg): Miscellanea Suevica Augustana, Sigmaringen 1985, S. 97–110 (mit ausführlicheren Verweisen und Literaturangaben).

2 HStA München: Fst. Kempten, NA, 1885; dazu Joseph Rottenkolber: Die Reformversuche im Stift Kempten am Ende des 16. Jahrhunderts. In: AGF 12 (1915), S. 2–36.

3 HStA München: Fst. Kempten, NA, 1885, 13.

4 HStA München: Fst. Kempten, NA, 1886, 8a.

5 Archiv des bischöflichen Ordinariats Augsburg: Stift Kempten, Privilegia et Exemtiones, 1483–1778, 5; vgl. Molitor, Rechtsgeschichte II, S. 423f.

6 Hermann Tüchle: Süddeutsche Klöster vor 500 Jahren, ihre Stellung in Reich und Gesellschaft. In: BlfDtLG 109 (1973), S. 109; Martin Krebs: Die Annatenregister des Bistums Konstanz aus dem 15. Jahrhundert. In: Freiburger

Diözesanarchiv 73/77 (1956/57), Anhang S. 13 f.; Joseph Rottenkolber: Die Abtswahlen im Stift Kempten. In: Heimgarten 15 (1930), Nr. 36.

7 Joseph Rottenkolber: Das Stift Kempten und der Adel. In: Heimgarten 13 (1928), Nr. 15 bis 21.

8 Ebd., Nr. 20.

9 Tüchle, Süddeutsche Klöster, S. 119.

10 HStA München: Fst. Kempten, MüB, 4 a; Rottenkolber, Stift, S. 60, 72 u. 97.

11 HStA München: Fst. Kempten, MüB, 4 a; Rottenkolber, Stift, S. 98 u. 198; ders., Kempten und der Adel, Nr. 20.

12 Zu den Wahlkapitulationen im allgemeinen vgl. Hans Erich Feine: Kirchliche Rechtsgeschichte. 5. Aufl. Weimar 1972, S. 382; Rudolf Vierhaus: Wahlkapitulationen in den geistlichen Staaten des Reiches im 18. Jahrhundert. In: Ders. (Hrsg.): Herrschaftsverträge, Wahlkapitulationen, Fundamentalgesetze, Göttingen 1977, S. 205–219.

13 HStA München: Fst. Kempten, MüB, 4 a, f. 125 f., 144 f., 260 f., 277 f. u. 298 f.

14 HStA München: Fst. Kempten, MüB, 4 a, f. 144–146.

15 Tüchle, Abtei Kempten, S. 398.

16 Paulus Volk: Das Trienter Konzil und die deutschen Benediktiner. In: Georg Schreiber (Hrsg.): Das Weltkonzil von Trient. Bd. II, Freiburg 1951, S. 451–460.

17 HStA München: Fst. Kempten, MüB, 4 a u. NA, 1884, 9; Rottenkolber, Reformversuche, S. 4 ff. u. 13. Vgl. Eduard Widmoser: Kardinal Andreas von Österreich, Markgraf von Burgau. In: Lebensbilder Schw 4, 1955, S. 249–259; Josef Hirn: Erzherzog Ferdinand II. von Tirol. Bd. II, Leipzig 1888, S. 389 ff.

18 Peter Rummel: P. Julius Priscianensis S. J. 1542–1607, Augsburg 1968, bes. S. 229 ff., Zitat S. 109.

19 Immerhin studierten nach einem Verzeichnis aus dem Jahre 1602 fünf Kemptener Stiftsherren in Dillingen, ebd. S. 88. Die in Dillingen immatrikulierten Fürstäbte waren Eberhard von Stein (1551), Johann Erhard Blarer von Wartensee (1569), Johann Adam Renner von Allmendingen (1575) und Heinrich von Ulm (1589).

20 Zum Zusammenschluß der schwäbischen Benediktinerabteien aus Anlaß der Konstanzer

Diözesansynode von 1567 vgl. Reinhardt, Restauration, S. 194; abweichend Rottenkolber, Stift, S. 95.

21 HStA München: Fst. Kempten, NA, 1886, 8 a; päpstliches Mandat des Nuntius Portia, 10. 9. 1594, ebd., 7 a. Über Portia: Helvetia Sacra. Bd. I/1, Bern 1972, S. 44.

22 HStA München: Fst. Kempten, NA, 1886, 15 u. 17.

23 HStA München: Fst. Kempten, NA, 1886, 13 u. 1890, 1.

24 HStA München: Fst. Kempten, NA, 1890, 4 u. 15, 1886, 1 b.

25 HStA München: Fst. Kempten, NA, 1891, 4; hierzu und zum Folgenden Rottenkolber, Stift, S. 112 ff., 132 ff. u. 142 ff.

26 Über Scappi: Helvetia Sacra I/1, S. 45.

27 HStA München: Fst. Kempten, MüB, 4 a, f. 275 ff.

28 HStA München: Fst. Kempten, NA, 1890, 13; Rottenkolber, Reformversuche, S. 32; Reinhardt, Restauration, S. 32.

29 Zum Folgenden HStA München: Fst. Kempten, NA, 1891–1917; Rottenkolber, Stift, S. 132–135, 142–145; ders.: Der Kemptener Fürstabt Roman Giel von Gielsberg. In: Heimgarten 16 (1931), Nr. 21–25.

30 Rottenkolber, Roman Giel von Gielsberg, Nr. 22.

31 Vgl. Molitor, Rechtsgeschichte II, S. 240 ff. u. 362.

32 Rottenkolber, Stift, S. 143–154; ders., Roman Giel von Gielsberg, Nr. 24.

33 Augustin Rübsam: Kardinal Bernhard Gustav, Markgraf von Baden-Durlach, Fürstabt von Fulda 1671–1677, Fulda 1923; Odilo Ringholz: Bernhard Gustav, O. S. B., Cardinal von Baden, Fürstabt von Fulda und Kempten etc. und Die Schweizerische Benedictiner-Congregation. In: StMBO 14 (1893), S. 319–333.

34 Hugo Höfl: Die St. Lorenz-Pfarrkirche in Kempten. In: AGF 9 (1896), S. 1–20; Hugo Schnell: Die fürstäbtliche Residenz in Kempten und ihre Prunkräume, München 1947; Norbert Lieb: Rokoko in der Residenz von Kempten, Kempten 1958.

35 HStA München: Fst. Kempten, MüB, 219, f. 32–35, gedr. bei Hartmut Zückert: Die sozialen Grundlagen der Barockkultur in Süddeutschland, Stuttgart 1988, S. 340–342; zum Folgenden ebd., S. 88 f., 107, 236 f. (grundle-

gende Darstellung zur Belastung der Untertanen durch den Bau der barocken Schloß- und Klosteranlagen).

36 HStA München: Fst. Kempten, MüB, 428, f. 14b–24b, gedr. bei Winfried Schulze: Bäuerlicher Widerstand und feudale Herrschaft in der frühen Neuzeit, Stuttgart-Bad Cannstatt 1980, S. 227–233.

37 HStA München: Fst. Kempten, MüB, 427; Zückert: Barockkultur, S. 124.

38 Joseph Rottenkolber: Fürstabt Rupert von Bodman (1678–1728). In: Heimgarten 4 (1912), Nr. 25–27, hier: Nr. 26.

39 Joseph Rottenkolber: Die Reise des Fürstabtes Anselm Freiherrn von Reichlin-Meldegg zur Wahl und Krönung Karls VII. In: AGF 14 (1917), S. 15–24; Der Fürstabt von Kempten bei der Kaiserkrönung in Frankfurt a. M. 1742. In: AGF 38 (1935), S. 59f.

40 Vgl. die Übersicht über den Schuldenstand der schwäbischen Reichsklöster bei Volker Dotterweich: Herrschafts- und Vermögenssäkularisation in Bayerisch-Schwaben. In: Pankraz Fried (Hrsg.): Probleme der Integration Ostschwabens in den bayerischen Staat, Sigmaringen 1982, S. 141; ferner Rottenkolber, Säkularisation.

Evangelische Kirche und Kultur in der Reichsstadt

Paul Warmbrunn

Mit dem endgültigen Scheitern des Interims in der Reichsstadt setzte für die noch junge evangelische Kirche Kemptens[1] nach den äußeren Bedrohungen und den heftigen innerprotestantischen Auseinandersetzungen der Reformationszeit eine Phase der Ruhe, Kontinuität und Stabilität ein. Sieht man von einigen Konversionen im Gefolge der Rekatholisierungsmaßnahmen im Dreißigjährigen Krieg ab, bekannte sich die Bürgerschaft der Reichsstadt geschlossen zum Protestantismus lutherischer Prägung; Katholiken konnten nur Beisassen werden. Dagegen blieb die gesamte Umgebung, namentlich die Fürstabtei Kempten mit der späteren Stiftsstadt, der katholischen Kirche treu oder schloß sich ihr im Zuge der Gegenreformation wieder an.

Kirchenorganisation

Die Struktur der evangelischen Kirche in der Reichsstadt war einfach und überschaubar: Nachdem die Predigerstellen am Spital und bei St. Anna im Zuge der Reformation eingezogen worden waren, amtierten alle protestantischen Geistlichen an der St. Mangkirche. Das gesamte Kirchenwesen unterstand der Kontrolle des Rats, der im Gebiet der Reichsstadt die Funktion eines Oberhaupts der evangelischen Kirche wahrnahm. Er entschied über die Neubesetzung freigewordener Pfarrstellen, verpflichtete die Prediger in förmlichen, zeitlich befristeten Verträgen, legte ihre Besoldung fest und vereidigte sie auf die Confessio Augustana[2].

Der evangelischen Kirche standen seit 1552 meist vier Geistliche vor, die zusammen das »Ministerium« bildeten. Der erste Geistliche, der die Aufsicht über alle kirchlichen Angelegenheiten wahrnahm, sofern der Rat nicht ein Mitspracherecht beanspruchte, führte die Amtsbezeichnung »Pfarrer«, in späteren Zeiten »Senior« (erstmals 1632 bei David Steudlin belegt). Die Inhaber der anderen Pfarrstellen wurden zunächst als »Prediger«, seit dem Ende des 16. Jahrhunderts als »Archidiakone« und »Diakone« bezeichnet. Als die Bevölkerung der Stadt im Dreißigjährigen Krieg drastisch abnahm, ließ man nach dem Tod Jakob Häringers 1636 die vierte Pfarrstelle unbesetzt und verminderte so die Zahl der Geistlichen »aus Sparsamkeitsrücksichten«[3] auf drei. Die sehr enge Verbindung zwischen der evangelischen Kirchenorganisation und dem Schulwesen der Reichsstadt wird auch darin sichtbar, daß die Rektoren und Konrektoren der städtischen Lateinschule bei St. Anna zugleich Adjunkten und Koadjunkten des geistlichen Ministeriums, d. h. Amtsgehilfen, die den Predigern zugeordnet wurden, waren. Sie leisteten im Notfall Aushilfe in Predigt und Seelsorge und rückten bei Vakanz automatisch in die freigewordenen Stellen des Predigtamts nach.

Gottesdienst

Jeden Tag wurde an der St. Mangkirche Gottesdienst gehalten, wobei die Frühpredigten am Sonntag und Donnerstag vom Senior, am Montag und Freitag vom Archidiakon und am Dienstag und Samstag vom Diakon übernommen wurden. Der Inhaber der vierten Predigerstelle hielt die Gottesdienste am Mittwochmorgen und Sonntagnachmittag. Infolge des starken Bevölkerungsschwunds im Dreißigjährigen Krieg wurde das Abendmahl nur noch alle 14 Tage statt wie bisher wöchentlich gereicht.

In der zweiten Hälfte des 16. Jahrhunderts wandten sich die Kemptener Protestanten mehr und mehr der lutherischen Orthodoxie zu. Unter (alt-)protestantischer Orthodoxie versteht man die nachreformatorische Epoche in der evangelischen Theologie, die mit dem Augsburger Religionsfrieden 1555 einsetzt und mit dem Aufkommen von Pietismus und Aufklärungstheologie um 1700 endet. Wichtigste Voraussetzung der lutherischen Orthodoxie war die Kanonisierung der Schriften Luthers. Von den Universitäten, insbesondere Wittenberg und Jena, ausgehend, hat sie zunächst auf vielen Gebieten, etwa dem protestantischen Gemeindegesang, durchaus anregend gewirkt, andererseits läßt sich nicht bestreiten, daß mit ihr die Gefahr der Rechthaberei, des Zwists um dogmatische Fragen und der Erstarrung in Lehrmeinungen einherging. Auf die äußere Form des Gottesdienstes, der »zwinglianisch« schlicht und nüchtern blieb, die Gemeinde nicht entscheidend beteiligte und die Gestaltung ganz dem Geistlichen überließ, hatte die Hinwendung zur lutherischen Orthodoxie keinen Einfluß. Leider geben die nur spärlich vorhandenen Quellen wenig Aufschluß über die konkrete Ausgestaltung des Kultus. Die Württembergische Kirchenordnung, die vermutlich auch den Gottesdiensten zugrundelag, schreibt lediglich den Gebrauch von Introiten und Antiphonien, d. h. Wechselgesängen, bei denen die Gemeinde mit biblischen Kehrversen in den Psalmen- oder Hymnenvortrag des Vorsängers oder Vorsängerchors einfällt, vor, schweigt sich aber über die Liturgie im einzelnen aus. Eine Agende, also ein Buch, das für den Bereich eines Territoriums oder einer Landeskirche den ganzen Gottesdienst regelt, erschien für die Reichsstadt erst 1794 unter dem Titel »Handlungen und Gebete bei dem öffentlichen Gottesdienste der evangelisch-lutherischen Gemeinde in der Reichsstadt Kempten«[4]. Anders als ihr Titel vermuten läßt, gingen von ihr jedoch keine entscheidenden Anstöße zu einer echt lutherischen Ausformung und Gestaltung des Gottesdienstes aus. Nicht nur daß sie, wie schon aus dem Vorbericht des »kemptischen Predigtamts« vom 11. August 1794 hervorgeht, in einem aufklärerisch-belehrenden, für die zweite Hälfte des 18. Jahrhunderts sehr typischen Stil abgefaßt ist, als Vorlage etwa für die Taufhandlung bedienten sich die Verfasser der Schrift ausgerechnet der – calvinistischen! – kurpfälzischen Agende! Ebenso war den Bemühungen der evangelischen Geistlichkeit der Stadt um eine Verbesserung des Kirchengesangs nur ein geringer Erfolg beschieden. Immerhin wurde, vor allem auf Initiative des Predigers Leonhard Friedrich Dürr, das alte Gesangbuch 1777 und 1788 um einige neue Lieder, die freilich ebenfalls dem aufklärerischen Zeitgeist sehr verhaftet waren, erweitert.

Kirchenzucht und Sozialfürsorge

Die Aufsicht über den christlichen Lebenswandel der Gemeindemitglieder und die Einführung einer Kirchenzucht war schon den Reformatoren ein besonderes Anliegen gewesen. In Kempten wurde 1622 unter dem Eindruck der sittlichen Verwilderung im Dreißigjährigen Krieg auf Initiative des Pfarrers Georg Zeämann ein geistliches Rügegericht oder Presbyterium, auch »Kirchencensur« genannt, eingeführt[5]. Es bestand aus dem geistlichen Ministerium und drei weltlichen Mitgliedern, nämlich je einem Angehörigen des Kleinen Rats, des Stadtgerichts und des Großen Rats (der »Zwanziger«). Zeämann wies diesem Gremium die Aufgabe zu, gegen offenkundige Sünden, Ausschweifungen und Laster streng einzuschreiten. Dieser Verschärfung der Sittenzucht leistete die weltliche Obrigkeit in ihrem Bemühen um Disziplinierung der Untertanen durch ihre Gesetzgebung Vorschub. So verfügte der Rat 1618, daß Verlobte, die bereits vor der Hochzeit verkehrt hatten, am Freitag vor Tagesanbruch getraut werden müßten, wofür sich im Volksmund die Bezeichnung »Laternenhochzeiten« einbürgerte[6]. Auch nach Kriegsende hielt der Rat am Grundsatz einer scharfen Kontrolle des sittlichen Lebens fest und bestimmte 1652, »die Verächter der öffentlichen Gottesdienste und des Hl. Abendmahls, offenbare Sünder, Ausschweifungen und Lastern Ergebene in der Sakristei in Gegenwart des Herrn Stadtammanns und zweier Herren Senatoren ermahnen zu lassen, sie sollten doch der christlichen Gemeinschaft kein Ärgernis geben, widrigenfalls sie excommunisiert werden müßten«[7].

In der ihm von Zeämann gegebenen Zusammensetzung und Aufgabenstellung blieb das städtische Rügegericht, über dessen Tätigkeit und Wirksamkeit wir gerne mehr aus den Quellen wüßten, bis 1772 bestehen. Dann wurde es von einem Gremium, das sich aus den Kirchendienern, dem Geheimen Rat und dem jeweiligen Stadtsyndikus zusammensetzte, abgelöst.

Ein weiteres Beispiel für die Wirksamkeit der Geistlichen im öffentlichen Leben der Stadt ist ihr Drängen, das beim Stadtbrand von 1633 zerstörte Waisenhaus wieder zu errichten. Ihre Bemühungen sind 1695, im Gründungsjahr der Franckeschen Stiftungen in Halle, erstmals belegt[8]. Dies ist vielleicht ein Hinweis auf pietistische Einflüsse im Kirchenwesen der Reichsstadt, das ansonsten von der lutherischen Orthodoxie geprägt war. Die Prediger betrieben ihre Sache sehr hartnäckig, so daß bereits am 1. Februar 1697 eine Waisenhausstiftung errichtet wurde, zu der führende Familien der Stadt wie die Jenisch, König, Kesel und Neubronner den Grundstock legten. Das in den Jahren 1708 bis 1713 erbaute Waisenhaus bot Platz für 30 Kinder und bestand auf der Grundlage der Waisenhausordnung von 1712 bis zum Ende der reichsstädtischen Zeit.

Die St. Mangkirche

Zentrum des gemeindlichen Lebens der Protestanten in der Reichsstadt war die St. Mangkirche[9]. Infolge des Bildersturms von 1533 hatte das Kircheninnere ein nüchternes Aussehen erhalten. Seit dieser Zeit schwieg auch die Orgel. In den folgenden Jahrzehnten erkannten die Kemptener Protestanten jedoch mehr und mehr den Widerspruch ihrer nüchternen Haltung in der Frage der musikalischen Gestaltung des Gottesdienstes zur lutherischen Reformation, die ja gerade dem Gemeindegesang einen hohen Stellenwert beimaß. So wurde 1579 die vermutlich durch Nichtgebrauch schadhaft gewordene Orgel durch ein neues, von Kaspar Eckstein erbautes Instrument ersetzt. Aber nicht nur die Orgel ertönte wieder, auch die Privatbeichte wurde 1605 wieder eingeführt. Dies belegt, daß sich das Luthertum gegenüber dem Zwinglianismus endgültig durchgesetzt hatte. Im gleichen Jahr wurde sodann das Kirchengestühl erneuert; aus der 1647 erlassenen Kirchenstuhlordnung[10] geht hervor, daß das Einhalten derselben bisweilen mit Schwierigkeiten verbunden gewesen war. So hatten bei Konkursen diejenigen, denen Hab und Gut des Schuldners durch das Urteil zuerkannt worden war, Anspruch auch auf die Kirchenstühle erhoben. Demgegenüber wurde 1647 bestimmt, daß diese in solchen Fällen nicht als Inventar behandelt, sondern dem Schuldner und dessen Erben bis in die vierte Generation zum weiteren Gebrauch, Verkauf, zur Vererbung oder zum Verschenken zustehen sollten.

Die seit langem erforderliche gründliche Renovierung der Pfarrkirche mußte die Gemeinde, die auch nach dem Dreißigjährigen Krieg immer wieder schwere Kriegslasten zu tragen hatte, lange zurückstellen. 1767 konnten die Arbeiten endlich in Angriff genommen werden[11]. Hierbei wurden die drei in den Jahren 1512 bis 1519 errichteten Seitenkapellen – die Wolfgangskapelle, die Wintersche und die

Seutersche Kapelle – durch Beseitigung der Zwischenwände mit dem Schiff vereinigt, der gesamte Innenraum von St. Mang durch Stadtbaumeister Matthias Wanckmüller stuckiert und die Bedachung des Langhauses vollständig erneuert. Bereits am 23. Oktober 1768 konnte die renovierte Kirche feierlich eingeweiht werden. Da die Gesamtkosten der Erneuerung, die sich auf 31 420 Gulden 20 Kreuzer beliefen, von der Stadtkasse nicht getragen werden konnten, brachte die evangelische Gemeinde über eine Kollekte die stolze Summe von 14 912 Gulden 44 Kreuzer auf. Weitere 1768 Gulden gingen bei einer Sammlung am Einweihungsfest ein[13]. Mit der Erneuerung des Turms 1770 wurde das Renovierungswerk abgeschlossen. Es signalisiert eine Abkehr von der reformatorischen Strenge und Bilderfeindschaft, die beispielsweise auch in der Errichtung eines hochbarocken Taufsteins aus Stuckmarmor und eines stilistisch zu ihm passenden Altars zum Ausdruck kommt.

Die anderen Kirchlein und Kapellen in der Reichsstadt hatten nach der Reformation ein unterschiedliches Schicksal. Während die St. Michaelskapelle 1557 profaniert und in ein Leinwand-Schauhaus für Weber und Färber umgewandelt wurde, brach man 1570 die St. Leonhardskapelle und im Dreißigjährigen Krieg die Liebfrauenkirche ab. Drei Kapellen dienten weiterhin gottesdienstlichen Zwecken: Im Kirchlein des Siechenhauses bei St. Stephan, das nach dem Erlöschen der Krankheit leerstand, wurde die Tradition der jährlichen, mit einem Kinderfest verbundenen Osterdienstagsmesse in Form einer Predigt weitergepflegt. In der Hospitalkirche fanden jährlich sechs Predigten und drei Abendmahlsfeiern für die Spitalpfründner statt. Die Kirche des ehemaligen Klosters der »Grauen Schwestern« zu St. Anna wurde nach dem Auszug der Nonnen und dem Verkauf an die Stadt 1546 zur Abhaltung von Leichenpredigten und Schulprüfungen eifrig weiter benutzt und deshalb in gutem Stand erhalten, mehrfach renoviert und von reichen Bürgern mit Stiftungen bedacht.

Da zum Zeitpunkt des Augsburger Religionsfriedens von 1555 nur Protestanten in der Stadt lebten, wurde der Besitz der St. Mangkirche in Friedenszeiten den Evangelischen nie streitig gemacht. Dies änderte sich nur einmal im Dreißigjährigen Krieg, als der Fürstbischof von Augsburg und der Fürstabt von Kempten 1627 das Übergewicht der kaiserlichen Seite ausnutzten und gemeinsam die Einsetzung einer kaiserlichen Kommission mit dem Ziel erreichten, den Katholiken die St. Mangkirche zurückzugeben oder ihnen zumindest ein Mitbenutzungsrecht (Simultaneum) einzuräumen[14]. Letztlich scheiterten jedoch alle Bemühungen dieser Kommission am entschiedenen Widerstand des Rats und der Bürgerschaft wie auch der erneute Versuch des Jesuiten Noelius von 1628, den Katholiken die Kirche mit Hilfe der in der Stadt einquartierten Soldateska des Obersten Hausmann zu öffnen.

Verhältnis zu den Katholiken

Die Beziehungen zum katholischen Stift auf religiös-konfessionellem Gebiet waren von dem beiderseitigen Bemühen gekennzeichnet, Distanz zu wahren, zumal die »möglichst strenge Abgrenzung der Lebenswelt der eigenen Untertanen gegen das Milieu der feindlichen Konfession und Herstellung einer konfessionell völlig homogenen Untertanenschaft« Ziele jeder frühneuzeitlichen Obrigkeit waren. So nahm das Stift die Reformation der Reichsstadt zum Anlaß, die Dörfer Betzigau, Durach und Lenzfried, die zur evangelisch gewordenen Stadtpfarrei St. Mang gehörten, aus dieser auszugliedern und mit eigenen katholischen Pfarreien auszustatten. Den Untertanen der Fürstabtei wurde schließlich auch das sogenannte »Auslaufen«, der Besuch des – evangelischen! – Gottesdienstes in der St. Mangkirche, verboten. Demgegenüber weigerte sich die Reichsstadt, den von Papst Gregor XIII. reformierten Kalender 1583 anzunehmen, mit dem Argument, dies gefährde die Identität, ja den Bestand des evangelischen Kirchenwesens in ihren Mauern. Die unterschiedliche Zeitrechnung führte zu wirtschaftlichen Schwierigkeiten und neuen Konflikten mit den katholischen Nachbarn. Andererseits war, wie Wolfgang Reinhard resümiert, »das politische Gewicht der Reichsstadt [...] einfach zu gering und ihre wirtschaftliche Abhängigkeit zu groß, als daß sie über lange Zeit eine offensiv anti-katholische Politik hätte durchhalten können«[15], so daß im 18. Jahrhundert der protestantische Rat sogar für den erkrankten Fürstabt beten ließ! Daß in der evangelischen Gemeinde Kemptens ein wahrhaft christlicher Geist herrschte, zeigt sich in der Hilfsbereitschaft, die die Bürgerschaft den Salzburger Emigranten entgegenbrachte. Bereits 1685 hatte sie 400 Glaubensflüchtlinge, von denen sich dann viele auf Dauer in Kempten ansiedelten, vorübergehend beherbergt[16]; sie gehörten zur Gruppe der Deferegger und Dürrnberger Exulanten, die schon am Ende des 17. Jahrhunderts durch Max Gandolph Graf Kuenberg aus dem Salzburger Herrschaftsgebiet vertrieben wurden. Am 2. Januar 1732 wurden weitere 155 Flüchtlinge aufgenommen, die nur mit knapper Not den Verfolgungen des Salzburger Erzbischofs Leopold von Firmian entgangen waren, auf der »Bürgerstube« einquartiert und auf Kosten der Stadt verpflegt. 59 Emigranten zogen am 8. Januar nach Leutkirch weiter. Die anderen ließen sich in Kempten häuslich nieder oder traten als Knechte, Mägde oder Hausarbeiter in die Dienste Kemptener Bürger. Zwei Wochen später fanden 108 Emigranten aus Tirol in Kempten Zuflucht, von denen elf in der Stadt blieben[17].

Primus Truber

Im allgemeinen kamen die an der St. Mangkirche tätigen Geistlichen ihren Amtspflichten in Seelsorge, Katechese und Verkündigung gewissenhaft nach. Darüber hinaus haben sich nicht wenige von ihnen durch literarische und wissenschaftliche Arbeiten besonders ausgezeichnet und über die engen Grenzen der Reichsstadt hinaus Bekanntheit und Bedeutung erlangt. Dies trifft in erster Linie auf Primus

Truber[18] zu, der während seiner Kemptener Zeit nicht nur das reichsstädtische Kirchenwesen neu ordnete, sondern auch den Grundstock für eine umfangreiche »Schriftenmission«[19] in den südslawischen Raum legte. Hat sich auch in Kempten selbst kein einziges schriftliches Zeugnis von Trubers Hand erhalten, so geht aus seinem Briefwechsel und aus den von ihm verfaßten Druckschriften[20] doch eindeutig hervor, daß die Kemptener Jahre seinen Lebensweg nachhaltig beeinflußten und in seinem theologischen Werdegang eine Schlüsselstellung einnehmen.

Truber wurde 1508 in der Nähe von Laibach (Ljubljana) geboren. 1542 wurde er Domherr in Laibach. Vom Humanismus des Erasmus von Rotterdam und den Schriften des Genfer Reformators Johann Calvin geprägt, trat er frühzeitig für die Reform der Kirche ein. 1548 mußte er aus seiner slowenischen Heimat fliehen. Durch Vermittlung des Nürnberger Theologen Veit Dietrich erhielt er zunächst eine Predigerstelle am Spital der Reichsstadt Rothenburg ob der Tauber, wo er sich endgültig der Reformation anschloß[21]. Vom Rat der Stadt Kempten berufen, übernahm Truber Anfang 1553 die Stelle des ersten Geistlichen (»Pfarrers«) an St. Mang. In der Reichsstadt fand Truber ein Kirchenwesen vor, das noch stark an der schweizerisch-zwinglianischen Reformation orientiert war. Sein Vorgänger, Paul Roßdorfer[22], der Kempten 1548 wegen des Interims verlassen mußte, hatte sich noch überzeugt zur Lehre Zwinglis bekannt. Dennoch war in der Reichsstadt das konfessionelle Klima offener geworden und nicht mehr einseitig auf die »schweizerische« Richtung festgelegt. Dies kam Trubers Haltung entgegen, in dogmatischen Fragen zwischen der lutherischen und der reformierten Linie zu vermitteln. Schon bald ging Truber an die Abfassung einer neuen Kirchenordnung für die Reichsstadt Kempten[23]. Er legte ihr im allgemeinen die Bestimmungen der Württembergischen Kirchenordnung von 1553 zugrunde, die er lediglich nach den örtlichen Gegebenheiten ergänzte. So wird im ersten Abschnitt der Ordnung »Von der lehr« neben den vier Konzilien von Nizäa, Konstantinopel, Ephesus und Chalcedon auf die Augsburgische Konfession von 1530 und auf die mit dieser sehr verwandten Sächsische und Württembergische Konfession, beide von 1552, verwiesen. Ebenso enthält der zweite Abschnitt der Ordnung »Vom sacrament und anderen ceremonien« keine konkreten Darlegungen, sondern bezieht sich pauschal auf die Bestimmungen der Württembergischen Kirchenordnung von 1553 über die Taufe, das Abendmahl, die Einhaltung der Feiertage, die Einsegnung der Eheleute, die Krankenbesuche und das Totenbegräbnis. Breiten Raum nimmt dagegen in einem dritten Teil die Darlegung ein, »Wie an sonntägen und feuertägen zu morgen, mittag und mit der vesper zu halten«: Neben der Regelung der Gottesdienstzeiten an Sonn-, Feier- und Werktagen steht hier die Feier des Abendmahls im Mittelpunkt, »welches hinfür, wolls Gott, ofter soll geschehen«[24]. Truber bemängelte die wohl bis dahin in Kempten – wie in Zürich und Memmingen – gängige Praxis, nur viermal jährlich das Abendmahl zu feiern. Bei aller Anlehnung an die lutherische Württembergische Kirchenordnung betont er in Übereinstimmung mit den Schweizer Reformatoren den sittlich-erzieherischen Charakter von Predigt und Sakramentenempfang: »Die Teilnehmer am Abendmahl sollen insbesondere zu einem christlichen Leben angehalten werden«[25]. Er wollte also nicht den radikalen Bruch mit der zwinglianischen Tradition, sondern diese behutsam abschwächen und der lutherischen Praxis anpassen, eine tolerante Haltung, die in einem Brief an Heinrich Bullinger gut zum Ausdruck kommt: »Christus hab das prot in sinem abendmal, wo mans recht haltet, consecrirt zu seinem leib und den wein zu seinem bluet, sinen worten wollen wir ainfaltiglich glauben und nicht weiter disputiren. Es ist ein mysterium. Auff dise meinung hab ich [...] in .27. jaren gered, und gott lob, man hat an meinen predigen vom sacrament noch anderen articulen ein zbinglischer noch lutherischer, alls vil ich hab verstanden, kein mißfallen gehabt, oder uneins mit mir worden«[26]. Mit dieser vermittelnden Position vermied er neue Spannungen in der Kemptener Gemeinde. Daß Truber sich nicht eindeutig dem Luthertum zurechnen läßt, zeigt auch sein reger Briefwechsel mit Heinrich Bullinger, Zwinglis Nachfolger in Zürich, dessen Schriften er seinen Predigten häufig zugrundelegte. Dies trifft auch für Bullingers »Kurze Bibelkunde« zu, auf die Truber für seine slowenische Bibelübersetzung zurückgriff. Hilfreich waren für ihn vor allem die Abendmahlslehre des Züricher Theologen, in der dieser, bei grundsätzlichem Festhalten an der zwinglianischen Position, doch zur Betonung einer objektiveren Gegenwart des erhöhten Herrn gelangte, und die Lehre Bullingers von den guten Werken, die als ein Teil des Glaubensbegriffes aufgefaßt werden[27].

Mit Trubers seelsorglicher Tätigkeit in Kempten ging eine rege Übersetzungsarbeit einher, deren Früchte Druckausgaben des Matthäusevangeliums, eines »Abecedariums« (eines kleinen Katechismus), des »Neuen Testaments I« (d. h. der vier Evangelien und der Apostelgeschichte) und einer Postille (d. h. einer Sammlung von Predigten über – jeweils dem Predigttext vorangestellte – biblische Texte) waren[28]. Sie waren alle in slowenischer Sprache abgefaßt und für seine Landsleute in Krain bestimmt. Bedeutsam für Trubers theologischen Standort und die Ordnung des Kemptener Kirchenwesens war die enge Verbindung zum Hof Herzog Christophs von Württemberg, der das Kirchenwesen seines Territoriums ganz im Sinne der lutherischen Orthodoxie organisierte. Nicht zufällig wurden Trubers Schriften im württembergischen Urach verlegt. Zeugnisse über Trubers Wirken als Seelsorger der Kemptener Gemeinde fehlen fast völlig. Er scheint sich jedoch rasch in die zunächst ungewohnte Umgebung eingelebt zu haben. Durch seine Predigten gewann er bald das Vertrauen seiner Gemeinde. Auch mit den Einkünften – vierteljährlich vier Malter Weizen und Korn, Holz nach Bedarf und wöchentlich drei Taler, dazu kostenlose Wohnung im Pfarrhof und Befreiung von allen städtischen Abgaben – war der Pfarrer von St. Mang zufrieden, so daß er nach Ablauf einer Probezeit mit Bürgermeister und Rat einen auf drei Jahre befristeten, vom 12. Juni 1554 an gültigen Vertrag schloß.

Trotz seines unablässigen Bemühens, Brücken zwischen den Anhängern der lutherischen und der zwinglianischen Richtung zu bauen, hatte Truber mehrfach Grund, sich über theologische Angriffe zu beschweren. Besonders setzten ihm die »Schwenckfelder« zu, Anhänger des Kaspar von Schwenckfeld (1489–1561), die alle kirchlichen Äußerlichkeiten wie die Sakramente Abendmahl und Taufe, aber

Tafel 25   Muttergottes mit Engeln, Mitteltafel eines Altärchen von Lux Maurus, um 1510–20, ehemals im Münchener Kunsthandel

Tafel 26   Margaretha von Pappenheim, gestorben 1555, Epitaph (167 cm hoch, 83 cm breit) von Endras Maurus, in der Pfarrkirche Grönenbach

Tafel 27   Kalksteinepitaph (272 cm hoch, 130 cm breit), 1549, für Fürstabt Wolfgang von Grünenstein (1535–1557), in der Gruft von St. Lorenz in Kempten

Tafel 28 Mitteltafel des Nothelferaltars von 1515 aus der Werkstatt des Jakob Schick, Bayerisches Nationalmuseum München

Tafel 29 Vesperbild am nördlichen Seitenaltar der Pfarr- und Wallfahrtskirche Maria Rain von Hans Ludwig Ertinger, um 1686

Tafel 30   Rathausbrunnen, errichtet 1601, mit dem Wappen der Bürgermeister Raimund Dorn und Josef König. Die aus Akanthusblättern aufwachsende Säule trägt die Statue eines römischen Feldherrn. Das Gitter des Beckens stammt aus dem Jahr 1886.

Tafel 31 Regimentstaler der Stadt Kempten, 1625, Durchmesser 40 mm. Auf der Vorderseite der Schaumünze Stadtansicht von »Campidonum«, auf der Rückseite Wappenschilde Kemptener Ratsherren.

Tafel 32   Kuppel des Zentralbaus der Basilika St. Lorenz, wohl um 1665 vollendet, mit Fresken von Andreas Asper aus Konstanz und Stuck von Johann Zucalli aus Roveredo

auch die Beichte und sogar die Ehe ablehnten. Vor allem verbitterte ihn die Auseinandersetzung mit einem jungen Gehilfen[29], den er vergeblich von seinen schwenckfeldischen Ansichten abzubringen versuchte und schließlich entließ, als es diesem gelang, weitere Anhänger um sich zu scharen.

Das hohe Ansehen, das sich Truber bei der evangelischen Gemeinde Kemptens erworben hatte, honorierte der Rat 1557 dadurch, daß er sein Einkommen an Weizen und Korn von vier auf sechs Malter erhöhte. Indes, die rege Übersetzungstätigkeit hatte die Bekanntheit und den wissenschaftlichen Ruf des Theologen in seiner slowenischen Heimat so sehr erhöht, daß sich die krainischen Stände am 10. Juni 1560 an den Bürgermeister und Rat der Stadt Kempten mit der Bitte wandten, sie möchten Truber »seines dienstes und amts gutwilliglich erlassen und aufs eheste hieher befördern helfen«[30], damit er in Laibach das Amt eines Kirchenvorstehers und Superintendenten übernehme. Truber stimmte der ehrenvollen Berufung mit Freuden zu. Der Abschied wurde für beide Seiten nicht leicht. Die Kemptener Stadtväter ließen den beliebten Prediger nur ungern, aber »mit mehr als den im 16. Jahrhundert üblichen Ehren«[31] ziehen: Sie gaben ihm 30 Gulden mit und liehen ihm einen Wagen mit sechs Pferden und zwei Knechten sowie ein Reitpferd für die erste Etappe, die Truber und seine Familie zunächst nach Urach führte – eine große Auszeichnung zu einer Zeit, in der Theologen gewöhnlich zu Fuß reisten! Die krainischen Stände sandten dem Rat einen herzlichen Dankesbrief[32].

Als Truber 1564 eine Kirchenordnung für Slowenien schuf[33], kamen ihm sein organisatorisches Geschick, aber auch seine Kemptener Erfahrungen zugute. Infolge der gegenreformatorischen Konfessionspolitik der Habsburger erneut aus Laibach vertrieben, verbrachte er nach kurzem Aufenthalt in Lauffen am Neckar die letzten 20 Jahre seines Lebens in Derendingen bei Tübingen, wo er am 28. Juni 1586 starb[34]. Vier Jahre vorher war, als Krönung seiner Übersetzungsarbeit, das gesamte Neue Testament in seiner Muttersprache erschienen. Die Übersetzung machte Truber zum Begründer der slowenischen Schriftsprache.

Die vermittelnde Haltung des Pfarrers von St. Mang hat der evangelischen Kirche Kemptens den Weg zu einem (durch die Bestimmungen des Augsburger Religionsfriedens vorgeschriebenen) Luthertum auf der Grundlage der Confessio Augustana geebnet. Diese Entwicklung erreichte 1579 ihren Abschluß, als die Kemptener Prediger Otmar Stab, Johann Tilianus und David Wonner sowie der Rektor der lateinischen Schule, Michael Flach, die Konkordienformel unterzeichneten[35]. Diese enthielt eine authentische und verbindliche Auslegung der Augsburgischen Konfession, durch die die innerlutherischen Streitigkeiten beendet und der konfessionsrechtliche Status des Augsburger Religionsfriedens gegen Verdächtigungen gesichert werden sollten.

Georg Zeämann

Die intensiven Kontakte zur württembergischen evangelischen Kirche blieben auch in der Folgezeit erhalten. Ein großer Teil der Kemptener Geistlichen stammte aus Württemberg oder hatte an der Universität Tübingen studiert. Auch hierdurch erhielt der Protestantismus in der Reichsstadt seine theologische Ausrichtung im Sinne der lutherischen Orthodoxie. Von ganz anderem Temperament als Truber und in seinem Charakter und seinen Äußerungen weit umstrittener als dieser ist die zweite herausragende Gestalt unter den evangelischen Predigern der Reichsstadt Kempten, Georg Zeämann[36]. Gleichwohl war er seiner Gemeinde in den schweren Zeiten des Dreißigjährigen Krieges ein fester und unerschütterlicher Rückhalt.

Zeämann wurde 1580 zu Hornbach im Herzogtum Pfalz-Zweibrücken als Sohn eines Gymnasialprofessors geboren. Nach der Einführung des Calvinismus in seiner Heimat siedelte er 1590 mit seinem Vater in das Herzogtum Pfalz-Neuburg über. Er besuchte als herzoglicher Stipendiat das Gymnasium in Lauingen und studierte in Wittenberg als Schüler des Theologen Ägidius Hunnius, eines wichtigen Vertreters der lutherischen Orthodoxie. Schon 1603 erhielt er eine Predigerstelle und theologische Professur am Lauinger Gymnasium. Hier kreuzte Zeämann in zahlreichen Disputationen die Klingen mit Dillinger und Ingolstädter Jesuiten. Schon am Regensburger Religionsgespräch von 1601, das von Herzog Maximilian I. von Bayern und Pfalzgraf Philipp Ludwig von Neuburg vereinbart worden war und zwischen den Katholiken Jakob Gretser, Albert Hunger und Adam Tanner einerseits und den Protestanten Jakob und Philipp Heilbrunner und Ägidius Hunnius andererseits vor allem über die Bibel als (einzige) Glaubensquelle geführt worden war, hatte er teilgenommen. Durch seine polemischen Streitschriften, namentlich gegen den Ingolstädter Theologen Jakob Gretser und dessen Darstellung des Regensburger Religionsgesprächs[37], erwarb er sich bald den Ruf eines gefürchteten Kontroverstheologen, der sich vor allem gegen das katholische Verständnis der Rechtfertigungslehre und den Primat des Papstes wandte und dabei auch vor rücksichtslosen Ausfällen gegen die römische Kirche nicht zurückschreckte.

Nach dem Übertritt des Pfalzgrafen Wolfgang Wilhelm zum Katholizismus 1616 aus dem pfalz-neuburgischen Kirchendienst entlassen, wurde er vom Kemptener Rat zum ersten Prediger an St. Mang berufen. Unter den erschwerten Bedingungen des Dreißigjährigen Krieges hat Zeämann Außerordentliches für das evangelische Kirchen- und Schulwesen der Reichsstadt geleistet. Noch höher als die Einrichtung eines Rügegerichts ist sein Einsatz für die Lateinschule bei St. Anna zu bewerten, die er nach der Erweiterung des ehemaligen Klostergebäudes 1619 zu einer bisher unbekannten Blüte führte[38]. Seinem Einfluß dürfte es auch mit zu verdanken sein, daß der florentinische Edelmann Anton Albitius, der nach seinem Übertritt zum Protestantismus 20 Jahre lang in Kempten lebte, ein beträchtliches Vermögen für einen Schulfonds zur Verfügung stellte.

Auch in Kempten trat Zeämann mit zahlreichen Veröffentlichungen hervor, in deren Mittelpunkt meistens die Auseinandersetzung mit dem Katholizismus und speziell den Jesuiten stand[39]. So nahm Zeämann die Stigmatisation der oberschwäbischen Mystikerin Elisabeth von Reute, die bei der Öffnung ihres Grabes 1623 festgestellt wurde, und die daraufhin einsetzende Wallfahrtsbewegung zum Anlaß, sich in zwei Streitschriften, die ihrerseits heftige Repliken der Jesuiten auslösten, gegen den Wunderglauben zu wenden[40]. Seine zu Ausfällen neigende Polemik, mit der er sich den Haß einflußreicher Gegner vor allem unter den Jesuiten, die gegen ihn bei Kaiser und Papst klagten und wiederholt auf seine Entlassung drangen, zuzog, wurde ihm in den Kriegszeiten zum Verhängnis: Des Verbrechens der Majestätsbeleidigung bezichtigt, wurde Zeämann auf kaiserlichen Befehl in Schloß Ehrenberg bei Reutte nicht weniger als 14 Monate lang gefangengehalten. Bei seiner Freilassung am 25. Februar 1630 mußte er schwören, künftig im Reich nicht mehr zu predigen. Durch Vermittlung König Gustav Adolfs von Schweden wurde er Superintendent im damals schwedisch besetzten Stralsund, wo er bis zu seinem Tod 1638 wirkte.

Ein anderer Prediger, Rudolf Schalter[41], war mit Hilfe der mit ihm verschwägerten Patrizierfamilie König in sein Amt gekommen. Er nutzte seine Position aus, um die Gemeinde gegen den Rat aufzuwiegeln, indem er der städtischen Obrigkeit Fehler und Mißgriffe in der Verwaltung und Justizpflege sowie Veruntreuung des Gemeindevermögens ankreidete und schließlich Bürgermeister und Rat sogar als »verstockte Sünder, Ehebrecher und offene Diebe« diffamierte. Am 1. November 1644 kam es zum offenen Aufruhr. Nun schritt der Rat energisch gegen Schalter und seinen Advokaten Dr. Christoph Rudolf ein. Beide konnten sich der drohenden Verhaftung nur durch Flucht entziehen. Zwei weitere Geistliche, Elias Schacher und David Steudlin, kamen in den Kriegswirren ums Leben[42].

Literarische und wissenschaftliche Tätigkeit der Geistlichen

Manche der an der St. Mangkirche wirkenden Prediger haben in der Folgezeit durch ihre wissenschaftliche oder literarische Tätigkeit das kulturelle Leben der Reichsstadt bereichert, auch wenn sie nicht die Bedeutung Trubers und Zeämanns erreichten. Dies trifft besonders auf den Bereich der Geschichtsschreibung zu. Die Chronik des Christoph Schwarz, der von 1601 bis zu seinem Tod 1615 als Prediger in Kempten wirkte, erstreckt sich über den Zeitraum bis 1595 und ist bis heute eine wichtige Grundlage für die Beschäftigung mit der Kemptener Reformationsgeschichte[43]. Im 18. Jahrhundert machte sich Jakob Kesel, der von 1707 bis 1742 dem kemptischen Ministerium vorstand, als Verfasser einer kurzen Geschichte der kirchlichen und politischen Verhältnisse der Reichsstadt Kempten einen Namen[44]. Auch Leonhard Friedrich Dürr, von 1765 bis 1768 Rektor der Lateinschule bei St. Anna und anschließend von 1768 bis zu seinem Tod 1813 im Predigtamt, zeichnete sich durch seine Gelehrsamkeit und seine Veröffentlichungen aus, die ihn mit ihrem stark aufklärerisch-belehrenden Grundton als echtes Kind seiner Zeit ausweisen[45]. Demgegenüber liegen die Verdienste des beliebten Predigers Johann Georg Lunz[46] vor allem auf dem Gebiet des Schulwesens. 24 Jahre im Schuldienst der

Reichsstadt tätig und anschließend von 1792 bis 1812 Prediger an St. Mang, verfaßte er ein Lehrbuch für Bürgerschulen, das lange, auch außerhalb Kemptens, in Gebrauch blieb.

Welche Impulse gingen nun, von den mit der Kirche traditionell eng verbundenen Bereichen Schulwesen und Musikpflege abgesehen, vom Protestantismus auf das kulturelle Leben der Reichsstadt aus?

Buchdruck

Der für die Durchsetzung der Reformation so entscheidende Buchdruck faßte in Kempten erst relativ spät Fuß. Im Jahre 1608 erteilte der Rat dem Drucker Christoph Kraus aus Amberg die Erlaubnis zur Eröffnung einer Druckerei[47]. Zunächst ließ sich das Unternehmen sehr erfolgversprechend an: Noch im selben Jahr druckte Kraus das genealogische Werk *»Principum christianorum stemmata«* (»Stammbäume christlicher Fürsten«) von Anton Albutius mit 46 in Kupfer gestochenen Stammbäumen deutscher Fürsten, »eine Glanzleistung der Buchdruckerkunst jener Zeit«[48]. In den Jahren 1612 bis 1614 folgte eine Gesamtausgabe der Werke des Nürnberger Dichters Hans Sachs in fünf Quartbänden. Auch der bekannte große Plan der Reichs- und Stiftsstadt Kempten von 1628, für den Johann Friedrich Raidel aus Memmingen die Vorlage lieferte, erschien in der Kraus'schen Druckerei. Für den wirtschaftlichen Erfolg des Unternehmens war jedoch entscheidend, daß Kraus die Schriften Zeämanns verlegte, und so war es nur folgerichtig, daß der Drucker nach der Verhaftung und Verbannung seines Freundes Kempten ebenfalls verließ.

Der Dreißigjährige Krieg und seine Folgen unterbrachen zunächst die Frühblüte der Druckerkunst in der Reichsstadt. Immerhin besaß Georg Gebhard schon im 17. Jahrhundert eine Buchhandlung in Kempten, aber erst 1744 wurde wieder eine Offizin durch Johann Georg Gutmann eröffnet. 1777 richtete Christian Rudolf Müller aus Wittenberg in Kempten eine Druckerei ein. Sie wurde mit dem 1772 von C. Fritsch aus Frauenberg in Sachsen gegründeten Buchhandel zu einer »typographischen Gesellschaft« vereinigt. Nach deren Auflösung betrieb der »Stadtbuchdrucker« Joseph Kösel von 1786 bis 1794 Druckerei und Buchhandel weiter. Dann übernahm Tobias Dannheimer beide Betriebe. Am Ende der reichsstädtischen Zeit machte er sich vor allem auch als Verleger von Zeitschriften, darunter der seit 1783 erscheinenden »Neuesten Weltbegebenheiten«, einen Namen[49].

Kirchenbibliothek bei St. Mang

Die bereits 1437 gegründete Kirchenbibliothek bei St. Mang nahm bis zum Ende des 18. Jahrhunderts einen großen Aufschwung[50]. Viele literarisch und wissenschaftlich interessierte Pfarrer vermachten der Bücherei ihre Privatbibliotheken und verhalfen ihr so zu einem raschen Wachstum. Für die zweite Hälfte des 16. Jahrhunderts sind Otmar Stab (1560–1580 in Kempten), Moses Pflacher (1585–1589)

Abb. 1 Georg Zeämann: Christliche Newe Jahrs und Buß-Predig [...], Kempten 1620. Titelblatt (Kirchenbibliothek St. Mang)

und Georg Lissmann (1581–1609) als Förderer der Bibliothek zu nennen. Als Oberhaupt des evangelischen Kirchenwesens sah sich die Stadt als eigentliche Eigentümerin der Bibliothek an. Deshalb wurden dieser gelegentlich auch Bücher aus städtischem Besitz einverleibt. Mit der Leitung der Bibliothek wurden 1602 Joseph König und 1606 Georg Gufer beauftragt, als Stifter traten Joseph Furtenbach aus Ulm und Christoph Kraus hervor. Den größten Teil ihres Zuwachses erhielt die

Bücherei aber weiterhin durch Stiftung, Vermächtnis oder Ankauf der Privatbibliotheken der an St. Mang tätigen Geistlichen. So scheinen Zeämanns Predigtsammlungen und seine polemischen Schriften durch ihn selbst in die Bibliothek gelangt zu sein. Ihm zur Seite müssen in diesem Zusammenhang Jakob Häringer (1630–1635 als Prediger in Kempten), Johannes Gebhart (1678–1690), Jakob Kesel (1696–1742), Heinrich Reck (1762–1798) und Ulrich Zorn (1765–1791) hervorgehoben werden. Genaue Zahlen über den Umfang der Bibliothek am Ende der reichsstädtischen Zeit sind nicht möglich; sie dürfte damals allerdings schon den größten Teil der 3200 Bände, die sie 1911 zählte, umfaßt haben.

Wissenschaftliche und künstlerische Leistungen protestantischer Bürger Kemptens

Neben den Geistlichen zeichnete sich vor allem Johann Martin von Abele[51], von 1779 bis 1802 Stadtsyndikus, auf wissenschaftlichem Gebiet aus. In einer Reihe von Schriften beschäftigte er sich mit dem Verhältnis von Magistrat und Bürgerschaft sowie dem Kanzlei- und Archivwesen in den Reichsstädten. Ganz im aufklärerischen Sinne wirkte Abele durch die Herausgabe von Zeitschriften, wie des »Magazins für Kirchenrecht und Kirchengeschichte« (zusammen mit dem Memminger Theologen und Historiker Schellhorn, 1778–1779) und des »Historisch-statistischen Magazins vornehmlich für Oberdeutschland« (1785–1786), als Herausgeber und Bearbeiter historischer Sammelwerke und als Begründer der Zeitung »Neueste Weltbegebenheiten erzählt von einem Weltbürger«, die, seit 1822 unter dem Namen »Kemptener Zeitung«, bis 1891 erschien und im 19. Jahrhundert zu einem wichtigen Organ der Liberalen und Demokraten wurde. Auf botanischem und medizinischem Gebiet haben sich sodann die beiden Kemptener Stadtärzte Dr. Leonhard Rauwolf und Dr. Christoph Jakob Mellin hervorgetan[52]. Für seine botanischen Studien unternahm Rauwolf in den Jahren 1573 bis 1576 eine ausgedehnte Orientreise, die ihn u. a. in den Libanon, nach Aleppo und Bagdad führte, während sich Mellin als Verfasser zahlreicher wichtiger Werke zur Medizin und Arzneimittelkunde, von denen die 1771 erschienene »Practische Materia medica« fünf Auflagen erreichte, hohes Ansehen erwarb und in mehrere wissenschaftliche Akademien berufen wurde.

Die Abwendung von der zwinglianischen Bilderfeindschaft führte dazu, daß im 17. und 18. Jahrhundert auch in der Reichsstadt bedeutsame Werke der Bildenden Kunst entstanden. Beispielhaft sei auf das Bildnis des schon mehrfach erwähnten Albutius von Ulrich Mauch (1626) hingewiesen sowie auf das ebenfalls Mauch zugeschriebene Porträt Zeämanns in der Sakristei der St. Mangkirche und auf den Altar der Pfarrkirche mit einer von dem gebürtigen Kemptener Hieronymus Hau stammenden Darstellung der Kreuzigung (1726). Den »wohlverdienten Ruf eines Kenners und Liebhabers von Gemälden, alten Münzen und anderen Seltenheiten« erwarb sich der 1582 zum Mitglied des Rates, 1591 in den Geheimen Rat und 1601 zum Bürgermeister gewählte Ulrich Dorn[53].

Zusammenfassung

Nach den heftigen innerprotestantischen Auseinandersetzungen der Reformationszeit und einer Übergangsphase, für die Primus Truber steht, setzte sich, zusammenfassend gesagt, die lutherische Orthodoxie in der evangelischen Kirche der Reichsstadt Kempten spätestens seit dem Wirken Georg Zeämanns durch. Die Gründe für diese Entwicklung, in der sich Kempten nicht von den übrigen evangelisch gewordenen oberdeutschen Reichsstädten unterschied, müssen in der allgemeinen Tendenz der protestantischen Theologie im 16. und 17. Jahrhundert, in einem Nachlassen der Bindungen zur Schweiz, aber auch in der Stellung Kemptens als Reichsstadt gesehen werden. Diese hatte zur Folge, daß die städtische Obrigkeit in Anbetracht des kaiserlichen Stadtherrn besonders auf die Einhaltung der durch den Augsburger Religionsfrieden als einziges protestantisches Bekenntnis reichsrechtlich anerkannten Augsburgischen Konfession achtete. Im 18. Jahrhundert setzte sich in Kempten die Aufklärungstheologie, die die göttliche Offenbarung auf die vernünftige Erkenntnis des Menschen beschränkte und in Jesus die reinste Verkörperung menschlicher Vernunft sah, weitgehend durch. Allerdings sorgten viele tüchtige Geistliche und wissenschaftlich engagierte Bürger der Stadt im Verein mit einer meist verständnisvollen städtischen Obrigkeit dafür, daß die evangelische Kirche Kemptens nicht in geistige Erstarrung verfiel, sondern ihren prägenden Einfluß auf das wissenschaftlich-kulturelle Leben der Reichsstadt beibehielt.

1 Zur Geschichte der evangelischen Kirche der Reichsstadt Kempten: Karrer, Reformationsgeschichte; Georg Hammon: Geschichte der Kirche und Gemeinde bei St. Mang in Kempten von ihren Anfängen bis 1802, Kempten 1902; Otto Erhard: Die Reformation der Kirche in Kempten, Kempten 1917; Haggenmüller; Baumann: Geschichte des Allgäus. Bd. 3, Kempten 1894; Rottenkolber, Stift; Weitnauer, Chronik. Es ist ein gravierender Mangel der meisten dieser Veröffentlichungen, daß sie die Quellen entweder gar nicht oder nur sehr ungenau angeben. Dies ist umso bedauerlicher, als das heute im Stadtarchiv Kempten und im Archiv des Evang.-luth. Pfarramts der St. Mangkirche vorhandene Quellenmaterial nur äußerst spärlich ist. Herrn Pfarrer i. R. Hans Wiedemann, Sonthofen, ist der Verf. dafür zu großem Dank verpflichtet, daß er ihm nicht nur die reichen Schätze der Kirchenbibliothek des Evang.-luth. Pfarramts der St. Mangkirche zugänglich gemacht und ihn auf manche an entlegener Stelle erschienene Veröffentlichung hingewiesen hat, sondern

ihm auch die Einsicht in das noch unveröffentlichte Manuskript für ein kemptisches Pfarrerbuch ermöglichte. Ebenso gilt sein Dank Herrn Stadtarchivar Dr. Wolfgang Haberl und allen Mitarbeitern des Stadtarchivs Kempten für ihre große Hilfsbereitschaft.

2 Hierzu und zum Folgenden Hammon, S. 73, 98–118; Karrer, Reformationsgeschichte, S. 41. Nach Karrer erfolgte die Verpflichtung im Regelfall auf jeweils acht bis zehn Jahre; die Pfarrverleihung wurde jedoch 1605 als unschicklich aufgehoben.

3 Haggenmüller, Bd. 2, S. 198; Karrer, Reformationsgeschichte, S. 26.

4 Hammon, S. 118 f.

5 Georg Zeämann: Ordnung der Censur, Oder Geistlichen Kirchen-Gerichts zu Kempten, im Jahr MDCXXII aufgericht (Kirchenbibliothek St. Mang, 4°. II. 4. 68–7).

6 Hammon, S. 99; Haggenmüller, Bd. 2, S. 199.

7 Hammon, S. 116; vgl. Haggenmüller, Bd. 2, S. 199.

8 Vgl. Gustav Kern: Festschrift zur Feier des zweihundertjährigen Bestehens des protestantischen Waisenhauses in Kempten 1913.

9 Vgl. Hammon, S. 100 f., 104–109; Wolfgang Haberl: Die evangelisch-lutherische St. Mangkirche in Kempten, München 1982; Michael Petzet: Stadt und Landkreis Kempten, München 1959, S. 18–20.

10 Archiv St. Mang, S. 80.

11 Ebd., Nr. 262–264; StadtA Kempten, A II 31, fol. 1–2.

12 Um diese Kapelle kam es 1736, nach dem Aussterben der Familie Seuter im Mannesstamm, zu Auseinandersetzungen, die schließlich zugunsten des von einer Seuterin abstammenden Ratsherrn und Kirchenpflegers Hieronymus Hau entschieden wurden (StadtA Kempten, A II 32).

13 Archiv St. Mang, Nr. 239. Den höchsten Betrag steuerte mit 5000 Gulden Bürgermeister Johann Adam Kesel bei. Anläßlich der Renovation wurden auch die Gerätschaften der St. Mangkirche durch Stiftungen wohlhabender Kemptener Bürger sehr vermehrt; vgl. die Inventare von 1765, 1769 und 1774–1777 (StadtA Kempten, B 26 a).

14 Haggenmüller, Bd. 2, S. 141–143; Rottenkolber, S. 117.

15 Zitate: Reinhard, S. 10 u. 11; Vgl. Zittel, »Familienstreit«.

16 Hammon, S. 121.

17 StadtA Kempten, A VI, 82. Vgl. Haggenmüller, Bd. 2, S. 275.

18 Auch andere Schreibweisen (z. B. »Primos Trubar«) gebräuchlich. Grundlegend: Mirko Rupel: Primus Truber, München 1965; ferner die Festschrift: Primus Truber in Kempten, hrsg. von der Evang.-Luth. St. Mangkirchengemeinde, Kempten 1987 (Truber-Festschrift). Vgl. auch Theodor Elze in: ADB, Bd. 38 (1894), S. 669–674.

19 Hans Wiedemann, in: Truber-Festschrift, S. 55.

20 Theodor Elze (Hrsg.): Primus Trubers Briefe, Tübingen 1897, S. 293–299.

21 Ulrich Gäbler: Primus Truber, der Domherr von Laibach, bewegt deutsche evangelische Gemeinden. In: AGF 87 (1987), S. 54–67.

22 Karrer, Reformationsgeschichte, S. 42; Hammon, S. 64; Haggenmüller, Bd. 2, S. 5 f.

23 Abdruck bei Georg Loesche: Truberiana, für die Wirksamkeit in Kempten. In: Beiträge

BayKiG 26 (1920), S. 17–25, hier: S. 21–24; die maßgebliche Edition jetzt bei Emil Sehling (Hrsg.): Die Evangelische Kirchenordnungen des XVI. Jahrhunderts. Teil Bayern: Schwaben, Tübingen 1963, S. 175–177.

24 Sehling, Evangelische Kirchenordnungen, S. 176.

25 Gäbler, S. 61.

26 13. März 1557, Elze, S. 24 f. Vgl. auch Rupel, S. 96.

27 Vgl. Elze, S. 22–31.

28 Gäbler, S. 61. Vgl. auch: Marjan Smolik: Primus Truber, der Pfarrer von Kempten, bewegt slowenische katholische Gemeinden. In: AGF 87 (1987), S. 68–82.

29 Über das »jungs kurtz mandel, hat ein aigensynig köpfel« beschwert sich Truber in einem Brief an Bullinger vom 13. März 1557 (Elze, S. 25).

30 Elze, S. 77.

31 Gäbler, S. 62.

32 Abdruck bei Elze, S. 96 f.

33 Dazu ausführlich: Rupel, S. 201–215, bes. S. 202.

34 Ebd. S. 231–274. Vgl. das zusammenfassende Urteil in der Chronik von Schwarz (StadtA Kempten, B 31, fol. 162 r): »[...] hat viel erlitten von den papisten; ein fromer mann, hat streng gearbeitet, das Gottes wort in die windische sprach gedolmescht wurd; gab reich allmuesen, weil er hie war; liehe auf ein zeit einem weber, als er kein gelt hette, ein becher zu versetzen, und fragt doch nicht, wie er hieß; am todbeth schenkht er sein schuldnern ir schuldt«.

35 Erhard, Reformation, S. 61; Haggenmüller, Bd. 2, S. 94 f.

36 Vgl. Walter Brandmüller: Geistiges Leben im Kempten des 17. und 18. Jahrhunderts. In: ZBLG 43 (1980), S. 613–631; Karrer, Reformationsgeschichte, S. 49–54; Hammon, S. 80, 84–92; Haggenmüller, Bd. 2, S. 133 f., 138 f., 143–147 und 199 f.

37 Vgl. Brandmüller, S. 615 und 628 f.

38 Vgl. die Christliche Einweyhungs-Predig Der Erweitert- und Erhöheten Lateinische Schul zu S. Anna in der Löblichen deß H. Reichs Stadt Kempten [...] durch Georgium Zeaemand [!], Pfarrern daselbst, Kempten 1620.

39 In zwei Predigten geißelte er auch Teuerung

und Wucher in der »Kipper- und Wipperzeit«; vgl. Weitnauer, Chronik Bd. 2, S. 158.

40 Newer Wunder Spiegel oder Zehen Wunder- und Walfarts BETHA Predigen, Kempten 1625; Georgen Zeaemanns der H. Schrift Doctorn grundliche APOLOGIA oder Verantwortung seines Anno 1625 getruckten Wunderspiegels [...], Kempten 1627.

41 Vgl. Karrer, Reformationsgeschichte, S. 30 bis 37; Hammon, S. 93–98; Haggenmüller, Bd. 2, S. 183–187; Weitnauer, Chronik, Bd. 2, S. 232, 241, 243, 245–247.

42 Haggenmüller, Bd. 2, S. 168 und 76.

43 StadtA Kempten, B 31; vgl. Baumann, Bd. 3, S. 628f.

44 Jakob Kesel: Kemptisches Denckmahl oder geist- und weltliche Geschichte der uralten schwäbischen Reichsstadt Kempten, Ulm 1727; vgl. Brandmüller, Geistiges Leben, S. 616; Haggenmüller, Bd. 2, S. 295.

45 Zum Beispiel: Versuch eines kleinen Beytrags zur bestätigten Ordnung Gottes in den Veränderungen des menschlichen Geschlechts entworfen von Leonhard Friedrich Dürr, [o. O.]

1776; Versuche in Verbesserung einiger alten Kirchenlieder, nebst einer Vorrede von der Zuläßigkeit und Nothwendigkeit solcher Verbesserungen von Leonhard Friedrich Dürr [...]«, Frankfurt-Leipzig 1779 (Kirchenbibliothek St. Mang). Vgl. Karrer, S. 58; Haggenmüller, Bd. 2, S. 349.

46 Haggenmüller, Bd. 2, S. 349.

47 Vgl. Brandmüller, Geistiges Leben, S. 614; Haggenmüller, Bd. 2, S. 199.

48 Weitnauer, Chronik, Bd. 2, S. 144. Zum Folgenden vgl. Haggenmüller, Bd. 2, S. 199; Weitnauer, Chronik, Bd. 2, S. 167, 172.

49 Haggenmüller, Bd. 2, S. 351; Weitnauer, Chronik, Bd. 3, S. 62, 138.

50 Vgl. Otto Erhard: Die Kirchenbibliothek bei St. Mang in Kempten. In: AGF (1911), S. 74–88.

51 Brandmüller, Geistiges Leben, S. 616f. Vgl. auch Göppert in ADB, Bd. 1 (1875), S. 17f.

52 Baumann, Bd. 3, S. 631, 637; Brandmüller, Geistiges Leben, S. 617.

53 Haggenmüller, Bd. 2, S. 200, 351.

Das Schulwesen
von der Reformation bis zur Säkularisation

Margit Bauer, Volker Dotterweich, Daniela Sibbe-Fischer

Mit dem »Großen Kauf« von 1525, in dem die Fürstabtei auf ihr Schulmonopol endgültig verzichtete, beginnt in Kemptens Bildungsgeschichte ein neuer Zeitabschnitt. Dies gilt auch in einem tieferen Sinn. Denn der nunmehr für 300 Jahre besiegelten Trennung des Schulwesens von Stift und Stadt gab die religiöse Erneuerungsbewegung des 16. Jahrhunderts, gaben Reformation und katholische Reform eine Dimension, die über die schulpolitische Entflechtung stiftischer und reichsstädtischer Rechte weit hinausreichte. Während das Stiftsgebiet kraft landesherrlicher Autorität beim alten Glauben blieb, schloß sich die Reichsstadt dem Protestantismus an. Weder die katholische noch die protestantische Obrigkeit hob die enge Verbindung zwischen dem kirchlichen und dem schulischen Leben auf. Nach wie vor erfolgte die religiöse Erziehung der Kinder im Unterricht, nahmen die Schüler geschlossen am Gottesdienst teil, wurde der Kirchengesang vor allem von den Schulkindern getragen, war der Klerus an der Schulinspektion zumindest beteiligt. So ging mit dem fürstlichen und reichsstädtischen Kirchenregiment ein entsprechendes Schulregiment fast zwangsläufig einher. Aufgrund der konfessionellen Spaltung liegt es nahe, die reichsstädtische und die stiftische Schulgeschichte in der frühen Neuzeit gesondert zu betrachten[1].

Bildungssituation

Die Auflösung der kirchlichen Ordnung in der Frühphase der Reformation zog an vielen Orten einen Verfall des Schulwesens, einen starken Rückgang des Schulbesuchs und, wie häufig geklagt wurde, eine zunehmende »Verwilderung« der Jugend nach sich. Die Verbesserung und Neuordnung der Schulaufsicht war daher ein dringendes Gebot. In Kempten bildete, wie überall in den schwäbischen Reichsstädten, der Rat die oberste Schulbehörde. Die laufenden Geschäfte nahm eine eigene Schul-Deputation wahr, das Scholarchat, dem in der Regel auch die protestantischen Prädikanten (Prediger) oder der Pfarrer von St. Mang angehörten, die, akademisch gebildet, die Voraussetzungen für die Visitation des Unterrichts mitbrachten. So wurden in Kempten 1542 die Prädikanten und der Stadtschreiber, 1544 darüber hinaus auch der Stadtammann und zwei weitere Ratsherren zu Schulvisitatoren gewählt[2]. Die genaue Besetzung der Schul-Deputation ist erstmals für 1723 überliefert[3]. Damals gehörten dem Scholarchat an: der Amtsbürgermeister Johann Ulrich Stattmüller, der Bürgermeister Matthias Jenisch, der Senior Jakob Kesel, der Stadtammann Johann Jakob Beusch, die Geheimen Räte Johannes Schmelz und Hieronymus Bartholomäus König, der Stadtsyndikus Johann Christian Simon, die beiden Magister Georg Jakob Mellin und Leonhard Henseler, der Stadtphysikus Doktor Otto Philipp Praun, die vier Ratsherren Friedrich Eckhardt (Stadtrechner), Johann Conrad Caspar (Spitalpfleger), Johann Heinrich Ehler (Waisenpfleger) und Wolfgang Jakob Jenisch (Schulpfleger) sowie der Kanzleiverwalter Jakob Fischer und der Gerichts- und Schulpfleger Jakob Stadtmüller. Acht dieser 13 Schulherren, nämlich der Senior als Vorsitzender, der Syndikus als »Rechtsbeistand«, die beiden Magister (Prediger) und – einander abwechselnd – je einer der vier Ratsherren waren gleichzeitig Schulvisitatoren und hatten als solche einen Sitz im ständigen Schulkonvent. Zu ihren Aufgaben gehörte es, die Schulordnung zu erlassen, den Unterricht zu kontrollieren, die Lehramtsbewerber zu examinieren und anzustellen.

Daß sich jedoch das städtische Schulwesen noch Anfang des 17. Jahrhunderts in einem reformbedürftigen Zustand befand, belegen schlaglichtartig die »Schulpredigten«, die Dr. Georg Zeämann, Pfarrer an St. Mang und Mitglied des Scholarchats, zu Beginn des Dreißigjährigen Krieges hielt[4]. Eines seiner Hauptanliegen war es, die Bürger von der Notwendigkeit des Schulbesuchs zu überzeugen, namentlich in einer Zeit, in der es »viel nötiger zu sein scheinet, daß die Jugend aller orten zu der Eysinen Feder, zu Spiessen, Musqueten unnd Harnischen gewehnet und getrüllt, dann anheimß zur Schul und Schreibfeder gehalten werde«[5]. Zeämann kannte den schlechten Ruf der Kemptener Schulen, auch die allseits gefürchtete Härte und Grobheit der Schulmeister. Gleichwohl redete er den Eltern heftig ins Gewissen, die ihre Kinder »verzärtlen und auffpfläntzlen« (»Wie man täglich mit grossem Ergerniß auch allhie im Hauß deß Herrn sihet, daß sonderlich bey der Jungen Welt ein Newe form, Tracht und Manir uber die ander auffkompt, fürnemlich mit den unflätigen abschewlichen Haarpüffen, Krausen und ziglen, dardurch manch Kind dermassen verstelt wirdt, daß es einem Jungen Löwen oder Zothündlein fast gleicher sihet, als einem Menschen«), »umb eines geringen Schuelgelts willen« verwahrlosen lassen oder das Erlernen des Latein für unnötig halten. Nun hatte der gelehrte Prediger durchaus Verständnis für die praktischen Bedürfnisse von Handel und Gewerbe. »Aber«, so appellierte er nachdrücklich an den Bürger, »w[a]z würde es deinem Kind schaden, wenn du dasselb, ehe es zum Handwerck oder Handel düchtig, zuvor in die Lateinische oder auffs wenigst in ein Teutsche Schuel schicktest, damit es darin den H[eiligen] Catechismus, wie auch den Anfang der freien künst und sprachen lernete?«

Zeämanns Mahnungen an die Eltern hatten zumindest kurzfristig Erfolg. Von 1619 auf 1620 stieg die Zahl der Schüler an der Lateinschule von 105 auf 138, an den beiden deutschen Knabenschulen von 270 auf 307 und an der Mädchenschule von 180 auf 195, insgesamt von 555 auf 640 an. Der Besuch der offiziellen Schulen Kemptens nahm somit um 15 Prozent zu. 1695 klagte indes einer der Schulvisitatoren erneut, daß die Eltern ihre Kinder zu frühzeitig von der Schule nähmen, sogar noch ehe sie recht buchstabieren könnten[6]. Und 1713 wurde bemängelt, daß viele Eltern ihre Kinder überhaupt nicht zur Schule schickten und dem Scholarchat keinerlei Gehorsam leisteten[7].

Die Elementarschulen der Reichsstadt

Über das elementare, »niedere« Schulwesen in Kempten, das der späteren Volksschule voranging, geben nahezu ausschließlich die Ratsprotokolle Auskunft. Mädchen und Knaben wurden getrennt in eigenen Schulen unterrichtet. Auch unterscheiden die Ratsprotokolle ausdrücklich zwischen »Schulmaistern« (für Knaben) und »Mädlinschulmaistern«. 1618 besuchten 270 Schüler die beiden deutschen Knabenschulen und 188 Mädchen die Mägdleinschule[8]. 1690 genehmigte der Rat die Anstellung eines zweiten Mädchenschulmeisters[9]. Die Kinder erschienen allerdings unregelmäßig oder unpünktlich zum Unterricht, und nicht selten nur dann, wenn sie keine häuslichen Arbeiten zu verrichten hatten, an die sie von früh an gewöhnt wurden. 1709 befahl man den Mädchenschulmeistern ausdrücklich, ihre

Schülerinnen zum rechtzeitigen Schulgehen anzuhalten: Sie kämen im Sommer statt um sieben oft erst um halb neun Uhr in die Schule[10].

Anstelle der heute üblichen Trennung nach Jahrgangsklassen fand der Unterricht für alle Altersstufen in einem einzigen großen Raum statt. Dabei wurden jeweils mehrere Schüler in altershomogene Gruppen eingeteilt. Aber auch diese Gruppen wurden nicht »frontal«, d.h. in ihrer Gesamtheit unterwiesen. Denn im wesentlichen bestimmte das Auswendiglernen den Unterricht. Infolgedessen sah es der Lehrer als seine erste Aufgabe an zu überprüfen, ob und inwieweit der einzelne Schüler sein Pensum gelernt hatte. Dabei war der Unterricht hart und streng, der Stock ein häufig gebrauchtes, von Gott gegebenes »Lehrmittel«. Auswüchse waren an der Tagesordnung. Nicht zufällig hob Zeämann in seiner dritten Schulpredigt den freundlichen Umgang des Lehrers mit den Schülern als siebte Tugend des Schulmeisteramts hervor, um dann in barocker Urwüchsigkeit fortzufahren: »Denn Christliche Praeceptores [Lehrer] sollen keine [...] Zornige Hirnschellige Tyrannen, Steuper, Paucker und Hencker sein, die nichts anders thuen als Schreien, Ruffen, Poltern, Koltern, Schlagen, Hawen, Balgen und Streichen« und ihre Schüler scheu und »zu lauter Düppelsköpffen« machen[11].

Den protestantischen Gemeinden war die Verkündigung und das rechte Verständnis des Bibelwortes ein Hauptanliegen. Vor allem das lutherische Schriftprinzip und die Notwendigkeit, die sich ausbreitende neue Lehre zu verfestigen, rückten Bibellektüre und Katechese in den Mittelpunkt des Unterrichts. Sodann war es selbstverständlich, einen Schulmeister darauf zu verpflichten, den Religionsunterricht nur nach Maßgabe des Katechismus und ohne jede eigenmächtige Neuerung zu erteilen[12]. Darüber hinaus hatten sich Lehrer und Schüler auch außerhalb der Schule aktiv am kirchlichen Leben zu beteiligen. So wurden z.B. 1546 die drei Schulmeister der deutschen Schulen ausdrücklich angewiesen, mit ihren Schülern die Predigt zu hören, den Kirchengesang zu pflegen und den Predigern und Zuchtherren der Kirchengemeinde gehorsam zu sein[13]. Bei Zuwiderhandlung drohte eine ernstliche Strafe. 1619 verlangte Zeämann von Knaben und Mädchen, »20, 30, 50, 60, 90, ja noch mehr Psalmen«[14] auswendig zu rezitieren. Erst in zweiter Linie wurden das Buchstabieren, die Anfänge des Lesens und das Schreiben vermittelt.

Noch im 17. Jahrhundert bewegte sich der Unterricht an den deutschen Schulen auf einem vergleichsweise niedrigen Niveau. Der Lernerfolg blieb recht bescheiden. Vor allem dem heimischen Dialekt war offenbar nur schwer beizukommen. »Waher kompts«, fragte Zeämann in seiner dritten »Schulpredigt«, »daß der gemeine Mann so ubel schreibt und liset, und so grob und unförmlich redet?« und befand: »Man hat sie [die Kinder] in den Teutschen Schulen etwa nicht besser gelehrt, oder doch es ihnen nicht abgezogen [abgewöhnt]. [...] Darumb solten die Schulmeister die grobe Bäurische Art zu reden an ihnen nicht leiden [...]. Es ist allhie unter der Gemein fast ein gemeiner Brauch, daß man entweder ein A einmischt, oder für den vocalem E entweder das A oder O braucht. Als wenn man sagen will, ESSEN, sagt man EASSEN; für MESNER, MESNAR; für Pfarrer, Pfarrar; für Burgermeister, Burgarmeistar; für Christliche Kirch, Christalliche Kirch ec.«[15].

Dennoch boten die deutschen Schulen in Kempten begabten Schülern die Möglichkeit, zusätzliche Fähigkeiten zu erwerben. 1563 erlaubte der Rat einem Schulmeister, Balthasar Blatzer, von jedem Schüler für das Erlernen der »gemeinen Schrift« drei Batzen, der Kanzleischrift fünf Batzen und des Rechnens einen Gulden Schulgeld zu verlangen[16]. Die »Zusatzausbildung« in Kanzleischrift oder Rechnen hatte ihren Preis. Sodann läßt dieses Beispiel darauf schließen, daß es eher die Ausnahme war, einem Kind das Rechnen beibringen zu lassen.

Die deutschen Schulmeister jener Zeit waren nicht nur häufig selbst des Rechnens nicht kundig, in der Regel hatten sie überhaupt keine berufsspezifische Vorbildung. Das Kemptener Scholarchat forderte lediglich ein Mindestmaß an Kenntnissen. Als sich Matheus Blatzer 1599 um eine Schulstelle bewarb, mußte ihm sogar auferlegt werden, daß er der deutschen Schreiberei »nachwanderte«[17]. Und Zeämann predigte, der Lehrer solle wenigstens das, was ihm zu lehren aufgetragen, selber verstehen[18]. Nicht selten verfügten Handwerker über die geforderten Kenntnisse. So übernahmen etwa 1730 ein Strumpfwirker, David Rodach, und 1735 ein Klauenzoller, Hieronymus Opitz, die Mädchenschule. 1746 vertrat ein Bortenmachergeselle, Christoph Karg, die Präzeptorenstelle[19]. Weniger qualifizierte Lehrer oder solche ohne Berufserfahrung ließ man zunächst in der Mädchenschule unterrichten, bevor sie, wenn sie sich bewährten, in die Knabenschule »aufsteigen« durften.

Mit der Anstellung der Lehrer übernahm der Rat auch einen Teil ihrer Besoldung. Mitte des 16. Jahrhunderts standen einem Schulmeister ein Jahressalär von 40 Gulden sowie 40 Klafter Tannenholz für Heizung und eine ordentliche Behausung zu, in der auch der Unterricht erteilt wurde. Zusätzlich durfte er von jedem Kind Schulgeld fordern[20]. In welchen Gebäuden sich die deutschen Schulen befanden, läßt sich nicht mehr ermitteln. Die Knabenschulen wurden vermutlich im Laufe des 17. Jahrhunderts der Lateinschule im St. Annakloster eingegliedert. Jedenfalls wird in den Ratsprotokollen des 18. Jahrhunderts nurmehr von den Knabenklassen der Lateinschule gesprochen.

Beim St. Annakloster befand sich auch das 1713 eingeweihte Waisenhaus, das spätestens seit 1723 eine eigene deutsche Schule unterhielt. Die Kemptener Waisenschule war unter den Städten des Allgäus die einzige derartige Anstalt. Für die Besetzung der Schulstelle war ebenfalls der Rat zuständig. 1780 erhielt der Waisenhauslehrer den Auftrag, täglich drei Stunden zu unterrichten. Seit 1810 wird die Waisenhausschule in den Jahresberichten der Kemptener Bürgerschulen nicht mehr eigens aufgeführt[21].

Neben den »öffentlichen« Deutschen Schulen bestanden in den Städten seit dem späten Mittelalter auch sogenannte »Neben-« oder »Winkelschulen«, die meist von Handwerkern in angemieteten Räumen oder privaten Wohnungen betrieben wurden. Über sie sind in den Kemptener Akten kaum Nachrichten enthalten. 1638 klagte der Schulmeister der Mädchenschule, Georg Merroth, über einen Spitalpfründner, der Kinder eigenmächtig unterrichtete. Dies wird dem Mann auch unter Hinweis auf frühere Ratsdekrete untersagt[22]. Seit dem 18. Jahrhundert versuchte der Rat jedoch, die offenbar fortbestehenden Privatschulen seinem Reglement zu unterwerfen. 1729 forderte er die Privatlehrer auf, sich dem Schulkonvent vorzustellen, sich examinieren zu lassen und dem Amtsbürgermeister ein Verzeichnis ihrer Schüler auszuhändigen, aus dem das Alter der Kinder und auch ersichtlich sein sollte, wer zusätzlich die »Ordinari-Schul« besuchte. Damals fanden in Kempten wenigstens fünf Privatlehrer – Johann Georg Wenglin, Tobias Gufer, Michael Seitz, Hieronymus Opitz und Johann Philipp Satzger – ihr Brot[23]. Die Winkelschulen vermittelten die gleichen Lehrinhalte wie die Deutschen Schulen und erfreuten sich bei den einfachen Leuten nicht geringer Beliebtheit. Mitunter konnte der Unterricht sogar parallel zur »öffentlichen« Schulzeit erteilt werden[24]. So mag den Rat bei der strengeren Wahrnehmung der Schulaufsicht nicht nur die obrigkeitliche Fürsorgepflicht, sondern auch Konkurrenzdenken geleitet haben. Indes dürften die Winkelschulen in Kempten erst mit der Einführung der bayerischen Volksschule im 19. Jahrhundert und der allgemeinen Schulpflicht verschwunden sein.

Von der Lateinschule zur Bürgerschule

Die nach harten Auseinandersetzungen mit dem Stift gegründete Lateinschule der Reichsstadt konnte 1546 in das St. Annakloster einziehen, das zu diesem Zweck eigens gekauft und umgebaut worden war. Dennoch blieb die Schule in der Folgezeit ziemlich unbedeutend. Noch Zeämann hatte den Eindruck, daß sie »schier mehr einer Dorff: denn einer Stadtschul« gleiche[25]. Zu Beginn des 17. Jahrhunderts ergriff der Rat jedoch Maßnahmen, um das Niveau der Bildungsanstalt zu heben. Er achtete nun konsequenter auf die Qualifikation der Lehrer[26], schuf neue Räume, vornehmlich für die Stipendiaten und auswärtigen Zöglinge, und stellte einen neuen Schulmeister mit zwei Gehilfen an, so daß nunmehr drei Lateinklassen gebildet werden konnten. Vor allem wurden die Unterrichtsinhalte um Dialektik und Rhetorik, griechische Grammatik und die Lektüre einiger lateinischer und griechischer Klassiker wie Cicero, Vergil und Isokrates erweitert und, wie Zeämann rückblickend hervorhebt, »darzu eine feine Music angerichtet«[27].
Ihren eigentlichen Aufschwung erlebte die Schule erst, als mit Zeämann, vormals Professor am Gymnasium in Lauingen, ein gelehrter Theologe nach Kempten berufen wurde[28]. Zeämann setzte sich mit aller Energie für die Lateinschule ein. Wohl erkannte er an, daß die Stadt einiges für das höhere Bildungswesen geleistet habe, so daß ein »fleissiger Knab die freye Künst und Sprachen allhie so fern lernen unn studiren kan, daß er auff eine hohe Schul [d. h. eine Universität] mit Nutz verschickt werden, und ungefährlich innerhalb zwey Jahren den gradum Magisterii [Magistergrad] mit lob erlangen mag«. Aber alle in die Breite wirkenden Bemühungen um eine höhere Bildung waren nach seiner Auffassung zum Scheitern verurteilt, solange in der Stadt die Meinung vorherrschte, dieselbe sei entbehrlich, da man für Geld »gelehrte Leuth« haben könne »so viel man wolle, gleich als ob mans nur von Bäumen schütteln dörffte«; und solange es Bürger gäbe, die der Lateinschule so »von hertzen feind« seien, daß sie nicht nur ihre eigenen, sondern auch

fremde Kinder vom Besuch der Anstalt abhielten[29]. Überhaupt hätten die Bürger von den »Calmeusern, Schulfuchs, Parteckenfressern, Plackschmirern [und] Dintenfrässern«, wie nach Zeämann die Schulmeister apostrophiert wurden[30], eine allzu schlechte Meinung. Die barocke Rhetorik des Predigers machte Eindruck. Schon 1618 konnte in Kempten eine vierte Lateinklasse eingeführt werden. Um den dafür nötigen Lehrer einstellen zu können, forderte Zeämann von der reichen Bürgerschaft ein finanzielles Opfer. Und erneut hatte er Erfolg: 1621 stiftete Anton Albitius (von Allwitz) der Lateinschule ein Vermögen von 1500 Gulden[31].

Um diese vierte Klasse im St. Annakloster unterzubringen, mußte das Gebäude erweitert werden. Bei der Einweihung der neuen Räume stellte Zeämann die Lehrer und den Lehrplan der Lateinschule vor[32].

Die Eingangsklasse hatte zwei Abteilungen. In der unteren lehrte Provisor Georg Gebhard aus Münchberg Lesen und Schreiben, in der oberen Deklinationen und Konjugationen der lateinischen Sprache. Sodann wurden die Schüler beider Abteilungen über Anstand und gute Sitte belehrt. Die zweite Klasse unterstand dem Organisten Johann Gruber aus Augsburg. Die Schüler wurden in lateinischer Grammatik unterrichtet, lasen einfache Briefe Ciceros und Catos Distichen und lernten, wie schon im Vorjahr, die Psalmen und den Katechismus.

In der dritten Klasse nahm Praeceptor Jeremias Zeämann die lateinische Grammatik und Metrik nach dem Lehrbuch des Humanisten und Wittenberger Reformators Philipp Melanchthon sowie die Grundzüge der griechischen Grammatik (Aesops Fabeln) durch. Ferner standen die Briefe Ciceros, die Dialoge des Castellio, die Sammlungen des Murmellius und griechisch-lateinische Evangelien auf dem Lehrplan.

Der Lehrer der obersten Klasse, Magister Jodocus Faltz aus Augsburg, war gleichzeitig Rektor der Schule. Der Lehrstoff umfaßte Ethik, Dialektik und Rhetorik, Cicero, Virgil, Horaz und Isokrates, griechische Grammatik, Mathematik und Physik. Daneben wurde der Katechismus wiederholt und das griechische Neue Testament gelesen.

Nicht nur in den Deutschen Schulen, auch in der Lateinschule zielte der Unterricht in erster Linie auf die Erziehung der Jugend im Sinne des protestantischen Christentums ab. Zugleich stand die Schule in der Tradition des Humanismus. Bildung zu christlicher Humanität sollte durch das Erlernen der lateinischen und griechischen Sprache und die Lektüre der antiken Klassiker erworben werden, die auch die Maßstäbe für das gesellschaftliche und politische Leben vermittelten. Erst in der Abschlußklasse wurden die praxisorientierten Fächer Physik und Mathematik, die sogenannten Realien, stärker berücksichtigt.

Daß guter Unterricht fähige Lehrer voraussetzt, gehörte zu Zeämanns Grundüberzeugungen. Vor allem erkannte er, hier seiner Zeit voraus, daß reine Gelehrsamkeit nicht genüge, sondern daß ein Schulmeister auch die »gab und *gratiam*« haben müsse, andere zu lehren, also didaktisches und pädagogisches Geschick. Diese Gabe fehle vielen Gelehrten, »wie mans bey den Universiteten erfärt, da mancher den leeren Stülen, oder seinen Hund und Famulo lesen muß«[33]. Zeämann befand

sich mit dieser Einsicht in Übereinstimmung mit den Vorstellungen des pädagogischen Realismus, wie er damals in Augsburg durch Wolfgang Ratke (1571–1635)
vertreten wurde, der die kind- und sachgerechte Unterrichtsmethode in den Mittelpunkt seiner didaktischen Überlegungen stellte. Und die Schüler? Sie sollten nach
Zeämanns Leitbild »auff ihre Sitten gute achtung geben, nicht dem Fressen und
Sauffen sich ergeben, und auff den gassen schreien, als ob sie unsinnig weren,
sonder [...] die *civilitatem morum* [Höflichkeitsregeln] studiren, damit nicht
Holtzböck« aus ihnen werden[34].

Der Theologe gab dem reichsstädtischen Bildungswesen entwicklungsfähige
Grundlagen. 1637 wurde eine neue Schulordnung erlassen[35]. Sie legte unter ande-
rem die Unterrichtszeit fest. Im Sommer begann der Unterricht am Morgen pünkt-
lich um sieben und am Mittag um zwölf Uhr. An Sonn- und Feiertagen hatten die
Lehrer die Pflicht, die Schüler in die Kirche zu führen und anschließend aus der
Predigt zu examinieren. Ferner sollten sie die Orgel spielen und nicht nur die
Choräle, sondern auch bei Begräbnissen und Leichenpredigten singen. Die Schulmeister waren also zugleich Kirchendiener, eine Funktion, die eine willkommene
Aufbesserung ihres Einkommens mit sich brachte. Schließlich sollte der Lehrer der
untersten Lateinklasse auch solche Schüler unterrichten, die nur Deutsch zu lernen
begehrten. Damit deutete sich die Entwicklung der Kemptener Lateinschule zu
einer »Gesamtschule« an. Bald lernten hier künftige Handwerker, Kaufleute,
Kanzlisten, Pfarrer usw. zusammen, und auch begabten Kindern ärmerer Leute
ermöglichten Stipendien die höhere Schulbildung. Lediglich Mädchen blieben vom
Besuch der Lateinschule ausgeschlossen.

Die hoffnungsvolle Entwicklung der Kemptener Lateinschule wurde durch die
Pestjahre und die Folgen des Dreißigjährigen Krieges jäh unterbrochen. Längere
Zeit mußte auf die vierte Lateinklasse gänzlich verzichtet werden. Erst 1696 wurde
sie wieder eingeführt. 1728 dachte der Rat über eine Reform des Schulwesens nach.
1750 wurden sogar Klagen über Mängel bei der Schulvisitation laut[36]. Tatsächlich
neue Impulse erhielt das reichsstädtische Schulwesen jedoch erst durch die pädago-
gische Bewegung der Aufklärung.

Von den pädagogischen Ideen des Aufklärungszeitalters war Johann Georg Lunz
(1744–1814) beeinflußt, der 1768 aus der Stellung eines Hofmeisters zum Rektorat
der Lateinschule berufen wurde, das er bis zur Übernahme der Predigtstelle an
St. Mang 1792 leitete[37]. Vier Jahre nach seinem Amtsantritt legte Lunz einen Schulplan vor, der nach langwierigen Beratungen und mehrjähriger Verzögerung durch
die eigens eingerichtete Schulverbesserungs-Deputation vom Magistrat 1779 angenommen wurde[38].

Lunzens Reformplan erstreckte sich auf die deutsche und lateinische Knabenschule,
auf die Mädchenschule und die Waisenhausschule.

Der Lehrstoff der insgesamt fünfklassigen Knabenschule war so eingeteilt, daß jede
Klasse in zwei Jahren absolviert wurde. Die dritte Klasse bot den Schülern, die die
Schule verlassen wollten, einen gewissen Abschluß. In der unteren wie in der
höheren Stufe der Lateinschule sollten nun der Katechismuserklärung und der

Bibellektüre die »Realien« zur Seite treten: Geographie, Geschichte, Rechnen und Naturkunde, für die, wie der »Schulplan« ausdrücklich vermerkte, Instrumente, Modelle und Naturalien nach und nach angeschafft werden sollten. Das Latein begann in der zweiten Klasse mit Lesen, Schreiben, Deklinieren und Konjugieren; von der dritten Klasse an waren – mit steigenden Anforderungen – Stücke einer nicht näher bezeichneten Textsammlung antiker Schriftsteller zu behandeln; in der Abschlußklasse stand es im Ermessen des Lehrers, einen guten *autorem classicum* zu traktieren. In der zweiten Klasse sollte ein Anfang in der Geographie mit der »Charte von Schwaben« gemacht, in der dritten etwas von der »Vaterstadtgeschichte« gelehrt werden, »soweit man sie nehmlich zusammenbringen kann«; der Lehrplan der folgenden Klassen umfaßte geographische Kenntnisse von Deutschland, Europa und schließlich allen »vier Weltteilen«, im Fach Geschichte allgemeine Reichsgeschichte, Weltgeschichte und Chronologie. Dem Lehrer der vierten Klasse wurde empfohlen, Briefe und lehrreiche Erzählungen über Gegenstände des täglichen Lebens abwechselnd in deutscher und lateinischer Sprache zu diktieren und dann übersetzen zu lassen. Die Abschlußklasse sah keinerlei rhetorische Übungen in deutscher und lateinischer Sprache vor.

Auch die beiden »Klassen« der Mädchenschule sollten verbessert werden. In der unteren (drei Jahre) sollten deutsch und lateinisch Buchstabieren, Lesen und Schreiben geübt, der Katechismus und die Psalmen, »gute Lieder« und Höflichkeitsregeln gelernt werden. In der ebenfalls dreijährigen oberen Mädchenklasse kamen Biblische Geschichte, die Evangelienbücher und das Buch Sirach, Rechnen, die Anfänge der Geographie und das »Gemeinnützigste aus den ersten Kapiteln des Unterrichts in Künsten« hinzu. Im Waisenhaus sollten die Kinder wenigstens so viel lernen können wie die schlechtesten Schüler der drei unteren öffentlichen Klassen.

1782 verfaßte Lunz ein eigenes, den lokalen Verhältnissen angepaßtes, preisgünstiges Lehrbuch[39], das auch außerhalb Kemptens, wie in Memmingen, Lindau oder Nördlingen, in Gebrauch war. In Anlehnung an den Reformplan und im Unterschied zu herkömmlichen Lateinschulen orientierte es sich an den realen Bedürfnissen der Stadtbevölkerung, das heißt an den Bedürfnissen der Kaufmannschaft, der Handwerker, der reichsstädtischen Verwaltung. Der Lehrplan folgte den natürlichen Gegebenheiten und der kindlichen Entwicklung: »Ich mache den Anfang mit der Naturgeschichte«, schrieb Lunz, »ich steige dabei von den unvollkommenen Geschöpfen zu dem edelsten, dem Menschen, auf; mache ihn mit seinem Leibe, dem Werthe der Gesundheit, und einigen Regeln bekannt, dieselbe zu erhalten, oder wieder herzustellen; darnach mit seiner Seele, ihren Kräften, und einigen Vorschriften, sie zu regieren. Ich führe ihn jetzt in die Gesellschaft ein, und mache ihn auf die verschiedenen Aufgaben derselben aufmerksam«[40]. Der einzelne sollte ein nützliches Glied der Gesellschaft werden und seinen Beruf aus Neigung und mit spezifischen Fertigkeiten ergreifen. Auf diesen bereitete das Lehrbuch unter anderem durch die Vermittlung von Kenntnissen der Warenberechnung, der Kalkulation von Ein- und Verkauf, der Berechnung von Flächen und Rauminhalten,

der Meßtechnik und des Zeichnens, der Erdbeschreibung, der allgemeinen Geschichte und der Religionsgeschichte vor. Sodann trat Lunz, dem Nützlichkeits-
standpunkt der Aufklärung gemäß, für eine erhebliche Reduzierung des Lateinun-
terrichts zugunsten der Unterweisung in der Muttersprache ein. Auch einer Reform der Mädchenbildung redete er entschieden das Wort. Denn, so fand er, »die
Zeiten sind nun vorbei, daß man glaubt, es seye genug, wenn Mädgen lesen und
schreiben können«; man wisse, »daß sie nicht weniger Anspruch auf Vernunft und
Weisheit haben als die Mannspersonen«[41].

Lunz gehörte damit neben Hieronymus Andreas Mertens in Augsburg, Daniel
Eberhard Beyschlag in Nördlingen und Christian Jakob Wagenseil in Kaufbeuren
zu den Hauptverfechtern aufklärerischen Denkens im schwäbischen Schulwesen.
Allerdings gelang es ihm nicht, in Kempten mit allen Traditionen zu brechen.
Das Latein spielte im Unterricht der Knabenschule weiterhin eine bedeutsame
Rolle. Auch die erhoffte fünfte Lateinklasse konnte nicht gebildet werden[42].
Und nach wie vor stand die enzyklopädische Anhäufung des Lehrstoffes der
Durchsetzung einer kindgemäßen Unterrichtsmethode im Wege. Aber die Realien
traten nun stärker in den Vordergrund des Unterrichts. Die Beachtung des Nütz-
lichkeitsprinzips bei der Auswahl der Lehrstoffe und das utilitaristische Erzie-
hungsziel, tüchtige Bürger hervorzubringen, waren der wesentliche Inhalt der auf-
klärerischen Schulreform in der Reichsstadt. Nicht zu Unrecht bezeichnete sich die
Kemptener Lateinschule im letzten Drittel des 18. Jahrhunderts als »bürgerliche
Realschule«.

Das niedere Schulwesen im Stift

Über das niedere Schulwesen der Stiftsstadt in der frühen Neuzeit gibt es nur
spärliche Nachrichten. Die im 15. Jahrhundert vorhandene äußere Schule lebte teilweise in der niederen Schule bei der Pfarr- und Stiftskirche St. Lorenz fort[43]. Für
diese wurde 1697 ein Johann Adam Wirth als »lateinischer und teutscher Schulmeister« bestellt. Die ausdrückliche Beschränkung des Fächerkanons auf das Deutsche
und die Grundlagen des Lateinischen läßt darauf schließen, daß es sich hier um eine
»niedere Lateinschule« handelte. Später wird diese Form der Schule nicht mehr
erwähnt. Die Säkularisationsakten des Stifts verzeichnen lediglich eine »deutsche
Schule« mit nur *einem* Schulmeister, Kajetan Karg, der damals 25 Knaben und
Mädchen unterrichtete, Kinder von Handwerkern, Gewerbetreibenden und Bediensteten des Stifts. Auch in der früheren Zeit dürfte die Frequenz der Schule
kaum stärker, ihr Unterrichtsniveau kaum höher gewesen sein. Denn Katholiken
aus der Umgebung der Stiftsstadt zogen es zuweilen vor, ihre Kinder in die lutherische Stadtschule zu schicken. Nur selten fand das niedere Schulwesen das Interesse
der Fürstäbte. Es war schon eine seltene Ausnahme, wenn Fürstabt Anselm von
Reichlin-Meldegg (1728–1747) die deutsche Schule mit einer Stiftung von 400 Gulden beschenkte[45].

Neben der katholischen Stadtschule gab es mehrere stiftische Dorfschulen. Die Verhältnisse an den Dorfschulen sind in der frühen Neuzeit mit denen der Stadtschulen nicht vergleichbar. In der Regel gab es keinen hauptamtlichen Schulmeister. Im Pfarrdorf Legau zum Beispiel versah von 1628 bis 1674 der Meßner den Schuldienst[46]. Auch in den anderen Schuldörfern des Stifts wurde der Unterricht nur nebenberuflich, meist durch den Meßner, erteilt. Denn vom Schuldienst allein hätte sich damals ein Dorflehrer nicht durchbringen können, war er doch, ohne festes Gehalt, auf den niedrigen Schullohn angewiesen, den die Eltern entrichteten. Im übrigen wurde auf dem Lande Schule nur im Winter gehalten, da die Kinder von Georgi bis Martini bei der Feldarbeit und Ernte zu helfen hatten[47].

Das Stiftsgymnasium

Im 17. Jahrhundert erneuerte das Stift, das im Zuge der Ordensreform an theologisch ausgebildetem Nachwuchs stärker interessiert war und dessen Hofstaat den fürstlichen Repräsentationsbedürfnissen der Barockzeit wie auch wachsenden Verwaltungsaufgaben zu genügen hatte, die klösterliche Tradition der höheren Schulbildung. In das »*Ducale Lyceum Campidonense*«, wie sich das Stiftsgymnasium nannte, wurden überwiegend junge Adelige, meist aus oberschwäbischen Geschlechtern, aufgenommen, die am Kemptener Hof zu Edelknaben ausgebildet, erzogen oder auf die geistliche Laufbahn vorbereitet wurden. Nach den Zerstörungen des Dreißigjährigen Krieges siedelte die Schule bis zur Wiederherstellung der Klostergebäude nach Schwabelsberg über. Seit 1648 beriefen die Fürstäbte Lehrpersonen aus verschiedenen Schulorden nach Kempten. Bis 1690 lehrten hier die Bartholomäer, von 1720 bis 1730 die Petriner; ihnen folgten bis 1747 Benediktiner aus den schwäbischen Klöstern Ochsenhausen, Wiblingen, Weingarten, St. Blasien, Petershausen und St. Georgen, dann verschiedene Weltgeistliche. 1752 übergab Fürstabt Engelbert von Syrgenstein die Erziehung der fürstlichen Pagen und den Unterricht an den beiden Elementar- und den sechs Lateinklassen des Stiftsgymnasiums dem Schulorden der Piaristen[48]. Aufgabe der Piaristen werde es sein, wie der Wiener Ordensprovinzial im Hinblick auf die Bedürfnisse des adeligen Reichsstifts erklärte, die adelige Jugend neben »dem gewöhnlichen nach guter orthographie eingerichteten lesen, schreiben, rechnen und durch die *classicos autores* [klassischen Autoren] beigebrachter lateinischer sprach« in Geschichte und Geographie zu unterrichten, »mit einmischung politischer anmerkungen, um dem publico einstens dienen zu können«[49]. Daß in die »Instruction« immer auch die »wahren *principia christiano-catholicae* [christlich-katholischen Grundsätze] einlaufen«, verstand sich für den Schulträger wie für den Schulorden von selbst.

Im Oktober 1752 nahmen fünf Piaristen den Unterricht in Kempten auf. Eine ihrer ersten Maßnahmen war die Neuregelung des Lebens im Konvikthaus, dem Knabeninternat. Die Edelknaben sollten zum Hofdienst stets von einem Geistlichen geleitet werden und, falls keine Gäste anwesend waren, an »Sonn- und Apostelta-

gen« vom Aufwarten dispensiert sein. Bei ihrem Eintritt in das Konvikt hatten sie
nicht nur ihre adelige Herkunft nachzuweisen, sondern auch 100 Gulden zu hinterlegen, von denen die im Stift üblichen großen und kleinen Becher sowie das Besteck angeschafft wurden. Ferner hatten sie für Bett- und Leibwäsche, Perücken,
Haarpuder, Bücher und das Honorar des französischen Sprachmeisters aufzukommen und zu Neujahr den Piaristen einen Dukaten, den beiden Livreebedienten je
einen Gulden und in die Küche 15 Kreuzer Trinkgeld zu geben. Dagegen stellte
ihnen das Stift alle Jahre eine »ordinari Livree« aus staubfarbenem Tuch und alle
zwei Jahre eine feinere aus farbigem Tuch mit silbernen Borten, dazu Sommer- und
Winterstrümpfe und sechs Paar Schuhe nebst den nötigen Sohlen. Die Galalivree
blieb Eigentum des Stifts. Die anderen adeligen Konviktsschüler entrichteten für
das Schuljahr 200 Gulden, in denen Kost und Logis, Tischzeug und Heizung,
Bedienung, Frisieren, Tinte, Feder und Papier sowie der Unterricht im Lyzeum
und in der französischen Sprache enthalten waren. Für Arztkosten, Medikamente,
Kopfwäsche, Reinigung der Kleidung, Reitstunden und dergleichen mehr waren
von jedem Edelknaben und Konviktsschüler 50 Gulden im voraus zu hinterlegen.

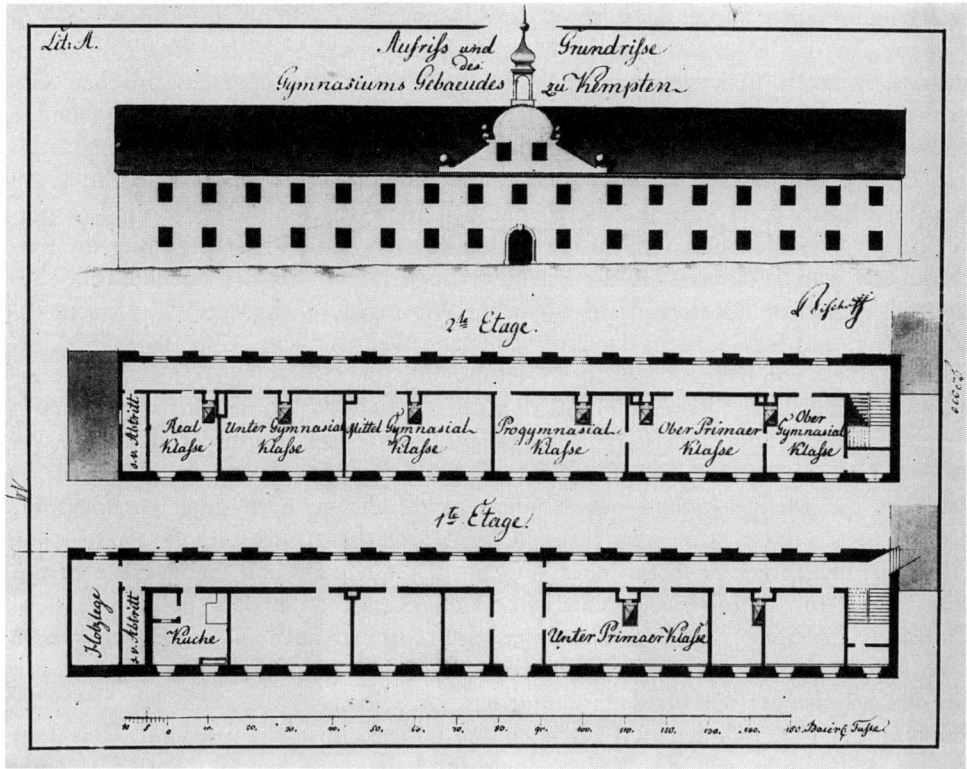

Abb. 1   *Auf- und Grundriß des Stiftsgymnasiums um 1800 (StaatsA Neuburg/D., Regierung
1364)*

Aufschluß über die in der zweiten Hälfte des 18. Jahrhunderts am Stiftsgymnasium üblichen Lektionen geben erneut die Säkularisationsakten[50]. Demnach erstreckte sich der Unterricht der Piaristen in den beiden Vorbereitungsklassen auf Religionslehre, die Anfangsgründe der biblischen Geschichte und die Kenntnis der lateinischen Buchstaben, Silben, Wörter, Deklination und Konjugation. Der Schwerpunkt in den sechs Gymnasialklassen lag nach wie vor auf dem Erlernen der lateinischen Sprache und dem Religionsunterricht. Im Unterschied zur früheren »höheren Lateinschule« wurden neben Geschichte und Mathematik (einschließlich Algebra und Geometrie) nun auch verstärkt naturwissenschaftliche Kenntnisse wie etwa über die Erdkugel, die Eigenschaften der Körper und die physikalischen Gesetze der Wärme, der Schwerkraft und des Magnetismus vermittelt. In den oberen Klassen wurde zudem auf rhetorische Übungen, namentlich das Verfassen von politischen Reden und von Kanzelpredigten Wert gelegt.

Die höheren Schulen zur Zeit der Säkularisation

Wie der adelige Konvent so hielt auch das im Pagenhaus hinter der St. Lorenzkirche untergebrachte Gymnasium bis zur Säkularisation gewissermaßen am Adelsmonopol des Fürststifts Kempten fest. Ausnahmsweise wurden allerdings hochbegabte nichtadelige Knaben als Stipendiaten aufgenommen. Die Schule befand sich um die Jahrhundertwende in einem baulich schlechten Zustand. Über ihr Bildungsniveau urteilt der pfalz-bayerische Regierungsbericht sicher nicht ganz vorurteilsfrei: »Wenn man die geringe Anzahl der angestellten Lehrer, ihre ungewiße Existenz, ihr gänzlicher Mangel an Fond, endlich die mangelhafte Lehr-Art und der Geist des Piaristen-Ordens betrachtet; so überzeugt man sich leicht, daß dieses Gymnasium nicht nur einzelner Verbesserungen, sondern einer gänzlichen Umschaffung und neuer Einrichtung bedürfe, um den Zweck einer guten lateinischen Lehranstalt zu erreichen«[51]. Wie groß die Schülerzahl gegen Ende des 18. Jahrhunderts tatsächlich war, ist nicht bekannt. Im Schuljahr 1803/1804 wurden, sicher eine Folge der Koalitionskriege und der Ordensaufhebung, nur mehr 41 Schüler und drei Lehrer gezählt.

Die vier Klassen der bürgerlichen Realschule in der benachbarten Reichsstadt besuchten zum selben Zeitpunkt 144 Schüler im Alter zwischen fünf und 13 Jahren. Der Regierungsbericht bezeichnete die Bürgerschule nicht zu Unrecht als »Mittelding zwischen Gymnasium und teutscher Schule«[52]. Standen bei der Reform der reichsstädtischen Lateinschule im 18. Jahrhundert auch die Realien und damit Konzessionen an die spätere Berufspraxis der handel- und gewerbetreibenden Schicht im Vordergrund, so hatte sich in Kempten, wie in vielen kleineren und mittleren Städten, doch bis zum Ende des Alten Reichs eine Schulform erhalten, die religiöse Erziehung mit Elementarunterricht und Universitätsvorbereitung verband. Dabei war die lateinische Sprache gewissermaßen Medium für das eine wie für das andere: Lesen und Schreiben wurde ebenso am Lateinischen geübt wie die Vorbereitung

auf die spätere Gelehrsamkeit. Ihrer Doppelfunktion konnte die bürgerliche Realschule in der Praxis freilich nicht oder nur selten gerecht werden. Selbst den Kemptener Bürgern, bemerkte der Regierungsbericht, werde als wesentliches Defizit
ihres Bildungswesens die Tatsache bewußt, daß in der Stadt die Vorbereitung auf
gelehrte Bildung »nicht statthaben kann«. Nur selten, so werde bemängelt, ergreife
ein Bürgersohn ein akademisches Studium. Gegenwärtig sei kein einziger auf einem
Gymnasium oder einer Universität. Auf Stellen, die ein gelehrtes Studium voraus-
setzten, berufe der Magistrat meist »einen auswärtigen Theologen, Juristen oder
Arzt«.

Im Zuge der Neuordnung des Schulwesens in Bayerisch-Schwaben durch die pfalz-
bayerische Regierung 1804 wurde das Lyzeum des Stifts aufgehoben. An seiner
Stelle erhielt Kempten jedoch eine neue höhere Bildungsanstalt, in deren Unter-
stufe die bisherige bürgerliche Realschule einging. Cum grano salis kann man sagen: Daß Kempten im unmittelbaren Anschluß an die Säkularisation und Mediatisierung neben Ulm und Dillingen ein voll ausgebautes Gymnasium bekam, verdankte es zu einem guten Teil der Tradition des stiftischen wie des reichsstädtischen Bildungswesens.

1 Die Darstellung folgt den Ratsprotokollen der Reichsstadt im Stadtarchiv Kempten. Vgl. auch Alfred Stolze: Die deutschen Schulen und die Realschulen der Allgäuer Reichsstädte bis zur Mediatisierung, Berlin 1916, S. 4–27; Hans Ockel: Geschichte des höheren Schulwesens in Bayerisch-Schwaben während der vorbayerischen Zeit, Berlin 1931, S. 222–235.

2 Stolze, S. 7; Ratsprotokoll vom 14. 11. 1544.

3 Ratsprotokoll vom 7. 5. 1723.

4 Georg Zeämann: Christlicher Hauß: und Schul Spiegel: Oder Drey Kinder und Schul Predigen Vom Ampt Christlicher Elter und Kinder: und dann vom Standt unnd Ampt frommer trewer Praeceptorn und Schulmeister, wie auch der Scholarchen und Schulkinder. Kempten 1620 (Kirchenbibliothek St. Mang).

5 Zeämann, Erste Predigt, S. 3f.; die folgenden Zitate ebd. S. 18 u. 24.

6 Ratsprotokoll vom 28. 1. 1695.

7 Ratsprotokoll vom 20. 3. 1713.

8 Zeämann, Andere Predig, S. 50.

9 Stolze, S. 14.

10 Ebd. S. 15.

11 Zeämann, Dritte Predig, S. 62f.

12 Ratsprotokoll vom 24. 8. 1563.

13 Ratsprotokoll vom 13. 4. 1546.

14 Zeämann, Dritte Predig, S. 56.

15 Ebd. S. 59f.

16 Ratsprotokoll vom 24. 8. 1563.

17 Ratsprotokoll vom 9. 11. 1599.

18 Zeämann, Dritte Predig, S. 59.

19 Ratsprotokolle vom 23. 1. 1730, 28. 1. 1735 u. 4. 7. 1746.

20 Ratsprotokoll vom 24. 8. 1563.

21 Ratsprotokoll vom 31. 3. 1780; Stolze, S. 16.

22 Stolze, S. 13.

23 Ratsprotokoll vom 5. u. 12. 12. 1729.

24 Ratsprotokoll vom 2. 11. 1772.

25 Georg Zeämann: Christliche Einweyhungs= Predig, Der Erweitert: und Erhöheten Lateinischen Schul zu S. Anna, in der Löblichen deß H. Reichs Stadt Kempten; Sampt der Praesentation deß Newen Collegae, unnd angehencktem Schul=Programmate. Kempten 1620, S. 14 (Kirchenbibliothek St. Mang).

26 So sollte der Prediger M. Andreas Scheffler der Schule enthoben werden, weil er seit acht Jahren keine Lust am Schulhalten gehabt habe; vgl. Ratsprotokoll vom 6. 10. 1600.

27 Zeämann, Einweyhungs=Predig, S. 14 u. 38.

28 Vgl. Georg Hammon: Geschichte der Kirche und Gemeinde bei St. Mang in Kempten, Kempten 1902, S. 84–87.

29 Zeämann, Andere predig, S. 47–49.

30 Zeämann, Dritte Predig, S. 53; zum Folgenden: Andere predig, S. 49 f.

31 StadtA Kempten, Magistratsakten A VI 51.

32 Zeämann, Einweyhungs=Predig, S. 39.

33 Zeämann, Dritte Predig, S. 61.

34 Ebd. S. 66.

35 Adolf Horchler: Reichsstädtisches Schulwesen. In: AGF 6 (1893) S. 119 f.

36 Ratsprotokoll vom 4. 12. 1696, 23. 1. 1728 u. 31. 7. 1850.

37 Karrer, Reformationsgeschichte, S. 58.

38 Ratsprotokoll vom 2. 8. 1779; über den Inhalt des Schulplans, der auch nach Lindau geschickt wurde, s. Stolze, S. 18–21.

39 Johann Georg Lunz: Lehrbuch für bürgerliche Schulen, 2. Aufl. Kempten 1787 (eine 11. Aufl. erschien 1797).

40 Ebd. S. XIII f.

41 Stolze, S. 20.

42 StANeuburg, Regierung Nr. 1356.

43 Ockel, S. 229.

44 StANeuburg, Fst. Kempten 1278.

45 Haggenmüller, Bd. 2, S. 348.

46 StANeuburg, Fst. Kempten 1529.

47 Instruktion vor die Schulmeister in der hochfürstlichen Grafschaft Kempten. In: Heimgarten 17 (1932) H. 42.

48 Haggenmüller, Bd. 2, S. 348; Wolfgang Haberl: Ein Orden in Kempten. In: DSA, Heft 2/1986, S. 51 f.

49 So am 23. 6. 1752, zit. n. Ockel, S. 230. Zum Folgenden ebd. S. 231 f.

50 StANeuburg, Regierung 4490.

51 Ebd.

52 StANeuburg, Regierung 1356.

Musik in Reichsstadt und Stift

Franz Krautwurst

Bis zum Übergang an Bayern (1802) nach dem Frieden von Lunéville bestanden Reichsstadt (Altstadt) und Fürststift mit der Stiftsstadt (Neustadt) als selbständige Gemeinwesen nebeneinander. Wegen ihrer jeweils verschiedenen historischen Position, ihrer unterschiedlichen politischen, konfessionellen und wirtschaftlichen Bedingtheiten und Interessen entwickelten sich in kultureller Hinsicht nur so wenige Gemeinsamkeiten, daß es geboten erscheint, die Geschichte des Musiklebens von Reichsstadt und Stift im folgenden gesondert zu behandeln. Während die stiftkemptische Musikgeschichte durch Adolf Layer eine erste Gesamtdarstellung erfuhr[1], liegen für die Reichsstadt bisher weder eine vergleichbare zusammenfassende Abhandlung noch Studien zu einzelnen Teilbereichen ihrer musikalischen Vergangenheit vor.

Konfessioneller Gegensatz und wirtschaftliche Konkurrenz bewirkten, daß, wie in allen Bereichen des politischen und des täglichen Lebens, auch in der Musikpflege die Rivalitäten und Konflikte zwischen beiden Gemeinwesen nicht ausblieben und daß mehr oder weniger enge Beziehungen zueinander nur selten aufkommen konnten. Als nach der völligen Zerstörung der Fürstabtei im Dreißigjährigen Krieg ein stiftischer Tenorist zwei Jahre lang im evangelischen Gottesdienst an St. Mang tätig gewesen war und 1634 auf Fürsprache des Pfarrers M. David Steudlin weiterhin »Unterschlupf« in den Mauern der Stadt erhielt, blieb dies ebenso ein Einzelfall wie die kurzen reichsstädtischen Dienste des Zinkenisten und Posauners Philipp Werndle (Wöhrlin), der nach Pfingsten 1654 als Musikus und späterer Hoftrompeter ins Kloster überwechselte, dem man aber weiterhin den Verkauf von Seifen am Wochenmarkt in der Stadt erlaubte[2].

Demgegenüber hatte die Mitwirkung des Organisten an St. Mang Johann Gruber und zweier ehemaliger Lateinschulpräzeptoren, nämlich des Gerichtsprokurators Christoph Kempff und des entlassenen Kantors Heinrich Trautmann d. J., sowie der Söhne zweier hoher städtischer Beamter bei der Musik während der Hochzeitsmesse für den Stiftskanzler in der Klosterkirche im September 1638 ob solcher »Abgötterei« und »Teufelsanbetung« langwierige Untersuchungen, strenge Verweise und auch Bestrafungen durch den reichsstädtischen Rat zur Folge; es half auch nichts, als sich herausstellte, daß kein einziges Musikstück »darinnen funden, so wider unser [lutherische] Religion wäre«. Erst gut zwei Jahre waren damals vergangen, seit die Empfehlung des Pfarrers an St. Mang M. Johannes Cappelius beträchtlichen Staub aufgewirbelt hatte, der Schreiner Hans Haggenmiller möge seinen Sohn, den späteren Orgel- und Instrumentenmacher Georg Hagenmüller, zum Musikunterricht ins Kloster schicken, der dortige Organist (Johann Feser d. Ä.) habe »bessere Fundamenta« als der eigene (Johann Gruber)[3]. Den Prozessionen ins Stift aus Sulzberg, Ottobeuren und anderen Orten wurde beim Durchzug durch die Stadt namentlich im 17. Jahrhundert stets der Gesang und jegliches Musizieren verboten[4]. Selbst Studenten aus dem Kloster, die sich nicht nur, weil ihnen »das Bier wohl geschmeckt«, sondern um sich in jener durch unzählige Truppeneinquartierungen beschwerten Zeit über Wasser zu halten, am 16. Oktober 1692 als Violinisten und Pfeifer auf einer Hochzeit in der Stadt hören ließen, wurden »abgeschafft«. Und sogar die Werbung von Soldaten für das Stiftskontingent durch Trommelschlag in der Stadt, der als solcher durch kaiserliches Dekret sanktioniert war, erfuhr am 4. August 1682 eine scharfe Ahndung.

Daß der Prediger und spätere Pfarrer an St. Mang Leopold Friedrich Dürr, Autor beachtenswerter evangelisch-hymnologischer Schriften, 1792 den Kantatentext zum Namenstag des Fürstabts Rupert (II.) von Neuenstein verfaßte[5], war erst in einer aufgeklärten und toleranteren Zeit möglich geworden. Aber auch schon früher bediente man sich gelegentlich der Fachleute der jeweils anderen »Parthey«, wenn solche aus dem eigenen Lager nicht verfügbar oder wünschenswert waren. Der erwähnte Stiftsorganist Johann Feser d. Ä. erscheint 1617 als Orgelgutachter für St. Mang, und Glieder der bekenntnistreu evangelischen, in der Reichsstadt von

1681–1755 wirkenden Glockengießerfamilie Schirmeister arbeiteten vielfach für das Fürststift. Von Johannes I Schirmeister (um 1655–1735) existieren (oder existierten) Glocken für Unterthingau (1696), Wiggensbach (1699) und Weißenau (Ravensburg, 1699), die – ein Ausnahmefall – in Gießergemeinschaft mit dem katholischen Schlesier Michael Weingarten (1670–1730) geschaffen wurden[6], dem einzigen je im Stift ansässigen Meister seines Kunsthandwerks. Er lebte dann von 1713 bis zu seinem Tod in Lauingen.

Musik in der Reichsstadt

Wie in den meisten deutschen Städten vollzog sich eigenständige urbane Musikübung auch in der Reichsstadt Kempten im wesentlichen innerhalb dreier großer Bereiche, die nicht immer scharf voneinander abgrenzbar sind: die geistliche Musik in Kirche und Schule, das vorwiegend weltliche, in erster Linie Repräsentationszwecken dienende Musizieren im Umkreis des Stadtregiments und die private bürgerliche Haus- und Straßenmusik. Diesen schließen sich als ein von ihnen mehr oder weniger abhängiges viertes Betätigungsfeld die in die Musik einschlägigen Gewerbe an, deren wichtigste Zweige Orgel- und Instrumentenbau, Glockenguß, Notendruck, Musikverlag und Musikalienhandel (einschließlich Instrumentenhandel) sind. Auf allen Gebieten, über die in der Neuzeit hier in gleicher Weise der Rat seine reglementierende und überwachende Funktion ausübte, ist Kempten, wenn auch nicht immer mit überregionaler Bedeutung, hervorgetreten.

Kirchen- und Schulmusik

Schon bald nach dem Eindringen der Reformation um 1525 wurden einzelne Teile der Liturgie deutsch gesungen. In einem *Diurnale quadragesimale* der Diözese Worms (ohne Druckvermerk) in der Kirchenbibliothek St. Mang aus dem Besitz des lutherischen Pfarrers Otmar Stab († 1585)[7], das dieser den Eintragungen und Gebrauchsspuren zufolge noch fleißig benutzte, ist auf dem Vorsatz von Hand eine Eindeutschung der Antiphon *Veni Sancte Spiritus* (»Kum zu uns, du heylger Geyst«) in gotischer Choralnotation (Hufnagelschrift) auf fünf Linien eingeschrieben, deren Schriftzüge in die Zeit vor der Jahrhundertmitte zurückweisen. Die Kemptische Kirchenordnung Primus Trubers von 1553, die im wesentlichen auf der württembergischen desselben Jahres fußt, legt ausdrücklich fest, daß im Hauptgottesdienst am Sonntagmorgen die Gemeinde solle »anfahen zu singen teutsch den Glauben [d. i. Luthers Credolied »Wir glauben all an einen Gott«] oder das Vaterunser [Luthers »Vater unser im Himmelrich«] oder ein Psalmen. Darauf alsobald sollen zwen oder drei Schueler die teutsch Litanei [Luther, 1528] verständig vorsingen und die andern Schueler samt allem Volk [im Wechselgesang] antworten«. Entsprechendes galt für die sonntägliche Mittagspredigt, für die Vesper, in der das Magnificat deutsch oder lateinisch gesungen werden konnte, und für die werktäglichen Gottesdienste[8].

Die St.-Mang-Kirche besaß noch eine 1480 von Gliedern der einflußreichen Kaufmannsfamilie Vogt gestiftete Orgel; sie blieb 1533 im Bildersturm der Zwinglianer verschont, wurde aber, wie auch in vielen anderen evangelisch gewordenen Reichsstädten, auf lange Zeit nicht mehr gespielt. 1579 mußte sie einem Neubau durch den aus dem Meißnischen stammenden, in Weil der Stadt ansässigen Orgelmacher Caspar Eggstain weichen. Das Werk wurde in fünf Monaten erstellt und kostete den Chroniken zufolge alles in allem an die 1000 Gulden[9], muß also ein stattliches Instrument gewesen sein. Daß nun die Orgel – in verspäteter Anlehnung an die Praxis in Wittenberg, die in anderen evangelischen Reichsstädten wie Nürnberg oder Nördlingen schon Mitte der 40er Jahre aufgegriffen worden war – wieder im Gottesdienst von St. Mang erklang, muß als ein deutliches Anzeichen für die endgültige Aufnahme des Luthertums gewertet werden. Die Eggstain-Orgel erwies sich als ein sehr qualitätvolles Werk. Sie wurde 1617 durch Daniel Hayl aus Irsee, den führenden schwäbischen Meister seiner Zeit, und seinen gleichnamigen Sohn einer Stimmung und kleineren Ausbesserungen unterzogen und hat 1642 die Umsetzung von der Westempore auf den Lettner vor dem Ostchor ohne Schaden überstanden. 1667 mußten größere Reparaturen vorgenommen und dabei drei Blasbälge erneuert werden. Der Rat vergab diese Arbeit an den 1661 nach Augsburg gezogenen, aus Clausthal (Harz) gebürtigen Orgelbauer Christoph Löw (Leo), der, obwohl er gute Arbeit leistete, in seinem Wohnsitz wie in dessen Umgebung wenig Anklang gefunden und seine Tätigkeit deshalb ins südliche Oberschwaben (Altdorf bei Weingarten, Hofen, Leutkirch, Rot a. d. Rot) verlegt hatte[10]. Bei der umfassenden Innen- und Außenrenovierung der St.-Mang-Kirche in barokisierendem Geist zwischen 1766 und 1768, für die die Bürgerschaft große Opfer brachte, mußte auch die Orgel erneuert werden. Wer die Arbeiten ausführte, ist bis heute unbekannt. Das Werk überdauerte die Mediatisierung der Stadt und wurde erst 1866 durch Opus 55 der Firma G. F. Steinmeyer in Oettingen[11] ersetzt.

Mangels aussagekräftiger archivalischer Quellen aus der Zeit des Neubaus der Eggstain-Orgel ist die Reihe der evangelischen Organisten an St. Mang lückenlos aufstellbar erst vom Jahre 1592 an, als der Augsburger Organistensohn Adrian Paix, ein jüngerer Bruder des durch Editionen und Kompositionen bedeutsam hervorgetretenen pfalzgräflichen Organisten Jakob Paix d. Ä., für ein Jahr den Dienst übernahm. Alle Inhaber des Amtes übten in reichsstädtischer Zeit noch einen zweiten Beruf aus: sie waren entweder Präzeptoren, meist an der Lateinschule, oder trieben ein Handwerk. Nur zwei von ihnen können bisher als Komponisten nachgewiesen werden: Der Augsburger Johann Gruber, der von 1600 bis kurz vor seinem Tod im Jahre 1655 – länger als irgendein anderer – auf der Orgelbank saß und gleichzeitig Lehrer der II. Lateinschulklasse war, ließ in dem 1618 bei Christoph Kraus in Kempten erschienenen Elementarmusiklehrbuch *Musicae Compendium latino-germanicum* des Lindauer Kantors Heinrich Trautmann d. Ä. eine kurze fünfstimmige Motette »Wem ein tugendsam Weib bescheret ist« (Sprüche Salomos 31,10.14) drucken. Das klangschöne Stück, das wahrscheinlich aus einem größeren Hochzeitsgedicht *(Epithalamion)* stammt, rechnet noch nicht mit dem Generalbaß und zeichnet sich in seinen überwiegend akkordisch-homophonen Partien durch prägnante Rhythmik aus. Von dem letzten reichsstädtischen Organisten, Johann Fischer, der das Amt bis 1810 innehatte, haben sich als Reste eines vollständigen Kirchenjahrgangs 14 Kantaten für 4stimmigen Chor, Bläser, Streicher und Orgel erhalten[12], in denen sich spätbarocke, galante und empfindsame Züge in gelegentlich klassizistischer Glättung vermischen.

Außer der Orgel war, wie in allen Städten, der Gesang der Schulknaben die Hauptstütze der Kirchenmusik, und zwar sowohl im Choral- (= einstimmigen) wie im Figural- (= mehrstimmigen) Gesang. War die Lateinschule – eine solche bestand in der Reichsstadt Kempten spätestens seit 1462/63 – im Mittelalter eine reine Hilfsanstalt der Kirche (»*schola ecclesiae ancilla*«), so erhielt in der frühen Neuzeit mit der Förderung des Schulwesens durch Humanismus und Reformation gerade der Gesang der Schüler als Mitträger der Wortverkündigung eine neue kirchliche Aufgabe (»*schola verbi divini minister*«). 1546 verfügte der Kemptener Rat »bei ernstlicher Strafe«, daß die drei Schulmeister »allezeit mit ihren Knaben an die Predigen gan« und fleißig mit ihnen singen – eine Forderung, die sich in reichsstädtischer Zeit wie ein roter Faden durch die Schul- und Musikgeschichte zieht. Deshalb war man stets darauf bedacht, Lehrer mit überdurchschnittlichen musikalischen Kenntnissen und Fähigkeiten einzustellen, und immer wiederholte sich auch die Anordnung, daß während des Gottesdienstes alle Präzeptoren auf der Orgelempore zu sitzen haben, um u. a. »den Choral ein jeder mit seiner natürlichen Stimme strecken« zu helfen[13]. In der Notzeit des Dreißigjährigen Krieges schuf man am 26. Juni 1637 in Anlehnung an größere süddeutsche Reichsstädte die Institution der 12 Singknaben, »damit doch das Choral fürohin etwas beser bestellt werde«, insbesondere für solche Wochengottesdienste, an denen die Gesamtzahl der Schüler normalerweise nicht verfügbar war, und vergütete die »Chorales« für ihre Sonderleistung aus den Einnahmen des Kurrendesingens.

Den Gesangsunterricht an der Lateinschule gab – sofern nicht der »Provisor«, der Lehrer der untersten Klasse, dazu herangezogen wurde – der Kantor, dem gewöhnlich auch die Leitung des Choralsingens in der Kirche und die Einstudierung der mehrstimmigen Stücke oblag[14]. Die Figuralmusik aber, also in der Hauptsache die Motetten, Passionen und später Kantaten, dirigierte, wie dies etwa in Franken schon im ausgehenden Mittelalter allenthalben in Übung war[15], der Schulmeister (Rector), in dessen Händen faktisch die Oberleitung der Kirchenmusik lag. Dies muß für Kempten im 16. Jahrhundert die Regel gewesen sein. Da in der »sparsamen« Stadt der Rector gewöhnlich auch Prediger war, übertrug der Rat die Direktion der Musik in der Kirche immer häufiger den Organisten. Als im Juli 1600 M. Johann Scheffer als Rektor und 4. Prediger bestallt wurde, bedang er sich »Enthebung vom Gesang« aus, so daß der Organist Johann Gruber als Leiter der Kirchenmusik im Gottesdienst wirkte. Andererseits übernahm nach dem Tod des aus Wunsiedel gebürtigen und 1659 von Weiden (Opf.) zugezogenen Organisten Johann Conrad Merz der Lateinschulrektor M. Johann Adam Scheffer (ein Sohn des Vorigen) im Juni 1676 wieder interimsweise »das Directorium uff der Orgel«.

Noch der letzte reichsstädtische Organist Johann Fischer wird in den aus dem späten 18. Jahrhundert gedruckt vorliegenden Ämterverzeichnissen (»Stadtregiment«) als »Musiklehrer an der Mägdleinschule«, »Organist an St. Mang« und »Musikdirektor« bezeichnet. Diese Entwicklung brachte es mit sich, daß der Organist vom Beginn des 17. Jahrhunderts an im Vergleich mit dem Kantor eine ungleich wichtigere Stellung in der Kirchenmusik einnahm – Verhältnisse, wie wir sie etwa aus Nürnberg kennen, wo die Organisten von Johann Staden bis Wilhelm Hieronymus Pachelbel als bedeutende Komponisten hervortraten und die Träger der gottesdienstlichen Musik waren, während dort die Kantoren in musikgeschichtlicher Hinsicht keine Rolle spielten – ganz im Gegensatz zu Mitteldeutschland, den Kernlanden evangelischer Kirchenmusik, in denen der akademisch gebildete Kirchen- und Schulkantor durch sein Wirken und seine Kompositionen für das »regulierte« Musizieren im Gottesdienst zu sorgen hatte und in der Musikerhierarchie einen deutlich höheren Rang gegenüber dem zunftmäßig gebundenen, kunsthandwerklich-bürgerlichen Organisten und Stadtpfeifer einnahm.

Wurden an St. Mang Instrumentalisten in der Figuralmusik des Gottesdienstes benötigt, so standen zunächst der gewöhnlich »Blaser« genannte Turmwächter und seine Gesellen zur Verfügung, die alle nicht nur verschiedene Blasinstrumente, sondern – zumindest vom frühen 17. Jahrhundert an – auch Streichinstrumente beherrschen mußten. Der Kantor war in der Regel ebenfalls *Musicus instrumentalis*[16]. Daneben gab es zu allen Zeiten Bürger, die sich nebenberuflich als Musiker betätigten, wie z. B. 1614 ein nicht genannter Zinkenbläser, aus dessen Lädlein den Kirchenpflegern Wachs und Kerzen zu kaufen aufgetragen wurde. 1633 bezahlte die Stadt die Ausbildung von Jonas Satzger als Zinkenisten und von N. N. Bihler als Fagottisten. Der wegen seiner Verfehlungen entlassene Kantor Heinrich Trautmann d. J. erbot sich 1638, beim Rat wieder um gut Wetter bittend, in der Kirchenmusik »den Baß mit der Posaune zu führen«. Und 1683 mußte der »Cantor und Figuralmusicus« Michael (IV) Satzger, der in seinem zweiten Beruf nicht Lateinschulpräzeptor, sondern Bortenwirker war, bei seiner Bürgeraufnahme und Heirat neben dem verbindlichen Feuerkübel statt der üblichen Muskete einen Zinken übernehmen. Selbst vom Organisten erwartete man schon 1600, daß er nicht nur als Provisor in der Lateinschule zu gebrauchen, sondern »ein guter Musicus auf *allen* Instrumenten« sei – eine Bedingung, die damals wahrscheinlich zur Verabschiedung Sebastian Häfners und zur Anstellung Johann Grubers als »Organicus« führte. Aus den letzten Jahrzehnten reichsstädtischer Herrlichkeit sind uns rund 25 Namen von Instrumentalisten bekannt, die im Hauptberuf Handwerker waren, die aber in den Matrikeln der Pfarrei St. Mang stets mit dem Titel »Herr« verzeichnet wurden, der ansonsten außer den Rats- und Gerichtsherren nur den Akademikern und den Vorstehern der Zünfte zustand – ein sicheres Anzeichen dafür, daß sie als Musiker im Dienst der Kirche und des Stadtregiments standen[17]. Ein Inventar der Musikinstrumente und Musikalien in St. Mang[18] zeigt auf, daß noch 1769 folgendes Instrumentarium im Kirchenbesitz war: 17(!) Geigen, 4 Bratschen, 1 Viola d'amore, 3 Violoncelli, 2 Kontrabässe, 7 Blockflöten unterschiedlicher Tonlage,

2 Querflöten, 1 Fagott, 6 Paar Waldhörner in verschiedenen Stimmungen, 2 Trompeten und 1 Paar Pauken. In den Jahren zwischen 1770 und 1776 wurden dann noch 2 Querflöten, 2 Waldhörner, 1 Bratsche und 4 Geigen angeschafft, unter letzteren je eine aus Cremona und von der Familie Klotz in Mittenwald.

Evangelische Kirchenmusik war allgemein im 18. Jahrhundert nahezu gleichbedeutend mit Kantate. Dies trifft auch und gerade auf Kempten zu. Bevorzugt wurde hier der »gemischte« Kantatentypus, dessen Text sich aus Bibelwort, Gemeindelied (Choral) und freier madrigalischer Dichtung zusammenfügt. Die Besetzung bestand in der Regel aus vier Singstimmen (chorisch oder solistisch), paarweise auftretenden Blasinstrumenten (vorzugsweise Flöte, Oboe, Horn, Fagott), Violine I und II, Viola, Violoncello (Kontrabaß) und Orgel (Generalbaß). Waren Trompeten vorgesehen, fehlten die Pauken nicht. Nur selten – z. B. am Himmelfahrtsfest, entsprechend dem Textwort aus Psalm 47,6 – waren auch bis zu vier Posaunen besetzt. Neben den Kantaten wurden in ähnlicher Weise vor allem das Te Deum, knapper gefaßte Lob- und Dankgesänge und Passionsoratorien musiziert. Der St. Mang-Kirche stand in der 2. Hälfte des 18. Jahrhunderts neben vereinzelten Drucken eine ungewöhnlich große Anzahl handschriftlicher Musikalien der beschriebenen Gattung zur Verfügung. Von diesem reichen Fundus haben sich in der Kirchenbibliothek über 260 Kompositionen in Stimmen großenteils vollständig erhalten, darunter neben Werken von Carl Heinrich Graun, Gottfried August Homilius, Carl Philipp Emanuel Bach, Georg Benda, dem Augsburger Musikdirektor Johann Gottfried Seyfert und dem Goethe-Komponisten Johann Friedrich Reichardt insbesondere ganze Kantatenjahrgänge von Dunz, Martin Wirbach und Johann Gottfried Vierling. Insgesamt darf der Musikalienbestand von St. Mang, in dem eindeutig das empfindsame Stilelement überwiegt, als das umfassendste überkommene Denkmal reichsstädtischer Kirchenmusikpflege südlich der Donau angesehen werden.

Stadtmusik

Daß Kempten hinsichtlich seiner politischen Macht und seiner wirtschaftlichen Kraft nicht zu den führenden süddeutschen Reichsstädten zählte, spiegeln u. a. die Verhältnisse in bezug auf die von der Stadt besoldeten und primär in ihren Diensten stehenden Musiker wider. Weder existierte jemals ein eigener Verband von Stadttrompetern, noch gab es eine eigenständige, nur als solche eingesetzte Gruppe von Stadtpfeifern.

Weil die Trompete wegen ihres majestätischen Klanges von alters her als äußeres Zeichen der Macht angesehen wurde und ihr Gebrauch im deutschen Reich als eine besondere Art von Statussymbol den Hofhaltungen des Kaisers und der regierenden Territorialfürsten vorbehalten blieb, erwarben sich größere und bedeutendere reichsunmittelbare Gemeinwesen kaiserliche Privilegien zur Haltung von Stadttrompetern, so etwa nach Basel (Ende des 14. Jahrhunderts) Konstanz (1417), Augsburg (1426) und Nürnberg (1431). In Kempten mußte man sich noch in der frühen Neuzeit für Repräsentationszwecke des Zinken als des Trompetenersatzinstruments schlechthin bedienen; das von Peter Widemann 1564 geschaffene und vergoldete »Mendlin mit der Trometen« auf dem goldenen Knopf des Ratshaustürmchens[19] hatte um so mehr rein symbolische Bedeutung. Auch bei dem »Ausrufen« der aus der Stadt Verbannten »mit der Trompete« im Jahre 1617 dürfte es sich um den Gebrauch eines Signalhorns oder einer Holztrompete gehandelt haben, wie sie die Turmwächter benutzten. Gleichwohl war Kempten im 16. und frühen 17. Jahrhundert bisweilen von echtem Trompetenschall erfüllt: dann nämlich, wenn der Kaiser oder ein Reichsfürst die Stadt besuchte und dabei sein eigenes Trompeter- und Paukercorps mitbrachte, wie etwa 1543 Kaiser Karl V. oder 20 Jahre später Kaiser Ferdinand I., dessen Herolden, Trompetern und Heerpaukern der Rat bei dieser Gelegenheit 13 fl verehrte[20].

Erst als sich im späten 17. und im Verlauf des 18. Jahrhunderts die Zunftschranken zu lockern begannen, die Privilegien mehr und mehr unterlaufen wurden und mit dem allmählichen Absinken der »heroisch-musikalischen Trompeter- und PaukerKunst« die Exklusivität des Instruments verlorenging[21], zog die Trompete als fester Bestandteil des Instrumentariums auch in Kempten ein, freilich nicht von Mitgliedern einer eigenen Trompeterkameradschaft gespielt, sondern von den Turmbläsern, die sie außer bei weltlichen, durch Bürgermeister und Rat veranlaßten Gelegenheiten auch in der Kirche handhabten.

Der »Stadtblaser« und seine Gesellen sind als die eigentlichen Kemptener Stadtmusiker zu betrachten. Während nicht nur in den großen Reichsstädten eigene Stadtpfeifereien mit in der Regel vier bis sechs Mitgliedern existierten, sondern auch kleinere reichsunmittelbare Orte wie beispielsweise Memmingen schon vom Mittelalter an selbständige Pfeiferensembles unterhielten, die mitunter auch in anderen Reichs- oder Residenzstädten musikalisch hervortraten[22], hatten die Kemptener Stadtmusiker als Folge der Sparsamkeit des Magistrats stets eine solche Vielfalt an Aufgaben zu erfüllen, daß sie auswärts niemals in Erscheinung treten konnten.

Neben den mannigfachen Arten der Aufwartung beim Stadtregiment und dem Dienst in der Kirche gehörten die Turm- und die Nachtwache mit der Meldung von Feuer oder Truppenbewegungen durch festgesetzte Bläsersignale sowie das Choral- und Stundenblasen vom Turm ebenso zu ihren Amtsobliegenheiten wie etwa die Versorgung der Uhr und das Stellen der Zeiger. Dies alles zu bewältigen war nur durch zeitweise Arbeitsteilung möglich, und es ist verständlich, daß der Rat in mehrfacher Hinsicht seine »Blaser« streng unter Kontrolle hielt. Vor allem wurden sie stets zur Ausbildung von Lehrlingen und zur Beschäftigung von Gesellen angehalten, so daß gewöhnlich immer drei von ihnen einsatzfähig waren[23]. Der »Turner« (= Türmer) Michael (I) Satzger erhielt im Mai 1605 eine Gehaltsaufbesserung mit der ausdrücklichen Weisung, seinen ältesten Sohn [Alexander], den er zum »Zupassen« (d. h. Einstimmen, Mitblasen) benötigte, »zur lateinischen Schul und Musik zu halten«, damit er auch »andere musikalische Instrumente lernen möge«. Nicht weniger streng wachte der Magistrat über den Turmdienst der Stadtmusiker, und Pflichtverletzungen wurden meist hart bestraft. Im April 1622 sperrte man die Blaser ins Narrenhaus, »weil sie nit fleissig wachen und die Uhr richten«. Schließlich achtete die Obrigkeit darauf, daß die »Musikanten-Compagnie«, wie man im 18. Jahrhundert die Türmer gelegentlich nannte, nicht ohne Genehmigung in privatem oder halbprivatem Kreis musizierte. Außer bei Hochzeiten, Zunft- oder Schützenfesten war ihr das »Aufmachen«, d. h. das Aufspielen zu Tanz und Unterhaltung, ohnehin verboten[24]. Nur selten erlaubte man einem bestallten Musiker Nebenverdienste im Metier der Gewerbetreibenden, z. B. die Eröffnung eines Ladens[25], der dann aber wohl hauptsächlich von der Ehefrau geführt werden mußte. Als einzige Familie, die im 17. und 18. Jahrhundert Stadtmusiker gleich durch viele Generationen hindurch stellte, traten die Satzger (Satschger, Sazger) auf, aus denen auch nicht wenige Schulmeister, Organisten und Kantoren hervorgingen. Es erscheint daher gerechtfertigt, von einer »Kemptener Musikerfamilie« Satzger zu sprechen.

Private Musikpflege

Über die Hausmusik des Bürgertums in reichsstädtischer Zeit wissen wir kaum etwas[26]. Daß vor allem die »stille Musica«, das Spiel auf Saiteninstrumenten jeglicher Art, nicht nur bei den bediensteten Musikern, sondern auch in anderen, wohlhabenderen Familien gepflegt wurde, zeigt der Streit um ein entliehenes Clavichord im November 1653, in den mehrere Honoratioren verwickelt waren. Nach dem Tod Kaiser Ferdinands III. wurde vom 10. April 1657 an alles »Saitenspiel, Kurzweil, Übermaß an Essen, Trinken etc. bis auf fernere Ratsverordnungen« ganz verboten. Am 16. Oktober 1611 erlaubte der Rat auf einer Hochzeit der bürgerlichen Oberschicht nur die »Musica vocalis mit Instrument« bei den zwei Hauptmahlzeiten, das Tanzen aber war wegen der sich ausbreitenden Pest auf das strengste untersagt. Durften am 21. Mai 1619 Tanz und Reigen am Hochzeitstag gerade noch stattfinden, so mußten schon am 31. Januar 1620 »Tänze, Pfeifen, Geigen und alle Spiel« völlig eingestellt werden, »bis es besser im Reich würd«. Auch noch am 15. Oktober 1669 ließ man lediglich zwei Tische Hochzeitsgäste zu und untersagte die Spielleute und das Orgelschlagen, d. h. hier das Spiel auf einer kleinen Tragorgel im Gastzimmer.

Der Dreißigjährige Krieg, die Pestwelle, die allein in den Jahren 1628, 1629 und 1635 3000 Opfer unter der Bürgerschaft forderte[27], und die in anderer Hinsicht nicht minder beschwerlichen Nachkriegsjahrzehnte mit ihrer Teuerung, der Geldentwertung, der Türkensteuer, den in der Zeit der französischen Eroberungskriege übermäßig angewachsenen Finanzlasten aufgrund ständiger Truppeneinquartierungen und Durchzüge, in deren Folge die Stadt im Laufe des 17. Jahrhunderts völlig verschuldete und zeitweise ihre Bediensteten einschließlich der Geistlichen und Musiker nicht mehr besolden konnte – 1681 betrugen die Forderungen der Gläubiger an Kempten 283 200 Gulden[28] – dies alles traf nicht nur das öffentliche, sondern mehr noch das private Musikleben auf das empfindlichste und nachhaltigste. Beständig mußte der Rat reglementierend eingreifen, bald jegliche Art von Musikausübung im Haus, in der Gaststätte und auf der Straße ganz verbieten, bald solches derart einschränken, daß allenfalls bei Hochzeiten, in der Fastnachtszeit sowie an der Kirchweih – und auch dann nur jeweils an einem einzigen Tag und lediglich für wenige Stunden – gefiedelt, gepfiffen und getanzt werden durfte.

Die Hauptträger dieser Art privaten Musizierens waren die Spielleute. Sie besaßen, von wenigen Ausnahmen im 18. Jahrhundert abgesehen, kein Bürgerrecht, waren höchstens Beisitzer, meist aber Fahrende, denen – selbst wenn sie sich unter einem Spielgrafen genossenschaftlich organisiert hatten – oft noch das Odium der Unehrlichkeit anhaftete. So wurde dem aus der Haft entlassenen Barthel Epple am 20. Februar 1615 ausdrücklich der Umgang mit ihnen verboten. Des öfteren verwehrte man fremden Spielleuten, sofern sie nicht in Begleitung der »Herren, Grafen, Conventualen [!] etc.« hereinkamen, das Musizieren in Gasthäusern allgemein[29], vielleicht ein Anzeichen dafür, daß es noch genug ortsansässige gab. Mehrmals ließ man Spielleute in Wirtshäusern nur deshalb widerwillig zu, weil dadurch Bauern des stiftischen Umlandes Geld in die Stadt brachten[30]. Es kann keine Frage sein, daß die Ordnungshüter sich unter allen Musikern am meisten mit den Spielleuten zu befassen hatten. Aber wie im 18. Jahrhundert einerseits in mancher Hinsicht eine Konsolidierung des städtischen Finanzwesens eintrat, andererseits ein stärker emanzipiertes Bürgertum ständische Abstufungen bis zu einem gewissen Grad zu nivellieren versuchte, traten die Spielleute als eigene Musikergruppe mehr und mehr in den Hintergrund, so daß bisweilen die Stadtmusici ihre Funktion zum Teil mitübernahmen.

Auch in den Zeiten der Teuerung und Hungersnot, der »extraordinari Steuern« und des »leidigen Münzwesens«, wurde in Kempten Theater gespielt, das im 17. Jahrhundert allgemein ohne musikalische Einlagen kaum denkbar ist. Schon vor dem Dreißigjährigen Krieg, im März 1600, hielten sich englische Komödianten in der Stadt auf, wobei es, vielleicht aus Konkurrenzneid einheimischer Spieler, zu blutigen Streitigkeiten kam[31]. Die »Engelländer«, in deren Ensembles sich stets Musiker befanden, meist Spieler von Blockflöten, Lauten und Violen, überfluteten damals halb Europa und hielten sich vorwiegend in als Handelszentren florierenden Reichs- und Residenzstädten auf, z. B. in Innsbruck und Nördlingen; in Nürnberg trieben sie ihr Wesen länger als ein Halbjahrhundert, von 1593 bis 1648[32]. Mit eigenen Kräften wurde in Kempten schon 1624, mitten im Krieg, eine nicht näher bezeichnete »Comedia agiert«[33]. 1654, vielleicht auch schon eher[34], begannen dann in mehr oder weniger großen Abständen die Aufführungen einer unter der Oberaufsicht eines Ratsmitglieds stehenden Komödiantengesellschaft, die 1657 ihre Statuten erhielt und bis zum Ende des Jahrhunderts vorwiegend »lehr- und trostreiche« Stücke geistlichen (biblischen) Inhalts im Obergeschoß des Salzstadels spielte, u. a. 1654 »Die Zerstörung Jerusalems« und »Das Jüngste Gericht«, 1655 »Die drei Männer im Feuerofen«, 1656 »Adams und Evas Fall« und »Das Judicium Salomonis«, 1657 »König Manasse«, 1659 »Die Historie vom Propheten Jona«, 1672 und 1692 »Eustachius« und ähnliches. Wegen des zunftartigen Zusammenschlusses der Spieler und wohl aufgrund eines Ratsprotokolls vom 31. Mai 1672, in dem von

»Täfelinsleuten« die Rede ist, hat man in Analogie zum Theaterspiel der Memminger Meistersinger auch in Kempten die Existenz einer Meistersingergesellschaft in jener Zeit angenommen[35]. Eine solche aber hat es nie gegeben. Seit 1729 gingen Schuldramen mit Musik immer häufiger über die Bühne, 1710 war schon erstmals eine »Geistliche Opera von Abraham, Sara und Isaak« erschienen. Aber erst im letzten Viertel des 18. Jahrhunderts, als immer mehr berufsmäßige Wandertruppen und »Operisten-Banden« sich die Bretter im Salzstadel eroberten, erhielt die Stadt engeren Anschluß an das zeitgenössische Singspiel, die Opera seria und die Opera buffa.

Wenig ist über das Kemptener Straßensingen bekannt. Daß es eine aus armen Lateinschülern gebildete Kurrende gab, der man vor den Häusern insbesondere der wohlhabenderen Bürger um Geld- oder Naturaliengaben ein- oder mehrstimmig zu singen gestattete, erhellt aus der Erwähnung der Sammelbüchse im Jahre 1637[36]. Wurden die festgelegten Sammelzeiten überschritten oder stellte sich beim Gesang irgendwelche Ungebühr ein, setzte es harte Strafen; nach dem Weihnachtssingen 1579 ließ man vier Sänger inhaftieren. In der Pest- und Notzeit des Dreißigjährigen Krieges wurde die Kurrende an der Jahreswende 1622/23 verboten, an den Weihnachtsfeiertagen 1636 und an Neujahr 1637 aber das »Herumbsingen mit den armen Leuten« jeweils bis 8 Uhr abends wieder zugelassen. Auch Handwerksgesellen zogen gelegentlich singend und bettelnd von Haus zu Haus. Das Gesuch einiger Weber, an Silvester 1688 umsingen zu dürfen, mußte »wegen dermalen obschwebender gefährlicher Zeiten und Läufen gänzlich abgeschlagen« werden.

Musikgewerbe

Im ausgehenden Mittelalter muß Kempten ein Zentrum des Orgelbaus gewesen sein. Von hier aus schuf 1488 Meister Augustin um 270 Gulden die erste Orgel der Stadtpfarrkirche in Landsberg am Lech. 1498 errichtete der Kemptener Hans Peysinger die sogenannte Weiße Orgel in der Pfarrkirche zu Eger[37]. Demgegenüber fällt auf, daß nach der Reformation die Werke in St. Mang von auswärtigen Meistern erstellt oder repariert wurden, obwohl zeitweilig in der Stadt selbst Orgelbauer ansässig waren: um 1615 bis um 1630 Georg Hagenmüller, der auch Blas- und Streichinstrumente baute, und um 1690 Johannes Wirth. Schon 1543 hatte Hans Mendler ein Clavichord an den Innsbrucker Hof geliefert[38]. 1623 gewährte man dem seines Glaubens wegen aus Füssen vertriebenen Lautenmacher Peter Helmer († 1631) den Beisitz in der Stadt. Daß er zu den besten Meistern seiner Zeit gehörte, bezeugt ein erhaltenes Instrument von seiner Hand (1614) im Museum für Hamburgische Geschichte[39]. Ende des 18. Jahrhunderts baute der Drechslermeister und Musicus Jakob Kohler auch Holzblasinstrumente; sein Sohn Heinrich (geb. 1791) führte die Werkstatttradition in bayerischer Zeit fort. Im frühen 17. Jahrhundert blühte für kurze Zeit der Musikinstrumentenhandel. Dem Turm- und Stadtbläser Michael (II) Satzger mußte 1627 der Vertrieb von Instrumenten aus Landsberg am Lech zugunsten der einheimischen Fertigungen Georg Hagenmüllers verboten werden.

Überregionale Bedeutung erlangte die Stadt auf dem Gebiet des Glockengusses[40]. Hans Frey († 1598), der größte süddeutsche Glockengießer der Renaissance, der 1581 die formschöne und klangprächtige große Glocke von St. Mang neu goß, hatte sich am 1. Oktober 1571 das Kemptener Bürger- und Zunftrecht erkauft. Aus seiner Werkstätte, die Aufträge sogar von den Fuggern und der hohen Augsburger Geistlichkeit erhielt, lassen sich über 20 Glocken in Bayerisch-Schwaben und ebensoviele im Gebiet Baden-Württemberg–Vorarlberg–Schweiz nachweisen. Seine Behausung und Gießhütte übernahm der Schwiegersohn Hans Schnizer († vor 1632), der 1599 die Glocke auf dem Innsbrucker Stadtturm goß, sonst aber, von wenigen Arbeiten in Bayern, Württemberg und Österreich abgesehen, für den Allgäuer Raum tätig war und nicht mehr ganz die Qualität Freys erreichte. Neben ihm arbeitete auch Matthäus Dentzel († 1639). Mit dem Saarbrücker Otto Sartor (1623–1686), der 1653 den Beisitz erhielt, aber erst um 1660 die Arbeit am Glokkenhof aufnahm, wirkte wieder ein beachtenswerter Meister in der Stadt. Seine Hüttentradition führten sein Schwiegersohn Johann (I) Schirmeister, dessen Sohn Christian (1688–1739) und der Enkel Johann III (1713–1755) bis in die 2. Hälfte des 18. Jahrhunderts weiter. Eine zweite Gießhütte errichtete um 1685 Johann Martin Dietz (um 1659–1705), der aber wegen der örtlichen Konkurrenz seine Wirksamkeit bald nach Nördlingen, Dinkelsbühl und Schwäbisch Hall verlegte. Auch Johannes Hünlein (1722– nach 1782), Sohn des Kemptener Lateinschulpräzeptors Johann Jakob Hünlein (Hienlin), verließ, nachdem er 1754 zwei Glocken im Stiftsland gegossen hatte, mangels Arbeit 1763 die Stadt, zog zunächst nach Durlach und ging dann nach Moskau.

Auf dem Gebiet des Notendrucks und Musikverlags blieb die Stadt an Bedeutung weit hinter dem Stift zurück. Der erste reichsstädtische Buchdrucker, Christoph Kraus, brachte 1614 den erwähnten Traktat *Musicae compendium* des Lindauer Kantors Heinrich Trautmann d. Ä. mit einer Komposition Johann Grubers heraus. 1785 druckte die Typographische Gesellschaft mit den Gedichten von J. M. Armbruster drei Lieder Samuel Gottlob Auberlens. Die bei Tobias Dannheimer erschienenen *Vesperae solennes* op. 2 und das *Veni creator Spiritus* op. 5 für jeweils 4 Singstimmen und Orchester des Immenstädter Benefiziaten und Chorregenten Joseph Anton Angeber († 1833) dürften schon in die Jahre um 1802 fallen[41].

Musik im Stift

In höherem Maße als irgendeine andere Ordensgemeinschaft haben sich die Benediktiner im Laufe ihrer fast anderthalbtausendjährigen Geschichte Verdienste um die liturgische Musik erworben. Auch die um 750 als königliches Eigenkloster gegründete, reichsunmittelbare, später gefürstete und exempte Benediktinerabtei Kempten blühte, zuerst vorwiegend unter dem Einfluß des Mutterklosters St. Gallen, zu einem Zentrum der Choralpflege, des Orgelbaus und Orgelspiels empor, dessen Leistungen und Errungenschaften in die Neuzeit hinein nachwirkten[42].

Um 1500 besaß die Stiftskirche zwei Orgeln: Zu einer älteren hatte Fürstbischof Johann von Riedheim 1488 noch eine »hölzerne« erbauen lassen. Nicht geklärt sind die Beziehungen des Kemptener Humanisten und Musicus Alexius Wagner zum Kloster. Wagner stammte aus der Diözese Konstanz, war an der Universität Freiburg i. B. 1504 Bakkalaureus geworden und schrieb auf Bitten des Ottobeurer Priors und Humanisten Nikolaus Ellenbog 1509/10 eine Sequenz mit Noten für die Messe auf den Hl. Theodor. Schwere Beeinträchtigung erfuhr die Musikpflege der Fürstabtei im Bauernkrieg durch die Zerstörung der beiden Orgeln, auch die Einführung der Reformation in der benachbarten Reichsstadt brachte Rückschläge. Eine Wende zum Besseren bahnte sich in der Regierungszeit des Abtes Wolfgang von Grünenstein (1535–1557) an, der schon um 1540 wieder für ein spielbares Orgelwerk sorgte, seinen Ludimagister Kaspar Sturm und den Organisten nach Ottobeuren ausleihen konnte und den Konventualen Johann Braittenstein um 1550 mit der Anlage einer in Berlin erhaltenen Sammelhandschrift beauftragte. Diese enthält neben lateinischen Meß- und Offiziumsgesängen zahlreiche deutsche Kirchenlieder. Der Humanist und Poeta laureatus Kaspar Bruschius widmete 1549 Abt Wolfgang den Nürnberger Sammeldruck *Lamentationes Hieremiae Prophetae* mit Werken der bedeutenden franko-flämischen Komponisten Pierre de la Rue, Antoine Févin, Thomas Crécquillon, Claude de Sermisy und Antonio Gardane, die sicher auch in Kempten erklungen sind.

Die kurze Fühlungnahme des seinerzeit neben Orlando di Lasso und Palestrina hochberühmten Niederländers Jacob de Kerle mit Kempten leitete eine neue Blütezeit der stiftischen Musikpflege ein. Kerle widmete Fürstabt Eberhard von Stein 1575 seine in München erschienenen *Sacrae Cantiones*. Der große französische Denker Michel de Montaigne erlebte auf seiner Reise durch Italien, die Schweiz und Deutschland 1580/81 eine Donnerstagsmesse in der Kemptener Abteikirche »gerade so, wie das in Notre Dame zu Paris am Osterfeste üblich ist, mit [Figural-] Musik und Orgeln, und es waren doch nur Mönche anwesend«. Nichts erhellt die Bedachtnahme auf eine leistungsfähige Stiftsmusik deutlicher als eine Klausel in der Wahlkapitulation des Fürstabtes Johann Erhard Blarer von Wartensee, wonach dieser sich 1587 zum Unterhalt von sechs Chorknaben auf eigene Kosten verpflichtete. Sein Nachfolger Johann Adam Renner von Allmendingen empfing Widmungskompositionen der Augsburger Organisten Gregor Aichinger (1603) und Christian Erbach (1607), die beide zu den bedeutendsten deutschen Wegbereitern des neuen italienischen, monodischen Stils zu Beginn des Generalbaßzeitalters gehörten. Stiftskapellmeister war damals Joseph Bieling (I), Organist Johann Feser d. Ä., der schon 1572 ein *Paideia musicae* betiteltes Elementarlehrbuch der Musik hatte drucken lassen.

Die Zerstörung der Fürstabtei im Dreißigjährigen Krieg brachte das stiftische Musikleben völlig zum Erliegen. Es dauerte einige Jahrzehnte, bis nach Wiedererrichtung der St.-Lorenzkirche und der Klostergebäude durch Aufstellung einer Behelfsorgel und Verpflichtung mehrerer Instrumentalisten, die zugleich in der Kanzlei Dienst taten, sich die Kirchen- und Hofmusik allmählich erneuern konnte.

ATHANASII KIRCHERI
E SOC. JESU.

PHONURGIA
NOVA
SIVE

Conjugium Mechanico-physicum
ARTIS & NATVRÆ
PARANYMPHA PHONOSOPHIA
Concinnatum;
quâ

*UNIVERSA SONORUM NATURA, PROPRIETAS, VIRES
effectuúmq̃ prodigioforum Caufa, novâ & multiplici experimentorum exhibitione enu-
cleantur; Inſtrumentorum Acuſticorum, Machinarúmq̃ ad Natura prototypon
adaptandarum, tum ad ſonos ad remotißima ſpatia propagandos, tum in abditis domo-
rum receßibus per occultioris ingenii machinamenta clam palámve ſermo-
cinandi modus & ratio traditur, tum denique in Bellorum tumul-
tibus ſingularis hujuſmodi Organorum Uſus, & praxis
per novam Phonologiam deſcribitur.*

CAMPIDONÆ
Per RUDOLPHUM DREHERR. ANNO M. DC. LXXIII.

*Abb. 1 u. 2 Titelkupfer zu dem Werk »Phonurgia Nova« (Lehre von der Schall-Kunst) des
Athanasius Kircher S.J., das von Rudolph Dreher 1673 in Kempten verlegt und in der
Typographia Ducalis gedruckt wurde (Universitätsbibliothek Augsburg)*

Treibende Kraft des musikalischen Wiederaufbaus war ohne Zweifel der 1666 aus der Abtei St. Gallen als Organist verpflichtete Pater Valentin Molitor (1637–1713), der sein Erstlingswerk *Odae genethliacae ad Christi cunas* (1668), eine Sammlung schlichter Weihnachtsgesänge für 1–5 Singstimmen, 2 Violinen und Generalbaß, in der um 1660 errichteten fürstäbtlichen Buchdruckerei erscheinen ließ. Die anfangs von dem tüchtigen Faktor Rudolph Dreher geleitete *Typographia Ducalis*[43] brachte in der Folgezeit noch eine Reihe weiterer beachtlicher Musikdrucke heraus, darunter die *Psalmi vespertini* (1668) des Carissimi-Schülers Philipp Jacob Baudrexel, je eine Motettensammlung des Bamberger Hofkapellmeisters Georg Arnold und des Innsbrucker Benediktiners Leopold von Plawenn sowie vier Werke von Thomas Eisenhuet. Stand Baudrexel als katholischer Stadtpfarrer von Kaufbeuren und Fuldaer Hofkapellmeister unter Kardinal Bernhard Gustav Markgraf von Baden-Durlach, der zugleich Administrator von Kempten war, nur in loser Verbindung zur Fürstabtei, so sollte der 1677 zum Stiftskapellmeister ernannte Augsburger Augustiner-Chorherr Eisenhuet für ein Vierteljahrhundert das Musikleben im Kloster entscheidend mitprägen. Er nahm sich, nachdem schon 1674 ein Schuldrama mit Musik im Kloster aufgeführt worden war, auch dieser Gattung wie überhaupt des Musikunterrichts und der Musikpflege am Stiftsgymnasium wirksam an und ließ 1682 ein Lehrbuch mit dem Titel »Musikalisches Fundament« in der fürstäbtlichen Druckerei erscheinen, das dort noch 1732, 30 Jahre nach seines Verfassers Tod, in dritter, erweiterter Auflage herauskam. Wahrscheinlich hat Eisenhuet auch wesentlichen Anteil an der Drucklegung des wichtigen und im Benediktinerorden weit verbreiteten sogenannten Kemptener Antiphonale von 1692 *(Antiphonale Benedictinum Romano-Monasticum)*.

Daß es im 17. Jahrhundert auch Hoftrompeter im Dienste fürstäbtlicher Repräsentation gab, beweist die spärliche Überlieferung einiger Namen. Eisenhuets Nachfolger als Hofkapellmeister, Matthias Hafner († 1739), der wie seine Vorgänger Geistlicher war, ist schöpferisch nicht hervorgetreten. Aus den ihm unterstellten Musikern ragt nur der weltliche Hoforganist Franz Ignaz Bieling als Tonsetzer geistlicher Arien im konzertierenden Stil (1729) sowie Lauretanischer Litaneien und zweier Te Deum (1731) heraus. Am Kemptener Stiftsgymnasium wirkte von 1732 an einige Jahre aushilfsweise der Wiblinger Benediktinerpater Benedikt Biechteler, Komponist von Kurzmessen (1721) und einer Sammlung marianischer Gesänge (1731).

Eine neue Ära im Musikleben des Stiftes, vielleicht seine glanzvollste musikalische Epoche überhaupt, wurde 1740 durch die Berufung des zuvor in Ettal als *Director musices* der Benediktinerabtei tätigen Franz Xaver Richter (1709–1789)[44] zum Vizehofkapellmeister eingeleitet. Mit dem musikalischen Stilwandel zur Vor- und Frühklassik ging eine Neuordnung des gesamten stiftischen Musikwesens einher. Lag vorher das Hauptgewicht eindeutig auf der Pflege geistlicher Musik, so trat nun auch die weltliche, vornehmlich als Kammer- und Tafelmusik, stark in den Vordergrund. Das sich in ungewöhnlichem Aufwand und bisweilen übertriebenem Prunk äußernde Repräsentationsbedürfnis des absolutistischen Fürstabtes Anselm von

Reichlin-Meldegg forderte neben dem Neubau der beiden Orgeln im Chor von St. Lorenz nicht nur die Erweiterung des Trompeter- und Paukercorps, sondern den Auf- und Ausbau eines voll einsatzfähigen Hoforchesters, in dem fortan die Streichinstrumente den Grundstock bildeten. Richters frühe Sinfonien (Paris 1744) haben hier ihren Wurzelboden. Nach der Verpflichtung des Komponisten an den Hof des Kurfürsten Karl Theodor von der Pfalz (1747), wo er zum Mitbegründer der berühmten »Mannheimer Schule« und zu einem der wichtigsten Bahnbrecher der musikalischen Klassik wurde, folgte für ein knappes Jahrzehnt Joseph Anton Auffmann im Amt des Kapellmeisters. Sein musikalisches Schaffen, das als einziges gedrucktes Werk 3 Orgelkonzerte (Augsburg 1754) enthält, ist noch weitgehend unerforscht. Seit dem Regierungsantritt des Fürstabtes Engelbert Syrg von Syrgenstein (1747–1760) stand an der Spitze des gesamten Musikwesens ein Musikintendant aus dem Kreise der adeligen Stiftskapitulare als »oberster Musikdirektor«, der sich jeweils die Besetzung der Streicher und Bläser der Hof- und Kammermusik durch qualifizierte Berufsmusiker angelegen sein ließ. Als Ereignisse, an denen die gesamte Hofkapelle in repräsentativer und prunkvoll-feierlicher Weise auch nach außen hin besonders in Erscheinung treten konnte, erwiesen sich die Weihe der Stiftskirche im Frühjahr 1748 und die Begräbniszeremonien für Fürstabt Engelbert 1760.

Letzter fürstlicher Kapellmeister Kemptens wurde Joseph (Rupert) Ignaz Bieling (1734–1814). Er war der Sohn des Hoforganisten Franz Ignaz Bieling und damit Sproß einer in mindestens vier Generationen blühenden Kemptener Musikerfamilie, aus der zahlreiche Hofbedienstete hervorgingen. Bieling studierte an der Benediktineruniversität in Salzburg, wo er auch Schüler Leopold Mozarts wurde. In seiner langen Wirksamkeit als fürstäbtlicher Musiker zeigte er sich als ein typischer Allround-Komponist der Mozartzeit, der für jeden Anlaß schnell und ansprechend zu schreiben vermochte. So umfaßte sein vielseitiges Schaffen, das bedauerlicherweise in der Säkularisation und auch noch danach fast völlig verlorenging, sowohl Messen, Offiziumssätze, Passionen und vier Te Deum als auch Singspiele, Sinfonien und Gelegenheitskompositionen aller Art, darunter die Vertonung eines Gedichts des Kemptener Musikintendanten Anselm Graf Fugger zu Kirchberg und Weißenhorn.

Wie Adolf Layer zeigen konnte, blieb die Hofmusik auch unter den letzten drei Fürstäbten »ein wichtiger, freilich nicht wenig kostspieliger Teil des stark aufgeblähten Hofstaates«. Ihre Zusammensetzung gibt der Hofschematismus des Jahres 1793 wieder, wonach zur »Hochfürstlichen Hof- und Kammermusik« nicht weniger als 42 Posten gehörten, von denen freilich ein paar in Personalunion mit anderen besetzt waren: Musikintendant, Kapellmeister, Konzertmeister, 6 Konzertisten, 2 Organisten, 5 Sopranisten, 3 Altisten, 1 Tenorist, 3 Bassisten, 8 Violinisten, 2 Bratschisten, 3 Violoncellisten, 1 Kontrabassist, je 2 Flötisten, Oboisten, Waldhornisten und Hoftrompeter sowie je 1 Fagottist, Pauker und Kalkant. Von diesen sind außer Kapellmeister Bieling wenigstens zwei als Komponisten bekannt: Der aus Haunstetten (Augsburg) gebürtige Fagottist und Bratschist Joseph Lachner

(† 1798) schuf neben Streicherkammermusik eine Reihe von Bläserkonzerten, und der Baßsänger und Violoncellist Joseph Anton Fehr aus Grönenbach, der 1787 die Priesterweihe empfangen hatte, hinterließ außer einigen geistlichen Werken mehrere Dutzend anmutiger Lieder mit Klavierbegleitung nach Texten zeitgenössischer Dichter (G. A. Bürger, Schubart u. a.), darunter eine Vertonung von Schillers Ode »An die Freude«, viele Jahre vor Beethovens Neunter Symphonie.

Mit der Aufhebung des Fürststiftes nach dem Frieden von Lunéville (1801) und der Einverleibung des geistlichen Fürstentums in den bayerischen Staat (1802) fand die Geschichte der Kemptener Hofmusik ihren Abschluß. Die neuen bayerischen Herren gewährten den älteren Stiftsmusikern Pensionen oder übernahmen jüngere in andere Dienste. Einige von ihnen haben Traditionsreste einstiger stiftischer Musikkultur zum Teil bis in die Zeit nach der endgültigen Verschmelzung (1818) von Alt- und Neustadt zur Kreishauptstadt Kempten hinübergetragen und damit den Boden bereitet für neue, stadtbürgerliche Aktivitäten der Musikpflege, unter denen das Kemptener Laienchorwesen in Südschwaben eine Führerrolle übernehmen sollte[45].

1 Adolf Layer: Musikgeschichte der Fürstabtei Kempten, Kempten 1975.

2 Quelle, wie auch zum Folgenden, sofern nichts anderes vermerkt: StadtA Kempten, Ratsprotokolle.

3 Ratsprotokoll vom 14. 4. 1615.

4 Vgl. beispielsweise Ratsprotokoll vom 23. 4. 1655 und vom 13. 7. 1674.

5 StadtA Kempten, Gebhartsche Chronik, fol. 149/50.

6 Zum Glockenguß in Kempten vgl. Sigrid Thurm: Deutscher Glockenatlas I. Württemberg und Hohenzollern, München/Berlin 1959, S. 70 f., 76, 79 f., 640 f.; dies.: Deutscher Glockenatlas II. Bayerisch-Schwaben, München/Berlin 1967, S. 43 f., 55–57, 68 f., 80 f., 98 f., 107 f., 117 f., 281–286, 529–532.

7 Die Kenntnis dieses Bandes verdanke ich Herrn Pfarrer Hans Wiedemann, Sonthofen. Signatur: 8°.V.4.230.

8 Emil Sehling: Die evangelischen Kirchenordnungen des XVI. Jahrhunderts. XII. Band, Tübingen 1963, S. 175 f.

9 StadtA Kempten, Holdenriedsche Chronik, fol. 105; Schwarzsche Chronik, fol. 157; Gebhartsche Chronik, Einlagebl. nach fol. 200 (neu); das Ratsprotokoll vom 14. 9. 1579 spricht lediglich von 350 fl für den Orgelbauer

und 35 fl für den Bildschnitzer, Materialkosten sind nicht eigens angeführt. Da Stadtrechnungen fehlen, läßt sich Klarheit nicht gewinnen.

10 Georg Klaus: Orgelbauer Christoph Leu. In: Musik und Altar 6 (1953/54), S. 19–21; Hermann Fischer/Theodor Wohnhaas: Historische Orgeln in Schwaben, München/Zürich 1982, bes. S. 20.

11 Hermann Fischer/Theodor Wohnhaas: Georg Friedrich Steinmeyer und sein Werk, Frankfurt/Main 1978, S. 62, 125, 147, 160, 237.

12 Kempten, Kirchenbibliothek St. Mang, ohne Signatur.

13 Ratsprotokoll vom 4. 7. 1637.

14 Vgl. u. a. Ratsprotokolle vom 18. 7. 1600, 4. 7. 1637, 12. 4. 1638, 5. 11. 1683.

15 Klaus Wolfgang Niemöller: Untersuchungen zu Musikpflege und Musik-Unterricht an den deutschen Lateinschulen [...] bis um 1600, Regensburg 1969, S. 342 f.; Friedhelm Brusniak: Conrad Rein (ca. 1475–1522) – Schulmeister und Komponist, Wiesbaden 1980, S. 91 f.

16 Vgl. z. B. Ratsprotokolle vom 4. 7. 1637, 23. 4. 1638 und 5. 11. 1683.

17 Vgl. zu diesem sozialgeschichtlichen Faktum Franz Krautwurst: Johann Bach und sein Bru-

der Heinrich als Musiker in Schweinfurt. In: JbFLF 36 (1976), S. 65–79, bes. S. 73 f.

18 StadtA, B 36 a.

19 StadtA, B 31 (Schwarzsche Chronik), fol. 146 v.

20 StA Neuburg, Reichsstadt Kempten, Lit. Nr. 484, fol. 66 v, 71 v.

21 Johann Ernst Altenburg: Versuch einer Anleitung zur heroisch-musikalischen Trompeter- und Pauker-Kunst, Halle 1795 (Neudruck Dresden 1911). Die grundlegende Schrift, deren apologetischer Charakter offenkundig ist, erschien in einer Zeit, als die Blüte der »gelernten« Trompeterkunst längst zu Ende gegangen war. Zur Sozialgeschichte des Trompetenblasens s. Christoph-Hellmut Mahling: Münchener Hoftrompeter und Stadtmusikanten im späten 18. Jahrhundert. Ein Streit um das Recht, die Trompete zu blasen. In: ZBLG 31 (1968), S. 649–670.

22 Die Stadtpfeifer von Memmingen erschienen schon im März 1436 und im Mai 1437 in Nördlingen (StadtA Nördlingen, Kammerrechnungen 1435, fol. 43 und 1436, fol. 43), im April 1437 auch in Dinkelsbühl (StadtA Dinkelsbühl, Kammerrechnung 1437, fol. 81), wogegen Kemptener Stadtmusiker dort in reichsstädtischer Zeit niemals aufgetreten sind.

23 Ratsprotokolle vom 10. 11. 1578, 9. 7. 1624 u. a.

24 Vgl. u. a. Ratsprotokolle vom 6. 8. 1568, 14. 9. 1579, 1. 10. 1627.

25 Vgl. Ratsprotokoll vom 25. 6. 1565 und oben zu Anmerkung 2 (Philipp Werndle).

26 Einzige Quelle sind auch hier vorerst nur die Ratsprotokolle; sie werden, soweit Daten im Text genannt sind, nicht eigens angemerkt.

27 Laut Aussage des Totengräbers Hans Dorn; s. Ratsprotokoll vom 26. 9. 1636.

28 Ratsprotokoll vom 31. 1. 1681.

29 Ratsprotokolle vom 26. 5. 1623 und 1. 10. 1627.

30 Ratsprotokolle vom 29. 4. 1687 und 13. 1. 1688.

31 Ratsprotokoll vom 10. 3. 1600, in Ergänzung zu Friedrich Zollhoefer: 300 Jahre Stadttheater Kempten. In: AGF 56/57 (1956/57), S. 21–25.

32 Anton Dörrer: Die englischen Komödianten zu Innsbruck [...]. In: Tiroler Heimatbll. 36 (1961), S. 10–25; Gustav Wulz: Nördlingen von A–Z. In: Daniel 2 (1960), H. 2, S. 17; Karl Trautmann: Englische Komödianten in Nürnberg bis zum Schlusse des 30jährigen Krieges (1593–1648), Leipzig 1886.

33 Ratsprotokoll vom 18. 11. 1624, in Ergänzung zu Zollhoefer.

34 Die Ratsprotokolle der Jahre 1643–1653 sind nicht erhalten.

35 Franz Ludwig Baumann: Über die städtische Chronik von Kempten. In: ZHVS 4 (1877), S. 298–324, bes. S. 317–322; vgl. auch Bert Nagel: Meistersang. 2. Aufl. Stuttgart 1971, S. 39.

36 Ratsprotokoll vom 26. 6. 1637; zur Geschichte der Kurrende s. Franz Krautwurst: Kurrende. In: MGG 16 (1979), Sp. 1070–1074.

37 Adolf Layer: Kemptens Orgelbauer hatten einen guten Ruf. In: Unser Allgäu 8 (1955), Nr. 3, S. 1.

38 Walter Senn: Musik und Theater am Hof zu Innsbruck, Innsbruck 1954, S. 51.

39 Adolf Layer: Die Allgäuer Lauten- und Geigenmacher, Augsburg 1978, S. 17, 36, 143.

40 Vgl. Anmerkung 6.

41 Dem Répertoire International des Sources Musicales (RISM) zufolge [A 1204/05] müßten die beiden Drucke vor 1801 liegen. Angebers op. 1 kam indessen bei J. J. Lotter & Sohn in Augsburg erst 1824 heraus; s. Hans Rheinfurth: Der Musikverlag Lotter in Augsburg, Tutzing 1977, S. 264 f.

42 Zum Folgenden die in Anm. 1 genannte Schrift sowie Adolf Layer: Zur Musikgeschichte des Stiftes Kempten. In: Die 7 Schwaben 25 (1975), S. 153–158.

43 Adolf Layer: Die Druckerei der Fürstabtei Kempten nach dem Dreißigjährigen Krieg. In: Gutenberg-Jb. 1961, S. 177–181.

44 Robert Münster: Richter, Franz Xaver. In: MGG 11 (1963), Sp. 455–460; Roland Würtz: Richter, Franz Xaver. In: The New Grove 15 (1980), S. 846 f. Dort jeweils weitere Literatur.

45 Franz Krautwurst/Friedhelm Brusniak: Das Laienchorwesen des 19. Jahrhunderts in Bayerisch-Schwaben. In: JbUA 1982, Augsburg 1983, S. 51 f.; Friedhelm Brusniak: Chorwesen im 19. Jahrhundert in Bayerisch-Schwaben. In: Aufbruch ins Industriezeitalter. Bd. 2, hrsg. von Rainer A. Müller, München 1985, S. 556–569.

Kirchliche und weltliche Feste

Walter Pötzl

Brauchtum

Auch Brauchtum als Grundphänomen menschlichen Gemeinschaftslebens ist fort-
gesetztem geschichtlichem Wandel unterworfen. Bräuche, die schon unsere Groß-
eltern pflegten und die heute dann gerne als (ur)alt bezeichnet und mitunter auf die
Germanen (oder gar die Kelten) zurückgeführt werden, können erst zur Zeit der
Urgroßeltern aufgekommen sein, während sich andere bereits im Mittelalter belegen lassen; dies bedeutet aber nicht, daß sie durch alle Epochen hindurch so in
Übung waren. Bräuche geraten infolge bestimmter gesellschaftlicher Vorgänge in
Vergessenheit, um dann Generationen später wieder entdeckt und erneuert zu
werden. Sie breiten sich in Gebieten aus, in denen man bisher von ihnen nichts
wußte. Brauch ist gemeinschaftliches, von der Sitte gefordertes Handeln, das von
der Tradition bewahrt wurde. Bestimmte Formen prägen es vor und steigern es.
Der Brauch bringt einen inneren Vorgang sinnbildlich zum Ausdruck; er ist funk-
tionell an eine bestimmte Zeit oder eine bestimmte Situation gebunden[1].
Welche Bräuche im Mittelalter und in der frühen Neuzeit in Kempten geübt wurden, darüber haben wir nur unvollkommene und unvollständige Vorstellungen[2].

Kirchliche Feste

Das Kemptener Hauptfest fand am 10. Mai statt. An diesem Tag wurde der römischen Märtyrer Gordianus und Epimachus gedacht, deren Gebeine Hildegard, die
Gemahlin Karls d. Gr., nach Kempten hatte bringen lassen[3]. In einem um das Jahr
1000 entstandenen Kalender ist der 10. Mai als Festtag, der mit Vigil und Oktav
gefeiert wurde, verzeichnet[4]. Bis zum Bauernkrieg fand – nach Auskunft einer
Chronik aus dem 18. Jahrhundert[5] – »eine herrliche proceßion mit tragung der
hailligthumer« – statt, an der nicht nur der Konvent des Stifts, sondern auch die
Geistlichkeit des Allgäus teilnahm. Die Prozession bewegte sich vom Münster aus
durch das Klostertor in die Stadt, um sie durch das Fischertor wieder zu verlassen.
In der Kapelle auf der Schwaigwiese wurde die Predigt gehalten, worauf man ins
Münster zurückkehrte, wo das Hochamt zelebriert wurde. »Zur Vesperzeit aber
wurde die proceßion mit allen herren des conuents und der löbl. Priesterschaft des

ganzen Allgews vm das closter gehalten.« Wegen der großen Zahl der anwesenden Geistlichen und Laien hieß der 10. Mai in Kempten auch der »Herrentag«[6]. Als »Kreuztag« bezeichnete man dagegen den Mittwoch vor Christi Himmelfahrt. An ihm erinnerte man an die Ankunft der Heiligenleiber, die an Christi Himmelfahrt erfolgt sein soll. An diesem Tag kamen aus etwa 70 Dörfern Prozessionen, von denen einige auch große Wachskerzen mitbrachten. Dabei versammelten sich die Kreuzgänge aus dem Augsburger Bistum zuerst zu einem Gottesdienst in St. Mang, um dann ins Münster zum Hochamt zu ziehen. Bevor die Kreuzgänge heimkehrten, umkreisten sie die Lorenzkirche in einer Prozession[7]. Neben der großen Reliquienprozession am 10. Mai fanden noch Heiltumsweisungen an Neujahr und an Johannes und Paulus (26. Juni) statt[8]. Dabei wurden die Heiltümer auf dem Hochaltar ausgesetzt. Die Gläubigen hielten um den Altar einen Umgang, wobei sie mit Reliquien berührt wurden und an Neujahr vom Johanneswein tranken.
Neben den Hll. Gordianus und Epimachus entwickelte sich seit dem hohen Mittelalter in Kempten auch die Verehrung Hildegards als Volksheilige[9]. Das Patrozinium in St. Mang wurde am ersten Maisonntag gefeiert und konnte daher nahe an den 10. Mai heranrücken[10]. Zu den Patrozinien kamen in diesem Zeitraum auch noch die Prozessionen in der Kreuzwoche. Der erste Kreuzgang aber stand schon am Osterdienstag an. Er führte zur Liebfrauenkapelle auf dem Steinrinnen-Ösch, wo eine Messe gelesen wurde. »Wann man auff die Steinrinne ist gangen mit dem creuz, so hat man einem Schueller 2 harte gesotene ayer und 1 haller geben, einem grossen Schueller aber 2 harte ayer ein schmalz undt einen trunckh wein undt auch 1 haller, sindt der pfarrherr bey St. Mangen hats muessen geben«[11]. Auf Grund dieser Eierspende hat sich »das Spiel mit den Eiern am dritten Ostertag bis auf gegenwärtige Zeit [d. h. 1840] erhalten«[12]. Am Markustag gingen die Leute aus dem Stift zunächst »mit dem creuz« nach St. Mang, wo ein Amt gehalten wurde, um von dort zur Georgenkapelle weiterzuziehen, die bei Neudorf mitten auf einem Felsen in der Iller erbaut und auf Seite des Weißholzes durch einen Steg mit dem Ufer verbunden war. Am St. Mangentag besuchten die Leute aus dem Stift in einer feierlichen Prozession die St. Mangkirche, um am Hochamt teilzunehmen[13].
Ein besonderes Gepräge hatte in Kempten der Palmsonntag, da sich die Bürger der Stadt den Palmesel vom Kloster entlehnten und mit dessen feierlichem Einzug einen besonderen Rechtsbrauch verbanden. Eine Chronik des 18. Jahrhunderts stellt das für die Zeit um 1470 so dar: Den Palmesel »bracht man mit einer proceßion in die Statt in St. Mangen Kirchen, nach alt löbl. gebrauch gott zu ehren, undt so jemandt wäre weib oder man, jung allt die statt verbotten worden, der kente am Palmtag mit der proceßion undt esel wider in die statt hineinkomen und perdon erlangen. Und so der tag vollbrächt, hat man den palmesel wider mit ganzer proceßion, die burgermaister undt rath mit allen Zünfften mit brennenden Kerzen undt gesellschaften, man undt weib, jung undt alt sambt dem ganzen convent des gottshauß in daß closter gefihrt, welcher aller gebrauch in dem bauren krieg in abgang kommen«[14].
Als Beispiel für kirchliches Brauchtum aus dem Stiftsgebiet bietet sich die Pfarrei

Haldenwang (mit der Filiale Börwang) an, da das 1705 angelegte Urbar auch Angaben über »gebräuiche [und] Ceremonien« enthält[15]. Die Feier des Palmsonntags erinnert dabei an Stift und Reichsstadt. Am Palmsamstag brachte man den Palmesel unter Kreuzbegleitung nach Börwang, wobei auf halbem Weg die Börwanger mit dem Kreuz entgegen kamen. In der Leonhardskapelle zu Börwang wurde die Komplet »vnd etwan ein Roßekrantz zue Ehre deß einreithend Christi zue Jerusalem gehalten«. Am Palmsonntag begleiteten die Börwanger den Palmesel zurück, wobei ihm der Pfarrer in Chorrock und Stola entgegen ging. Den Palmesel zogen etwa 16 Buben, einmal aus Haldenwang, dann aus Börwang, an Stricken. – Am Martinstag und am Montag der Kreuzwoche wechselte man mit den Probstriedern. Am Markustag kam das Kreuz von Probstried zuerst nach Haldenwang, um mit den Haldenwangern zurückzukehren; am Montag in der Kreuzwoche brach man gegen sechs Uhr »mit Creitz vnd fahne« nach Probstried auf. Unterwegs wurde »mit lauter stümm« und – bei gutem Wetter – mit bloßem Haupt ein Rosenkranz gebetet. Nach dem Gottesdienst zogen die Probstrieder nach Haldenwang, wo deren Pfarrer den Gottesdienst hielt. Danach begleitete man mit der Haldenwanger Fahne das Probstrieder Kreuz bis ungefähr zur Schmiede. – Am »Creitz-affter-Montag« versammelte man sich spätestens um vier Uhr zur Prozession nach Ottobeuren. Der Kreuzgang nach Ottobeuren reicht vermutlich bis ins 12. Jahrhundert zurück, denn Haldenwang gehörte zu jenen 77 Pfarreien, an die Abt Isengrim (1145–1180) nach einer Reise nach Köln Reliquien geschenkt hatte, worauf sie sich verpflichteten, jährlich einen Kreuzgang nach Ottobeuren zu unternehmen[16]. Am Mittwoch vor Christi Himmelfahrt, dem Kemptener »Kreuztag«, brachen auch die Haldenwanger spätestens um 5.30 Uhr nach Kempten auf. Gegenüber der vorreformatorischen Zeit, wo sich die Kreuze bei St. Mang versammelten, heißt es jetzt: »Bey der Bruckh der Statt Kempte mueß man wie wol mit ziemlicher Vngelegenheit Verzug halten, biß alle benachbarte Creitz zuesame seind«[17]. Die Ösch-Prozession an Christi Himmelfahrt war etwa um 1675 eingeführt worden. Dabei wurden an vier genau bezeichneten Feldkreuzen die Evangelien gelesen. Das Urbar verzeichnet im Abschnitt »Kreuzgänge« auch die Wallfahrten:

> »Am 2. Juli nach Eldern bei Ottobeuren,
> Am 29. September wiederum nach Eldern
> Am 4. Juli nach Lauben
> Am 24. Juni nach Lenzfried.«

Wegen einer konkurrierenden Prozession der Anna-Bruderschaft wurde diese Wallfahrt auf den 29. Juni verlegt. Als das Urbar angelegt wurde, wußte man von den beiden letztgenannten Wallfahrten die »Intention« nicht mehr, dennoch »hat man solches nit abgehe laßen«. Die erste Eldern-Wallfahrt wurde »vmb die Liebe Erdtfeichte« und um Schutz »vor allem Vngewitter vnd andere Schade zue erhalten« veranstaltet, die zweite Eldern-Wallfahrt aber galt als Dankwallfahrt für die »erhalte feichten vnnd Verhuetung ander Vngemach«. Auch die Filiale, »die gemeindt von Berwang«, hatte gelobt, jährlich am Vitustage nach Leuterschach »zue St. Magnum zue wallfahrthen«. Als in Börwang eine Krankheit viele Menschenleben forderte, gelobten die Gläubigen, den Leonhardstag »so hoch zue feyre vnd zue halte, alß eine vnsers L. Hl. Jesu Chrs. selbste«, d. h. mit Amt und Predigt. Zudem lud man auch die benachbarten Pfarrer ein und spendierte ihnen eine Mahlzeit; um 1705 war dieser Brauch abgekommen und nur der Haldenwanger Pfarrer hielt den Festgottesdienst. Zum Annafest in Haldenwang kamen mit Kreuz und Fahne Lenzfried, Lauben, Reicholzried, Dietmannsried, Probstried, Untrasried und bisweilen Wildpoldsried. Prozessionen, Kreuz- und Wallfahrtsgänge waren einst wesentliche Elemente kirchlichen Brauchtums.

Mit den geschilderten kirchlichen Bräuchen ist nur ein Teil des Brauchtums erfaßt, allerdings einer, der stark im Volk verwurzelt war, forderte doch die Sitte, daß sich aus jedem Hauswesen wenigstens eine Person an den Kreuz- und Wallfahrtsgängen beteiligte, und am Palmsonntag war ohnedies jeder Gläubige zum Gottesdienst verpflichtet. Weltliches Brauchtum dagegen wird schwieriger faßbar.

Weltliches Brauchtum

Von den an der Fastnacht aufgeführten Spielen, von denen eines im Hahnenschlag bis ins 19. Jahrhundert hinein fortlebte, war schon die Rede. Am Aschermittwoch zog die Metzgerzunft der Stadt vor die Abtei und schnellte zur Belustigung des Abtes und des Volkes einen Metzgerjungen auf einer Ochsenhaut in die Höhe; dafür erhielt sie vom Abt ein Pfund Heller zur Verehrung. Der Brauch überlebte das Jahr 1525 nicht[18].

Im Lebenslauf-Brauchtum ragen Taufe, Hochzeit und Begräbnis heraus. Wie andernorts auch steckte man in Haldenwang »Bey einsäg vnnd Benedicierung der kindtbetterre« vier Haller oder einen Kreuzer »in ein Wachslichtlein«[19]. Wenn keine Ausnahme zugestanden wurde, läutete man um 8 Uhr mit der großen Glocke zur Hochzeit »vnd diß darumbe, weile man sich nur auf der Morgesuppe verhündert vnd alßdan mancher Hochzeitsgast räuschig in die Kirch komme vnndt dort mit gelächter, geschwetz oder andere ärgerliche Vngebihr gott mer verletzet alß ver-Ehret«. Soweit man sich erinnern kann, ist es in Haldenwang »nit gebräuchig [...] wie anderwertig«, bei der Hochzeit den Johanneswein zu reichen[20]. Für jeden erwachsenen Verstorbenen, und dazu rechnete man in diesem Falle alle, die bei der Kommunion waren, hielt der Pfarrer vier Opfer, nämlich »Besüngnis«, den Siebten, den Dreißigsten und den Jahrtag. Bei der »Besüngnis« ist der Pfarrer nicht verpflichtet, eine Leichenpredigt zu halten, »doch hat sie Pfarrer Martin Müller nie ausgelassen«. Zu Beginn des 18. Jahrhunderts waren in Haldenwang Opfer in Naturalien durchaus noch üblich, wobei Schmalz und Flachs ausdrücklich genannt werden. Geopfertes Brot überließ man dem Mesner[21].

Nachdem bei den Hochzeiten und den damit verbundenen Geschenken »vilerley misbrauch, überflüß vnd unmeßigkeit eingerissen«, erließ der Rat der Reichsstadt Kempten im Jahre 1605 eine Hochzeitsordnung[22]. Aus ihren Verboten und Reglementierungen läßt sich ein Bild von der Üppigkeit der Hochzeitsfeiern in der

zweiten Hälfte des 16. Jahrhunderts gewinnen. Zur Mahlzeit am Tag der
»heurathsabrede oder stuelfestin« durften jetzt nur mehr die Eltern des Brautpaares
eingeladen werden. Ein Bräutigam aus der Bürgerzunft kann seiner Braut »Bey
dem hinschweren oder stuelfestin« und an der Hochzeit zwei oder drei Ringe, die
zusammen aber nicht über 60 fl kosten dürfen, und eine Kette im Wert von
höchstens 100 fl verehren. Bei den einfachen Bürgern, denen »von der gemeind«,
wird der Wert der »mählring« auf 6 fl festgesetzt. Andere Bestimmungen betrafen
den Hochzeitskranz. Dabei war es nur dem Bräutigam und den beiden Brautfüh-
rern gestattet, Gold in den Kranz zu binden; die Wertobergrenze für einen »hoch-
zeütkranz« lag dabei bei 10 fl. Um die Schenkungen bei den Brautleuten einzu-
schränken, bestimmte die Ordnung für die vornehmen Bürger, daß eine Hochzeiterin ihrem Bräutigam »hinfüro an hemetern, fazinet zwag tuechern (Handtüchern)
aufs höchst zehen gülden wert« geben soll; bei den Handwerksleuten wird der
Wert für das »hochzeüthemet« und für den Kranz auf je zwei Gulden festgesetzt.
In der Oberschicht der Reichsstadt war es damals offensichtlich üblich, daß die
Brautleute noch vor der Hochzeit zu aufwendigen Gastmählern einluden. Die
Hochzeitsordnung beschränkte die Zahl der Teilnehmer auf maximal zwölf. Das
im Mittelalter häufig belegte Bad der Brautleute lebte in Kempten noch als »Breüti-
gams bad« fort, wurde aber durch die Hochzeitsordnung gänzlich abgeschafft[23].
Abgeschafft wurde auch die gemeinsame Morgensuppe am Hochzeitstag, damit
man sich um so zeitiger auf den Kirchgang machen konnte. Der Bräutigam soll sich
mit seinen Gästen noch vor dem Läuten in das Haus der Hochzeiterin begeben und
nicht vor seinem Haus die Glückwünsche entgegennehmen. Eine Randnotiz beschränkt die Zahl der Brautjungfrauen auf elf und droht für jede weitere ein »straf-
geld« von 1 fl an. Bei den Hochzeiten wurde unterschieden, ob sie in einem
Privathaus oder »in einer offnen herberg« stattfanden und ob es »ein geschenkte
hochzeüt« oder »eine gemeine hochzeüt« war. Bei der gemeinen Hochzeit mußten
die Gäste ihr Mahl selbst bezahlen. Bei ihr wurde die Teilnehmerzahl auf 48, bei
der »geschenkten« Hochzeit auf 60 Personen begrenzt; hat aber einer »ein solliche
große freündschaft«, daß er nicht alle laden könnte, müssen »solliche zu yeder
malzeüt abwechslen«; zieht er den Kreis aber nicht weiter als zu den Geschwister-
kindern, entfällt die Beschränkung. Die Hochzeit dauert eineinhalb Tage und umfaßt drei Mahlzeiten: das Mittagsmahl, das Nachtessen und das Mittagsmahl am
nächsten Tag. Die bisher nach dem Kirchgang, aber vor dem Mittagsmahl üblichen
Tänze werden jetzt ganz untersagt.
Bei den »geschenkten« Hochzeiten wird die Zahl der Gänge je Mahlzeit auf sechs,
bei den »gemeinen« Hochzeiten auf vier »richten oder trachten« begrenzt. Nicht
dazu gezählt wird dabei »das brautmuß«. – Auf den »geschenkten« Hochzeiten
darf jeder »zum gaben eine freye und offne hand haben«, während bei der »gemeinen« Hochzeit die Bezahlung der Mahlzeit vordringlich ist, wobei es aber den
»hochzeütleüt« unbenommen bleibt, für die fremden Gäste das Mahl zu bezahlen.
Auf diesen Hochzeiten ist es der Hochzeiterin gestattet, »altem gebrauch nach [...]
ein hausgab oder hochzeütverehrung gleichfalls anzenemen«. Das Schenken er-

folgte am Nachmittag und es durfte nur »ein schenckhin« gehalten werden. – Die Tänze waren im Sommerhalbjahr, d. h. von Lichtmeß bis Michaeli, um fünf Uhr, im Winterhalbjahr aber um vier Uhr zu beenden. Alle Tänze sollten züchtig und ehrbar sein, und jeder Tänzer hatte sich »des unzimblichen, auch unbescheidnen vordreyens oder umbschwinges« zu enthalten.

Jeder, der in der Reichsstadt Hochzeit halten wollte, mußte zuvor auf dem Rathaus erscheinen, diese Hochzeitsordnung abholen oder sie sich vorlesen lassen und am ersten Ratstag nach der Hochzeit an Eides statt erklären, daß er die Ordnung beachtet hatte. Drastisch waren die Strafen. Wer gegen die Ordnung verstieß, zahlte nicht nur zehn Gulden, sondern die Strafsumme eines jeden Artikels, den er nicht beachtet hatte. Wer nicht zahlen konnte (oder wollte) büßte für jeden Gulden 24 Stunden im Gefängnis. Es wäre nun interessant, in den Gerichtsakten der Reichsstadt zu verfolgen, wie oft und gegen welche Artikel dieser Hochzeitsordnung in den Jahren nach 1605 verstoßen wurde.

1 Beste Zusammenfassung: Josef Dünninger: Brauchtum. In: Deutsche Philologie im Aufriß. Bd. 3, 2. Aufl. Berlin 1967, S. 2571 bis 2640.

2 Das Allgäu zählt zu den historisch am besten erforschten Regionen Bayerns. Die Namen von Franz Ludwig Baumann und Alfred Weitnauer stehen für zwei Forschergenerationen, von denen viel ediert und publiziert wurde. Leider fristeten Volkskunde und Brauchtumsforschung dabei ein Schattendasein; immerhin bringt Baumann (Geschichte des Allgäus II, S. 640ff.) einiges zu öffentlichen Belustigungen, Festen, Schützenfesten und Tänzen. Dennoch steht der Volkskundler nicht ganz hilflos im Allgäu, denn Karl Reiser hat gegen Ende des vorigen Jahrhunderts »Sagen, Gebräuche und Sprichwörter des Allgäus« gesammelt (Kempten 1895; Bd. 2 jetzt als Nachdr. hrsg. v. Hermann Bausinger u. a., Hildesheim/New York 1979). Vgl. in diesem Zusammenhang auch Anton Birlinger: Volksthümliches aus Schwaben, Freiburg i. Br. 1861, Neudr. 1974, mit viel interessantem Material für das angrenzende Westallgäu und für Oberschwaben. Wo Reiser bei der Darstellung der Volksbräuche »nicht aus eigenen Erinnerungen, Selbstgesehenem und Selbsterlebtem schöpfen konnte«, wandte er sich an lokale Gewährsleute, so in Kempten an den Verleger Ludwig Huber, der auch das Buch maßgeblich förderte. Reiser gründet seine Darstellung aber nicht nur darauf, sondern zitiert auch einschlägige Stellen aus der Literatur (z. B. Haggenmüller). Er verzichtet auf Wertungen und Interpretationen und begnügt sich mit Brauchtumsschilderungen, wobei er aber sehr wohl registriert, ob ein Brauch noch fest im Volksleben verankert ist, ob er sich auf dem Rückzug befindet oder ob nur mehr die Älteren davon erzählen. Das ist ehrlicher, als zu unterstellen, ein Brauch reiche bis ins Mittelalter oder gar bis in die germanische Frühzeit zurück. Um hinsichtlich des Kemptener Brauchtums deutlichere Konturen zu gewinnen, wären sehr umfangreiche und äußerst zeitraubende Archivarbeiten notwendig. Das Fehlen von Wissenschaftlern vom Format Karl-Sigmund Kramers oder Hans Mosers, die der historischen Volkskunde Frankens bzw. Altbayerns ein Lebenswerk widmeten, wirkt sich negativ für ganz Schwaben aus.

3 Walter Pötzl: Gordianus und Epimachus. Translatio und Kult. In: StMBO 79 (1968), S. 359–368. – Zur Frühgeschichte Kemptens vgl. Hermann Tüchle: Abtei und hochfürstliches Stift Kempten. In: StMBO 81 (1970), S. 390–406.

4 Hermann Tüchle: Das Kalendar von Kempten. In: StMBO 81 (1970), S. 7–21. In der Pfarrkirche der Reichsstadt beging man diesen Tag zwar auch, jedoch nicht mit diesem Festrang; vgl. Ludwig Dorn: Die drei älteren Kalendarien der Pfarrkirche St. Mang in Kempten. In: AGF 82 (1982), S. 40–63.

5 Martin Ruf: Eine Chronik der Fürstabtei Kempten aus dem 18. Jahrhundert. In: AGF 80 (1980), S. 42–83. Diese und folgende Schilderungen bilden den Exkurs »Folgen etlich alle gebräuch – under abt Johann von Werthenaw«. Dazu auch: Haggenmüller I, S. 220 f.

6 Haggenmüller I, S. 21; Ruf, S. 49.

7 Haggenmüller I, S. 221 f. Ein großer Zustrom von Geistlichen in die Stiftskirche erfolgte in den Quatembertagen, denn jeder Pfarrer aus dem Klostergebiet las dort eine Messe für die Verstorbenen. Das geschah ursprünglich an den Quatembermittwochen, »aber wegen der folgenden Gasterei schien es angezeigt, diesen Brauch aus religiösen Gründen auf den vom Fasten freien Tag [d. h. den Donnerstag] zu verlegen« (Reisebericht Mabillons von 1683. In: Reiseberichte aus Bayerisch-Schwaben I, hrsg. v. Hildebrand Dussler, Weißenhorn 1968, S. 197).

8 Haggenmüller I, S. 220 f.

9 Klaus Schreiner: »Hildegardis regina« – Wirklichkeit und Legende einer karolingischen Herrscherin. In: AfKG 57 (1975), S. 1–20; Walter Pötzl: St. Hildegard – Leben, Legende und Kult. In: AGF 83/84 (1984), S. 79–96 (ebenda Anm. 3 weitere Literatur); Rita Osterried: Hildegard-Bildnisse als stiftkemptische Supralibros des 18. Jahrhunderts, ebd. S. 97 bis 105. Die Schüler der Klosterschule führten bis ins 16. Jahrhundert an Fastnacht die Hildegard-Legende als Spiel auf (Haggenmüller I, S. 21). In einem anderen Spiel aus diesem Themenkreis wurde mittels eines Hahnes Karls Nachfolge entschieden. Die Schüler bei St. Mang führten es an Fastnacht auf. Eine Spur davon hatte sich bis ins 19. Jahrhundert im Hahnenschlag erhalten (Haggenmüller I, S. 45).

10 Dorn, Kalendarien (Die Weihetage der Kempter Kirchen). Am Montag darauf wurde die Kirchweihe in der Gruft der Friedhofskapelle St. Michael, am Sonntag vor Christi Himmelfahrt die Weihe des Kreuzaltars in St. Mang, am 16. Mai ebendort die Weihe des Maria Himmelfahrt Altars und am 25. Mai die Kirchweihe der Spitalkirche gefeiert.

11 Ruf, Eine Chronik. Vgl. dazu Hans Moser: Osterei und Ostergebäck. Brauchgeschichtliches aus bayerischen Quellen. In: Ders.: Volksbräuche im geschichtlichen Wandel, München 1985, S. 168–198.

12 Haggenmüller I, S. 221.

13 Ludwig Dorn: Die spätmittelalterliche Pfarrei St. Mang in Kempten. In: AGF 75 (1975), S. 41–65.

14 Ruf, Eine Chronik, S. 58. Die Kempter Chronik berichtet an zwei Stellen, daß man bei St. Mang »ain nüwen balmesel« machen ließ, und zwar unter den Äbten Gerwig von Sulmentingen (1451–1460) und Johann von Wernau (1460–1481). Im Stift wußte man noch im 18. Jahrhundert, daß »sie den [Palmesel] im closter nach alter gewohnheit« entlehnten (AGF 8, 1895, S. 128 f.). Vgl. dazu Schreiner, Hildegardis regina, S. 30 f.

15 Martin Hiller: Urbarium der Pfarrei Haldenwang. In: AGF 81 (1981), S. 49–68; im folgenden besonders die Abschnitte »Creitzgäng« (S. 62 ff.), »Palm Tag« (S. 64), »Feurtäg« (S. 64 f.), »Hoch Zeitt« (S. 65), »Kürchweich« (S. 67).

16 Maurus Feyerabend: Des ehemaligen Reichsstifts Ottobeuren sämtliche Jahrbücher I, Ottobeuren 1813, S. 143.

17 Die Notierung des Unterschiedes im Sammelplatz könnte darauf hinweisen, daß die in eine Chronik des 18. Jahrhunderts unter Abt Johann von Wernau (1460–1481) eingeschobenen »alte gebräuch« (vgl. Anm. 5) tatsächlich auf eine Notiz des 15. Jahrhunderts zurückgehen.

18 Haggenmüller I, S. 590; vgl. dazu Hans Moser: Städtische Fasnacht des Mittelalters. In: Ders., Volksbräuche im geschichtlichen Wandel, S. 98–140, besonders S. 112–116. In der neukemptischen Herrschaft Lautrach galt es 1644 als eine althergebrachte Gewohnheit, daß die Untertanen am Aschermittwoch ihren Herrn oder Junker gefangen nahmen und dieser ihnen dann einen Trunk bezahlte – zur Auslösung – oder auch selbst mitzeche (Haggenmüller I, S. 195).

19 Hiller, S. 60.

20 Ebd. S. 66.

21 Ebd. S. 60 f.

22 Reiser II, S. 315–323.

23 Hanns Bächtold-Stäubli/Eduard Hoffmann-Krayer (Hrsg.): Handwörterbuch des deutschen Aberglaubens, Bd. 4, Berlin/New York 1987, S. 152; Alfred Martin: Deutsches Badewesen in vergangenen Tagen, Jena 1906.

Kunstgeschichte von Stift und Stadt in der Neuzeit (16.–19. Jahrhundert)

Albrecht Miller

Um die Wende zum 16. Jahrhundert trat in der Kemptener Malerei und Bildhauerei ein abrupter Generationswechsel ein. Die besten Leistungen lagen nun eindeutig im Bereich der Skulptur, in dem die Familie Maurus dominierte. Lux Maurus erscheint in den reichsstädtischen Quellen zwischen 1515 und 1527, wobei er 1521 und 1523 als Zunftmeister bezeichnet wird[1]. Von Jakob Maurus wissen wir nur, daß er 1517 den Hochaltar der Wallfahrtskirche Mariathann errichtet hat. Da sein Name in den Akten der Reichsstadt fehlt, darf man annehmen, der Sitz seiner Werkstatt habe sich im Bereich des Stifts befunden[2]. Der 1523–1567 in der Reichsstadt nachweisbare Andreas (Endras) Maurus[3] scheint der folgenden Generation angehört zu haben.

Aufbauend auf den beiden erhaltenen Figuren des Mariathanner Altars von 1517 konnte für Jakob Maurus ein stattliches Œuvre zusammengestellt werden[4]. Dem ist als ein weiteres Hauptwerk hinzuzufügen der 1528 datierte Grabstein der Fürstäbte Rudolf von Raitnau und Sebastian von Breitenstein (Taf. 23) in der Gruft von St. Lorenz. Alle Gestalten zeigen blockhaft feste Formen, auf die reliefhaft kreisende knitterige und splitterige Faltenbahnen gelegt sind. Beim Grabstein ist eine verstärkte Tendenz zur Parallelisierung zu beobachten.

Das zweite, qualitativ noch höherwertige Kemptener Bildhaueroeuvre des frühen 16. Jahrhunderts ist dem des Jakob Maurus so eng verwandt, daß man es zwangsläufig Lux Maurus zuschreiben muß, zumal sich als Alternative kein weiterer überlieferter Bildhauername bietet[5]. Sein Schaffen beginnt mit dem gegen 1507 gearbeiteten, kompositorisch auf Schongauers Kreuzigungsstich B 25 aufbauenden Grabstein des Fürstabts Johannes von Riedheim und endet um 1520–1525 mit den Flügelreliefs des Wildpoldsrieder Altars (Taf. 24.2) im Allgäuer Heimatmuseum. Ein bisher noch nicht publiziertes kleines Relief der Muttergottes und zweier Engel (Taf. 25), das sich vor dem Zweiten Weltkrieg im Münchener Kunsthandel befand, weist alle Charakteristika des Maurusstils auf. Die Körpermotive werden überdeckt von dem einem autonomen ornamentalen Rhythmus folgenden Faltenwerk. Dessen Struktur bestimmen kurvige Gewandsäume, die ein Gewirr von knitterigen Faltenstegen einschließen.

Von Endras Maurus besitzen wir in den mit EM monogrammierten Grabsteinen des 1558 gestorbenen Marschalks Wolfgang und der 1555 gestorbenen Margaretha von Pappenheim (Taf. 26) in der ehemaligen Stiftskirche in Grönenbach zwei gesicherte Werke. Von diesen stattlichen Frührenaissanceepitaphen aus bereitet der

Rückschluß auf das Frühwerk des Meisters Schwierigkeiten. Am ehesten bietet die in einem weiten, parallel gefalteten Mantel gehüllte Marschalkin Vergleichsmöglichkeiten zur älteren Holzplastik. Parallele Faltenbildungen von ähnlicher Strähnigkeit finden sich bei dem um 1530 entstandenen Figuren der Heiligen Radegundis und Magdalena in Wolfsried bei Oberstaufen[6], die auch dieselbe schlanke Proportionierung mit extrem kleinen Köpfen aufweisen. An die Wolfsrieder Heiligen sind unmittelbar anzuschließen die hervorragenden Figuren der Maria und des Johannes aus einer Kreuzigung in der Pfarrkirche zu Wuchzenhofen bei Leutkirch, die aus dem Jahrzehnt zwischen 1530 und 1540 stammen dürften. Der Ring schließt sich mit der Zuschreibung des kleinen, delikat geschnitzten Reliefs der Anbetung der Könige in der Niedersächsischen Landesgalerie Hannover[7] (Taf. 24.1), dessen stilistische Abhängigkeit vom Werk des Lux Maurus beim Vergleich mit dem Dreikönigsrelief vom Wildpoldsrieder Altar (Taf. 24.2) offenkundig wird. Gegenüber dem älteren Wildpoldsrieder Werk entwickelt Endras Maurus eine weiter fortgeschrittene räumliche Disposition, die mit perspektivischen Verkleinerungen arbeitet und den einzelnen Figuren mehr Aktionsraum gewährt. Wahrscheinlich ist auch der 1549 datierte Grabstein des Fürstabts Wolfgang von Grünenstein in der Gruft von St. Lorenz (Taf. 27) ein Spätwerk des Endras Maurus. Dieses schaurig eindrucksvolle »Memento Mori« zeigt hinsichtlich des ornamentalen und heraldischen Schmucks enge Verwandtschaft zum signierten Grabstein des Wolfgang von Pappenheim in Grönenbach.

Dem Dreigestirn der Bildhauer Lux, Jakob und Endras Maurus gegenüber nimmt sich die Kemptener Malerei der ersten Hälfte des 16. Jahrhunderts etwas bescheidener aus. Zwischen 1496 und 1529/30 ist Jakob Schick als Bürger bezeugt[8]. Zu den Beständen des Bayerischen Nationalmuseums gehören zwei von ihm signierte, 1515 datierte Flügelaltäre, ein vollständig gemalter Nothelferaltar (Taf. 28) und ein Retabel mit drei Figuren im Schrein und Gemälden auf Flügeln und Rückseite, das aus der im 19. Jahrhundert abgebrochenen Kapelle St. Castulus in Stötten stammt[9]. Der rechts neben der etwa 50 Jahre älteren, als Hängefigur konzipierten und später in den Altar adaptierten Muttergottes im Schrein stehende Ritter ist demnach als hl. Castulus zu interpretieren. Die Flügelinnenseiten zeigen Ganzfiguren der Heiligen Nicasius und Sebastian in etwas steifer, sehr sorgfältiger Malerei. In den Gestalten des im gleichen Jahr entstandenen Nothelferaltars steckt dagegen eine neue, pulsierende Lebendigkeit. Hier ist offenbar ein Maler der jüngeren Generation am Werk gewesen, der aus Augsburg kam und dessen Stil auf dem Frühwerk Jörg Breus d. Ä. aufbaut. Ein Hauptwerk des Jakob Schick war die Malerei des Hochaltars der Wallfahrtskirche Maria Rain von 1519, dessen Skulpturen Hans Kels d. Ä. aus Kaufbeuren lieferte[10]. Beim barocken Umbau des Altars wurden die Flügel entfernt und der Schrein an die Chorwand gerückt, so daß die Bemalung der Rückseite, die Signaturen und das Freibergsche Stifterwappen nicht mehr einsehbar sind. Wir müssen davon ausgehen, daß der persönliche Stil des Meisters sich eher im Stöttener als im Nothelferaltar manifestiert. Offenbar hat Jakob Schick 1515 nicht nur einen von Jörg Lederer beeinflußten Bildhauergesellen in seiner

Werkstatt beschäftigt, sondern auch einen tüchtigen Malergesellen, dem er bei der Ausführung des Nothelferaltars freie Hand ließ.

Der zweite Kemptener Maler des frühen 16. Jahrhunderts war Adam Schlantz, der einer inzwischen übermalten Inschrift nach 1518 den Choraltar der Kirche in Genhofen geschaffen hat und von dessen Hand sich eine signierte und 1518 datierte Passionstafel im Freiburger Augustinermuseum befindet[11]. Der Meister bewegt sich dabei im Formalen auf der Höhe der Zeit. Er verwendet in reichem Maß moderne italianisierende Renaissancearchitekturen und zeigt ausgeprägtes Interesse an Landschaftsmalerei. Dennoch sind seinen künstlerischen Möglichkeiten enge Grenzen gesetzt. Seine figürlichen Kompositionen wirken eigentümlich verworren bis hin zum Skurrilen. Beim Genhofener Altar beschäftigte er einen Bildhauergesellen, der aus der Ulmer Schule des Nikolaus Weckmann kam.

Bis zur Jahrhundertmitte erschienen in den Kemptener Archivalien vier weitere Maler, von denen bislang keine Werke mehr nachgewiesen werden konnten: 1517 bis gegen 1544 Wilhelm Schwartz, ein Schwiegersohn des Bildhauers Lux Maurus, zwischen 1518 und 1531 der Maler Anton, ebenfalls ein Schwiegersohn des Lux Maurus, von 1518 bis 1537 Michael Brem und 1535 bis 1567 Peter Riedlin.

In der zweiten Hälfte des 16. und im beginnenden 17. Jahrhundert verlagerte sich als Folge der Bilderfeindlichkeit des Protestantismus und des angesammelten Reichtums an sakraler Kunst bei den Katholiken das Schwergewicht der Produktion auf die profane Kunst. In der Kemptener Altstadt wurden allenthalben mittelalterliche Häuser umgebaut oder neu errichtet.

Von 1562 an setzte man das Rathaus instand[12], wobei 1567 das Türmlein auf dem Westgiebel und 1568 die westliche Treppe erneuert wurden. 1565 war der Maler Peter Riedlin in der Ratsstube tätig. Von ihm stammen wohl die Freskenreste in dem großen Sitzungssaal. Um 1600 erfolgte die Neugestaltung der Ostfassade mit der Modernisierung des Turms, der Anbringung der Justitiafigur in der Nische darunter und die Aufstellung des Rathausbrunnens (Taf. 30), der 1601 an die Stelle eines erst 1576 errichteten, den Ansprüchen nicht mehr genügenden Brunnens trat. Die aus Bronze gegossene, schlank aufsteigende Brunnensäule trägt einen römischen Feldherrn, der die Wappenschilde des Reichs und der Stadt hält, während sich auf der Basis vier Putten zwischen wasserspeienden Delphinen tummeln. Das bedeutende, höfisch elegante Werk steht in der Tradition der augsburgisch-münchnerischen Bronzeplastik der Zeit, deren Hauptmeister Hubert Gerhard und Adrian de Vries in Europa hohes Ansehen genossen.

Um diese Zeit wurde mit dem Neubau des Schlößles begonnen, der 1624 zum Abschluß kam, und das Haus Rathausplatz 8 neu errichtet. Beide zeigen als dominierendes Fassadenmotiv zwei hoch aufragende, von Hauben bekrönte Eckerker (Taf. 51). Das spätmittelalterliche Stadtarchivgebäude erhielt eine neue Fassade mit zwei Sandsteinportalen. Eine noch aufwendigere Portalanlage hat sich am Müßigengelhaus erhalten, während das Haus der Patrizierfamilie Vogt im Inneren einige Stuck- und Holzkassettendecken, Kamine und Türstocke enthält, die den hohen Stand der patrizischen Wohnkultur Kemptens um 1600 erahnen lassen. Außerhalb

der Mauern der Reichsstadt entstanden einige patrizische Landsitze. Das im Inneren weitgehend verbaute Rotschlößle in Schelldorf datiert noch ins 16. Jahrhundert
(Taf. 43.1), das Haubenschloß dagegen wurde 1632 unter Einbeziehung zweier
wohl noch spätmittelalterlicher Türme neu erbaut[13].

Die Bautätigkeit der Fürstäbte scheint sich auf Unternehmungen im Umland beschränkt zu haben. Um 1570 entstand im Auftrag des Fürstabts Georg von Gravenegg das Amtshaus in Obergünzburg, ein schlichter Rechteckbau, dessen Fassade durch kräftige, Geschoße trennende Gesimse und einen Erker akzentuiert
wird. Unter Fürstabt Adam Renner erhielt das Unterthingauer Schloß im Jahre
1594 seine mächtige, das Ortsbild beherrschende Gestalt.

Von Malerei, Plastik und Kunsthandwerk der Spätrenaissance blieb in Kempten
wenig erhalten. Der Grabstein der Fürstäbte Georg von Gravenegg und Eberhard
von Stain in der Gruft von St. Lorenz ist eine tüchtige Steinmetzarbeit aus den
Jahren um 1575–1580, die sich kompositionell an das Riedheimepitaph des Lux
Maurus anlehnt. Möglicherweise handelt es sich um ein Werk des Daniel Maurus,
der 1602 in Kempten nachweisbar ist. Nach Peter Riedlin waren im letzten Drittel
des 16. Jahrhunderts die Maler Augustin Schrot, Hans Jakob Rieder und Heinrich
Beusch in Kempten ansässig[14]. Ihre Tätigkeit dürfte großenteils im Bereich der
dekorativen Wandmalerei gelegen haben, von der heute nur mehr weniges überliefert ist. Als Beispiel sei genannt das kürzlich im Hausgang des Gebäudes Rathausplatz 20 freigelegte Rollwerk mit Engelsköpfen aus dem Jahr 1593. Den hohen
Leistungsstand des Kemptener Schreinerhandwerks belegt die prachtvolle, überwiegend in Nußbaum- und Eschenmaserholz furnierte und mit vergoldeten Orna-
mentschnitzereien ausgezierte Kanzel in St. Mang aus dem Jahr 1608. Die architektonischen Bauelemente der Kanzel wie Säulchen oder Ädikulenfenster mit gefelder-
ten Hermenpilastern stammen aus dem Bereich der Möbelschreinerei und lassen
erahnen, wie Kemptener Kastenmöbel der Zeit ausgesehen haben.

Der Dreißigjährige Krieg brachte für die Kunstgeschichte Kemptens mehr noch als
für andere betroffene Städte eine gewaltige Zäsur. Die totale Zerstörung des Stifts
durch die Schweden und die reformierten Reichsstädter in den Jahren 1632 und
1634 bewog den ehrgeizigen jungen Fürstabt Roman Giel von Gielsberg zum Neubau von Kirche und Kloster in gewaltiger Größe (Taf. 41.1, 42.2)[15]. Als Baumeister
berief er den Vorarlberger Michael Beer. Mit dem Bau des Stifts dürfte 1651 begonnen worden sein, die Grundsteinlegung der Kirche folgte am 13. April 1652. Als
Michael Beer am Ende des Jahres 1653 wohl wegen Differenzen mit dem sehr
eigenwilligen Bauherrn ausschied, stand der Westflügel der Residenz und für die
übrigen Trakte waren die Fundamentierungen vorbereitet. Die Stiftskirche war
schon weit gediehen. Das Langhaus stand nahezu vollendet und die Gestalt des
Chors war durch die Errichtung des ersten Geschosses festgelegt. Der Graubünd-
ner Johann Serro, der von Neuburg kommend im Frühjahr 1654 die Nachfolge
Beers antrat, vollendete zunächst den Chor, bevor er 1659 abweichend vom Plan
Beers das Langhaus erhöhte und mit einer Halbkreistonne einwölbte. 1660 verband
Serro die Kirche durch den Sakristeianbau mit der Residenz, die 1666 im Rohbau

fertig stand. Den Abschluß der Hauptbautätigkeit dokumentiert eine endgültige Abrechnung mit Johann Serro aus dem Jahr 1670.

Damit war unter der strengen Aufsicht des Bauherrn durch Michael Beer und Johann Serro die erste monumentale barocke Klosteranlage Deutschlands nach dem Dreißigjährigen Krieg geschaffen worden. Der beherrschend auf der Anhöhe stehenden Klosterkirche ordnet sich die achsial ausgerichtete, zwei große quadratische Höfe einschließende Residenz unter. Sie erhält durch den geometrisch angelegten Hofgarten im Norden eine sinnvolle Ergänzung. Der Kirchenbau stellt eine eigenwillige Synthese aus einem basilikalen Langhaus und einem architektonisch weitgehend selbständigen Chor-Zentralbau dar. Die Pfarrkirche der Laien und die Klosterkirche der adeligen Patres waren damit in einem Raum vereinigt.

Noch während die Bauarbeiten an der Residenz in vollem Gange waren, stuckierte der Graubündener Johann Zucalli von 1659 an bis ca. 1663 das Langhaus. Gleichzeitig schuf der Konstanzer Maler Andreas Asper die Fresken. Die Ausgestaltung des Kuppelbaus (Taf. 32) dauerte im wesentlichen bis 1665. Der architektonische Kontrast zwischen Mittelschiff und dem hohen, schachtartigen Zentralbau wird überspielt durch die ornamentale und farbliche Einheit des Deckenstucks.

In den folgenden Jahren arbeitete eine größere Gruppe von Künstlern an der mobilen Ausstattung der Kirche, unter ihnen die Bildhauer Abraham, David und Georg Zürn, Peter Pfaundler aus Tirol, Hans Ludwig Ertinger sowie dessen gleichnamiger Vater als Maler. Von der Erstausstattung existiert heute noch der Ablösaltar im Nordarm des Kuppelbaus, ein breiter, in Schwarz und Gold gefaßter Säulenaufbau, in dem das großflächige, die Kreuzabnahme darstellende Altarblatt dominiert. Der Kemptener Hofmaler Franz Hermann[16] schuf es 1669 als monumentale Kopie eines Gemäldes des Niederländers Jansens. Zur Erstausstattung gehört ferner das Chorgestühl, das ursprünglich zu beiden Seiten des Hochaltars zwischen den Freipfeilern plaziert war und dessen wichtigste Teile 1848 an die Schrägwände des Zentralbaus zurückversetzt worden sind (Taf. 33). Dieses reich mit geschnitzten Putten, Roll- und Knorpelwerk verzierte Eichenholzgestühl enthält als Füllungen zwischen den Säulenstellungen der Rückwände große Scagliolaplatten mit illusionistischen Landschafts- und Architekturdarstellungen oder ornamentalem Dekor. Von gleicher Art sind die Scagliolaplatten an den Pilastern des Zentralbaus und das Antependium des ersten Hochaltars, das um 1684 in den Benediktusaltar eingefügt wurde. Auch die nicht erhaltene erste Kanzel war mit derartigen Platten geschmückt. Mit größter Wahrscheinlichkeit stammen die beiden in die Sockelzone des Benediktusaltars eingelassenen Scagliolafelder von dort. Für die Lieferung der Scagliolaarbeiten stand zwischen 1666 und 1670 eine »Frau Stuckhatorin« unter Vertrag, die vermutlich identisch ist mit Barbara, der Gattin des Münchner Hofstukkators Wilhelm Fistulator, dessen Vater Blasius der Begründer der großen Tradition der bayerischen Scagliolakunst war[17].

Mit der Erstausstattung von St. Lorenz beginnt eine bis ins späte 18. Jahrhundert fortdauernde Tradition stiftkemptischer Kunst. Beispielhaft für die Kontinuität der Entwicklung ist die Malerfamilie Hermann, die mit Franz (1640–1689), Franz

Benedikt (1664–1735), Franz Georg (1692–1768) und Franz Joseph Bernhard (1738–1806) über vier Generationen in stiftkemptischen Diensten stand[18]. Ähnlich verhält es sich mit der Künstlerfamilie Ertinger, die mit dem Maler Hans Ludwig I. (um 1600–1673), dessen Söhnen Pelagius (um 1635–1706), dem Maler, und Hans Ludwig II. (um 1638–1722), dem Bildhauer, sowie dessen Sohn, dem Bildhauer Franz Ferdinand (1669–1747), vier in Kempten tätige Mitglieder besaß[19]. Der wichtigste unter ihnen war wohl Hans Ludwig II., der während seines langen Lebens eine große Zahl von Aufträgen im Allgäu ausführte. Eines seiner Hauptwerke ist das HLE monogrammierte und 1686 datierte mächtige Vesperbild im nördlichen Seitenaltar der Wallfahrtskirche Maria Rain (Taf. 29), das den kraftvollen, herben Stil des Meisters eindrucksvoll dokumentiert. In St. Lorenz stammt die lebensgroße stehende Muttergottes seitlich des Hochaltars von seiner Hand.

Die Regierung des tatkräftigen Fürstabts Rupert von Bodman (1678–1728) brachte für die Kemptener Kunst wichtige neue Impulse. In St. Lorenz ließ er 1683 beiderseits des Zugangs zum Kuppelbau Orgelemporen einbauen. Hochaltar, Benediktusaltar und Kanzel wurden um 1684 durch Johann Georg Haggenmiller aus rotem Stuckmarmor in gravitätischen, hochbarocken Formen neu errichtet. Die noch stark den Traditionen des frühen 17. Jahrhunderts verpflichtete erste Ausstattung entsprach offenbar nicht mehr dem Geschmack des Fürstabts. Das heutige Hochaltarblatt mit der Darstellung der Himmelfahrt Mariä ist eine Kopie von Johann Michael Koneberg 1780/84 nach dem Original des in München tätigen Johann Kaspar Sing, der 1684 auch das Hauptbild des Benediktusaltars malte. In die Zeit um 1680 fällt außerdem die Stuckierung der Sakristei und ihre Einrichtung mit Schrankwerk. Dem Kirchenschatz fügte Rupert von Bodman einige bedeutende Stücke hinzu, darunter eine 1688 datierte, 93,5 cm hohe Rankenmonstranz des Augsburger Goldschmieds Johann Franz Fesenmayr (1640–1692) (Taf. 34.1), einen Kelch desselben Meisters und einen 1702 datierten, mit feinem Rankenwerk verzierten Kelch ohne Marke.

Der ehemals von der Sakristei her zugängliche Rittersaal der Residenz, der als großer Festsaal mit elf Jochen die volle Länge und Breite des Westtrakts einnahm, erhielt wohl in den 1680er Jahren seine bemerkenswerte Stuckierung. Die durch Rechteckfelder und Ovalmedaillons gegliederte Decke ist bis an die äußersten Ränder mit gebogenen Reben und Blütenranken übersponnen[20]. Ähnliches finden wir 1688 in der Josephskapelle der Klosterkirche Lenzfried, die unter Rupert von Bodman umgebaut und neu ausgestattet wurde. Im Zusammenhang damit stand der Neubau der Klostertrakte durch den Baumeister Hans Mayer.

Nach 1700 zog der Fürstabt bei seinen Bauplanungen den damals bedeutendsten Architekten des Allgäus, Johann Jakob Herkomer aus Füssen, hinzu. Die Seitenschiffe von St. Lorenz wurden jeweils um zwei Rund- und zwei Flachkapellen erweitert und durch Marmorbalustraden in der Art des Chorgitters von St. Mang in Füssen[21] abgeschlossen. Der Stuck der östlichen Rundkapellen stammt wohl von Herkomers Füssener Mitarbeiter, dem Augsburger Matthias Lotter, wogegen am Benediktus- und am Schutzengelaltar, dessen Altarblatt von Andreas Wolff signiert und 1705 datiert ist, möglicherweise Dominikus Zimmermann als Marmorierer mitgewirkt hat. Auch der 1711 errichtete Zentralbau-Chor der Wallfahrtskirche Heiligkreuz zeigt die Handschrift Herkomers. Ebenso ist der Neubau des Kornhauses, einem der monumentalsten profanen Barockbauten des Allgäus, ohne Herkomer nicht denkbar. Voraussetzung dafür sind die kurz vorher erbauten, den großen Hof des Klosters Füssen umrahmenden Trakte mit ihren Volutengiebeln.

Die Kemptener Maler und Bildhauer der ersten Hälfte des 18. Jahrhunderts gehören nicht zu den Sternen am Himmel der schwäbischen Kunst. Franz Ferdinand Ertingers Reisetagebücher erscheinen uns heute interessanter als seine knorrigen Schnitzwerke, von denen die Apostelfolge in der Obergünzburger Pfarrkirche von 1712 das repräsentativste ist. Der reichsstädtische Maler Hieronymus Hau (1679–1745), ehemals Besitzer des Haubenschlosses, war zu seiner Zeit ein geschätzter Meister[22], dessen künstlerische Wurzeln in Italien lagen. 1712 ist ein Aufenthalt in Venedig überliefert. 1717 malte er das Bild der hl. Hildegard als Altarblatt des Honoriusaltars in St. Lorenz, 1726 einen kraftvollen, auf italienische Vorbilder des 16.–17. Jahrhunderts zurückgehenden Kruzifixus für St. Mang, und um 1720 war er an einem umfänglichen Zyklus von Darstellungen aus dem Alten und dem Neuen Testament im Kloster Ottobeuren beschäftigt. Ein Selbstbildnis im Kreise seiner Familie, das im Allgäuer Heimatmuseum aufbewahrt wird, erweist ihn als einen wenig feinfühligen Künstler, der sowohl im Kompositionellen als bei der individuellen Charakterisierung der Dargestellten mit großen Schwierigkeiten zu kämpfen hatte. Johann Martin Zick (1684–1753) kennen wir vor allem als einen etwas derben, jedoch tüchtigen Freskanten. Zwischen etwa 1725 und 1740 schuf er unter anderem die Ausmalungen einiger Kirchen des Kemptener Umlandes, von denen jedoch nur das Langhausfresko von 1737 in der Pfarrkirche zu Leuterschach erhalten ist. Die Deckengemälde von 1725 in Wildpoldsried, 1728 in Altusried und 1732 im Sitzungssaal des Kemptener Landhauses haben die Zeiten nicht überdauert. Altarblätter von seiner Hand finden sich noch heute in den Kirchen von Missen (1725), Heiligkreuz (1734), Martinszell und in der Maria Trost Kapelle in Unterthingau (1741).

Nur Franz Georg Hermann[23] ragt weit aus dem provinziellen Niveau seiner Kemptener Künstlerkollegen heraus. Er war es denn auch, dem beim größten künstlerischen Auftrag, der in Kempten im 18. Jahrhundert zu vergeben war, der Ausstattung der fürstäbtlichen Wohn- und Prunkräume in der Residenz, die entscheidende Rolle zukam. 1692 in Kempten geboren, erhielt er die ersten Unterweisungen in der Malkunst durch seinen Vater, der ihm von 1707/1708 an einen acht Jahre dauernden Studienaufenthalt bei Sebastiano Conca an der Accademia di San Luca in Rom ermöglichte. Ins Allgäu zurückgekehrt, fielen ihm bald eine Menge an Aufträgen zu, darunter große Kirchenausmalungen, wie der 20 Fresken umfassende Zyklus der Magnuslegende in der Klosterkirche Füssen und die Deckengemälde im dortigen Treppenhaus und Festsaal um 1720–1725. Zwischendurch reiste er zu dem 1721 ebenfalls in Füssen tätigen Giovanni Antonio Pellegrini nach Venedig. Die Reihe seiner bedeutenden Fresken setzte sich fort in der Pfarrkirche Buxheim 1727/

1729 und Marktoberdorf 1735. 1737 freskierte er zusammen mit Johann Ev. Holzer die Abteikirche Münsterschwarzach und 1743 folgte die Ausmalung der Klosterkirche Mehrerau, die beide nicht erhalten sind. Den Abschluß bildeten die großflächigen Deckengemälde in der Wallfahrtskirche Maria Steinbach 1752 und im Bibliothekssaal des Klosters Schussenried 1754. Daneben entstand eine große Zahl an Altarblättern. Frühzeitig kam er mit der Münchner Hofkunst in Berührung. 1727 malte er für Kurfürst Karl Albrecht eine »Gambsjacht zu Hohenschwangau«, an der er auf Geheiß des Kurfürsten selbst teilgenommen hatte[24]. Wohl während eines seiner Aufenthalte in München entstand eines der wenigen bekannten Portraits von seiner Hand, das in Privatbesitz befindliche, liebenswürdige Bildnis der Gräfin Kaiserstein, der Gattin des österreichischen Gesandten am kurbayerischen Hof, bei dem offensichtlich Eindrücke venezianischer Malerei verarbeitet sind.

Der kluge, kunstsinnige Anselm von Reichlin-Meldegg, der 1728 Rupert von Bodman als Fürstabt abgelöst hatte, aktivierte alle Kräfte für die große Aufgabe der Ausstattung der fürstäbtlichen Wohnräume im Südflügel der Residenz. Dem »Hochfürstl. Stifft Konventsch. Cabinetsmaler und Oberbaudirector« Franz Georg Hermann standen zur Seite der Hofstukkator Johann Georg Üblher und als weitere Wessobrunner Stukkateure Johann Schütz, Anton Rauch, Johann und Franz Bader[25], als Bildhauer der in Antwerpen geborene, zunächst in München, ab 1738 in Augsburg tätige Aegid Verhelst[26] und als Maler Johann Martin Zick. Nicht überliefert ist der Name des tüchtigen Schreiners, der die nur mehr teilweise erhaltenen Intarsienböden fertigte.

Die Abfolge der Räume entspricht dem im 18. Jahrhundert für Appartements weltlicher Regenten verbindlichen Schema: Festsaal – Vorzimmer – Audienzzimmer – Schlafzimmer. Es fehlt lediglich das üblicherweise an das Schlafzimmer grenzende Kabinett. 1732–1735 arbeitete das Künstlerteam an den eigentlichen Wohnräumen, 1740–1743 folgte dann als Krönung die Ausstattung des Thronsaals, der im 18. Jahrhundert Spiegel- oder Fürstensaal genannt wurde.

Von dem relativ einfach gestalteten Vorzimmer, dessen Stuck größtenteils erneuert worden ist, führen zwei Portale in das Audienzzimmer, dem ersten raumkünstlerischen Höhepunkt der Residenz, dessen intensive Farbigkeit auf Rot, Weiß und Gold abgestellt ist. Die Struktur des Raums wird bestimmt von den Portalpaaren der Enfilade, die von Stuckrahmen begrenzte Wandfelder einschließen und von schmalen Spiegeln in kräftig profilierten, geschweiften Stuckrahmen flankiert werden. Ähnlich rhythmisiert erscheint die Innenwand. Hier dominiert der Kamin mit einer figürlichen Stuckbekrönung: Herkules trägt die Himmelskugel, deren Mitte, als Zifferblatt wiedergegeben, auf Chronos weist. Zwei Putten mit der Sense und das hinter der Draperie hervorlugende Gerippe vervollständigen die Allegorie der Zeit und des Todes. Den Kamin flankieren zwei stuckgerahmte Wandfelder und ein Paar etwas einfacher gestaltete Flügeltüren. An den Fensterpfeilern wiederholen sich die Spiegel der Schmalseiten. Die ausladenden, stark geschweiften Gesimse und Supraportenrahmen der vier Flügeltüren ragen hinein in die Stuckzone der Decke, in der in vehementem Spiel Gitterfelder, Bandelwerk, Girlanden und

Tafel 33   Chorgestühl im Oktogon der Basilika St. Lorenz, von dem Tiroler Peter Pfaudler, mit den Scagliola-Platten der »Frau Stukkatorin« Barbara Hackl oder Barbara Fistulator, um 1670

Tafel 34.1 Monstranz des Fürstabts Rupert von Bodman, 1678–1728, (93,5 cm hoch) von Johann Franz Fesenmayr, Augsburg 1688, in der St. Lorenzkirche in Kempten

Tafel 34.2 Kelch des Fürstabts Honorius Roth von Schreckenstein, 1760–1785, (30 cm hoch) von Joseph Peter, Kempten um 1760–1765, heute in der ehemaligen Klosterkirche von Irsee

Tafel 35   Pendule (Pendeluhr), gefertigt um 1760–1770 von Johann Baptist Pfeffer für die Kemp-
tener Residenz, 60 Zentimeter hoch, heute in Privatbesitz

Tafel 36   Allegorische Gestalt »Friedfertigkeit« mit Ölzweig und Taube, von Ägid Verhelst, um 1740, im Thronsaal der Residenz. Sie zählt neben »Liebe«, »Macht« und »Weisheit«, die dort ebenfalls dargestellt sind, zu den vier Grundvoraussetzungen guten Herrschertums.

Tafel 37.2 Pfarr- und Wallfahrtskirche Heiligkreuz, deren Bauzeit von 1711–1768 reicht. Der
Neubau ersetzte eine Holzkirche. Zunächst
wurde 1711 ein Zentralbau errichtet, 1730–1733
das Langhaus. Die Ausstattung der Kirche erfolgte 1768–1770. Die Wallfahrt wurde seit 1715
von den Franziskanern des Klosters Lenzfried be-
treut.

Tafel 37.1 Die Blutsäule in Heiligkreuz mit den
Leidenswerkzeugen Christi aus dem Jahr 1780
erinnert an das Blutwunder von 1691, den Ursprung der Wallfahrt.

Tafel 38.1 Primus Truber, Reformator und Prediger in Kempten (1553–1560)

Tafel 38.2 Dr. Georg Zeämann, Pfarrer in St. Mang (1617–1628), Rektor der Lateinschule

Tafel 38.3 Magister David Steudlin, Prediger in St. Mang, 1637 durch einen »Schwedentrunk« getötet

Tafel 38.4 Johann Georg Lunz, Rektor der Lateinschule (1768–1792), Prediger in St. Mang (1792–1812)

Tafel 39.1 Wolfgang Jakob Jenisch (1682–1728) Quästor der Reichsstadt Kempten

Tafel 39.2 Bürgermeister Matthias Jenisch (1661–1726)

Tafel 39.3 Bürgermeister Johann Adam Kesel (1700–1776)

Tafel 39.4 Handelsherr Jakob Fehr (1689–1745)

Tafel 40.1 Dr. Michael Praun (1597–1696), Syndicus der Reichsstadt Kempten

Tafel 40.2 Johann Baptist Haggenmüller (1792–1862), Historiker, Liberaler in der Nationalversammlung von 1848/49

Tafel 40.3 Max Förderreuther (1857–1933), Gymnasialprofessor und Historiker, Ehrenbürger der Stadt

Tafel 40.4 Dr. Josef Rottenkolber (1890–1970), Verfasser zahlreicher Beiträge zur Kemptener Geschichte

bizarr geschweifte Bildfelder wechseln. Das Hauptfresko Franz Georg Hermanns, darstellend die Königin von Saba vor Salomo, nimmt Bezug auf die Funktion des Audienzzimmers (Farb-Taf. 23.2). Die Begegnung ist mit barockem Pomp inszeniert. Der König sitzt auf dem hoch aufragenden, siebenstufigen Löwenthron, hinterfangen von festlichen Palastarchitekturen, umgeben von seinem Hofstaat, und begrüßt mit huldvoller Geste die von rechts mit ihrem Gefolge heranschreitende Königin. Mehr noch als bei den Hauptfiguren zeigt sich die malerische Gestaltungskraft Hermanns an Nebenmotiven wie den temperamentvoll agierenden Gefolgsleuten der ankommenden Herrscherin.

Das nun folgende Tag- oder Wohnzimmer erstreckt sich nur über zwei Fensterachsen, besitzt wie das Audienzzimmer zwei Flügeltürenpaare und in der Mitte der Nordwand eine weitere Tür. Die Wandflächen bedecken Gemälde der Kardinaltugenden von Franz Georg Hermann in geschweiften Stuckrahmen. Den Übergang zur Decke markiert ein lebhaft gebogtes, rot marmoriertes Gesims, das sich mit den Supraportenrahmen vereinigt, in den Ecken aber hinter Vorhangdraperien verschwindet. Es trägt stuckierte vergoldete Blumenvasen, Girlanden, Gitterfelder und Eckkartuschen, die spielerisch in lockerem Rhythmus aneinandergereiht sind. Im weißen Plafond sitzt, von ähnlich filigranem Stuck gerahmt, Franz Georg Hermanns Gemälde des Wegs der christlichen Seele, die von ihrem Schutzengel mit Hilfe der göttlichen Tugenden zum Himmel der Dreifaltigkeit geführt wird. Innerhalb der Stukkaturen herrscht farbliche Ausgeglichenheit zwischen hellen Rot- und Blautönen, die harmonisch durchdrungen werden von einer Vielfalt vergoldeter Ornamente. Unter den fürstäbtlichen Wohnräumen ist das Tagzimmer das einzige, das noch den alten Intarsienboden und Teile des ursprünglichen Mobiliars besitzt. In drei der ausgerundeten Raumecken sind große zweiflügelige Kabinettschränke mit reicher Einlegearbeit eingefügt (Farb-Taf. 23.1), wogegen sich im vierten, nordöstlichen Eck ein gleich geformter, leider nicht mehr erhaltener Ofen befand.

Das Schlafzimmer ist durch einen Bogen, der an den Chorbogen einer Barockkirche erinnert, in ein Schlafkabinett und einen Ankleideraum unterteilt. In letzterem stehen die mit sensibler Zartheit stuckierten Wandfelder, welche die Klarheit ihrer französischen Vorbilder erkennen lassen, im Kontrast zur überschäumenden Kraft der wessobrunnerischen Supraportendraperien und Eckkartuschen. Das übergreifende Thema der Gemälde handelt von Schlaf und Tod, wobei Geistliches und Weltliches, Alt- und Neutestamentliches eng ineinander verwoben ist. Das Deckenbild Franz Georg Hermanns hat zum Gegenstand Jakobs Traum von der Himmelsleiter, an das sich inhaltlich die Grisaillen in den Rocaillekartuschen, Rachel und Jakob am Brunnen, Jakobs Kampf mit dem Engel, Jakobs Heimkehr sowie Tobias und Raphael anschließen. Die von freiplastischen Putten gehaltenen ovalen Supraportengemälde zeigen Halbfiguren des Schmerzensmanns und der Schmerzensmutter. Zum Feinsten gehören die weinroten Grisaillen in der Mitte der Wandfelder, die an der Westwand den Tod von Joachim und Anna, und auf der Eingangsseite den Tod von Maria und Josef zeigen. Im Gegensatz zum Tagzimmer ist die Farbigkeit dichter und kontrastreicher. Es dominieren der rote Stuckmarmor der Türrahmen und des Gesimses zusammen mit dem gedämpften Blauton der Wände und der reichen Vergoldung. Dieser noble Farbakkord wird bereichert durch Weinrot und Sepia in den Grisaillen, Lapislazuli im Grundton der Stuckfelder und das warme Grün der Supraportenlambrequins.

Das unverwechselbar Besondere der fürstäbtlichen Zimmer liegt zum einen in der Einbringung sakraler Architektur- und Dekorationselemente – die Gestalt der Supraporten stammt beispielsweise aus dem Formenschatz der spätbarocken Altarkunst – in fürstliche Wohnräume, zum anderen in ihrer kräftigen, warmen Farbigkeit, die den Eindruck von Wohnlichkeit, Behaglichkeit und Heiterkeit erweckt. Der kühle Prunk höfischer Paradezimmer, wie ihn die etwa gleichzeitigen Reichen Zimmer der Münchner Residenz zur Schau stellen, liegt ganz fern. Nicht in der bis zum Äußersten getriebenen künstlerischen Perfektion beruht die Qualität der Kemptener Raumkunstwerke, sondern in ihrer malerischen Einheit, in der frischen eigenwilligen Art des Umgangs mit Farben und Formen. Dennoch mangelt es den Räumen nicht an Feierlichkeit und Würde.

Der Thronsaal ist ohne Frage das kostbarste Kleinod unter den Räumen der Kemptener Residenz. Der über fünf Fensterachsen und zwei Geschosse reichende Rechtecksaal wird durch ein subtiles architektonisches System gegliedert und rhythmisiert. Der Name des Architekten – Franz Georg Hermann kann es wohl kaum gewesen sein – ist nicht überliefert, doch spricht einiges für die Autorschaft Dominikus Zimmermanns. Den vier Fenstern stehen an der Nordwand vier in flache Nischen eingelassene Spiegelfelder korrespondierend gegenüber. Dem nördlichen Portal entspricht die an der Stelle des vermauerten Mittelfensters angebrachte Thronnische. Beide werden von bewegten, vielfigurigen Stuckkompositionen Johann Georg Üblhers bekrönt, deren Zentrum nördlich ein Madonnenrelief, südlich das Wappen des Bauherrn einnimmt. Die Gliederung der Längswände erfolgt durch eine Ordnung von Flachpilastern, die jeweils zwischen den Fenstern und Spiegelfeldern Raum freigeben für Aegid Verhelsts lebensgroße, aus Lindenholz geschnitzte Figuren der Tugenden des Herrschers: Friedfertigkeit, Liebe, Macht und Weisheit (Taf. 36). Die Türenpaare der Enfilade flankieren im Osten einen Kamin mit Spiegel, westlich eine hohe Ofennische, die jeweils überhöht werden durch große Rocaillekartuschen mit Allegorien der Geometrie und der Architektur. Oberhalb des Gesimses leitet eine geschweifte, den Rhythmus der Wandgliederung betonende Stuckbalustrade über zu dem die gesamte Tonnenwölbung überziehenden Deckenbild Franz Georg Hermanns (Farb-Taf. 11, 21.1). Das Thema der Verherrlichung des Füststifts und seiner Geschichte ist dargestellt in einem Programm, das historische Szenen, gegenwärtiges Leben, religiöse Inhalte und Allegorien umfaßt. Über allem aber steht die Trinität, die in den höchsten himmlischen Sphären erscheint.

Parallel zur Ausstattung der fürstäbtlichen Wohnräume erhielt der Saal des 1732 aus der Hohen Gasse an den Residenzplatz verlegten Sitzes der »Hochfürstlichen Landschaft« eine noble Stuckierung und ein inzwischen abgegangenes Deckenfresko von Johann Martin Zick. 1733–1735 arbeiteten stiftkemptische Künstler, wahrscheinlich Abraham Bader und Franz Georg Hermann, an der Stuckierung und Ausmalung des neuerbauten Langhauses von Heiligkreuz.

In St. Lorenz erhielten von 1735 an die westlichen Rund- und Flachkapellen der Seitenschiffe ihre Ausstattungen, wobei neben den Werkstätten Franz Georg Hermanns und Aegid Verhelsts der Stukkator Anton Rauch beteiligt war. Um 1740 ließ Fürstabt Anselm von Reichlin-Meldegg auf den beiden Emporen sich äußerlich gleichende Orgeln bauen, deren einfach gegliederte Prospekte sich harmonisch in die Architektur einfügen[27]. Der bedeutendste Beitrag des mittleren 18. Jahrhunderts zur Ausstattung von St. Lorenz war jedoch die Errichtung des Marien- und des Laurentiusaltars beiderseits des Chorbogens. Mit Rücksicht auf die strenge frühbarocke Architektur und die Enge des Raums schuf Johann Georg Üblher zwei schmale, hoch aufragende Säulenaufbauten spätbarocker Prägung. Im Kontrast zur Statik der Hauptgeschosse steigen die Auszüge in einem wogenden Spiel von C-Bögen, Voluten und Rocaillen empor. Auch die Stuckplastiken der beiden Altäre stammen von Üblher. Zu seinen Hauptwerken gehören die lebensgroßen Standfiguren der Heiligen Dominikus und Katharina am Marienaltar und Joachim und Josef am Laurentiusaltar, die sich durch Ruhe, Geschlossenheit und weiche, sensible Modellierung der Oberfläche auszeichnen. Die ekstatisch bewegte Mittelfigur des Laurentiusaltars schnitzte Aegid Verhelst um 1748.

In der protestantischen Reichsstadt waren im gleichen Zeitraum bedeutende Aufträge weit dünner gesät. Eine rühmliche Ausnahme bildet der großzügige Umbau des Jenischhauses (später Ponikauhaus genannt) unter Bürgermeister Matthias Jenisch um 1740[28]. Hervorzuheben sind zum einen das originelle, doppelläufige Treppenhaus mit Stuck von Johann Georg Üblher und dem ovalen Deckenfresko Franz Georg Hermanns »Sturz des Phaeton«, zum anderen der Festsaal, der als ein reichsstädtisches Gegenstück zum fürstäbtlichen Thronsaal bezeichnet werden kann. Der Stuck Üblhers konzentriert sich auf die vier Ecken des Raums und auf die Mitten der Wände. Von dort greifen die Ornamentfigurationen über zum Rahmen des Deckenbilds Franz Georg Hermanns von 1741 (Farb-Taf. 12). Das Thema des großflächigen Gemäldes ist allegorischer Art: Die Stadt Kempten lädt die olympischen Götter zum Mahle.

Daß der vornehmste künstlerische Auftrag, der innerhalb der Reichsstadt in der ersten Hälfte des 18. Jahrhunderts zu vergeben war, von stiftkemptischen Hofkünstlern ausgeführt wurde, kennzeichnet die Ungleichgewichtigkeit beider Städte. Die künstlerische Dominanz des Stifts entwickelte sich zwangsläufig aus der nach dem Dreißigjährigen Krieg anschwellenden Flut kirchlicher Aufträge. In dem zum Stift gehörenden Teil der Stadt entstanden vor allem während der Regierung Ruperts von Bodman eigene Handwerkszünfte, und nachdem der Fürstabt 1712 für die Stiftstadt das Stadtrecht erworben hatte, blühte das Kunsthandwerk weiter auf. Die Stiftstadt beherbergte im 18. Jahrhundert mehrere tüchtige Uhrmacher, deren Leben und Schaffen noch kaum erforscht ist. Im Münchner Kunsthandel befand sich ehemals eine um 1730 entstandene Kommodenuhr mit schwarz lackiertem Holzgehäuse und reich mit silbernem Bandelwerk verziertem Messingzifferblatt[29], deren Werk signiert ist: »Matheus Lameneth in Stifft Kembten«. Eine Zappleruhr des mittleren 18. Jahrhunderts im Deutschen Uhrenmuseum Furtwangen[30] trägt die stolze Signatur: »Lorentz Comlosi Klein und Groß Hoff Uhrenmacher Im Hoch Fürstl. Stifft Kempten«. Die Uhr mit dem noblen getriebenen Rokokozifferblatt wurde im letzten Viertel des 18. Jahrhunderts in ein mächtiges schwarz-goldenes Louis-XVI-Gehäuse montiert. Ein sehr rühriger Meister war Johann Bapt. Pfeffer. Von ihm sind einige Werke erhalten geblieben. Das mit Abstand schönste ist eine Pendule in einem eleganten, virtuos geschnitzten und vergoldeten Rokokogehäuse (Taf. 35)[31], deren Pendel die Form einer Schaukel hat, auf der ein Knabe sitzt. Das Zifferblatt ist signiert: »J. B. Pfeffer Stifft Kempte«. Dieses Hauptwerk der Kemptener Bildhauer- und Uhrmacherkunst dürfte von Fürstabt Honorius Roth von Schreckenstein (1760–1785) für die Residenz in Auftrag gegeben worden sein. Über das weitere Schicksal gibt die nachträglich auf die Rückwand gemalte Inschrift Auskunft: »Dise Uhr ist von Rupertus Fürst von Kempten dem P. Jacobus Lacop. Claß Can. Roth wegen dort Año 1788 gehaltenen Benedicts Predigt verehret worden.«

Im Bereich der Goldschmiedekunst dominierten in Kempten wie fast überall in Süddeutschland die Augsburger Meister als Lieferanten, doch wurde auch in der Stiftsstadt Beachtliches geleistet. Als Goldschmied von überregionaler Bedeutung tat sich Joseph Peter (1735–1807) hervor[32], dessen wichtigstes gesichertes Werk, ein für den Kemptener Stiftskapitular Johann Nepomuk von Wittenbach gefertigter Kelch, sich heute in der Pfarrkirche in Gottenheim (Südbaden) befindet[33]. Wie der Wittenbach-Kelch trägt auch ein auf unbekannte Weise in die Klosterkirche Irsee gelangter, ungemarkter Kelch das Wappen des Fürstabts Honorius Roth von Schreckenstein (Taf. 34.2). Der mit 30 cm Höhe ungewöhnlich große Kelch ist weit weniger von Augsburger Vorbildern abhängig als sein Gottenheimer Gegenstück. Fuß, Schaft, Nodus und Cuppa überzieht ein dichtes Geflecht von Ranken, Rocaillen und Blumen, das jegliche Symmetrie vermeidet und selbst das Abtswappen aus der Vertikalen rückt. Das Spiel der Ornamentformen, Glanzlichter und Schatten erinnert an das Sprudeln wilden Wassers. Ich halte diesen bedeutenden Kelch für ein frühes Hauptwerk Joseph Peters aus der Zeit um 1760–1765 vor dem Wittenbach-Kelch, der bereits eine Rückkehr zur symmetrischen Rocaille des späten Rokoko erkennen läßt. Wahrscheinlich kommt auch der elegante Kelch mit dem Wappen des Fürstabts Rupert von Neuenstein (1785–1793) in St. Lorenz aus der Werkstatt des »Hofgoldarbeiters« Joseph Peter. Dieses ungemarkte Stück ist insofern interessant, als es den nahtlosen Übergang vom Rokoko zum frühen Klassizismus dokumentiert. Rocaillekartuschen mit Rokokoblüten stehen gleichrangig neben Zopfgehängen und Flechtbändern.

In der Sakristei von St. Lorenz befinden sich beachtliche Restbestände an fürstäbtlichen Paramenten. Neben einem Ornat in Rot und Silber sind es vor allem drei gestickte Kaseln der Jahrzehnte zwischen 1730 und 1760, die Beachtung verdienen. Leider hat man die Blumenstickereien der beiden jüngeren auf neue Trägerstoffe übertragen und dadurch die Originalität und den Wert der Stücke erheblich geschmälert, doch ist die älteste, um 1730 zu datierende Kasel in unverfälschtem Zustand erhalten. Dieses schwere, überreich mit farbigen Seiden, Gold- und Silberfäden bestickte Meßkleid kann sich qualitativ mit den großen bischöflichen Ornaten der Domschatzkammern messen. Noch ist der riesige Bestand an barocken Paramenten in Süddeutschland kaum erforscht, weshalb die Frage nach dem Entstehungsort offen bleiben muß. Es ist nicht auszuschließen, daß sich in der Stiftsstadt eine Stickerwerkstatt befunden hat.

In der Kemptener Residenz wurden unter Fürstabt Honorius Roth von Schreckenstein die von Engelbert von Syrgenstein begonnenen Ausstattungsarbeiten an den Gastzimmern 1761 vollendet. Das Rote und das Grüne Gastzimmer blieben von späteren Umbauten und Teilungen verschont und dokumentieren die höfische Wohnkultur des reifen Rokoko. Der zeitliche Abstand zu den fürstäbtlichen Wohnräumen wird sichtbar in der lichten Farbigkeit der Zimmer, ihren zarten, eleganten Stukkaturen, der Anbringung großer rechteckiger Supraportenbilder und seidener Wandbespannungen. Ungemein reizvoll sind die filigranen Stukkaturen der Hohlkehlen, in die im Grünen Zimmer von Putten bekrönte, phantastische Architekturteile und allegorische Figuren einbezogen sind, während sich im Roten Zimmer das Ornamentale mit Landschaftsmotiven vermengt.

Am Ende der sechziger Jahre trat in Kempten eine neue Generation von Malern in Erscheinung. Der Älteste von ihnen dürfte Anton Wintergerst (1737–1805) gewesen sein. Ihm folgten Franz Joseph Hermann (1738–1806), Michael Koneberg und Linus Seif. Anton Wintergersts Gastspiel in seiner Vaterstadt Kempten war relativ kurz. 1768 heiratete er die Tochter des Malers Ignaz Brenner in Wallerstein und war fortan im Ries tätig. Nach dem Tod seiner Frau ehelichte er Maria Barbara Bux aus Schrezheim, die Tochter des dortigen Fayencefabrikanten Johann Bapt. Bux, und wurde nach dessen Tod 1800 Manufakturinhaber. Aus seiner Kemptener Zeit sind zwei bemerkenswerte Deckenbilder erhalten: Das Martyrium der hl. Agathe im Langhaus der Pfarrkirche zu Beckstetten von 1764 und das Wallfahrtsfresko in der Gnadenkapelle in Oberthingau 1766/68.

Franz Joseph Hermann wird erst nach dem Tod seines Vaters Franz Georg als selbständiger Künstler faßbar. Sein Hauptwerk ist die Freskierung des Neubaus der Pfarrkirche Wiggensbach aus den Jahren 1771 und 1772. Gleichzeitig malte er die Seitenaltarblätter der Pfarrkirche Durach, 1789 folgte die Ausmalung der Pfarrkirche Reicholzried und 1791 das Deckenfresko in der Hofkanzlei der Residenz. Johann Michael Koneberg war der letzte Kemptener Hofmaler. Erstmals tritt er 1768 hervor mit dem großen Deckengemälde »Tod des hl. Martin« in der Pfarrkirche Obergünzburg. Es folgten 1770 das Chorfresko in Heiligkreuz, 1776 die Deckenbilder in der Pfarrkirche zu Langenegg im Bregenzer Wald und 1777 das Langhausfresko im Betzigau. Darüber hinaus renovierte und kopierte er ältere Altarblätter in St. Lorenz und Gemälde aus der fürstäbtlichen Bildergalerie, als deren Kustos er fungierte. Anton Wintergerst, Franz Joseph Hermann und Johann Michael Koneberg waren Schüler Franz Georg Hermanns, von dessen künstlerischer Kraft sie Zeit ihres Lebens zehrten. Auf dieser Basis gelangen ihnen beachtliche Werke.

Linus Seif fällt dagegen sehr ab. Seine Fresken in der Pfarrkirche von Oberthingau von 1767 und 1788 beispielsweise entbehren jeglicher gestalterischer Kraft.

Die im Stift Kempten anstehenden architektonischen Aufgaben wurden gegen Ende des Jahrhunderts immer seltener. Als letztes großes Bauwerk ließ Fürstabt Honorius Roth von Schreckenstein gegen 1780 eine Orangerie (Farb-Taf. 21.2) errichten, die den nördlichen Abschluß des in drei Terrassen angelegten Hofgartens bildet. Das langgestreckte, durch einen Mittelpavillon und zwei Eckrisalite gegliederte Gebäude vertritt die späte Phase in der langen Tradition des barocken Gewächshauses.

Wohl im Sog der großen Bauunternehmungen im Bereich des Stifts kam es 1767 zu einer Umgestaltung des Inneren der Stadtpfarrkirche St. Mang. Man ersetzte die spätgotische Holzdecke des Langhauses durch ein Tonnengewölbe mit Stichkappen und stattete die drei Schiffe mit sparsamem Muschelwerk- und Rahmenstuck aus. 1768 wurde auch die Fassade barockisiert, die man im 19. Jahrhundert jedoch wieder regotisiert und 1912 abermals barockisiert hat.

Der Schwerpunkt des reichsstädtischen Bauwesens lag im 18. Jahrhundert im Profanen. Im Londoner Hof (Taf. 41.2) entstand 1764 im Auftrag des Handelsherrn und Bürgermeisters Johann Christoph Fehr ein gewaltig großes Patrizierhaus mit prachtvoller vierstöckiger Rokokofassade zu zehn Achsen. Das Erdgeschoß wies ursprünglich nur kleine Fenster und Putzquaderungen auf und bildete den Sockel für die kolossale Pilasterordnung, welche die Obergeschosse gitterartig miteinander verklammert. Der heutige Zustand des Erdgeschosses geht auf einen Umbau nach Plänen von Emanuel Seidl im Jahr 1899 zurück. Leider ist auch das Innere teilweise verbaut, doch hat sich immerhin das bemerkenswerte Treppenhaus unverändert erhalten. Etwas später wurde der aus Lindenberg gebürtige Johann Georg Specht[34] in Kempten tätig. Gleichzeitig mit der Pfarrkirche zu Wiggensbach erbaute er 1741 für den Bürgermeister Johann Georg König das Eckhaus Kronenstraße 5, das zusammen mit dem angrenzenden zweiten König'schen Haus als einziges Kemptener Bürgerhaus die alte Fassadenbemalung aufweist.

Das für die aus Savoyen eingewanderte Familie Zumstein (de la Pierre) erbaute und nach ihr benannte Haus am Residenzplatz (Taf. 57.2) stammt zwar aus dem Jahre 1802, gehört von seinem Stil her aber noch zur Architektur des 18. Jahrhunderts. Das sockelartige, mit Putzquaderungen versehene Erdgeschoß, die Pilastergliederung der beiden Hauptgeschosse, der auf dem Kranzgesims sitzende flache Dreiecksgiebel und das Mansarddach sind Elemente, die schon am Londoner Hof zu beobachten sind. Die Bauornamente – Volutenkapitelle mit Zopfgehängen, Rosettenfelder und verschmolzene Ovale – stammen dagegen aus dem Formenschatz der Louis-XVI-Zeit. Seine freie Lage, die harmonischen Proportionen und die ausgewogene Vielfalt an architektonischem und ornamentalem Schmuck verleihen dem Zumsteinhaus den Charakter eines Adelspalais. In ihm erreichte die Kemptener Architektur ihren letzten Höhepunkt am Vorabend der Säkularisation.

Das Jahr 1803 bedeutete für Kempten das Ende als Residenzstadt und den Beginn einer Karriere als Königliche Bayerische Kreisstadt. Kunsthistorisch kam dies einem Absturz ins Bodenlose gleich. Die fürstäbtliche Hofhaltung mit ihren glanzvollen Aufträgen hörte auf zu existieren und der größte Teil des angesammelten Kunstguts wurde entweder nach München gebracht oder verkauft, um den von den Fürstäbten hinterlassenen Schuldenberg abzutragen[35]. Um die noch lebenden alten Hofkünstler wurde es still.

Die folgende Generation der Allgäuer Maler strebte in die bayerische Kunstmetropole München. Der 1777 in Wertach geborene Franz Sales Lochbihler wanderte über Augsburg, wo er die Miniaturmalerei erlernte, nach Wien und Budapest, wurde 1809 in München ansässig und erreichte den Rang eines Hofmalers König Maximilians I. Nach dessen Tod wandte er sich wieder heimatlichen Gefilden zu und ließ sich 1825 in Kempten nieder, wo er 1854 verstarb. Unter seiner Leitung wurde 1828 das Stadttheater umgebaut und wesentlich vergrößert. Den Vorhang mit der Darstellung Apolls im Tanz mit den Musen malte er bereits 1827 (Farb-Taf. 24). Die Stadt Kempten besitzt außerdem das 1844 gemalte, ungewöhnlich große Leinwandbild mit dem Thema »Die Befreiung Kaiser Ottos durch Heinrich von Kempten«, bei dem man sich unmittelbar an Julius Schnorr von Carolsfelds Nibelungenfresken im Königsbau der Münchner Residenz erinnert fühlt. Für die Chorempore von St. Lorenz schuf Lochbihler eine große Kreuzigung und auch im Kemptener Umland ist das eine oder andere Gemälde von seiner Hand zu finden. Dazu gehören die Hochaltarblätter in Kleinweiler 1832 und Mittelberg 1848/49 sowie die beiden Seitenaltarblätter in der Pfarrkirche seines Geburtsorts Wertach 1833. Noch ansprechender als seine nach klassischen Vorbildern komponierten kirchlichen Malereien sind die Portraits, von denen das Heimatmuseum Wertach mehrere besitzt. Das qualitätvollste darunter ist zweifellos das Selbstbildnis des Malers mit Gattin, Schwägerin und den beiden Söhnchen in ihrer Biedermeierstube.

Den künstlerischen Gegenpol zum Nazarener Franz Sales Lochbihler stellt der Zeichenlehrer und Heimatforscher Joseph Buck (1820–1897)[36] dar. Ihn kann man als den Bildchronisten Kemptens bezeichnen. Vergleichbares haben für München Gustav Kraus und Carl August Lebschée geleistet. Liebevoll hielt er alles Sehenswerte aus Kempten und dem oberen Allgäu mit Bleistift und Pinsel fest. Die Themen seiner Aquarelle und Skizzen reichen von historischen Gebäuden über Bauernhäuser und Landschaften hin bis zu Trachtenfiguren. Viele der Blätter zeigen bedeutende, längst abgebrochene Baudenkmäler und stellen somit kostbare Dokumente zur Bau- und Kunstgeschichte der Stadt dar. Die Entwicklung der großen Kunst ging an Joseph Buck vorüber, ohne Spuren in seinem Schaffen zu hinterlassen. Sein Werk hat deutlich autodidaktische Züge. Er ging vollständig auf in seiner liebenswerten heimatlichen Welt.

Die in der Romantik wiedererstandene Wertschätzung der Gotik als der eigentlich deutschen Kunst führte im Lauf des 19. Jahrhunderts allenthalben zu einer Welle von Regotisierungen barock veränderter mittelalterlichen Kirchen. In St. Mang hielt sich der Drang nach gotischer Purifizierung in Grenzen. Dokumente dieser Entwicklung sind vor allem die von 1866 an in Nürnberg gefertigten Chorfenster und der 1896 erworbene Schnitzaltar des Memminger Bildhauers Vogt. Für das

Rathaus lagen um die Jahrhundertmitte aufwendige Gotisierungspläne vor, die jedoch zum Glück nicht zur Ausführung kamen. Um 1875 wurde eine weit weniger eingreifende Renovierung vorgenommen, die den Außenbau vor allem durch Fresken veränderte. Der Große und der Kleine Sitzungssaal erhielten jedoch vollständige, 1934 wieder entfernte Neuausstattungen in einer Art Neurenaissancestil.

Das reinste Dokument neugotischer Kunst Kemptens hat sich in der privaten Marienkapelle der Familie Huber am Kanalweg erhalten[37]. Dieser kleine, 1898–1899 errichtete Ziegelbau mit etwa quadratischem, flach gedecktem Schiff und polygonalem, gewölbtem Chor wurde im Auftrag des Eigentümers, Ludwig Huber, sorgfältig ausgestattet. Als besondere Kostbarkeit ließ er im Chor den aus der Sammlung Leichtle zu diesem Zweck erworbenen Maggmannshofer Altar des Daniel Mauch[38] aufstellen, der zu den Hauptwerken der Ulmer Plastik des frühen 16. Jahrhunderts und zu den hervorragendsten Kunstdenkmälern der Stadt Kempten zählt.

1 Rott, Quellen und Forschungen, Bd. II, S. 143.

2 Horn, Lindau, S. 380.

3 Rott, Quellen und Forschungen, Bd. II, S. 143.

4 Miller, Bildschnitzer, S. 27–28, 59, Kat. 171–191.

5 Ebd. S. 24–26, Kat. 150–170.

6 Petzet, Sonthofen, S. 1015–1016.

7 Gert von der Osten: Katalog der Bildwerke in der Niedersächsischen Landesgalerie Hannover, München 1957, Nr. 235; Ausst. Kat.: Die Heiligen Drei Könige, Köln 1982, Nr. 43.

8 Rott, Quellen und Forschungen, Bd. II, S. XXXIV u. 139–140.

9 Theodor Müller: Die Bildwerke in Holz, Ton und Stein von der Mitte des XV. Jahrhunderts bis gegen Mitte des XVI. Jahrhunderts, München 1959, Nr. 248; Karl Voll / Heinz Braune / Hans Buchheit: Katalog der Gemälde des Bayer. Nationalmuseums, München 1908, Nr. 310–311; Miller, Bildschnitzer, Kat. 16.

10 Miller, Bildschnitzer, S. 29–31, Kat. 197.

11 Rott, Quellen und Forschungen, Bd. II, S. XXXV u. 141; Petzet, Sonthofen, S. 294–297.

12 Höß, Rathaus.

13 Friedrich Zollhoefer: Aus der Chronik des Haubenschlosses in Kempten. In: AGF 65/66 (1965/66), S. 33–44.

14 Rott, Quellen und Forschungen, Bd. II, S. 142–143.

15 Martha Roediger: Die Stiftskirche St. Lorenz in Kempten, Burg bei Magdeburg 1938; Hugo Schnell: Die Fürstäbtliche Residenz in Kempten, München 1947; Alfred Schädler: 1200 Jahre Stift Kempten, Kempten 1952.

16 Theo Dames: Das Altarblatt des Franz Hermann in der Pfarrkirche zu Petersthal von 1664. In: AGF 65/66 (1965/66), S. 45–51.

17 Norbert Lieb: »Die Frau Stuckhatorin« der Stiftskirche in Kempten. In: Das Münster 10 (1957), S. 124–125; Erwin Neumann: Materialien zur Geschichte der Scagliola. In: Jb. der Kunsthist. Sammlungen in Wien, Bd. 55, 1959, S. 75–158.

18 Cordula Böhm: Franz Georg Hermann. Diss. München 1968.

19 Rudolf Schmid: Die Künstlerfamilie Ertinger, Kempten. In: AGF 65/66 (1965/66), S. 52–54.

20 Hugo Schnell: Die Bedeutung des Ritter- bzw. Fürstensaals in der Residenz Kempten. In: AGF 75 (1975), S. 21–33.

21 Das Füssener Chorgitter gehört zu den zahlreichen schweren Opfern an kostbarer historischer Bausubstanz, die übereifrige Liturgiereformatoren neuester Zeit im Unverstand glaubten bringen zu müssen und dadurch organisch gewachsenen Raumkunstwerken tiefe Wunden schlugen.

22 Zollhoefer, Haubenschloß, S. 39.

23 Böhm, Franz Georg Hermann; Paul Mertin: Die Tätigkeit des Allgäuer Malers Franz Ge-

org Hermann in Füssen und sein Verhältnis zu dem Venezianer Giovanni Antonio Pellegrini. In: Heimatchronik (Beilage zum Füssener Blatt) 24 (1965).

24 Ebd. S.197–198. Das 182 × 242 cm messende Gemälde ist seit dem Zweiten Weltkrieg verschollen.

25 Hugo Schnell/Uta Schedler: Lexikon der Wessobrunner, München 1988, S.51, 54, 186, 273–277, 298–305; Norbert Jocher: Johann Georg Üblher (1703–1763). In: AGF 88 (1988), S.3–349.

26 Dagmar Dietrich: Aegid Verhelst 1696–1749, Weißenhorn 1986.

27 Hermann Fischer/Theodor Wohnhaas: Historische Orgeln in Schwaben, München 1982, S.128–129.

28 Friedrich Zollhoefer: Aus der Geschichte eines Kempter Patrizierhauses. Das sogenannte »Ponikau-Haus«. In: AGF 56/57 (1956/57), S.12–20; Jocher, S.50–54.

29 Weinmüller Auktion 100, 22. Juni 1966, Nr.546.

30 R. Mühe/H. K. Kahlert: Deutsches Uhrenmuseum Furtwangen. Die Geschichte der Uhr, 2. Aufl. München 1986, S.60, Nr.54.

31 Klaus Maurice: Die deutsche Räderuhr, Bd. II, München 1976, Nr.941.

32 Wolfgang Scheffler: Goldschmiede des Ostallgäus, Hannover 1981, Nr.25.

33 Hermann Brommer: Der Wittenbach-Kelch in Gottenheim (Südbaden). Eine Erinnerung an das Fürststift Kempten. In: AGF 74 (1974), S.102–106.

34 Hugo Bilger/Ludwig Scheller: Ein Baumeister des Allgäus am Ende der Barockzeit – Johann Georg Specht, Kempten 1977.

35 Rottenkolber, Stift, S.248–251.

36 Kornelius Riedmiller: Joseph Buck 1820–1897, Kempten 1979.

37 Ludwig Huber: Die Marienkapelle in Kempten, Kempten 1901.

38 Alfred Schädler: Der Maggmannshofer Altar. In: DSA 14 (1950), S.72–76.

Teil IV

Kempten im 19. und 20. Jahrhundert

Herausgegeben
von Karl Filser

Kempten vom Übergang an Bayern bis 1848

Franz-Rasso Böck

In der rund 2000jährigen Geschichte Kemptens markieren die Jahre 1802–1818 einen völligen Umbruch des historischen Gefüges und damit einen der entscheidendsten Wendepunkte im städtischen Werdegang: Auflösung der gefürsteten Reichsabtei, Eingliederung der seit 1289 privilegierten schwäbischen Reichsstadt in das bayerische Kurfürstentum und spätere Königreich, Vereinigung von zwei jahrhundertelang räumlich nahen, doch im Innern weit entfernten Gemeinwesen zu einer einzigen Stadt, deren eigentliche Neuzeit effektiv mit dem Bayerisch-Werden beginnt[1]. Diese im Grunde dreifache Zäsur vor dem Hintergrund des tiefgreifenden europäischen Wandels zur napoleonischen Zeit ist für das spezifisch geprägte Kempten mit dem seltenen Charakteristikum eines zweifachen Staatsgebildes bzw. einer Doppelstadt in die Grundzüge der bayerischen Staatspolitik einzuordnen: »Das Kempten von heute ist durch einen nicht kurzen und keineswegs schmerzlosen Verschmelzungsprozeß aus einer freien Reichsstadt und einem gefürsteten Benediktinerstift entstanden – ein Prozeß, bei dem das neue Bayern des Grafen Montgelas als nachdrücklicher Katalysator gewirkt hat«[2].

Grundzüge der bayerischen Politik 1802–1818

Nach Napoleons Sieg im 2. Koalitionskrieg hatte Kaiser Franz II. im Frieden von Lunéville (1801), der die Auflösung des Alten Reiches einleitete, den Rhein als neue deutsche Westgrenze anerkennen und dem Entschädigungsprinzip der Säkularisation und Mediatisierung[3] zugunsten der durch Gebietsabtretungen geschädigten Reichsfürsten zustimmen müssen. Dem Kurfürstentum Bayern, das seine linksrheinische Kurpfalz mit den Herzogtümern Zweibrücken und Jülich verloren hatte, waren mit Reichsdeputationshauptschluß 1803 neue Territorien überwiegend in Franken und Ostschwaben zugesprochen worden. Kurz vor Beginn des 3. Koalitionskrieges (1805) trat das bislang mit Österreich verbündete Bayern unter dem Druck permanenter österreichischer Annexionsbestrebungen auf die Seite Frankreichs über. Dieser Koalitionswechsel, ein unvermeidlicher Akt staatlicher und dynastischer Selbsterhaltung, brachte dem bayerischen Kurfürstentum weiteren Gebietszuwachs und die Rangerhöhung zum Königreich am 1. 1. 1806 ein. Nach der vernichtenden Niederlage der französischen Grande Armée im Rußlandfeldzug 1812 und der Völkerschlacht bei Leipzig 1813, die das Schicksal Napoleons endgültig besiegelte, erfolgte im Zuge der Neuordnung Europas während des Wiener Kongresses 1814/1815 die abschließende Regelung der Gebietsfrage auch für Bayern. Es verlor u. a. Tirol, Vorarlberg, Salzburg an Österreich und die Städte Ulm, Leutkirch, Ravensburg, Wangen an Württemberg. Demgegenüber konnte es, abgesehen von den hier nicht relevanten Erwerbungen in Altbayern und Franken, allein in Ostschwaben folgende Gewinne verzeichnen:

> Das Hochstift Augsburg;
> die Reichsabteien *Kempten*, St. Ulrich und Afra/Augsburg, Elchingen, Irsee, Kaisheim, Ottobeuren, Roggenburg, Ursberg, Wettenhausen;
> die Reichsstädte *Kempten*, Augsburg, Kaufbeuren, Lindau, Memmingen, Nördlingen;
> die Markgrafschaft Burgau.

Der Territorialzuwachs ermöglichte dem Kurfürstentum bzw. Königreich Bayern die Arrondierung und Konzentration seines Staatsgebietes und bereitete den Boden für das innenpolitische Reformprogramm des leitenden Staatsministers Maximilian Graf von Montgelas. Gegen alle kritischen Einwände und objektiven Erwägungen der bayerischen Regierung nahm er das Entschädigungsrecht mittels Säkularisation der geistlichen Fürstentümer und landständischen Abteien sowie Mediatisierung der weltlichen Herrschaftsträger, insbesondere der Reichsstädte, rücksichtslos in Anspruch. Ausschlaggebend hierfür war nicht zuletzt seine persönliche Ideologie, die im Sinne einer uneingeschränkten Souveränität kein »imperium in imperio« duldete. Des weiteren galt es, die nach Verfassungsformen, Institutionen und Konfessionen sehr heterogene Ländermasse auch administrativ in den bayerischen Staat zu integrieren und zu konsolidieren. Den Prinzipien rationaler Verwaltung nach dem Muster der französischen Republik bzw. nach dem Vorbild aufgeklärter Monarchien folgend, begann Montgelas, einen modernen, d. h. zentral verwalteten Beamtenstaat zu schaffen. Im Rahmen der Konstitution für das Königreich Bayern wurden 1808 die bisherigen Provinzen und ihre Landesdirektionen aufgehoben und das Staatsgebiet nach topographischen Gesichtspunkten in Kreise gegliedert. Sie erhielten die Bezeichnung ihres jeweiligen Hauptflusses und unterstanden einem Generalkreiskommissariat und einer Kreisfinanzdirektion. Erst 1817 nach der Entlassung von Montgelas gingen diese staatlichen Mittelbehörden als Kammern des Innern bzw. der Finanzen in den neugebildeten Kreisregierungen unter Vorsitz eines Regierungspräsidenten auf. Wie bei den Gebietsreformen erfolgte auch die Neuorganisation und Bereichsabgrenzung der unteren Verwaltungsbehörden (Landgerichte und Rentämter) in den Erwerbungsländern ohne Rücksicht auf überkommene Territorialeinheiten. Traditionelle und kulturelle Verflechtungen wurden hintangestellt, um »die Erinnerung an die alten historischen Herrschaftsstrukturen am nachhaltigsten aus dem Gedächtnis auszumerzen und ein einheitliches bayerisches Staatsbewußtsein schaffen zu können«[4].

Hinsichtlich der Kommunalpolitik gipfelte der seit 1802 unter Montgelas laufende Reformprozeß im Abbau der Selbstverwaltungsrechte. Die »nebenstaatlichen« Herrschafts- und Verfassungsformen vor allem in den neu erworbenen Ländern ließen sich mit der schematischen Verwaltungsorganisation eines omnipotenten Staates nicht vereinbaren. Betroffen waren in erster Linie die ehemaligen Reichsstädte, die ohne Rücksicht auf ihre bisherige Rangstellung den auch für kleine Landgemeinden geltenden Verordnungen unterworfen wurden. Nach Entzug von Gerichtsbarkeit und Polizeihoheit verloren die Magistrate durch Gemeindeedikt vom 24. September 1808[5] auch die Verwaltung über das Kommunal- und Stiftungsvermögen. Problematik und volle Tragweite staatlicher Kuratel traten allerdings innerhalb weniger Jahre zutage. Montgelas hatte die Bedeutung einer kommunalen Selbstverwaltung für die Partizipation der Bürgerschaft am Lokalgeschehen wie für die Integration der Gemeinden in den Staatsaufbau unterschätzt. Darüber hinaus waren Regierungsmitglieder und Beamtenschaft der Gesetzeshäufung, der Arbeitsüberlastung und dem Bürokratismus nicht gewachsen. Abgesehen von einer zunächst teilweisen Restitution der Selbstverwaltungsrechte (1817) wurde nach der Entlassung von Montgelas der Weg für eine umfassende Revision frei. Das neue Gemeindeedikt vom 17. Mai 1818[6] sicherte den Städten und Märkten einen erheblich erweiterten Wirkungskreis zu und bildete ein Jahrhundert die Grundlage des bayerischen Kommunalverfassungswesens.

Zweifellos hätte der heutige, festgefügte Freistaat Bayern ohne das konsequente, oftmals rigorose Vorgehen der Montgelas-Regierung, bei dem menschliche Härten und Übergriffe wie auch geistig-kulturelle Verluste unvermeidbar gewesen sind, nicht emporwachsen können. Das Konglomerat von hochstiftischen, fürst- und reichsabteilichen, von reichsherrschaftlichen, reichsritterschaftlichen und reichsgräflichen, neben- und durcheinanderliegenden Bereichen mit stammesmäßig und konfessionell gespaltenen Massen von Untertanen wurde entwirrt und bereinigt. Am Kriterium ihrer jeweiligen Lebens- und Funktionsstärke gemessen hätten weder eine Reihe geistlicher Staaten noch die seit ihrer mittelalterlichen Glanzzeit darniederliegenden Reichsstädte kaum wieder erstarken können. Dies wird im Falle Kemptens beispielhaft ersichtlich werden.

Kempten zu Beginn des 19. Jahrhunderts

Am »Vorabend« von Säkularisation und Mediatisierung stellen sich die im Kräfteverhältnis ungleichen und in der Konfession gespaltenen Kemptener Gemeinwesen der Benediktiner-Fürstabtei und der Reichsstadt in scharfem Kontrast dar. Die Unterschiede in Gebilde, Umfang und Struktur werden jeweils in einer unmittelbaren Gegenüberstellung am ehesten verdeutlicht.

Auf der einen Seite der absolutistisch regierte Staat des Fürstabtes, der in seiner

Person die Grund-, Leib- und Gerichtsherrschaft vereinigte und Sitz und Stimme auf der Fürstenbank im Reichstag innehatte, auf der anderen die gemäß Verfassung »demokratisch« regierte, allerdings aristokratisch beeinflußte Stadt. Sie zählte zur Gruppe der kleineren Reichsstädte und war im Städtekollegium des Reichstages sowie im Schwäbischen Reichskreis vertreten.

Die Fürstabtei, nach dem Hochstift Augsburg die größte geistliche Herrschaft Ostschwabens, verfügte über ein weitgehend geschlossenes Territorium[7] von rund 1000 qkm. In der stiftseigenen unbefriedeten Bürgeransiedlung (Stift- oder Neustadt), in sieben Marktflecken und 85 Dörfern lebten 42 000 Einwohner. Demgegenüber besaß die ummauerte, von der Fürstabtei ringsum eingeschlossene Reichsstadt ein Minimalgebiet[8] von 1,85 qkm Ausdehnung mit ca. 3150 Einwohnern.

Das restlos durchorganisierte Regierungs- und Verwaltungssystem des geistlichen Reichsstandes umfaßte in der eigentlichen Regierung Fürstabt und Kapitel, Hof- und Regierungsrat, ferner die Hofkammer als Finanzverwaltung und acht Pflegämter als Verwaltungs- und Niedergerichtsinstanzen. Nahezu 300 Beschäftigte waren in 30 Gruppen von Beamten und Angestellten zusammengeschlossen[9]. Dem konzeptionell bereits auf das 16. Jahrhundert zurückgehenden Reichsstadtregiment, dem »Großen Rat«, gehörten 42 Mitglieder an, in der Verwaltung waren insgesamt 116 Bürger tätig[10].

Die besitzstarke, als wohlhabend geltende Fürstabtei konnte sich auf ein im Grunde solides und weitgestreutes wirtschaftliches Fundament stützen, u. a. Fischzucht in 107 Gewässern, reicher Waldbesitz, acht eigene und 23 in Erbpacht vergebene Hofgüter, vier klostereigene Brauhäuser. Hinter ihr trat die gebietsarme, vornehmlich von Handel und Handwerk lebende Reichsstadt in den Schatten, die in ihren wirtschaftlichen Grundfesten bereits erschüttert und an einer existentiellen Wende angelangt war.

Als einzige Gemeinsamkeit besaßen die ungleichen Nachbarn ihren jeweiligen Schuldenstand, der auf Seiten der Fürstabtei bis zu rund 2,25 Millionen Gulden, bei der Reichsstadt auf 0,5 Millionen Gulden angelaufen war. Im Falle der Reichsstadt handelte es sich nicht um Kommunalschulden, sondern ausschließlich um die seit dem 30jährigen Krieg, zuletzt während der Koalitionskriege permanent gewachsenen Kriegslasten. Die bescheidenen Einnahmen[11] von jährlich 43 335 Gulden (im Zehnjahresdurchschnitt) hatten trotz sparsamer Haushaltsführung eine Rücklagenbildung oder Schuldentilgung kaum zugelassen. In der Fürstabtei standen den Einnahmen in Höhe von jährlich 250 000–300 000 Gulden die Ausgaben mit rund 180 000 Gulden gegenüber[12]. Sie entfielen zwar zur Hälfte auf den Unterhalt des Hofstaates, überstiegen jedoch den für ein repräsentatives Reichsfürstentum im ausgehenden 18. Jahrhundert üblichen Rahmen vergleichsweise nicht. Der angesichts der jährlichen Gewinnbilanz (70 000 Gulden) konsternierend hohe Schuldenstand resultierte zu einem Drittel gleichfalls aus unabgedeckten Kriegslasten, zusätzlich aber aus einer überwiegend nachlässigen und uneffektiv gehandhabten Verwaltung und Rechnungsführung in den Wirtschafts- und Gewerbebereichen.

An dieser Stelle bedürfen die in der bisherigen Kemptener Literatur nicht selten geringschätzigen, teils unreflektiert übernommenen Werturteile über die Kemptener Fürstabtei und ihre Repräsentanten[13] einer gewissen Korrektur. Der zu konstatierende Mangel an rein wissenschaftlicher Arbeit oder klösterlicher Einfachheit wird insofern verständlich, als Rang und Selbstdarstellung einer Fürstabtei von der territorialen und institutionellen Größe Kemptens zu Lasten eines vertieften Geisteslebens und einer strengen Auslegung der Benediktinerregel gehen mußten. Die seit 1269 durchwegs adligen und an eigenen Bildungsidealen orientierten Konventsangehörigen erfüllten das benediktinische »labora« in der Leitung eines reichsunmittelbaren Staatswesens: »Als Landesherr beanspruchte der Reichsabt mehr zu sein als der geistliche Vater seines Konvents«[14]. Doch trifft das Negativattribut vom bankrotten Staat zweifellos den Kern der wirtschaftlichen und finanziellen Misere und die dadurch drohende Gefahr. Aus eigener Kraft hätte sich die Fürstabtei nicht mehr erhalten können.

Säkularisation der Fürstabtei

Noch vor Inkrafttreten des Reichsdeputationshauptschlusses hatte Bayern in zwei Sonderverträgen mit Frankreich (1801/1802) die Berechtigung zur sofortigen Inbesitznahme der ihm zugesprochenen Entschädigungsobjekte erlangt. In Kempten erfolgte am 2. September 1802 die militärische Besetzung von fürstäbtlicher Residenz, Stiftsstadt und Pflegamt diesseits der Iller durch das I. Bataillon des leichten Infanterie-Regiments von Salern unter Oberstleutnant von Lößl mit über 600 Mann. Die Zivilbesitznahme[15] vollzog am 30. November 1802 der ehemals fürstbischöflich-augsburgische Geheimrat Christoph von Breuning als nunmehriger bayerischer Zivilkommissär. Weltliche Beamtenschaft und Bedienstete des Hofstaates wurden unter Eidablegung in die vorläufige Pflicht des bayerischen Staates übernommen. Sie erhielten die Berechtigung zur Ausübung ihrer bisherigen Funktionen unter dem Titel einer »Kurfürstlichen Provisorischen Regierung« und die Zusicherung einer späteren definitiven Anstellung bei entsprechender Eignung. Hinsichtlich der Pensionierung und standesgemäßen Entschädigung des geistlichen Personals galt die für alle ostschwäbischen Reichsabteien herausgegebene kurfürstliche Instruktion vom 22. Januar 1803[16] als Richtschnur. Sie enthielt ferner die Anweisungen zur Stillegung der Klostergüter und zur Inventarisierung der immobilen und beweglichen Besitzwerte zwecks späterer Veräußerung im Wege der Versteigerung und des Verkaufs. Die mit der Abwicklung beauftragte Spezialkommission unterstand hinsichtlich der fürstäbtlichen Residenz dem Zivilkommissär von Breuning und in bezug auf die ländlichen Pflegämter dem reichsstädtischen Syndikus Johann Martin von Abele. Zusammen mit der Benediktiner-Fürstabtei fielen der Säkularisation die beiden Franziskaner-Konvente in Heiligkreuz und Lenzfried, das Kollegiatstift in Grönenbach sowie 45 Patronatspfarreien und sechs Patronatsbenefizien zum Opfer.

In einem zügigen Akt konnte die Pensionierung der geistlichen Angehörigen des Hofstaates bereits am 19. Februar 1803 abgeschlossen werden. Sechs von den zwölf

Kapitularen machten von dem kurfürstlichen Angebot, in der Residenz wohnen zu
bleiben, Gebrauch, der letzte von ihnen noch 18 Jahre lang bis zu seinem Tod.
Lediglich die Verhandlungen mit dem Fürstabt Kastolus von Reichlin-Meldegg – er
regierte seit 1793 – zogen sich in einem monatelangen Schriftwechsel hin[17]. Erst im
September 1803 gab die angesichts der traurigen Finanzlage der Fürstabtei äußerst
zurückhaltende Regierung seinen Forderungen[18] zum großen Teil nach. Der bereits
von schwerer Krankheit gezeichnete Fürstabt verstarb noch kein Jahr später am
28. Mai 1804.

Die unmittelbar nach Abschluß der Pensionsverträge in Angriff genommenen Versteigerungen und Verkäufe dauerten bis zum Jahre 1814 an. Die allerorts nicht
abreißende Kette öffentlicher Versteigerungen führte zu einem Überangebot und
die finanziell angespannte Lage der Kaufinteressenten während der Kriegszeiten zu
einem Preisdruck. Vom Verkauf ausgenommen blieben neben dem Privateigentum
der Geistlichen eine Reihe von Gebäuden, da sie öffentlichen Zwecken nutzbar
gemacht bzw. umfunktioniert wurden: Das weitläufige Residenzgebäude für die
Unterbringung des Militärs und zahlreicher Verwaltungs- und Justizbehörden, das
St. Lorenz-Münster als katholische Stadtpfarrkirche, die lateinische Klosterschule
als staatliches Gymnasium. Über das Schicksal der Hof- und eigentlichen Kloster-
bibliothek, die schon in den Kriegen des 17. und 18. Jahrhunderts stark in Mitleidenschaft gezogen worden war, gibt es wenig Aufschluß. Teilbestände gelangten an
die Stadtbibliothek Augsburg bzw. an das nach der Säkularisation durch König
Ludwig I. wiedererrichtete Benediktinerkloster Metten. Das Klosterarchiv, welches
fast ausschließlich Freiheitsbriefe und Urkunden bewahrte, lagert heute im Hauptstaatsarchiv München und im Staatsarchiv Augsburg (zuvor Neuburg a. D.).

Der relativ geringe Gesamterlös aus der Säkularisation der Fürstabtei Kempten
belief sich auf 450000 Gulden[19] und reduzierte den Schuldenstand auf 1,8 Millionen. Zuzüglich zu dieser beträchtlichen Last mußte der bayerische Staat die Pensionszahlungen für die Geistlichen und die zum Teil nicht weiterbeschäftigten weltlichen Bediensteten des Hofstaates leisten. Der Erwerb der Fürstabtei Kempten
ergab somit für Bayern ein Verlustgeschäft von rund 2 Millionen Gulden. Die
hochgespannten Erwartungen des Ministers Montgelas, mit dem Gewinn reichen
Klosterbesitzes den eigenen zerrütteten Finanzhaushalt sanieren zu können, hatten
sich im Falle Kemptens als spekulative Prognose erwiesen.

Mediatisierung der Reichsstadt

Während die Säkularisation der Fürstabtei einen totalen Auflösungsprozeß nach
sich zog, leitete die Mediatisierung der Reichsstadt deren Integration in den bayerischen Staat ein. Militärische Besetzung und Zivilbesitznahme[20] verliefen nach einem
für alle ostschwäbischen Reichsstädte angeordneten Zeremoniell. Am 2. September
1802 besetzten 120 Infanteristen des Regiments von Salern und 55 Kavalleristen
des Graf Fuggerschen Chevauleger-Regiments die Stadt. Seit diesem Zeitpunkt ist
Kempten als einzige der zwangsweise durch Militär besetzten ostschwäbischen

Reichsstädte bis heute, mit nur kurzen Unterbrechungen, ausgesprochene »Garnisonsstadt« geblieben. Die Zivilbesitznahme am 30. November 1802 oblag dem kurfürstlichen Kommissär, dem bisherigen Oberamtmann zu Söflingen, Johann Paul Wilhelm von Werner. Der Kemptener Amtsbürgermeister Johann Jakob von Jenisch, Bürgermeister Leonhard Fehr und Syndikus Dr. Johann Martin von Abele versicherten ihn im Rathaus der städtischen Unterwerfung unter kurfürstlichen Willen. Die Mitglieder des versammelten Stadtregiments wurden von ihren bisherigen Pflichten entbunden und in gleichem Zuge unter Eidablegung in den »Kurfürstlichen Interims-Stadtrat« übernommen bis zu einer endgültigen Regelung, die Aussicht auf Weiterbeschäftigung bot. In unmittelbarem Anschluß an die Ratsversammlung begann der bayerische Kommissär noch am gleichen Vormittag unter Hinzuziehung der Bürgermeister und der Stadtrechner mit der Kassen- und Rechnungsprüfung und inspizierte am Nachmittag städtische Institutionen. Nach Beendigung der Rechnungsprüfung am Vormittag des 1. Dezember 1802 konnte von Werner bereits am Nachmittag Kempten verlassen, um die Inbesitznahme von Kaufbeuren durchzuführen. In seinem offiziellen Übernahmeprotokoll lobte er, daß »in Kempten alles die kaufmännische Pünktlichkeit und Geradheit beweise und es dürfte schwerlich noch eine Reichsstadt in Schwaben sein, wo man über alle Administrationen binnen 24 Stunden so genaue und bestimmte Auskunft erhalten könnte«[21].

Bereits im Jahre 1801 hatte der Kemptener Rat in einer an Kaiser Franz II. gerichteten Denkschrift versucht, aufgrund eingehender wirtschaftlicher Argumente den drohenden Verlust der Reichsfreiheit abzuwenden und das allerhöchste Interesse auf den »fetteren Braten« der Reichsabtei zu lenken[22]. Seither schien sich innerhalb des Kemptener Rates aus Resignation, eher noch aus besserer Einsicht, ein Stimmungsumschwung vollzogen zu haben. Dies bewies ein Bericht des kurfürstlichen Vertrauensmannes, Major Karl Roger von Ribaupierre, anläßlich seiner Erkundungsreisen und Meinungsumfragen im Frühjahr 1802. Auch die internen Ratssitzungen im Juli und August 1802[23] unmittelbar vor der Inbesitznahme verliefen emotionslos ohne Anzeichen ernsthaften Widerstandes gegen die Staatsgewalt, der wie auch in den übrigen schwäbischen Reichsstädten nach außen hin nicht mehr zur Debatte stand. Dennoch sind an dieser allgemein beobachteten pro-bayerischen Gesinnung gewisse Abstriche vorzunehmen. Das ämterinnehabende, noch dazu evangelische Patriziat vermochte sich nur schwer von der Reichsfreiheit zu trennen. Kaufleute und Händler versprachen sich freilich von der Vereinigung wirtschaftliche Vorteile, zumal Kempten durch Teilnahme am Salzverkehr seit jeher in engen Handelsbeziehungen zu Kurbayern gestanden hatte.

Integration in den bayerischen Staat 1802–1817

In unmittelbarem Anschluß an die Inbesitznahme von Fürstabtei und Reichsstadt ergriff die bayerische Regierung die engverzahnten Maßnahmen der territorialen und administrativen Eingliederung, die sich aufgrund außenpolitischer Wechselfälle in rascher Folge ablösten. Am 1. Dezember 1802 errichtete das Generallandeskommissariat Ulm in der neubayerischen Provinz Schwaben neben dem Regierungsbezirk Dillingen den *Regierungsbezirk Kempten* mit zwei Deputationen[24], die ihren Sitz im fürstäbtlichen Residenzgebäude nahmen. Der provisorisch übernommenen fürstäbtlichen Regierung oblagen die Angelegenheiten des inneren und äußeren Staatsrechts sowie in zweiter Instanz der Justiz und der Polizei. In die Zuständigkeit der Kammer fiel das gesamte Finanzwesen. Noch vor dem endgültigen Abschluß von Organisation und personeller Besetzung bewirkten die bayerischen Reformen von 1803 sowohl die Auflösung des Generallandeskommissariats als auch der Bezirksregierung Kempten nach knapp einjähriger Geltungsdauer. An ihre Stelle trat die Landesdirektion Ulm als einheitlich zuständige Mittelbehörde der Verwaltung und Finanzen für die gesamte kurpfalz-baierische Provinz Schwaben. Auf der unteren Ebene wurden im Rahmen der Neuorganisation von 1804 die Landgerichte als Verwaltungs- und Justizbehörden sowie die Rentämter als Finanzorgane geschaffen. Innerhalb des fürstäbtlichen Territoriums trat außer den Landgerichten Obergünzburg und Grönenbach das in der Stiftsstadt errichtete *Landgericht Kempten*[25] in Funktion. Es bestand aus den ehemaligen Pflegämtern »Diesseits der Iller« und Sulzberg-Wolkenberg mit insgesamt 20 345 Einwohnern. Der Geschäftsbereich der in Kempten installierten beiden *Rentämter*[26], gleichfalls mit Sitz in der Stiftsstadt, grenzte sich nicht nach Distrikten, sondern nach den jeweiligen Geld- bzw. Getreideeinnahmen ab. Im Jahre 1808 erforderte der beträchtliche Territorialzuwachs des nunmehrigen bayerischen Königreiches wiederum eine umfassende Gebiets- und Verwaltungsreform durch Aufhebung der bisherigen Provinzen mit ihren Landesdirektionen und Neugliederung des Staatsgebietes in 15 Kreise. Kempten rückte zur *Hauptstadt des Illerkreises* auf und wurde Sitz eines Generalkreiskommissariats sowie einer Kreisfinanzdirektion als Mittelstellen der Verwaltung für 20 Landgerichtsbezirke mit 237 097 Einwohnern[27], unter ihnen Leutkirch, Wangen, Ravensburg, Tettnang, Bregenz, Inner-Bregenzerwald, Dornbirn, Feldkirch, Sonnenberg, Montafon.

Die weitreichenden außenpolitischen Territorialverschiebungen während der Jahre 1810–1816 mit den zwangsläufigen Gebietsabtretungen Bayerns an Württemberg und Österreich bedingten die Reduzierung der Kreise zunächst auf neun (1810), dann auf acht (1817). Der bisherige Illerkreis ging im erweiterten Oberdonaukreis[28] auf. Damit mußte Kempten Rang und Funktion einer von 1808–1817 bestehenden Kreishauptstadt an Augsburg abtreten. Dieser Verlust verschärfte zwar die wirtschaftliche Notlage in den durch Kriegsnachwirkungen, Nahrungsmittelknappheit und Mißernten geprägten Hungerjahren, trat aber angesichts des zur gleichen Zeit laufenden schwierigen Vereinigungsprozesses von Reichs- und Stiftsstadt in den Hintergrund.

Neuorganisation der Reichsstadt

Der Regierungserlaß zur Organisation der schwäbischen Reichsstädte (10. August 1803) trat für Kempten spezifiziert am 19. März 1804 in Kraft und beendete den seit der provisorischen Eingliederung herrschenden Interimszustand[29]. Die durch den Ulmer Landesdirektionsrat Franz Ignaz von Müllern unmittelbar in Angriff genommenen Maßnahmen konnten am 5. September 1804 mit der kurfürstlichen Bestätigung abgeschlossen werden. Sie bewirkten nach dem Vorbild der für die altbayerischen Landesteile geltenden Munizipalverfassung eine fachliche Dreiteilung der städtischen Aufgaben und deren Wahrnehmung durch Verwaltungsrat, Justizrat und Polizeidirektion. Der lokale Wirkungskreis dieser Ämter beschränkte sich auf den Umfang der Stadtmauern und Friedsäulen, während alle außerhalb gelegenen städtischen Besitzungen seit dem 1. März 1804 dem Landgericht Kempten unterstanden. Den Verwaltungsrat unterstützten in der Geschäftsabwicklung die ehrenamtlich tätigen »Viertelmeister«, die vom Kurfürsten an die Spitze der vier Stadtbezirke berufen wurden. Erst ab 1807 konnten von der Bürgerschaft die Mitglieder des Verwaltungsrates und von diesem das rechtskundige Führungspersonal des Justizrates sowie die Viertelmeister frei gewählt werden, allerdings unter landesherrlicher Aufsicht. Als Mittelsperson und Gewährsmann für die Einhaltung einer engen administrativen Verbindung zwischen Regierungsstellen und Stadtbehörden fungierte ein eigens eingesetzter kurfürstlicher Stadtkommissär, der frühere württembergische Oberamtmann zu Donzdorf, Georg Ernst Preuß. Er überwachte den Vollzug der Organisationsverordnungen, führte den Vorsitz in den Verhandlungen, vollzog die Beschlüsse durch seine Unterschrift und übte in Personalunion auch das Amt des Polizeidirektors aus. Diese Art von »Zusammenarbeit«, die allein schon in der neuen Amtsbezeichnung Verwaltungsrat zum Ausdruck kam, stellte den bisher eigenverantwortlich tätigen Magistrat, den »Hochedlen und Hochweisen Rat«, unter das weitgehende Aufsichts- und Mitbestimmungsrecht der bayerischen Regierung.

Das dem Verwaltungsrat als eigener Vermögensbereich unterstehende, allerdings zum Teil morbide Stiftungswesen[30] erfuhr gleichfalls eine administrative Neuordnung. Die acht »milden Stiftungen« wurden nunmehr in drei Zweigen zusammengefaßt: Hospitalpflege; Armen- und Waisenhausstiftung, Almosenpflege, Zucht- und Arbeitshauspflege, Garnamt; St. Stephans-, Kirchen- und lateinische Schulpflege. Sie erhielten jeweils einen eigenen Verwalter, der nicht in Personalunion dem Verwaltungsrat angehören durfte.

Bei der Neuordnung der städtischen Finanzen erbrachten die gründlichen Erhebungen des Organisationskommissärs von Müllern hinsichtlich der kräfteübersteigenden Abdeckung der Kriegslasten das gleiche Resultat wie zuvor die kurzfristige Prüfung durch den Übernahmekommissär von Werner. Trotzdem setzte die Regierung alles daran, die Schuldentilgung, zu der sie gemäß Reichsdeputationshauptschluß verpflichtet, aber nicht imstande war, wenigstens zu einem Teil von sich abzuwälzen. Von den 528 000 Gulden Gesamtschulden sollte die Stadt Kempten mittels eines Schuldentilgungsfonds[31] innerhalb der nächsten 20 Jahre 122 000 Gulden abtragen. Zur Aufbringung der jährlich vorgeschriebenen Abzahlungsraten und Zinsen verfügte die Regierung eine Anzahl sogenannter Tilgungsmittel, darunter: Erhebung zweier außerordentlicher jährlicher Sondersteuern auf die Dauer von 20 Jahren, Erhöhung der normalen Steuern, Eintreibung beträchtlicher Außenstände, Veräußerung entbehrlicher Gebäude und Realitäten. Eine weitere Bedrohung für das Finanzwesen lag im jährlichen Haushaltsdefizit[32]. Nach Abzug der Besoldungs- und Pensionszahlungen wies die Etat-Veranschlagung lediglich tatsächliche Einnahmen mit 6866 Gulden gegenüber den Ausgaben in Höhe von 23 995 Gulden und somit ein Defizit von 17 129 Gulden aus. Auch in diesem Falle sollte die Stadt, abgesehen von einer zugesicherten späteren Abdeckung aus der schwäbischen Provinzialkasse, zunächst versuchen, das Defizit aus eigenem Vermögen zu beheben. Trotz dieser utopisch anmutenden Forderung gelang es der Stadt bereits bis zum Jahre 1818, die Kriegsschuldenlast zu tilgen und die Haushaltsdefizite vollständig auszugleichen. Diese geradezu erstaunliche Leistung war auf die unerwartet positiven Auswirkungen der eingesetzten Tilgungsmittel zurückzuführen und nach 1811 der gewinnbringenden Vereinigung mit der Neustadt zu einer Munizipalgemeinde zu verdanken.

Sonderstatus der Stiftstadt

Die nie ummauert gewesene, von Gärten umgebene Stift- oder Neustadt reichte in ihren Wurzeln bis zum Beginn des 15. Jahrhunderts zurück und war in ihrer wirtschaftlichen Weiterentwicklung zur bürgerlichen Beamten-, Händler- und Handwerkersiedlung stets durch die Fürstäbte geprägt und gefördert worden. Im Jahre 1712 hatte das in der katholischen Religion verbliebene Gemeinwesen unter seinem herausragenden Wohltäter, Fürstabt Rupert von Bodman, zwar die Stadtrechte erhalten, jedoch niemals eine Verfassung oder typische Verwaltungsorgane wie Bürgermeister und Rat besessen. Um 1800 wies die kleine Stiftstadt, die vier Jahre später dem kurfürstlichen Landgericht und Rentamt Kempten unterstellt wurde, rund 330 Gebäude und ca. 2900 Einwohner auf[33]. Mit Erfolg protestierte sie gegen die Regierungsverfügung vom 20. März 1806 zur Organisation der kleineren Landstädte und Marktgemeinden und setzte eine Sonderregelung durch[34]. Anstatt des ursprünglich verfügten Magistrats beauftragte die Regierung am 6. Juni 1806 zwei ehrenamtliche »Deputierte«, den Buchdrucker Josef Kösel und den Rotgerbermeister Alois Hörburger, mit der Wahrnehmung der stiftstädtischen Belange bis zu einer endgültigen Regelung. Dieser Ausnahmestatus sollte immerhin noch über ein Jahrzehnt bestehen bleiben und nur schrittweise abgebaut werden.

Personelle Besetzung der Ämter

Die für jede Umbruchsperiode charakteristische Frage nach Stabilität oder Veränderung bisheriger Verhältnisse wird in der wissenschaftlichen Literatur im allgemeinen überwiegend unter politischen, wirtschaftlichen oder kulturellen Aspekten beleuchtet. Im Falle Kemptens kann sie auch für das spezifische Gebiet der bayerischen »Personalpolitik« dokumentiert und vertieft werden[35]. Kontinuität oder Wandel sollten hier allerdings nicht ohne weiteres als summarisches Pauschalergebnis herausgestellt werden. Zu berücksichtigen sind die vor und nach dem Umbruch unterschiedlichen Strukturen der Regierungs- und Verwaltungsinstitutionen ebenso wie die besonderen Gegebenheiten einer Doppelstadt. Hinzu kommt, daß die Reformmaßnahmen der bayerischen Regierung die Zusammenlegung von Instanzen sowie die Reduzierung von Arbeitsplätzen verfolgten. So hatte allein das ehemals reichsstädtische Führungspersonal in Stadtregiment und Stadtgericht 59 Stellen eingenommen, während die neue Munizipalverfassung von 1804 nur noch 18 entsprechende Posten genehmigte. Ein Vergleich zwischen den Beschäftigten vor und nach dem Übergang an Bayern muß daher von der Anzahl der neuen, d. h. reduzierten Stellen ausgehen und nur diese in Relation zu den ehemaligen Kemptener Amtsinhabern setzen.

Auf die verfügbaren 15 Dienstplätze bei Regierung und Kammer des Regierungsbezirks Kempten (1802/1803) wurden nur fünf bislang in Kempten tätige Personen berufen, und zwar in die übergeordneten Ämter von einem Direktor und vier Räten[36]. Sie rekrutierten sich aus Fürstabtei und Reichsstadt im ungleichen Verhältnis von 4 : 1, da die Reichsstadt angesichts der bevorstehenden Neuorganisation auf ihre bisherigen »Leistungsträger« nicht verzichten konnte. Die niedrige Übernahmequote von 33,3 % erhöht sich bei Zugrundelegung der reinen Führungspositionen (zehn von 15) allerdings auf 50 %. Das Regierungs- und Kammerpersonal wurde nach Auflösung des Regierungsbezirks Kempten an die neugebildete Landesdirektion für die Provinz Schwaben (1803) in Ulm versetzt.

Bei der Besetzung der für Kempten geschaffenen Unterbehörden eines Landgerichts und zweier Rentämter (1804) mit insgesamt 14 ausgewiesenen Amtsstellen griff die Regierung ausschließlich auf zwölf Rechts- und Finanzexperten der ehemaligen Fürstabtei zurück[37].

Das nach Aufhebung der Provinzen für den neuen Illerkreis mit der Hauptstadt Kempten (1808–1817) geschaffene Generalkreiskommissariat im Residenzgebäude bezog sein Personal zum überwiegenden Teil aus der aufgelösten Landesdirektion Ulm. In den verfügbaren 34 Kreisregierungsstellen[38] konnten nur noch sechs ehemalige Amtsinhaber der Fürstabtei und Reichsstadt auf dem Umweg über Ulm eingesetzt werden, da nach den territorialen, institutionellen und personellen Umbildungen eine Reihe qualifizierter Kräfte nicht mehr greifbar war.

Im Zuge der Neuorganisation der Reichsstadt (1804) trat der 1802 ernannte Amtsbürgermeister Johann Jakob von Jenisch in den Ruhestand, desgleichen der bisherige Stadtammann Georg Mathias von König, der 1818 zum Bürgermeister gewählt werden sollte. Von den insgesamt bewilligten 18 Stellen bei Verwaltungsrat, Justizrat und Polizeidirektion wurden immerhin 15 durch ehemals reichsstädtische Amtsinhaber eingenommen, unter ihnen sieben Vertreter der eigentlichen Führungspositionen[39]. Die allein schon zahlenmäßig beeindruckende Kontinuitätsrate von 83,3 % bezeugt des weiteren die fortdauernde Repräsentanz alteingesessener Familien in der kommunalen Spitze mit Namen wie Bachthaler, Fehr, von Jenisch, von König, Schachenmayr, Stattmüller, Zorn.

Diese spezifischen Prozente der neuen Stellenbesetzung ergeben im pauschalen Gesamtdurchschnitt eine Kontinuität der früheren Kemptener Amtsinhaber in Höhe von 55 %. Angesichts der nüchternen Zahlen dürfen weitere Erkenntnisse nicht in den Hintergrund treten. Aus der Fürstabtei, die als geistliche Institution vollständig aufgelöst und als weltlicher Herrschaftsträger weitgehend aufgehoben wurde, übernahm die bayerische Regierung immerhin 21 Beamte des Hofstaates und zwei Deputierte der Stiftstadt. Sie wurden seitens einer kurfürstlichen Gutachterkommission äußerst gewissenhaft aufgrund strenger Bewertungsrichtlinien ausgewählt. Die in den Personalbesetzungslisten enthaltenen Qualifikationen beweisen, daß charakterlich und fachlich geeignete Kräfte aus der Fürstabtei keinesfalls zu »exotischen Gewächsen« gehört haben[40]. Was die Reichsstadt betrifft, so haben dort die Integrität der übernommenen Führungskräfte und die überdurchschnittliche personelle Stabilität erheblich dazu beigetragen, die administrative Eingliederung in den bayerischen Staat während der schwierigen Übergangsphase mit wechselnden Reformverfügungen zu erleichtern.

Vereinigung von Alt- und Neustadt 1807–1818

Der problematische Vereinigungsprozeß der beiden Kemptener Städte zog sich über ein Jahrzehnt hin[41]. Die zeitlichen und organisatorischen Komplikationen hatten ihren Ursprung in der historischen Entwicklung der beiden getrennten Gemeinwesen, insbesondere in ihrer unterschiedlichen kommunalen und wirtschaftlichen Struktur, aber auch in der schwer anzugleichenden psychischen und religiösen Mentalität. Die jahrhundertelangen Rivalitätskämpfe zwischen den Vertretern des geistlichen Fürstenstaates und der eingeschränkt freien Reichsstadt wirkten sich in einer permanenten Polarität und Antipathie zwischen den Bürgerschaften aus. So standen sich bei der Zusammenlegung bisheriger und bei der Schaffung neuer Institutionen Argwohn, Mißverständnis und Mangel an Kompromißbereitschaft gegenüber.

Bereits 1803 waren einige staatliche Vorstöße, unter anderem in Richtung einer gemeinsamen Abhaltung der beiderseitigen Viktualienmärkte, an bürgerlicher Uneinsichtigkeit gescheitert. Erst 1807 begann die Regierung nach Abschluß der umfassenden Neuorganisation in den Städten die Vereinigungsmaßnahmen für Kempten zu ergreifen, zunächst mit der Realisierung einer gemeinsamen polizeilichen Aufsichtsbehörde. Die hierzu von den drei Kemptener Amtsvorständen angeforderten Gutachten hoben nahezu übereinstimmend neben gewissen administrativen Vorteilen die negativen Auswirkungen auf die konkurrenzschwache Neustadt hervor[42]. Sie war der Altstadt sowohl in der Gewerbestruktur (Handwerk ohne feldbaulichen Nebenerwerb) als auch im wirtschaftlichen Kräfteverhältnis unterlegen, (zum Beispiel acht Bäcker gegenüber 24 altstädtischen, vier Metzger gegenüber 33 altstädtischen). Daher wollte die Neustadt weder auf ihre finanz- und lebenswichtigen Institutionen wie Getreideschranne und Viktualienmarkt, Schlachtbank und Brothaus noch auf ihre eigenen Maße und Gewichte verzichten. Zwecks Vermeidung langwieriger und problematischer Angleichungsverfahren stimmte die Regierung dem städtischen Vorschlag einer Kombination von polizeilicher Einheit und vorläufiger Trennung der gewerblichen Institutionen zu. Darüber hinaus schloß sie sich dem zwar optimistischen, aber wenig realistischen Schlußurteil des kurfürstlichen Stadtkommissärs in Kempten an: »Wenn man ein in der Mitte beider Städte stehendes Polizeidirektionsgebäude errichtet, so wird die Einschmelzung beider Städte in ein freundliches Ganzes so unerwartet und glücklich erfolgen, daß niemand den Zustand der jetzigen Trennung zurückwünschen wird«[43]. Die Institution der mit Erlaß vom 19. September 1808 errichteten gemeinsamen Polizeiverwaltung hat in der bisherigen Kemptener Literatur kaum Erwähnung gefunden, da ihre Bedeutung vermutlich unterschätzt worden ist[44]. Doch war sie nicht nur das erste Etappenziel auf der langen Vereinigungsstrecke, sondern auch ein entscheidender Ansatzpunkt für die spätere Bewältigung der wirtschaftlichen Schwierigkeiten und für die Konsolidierung der Finanzen.

Die Vorbereitungen zur Vereinigung von Alt- und Neustadt unter einer gemeinsamen Kommunalverwaltung setzten nach Auflösung der bisherigen Provinzen mit Erlaß des bayerischen Gemeindeedikts vom 24. September 1808 ein. Es forderte in den neugeschaffenen Kreisen die Bildung städtischer Gemeinden unter Einschluß ländlicher Bezirke, die sog. »Munizipalgemeinden«. In Kempten, der Hauptstadt des Illerkreises, stieß die Realisierung, abgesehen von den wirtschaftlichen Komplikationen, auf finanzielle Diskrepanzen. Der Altstadt mit hohen Kriegsschulden, Haushaltsdefiziten und einem freilich nicht sehr beträchtlichen Kommunalvermögen stand die zwar schuldenfreie, aber vermögenslose Neustadt gegenüber. Die Regierung beschloß daher: »Die Schulden der Altstadt und die Renten ihres Kommunalvermögens, die ohnehin zur Bestreitung der Zinsen und Rückzahlungstermine kaum zureichen dürften, bleiben der Altstadt ganz und ungeteilt. Der Gebrauch des städtischen Rathauses und sämtlicher Lehr- und Wohltätigkeitsanstalten wird den Bewohnern beider Städte gemeinschaftlich (gewährt) sowie das Verwaltungspersonal ohne Rücksicht der Religion aus den Einwohnern beider Städte gewählt«[45]. Erst drei Jahre nach dem Erlaß des bayerischen Gemeindeedikts von 1808 konnte mit Verfügung vom 8. Januar 1811 die Munizipalgemeinde Kempten konstituiert werden[46]. Sie bezog die beiden Städte mit den Hauptmannschaften Neuhausen, Lenzfried und Leubas ein, ferner einen Teil des Steuerdistrikts Heiligkreuz mit den Hauptmannschaften Mariaberg, Grün(en)berg und Hirschdorf. Damit waren in den zwei Städten, in sieben Gemeinden, sechs Dörfern, 93 Weilern und 56 Einöden insgesamt 1199 Häuser, 2191 Familien und 10098 Seelen vereinigt. Die Verfügung berief darüber hinaus den seit 1807 als Aktuar des bisherigen Verwaltungsrates tätigen Karl Loose zum »Kommunaladministrator«, einer neuen und bezeichnenden Titulierung für das Amt des früheren Bürgermeisters. Die bereits am 5. März 1810 gewählten Mitglieder des den Verwaltungsrat nunmehr ablösen-

den Munizipalrates erhielten ihre offizielle Bestätigung. Es waren dies aus der
Altstadt Kempten der Bäckermeister Johannes Bachthaler und der Kaufmann Christian Paul Kutter sowie die beiden bisherigen Deputierten der Neustadt, Buchdrucker Joseph Kösel und Gastwirt Franz Heinrich Schnitzer. Sie vertraten im
Gegensatz zu den früheren besoldeten Verwaltungsratsmitgliedern (je nach Rang
150–500 Gulden pro Jahr) ihre Ämter unentgeltlich.

Die Einweisung und Vereidigung des Kommunaladministrators und der vier Muni-
zipalräte vollzog am 28. Januar 1811 im Kemptener Rathaus der königlich-
baierische Kreisadministrationsrat von Baur gemäß ausdrücklicher Weisung der
Regierung mit einem »geeigneten Vortrag« und in »feierlicher Art«: »Die beiden
Städte [...], deren nahe Lage und natürliche Verhältnisse immer zur Vereinigung
einluden, formieren jetzt eine Stadt, eine Kommune, sie werden einer Gerichtsbe-
hörde unterworfen, sind in einer Polizeistelle vereinigt, haben einen Munizipalrat
und eine Kommunaladministration. [...] Ihr werdet geloben, daß Ihr dem aller-
durchlauchtigsten König und Herrn, Herrn Maximilian Joseph König von Baiern
als dem regierenden allergnädigsten Landesfürsten getreu, hold und gewärtigt sein,
im allgemeinen dessen Nutzen befördern, Nachteil und Schaden abwenden, der
Konstitution und den Gesetzen gehorchen (werdet)«[47]. Eindringliche Reden und
feierliche Eidesformeln vermochten jedoch die Städtegegnerschaft ebensowenig
auszumerzen wie die Beseitigung äußerlicher Trennungssymbole. Seit 1807 hatte
die Regierung mit dem Abbruch der Stadtmauern unter dem Vorwand beginnen
lassen, daß diese Maßnahme »hinsichtlich der freieren Luft vorteilhaft, wegen auf-
hörender Unterhaltungskosten in ökonomischer Hinsicht rätlicher sei«[48]. 1811 fiel
das Klostertor als bisheriges Grenzmerkmal zwischen Alt- und Neustadt. Trotz
des günstigen Ergebnisses des erstmals gemeinsam erstellten Haushaltsetats von
1813/14, der mit 5617 Gulden nur ein Drittel des 1804 ermittelten Defizits auswies,
stemmten sich die Neustädter gegen einheitliche Preis- bzw. Steuererhöhungen und
waren nicht bereit, das in finanzieller Beziehung traurige Los der Altstadt zu
teilen[49]. Noch vier Jahre nach Schaffung der Munizipalgemeinde Kempten konsta-
tierte der Kommunaladministrator Karl Loose unter dem Eindruck des permanent
ausgeprägten Trennungsbewußtseins der vereinigten Kontrahenten: »Die vollständige Vereinigung beider Städte Kempten dürfte nicht allein den höchsten Beschlüs-
sen, sondern dem Interesse beider Städte in höheren Gesichtspunkten – die vollständige Trennung aber den Wünschen einiger Tonangeber in beiden Städten entsprechen«[50].

Nach Eingliederung des Illerkreises mit der Hauptstadt Kempten in den Oberdonaukreis mit der Hauptstadt Augsburg (1817) setzten das neue bayerische Gemeindeedikt vom 17. Mai 1818 mit Restitution der 1808 weitgehend entzogenen Selbstverwaltungsrechte und dessen Ausführungsbestimmungen den endgültig absichern-
den Schlußpunkt unter ein volles Jahrzehnt Kemptener Vereinigungsgeschichte[51].
Reichs- und Stiftstadt (Alt- und Neustadt) bildeten nunmehr zusammen die »Ver-
einte Stadt Kempten« mit 694 Häusern, 1156 Familien und 5196 Seelen als eine
Stadtgemeinde II. Klasse (500–2000 Familien). Da der Gemeindebezirk einer Stadt

sich nicht über den sog. Burgfrieden (Friedsäulen der Altstadt, Hofzaunbeschrieb der Neustadt vom Jahre 1765) erstrecken durfte, verlor Kempten seine ländlichen Bezirke, die ihm als Munizipalgemeinde mit Regierungsverfügung vom 8. Januar 1811 zugewiesen worden waren. Sie wurden in zwei Ruralgemeinden formiert, und zwar im Ruralbezirk St. Lorenz mit den Hauptmannschaften Neuhausen, Hirschdorf, Grün(en)berg, Mariaberg auf dem linken Illerufer und im Ruralbezirk St. Mang mit den Hauptmannschaften Lenzfried und Leubas rechts der Iller. (Erst 1972 sollten diese Landgemeinden wieder mit der Stadt Kempten vereinigt werden). An die Stelle des bisherigen Munizipalrates trat der freigewählte »Magistrat«, dem der Bürgermeister und acht Magistratsräte (jeweilige Amtszeit sechs Jahre) sowie ein rechtskundiger Rat und ein Stadtschreiber angehörten. Der Aufgabenbereich umfaßte insbesondere die Leitung und Beaufsichtigung der Gemeindeanstalten, die Verwaltung des Gemeinde- und Stiftungsvermögens, Umlage der Gemeindelasten, Erteilung von Gewerbebewilligungen. Den freigewählten 24 Gemeindebevollmächtigten als »Vertretern der Gemeindekorporation« oblag die Wahl des Magistrats und dessen Beratung in allen wichtigen Gemeindeangelegenheiten. Der Königliche Stadt- und Polizeikommissär war mit der Oberaufsicht des Staates über die Stadt betraut. Aus der ersten Gemeindewahl der vereinigten Stadt Kempten gingen im Jahre 1818[52] der ehemalige Stadtammann Georg Mathias von König als Bürgermeister und der königliche Advokat Felix Zimmermann als rechtskundiger Rat hervor. Zum Stadt- und Polizeikommissär wurde der Landrichter Johann Georg Henne, ehemaliger Landkassier der Fürstabtei, berufen. Von den acht Magistratsräten waren der Stiftungspfleger David Röhlin, der Kaufmann Matthäus Guitsch, der Buchhändler Tobias Dannheimer bereits Mitglieder des Großen Rates der Reichsstadt und der Gastwirt Heinrich Schnitzer ehemaliger Deputierter der Stiftstadt gewesen. Von den neugewählten 24 Gemeindebevollmächtigten hatten der Großhändler Johann Jakob von Jenisch (ehem. Bürgermeister), ferner Kaufmann Joachim Heydecker, Gerbermeister Johann Jakob Stetter und Stadtwirt Johann Georg Pfeiffer gleichfalls dem Großen Rat angehört. Hinsichtlich der Berufsstruktur setzten sich Magistratsräte und Gemeindebevollmächtigte wie folgt zusammen: Neun Handwerker, acht Großhändler und Kaufleute, sechs Wirte und Brauer, zwei Ärzte, ein Buchhändler und ein Gutsbesitzer. Die Gemeindebevollmächtigten wurden indirekt von bezirksweise ermittelten Wahlmännern mehrheitlich bestimmt. Dabei handelte es sich um keine Wahl im heutigen Sinn mit einer breiten politischen Teilnahme aller Bevölkerungsschichten: Wahl und Wählbarkeit waren neben dem Bürgerrecht an eine hohe Steuerleistung (Zensus) gebunden, so daß die politische Einflußnahme dem oberen und mittleren Bürgertum vorbehalten blieb.

Das der vereinigten Stadt Kempten von der Regierung des Oberdonaukreises verliehene Stadtwappen brachte die historische Doppelbedeutung Kemptens zum Ausdruck. Auf dem senkrecht geteilten Schild symbolisieren vom Beschauer aus im linken, schwarz unterlegten Feld die Hälfte eines goldenen Reichsadlers die ehemalige Reichsstadt, im rechten, weiß-silber unterlegten Feld ein dreizinniger roter

Turm auf grünem Dreiberg die ehemalige Reichsabtei. Die ursprünglich weiß-blauen, später schwarz-gelben Farben der Reichsstadt und die zumeist weiße Farbe des Klosters gingen in den Stadtfarben schwarz-weiß auf. Wappen und Stadtfarben haben bis zum heutigen Tage ihre Gültigkeit behalten.

Trotz endgültiger politischer Legalisierung der vereinigten Stadt Kempten vermochten die offen oder versteckt vorhandenen Ressentiments nur schwer in einem neuen Selbstverständnis städtischer Identität und Einheit aufzugehen und den Unterschied zwischen »stiftisch« und »kemptisch« nichtig werden zu lassen. Die »Neuesten Weltbegebenheiten«, die von 1783 bis 1822 meistgelesene Zeitung in Kempten, nahm vom Vollzug der Vereinigung mit keinem Wort Notiz. Diese Ignoranz war vermutlich auf die seinerzeit in der Presse herausgestellte »große Politik« zurückzuführen, und sie entsprach zweifellos der unerschütterlichen Haltung traditionsbewußter Bürger auf beiden Seiten. Literatur zur Kemptener bzw. Chronik zur Allgäuer Geschichte haben das nicht abzuleugnende Spannungsverhältnis zwischen den städtischen Institutionen und den Bürgern in teils humorig-populärer Schilderung aus gerichtlichen Prozeßakten hervortreten lassen. Selbst durch die archivalischen Quellen ziehen als roter Faden die Auseinandersetzungen und Trennungsabsichten. Zweifellos haben aber innerhalb der Bevölkerung auch Verbindungen geschäftlicher, verwandtschaftlicher und persönlicher Affinität bestanden, die freilich nicht aktenkundig geworden sind.

Bayerische Landstadt 1819–1848

Die Einwohnerzahl der Stadt Kempten wuchs nach 1818 von 5196 Menschen in 694 Häusern bis zum Jahre 1840 auf 6708 Bewohner in 1148 Häusern an[53]. Abgesehen von der Zunahme bürgerlicher Wohnbauten wurden während dieser Zeit das Distrikts-(Stifts-)Spital als Nachfolger des fürstäbtlichen Seelhauses errichtet, katholisches Waisenhaus, Mädchenschule und die vermutlich älteste bayerische Kinderbewahranstalt gegründet, eine Gewerbeschule (nach 1877 Realschule) eröffnet und das Stadttheater umgebaut bzw. erweitert. Trotz fortschrittsbedingter Umbildungen haben diese Institutionen ihre äußere Gestalt oder den spezifischen Wirkungsbereich bis in die Gegenwart bewahrt. Unter dem nachhaltigen Eindruck der gravierenden Umbruchperiode von 1802–1818 schien die Weiterentwicklung Kemptens während der folgenden drei Jahrzehnte äußerlich gesehen in die zivilen Bahnen einer bayerisch-schwäbischen Landstadt einzumünden. Doch ließen die ureigensten Probleme ein beschauliches Provinzleben kaum zu. Der Magistrat mußte bemüht bleiben, die Reibungsflächen innerhalb der zu zwei Dritteln protestantischen, zu einem Drittel katholischen Bürgerschaft zu glätten. Insbesondere auf rechtlicher und wirtschaftlicher Ebene standen gewisse Grenzen noch auf Jahrzehnte hinaus einem völligen Übereinkommen entgegen. Erst 1844 wurde die zwischen den einstigen Städten verlaufende Zollgrenze mit Grenzsteinen und beiderseitigen Zolleinnehmern beseitigt. Die Zusammenlegung der bisherigen Wochen- und Jahrmärkte (drei altstädtische, zwei neustädtische) zog sich bis 1869/70 hin.

Die unterschiedlichen Bestimmungen im Wege-, Vormundschafts- und Erbrecht galten teilweise noch bis 1900. Gegen die 1825 staatlicherseits geforderte Vereinigung der Zünfte leisteten die 358 Gewerbetreibenden der Altstadt und die 189 der Neustadt (Stand 1823) erbitterten Widerstand. Erst 1848 konnte das in Jahrhunderten erstarrte Zunftwesen gesprengt und der neuzeitliche gemeinsame Gewerbeverein ins Leben gerufen werden. Andererseits wußte die Bevölkerung bei offiziellen Anlässen statt des konfliktbeladenen Nebeneinanders ein harmonisches Miteinander und obrigkeitliche Ergebenheit zu demonstrieren. »Getrennt einst in zwei Städte, sind unter Wittelsbachs Aegide wir jetzt eins«[54]. Unter dieser Triumphbogen-Inschrift betrat der seit 1825 regierende bayerische König Ludwig I. mit seiner Gemahlin Therese zum ersten Mal Kemptener Boden anläßlich einer Besuchsreise durch den Oberdonaukreis im August/September 1829.

Am 29. November 1837 verfügte König Ludwig I. eine neue Abgrenzung und Nomenklatur der seit 1817 geltenden Kreiseinteilung, um »die Erinnerung an die erhebende Vergangenheit mit der Gegenwart durch fortlebende Bande zu verknüpfen und die alten, geschichtlich geheiligten Marken wiederherzustellen«[55]. Unter Rückführung auf die im bayerischen Königreich vereinigten Stämme wurde aus dem Oberdonaukreis, erweitert um Neuburg und das Ries, der »Kreis Schwaben und Neuburg« mit dem Regierungssitz in Augsburg.

Grundlegende Veränderungen der Wirtschafts- und Verkehrsstruktur und damit des Bevölkerungs- und Sozialgefüges sollten sich in Kempten erst in der zweiten Hälfte des 19. Jahrhunderts vollziehen. Sie zeichneten sich jedoch in ersten richtungweisenden Ansätzen schon vor der Unterbrechung durch die revolutionären Unruhen von 1848/49 ab. Die nach Aufhebung der Kontinentalsperre (1813) einsetzende Überschwemmung des Festlandmarktes mit angestauten, hauptsächlich englischen Gütern hatte in Kempten zum Niedergang der Leinenweberei und zur Stagnation des Handels geführt. Ein Rückgang des für Kempten lebenswichtigen Speditionsgewerbes und des ausgedehnten Transitverkehrs (mit Tirol, Italien, Schweiz, Rheinland, Frankreich und den Niederlanden) zeichnete sich mit dem Bau der ersten südbayerischen Eisenbahnlinien (1840 München–Augsburg, 1844 Augsburg–Donauwörth) bereits ab. Auf dem Lande versiegten die bisherigen Haupteinnahmequellen aus dem Ackerbau sowie die Erlöse aus der nebengewerblich betriebenen Flachsspinnerei und Weberei. Dank der Initiative weitblickender Unternehmer, der »Notwender« Aurel Stadler und Carl Hirnbein, begann sich der Wandel vom blauen zum grünen Allgäu zu vollziehen[56]. Die Allgäuer Bauern stellten sich nach und nach vom traditionellen Getreide- und Flachsanbau auf die Grünlandwirtschaft um, die den geographischen und klimatischen Gegebenheiten des Alpenvorlandes entsprach, und wandten sich nach Einführung schweizerischer und niederländischer Herstellungsverfahren der Käseerzeugung zu. Trotz anfänglichen Einspruchs des Kemptener Magistrates, daß durch den »Käse die Luft verpestet und die Mitmenschen belästigt« würden, entwickelte sich Kempten unaufhaltsam zum Hauptort der schwäbischen Milchwirtschaft mit Schwerpunkt auf Käsefabrikation und -handel. 1846 baute der Schweizer Erfinder Caspar Honegger die in

Kottern bei Kempten erworbenen vier Papiermühlen unter Nutzung der Iller-Wasserkraft und angesichts des für Kempten unmittelbar bevorstehenden Eisenbahnanschlusses zu einer mechanischen Spinnerei und Weberei aus. Damit war der Weg in den zweiten bedeutenden Wirtschaftszweig Kemptens, die industrielle Textilfabrikation, bereitet.

Revolutionäre Unruhen von 1848/49

Im Gefolge der französischen Juli-Revolution von 1830 griff die Bewegung eines zur politischen Mündigkeit erwachenden Bürgertums, getragen vom Zeitgeist des Liberalismus und Nationalismus, auf Deutschland über[57]. Sie fand in Kempten und auch im Allgäu trotz der Nachbarschaft zum demokratisch-progressiven Südwestdeutschland und zur republikanischen Schweiz zunächst wenig Resonanz. Während der Zeit des »Vormärz« neigten die Kemptener Bürger noch zu politischer Abstinenz und fanden sich in rein geselligen Vereinen zusammen: In der »Harmonie« (hervorgegangen aus der 1805 gegründeten neustädtischen Lesegesellschaft), im altstädtischen Fischerei-Verein (1825), im »Liederkranz« (1829) sowie im »Bürger-Sänger-Verein« und in der »Liedertafel« (1845). Neben dem »Wochenblatt der Kgl. Stadt Kempten« (gegründet 1811) wurde die im Verlag Tobias Dannheimer erscheinende »Kemptener Zeitung« gelesen, die 1822 aus den »Neuesten Weltbegebenheiten« hervorgegangen war. Sie bezog ihre Nachrichten mangels eigener Korrespondenten aus renommierten, insbesondere württembergischen Blättern mit liberal-tendenziösem Grundtenor. Erste Anzeichen einer Auflehnung gegen das staatliche Regime waren 1831 in den provokativen Reden des Kemptener Handelsmannes Balthasar Weitenauer zutagegetreten und in den Agitationen des ehemaligen rechtskundigen Magistratsrates Balthasar Waibel, der 1830 auf eigenen Wunsch in den Ruhestand versetzt worden war[58]. Als König Ludwig I. den Sieg der liberalen Opposition in den bayerischen Landtagswahlen von 1831 mit der Wiedereinführung der Pressezensur und dem Ausschluß von fünf freisinnigen Abgeordneten aus dem Landtag beantwortete, sammelte Waibel im Einvernehmen mit dem Kemptener Magistrat und Gemeindekollegium über 300 Unterschriften für eine gegen diesen »Verfassungsbruch« gerichtete Protestadresse an die Ständekammer in München. Unterstützt wurde er dabei von seinen liberalen Gesinnungsgenossen, dem Kemptener Gymnasialprofessor Johann Baptist Haggenmüller, dem Arzt Dr. Mair aus Roßhaupten und dem Eisenhändler Fidel Schlund aus Immenstadt. Nach scharfer Zurechtweisung seitens der Regierung verlegte Waibel seine Angriffe in den kommunalen Bereich und deckte u. a. die unter seinem Amtsnachfolger herrschende Mißwirtschaft in der Stadtkasse auf. Der Magistrat hielt es schließlich für geraten, Waibel im städtischen Verwaltungs- und Rechnungsdienst einzustellen (1843), den er in den folgenden Jahren vorbildlich ordnete. Nachdem Waibels wiederholte Anträge auf Reaktivierung als Magistratsrechtsrat fehlgeschlagen waren, übernahm er am 1. März 1848 die Schriftleitung der »Kemptener Zeitung«[59]. Er entwickelte das nunmehr täglich erscheinende Blatt zum meistgelesenen, im ganzen Allgäu verbreiteten Kampforgan anti-konservativer Prägung. Gestützt auf die königliche Verordnung über die Freigabe der Presse für die inneren Angelegenheiten (1. Januar 1848) geißelte er mit staunenswertem Mut und beißendem Spott die unpolitischen Gemeindebevollmächtigten als »träge Schläfer« und die Beamtenschaft als engstirnige »Rückwärtsler und Finsterlinge, Süßlächler und Leisetreter«. Andererseits verstand er es mit politischem wie intuitivem Scharfsinn, die für die breite Masse unverständlichen Staatstheorien in eine volksnahe Sprache umzusetzen, während draußen im Lande seine Gesinnungsgenossen, insbesondere Fidel Schlund, die freisinnige Basis gegenüber konservativen und klerikalen Kreisen verbreiterten.

Der Verfassungsumsturz der französischen Februar-Revolution 1848 löste im März die »Deutsche Revolution« in einer Kette unterschiedlicher Einzelerhebungen aus, die überwiegend eine Verfassungsrevision zum Ziel hatten. Im bayerischen Schwaben entwickelte sich neben Nördlingen insbesondere Kempten zum Brennpunkt der liberal-demokratischen Bewegung. Nach Aufhebung der Pressezensur und Freigabe des Versammlungs- und Vereinsrechts durch königliche Proklamation vom 6. März 1848 überzog nach und nach ein Netz politischer Volks- oder »März«-Vereine das gesamte Allgäu. Anläßlich der Wahlen zur Frankfurter Nationalversammlung, dem ersten gesamtdeutschen Parlament, ging am 28. April 1848 aus dem Wahlkreis Kempten der liberale Abgeordnete Johann Baptist Haggenmüller (1792–1862) hervor[60]. Im Gegensatz zu den kompromißbereiten gemäßigten Liberalen, die die konstitutionelle Monarchie befürworteten und kein klares Bekenntnis zur Volkssouveränität abgaben, neigte Haggenmüller seinem politischen Selbstverständnis nach zur ungleich radikaler eingestellten demokratischen Gruppierung der Liberalen. Diese war dazu bereit, ihre vorrangigen politischen Forderungen – Einführung der Republik und Verwirklichung des Prinzips der Volkssouveränität – in letzter Konsequenz auch gewaltsam durchzusetzen. Der wegen seiner »freigeistigen«, antimonarchischen Gesinnung und angeblicher Vergiftung der Jugend zwangsweise emeritierte Professor und Historiker, der kurz zuvor seine zweibändige »Geschichte der Stadt Kempten« beendet hatte, war aufgrund des damals noch verbreiteten Prinzips der Persönlichkeitswahl nach einer von Waibel großangelegten Propagandakampagne erfolgreich gewesen. Während Haggenmüller in der Nationalversammlung kaum als Redner hervortrat, vermittelten seine in der Kemptener Zeitung veröffentlichten 40 Berichte aus Frankfurt ein überaus anschauliches Bild von dem wechselvollen Gang der Paulskirchen-Debatten. Zunächst neigte auch Waibel einer konstitutionellen Monarchie nach englischem Vorbild zu. Er trat daher im August 1848 dem vom Kemptener Bürgermeister Dr. Karrer gegründeten »Constitutionellen Verein« der Liberalen bei, der eine eigene »Allgäuer Zeitung« im Verlag von Johann Huber, dem Inhaber der Kösel'schen Buchdruckerei, herausgab. Unter dem unmittelbar gewonnenen Eindruck, daß die Stadt sich mit diesem Verein von dem auf ihr lastenden Verdacht republikanischer Wühlereien zu befreien versuchte und sich letzten Endes mit der Regierung arrangieren würde, erklärten Waibel und seine Anhänger bereits einen Monat später ihren

Austritt. Sie schlossen sich zu einem eigenen »Kemptener Volksverein« mit Tagungsort im Lokal der Brauerei Stadt Hamburg zusammen. Das neue Volksvereinsblatt, das einmal wöchentlich der Kemptner Zeitung beigegeben wurde, wirkte wie »scharfer Essig gegenüber dem lauwarmen Wasser« des konstitutionellen Blattes[61]. Letzteres mußte schon im März 1849 mangels jeglicher Resonanz sein Erscheinen einstellen, während der Constitutionelle Verein mehr und mehr in Lethargie versank. Demgegenüber konnte Waibels Volksverein seine politische Schlagkraft beweisen. In den Kemptener Magistratswahlen vom September 1848 setzte sich der liberale Brauereibesitzer Johann Schnitzer gegen den konservativen bisherigen Bürgermeister Dr. Karrer durch. In den am 7. Dezember 1848 gewählten bayerischen Landtag, für den aufgrund des neuen Wahlgesetzes (4. Juni 1848) die ständische Gliederung aufgehoben worden war, zogen Waibel, Dr. Mair und Schlund als Abgeordnete des linken und stärksten Fraktionsflügels der Radikalliberalen ein. Die Trennung zwischen der gemäßigt-liberalen Gruppierung und den Radikalliberalen mit republikanischen Ambitionen, welche die unbeschränkte Volkssouveränität forderten, hatte sich vollzogen.

Das Jahr 1849 brachte Höhepunkt, aber auch Ende der revolutionären Erhebungen in einem unaufhaltsamen Schlagabtausch. Nach der am 23. April 1849 durch den bayerischen König Max II. Joseph erfolgten Ablehnung der Frankfurter Reichsverfassung und der deutschen Nationaleinheit eskalierten die bisherigen Agitationen der Allgäuer Märzvereine zunächst in gemeinsamen Massendemonstrationen. Sie wurden vom Kemptener Volksverein in Mindelheim (24. April), in Kempten (6. Mai mit 10 000 Teilnehmern aus 35 Vereinen), in Sonthofen, Kaufbeuren, Krumbach (13. Mai), Illertissen (17. Mai) und Füssen (20. Mai) organisiert. Zur gleichen Zeit begann die Frankfurter Nationalversammlung nach kaum einjähriger Dauer zu zerfallen. Die letzten hundert Abgeordneten, unter ihnen Haggenmüller, die die Volkssouveränität verwirklicht wissen wollten, verlegten ihr »Rumpfparlament« nach Stuttgart, wo es am 18. Juni von königlich-württembergischen Truppen zersprengt wurde. Der Auflösung des bayerischen Landtags am 10. Juni folgte die Änderung der bisherigen Wahlkreiseinteilung in Form eines ausgleichenden Zusammenschlusses von konservativen mit radikalen Gebieten. Aus der Garnisonsstadt Kempten wurde der Großteil der mit der liberalen Bevölkerung sympathisierenden Standorttruppe abgezogen. Aus den Aufruhrzentren ergoß sich eine Flut von Protesten über König und Regierung sowie von Informationsschriften und Appellen über Vereine und Bevölkerung. Sie riefen mit dem Schlagwort »Durch das Schwert zur Freiheit« zur Bildung von Wehrausschüssen, zur allgemeinen Bewaffnung und zum gewaltsamen Vorgehen der Bürgerwehren und Freikorps auf[62]. Am 1. Juli 1849 setzte die Regierung, durch Lageberichte ihrer Behörden auf dem laufenden gehalten, zum Gegenschlag an und ließ ins Allgäu, vor allem in die Brennpunkte Kempten, Immenstadt und Weiler, Truppen unter Generalmajor von Flotow einmarschieren. Dieser setzte alles daran, den »Krebsschaden, das faule Fleisch, die vielhäuptige Schlange« der revolutionären Bewegung zu vernichten[63]. Nach Verhaftung oder Flucht der in einer »Schwarzen Liste« der Augsburger

Tafel 41.1   St. Lorenz, daneben das Gymnasium (bis 1864) und die Serro-Häuser, Stich von F. G. Hermann, 1820.

Tafel 41.2   Kartusche am Londoner Hof mit Stuckrelief des Gebäudes zur Erbauungszeit 1764.

Tafel 42.1   Der St. Mang-Platz um 1840, Lithographie von Tobias Dannheimer, nach einer Zeichnung von Fr. Baur

Tafel 42.2   Residenzplatz mit St. Lorenz, Residenz und Landhaus, um 1840. Die Basilika St. Lorenz erhielt ihre ursprünglich geplante Turmbekrönung und damit ihr heutiges Aussehen erst im Jahre 1900.

Tafel 43.1 Das Rotschlößle im Stadtteil St. Mang, im 18. Jahrhundert im Besitz der Familie Neubronner

Tafel 43.2 Franziskanerkloster in Lenzfried. In dem vom Orden 1548 verlassenen Kloster fanden zunächst die Schwestern von St. Anna Unterschlupf. 1643/1646 kehrten die Franziskaner als »Gegengewicht gegen die Lutheraner« nach Lenzfried zurück. Die Klosterfrauen bezogen 1649 ein eigenes kleines Kloster. 1715 wurde den Franziskanern die Wallfahrt von Heiligkreuz übertragen. An Stelle ihres 1683 erneuerten und nun baufällig gewordenen Klosters konnte 1765 eine größere Anlage errichtet werden.

Tafel 44   Die 1852 gegründete Spinnerei und Weberei Kempten, 1882 beträchtlich erweitert durch den Ankauf der Textilfabrik der Gebrüder Sandholz, undatierte Zeichnung von Wilhelm Fiek aus Augsburg

Kreisregierung erfaßten Hauptagitatoren lösten sich die Volksvereine und Freikorps binnen kurzer Zeit auf. Die Wahlen zum bayerischen Landtag am 24. Juli
1849 brachten unter dem Schutz der Besatzungstruppen im Allgäu den konservativ-
liberalen Kandidaten die Mehrheit.

Johann Baptist Haggenmüller hatte sich seiner Festnahme trotz vorheriger Warnung nicht entzogen, denn »das Volk muß sehen, daß es Männer gibt, die bereit
sind, Freiheit und Leben für dasselbe einzusetzen«[64]. Er war ebenso wie Fidel
Schlund in die Fronfeste Augsburg verbracht worden. Nach Erlaß des bayerischen
Amnestiegesetzes kehrten Haggenmüller und Schlund im Dezember 1849 nach
Kempten bzw. Immenstadt zurück und erfreuten sich ungeschmälerter Wertschät-
zung seitens der dortigen Bevölkerung. Trotzdem wanderte Fidel Schlund 1853 mit
seiner Familie nach Amerika aus, wo er im Secessionskrieg mit vielen anderen
»Achtundvierzigern« auf der Seite Abraham Lincolns kämpfte und 1882 verstarb.
Balthasar Waibel, nur vorübergehend in Untersuchungshaft und lediglich mit einer
Geldstrafe wegen Pressevergehens belehnt, wurde 1850 aus städtischen Diensten
entlassen. Ein Jahr später mußte er sowohl die Redaktion der zahmgewordenen
Kemptener Zeitung niederlegen als auch den Volksverein auflösen. Gleich Haggenmüller mit historischen Studien befaßt, starb er 1865, drei Jahre nach seinem einstigen Mitstreiter. Außer Fidel Schlund wanderten zahlreiche Allgäuer nach dem
Scheitern der Volksbewegung, wie schon zuvor aus wirtschaftlichen Gründen,
nunmehr aus politischem Anlaß aus. Der Verbleib in einer sie bedrückenden Atmosphäre wiedererstarkter Reaktion war ihnen unerträglich geworden.

Für die mit schweren innenpolitischen Problemen belastete bayerische Staatsregierung (revolutionäre Unruhen vor allem in München und in der Rheinpfalz, Abdan-
kung König Ludwigs I.) mag die Volkserhebung in Kempten und im Allgäu relativ
unwichtig gewesen sein. Auch in der bayerischen Geschichtsschreibung hat sie –
wenn überhaupt – eher eine Randepisode dargestellt. Und doch sind die Allgäuer
Geschehnisse für das regionale und lokale Bewußtsein von großer Bedeutung: Die
Jahre 1848/49 zogen den Schlußstrich unter ein halbes Jahrhundert ostschwäbischer
Übergangs- und Integrationsgeschichte, aber auch unter ein letztes Stakkato jahrzehntelang aufgestauter Emotionen der Bürgerschaft. Im Kampf um Mitspracherecht und Souveränität des Volkes gärte unterschwellig der Widerstand gegen Un-
zulänglichkeiten und Mißstände in den zentralistischen Behörden mit Besetzungs-
mangel und Arbeitsüberlastung, gegen Schroffheit und Arroganz der altbayerischen
Regierungsbeamten. Erst nach diesen Jahren begann, vor allem auf wirtschaftlicher
und kultureller Ebene, die wechselseitige Befruchtung der alt- und neubayerischen
Landesteile. Darüber hinaus aber setzten die Kemptener und Allgäuer mit der
1848er Bewegung jene Tradition couragierter Einforderung politischer Mitbestimmung fort, die in der Frühen Neuzeit begonnen hatte. Sie leisteten damit einen
ansehnlichen Beitrag zur Verstärkung des demokratischen Substrats in der bayerischen Geschichte.

1 Für den Zeitraum von 1802–1818 beruht der Beitrag auf der Dissertation des Verfassers 1988 »Kempten im Umbruch«.

2 Walter Brandmüller: Geistiges Leben im Kempten des 17. und 18. Jahrhunderts. In: ZBLG 43 (1980), S. 613.

3 Zu den Begriffen »Säkularisation« und »Mediatisierung« siehe die Definition bei Volker Dotterweich: Herrschafts- und Vermögenssäkularisation in Bayerisch-Schwaben. In: Pankraz Fried (Hrsg.): Probleme der Integration Ostschwabens in den bayerischen Staat, Sigmaringen 1982, S. 114.

4 Pankraz Fried: Die staatliche Neuorganisation Bayerns auf der mittleren Verwaltungsebene zu Beginn des 19. Jh., Vortrag vor dem Bez. Schwaben 26. 11. 1987, Manuskr. S. 4.

5 Siehe hierzu Rbl 1808, Sp. 2405 f.; Georg Döllinger: Sammlung der im Gebiet der inneren Staatsverwaltung des Königreichs Bayern bestehenden Verordnungen, München 1835, Bd. XI, S. 71 f. Literatur siehe Josef A. Weiss: Die Integration der Gemeinden in den bayerischen Staat, München 1986.

6 Kießling/Schmid: Dokumente III/3, Nr. 67, S. 160 f.; Gbl 1818, Sp. 49–96.

7 Siehe grundlegend Klaus von Andrian-Werburg: Das Territorium des vormaligen fürstlichen Benediktinerstiftes Kempten im Allgäu, Neustadt/Aisch 1966; Wolfgang Zorn: Die Territorien Schwabens 1802. In: Hans Frei u. a. (Hrsg.): Historischer Atlas von Bayerisch-Schwaben, 2. Aufl., 1. Lieferung (Karte VI, 1), Augsburg 1982.

8 StANeuburg: Reichsstädte, Akten 21; Erich Keyser/Heinz Stoob (Hrsg.): Bayerisches Städtebuch, Bd. 2, Stuttgart u. a. 1974, S. 294.

9 HStA München: Fst. Kempten, NA, Akten 1504; StANeuburg: Regierungsakten 3289.

10 StANeuburg: Reichsstädte, Akten 17, 21; Regierungsakten 3289; StadtA Kempten: Magistratsakten A XII 60, 61.

11 StANeuburg: Reichsstädte, Akten 18.

12 HStA München: MA 4552, 8472.

13 Rottenkolber, Stift, S. 197, 199, 238, 244, 260; ders.: Säkularisation, S. 3, 14, 15, 24, 32 f.

14 Volker Dotterweich: Zur Erleichterung Ihrer Finanzen. Das Ende der Reichskirche im Bistum Augsburg. In: Kath. Akad. Augsburg (Hrsg.): Die Säkularisation im Bistum Augsburg (1802–1803), Augsburg 1986, S. 19.

15 HStA München: MA 39011/2; StANeuburg: Regierungsakten 3064/II, fol. 84 v–94 r; Akten des Kgl. Rentamts Kempten 633.

16 HStA München: Fst. Kempten, Akten, NA, 1503, fol. 38 r–38 v, 121 r; StANeuburg: Regierungsakten 3287, Pkte 1, 3–34.

17 HStA München: Fst. Kempten, Akten, NA, 1503, fol. 2 r, 6 r–6 v, 36 r, 118 r–125 r.

18 Bei diesen handelte es sich insbesondere um 20 000 Gulden jährliche Pension, ganzes oberes Südstockwerk der Residenz zur freien Wohnung, Pferde- und Wagenpark, Sommerresidenz und Jagden.

19 StANeuburg: Regierungsakten 3237, fol. 65–85; Akten des Kgl. Rentamts Kempten 1148, Bde. 1–15, Hefte 1–29; Hans Christian Mempel: Die Vermögenssäkularisation 1803/10, Teil I, München 1979, S. 113–116.

20 HStA München: MA 39011/2; StANeuburg: Reichsstädte, Akten 18; StadtA Kempten: Magistratsakten A XII 60; Ratsprotokolle 197 (1800–1802) S. 863–867; Blendinger, Mediatisierung, S. 104–108.

21 StANeuburg: Reichsstädte, Akten 18.

22 Blendinger, Mediatisierung, S. 104; Alfred Weitnauer: Kempten wollte nicht bayerisch werden. In: Heimgarten 22 (1937), Nr. 18, S. 1 f.

23 StadtA Kempten: Ratsprotokolle 197 (1800 bis 1802), S. 750 f., S. 793.

24 StANeuburg: Kgl. Rentamt Kempten, Akten 63; Regierungsakten 3289; StadtA Kempten: Ratsprotokolle 197 (1800–1802), S. 867; Magistratsakten A XII 60.

25 HStA München: MInn 34610; Blickle, Kempten, S. 335 f.

26 HStA München: MF 57436; MInn 14537; StANeuburg: Kgl. Rentamt Kempten, Akten 635.

27 HStA München: MInn 34545; Kießling/Schmidt, Dokumente III/3, Nr. 54, S. 119.

28 Kießling/Schmidt, Dokumente III/3, Nr. 56, S. 124.

29 Zur Neuorganisation der Reichsstadt insgesamt: HStA München: MInn 26813, 54212, 54213; MF 58368; StANeuburg: Regierungsakten 3289, 4971; Reichsstädte, Akten 17, 18; Kgl. Rentamt Kempten, Akten 518; StadtA Kempten: Magistratsakten A XII 60–62.

30 StANeuburg: Akten des Kgl. Rentamts Kempten 516; Rottenkolber, Säkularisation, S. 57.

31 Siehe hierzu wie auch zu den verschiedenen Maßnahmen HStA München: MF 58368; StA-Neuburg: Kgl. Rentamt Kempten, Akten 518; Regierungsakten 4971; StadtA Kempten: Magistratsakten A XII 60–62.

32 StANeuburg: Kgl. Rentamt Kempten, Akten 518; Regierungsakten 4971.

33 Rottenkolber, Säkularisation, S. 31; Friedrich Zollhoefer: Kempten. In: Keyser/Stoob (Hrsg.): Städtebuch, S. 293.

34 Rbl 1806, Sp. 129 f.; StANeuburg: Regierungsakten 1362.

35 Hierbei handelt es sich um ein Novum, da in den bisherigen Werken zur Geschichte Kemptens auf diesen Komplex nur überblicksartig, fast ausschließlich auf die Reichsstadt konzentriert, eingegangen worden ist – von fehlenden Quellenangaben ganz abgesehen.

36 StANeuburg: Regierungsakten 3289; Akten des Kgl. Rentamts Kempten 633.

37 StANeuburg: Regierungsakten 3289; Kgl. Rentamt Kempten 635. Mit an Sicherheit grenzender Wahrscheinlichkeit wurden auch für zwei urkundlich nicht faßbare Stelleninhaber fürstäbtliche Bedienstete übernommen, so daß sich die gesicherte Kontinuitätsrate von 85,7 % auf vertretbare 100 % erhöht!

38 HStA München: MInn 6412, 6413.

39 HStA München: MF 58368; StANeuburg: Regierungsakten 3289, 4972.

40 Rottenkolber, Stift, S. 244; Säkularisation, S. 24.

41 Siehe zu diesem Komplex grundlegend HStA München: MInn 54306, 55842; StANeuburg: Regierungsakten 3797/II, 4972, 4973; StadtA Kempten: Magistratsakten A X 13, A XII 60–62; Ratsprotokolle 203 (1808–1811).

42 StANeuburg: Regierungsakten 4972; Weitnauer: Wirtschaftliche Grundlagen Kemptens im Jahre 1807. In: Ders.: Bürger, S. 255–270; StB München: Cgm. 6851/19, 20 (für 1809 bis 1812).

43 StANeuburg: Regierungsakten 4972.

44 HStA München: MInn 55842.

45 Ebd.

46 Ebd.; StANeuburg: Regierungsakten 4972, 4973; StadtA Kempten: Magistratsakten A X 13.

47 StANeuburg: Regierungsakten 4973; StadtA Kempten: Magistratsakten A X 13.

48 Georg Nagel: Vom Abbruch der alten Kemptener Stadtmauern. In: Hochvogel 8 (1931), Nr. 16, S. 62.

49 Rottenkolber: Aus den Anfängen der heutigen Stadtgemeinde Kempten. In: Heimgarten 17 (1932), Nr. 38, S. 150.

50 StadtA Kempten: Magistratsakten A X 13.

51 Auszug aus den Dokumenten. HStA München: MInn 54306; StANeuburg: Regierungsakten 3797/II. Ferner Rudolf Hüttinger: Vereinigung der zentralen Ortsnamen in der Gemeinde St. Mang. In: AGF 68 (1968), S. 22–25.

52 StANeuburg: Akten des Kgl. Rentamts Kempten 1564; Amtsblatt der Kgl. Baier. Regierung des Ober-Donau-Kreises für das Jahr 1818.

53 Weitnauer Chronik, Bd. III, S. 275, 300.

54 Theodor Rolle: Die Reise König Ludwigs I. von Bayern durch den Oberdonaukreis und nach Augsburg im Jahre 1829. In: ZHVS 80 (1986/87), S. 55.

55 Zitiert nach Wilhelm Volkert: Handbuch der bayerischen Ämter, Gemeinden und Gerichte 1799–1980, München 1983, S. 38 f.; Verfügung siehe Rbl 1837, Sp. 793 f.; Kießling/Schmidt, Dokumente, III/3, Nr. 56, S. 123; Döllinger, Verordnungen, Bd. XXI, S. 35.

56 Karl Friedrich Roth: Carl Hirnbein, der »Patriarch des Allgäus«, 2. Aufl. Sonthofen 1980; Karl Lindner: Wegbereiter der Allgäuer Milchwirtschaft. In: Ders. (Bearb.): Geschichte der Allgäuer Milchwirtschaft, Kempten 1955, S. 127–159.

57 Siehe hierzu die neuere grundlegende Literatur: Karl Bachmann: Die Volksbewegung 1848/49 im Allgäu und ihre Vorläufer, Erlangen 1954, S. 92–98, 111–115; Dietmar Nickel: Die Revolution 1848/49 in Augsburg und Bayerisch-Schwaben, Augsburg 1965, S. 75–207; Angela Wagner: Die Revolution von 1848/49 im Allgäu, Magisterarbeit München 1987.

58 HStA München: MInn 45779, fol. 3, 7, 13; StadtAKempten: Personalakten Waibel, 1848.

59 Jahrgänge 1848/49 im StadtA Kempten vollständig erhalten.

60 Rottenkolber: J. B. Haggenmüller. In: Lebensbilder Schw Bd. 1, S. 365–370.

61 Siehe Kemptner Zeitung Nr. 247 vom 4. 9. 1848.

62 Nickel, Revolution 1848/49, S. 196.

63 Bachmann, Volksbewegung, S. 136.

64 Rottenkolber, 19. Jahrhundert, S. 118, Faksimile-Druck.

Industrialisierung und Urbanisierung
Kempten 1850 bis 1918

Karl Filser

Kempten wurde in der zweiten Hälfte des 19. Jahrhunderts von einem Verstädterungsprozeß erfaßt, der zwar nicht mit derselben Geschwindigkeit verlief wie in München oder Augsburg, aber alle übrigen schwäbischen Städte übertraf. Auffälligstes Kennzeichen für diesen Prozeß ist eine starke Bevölkerungszunahme, die sich vor der Jahrhundertmitte langsamer, danach zum Teil in mächtigen Schüben vollzog. Die Stadt hatte 1818 an die 5500 Einwohner, um die Jahrhundertwende nahezu viermal soviel.

Kemptens Bevölkerung von 1818–1910

Jahr	absolut	%	Jahr	absolut	%
1818	5578	100	1871	10982	197
1830	6380	114	1880	13872	249
1840	6605	118	1890	15760	282
1852	7856	141	1900	18864	338
1861	10370	186	1910	21001	376

Da Kempten bis 1876 unter den größeren bayerischen Städten die höchste Sterbequote, insbesondere bei den Neugeborenen, aufzuweisen hatte, erfolgte bis zu diesem Zeitpunkt die Zunahme der Bevölkerung ausschließlich durch Zuwanderung von Menschen, die in Kempten ihren Lebensunterhalt zu verdienen hofften. Erst nach der Jahrhundertwende hielten sich natürliches Wachstum und Zuzug von außen einigermaßen die Waage. Dabei ist zu berücksichtigen, daß alljährlich viele Menschen die Stadt wieder verließen, in manchen Jahren bis zu 500: Auswanderer, die in Amerika oder anderswo eine neue Heimat suchten; Menschen, die arbeitslos geworden waren; Wanderarbeiter, darunter besonders viele Fremdarbeiter. In der Stadt Kempten schwankte der Anteil der Ausländer an der Bevölkerung im letzten Viertel des 19. Jahrhunderts – vorher gibt es keine genauen Zahlen – zwischen fünf und zehn Prozent der Einwohnerschaft. 1875 zum Beispiel hielten sich 1013 Ausländer, 1900 1003 in der Stadt auf.

Die Neu-Kemptener waren in der überwiegenden Mehrzahl Katholiken. Dies hatte zur Folge, daß der Anteil der Protestanten im Laufe des Jahrhunderts auf 18 Prozent (1910) sank; eine Entwicklung, die sich auch in anderen ehemaligen schwäbischen Reichsstädten vollzog. Da die katholischen Zuwanderer hauptsächlich der

Arbeiterschaft zuzurechnen sind, gilt der in diesen Zahlen zum Ausdruck kommende Prozeß nicht auch für die wirtschaftliche, gesellschaftliche und politische Stellung der beiden Konfessionsgruppen. So war 1886 das städtische Steueraufkommen der Protestanten, obwohl sie deutlich in der Minderheit waren, nur wenig unter dem der fast erdrückenden Majorität der Katholiken. Hinsichtlich des politischen Einflusses galt sogar lange Zeit das Gegenteil: Wer in Kempten zuzog, wurde nicht automatisch Kemptener Bürger, auch nicht wenn er bayerischer Staatsangehöriger war oder in der Stadt das Heimatrecht besaß. Die vollen Bürgerrechte mit der Möglichkeit der politischen Mitbestimmung im Magistrat und im Kollegium der Gemeindebevollmächtigten, das heißt das aktive und passive Wahlrecht bei den Gemeindewahlen, hatten nur etwa 10 Prozent der Bevölkerung inne, 1871 zum Beispiel etwa 1100 Kemptener, wobei auf die protestantische Altstadt an die 600, auf die katholische Neustadt an die 500 kamen. Bürger konnte werden, wer Hausbesitz hatte, eine bestimmte Summe Steuern bezahlte, die Bürgeraufnahmegebühr entrichten konnte und außerdem dem Magistrat genehm war. Diese Bedingungen wurden zwar 1896 gemildert, blieben aber, für viele als Barrieren, bis 1919 bestehen.

Kemptens Urbanisierungsprozeß erhielt starke Impulse durch die Industrialisierung. Die Wasserkraft der Iller, vor allem aber das große Reservoir billiger Arbeitskräfte im Allgäu lockte eine Reihe größerer und mittlerer Industriebetriebe in die Region, was eine starke Konzentration der Bevölkerung in Kempten und in seinen Nachbargemeinden zur Folge hatte. Als »Leitindustrie« spielte dabei die Textilindustrie die wichtigste Rolle. Bevölkerungswachstum und Industrialisierung hatten allerdings auch zur Folge, daß nicht wenige Menschen in Kempten in äußerst bescheidenen Verhältnissen, wenn nicht in Armut, leben mußten.

Die 30 höchstbesteuerten Bürger Kemptens 1863

1. Wäsle Willibald und Lenz Lorenz	Brauer
2. Schachenmayr Philipp	Brauer
3. Schachenmayr Oskar	Papierfabrikant
4. Steinle Georg	Kaufmann
5. Geneve Clement	Kaufmann
6. Pfeiffer Johann	Brauer
7. Fischer Georg	Seiler
8. Langenmayr Markus	Brauer
9. Ziegerer Xaver	Kaufmann
10. Schnitzer Eduard	Gastgeber
11. Dannheimer Tobias	Buchhändler
12. Huber Johann	Buchhändler
13. Buck Max	Brauer
14. Unsöld Joh. Georg	Brauer
15. Deuringer Louis	Brauer
16. Abrell Karl	Brauer
17. Renn Joseph	Gastgeber

18. Zorn Raimund	Brauer
19. Kremser Simon	Kaufmann
20. Wagner Albert	Kaufmann
21. Zorn Michael	Brauer
22. Fuchs Anton	Hofapotheker
23. Zech Georg Jakob	Brauer
24. Blank Benedikt	Brauer
25. Bail Karl August	Kaufmann
26. Wagner Thomas	Brauer
27. Keppel Theodor	Fabrikant
28. v. Jenisch J. Jakob	Großhändler
29. Schnetzer Johann	Floßmeister
30. Kluftinger Max	Brauer

Der Verstädterungsprozeß stellte die Stadtverwaltung vor bislang unbekannte Aufgaben. Dem günstigen Umstand, daß 1881 in Adolf Horchler ein tüchtiger Verwaltungsfachmann und eine energische Führungspersönlichkeit als Bürgermeister gewonnen wurde, hat es die Stadt zu verdanken, daß sie den Herausforderungen einigermaßen gewachsen war. In der Ära Horchler, die nahezu vierzig Jahre dauerte, schuf die Stadt nach und nach jene Infrastruktur, die notwendig war, die Attraktivität Kemptens als Industriestandort und als werdende Metropole des Allgäus zu sichern.

Kempten war das ganze Jahrhundert über Garnisonsstadt. Das Vorhandensein von Hunderten, zeitweilig auch von über 1000 Soldaten belebte das Kemptener Straßenbild, bot dem Versorgungsgewerbe zusätzliches Einkommen und bereicherte das kulturelle Leben.

Eine stadtgeschichtliche Besonderheit ist und bleibt während des ganzen 19. Jahrhunderts die Existenz von Kempten-Neustadt und Kempten-Altstadt. Einen Meilenstein in der neueren Kemptener Geschichte setzten die das kommunalpolitische Feld beherrschenden, überwiegend liberalen Bürgergesellschaften der beiden Stadtteile im Jahre 1908, als sie sich endlich entschlossen, eine gemeinsame Kandidatenliste für die Gemeindewahlen zu bilden, »im Interesse der alles fördernden Einigkeit, im Interesse des guten Rufes nach außen und im Interesse der friedlichen Förderung der Aufgaben unserer Stadt«, wie sie in ihrem Wahlflugblatt schrieben[1].

Strukturwandel im Gewerbe

Die Stichworte »Bevölkerungskonzentration« und »Industrialisierung« legen die Vermutung nahe, daß in der zweiten Hälfte des vorigen Jahrhunderts die meisten Menschen in die neu entstandenen Fabriken strömten und herkömmliche Einkommensmöglichkeiten sich verringerten oder ganz versiegten. Dies läßt sich für Kempten nicht bestätigen: Alle traditionellen Gewerbebranchen der Stadt, insbesondere das Textil-, Papier-, Holz- und das Handelsgewerbe, blieben bestehen.

Von ihnen wurden der Textil-, Papier- und Holzbereich am stärksten durch die industrielle Produktionsweise verändert. Die meisten der 18 Großbetriebe mit über 50 Beschäftigten, die 1907 in Kempten existierten, gehörten diesen drei Gewerbezweigen an. Die größte Zuwachsrate an Einzelbetrieben hatte jedoch der Handel aufzuweisen. Bedingt durch das Bevölkerungswachstum, expandierte auch das Nahrungs- und Genußmittel-, das Bekleidungs-, nicht zuletzt auch das Baugewerbe. Um 1900 arbeitete je ein Drittel der Beschäftigten in Klein-, in Mittel- und in Großbetrieben, so daß die Stadt in dieser Zeit eine relativ ausgeglichene Gewerbestruktur besaß. Entgegen der in älteren Kemptener Stadtgeschichten zu findenden Auffassung verlor das kleinbetrieblich organisierte Handwerk nur in wenigen Zweigen seine Bedeutung. Dafür gewann es in der zweiten Hälfte des Jahrhunderts eine Fülle neuer Berufszweige hinzu.

Landwirtschaft

Noch über viele Jahrzehnte hinweg bot Kempten im 19. Jahrhundert ein recht ländliches Bild. Viele Familien betrieben die Landwirtschaft, die meisten jedoch nur im Nebenerwerb. 1846 zählt eine städtische Statistik 842 Kühe, 300 davon in der Altstadt, 437 Pferde, 176 Schweine und eine Anzahl von Schafen und Ziegen auf. Pferde waren natürlich auch im Transportgewerbe eingesetzt. Sie gehörten noch bis in unser Jahrhundert hinein zum alltäglichen Straßenbild. 1854 werden vier Fünftel und 1900 noch drei Viertel der städtischen Fläche als landwirtschaftliches Nutzland ausgewiesen. In den letzten beiden Jahrzehnten des 19. Jahrhunderts, einer Zeit wirtschaftlicher Blüte, verringerte sich die Zahl der landwirtschaftlichen Betriebe ziemlich drastisch von 661 (1882) auf 251 (1907). Am häufigsten wurden die Kleinstbetriebe unter zwei Hektar aufgegeben. Von ihnen gab es 1882 noch 582, 1907 nur mehr 199, während die Anzahl der mittleren Betriebe über 5 Hektar nur von 40 auf 30 schrumpfte. Wie im übrigen Allgäu wandten sich auch in Kempten die Landwirte im Laufe des 19. Jahrhunderts immer mehr der Milchwirtschaft zu. Deshalb gingen die Ackerflächen innerhalb der Stadtgrenzen zugunsten der Viehweiden und des Gartenbaus erheblich zurück[2].

Handwerk

Zu Beginn des 19. Jahrhunderts war die Mehrheit der Handwerkerschaft sowohl in der Stift- als auch in der Reichsstadt in jeweils neun Zünften organisiert. In beiden Städten gab es aber auch eine große Zahl von nicht gezünfteten Berufskollegen. Nach der Vereinigung der Städte blieb die Kemptener Handwerkerschaft noch lange gespalten. Die Gründe dafür sind in der Zählebigkeit von Institutionen und Mentalitäten sowie in der sich nun verschärfenden Konkurrenz zu suchen. Folgt man einer Beschreibung des Kemptener Handwerks um 1830, so lassen sich schwer generelle Aussagen über die wirtschaftliche Situation des Handwerks in der ersten Hälfte des Jahrhunderts machen. Während manche Zweige, wie die Drechslerei, voll beschäftigt waren und sogar expandierten, waren andere, wie die Weißgerberei, die ihren italienischen Markt verloren hatte, von Stagnation und Niedergang betroffen. Der Vergleich von Gewerbestatistiken aus den Jahren 1823 und 1886 zeigt recht deutlich den Strukturwandel auf, den das Handwerk im Laufe des 19. Jahrhunderts durchmachte. 1823 arbeiteten in Kempten 487 Meister in 80 unterschiedlichen Berufen. 1886 waren 626 Meister, darunter 85 Frauen, in 124 Berufssparten tätig. Das Handwerk hatte sich vor allem nach der schrittweisen Einführung der Gewerbefreiheit in den 1860er Jahren erheblich ausdifferenziert. In den Blick fällt die Professionalisierung im Bekleidungs- und Reinigungsgewerbe, die hauptsächlich Frauen Möglichkeiten beruflicher Selbständigkeit bot. Sie profitierten, wie auch die traditionellen Bekleidungsberufe der Schuster und Schneider, vom kontinuierlichen Bevölkerungswachstum. Deren Betriebe weisen nahezu dieselbe Steigerungsrate wie die der Kemptener Einwohnerschaft auf. Nicht ganz so stark nahm die Zahl der Bäcker, Metzger und Brauer zu. Offensichtlich konnten sie die steigende Nachfrage ihrer Produkte durch bessere Auslastung ihrer betrieblichen Kapazität befriedigen. 1823 versorgte ein Kemptener Bäcker durchschnittlich 147 Einwohner, 1886 293 (1940: 600). Auf einen Metzger trafen 1823 165 Einwohner, 1889 359. Von der Bevölkerungsexpansion und der damit verbundenen Bautätigkeit begünstigt, nahmen die Betriebe der Schreiner, Spengler, Schlosser, Hafner, Maler und Zimmerer zum Teil beträchtlich zu.

Am meisten sticht die Veränderung im Webergewerbe ins Auge. 1823 waren in Kempten noch 39 Leinenweber, 5 Lod- und ein Seidenweber mit insgesamt 15 Gesellen im Gewerbekataster eingetragen, 1886 nur noch drei, darunter ein Teppichweber. Der Zahlenvergleich gibt jedoch kein zutreffendes Bild von der Entwicklung dieses Handwerks zwischen 1823 und 1886: Die seit Jahrhunderten im Allgäu florierende Leinenweberei war zum Ausgang des 18. Jahrhunderts in eine Existenzkrise geraten, die durch billigere englische Konkurrenzprodukte aus Baumwolle verursacht wurde. Eine kurze Nachblüte während der Napoleonischen Kontinentalsperre hatte zur Folge, daß das Gewerbe nicht vollends unterging und in den dreißiger Jahren, insbesondere nach der Schaffung des Deutschen Zollvereins 1834, als Baumwollweberei wiedererstehen konnte, wenn auch nicht mehr in der Form des herkömmlichen Einmannbetriebs. Unternehmungslustige Kaufleute, vor allem aus Augsburg, waren es, die im Allgäu die Hausweberei im Verlagssystem organisierten. Sie lieferten englisches Baumwollgarn und ließen es in Lohnarbeit auf den alten Leinenwebstühlen verarbeiten. In Kempten nahmen Manufakturen die Weber in Dienst und stellten ihnen Baumwollwebstühle zur Verfügung. Auf diese Weise wurden Zunft- und Nebenerwerbsweber zu Lohnarbeitern. 1845 existierten in Kempten fünf Manufakturen, die insgesamt 90 Webermeister und -gesellen beschäftigten. Die älteste dürfte die 1817 gegründete Ebbecke'sche Weberei sein, die 44 Webstühle besaß. 1837 eröffnete Alois Sandholz eine Weberei-Manufaktur und stellte 30 Webermeister und -gesellen an[3].

Kemptener Handwerk 1823 und 1886
Die Aufstellung enthält nur die Berufe mit mehr als 10 Meistern in den Vergleichsjahren

Bevölkerung	1823 5615	1886 14 368	Bevölkerung	1823 5615	1886 14 368
Bäcker	35	39	Rotgerber	11	11
Baumeister	5	19	Säckler	12	3
Brauer	21	24	Sattler	6	14
Branntweinbrenner	22	3	Schäffler	12	9
Buchbinder	6	11	Schlosser	10	18
Konditor	3	10	Schneider	28	52
Kleidermacherin	*	22	Schreiner	13	31
Hafner	9	11	Schuhmacher und		
Maler u. Anstreicher	*	24	-flicker	31	87
Metzger	34	40	Spengler	4	10
Näherin	*	28	Uhrmacher	5	12
Posamentierer	15	2	Wäscherin, Büglerin	*	25
Putzmacherin	*	10	Weber	45	3

* = keine Zahlen bekannt

Handel

Von allen Gewerbezweigen erlebte der Handel in der zweiten Jahrhunderthälfte den spektakulärsten Aufstieg. Dies belegt ein Vergleich der Betriebe und Beschäftigtenzahlen der Jahre 1847 und 1907: 1847 waren in der Stadt 117 Handelsbetriebe mit 239 Beschäftigten registriert, 1907 663 mit 1533 Personen. Ähnlich wie das Handwerk differenzierte sich auch der Handel in eine Vielzahl von Sparten aus. Die Gewerbeliste von 1886 führt nicht weniger als 145 Einzelbereiche auf. Sie streuen vom Antiquitäten- und Aschenhändler bis zum Zucker- und Zündholzhändler, vom Besenhändler und Bettverleiher zum Waffen- und Waschkluppenhändler. Es gibt Haar- und Häutehändler, Lumpen- und Knochenhändler, Gesindeverdinger und Auswanderungsagenten. Nahezu die Hälfte der Betriebe handelte mit Nahrungsmitteln, vor allem mit Allgäuer Landesprodukten. So stehen 21 Käsehändler »im Kleinen« 20 Großhändlern gegenüber, 13 Butter- und Schmalzhändler 20 Milchhändlern. So viel wir über die Handelssparten wissen, so wenig erfahren wir über Handelsvolumen, -partner und Märkte. Eine Ausnahme stellt der städtische Schrannenverkehr dar, über den genaue Aufzeichnungen vorliegen. Da er in der zweiten Jahrhunderthälfte jedoch kräftig im Schrumpfen begriffen war, eignet er sich eher als Hinweis dafür, daß auch das Handelsgewerbe vom Strukturwandel nicht verschont blieb. Davon betroffen war auch das Flößergewerbe, eine Kombination aus Speditions- und Handelsbetrieb. Wie an anderen Donauzuflüssen blühte die Illerflößerei in den 1860er Jahren noch einmal kräftig auf. 1865, als an die 3000 Flöße die Iller hinunterfuhren, gingen in Kempten 677000 Bretter und 32880 Stück

»Floßholz« ab. 1850 wurden jährlich 6000 Zentner Käse von Kempten nach Ulm geflößt. Nach der Eröffnung der Illerbahn 1863 wurde dieses Handelsgut nicht mehr auf dem Wasser transportiert. Nach der Jahrhundertwende erlag schließlich die Flößerei ihrer Hauptkonkurrentin, der Eisenbahn[4].

Textilindustrie

1847 erhielten Alois Sandholz und seine Söhne von der Regierung die Genehmigung, ihre Baumwollmanufaktur in eine mechanische Spinnerei und Weberei umzuwandeln. Im selben Jahr wurde auch die Spinnerei und Weberei Kottern gegründet. Mit diesen beiden Fabriken begann in Kempten und im Allgäu das Zeitalter der industriellen Textilproduktion. In den nächsten 20 Jahren entstanden im oberen Illergebiet neun weitere Textilfabriken, als letzte 1868 die Baumwollzwirnerei Denzler in Neudorf. Danach stagnierte der weitere Ausbau, verursacht durch die Annexion des textilindustriell hochentwickelten Elsaß-Lothringen im Jahre 1871 und durch die sich anschließende Gründerkrise. Erst in den 1880er Jahren wurde die Allgäuer Textilindustrie weiter ausgebaut, hauptsächlich durch Filialen bestehender Fabriken.

Am rechten Illerufer, gegenüber der Sandholzschen Fabrik, nahm 1853 Kemptens größte Textilfabrik, die von einer Aktiengesellschaft betriebene Mechanische Baumwollspinnerei und Weberei, ihre Produktion auf. Nach dem Vorstand des Gründungskonsortiums, dem Augsburger Bankier Paul von Stetten, wurde sie auch von Stetten'sche Fabrik genannt. Sie ging aus dem Betrieb Johann Karl Ebbeckes hervor, der ihn und die damit verbundenen Wasserrechte an die Gesellschaft verkauft hatte.

Textilbetriebe im oberen Illergebiet 1907

	Große Betriebe (50 u. mehr)	Besch.	Mittlere Betriebe (6–50)	Besch.	Kleine Betriebe (bis 5)	Besch.
Kempten	2	1054	2	67	22	34
BA Kempten	2	931	1	41	21	23
Summe	4	1985	3	108	43	57
Oberes Illergebiet insg.	13	4828	5	148	71	94
Schwaben	71	27023	46	967	677	933

BA = Bezirksamt (heute Landkreis)

In der Ausschreibung wurden den potentiellen Aktionären klar die beiden Vorteile genannt, die für die Ansiedlung auch anderer Textilbetriebe im Allgäu ausschlaggebend waren: einmal die »enorme Wasserkraft« der Iller, zum anderen, »daß in Folge der starken Bevölkerung unserer Gegend, die nur wenig Ackerbau treibt, desto mehr Arbeitskräfte für die Industrie und zwar zu einem Lohne, welcher im Vergleiche zu denjenigen anderer Gegenden sich um circa 20% billiger stellt, verwendet werden können«. Die billigen Arbeitskräfte standen jahrzehntelang zur Verfügung, das Illerwasser als natürliche Antriebskraft reichte jedoch für die beiden auf Expansion bedachten Unternehmen oft nicht aus. Schon bald waren sie gezwungen, nicht nur Nacht- und Sonntagsarbeit einzuführen, sondern zusätzlich teure Dampfmaschinen zu installieren. Die beiderseitigen Versuche, sich durch allerlei Baumaßnahmen in der Iller Energievorteile zu verschaffen, führten zu jahrzehntelangen Streitigkeiten untereinander. 1866, als der Sandholz'sche Betrieb wegen Wassermangels wieder einmal stillstand, zogen die Sandholz-Brüder und zwei Dutzend Arbeiter mit Pickeln und Äxten aus, um eine im Bau befindliche neue Wehranlage des lästigen Konkurrenten zu zerstören. Der Kleinkrieg ums Illerwasser hatte erst 1882 ein Ende, als die Mechanische das Sandholz'sche Unternehmen aufkaufen konnte.

Die Mechanische Baumwollspinnerei und Weberei hatte einen so vielversprechenden Start, daß schon in der Aktionärsversammlung von 1854 die Erweiterung der Produktionskapazität von 30000 auf 32800 Spindeln und von 230 auf 400 mechanische Webstühle beschlossen wurde. Am Ende ihrer Aufbauphase (1858) beschäftigte die Fabrik 960 Arbeiter und Arbeiterinnen, 540 in der Spinnerei, 420 in der Weberei. Ihre größte Krise vor dem Ersten Weltkrieg hatte die Firma während des nordamerikanischen Bürgerkriegs (1861–65) durchzustehen, der einen drastischen Rückgang hochwertiger Baumwolle verursachte. Danach blieb sie jedoch vor größeren Rückschlägen verschont. Ihre beständigsten Resultate mit einer fast immer über elf Prozent liegenden Dividenden-Ausschüttung erzielte das Unternehmen in den 1880er und 1890er Jahren, nachdem sie ihre Hypothekenschulden gelöscht und sich durch den Ankauf der Sandholz'schen Fabrik um über 11000 Spindeln und 200 Webstühle erweitert hatte. Die höchste Dividende von über 14 Prozent erhielten die Aktionäre im Erfolgsjahr 1908. Der Betrieb beschäftigte damals an die 1000 Arbeiter, darunter drei Viertel Frauen. Nahezu ein Viertel der Belegschaft waren Jugendliche, in der Mehrheit Mädchen, im Alter zwischen 14 und 21 Jahren.

Die Gebrüder Sandholz betrieben bis 1882 mit 300 Beschäftigten das zweitgrößte Textilunternehmen Kemptens. Zu den größeren Betrieben gehörten in den 1870er Jahren noch die mechanische Leinenweberei Gantner mit 50 Webstühlen und ebenso vielen Mitarbeitern. Zeitweilig an die 50 Personen arbeiteten auch in der Mechanischen Bunt- und Leinenweberei von Cuhorst und Barth. Nach einer Gewerbestatistik von 1861 bestanden im Stadtgebiet außerdem eine Hanf verarbeitende Zwirnerei mit 18 Beschäftigten, eine Strumpfweberei mit sieben Webermeistern und 6 Gesellen sowie eine Bänderweberei mit 24 Webstühlen.

Die größte Textilfabrik in unmittelbarer Nähe Kemptens war die Spinnerei und Weberei AG Kottern. 1847 als Zweigbetrieb des Züricher Unternehmers Kaspar Honegger gegründet, wurde sie 1873 in eine Aktiengesellschaft umgewandelt. Sie betrieb damals 30000 Spindeln und 550 Webstühle und bot für 950 Menschen Arbeitsplätze. Als die Elektrizität als Antriebsenergie verfügbar war, entwickelte sich die Fabrik zu einer der bedeutendsten Automatenwebereien in Deutschland[5].

Weitere Industriezweige

Teilt man die Industriebetriebe nach der Zahl ihrer Beschäftigten ein, so spielten in Kempten in der zweiten Hälfte des 19. Jahrhunderts außer der Textil- die Papier-, Holz-, Nahrungsmittel-, Bau- und Druckindustrie eine wichtigere Rolle. Mit größerem Abstand folgen ihnen die Metall- und die Chemiebetriebe.

Die *Papierherstellung* am Flußlauf der Iller hat eine jahrhundertealte Tradition. Um 1800 bestand noch etwa ein Dutzend Papiermühlen innerhalb oder in der Nähe der Stadt. Einige von ihnen wurden von Textilunternehmen aufgekauft, die sich so am besten die Wasserrechte am Fluß sichern konnten. Andere gaben ihre Produktion auf oder wurden in Papierfabriken umgewandelt. Zu letzteren zählen die ehemalige Papiermühle des Fürststifts Kempten in Hegge und die Schachenmayr'sche Mühle, eine der beiden Papier machenden Betriebe im unmittelbaren Stadtgebiet. Die zweite Kemptener Papiermühle wurde 1830 von Karl Ebbecke erworben. Aus seinem Betrieb, um eine Weberei-Manufaktur erweitert, ging 1852 die Mechanische Baumwollspinnerei und Weberei hervor.

Die ehemals fürstliche Papiermühle in Hegge wurde 1807 von dem Druckereibesitzer Joseph Kösel und seinem Kompagnon Alois Zumbiel erworben. 1815 trennten sich die beiden Partner. Kösel verlegte sich auf die Druckerei, Zumbiels Schwiegersohn Alois Steinhauser wandelte sie in eine Fabrik um. 1885 wurde sie an eine Aktiengesellschaft verkauft. Die Papierfabrik Hegge hatte in den 1890er Jahren 170 Mitarbeiter. Um die Jahrhundertwende fertigte die Fabrik jährlich 4400 Tonnen Papier, das auch nach Afrika, Südamerika und Japan geliefert wurde.

Die Schachenmayr'sche Papiermühle, am rechten Flußufer etwas unterhalb der Illerbrücke gelegen, trägt den Namen einer Papiererfamilie, die seit drei Jahrhunderten im Raum Kempten nachzuweisen ist. 1853 übernahm Oskar Schachenmayr die Kemptener Mühle und baute sie zu einer Papierfabrik aus. 1899 war der Betrieb in einen Umweltskandal verwickelt, weil er schwefelhaltiges Wasser, das er zur Herstellung von Pergament benötigte, in die Iller geleitet hatte. Um diese Zeit beschäftigte das Unternehmen an die 60 Arbeiter. In den folgenden Jahrzehnten steigerte es seine Papierproduktion erheblich (1926: 57600 Zentner)[6].

Die Umstellung von Lumpen auf Holzstoff in der Papierherstellung während der 1870er Jahre machte die Papierfabriken zu *holzverarbeitenden Betrieben* und begünstigte die Entstehung eigener Holzstoffwerke an der Iller, zeitweilig auch an der Rottach. Die Holzindustrie war in Kempten (1886) außerdem durch ein halbes Dutzend Kehlleistenfabriken, eine Parkett- und Möbelfabrik sowie sieben Sägewerke vertreten. Das bedeutendste Unternehmen unter ihnen war das Dampfsägewerk der Gebrüder Wiest mit nahezu 100 Mitarbeitern[7].

In den letzten drei Jahrzehnten des 19. Jahrhunderts ließ sich in Kempten eine Reihe von *milchverarbeitenden Großbetrieben* nieder, von denen hier nur drei genannt werden können. Das erste Unternehmen war die deutsch-schweizerische Firma W. Keppel, die Milchextrakt herstellte. 1880 wurde die Firma J. M. Schnitzer gegründet, die Käse produzierte und vertrieb. 1892 folgte die Edelweiß-Camembertfabrik, die nach kurzer Zeit zum größten Milchindustrie-Unternehmen des Allgäus heranwuchs. Der Firmengründer Karl Hoefelmayr hatte sein wissenschaftliches Rüstzeug an der Landwirtschaftlichen Universität in Paris, sein technisches bei südfranzösischen Camembertproduzenten erworben. Er konnte für sich in Anspruch nehmen, »als Erster [...] Camemberts unter Zuhilfenahme von selbstgesuchten und -gezüchteten Mikroorganismen mit Erfolg hergestellt zu haben«. Wenige Jahre nach seinem Start in Kempten gelang ihm, ebenfalls als Erstem, die Haltbarmachung von Camembert in Dosen für den Export nach Übersee. Auf die Anregung der bayerischen Regierung hin übernahm Hoefelmayr 1918 die Herstellung von Trockenmilch, deren Konservierung ihm nach jahrelangen Versuchen glückte[8].

Vom industriellen Strukturwandel wurde das *Brauereigewerbe* relativ spät erfaßt. 1878 existierten in Kempten 21 Brauereien in der Altstadt und drei in der Neustadt. Die größte unter ihnen, die Stiftsbrauerei, produzierte in jenem Jahr 10 480 Hektoliter Bier, die kleinste, die Brauerei zum Bären, ganze 48 Hektoliter. Trotz ihrer Vielzahl gehörten die Brauer zu den finanzkräftigsten Steuerzahlern der Stadt. Unter den 30 höchstbesteuerten Bürgern Kemptens waren 1863 nicht weniger als 18 Brauer. In den 1880er Jahren setzte dann ein »Brauereisterben« ein, das sich bis in unser Jahrhundert hinein fortsetzte. Einige der Kleinbrauereien stellten ihre Produktion ein, andere gingen in größeren Betrieben auf. Die stärkste Konzentration vollzogen die Gebrüder Weixler, die schon vor der Gründung ihrer Allgäuer Brauhaus AG 1911 sechs Brauereien aufgekauft hatten und danach weiter expandierten. Außer ihr bestanden zu Kriegsbeginn 1914 noch sieben Brauereien, darunter die 1900 eröffnete Erste Kemptener Weizenbierbrauerei, die Stifts- und die Stadt Hamburg-Brauerei, die als älteste Kemptener Braustätte gilt[9].

In den letzten Jahrzehnten des 19. Jahrhunderts erlebte das *Baugewerbe* einen großen Aufschwung. Es profitierte sowohl von den Industrie- und Wohnbauten als auch von den Aufträgen der Stadt. Von 1876 bis 1910 wurden in Kempten 500 Wohnhäuser neu gebaut, wobei der Konjunkturgipfel nach 1900 erreicht wurde. Das Kemptener Baugewerbe beschäftigte 1907 über 1000 Menschen, darunter viele Gastarbeiter aus Italien. In dieser Zeit war die Firma Alfred Kunz mit über 100 Mitarbeitern das bedeutendste Bauunternehmen in der Stadt[10].

Auf dem Sektor des *Maschinenbaus* arbeiteten zunächst die der Spinnerei und Weberei Kottern sowie der Zwirnerei Denzler in Neudorf angeschlossenen Maschinenfabriken, die hauptsächlich Textilmaschinen herstellten, aber schon vor 1900 damit wieder aufhörten. An feinmechanischen Betrieben entstanden 1873 die Firma Albert Ott, die unter anderem Wassermeßgeräte fertigte, und 1889 die »Präzisionsmechanischen Werkstätten« von Georg Kesel.

Eine Kemptener Besonderheit war die 1842 gegründete Zündholzfabrik im Illergarten, die als einziger größerer Betrieb die *chemische Industrie* in Kempten repräsentierte. Um 1900 beschäftigte sie 130 Arbeiter, zur Hälfte Arbeiterinnen. In den Behördenberichten macht die Firma immer wieder als »Umweltsünderin« und Übertreterin der Kinderschutz- und Gesundheitsbestimmungen auf sich aufmerksam. 1898 stellte das Unternehmen, nun AG Union Vereinigte Zündholz- und Wichsefabriken Augsburg Filiale Kempten, den ersten zu Antriebszwecken geeigneten MAN-Dieselmotor auf, der allerdings noch erhebliche Probleme machte, bis er ordentlich lief[11].

Dem *graphischen Gewerbe* verdankt Kempten, daß der Name der Stadt im 19. Jahrhundert über die ganze Welt verbreitet wurde. In erster Linie trugen dazu die wasserheilkundlichen Werke des Pfarrers Kneipp bei, die der Kösel Verlag in nahezu alle Länder der Erde vertrieb. Dieses Unternehmen setzte die druckgraphische Tradition des Fürststifts fort und verlegte auch weiterhin Publikationen der katholischen Liturgie und Theologie. Der Kösel Verlag erreichte seine Blütezeit unter Ludwig Huber, der 1872 Druckerei und Buchhandlung übernahm. 1883 ließ er ein neues Produktionsgebäude erbauen, das in den nachfolgenden zehn Jahren 11 Schnellpressen und an die 100 Mitarbeiter aufnahm. Ein zweiter Schwerpunkt des Verlags waren Zeitungen, die den im Allgäu von Huber geführten politischen Katholizismus vertraten. Sein einflußreichstes Organ war die Allgäuer Zeitung. Der Tradition der altstädtischen »Typographischen Gesellschaft«, aber auch dem reichsstädtisch liberalen Geist verpflichtet war der Dannheimer Verlag. Anläßlich des 50jährigen Bestehens seines Betriebes stellte Tobias Dannheimer 1844 die erste mechanische Schnellpresse auf. Sie druckte in dieser Zeit die vom »Revolutionär« Balthasar Waibel redigierte Kemptener Zeitung, die auch Haggenmüllers Parlamentsbriefe veröffentlichte. Der Dannheimer'sche Verlagskatalog wies bis 1861 bereits an die 400 Werke auf, darunter Haggenmüllers zweibändige Geschichte der beiden Kempten vor 1800. Schwer wurde das Unternehmen 1874 getroffen, als die beiden Eigentümer Heinrich und Karl Dannheimer eines tragischen Todes starben. 1916 verkaufte der letzte Inhaber mit diesem Familiennamen den gesamten Betrieb, 1924 erwarb ihn der damalige Prokurist Karl Edele[12].

Billige Arbeiter

Die Industrialisierung im oberen Illergebiet ist auf das engste mit der Existenz der dort vorhandenen billigen Arbeitskräfte verknüpft. Viele Unternehmer sahen darin eine Chance, nicht nur den Standortnachteil der relativen Verkehrsferne ausgleichen zu können, sondern auch noch konkurrenzfähig zu bleiben. Es besteht kein Zweifel darüber, daß die vielen Gründungen größerer und kleinerer Fabriken Tausenden von arbeitslosen oder unterbeschäftigten Menschen Arbeitsplätze und Einkommensmöglichkeiten schufen. Andererseits muß jedoch auch gesehen werden, daß die wirtschaftliche Prosperität, die die Industriebetriebe der Region brachten, einen hohen sozialen Preis hatte, den die Menschen zu bezahlen hatten, die ihre Arbeitskraft billig verkaufen mußten, um überhaupt leben zu können. Die große Not, die vor allem in den Anfangsjahrzehnten der Industrialisierung herrschte, war in Kempten und im Allgäu nicht so auffällig, weil sie nicht so massenhaft auftrat wie in den industriellen Ballungszentren. Wie unverdächtige Zeugen berichten, war sie jedoch auch hier weit verbreitet. Einer von ihnen ist der Stadtpfarrer von St. Lorenz, Xaver Dobler, der in seiner Eigenschaft als katholischer Schulinspektor im Frühjahr 1854 darauf aufmerksam machte, daß nun wieder die unangenehme Zeit eintrete, »wo Eltern der ärmeren Klasse das Ansuchen stellen, ihre Kinder den Sommer über zum Viehhüten oder zu Fabrikarbeiten verdingen zu dürfen. Letzteres nimmt bei der Nähe der großen Fabriken [...] und bei der durch den langen harten Winter in so vielen Familien recht fühlbar gewordenen Verarmung und drückenden Armuth zum großen Nachteile der Schulen in einem hohen Grade überhand«. Im Entwurf eines Berichtes der Kemptener Stadtverwaltung aus der Zeit um 1860 wird offen auf üble Wohnverhältnisse und deren Ursachen hingewiesen: »Die schlechtest gebauten Häuser mögen wohl die wenigen erst in allerneuester Zeit von Spekulanten ausschließend für die Fabrikarbeiter gebauten Wohnungen sein. Feucht, auf schlechtem nassen Grund ohne Abzüge des Grundwassers gestellt, mit dünnen Mauern von zweifelhaftem Material hergestellt, [...] mit möglichst viel Wohnräumen in kleinem Umfang, äußerst schlecht versorgte Abtritte und endlich regelmäßig längst zum Teil bezogen, ehe das Haus fertig gebaut ist, sind Eigentümlichkeiten solcher Gebäude [...]. Über alles Maß aber schlecht, feucht und dumpfig sind eine Unzahl kleinerer Wohnungen und einzelne Schlafkammern, worin die zunehmende Anzahl der Fabrikarbeiter ihr Unterkommen um einen verhältnismäßig exorbitanten Zins finden. Viele abgelegene Dachkammern, noch mehr aber Wohnungen im Erdgeschoß, die erst in jüngster Zeit hiezu geschaffen worden, nachdem sie früher Stallungen und Holzremisen gewesen sind«. Diese Verhältnisse waren nach den Berichten des Bezirksarztes Dr. Molo, der die Sterblichkeits-Statistiken für die Volkszählungen verfaßte und kommentierte, noch lange weit verbreitet. 1874 zum Beispiel führt er die hohe Sterblichkeitsrate nicht nur auf Erkrankungen, sondern auch auf die »große Sterblichkeit von kleinen Kindern aus der Klasse der Fabrik- und Lohnarbeiter« in manchen Stadtteilen zurück.

Nicht alle Unternehmen überließen ihre Arbeiter diesen Verhältnissen. Vor allem größere Betriebe machten schon vor Einführung der staatlichen Sozialgesetzgebung Anstrengungen, eigene Wohlfahrtseinrichtungen zu schaffen und Wohnraum zu besorgen. Die Mechanische Baumwollspinnerei und Weberei zum Beispiel förderte bis 1906 den Bau von 20 Häusern mit 140 Eigentumswohnungen durch günstige Darlehen und errichtete 5 Häuser mit 22 Mietwohnungen. 660 Personen fanden auf diese Weise eine menschenwürdige Unterkunft. Als Gegenleistung wurde von den Arbeitern freilich erwartet, daß sie »zufrieden, anhänglich an die Firma und seßhafte, ruhige, für sozialdemokratische Hetzereien unempfindliche Leute« waren. Ein Stundenlohn-Vergleich in der Textilindustrie aus dem Jahre 1913 zeigt, daß die

Arbeitskräfte im Allgäu zu dieser Zeit noch immer billig waren. In der Weberei in Kottern, die zu den bestbezahlenden Betrieben des Illergebietes gehörte, verdiente ein Weber damals 28 Pfennig; in Augsburg erhielt er 41, in Krefeld 42 Pfennig. Ähnliches gilt auch für andere Gewerbebereiche. Arbeiter, die sich organisierten, um ihre Lohn- oder Arbeitsverhältnisse zu verbessern, verloren sehr oft ihre Arbeitsstelle und wurden durch andere, vor allem Ausländer, ersetzt. So wurden 1906 alle 122 Holzarbeiter, die für die Herabsetzung ihrer Wochenarbeitszeit auf 59 Stunden und für bessere Entlöhnung der Feiertagsarbeit streikten, entlassen. 113 gehörten dem sozialdemokratischen Holzarbeiterverband, die anderen dem christlich-sozialen Arbeiterverein und der Hirsch-Dunker'schen Gewerkschaft an. Die Sägerei Wiest ersetzte die Entlassenen durch Arbeiter aus Polen und Galizien, was nach dem Bericht des Bürgermeisters die Bevölkerung gegen die Firma aufgebracht haben soll[13].

Weltbahn-Ambitionen

Durch die Vereinigung Schwabens mit Altbayern war Kempten in den südwestlichen Winkel Bayerns gerückt, während es vorher in der politisch offenen Landschaft oberschwäbischer Territorien und Reichsstädte lag. Schon früh erkannten die verantwortlichen Regional- und Lokalpolitiker, daß die Eisenbahn eine Chance bot, diese Isolation zu durchbrechen und der Stadt sowie dem Allgäu neue Entwicklungsimpulse zu geben. Auch wenn sich diese Hoffnung nur zum Teil erfüllte, war der relativ frühe Eisenbahnanschluß eine wichtige Voraussetzung für die Ansiedlung von Industriebetrieben und für den Aufschwung des Handelsgewerbes in der zweiten Hälfte des 19. Jahrhunderts.

Erste Pläne für eine Bahnlinie von Augsburg über Kempten nach Lindau tauchten bereits 1836 in einer am Bahnbau interessierten Privatgesellschaft auf. Verwirklicht wurden aber nicht sie, sondern das Vorhaben des bayerischen Staates, eine Eisenbahn von Hof bis Lindau zu bauen. Verglichen mit dem raschen Baufortschritt der Bahnstrecke zwischen Hof und Augsburg und der 1847 eröffneten Strecke Augsburg–Kaufbeuren, ließ der Bau des Teilstücks nach Kempten relativ lange auf sich warten. Grund dafür waren Finanzprobleme, die durch die Wirtschaftskrise 1847/48 und die Revolution 1848/49 verursacht wurden. Nach dem Beschluß der bayerischen Regierung, die Strecke von Augsburg nach Ulm in Angriff zu nehmen, argwöhnte man in Kempten und Lindau, die »Ludwigs-Süd-Nordbahn« werde nicht mehr fertiggestellt. Mit viel publizistischem Aufwand drängten beide Städte auf die Fortsetzung des Baus. Sie befürchteten, daß das südliche Allgäu durch das württembergische Konkurrenzprojekt Ulm-Friedrichshafen, wodurch der Güterstrom aus dem Nordosten über Württemberg nach Vorarlberg und in die Schweiz gelenkt würde, vollends ins Abseits gedrängt würde. Ob die Initiativen der beiden Städte den Weiterbau bewirkt haben, ist nicht zu klären. Jedenfalls konnte am 1. April 1852 die Strecke Kaufbeuren–Kempten feierlich eingeweiht und trotz er-

Tafel 45 Erste Eisenbahnbrücke über die Iller bei Kempten, Lithographie von E. Emminger (nach 1853)

Tafel 46.1   Das erste Auto in Kempten: Die Familie des Mechanikermeisters Georg Kesel auf einem Mercedes Benz 1898

Tafel 46.2   Der »Gansgarten« an der Bahnhofstraße, 1928 abgebrochen

*Tafel 47.1 Die Fischerstraße beim Veteranen-
und Kriegerfest 1910*

*Tafel 47.2 Maschinengewehr-Kompagnie in der
Memminger Straße, 1913*

*Tafel 47.3 Einwohnerwehren, in der Revolutionszeit von 1919 gegründete Ordnungskräfte, aufge-
nommen 1920*

Tafel 48   *Für die Kemptener während des Ersten Weltkrieges ein vertrauter Anblick: Radfahrkompagnie (oben) und ausrückende Ersatztruppen (unten) auf dem Residenzplatz*

heblicher baulicher Schwierigkeiten im Laufe des nächsten Jahres die Linie bis Lindau dem Verkehr übergeben werden. Damit war nach zwölfjähriger Bauzeit die 565 Kilometer lange »Ludwigs-Süd-Nordbahn« vollendet. Da die Eisenbahnbrücke über die Iller nur in relativ großer Entfernung von der Stadt erbaut werden konnte, erhielt Kempten einen Kopfbahnhof, der später noch viele Probleme schaffen sollte. Zunächst jedoch war man glücklich, die Eisenbahn überhaupt bekommen zu haben und nun nach vier Stunden Fahrt bereits Augsburg oder von dort aus am selben Tag noch München erreichen zu können.

Die Bemühungen um die Bahnverbindung nach Ulm begannen schon um 1843. Bereits im ersten dokumentarischen Beleg darüber kommt deutlich zum Ausdruck, daß man die Strecke Ulm–Kempten als Teilabschnitt einer internationalen Linie betrachtete, die Nord- und Westdeutschland sowie Schwaben und das Allgäu über den Fernpaß mit Österreich und Italien verbinden sollte. Da sich der Staat nur für die Übernahme des Bahnbetriebes bereitfand, finanzierte unter Führung Memmingens eine Privatgesellschaft den zwischen 1861 und 63 durchgeführten Bau der Strecke Kempten–Ulm. Nachdem der bayerische Staat die Hypothek abgelöst hatte, ging die Linie 1876 ganz in seine Hände über.

Der Kampf um die Fernbahn gleicht einem Drama, das sich nahezu über ein Jahrhundert hinzieht. Kempten ergriff jede sich bietende Gelegenheit, um neue Vorstöße zur Weiterführung der Bahnstrecke über den Fernpaß mit Anschluß an die Brennerbahn zu unternehmen. Die Menge an volkswirtschaftlichen Gutachten, bautechnischen Vorschlägen, Streckenplänen und politischen Petitionen ist kaum zu überblicken. In der Begründung der Fernbahn wurden nicht selten aus einer verklärenden historischen Argumentation schwärmerische Zukunftserwartungen abgeleitet. Die Bahnlinie über den Fernpaß müßte die Tradition der alten Handelsstraße fortsetzen und könnte den Rang einer »Weltbahn« erhalten. »Eine geradere und kürzere Linie für den levantinischen Handel nach dem Rhein, nach dem Nordwesten von Deutschland und nach England als jene durch das rothe Meer, durch den Suezkanal, durch das mittelländische und adriatische Meer nach Venedig und von da auf dem Landwege über Verona, Innsbruck, Kempten, Ulm ... ist nicht denkbar«, steht in der Denkschrift des Kemptener Eisenbahnkomitees aus dem Jahr 1867. Wie sehr sich die Initiatoren im Allgäu, im Außerfern und anderswo auch bemühten, ihre Argumente vermochten den Widerstand der bayerischen Kammer der Reichsräte und der Regierung nicht zu brechen. Die Verantwortlichen in München blieben bei ihrer Entscheidung, keine Konkurrenz der Linie Ulm–Augsburg–München–Kufstein–Innsbruck zuzulassen. In der Illerstrecke sahen sie nun einmal eine nachrangige Grenzbahn am westlichen Rand des bayerischen Staates. Mag sein, daß die schwäbischen Weltbahn-Illusionen sie in ihrer ablehnenden Haltung noch bestärkten.

Die Genehmigung der Bahnlinie von Kempten nach Pfronten-Ried, die 1895 eröffnet und später bis Reutte weitergeführt wurde, bedeutete keine grundsätzliche Änderung in dieser Politik. Man bekam nach dem Bau einer Bahnstrecke von Reutte über Garmisch–Mittenwald–Scharnitz nach Innsbruck nun zwar eine Verbindung mit der Brennerbahn, die Strecke kam für einen größeren Personen- und Frachtverkehr aber nicht in Frage, weil sie, nicht zuletzt wegen der Zuständigkeit von vier Bahnverwaltungen, nicht leistungsfähig war. Trotzdem gab man in Kempten die Pläne für die Fernbahn nicht auf. Sie tauchten 1942 im politischen Testament von Bürgermeister Merkt auf und spielten auch bei den Umbauplänen des Kemptener Bahnhofs nach 1945 noch eine Rolle.

Auch die Entscheidung über die Streckenführung der Nebenbahn Kempten–Isny, die 1909 eröffnet wurde, war letztlich von der Idee eines möglichen Anschlusses an die Fernbahn bestimmt. Ein wichtiges Ziel der Linie war eine wirtschaftlichere Erschließung des Holzreichtums dieser Region.

Da die Kemptener Bahnhofsanlage infolge des steigenden Personen- und Güteraufkommens, den auch die neuen Bahnlinien verursachten, bald zu klein war, mußte sie 1887/88 erweitert werden. Als 1901 die Bahnverwaltung den alten Sackbahnhof durch einen neuen Durchgangsbahnhof südlich der Eisenbahnbrücke ersetzen wollte, protestierten die Kemptener so heftig, daß davon Abstand genommen wurde. Eine Folge war, daß nach dem Bau einer Umgehungsbahn zum neuen Rangierbahnhof in Hegge die Bahnverwaltung in den nächsten zwei Jahrzehnten trotz zahlreicher Einsprüche dazu überging, immer mehr Schnellzüge diese Strecke fahren zu lassen, so daß der Bahnhof Hegge schließlich die Funktion eines Hauptbahnhofs übernehmen mußte, was zu der etwas zynischen Ortsbezeichnung »Kempten im Allgäu bei Hegge« Anlaß gab[14].

Ära Horchler

Mit der Wahl des bisherigen rechtskundigen Magistratsrats Adolf Horchler zum Stadtoberhaupt begann 1881 eine Epoche der Stadtgeschichte, die so sehr von seiner Persönlichkeit geprägt ist, daß man sie als Ära Horchler bezeichnen kann. Sie dauerte über 37 Jahre und endete am 1. Februar 1919. Adolf Horchler wurde 1849 in Regensburg geboren. Er studierte Rechtswissenschaft und trat dann in den kommunalen Verwaltungsdienst in Feuchtwangen ein. 1877 wählten ihn die Kemptener Gemeindebevollmächtigten zum rechtskundigen Magistratsrat. Bis zur Wahl zum Stadtoberhaupt 1881 hatte Horchler Gelegenheit, unter seinem Vorgänger Franz Korrn, der privat in finanzielle Schwierigkeiten geraten war und darüber seine Amtsgeschäfte vernachlässigt hatte, seine Qualifikation unter Beweis zu stellen.

Wenn später nicht nur Korrn, sondern auch dessen Vorgänger Sebastian Arnold in den Schatten Horchlers gestellt und ziemlich abgewertet wurden, so wird dies deren Leistungen für die Stadt nicht gerecht. Arnold (1854–1872), der zusammen mit dem gesamten Stadtrat zurücktrat, setzte sich mit viel Energie für den Bau der Iller- und Fernbahn ein. In die Amtszeit Korrns (1872–1881) fallen so wichtige Unternehmungen wie die gründliche Restaurierung des Rathauses, der Einbau eines Festsaales in das vom Staat erworbene Kornhaus und der Kauf eines neuen

Exerzierplatzes, der 1874 gegen die Schwaigwiese, den bisherigen Übungsplatz der Garnison, eingetauscht wurde.

Am sichtbarsten dokumentiert dieses Gelände noch heute Horchlers Bemühungen um die Stadterneuerung und -planung. Nach den Ideen des Münchener Gartenbauinspektors Max Kolb 1891–1893 zu Stadtpark und Königsplatz umgestaltet, sollte es dazu beitragen, »aus Kempten-Altstadt und Kempten-Neustadt endlich einmal eine einzige Stadt zu machen«, wie Horchler seine Ziele selbst beschrieb. Während die Schwaigwiese zur Neustadt über den Residenz-, Hildegard- und Stiftsplatz großräumig offenstand, mußte die baulich immer noch abgekapselte Altstadt, zum Teil mit rigorosen Eingriffen in die gewachsene Baustruktur, erst aufgebrochen werden. Für die Schaffung der gewünschten Ost-West-Achsen wurden in der Regel die hinderlichen Häuser aufgekauft und abgerissen. Im Nordteil des Stadtparkes entstand so die Verbindung der Salzstraße mit der Klostersteige. Südlich davon wurde 1903 an der Stelle zweier abgebrochener Häuser eine Freitreppe geschaffen, die das Rathausviertel mit der Bodmanstraße verband. Einen weiteren Zugang zur Altstadt erreichte man durch die Erweiterung des Lohgäßchens zwischen Fischer- und Zwingerstraße. Diesen Durchbrüchen mußte die aus dem Abbruchmaterial der Stadtmauer aufgeschüttete Wallpromenade (heute Promenadenstraße) weichen. Um den Verkehrsfluß zwischen Bahnhof und Residenz/Garnison zu erleichtern, wurden am Nordende der Fischerstraße mehrere Anwesen beseitigt. Das Fischertor war schon 1866, wie das Waisentor 1865 und das Illertor 1876, der Spitzhacke zum Opfer gefallen. Diese Eingriffe wurden 50 Jahre später als »erschreckende[r] Mangel an Heimatliebe« kritisiert.

Zu Horchlers unbestrittenen Verdiensten gehört, eine städtische Infrastruktur geschaffen zu haben, die mit dem in Gang gekommenen Urbanisierungsprozeß einigermaßen Schritt halten konnte. Wenn man bedenkt, daß während seiner Amtszeit die Stadtbevölkerung von 12 000 auf 21 000 anstieg, kann man sich vorstellen, vor welche Herausforderungen eine Stadtverwaltung damals gestellt war.

Schon kurz nach seinem Amtsantritt beantragte der Bürgermeister die Neuvermessung und Kartierung eines Großteils des Stadtgebietes im Maßstab 1 : 1000. Diese 1885 abgeschlossene Arbeit bildete die Voraussetzung für eine längerfristige Stadtplanung und die Festsetzung der Baulinien in den Neubaugebieten westlich der Salzstraße, südlich des Königsplatzes bis zum Bahnhof, in Anwanden sowie zwischen Iller und der Lützelburg.

Die Restaurierung des Rathauses gab den Auftakt zu einer großangelegten Sanierung der städtischen Verkehrsflächen. Horchler setzte die unter seinem Vorgänger begonnene Kanalisierung zügig fort und begann mit der systematischen Anlage von Trottoiren sowie der Neupflasterung der Straßen. Bis 1918 wurden nicht weniger als 110 Straßen kanalisiert und 154 gepflastert. Weitere hier nur in Beispielen aufzeigbare Maßnahmen zur Verbesserung der städtischen Infrastruktur waren die Erweiterung und Modernisierung der Wasserversorgung und die Einführung der städtischen Müllabfuhr 1906. Besonders sie hatten zur Folge, daß die hohe Kindersterblichkeitsrate allmählich zu sinken begann. 1897 erwarb die Stadt die Gasfabrik, die 1857 erbaut und bisher von einer Aktiengesellschaft betrieben wurde. Die Umstellung der Energieversorgung auf Elektrizität überließ Horchler nicht erst privaten Unternehmern, sondern vollzog sie in städtischer Initiative durch den Bau eines Elektrizitätswerkes. Am 16. November 1901 leuchteten die ersten elektrischen Bogenlampen auf den größeren Plätzen der Stadt auf.

Die Ära Horchler ist geprägt von oft schweren innerstädtischen Auseinandersetzungen. Sie hatten nicht selten ihren Ursprung in einem damals weit verbreiteten Mangel an politischer Kultur im Umgang miteinander und im Lösen von Konflikten.

Horchler war ein glänzender Verwaltungsfachmann, der durch eine fast unübersehbare Flut von Vorschriften, Statuten und Instruktionen »Ordnung« in seine Stadt bringen wollte. Berge von Schriftstücken, die seine Handschrift tragen, bezeugen seinen immensen Fleiß am Schreibtisch. Als Gegenleistung für seinen totalen Einsatz erwartete er Respekt und Unterordnung. Beides fand er in der Regel im Magistrat und bei den Gemeindebevollmächtigten der Altstadt, nicht immer aber bei denen der Neustadt. Es muß nicht einfach gewesen sein, Bürgermeister einer noch am Ende des Jahrhunderts so heterogenen Stadt wie Kempten zu sein, Horchlers Unfähigkeit jedoch, Kompromisse zu schließen, riß mehr Wunden auf als er durch sein Stadtparkprojekt zuschütten konnte. Wer sich ihm entgegenstellte, den »suchte er niederzuringen, niemals auf seine Seite zu ziehen« (Otto Merkt). Die Unnachgiebigkeit des Bürgermeisters und oft auch der altstädtischen Mehrheit hatte zur Folge, daß die neustädtischen Gemeindebevollmächtigten, obwohl unterschiedlichen Parteien angehörig, nicht selten eine geschlossene Oppositionsfront bildeten. 1899, als bei der Neubesetzung der Magistratsausschüsse der neustädtische Magistratsrat und Horchler-Kritiker, der Käsegroßhändler Johann Hindelang, mit Absicht übergangen wurde, entlud sich der neustädtische Zorn in einem geschlossenen Sitzungsboykott, der landesweit Aufsehen erregte.

Horchlers politische Gegner waren ihrerseits auch nicht besonders rücksichtsvoll in der Wahl ihrer Mittel. Die Allgäuer Zeitung, das Zentrumsblatt aus dem Kösel Verlag, nannte den Bürgermeister oft nur »unseren Hochlöblichen« und karikierte ihn mit spitzer Feder. Die Feindseligkeit der neustädtischen Fraktion ging soweit, daß sie die Verwendung von Haushaltsmitteln für die öffentliche Feier zu Horchlers 20jährigem Dienstjubiläum ablehnte und demonstrativ der Veranstaltung fernblieb. Einmal bot der Bürgermeister sogar seinen Rücktritt an, nachdem neustädtische Gemeindebevollmächtigte ihn zum Verlassen der Sitzung aufgefordert hatten.

Alt- und neustädtische Interessen prallten vor allem aufeinander, als Horchler die nach 70 Jahren Existenz von Gesamtkempten immer noch zweifach vorhandenen Schrannen zusammenlegen wollte, was angesichts des zurückgehenden Marktvolumens ohne Zweifel sinnvoll war. Die jahrelangen politischen Kämpfe entschied 1891 die altstädtische Mehrheit in beiden Gremien zwar für sich, doch konnte wegen des heftigen Widerstandes der Neustadt die vereinigte Schranne im Rathaus erst zwei Jahre später eröffnet werden. Als Ausgleich erhielt die Neustadt den samstäglichen Viktualienmarkt, der vom St. Mangplatz auf den Hildegardplatz verlegt wurde. Die durch den Umbau der Schwaigwiese notwendig gewordene Verlegung des Viehmarktes verursachte ähnliche Streitigkeiten.

Adolf Horchler gehörte keiner Partei an, er war selbst die »Partei Horchler« (F. H. Hacker). Über seine politische Gesinnung geben am besten seine öffentlichen Reden anläßlich nationaler Gedenktage Auskunft. Recht deutsch-national und monarchisch gab er sich zum Beispiel beim Festakt zum 25. Jahrestag der Reichsgründung von 1871: »Nachdem das tapfere deutsche Schwert im gemeinsamen Heldenkampf und in unwiderstehlichem Siegeszug nicht bloß den Feind niedergeworfen, sondern auch den Bann gebrochen hatte, der eine gänzliche Einigung aller deutschen Stämme noch aufhielt, schlossen die deutschen Fürsten auf blutiger Wahlstatt den ewigen Bund mit dem Kaiser, und die deutschen Völker haben freudig Ja und Amen dazu gesprochen«. Der Menschen, die in Kempten und im Allgäu 1848/49 die deutsche Einheit mit friedlichen Mitteln schaffen wollten, gedachte der Bürgermeister auf seine Weise: »Wahrlich von keiner anderen Seite [Ludwig II war angesprochen; der Verf.] durften diese Schritte ausgehen, wenn nicht der weihevolle Glanz der neuen Kaiserkrone von Anfang an eine Trübung erfahren sollte«. Als Nationalliberaler und Bismarckverehrer versuchte er den politischen Katholizismus und die Sozialdemokratie in seinem »Herrschaftsbereich« soweit als möglich einzudämmen.

Horchler war nicht nur ein tüchtiger Verwaltungsfachmann, sondern auch ein historisch vielseitig interessierter und gebildeter Mensch. Auf dem Gebiet der Münz- und Medaillenkunde gehörte er sogar zu den damaligen Fachleuten in Bayern. Kempten verdankt ihm eine Münzsammlung, die lange die der Staatlichen Münzsammlung in München übertroffen haben soll. 1925 umfaßte sie an die 2200 antike, 1100 mittelalterliche und 4000 neuzeitliche Münzen, auch eine reiche Sammlung von Medaillen, darunter Wallfahrts-, Vereins- und Festzeichen aus dem gesamten Allgäu. Horchler sammelte nicht nur Münzen, er bestimmte sie auch und publizierte seine Forschungsergebnisse. Von 1884 bis 1908 war der Bürgermeister Vorsitzender des Altertumsvereins Kempten, zu dessen Mitbegründern (1884) er zählte. Unter seiner Vorstandschaft gründete der Verein 1888 den Allgäuer Geschichtsfreund, der in den ersten 15 Jahren seines Erscheinens neben Horchlers numismatischen Beiträgen eine Fülle von Abhandlungen zur regionalen und lokalen Geschichte des Allgäus veröffentlichte. 1903 mußte die Zeitschrift ihr Erscheinen einstellen, weil der Vorstand den Verein, wohl aus Amtsüberlastung, vernachlässigte. 1909 wurde er als »Historischer Verein zur Förderung der gesamten Heimatkunde« wiederbelebt.

Auf Horchlers Initiativen geht die Anlage des städtischen Archivs und einer Altertumssammlung als Vorarbeit für das Kemptener Heimatmuseum zurück, dessen Eröffnung er 1925 noch miterlebte. Er unterstützte kräftig die während seiner Amtszeit begonnenen Ausgrabungen auf dem Lindenberg, die ihm zahlreiche Münzen für seine Sammlung lieferten. Horchler veranlaßte auch die Katalogisierung der Stadtbibliothek, deren Ursprung im 16. Jahrhundert liegt. In seine Amtszeit fällt schließlich die Aufstellung der naturwissenschaftlichen Sammlung, die der Münchener Professor Karl August Reiser 1906 der Stadt schenkte.

1901 wurde Horchler zum königlichen Hofrat ernannt. Im selben Jahr wurde er auch zum Präsidenten des Schwäbischen Landrats (heute Bezirkstag) gewählt, dem er seit 1882 als Vertreter Kemptens angehörte. Bei seinem Ausscheiden aus dem Amt ernannte ihn die Stadt zum Ehrenbürger und widmete ihm eine Straße[15].

Herausforderungen für die Kirchen

Sowohl die katholische St. Lorenz- als auch die evangelische St. Mang-Gemeinde wurden im 19. Jahrhundert mit Problemen konfrontiert, die einmal mit dem Verstädterungsprozeß zusammenhingen, den die Stadt durchmachte, zum anderen aus innerkirchlichen Vorgängen resultierten.

1830 lebten in Kempten an die 2500 Protestanten und 3900 Katholiken. Während sich im Laufe des Jahrhunderts der Anteil der Katholiken an der Bevölkerung vervierfachte, verringerte sich der der Protestanten von 39 auf 18 Prozent. 1910 standen 3700 evangelische 17000 katholischen Christen gegenüber. Da die zuwandernden Menschen hauptsächlich die unteren Schichten verstärkten, nahmen die sozialen Probleme in der Stadt erheblich zu. Beide Kirchen reagierten darauf mit den ihnen damals zu Gebote stehenden Mitteln: Sie warben wohltätige Stiftungen ein, erweiterten mit Hilfe selbstloser Laienhelfer ihre sozialen Einrichtungen oder schufen neue und versuchten, den Arbeitern und Arbeiterinnen religiösen und kulturellen Halt zu geben, nicht zuletzt sie von den damals kirchenfeindlichen Sozialdemokraten fernzuhalten.

Gute Beispiele für tätige Sozialhilfe stellen auf katholischer Seite die Marienanstalt, auf evangelischer das St. Johannis-Vereinshaus dar. Die Marienanstalt wurde 1879 auf Initiative des Kaplans Joseph Landes in der Rosenau eröffnet. Sie diente als Wohnheim für arbeitslose Fabrikarbeiterinnen und Dienstmädchen sowie als Tagesstätte für Kleinkinder aus Arbeiterfamilien. Zwischen 1882 und 1886 betreute sie insgesamt 456 Kinder. Das evangelische Gegenstück dazu bildet das 1900 eingeweihte St. Johannis-Vereinshaus, in dem 60 bis 70 Waisen und von Verwahrlosung bedrohte Kinder aus der Stadt und der umliegenden Diaspora Aufnahme fanden. Beide Kirchen unterhielten von eigenen Frauenvereinen unterstützte Kinderbewahranstalten, von denen zwischen 1876 und 1886 die katholische jährlich durchschnittlich 209, die evangelische 139 Kinder versorgte. Jede der beiden Pfarreien gründete in den neunziger Jahren einen Arbeiterverein, St. Lorenz auch einen Verein für Arbeiterinnen und für italienische Gastarbeiter.

Sowohl die St. Lorenz- als auch die St. Mang-Pfarrei wurden im Laufe der zweiten Hälfte des Jahrhunderts mit Ereignissen und Vorgängen konfrontiert, die viel Unruhe und Unfrieden in die Stadt trugen.

Im August 1848 wurde nach dem Tod zweier Geistlicher von St. Mang der frisch ordinierte Ernst Krauss aus Augsburg zum Pfarrverweser ernannt. Schon bald machte der Vikar nicht nur durch seine Predigten, sondern auch als politischer Redner des Kemptener Volksvereins und Helfer Balthasar Waibels von sich reden. Wen wundert es, daß er sich auch auf die Seite derer stellte, die mehr demokratische Prinzipien, freilich zusammen mit ziemlich radikalen rationalistischen Forderungen, in der protestantischen Kirche Bayerns verwirklicht wissen wollten? Krauss nahm die Einberufung der Generalsynode Anfang 1849 zum Anlaß, in seiner Gemeinde eine Unterschriftensammlung zur Unterstützung des Nürnberger »Erzrationalisten« Ghillhany zu veranstalten, dessen »die Grundzüge des Christentums geradezu verleugnende Petition« von der Synode entrüstet zurückgewiesen wurde. Dies war für das Ansbacher Konsistorium, dem das Kemptener Dekanat unterstand, Anlaß genug, Krauss Mitte März 1849 seines Amtes zu entheben und die Unterzeichner der Petition in der Gemeinde zu belangen. Die Pfarrchronik berichtet über seine Verabschiedung: »Demonstration bei dem Abzug des Krauss durch Überhäufung desselben mit Geschenken und glänzende Begleitung bis Isny«. Die Absetzung des Vikars erfolgte gegen den Willen der Gemeinde, die zwei Monate zuvor noch um seine Anstellung als Pfarrer nachgesucht hatte. Das eigene Präsentationsrecht, das sie in reichsstädtischer Zeit besaß, erhielt die Gemeinde erst 1853 zurück. Sie konnte es erstmals bei der Berufung des seit 1849 in der Gemeinde tätigen Johann Fr. Linde zum ersten Pfarrer ausüben.

Der Geist von 1848/49 blieb in der St. Mang-Gemeinde lebendig. Schon 1854 trat er nach der Einführung eines neuen Gesangbuches durch das protestantische Kirchenregiment in einer ersten Protestwelle in Erscheinung. Als 1856 dann eine neue Gottesdienstordnung für die Sonn- und Feiertage verkündet wurde sowie Bestrebungen zur Verschärfung der Kirchenzucht und zur Einführung der Privatbeichte publik wurden, leistete ein Teil der Gemeinde entschiedenen Widerstand. An der neuen Liturgie kritisierten die Kemptener Opponenten besonders deren »katholisierende« Tendenzen. Was sie aber am meisten empörte, war die Mißachtung des Mitspracherechts der Gemeinde. Das Wesen des Protestantismus beruhe »in der Freiheit des Geistes und des Gewissens, gestützt auf die Bibel«, wonach jedes Kirchenmitglied berechtigt sei »zu verlangen, daß bei beabsichtigten Änderungen der Lehre oder des Cultus seine Stimme gehört werde«. Diese auf die demokratische Mitbestimmung der Laien bedachte Haltung war damals unter den Protestanten weit verbreitet, wurde aber von der Kirchenleitung zu wenig berücksichtigt. Die Auseinandersetzungen erreichten im November 1856 ihren Höhepunkt, auf gesamtbayerischer Ebene in einer Massenpetition von 7000 Nürnberger Protestanten an den König, auf lokaler Ebene in einer Pressefehde in der Kemptener Zeitung zwischen prominenten Gemeindemitgliedern und Dekan Linde, der die Amtskirche zu verteidigen suchte. Sie ebbten erst ab, als Maximilian II. in seiner Eigenschaft als landesherrlicher Kirchenregent eingriff und den Gemeinden in der Gottesdienstgestaltung Rücksichtnahme auf lokale Besonderheiten einräumte. In St. Mang wurde daraufhin die neue Liturgie am dritten Adventsonntag 1856 wieder abgeschafft. Der Gesangbuch- und Liturgiestreit hinterließ tiefe Wunden in der Gemeinde. Nicht wenige zogen sich während der Amtszeit Lindes (1853–1874) ganz zurück, andere gründeten 1868 zusammen mit unzufriedenen Katholiken eine »freireligiöse« Gemeinde.

Auch der St. Lorenz-Pfarrei setzte der im Allgäu weit verbreitete liberale Geist mächtig zu. Anlaß war hier das auf dem Vatikanischen Konzil diskutierte päpstliche Unfehlbarkeitsdogma. Unter großem Zulauf bildete sich in Kempten ein »Verein von Katholiken zur Abwehr römischer Neuerungen«. Im November 1870, nach Verkündigung des Dogmas, teilten 177 Gemeindemitglieder in einem Protestschreiben dem Pfarramt mit, daß sie dessen Inhalt als Irrlehre betrachteten. Unter den Unterzeichnern befanden sich viele Handwerker, eine Reihe von Kaufleuten und Beamten, einige Fabrikbesitzer, ein Magistratsrat, ein Gemeindebevollmächtigter, auch Bürgermeister Arnold. Die Protestbewegung wurde verstärkt durch die unnachgiebige Haltung des Augsburger Bischofs, der mit dem Ausschluß aus der Kirche drohte, durch die Pfarrgeistlichkeit, die ihn zu vollziehen hatte, nicht zuletzt aber auch durch den in Bayern und im Reich sich verschärfenden Kulturkampf, der den Papstgegnern Auftrieb gab. Als Stadtpfarrer Joseph Maierhofer dem verstorbenen I. Staatsanwalt und Dogmenkritiker Dr. Hurt das kirchliche Begräbnis verweigerte, bildete dies im Oktober 1871 den Anlaß zur Gründung einer altkatholischen Gemeinde, der sofort 346 Männer, darunter 270 Familienväter, beitraten. Da der religiösen Trennung nicht die rechtliche Scheidung folgte, weil der bayerische Staat die Altkatholiken weiterhin als Katholiken betrachtete, und sie formell Mitglieder der Pfarrgemeinden blieben, war eine fast unendliche Kette von Streitigkeiten die Folge. So verweigerte der Stadtpfarrer bei altkatholischen Beerdigungen das Glockengeläute von St. Lorenz, bis der Bürgermeister androhte, es notfalls mit Gewalt zu erzwingen. Ähnliche Auseinandersetzungen ergaben sich aus dem Anspruch der Altkatholiken auf Mitnutzung des Kirchenvermögens und der Lorenzkirche. Sie mußten sich anfangs mit dem Keckkirchlein begnügen, erhielten aber dann den Fürstensaal in der Residenz zugewiesen. Im Januar 1872 übernahm Pfarrer Dr. Adolf Thürlings aus der Diözese Köln die altkatholische Gemeinde und den Religionsunterricht ihrer 146 schulpflichtigen Kinder. Sie umfaßte damals nach eigenen Angaben etwa 400 Familien. Obwohl die Gemeinde in den nachfolgenden Jahrzehnten wieder schrumpfte, blieb Kempten und das Allgäu neben München ein Zentrum des Altkatholizismus[16].

Jüdische Gemeinde

Nachdem der bayerische Staat den Juden im Laufe der 1860er Jahre alle bürgerlichen Rechte gegeben und die noch bestehenden Hindernisse der Freizügigkeit beseitigt hatte, verließen sie die schwäbischen und fränkischen Dörfer und Märkte, in denen sie jahrhundertelang gelebt hatten, um im Ausland oder in größeren Städten ein besseres Auskommen zu finden. 1905 wohnten bereits mehr als die Hälfte der 3700 schwäbischen Juden in Städten, wobei sich bis dahin in Augsburg und Nördlingen größere, in Memmingen, Neu-Ulm und Kempten kleinere Gemeinden gebildet hatten.

In Kempten ließen sich Juden seit 1869 nieder. 1871 führt die Statistik bereits 38 »israelitische« Bewohner auf. 1895 lebten 82, 1910 91 Juden in der Stadt. Danach begann die Gemeinde wieder kleiner zu werden. 1875 schlossen sich die Memminger und Kemptener Juden zu einer Kultusgemeinde zusammen und unterstellten sich dem Rabbinat Ichenhausen. Die Kemptener Filialgemeinde blieb jedoch ziemlich selbständig. Sie wählte eine eigene Vorstandschaft, kaufte einen Begräbnisplatz, mietete in einem Privathaus einen Raum als Betsaal an. Bis 1897 kümmerten sich die Gemeindemitglieder selbst um die religiöse Erziehung der Kinder, dann konnte sie einen Religionslehrer aus Memmingen bezahlen. Drei Jahre später jedoch wollte ihn die Vorstandschaft wieder loswerden, weil er der liberalen Gemeinde zu orthodox war. Die schwäbische Regierung gestattete, einen ihr genehmeren Lehrer aus Fellheim anzustellen.

Von den ersten sieben »selbständigen« Juden, die sich in Kempten niederließen, waren drei Bankiers (Moritz Einstein, Nathan und Hermann Ullmann), zwei Kaufleute (Hermann Kahn, Josef Löw), je einer Optiker (Heinrich Wassermann) und Haarhändler (Nehemias Traub). Da sich von den Gebrüdern Ullmann die städtischen Personalbogen erhalten haben, wissen wir über sie etwas mehr als über andere Kemptener Juden der ersten Generation. Sie waren in Osterberg nördlich von Memmingen geboren und kamen 1869 im Alter von 22 und 24 Jahren nach Kempten. 1878 beantragten sie hier als Bankiers das Bürger- und Heimatrecht, das ihnen die Stadt auch gab, weil sie »gut beleumundet« waren. Wann der 1854 geborene Sigmund Ullman in die Stadt kam, ist nicht bekannt. 1902 forderte ihn die Stadt auf, das Bürgerrecht zu erwerben. Ullman wurde von 1912–1919 und von 1922–1924 in den Magistrat bzw. den Stadtrat gewählt. Als dessen Finanzexperte beriet er jahrzehntelang den Bürgermeister und bekleidete eine Reihe anderer Ehrenämter. Als er sie aus Altersgründen 1929 aufgab, ehrte ihn der Kemptener Stadtrat in einem »öffentlichen Beschluß«, der die Sätze enthält: »Ihr kluger Rat [hat] der Stadtgemeinde die wertvollsten Dienste geleistet. Insbesondere die erfreuliche Entwicklung unserer Sparkasse seit Kriegsende wird mit Ihrem Namen für alle Zeiten verbunden sein«[17].

Politische Gruppierungen und Parteien

Da die staatliche Reaktion auf die 1848er Bewegung überörtliche Parteiorganisationen nicht zuließ, wurden alle politischen Zusammenschlüsse zu den lokalen Vereinen gerechnet. Sie machten allerdings nur einen Bruchteil von ihnen aus. Unter den 1886 registrierten 99 Vereinen befanden sich lediglich sieben politische. Nachdem bis 1853 alle vier in den Revolutionsjahren 1848/49 entstandenen politischen Gruppierungen, der Volksverein, der Konstitutionelle Verein, ein Arbeiterbildungsverein und ein der politischen Aktivität verdächtiger Turnverein, aufgelöst worden waren, kann die 1860 gegründete »Bürgergesellschaft« als älteste unter den politischen Vereinigungen angesehen werden, die sich nach 1850 gebildet haben. In dieser Gesellschaft schlossen sich neustädtische Bürger zu einer überparteilichen Interessengemeinschaft zusammen, deren Hauptziel war, möglichst viele neustädtische Vertreter in die Gremien und Ausschüsse der Stadt zu bringen. Der Verein, der zeitweilig bis zu 200 Mitglieder hatte, unterstützte aber auch kulturelle Unternehmungen durch finanzielle Zuschüsse, z. B. den Ausbau der St. Lorenz-Türme. Die Mitglieder der Bürgergesellschaft waren zwar überwiegend katholisch oder altkatholisch, rechneten sich in ihrer Mehrheit jedoch dem liberalen Lager zu. Weil sich der politische Katholizismus (Zentrum) zu wenig repräsentiert fühlte, kam es zu Zeiten der Gemeindewahlen oft zu erheblichen Spannungen im Verein. Parteipolitische Bindungen traten jedoch immer wieder hinter das Interesse an einer gemeinsamen Politik für die Neustadt zurück. Erst für die Gemeindewahlen 1914 stellten die in der Gesellschaft zusammengeschlossenen Gruppen ihre eigenen Parteilisten auf. Damals kandidierte der erste Vorsitzende, der Uhrmachermeister Wilhelm Martin, für das Zentrum. Der zweite, der Gastwirt Joseph Renn, gehörte der liberalen Partei an. Ein weiteres Mitglied, der Malermeister Ferdinand Geissler, führte eine eigene liberale Liste von Grund- und Hausbesitzern an.

Das unvermeidliche Gegenstück, der »Altstädtische Bürgerverein«, bildete sich erst Anfang der 1870er Jahre. Nach einer Bemerkung im städtischen Vereinsregister von 1897 entwickelte er allerdings »fast keinerlei Tätigkeiten im Gegensatz zur agitatorischen Rührigkeit des neustädtischen Bürgervereins«. Der altstädtische Verein, fast ausschließlich protestantisch und liberal, hatte dies auch nicht nötig, denn er war nicht nur politisch homogener zusammengesetzt, sondern besaß sowohl im Magistrat als auch im Kollegium der Gemeindebevollmächtigten immer eine sichere Mehrheit. Die Neustadt hatte zwar ein Mehrfaches an Einwohnern, aber stets etwas weniger Bürger als die Altstadt. 1875 gab es 629 altstädtische und 544 neustädtische Bürger. Um mehr neustädtische Wähler zu mobilisieren, errichtete die Bürgergesellschaft 1897 eine »Kommission für Agitation zur Erwerbung des Bürgerrechts«. Diese machte tatsächlich 137 Personen in der Neustadt ausfindig, die die Voraussetzung dazu hatten, konnte aber nur 13 überreden, das Bürgerrecht zu beantragen.

Beide Bürgervereine setzten 1908 einen stadtgeschichtlichen Meilenstein, als sie beschlossen, eine gemeinsame Kandidatenliste für die Wahl der Gemeindebevoll-

mächtigten aufzustellen. Unmittelbaren Anlaß zum Zusammenschluß bildeten freilich das neue Verhältniswahlrecht und die damit verbundene Herausforderung
durch die Sozialdemokraten, die nun größere Erfolgschancen erhielten als unter
dem bisher geltenden Mehrheitswahlrecht[18].

1867 wurde in Kempten die liberale Vereinigung »Allgäuer Volksverein« gegründet. Wohl in Kenntnis der früheren Bedeutung als Sitz der stiftskemptischen
»Landschaft« bestimmte er das Landhaus zum Vereinslokal. Zum ersten Vorsitzenden wurde der Gutsbesitzer Michael Schnetzer, zum Schriftführer der Buchhändler
Joseph Steinhauser gewählt. Vereinsorgan der Liberalen war die Kemptner Zeitung, die später vom Tag- und Anzeigenblatt in dieser Eigenschaft abgelöst wurde.
1871 wurde der Stadt- und Landgerichtassessor Franz Korrn Vereinsvorsitzender.
Er blieb es auch, als er 1872 zum Kemptener Bürgermeister gewählt wurde. Unter
seiner Leitung wurde der Verein 1875 in »Liberaler Verein Kempten und Umgebung« umbenannt. Seine politische Zielsetzung bestand darin, »die nationale Einigung und die gesamte freiheitliche Entwicklung Bayerns und des Deutschen Reiches [...] zu fördern« und »die rothe und schwarze Internationale«, gemeint waren
die Sozialdemokratie und der politische Katholizismus, zu bekämpfen. Nachfolger
Korrns wurde 1875 der Kemptener Gymnasialprofessor Johann Sörgel. In der
Vorstandschaft der nächsten Jahrzehnte begegnen uns das mittlere und gehobene
Bürgertum: Kaufleute, höhere Beamte, viele freie Berufe (Notare, Rechtsanwälte,
Ärzte). 1892 spaltete sich der »Freisinnige Verein für das Allgäu« ab, eine mehr
linksliberale Gruppe, die sich entschieden gegen den zunehmenden Antisemitismus
wandte, im Allgäu jedoch bald wieder an Bedeutung verlor, nachdem ihr Landtags-
abgeordneter Günther, ohne Rücksicht auf seine Wählerschaft zu nehmen, den
Margarinekonsum propagiert hatte. 1904 wurden in Kempten ein Jungliberaler
Verein und eine liberale Arbeitervereinigung gegründet.

Bis weit in die 1870er Jahre hinein war nahezu das gesamte Allgäu eine Hochburg
des politischen Liberalismus. Während sich dies durch das Erstarken des politischen Katholizismus in den ländlichen Regionen änderte, behielten die Liberalen in
Kempten, auch in Memmingen und Lindau, bis zu den letzten Wahlen des Ersten
Weltkriegs beträchtliche Mehrheiten. Dies gilt sowohl für die Gemeinde- als auch
für die Landtagswahlen. Bei den Reichstagswahlen siegte im Wahlkreis Immenstadt, zu dem der Stadtkreis Kempten gehörte, der liberale Kandidat Dr. Joseph
Völk bis 1878. Erst 1881 und danach konnten sich mit Ausnahme von zwei Wahlperioden Kandidaten des Zentrums, manchmal erst nach einer Stichwahl, durchsetzen. Im Stadtkreis Kempten jedoch gewann der liberale Kandidat stets die Mehrheit der Stimmen[19].

Der *politische Katholizismus* formierte sich 1872 im Katholischen Männerverein.
Sein Gründer war sehr wahrscheinlich der Buchhändler Ludwig Huber. Aus die-
sem Verein ging über die Patriotenpartei das Allgäuer Zentrum hervor, dessen
Vorsitz Huber über Jahrzehnte inne hatte. In engem Zusammenhang mit dem
Männerverein steht der von Huber 1880 gegründete Oberschwäbische Preßverein,
der sich die Verbreitung des Parteiorgans Allgäuer Zeitung zum Ziel setzte und

ebenfalls unter die politischen Vereine gerechnet wurde. Auf kommunaler Ebene führte Ludwig Huber einen Jahrzehnte dauernden Kampf, um auch im liberalen Kempten die politischen Verhältnisse zugunsten seiner Partei zu verändern. Jahrelang arbeitete er als erster oder zweiter Vorsitzender im Bürgerverein mit, nicht nur um neustädtische Belange zu vertreten, sondern dort auch den Einfluß des Zentrums zu stärken. Bei den Gemeindewahlen 1881 gelang es zur großen Überraschung des liberalen Lagers, drei Zentrums-Vertreter (Ludwig Huber, Schlossermeister Joseph Bachschmid und Privatier Georg Albrecht), die bisher höchste Zahl, in das Kollegium der Gemeindebevollmächtigten zu bringen. Ihnen gesellte sich nach einiger Zeit noch ein Ersatzmann hinzu, so daß auf 32 Liberale vier Zentrumsmitglieder kamen. Ludwig Huber war bereits 1879 gewählt worden. Er blieb zwei Wahlperioden (1879–1887 und 1888–1896) Gemeindebevollmächtigter und focht mit seinem politischen Gegner, Bürgermeister Horchler, manch heftigen Kampf aus. Dieser versuchte mit Hilfe der Wahlkreisveränderung, ein im 19. Jahrhundert oft angewandtes, gut obrigkeitsstaatliches Mittel, die »Ultramontanen« und das »Haupt der clericalen Partei im Allgäu« so gut als möglich einzudämmen. »Seit Kempten bei seinen Gemeindewahlen nicht mehr nach zwei Wahlbezirken, nach Alt- und Neustadt, wählt, [sondern nach vier, wobei sich alt- und neustädtische Gebiete überschnitten; der Verf.] ist der clericalen Partei jede Aussicht genommen, einen ihrer Candidaten unter die Gemeindebevollmächtigten zu bringen«, schrieb er 1886 an die Regierung von Schwaben. Horchler hatte mit seiner Taktik offensichtlich Erfolg: Als Ludwig Huber 1899 gebeten wurde, nochmals für den Bürgerverein zu kandidieren, stellte er laut Versammlungsbericht resigniert fest: »Wenn man nicht bloß in das Horn blasen wolle, das eben vorgeblasen werde, so sei zu der Stellung eines Gemeindevertreters dahier nicht bloß guter Wille, sondern Heroismus erforderlich«. 1908 befand sich unter den zwölf in diesem Jahr gewählten Gemeindebevollmächtigten neben zehn Liberalen und einem Sozialdemokraten nur ein Zentrums-Vertreter[20]. Bei den Gemeindewahlen 1914 erreichte das Zentrum schließlich drei der 12 zu vergebenden Sitze. Im Kemptener Umland war die Partei wesentlich erfolgreicher. Zwischen 1881 und 1912 überflügelte sie die Liberalen bei sieben von neun Reichstags-Wahlperioden. In den Landtagswahlen gelang ihr dies zwischen 1881 und 1905 bei fünf Wahlgängen zweimal[21].

Die Geschichte der Kemptener *Sozialdemokraten* beginnt im November 1890 mit der Gründung des »Wahlvereins zur Erzielung volkstümlicher Wahlen«. Aufgrund unterschiedlicher Wahlgesetze war es leichter, Sozialdemokraten in den Reichstag und in den Landtag zu wählen als in das Kollegium der Gemeindebevollmächtigten in Kempten. Aus diesem Grunde bemühte sich der Verein einerseits, Bürger für sozialdemokratische Politik zu gewinnen, andererseits Vereinsmitgliedern den Erwerb des Bürgerrechts zu erleichtern. Seit 1899 nannte sich der Wahlverein fortan »Sozialdemokratischer Verein Kempten«.

Die gesamte Gründungs-Vorstandschaft bestand aus Schustern. Überhaupt bildeten Handwerker noch lange den Hauptbestandteil der Partei. Bei der Gemeindewahl

von 1911 zum Beispiel befanden sich unter den 13 Kandidaten der sozialdemokratischen Liste zwölf Handwerker, darunter sechs Schneider. Vier der Kandidaten waren Handwerksmeister. Ungleich anderen politischen Vereinen hatten die Sozialdemokraten von Beginn an mit enormen Widerständen zu kämpfen. Ihre Versammlungen wurden strenger als die anderer Parteien überwacht. In den Berichten der städtischen Organe über ihre Zusammenkünfte wurden sie darüber hinaus auch noch diffamiert. Schon im Bericht über die Gründungsversammlung bezeichnete sie der protokollierende Polizist als »unfähige Marionetten in den Händen einiger Agitatoren«. Horchler nannte sie in seinen Wochenberichten an die Regierung nur »sozialistische Elemente« und »gewerbsmäßige Hetzer«. Jahr für Jahr gab er juristische Gründe vor, um Sozialdemokraten und Gewerkschaftlern den nachmittäglichen Festzug bei ihrer Maifeier zu verbieten. Die stärksten Behinderungen kamen aber von seiten der Arbeitgeber, die ihren Gehilfen bzw. Arbeitern mit Entlassung drohten, wenn sie sich den Sozialdemokraten anschlossen. Das Mißverhältnis zwischen niederen Mitgliederzahlen und hoher Beteiligung von Arbeitern an den öffentlichen Versammlungen der Partei wird so einigermaßen verständlich, auch die jahrelange Dominanz der unabhängigeren Handwerker in der Partei. Ihren ersten großen Erfolg erzielten die Kemptener Sozialdemokraten bei den Gemeindewahlen von 1905, als sie mit dem Schreinermeister Heinrich Gölzer ihren ersten Vertreter in das Kollegium der Gemeindebevollmächtigten brachten. Erleichtert durch ein neues Verhältniswahlrecht, konnten sie drei Jahre später einen zweiten, 1911 einen dritten und vierten, 1914 schließlich einen fünften Vertreter hinzugewinnen. Unter ihnen war auch der in Augsburg geborene Gewerkschaftssekretär Wilhelm Deffner, der 1914 Kemptener Bürger wurde. 1912 konnte Heinrich Gölzer in den bayerischen Landtag einziehen. Bei den Reichstagswahlen des gleichen Jahres erhielt die SPD in der Stadt nach den Liberalen (1878 Stimmen) das zweitbeste Ergebnis (1187) und verwies das Zentrum (1116) auf den dritten Platz[22].
1881 gründete die *Deutsche Volkspartei*, die die Republik anstrebte, in Kempten eine Ortsgruppe, die vor den Reichstagswahlen eine stark beachtete Aktivität entfaltete. Weil sie viele Arbeiter anzog, stellte sie in den 1890er Jahren eine gewisse Konkurrenz für die Kemptener Sozialdemokraten dar. Einen dauerhaften Erfolg erzielten die »Demokraten« jedoch nicht. Bei den Gemeindewahlen spielten sie keine Rolle[23].

Stadt der Vereine

Konfessionelle Dualität und kommunalpolitische Rivalität, sicher auch eine gehörige Portion Allgäuer Individualismus, sorgten im 19. Jahrhundert dafür, daß in Kempten eine bunte Vielfalt von Vereinen entstand. Weil Alt-und Neustadt auch im gesellschaftlichen Bereich noch weitgehend nebeneinander her lebten, existierten nicht wenige der Vereine parallel. So gab es 1856 neben den auf die stiftsstädtische und reichsstädtische Zeit zurückgehenden beiden Schützengesellschaften und drei nicht lokalisierbaren Vereinigungen (Landwehrstutzen-Verein, Bolzenschützenverein der Gesellen, Eschacher Schützengesellschaft) noch zwei neustädtische und zwei altstädtische Bolzenschützenvereine, insgesamt also neun Schützenvereinigungen. Die beiden alten Schützengesellschaften taten einen mutigen und vorbildlichen Schritt nach vorn, als sie sich 1884 zusammenschlossen und einen gemeinsamen Schießplatz am Haubenschloß einrichteten.

Die Zahl der Vereine wuchs in der zweiten Hälfte des 19. Jahrhunderts schnell an: 1850 waren noch 21, 1863 bereits 47 registriert. Der Verwaltungsbericht von 1886 führt 99 »Genossenschaften, Gesellschaften und Vereine« auf. Bis 1912 stieg ihre Zahl auf 270. (Eine Vergleichszahl: 1978 bestanden im wesentlich größeren Kempten 246 Vereine.)

Nahezu ein Drittel der 1886 existierenden 99 Vereine widmete sich der Wohltätigkeit und der gegenseitigen Unterstützung in Krankheits- und anderen Notfällen, was angesichts der weit verbreiteten Armut und der mangelnden gesetzlichen Wohlfahrtspflege außerordentlich notwendig war. Beispiele liefern der Arbeiter-Krankenunterstützungsverein der Mechanischen Baumwollspinnerei und Weberei Kempten, der Bayerische Frauenverein zur Pflege und Unterstützung der im Felde verwundeten Krieger, der Zigarrenabschnitt-Sammelverein, der seinen Erlös armen Kindern zukommen ließ, der Verein für Jugenderziehung, der »Kindern unbemittelter Eltern während eines Teils der schulfreien Zeit Obdach, Speise und Unterhaltung« bot.

Eine größere Gruppe von Vereinen umfaßte lokale Standesorganisationen, darunter Vorläufer von Berufsgenossenschaften und Gewerkschaften, wie den Anwalts-, den Handelsverein oder den Ortsverein für Maschinenbau- und Metallarbeiter. Zahlreich vertreten waren damals schon die Sport-, Wander- und Naturvereine, neben den schon erwähnten Schützen eine altstädtische Fischergesellschaft, der Feuerwehrturnverein, der Velociped-Club, der das Auftauchen des Fahrrads um 1883 in Kempten signalisiert, der Jagdschutz- und der Alpenverein. Andere Vereine verlegten sich mehr auf Unterhaltung und Bildung, so die bereits 1805 gegründete Harmonie, die Gesellschaft Huia, der Literarische Verein, der Arbeiter-Fortbildungs-Verein. Außerdem gab es eine Reihe religiöser Gruppen wie die Marianische Bruderschaft, den Gustav-Adolf-Verein zur Unterstützung armer Diasporagemeinden, den Frauenverein der altkatholischen Gemeinde. 1886 existierten in Kempten ein Veteranen- und ein Kriegerverein, denen sich 1888 der Allgemeine Militärverein hinzugesellte. Diese Veteranen- und Soldatenvereine betrachteten nicht nur »Pflege der Anhänglichkeit zu dem angestammten Monarchen und Vaterlande und Stärkung der Treue zu Kaiser und Reich« sowie »Kameradschaft auch im Civilstande« als ihre Aufgaben, sondern ebenso die Unterstützung ihrer Mitglieder in Krankheits- und Notfällen. Für die Erschließung und Erhaltung von Geschichts- und Naturdenkmälern setzten sich der Altertumsverein, der Burghaldenverein und der Verschönerungsverein ein. Letzterer, am Ende seines Gründungsjahres 1883 bereits 300 Mitglieder stark, machte die Naturschönheiten der Umgebung durch Anlage von Wanderwegen und Parks allgemein zugänglich.

Schon der Zahl der Gesangvereine nach zu schließen, die 1886 verzeichnet sind, muß Kempten eine »Stadt der Musik« gewesen sein. In dem 1829 gegründeten Liederkranz besitzt es einen der ältesten Gesangvereine Bayerns, den ältesten südlich der Donau. An seiner Wiege stand der begabte und über Kempten hinaus bekannte Organist und Chorregent bei St. Lorenz, Matthias Waldhör, der zugleich Lehrer an der Knabenschule sowie Musiklehrer an der Studienanstalt war und eine Reihe bei Kösel gedruckter Kompositionen und Liederbücher hinterließ. 1840 veranstaltete der Liederkranz ein großes Sängerfest, an dem Chöre aus dem ganzen Allgäu teilnahmen. Im selben Jahr wurde die Liedertafel I gegründet. Ihr folgten 1845 der altstädtische Bürgergesangverein und 1849 die Liedertafel II, auch Gesellenliedertafel genannt. Sie und der Liederkranz, dem neben anderen »Revolutionären« auch Johann Baptist Haggenmüller angehörte, wurden 1848/49, die Gesellenliedertafel auch noch danach, polizeilich überwacht, weil sie im Verdacht standen, die »48er-Sache« zu betreiben. Der fünfte Gesangverein, die Vereinigten Sänger von Kempten, 1862 gegründet, wollte sich vor allem dem deutsch-patriotischen Liedgut widmen. Unter demselben Namen schlossen sich 1897 die Kemptener Gesangvereine zu einer Art lokalem Dachverband zusammen, dessen Aufgabe nicht genau zu ermitteln ist. Damals existierten in Kempten neben Liederkranz, Liedertafel und Bürgergesangverein noch die Sängergesellschaft Schwangau, der Arbeitersängerverein von 1894, der 1888 aus der Turnerfeuerwehr hervorgegangene Liederhort. 1899 entstand der Evangelische Kirchengesangverein und 1900 der Gesangverein Liedeslust. Außerdem hatten andere Vereinigungen ihre Sängerabteilung und oft auch eine Blaskapelle. Fast alle Gesangvereine pflegten den Männergesang. In der Vereinsliste von 1886 ist noch ein Musikverein verzeichnet, der wohl als Vorläufer des nach dem Ersten Weltkrieg gegründeten Kemptener Konzertvereins betrachtet werden kann[24].

Theaterleben

In die Ära Horchler fällt die Blütezeit des Kemptener Theaters. Der Bürgermeister sorgte seit 1887 dafür, daß nicht nur auf Qualität, sondern auch auf Kontinuität geachtet wurde. Während jahrzehntelang nahezu jede Saison eine andere Schauspieltruppe engagiert wurde, gab es zwischen 1887 und 1922 nur drei Direktoren, deren Ensembles jeweils jahrelang in Kempten gutes Theater spielten.
Die Tradition des Stadttheaters geht auf den Theatersaal im reichsstädtischen Salzstadel zurück. Dieser wurde im Laufe des 19. Jahrhunderts zu dem ansehnlichen Theaterraum ausgebaut, wie er weitgehend heute noch besteht. Die Geschichte des fürststiftischen Hoftheaters, über das wir noch wenig wissen, brach 1802 ab. Es hinterließ einen großen Fundus von Kulissen und Requisiten, die 1816/17 an die Kemptener »Theaterliebhabergesellschaft« verkauft wurden. Von solchen Liebhaber- oder Komödiantengesellschaften, bestehend aus Kemptener Bürgern, wurde früher das Theater bespielt. Seit 1775 ließ der Stadtrat auch professionelle Truppen

zu. Wie oft und was diese spielten, zeigt ein Blick auf den Spielplan von 1812. Innerhalb von drei Monaten bot das Ensemble des Schauspielunternehmers Karl Hain 40 Aufführungen an, darunter Schillers Räuber, Kabale und Liebe und Fiesko. Gelegentlich wurden auch lokalgeschichtliche Stücke aufgeführt, 1844 zum Beispiel »Heinrich der Kempter« (von C. W. Besse) und 1854 »Hildegard« (von F. Joost). Nachdem das Theater 1855/56 eine leistungsfähigere Heizung und ein Jahr später Gasbeleuchtung erhalten hatte, scheinen die Kemptener häufiger ins Theater gegangen zu sein als zuvor. In der Spielperiode vom Oktober 1859 bis April 1860 fanden nicht weniger als 142 Aufführungen statt, darunter ein Fest-abend zu Schillers 100. Geburtstag und Gastspiele des Münchener Hofschauspiels. In den 1880er Jahren mehrten sich die Klagen über die gesunkene Qualität des Spielplans und, als Folge davon, über zurückgehende Besucherzahlen. Um leis-tungsfähigere Truppen engagieren zu können, organisierte Horchler mit Memmin-gen und Kaufbeuren einen Theaterverbund. Obwohl dieser Startschwierigkeiten hatte und nur wenige Jahre funktionierte, erfüllte er doch seinen Zweck: die Kemptener gingen wieder ins Theater. Das Hauptverdienst gebührt dabei dem Ensemble Adolf Oppenheims, das von 1887 bis 1893 in Kempten verpflichtet war. Schon während der ersten Saison erhielt Oppenheim in allen Städten, einschließlich Konstanz, das er als viertes Theater bespielte, beste Kritiken. Als Memmingen nach der Saison 1889/90 mitteilte, daß es den Vertrag mit Oppenheim nicht verlängern werde, weil er städtische Anordnungen mißachtet habe, »sowie aus sonstigen Gründen«, antwortete Horchler, Oppenheim habe den Ansprüchen der Kemptener Besucher besser entsprochen als irgend eine Direktion davor. Sie ließen es nicht zu, wenn jetzt ohne zwingenden Grund wiederum ein Wechsel einträte. Drei Jahre später verwendete der Bürgermeister jedoch selbst »sonstige Gründe«, um den Juden Oppenheim zu veranlassen, sich auch aus Kempten zurückzuziehen. Die sich mehrende Abneigung des Publikums gelte seiner Konfession, schrieb Horchler nach Konstanz, das ebenso wie Kaufbeuren wegen der »Mißgunst des Publikums« den Vertrag nicht mehr erneuert hatte. Auf das antijüdische Ressentiment, das sich in dieser Zeit offensichtlich auch im Allgäu ausbreitete, konnte Oppenheim nur mit dem Rückzug aus den Theatern und mit der Auflösung seines brotlos gewordenen Ensembles reagieren.

Die künstlerisch hochstehende Theaterarbeit Oppenheims wurde von dem aus Augsburg stammenden Julius Heydecker von 1894 bis 1908 fortgesetzt. Die Idee eines Allgäuer Städtebundtheaters verwirklichte er, indem er sich auch in Lindau, Memmingen und Kaufbeuren verpflichtete. Da er außerdem noch das Stadttheater Tübingen und das Schloßtheater Sigmaringen bespielte, konnte er seine Schauspie-ler den Großteil des Jahres beschäftigen und damit die gute Qualität halten. Das Interesse des Kemptener Publikums hielt er durch eine Mischung von volkstümli-chem und anspruchsvollem Theater wach, wobei er auch Gastspiele bedeutender Bühnen einbezog. Heydeckers Theater hatte bald den Ruf, eines der besten in Süddeutschland zu sein. 1908 löste die Stadt vorzeitig seinen Vertrag, weil sie seiner Berufung zum »fürstlichen Theaterdirektor« der vereinigten Theater von

Sondershausen und Rudolstadt nicht im Weg stehen wollte. Auf Heydecker folgte Hans Kraft, dem es gelang, auch während des Ersten Weltkriegs und in den ersten Nachkriegsjahren mit einer verkleinerten Truppe gutes Theater zu machen, bis der Besucherschwund im Krisenjahr 1923 dem Kemptener Theaterleben ein rapides Ende setzte. Weder die Stadt noch ein neugegründeter Theaterunterstützungsverein waren in der Lage, weiter finanzielle Lasten zu tragen. In das Stadttheater zog ein Kino ein. Nur gelegentlich wurden noch Gastspiele auswärtiger Ensembles dort aufgeführt[25].

Garnisonsstadt

Kempten war seit 1803 Standort verschiedener Truppenteile der bayerischen Armee, ausgenommen die Zeit zwischen 1851 bis 1855, in der sich kein Militär in der Stadt befand. Am stärksten, nämlich mit 1000 bis 1400 Mann, war die Kemptener Garnison in den 1850er und 1860er Jahren belegt, als Bataillone der Infanterieregimenter »König Otto von Griechenland« (1855–1861) und »Prinz Karl von Bayern« (1861–1866) sowie eine Eskadron Chevaulegers (1859–1870) hier stationiert waren. 1866 zog das Erste Jägerbataillon ein. Ihm folgte 1897 das Zweite Bataillon des damals neugeschaffenen 20. Infanterieregiments. 1912 kam noch eine Maschinengewehrkompanie hinzu. Zur Zeit der Jäger und der Zwanziger war die Garnison mit 500 bis 600 Mann belegt. Als Unterkunft dienten den Soldaten die »Schloßkaserne«, das war der Nordflügel der Residenz, und die ehemals stiftische Reitstallkaserne an der Memminger Straße. Exerzier- und Schießplatz waren lange Zeit die Schwaigwiese und der Hofgarten. Der Großteil der Mannschaften lebte und arbeitete also mitten in der Stadt, was die Beziehungen der Kemptener zu ihrem Militär vertiefte. Die Stadtverwaltung tat alles, um die Garnison in Kempten zu halten. Bester Beleg dafür ist der Kauf eines 91 Tagwerk großen neuen Exerzierplatzes in der Riederau, den sie für die 15 Tagwerk kleine Schwaigwiese vom bayerischen Staat eintauschte. Bis zur Umgestaltung in einen Park erlaubte die Stadt, die Wiese, die mehr ein Sand- und Kiesplatz war, weiterhin für Übungszwecke zu verwenden, obwohl dies öfters Unannehmlichkeiten bereitete. So beschwerte sich im April 1882 der Kommandant wieder einmal beim Bürgermeister, daß die Schüler der Realschule, die unmittelbar an der Wiese stand, den Übungsbetrieb durch »derartiges Geschrei und haufenweises Herandrängen an die Abteilungen« gestört hätten, daß er gezwungen gewesen sei, die Soldaten und Pferde in die Quartiere zu schikken. Die Schulleitung hielt dagegen, daß das Exerzieren, vor allem mit Musik, den Unterricht beträchtlich störe. Nach längeren Verhandlungen mit der Stadtverwaltung willigte die Garnison ein, nach Schulschluß die Übungen zu unterbrechen, während des Unterrichts nicht mit Musik und auch nicht unter den Fenstern des Schulgebäudes zu exerzieren. Eltern und Lehrerschaft wurden ermahnt, ihrerseits auf die Schüler einzuwirken, um Unfälle zu vermeiden.
Mit Sorge und Unmut nahm die Kemptener Öffentlichkeit 1896 die Nachricht zur Kenntnis, daß die Jäger im nächsten Jahr nach Straubing verlegt würden, weil die

ungünstigen Schießplatzverhältnisse deren Ausbildung beeinträchtigten. Da die Zwanziger ohne Stab und Musik angekündigt wurden, betrachtete man den Abzug der Jäger als großen Prestigeverlust für die Stadt. Die Anwesenheit des Stabs zog oft hochgestellte Persönlichkeiten nach Kempten, vor allem Mitglieder des Königshauses. Die Jägerkapelle, die sich auf hohem künstlerischen Niveau befand, ersetzte die Stadtkapelle. Sie gab regelmäßig Konzerte, oft zusammen mit Kemptener Chören. Dafür nahm die Stadt regen Anteil am Geschehen um die Kasernen und zeigte dies durch manch großzügige Geste. Für die 1850er und 1860er Jahre ist belegt, daß von auswärtigen Einsätzen heimkehrende Mannschaften zum Mittagessen in Bürgerhäuser eingeladen wurden. Als die Jäger 1890 das 75jährige Bestehen ihres Bataillons feierten, brachten alle Kemptener Zeitungen lange Berichte über deren Geschichte. 1895 leistete die Stadtkasse einen ansehnlichen Zuschuß zur Durchführung eines Festes, das zur Erinnerung an den Auszug des Bataillons in den deutsch-französischen Krieg 1870 veranstaltet wurde. Als am 1. April 1897 die Jäger durch die geschmückten Straßen aus- und die Zwanziger wenige Stunden danach einzogen, war die halbe Stadt auf den Beinen, um die einen zu verabschieden und die anderen zu empfangen.

Neben der Garnison besaß Kempten ein eigenes Bürgermilitär, das auf die Zeit vor 1800 zurückging, nach der Eingliederung Kemptens in den bayerischen Staat jedoch mehrmals neu geordnet und umbenannt wurde. Seit 1851 hieß es »Landwehr-Jäger-Bataillon«. Es umfaßte vier Kompanien mit 270 Mann, 27 Offizieren und 16 Spielleuten. Seine Hauptaufgabe bestand im Wachdienst am Rathaus und an den Stadttoren, solange diese vorhanden waren, sowie in nächtlichen Patrouillengängen, allerdings beschränkt auf Zeiten, zu denen besonders viele Menschen in die Stadt kamen, zum Beispiel an den Markttagen. Nachdem der bayerische Staat die allgemeine Wehrpflicht eingeführt hatte, wurde das Bürgermilitär 1869 aufgelöst[26].

Erster Weltkrieg

Als Garnisonsstadt erlebte Kempten die Tage der Mobilmachung und auch den Verlauf des Krieges 1914 bis 1918 unmittelbarer und hautnaher als manch andere Kommune. Die Verhängung des Kriegszustandes wurde am Abend des 31. Juli 1914 durch Maueranschläge sowie Polizeibeamte und Trommler verkündet. Vor den Kasernen, Zeitungsredaktionen, am Bahnhof und auf den öffentlichen Plätzen strömten die Kemptener bis in die späte Nacht hinein zusammen, um neue Nachrichten zu erhaschen. Ungewöhnlich stark besucht waren am Sonntag, dem zweiten August, nicht nur die Gottesdienste in den Pfarreien, sondern auch das mittägliche Militärkonzert im Stadtpark, das mit einem Treuegelöbnis für Kaiser, Reich und Vaterland endete. »Eine Woge der Begeisterung wälzte sich über den Platz«, berichtete das Tag- und Anzeigenblatt. Die Mobilmachung brachte in der ersten Augustwoche hektisches Leben in die Stadt, da sich Einberufene und Freiwillige zu Hunderten einfanden. Die Zeitungen gingen ausführlich darauf ein: »Wahrhafte

Größe, Selbstüberwindung und Opfermut gehen stolz einher in diesen schweren Tagen. Gestern brachte ein Bauer aus der Oberdorfer Gegend auf geschmücktem Wagen seine neun Söhne in die Stadt, die zum Heeresdienst einberufen sind. Nachdem er seinen wackeren Jungen Lebewohl gesagt hatte, lieferte er auch noch seine beiden Pferde ab. [...] Manche Eltern senden drei, vier und fünf Söhne ins Feld«.

In den ersten Kriegstagen bildete sich ein Hilfskomitee, dem Bürgermeister Horchler, die beiden Stadtpfarrer und eine Reihe von Vertretern aus Parteien und Vereinen angehörten. Seine wichtigste Aufgabe war, die Lebensmittelversorgung der Stadt zu sichern und Arbeitskräfte zu mobilisieren. Bereits in ihrem ersten Aufruf suchte das Komitee Käser, da einige Betriebe wegen Arbeitskräftemangel ihre Produktion eingestellt hatten. Außerdem warb es um Erntehelfer und Ersatzleute für einberufene Gewerbetreibende und Arbeiter. Eine Frauengruppe, die sich ihm anschloß, organisierte und koordinierte Unterstützungsmaßnahmen für Menschen, die vom Krieg besonders betroffen waren. In der zweiten Kriegswoche konnte sie schon zwei Kinder-Notkrippen und der Jugenderziehungsverein eine Suppenküche für Kinder aus ärmeren Familien, deren Väter im Krieg oder ohne Arbeit waren, eröffnen. Dies sind nur einige Beispiele einer damals spontan aufbrechenden Hilfsbereitschaft. Die Zeitungen berichten in den ersten Tagen von manch hysterischen Aktionen in der Bevölkerung. Viele hoben ihr Geld von der Sparkasse ab und tätigten Hamsterkäufe, was eine Preissteigerung einzelner Produkte zur Folge hatte. Übereifrige errichteten nach einer anfänglichen Warnung der Heeresleitung vor Spionen auf eigene Faust Straßensperren, führten Ausweiskontrollen durch und behinderten selbst Offiziere und Kuriere des Militärs.

Gegen Ende August, als die Extrablätter die ersten Siege von der Ostfront meldeten, machte das Residenzkino im Landhaus wieder auf und veranstaltete Bismarck-Festspiele. Mandolinenclub und Sängerbund hoben durch Konzerte das »vaterländische Empfinden«. Im Anzeigenteil einer Zeitung bot ein Buchhändler Landkarten von den neuesten Kriegsschauplätzen an und ein Wagnermeister Fahnenstangen für Siegesfeiern. Das Eintreffen des ersten Transports von 365 Verwundeten am 26. August dämpfte die gehobene Stimmung allerdings beträchtlich. Als wenige Tage danach ein Zug mit über 100 schwerverwundeten Franzosen ankam, wurden sie auf ihrem Weg zum Lazarett von aufgebrachten Passanten mit Steinen beworfen und angespuckt. Die Kriegschronik des Pfarrers Deller von St. Lorenz und die Predigt, die der Stadtkaplan Aubele am Grab des ersten französischen Verstorbenen hielt, bestätigen diese vom Tag- und Anzeigenblatt berichteten Vorfälle. Der Kaplan ermahnte die zahlreich anwesenden Neugierigen eindringlich, doch den »Versuchungen zur Härte, zur Erbarmungslosigkeit, zur Grausamkeit und Rache [...] zu widerstehen«. Verwundetentransporte und Beisetzungen von deutschen und französischen Verstorbenen aus den Lazaretten gehörten bald ebenso zum Kriegsalltag wie die zu Beginn des September einsetzenden Todesanzeigen von Gefallenen aus der eigenen Stadt. Mitte 1915 wurden die Kemptener mit Gruppen französischer und russischer Kriegsgefangener konfrontiert, die zur Heuernte in der Umgebung eingesetzt und abends wieder in die Stadt zurückgebracht wurden. Wie der Tagesanzeiger meldete, sollen sie anfangs von zahlreichen Schulkindern und Erwachsenen »wie im Triumph« durch die Straßen geleitet worden sein, bis die Behörden den »tief beschämenden« Vorgängen ein Ende bereiteten.

Mit Aufrufen zu freiwilligem Verzicht, zum Beispiel zugunsten der Soldaten an der Front weniger Fleisch und mehr Käse, »auch wenn sein Geruch etwas unangenehm ist«, zu essen, wurde im Herbst 1914 die Bevölkerung auf ein Leben mit bald spürbaren Einschränkungen vorbereitet. Sie begannen zu Anfang des neuen Jahres mit einem Nachtbackverbot für die Bäcker und setzten sich im März mit der Brotrationierung durch die Einführung von Marken fort. Das städtische Referat für Lebensmittelversorgung, geleitet von Rechtsrat Schraudy, ging dazu über, Nahrungsmittel einzukaufen, um sie zum Selbstkostenpreis an ärmere Verbraucher abzugeben. Die Verkaufsstelle, die dafür eingerichtet wurde, mußte ihr Angebot im Laufe der Kriegsjahre immer mehr erweitern. Obwohl dieses Mittel nicht immer funktionierte, versuchte die Stadt durch Festsetzung von Höchstpreisen für Grundnahrungsmittel die Preissteigerung einzudämmen. Um sich einen Überblick über Lebensmittelvorräte zu verschaffen, ordnete sie mehrmals deren Erhebung und Kontrolle an. Da sich 1917 eine empfindliche Versorgungslücke abzeichnete, wurden städtische Wiesenflächen in den Calgeeranlagen und anderswo in Gemüsegärten umgewandelt. Aus denselben Gründen forderte der Landrat alle Fremden auf, bis Ende Oktober den Bezirk Kempten zu verlassen.

Die sich verschlimmernde Rohstoffknappheit des Reiches unterwarf nach und nach nicht nur alle Bereiche des Grundbedarfs der Bezugsscheinpflicht, sondern führte zu einer hektischen Sammeltätigkeit, begleitet von aufdringlichen nationalen Appellen. »Kriegsverwertbar« war fast alles: außer Bargeld, Kriegsanleihen und Wertgegenständen aus Edelmetallen Kirchenglocken, Altmetall wie »Konservenbüchsen und alte Hausschlüssel, Stanniol und ausgebrannte Glühlampen, verschriebene Stahlfedern«. »Reichswollwochen« und »Weiße Wochen« wurden eingeführt, um Kleider und Unterwäsche für die Soldaten im Feld, im Lazarett und in der Gefangenschaft zu sammeln. Die Kemptener Bevölkerung wurde zusätzlich aufgefordert, Möbelstücke, vor allem Sofas, für die Lazarette zur Verfügung zu stellen.

Die Zeit der Pressemeldungen über spektakuläre deutsche Siege wich im letzten Kriegsjahr allmählich der bedrückenden Erkenntnis, daß der Krieg nicht mehr zu gewinnen war. Mit Besorgnis beschreibt der Bürgermeister in seinen Wochenberichten, daß in Kempten die »Nichtberücksichtigung« der Friedensvorschläge des amerikanischen Präsidenten Wilson durch die Reichsregierung »in gehässiger Weise besprochen« werde. »Im ganzen genommen«, schließt er am 19. Oktober 1918 seine Meldung, »herrscht gegenwärtig eine gedrückte Stimmung und teilweise, besonders in Arbeiterkreisen, eine gereizte Stimmung vor, welches für die Zukunft nichts Gutes verspricht«[27].

1 Zur Geschichte Kemptens in der zweiten Hälfte des 19. Jahrhunderts fehlen trotz der Fülle des Vorhandenen noch einige grundlegende Forschungen, vor allem zur Sozialstruktur, Verwaltung, Entstehung der Parteien, Alltagsgeschichte, zum Handelsgewerbe. Der Verfasser dankt den studentischen Hilfskräften H. Letzing, H. Meier, D. Meixner, J. Plank und H. Weichert für die Mithilfe bei der Durchsicht der Archivalien, insbesondere aber Herrn Roland Riedel vom Stadtarchiv Kempten für seine Hilfe und Geduld.

2 StadtA Kempten: Ursula Grünefeld: Die wirtschaftliche Entwicklung der Stadt Kempten/Allgäu im 19. Jahrhundert. (Ungedr.) Diplomarbeit an der Universität Erlangen-Nürnberg 1977, S. 77–80.

3 StadtA Kempten: A VIII 351 (Gewerbestatistik 1823), VB 1876–87 (Gewerbest. 1886); Wg 4 (Textilfabriken). Rottenkolber, 19. Jahrhundert, S. 129–133.

4 VB 1876–1886, S. 78–81. Grünefeld, wirtschaftliche Entwicklung, Anhang, Tab. 13 (Stat. über Handelsgewerbe). Illerflößerei vgl. Ernst Neweklowski: Die Schiffahrt und Flößerei im Raume der oberen Donau, Bd. I, Linz 1952, S. 545.

5 Tabelle nach Max Mayer: Die Textilindustrie im oberen Illergebiet, München 1922, S. 35. StadtA Kempten: Gedr. Ausschreibung anl. der Gründung der Aktiengesellschaft Mech. Baumwollspinnerei und Weberei (Zitat auf S. 1); Vorstandsberichte des Unternehmens von 1854–1918; P 287–290 (Streit um das Illerwasser, Dampfkessel); P 335 (Mech. Baumwollspinnerei und Weberei); Wg 4 und VB 1896/97 (Statistik der Fabrikbetriebe). AA VIII 404 (Sandholz); Festbericht anläßlich des 50jähr. Bestehens der Mech. Baumwollsp. und Weberei, Kempten 1902.

6 Friedrich von Hößle: Geschichte der alten Papiermühlen im ehemaligen Stift Kempten und in der Reichsstadt Kempten, Kempten 1900; StadtA Kempten: P 336 und Sa 70 a, b (Papierfabrik Schachenmayr); Jahresberichte der Industrie- und Handelskammer 1871 und 1872. VB 1876–1886, S. 81 (Fabriken).

7 VB 1876–1887, S. 81 (Holzbetriebe).

8 Kurze Beschreibung der Edelweiß-Betriebe Hoefelmayr vgl. Das Land Bayern. Seine kulturelle und wirtschaftliche Bedeutung für das Reich (ohne Verfasser), München 1927, S. 341–343.

9 Rottenkolber, 19. Jahrhundert, S. 134–136.

10 Zahl der Neubauten zusammengestellt nach VB des Stadtmagistrats 1876 bis 1910.

11 StadtA Kempten: AA VIII 1088 und 1091 (Zündholzfabrik); Alfred Weitnauer: Vor 40 Jahren: Der erste Dieselmotor der Welt arbeitete in Kempten. In: DSA 1938, Nr. 5, S. 70.

12 Festbericht über das dreihundertjährige Jubiläum der Jos. Kösel'schen Buchhandlung in Kempten am 24. Sept. 1893, Kempten 1893; Fritz H. Hacker: »Tobias Dannheimer«. 150 Jahre Kemptener Buchdruckerei- und Zeitungswesen. In: Heimgarten 8 (1933), Nr. 42, S. 165–167.

13 StadtA Kempten: AA VI 1035 (Zitat Dobler vgl. Schr. v. 20. 4. 1854); A I 26 (Zitat Wohnverhältnisse); A III 1078 (Zitat Dr. Molo v. 30. 1. 1974); Sb 7 (Arbeiterwohnungen, Bericht der MBSW); Ww 36 a (Arbeitseinstellungen und Aussperrungen); Sv 13 (Periodische Berichte). Max Mayer, Textilindustrie, Löhne vgl. S. 66.

14 StadtA Kempten: Wv 2/I–III, Wv 3/I–III (Eisenbahnangelegenheiten). Zitat zur Fernbahn vgl. Denkschrift über das Projekt der Fortsetzung der Brennerbahn von Innsbruck über den Brenner [...] vom Eisenbahn-Komitee in Kempten, Kempten 1867, S. 3; Bernd Volker von Bonin: Die Geschichte des Bahnhofs Kempten in volks- und betriebswirtschaftlicher Hinsicht. Ungedruckte Diplomarbeit, München 1971.

15 StadtA Kempten: Personalakten Horchler (persönliche Notizen, Nachrufe, insbesondere das Manuskript von Otto Merkt »A. Horchler – sein Leben und Werk«); P 75 (Bürgergesellschaft; dort eine umfangreiche Stellungnahme Horchlers zu Anschuldigungen aus der Neustadt, mit Hinweisen auf das Stadtparkprojekt und Urteile über den politischen Katholizismus). Zur Kritik an den städtebaulichen Eingriffen des 19. Jahrhunderts vgl. Max Förderreuther/Martin Kellenberger: Kemptener Heimatbuch, Kempten 1932, S. 74; Horchlers Rede zum Reichsgründungsjubiläum in: Tag- und Anzeigenbl. Nr. 15 v. 19. Jan. 1896; Zu Münzsammlung, Hist. Verein, Reisersammlung vgl. Festschrift zum 50jährigen Bestehen des Historischen Vereins Allgäu in Kempten am 9. 5. 1934, hrsg. von Friedrich H. Hacker, AGF 36 (1934).

16 Zu den caritativen Anstalten vgl. VB 1876–1886, S. 139–143. PfarrAStM: Schauer

Heinz: Gastspiel eines Jungdemokraten. Vikar Ernst Krauss 1848/49 in Kempten, Kempten 1981, Manuskript (Zitat auf S. 1); Akt 136 (Gesangbuch), 139 (Liturgie 1856/57); Allgemeine Pfarrbeschreibung (handschr.) des gesamten Kirchenwesens in der evangelisch-lutherischen Pfarrei Kempten, gefertigt von Pfarrer Erhard und Pfarrer Bauer, 1912 und 1914; PfarrAStL: Akt 30/3–5 (Altkatholische Gemeinde). Rottenkolber, 19. Jahrhundert, Kap. 7 Kirchenwesen.

17 StadtA Kempten: 333/1, Krs 2 (Kultusgemeinde, Zitat vgl. Schreiben des Vorstands Leopold Kohn vom 15. Okt. 1900 an die Regierung von Schwaben; Personalakten Nathan, Hermann und Sigmund Ullmann (dort Schreiben der Stadt a. 1.2.1929).

18 StadtA Kempten: P 75 (Polizeiberichte über die Bürgergesellschaft) AA X 1101, A X 25 a, SV 49ff., besonders Sv 63, 64 (Wahlen zum Magistrat und zum Kollegium der Gemeindebevollmächtigten).

19 StadtA Kempten: P 91 (Liberaler Verein), 11–1/32 (Freisinniger Verein), P 204 (Junglib. Verein), P 205 (Lib. Arbeitervereinigung); VB 1876–1886, Staatsverhältnisse, S. 181–185; Dietrich Thränhardt: Wahlen und politische Strukturen in Bayern 1848–1953, Düsseldorf 1973, S. 72 f.

20 Das Kollegium der Gemeindebevollmächtigten bestand aus 36 Mitgliedern, von denen alle drei Jahre 12 durch Neuwahlen ersetzt wurden. Die Amtszeit jedes Mitglieds betrug neun Jahre.

21 Über die Gründungsgeschichte des Kemptener Zentrums und über Ludwig Huber als Parteiführer fehlen einschlägige Untersuchungen. StadtA Kempten: P 137; P 75 (Bürgerverein: Zitat Huber aus dem Polizeibericht vom 11.1.1899); AA X 25 a (Wahlen 1881); VB 1879–1886, S. 171 und 187. Wahlergebnisse vgl. Thränhardt, Wahlen, S. 73.

22 StadtA Kempten: P 121 c, P 137, P 152 (Sozialdem. Wahlverein: Zitat über die Gründungsversammlung); Sv 13 (Periodische Be-

richte des Bürgermeisters); AA X 25 a (Gemeindewahlen). Albert Wehr (Hrsg.): 1891–1981, 90 Jahre SPD in Kempten, Kempten 1981. Dietrich Thränhardt, Wahlen, S. 72 f.

23 StadtA Kempten: P 129 (Deutsche Volkspartei).

24 StadtA Kempten: AA III 1073 (Versammlungen und Vereine); Vereinsakten unter Buchstaben P, insbesondere P 28, 37, 40, 62, 79, 135, 139, 146, 184; Pvm 2, 3, 5, 6, 8 und 14; Pvk 1 VB 1876–1886, S. 170–179. Friedhelm Brusniak: Chorwesen im 19. Jahrhundert in Bayerisch-Schwaben. In: Aufbruch ins Industriezeitalter Bd 2: Aufsätze zur Wirtschafts- und Sozialgeschichte Bayerns 1750–1850, hrsg. von Rainer A. Müller, München 1985, S. 556 f. Festschrift anläßlich der Jahrhundertfeier des Gesangvereins Liederkranz Kempten (1829–1929), o. J; Jahresbericht des Allgemeinen Militärvereins Kempten für 1888/89, Kempten 1889. Zur Erinnerung an das 25jährige Bestehen des Verschönerungsvereins Kempten 1883–1908, Kempten 1908.

25 A. Weitnauer: Vom Kemptner Comoedienstadel. In: Heimgarten, 16 (1931), Nr. 51 und 53, 17 (1932), Nr. 1–10; Fr. Zollhofer: 300 Jahre Stadttheater Kempten. Sonderdruck anl. des Theaterumbaus 1955; StadtA Kempten: Theaterakten: AA VI 1007 a und b; Kv 1–5; Horchler über Oppenheim vgl. Kv 2: Schreiben vom 22. 3. 1890 und 19. 4. 1893.

26 StadtA Kempten: Garnisonsakten; VB 1871–1897, insb. 1871, S. 30; Allg. Ztg. Nr. 272 und 273 vom 26. und 27. Nov. 1890 (Jubiläum Jägerbataillon). Georg Nagel: Geschichte des Bürgermilitärs der Stadt Kempten. In: Heimgarten 15 (1930), Nr. 21–32.

27 StadtA Kempten: Sv 13 (Periodische Berichte 1914–1918); Wochenblatt der Stadt Kempten 1914–1918; Tag- und Anzeigenbl. 1914–1918: Verwundete Franzosen vgl. 1.9.1914; Kriegsgefangene vgl. 4.6. und 8.6.1915. PfarrAStL: 30/21 (Pfarr-Kriegschronik des Pfarrers Deller 1914–1916).

Kempten während der Weimarer Republik

Herbert Müller

Am Ende des Kriegs: Revolution

Nach den schweren Opfern und Leiden des Ersten Weltkriegs konnten die Deutschen nicht einmal einen Verständigungsfrieden ohne Gebietsverluste und Zwangsauflagen erhoffen. Das Eingeständnis der deutschen Niederlage Anfang Oktober 1918 traf auch die Kemptener wie ein schwerer Schlag. Vier Wochen später meldeten die Zeitungen, König Ludwig III. sei mit den Vertretern der Parteien übereingekommen, in Bayern einer parlamentarischen Monarchie zuzustimmen. Weite Teile der Demokraten sahen wenigstens dieses Ziel erreicht. Außerdem berichtete das Tag- und Anzeigeblatt für Kempten und das Allgäu, daß »die Verhandlungen ... wegen Waffenstillstands ... im Gange« seien[1]. Die gleiche Ausgabe beschrieb auch die großen Kundgebungen der Münchener Arbeiterschaft. Nicht Streik und Revolution seien angestrebt, sondern die disziplinierte Entwicklung Bayerns zum Volksstaat.
Am Freitag, den 8. November, brachten gegen elf Uhr Reisende die ersten Nachrichten nach Kempten, daß in München die Revolution ausgebrochen sei. Magistrat und Bürgermeister versuchten daraufhin, eine seit langem geplante Volksversammlung im Bürgersaal zu verhindern. Doch Arbeitersekretär Wilhelm Deffner meldete Widerspruch an. Er allein sei in Abwesenheit des Parteivorsitzenden Heinrich Gölzer befugt, die Veranstaltung abzusagen.
Mitglieder der Unabhängigen Sozialdemokraten (USPD), die am selben Tag aus München nach Kempten kamen, um die Revolution nach Vorbild der Landeshauptstadt durchzuführen, sahen, daß Deffner hierzu schon die Initiative ergriffen hatte. Bürgermeister Adolf Horchler wandte sich an den Garnisonsältesten, Oberst von Wachter, und den Bezirksamtsvorstand, Regierungsrat Joseph Zinser. Doch er erfuhr lediglich, daß auf das stark sozialdemokratisch gesinnte Ersatzbataillon kein Verlaß sei. Auch der Versuch, das Militär wenigstens zu Ruhe und Besonnenheit anzuhalten und es abends mit einer Übung zu beschäftigen, schlug fehl. Eine im Kolosseum untergebrachte Radfahrerkompanie meuterte gegen die Offiziere. Auch die Jäger verweigerten den Gehorsam. Am späten Nachmittag zogen johlende und betrunkene Soldaten in großen Gruppen durch die Straßen. Magistrat und Heereskommandeure waren nicht mehr Herr der Lage[2].
Abends füllte sich der Bürgersaal im Nu bis auf den letzten Platz, so daß viele

nachströmende Menschen vor dem Saal ausharren mußten. Nach der Eröffnung der
Versammlung durch Wilhelm Schmidt aus Schelldorf/St. Mang wurde ein Arbeiter-
und Soldatenrat (ASR) für den Stadt- und Amtsbezirk Kempten gewählt und Wilhelm Deffner zu seinem Vorsitzenden bestimmt. Außerdem sollte baldigst ein
Bauernrat eingerichtet werden. Von allen Arbeitern, Soldaten und »Volksgenos-
sen«, aber auch vom Magistrat erwartete der ASR, daß sie sich der freiheitlich
sozialen Republik Bayern unterstellten. Alle Vorrechte von Geburt und Besitz
sollten abgeschafft, das Wahlrecht für Frauen eingeführt und endlich der Krieg
beendet werden. Zuletzt sicherte der ASR die Wahrung aller persönlichen Frei-
heitsrechte, des Privateigentums sowie die Aufrechterhaltung von Ruhe und Ordnung zu[3]. Danach besetzte der ASR umgehend Post, Bahnhof und Rathaus. Am
Mittag des nächsten Tages hißte er auf dem Rathaus die rote Fahne und wählte die
Residenz zur vorläufigen Zentrale. Bürgermeister Horchler meinte: »Die Gemeinde stellt nun eine kleine Republik vor«. Am frühen Nachmittag erklärte der
Magistrat, daß er die Gemeindeverwaltung »in stetem Benehmen« mit dem ASR
weiterführen werde[4].
Für Sonntag elf Uhr hatte der ASR auf dem Königsplatz eine öffentliche Volks-
und Bauernversammlung angesetzt. Doch füllte sich der Platz wider Erwarten nur
zu einem Drittel, als Oberstleutnant Jemiller als Vertreter des Soldatenrates, Wilhelm Deffner und seine Frau sowie Heinrich Gölzer feierliche Reden hielten und
eine gemeinsame Erklärung verlasen, in der sie nochmals die Erfüllung der Pflichten gegenüber der neuen republikanischen Ordnung versprachen. Die anwesende
Bevölkerung stimmte in das Hoch auf die »demokratische und soziale Republik
Bayern« ein[5]. Unmittelbar nach der Versammlung auf dem Königsplatz fand eine
Zusammenkunft von Bauern in der Turnhalle der Wittelsbach-Schule statt. Die
Redner – Deffner, Zinser und verschiedene Offiziere, darunter Grenzschutzkom-
mandeur Major von Kießling – ermunterten zur Aufstellung eines provisorischen
Bauernrates. Die Anwesenden führten daraufhin eine Wahl durch und schlossen
sich dem ASR unter der Bedingung an, daß die neue Regierung auch wirklich
Verständnis für die Nöte der Bauern zeige. Der vereinigte Arbeiter-, Soldaten- und
Bauernrat (ASBR) umfaßte ungefähr 20 aktive Mitglieder. Nach Aufrufen des
ASBR und des Grenzschutz-Kommandeurs verliefen die folgenden Tage weitgehend in Ruhe. Alle Verantwortlichen waren zunächst daran interessiert, die Lebensmittelversorgung der Bevölkerung zu sichern. Zum erstenmal nahmen daher
auch zwei Vertreter des ASBR an der Sitzung eines Magistratsausschusses teil[6].
Regierungsrat Zinser, Magistrat und Bürgermeister Horchler stellten sich der sozialdemokratischen Revolutionswelle nicht entgegen. Sie wollten vor allem Ruhe
und Ordnung erhalten. In dieser Anti-Chaos-Haltung waren sie sich mit dem
ASBR einig[7].
Am 15. November 1918, eine Woche nach der Ausrufung der Revolution in Kempten, formierte sich in einer gemeinsamen Sitzung von Deputierten der liberalen und
der Zentrumspartei im Gasthaus Fäßle ein Zwölfmännerausschuß, der paritätisch
besetzt wurde. Den Vorsitz übernahm der Redakteur der »Allgäuer Zeitung« und

Tafel 49.1 Eine der vielen Frauen- und Mädchengruppen, die während des Ersten Weltkriegs freiwillige Hilfsdienste leisteten: Kriegsnähstube im »Goldenen Kreuz«, aufgenommen 1916

Tafel 49.2 Frauenalltag während des Ersten Weltkriegs: Warten auf Fleisch vor der Metzgerei Konrad Kesel, aufgenommen 1917/1918

Tafel 50.1   *Kemptener Notgeld aus dem Ersten Weltkrieg mit St. Mangbrunnen*

Tafel 50.2   *50-Milliarden-Banknote vom November des Inflationsjahres 1923, mit der Unterschrift des 1. Bürgermeisters Dr. Merkt. Mit diesem Geldschein konnte man damals nicht einmal mehr ein Ei kaufen.*

Tafel 51.1 Bau der Freitreppe 1902/1903.
Zum städtebaulichen Konzept Bürgermeister
Adolf Horchlers (1881–1919) gehörten einige
Straßendurchbrüche, die das Zusammenwach-
sen von Alt- und Neustadt erleichtern sollten.
Für die Anlage der Freitreppe wurden zwei
Wohnhäuser abgebrochen. Über der Baustelle
das 1855 neugotisch umgestaltete »Schlößle«.

Tafel 51.2 Die Freitreppe heute, darüber das wiederhergestellte »Schlößle«.

Tafel 52.1   Großer Sitzungssaal im Rathaus, 1934

Tafel 52.2   Allgäuer Küche im Allgäuer Heimatmuseum Kempten, das 1925 eröffnet wurde.

Gemeindebevollmächtigte Franz Joseph Meier vom Zentrum. Mit ihm verfügte die bürgerliche Vereinigung über ein wichtiges Instrument der öffentlichen Meinungsbildung[8]. Oberlandesgerichtsrat Rudolf Troeltsch, Vorsitzender der liberalen Partei, verwies darauf, daß den neugebildeten revolutionären Organen, vom lokalen ASBR bis zur Volksregierung, die Bestätigung durch eine Volksabstimmung fehle. Auch die katholische und evangelische Kirche sowie die christliche Arbeiterschaft machten in der Allgäuer Zeitung deutlich, daß sie sich der »Gewalt« und den vollzogenen Tatsachen nur beugen würden, um einen Bürgerkrieg zu verhindern. Noch sei nicht bewiesen, daß die neue Regierung den Namen »Volksregierung« tatsächlich verdiene. Wenige Tage später bekannte auch der Vorsitzende des Bauernrates, Michael Arnold (Hegge), daß er dem bürgerlichen Lager angehöre[9].

Am 23. November 1918 kehrten unter großer Anteilnahme der Bevölkerung die ersten Front-Truppen zurück. Vertreter der Stadt und des ASBR begrüßten sie feierlich und gedachten der fast 500 Toten, die Kempten zu beklagen hatte. Zunehmend drängte sich die Sorge um die Lebensmittelversorgung und um eine geordnete Gemeindeverwaltung in den Vordergrund.

Am 2. Dezember wählte das Gemeindekollegium einstimmig Dr. Otto Merkt zum Bürgermeister. Merkt war ein anerkannter Verwaltungsfachmann. Er hatte der Stadt München seit 1909 als Rechtsrat und von 1914 bis 1917 als 2. Bürgermeister gedient. Von ihm erwarteten die Gemeinderäte Führungskraft in schwerster Zeit. Die Bürgermeisterwahl verlief ohne großes Interesse von seiten der Bevölkerung. Daher meinten gerade bürgerliche Kreise, Merkt solle zum »Erwecker des Bürgersinns« werden, ein »kunstgerechter Führer und Ordner«, ein Erzieher zu Engagement in der Mitgestaltung des öffentlichen Lebens[10].

Der ASBR spürte, daß er in Merkt einen Gegenspieler erhielt. So bemerkte Deffner Anfang Dezember, daß die Stimmung in den Kreisen der politischen Gegner »immer gefahrdrohender« werde und die Arbeiterräte »nicht die geringste Macht in Händen« hätten, diesem Zustand »im Sinne der Revolution entgegenzuwirken«[11]. Allerdings versuchte der ASBR, die Kemptener in Versammlungen über die Ziele der neuen Volksregierung aufzuklären. Während die gemäßigten Sozialdemokraten manchem Bürger nicht »unsympathisch« erschienen, stieß der 2. Vorsitzende des ASR, Adolf Schmidt, mit einer radikalen Rede auf breite Ablehnung. Auch mußte sich der Arbeiterrat zunehmender Angriffe christlicher Arbeiter erwehren, von denen viele, wie die Textilarbeiter, seine Führerschaft nicht akzeptierten. Andererseits waren manchem Vertreter der Unabhängigen Sozialdemokraten die Forderungen des ASR nicht radikal genug. Da der Bauernrat nun offen seine Verbundenheit mit bürgerlichen Kreisen bekundete und das Mitte Dezember 1918 in Kempten einquartierte II. Bataillon des Bayerischen 20. Infanterie-Regiments zwischen den politischen Lagern eine unentschiedene Haltung einnahm, war der Führungsanspruch des ASBR zur Jahreswende 1918/19 wenig gefestigt[12].

Zu Beginn des folgenden Jahres riefen die Parteien, darunter die neugegründete Bayerische Volkspartei (BVP) und die ebenfalls neu formierte Deutsche Volkspartei (DVP), zu den Wahlen der bayerischen und der deutschen Nationalversammlung auf. Die bayerischen Wahlen brachten der DVP 5513, der BVP 7839, der Mehrheitssozialdemokratie (MSPD) 6684, den Unabhängigen Sozialdemokraten (USPD) 747 und dem Bauernbund 323 Stimmen. Dies bedeutete für den ASR eine Niederlage. Die Anhänger von MSPD und USPD erhielten nur etwas mehr als ein Drittel der abgegebenen gültigen Stimmen. Eine Woche später brachten die Wahlen zur Nationalversammlung im Reich ähnliche Ergebnisse, wobei die MSPD leicht zulegte. Das liberale und das christlich-konservative Lager hatten sich durchgesetzt, trotz erheblicher Verluste der DVP. Die MSPD feierte ihren größten Wahlerfolg in den Jahren der Weimarer Republik. Von ihren Kandidaten wurde Gölzer in die Nationalversammlung gewählt; Deffner erzielte einen Achtungserfolg. In den meisten der 14 städtischen Wahlbezirke erreichte die MSPD einen stabilen zweiten Platz hinter der DVP oder der BVP. Die Wahlbezirke Lützelburg und Ochsen-Altstadt gingen mit mehr Stimmen, als die beiden bürgerlichen Parteien zusammen erhielten, an die MSPD. Zwei der drei Wahlbezirke St. Mangs, nämlich die Industriedörfer Kottern, Schelldorf und Neudorf, brachten der MSPD eine relative Mehrheit vor der BVP, der DVP, dem Bayerischen Bauernbund (BBB) und der USPD[13].

Die Aufrufe zur sozialen Demokratie in Kempten wurden nun leiser, weil die Sozialdemokraten und der ASR die Grenze der Mobilisierbarkeit von Wählern erkannten. Viele unter ihnen hätten sich ohnedies sogar mit einer Parlamentarisierung der Monarchie begnügt. Dagegen wurden die Stimmen der bürgerlichen Kräfte im Frühjahr 1919 lauter. Für einen unabhängig von München agierenden ASR war da nur noch wenig Raum. Das Tag- und Anzeigeblatt schrieb nach den Wahlen zur bayerischen Nationalversammlung: »Deutlicher kann wohl nicht zum Ausdruck gebracht werden, daß es nicht angängig ist, daß eine einzelne Partei, die dazu noch einseitige Klassenpartei ist, sich die unbeschränkte Macht über das ganze Volk anmaßen darf. Nur eine wahre, ausgleichende Demokratie kann uns Ruhe bringen«[14]. In der Folge protestierten die beiden bürgerlichen Fraktionen im Gemeindekollegium gegen die Anwesenheit von Vertretern des ASR als Beschneidung der Selbstverwaltungsrechte, was allerdings keine Wirkung hatte[15]. Die bürgerlichen Kreise formierten sich in einer Sammlungsbewegung. Bei seinem Amtsantritt am 6. Februar 1919 führte Bürgermeister Merkt aus, die neue Regierung sei nicht besser als die alte. Erst müsse zum guten Willen das gleiche Recht für alle Stände treten. Eine Massenherrschaft sei ebenso abzulehnen wie eine Klassenherrschaft. Die Ermordung des bayerischen Ministerpräsidenten Kurt Eisner am 21. Februar 1919 versetzte der neuen Republik unter Führung der MSPD einen weiteren Stoß in die politische Unsicherheit[16].

Räteherrschaft in Kempten

Am 22. Februar 1919 forderte der Kemptener Arbeiterrat, unter maßgeblicher Mitwirkung kommunistischer Arbeiter und mit Adolf Schmidt an der Spitze, in einer Besprechung mit dem Magistrat die Übergabe der Exekutive. Vermochten die Sozialdemokraten den rätedemokratischen Vorstoß diesmal noch abzuwehren, so konnte am 7. April auf Initiative von München her und nach Versammlungen des radikalen Flügels der lokalen Arbeiterschaft die Räterepublik in Kempten ohne Widerstand ausgerufen werden. Die lokale MSPD mit Gölzer und Deffner glaubte nun, sich nicht länger gegen die Entwicklung stemmen zu dürfen und hoffte durch Unterstützung der Rätedemokratie ihren politischen Einfluß zu behaupten[17].

Der ASR verhängte über Kempten den Belagerungszustand und übernahm die vollziehende Gewalt. Er verbot den Zusammentritt von Gemeindekollegium und Magistrat, ließ die Zeitungen zensieren und rief die Bevölkerung zum Streik auf. Für die Sicherung des Umsturzes sorgte eine revolutionäre Schutzgarde unter Stadtkommandant Fritz Miller, die sich aus Heimatschutzkompanie und bewaffnetem revolutionärem Proletariat zusammensetzte. Bei Zuwiderhandeln der Bürgerschaft drohte der ASR mit Geiselnahme. Ein Revolutionsgericht wurde eingesetzt. Sodann forderte eine Abordnung des ASR von Bürgermeister Merkt, daß er sich bei seinen künftigen Amtshandlungen der Räteregierung unterwerfe. Den Protest Merkts, er werde »sein Amt nur im Interesse der geregelten Fortführung der gemeindlichen Verwaltungsgeschäfte und nur so lange weiterführen..., als er nicht mit seinem Diensteid und seinem Gewissen in Konflikt komme«, beantwortete die Abordnung mit der Drohung, ihn bei räterepublikwidrigem Verhalten vor das Revolutionsgericht zu stellen[18]. Für alle Verordnungen des ASR zeichneten im Namen des geeinten Proletariats Wilhelm Deffner als 1. Vorsitzender und Adolf Schmidt als 2. Vorsitzender.

Am 8. April gingen die Bürger wieder ihrer Arbeit nach. Bürgermeister Merkt empfahl den Angestellten und Beamten, sich zu fügen, vorbehaltlich Diensteid und persönlicher Überzeugung. Am 10. April versammelten sich die in den Ämtern aufgestellten Vertrauensleute des ASR sowie einige sozialdemokratische Mitglieder des Gemeindekollegiums, um über die Abschaffung des parlamentarischen Systems und die Einführung der Rätedemokratie zu beraten. Merkt wurde vom ASR gefangengenommen, konnte aber fliehen und die Druckstöcke für das Kemptener Notgeld mitnehmen. Daraufhin setzte der ASR auf seine Ergreifung eine hohe Geldprämie aus. Mutig meldete sich Merkt wenige Tage später bei einer Massenversammlung des ASR im Kolosseum zu Wort und erklärte seinen Widerspruch zur Räteherrschaft[19].

Die Zensur der Zeitungen erlaubte erst am 11. April 1919 die Verbreitung der Nachricht, daß der Nachfolger Kurt Eisners, der Sozialdemokrat und bisherige bayerische Kultusminister Johannes Hoffmann, die Regierung nach Bamberg verlegt habe. Offenbar erzwangen danach die sozialdemokratische Mehrheit in der Arbeiterschaft und im ASR unter Führung Wilhelm Deffners, der Widerstand der

Bürger und der Rückzug der Bauernschaft aus allen revolutionären Gremien am 14. April 1919 die Aufhebung der Räterepublik in Kempten. Um sich künftig wenigstens ein eigenes Publikationsorgan zu verschaffen, gründeten die sozialistischen Parteien in diesen Tagen das Presseorgan »Allgäuer Volkswacht«[20].

Für eine weitere Woche schien allerdings der Weg zur Wiederherstellung der Räteherrschaft noch offen, obwohl die Bauernräte des Allgäus und Deffner der Regierung Hoffmann das Vertrauen erklärten. Der Abzug von Freiwilligen nach Memmingen zum Freikorps Schwaben unter Major Daniel von Pitrof – Pitrof war während des Krieges Chef der Kemptener Maschinengewehrkompanie – verschaffte den radikalen Kräften erneut ein Übergewicht. Den etwa 700 Mann der radikalen Volkswehr standen 500 Mann der Bürgerwehr unter Führung des Kaufmanns und Hauptmanns d. R. Hindelang gegenüber. Am 21. April 1919 bat Adolf Schmidt den Aktionsausschuß der Räterepublik in Bayern um finanzielle Hilfe und Waffen zur Wiedereinführung der Räterepublik in Kempten. Auf der anderen Seite hatte Merkt bereits am 15. April die Regierung Hoffmann ersucht, Regierungstruppen zu senden. Der Regierungspräsident in Augsburg unterstrich diese Bitte. Die Lage in Kempten sei »unhaltbar«. Da die Radikalen mit Maschinengewehren und Minenwerfern ausgestattet seien, bedürfe es zur Wiederherstellung der Ordnung einer militärischen Einheit von 500 bis 1000 Mann[21]. Merkt appellierte an die Regierung, sowohl die Radikalen als auch die Bürgerlichen zu entwaffnen. Aufatmen könne die Stadt erst, »wenn niemand mehr mit geladenem Gewehr herumläuft«[22]. Zur gleichen Zeit wuchsen die Konflikte zwischen Unabhängigen- und Mehrheits-Sozialdemokraten. Dies führte zu einer derartigen Schwächung des ASR, daß der Magistrat den Rückzug der revolutionären Kontrollorgane bei den kommunalen Behörden fordern konnte[23]. Adolf Schmidt mußte in der ersten Ausgabe der Allgäuer Volkswacht eingestehen, daß die Revolution einen Rückschlag erlitten habe. Die Anhänger der Räterepublik würden ihre Kräfte bei einem Einmarsch von Regierungstruppen »für den kommenden Kampf um die Errungenschaften der Revolution« schonen. In der Frage, welche Landesregierung anzuerkennen sei, erklärte Kempten seine Neutralität, da für die Räteregierung in München und für die Regierung Hoffmann in Bamberg offenbar jeweils gleich viele Anhänger des ASR votierten.

Rückkehr zur Republik

In der Nacht vom 12. auf 13. Mai trafen die Abteilungen des Freikorps Schwaben unter Leitung von Major Pitrof, Major Hierl und Oberstleutnant Schaaf in Kempten ein. Weder in den Industrievororten Kottern, Neudorf und Schelldorf, wo allerdings einige Schüsse gewechselt wurden, noch in Kempten stellte sich den Regierungstruppen ernsthafter Widerstand entgegen. Sieben Arbeiter- und Soldatenräte, darunter Adolf Schmidt, wurden sofort festgenommen; insgesamt wurden 43 Personen verhaftet, 16 von ihnen aber bald wieder freigelassen. Bei den übrigen

27 bestand der Verdacht des Hochverrats. Ihnen wurde bereits Anfang Juni vor dem Standgericht der Prozeß gemacht. Adolf Schmidt erhielt zweieinhalb Jahre Festungshaft in Niederschönenfeld. Vorläufig war über die Stadt das Standrecht verhängt, Rote Garde und Volkswehr wurden aufgelöst, dafür eine Stadtwehr neu organisiert[24]. Die bürgerlichen Bevölkerungsgruppen formierten sich im Frühjahr 1919 in dem Vereinigten Bürgerverein unter Justizrat Dr. Hans Stölzle. Der Bürgerverein unterstützte die Nominierung Merkts für die nach neuem Gesetz erforderliche Gemeindewahl (Juni 1919), bei der die Kemptener erstmals ihren Bürgermeister direkt wählen konnten. Seinem Aufruf schlossen sich DDP, BVP und auch die MSPD an, denen Merkt trotz der kurzen Amtszeit als vertrauenswürdig erschien. Zugleich löste die bayerische Gemeindeverfassung von 1919 das bisherige Zweikammernsystem mit Magistrat und Gemeindekollegium durch ein Einkammersystem, den Stadtrat, ab. Merkt erhielt fast 99% der abgegebenen Stimmen. Für Adolf Schmidt stimmten nur fünf Anhänger. Der Bürgerverein erreichte bei der Stadtratswahl 66% der Stimmen und 13 der 18 Mandate (DVP 6, BVP 6, Nationalliberale 1), die MSPD 24% der Wählerstimmen und 4 Stadtratssitze, die Unabhängigen erkämpften 9% und einen Stadtratssitz. Die Wahlbeteiligung ließ stark zu wünschen übrig. Im Vergleich zu den Wahlen Anfang des Jahres mußten die bürgerlichen Parteien, besonders aber die MSPD Stimmenverluste hinnehmen, während die USPD ihre Wählerschaft fast verdoppeln konnte[25]. Drei der vier MSPD-Stadträte gehörten dem Schreinerberuf an, darunter auch Heinrich Gölzer; einer war Schlossermeister. Der Stadtrat der USPD war Buchdrucker. Die Stadträte des Bürgervereins rekrutierten sich aus allen Berufsständen.

In St. Mang verlief die Wahl weniger eindeutig. Zum Bürgermeister wurde zwar Basilius Schegg (BVP/BBB) gewählt, der Kandidat der Unabhängigen erzielte jedoch einen großen Achtungserfolg. Im Gemeinderat saßen den elf Bürgerlichen vier Mehrheitssozialdemokraten, vier Unabhängige Sozialisten und ein Parteiloser gegenüber[26].

In Kempten hatten die bürgerlichen, liberal-konservativen Parteien eine deutliche Mehrheit. Merkts Stellung als Bürgermeister wurde außerdem durch seine Wahl in den Kreistag gestärkt, bei der er als Kandidat der DVP auftrat[27]. Die bürgerliche Herrschaft in Kempten war damit gesichert. Der ASR hatte sich bereits am 10. Mai 1919 aufgelöst. Seit Einmarsch der Regierungstruppen in Kempten standen die Unabhängigen Sozialdemokraten unter ständiger Beobachtung von Polizei, Stadtrat und Bürgermeister. Die radikale Gruppe agitierte kurz vor den Gemeindewahlen in den Versammlungen der MSPD und in Gaststätten, in welchen sich die Mannschaften des Freikorps Schwaben trafen. Die Anhänger der lokalen USPD dachten an eine endgültige Revolution im Herbst 1919, wenn die Freikorps abgezogen seien[28].

Der Redakteur der Allgäuer Volkswacht, Adolf Schmidt, heizte die Stimmung mit Artikeln an, welche einerseits eine gewisse Abneigung der Bevölkerung gegen die Reichswehreinheiten schürten und andererseits das Militär mit Beschimpfungen provozierten. Am 9. August erreichten die Angriffe gegen die »Buben«, denen

»heute die Handgranate ebenso locker im Gürtel« sitze, »wie wenige Wochen vorher der Stein in der Hosentasche« einen Höhepunkt[29]. Ursprünglich hatten verschiedene Soldaten die Absicht, Schmidt zur Rede zu stellen »und eventuell zu verhauen«. Statt dessen brachen in der Nacht des 12. August 24 Mann der örtlichen Reichswehreinheit in die Druckerei der Firma Dannheimer, welche die Allgäuer Volkswacht herstellte, ein und machten Einrichtungen der Druckerei unbrauchbar. Die Polizei griff, wohl in geheimer Absprache mit der Reichswehr, zu spät ein.

Die Aktion war ein Fehlschlag, denn schon wenige Tage darauf konnte wieder eine Ausgabe der Allgäuer Volkswacht erscheinen. Die Arbeiterschaft war freilich stark erregt. Eine Massenversammlung und eine außerordentliche Stadtratssitzung fanden statt. Eine Regierungskommission prüfte den Vorfall, verurteilte die Aktion der Reichswehrangehörigen gegen die Druckerei, stellte aber auch fest, daß die Tat provoziert und von der Allgäuer Volkswacht verursacht worden sei. Die Täter fanden milde Richter, die geringen Strafen wurden zur Bewährung ausgesetzt. Die radikalen Kräfte befanden sich nun in der Defensive.

Entgegen der konservativen Wendung konnte die USPD allerdings die Zahl ihrer Anhänger vergrößern. Bei den Landtags- und Reichstagswahlen am 6. Juni 1920 verdoppelte sie ihre Anhängerschaft auf ca. 16% der Wähler. Adolf Schmidt wurde als Abgeordneter in den Bayerischen Landtag gewählt, konnte das Mandat aber wegen seiner Festungshaft nicht wahrnehmen. Die USPD war auch der Motor einer lokalen Vereinigung der Arbeiterparteien, die Ende April 1920 begründet wurde. Doch diese Einigung gelang nur kurzzeitig und löste sich unter dem Druck der Landes-SPD wieder auf. Die Radikalisierung war durch die soziale Lage der Arbeiterschaft verursacht. Am 3. Juli demonstrierten die Arbeiter vor dem Rathaus gegen zu hohe Lebensmittelpreise. In einer anschließenden Versammlung im Bürgersaal machten sie ihrem Unmut gegenüber Vertretern des Stadtrates Luft. Schon vorher hatten Merkt und der Stadtrat erkannt, daß die radikalen Kräfte am ehesten durch Behebung von Engpässen in der Versorgung mit lebenswichtigen Gütern, einer eigenen Wohnung und einer Arbeitsstelle zu bändigen seien[30].

Auch die MSPD befand sich seit dem Frühjahr 1919 in der Defensive. Ernüchterung und Enttäuschung griffen um sich, nachdem die Partei auch im Stadtrat keine Möglichkeit zur Durchsetzung ihrer Ziele fand. Die Landtags- und Reichstagswahlen am 6. Juni 1920 führten fast zu einer Halbierung ihrer Wählerschaft, wovon die USPD in hohem Maße profitierte[31]. Wegen der Spaltung des linken Lagers gingen die liberal-konservativen Parteien aus den Wahlen 1920 gestärkt hervor.

Der Kapp-Putsch Mitte März 1920 führte auch in Kempten zu einer Aufwertung der Einwohnerwehren und zu einem Rechtsruck. Die Gespräche zwischen Stadtwehrkommandant und den Arbeitersekretären der verschiedenen politischen Richtungen konnten einen Generalstreik verhindern, zeigten aber den wachsenden Einfluß einer rückwärtsgerichteten Politik[32]. Gleichzeitig mehrten sich gegen Ende des Jahres 1920 die Anzeichen für die Schwächung der USPD. Diese löste sich schließlich auf und verschmolz mit der KPD, sowohl in Kempten als auch in Kottern, Neudorf und Schelldorf. SPD und USPD/KPD mußten sich zwei Jahre nach der

Ausrufung der sozialen Republik endgültig mit einer Minderheitsrolle in einem sich zunehmend konservativ orientierenden System begnügen[33].

Auf der anderen Seite arbeiteten Bürgerverein und Einwohnerwehr eng zusammen. Auf dem Festabend des 1. Allgäuer Kreiswehrtages schloß sich auch Bürgermeister Merkt der Meinung an, daß diese Wehr erhalten werden müsse, um Ordnung und Sicherheit zu garantieren[34]. Insgesamt ließ der Wille der Bürger zur Mitwirkung an der Kommunalpolitik bald deutlich nach. Merkt führte 1924 laut darüber Klage. Freilich bestärkte ihn dieses Defizit in der Auffassung, die Geschäfte der Bürger sollten ohnehin von Stadtrat und Bürgermeister wahrgenommen werden. Damit standen in Kempten einem Honoratiorenregiment Tür und Tor offen. Die Räteherrschaft war gescheitert, das parlamentarische System auf kommunaler Ebene noch nicht voll umgesetzt. Das Nebeneinander von Parteiensystem und Honoratiorenpolitik knüpfte in modifizierter Form an die Verhältnisse vor der Revolution an. Konfessionelle, berufsständische und gesellschaftliche Zugehörigkeit, die Herkunft, die Mitgliedschaft in Vereinen und die Nachbarschaft im Wohnviertel entschieden über den Einfluß auf die Stadtgeschäfte. Die Parlamentarisierung des Stadtregiments blieb zu einem großen Teil noch Aufgabe der Zukunft.

Bauern und Handwerker

Schon während der Revolution hatte sich in Kempten ein Bauernrat herausgebildet, der zum Kampf gegen die »Spartakisten und die Anarchie« aufgerufen hatte[35]. Im Anschluß an die landesweite, von der BVP unabhängige Bauernbundsbewegung bildete sich eine eigene Organisation. Der Vorstand des Bauernrates, Michael Arnold, war 1919/20 Mitglied des Landtages für den Bauernbund. Als führender Kopf wirkte außerdem Prof. Anton Fehr aus Lindenberg, der 1922 zeitweilig Reichsminister für Landwirtschaft und Ernährung, von 1924 bis 1930 bayerischer Landwirtschaftsminister und von 1920 bis 1933 Mitglied des Reichstages war. Im christlichen Bauernverein waren Otto Kiechle und Johannes Lau tätig. Den Milchwirtschaftlichen Verein leitete seit 1921 der liberale Hauptlehrer und Bauer Jakob Herz aus Durach. Ihm ist das Haus der Milchwirtschaft (1925) mit einer Untersuchungsanstalt, der Melkerschule, dem Lehrgut und dem Spitalhof wesentlich mitzuverdanken[36].

Seit der Wirtschaftskrise 1923 stagnierte die Arbeit des Bauernbundes für einige Jahre. Erst im März 1926 machte er in einer in Kempten abgehaltenen Protestversammlung gegen Steuerforderungen wieder auf sich aufmerksam. Vor den aus dem ganzen Allgäu erschienenen Bauern hielt Michael Arnold eine radikale Rede[37]. Bei den Landtags- und Reichstagswahlen 1928 erzielte der Bayerische Bauern- und Mittelstandsbund mit 183 bzw. 159 Stimmen (ca. 1 bis 2 Prozent) sein bestes Ergebnis in Kempten. Für einen Stadtratssitz reichte die geringe Unterstützung allerdings nicht aus. In St. Mang und im Bezirksamt Kempten dagegen erreichte er zusammen mit der BVP in den 1920er Jahren immer den ersten Platz in der Wählergunst[38]. Auf verschiedenen Großveranstaltungen wiesen seit 1928 die Allgäuer Bauern auf ihre finanzielle Krisenlage hin und machten aus ihrer politischen Verunsicherung kein Hehl. Zugleich mußte sich die Bauernschaft heftige Kritik vom Kemptener Bürgermeister gefallenlassen, der ihr hauptsächlich Unfähigkeit in der Milchwirtschaft vorwarf. Die Stadt, die der Allgäuer Markenbutter ihr Wappen gebe, ziehe sich wegen der minderen Ware aus dem Allgäu einen schlechten Ruf zu, schrieb Merkt in einem Zeitungsartikel.

Die Handwerkerschaft war in verschiedenen Innungen zusammengeschlossen. In die SPD fanden handwerkliche Interessen Eingang über die Schreiner und Textilarbeiter, in die BVP über die Metallarbeiter und Schneider. Allerdings ließ der Einfluß der Handwerker in der Weimarer Zeit nach, während der der Angestellten zunahm. 1919 wurden noch sechs Meister in den Stadtrat gewählt, 1924 und 1929 nur mehr drei. Handwerkliche, vor allem aber kaufmännische Interessen, fanden auch in kommunalen Wählervereinigungen, zum Beispiel in der Vereinigten Bürgerlichen Liste, ihre Vertretung[39].

Glaubensgemeinschaften

Von der Kemptener Einwohnerschaft waren 1920 82,5 Prozent Katholiken und 15,6 Prozent evangelische Christen. Diese Zusammensetzung änderte sich während der Weimarer Zeit kaum. Im Unterschied zu früher lebte damals nur noch die Hälfte der evangelischen Kemptener in der Altstadt. Das zeigt deutlich, daß sich bis dahin die konfessionelle und soziale Doppelnatur der Stadt weitgehend aufgelöst hatte. Die evangelische Gemeinde hatte mit einer Entkirchlichung zu kämpfen, aber es gab auch hoffnungsvolle Anzeichen religiöser Erneuerung. St. Mang und die Tochtergemeinde Kottern mit der neuen Christuskirche, die 1929 fertiggestellt wurde, betreute bis 1928 Dekan Otto Erhard, bis 1934 Dekan Helmut Kern. Ausdruck evangelischer Neubesinnung war der Bau des Hospizes mit dem Evangelischen Gemeindehaus 1929/30. Der frühere Handwerkerverein, der Johannisverein, wurde die umfassende gemeindliche Organisation.

Im Unterschied zu den Katholiken läßt sich die evangelische Bevölkerung in der Weimarer Zeit sehr viel weniger eindeutig bestimmten politischen Gruppen zuordnen. Zahlreiche evangelische Wähler neigten, da die BVP rein katholisch orientiert war, der Deutsch-Nationalen Volkspartei (DNVP) zu. Der evangelisch ausgerichtete Christlich Soziale Volksdienst erreichte ab 1928 mit 200 bis 400 Stimmen nur bescheidene Erfolge. Offenbar unterstützten nicht wenige evangelische Wähler aus nationalem Idealismus oder als Anhänger des positiven Christentums wie auch sonst im Reich die NSDAP[40].

Auch die katholische Kirche hatte mit dem Verfall traditioneller Werte und mit Entkirchlichung zu kämpfen, konnte sich aber ebenfalls über eine neue konfessionelle Bewegung freuen. In St. Lorenz wirkten die Stadtpfarrer Johann Evangelist Deller (1905–1922) und Josef Holzmann (1922–1951). 1938 wurde die Pfarrei aufgeteilt. Pater Odilo Holzner übernahm den nach dem Kapuzinerkloster benannten Sprengel St. Anton. Beide Gemeinden waren eher bürgerlich geprägt. Dagegen war die 1931 gegründete Pfarrei Christi Himmelfahrt, wo Ulrich Felber als Pfarrer tätig war, mehr von der Arbeiterschaft bestimmt, die weitgehend in der Industrie an der Iller beschäftigt war. Der Einfluß der Geistlichen wirkte sich auf die Kommunalpolitik aus, in der der politische Katholizismus in Gestalt der BVP große Bedeutung hatte[41].

Unter den vielen katholischen Vereinen treten die seit 1906 bestehende Vereinigung der katholischen selbständigen und angestellten Kaufmannschaft (KKV-Laetitia) und die Arbeitervereine hervor. Dem Arbeiterverein gehörten Ende der 1920er Jahre an die 500 Mitglieder in Kempten und in Kottern–Neudorf (St. Mang) an. Der Arbeiterinnenverein zählte 1924 457 Mitglieder. Doch ließ der Zustrom aus der jungen Generation allmählich nach. Als Arbeitersekretäre fungierten zuerst, mit kurzen Unterbrechungen, Johann Bengl, seit 1930 Paul Strenkert[42]. Großes Gewicht hatten auch die christlichen Gewerkschaften und Verbände. Kaspar Egger führte 1932 das Ortskartell christlicher Gewerkschaften Kemptens und seiner Umgebung.

Höhepunkte katholischen Lebens waren die Allgäuer Katholikentage, deren erster 1913 stattgefunden hatte. Im August 1925 tagten die katholischen Vereine des Kartells Südschwaben mit 100 Vereinen und Verbänden in Kempten. Der zweite Katholikentag im September 1926 ragt besonders hervor. »Die Tagung wurde eingeleitet mit einem Festgottesdienst im Freien am Portal der Stadtpfarrkirche, zelebriert vom Diözesanbischof. Während der Pontifikalmesse hielt Pater Rupert Mayer S. J. von München die Festpredigt. Am Nachmittag bewegte sich der Festzug mit ca. 20 000 Menschen und verschiedenen Musikkapellen vorbei an der Ehrentribüne des Rathauses, auf der Bischof Maximilian von Lingg, der Ministerpräsident Dr. Held, der Regierungspräsident Graf von Spreti, Reichsminister Brauns und Oberbürgermeister Dr. Hipp, Regensburg, weilten.« Ministerpräsident Held sprach über »die Pflichten des Katholiken seinem Vaterland gegenüber«[43].

Die Allgäuer Zeitung berichtete ausführlich über katholische Veranstaltungen und wahrte ihre katholisch-konservative Tendenz. Besonderes Augenmerk richtete sie im Frühjahr 1924 auf den Hitlerprozeß mit zum Teil ganzseitigen Aufmachern gegen die NS-Bewegung. Zusammen mit dem von Ferdinand Oechelhäuser herausgegebenen liberal-konservativen Allgäuer Tagblatt, mit dem sie wiederholt in politischem Konflikt lag, gehörte die Allgäuer Zeitung zur führenden Presse in Kempten und im Allgäu[44].

Neben den katholischen und den evangelischen Gruppierungen gab es noch die kleine altkatholische Gemeinde, die im Fürstensaal der Residenz ihre Gottesdienste hielt. Zu ihren namhaften Mitgliedern zählte neben einigen Unternehmern wie Ferdinand Oechelhäuser auch Bürgermeister Merkt. Ihr Pfarrer, Friedrich Hacker, arbeitete ehrenamtlich als Stadtarchivar und verfaßte zahlreiche Beiträge für den Allgäuer Geschichtsfreund und den Heimgarten.

Der jüdischen Gemeinde gehörten in den 1920er Jahren etwa 50 Mitglieder an.

Ihren Betsaal besaß sie im Landhaussaal am heutigen Residenzplatz. Während der Zeit der Weimarer Republik leitete sie der Bankier, langjährige Stadtrat und hochangesehene Bürger Sigmund Ullmann[45].

Bürgerliche Parteien und Interessengruppen

Die am 20. Dezember 1918 als Nachfolgeorganisation des Kemptener Zentrumsvereins ins Leben gerufene *Bayerische Volkspartei* (BVP) kann bis 1932 als kommunalpolitisch wichtigste Gruppierung der Weimarer Republik gelten. Vorsitzende der Partei waren der leitende Redakteur der Allgäuer Zeitung, Franz Joseph Meier, Oberlandesgerichtsrat Philipp Schelbert, Bezirksoberlehrer Konrad Vetter und von 1928 bis 1933 Verlagsdirektor Franz Xaver Kämmerle[46]. Innerhalb der Partei bestanden zugkräftige berufsständische Organisationen, darunter die Mittelstandsgruppe sowie eine Arbeiter- und Angestelltengruppe, auch eine Akademikerschaft. Daneben bildeten sich der Jungbayernring als Nachwuchsorganisation und ein Ortskartell der christlichen Gewerkschaften. Auf dem Lande hatte die BVP noch stärkeren Zulauf. Den Bezirksverband der BVP-Land leitete Joseph Weizenegger[47]. Bereits 1919 bestand die Gauorganisation Allgäu, deren Vorsitz Kaufmann Georg Wellstein aus Kempten übernahm. Außerdem erlangte die Kemptener BVP eine starke Stellung in der Kreisorganisation Schwaben. Zwischen 1919 und dem Frühjahr 1932 – sieht man von dem knappen Vorsprung des Völkischen Blocks bei den Landtagswahlen von 1924 ab – trug die BVP stets den Sieg bei den Kommunal-, Landtags- und Reichstagswahlen davon[48].

Neben der BVP bestanden weitere gemäßigte Parteien. Im Frühjahr des Jahres 1919 konstituierte sich auf Betreiben von Anhängern der Deutschnationalen Volkspartei (DNVP) der *Nationalliberale Verein* für Kempten und das Allgäu unter Führung von Rittmeister a. D. Otto Riedle mit dem Ziel, die nationalen Parteien zu einer großen, effektiv arbeitenden Partei zusammenzuschließen[49]. Diese Konzentration schien nationalliberalen Kreisen zur Abwehr einer Vorherrschaft der Sozialdemokratie oder der BVP geboten. Denn hatten die Liberalen Anfang des 20. Jahrhunderts bei den Landtags- und Reichstagswahlen noch Siege über die konkurrierenden Parteien errungen, so mußten sich DVP und Nationalliberale Mittelpartei 1919 der BVP und der MSPD geschlagen geben. Die DVP hatte deutlich zu erkennen gegeben, daß sie die monarchische Staatsform der parlamentarischen vorzog. Sie errang nur mehr einen dritten Platz in der Wählergunst. Dem Nationalliberalen Verein unter Leitung Alexander Schmids gelang es jedoch nicht, die Schlagkraft der ihm angehörenden Parteien zu stärken. 1920 teilten sich die Deutsch-demokratische Partei (DDP) mit Rudolf Troeltsch und die Bayerische Mittelpartei/DVP mit Dr. Spuler als Repräsentanten die Stimmen der liberalen Bürgerschaft. 1924 zerfiel das national-konservative bzw. national-liberale Lager wegen des Anwachsens der radikalen Rechten noch weiter. Dabei schufen die Reichstagswahlen der DNVP eine bessere Plattform, so daß die Deutschnationalen trotz eines tiefen Einbruchs

1930 bis Ende 1932 beachtliche Erfolge erzielen konnten[50]. Bezeichnend ist, daß die DDP unter Führung von Rudolf Troeltsch, später von Ferdinand Geißler und Max Bröll, nur bis Mitte der 1920er Jahre existierte. Diese Partei unterstützten Bevölkerungskreise, die ihre Zugehörigkeit zum Bürgertum zwar vom Anschluß an die Sozialdemokratie abhielt, die aber nach dem Zusammenbruch des Kaiserreichs den demokratischen Neuanfang begrüßten. Die DDP verstand sich als Mittelpartei. Ein Zusammenschluß mit der DVP mißlang. Hoffnungsvolle Ansätze, mit einem eigenen Arbeiterverein, einer Frauen- und Jugendgruppe sowie einem eigenen Presseorgan, den »Allgäuer Neuesten Nachrichten«, eine breitere Basis zu gewinnen, zerschlugen sich bald. Wie schon 1924, so schmolz seit Beginn der 1930er Jahre die Anhängerschaft der verfassungstragenden bürgerlichen Parteien der Weimarer Koalition zusammen.

Konservativ-liberalem Gedankengut hing die 1893 in Kempten gegründete Akademische Ferienvereinigung Algovia an, ein Zusammenschluß nach Art der Studentenverbindungen von in Kempten geborenen Akademikern. Ziele waren und sind Heimatliebe, Freundschaft und Freude, studentische, politische und religiöse Toleranz. 1933 zählte die Activitas 41 Mitglieder, das Philisterium 158. Philistersekretär war Bürgermeister Merkt. Mitglieder waren zudem namhafte Persönlichkeiten der Stadt wie der 2. Bürgermeister Eugen Schraudy, Heimatpfleger Dr. Dr. Alfred Weitnauer, der Direktor des Allgäuer Überlandwerkes Karl Böhm, Stadtpfarrer Ulrich Felber und die späteren Rechtsräte Dr. Georg Elhardt und Heinrich Zölch. Trotz ihrer überparteilichen Zielsetzung ergriff die Vereinigung in Personal- und Sachfragen Partei. Sie bildete ein Reservoir bei Stellenbesetzungen und wollte auch als Stätte konzeptioneller Vorarbeit für die städtische Entwicklung gelten[51].

An dezidiert politisch orientierten konservativen Vereinigungen sind der *Königs- und Heimatbund,* die *Militärvereine* und dann der *Stahlhelm* zu nennen. Während sich manche konservativen Parteien und Verbände, darunter auch die BVP, nicht gerade als Verteidiger der Weimarer Republik hervortaten, zielte der Stahlhelm eindeutig auf deren Zerstörung[52].

Nationalsozialisten

Nach ihrer Gründungsphase in München 1919/20 wuchs die *Nationalsozialistische Deutsche Arbeiterpartei* (NSDAP) auch in Kempten. Hermann Esser, Sohn eines Kemptener Reichsbahnoberinspektors, war Gründungsmitglied der Partei mit der Mitgliedsnummer zwei. 1919 noch als radikaler Sozialist in der Redaktion der Allgäuer Volkswacht tätig, wurde er 1920 erster Schriftleiter des Völkischen Beobachters und 1923 Propagandaleiter der NSDAP. Über seinen Vater blieb er mit Kempten verbunden. Das mag dazu geführt haben, daß bereits Ende März 1922 ein deutsch-völkischer Schutz- und Trutzbund, Ortsgruppe Kempten, zu einem Vortrag Gottfried Feders, eines der führenden Ideologen in der Frühzeit der NS-Bewegung, einladen konnte[53].

In der Wohnung des späteren ersten SA-Führers Georg Eichmüller, der 1919 dem Arbeiter- und Soldatenrat angehört hatte, kamen in der folgenden Zeit regelmäßig sieben oder acht nationalsozialistische Gesinnungsgenossen zusammen. Sie gründeten am 28. November 1922 die Ortsgruppe Kempten der NSDAP. Hermann Esser war dazu aus München angereist. Die Berufszugehörigkeit der ersten Mitglieder weist auf enge Kontakte zum Bahnbetriebswerk. Ferner scheint das Randgebiet der ehemaligen Reichsstadt mit einigen Geschäftsstraßen – namentlich die Wohngebiete von der Burghalde her in Richtung Rathaus und in etwa der Stimmbezirk Kreuzstraße – ein besonders fruchtbarer Boden für die Keimlinge der NS-Ideologie gewesen zu sein[54]. Dieses Gebiet grenzte an Arbeiterwohnviertel, die Stimmbezirke Schützengarten und Ochsen-Altstadt an. Traditionell waren hier überwiegend Bürger evangelischer Religionszugehörigkeit zuhause. Außerdem wohnten hier viele Angehörige der unteren Mittelschicht mit Handwerkern, Angestellten und Kaufleuten, welche der Erste Weltkrieg und die Wirtschaftskrise sozial verunsichert hatten. Ein Jahr nach ihrer Gründung zählte die Ortsgruppe bereits 269 Mitglieder. Als Ortsgruppenleiter fungierte Major a. D. Georg Lippert. Ihm zur Seite standen Rechtsanwalt Ludwig Strefler mit großem öffentlichen Engagement und Drogeriebesitzer Adolf Salzer als interner Organisator. Die Verbindung der NSDAP mit ehemaligen Reichswehrangehörigen wie Lippert und Oberst a. D. Seuffert gaben der Partei Ansehen.

Mit gewissem Recht konnte die Kemptener Ortsgruppe der NSDAP sogar behaupten, sie rekrutiere ihre Anhängerschaft aus allen Bevölkerungskreisen. Das Allgäuer Tagblatt gestand Strefler »wurzelechten Nationalismus« zu. Andererseits kritisierte es Eichmüllers antisemitische Ausführungen und seine Einstellung gegen die bestehende Staatsverfassung als heuchlerische Vaterlandsliebe, habe er doch 1918/19 im ASR zusammen »mit einem Judenjüngling ... sozialistische Volksaufklärung« betrieben. Im März 1923 hielt der Parteigründer und Ehrenvorsitzende der NSDAP, Anton Drexler, im Kemptener Kornhaus ein langes Referat, in dem er Kapitalismus, Judentum und Sozialdemokratie in einen Topf warf. Eine Abteilung nationalsozialistischer Sturmtruppen aus München, 50 junge Männer, übernahm den Saalschutz, da es bei ähnlichen Veranstaltungen in Immenstadt und Sonthofen zu schweren Zusammenstößen mit Sozialdemokraten und Kommunisten gekommen war. Der um eine Hundertschaft aus Augsburg verstärkten Polizei und der Feuerwehr oblag in der Stadt die Sicherung von Ruhe und Ordnung. Mehrere hundert sozialistisch orientierte Arbeiter zogen vor dem Kornhaus auf, sangen die Internationale, dann die Arbeitermarseillaise und nahmen im Bürgersaal an einer Gegenversammlung teil. Das Allgäuer Tagblatt äußerte sich anerkennend über die von den Nationalsozialisten bewahrte Ruhe. Auch die Allgäuer Zeitung schrieb: »Alles in allem bot die Versammlung den Eindruck, daß die Nationalsozialisten von der Berechtigung ihrer Bewegung flammend überzeugt sind, wobei sie als neues politisches Kampfmittel eine fast diktatorisch anmutende Disziplin durchführen, die freilich manchmal über das Maß des Notwendigen hinausgehen dürfte. Besonders die Aufstellung der meist recht jugendlichen Sturmtrupps erinnert an einen Kasernenbetrieb, welcher uns Bürgern des »Freistaates« manchmal ein bißchen merkwürdig vorkommt«[55].

In den folgenden Monaten steigerte die Ortsgruppe ihre Aktivitäten. Sie erreichten 1923 einen weiteren Höhepunkt im Besuch Hitlers, der am 24. August im Kornhaus vor 2000 Besuchern eine Rede hielt. Hunderte von Personen konnten wegen Überfüllung des Saales gar nicht eingelassen werden. Die Versammlung verlief ruhig[56].

Der Hitlerputsch am 8. November 1923 zeigte in Kempten nur geringe Auswirkungen. Die Bevölkerung erfuhr am 9. November über die Presse sowohl vom Putsch »Ludendorff–Hitler« als auch vom Fortbestand der nur kurzfristig abgesetzten, verfassungsmäßigen Regierung. Die Kemptener Reichswehreinheit befand sich als Teil des 19. Regiments zur Niederschlagung des Putsches auf dem Weg nach München. Eine Versammlung der Kemptener Nationalsozialisten im Lokal »Kreuzstraße« löste die Polizei auf; Eichmüller wurde für einen Tag in Schutzhaft genommen. Die Kemptener Nationalsozialisten waren über den beabsichtigten Umsturz offenbar nicht informiert gewesen[57]. Eine Abteilung der lokalen Organisation des Bundes »Bayern und Reich« übernahm die Sicherung der Kaserne und die Bewachung Eichmüllers, ohne daß Stadtkommissar und Bürgermeister informiert wurden. Merkt wandte sich aus Gründen der kommunalen Selbstverwaltung dagegen, daß der Bund als Quasi-Staatsorgan auftrat und ohne Wissen des Bürgermeisters und des Stadtkommissars agierte. An den Regierungspräsidenten schrieb er, er habe sich geschämt, von Amts wegen »einen ehrwürdigen und hochverdienten Soldaten« wie Oberst a. D. Seuffert bei der NS-Versammlung von einem Schutzmann heimschicken lassen zu müssen. Dies dürfe nicht hingenommen werden, vielmehr solle der Bund ein Instrument in den Händen des Bürgermeisters werden[58].

Die NSDAP wurde infolge des Hitler-Putsches verboten. Allerdings bildete sich bereits zu Beginn des folgenden Jahres ein Ortsverein des Völkischen Blocks, der nach Darstellung des Allgäuer Tagblatts jedoch »nichts weiter ... als eine den augenblicklichen Verhältnissen angepaßte Zusammenfassung aller völkisch eingestellten Deutschen zur Fortführung des ... Kampfes um die Macht« war. Nach Auffassung des Völkischen Blocks verträten Sozialdemokratie und BVP »nur die Belange der uns volksfremden Judenschaft«. In der Gründungsversammlung wurden der übersprudelnde Antisemitismus, die Verwerfung des Parlamentarismus sowie die Propaganda für Adolf Hitler deutlich. Wenn BVP und Allgäuer Zeitung glaubten, es fände sich in Kempten nur eine geringe Anhängerschaft für den Völkischen Block, so sollten sie sich täuschen. Offensichtlich führten die groß aufgemachten Berichte der Allgäuer Zeitung über den Hitlerprozeß der völkischen Bewegung während des Frühjahres 1924 zahlreiche neue Anhänger zu. Auch Hitlers ehrenhafte Rehabilitierung begünstigte den Völkischen Block bei der Landtagswahl am 6. April 1924. Da halfen die Hinweise der Allgäuer Zeitung wenig, der Block sei antikatholisch orientiert[59].

Noch vor den Landtagswahlen gründete Ludwig Strefler das völkische Kampfblatt »Föhn«. Von den insgesamt 34 Nummern erschienen fünf vor den Wahlen. Das

Blatt hetzte gegen Sozialdemokratie, Katholizismus, Parlamentarismus und Judentum. Mit Hilfe dieses Rückenwindes gewann der Völkische Block die Wahlen. Er erreichte etwas mehr als 28% der abgegebenen Stimmen und erzielte damit einen kleinen Vorsprung vor der BVP, die er zugleich in sieben der 14 Kemptener Stimmbezirke schlug. Auch die Reichstagswahl einen Monat später brachte eine Zunahme der nationalsozialistischen Stimmen. Mit einem Anteil von 25% wurde der Völkische Block von der BVP nur knapp geschlagen[60]. Bei den Reichstagswahlen am 7. Dezember 1924 befand sich die Hitler-Bewegung im Niedergang. Der Völkische Block verlor zwei Drittel der Stimmen, die er im Frühjahr gewonnen hatte, an DNVP und DVP, aber auch an SPD und BVP. Insgesamt war die Wahlbeteiligung wiederum schlecht. Auch bei den gleichzeitig stattfindenden Stadtratswahlen mußte der Block Stimmen an die Vaterländische Wahlgemeinschaft und den Wirtschaftsblock abgeben. Er erhielt einen einzigen Stadtratssitz, den Strefler einnahm[61].

Während des Wahlkampfes hatte sich eine Spaltung des völkischen Lagers abgezeichnet. Die Großdeutsche Volksgemeinschaft hatte den Landtags-Abgeordneten Julius Streicher als Redner nach Kempten geschickt, der bei einer Versammlung im Kolosseum mit Strefler in eine heftige Auseinandersetzung geriet, die im Landtag ein Nachspiel hatte. Auch gegen den schlechten Ruf, den Hermann Esser als ehemaliger Redakteur der Allgäuer Volkswacht in Kempten hatte, kämpfte die Großdeutsche Volksgemeinschaft an.

Trotz der Niederlage blieben die Nationalsozialisten in Kempten aktiv. Im März 1925 konnten sie ihre Ortsgruppe wiedergründen. Versammlungslokal blieb die Gaststätte »Kreuzstraße«. Allerdings spielte die Partei angesichts der Stabilisierung des parlamentarischen Systems und der verbesserten Wirtschaftslage vorläufig nur mehr eine Rolle am Rande. Die Reichspräsidentenwahlen von 1925 zeigten freilich die anhaltend rechtskonservative Orientierung der Bevölkerung[62].

Arbeiterparteien

Nach 1919/20 verlor die SPD teilweise ihre Integrationskraft. Die vorübergehende Einigung der Kemptener Arbeiterparteien konnte dem Schwund ihrer Anhängerschaft kaum Einhalt gebieten. Am 29. April 1919 tagten im Bürgersal in Kempten die Generalversammlung der (M)SPD und im »Stiefel« in Kottern die der USPD. Der Vorsitzende des Kemptener ASR, Wilhelm Deffner, erklärte die Vereinigung beider Parteien im Sinne des revolutionären Sozialismus, d.h. auf der Grundlage des Erfurter Programms, »das aber nicht als streng bindend, sondern nur als Ausgangspunkt betrachtet wird und baldmöglichst erneuert werden soll. Die Kemptener Tat frage nicht nach der Meinung der Parteiinstanzen. Vielmehr werde sie im ganzen Land weiterzünden«. Der Vertreter der USPD, Kleiner, stellte die einigende Kraft der Massen heraus. Heinrich Gölzer jedoch wandte sich gegen die Einigung, solange die Parteiorganisationen in Land und Reich nicht vorangegangen seien. Obwohl er prinzipiell zustimme, warne er vor dem gefährlichen Experiment, das nur noch größeren Bruderzwist zur Folge haben werde. Die Naturfreundebewegung, ein Arbeiterverein, in dem sich Mitglieder der (M)SPD und der USPD trafen, war ein zusätzlicher Motor der Einigung. Die am 1. Mai 1919 gegründete Allgäuer Volkswacht warb ebenfalls für sie[63].

Die praktische Umsetzung der Einigung war trotzdem nur von kurzer Dauer. Bereits Anfang Juni 1919 tagte die (M)SPD wieder für sich alleine. Ende März zählte sie 875 Mitglieder, nun über 1000. Zu Ortsvorsitzenden der Partei wurden August Baur und Florian Schleyer gewählt. Bedeutendste Persönlichkeit blieb weiterhin Heinrich Gölzer. Das Schicksal der Kemptener (M)SPD war wechselhaft, die Wählergunst unterschiedlich. Offensichtlich verlief auch der Informationsfluß zwischen SPD und Stadtverwaltung stockend. So wurde ihr zu spät bekannt, daß die Bürgermeisterwahl auf 1919 vorgezogen wurde. Da sie in der Kürze der Zeit keinen eigenen Kandidaten mehr aufstellen konnte, entschied sie sich für die Unterstützung Merkts[64].

Ohne sich in den folgenden Jahren zu einer Volkspartei zu entwickeln, rekrutierte sich die SPD fast nur aus der Arbeiter- und Handwerkerschaft. In ihrer Agitation stand sie im Schatten der USPD/KPD. Die spärlichen Berichte in den lokalen Zeitungen – die Allgäuer Volkswacht existierte seit 1921 nur noch als Beilage zur Schwäbischen Volkswacht – lassen erkennen, daß selten öffentliche Versammlungen stattfanden, auf denen meist auswärtige Redner sprachen, die jeweils zwischen 80 und 100 Besucher anzogen[65].

Im Juli 1922 stellten SPD, Freie Gewerkschaften und KPD bei einer Demonstration zum Schutze der Republik 1500 Teilnehmer. Möglicherweise schadete der SPD die zeitweilig enge Zusammenarbeit mit der USPD/KPD. Bei den Landtags- und Reichstagswahlen 1924 erreichte sie nur knapp zwei Drittel der Wähler des Jahres 1920. Auch die Gemeindewahlen Ende desselben Jahres brachten ihr einen Stimmenrückgang, so daß sie nur mehr drei Stadträte stellte. Auf Landesebene konnte die SPD freilich einen großen Wahlerfolg erzielen. Die Folge war eine verstärkte Gemeindearbeit[66]. So sprach im Kemptener Kolosseum der Reichstagsabgeordnete Philipp Scheidemann. Die publizistischen Aktivitäten der Partei beschränkten sich offenbar auf die Maifeiern, die Sozialdemokraten und Freie Gewerkschaften gemeinsam abhielten. Bei den Reichstagswahlen 1928 erreichte die SPD den zweiten Rang in der Wählergunst hinter der BVP und weit vor der NSDAP, die nicht einmal die Hälfte des Stimmenanteils der Sozialdemokraten gewann. Doch als während der Weltwirtschaftskrise 1929 das Ansehen der republiktreuen Parteien schwand, wurde die SPD zunehmend in einen Abwehrkampf gegen die NSDAP gedrängt[67].

Nach der Niederschlagung der Räterepublik berichtete der Stadtrat bzw. Bürgermeister Merkt regelmäßig über die radikale Arbeiterschaft an den Regierungspräsidenten von Schwaben und Neuburg. Trotz der Verhaftung führender Köpfe der Rätebewegung blieb die USPD in Kempten sehr aktiv. Sie engagierte sich derart bei den Betriebsratswahlen in der Mechanischen Baumwollspinnerei und -weberei im

Frühjahr 1920, daß es zu heftigen Auseinandersetzungen mit dem Christlichen Textilarbeiterverband kam. Im Stadtrat und in allen Versammlungen der bürgerlichen Parteien trat die USPD als Opposition auf. Sie widersprach dem Gedanken, Parteipolitik verliere sich auf kommunaler Ebene. Rückhalt fand sie in den sozialistisch orientierten Gewerkschaften, teilweise auch in den Arbeitervereinen wie den Naturfreunden. Die wirtschaftliche Notlage gab ihren Forderungen nach besseren Lebens- und Arbeitsbedingungen Rückhalt. Die hohen Lebensmittelpreise und die Wohnraumnotlage boten wiederholt Zündstoff[68]. Selbst bürgerliche Kreise erkannten die Richtigkeit vieler sozialpolitischer Forderungen der beiden sozialdemokratischen Parteien an.

Im Spätherbst 1920 erfolgte die Vereinigung von Kommunisten und Unabhängigen Sozialdemokraten zur KPD. Bis Anfang der 1920er Jahre konnte sich die KPD der Allgäuer Volkswacht als Sprachrohr bedienen. Danach hatten die Kommunisten in der »Gewerkschaftsstimme« eine eigene lokale Zeitung. Redakteur war Georg Kirchner, als Verleger fungierten Wilhelm Schmidt aus Kottern und Anton Sirch. Nach Aufhebung des Ausnahmezustandes fanden sich zu Versammlungen im Jahr 1921 etwa 100 aktive Mitglieder ein. Anlaß zu Zusammenkünften boten die Entlassungen der zu Festungshaft verurteilten Anhänger der Rätebewegung. Den Höhepunkt bildete die Rückkehr Adolf Schmidts im Jahre 1922. Etwa 25 Personen, großenteils Angehörige der KPD Kottern, empfingen ihn am Bahnhof und führten ihn in einem großen Zug mit roter und schwarz-rot-goldener Fahne zum Bürgersaal, wo eine Begrüßungsfeier stattfand. Zwar steigerten sich in der Folgezeit die Aktivitäten der KPD, doch angesichts der inzwischen vollzogenen konservativen Wende schien Schmidt doch der Schwung genommen[69]. Anfang Dezember 1922 rief er die Bevölkerung zu einer Versammlung im Kolosseum auf, bei der er über die Allgäuer Butter- und Käsebörse sprechen wollte. In dem Versammlungsraum drängten sich aber neben seinen Anhängern auch Parteigänger konservativ-bürgerlicher Kreise, welche die erst kürzlich gegründete Börse nicht angreifen lassen wollten. Beide Lager waren mit Revolvern, Schlagringen und Gummiknüppeln bewaffnet, warteten zunächst jedoch ab. In der Ruhe vor dem Sturm verzichtete Schmidt auf sein Referat. Die »Explosion« blieb aus, »weil keine der beiden Seiten wußte, ob sie stärker sein würde«[70]. Über welche Anhängerschaft die KPD verfügen konnte, zeigte sich, als zu einer Versammlung mit dem Landtagsabgeordneten Eisenberg im Kornhaussaal nicht weniger als 1500 Besucher kamen. Angesichts der zunehmenden Polarisierung der Parteien bat Merkt im Frühjahr 1923 den Regierungspräsidenten, bei großen Versammlungen der Kommunisten oder Nationalsozialisten die Kemptener Ordnungspolizei um mindestens 150 Mann Landespolizei zu verstärken. Ende des Jahres wiederholte er angesichts des Hitler-Putsches seine dringliche Bitte[71].

Das Verbot auch kommunistischer Versammlungen wirkte sich nach Merkts Auffassung »ungünstig« auf die Arbeiterschaft aus, deren Verbitterung wachse. Die Landtags- und Reichstagswahlen im Frühjahr 1924 brachten der KPD gegenüber 1920 einen Gewinn von ca. 300 bis 400 Stimmen, wenngleich sie das Wählerpotential der USPD nicht annähernd hatte aufsaugen können. Etwa 300 bis 450 Personen zählten zum engeren Wählerstamm. Kempten war einer der sieben »Vororte« im Unterbezirk Schwaben. Ende 1932 gehörten der Ortsgruppe 359 Mitglieder an. Ihre bedeutendsten Funktionäre waren Adolf Schmidt, Wilhelm Schmidt und Willy Wirthgen. Hatte die KPD 1928 bei den Landtagswahlen vier und bei den Reichstagswahlen magere zwei Prozent der gültigen Stimmen erhalten, so konnte sie 1932, als die Wirtschafts- und Staatskrise ihren Höhepunkt erreichte, das Protestpotential gegen den Weimarer Staat vervielfachen[72].

Parteipolitische Zusammensetzung des Stadtrats in Kempten 1919–1933[74]

Wahltermin	1919	(Sitze)	1924	(Sitze)	1929	(Sitze)	April 1933	(Sitze)
Zahl der Stadträte		18		18		18		21 (– 1)
Parteien und Wählergruppierungen	Mehrheitssozialdemokraten	4	Sozialdemokratische Liste	4	SPD	6	SPD	3
	Deutschdemokraten	6			Vgte. bürgerl. Liste	3		
			Vaterländische Wahlgemeinschaft	8				
	BVP	6			BVP	6	BVP	6
	Unabhängige	1	Kommunisten	–	Kommunisten (o. Liste)	–	KPD (verboten)	– (1)
	Nationalliberale	1	Völkischer Block	1	NSDAP	2	NSDAP u. Bayer. Bauern- u. Mittelstandsbund	9
			Beamtenliste	2			Kampffront Schwarz-Weiß-Rot	2
			Wirtschaftsblock	3				
					Grund- u. Hausbesitzerverein	1		

Starke Impulse erhielten beide Arbeiterparteien aus dem vorpolitischen, d. h. gesellschaftlich-wirtschaftlichen Raum. Die Richtungsgewerkschaften orientierten sich weitgehend sozialdemokratisch, ebenso der Textilarbeiterverband. Doch gab es in der Arbeiterschaft und unter den Betriebsräten in den Textilfabriken einflußreiche Kommunisten, die aus den nahen Industrieorten St. Mangs Unterstützung erhielten. Ähnliches gilt für den Touristenverein Naturfreunde, in dem die Sozialdemokraten freilich die Mehrheit stellten. Unter den Industriearbeitern scheint die Neigung zur KPD ausgeprägter gewesen zu sein als unter den Handwerkern, die eher dazu neigten, die SPD zu unterstützen. Weitere wichtige Vereine der Arbeiterbewegung waren der Radfahrerverein »Solidarität«, der Esperantoverein, der Volkschor, der Freidenker-Verein und nicht zuletzt die Arbeiterwohlfahrt[73].

Die bürgerlichen und die Arbeiterparteien stützten sich im wesentlichen auf Vereine und Vereinigungen. Politisches, gesellschaftliches und ständisches Milieu hatten sich noch kaum voneinander differenziert. Ihre Durchmischung läßt eine starke Verankerung der Parteien in der Bevölkerung erkennen, bewirkte aber auch eine konzeptionelle Schwäche bei der Bewältigung kommunalpolitischer Aufgaben.

Die Ergebnisse der Landtags- und Reichstagswahlen während der Weimarer Republik 1918–1933 (in Prozent der abgegebenen Stimmen)[75]

Wahltag	Wahlbe- teili- gung	USPD/ KPD	(M-) SPD	DDP	Parteien BVP	DNVP	DVP	BBB/ MStP	Völk. B. NSDAP	Son- stige
L 12. 1. 19[+]	?	3,5	31,4	–	36,8	–	29,9	1,5	–	0,8
R 19. 1. 19[+]	?	2,2	34,3	–	36,3	–	24,5	1,7	–	1,0
L 6. 6. 20	66,7	17,3	20,1	–	33,0	–	14,6	13,6	12,6	–
R 6. 6. 20	66,8	16,8	20,6	15,3	33,6	–	–	1,1	–	12,6
L 6. 4. 24	54,5	4,7	17,0	–	28,0	–	1,7	0,4	28,3	20,2
R 4. 5. 24	58,2	5,9	14,8	–	30,4	11,7	0,7	1,2	25,0	10,3
R 7. 12. 24	59,0	5,4	20,9	7,0	31,8	18,9	3,7	1,2	8,0	2,9
L 20. 5. 28	63,3	3,9	26,3	3,2	30,5	9,3	5,0	1,8	10,8	11,4
R 20. 5. 28	65,4	1,7	25,9	3,0	29,3	9,9	6,7	6,2	10,9	6,4
R 14. 9. 30	77,5	4,0	22,1	–	28,2	4,8	1,8	0,7	24,4	13,9
L 24. 4. 32	79,0	8,1	15,3	–	32,2	–	3,2	1,2	29,6	2,4
R 31. 7. 32	82,0	8,8	17,2	–	30,3	6,7	0,9	0,3	33,0	2,8
R 6. 11. 32	77,8	12,1	15,3	–	30,0	9,4	1,2	0,5	28,1	3,1
R 5. 3. 33	86,9	7,6	15,0	–	27,7	10,0[++]	0,6	0,2	37,1	0,2

[+] Nationalversammlungen   [++] Kampfbund Schwarz-Weiß-Rot
L = Landtagswahl   R = Reichstagswahl

Bürgermeister Merkt, »Meister der Bürger«

Grundsätze in Verwaltung und Politik

Auf der ersten von ihm als neuem Stadtoberhaupt geleiteten Magistratssitzung am 14. Februar 1919 legte Dr. Otto Merkt dar, was er unter städtischer Selbstverwaltung verstand und welche Rolle er dabei zu spielen gedachte. Er hoffte auf ein »einträchtiges Zusammenarbeiten ... für das wahre Wohl der Stadt ... auf breitester Grundlage«. Die Meinung all derer solle gehört werden, »deren Wissen und Wollen sie zu unparteilichen Trägern des Bürgergedankens« mache. Er wolle das Ansehen der Stadt »wahren und mehren, ihre Geschäfte nach Kräften fördern, selbst aber über den Parteien stehen«. Leider entwickle sich der Magistrat zusehends von einer Versammlung angesehener Bürger zu einer Ringstätte der Parteien um die politische Macht. Er beginne seine Tätigkeit jedenfalls als »Meister der Bürger«[76].

Schon auf dieser Sitzung bekam Merkt Gelegenheit, mit der Verwirklichung seiner Grundsätze zu beginnen. Er verwahrte sich gegen die Eingriffe des Arbeiter- und Soldatenrats in die Stadtverwaltung. Der Magistrat sei ein vom Volk gewähltes Organ und müsse deswegen auch vom ASR anerkannt werden. Trotz des Widerspruchs von Wilhelm Deffner, dem Vorsitzenden des ASR, beschloß der Magistrat, von der bisher geübten Praxis, drei Arbeiter- und Soldatenvertreter zu seinen Sitzungen einzuladen, bis zur Erledigung des Protests abzusehen. Eine Reform des Staates von unten her sei vonnöten, aber sie dürfe nicht von einer Minderheit bestimmt werden. In einer Wahlrede vor den Stadtrats- und Bürgermeisterwahlen im Juni 1919 rief Merkt zum Kampf gegen jegliche Diktatur auf, weil jede Gewaltanwendung in politischen Dingen gegenüber den Mitmenschen Unrecht sei[77].

In seiner Auffassung, der »Bürger-Meister« der Stadt zu sein, stand Merkt außerhalb der Tradition des Selbstverwaltungsgedankens, wie er von staatsreformerischen Kreisen mit der vornehmlichen Absicht einer möglichst umfassenden Bürgerbeteiligung entwickelt worden war. Er selbst wollte überparteilicher Wahrer der Gemeindeinteressen sein und erwartete dies auch von den Stadtratsfraktionen. Entsprechend seiner Auffassung, kommunale Selbstverwaltung vertrage sich nicht mit pluralistischer Parteipolitik, zeigte Merkt kein besonders großes Interesse am Parteienstaat der Weimarer Republik. Bezeichnenderweise trug seine Amtskette bis in die NS-Zeit hinein das Bild König Ludwigs III. Angesichts der Krise des Parteienstaates sah er es als seine Pflicht an, die Kommunalverwaltung zur Selbstverwaltung der Bürokratie bzw. des Bürgermeisters, ja zur autokratischen Verwaltungsvorherrschaft und zum Widerlager der nach seiner Meinung gemeinde- und staatszerstörenden Parteiendemokratie aufzubauen[78].

Die Stadtratswahlen 1924 brachten den konservativ-vaterländischen Gruppen einen Zuwachs an Stimmen und Sitzen, während die SPD, der Merkt mißtrauisch gegenüberstand, verlor. Er bekam nicht nur damit, sondern auch durch die allgemeine konservative Rückorientierung in den Jahren zwischen 1924 und 1929 noch stärkeren Rückhalt für seine Grundeinstellung. Merkt unterstützte die Stellung der Reichswehr im Staat, gründete 1923 den »Bund Bayern und Reich« mit und nahm offenbar nationalsozialistische Persönlichkeiten in Schutz, vor allem wenn es sich um ehemalige Reichswehrangehörige handelte. Die Wahl zum Kreistagspräsidenten von Schwaben stärkte seine Position in der lokalen Verwaltung beträchtlich[79].

Die Dominanz der Persönlichkeit Merkts in der Kemptener Stadtverwaltung blieb während der gesamten Weimarer Zeit bestehen. Das hatte zur Folge, daß sich die politischen Parteien in der Kommunalpolitik nicht profilieren konnten. Da der Bürgermeister Erfolge erzielte, wurde er von der Bevölkerung nicht nur anerkannt, sondern geradezu verehrt. Seit 1928 führte er den Titel »Oberbürgermeister«. Ein Jahr später ernannte ihn der Kemptener Stadtrat zum Bürgermeister auf Lebenszeit, was ihn als Meister über alle Bürger eindrucksvoll bestätigte.

Merkts Ziel: Kempten, Metropole des Allgäus

1924 hielt Bürgermeister Merkt einige öffentliche Vorträge, in denen er der Kemptener Bevölkerung seine gemeindepolitischen Überlegungen und Ziele unterbreitete. Da die Straßen- und Eisenbahnlinien nach Kempten wenig gut ausgebaut seien, woran sich in den nächsten Jahren nichts ändern werde, der Fremdenverkehr sich wegen des relativ hohen Grades der Industrialisierung nicht lohne, könne der Schwerpunkt der Gemeindepolitik nicht bei der Verkehrspolitik liegen. Ebensowenig sei Kempten attraktiver Handelsplatz. Die Stadt habe, abgesehen vom Butter- und Käse- sowie vom Holzhandel als Umschlagplatz keine Zukunft. Die Gewerbepolitik bzw. die Handwerksförderung sei ein großes Anliegen, doch müßten die Zielsetzungen anderswo gesucht werden: vor allem in der Behördenpolitik, daneben zu gleichen Teilen in der Industrie- und Bauernpolitik. Auf letztere setzte Merkt besondere Hoffnungen.

Unter Behördenpolitik verstand Merkt, Kempten zur Beamten-, Garnisons- und Schulstadt auszubauen. Er versprach sich davon die Entwicklung der Stadt zum Mittelpunkt des Allgäus in verschiedenen Dienstleistungsbereichen und auch eine Anregung von Handel, Gewerbe und Konsum.

Die Industrieansiedlung in Kempten sei immer noch Zufallssache. Die Textilindustrie habe an der Iller gute Bedingungen, die Holzverarbeitung dagegen liege gegenüber anderen Städten im Hintertreffen. Merkt hoffte auf neue Industrieansiedlungen am Ostbahnhof, doch fand die Industrieförderung der Stadt keine besondere Resonanz. Deswegen bemühte sich der Bürgermeister vor allem um die Bauernpolitik – mit Erfolg. Im Juni 1921 wurde die auf seine Initiative hin gegründete Allgäuer Butter- und Käsebörse eröffnet und von ihm und dem zweiten Bürgermeister Eugen Schraudy geleitet. Weitere Erfolge waren die Verlegung der »Bayerischen Molkereizeitung« nach Kempten (1919), die Unterstützung der Allgäuer Bauernschule, der Bau des Hauses der Milchwirtschaft (1925) und der Tierzuchthalle (1928). Einfluß übte die Stadt auch im Milchwirtschaftlichen Verein aus. Merkt schrieb rückblickend zwanzig Jahre später: »Bauernpolitik, eine andere

Möglichkeit hat Kempten überhaupt nicht. Behördenpolitik ist schwierig und hängt nicht von unserem Willen ab. Industriepolitik ist in Kempten immer etwas Gesuchtes und Verkehrspolitik erst recht. Unsere einzige wirkliche Eigenart ist die Landwirtschaft der Umgebung«[80].

Städtische Finanzpolitik

Die Grundlage jeglicher Gemeindepolitik bestand für Merkt in einer soliden Finanzpolitik. Seit der Erzbergerschen Finanzreform hatte Kempten allerdings seine finanzielle Eigenständigkeit verloren. Die Stadt erhielt vom Reich Anteile aus der Einkommens- und Körperschaftssteuer und mußte damit weitgehend ihre Ausgaben bestreiten. Da das Reich den Städten aber die Einführung neuer Steuern eingeräumt hatte, wurden Bürgermeister Merkt und Finanzrat Dr. Hans Griebel aktiv. Der Stadtrat beschloß während der Weimarer Zeit eine Vergnügungssteuer, eine Zuwachssteuer, eine Grundwertabgabe, die Filialsteuer und eine Hundesteuer, der zeitweilig sogar eine Katzensteuer folgte, nicht zuletzt eine Hockersteuer für »Nachtstreuner«. 1922 wurde eigens eine städtische Steuerstelle eingerichtet.

Merkts Ziel war ein abgeglichener Haushalt, d. h. daß das Einnahmesoll erreicht, wenn nicht gar überschritten wurde, was mit wenigen Unterbrechungen auch gelang. 1923 bis 1925 rissen Wirtschaftszusammenbruch und Inflation ein tiefes Loch in den Haushalt. Kempten trug damals noch die Erwerbslosenfürsorge. 1923 gab die Stadt fast das Doppelte des Voranschlagsolls aus, wogegen die Schulden zu zwölfstelligen Zahlen anstiegen. Nach der Einführung der Rentenmark achtete Merkt strikt auf die Vermehrung der Rücklagen. Unterstützung fand der Bürgermeister bei der Finanzverwaltung der Stadt, u. a. bei Stadtkämmerer Dr. Bernhard Wagner. Diese Finanzpolitik erlaubte eine Förderung der gesetzten Ziele[81].

Wohnungsbau

Auf dem Gebiet der Wohnungspolitik erzielte Merkt die größten Erfolge. Kempten hatte aus der Kaiserzeit einen hohen Bestand an Wohnungsaltbauten. Weltkrieg und Wirtschaftskrise hatten die private Bauinitiative eingeschränkt. Einer der letzten großen Hausbesitzer jener Zeit war Konrad Spannheimer, der zeitweilig auch einen Sitz im Stadtrat innehatte. Industrialisierung und Bevölkerungswachstum verschärften die Wohnungsnot drastisch. Als nun in der zweiten Hälfte der 1920er Jahre der Weimarer Staat und die Stadt weitgehend den Wohnungsbau und die Wohnungsbauförderung übernahmen, wurde das Wohnungswesen ein Gebiet des gemischten Wirtschaftens von Privatleuten, Stadt und Staat.

In dreierlei Weise wurde Merkt aktiv. Er ließ einen Generalbaulinienplan erstellen, bemühte sich als Grundstücksreferent um den Grunderwerb der Stadt, auch durch Eingemeindungen aus den benachbarten Gemeinden, und engagierte sich in der Gemeinnützigen Baugenossenschaft, in deren Aufsichtsrat er den Vorsitz übernahm. Im Jahr 1925 hielt der Wohnungsausschuß alle vierzehn Tage Sitzungen über Maßnahmen des städtischen Wohnungsamtes ab, insbesondere hinsichtlich der Beschlagnahme von Wohnungen und der Zuweisung von Mietern. Auch außerstädtische Wohnungsbaugesellschaften bauten in Kempten, wobei sich die Stadtsparkasse mit Darlehen engagierte. Errichtet wurden Kleinstwohnungen, neue Wohnsiedlungen und Einbauwohnungen. Entsprechend der gesamtwirtschaftlichen Entwicklung gab es im Wohnungsbau der Stadt 1924 einen Tiefpunkt und 1927 bis 1929 einen Boom[82].

Wohnungsbau in Kempten 1919–1939

Jahr	Einbauten	Neubauten	Summe	neue Wohnungen	neue Ehen
1919	11	–	11	14	257
1920	8	19	27	82	244
1921	15	12	27	42	230
1922	9	28	37	63	220
1923	11	24	35	79	159
1924	5	9	14	30	124
1925	3	14	17	55	145
1926	4	12	16	40	139
1927	4	27	31	77	158
1928	3	33	36	61	174
1929	5	37	42	105	237
1930	1	17	18	55	174
1931	2	15	17	71	176
1932	13	39	34	68	146
1933	9	38	47	64	219
1934	15	44	59	106	273
1935	3	51	54	83	239
1936	6	53	59	136	255
1937	6	54	60	166	261
1938	13	77	90	261	291
1939	4	27	31	86	424
Summe	621	150	771	1744	4581

Ein weiteres Anliegen Merkts war die Eingemeindung, vor allem von Gebieten aus der Gemeinde St. Mang und St. Lorenz. Umfaßte der Besitz der Stadt am 1. Januar 1919 nur ca. 86 ha mit Gebäuden, Anlagen, Plätzen, Straßen und Grundstücken und 35 ha Bauland im Stadtgebiet, so erreichte Kempten eine kontinuierliche, für Merkt angesichts des notwendigen Wohnungsbaus allerdings viel zu geringe Zunahme der Gemeindefläche. 1943, als Merkt wegen seiner Eingemeindungspolitik aus dem Amt scheiden mußte, verfügte die Stadt immerhin über 150 ha Gesamtfläche.

Kultureller Mittelpunkt der Region

Auch auf kulturellem Gebiet wurde die Stadt aktiv, wenngleich Merkt zuerst Eigeninitiative der Bürger forderte. Zu Kemptens Rolle äußerte er: »Wenn Kempten Anspruch darauf macht, Hauptstadt des Allgäus zu sein, so muß Kempten mehr bieten als das übrige Allgäu, nämlich Kultur, bodenständige Kultur, mit anderen Worten muß die Stadt auch auf das geistige und sittliche Wohl der Bevölkerung des ganzen Allgäu« bedacht sein. Merkt förderte seit seinem Dienstantritt nachhaltig ein Allgäuer Heimatmuseum, das in der Weimarer Zeit allmählich aufgebaut werden konnte[83]. Fast gleichzeitig wurde in bescheidenen Anfängen ein Stadtarchiv eingerichtet. Daneben bestanden verschiedene Sammlungen. Das Stadttheater wollte und konnte die Stadt nicht fördern. Es wurde nach wie vor von auswärtigen Bühnen bespielt und beherbergte ein Kino. Gab die Stadt zuerst der Bataillonskapelle alljährlich einen Zuschuß, so förderte sie später auch die verschiedenen Musikvereine der Stadt.

Besonderes Augenmerk schenkte Merkt der Heimatpflege und der Idee des Allgäus. Die Niederlage des Kaiserreiches, die Uneinigkeit über den Staatsaufbau unter den Bürgern und das Verständnis Merkts von der Gemeinde als Heimat motivierten zur besonderen Pflege dieser Idee. Die Stadt sollte einen unverwechselbaren Charakter erhalten und somit an Attraktivität gewinnen. Außerdem verband Merkt, einen geborenen Kemptener, eine starke Liebe mit seiner Heimat. Als Kulturfaktor diente der Historische Verein Allgäu, der seit 1938 Heimatdienst Allgäu genannt wurde. Merkts Anregung war es zu verdanken, daß der Bezirk Schwaben und Neuburg in Kempten 1935 eine zweite Stelle für einen Bezirksheimatpfleger schuf, der sich vor allem für das südliche Schwaben engagieren sollte. Das Amt wurde mit dem hervorragenden Kenner der Region, Dr. Alfred Weitnauer, besetzt[84].

In seiner Arbeit standen Merkt Rechtsrat August Weidner, der 2. Bürgermeister Eugen Schraudy und der 3. ehrenamtliche Bürgermeister Karl Nägele engagiert zur Seite. Bürgermeister Schraudy wurde am 25. Juni 1919 zum rechtskundigen, zehn Jahre später zum berufsmäßigen 2. Bürgermeister gewählt. Der Jurist hatte bereits seit 1910 der Stadt als Rechtsrat gedient. 1939 wurde er in den Ruhestand verabschiedet, versah aber weiterhin seinen Dienst bis Juli 1945. Er leitete in dieser Zeit das Ernährungs- und Wirtschaftsamt. Schraudy verfocht während seiner Amtszeit besonders die Interessen des Fremdenverkehrs und der Industrieansiedlung in Kempten.

Wirtschaftliche Krisenzeiten

Die Jahre der Weimarer Republik waren fast in ihrer Gesamtheit eine Zeit der Wirtschaftskrise für Kempten. Die Textilbetriebe litten unter den ständig sinkenden Preisen für amerikanische Baumwolle. Die Weltwirtschaftskrise traf die kleine fein-

mechanische Industrie ebenfalls schwer. Zeitweise standen die Allgäuer landwirtschaftlichen Produkte von ihrer Güte her in der Diskussion. Es folgten Absatzschwie-
rigkeiten. Die Notlage der Landwirtschaft ließ auch die Herstellung von landwirtschaftlichen Maschinen stagnieren. Die Verpackungsindustrie, die sich für die Milchprodukte in Kempten angesiedelt hatte, erlebte ebenfalls einen Niedergang[85].
Mitte 1926 ging die Mechanische Baumwollspinn- und -weberei AG Kempten von
der Kurzarbeit zur Stillegung über, wovon 840 Personen betroffen waren. Die
Arbeitslosenzahl im Arbeitsamtbezirk Kempten schnellte auf über 1000 Erwerbs-
lose hoch. Erst im Laufe des Jahres 1927 verringerte sich deren Zahl erheblich und
blieb während der weiteren Zeit der wirtschaftlichen Prosperität stabil. Bereits 1929
aber nahm die Zahl der arbeitsuchenden Personen wieder erheblich zu und erreichte mit 7642 im Februar und 6776 im März 1931 Spitzenwerte. Danach sanken
die Zahlen allmählich, wenn auch zur Jahreswende 1932/33 die Ziffern nochmals
anstiegen. Die Talsohle der wirtschaftlichen Krise war bei Hitlers Machtantritt
offensichtlich auch in Kempten durchschritten. Angesichts der Notlage richtete die
Stadt Anfang 1929 eine Wärmestube ein und warb für Spenden zur Kinderspei-
sung[86]. Gleichwohl müssen auch Größe und Stabilität der Unternehmen, Neugrün-
dungen von Firmen und Innovationen beachtet werden. Die Spinnerei und Weberei
Kempten AG und die branchengleiche Textilfirma in Kottern zählten nach wie vor
zu den bedeutendsten lokalen Arbeitgebern. In Neudorf produzierte noch die
Firma Denzler AG. Diese Werke modernisierten zum Teil ihre Textilherstellung
während der 1920er Jahre. In der Branche der Metallverarbeitung war die Firma
Ott, die Präzisionsgeräte herstellte, der in Kempten führende Betrieb. In Schelldorf
arbeitete das Elektroschmelzwerk Kempten.
Eine wichtige Entwicklung für die Energieversorgung Kemptens und des Allgäus
leiteten 1919 Karl Böhm und Bürgermeister Merkt mit der Gründung des Allgäuer
Überlandwerkes (AÜW) ein. Allmählich wurde das AÜW zu einem Unternehmen
der öffentlichen Hand bzw. Kemptens. Der Strom wurde weitgehend aus Wasser-
kraftanlagen an der Iller und am Lech gewonnen.
In der Reihe der milchverarbeitenden Industrien sind zu nennen die Firmen Nestle-
Hegge (ungezuckerte Dosenmilch, Kindermehlherstellung), Edelweiß Kempten mit
der Herstellung von Säuglings- und Kindernahrung sowie eines haltbaren bzw.
exportfähigen Camemberts, der in die ganze Welt versandt wurde – die Hoefel-
mayersche Fabrik war in den 1920er Jahren das größte Milchindustrieunternehmen
des Allgäus –, die Camembert Industrie Hirschle und Immler Heising und die
Fa. Grünland Käse mit der Produktion von Schmelzkäse. Letztere Firma wurde
1926 gegründet und konnte sich nach einer zeitweiligen Stillegung während der
Wirtschaftskrise im Jahre 1930 wieder stabilisieren. Die Verpackungsindustrie und
die Papierfabrikation hatte mit den Firmen Heinrich Nicolaus GmbH Kempten,
dem Haindl Papier GmbH Werk Hegge und der Papier- und Pergamentpapierfa-
brik Seltmanns GmbH in Kempten einen bedeutenden Standort[87]. Wichtigste Wirtschaftsbereiche blieben aber im Allgäu und in Kempten Landwirtschaft und Handwerk mit sehr vielen kleinen und kleinsten Betrieben[88].

1 Tag- und Anzeigeblatt 258 v. 8.11.1918. Vgl. zu den Vorgängen allgemein Rottenkolber, Vergangene Tage, S. 98 f.

2 StadtA Kempten: Umsturz 1918; Adolf Horchler: Bericht über den Umsturz; vgl. auch StANeuburg: Regierung 18265.

3 Allg. Zeitung 260 v. 9.11.1918; 261 v. 11.11.1918.

4 Horchler, Bericht; StadtA Kempten: Umsturz 1918; zu Joseph Zinser vgl. HStA München: MInn 78411.

5 Allg. Zeitung 261 v. 11.11.1918; Horchler, Bericht; StadtA Kempten: Umsturz 1918.

6 Vgl. Hans Thieme: Der Gewaltakt gegen die Redaktion der Tageszeitung »Allgäuer Volkswacht« am 12. August 1919 in Kempten. In: AGF 76 (1976), S. 108.

7 Ulrich Kluge: Die deutsche Revolution 1918/19, Frankfurt a. M. 1985, bes. S. 57–69.

8 Allg. Zeitung 266 v. 16.11.1918.

9 Allg. Zeitung 272 v. 23.11.1918.

10 Tag- und Anzeigeblatt 280 v. 3.12.1918; Allg. Zeitung v. 3.12.1918; StadtA Kempten: NL Merkt, Erinnerungen 1918.

11 Allg. Zeitung 272 v. 23.11.1918.

12 Tag- und Anzeigeblatt 279 v. 3.12.1918; Allg. Zeitung 290 v. 14.12.1918.

13 VB 22 (1931–1935), Beilage zu S. 333; Tag- und Anzeigeblatt 9 v. 12.1.1919.

14 Tag- und Anzeigeblatt 9 v. 13.1.1919.

15 Allg. Zeitung 33 v. 10.2.1919; Tag- und Anzeigeblatt 17 v. 23.1.1919; 22 v. 28.1.1919; vgl. StANeuburg: Regierung 9766.

16 Amtl. Wbl. 7 v. 22.2.1919, S. 94; Martin Müller-Aenis: Sozialdemokratie und Rätebewegung in der Provinz. Schwaben und Mittelfranken in der bayerischen Revolution 1918–1919, München 1986, S. 79 f., 136 f. 187 f.

17 StadtA Kempten: 1918/19; Konrad Vetter: Kommunistenherrschaft in Kempten; vgl. StANeuburg: BA Kempten 6224, 6231, 3492; Standgericht Kempten 6/1919 (Bde. 2,4,5,6).

18 StadtA Kempten: Umsturz 1918; Vetter, Kommunistenherrschaft; Tag- und Anzeigeblatt 82 v. 8.4.1919.

19 Allg. Tagblatt 82 v. 8.4.1919; Allg. Zeitung 82 v. 8.4.1919; Alfred Weitnauer: Bürgermeister Merkt. Leben und Leistung, Kempten 1967, S. 10.

20 StadtA Kempten: Umsturz 1918; Vetter, Kommunistenherrschaft.

21 StANeuburg: Standgericht Kempten 6/1919 (Bde. 2,6); Weitnauer, Merkt, S. 10 f.; Allg. Zeitung 90–93 v. 17.–21.4.1919; StadtA Kempten: Umsturz 1918; Schreiben Merkts v. 2.5.1919.

22 Allg. Zeitung 108 v. 10.5.1919.

23 Allg. Volkswacht 1 v. 1.5.1919; D. v. Pitrof: Gegen Spartakus in München und im Allgäu, München 1937, S. 132–158, 169–208; Allg. Zeitung 110 v. 13.5.1919; 149 v. 1.6.1919.

24 Allg. Tagblatt 137 v. 16.6.1919.

25 Ebd.; StadtA Kempten: Umsturz 1918.

26 Allg. Tagblatt 138 v. 17.6.1919; Allg. Zeitung 131 v. 7.6.1919.

27 StadtA Kempten: Umsturz 1918.

28 Hierzu und zum Folgenden vgl. Thieme, Gewaltakt, S. 115 f.

29 Allg. Volkswacht 83 v. 9.8.1919.

30 StadtA Kempten: Umsturz 1918.

31 VB 22 (1931–1935), Beilage zu S. 333; Allg. Zeitung 270 v. 20.11.1919.

32 M. Fenske: Konservatismus und Rechtsradikalismus in Bayern nach 1918, Bad Homburg/Berlin/Zürich 1969, S. 89–100; Allg. Tagblatt 43 v. 22.2.1921.

33 StANeuburg: Regierung 9767.

34 Allg. Neueste Nachrichten 42 v. 21.2.1921; VB 1912–1924, S. 1–4.

35 Vgl. Hannsjörg Bergmann: Der Bayerische Bauernbund und der Christliche Bauernverein 1919–1928, München 1986, S. 26, 37, 112, 158.

36 Allg. Zeitung 11 v. 14.1.1928; 32 v. 7.2.1928; Bergmann, Bauern, S. 241.

37 Allg. Zeitung 11 v. 14.1.1928; 26 v. 1.2.1928; Allg. Tagblatt 31 v. 7.2.1929.

38 VB 22 (1931–1935), Beilage zu S. 333; Lageberichte; HMB StANeuburg: Regierung 18225; BA Kempten 3492, 3493.

39 Müller, Parteien, S. 214.

40 PfarrAStM: Wählerliste des Kirchenvorstandes St. Mang 1920; Chronik der Pfarrei Kempten-St. Mang 1929–1954, gefertigt v. Hermann Kornacher; VB (1931–1935), Beilage zu S. 333.

41 PfarrAStL: Aktenbestand Weimarer Zeit und Chronik des Klosters St. Anton.

42 Ebd., U. Renz: Chronik der KKV Laetitia;

Allg. Zeitung 18 v. 22.1.1929; Chronik des Arbeiterinnenvereins, erstellt v. Frau Fingerle.

43 Allg. Zeitung 211 v. 12.9.1926; 213 v. 15.9.1926; StadtA Kempten: Wochenberichte; HMB v. 15.6.1926.

44 Allg. Zeitung 49 v. 27.2.1924; 100 v. 30.4.1924.

45 VB 23 (1933–1935), S.30; Gernot und Ellen Römer: Der Leidensweg der Juden in Schwaben, Augsburg 1983, S.82; Einwohnerbuch 1929 III, S.17.

46 Allg. Zeitung 295 v. 20.12.1918; 89 v. 17.4.1920; 64 v. 17.3.1922; 12 v. 15.1.1924; 4 v. 7.1.1927.

47 Allg. Zeitung 80 v. 4.4.1924; 14 v. 19.1.1927; 43 v. 23.2.1928.

48 Allg. Zeitung 293 v. 20.12.1923; 12 v. 15.1.1924; 64 v. 17.3.1922; Einwohnerbuch 1932, S.188.

49 StadtA Kempten: Ortsgruppe Kempten der Deutschen Volkspartei.

50 VB 22 (1931–1935), Beilage zu S.333.

51 StadtA Kempten: NL Merkt, Adressenverzeichnisse der Algovia 1933.

52 Allg. Zeitung 5 v. 8.1.1927; Einwohnerbuch 1932, S.191.

53 Allg. Tagblatt 70 v. 31.3.1922.

54 StadtA Kempten: Ortsgruppe NSDAP.

55 Allg. Tagblatt 9 v. 12.1.1923; 65 v. 20.3.1923; Allg. Zeitung 65/66 v. 20.3.1923.

56 Ebd., StadtA Kempten: Wochenberichte, HMB v. 30.8.1923.

57 Allg. Tagblatt 260 v. 10.1.1923; 261 v. 12.11.1923.

58 StadtA Kempten: Wochenberichte, HMB v. 13.11.1923.

59 Allg. Tagblatt 41 v. 13.2.1924; VB 22 (1931–1935), Beilage zu S.333.

60 StadtA Kempten: Zeitungssammlung »Föhn«; Allg. Zeitung 82 v. 7.4.1924; 105 v. 6.5.1924.

61 Allg. Zeitung 286a v. 10.12.1924; Allg. Tagblatt 286A v. 8.12.1924.

62 VB 1925–1927, S.138.

63 Allg. Volkswacht 1 u. 2 v. 1. u. 2.5.1919.

64 Allg. Volkswacht 35 v. 10.6.1919.

65 StadtA Kempten: Wochenberichte, HMB v. 30.11.1921, v. 29.4.1922, 30.10.1922, 15.1.1923, 14.8.1923, 30.9.1924.

66 Vgl. Herbert Kral: Die Landespolitik der SPD in Bayern von 1924 bis 1933, München 1985, S.58–62.

67 StadtA Kempten: Wochenberichte, HMB v. 15.11.1925, 16.5.1930, 16.5.1931.

68 StANeuburg: Regierung 9767; StadtA Kempten: Wochenberichte, HMB v. 30.10.1921, 5.11.1921, 14.3.1922, 29.7.1922, 14.12.1922.

69 Ebd., HMB v. 30.7.1922.

70 Ebd., HMB v. 14.12.1922.

71 Ebd., HMB v. 29.1.1923, 24.3.1923, 13.11.1923; Allg. Zeitung 83 v. 9.4.1924; StA-Neuburg, Regierung 18224.

72 VB 22 (1931–35), Beilage zu S.333; StadtA Kempten: Wochenberichte, HMB v. 15.12.1931.

73 StadtA Kempten: Touristenverein »Die Naturfreunde«.

74 Müller, Parteien, S.29.

75 VB 22 (1931–35), Beilage zu S.333.

76 Wbl. der Stadt Kempten 7 v. 22.2.1919, S.98–104.

77 StadtA Kempten: NL Merkt, Erinnerungen 1919.

78 Vgl. Otto Merkt: Der Begriff der gemeindlichen Selbstverwaltung mit besonderer Berücksichtigung des bayerischen Rechtes, Diss. Erlangen, Kempten 1904; Amtsgericht Kempten, Spruchkammer Kempten-Stadt, Spruchkammerakte Dr. Otto Merkt.

79 Allg. Zeitung 286A v. 8.12.1924; StadtA Kempten, Wochenberichte, HMB v. 13.11.1923; Thomas Wich: Der Kreistag von Schwaben und Neuburg 1919–1938 und der Bezirksverband Schwaben 1938–1954, Augsburg 1983, S.104; StadtA Kempten: NL Merkt, Erinnerungen 1919; Kreistag.

80 VB 1912–1924, S.1–40; VB 1925–1927 u. 1927–1929; Karl Lindner: Dr. Otto Merkt. Leben und Werk eines Kämpfers für die Allgäuer Milchwirtschaft. In: Ders. (Hrsg.): Geschichte der Allgäuer Milchwirtschaft, Kempten 1955, S.1–6.

81 StadtA Kempten: NL Merkt, Zwischen den Kriegen.

82 Ebd., S.26; VB 1939–1941, S.190.

83 StadtA Kempten: NL Merkt, Zwischen den Kriegen. Bauwesen/Grundbesitz; Kulturpolitik.

84 Lutz Niethammer: Stadtgeschichte in einer

urbanisierten Gesellschaft. In: Wolfgang Schieder/Volker Sellin (Hrsg.): Sozialgeschichte in Deutschland II, Göttingen 1986, S. 114–117.

85 StadtA Kempten: NL Merkt, Zwischen den Kriegen. Finanzpolitik.

86 StadtA Kempten: Berichte der Mech. Baumwollspinn- und weberei Kempten 1918–1934; NL Merkt, Zwischen den Kriegen, Sozialpolitik; Allg. Tagblatt 74 v. 31.5.1927, 10 v. 12.1.1929; Allg. Zeitung 39 v. 17.2.1927.

87 Vgl. Herrmann, Kempten, S. 349–382, S. 72 ff.; Wolfgang Zorn/Ludwig Hillenbrand: Sechs Jahrhunderte Schwäbische Wirtschaft, Augsburg 1969, S. 358–365.

88 Vgl. Gerhard Endriß: Stadtgeographie des bayerischen Regierungsbezirks Schwaben und Neuburg, Breslau 1934, S. 168.

Kempten im Dritten Reich

Herbert Müller

Aufstieg der NSDAP

Nach einer Zeit der weitgehenden Stille um die Nationalsozialisten während der Stabilisierungsphase der Weimarer Republik meldete sich die NS-Bewegung Anfang des Jahres 1928 zurück. Den Ortsgruppenvorsitz übernahm Major a. D. Lippert. Die Nationalsozialisten nutzten den Bauerntag am 11.1.1928 zu einer Demonstration und einer angeregten Diskussion ihrer Ziele mit Vertretern des BBB. Der NS-Propagandist Gottfried Feder warb in Kempten um Anhänger. Auffällig sind in dieser Zeit die Erfolge der NSDAP und die neutrale, ja fast positive Berichterstattung über die NS-Bewegung im Allgäuer Tagblatt. Am 24. März 1928 brachte es einen ausführlichen Artikel über eine »imposante« NSDAP-Versammlung im Kornhaus, auf der Adolf Hitler vor 1200 Zuhörern über »Ein Kampf um Deutschlands Freiheit« sprach. Ein Drittel der Teilnehmer kam aus auswärtigen Ortsgruppen der Partei. Anerkennend hob die Allgäuer Zeitung den Verzicht Hitlers auf Polemik hervor[1].

Bei den Landtags- und Reichstagswahlen am 20. Mai 1928 konnte die NSDAP wieder Stimmen gewinnen. Sie erreichte zwar nur etwa die Hälfte der Anhänger, die bei den Frühjahrswahlen 1924 für den Völkischen Block gestimmt hatten, doch wurde sie dritte Kraft hinter BVP und SPD noch vor der DNVP. Die NSDAP fand großen Anklang bei der Bevölkerung mit der Behauptung, »die Demokratie stehe vor der Pleite«. Bei den Stadtratswahlen im Dezember 1929 errang sie für Oskar Esser und Paul Miller zwei Stadtratssitze.

Merkt stellte angesichts der sich verschärfenden Parteienfehden die seiner Meinung nach notwendige »Überparteilichkeit« im kommunalen Bereich heraus und propagierte aus einem Antiparteienaffekt vehement die unpolitische Rolle der Stadtverwaltung als Garanten von Ruhe und Ordnung. Einer weiteren Polarisierung des Stadtrates stellte sich Merkt im Jahr 1929 entgegen, als er eine Vergrößerung der Zahl der Sitze ablehnte. Die SPD führte im gleichen Jahr einen kommunalpolitisch aktiven Wahlkampf unter den Themen »Wohlfahrt, Wohnungsbau, Schule« und zeigte überhaupt ihr gewachsenes Interesse an der Kommunalpolitik. Sie errang sechs Mandate. Die KPD stellte sich nicht zur Wahl. Auf dem rechten Spektrum kam es während des Wahlkampfes zu Konflikten zwischen BVP und Vereinigter Bürgerlicher Liste, so daß insgesamt Stimmen verlorengingen. Die BVP stellte nun sechs Vertreter, die Vereinigte Bürgerliche Liste drei[2]. Weder die angebliche Überparteilichkeit der Stadtverwaltung noch der verschärfte Kampf der bislang dominierenden Parteien um die Wähler konnten die zunehmende Orientierung der Bevölkerung an Hitler aufhalten.

Die Wirkungen der Weltwirtschaftskrise auf das Deutsche Reich und das Auseinanderbrechen der Weimarer Koalition führten in Deutschland zu einer starken Polarisation der politischen Landschaft. Bei den Reichstagswahlen im Herbst 1930 konnte die NSDAP in Kempten ihre Wählerzahl im Vergleich zu 1928 annähernd verdreifachen, wobei sie viele vom Staatssystem enttäuschte ehemalige Nichtwähler mobilisierte. NSDAP und DNVP zusammen hatten mehr Stimmen als die BVP, die ebenfalls nicht für das demokratische Regierungssystem zu kämpfen bereit war.

Die SPD hatte ihre Stimmenzahl nur um knapp hundert vergrößern können. Dies war auch darauf zurückzuführen, daß sie außer in Versammlungen für ihre Programmpunkte lokal kaum warb. Wie am rechten Rand des Parteienspektrums die NSDAP, konnte die KPD auf dem linken ihre Wählerzahl annähernd verdreifachen. Das Ablehnungspotential gegenüber dem Weimarer System war in der Kemptener Bevölkerung 1930 auf etwa ein Drittel der Wähler angestiegen, dem – sieht man von der Anhängerschaft der BVP ab – nur ein Drittel von Systembefürwortern gegenüberstand[3].

Die beiden Reichstagswahlen von 1932 brachten der NSDAP noch einmal erhebliche Stimmengewinne. Im Juli siegte die NSDAP, im November wurde sie von der BVP knapp geschlagen.

Vom Opponenten zum Parteimitglied: Oberbürgermeister Merkt

Die Berufung Adolf Hitlers zum Reichskanzler am 30.1.1933 wurde im Allgäuer Tagblatt bejubelt, in der Allgäuer Zeitung mit Zurückhaltung hingenommen. Dabei schien der neue Kanzler aber auch vielen katholischen Bürgern der Stadt möglicher

Garant einer nun wiedereinkehrenden Ruhe und Ordnung zu sein. Die Notverord-
nungen Hitlers kommentierte die Presse ohne Einsicht in ihre verheerende Wirkung.

Vor den Reichstagswahlen Anfang März 1933 standen SPD und KPD unter scharfem Druck. Die KPD unterlag bereits einem Publikations- und Versammlungsver-
bot. Doch auch in Kempten errang die NSDAP keine absolute Mehrheit. Nur
37,1 % der Stimmen gingen an sie, 10,0 % an die Kampffront Schwarz-Weiß-Rot,
15,0 % an die SPD und 27,7 % an die BVP. Die demokratischen Kräfte SPD und
BVP erreichten auch zusammen nicht den Anteil von NSDAP und Kampffront;
ganz abgesehen von den Kommunisten (7,6 %), die ebenfalls einen Umsturz des
Systems wünschten[4].

Kurz nach Bekanntwerden der Reichtagswahlergebnisse am 9. März 1933 zogen
SA- und SS-Einheiten am Rathaus die Hakenkreuzfahne hoch. Ein Gauredner
sprach über die »neue Zeit«, die mit Adolf Hitler angebrochen sei. Die versammelte Menge stimmte in seine Heil-Rufe ein und sang begeistert das Horst-Wessel-
Lied. Nach Meinung Merkts bedeutete die Flaggenhissung eine Rechtsverletzung.
Weil er den Eingriff der NSDAP in die kommunale Selbstverwaltung fürchtete,
wollte er die Reichswehr einschalten. Doch Oberstleutnant Eduard Dietl lehnte ab,
nicht nur weil er zur Neutralität verpflichtet war, sondern weil er als Sympathisant
der NS-Bewegung gar nicht gegen sie einschreiten wollte[5].

Über die Motive, die Merkt bei seinem weiteren Vorgehen leiteten, lassen sich nur
Spekulationen aufstellen. Die NSDAP jedenfalls übte in den folgenden Tagen und
Wochen einen erheblichen Druck auf ihn aus. Innerhalb kurzer Zeit wurde er
zweimal abgesetzt. Erster Anlaß war, daß er den Reichsbannerführer und SPD-
Stadtrat Albert Wehr, den er für einen »durchaus anständigen Mann« mit einem
hohen Berufsethos hielt, aus der Haft entließ. Die rechte Hand des bayerischen
Innenministers, der spätere Staatssekretär Max Kögelmair, rügte dieses Verhalten
telephonisch als »nicht qualifizierbar«, worauf sich Merkt beim Beauftragten der
Reichsregierung in München, Generalleutnant Ritter von Epp, beschwerte. Seine
Einstellung in nationalen Dingen sei doch bekannt. Die SA stürmte das Rathaus,
erklärte Merkt für suspendiert und hielt ihn unter Hausarrest. Doch durch die
Vermittlung des inzwischen höchst einflußreichen Kemptener NSDAP-Grün-
dungsmitgliedes Hermann Esser kam er schnell wieder frei und konnte seine Amtsgeschäfte aufnehmen[6]. Die Vorgänge berührten die Kemptener NSDAP tief. Sie
drohten sie sogar zu spalten. Der Sonderbeauftragte für Schwaben, Major Ritter
von Schöpf, dachte an den Ausschluß jener Parteimitglieder, welche die Absetzung
Merkts eingeleitet hatten. Zugleich kam es zur Neubesetzung der Führungsämter.
Der Kolonialwarenhändler Anton Brändle aus Altusried übernahm die Kreisleitung
der Stadt, der Landwirt Georg Schädler aus Niedersonthofen die des Bezirks
Kempten. Dem Kaufmann Karl Deiring übertrug Schöpf die Funktion eines Beauftragten der SA beim Stadtkommissar[7].

Wenige Wochen später folgte eine zweite, längere Verhaftung Merkts. Dieser hatte
sich am 21. März 1933, dem Tag der Reichstagseröffnung in der Potsdamer Garni-

sonkirche, öffentlich zur nationalen Revolution bekannt und am 4. April seine völlige Loyalität der NSDAP und Adolf Hitler gegenüber ausgedrückt. Einen Tag später brachte ihn eine politische Intrige, bei der ihm persönliche Bereicherung aus Geschäften der städtischen Sparkasse vorgeworfen wurde, zu Fall. Auf Anweisung Schöpfs setzte ihn Karl Deiring ab. Das Innenmisterium bestätigte seine Amtsenthebung. Resigniert fuhr Merkt zu einer Sitzung des Kreistags nach Augsburg. Als er dort keine Unterstützung erhielt, legte er sein Amt als Kreistagspräsident nieder. Die Polizei nahm ihn in Haft und brachte ihn in das Gefängnis am Katzenstadel.

Merkt gab jedoch nicht auf. Er mobilisierte seine Freunde aus Kommunalpolitik und Ministerialbürokratie, darunter den Finanzminister Ludwig Siebert und Hermann Esser. Fünf Tage später war er wieder frei. Wahrscheinlich hat ihm dabei seine schon vor der Verhaftung geäußerte Bereitschaft, der NSDAP beizutreten, sehr genutzt. Siebert gab in einer Ministerialentschließung die Revision der Amtsenthebung bekannt und veranlaßte Gauleiter Karl Wahl, ihn auf die Liste der Kreistagskandidaten zu setzen. Während eines feierlichen Aktes im Rathaus wurde Merkt, nun Mitglied der Partei, wieder in sein Amt eingesetzt[8].

Am 29. April 1933 tagte ein neuer Stadtrat, der nach den Ergebnissen der Reichstagswahl vom 5. März zusammengesetzt war. In ihm saßen neun Vertreter der NSDAP und des BBB/Bayerischen Mittelstandsbundes, zwei Mitglieder der Kampffront Schwarz-Weiß-Rot, sechs der BVP und drei der SPD. Die KPD, der ein Sitz zugestanden hätte, war ausgeschlossen. Kreisleiter Brändle hatte für die NSDAP Vertreter aller Berufsstände ausgewählt, um sie als Integrationspartei auszuweisen. Für die SPD engagierten sich Heinrich Gölzer, Alexander Bucher und Johann Großmann, für die BVP F. X. Kämmerle, Dr. Ludwig König, Georg Hotter, Johann Waldenmaier, Paul Strenkert und Georg Martin. Der Stadtrat begann seine Tätigkeit mit Beratungen über die Verschönerung des Adolf-Hitler-Platzes (vormals Königsplatz). Er benannte die Bahnhofstraße in Hindenburg-Straße um und beschloß auf Antrag Merkts, Hermann Esser die Ehrenbürgerwürde der Stadt zu verleihen. Bei dem entsprechenden Festakt am 27. Mai ehrte der Oberbürgermeister, der in SA-Uniform auftrat, Esser als Wegbereiter der nationalsozialistischen Bewegung im Allgäu[9].

Viele Kemptener Nationalsozialisten mißtrauten Merkt, vor allem konnten sie nur schwer die seinetwegen erlittenen Demütigungen vergessen. Als Ende Juni 1933 die NSDAP-Stadtratsfraktion ihre anfängliche Opposition aufgab und ihm öffentlich das Vertrauen aussprach, ging dies dem SA-Sonderbeauftragten von Schöpf zu weit. Die SA sollte gegen Merkt und andere in die angebliche Sparkassenaffäre verwickelte Persönlichkeiten demonstrieren. Doch Brändle, für den der Oberbürgermeister ein wesentlicher Faktor der lokalen Stabilisierung des NS-Regimes war, verbot die geplante Aktion. Er klagte Schöpf in einem Rundbrief an den Reichsstatthalter, den Ministerpräsidenten, die Oberste SA-Leitung und an den Gauleiter wegen dieses »Abenteuers« an, das nicht nur der NS-Bewegung, sondern auch der Wirtschaft und Gemeindepolitik schade.

Die Auseinandersetzung zwischen Brändle und Schöpf endete mit einem Kompromiß: Brändle behielt seine Funktion als Kreisleiter der Partei, wurde aber aus der SA ausgeschlossen. Schöpf wurde gegenüber dem Gauleiter Wahl, mit dem er ebenfalls im Konflikt stand, deutlich geschwächt, verblieb aber im Amt. Gewinner des Streits war Merkt. Er hatte die Unterstützung des Ministerpräsidenten erhalten, der sich gegen jede Störung der Staatsautorität verwahrte. Im Herbst 1933 konnte sich Merkt schon für Brändles Kandidatur für den Reichstag einsetzen. Er tat dies als »Oberbürgermeister, Kreisrat und Kreistagspräsident der NSDAP«[10].

Seit Sommer führte Merkt die Stadtverwaltung als Vollzugsorgan der Staatsregierung. Von ihr erhoffte er für Kempten und die Verwaltung eine Respektierung der besonderen Interessen der Stadt. Der Stadtrat, in dem seit dem Ausschluß der anderen Parteien nur mehr Nationalsozialisten saßen, war lediglich noch ein Beratungsorgan. Der Bürgermeister beschloß nach dem Führerprinzip. Die Deutsche Gemeindeordnung von 1935 legalisierte schließlich die völlige Ohnmacht des Stadtrats. Sie degradierte ihn zu einem Gremium, das die Beschlüsse des Bürgermeisters an die Bürger zu vermitteln hatte.

Die Verwaltung verkörperte über die NS-Machtübernahme hinweg eine Kontinuität, die von der NSDAP zunächst bewußt hingenommen wurde. Allmählich schmiegte sich die Partei jedoch so geschickt in das lokale Beziehungsgeflecht ein, daß sie bald alle Macht aufsaugen konnte[11].

Anpassung, Widerstand, Verfolgung

Die KPD war die erste Partei, die nach der nationalsozialistischen Machtübernahme schärfsten Verfolgungen ausgesetzt war. Noch vor der Reichstagswahl vom 5. März wurden der Parteivorsitzende Adolf Schmidt und Mitte März weitere Mitglieder festgenommen. Trotz des nach dem Reichstagsbrand am 27. Februar erlassenen Verbots kommunistischer Druckschriften gaben der Sattler Willy Wirthgen und seine Helfer weiter das »Kemptener Mosaik« heraus. Sie forderten in einer der letzten Nummern zum Vergeltungskampf gegen die Nationalsozialisten auf. Ende April/Anfang Mai konnte die Polizei sie festnehmen. 1935 gab es wieder einen KPD-Stützpunkt in Kempten, den die Polizei aber schnell aushob. Schmidt kehrte nach mehr als viereinhalbjähriger Haft in Konzentrationslagern heim, wurde nach dem Attentatsversuch auf Hitler im Juli 1944 wieder festgenommen, erlebte dann als freier Mann den Zusammenbruch des NS-Reiches[12].

Obwohl die SPD erst im Juni 1933 verboten wurde, waren ihre Funktionäre schon vorher aus dem politischen Leben ausgeschaltet worden. Am 10. März wurde auf Anordnung aus München der Reichsbannerführer Albert Wehr verhaftet, bald aber wieder freigelassen. Den ehemaligen Reichstags- und Landtagsabgeordneten Heinrich Gölzer, der bei der letzten ordentlichen Kommunalwahl 1929 mit 2857 Stimmen den ersten Platz in der Wählergunst der Kemptener eingenommen hatte, schützte sein Ansehen in der Bevölkerung nicht viel länger. Zusammen mit seinen Stadtratskollegen Alexander Bucher und Johann Großmann wurde er aus dem

Stadtrat verdrängt und mit anderen Funktionären, darunter dem Gewerkschaftssekretär Anton Weinberger, dem Leiter des Ortsverbandes der Fabrikarbeiter Deutschlands, Karl Diem, und erneut Albert Wehr für mehrere Monate in Schutzhaft genommen. Die strikte polizeiliche Kontrolle der Entlassenen verhinderte ihr aktives Engagement in der noch illegal weiterarbeitenden Rest-Organisation der SPD.

1934 stellte die in der Schweiz agierende Exil-SPD Beziehungen zu Kemptener Sozialdemokraten her. Sie bestanden aber nur kurz. Zum einen wurden die schwäbischen Kontaktleute verhaftet, zum anderen wollten sich die Schreiner, eine ehemals tragende Handwerkergruppe innerhalb der Partei, auf gefährliche illegale Aktivitäten nicht weiter einlassen. Nicht wenige Sozialdemokraten wurden auch noch während des Weltkrieges von den Erfolgen des NS-Regimes auf den Schlachtfeldern eingeschüchtert und schwiegen. Einige, wie der ehemalige Stadtrat und Parteivorsitzende Schedel, traten der NSDAP bei. Im Laufe der Zeit wurde es still um die ehemaligen Funktionäre. Die langjährige Integrationsfigur der Partei, Heinrich Gölzer, lebte ziemlich isoliert. Bei seiner Beerdigung 1942 fand sich nur noch ein kleiner Kreis alter Freunde ein[13].

Die BVP verlor im Sommer 1933 ebenfalls ihren Einfluß im Stadtrat, obwohl sie anfangs noch Verständnis für die neue, führende Rolle der NSDAP gezeigt hatte. Die Partei stand im Konflikt zwischen innerer Ablehnung der NSDAP aufgrund deren antichristlichen Ideologie und einer erzwungenen Anerkennung als legaler Regierungspartei. Ende Juni wurden führende Persönlichkeiten der BVP wie Paul Strenkert, Franz Xaver Kämmerle, Dr. Ludwig König und Franz Josef Meier verhaftet. Anfang Juli mußten die Bezirksverbände in Stadt und Land ihre Selbstauflösung beschließen, die BVP-Stadträte nach ihrer Freilassung aus der Haft ihre Mandate niederlegen.

Während sich viele ehemalige BVP-Mitglieder der NSDAP anschlossen, gab es auch leisen Protest und Widerstand gegenüber der Gleichschaltung. Paul Strenkert, Arbeitersekretär der Katholischen Arbeiterbewegung (KAB) verweigerte den Eintritt in die Deutschen Arbeitsfront (DAF) und trat auch nicht der NSDAP bei, weil er dies nicht mit seiner christlichen Überzeugung vereinbaren konnte. Er nahm dadurch Nachteile für sich und seine Familie in Kauf. Die prominenten ehemaligen BVP-Funktionäre blieben dem Regime auch weiterhin verdächtig und waren als »Schwarze« verschrien[14].

Katholische und evangelische Kirche erhofften von der neuen Rechtsregierung im Frühjahr 1933 die Wiederherstellung von Ruhe und Ordnung und z. T. eine weitere Erneuerung, die mit der nationalen Bewegung einher gehen sollte. Bis zur Machtübernahme Hitlers hatte die katholische Kirche vor der NSDAP gewarnt und Verbote ausgesprochen, nun nahm sie diese bedingt zurück. Das Konkordat im Juli 1933 ebnete vielen Katholiken den Weg ins Regime. Merkt verhinderte als frommer Altkatholik kirchenfeindliche Aktionen. Die vom NS-Regime verordnete Schließung (1937) der katholischen Schule für Mädchen, des »Englischen Instituts«, lasteten die Ordensschwestern allerdings ihm an.

Tafel 53.1   Oberbürgermeister Dr. Otto Merkt (mit Amtskette) und Kreisleiter Anton Brändle (rechts daneben) anläßlich einer NSDAP-Versammlung im Kemptener Rathaus, 1934

Tafel 53.2   Die Salzstraße am 1. Mai 1935

Tafel 53.3   Die Gau-Frauenschaftsleiterin zu Besuch in Kempten, April 1936

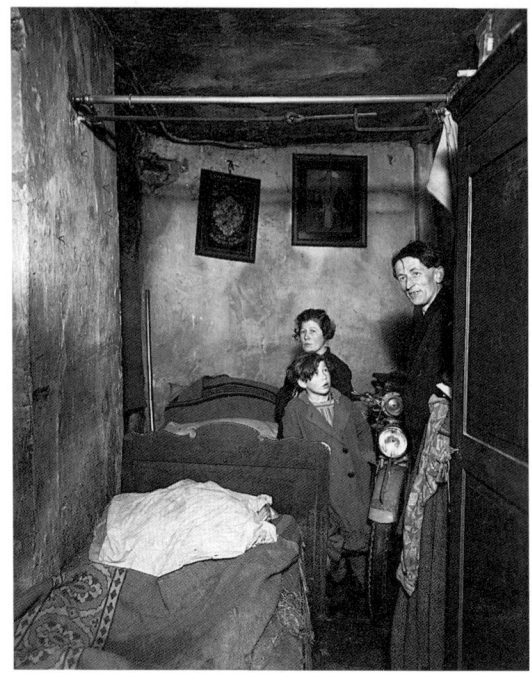

Tafel 54.1   Antisemitische Propaganda in Kempten, vor 1938

Tafel 54.2   Elendswohnung in der Fürstenstraße, aufgenommen 1939

Tafel 54.3   Wahlpropaganda für die Reichstagswahl 1933 am Hause der Molkereizeitung an der Salzstraße

Bekanntmachung

An die Bevölkerung der Stadt Kempten.

Die amerikanische Militärregierung hat mich gebeten, die Verwaltung der Stadt vorläufig wieder zu übernehmen.

Ich bin 68 Jahre alt. Aber für meine Vaterstadt ist mir kein Opfer zu groß. Deshalb habe ich zugesagt.

Ich bitte euch:

1. Gehorcht der Militärregierung! Sie hat mit Recht gesiegt, es mußte so kommen. Zeigt ihr den Deutschen mit anständiger Gesinnung!

2. Lauft nicht wegen jeder Sache zur Militärregierung oder ins Rathaus! Heute ist vieles eine Kleinigkeit, was zu anderen Zeiten wichtig war.

3. Seid zufrieden! Die Macht der Verhältnisse nach einem restlosen Zusammenbruche ist stärker wie die Menschen. Meine und meiner Mitarbeiter wichtigste Aufgabe wird sein, euch Arbeit und Brot zu geben.

4. Geht an die Arbeit! Nur die Arbeit kann uns wieder aufwärtshelfen.

Unser Herrgott sei mit uns und unserem unglücklichen Vaterlande!

Dr. M e r k t , Oberbürgermeister.

Tafel 55.1   Bekanntmachung vom 28. Mai 1945 in der Zeitung der Militärregierung

Tafel 55.2   Das Haubenschloß nach dem Bombenangriff der Alliierten am 3. August 1944

Tafel 55.3   Die am 16. April 1945 zerstörte Artillerie-Kaserne

Tafel 56.1   Vor der Sparkasse in der Gerberstraße: In Erwartung der neuen DM am 20. Juli 1948, dem Tag der Währungsreform

Tafel 56.2   Für Kempten endete der Zweite Weltkrieg am 27. April 1945: US-Batterie 443 auf der Freitreppe der Lorenzkirche, aufgenommen im Juni 1945

Die Anpassung der *katholischen Kirche* ging anfangs so weit, daß der Machtergreifung am ersten Jahrestag in Gottesdiensten gedacht wurde. Im folgenden Jahr brauchte die lokale NSDAP diese Stabilisierungshilfe nicht mehr. Im Sommer 1934 zeigte sich aber wegen kirchenfeindlicher Maßnahmen des Regimes stiller Widerstand. Ein Viertel der Bevölkerung, besonders in den katholisch geprägten Stimmbezirken, votierte gegen Hitler oder enthielt sich der Stimme. NSDAP-Kreisleitung und katholisches Dekanat vermieden den offenen Konflikt. Brändle verzichtete darauf, antikirchliche Unternehmungen zu provozieren. 1936 heiratete er sogar katholisch. Erst 1941 distanzierte er sich von der Kirche. In einem Schreiben an die Politischen Leiter und Parteigenossen gab er sich als katholisch und deutsch aus. Statt im Papst sah er nun in Hitler den »Treuhänder der Wahrheit«[15]. Eine katholische Jugendgruppe unter Leitung von Franz Xaver Eberspacher hielt den Glauben unter ihren Mitgliedern mit Hilfe verbotener Zeitschriften wach. Eberspacher wurde 1937 zeitweilig in Schutzhaft genommen. Dieser mehr private Zirkel wurde 1944/45 zu einer der Keimzellen der späteren CSU[16].

Den Widerstand der *evangelischen Kirche* glaubte die NS-Bewegung eher brechen zu können. 1934 zog Dekan Hermann Kornacher aber deutlich Grenzen zum Regime. Die Kemptener Gemeinde stellte sich mehrheitlich hinter den neuen Dekan. Sie bildete eine nahezu geschlossene Bekenntnisfront, die besonders in der regen Teilnahme an den Gottesdiensten und Bibelstunden ihren Ausdruck fand. Kornacher predigte 1937, auf dem Höhepunkt des Kirchenkampfes, mutig gegen die Entkonfessionalisierung der Bevölkerung und gegen Rosenbergs »Mythus des 20. Jahrhunderts«. Als Flugschriften mit seinen Predigten unter den Beschäftigten der Reichsbahn, wo die NSDAP eine ihrer Hauptwurzeln besaß, verteilt wurden, griff die Kreisleitung sofort mit Beschlagnahmungen ein.

Die Deutschen Christen konnten in Kempten nur etwa 100 Anhänger finden. Sie gründeten die Nationalkirchliche Einigung e. V. unter Leitung des Kaufmanns Karl Lindinger.

Daß die Kirchen das religiöse Bewußtsein der Bevölkerung stützten und ihre Stellung während der Kriegsjahre festigen konnten, macht ein Vorfall im Oktober 1941 offenkundig: Mitte des Monats wurden auf die Hauptportale der beiden Dekanatskirchen St. Lorenz und St. Mang antikirchliche Angriffe geschrieben. Da die Bevölkerung sich sehr erregte, mußte Merkt eine Belohnung für die Feststellung der Täter aussetzen.

Die Kirchenaustritte blieben gering. Die altkatholische Kirche als »Nationalkirche« entwickelte sich in Kempten nicht zum Auffangbecken für aus der Kirche ausgetretene Katholiken[17].

Sowohl die katholische als auch die evangelische Kirche konnten sich während der NS-Zeit sogar institutionell stärken. Das Pfarramt St. Mang festigte seine Arbeit mit der Tochtergemeinde in Kottern, der Christuskirche. Das Kloster St. Anton wurde mit der Übernahme des Pfarramtes in die Gemeinde eingebunden.

Gleichgeschaltete Presse

Ende Juni 1933 schrieb die Allgäuer Zeitung, sie wolle weiter die »Belange der christlichen Weltanschauung [...] verfechten«, sich aber aus »jeder parteipolitischen Bindung der Vergangenheit«, das heißt von der BVP, lösen. Nachdem die Zeitung die angebliche Freiwilligkeit dieser neuen Ausrichtung erklärt hatte, konnte sie ihre Arbeit unter der bisherigen Verlagsleitung fortsetzen, geriet in den folgenden Monaten jedoch immer mehr unter Druck. Eine zusammengeschmolzene Leserschaft und massive Drohungen von seiten der NSDAP zwangen sie, Ende März 1934 ihr Erscheinen einzustellen. Das Tagblatt spottete, daß dieses »Schmierblatt« durch seinen »wüsten und unerhörten Kampf gegen den Nationalsozialismus« an seinem Ende selbst schuld sei. Der Verlag Kösel-Pustet ging schließlich im Allgäuer Nationalverlag auf[18].

Das Allgäuer Tagblatt wurde 1933 endgültig zur Parteipresse, obwohl der Verlag unter Leitung Otto Oechelhäusers aus wirtschaftlichen Gründen noch gewisse Distanz hielt. Im August 1933 wurde unter Vermittlung des Parteimitglieds Georg Bögner, des vormaligen Werbefachmanns der Allgäuer Zeitung, der Allgäuer Nationalverlag gegründet. Mit 51 % beteiligte sich der Augsburger Nationalverlag, Otto Oechelhäuser besaß als zweiter Gesellschafter und Geschäftsführer die restlichen 49 %. Als erster Geschäftsführer fungierte Bögner. Mit dem 1. September 1933 erschien die Zeitung unter der Kopfleiste »Allgäuer Tagblatt vereinigt mit der Allgäuer Nationalzeitung«. Sie wurde nun alleiniges Amtsblatt für Bezirk, Stadt und Partei. Ende 1935 konnte Oechelhäuser wieder Alleineigentümer der Presse werden. Seit 1937 mußte er aber 50 Prozent des Gewinns an den Gauverlag abgeben. Unter der Führung des Hauptschriftleiters Fritz Brand blieb die Zeitung bis zum Ende regimekonformes Parteiblatt[19].

Die Rolle der NSDAP

Nach 1933 stabilisierte sich die NSDAP schnell. Anfang Oktober gliederte Brändle die Partei in drei Ortsgruppen. Die jeweiligen Ortsgruppenleiter hatten Sitze im Stadtrat. Jeder Bürger unterlag nun der Überwachung durch Zellen-, Block- und Ortsgruppenleiter. Brändle wurde im August 1934 wieder in die SA aufgenommen. Neben den Parteiorganisationen preßten Deutsche Arbeitsfront (DAF) und berufsständische Organisationen, wie Handwerksinnungen und Lehrerbund, die Bevölkerung zu konformem Verhalten.

1935 zählte die Partei 948 Mitglieder und Anwärter, womit Kempten im schwäbischen Vergleich von Einwohnerzahl und Parteimitgliedschaft vorerst noch einen unterdurchschnittlichen Prozentsatz aufwies. Dies änderte sich aber bald. Nationale Feiertage wie der 1. Mai, das »gewaltigste Fest der Volksgemeinschaft«, warben für die NS-Bewegung. 1938/39, nach der zweiten Beitrittswelle, in der auch alle Beamten zum Parteieintritt aufgefordert wurden, konnte Brändle wegen der gestiegenen Mitgliederzahlen den Parteikreis in acht Ortsgruppen mit 28 Zellen und 99 Blöcken unterteilen. Die DAF zählte 1939 in ihren Ortswaltungen 9227 Mitglieder. Erst nach der Katastrophe von Stalingrad stagnierte der Mitgliederzuwachs. Am Ende der NS-Zeit war jeder achte oder neunte wahlberechtigte Kemptener Vollmitglied der NSDAP.

Mit einer geschickten Propaganda wirkte die NSDAP auf die Bevölkerung, die »Reihen fest zu schließen«. Sonnwendfeiern Ende Juni sollten vor allem die Jugendlichen begeistern. 1935 reisten zehn Kemptener mit der DAF bzw. mit der NS-Organisation ›Kraft durch Freude‹ nach Lissabon und Madeira. Auch die wirtschaftlichen Erfolge beeindruckten die Menschen. Bis Ende 1935 war die Zahl der Unterstützungsempfänger in der Arbeitslosenversicherung auf wenige Hundert gesunken[20]. Dem verstärkten Einfluß des Umlandes und Bezirks, wo die NSDAP 1933 eine absolute Mehrheit gewonnen hatte, trug Oberbürgermeister Merkt Rechnung, indem er seine Bauernpolitik weiter ausgestaltete. Dazu gehörte die Durchführung eines »Bauernthings«. Für den Wahlkreis saß der Kreisleiter von Kempten-Land, Georg Schädler, im Reichstag[21].

Die Kemptener erlebten die von den braunen Machthabern geförderte Militarisierung ebenfalls in der eigenen Stadt: Neben einem Bataillon des Infanterieregiments 91, das 1936 das Jägerbataillon abgelöst hatte, waren in Kempten 1939 eine SS-Standarte, ein SS-Sturmbann und ein SS-Reiter-Sturm stationiert[22].

Die NSDAP sorgte auch für eine kulturelle Aufwertung Kemptens und des Allgäus im Sinne der NS-Ideologie. Dazu gehörten die Pflege der Heimat, von Volks- und Brauchtum. Kreisleiter Brändle unterstützte Merkt in seinem Heimatgedanken und regte in seinem Heimatort Altusried volkstümliche Aufführungen der Freilichtbühne (Andreas-Hofer-Spiel) an, in denen er selbst vor prominenten Gästen die Hauptrolle übernahm.

Wirtschaftlicher Aufschwung, Wohnungsbau

Landwirtschaft und Industrie kamen 1934/35 allmählich aus der konjunkturellen Talsohle. In der Milchwirtschaft trat 1934 mit der Bildung eines Milchwirtschaftsverbandes Allgäu und einem Börsengebiet, das Bayerisch-Schwaben südlich der Donau einschließlich der Landkreise Landsberg und Schongau sowie Teile Württembergs umfaßte, eine bedeutende Neuerung ein. Aus der nationalsozialistischen Betonung des Bodens und der kleinstädtischen oder dörflichen Siedlungsweise konnten Bauern und Handwerker profitieren.

Die Firma Nestle-Hegge konnte 1937 ihr Angebot erweitern. Auch die Edelweiß-Milchwerke steigerten ihre Produktion.

Die Mechanische Baumwoll-Spinnerei und Weberei Kempten mußte nach anfänglichem Aufschwung (1934) in den Jahren 1935/36 Auftragsrückgänge hinnehmen. Erst seit 1937 stabilisierte sie sich wieder. Zu einem NS-Musterbetrieb wurde die Spinnerei und Weberei Kottern ausgebaut. Der Papier- und Verpackungsindustrie gelang seit etwa 1935 eine Expansion, wobei vor allem die Firma Heinrich Nicolaus GmbH Kempten mit der Herstellung von Faltschachteln zu erwähnen ist. In die Aufschwungphase fällt 1939 die Gründung des Röhrenwerks Kempten GmbH durch die Familie Biechteler. Bedeutsam war außerdem die Eingliederung von Immenstadt und anderen Elektrizitätswerken in das Allgäuer Überlandwerk. 1938 übernahm das AÜW das städtische Gaswerk. Nur die seit 1938 spürbar werdende Materialverknappung verhinderte den Ausbau der Kapazität. Im Dienstleistungsbereich ergab sich nur eine geringe Verschiebung zu günstigeren Verhältnissen. Insgesamt stabilisierten sich die verschiedenen Wirtschaftsbereiche. Doch machte der Kriegsausbruch eine kontinuierliche Fortentwicklung unmöglich[23].

Auch in der Wohnungspolitik gelangen Fortschritte. Die Gemeinnützige Baugenossenschaft Kempten GmbH hatte während der Weimarer Zeit 842 Wohnungen errichten können, doch suchten zu Anfang der NS-Zeit noch ca. 750 Familien nach einer neuen Wohnung. Nachdem die Nationalsozialisten gerade auf dem Gebiet des Wohnungsbaus sich engagieren wollten, kamen ihnen die Initiativen Merkts sehr entgegen. Bereits 1934 genehmigte die Stadt den Entwurf einer Siedlung mit zwölf Wohnungen in sechs Doppelhäusern, benannt nach dem schwäbischen Gauleiter Karl Wahl. 1935/36 wurde eine weitere kleine Siedlung mit 20 Häusern errichtet, die ihren Namen nach Ministerpräsident Siebert erhielt. Bis 1935/36 konnten insgesamt 253 neue Wohnungen fertiggestellt werden. 1936 organisierte Merkt zusammen mit Gauleiter Wahl die Kreishilfe für den Wohnungsbau im Gau Schwaben GmbH, die Baugelder zur Verfügung stellte. Doch reichten Merkt diese Initiativen nicht aus. Öffentlich klagte er über den »Stillstand, ja Rückschritt«. Dabei sah er sich zunehmend vom Reichserbhofgesetz beim Ankauf von Boden eingeengt. »Möge bald die Zeit kommen, da man solche Dinge als schlimme Unterlassungssünde ... erkennt«[24].

Judenverfolgung, Euthanasie

Mit Beginn des Dritten Reiches begann auch für die etwa 50 jüdischen Bürger Kemptens die Zeit der Unterdrückung und Verfolgung. Bereits wenige Tage nach der Reichstagswahl vom März 1933 verlangten Angehörige der SS von fünf Geschäftsinhabern die Schließung ihrer Läden. Die Stadtverwaltung, die auf die Wahrung von Ruhe und Ordnung bedacht war, ermunterte sie zwar zur Wiedereröffnung, doch traf der Boykott zumindest ein Geschäft so schwer, daß es geschlossen blieb. Andere litten unter den braunen Patrouillen, welche die Kunden abhielten oder einschüchterten. Den Zeitungsberichten zufolge ist die Boykottbewegung Anfang April in Kempten ruhig verlaufen. Die NS-Berichterstattung erlaubte freilich keine andere Meldung: Die jüdischen Geschäfte seien geschlossen gewesen, SA-Patrouillen hätten mit Transparenten vor dem Möbelhaus Merkur, Geschäften jüdischer Milch- und Käsehändler am Kornhausplatz, vor dem Einheitspreisgeschäft Wohlwert und dem Bekleidungshaus Hansa »demonstriert«. Kreisleiter Brändle

hielt die Bevölkerung an, »nur bei Deutschen zu kaufen«, als ob die Juden keine Deutschen gewesen wären. Den Bauern in der Tierzuchthalle machte er vor, daß Deutschland die jüdische Weltherrschaft brechen müsse. Wenigstens wies er seine Zuhörer an, keine Gewalt anzuwenden. Der städtische Finanzinspektor Bernhard Stirnweiß wurde aber öffentlich gerügt und vorläufig beurlaubt, weil seine Frau bei der jüdischen Firma Kohn eingekauft hatte. 1935 verlangte Brändle unter Androhung von Strafen eine Einheitsfront von Partei und Verwaltung gegen die Juden. In der Reichskristallnacht 1938 wurden jüdische Häuser und Wohnungen durchsucht, der Betsaal und der Friedhof blieben jedoch unangetastet. Bis 1939 wanderten 14 Juden aus, zwölf zogen weg, drei verstarben, so daß noch 21 Juden in der Stadt lebten. Im gleichen Jahr verlor die Kultusgemeinde den Status der öffentlich-rechtlichen Körperschaft und wurde zu einem eingetragenen Verein herabgesetzt. Zu den Unterzeichnern seiner Satzung gehörte auch Sigmund Ullmann, welcher der Kultusgemeinde seit 1914 vorgestanden hatte. 1929 wegen seiner jahrzehntelangen ehrenamtlichen Tätigkeit für die Stadt noch öffentlich belobigt, mußte er nun in der »Geschichte des Allgäus«, erschienen 1938, den entehrenden Satz von Rottenkolber lesen: »So hatten diese Leute [die Juden] es verstanden, sich auch im Allgäu breit zu machen zum Schaden und Nachteil der eingesessenen Bevölkerung«.
Seit 1941 mußten alle Juden in der Stadt den Davidstern tragen. Sie waren in einem gesonderten Haus untergebracht. Am 31. März 1942 wurden zehn der zwanzig noch in Kempten lebenden Juden nach München und drei Tage später weiter nach Piaski bei Lublin verschleppt. Merkt schrieb dazu in die Kriegschronik des Rathauses: »Gestern und heute früh stieg nun diese fürchterliche Judengeschichte. Politisch notwendig, militärisch notwendig, in einer Zeit, die völlig andere Wege geht. Hierzu kommt den Unteren ein Urteil nicht zu«. Nach Merkts Aufzeichnungen dachten nicht alle Kemptener so: »Die Leute sagen: Sie können doch nichts dafür, daß sie Juden sind; sie haben niemand etwas getan, sie sind alt und hilflos; warum muß das sein?« Viele Kemptener hatten die lokale Verfolgung der Juden anfangs wohl mitgetragen, nicht beachtet oder dabei weggesehen. Nun konnte ihre Empörung den Aktionen des Regimes keinen Einhalt mehr gebieten. Von den sechs Juden, die in Kempten zurückblieben – sie waren mit Angehörigen anderer Religionsgemeinschaften verheiratet –, wurden drei noch Anfang 1945 nach Theresienstadt transportiert. Nur drei erlebten in Kempten die Befreiung vom NS-Regime[25].
Seit 1934/35 waren in Schwaben die grauen Busse unterwegs, um Heil- und Pflegefälle zu Fahrten in den Tod abzuholen. Merkt hatte 1932 vor dem Kreistag Schwaben und Neuburg die Sterilisation von geistig und nervlich Kranken bejaht. Ob er jetzt auch die Euthanasie befürwortete, läßt sich nicht feststellen. Die Verantwortlichen des Kreises, zu denen Merkt gehörte, duldeten sie jedenfalls. Als 1941 fünf Mitglieder der Gemeinde St. Mang in Pflegeanstalten getötet wurden, protestierten Dekan Kornacher und eine Reihe Kemptener dagegen. Kornacher stellte fest, »daß dieser Tod aus rassischen, politischen und wirtschaftlichen Gründen erfolgte, ohne daß ein staatliches Gesetz vorlag [...]« Diese Maßnahmen widersprächen der christlichen Auffassung von der Heiligkeit und Unantastbarkeit des Lebens[26].

Merkts Entlassung

Seit Anfang des Krieges war die Stadt endgültig in den Sog der zentralistisch gelenkten Politik und Wirtschaft geraten. Zudem verlor Merkt die Unterstützung mächtiger Freunde. Der totalitäre Staat brauchte den Oberbürgermeister nicht mehr zum Machterhalt. Gauleiter Wahl bestimmte seinen 65. Geburtstag am 26. Juli 1942, um ihn »in Ehren« zu entlassen. Doch zuvor entzündete sich nochmals ein Konflikt um ihn. Merkt hatte öffentlich die Eingemeindung von Teilen St. Mangs für notwendig erklärt, um die zukünftige Industrie- und Wohnungspolitik zu gewährleisten. Als er mit dem Bürgermeister von St. Mang, Karl Reichle, die Eingemeindung bereits abgesprochen hatte, er außerdem Grund aus einem Erbhof ankaufte, meldete der Kreisleiter Kempten-Land, Georg Schädler, lautstark Protest an.

Beide suchten nach Unterstützung, Merkt im Bezirksverband, beim Reichsinnenminister und bei Esser, Schädler beim Gauleiter. Als dieser mit seinem Vermittlungsversuch scheiterte, ließ er Merkt fallen. Am 26. Juli 1942 wurde er wie vorgesehen »mit allen Ehren« und einem Danktelegramm des Gauleiters aus seinem Amt entlassen. Neuer Oberbürgermeister wurde der Parteifunktionär Brändle, der weder die vorgeschriebene juristische Ausbildung noch kommunalpolitische Erfahrung besaß. Allerdings konnte er sich auf eine gut eingespielte Bürokratie stützen. Doch diese hatte zunehmend nur noch den Mangel zu verwalten[27].

Die Stadt im Krieg

Mit Bedrückung nahmen die Kemptener den Ausbruch des Krieges mit Polen hin. Die ersten Soldaten waren bereits Ende August 1939 eingezogen worden. Wirtschaft und Gesellschaft wurden auf den Krieg eingestellt, für Lebensmittel, Kleider, Rauchwaren, Kohlen u. a. Karten ausgegeben. Doch vorerst hatte die Bevölkerung kaum unter Kriegseinwirkungen zu leiden. Angesichts der Blitzkriege fiel es noch leicht, die gefallenen Kemptener als Helden zu feiern.

Ein ziviler Luftschutz war eingerichtet, doch da in den ersten Kriegsjahren die feindlichen Flugzeuge höchstens Aufklärungsflüge unternahmen, verlief das städtische Leben weitgehend normal, sieht man von den Verdunklungsmaßnahmen ab. Im Herbst 1942 wurde Kempten zum ersten Mal bombardiert: Am 23. Oktober 1942 warfen anglo-amerikanische Flugzeuge 200 Brandbomben auf den Bahnhof Hegge. Der Fall von Stalingrad im Februar 1943 veränderte die Haltung der Bevölkerung. Die Zustimmung zu NS-Reich und Krieg nahm schnell ab.

Kempten und die benachbarten Gemeinden mußten wegen der Bedrohung der Großstädte durch Luftangriffe Teile der kriegswichtigen Firmen U. Sachse und Co. (Kugellager), BMW und Messerschmitt (Flugzeugteile) aufnehmen. Damit wurde die Stadt zusätzlich Ziel von Bombereinsätzen. Nach einem Luftkampf alliierter und deutscher Flugzeuge am 18. Juli 1944 südwestlich von Kempten, konnten die

Alliierten Kempten am nächsten Tag ungehindert angreifen. Sie bombardierten die Fabrikhallen, in denen die Fa. Messerschmitt untergebracht war, und Teile der Stadt. Einige Häuser wurden zerstört, 29 Menschen getötet. Am 3. August 1944 nahmen Bomber die Illerbrücken und die Spinnerei und Weberei zum Ziel. Wieder wurden Häuser zerstört, außerdem Teile des Klosters St. Anton, Menschen starben. Am 22. Februar sowie am 12. und 16. April 1945 flogen die Alliierten Angriffe auf das Bahnhofsgelände sowie die Wehrmachts- und Rüstungsanlagen[28].

In der Stadt war eine große Zahl von Fremdarbeitern untergebracht, darunter Belgier, Franzosen und Polen. Als sich im Landkreis 1943 ein polnischer Fremdarbeiter gegen seinen Dienstherrn wehrte, ließ die SS alle Polen antreten, erhängte den »Anführer« und zwang sie, an ihm vorbeizumarschieren. Ziel war, die Fremdarbeiter drastisch vor Aktionen gegen die einheimische Bevölkerung zu warnen.

In Kempten, Kottern und Weidach gab es Außenlager des Konzentrationslagers Dachau. Die Häftlinge arbeiteten in den Rüstungsfirmen. Ihre Lebensbedingungen waren trotzdem kaum anders als im Hauptlager, so daß viele dem Terror in den Lagern zum Opfer fielen. Im April 1945 befreiten die Siegermächte in und um Kempten über 4000 Fremdarbeiter und Häftlinge[29].

Am 27. April 1945 rückten amerikanische und französische Truppen in Kempten ein. Mutige Bürger konnten die untere Illerbrücke vor der Sprengung durch die Wehrmacht retten[30]. Brändle floh im Gewand eines Pfarrers, wurde aber etwas später verhaftet. Die Amerikaner nahmen am frühen Nachmittag Kempten in ihre Gewalt. Statt des geflüchteten Oberbürgermeisters übergab Rechtsrat Heinrich Zölch zusammen mit Max Leiderer als Vertreter des ranghöchsten Offiziers und Standortarztes, Dr. Gustav Bever, Kempten und die Lazarette, in denen etwa 3000 verwundete Soldaten lagen. Unter Führung von Captain Zimmermann nahm die Besatzungsmacht Kontakt zu den Kirchen, der Stadtverwaltung und verschiedenen Persönlichkeiten der Stadt auf.

1 Allg. Tagblatt 9 v. 12.1.1928; 174 v. 31.7.1930; Allg. Zeitung 71 v. 26.3.1928.

2 Allg. Tagblatt 284 v. 9.12.1929; Weitnauer, Merkt, S. 12f.; StadtA Kempten: NL Merkt, Erinnerungen 1928.

3 VB 22, Beilage zu S. 333.

4 VB 22, Beilage zu S. 333; Allg. Tagblatt 54 v. 6.3.1933; Allg. Zeitung 54 v. 6.3.1933.

5 Allg. Tagblatt 58 v. 10.3.1933; Weitnauer, Merkt, S. 12; Robert Wistrich: Wer was war im Dritten Reich, München 1983, S. 51.

6 HStAMünchen: MInn 80477; StadtA Kempten: NL Merkt, Politisches 1933–1937, Dr. Otto Merkt: Die Wahl vom 5. März 1933 und Kempten; HStAMünchen: MA 105476,

105480, 105256; Amtsgericht Kempten, Spruchkammer Kempten-Stadt, Spruchkammerakten Anton Brändle und Dr. Otto Merkt; Vgl. Ortwin Domröse: Der NS-Staat in Bayern von der Machtergreifung bis zum Röhm-Putsch, München 1974, S. 198f.

7 StadtA Kempten: NL Merkt, Erinnerungen 1933.

8 HStAMünchen: MInn 80447; StadtA Kempten: NL Merkt, Dr. Otto Merkt: Die Wahl vom 5. März 1933 und Kempten; Erinnerungen 1933.

9 Allg. Tagblatt 93 v. 22.4.1933; Allg. Zeitung 110 v. 12.5.1933.

10 StadtA Kempten: NL Merkt, Erinnerungen

1933; Politisches 1933–37; HStAMünchen: MA 105480; Amtsgericht Kempten, Spruchkammer Kempten-Stadt, Akten Anton Brändle und Dr. Otto Merkt.

11 Müller, Parteien, S. 47–52.

12 StAMünchen: LRA 30799; Kempter Mosaik 31 v. 31. 3. 1933; StadtA Kempten: NL Merkt, Erinnerungen 1933; StAMünchen: StAwa 7449; StadtA Kempten: 63/1.

13 StAMünchen: StAwa 7966; StadtA Kempten: NL Merkt, Kriegschronik des Rathauses 1939–1943.

14 Allg. Zeitung 143 v. 30. 6. 1933, 155 v. 8. 7. 1933, 157 v. 11. 7. 1933; Amtsgericht Kempten, Spruchkammer Kempten-Stadt, Akten F. X. Kämmerle und Dr. L. König; StadtA Kempten: NL Merkt, Dr. Otto Merkt: Die Wahl vom 5. März 1933 und Kempten.

15 Klosterchronik Engl. Institut; Helmut Witetschek (Hrsg.): Die kirchliche Lage in Bayern nach den Regierungspräsidentenberichten 1933–1943 III: Regierungsbezirk Schwaben, Mainz 1971, S. 16; PfarrAStL: Tagebuchblätter von unbek. Hand (Akten); Allg. Tagblatt 188 v. 20. 8. 1934, 251 v. 30. 10. 1936; StANeuburg: Kreisleitung Kempten-Stadt 1/9.

16 Sammlung Eberspacher und Befragungen Franz Wolf und F. X. Eberspacher 1983.

17 LKANürnberg: Dekanat Kempten, Bericht Kornachers über den Kirchenkampf in der Gemeinde Kempten im Herbst 1934 u. in den folg. Jahren v. 20. 6. 1937; Pfarrchronik 1929–1954; Witetschek, Kirchliche Lage, S. 138 u. 228; LKANürnberg: Dek. Kempten 486, 39; Klosterchronik St. Anton.

18 Allg. Zeitung 144 v. 30. 6. 1933; vgl. die Zeitung von Ende März 1933; Amtsgericht Kempten, Spruchkammer Kempten-Stadt, Akte Otto Oechelhäuser.

19 Ebd; Die Allgäuer Zeitung veröffentlichte bis Frühjahr 1934 Anzeigen des jüdischen Bekleidungshauses Hansa.

20 Allg. Tagblatt 193 v. 25. 8. 1934; StANeuburg: Gau Schwaben, Kreisleitung Kempten-Stadt 1/1; Allg. Tagblatt 102 v. 2. 5. 1935; 82 v. 7. 4. 1938; HStAMünchen: NSDAP/DAF; Amtsgericht Kempten, Spruchkammer Kempten-Stadt, Spruchkammerkartei; StANeuburg: SA-Standarte Kempten 1/12; Regierung 18180; Einwohnerbuch 1939 III, S. 2.

21 StANeuburg: Regierung 18180; HStAMünchen: MInn 80477, 80390.

22 Einwohnerbuch 1939 III, S. 2; StadtA Kempten: NSDAP; NL Merkt, Zwischen den Kriegen; Allg. Tagblatt 198 v. 29. 8. 1933.

23 StadtA Kempten: NL Merkt, Zwischen den Kriegen, Bauernpolitik; Herrmann, Kempten, S. 374–380; 75 Jahre Edelweiß-Milchwerke, Kempten o. J.; StadtA Kempten: Jahresberichte der Mech. Baumwollspinn- und weberei Kempten 1933–1939; 100 Jahre Gas – 50 Jahre Strom. Festschrift des Allgäuer Überlandwerkes GmbH, Kempten 1957; Otto Merkt: 10 Jahre Allgäuer Überlandwerk GmbH, Kempten 1930; 50 Jahre Allgäuer Überlandwerk GmbH (1. 1. 1920–31. 12. 1969), Kempten 1969.

24 StadtA Kempten: NL Merkt, Zwischen den Kriegen, Wohnungspolitik; Jahresberichte der Kreishilfe/Gauhilfe Wohnungsbau GmbH Schwaben (1936–1943); VB 22, S. 217–264; VB 26, S. 181–256; VB 25, S. 190–198, XI f.

25 Herrmann, Kempten, S. 329 f.; StadtA Kempten: 40/3/1; StANeuburg, NSDAP Gau Schwaben, Kreisleitung Kempten-Stadt 1/5; Personalakte Bernhard Stirnweiß; Allg. Tagblatt 195 v. 23. 8. 1935; StadtAKempten, 63/5; NL Merkt, Krs. 2; Kriegschronik des Rathauses 1939–1943; Rottenkolber, 19. Jahrhundert, S. 262.

26 Gernot Römer: Die Grauen Busse in Schwaben, Augsburg 1986; StadtA Kempten: NL Merkt, Drucksachen VI; PfarrAStM, Pfarrchronik 1929–1953.

27 HStAMünchen: MInn 80447; VB 26 (1939–1941), S. 3–9, 200 ff.; StadtA Kempten: 22/2; NL Merkt, Schädler gegen Merkt 1942.

28 StadtA Kempten: Sammlung Merkt, Das Allgäu 505; NL Merkt, Kriegschronik des Rathauses 1939–1943; Allg. Tagblatt v. 20. 7. 1944; Gerhard Wolfrum: Stadt und Landkreis Kempten in den letzten 20 Jahren. Ein Dokumentarbericht über die Nachkriegsgeschichte unserer Heimat von der Stunde Null bis heute. 38 Folgen v. 20. 10. 1965 bis 18. 3. 1966 im Allg. Tagblatt.

29 Archiv der KZ-Gedenkstätte Dachau, Außenkommando des KZ Dachau, Standmeldungen 3198; Gernot Römer: Für die Vergessenen, Augsburg 1984, S. 123–128, 136–164; L. Terrenoire: Sursitaires de la morte lente, Paris 1975. Hingerichtet wurden Stanislaw Czycz und Jan Piotr Kalicki; StadtAKempten, Fremdarbeiter; Befragung Otto Kohlhofer 1983.

30 StadtA Kempten: NL Merkt, Tagebuch 1945/46; Brückensprengung.

Tafel 57.1 *Regierungspräsident Hans Martini und Oberbürgermeister Dr. Georg Volkhardt (1948–1952) bei der Eröffnung der Allgäuer Festwoche 1951*

Tafel 57.2 *Zumsteinhaus am Residenzplatz, erbaut 1802, dort sind seit 1961 die Römische Sammlung Cambodunum und seit 1975 die Naturwissenschaftlichen Sammlungen untergebracht*

Tafel 58   Fünfter Allgäuer Katholikentag 11./12. Juli 1953 in Kempten

Tafel 59.1 Denkwürdiges Ereignis in der Kemptener Kirchengeschichte: Der katholische Prälat Johann Ev. Götz predigt in der evangelischen St. Mangkirche, Mai 1971

Tafel 59.2 Stadtpfarrer Pater Odilo, Kirchenrat Karl Nagengast und Prälat Götz bei einem ökumenischen Gottesdienst 1972 in der Lorenzkirche

Tafel 59.3 Koffer mit Thoraschmuck aus dem Besitz der ehemaligen jüdischen Kultusgemeinde Kempten, Allgäuer Heimatmuseum

Tafel 60.1   Plakate zur Oberbürgermeister-Wahl 1952, bei der sich August Fischer (CSU und Überparteiliche Wählergruppe) nach einer Stichwahl gegenüber Albert Wehr (SPD) durchsetzte.

Tafel 60.2   Eröffnung der neuen Illerbrücke 1952, links Ministerpräsident Dr. Wilhelm Hoegner und Oberbürgermeister August Fischer (1952–1970)

Die Zeit nach 1945

Herbert Müller

Militärverwaltung, Entnazifizierung

Am 30. April wurde Captain Hulin Webb Leiter der Militärregierung in der Stadt und einem Teil des Landkreises, während die Franzosen vorläufig den übrigen Teil verwalteten. Adolf Schmidt verhaftete in diesen Tagen in eigener Verantwortung Kemptener Nationalsozialisten. An der Spitze der befreiten Häftlinge in den KZ-Außenlagern verlangte er Mitwirkungsrechte bei der Neuordnung. Am 15. Mai ernannte ihn die Militärregierung zum Landrat. Im amerikanisch besetzten St. Mang hatte er auch seinen größten Anhang. Heinrich Zölch, Dr. Alfred Weitnauer und Fabrikant Karl Höfelmayr schlugen Merkt als kommissarischen Oberbürgermeister vor. Trotz verständlicher Vorbehalte übertrug ihm die Militärverwaltung am 24. Mai dieses Amt[1]. Sie schuf mit ihm allerdings ein Gegengewicht zum radikal orientierten Landrat Schmidt. Fast täglich mußte Merkt um 11 Uhr mit seiner Dolmetscherin Elisabeth Hartnig zum Rapport erscheinen[2]. Während Schmidt die Entnazifizierung im Landratsamt rigoros durchführte, wollte Merkt die Bürokratie mit den ihm bekannten, erfahrenen Verwaltungskräften erhalten. Er wehrte sich gegen die kategorischen Durchführungsbefehle der Militärregierung. Zusammen mit Landgerichtspräsident Rudolf Flach versuchte er, den Offizieren auseinanderzusetzen, daß Beamte unter dem Druck der Staatspartei NSDAP in besonderer Weise zur Anpassung gezwungen gewesen waren. Auch die Kirchen schalteten sich ein. Fast alle Beamten und Angestellten wurden jedoch suspendiert oder in niedrigere Stellungen versetzt. Merkt konnte wohl einen vorläufigen Stadtrat, Beirat genannt, aus Vertretern verschiedener Berufe zusammenstellen, er zerfiel jedoch schon bei der ersten Sitzung, als alle ehemaligen Mitglieder der NSDAP ausgeschlossen wurden. Merkt mußte verwaltungsfremde Persönlichkeiten zu Ressortleitern der Stadtverwaltung bestellen und wurde selbst, belobigt von der Militärregierung, am 21. Juli entlassen, in Arrest genommen und zuletzt in ein Internierungslager gebracht. Merkt hat auf seine Weise dazu beigetragen, ein Chaos zu verhindern. Er hat auch erste Maßnahmen zur Versorgung der Bevölkerung getroffen. Bis zum 3. August führte dann Alfred Weitnauer als 1. ehrenamtlicher Bürgermeister die Stadt. Ihm folgte Stadtkämmerer Bernhard Stirnweiß. Auch Elisabeth Hartnig, der Dolmetscherin, wurden einem Bürgermeister ähnliche Kompetenzen übertragen. Gleichwohl unterstanden alle der strengen Kontrolle des amerikanischen Verwaltungsoffiziers Benjamin M. Ziegler[3].

Neben Kommunisten meldeten auch Sozialdemokraten und Christdemokraten Anspruch auf Beteiligung in der Verwaltung an. Die Sozialdemokraten Johann Großmann, Anton Weinberger und Peter Kohlhund übernahmen das Arbeits-, Ernährungs- und Versorgungsamt, Paul Strenkert und Paul Wagner das Versicherungsamt und die Funktion des Rechtsrates. Wie sie zählte sich auch Stirnweiß zu den Christdemokraten. Die Kommunisten Gustav May und Thomas Schwarzmann leiteten die Passierscheinstelle bzw. das Wohnungsamt[4]. Die kategorische Entlassung im Rahmen der Entnazifizierung traf auch Landgerichtspräsident Flach, der wie kaum ein anderer aus beruflich-fachlichen und moralischen Gründen zur Durchführung der Entnazifizierung fähig gewesen wäre. Zum Vorsitzenden der im Herbst eingerichteten Spruchkammer berief die Besatzungsmacht Ernst Schneider, zum Öffentlichen Ankläger Gustav May. Zur Jahreswende 1946/47 nahm sie ihre Arbeit auf. Behandelt wurden in den Jahren 1946 bis 1949 über 3000 Fälle. Es gab fünf Einstufungsmöglichkeiten bzw. -kategorien: Hauptschuldige, Belastete, Minderbelastete, Mitläufer und Entlastete. Bald wurden jedoch auch Amnestiegesetze erlassen. Während anfangs ca. 460 Personen als Belastete galten, verringerte sich deren Zahl bis 1949 auf ca. 70. Von den anfangs 42 Hauptschuldigen waren es 1949 nur noch neun. Dies war nicht unbedingt Ausdruck von anfänglichen Fehleinstufungen, vielmehr wirkten sich die entlastenden Erklärungen deutscher Mitbürger, die sog. Persilscheine, und stärker noch der Wandel der amerikanischen Entnazifizierungsvorgaben zugunsten der Beschuldigten aus. Auch in Kempten entwickelte sich die Spruchkammer zu einer »Mitläuferfabrik«, die unter Vergangenheitsbewältigung ein eiliges Weißwaschen von braunen Flecken verstand[5].

Wiederbeginn des politischen Lebens: die Parteien

Da die Militärverwaltung die im Spätherbst 1945 in Kempten einsetzenden Neu- und Wiedergründungen der Parteien mit Reserviertheit betrachtete, verzögerte sich deren Lizenzierung. Anfang Dezember erlangten die Christliche Union, Ende des Monats die SPD und die KPD ihre Zulassung.

In der SPD wirkten führend Johann Großmann, Albert Wehr, Peter Kohlhund und Carl Diem. Aus der jungen Generation kamen Helmut Gerber und der Hauptschriftleiter der neugegründeten Lokalzeitung »Der Allgäuer«, Dr. Hans Frank, hinzu. Im Mai 1946 bildeten sie Ausschüsse für Jugend, Frauen, Bildung, Flüchtlinge und Kriegsgeschädigte. Wohl gewann die SPD schnell viele Mitglieder – Mitte 1947 waren es über 1800 –, aber deren aktive Teilnahme an der Parteiarbeit blieb eher gering. Überhaupt klagten die Parteien über die politische Apathie der Bevölkerung. Diese war mit ihren großen, allzu verständlichen Sorgen um Wohnung, Lebensmittel und Arbeit beschäftigt. In Rückbesinnung auf die Weimarer Tradition reorganisierten sich erst allmählich wieder Arbeitervereine, die Naturfreunde, die Arbeiterwohlfahrt, der Rad- und Motorfahrerverein Solidarität und der Volkschor.

Die Allgemeine Freie Gewerkschaft und der Bayerische Gewerkschaftsbund als
Vorläufer des Kreisverbandes des Deutschen Gewerkschaftsbundes traten als Ein-
heitsgewerkschaften an die Stelle der früheren Richtungsgewerkschaften. Sie orientierten sich nur teilweise an der SPD und zählten auch Christdemokraten und
Kommunisten zu ihren Mitgliedern[6].

Die mit der SPD zugelassene KPD verfehlte ihr Ziel, mit den Sozialdemokraten
eine Einheitsfront zu schaffen, weil diese ablehnten. KPD-Ortsgruppen entstanden
in Kempten, Kottern, Schelldorf und Neudorf. Ihre Mitgliederzahl bewegte sich
bei etwa 200 Personen; an die 30 bis 50 Mitglieder beteiligten sich aktiv. Führende
Funktionen behielt Adolf Schmidt. Vorstandsmitglieder waren Fritz Ehrmüller,
Emil Thanner, Emil Wirth und Albert May. Die Betreuungsstelle für politisch
Verfolgte entwickelte sich bald zu einer die KPD stützenden Organisation. Im
Zeichen des Kalten Krieges wurde die Partei ins politische Abseits gedrängt und
1956 verboten[7].

Die Christlich Soziale Union entwickelte sich schnell zur stärksten politischen
Kraft. In ihr kamen mit Franz Xaver Eberspacher als traditionsorientiertem Katholiken und Paul Strenkert aus der katholischen Arbeiterbewegung, der sich im poli-
tischen Bereich eher pragmatisch-interkonfessionell orientierte, zwei katholische
Strömungen zusammen. An der Gründung der zuerst Christliche Union genannten
Partei – die offizielle Gründungsversammlung fand am 12. Januar 1946 statt –
wirkten aber auch die evangelischen Bürger Jakob Digel und Carl Anhegger mit.
Die CSU errang bei den Wahlen des Jahres 1946 ihre ersten Siege. Mitte 1947 hatte
die Partei über 1800 Mitglieder. Im Mai 1947 wurde ein selbständiger Kreisverband
Kempten-Land eingerichtet, dessen Leitung F. X. Eberspacher und Georg Krug
übernahmen, den Kreisverband Kempten-Stadt führten Josef Dangelmaier und der
Heimatvertriebene Josef Renner.

Das Jahr 1948 bedeutete auch für die Kemptener CSU einen erheblichen Ein-
schnitt, da aufgrund von Konflikten in der Landes- und Bezirksorganisation die
Mitgliederzahl erheblich zurückging. Statt absoluter Mehrheiten wie bei den Wahlen des Jahres 1946 errang die Partei nur mehr knapp relative Mehrheiten vor den
Konkurrenten, der Bayern-Partei und der »Liste der Überparteilichen«. Erst Ende
der 1950er Jahre konnte die CSU ihre vormals dominante Stellung zurücker-
obern[8].

Die liberale Partei errang bei den Wahlen des Jahres 1946 nur wenige Stimmen.
Doch ermunterten die kleinen Erfolge Georg Birnstiel jun., für die Partei zu wer-
ben. Mitte 1947 gelang ihm die Gründung eines lokalen Kreisvereins der FDP. Die
Mitgliederzahl kam in den ersten Jahren über 60 Personen kaum hinaus[9].

Gegen die neuen Parteien gab es schon 1946 ein gewisses Protestpotential, das sich
zunächst in Stimmenthaltung niederschlug, dann aber in neue Parteien geleitet
wurde. Eine von ihnen war die Wirtschaftliche Aufbau-Vereinigung (WAV).
Kempten wurde vorübergehend zu einer Hochburg dieser von Alfred Loritz geführten Partei. Mit heftigen Konflikten machte sie auf sich aufmerksam. Nach
kometenhaften Erfolgen war sie bereits 1948 nahezu bedeutungslos. Viele Protest-

wähler zog die Bayern-Partei (BP) nach ihrer Gründung 1947 an. Bei den Wahlen von 1949 und Anfang der 1950er Jahre konnte sie die Erfolge der CSU von 1946 fast halbieren. Die BP blieb jedoch nur dritte Kraft hinter CSU und SPD. Vorsitzender der Partei war zeitweilig Ernst Schneider. Bis Ende der 1950er Jahre hob sich die Teilung des konservativen Lagers allmählich wieder auf[10].

Gleichzeitig erzielten die Wählergemeinschaften der Heimatvertriebenen Erfolge. Neben der SPD-nahen Wahlgemeinschaft der Flüchtlinge und Ausgewiesenen und der CSU-nahen Union der Ausgewiesenen/Vertriebenen (UdA/UdV) gab es eine überparteiliche Notgemeinschaft der Ausgewiesenen, Evakuierten, Ausgebombten, Körperbehinderten und Heimkehrer. Nach Aufhebung des Verbots separater Parteigründungen für Heimatvertriebene errang der Bund der Heimatvertriebenen und Entrechteten (BHE/BdH) besonders bei den Landtagswahlen der 1950er Jahre beträchtliche Erfolge[11].

Die Ergebnisse der Wahlen zur Verfassungsgebenden Landesversammlung, der Landtags-
und Bundestagswahlen (Zweitstimme) 1946–1987 (in Prozent der abgegebenen Stimmen)[13]

Jahr	Wahlbe-teili-gung	Parteien								
		CDU/CSU	SPD	FDP	WAV	KPD	BP	BHE/GDP	Die Grünen	Sonst.
VL 1946	76,0	55,1	22,1	1,2	18,3	3,3	–	–		–
L 1946	74,4	51,6	28,4	5,2	10,7	4,1	–	–		–
B 1949	77,2	29,5	22,9	11,2	8,9	5,0	22,5	–		–
L 1950	73,7	25,5	31,2	14,3	4,6	2,0	13,1	8,4		3,9
B 1953	83,5	53,0	21,3	7,0	–	1,2	8,5	6,3		2,7
L 1954	80,7	33,8	27,2	10,0		1,4	14,0	8,0		1,0
B 1957	85,9	54,8	25,6	8,1	–		4,0	6,1		1,4
L 1958	66,3	41,2	32,8	7,2			8,7	8,3		0,8
B 1961	84,3	42,0	34,9	13,2			–	3,0		2,7
L 1962	71,4	39,0	40,8	8,7			4,8	5,0		1,7
B 1965	83,8	45,9	38,2	11,4			–	–		4,5
L 1966	76,1	41,0	41,5	6,0			3,1			7,4
B 1969	82,7	48,0	38,4	6,1			1,0			6,5
L 1970	74,8	48,0	36,2	7,2			1,3			2,7
B 1972	89,1	47,4	42,4	8,7			–			0,8
L 1974	73,3	55,6	34,9	7,5			0,7			1,3
B 1976	87,8	53,0	37,3	8,8			–			0,9
L 1978	71,2	54,5	53,4	8,1			0,1		3,4	0,5
B 1980	85,3	50,8	36,9	10,0			0,1		1,8	0,5
L 1982	74,9	53,4	34,6	4,7			0,1		6,1	1,1
B 1983	85,2	54,7	32,4	6,9	Republ.		–	ÖDP	5,1	0,9
L 1986	64,1	52,5	27,1	4,4	4,9		0,4	2,0	7,9	0,8
B 1987	78,0	51,1	29,2	8,9			0,5	1,1	8,0	1,2

VL = Wahl zur Verfassungsgebenden Landesversammlung
L   = Landtagswahl
B   = Bundestagswahl

Zu den Protestgruppierungen zählte anfangs die »Liste der Überparteilichen« (ÜP). Sie verstand sich als Sammlung bürgerlicher Persönlichkeiten mit dem Ziel, die Stadtverwaltung zu stärken und lokale Interessen geltend zu machen. In einer angeheizten Stimmung bei den Stadtratswahlen 1948 errang sie eine relative Mehrheit der Stimmen und schlug somit die CSU. Aber auch bei den folgenden Stadtratswahlen gewann sie wenigstens so viele Stimmen und Sitze, daß ihre kommunale Stellung anerkannt blieb. Nach 1953/54 nahm allerdings auch in Kempten die Konzentration des seit 1948 erheblich zersplitterten Parteiensystems auf wenige Parteien zu[12].

Kommunale Selbstverantwortung

Die von der Militärregierung geforderte Vorherrschaft der Verwaltung verlor nach dem Ausscheiden ihres Kommandanten Benjamin M. Ziegler, für den der deutschfreundlichere Richard F. Wagner nachrückte, und nach den Stadtratswahlen vom Mai 1946 an Gewicht. Stattdessen wurde die Selbstregierung der Bürgerschaft gestärkt, obschon Stirnweiß bis in den Herbst die Stadtverwaltung als kommissarischer Bürgermeister weiterführte. Erst nach längeren Verhandlungen gelang es dem Stadtrat (im wesentlichen auf Initiative Paul Strenkerts), Rechtsanwalt Dr. Anton Götz aus München für das Oberbürgermeisteramt zu gewinnen. Götz war unbelastet, hatte in der Weimarer Zeit der BVP nahegestanden, verfügte aber über keine kommunalpolitische Erfahrung. Die vorläufige Gemeindeordnung sah andererseits den Stadtrat als regierendes, das heißt einzig maßgebendes, den Oberbürgermeister lediglich als ausführendes Organ vor. Nur in dieser Funktion wollte Götz denn auch wirken. Am 23. August 1946 wurde er im Stadtrat von der CSU-Mehrheit zum Oberbürgermeister, Albert Wehr (SPD) mit allen Stimmen zum Bürgermeister gewählt. Zum erstenmal war somit ein Sozialdemokrat Bürgermeister der Stadt. Stadtrat, beide Bürgermeister und Bürokratie sahen sich vor einer Flut von Aufgaben: Lebensmittelversorgung, soziale Fürsorge für bedürftige Menschen, dauernde Neuaufteilung des vorhandenen Wohnraumes an Altbürger, Heimatvertriebene und Displaced Persons, Befolgung der amerikanischen Richtlinien und selbständiger Wiederbeginn kommunaler Aktivitäten belasteten die engagierten Persönlichkeiten oft über ihre Kräfte hinaus. Dabei verfügte die Selbstverwaltung kaum mehr über eingearbeitete Fachleute.

Nach eineinhalb Jahren meist stiller Arbeit gerieten der Stadtrat und Oberbürgermeister Götz zunehmend in die Kritik der Öffentlichkeit. Deren Wortführer war der Hauptschriftleiter der Lokalzeitung »Der Allgäuer«. Beklagt wurde z. B. die mangelnde Beheizung der Schulen während des Winters. Im Zusammenhang mit einer großen amerikanischen Wohnungsbeschlagnahme im Frühjahr 1948 gipfelte die Auseinandersetzung in einer Stadtratskrise. Die kurz darauf stattfindenden Gemeindewahlen brachten der CSU und Oberbürgermeister Götz große Stimmenverluste[14]. Die Bürger wählten einen Stadtrat, der sich wieder stärker an bürgerlichen und kommunalen Interessen orientierte, vor allem an denen der lokalen Wirtschaft. Nachfolger von Götz wurde der vormalige Kaufbeurer Oberbürgermeister Dr. Georg Volkhardt. Er zeigte in den nächsten vier Jahren Führungsqualitäten, reorganisierte die Bürokratie und rief zusammen mit Bürgermeister Albert Wehr und weiteren Persönlichkeiten die »Allgäuer Festwoche« ins Leben[15].

Die Stadtverwaltung litt in den ersten beiden Nachkriegsjahren wegen der Entnazifizierung an einem Mangel an Fachkräften. Da die Probleme drängten und die amerikanische Entnazifizierungspolitik sich wandelte, konnten viele Mitläufer des NS-Systems in die Bürokratie zurückkehren. In der gleichen Zeit schieden jedoch Verfolgte des NS-Regimes aus.

»Der Allgäuer«

Die Lizenz Nr. 11 der Militärregierung Deutschland/Nachrichtenkontrolle gab Dr. Caspar Rathgeb und Dr. Johann C. Falk am 13. Dezember 1945 die Möglichkeit, die unabhängige Heimatzeitung »Der Allgäuer« herauszugeben. Das Blatt berichtete in seiner ersten Ausgabe von Finanz- und Wirtschaftsplänen für den Wiederaufbau und schrieb über »Die Brücke von der Diktatur zur Demokratie«. Die Zeitung, die Kempten, Füssen, Kaufbeuren, Marktoberdorf, Memmingen und Sonthofen als Verbreitungsgebiet hatte, erschien in einer vorläufigen Auflagenstärke von 61000 zweimal wöchentlich.

Technik und Vertrieb konnten auf Maschinen, Agenturen und Zeitungsträgerinnen des Allgäuer Tagblatts zurückgreifen. Rollenpapier stellte die Besatzungsmacht kontingentiert zur Verfügung, die übrigen Betriebsstoffe waren schwerer zu erwerben. Seit März 1946 teilten sich Rathgeb und Falk die Arbeit. Jener übernahm die Verlegerschaft, dieser fungierte als Hauptschriftleiter. Die Zeitung blieb unter strenger Kontrolle der Besatzungsmacht, die nicht kritisiert werden durfte. Wiederholt beanstandete der zuständige Press Control Officer einzelne Artikel der Zeitung. Falk kam den Intentionen der Militärregierung, die anfangs die SPD favorisierte, eher nach als Rathgeb, der sich katholischen und agrarisch-ländlichen Interessen verpflichtet fühlte[16].

Vor den Stadtratswahlen im Mai 1948 verschärften sich die Differenzen. Falk hatte die »Liste der Überparteilichen« mitinitiiert, für die sich auch Mitarbeiter der Zeitung einsetzten. Rathgeb sprach daraufhin Entlassungen aus, die er allerdings wieder zurücknehmen mußte.

Im September 1948 wurden die Lizensierungsvorschriften gelockert. Die Papierversorgung verbesserte sich. Die verschiedenen Lokalausgaben erhielten jeweils eigene Zeitungsköpfe. Von 1953 an konnte »Der Allgäuer« täglich erscheinen. Er bemühte sich, den verschiedenen Bevölkerungsschichten und Interessen entgegenzukommen und somit die Pluralität der Kemptener Blätter in der Weimarer Zeit zu ersetzen. So konnten die Kemptener 1949 erstmals die Beilagen »Allgäuer Milchwirtschaft«, »Allgäuer Festwoche« und die »Stimme der Heimatvertriebenen« lesen[17]. Als sich

Abb. 1: Plakat der ersten Allgäuer Festwoche 1949 von Kunstmaler Franz Weiss.

1964 die beiden Herausgeber Falk und Rathgeb als Kontrahenten trennten, spaltete sich auch »Der Allgäuer« in die »Allgäuer Zeitung« und das »Allgäuer Tagblatt«. Nach dem Ausscheiden der jeweiligen Zeitungsgesellschafter aus dem »Allgäuer Heimatverlag« übernahm Georg Fürst von Waldburg Zeil vorübergehend die Verantwortung für beide Zeitungen. Aus dem Zusammenschluß mit dem Verleger der »Augsburger Allgemeinen«, Curt Frenzel, ging schließlich 1968 die »Allgäuer Zeitung« hervor, die in Kempten gedruckt wird[18].

Die Heimatvertriebenen

Nachdem schon 1945 einige Hundert Flüchtlinge nach Kempten gekommen waren und die bayerische Flüchtlingsverwaltung Anfang 1946 Willy Bruchhausen als Flüchtlingskommissar eingesetzt hatte, rollte am 27. März 1946 ein erster großer Transport mit Heimatvertriebenen aus dem Sudetengebiet in den Bahnhof ein. Danach strömten die Heimatvertriebenen in mehreren Phasen in die vom Krieg »nur« zu 1,8 Prozent zerstörte Stadt. Bis Mitte 1947 kamen an die 5000 ausgewiesene Menschen, vorwiegend aus dem Sudetenland, aus Schlesien und Westpreußen. Anfang 1950 zählte Kempten zirka 9700 Vertriebene. Jeder fünfte Einwohner gehörte zu ihnen.

Anders als die meisten eingesessenen Kemptener mußten die Heimatvertriebenen erst eine Wohnung finden. Dann drückte sie wie die Altbürger die Sorge um Lebensmittel, eine Arbeitsstelle, Kleidung und Brennstoffe. Ihre große Not sahen auch die Einheimischen, doch waren viele nicht bereit, nach den entbehrungsreichen langen Kriegsjahren mit den Heimatvertriebenen zu teilen. Dabei waren diese nur eine von mehreren Gruppen, die in Kempten um Unterbringung und Unterhalt nachsuchten. Da waren noch Verschleppte (Displaced Persons), Verfolgte des NS-Regimes, kinderreiche Familien und alte Menschen. Flüchtlingsstatus, Flüchtlingsamt, Flüchtlingsausweis sowie der Konflikt zwischen Assimilation und Selbstbehauptung blieben noch lange wichtig im Leben der Heimatvertriebenen.

Den Erfolg des Überlebenswillens beweisen 192 Flüchtlingsbetriebe, die es 1948 gab. Sie stärkten vor allem den handwerklichen Bereich und wirkten kräftig am lokalen wirtschaftlichen Aufschwung mit. Im gesellschaftlichen Bereich halfen die Kirchen den Heimatvertriebenen, Anschluß an die Gemeinden zu finden[19]. Auch die Parteien bemühten sich um sie, hofften sie doch, in ihnen Wähler zu finden. Die Fürsorge jedoch ging über das bloße politische Kalkül hinaus. Anfangs schienen die Heimatvertriebenen sich eher an der SPD zu orientieren, doch dann unterstützten sie zu einem größeren Teil die CSU. 1948 errangen sie über verschiedene Listen sechs der 32 Stadtratssitze, was ihrem prozentualen Anteil an der Kemptener

Abb. 2: Titelseite der ersten Tageszeitung nach Kriegsende: »Der Allgäuer« vom 13. Dezember 1945
In der rechten Spalte (»Die Brücke ...«) eine Abrechnung mit dem NS-Regime, in der Mitte (»Unser Gelöbnis ...«) Programm und Zielsetzung der neuen Zeitung.   ▷

Der Allgäuer

Heimatzeitung für die Städte und Landkreise
Kempten, Memmingen, Kaufbeuren, Markt Oberdorf, Füssen, Immenstadt und Sonthofen

Jahrgang 1 / Nummer 1 — Lizenz Nr. 1 der Nachrichtenkontrolle der Militär-Regierung Ost — Donnerstag, 13. Dezember 1945

Tagung des süddeutschen Länderrates

Neue wichtige Beschlüsse / Hauptausschuß für Wirtschaft gebildet

Frankfurt a. M., (Dana-Bericht.)

Auf der dritten Tagung des Länderrats der amerikanischen Zone wurde eine Reihe wichtiger Probleme erörtert. Die Versammlung fand unter dem Vorsitz des württembergischen Ministerpräsidenten Dr. Reinhold Maier am Dienstag in Stuttgart statt.

General Mac Narney

der Nachfolger General Eisenhowers, General Adcok, Chef der Militärregierung in Frankfurt, und General Clay nahmen an der Versammlung teil. General Mac Narney und General Clay hielten Ansprachen, in denen die Bedeutung der Tagung betont wurde.

Für Verschiebung der Gemeindewahlen

Einen Hauptpunkt der Besprechungen bildete die Frage der Verschiebung der Gemeindewahlen, welche für den Januar anberaumt sind. Der Ministerpräsident von Groß-Hessen, Dr. Geiler, schlug diese Verschiebung mit dem Hinweis darauf vor, daß die Vorbereitungen, vor allem eine sorgfältige Aufstellung der Wählerlisten, in so kurzer Zeit nicht zu bewältigen seien. Dem Vorschlag, den Aufschub der Wahlen auf Mitte März oder Anfang April anzuregen, schlossen sich die Ministerpräsidenten von Bayern und Württemberg an.

Die Säuberung von Nazis

In einer anderen wichtigen Frage, der Säuberung der verantwortlichen Stellen von Nazis, vertrat der Länderrat die Auffassung, daß eine einheitliche Durchführung für die ganze amerikanische Zone geboten sei, und daß das Einspruchsverfahren auch auf entlassene Beamte ausgedehnt werden soll. Staatsekretär Dr. Pfeiffer, München, berichtete über einen

bayerischen Gesetzentwurf

in dieser Frage. Dieser Entwurf wurde als geeignete Grundlage einer einheitlichen Lösung in der amerikanischen Zone anerkannt.

In der Aussprache wurde die eminente politische Bedeutung des Problems hervorgehoben. Eine strenge, aber gerechte Lösung sei notwendig und eine individuelle Nachprüfung der Fälle von nur nomineller Zugehörigkeit zur Nazi-Partei sei dringend geboten. Die Militärregierung verlange, daß von deutscher Seite Vorschläge über die zweckmäßigste Art der Lösung gemacht werden.

In Württemberg, so wurde mitgeteilt, ist die Säuberung nach den Bestimmungen der Militärregierung durchgeführt worden. Beamte, gegen die nach erneuter Prüfung kein Einwand besteht, sollten jedoch nach württembergischer Auffassung wieder in den Dienst aufgenommen werden. Bei der Wirtschaft ist eine individuelle Prüfung bereits zulässig. Die innerpolitische Bedeutung der Frage erhellt aus der Mitteilung, daß mittelbar oder unmittelbar

in Bayern zwei Drittel der Bevölkerung von der Säuberungsaktion betroffen

sind. Zu den bisherigen Ausschüssen des Länderrats ist ein Hauptausschuß für Wirtschaft, Industrie und Handel hinzugekommen, ein Ausschuß für das Finanzwesen ist vorgesehen.

Weitere Anträge der Ausschüsse, die dem Länderrat vorgelegt wurden, beziehen sich auf die Zuckerzuteilung für Weihnachten, auf Freigabe ungarischer Flüchtlingspferde in Bayern, auf den Ankauf von Gespanntieren und auf Zuweisung von Kohlen an Düngemittelfabriken.

Vom 1. Januar 1946 ab, so wurde ferner mitgeteilt, geht die Ueberwachung der Eisenbahnen von der Armee auf die Militärregierung über. Ab 1. Dezember 1945 ist die Bahn finanziell selbständig geworden.

Eine weitere wichtige Mitteilung betraf die Energie-Wirtschaft:

Die Inn-Kraftwerke in Bayern müssen nach Weisung des Kontrollrates eine Million Kilowattstunden täglich nach Wien abgeben. Berichterstatter Ministerialdirektor Goebler erklärte, Bayern und Württemberg würden wegen Erschöpfung des Walchensees in Kürze ohne Strom sein, falls diese Weisung nicht rückgängig gemacht würde.

Gemeinsame Regelung der Finanzfragen

Ein Antrag, daß die Finanzfragen im Zusammenwirken mit dem zuständigen Offizier der Militärregierung in Berlin als ein umfassendes Finanzproblem für das gesamte Westgebiet gelöst werden sollen, wurde angenommen. Auch in der Frage der

Steuererleichterungen

für die durch die Nürnberger Gesetze Geschädigten, sowie für KZ.-Häftlinge und durch Luftangriffe Schwergeschädigte werden die Länder der amerikanischen Zone gemeinsam vorgehen.

Es wurde auf die dringende Notwendigkeit hingewiesen, die Polizei in die Lage zu versetzen, gegen Plünderer tatkräftig vorzugehen, und es wurde als wünschenswert bezeichnet, sich unmittelbar an einen zuständigen amerikanischen Offizier zu wenden.

*

Sozialdemokrat als neuer Generalsekretär

Als Generalsekretär des Länderrats wurde der frühere Reichstagsabgeordnete und Direktor im Hauptversorgungsamt Württemberg, Erich Roßmann, berufen.

Roßmann steht im 62. Lebensjahr und stammt aus Thüringen. Er gehörte der Sozialdemokratischen Partei an, tat sich in der Gewerkschaftsbewegung hervor und hat Vorbildliches für die Opfer des ersten Weltkrieges, für Kriegsverletzte und Hinterbliebene von Kriegsteilnehmern geleistet. 1933 kam er in das Konzentrationslager auf dem Heuberg und 1944 im Zusammenhang mit dem 20. Juli nach Oranienburg ins KZ.

Unser Gelöbnis zum Arbeitsbeginn!

Nach zwölf Jahren wahnsinniger Nazi-Herrschaft erscheint zum ersten Mal im Allgäu und seiner Hauptstadt Kempten wieder eine freie deutsche Zeitung unter dem Namen „Der Allgäuer". Sie will in erster Linie eine gute Heimatzeitung sein, wird aber darüber hinaus auch über wichtige Vorhaben und Ereignisse in aller Welt sorgfältig berichten.

„Der Allgäuer" ist eine völlig unabhängige demokratische Zeitung, die keiner Behörde und keiner Regierung verpflichtet ist und die nur der Wahrheit dient.

In einer Zeit der größten Not haben sich in der Redaktions- und Verlagsleitung Männer verschiedener politischer Richtung einträchtig zusammengefunden, um in gemeinsamer Arbeit mitzuhelfen bei der notwendigen Entgiftung der politischen Atmosphäre in unserem Vaterland und mitzuwirken bei der geistigen und seelischen Erneuerung des Volkes. Niemandem zum Schaden und niemandem zum Nutzen, wollen wir unseren Lesern überparteilich berichten.

Wir wollen allen denen ein Fürsprecher und Mittler sein, die guten ehrlichen Willens sind und die mit uns an eine bessere Zukunft in einem demokratischen neuen Deutschland glauben. Umso schonungsloser brandmarken wir diejenigen, die unser Vaterland in das größte Unglück seiner Geschichte gestürzt haben und solche, die ihre unbelehrbaren Nachfolger sein sollten.

„Der Allgäuer" kann vorläufig nur zweimal wöchentlich, am Dienstag und Freitag, erscheinen. Wir hoffen aber, in absehbarer Zeit bereits täglich unseren Lesern ihre Heimatzeitung liefern zu können.

Redaktion und Verlag.

Währungs- und Finanzpläne

Vorschläge deutscher Fachleute

Frankfurt, 12. Dezember. (Dana.)

Zum ersten Mal fand unlängst in Frankfurt eine Konferenz über deutsche Währungs- und Finanzfragen statt, an der der Großhessische Ministerpräsdent Dr. Geiler, die Wirtschafts- und Finanzminister von Bayern und Großhessen und ein Vertreter des amerikanischen Hauptquartiers teilnahm. Die Konferenz dauerte mehrere Tage.

Zu den Besprechungen fanden sich Fachleute aller deutschen Zonen — Praktiker und Wissenschaftler — zusammen, um an Aufgaben heranzugehen, die das gesamte deutsche Volk betreffen und nur von einer zentralen Stelle gelöst werden können.

Unter den aktuellen Fragen der Wirtschaft, die für alle Zonen einheitlich geregelt werden sollten, war das grundlegende

Problem des Kaufkraftüberhangs,

zu dessen Beseitigung in letzter Zeit von Fachleuten des Finanz- und Wirtschaftslebens verschiedene Pläne ausgearbeitet wurden.

Es war nicht Zweck der Zusammenkunft, einen sofort praktisch wirksamen Währungs- und Finanzplan festzustellen, vielmehr wurde die Grundlage für weitere Arbeit gelegt; kleinere Ausschüsse wurden gebildet, die sich mit einzelnen Wirtschaftsplänen befassen werden. Der Tagung lagen zehn Vorschläge zur Sanierung der öffentlichen Finanzen vor, von denen der des großhessischen Finanzministers Dr. Wilhelm Mattes und der von Dr. Walter Hoffmann, Hapag-Hamburg, die meiste Beachtung fand. Neben reinen Steuermaßnahmen standen weitere Vorschläge zur

Blockierung der Vermögen und Herabsetzung des Nominalwertes

zur Beratung. Die einheitlichen Vorschläge sollen nach ihrer Fertigstellung an die Besatzungsmächte weitergeleitet werden.

An der Tagung nahmen unter anderem auch Professor Dr. Adolf Weber von der Universität München, Dr. Wilh. Biber, Bayerische Vereinsbank München, Landesdirektor Dr. Paul Binder vom Finanzministerium Tübingen und Dr. Hans Ilau von der Handelskammer Frankfurt teil.

Reichsminister a. D. Professor Dr. Anton Fehr hat sich auf Ersuchen des bayerischen Staatsministers für Landwirtschaft, Dr. Baumgartner, bereit erklärt, die Leitung der bayerischen Milchwirtschaft ehrenamtlich zu übernehmen.

Flüchtlingsstrom nach Süddeutschland

Stuttgart, 10. Dezember. (Dana.)

Die Hälfte der zwei Millionen deutscher Flüchtlinge aus Ungarn und der Tschechoslowakei für die amerikanische Zone wird in Bayern untergebracht werden; 27 Prozent in Württemberg-Baden und 23 Prozent in Großhessen. Die ersten 200 000 Flüchtlinge werden im Dezember in der amerikanischen Zone eintreffen. In sieben Monaten wird die ganze Umsiedlung durchgeführt sein. Im Januar sollen 100 000, im Februar 100 000, im März 200 000, im April 400 000, im Mai 400 000, im Juni 400 000 und im Juli 200 000 Flüchtlinge eintreffen.

In der amerikanischen Zone lebt bereits eine Million Deutscher aus anderen Landesteilen. Mit den neu hinzukommenden Flüchtlingen wird die Bevölkerungszahl demnach die von 1939 um 3 Millionen übersteigen.

Die Brücke

von der Diktatur zur Demokratie

Als nach dem ersten Weltkriege die Propagandagrößen des Nazitums, Hitler und Rosenberg, starteten und mehr und mehr ungehemmt durch das allzu liberale System des Herrn von Kahr ihre Wühlarbeit zu entfalten begannen, da kamen auch die damals rasch berüchtigten und in ihrer Auswirkung so unheilvollen Schlagworte von der notwendigen Klärung der innerpolitischen Fronten heraus. Die romfeindlichen, asozialistischen und nicht weniger reaktionären Kreise des deutschen Volkes wurden in den folgenden Jahren durch Wellen von Massenversammlungen wie im Fluge von dem Nazigift infiziert. Der einst in aller Welt berühmte deutsche Idealismus mußte dem Idol des Hitlerischen krassen Materialismus weichen, die deutsche Objektivität wurde von den gierigen politischen Spekulanten verlacht und an seine Stelle das gefährliche Monstrum eines schrankenlosen Subjektivismus gesetzt. Und kein Wunder angesichts der offensichtlichen Zielsetzung in „Mein Kampf" und im „Mythus des XX. Jahrhunderts", der Ruhm des deutschen Volks als humanitäre Nation erfuhr eine Umprägung von weltpolitischer Tragweite.

Hitlers verlogene Schlagworte

Deutschland als Herz Europas und mit als Wiege der Menschheitskultur wurde fortan von den Nazidämonen und den ihnen hörigen und bereits nach Rüstungsprofiten gierig leckenden Großkapitalisten höchst unheilvolle Wege geführt. Berauscht von den mehr gerühmten als großen Leit- und Schlagworten jener Gründungszeit des Nazitums und bezaubert von den grundverlogenen Märchen vom Dolchstoß und von der ungeschlagenen deutschen Armee nahmen sich die Nazisten und Militaristen das Recht zur Feme. Die junge deutsche Republik war diesen, den äußersten Terror offen propagierenden Elementen in keiner Weise gewachsen. Wohl horchte das Volk und die weite Welt auf bei der Kunde von den ersten Schandtaten dieser Terroristengruppen, doch in Deutschland beeilten sich die Nazikreise, die Mordbuben in ein patriotisches Mäntelchen zu hüllen.

Hitler begann die deutsche Nation vor den Augen aller Welt zu bestialisieren. Rathenau und Erzberger, von den Nazis als die in den kommenden Auseinandersetzungen richtig erkannten Führer der deutschen Republikaner, wurden hingemordet. Nun war die Saalschlacht halb gewonnen. Der ehrliche Kampf Brünings um die Erhaltung der deutschen Republik scheiterte an der Vergreisung Hindenburgs.

Die „germanische" Freiheit

Hitler kam und riß nach dem Ermächtigungsgesetz die Tore der "germanischen Freiheit" weit auf. Gleich apokalyptischen Reitern jagen die Epochen der Entwicklung nun daher, erfüllen sich die Verheißungen des Dritten Reiches in einer Dämonie sondergleichen. Eine in der Menscheitsgeschichte maßlos große, eine ungeheure Tragödie, tut sich uns bei einer kurzen Rückschau auf. Im Schlagschatten des grell angestrahlten Götzenbildes vom tausendjährigen Reich öffnen sich die Pforten der Hölle von Dachau, ersteht der Pfuhl der Röhm-Liquidierung; Hitler, der Köpferoller, wird oberster Richter, die SS beginnt zu wüten, Hitler läßt Dollfuß ermorden und reißt Oesterreich und die Tschechoslowakei an sich.

Hunderttausende in Deutschland schreien zum Himmel um Hilfe, die ihnen auf der Erde versagt scheint. Hitlers Blutmühle des 2. Weltkrieges läuft an, daneben rauchen die Gaskammern in Auschwitz, toben die Sondergerichte, der Wahnsinn von Belsen enthüllt sich, Stalingrad ersteht als Menetekel, die Invasion steht an — der Abgrund springt auf unter Blitzen und Donnergetöse.

Hitlers Erbe: Das Chaos

Niemals in seiner über tausendjährigen Geschichte ist Deutschland so tief gestürzt worden wie durch Hitler. Was sind alle Schreckensbilder einer Danteschen Höllenschau gegen diese endlosen Angstschauer, Schreckensqualen und Todesgrauen eines 60-Millionenvolkes? Wird dieses, alle Begriffe der Tragik höllentief überbietende Verderben der Nation je so geschildert werden können, wie es Millionen von Menschen ent-

Bevölkerung recht genau entsprach. Bis in die 1970er Jahre hatten die Heimatvertriebenen eigene Vertreter im Stadtrat.

Während ihre Integration im wirtschaftlichen und politischen Bereich bis Mitte/Ende der 1960er Jahre gelang, verzögerte sich ihre Assimilation im kulturellen und gesellschaftlichen Leben. Anfang 1948 gründeten die Egerländer eine eigene Landsmannschaft. Bald folgten ihnen die Ost- und Westpreußen nach. Die 1949 ins Leben gerufene Sudetendeutsche Landsmannschaft sammelte in Stadt und Landkreis Heimatvertriebene. Nach 1950 nahm Kempten auch eine Reihe von Flüchtlingen aus der Ostzone/DDR auf[20].

Die Kirchen in der Nachkriegszeit

Angesichts des Zusammenbruchs von Nationalsozialismus und Drittem Reich gewannen katholische und evangelische Kirche bei Ende des Zweiten Weltkrieges unter den Gläubigen und im öffentlichen Leben ganz erheblich an Ansehen. Beide Kirchen stellten sich gegen manche Entnazifizierungsmaßnahme und schalteten sich auch bei Stellenbesetzungen ein. Hinsichtlich der aktuellen Notlage von Altbürgern und Heimatvertriebenen fielen den Kirchen wichtige karitative und soziale Aufgaben zu. Ein Beispiel stellt das Wohnungsbauprogramm der katholischen Kirche »Christenvolk baut auf« dar.

Oberbürgermeister Götz hielt engen Kontakt zur katholischen Kirche. Im 1946 gewählten Stadtrat saßen nach Meinung vieler Bürger zu wenige evangelische Vertreter, was sie 1948 mit der Wahl des evangelischen Oberbürgermeisters Volkardt zu ändern wußten. In den Stadträten der folgenden Wahlperioden traten konfessionelle Aspekte jedoch schrittweise zurück.

Die konfessionellen Vereine erhielten in der Nachkriegszeit wieder großen Einfluß. Von Bedeutung waren die Arbeitsgemeinschaft der katholischen Vereine und der evangelische Gemeindeverein. Beide Kirchen entwickelten sich kontinuierlich mit dem Wachstum der Bevölkerung und mit der Eingemeindung neuer Pfarreien. Kempten ist Mittelpunkt eines katholischen Dekanats und einer Diözesanregion, denen der Stadtpfarrer von St. Lorenz vorsteht. Die evangelische Kirche hat in der Pfarrei St. Mang den Mittelpunkt ihres Dekanats. Mitte der 1970er Jahre gehörten der katholischen Kirche 70 Prozent, der evangelischen 18 Prozent der Kemptener an[21].

Stadterweiterung

Im Verwaltungsbericht der Stadt von 1933/35 stellte Merkt fest, daß die Eingemeindungsfrage »die Frage der Zukunft unserer Stadt« sei. Vor allem wirtschaftliche Gründe sprächen für den Anschluß von St. Mang und St. Lorenz an die Stadt Kempten. Aus historischer Sicht sei der Anschluß eine Wiedervereinigung, nachdem 1818 die Pfarrsprengel der altstädtischen St. Mang-Kirche und der neustädtischen St. Lorenz-Kirche aus finanziellen Gründen von der Stadt abgeschnitten worden seien. Kempten brauche endlich Raum zur Entwicklung.

Schon zwischen 1912 und 1914 sowie zwischen 1922 und 1927 war die Eingemeindung wiederholt Thema von Besprechungen zwischen Regierungskommissionen, Stadt und Bezirksamt gewesen. In der Zeit von 1934 bis 1942 erreichten die Verhandlungen einen Höhepunkt. 1934/35 gab St. Lorenz Gebiete an die Stadt ab. Ende 1937 erhielt sie den Seggerboden mit ca. 144 ha. Doch Merkt trieb die Eingemeindung weiter. Er schaltete 1938 den Leiter des Deutschen Fremdenverkehrswesens, Staatsminister Hermann Esser, die Wehrkreisverwaltung, örtliche Firmen und Verwaltungsstellen ein. Im Juli 1939 sprach sich der Gemeinderat von St. Mang nach längerem Widerstreben mehrheitlich dafür aus, einen Teil der Gemeinde der Stadt Kempten zu überlassen.

Doch Bürgermeister Reichle von St. Mang vereinbarte mit Merkt vertraglich die Angliederung der gesamten Gemeinde. St. Mang sollte am 1. April 1940 ein Stadtteil Kemptens werden. Dagegen erhob nicht nur der Gemeinderat Einspruch, der Reichle »Verrat« vorwarf, sondern auch der Kreisleiter Kempten-Land und Kreisbauernführer Georg Schädler, der verlangte, daß wenigstens eine Restkommune mit dem Mittelpunkt Lenzfried erhalten blieb. 1942 forderte Merkt mit Unterstützung verschiedener lokaler Parteibehörden, zum Beispiel der Deutschen Arbeitsfront, abermals die Eingemeindung. Diesmal widersetzte sich Gauleiter Wahl mit dem Hinweis auf die Kriegssituation. Aber hinter dieser Begründung verbarg sich ein heftiger Konflikt zwischen Merkt und Schädler, der den Oberbürgermeister schließlich zu Fall brachte[22].

1949 nahm die Stadt mit dem Antrag auf Eingemeindung von St. Mang ihre Bemühungen wieder auf. Die Gemeinde wollte jedoch auch jetzt ihre Selbständigkeit nicht aufgeben. Der 1946 gewählte Bürgermeister F. X. Eberspacher zitierte das Merktsche Wort: »Man gibt doch eine Selbstverwaltung nicht auf«. Anfang 1950 besuchte eine Regierungskommission Kempten. Die Stadt gab die wirtschaftliche Expansion und den Wohnungsbau als Gründe für ihre Absichten an. Doch das Bayerische Staatsministerium des Innern lehnte im Februar 1951 den Antrag ab, »solange ... keine durchschlagenden weiteren Argumente« vorgebracht würden.

Die Gemeinde St. Mang wehrte sich in den darauffolgenden Jahren gegen jede Einschränkung ihrer Selbständigkeit, so etwa gegen die Ausdehnung des städtischen Busverkehrs bis Kottern. Mitte Juli 1957 zählte der Markt ca. 8500 Bürger und lobte sich selbst als »rühriges und tatkräftiges Gemeinwesen«. Erst 1961 stimmte St. Mang unter Bürgermeister Ludwig Jaud einer kommunalen Zusammenarbeit mit Kempten zu.

Im Rahmen der staatlichen Gebietsreformpläne Anfang der 1970er Jahre wurde das Thema wiederum an die Gemeinden St. Mang und St. Lorenz herangetragen. St. Mang wehrte sich noch im März 1971 gegen die Pläne. Die Gemeinde weise Wirtschaftskraft und eine zukunftsorientierte, kraftvolle Verwaltung auf. Dagegen sprach Kempten von »Wiedervereinigung und Wiederherstellung des historischen Zustandes«. Das Funktionsnetz greife weit über die kommunalen Grenzen hinaus, was u. a. die Straßen, die Entwässerung, die Massenverkehrsmittel und die schulische Ausbildung betreffe. Überhaupt seien die noch unbebauten Flächen St. Mangs für die Entwicklung des Wohnungsbaus am besten geeignet.

Nach Anhörungen und Besprechungen wurden aufgrund der »Rechtsverordnung über die Neugliederung Bayerns in Landkreise und kreisfreie Städte« vom Dezember 1971 die Gemeinden St. Mang und St. Lorenz mit Wirkung vom 1. Juli 1972 in die Stadt Kempten eingegliedert. Bereits Ende des Jahres 1971 begrüßte Oberbürgermeister Dr. Josef Höß die Bürger der beiden Gemeinden. Er würdigte die Vereinigung als säkulares Ereignis, mit ihr werde »eine neue Seite in der Geschichte der Stadt Kempten aufgeschlagen«. Die ehemaligen Bürgermeister Ludwig Jaud (St. Mang) und Josef Kammerlander (St. Lorenz) arbeiteten nun als Stadträte in der Kemptener Kommunalpolitik mit[23].

Kampf gegen die Wohnungsnot

Kempten übernahm aus der Weimarer Zeit einen umfangreichen Bestand an sanierungsbedürftigen Altwohnungen, der größer war als in anderen Städten Schwabens. Der Wohnungsbau während der NS-Zeit hatte dem Wohnungselend nicht abgeholfen. Die Luftangriffe hatten zudem wieder 1,8 % der Wohnungen vernichtet. Nach einer Aufstellung aus dem Jahre 1940 fehlte 850 Kemptener Ehepaaren und Familien eine eigene Wohnung[24].

Ab 1945 war die Wohnsituation noch angespannter. Einerseits verringerte die Beschlagnahme von Wohnungen durch die amerikanische Besatzungsmacht den der deutschen Bevölkerung zur Verfügung stehenden Wohnraum, andererseits erhöhte sich der Bedarf an Wohnungen durch die Nachfrage der nach Kempten strömenden Verschleppten, Evakuierten und vor allem Heimatvertriebenen um ein Vielfaches. Zudem waren Bewirtschaftung und Verteilung von Wohnraum ein Politikum, da ständig Klagen laut wurden über die zu großen Wohnungen ehemaliger Nationalsozialisten und die Verfolgten des NS-Regimes besondere Rechte auf Wohnraum zugestanden bekamen. Stadtrat, Wohnungs- und Flüchtlingsamt waren im Grunde hilflos.

Genau drei Jahre nach der Einnahme der Stadt, am 27. April 1948, drängten sich etwa 800 Demonstranten vor dem Kemptener Rathaus. Sie waren empört, daß trotz der schlimmen Wohnungslage die Amerikaner erneut beabsichtigten, in Kempten Wohnungen zu beschlagnahmen. Da weder die lokale Militärregierung, Oberbürgermeister Götz und Bürgermeister Albert Wehr von diesen Plänen wußten, wählte eine Bürgerversammlung im Kornhaus unter Führung Dr. Alfred Weitnauers einen Ausschuß, der die Lage klären und eventuell mit der Militärregierung sowie der Stadtverwaltung verhandeln sollte. Die Bürgermeister wurden wegen angeblicher Versäumnisse heftig angegriffen. In dieser explosiven Stimmung führten die Amerikaner eine Wohnraumbesichtigung für eine Luftwaffeneinheit in Kaufbeuren durch. Vertreter der Militärregierung, darunter Gouverneur van Wagoner selbst, reisten an, um sich einen Überblick über die Wohnverhältnisse in Kempten zu verschaffen. Schließlich ordnete die Militärregierung die Beschlagnahme von 54 Häusern an, von denen einige erst 1956 zurückgegeben wurden[25].

Nach der Währungsreform von 1948 und mit dem Beginn des »Wirtschaftswunders« konnte die Stadt an größere Baumaßnahmen zur Behebung der Wohnungsnot denken. Oberbürgermeister August Fischer eröffnete bald nach seinem Amtsantritt 1952 den »Großkampf gegen die Wohnungsnot«. Eine maßgebliche Rolle spielte hierbei der Sozialbau Kempten, den Fischer und der städtische Beamte Hans Breidenstein 1956 begründeten und der an die Stelle der Gemeinnützigen Wohnungsbaugenossenschaft trat.

Freilich verminderte sich die Wohnungsnot nur allmählich, da immer noch Neubürger zuzogen. 1953 konnten an die 450 Wohnungseinheiten gebaut werden. Bis Anfang der 1970er Jahre wurden jährlich zwischen 250 und 720 Wohnungen erstellt. Dabei trug der Staat mit dem Programm für den sozialen Wohnungsbau maßgeblich zur Behebung der Wohnungsnot bei[26].

Neues Engagement in Wirtschaft und Verkehr

Die Landwirtschaft blieb ein maßgebendes Wirtschaftselement Kemptens, doch verliefen die Entwicklungen in den anderen Sektoren, besonders im Dienstleistungs- und Verkehrsbereich, erheblich günstiger als von Oberbürgermeister Merkt prognostiziert. Kempten zählt heute zu den Städten, in denen die Vielfalt der Dienstleistungen die der kräftig expandierenden Industrie noch übertrifft. Die Stadt gilt als »mögliches Oberzentrum«. Sie besitzt die höchste Arbeitsplatzkonzentration im südschwäbischen bzw. Allgäuer Raum.

Schon gleich in den ersten Nachkriegsmonaten nahmen einige Kemptener Werke wie die Spinnerei- und Weberei und verschiedene Milchwerke wieder ihre Produktion auf. Die Währungsreform im Juni 1948, der Zuzug der Heimatvertriebenen, unter denen viele Leute mit guten Fachkenntnissen waren, und der Aufbauwille der gesamten Bevölkerung gaben den lokalen Firmen erhebliche Impule. Bereits 1949 war die Fa. Edelweiß-Milchwerk K. Hoefelmayr Kempten, die in den Nachkriegsjahren unter der Treuhänderschaft Prof. Anton Fehrs gestanden hatte, der größte deutsche Produzent von Milchpulver. Fehr hatte 1945 den Milchwirtschaftlichen Verein neu gegründet. In Kempten-Rothkreuz siedelte sich die Fa. Grünland-Käse an, in Hegge nahm die Fa. Nestle eine steile Entwicklung. Firmen wie die 4 P Nicolaus Kempten GmbH und die Dixie-Union Verpackungen GmbH lieferten nicht nur Verpackungen für Milchprodukte, sondern für ein breites Warensortiment.

Starke Einbrüche mußte in der Nachkriegszeit die Papierindustrie hinnehmen. 1972 schloß die Firma Haindl Papier GmbH ihr Werk Hegge. Im selben Jahr wurde die Papier- und Pergamentfabrikation Seltmanns GmbH stillgelegt, 1975 folgte die Schachenmayer'sche Papierfabrik GmbH in Kempten.

Dagegen expandierten metallverarbeitende Betriebe: die Firmen Ott mit dem Bau von Präzisionsgeräten (bereits seit 1873), Saurer-Allma und KMF Kempten als Zulieferer der Textilindustrie. Ein weiteres Unternehmen von internationalem Rang ist die Liebherr-Verzahntechnik. Wesentlichen Anteil am Wirtschaftsleben behielt das AÜW als Energieversorgungsunternehmen. Auch im Bereich der Elektronik festigte Kempten seine Stellung als Metropole des Allgäus. Mit der Einrichtung des Industrieparks »Ursularied« gelang es der Stadt, die Standortbedingungen für industrielle Neuansiedlung wesentlich zu verbessern[27].

Anfang der 1980er Jahre waren in Kemptens Industrie, Handwerk und Dienstleistungsbereich insgesamt 27000 Menschen beschäftigt, davon etwa 6000 in der Industrie (Maschinenbau an die 2000, Textilindustrie 1800, papier- und pappeverarbeitende Werke 1200). Mit etwa 3700 Arbeitskräften war das Handwerk kräftig vertreten.

Stark entwickelt hat sich seit 1950 der tertiäre Sektor. Kempten ist heute Sitz zahlreicher Behörden und öffentlicher Verbände. Es ist regionales Dienstleistungszentrum, vor allem im Gesundheitswesen – hier ist auf den Krankenhausneubau hinzuweisen – und im Bildungswesen mit zahlreichen weiterführenden Schulen und der Fachhochschule, die 1978 ihren Lehrbetrieb beginnen konnte.

Die »Hauptstadt« des Allgäus als Verwaltungs- und Einkaufszentrum des gesamten südschwäbischen Raumes beschäftigte schon zu Beginn der 1970er Jahre 60 Prozent der Arbeitskräfte der Region. Diese Entwicklung setzte sich nach der Gebietsreform 1972 fort. Mitte der 1980er Jahre verteilten sich die 28500 Beschäftigten auf die Bereiche Land- und Forstwirtschaft (237), produzierendes Gewerbe (11137), Handel und Verkehr (7761) und sonstige Dienstleistungen (9357).

Von nicht unerheblicher wirtschaftlicher Bedeutung ist es, daß Kempten seit Anfang Dezember 1956 Standort einer Bundeswehreinheit ist. Nach den zuerst hier stationierten Fallschirmjägern sind seit 1960 wieder die Gebirgsjäger in der Stadt beheimatet.

Die Anbindung Kemptens an den Fernverkehr wurde erheblich verbessert, was auch dem Fremdenverkehr im Allgäu zugute kommt. Kempten ist durch das Eisenbahnnetz mindestens ebenso gut mit München bzw. dem oberbayerischen Raum verbunden wie mit Augsburg bzw. dem mittelschwäbischen Raum. 1969 wurde der neu angelegte Durchgangsbahnhof eröffnet. Der Autobahnausbau Würzburg-Ulm-Kempten sowie der Straßenausbau Kempten-Landsberg-Augsburg/München stärken die Orientierung nach Norden und Osten. Schließlich ist der Flugplatz Kempten-Durach ein wichtiger Faktor im überregionalen Verkehr[28].

In Fragen der wirtschaftlichen Entwicklung und des Verkehrs steht Kempten in einer Konkurrenzsituation zu Memmingen, das ebenfalls als »mögliches Oberzentrum« ausgewiesen wurde. Dies ist erst jüngst wieder deutlich geworden bei den Diskussionen über die Linienführung der zeitgemäß auszubauenden Bahnstrecke München-Lindau-Schweiz. Jedes Jahr Mitte August werben die Kemptener Firmen auf der Allgäuer Festwoche für ihre Produkte. Hatte sich Oberbürgermeister Merkt in den 1920er Jahren bereits ein Wirtschaftsfest ausgedacht – 1934 gab es dann eine Braune Messe – und hatte schon 1948 eine Festwoche unter dem Titel »Kemptener Kunst und Können« stattgefunden, so brachte eine Initiative von Oberbürgermeister Volkhardt den Durchbruch für die Allgäuer Festwoche. Organisiert von dem Zweiten Bürgermeister Albert Wehr und Stadtkämmerer Hans Mayr wurde bereits die erste Festwoche 1949 mit 123000 Besuchern ein voller Erfolg. Alljährlich können nun der hohe Leistungsstand von Industrie, Handwerk und Fremdenverkehr bewundert werden. Annähernd 200000 Besucher der Festwochen seit Anfang der 1980er Jahre beweisen deren Attraktivität[29].

Stabilität und Kooperation: Parteien und Stadtverwaltung

In den Wahlperioden 1948 bis 1972 verfügten CSU und SPD über annähernd gleich viele Sitze im Stadtrat. Zu den von bürgerlichen Wählerkreisen bevorzugten Parteien oder politischen Gruppierungen zählten neben der CSU die F.D.P., BP und die Liste der Überparteilichen. Darüber hinaus unterstützten die Heimatvertriebenen in ihrer Mehrzahl die CSU mit einer eigenen Kandidatenliste. Allerdings gelang es 1952 dem Wahlbündnis von CSU und der Liste der Überparteilichen (ÜP) erst in einer Stichwahl, August Fischer als Oberbürgermeister gegen den Sozialdemokraten Albert Wehr durchzusetzen. Die SPD errang nur einen, wenn auch großen Achtungserfolg. Wehr blieb bis Anfang der 1970er Jahre der Stadtrat mit dem größten persönlichen Ansehen in der Wählerschaft. Die SPD erwies sich als starke integrative Volkspartei, ebenso wie die CSU. Diese kräftige Konkurrentenrolle der SPD mit der Chance, einen politischen Führungswechsel herbeizuführen, bildete einen Höhepunkt im kommunalen politischen Prozeß und charakterisierte die unmittelbare Nachkriegszeit. CSU und SPD standen auch weiterhin in einem scharfen Wettstreit um Mitglieder und Wählerstimmen, was bald zu einer Konzentration im Parteienspektrum führte. 1957 zählte die CSU 305 Mitglieder in der Stadt. Das Werben um neue Wähler bestimmte auch die Diskussion um die Persönlichkeiten im Parteivorsitz der CSU. Bis 1959 führte sie Franz Wolf, danach übernahmen zuerst Dr. Josef Rösch, darauf Paul Strenkert den Vorsitz. Strenkert hatte von 1957–1962 das Amt eines Staatssekretärs im Arbeitsministerium inne, von 1962–1964 leitete er dieses Ministerium. Nachfolger Strenkerts im Kreisvorsitz wurde 1966 Paul Diethei.

Nach der Gebietsreform erhielt die CSU am 1.12.1975 ihr 600. Mitglied. Wegen seiner Größe teilte sich der Kreisverband 1973 in sieben Ortsgruppen auf. Starke Untergliederungen bestehen in der Jungen Union, der Christlich Sozialen Arbeitnehmerschaft (KAB), der Frauen Union. Außerdem bemühte sich der Kreisverband erfolgreich um die Senioren. Als Kreisverbandsvorsitzender der CSU-Oberallgäu wirkt auch nach der Gebietsreform von 1972 von Kempten aus MdB und Bundeslandwirtschaftsminister Ignaz Kiechle.

Im Stadtrat konnte die CSU weitgehend meist eine relative Mehrheit auf sich vereinen. Unterstützte sie bis 1970 den überparteilichen Oberbürgermeister Fischer, so konnte sie bei den Kommunalwahlen 1970 mit Dr. Josef Höß einen Mann aus den eigenen Reihen durchsetzen. Höß hatte der Stadt zuvor als Stadtkämmerer gedient. Außerdem stellte die CSU mehrmals den Dritten Bürgermeister mit Franz Wolf und Hans Hartmannsberger. Die Stadtratsarbeit war auch 1976/77, als fünf CSU-Stadträte im Gefolge der Beschlüsse des Landesvorstandes der CSU in Wildbad Kreuth über die Trennung von CDU und CSU die Partei kurzzeitig verließen, nicht gefährdet[30].

Die Bayern-Partei schrumpfte mit dem Wählergewinn der CSU zu einer Traditions- und Heimatpartei. 1956 waren mit dem Rechtsanwalt Hubert Staubwasser und dem Bezirksverbandsvorsitzenden der Stadt, Martin Albrecht, noch zwei Persönlichkeiten von Rang in den Stadtrat gewählt worden. Seit 1972 hat sie dort keinen Repräsentanten mehr[31].

Der Kreisverband der FDP bildete dagegen eine stabile politische Kraft. Georg Birnstiel diente ihm über 30 Jahre als geschäftsführender Kreisvorsitzender. Den Kreisvorsitz selbst hatte über 20 Jahre Hansheinrich Schmidt inne. Ende 1977 wurde Dr. Holger Bock neuer Kreisvorsitzender. Kempten bildet einen der Wählerschwerpunkte der FDP in Schwaben und Bayern. Im Stadtrat ist die Partei seit 1948 kontinuierlich vertreten[32].

1956 verengte sich mit dem Verbot der KPD der linke Bereich des Parteienspektrums. Neben linksorientierten Wählern konnte die SPD zugleich bis 1972 zunehmend bürgerliche Wähler gewinnen. Der bundesweite Trend unterstützte dabei eine kommunal günstige Stimmungslage. Anders als die CSU entwickelte sich die SPD während der 1950/1960er Jahre nicht zu einer straff organisierten Partei, sondern verließ sich lange auf ehrenamtliche Mitarbeiter. Den Kreisverband der SPD mit 332 Mitgliedern (1970), aufgeteilt in vier Ortsvereine, leiteten nacheinander Wendelin Mohrenweiser, Ludwig Jaud und Günter Wirth. Zwischen der Parteiorganisation und der Stadtratsfraktion gab es mancherlei Konflikte. Sie gefährdeten aber nie die Arbeit der SPD für die Stadt. Ihr wichtigster Repräsentant im Stadtrat war Albert Wehr, der ihm mehr als 30 Jahre angehörte, 25 Jahre davon, bis 1972, als Zweiter Bürgermeister. Von 1958 bis 1966 hatte er zugleich einen Sitz im Landtag. 1972 wurde Karl Möller zum Zweiten Bürgermeister gewählt[33].

Zwischen 1972 und 1984 war mit vier Fraktionen die stärkste Konzentration der politischen Kräfte in der Nachkriegszeit erreicht. Vertreten war neben den drei klassischen Parteien CSU, SPD und F.D.P. die Liste der Überparteilichen (ÜP) als typisch lokale Variante einer Rathauspartei. Es zeigte sich aber auch, daß die Kraft der Parteien, das erworbene Wählerpotential zu binden, nachließ. Die ÜP als bürgerliche Gruppierung errang 1984 wieder einen merklichen Zuwachs an Stimmen und Sitzen. Ende der 1970er Jahre trat mit den Grünen eine neue politische Kraft auf den Plan. Den Vorsitz des Kreisverbandes, der die Stadt und den Altlandkreis umfaßt und im Oktober 1979 ins Leben gerufen wurde, hatten zuerst Dr. Hermann Korff, dann Eduard Bühler inne. Bei den Kommunalwahlen 1984 konnten die Grünen zwei Sitze im Stadtrat erkämpfen[34].

Tafel 61.1   Bürgermeister Franz Wolf, Bürgermeister Albert Wehr, Oberbürgermeister August Fischer und Stadtschulrat Otto Zeising, 1968

Tafel 61.2   Dr. Josef Höß erstmals nach seiner Wahl zum Oberbürgermeister in einer Stadtratssitzung am 5. Mai 1970, Ehrengäste Altoberbürgermeister August Fischer und Frau

Tafel 62.2 1986: Der Astronaut Dr. Reinhard Furrer, Abiturient des Allgäu-Gymnasiums Kempten, und Oberbürgermeister Dr. Josef Höß

Allgäuer Festwoche

Tafel 62.1 1978: Ministerpräsident Alfons Goppel und Landtagspräsident Rudolf Hanauer

Tafel 62.3 1979: Bundestagsabgeordneter Hansheinrich Schmidt, Landtagsabgeordneter Paul Diethei, Ministerpräsident Franz Joseph Strauß, Bundestagsabgeordneter Ignaz Kiechle und Oberbürgermeister Dr. Josef Höß

Tafel 63.1   Partnerschaft zwischen der Gemeinde St. Mang und der französischen Stadt Quiberon: Vertragsunterzeichnung durch Bürgermeister Dr. Golvan, Bürgermeister Ludwig Jaud und Präsident Krause am 10. April 1971

Tafel 63.2   Oberbürgermeister Dr. Josef Höß und Bürgermeister von Sópron / Ungarn, Josef Márko, pflanzen am 21. August 1988 an der Stadtmauer eine Eiche als Zeichen der Partnerschaft, unter den Zuschauern eine Delegation aus der Partnerstadt Trient

Tafel 64 Holzstoß zum Ab-
brennen einer sogenannten
»Funkenhexe«. Der im ale-
mannischen Raum verbreitete
Brauch soll weder an die
Pestzeit noch an Hexenver-
brennungen erinnern, son-
dern an keltische Brandopfer,
die am Winterende dem Son-
nengott Taranis dargebracht
wurden. Der Hexenwahn des
16., 17. und 18. Jahrhunderts
hat ganz andere Wurzeln. In
der Stiftstadt Kempten wurde
1775 der letzte Hexenprozeß
auf deutschem Boden durchgeführt. Damals verurteilte
das stiftische Landgericht
Anna Schwegelin, eine vermutlich geistesverwirrte Frau,
wegen »wiederholter Bündt-
nuß« mit »dem bösen Feind«
zur Hinrichtung mit dem
Schwert und Verbrennung
ihres Körpers. Das Urteil
wurde am 11. April 1775
vollstreckt.

Wahlergebnisse der Stadtratswahlen 1946–1984 (Sitzverteilung)

Jahr	Zahl d. Sitze	CSU	SPD	KPD	WAV	FDP	BP	UdA/UdV (CSU-nah)	Notg.	Wahl-gem.	BHE/ DG	ÜP	Die Grünen
1946	32	20	8	1	2	–	–	–	–	–	–	–	–
1948	32	7	4	2	–	1	4	1	3	2	–	8	–
1952	32	8	9	1	–	3	2	4	–	–	–	5	–
1956	32	11	10	–	–	2	2	2	–	–	1	4	–
1960	32	11	11	–	–	2	1	2	–	–	1	4	–
1966	32	12	12	–	–	3	1	1	–	–	–	3	–
1972	44	20	17	–	–	2	1	1	–	–	–	4	–
1978	44	24	14	–	–	2	–	–	–	–	–	4	–
1984	44	21	13	–	–	2	–	–	–	–	–	6	2

BHE	Bund der Heimatvertriebenen und Entrechteten
BP	Bayern-Partei
CSU	Christlich Soziale Union
DG	Deutsche Gemeinschaft
FDP	Freie Demokratische Partei
KPD	Kommunistische Partei Deutschlands
Notg.	Notgemeinschaft der Ausgewiesenen, Flüchtlinge, Evakuierten, Ausgebombten, Körperbehinderten und Heimkehrer
SPD	Sozialdemokratische Partei Deutschlands
UdA/UdV	Union der Ausgewiesenen / Union der Vertriebenen
ÜP	Liste der Überparteilichen
WAV	Wirtschaftliche Aufbauvereinigung
Wahlgem.	Wahlgemeinschaft der Flüchtlinge und Heimatvertriebenen

Stadt für Alt und Jung

Neben bereits erwähnten Leistungen stehen solche der technischen Versorgung der Bevölkerung (Ausbau der Kanalisation, Errichtung einer Kläranlage und Müllverbrennungsanlage) und des Schutzes (Bau eines Feuerwehrhofes). Hervorzuheben sind die Bestrebungen der Stadt im sozialen Bereich mit dem Bau von Altenheimen, Kindergärten und Freizeiteinrichtungen. Der Stadt lag daran, den Stadtkern für die Bürger attraktiv zu gestalten. Sie trieb deswegen erhebliche Sanierungsmaßnahmen voran. Eine Aufgabe war dabei der Altstadtdurchbruch für eine neue Fahrstraße in Nord-Südrichtung. Zugleich bemühte sich die Stadt, wenn auch nicht immer erfolgreich, den historischen Baubestand möglichst zu erhalten und ursprüngliche Erscheinungsbilder wiederherzustellen. Nach langjährigen Bemühungen, vor allem auch von Oberbürgermeister Fischer, konnte sein Nachfolger Dr. Josef Höß 1970 den ersten ausgebauten Fußgängerbereich im Regierungsbezirk Schwaben der Öffentlichkeit übergeben. Oberbürgermeister Dr. Höß arbeitet nach der Eingemeindung von St. Mang und St. Lorenz mit einem von 32 auf 44 Sitzen erweiterten Stadtrat für die Etablierung Kemptens als Oberzentrum kontinuierlich weiter, freilich unter nun eingeschränktem finanziellem Spielraum bei nachlassender Konjunktur und langsamer Beschneidung der Selbstverwaltungsrechte infolge der fortschreitenden Tendenz zu staatlicher Zentralisierung[35].

Kempten ist heute eine Stadt für Alt und Jung. Es gibt ein Haus für Senioren, 23

Altenclubs, sechs Heime der Altenhilfe und die Einrichtung »Essen auf Rädern«. Die Alterspyramide der Stadt zeigt, wie berechtigt es ist, vermehrte Überlegungen zum Wohle der Senioren zu treffen. Für alle Erwerbstätigen, auch für die ca. 3000 Ausländer und ihre Familien, will Kempten Stadt im Mittelpunkt sein. Für alle Bürger stehen Sport- und Freizeiteinrichtungen zur Verfügung. Für die Jugend bietet die Stadt Schulen von der Grundschule bis zur Fachhochschule. Die Pläne für eine Alpenuniversität von Anfang der 1970er Jahre konnten allerdings nicht realisiert werden. Außerdem gibt es eine Volkshochschule, eine städtische Sing- und Musikschule, Schulen und Werkstätten für Behinderte, sowie Handwerkskurse. Das kulturelle Angebot reicht von der Stadtbücherei in der Orangerie über das Stadtarchiv bis hin zum Heimatmuseum, zur Römersammlung mit der Naturwissenschaftlichen Sammlung im Zumsteinhaus und vielen Ausstellungen. Nicht zuletzt ist die 1949/50 ins Leben gerufene Theatergemeinde e. V. mit mehreren Theater- und Konzertringen zu erwähnen, die in der Spielzeit 1979/80 annähernd 28 000 Besucher aus der Stadt und dem Landkreis zählten[36]. Traditionell gibt es während der Allgäuer Festwochen zudem Freilichtaufführungen auf der Burghalde.

Kempten hat viele der Ziele erreicht, die Altoberbürgermeister Merkt 1942 in seinem Politischen Testament den Nachfolgern gesteckt hat, aber auch neue Probleme gemeistert[37]. Alle Strukturdaten deuten auf einen weiteren Aufschwung Kemptens, der modernen und urbanen Metropole des grünen Allgäu.

1   StadtA Kempten: NL Merkt, Amtsübernahme 1945; Tagebuch 1945; Befragungen E. Duda-Hartnig 1982, Annelore und Karl Höfelmayr und F. Wilhelm Weiß 1983.

2   StadtA Kempten: NL Merkt, Elf-Uhr-Berichte; KZ-Lager und ehemalige KZ-Häftlinge; Einkleidung der KZ-Häftlinge; Amtsübernahme 1945.

3   LkA Kempten: Niederschrift über die Amtshandlung zur Durchführung des Befehls der amerikanischen Militärregierung betreffend die Nazi-Entfernung aus allen öffentlichen und zivilen Dienststellen; StadtA Kempten: Nachkriegsjahre; NL Merkt, Erinnerungen 1945/46.

4   DAg 17 v. 1.3.1946; StadtA Kempten: NL Weitnauer, Bericht Weitnauers v. 10.9.1946, 40/3/1; Schreiben Weitnauers v. 28.7.1945; Militärregierungsakten; HStA München: OMGBY 10/83–3/4; OMGUS-CO 453–1; Müller, Parteien, S. 97.

5   StadtA Kempten: 40/7/1; Lutz Niethammer: Entnazifizierung in Bayern, Frankfurt a. M.

1972, S. 173 f.; vgl. die Auswertung der Spruchkammer-Kartei bei Müller, Parteien, S. 111–114.

6   Sammlung Albert Wehr; Aktenbestand SPD-Kempten; Befragung Albert Wehr 1982; 1891–1981. 90 Jahre SPD in Kempten; Kempten 1981, S. 11; HStA München: OMGBY 9/150–2/12, –2/17, –3/24 und –3/26, 10/83–3/4; OMGUS-CO 453–1; DAg v. 26.2.1947.

7   HStA München: OMGBY 9/150–1/13, –3/21, 9–152/2; 10/83–3/4; 9/149–2/22; OMGUS-CO 453–1; DAg 46 v. 12.6.1946.

8   Aktenbestand CSU-Kempten; Befragungen Franz Wolf, F. X. Eberspacher und Paul Strenkert 1983; HStA München: OMGBY 10/83–3/4; 9/150–2/12; 9/149–3/3.

9   Aktenbestand FDP-Kempten; HStA München: OMGBY 10/82–2/2; 9/150–3/23; 10/83–3/4; Sammlung Georg Birnstiel jun.

10 HStA München: OMGBY 9/149–1/11; 9/150–1/13, –3/22; 10/83–3/4; NL Götz, Wahlen; DAg 8 v. 29.1.1947; OMGBY 9/149–3/

3, −2/22; 9/150−3/20; Amtl. Wbl. 24 v.
11. 6. 1948.

11 Herbert Müller: Aufnahme, Ablehnung und
Anpassung. Die Flüchtlinge und Vertriebenen
in Kempten (Allgäu) 1945−1950. In: AGF 87
(1987), S. 144−162.

12 Amtl. Wbl. 24 v. 11. 6. 1948.

13 Müller, Parteien, S. 186; StadtA Kempten: 04/
4/1/1−20; Statistische Jahresberichte der Stadt
Kempten 1981−1987.

14 DAg 68 v. 27. 8. 1946; NL Götz; Stadtrats-
protokolle v. 23. 8. 1946 und 29. 4. 1948.

15 StadtA Kempten: Personalakte OB Dr. Georg
Volkhardt.

16 HStAMünchen: OMGBY 10/124−3/11; 10/
71−1/12; 10/66−3/22; 10/76−2/1; H. Schneider: Der Allgäuer. Werden und Wirken einer
Heimatzeitung seit 1945, Diss. phil. München
1952.

17 Befragung Dr. Caspar Rathgeb 1983; Schriftliche Mitteilung Dr. Hans Falk v. 17. 2. 1983.

18 Schneider, Der Allgäuer, S. 100; StadtA
Kempten: Zeitungsarchiv; Kempten aktuell v.
1968; Informationen der Allgäuer Zeitung v.
18. 5. 1988.

19 DAg 25 v. 29. 3. 1946; HStAMünchen:
OMGBY 13/30−1/17; StadtA Kempten: 40/7/
1, 461/1, 320/2; Müller, Aufnahme, S. 146;
PfarrAStL: Nachkriegszeit; PfarrAStM: Chronik 1929−1954.

20 Aktenbestand Sudetendeutsche Landsmannschaft, Kreisvereine Kempten; StadtA Kempten: 30/2/1/1; 40/7/1; 460/1/1; HStAMünchen: OMGBY 9/150−3/24; DAg 169 v.
9. 11. 1950; Amtl. Wbl. 24 v. 11. 6. 1948; Müller, Aufnahme, S. 158−161.

21 PfarrAStL: Nachkriegszeit; PfarrAStM: Chronik 1929−1954; NL Götz, Persönliches.

22 VB 23, S. 2; StadtA Kempten: 22/2/6−10; 22/
2/14; HStAMünchen: MInn 80447; Hermann
Uhlig: St. Mang, Kempten 1985, S. 244−261.

23 StadtA Kempten: 22/2/14; 22/1/1−10.

24 StadtA Kempten: NL Merkt; 5. Jahresbericht
für Wohnungsbau im Gau Schwaben für das
5. Geschäftsjahr 1940, S. 28.

25 StadtA Kempten: 40/7/1, 461/1; Amerikani-

sche Häuserbeschlagnahme; HStAMünchen:
OMGBY 10/83−3/3−3/4; 13/28−2/3; Stadt-
ratsprotokoll v. 8. 4. 1948.

26 DAg 127 v. 6. 6. 1953; StadtA Kempten: 661/
2/7; 661/1/1; 25 Jahre Sozialbau in Kempten,
Festzeitung von 1981; Statistik. In: Kempten
im Allgäu, Bildheft (3. Dokumentation),
Kempten 1972.

27 Herrmann, Kempten, S. 349−382; StANeuburg: Wirtschaftsamt 15; StadtAKempten, 71/
1/2; HStAMünchen: OMGBY 10/83−3/4;
Uhlig, St. Mang, S. 267−282; Zorn/Hillen-
brand, Wirtschaft, S. 390−394; 75 Jahre Edel-
weißmilchwerke, S. 12 f.; Informationen der
Kemptener Maschinenfabrik (KMF) GmbH v.
24. 5. 1988, der Dixie-Union-Verpackungen
GmbH v. 15. 3. 1988, der Saurer-Allma v.
14. 3. 1988 und des Elektroschmelzwerkes
Kempten GmbH v. 15. 3. 1988; 50 Jahre Allgäuer Überlandwerk.

28 Kempten im Allgäu (Bild-Text-Heft), Kemp-
ten 1972, S. 9; Statistische Jahresberichte;
Stadt im Mittelpunkt; Die Stadt Kempten,
Kempten 1984, 1985, 1986; Karl Ruppert u. a.
(Hrsg.): Bayern, Darmstadt 1987, S. 238 f.;
StadtA Kempten: 81/5/1.

29 Bernd Jörg Landes: 40 Jahre Allgäuer Festwo-
che. In: Allgäuer Heimatkalender 1988,
Kempten 1987, S. 186−190; Statistischer Jah-
resbericht der Stadt Kempten 1985, S. 108; 40
Jahre Allgäuer Festwoche Kempten Allgäu.
Streiflichter 1949−1988, Kempten 1988.

30 Aktenbestand CSU-Kempten.

31 StadtA Kempten: 000/4/4.

32 Ebd., 000/4/3; Aktenbestand FDP-Kempten;
Sammlung Birnstiel.

33 Aktenbestand SPD-Kempten.

34 Aktenbestand Die Grünen-Kempten.

35 Kempten im Allgäu, Bildheft (3. Dokumentation); StadtA Kempten: 24/2/2−6; Alpenuniversität Kempten/Allgäu 1 (Juni 1971), hrsg.
v. der Stadt Kempten (Denkschrift), Kempten
1971.

36 StadtA Kempten: 313/1/4.

37 StadtA Kempten: Otto Merkt: Politisches Testament 1942.

Schulwesen im 19. und 20. Jahrhundert

Margit Bauer, Daniela Sibbe-Fischer

Nachdem Kempten bayerisch geworden war, wurde das städtische Schulwesen dem 1802 gegründeten »General Schul- und Studiendirektorium« unterstellt, das 1805 in das »Geheime Schul- und Studien Bureau« umgewandelt wurde. Als eine der ersten Maßnahmen veranlaßte es eine umfangreiche Beschreibung der Schulen in den neu erworbenen Gebieten.

Kempten lieferte diese am 6. Mai 1803. Die Bestandsaufahme bestätigte die Annahme, daß der Zustand des Schulwesens mit den zu Beginn des 19. Jahrhunderts bestehenden aufklärerischen Idealen nicht vereinbar war. Daher wurden Reformen dringend notwendig[1].

Das niedere Bildungswesen nach 1803

Entscheidend für den Aufbau der *Volksschule*, der ehemaligen deutschen Schule, war die Verordnung des Kurfürsten Maximilian Joseph vom 23. Dezember 1802. Sie legte fest, daß alle schulfähigen Kinder vom sechsten bis zum vollendeten zwölften Lebensjahr die Schule besuchen. Unterricht sollte das ganze Jahr über gehalten werden, mit Ausnahme der Erntezeit von Mitte Juli bis Anfang September. Die Eltern der schulpflichtigen Kinder mußten wöchentlich zwei Kreuzer Schulgeld bezahlen. Nachlässigen Erziehungsberechtigten, die ihre Kinder nicht oder nur unregelmäßig in die Schule schickten, wurden Strafen angedroht.

Trotz der Drohung, bei Schulversäumnissen die Polizeibehörden einzuschalten, war ihre Zahl in Kempten auch weiterhin ziemlich hoch. Jedenfalls forderte die Regierung die Lokalschulinspektion des öfteren auf, dagegen einzuschreiten. 1853 zum Beispiel wurden bei 361 Schülern und Schülerinnen der Volksschulen 3187 entschuldbare und 259 unentschuldbare Versäumnistage registriert[2].

Entsprechend der konfessionellen Aufteilung der Kemptener Bevölkerung waren die Volksschulen in der Altstadt protestantisch, die in der Neustadt katholisch. Die protestantische Knabenschule war im bereits bestehenden Schulgebäude an der Sutt untergebracht, die Mädchenschule in einem Gebäude an der Salzgasse. Aus den 1809 beginnenden Jahresberichten der Kemptener Schulen läßt sich entnehmen, daß in der Altstadt in diesem Jahr 159 Knaben und 123 Mädchen eingeschult waren. 1817 wurde die Suttschule so weit vergrößert, daß auch die Mädchenklassen dort Platz finden konnten. In den neustädtischen Schulen wurden 1809 190 Knaben und 185 Mädchen unterrichtet[4]. Vom Schulhaus ist lediglich bekannt, daß es »[...]

völlig ungeeignet, zu klein, baufällig und einer Reparatur nicht mehr wert [...]« war[5]. Daher kaufte die Stadt 1815 das spätere Glockenschulgebäude in der ehemaligen Mühl-, heute Poststraße. Nachdem es nach 20 Jahren erneut zu klein geworden war, erwarb die Stadt 1837 ein Haus an der heutigen Fürstenstraße und verlegte die katholische Mädchenschule und das Waisenhaus dorthin[3].

Auf Anweisung der Regierung wurde 1816 neben dem Schulhaus an der Mühlstraße ein kleiner Schulgarten von einem Achtel Tagwerk angelegt, in dem die Schüler den Gemüse- und Obstanbau erlernen sollten. Außerdem stellte die Stadt zur gemeinsamen Nutzung einen Schulgarten von einem Viertel Tagwerk zur Verfügung. Er lag auf dem Gebiet des heutigen Stadtparks[4].

Durch den »Lehrplan für Volksschulen in Bayern« aus dem Jahre 1804 wurden die Unterrichtsinhalte für alle bayerischen Volksschulen verbindlich festgelegt. Im Sinne der Aufklärung entsprach dieser Lehrplan dem enzyklopädischen Bildungsideal, d. h. der Lehrstoff wurde in die sechs Bereiche Gott, Mensch, Natur, Kunst, Sprache, Zahl- und Maßverhältnisse eingeteilt. Da bis zum Jahre 1800 an den deutschen Schulen nur Lesen, Schreiben, Religion und ansatzweise Rechnen vermittelt wurde, waren nicht nur die Schüler, sondern auch viele Lehrer damit überfordert. Um Abhilfe zu schaffen, wurde im Jahre 1811 der Lehrplan in einer zweiten überarbeiteten Auflage gedruckt, die zusätzliche Erläuterungen der Lehrinhalte enthielt. Um den Ausbildungsstand der Lehrer zu heben, wurden seit 1803 Lehrerseminare gegründet. Aus den Visitationsprotokollen der Kemptener Lokalschulinspektion geht hervor, daß z. B. Matthaeus Matthias bereits von 1811 bis 1812 das Lehrerseminar in München besucht hat, während Johann Martin Schmid noch 1823 ohne jegliche Seminarausbildung den Schuldienst beginnen konnte[5].

Im Vormärz, vor allem während der Restaurationsbestrebungen in den Dreißiger Jahren, wurde in Bayern vieles von dem, was zu Anfang des Jahrhunderts mit Energie eingeführt worden war, wieder zurückgenommen. Wichtigstes Unterrichtsziel war jetzt nicht mehr, den Wissensstand der Schüler zu heben, sondern sie zu treuen Untertanen zu erziehen. Nach dem Scheitern der Revolution setzten sich in der bayerischen Bildungspolitik die restaurativen Tendenzen fort. Am 12. Juli 1849 ordnete die Regierung von Schwaben und Neuburg an, daß die Lehrer »[...] die ihnen anvertraute Jugend nicht nur zur Achtung und Gehorsam gegen die Verfassung, Gesetze und Obrigkeit heranbilden, sondern auch in ihrem politischen Leben durch ihr Beispiel und ihr ganzes Benehmen Kraft und Nachdruck geben, und Ihrer Verpflichtungen gegen den Staat, die Kirche und Gemeinde eingedenk stets treu ihren beschworenen Pflichten sich benehmen«. Der Volksschullehrer Wendlinger und die Professoren Haggenmüller und Wifling waren schon vorher aus dem Schuldienst entlassen worden. Als den Sarg Wendlingers, der wenige Jahre nach der Revolution starb, schwarz-rot-goldene Schleifen zierten, wurden sie von der Polizei entfernt. Der Lehrer Simon Wagenseil war in staatspolitischer Hinsicht erst wieder unbedenklich, als er am 18. Juli 1849 seinen Austritt aus dem Kemptener Volksverein anzeigte[6].

Die katholischen Schulen der Neustadt hatten mit besonders großen sozialen Problemen zu kämpfen. Da zahlreiche Kinder aus den unteren Schichten zum Unterhalt ihrer Familien beitragen mußten, wurden sie im Sommer zum Viehhüten auf das Land verdingt. So traten am Ende des Winterhalbjahres 1842/43 71 Schülerinnen und 40 Schüler, fast ein Drittel aller schulpflichtigen Kinder, zum Viehhüten aus der Schule aus. Viele dieser Schüler erlernten nicht einmal die grundlegenden Kulturtechniken des Lesens und Schreibens. Um wenigstens einen minimalen Unterrichtserfolg zu erzielen, bemühte sich die Lokalschulkommission um die Errichtung einer eigenen Hirtenschule im Schulgebäude an der Fürstenstraße. Sie mußte aber nach drei Jahren wegen finanzieller Schwierigkeiten wieder schließen, was der katholische Schulinspektor Dobler sehr bedauerte, »denn ein Zurückbleiben der katholischen Schulen hinter den protestantischen [...] ist als unausbleibliche Folge des Aufhörens der Hirtenschule vorauszusehen«. Die Klagen der Kemptener Schulen über die Versäumnisse der Hirtenkinder, die in der Regel erst im November wieder in den Unterricht kamen, finden sich noch lange Zeit in den Akten[7].

Als schulische Ergänzung zur Volksschule führte Bayern im Jahre 1803 die *Sonn- und Feiertagsschule* ein. In der Altstadt wurde sie 1810, in der Neustadt 1812 eröffnet. Alle jungen Leute beiderlei Geschlechts, auch wenn sie sich bereits in einer Berufsausbildung befanden, erhielten vom 12. bis zum vollendeten 18. Lebensjahr Unterricht im Lesen, Schreiben, Rechnen und anderen nützlichen Kenntnissen, in Religion und Moral. Sie wurde jeden Sonn- und Feiertag von zehn bis elf Uhr für Knaben und von ein bis zwei Uhr für Mädchen abgehalten. Der Besuch wurde durch die Bestimmung erzwungen, daß nur heiraten oder ein Anwesen übernehmen durfte, wer ausreichende Zeugnisse der Sonntagsschule nachweisen konnte. Dieser Schultyp kann im wesentlichen als Vorläufer der heutigen Berufsschule betrachtet werden.

Zusätzlich gab es seit 1812 je eine altstädtisch-protestantische und neustädtisch-katholische *Industrieschule*. An ihr konnten Mädchen an Nachmittagen und Wochenenden unter Anleitung einer Industrie-Lehrerin Spinnen, Stricken, Nähen und Sticken erlernen. 1829 besuchten 42 neustädtische und 57 altstädtische Mädchen zwischen sechs und 19 Jahren die Industrieschulen. Sie bestanden auch in der zweiten Hälfte des Jahrhunderts. 1870 zum Beispiel besuchten im Winter 20 und im Sommer 50–60 Schülerinnen die protestantische Industrieschule, die wöchentlich insgesamt 30 bis 36 Stunden Unterricht anbot[8].

Für die männliche Jugend existierte eine *Zeichnungsschule,* die wie die Industrieschule als Werktags- und Sonntagsschule angeboten wurde. Lerninhalte waren das Zeichnen von Figuren, Arabesken, architektonischen Verzierungen und kleinen Landschaften[9].

Das höhere Bildungswesen

Durch die Säkularisation fiel das stiftkemptische *Gymnasium*, das zuletzt unter der Leitung der Piaristen gestanden hatte, an den bayerischen Staat. Bis zum Jahre 1830 wurden äußere Organisation und innere Zielsetzung dieser Bildungsanstalt wiederholt geändert. Im Jahre 1804 wurde sie zunächst nach dem Lehrplan von Joseph Wismayr im Sinne aufklärerischer Bildungsideale reorganisiert, d. h. daß die Sachfächer gleichwertig neben die alten Sprachen traten und diese Schule »[...] in gleicher Weise auf die Bedürfnisse des Bürgers wie des künftigen Gelehrten Bedacht nehmen« sollte. Das alte Schulgebäude im Pagenhaus wurde weiter benützt, doch wurden die Piaristen zum Teil durch weltliche Lehrer ersetzt.

Da in der Altstadt keine vergleichbare Bildungseinrichtung bestand, war man bemüht, auch protestantischen Schülern den Eintritt zu erleichtern. Zu diesem Zweck sollten »[...] zur Vermehrung des Zutrauens und zur Beförderung der Toleranz zwischen beyden Konfessionen auch ein oder zwey protestantische Lehrer«, etwa durch Versetzung zwischen den Gymnasien zu Augsburg und Kempten, angestellt werden.

Doch bereits vier Jahre später wurde durch das Normativ von Friedrich Niethammer das Gymnasium in einen humanistischen Zweig, das sogenannte *Progymnasium*, und einen realistischen Zweig, *Realschule* genannt, aufgespalten. In Kempten konnten jedoch nur die Schüler des humanistischen Zweiges durch den Besuch der sich anschließenden drei Gymnasialklassen die Hochschulreife erlangen. Die Absolventen der Realschule mußten, um einen gleichwertigen Abschluß zu erhalten, das Realinstitut in Augsburg besuchen. Da aus diesem Grunde nur wenige Schüler Interesse an der Realschule zeigten, wurde sie bereits im Jahre 1816 wieder geschlossen. Hatte die Altstadt am Ende des 18. Jahrhunderts große Anstrengungen unternommen, ihre niedere Lateinschule in eine bürgerliche Realschule umzuwandeln, so bemühte sie sich nach 1804 vergeblich um ihre Umgestaltung in eine höhere Schule. Bis 1816 wurde lediglich die bestehende Bürgerschule nahezu unverändert weitergeführt, jedoch wurde der Unterricht in der lateinischen Sprache gänzlich gestrichen.

Mit der bereits erwähnten Auflösung der neustädtischen Realschule im Jahre 1816 erging die Weisung der Regierung, an ihrer Stelle eine »Höhere Bürgerschule« einzurichten. Obwohl selbst der Direktor des neustädtischen Gymnasiums zugab, »daß die höhere Bürgerschule doch mehr ein Bedürfnis für die protestantische als für die katholische Gemeinde sei«, und die Altstadt sich sehr um diese Schule bemühte, wurde sie wiederum im Gymnasialschulgebäude der Neustadt untergebracht. Der Altstadt wurde lediglich zugestanden, die obere Abteilung der dritten Volksschulklasse zur höheren Bürgerschule zu erheben. Da in der Neustadt kein Bedürfnis für eine Bürgerschule bestand, ihr Erhalt aber gesetzlich vorgeschrieben war, wurde sie 1824 nach dem Vorbild der Altstadt ebenfalls der dritten Volksschulknabenklasse im Glockenschulgebäude angegliedert. Sie dürfte jedoch den Ansprüchen einer höheren Schule nicht genügt haben[10].

Die Einsicht, daß wirtschaftlicher Fortschritt auch von einer fundierten Ausbildung abhängt, führte dazu, daß 1829 ein weiterer Schultyp, die *Gewerbeschule* ins Leben gerufen wurde. Die Königliche Gewerbs-Schule zu Kempten bezog den östlichen Flügel des ehemaligen Residenzgebäudes und wurde von Schülern beider Stadtteile gemeinsam besucht. Sie nahm im Dezember 1833 den Unterricht auf. Im Laufe ihres Bestehens war sie zahlreichen Veränderungen unterworfen. Allein zwölfmal wechselte sie aufgrund innerer Umorganisationen ihren Namen. 1851 erhielt sie zu zwei bestehenden Kursen eine dritte Abschlußklasse. Von 1835 bis 1864 war sie mit der Landwirtschaftsschule verbunden. 1855 bezog sie einen neuen Schulbau an der Schwaigwiese[11].

1829 wurde auch das gymnasiale Schulwesen erneut gründlich reformiert. Gemäß der Schulordnung von Friedrich Thiersch wurde als Vorbereitung auf das eigentliche Gymnasium eine sechsjährige lateinische Stadtschule für Kinder vom achten bis zum 14. Lebensjahr eingerichtet. Sie verband zwei Zielsetzungen, zum einen bereitete sie die Schüler auf das eigentliche Gymnasium vor, zum anderen gewährte sie auch zukünftigen Handel- und Gewerbetreibenden die nötige Vorbildung. An die Lateinschule schloß sich das vierjährige Gymnasium für Schüler vom 14. bis zum 18. Lebensjahr an. Da inzwischen neuhumanistische Bildungsideale in den Vordergrund getreten waren und die aufklärerischen Ideen zurückdrängten, wurde der Unterricht zu Zweidritteln von den alten Sprachen bestimmt.

Außer einer geringfügigen Änderung im Jahre 1830, in deren Zuge die französische Sprache als Pflichtfach aufgenommen wurde, die alten Sprachen wieder etwas zurücktraten und die religiöse Erziehung noch stärker betont wurde, blieb das Gymnasium fast ein Vierteljahrhundert unverändert[12].

Die Schulen nach 1860

Im 19. Jahrhundert wurde grundsätzlich an den konfessionell getrennten *Volksschulen* festgehalten. Lediglich in Gebieten mit konfessionell gemischter Bevölkerung sollten auch gemischte Schulen eingerichtet werden. Diese Regelung betraf die Altstadt Kempten, wo sich im Laufe der Jahre auch Katholiken niedergelassen hatten. 1868 wurden in der protestantischen Schule an der Sutt »drei Klassen für das 1., 2. und 3. Jahr der Schulpflichtigkeit als einjährige Kurse, geschlechtlich combiniert, ausschließlich für die schulpflichtigen (katholischen) Kinder der Altstadt, mit 3 Schullokalen und 3 Klassenlehrern« gebildet. Den Schülern der vierten bis siebten Jahrgangsstufe wurde der weitere Weg in die katholischen Schulen der Neustadt zugemutet. Möglich war die Aufnahme der drei katholischen Klassen erst seit dem Schuljahr 1865, da in diesem Jahr das alte Klostergebäude abgerissen, und an dessen Stelle ein neues, größeres Schulhaus, das die entsprechenden Räumlichkeiten bot, errichtet worden war.

Da die Zahl der katholischen Kinder in der Altstadt mehr und mehr gestiegen und durch die Einführung des siebten Pflichtschuljahres im Jahre 1856 die Schulzeit um ein Jahr verlängert worden war, ergab sich die Notwendigkeit, auch im altstädtischen Schulbezirk ein katholisches Schulhaus zu errichten. Im Jahre 1900 wurde die Illerschule auf dem Gelände des heutigen Allgäuer Überlandwerkes ihrer Bestimmung übergeben.

In der Neustadt bemühte sich der Lokalschulinspektor und Stadtpfarrer Dobler federführend um die Übernahme der katholischen Mädchenschule durch Ordensschwestern. Dank des Nachlasses des Domkapitulars Wankmiller in Höhe von 4000 Gulden gelang es, im Jahre 1860 vier Lehrerinnen aus dem Orden der Englischen Fräulein nach Kempten zu holen. Diese übernahmen den gesamten Volks- und Sonntagsschulunterricht der katholischen Mädchen. Durch das starke Anwachsen der Schülerzahlen wurde schon bald das Knabenschulhaus in der Mühlstraße, etwas später auch das Mädchenschulhaus in der Fürstenstraße zu klein. Abhilfe wurde im Jahre 1881 durch den Bau des Parkschulhauses, des heutigen Schwaigwiesschulgebäudes, geschaffen, in dem ab dem Jahre 1883 neben den Knaben auch zwei Mädchenparallelklassen untergebracht waren. Daneben wurde im Jahre 1906 das Wittelsbacherschulhaus erbaut und eine Neueinteilung der Schulbezirke vorgenommen[13].

In den ehemals zum Stift Kempten gehörenden Ortsteilen, die erst später ins Stadtgebiet eingemeindet wurden, existierten ebenfalls Volksschulen. Dies betrifft die heutigen Stadtteile *Eich, Steufzgen, Mariaberg, Heiligkreuz, Lenzfried* und *Kottern*.

Im Zeitalter der beginnenden Industrialisierung nahm Kottern eine Sonderstellung ein. Als Folge der im Jahre 1847 gegründeten mechanischen Baumwollspinnerei in Kottern vervielfachte sich die Bevölkerungszahl innerhalb kürzester Zeit. Die sozialen Verhältnisse zwangen die meisten werktagsschulpflichtigen Kinder in der Fabrik zu arbeiten. Da es in Kottern keine Schule gab, der Schulweg nach Lenzfried für arbeitende Kinder aber zu zeitaufwendig gewesen wäre, sah sich die Fabrikleitung veranlaßt, eine eigene Fabrikschule einzurichten. Nachweisbar bestand diese spätestens seit dem Jahre 1859. Gemäß einer Regierungs-Entschließung vom 5. November 1873 mußte für alle in einer Fabrik beschäftigten Kinder im Alter von 12 bis 14 Jahren wenigstens ein täglicher dreistündiger Unterricht abgehalten werden. An der Fabrikschule in Kottern war 16 Jahre lang der herausragende Pädagoge Joseph Sedlmayr tätig, der im Jahre 1874 zum ersten weltlichen Distriktschulinspektor in Bayern ernannt wurde. Als im Jahre 1879 ein eigener Schulsprengel für Neudorf und Kottern gegründet und ein Schulhaus erbaut wurde, war die Fabrikschule überflüssig und wurde aufgelöst.

Auch die Sonn- und Feiertagsschule, die sich an die Volksschule anschloß, versuchte im Laufe der Jahre durch eine Aufstockung der Stundenzahl von vier auf sechs und eine Aufgliederung nach Berufen den Ansprüchen der neuen Zeit gerecht zu werden. In Kempten wurde die »*Obligatorische allgemeine und kaufmännische Fortbildungsschule*« an drei Abenden der Woche im katholischen und protestantischen Schulhaus von 18 bis 20 Uhr abgehalten[14]. 1877 führte der bayerische Staat die *Realschulen* ein. Diese Schulen mit betont allgemeinbildendem Charakter gingen aus den Gewerbeschulen hervor, die den Anforderungen der Zeit nicht mehr entsprachen. Die »Königlich Bayerische Realschule« von Kempten nahm im selben Jahr noch den Unterricht auf. Zwei Jahre später genehmigte die Regierung die Einrichtung einer kaufmännischen Abteilung in den beiden oberen Kursen. Der Eintritt in die Realschule, die sechs Jahrgangsstufen umfaßte, war schon nach dem vierten Volksschuljahr möglich. In den unteren Klassen wurden in der Hauptsache Mathematik, Deutsch, Französisch und Englisch, daneben Naturwissenschaften und Zeichnen unterrichtet. In den Abschlußklassen verschob sich der Schwerpunkt von den Sprachen zu den naturwissenschaftlichen Fächern.

Da bereits im Jahre 1903 das Gebäude Auf'm Plätzle zu klein wurde, und auch die Ausquartierung einiger Klassen ins Glocken- und Parkschulgebäude nicht mehr ausreichte, sah man sich gezwungen, ein neues Schulhaus zu errichten. Der Neubau an der Salzstraße war im Jahre 1915 bezugsfertig. Gleichzeitig mit dem Umzug erfolgte die Umbenennung in »Königliche Ludwigs-Realschule«. Auf Initiative ihres Rektors Wörle wurde sie im Jahre 1923 nach längeren Querelen zur neunklassigen Oberrealschule ausgebaut, deren Abschluß zum Universitätsstudium berechtigte. Daneben gab es weiterhin die Möglichkeit, die Hochschulreife am humanistischen Gymnasium zu erlangen, das 1864 in ein neu errichtetes Schulgebäude in der Fürstenstraße umgezogen war[15].

Höhere Mädchenbildung seit der zweiten Hälfte des 19. Jahrhunderts

War im 18. Jahrhundert das Mädchenschulwesen weitgehend vernachlässigt, so wurden in der ersten Hälfte des 19. Jahrhunderts zahlreiche Versuche unternommen, in Kempten ein höheres Mädchenschulwesen aufzubauen. Sowohl der Versuch des evangelischen Dekans und Schulinspektors Rabus im Jahre 1815 als auch die Initiative des Bürgermeisters Karrer im Jahre 1843, eine höhere Töchterschule in der Altstadt einzurichten, waren wenig erfolgreich. Beide Schulen bestanden kaum ein Jahr lang. Ähnlich erging es auch dem 1852/53 in der Neustadt gegründeten Privat-Mädchen-Lehrinstitut der Josephine Siegel.

Erst in der zweiten Hälfte des 19. Jahrhunderts kam es, von kirchlicher wie privater Seite initiiert, zur Gründung beständiger höherer Mädchenschulen. Als im Jahre 1861 auf Drängen des katholischen Lokalschulinspektors Dobler die Englischen Fräulein aus Augsburg den weiblichen Volksschulunterricht in der Neustadt übernahmen, wurde auf vielfach geäußerten Wunsch aus der Bevölkerung im Jahre 1869 auch eine höhere Töchterschule unter der Leitung des Ordens eingerichtet. Sie wurde mit einem angegliederten Pensionat in einem Gebäude gegenüber dem Mädchenschulhaus untergebracht. Wurde die Schule zunächst von den Englischen Fräulein in weitgehender Selbständigkeit geführt, so erhielt sie im Januar 1912 die staatliche Anerkennung als höhere Mädchenschule. Ihr Ziel sollte sein, »[...] Bayerns Töchter durch gediegene, allseitige Bildung im vaterländischen Geiste auf religiöser Grundlage zur Erfüllung ihres künftigen Berufes (zu) befähigen«. Wohlhabende Bürger der Altstadt setzten sich für die Errichtung einer weiteren Stätte der höheren Mädchenbildung ein. Diese sollte für Mädchen aller Stände und Konfessionen zugänglich sein. In ihren Zielsetzungen entsprach sie der Schule der Englischen Fräulein. Am 12. Juni 1874 nahm sie in angemieteten Räumen der Suttschule den Unterricht auf. Im Jahre 1892 zog sie ins ehemalige für Schulzwecke umgebaute Neubronnersche Haus, das heutige Stadtarchiv, um. Durch die staatliche Anerkennung im Jahre 1911 und dem damit verbundenen Anstieg der Schülerzahlen wurde wiederum ein Umzug nötig. Seit diesem Jahre trug sie den Namen »Städtische Höhere Mädchenschule Kempten«. 1919 konnte sie in das bis dahin von der Knabenrealschule benutzte Gebäude Auf'm Plätzle umziehen.

In der neuen Schulordnung wurde festgelegt, das höhere Mädchenschulwesen stärker zu differenzieren und auszubauen. Mit Beginn des Schuljahres 1925/26 gabelte sich die höhere Mädchenschule Kempten in das neu geschaffene sogenannte »Mädchenlyzeum« und die weiter bestehende »Mädchenbürgerschule«. Erstere war naturwissenschaftlich ausgerichtet und sollte auf spätere Studien vorbereiten, die zweite bot »[...] dagegen eine hauptsächlich die praktischen Berufe des täglichen Lebens berücksichtigende Ausbildung«[16].

Die Zeit des Nationalsozialismus

Zur Aufgabe der nationalsozialistischen Erziehung führte Reichsinnenminister Frick im Jahre 1933 aus: »[...] Die deutsche Schule hat den politischen Menschen zu bilden, der in allem Denken und Handeln dienend und opfernd in seinem Volk wurzelt und der Geschichte und dem Schicksal seines Staates ganz und untrennbar zu innerst verbunden ist«. Das Ziel der Erziehung war die völlige Unterordnung des Einzelnen unter die nationalsozialistische Weltanschauung und die Aufgabe der persönlichen Individualität.

Die möglichst frühe Erfassung und Gleichschaltung des Einzelnen setzte die Vereinheitlichung des Schulsystems voraus. Dieser Absicht stand zunächst der starke Einfluß der Kirche auf die Bildung im Wege. Propagiert wurde daher die Umwandlung der Bekenntnisschule in die konfessionell gemischte *Gemeinschaftsschule*. Dieser Gedanke schien zunächst in der Tradition fortschrittlicher liberaler Schulpolitik zu stehen. Der wahre Beweggrund war jedoch die Ersetzung des christlichen Gedankenguts durch eine totalitäre, rassistische und menschenverachtende Ideologie.

Am 26. Mai 1936 schrieb der Kemptener Schulrat Dr. Senft an die Regierung von Schwaben und Neuburg: »[...] ohne den Abbau der klösterlichen Lehrkräfte ist es unmöglich, die Frage der Gemeinschaftsschule weiterzuführen«. Er begründete dies damit, »daß die Schwestern des hiesigen Englischen Instituts und damit auch die klösterlichen Lehrkräfte an unserer Volksschule des 1. Bezirks auf schulischem Gebiete in Kempten der Hort der Reaktion gegen den Staat und sein Wollen sind«. Seit dem 1. Januar 1937 wurde den bisherigen klösterlichen Lehrkräften in Kemp-

ten die Genehmigung zur Führung öffentlicher Volksschulen entzogen. Am
10. April 1937 beschloß die Regierung von Schwaben und Neuburg auf Antrag der
Kemptener Stadtschulbehörde, die Gemeinschaftsschule einzuführen. Am 12. April
wurden die Eltern in Versammlungen vor vollendete Tatsachen gestellt. Laut Bericht der Schulleitungen wurde die Einführung der Gemeinschaftsschule von der
Mehrzahl der Eltern begrüßt. Sicher waren für einige Eltern ganz praktische Überlegungen ausschlaggebend, da nun die nächstgelegene Schule von Schülern aller
Konfessionen besucht werden konnte. So mußten protestantische Kinder, die am
Stadtrand lebten, nicht mehr an der katholischen Schule vorbei bis zur Schule an
der Sutt gehen. In anonymen Briefen wandten sich jedoch Gegner der Umwandlung gegen die Tatsache, daß sie nicht, wie in anderen Städten, über die Einführung
abstimmen konnten.

Im Sinne der Gleichschaltung erfuhr auch das *höhere Schulwesen* eine Vereinheitlichung und eine damit verbundene Herabsetzung des Bildungsniveaus. Die Dauer
der höheren Schule wurde um ein Jahr auf acht Schuljahre gekürzt. Gleichzeitig
erfolgte die Umwandlung des Mädchenlyzeums in die Mädchenoberschule. Parallel
dazu wurde die Oberrealschule Kempten in eine »Oberschule in grundständiger
Form« mit erhöhter Stundenzahl in Leibeserziehung und Geschichte umgewandelt.
Die Betonung der Leibeserziehung, fünf Unterrichtsstunden pro Woche, diente
dem Zweck »[...] unserem Volke eine tatenfrohe und kampfbereite Jugend zu
erziehen, die zu jedem Dienst für den nationalsozialistischen Staat und seinen
Führer willig ist. Das letzte Ziel aller Leibeserziehung sind willensstarke Männer
und gesunde Mütter«[17].

Um eine möglichst wirkungsvolle Indoktrination der Schüler zu erreichen, wurde
der Einsatz zahlreicher Medien ermöglicht. Im Jahre 1938 konnte von der Schulbehörde gemeldet werden, daß jede Schule eine Rundfunkempfangsanlage und einen
Vorführungsapparat für Lauffilme besitzt. Zum erstenmal wurden auch für alle
Schüler entsprechenden Alters in den Kammerlichtspielen nationalpolitische Film-
vorführungen veranstaltet. Die ideologische Ausrichtung der Jugend wurde außerhalb der Schule durch Partei- und Wehrmachtsorganisationen fortgeführt. Den
Jugendorganisationen wurden in den Schulen Räume zur Verfügung gestellt. Der
BDM zum Beispiel erhielt in der Schule an der Fürstenstraße zwei Schulsäle und
die ehemaligen Schlafräume der entlassenen klösterlichen Lehrkräfte. Laut Jahresbericht von 1938 geschah die Zusammenarbeit zwischen Schule und Jugendorgani-
sation in bestem Einvernehmen. »Die entsprechenden Jahrgänge konnten jedesmal
zu 100% von der Lehrerschaft dem Jungvolk und den Jungmädels zugeführt werden.« Wie von den Schülern wurde auch von den Lehrern erwartet, in Parteiorganisationen einzutreten. Kritisiert wurde jedoch die mangelnde aktive Teilnahme der
Lehrerinnen, die aus dem immer noch starken Einfluß der Kirchen resultierte.
Seit 1938 erschwerten Schulraumnot und Lehrermangel den Schulalltag, Probleme,
die sich in Folge der Kriegseinwirkungen in den kommenden Jahren noch weiter
verstärkten[18].

Die Schulen seit 1945 und die Fachhochschule

In den ersten Jahren der Nachkriegszeit wurde der Schulalltag von äußerst schwierigen Bedingungen bestimmt. Im Jahre 1948 bezeichnete die Stadtverwaltung die Schaffung von Schulräumen neben der Wohnraumbeschaffung als größtes Problem. 94 Volksschulklassen standen nur 53 Klassenzimmer zur Verfügung, in denen die Schüler vormittags und nachmittags wechselweise unterrichtet werden mußten.

Im Zuge des Wiederaufbaus des Schulwesens setzten sich gegen die Vorstellungen der Militärregierung langfristig die Befürworter des traditionell gegliederten Schulwesens, wie es vor 1933 bestanden hatte, durch. Im Jahre 1947 wurde in Kempten die Konfessionsschule wieder eingeführt. Im Jahre 1948 besuchten 3527 Schüler die katholische, 860 Kinder die protestantische Volksschule. Um den protestantischen Schülern aus den Stadtrandgebieten den weiten Schulweg bis zur Suttschule zu ersparen, wurden in den meisten katholischen Volksschulhäusern evangelische Gastklassen untergebracht. Auf Antrag einiger Erziehungsberechtigter wurde zu Beginn des Schuljahres 1956/57 eine Gemeinschaftsschule eingerichtet. Obwohl diese Schule zunächst nur eine Klasse mit zwölf Schülern umfaßte und um ihr Weiterbestehen bangen mußte, erfuhr sie in den kommenden Jahren mehr Zuspruch und konnte im Wittelsbacherschulhaus weiterbestehen. 1968 wurde nach Zustimmung der Kirchen und einem positiven Volksentscheid die Gemeinschaftsschule auch in Kempten als Regelschule eingeführt.

In den Sechzigerjahren wurde verstärkt die Frage laut, ob das Bildungssystem mit dem wirtschaftlichen Aufschwung und dem technischen Fortschritt mithalten kann. Diese Überlegungen führten im Jahre 1969 zur Einführung des neunten Pflichtschuljahres und 1970 zur Aufteilung der Volksschulen in voneinander getrennte Grund- und Hauptschulen.

Die im Jahre 1906 gegründete »Hilfsschule« wurde 1954 in »Pestalozzi-Schule«, 1967 in Sonderschule für Lernbehinderte umbenannt. Aufgrund privater Initiative entstanden daneben Sonderschulen für Geistigbehinderte und für Körperbehinderte sowie die Sprachheilschule[19]. Die Reformbewegungen der Sechzigerjahre erfaßten auch die anderen Schultypen. Im Zuge des Ausbaus der dreiklassigen Mittelschule entstanden im Jahre 1965 vierklassige Realschulen, und zwar die der Englischen Fräulein, die Städtische Mädchenrealschule und die Staatliche Knabenrealschule. Gleichzeitig wurde das höhere Schulwesen ausdifferenziert. Neben dem humanistischen Carl-von-Linde-Gymnasium entstanden 1965 und 1967 zwei weitere Gymnasialtypen. Die Oberrealschule wurde zum mathematisch-naturwissenschaftlichen Allgäu-Gymnasium und das Mädchenlyzeum zum neusprachlichen Hildegardis-Gymnasium.

Heute bestehen in der »Schulstadt« Kempten 12 Volksschulen, vier Sondervolksschulen, vier Realschulen, drei Gymnasien und die Fachoberschule, 13 Berufs- und Berufsfachschulen und sieben Fachschulen[20].

Unter den neu entstandenen Bildungseinrichtungen ist von herausragender entwicklungsstruktureller Bedeutung für Stadt und Region die 1977 gegründete Fachhochschule mit den Fachbereichen Allgemeinwissenschaften und Betriebswirtschaft (einschließlich der Studienrichtung Fremdenverkehr und Hoteladministration), Elektrotechnik sowie Maschinenbau. Abgesehen von der vielseitigen Wirkung eines solchen »Großbetriebes« mit heute etwa 1900 Studierenden, hat die Fachhochschule eine tragende Funktion für das gesamte Wirtschaftsleben ihres Einzugsbereiches. Über das praxisbezogene Lehrangebot hinaus entwickelt sich auf den Gebieten des Wissens- und Technologietransfers eine fruchtbare Wechselwirkung zwischen Hochschule und Wirtschaft. Da eine Vorgängereinrichtung nicht bestand, ist die Fachhochschule Kempten eine echte Neugründung und wird nach Abschluß der Neubaumaßnahmen in wenigen Jahren zu den modernsten Fachhochschulen in der Bundesrepublik Deutschland zählen[21].

1 StANeuburg: Regierung 4497.

2 StANeuburg: Regierung 1356.

3 StadtA Kempten: AA VI 1025, A VI 9 a; Jahresberichte (= Jb.) über die Elementar-Volksschulen der Alt- und Neustadt Kempten 1809/10 und 1817/18; Mater Antonie Koch: Chronik der katholischen Mädchenschule an der Fürstenstraße, Kempten 1928/29; Rottenkolber, 19. Jahrhundert, S. 178.

4 StadtA Kempten: AA VI 25 und 1080.

5 StadtA Kempten: Lehrplan für Volksschulen in Baiern, Zweite Auflage mit einer näheren Bestimmung der Lehrordnung, München 1811; A VI 9 a.

6 HdbBayG IV/2, S. 964; StadtA Kempten: Generalien des Schulwesens 1832, ohne Signatur; A VI 9 a.

7 StadtA Kempten: 25/11 (Staatliches Schulamt, Hirtenschule).

8 StadtA Kempten: AA VI 1025; Jb. der Elementar-Volksschulen 1811/12; Jb. über die höhere Bürger- und Elementarschule 1917/18.

9 StadtA Kempten: A VI 30.

10 Hans Wörle: Die Oberrealschule Kempten und ihre Vorfahren im Kampfe um den Aufstieg, 1. Teil: Die Frühzeit, Kempten 1939, S. 18; StANeuburg: Regierung 4499.

11 Georg Nagel: Baugeschichtliches aus der ehemaligen Kemptener Gewerbeschule. In: Heimgarten 18 (1933), Nr. 22; Wörle, Oberrealschule, 2. Teil, Kempten 1939, S. 16–34.

12 StadtA Kempten: Ks 55.

13 StadtA Kempten: Statut für die Volksschulen der Stadt Kempten 1874; Jb. über die Höhere Bürgerschule, kath. und prot. Volksschule

1864/65; 11/101 (Staatl. Schulamt); Koch, Chronik.

14 Wolfgang Zorn/Leonhard Hillenbrand: Sechs Jahrhunderte schwäbische Industrie, Augsburg 1969, S. 91; Alfons Kramer: Joseph Sedlmayr, der Kinder-, Lehrer und Volksfreund. In: Hochvogel 6 (1929), Nr. 15; StadtA Kempten: AA VI 1035, 1048, 1052 und Ks 36.

15 Wörle, Oberrealschule, 2. Teil, S. 43, 63 und 73; HdbBayG IV/2, S. 977; StadtA Kempten: Jb. über die Königliche Realschule zu Kempten 1877/78; Jb. über die Oberrealschule mit Handelsabteilung in Kempten 1922/23 und 1928/29.

16 StadtA Kempten: Festschrift: 75 Jahre Städtische Mädchenschule 1874–1949; Jb. über die Höhere Bürgerschule 1852/53; M. Gonzaga Fr. von Pechmann: Geschichte des Englischen Instituts Beatae Mariae Virginis in Bayern, München-Nymphenburg 1907, S. 269; Jahresbericht über die höhere Mädchenschule der Englischen Fräulein in Kempten 1912/13; Jb. über die paritätische höhere Töchterschule der Stadt Kempten 1874/75; Jb. über die städtische höhere Töchterschule in Kempten 1892/93; Jb. über die städt. höhere Mädchenschule in Kempten 1911/12; Jb. über die städt. höhere Mädchenschule mit Handelskursen und Frauenschule in Kempten 1919/20.

17 Bruno Hamann: Geschichte des Schulwesens, Bad Heilbrunn 1986, S. 176 (Zitat Frick); Kurt-Ingo Flessau: Schule und Diktatur, München 1977, S. 75 (Zitat NS-Erziehungsziele); StadtA Kempten: 01/11 1935–1938 (Staatl. Schulamt; Zitat Senft); Allgäu-Gymna-

sium, Festschrift zum Einzug in den Neubau 1969.

18 StadtA Kempten: Jb. zum Stand des Volksschulwesens 1933–1945, insbesondere 1935 und 1938/39.

19 StadtA Kempten: 02/11, 21, 23, 241, 03/ 1926–1954, 53 (Staatl. Schulamt); HdbBayG IV/2, S. 987.

20 StadtA Kempten: Allgäu-Gymnasium, Festschrift; 100 Jahre Hildegardis-Gymnasium. In: Jb. 1973/74. Cambodunum-Kempten im Allgäu, Stadt im Mittelpunkt, Prospekt der Stadt, S. 15.

21 Vgl. Festschrift: 10 Jahre Fachhochschule Kempten. Die Hochschule im Allgäu, Kempten 1988.

Bevölkerung und Stadtentwicklung seit dem 19. Jahrhundert

Ursula Huber

Naturräumliche Gegebenheiten

Die Region Allgäu reicht von den Allgäuer Hochalpen bis zum eiszeitlich geformten Alpenvorland. Die geologischen Strukturen verlaufen in West-Ost-Richtung und werden von den von Süd nach Nord ziehenden Flußtälern des Lech, der Wertach und der Iller gequert, die damit zu den wichtigsten Verbindungen zwischen Alpenvorland und Alpenrand werden.

Kempten liegt auf den Illerterrassen, die von Schottern und Sanden der Würmeiszeit gebildet wurden, deren deutliche Ausprägung heute aber durch die Bebauung großteils verloren gegangen bzw. stark überformt und verändert worden ist. Das Gebiet gehört naturräumlich zum voralpinen Hügel- und Moorland. Enger gefaßt liegt es im Bereich der Iller-Vorberge, die als flächenmäßig größte räumliche Einheit das Talbecken der Iller zwischen dem Alpenrand im Süden und dem Endmoränendurchbruch bei Altusried im Norden umfassen, der Zeugnis von kräftigen Gletschervorstößen vor deren endgültigem Rückzug ablegt.

Im Süden bildet die Molasse, Ablagerungen des Tertiär, mit ihren Konglomeraten und Sanden von Süd-West nach Nord-Ost streichende Schichtrippen und Härtlingszüge. Im Norden findet man einen Ring von Endmoränenwällen, Grundmoränen mit vom Gletscher transportiertem Material und das längst verlandete Gletscherbecken nördlich von Kempten.

Heute dominiert die Grünlandnutzung im Gebiet der Iller-Vorberge. Außer dem
Kemptener Wald sind die Wälder hauptsächlich auf steilere Berghänge und Bach-
kerben im Molassegebiet und auf die Kuppen der Moränenlandschaft zurückge-
drängt[1].

Strukturelle Veränderungen im 19. Jahrhundert

1818 umfaßte das Stadtgebiet von Kempten, wie es 1811 aus dem Zusammenschluß
von Reichsstadt und Stiftsstadt zu einer einzigen Munzipalgemeinde entstanden
war, elf Quadratkilometer, wurde aber durch die Abtrennung von St. Lorenz und
St. Mang im selben Jahr wieder verkleinert. Die Industrialisierung brachte auch für
Kempten wichtige Veränderungen, welche sich außer auf das soziale Leben vor
allem auf die Verkehrs- und Wirtschaftsbedingungen auswirkten. Der Ausbau der
Infrastruktur wurde zwar langsam, aber doch stetig vorangetrieben. Die Bevölkerungszahlen stiegen in starkem Maße, so daß die Stadt sich zunehmend räumlich
vergrößerte. Das Stadtbild begann sich deutlicher als vorher zu verändern. Bis
Kempten Anfang des 19. Jahrhunderts bayerisch wurde, war es mit Türmen und
Mauern umgeben und vermittelte einen sehr wehrhaften Eindruck. Im Bemühen
um einen auch optischen Wandel wurde die streckenweise schadhafte Stadtmauer
an den betreffenden Stellen niedergerissen. Steine und Holz wurden veräußert.
1811 brach man das zwischen Alt- und Neustadt angeblich den Verkehr behin-
dernde Klostertor ab. Dasselbe geschah 1865 mit dem Waisentor, 1866 mit dem
Fischertor und zehn Jahre später mit dem Illertor[2].
Anfang bis Mitte des 19. Jahrhunderts war die einzige bauliche Verbindung zwischen Reichs- und Stiftsstadt die Residenz mit Kirche und Hofgarten. Gegenüber
dem als geschlossenes, harmonisches Ganzes wirkenden Stadtbild der Reichsstadt
mutete die Stiftsstadt als zersiedelt und wenig übersichtlich an. Die räumlichen –
nicht so sehr die ideologischen Abstände – begannen sich im Laufe der Zeit zu
verringern. Im Süden der Residenz wuchsen die beiden ehemals getrennten Städte
aufeinander zu, bis die Lücke Ende des 19. Jahrhunderts geschlossen war. Optisch
ist dieser Bauabschnitt leicht erkennbar durch eine systematische Bebauung mit
rechtwinkliger Straßenführung, die im Kontrast zur verschachtelten, verwinkelten
mittelalterlichen Reichsstadt steht.
Die Stadt dehnte sich auch nach Norden und Nordwesten ins Umland aus, die
Stadterweiterung blieb jedoch bis Anfang des 20. Jahrhunderts auf die westliche
Flußseite beschränkt. 1818 zählte man 5196 Einwohner, 1905 bereits 20 603 (siehe
auch Abb.).

Farbtafel 25   Die Griesfärbe vor 1907, gezeichnet von Carl Friedrich Wolff, im Stadtarchiv Kempten.
Das Färbereigebäude stand an der Stelle, wo sich heute das Elektrizitätswerk befindet.
Die Griesinsel unterhalb des Illerwehres und die gegenüberliegenden Illerufer bildeten ein wichtiges
vorindustrielles Produktionszentrum. Um 1850 lieferten hier noch über 20 Wasserräder die Antriebs-
energie für eine Reihe von Mühlen (Säge-, Mahl-, Knochen-, Gewürz-, Bohrmühle) und andere
Handwerksbetriebe.

Farbtafel 26 Aus dem Geschirrschrank des Mittelalters und der frühen Neuzeit. In nahezu jeder Neubaugrube im historischen Stadtgebiet von Kempten kommen Funde zu Tage, die das Alltags- und Wirtschaftsleben früherer Jahrhunderte zu ergänzen, zu korrigieren und zu illustrieren vermögen. Töpfe, Teller, Platten, Schalen und Becherkacheln aus Ton, aus Holz gedrechseltes Alltagsgeschirr, Gläser aus der Region, aus dem Spessart und wohl auch aus dem Süden.

Farbtafel 27.1   Lager der Franzosen in Haslach bei Kempten während der Napoleonischen Kriege, 1800, Aquarell des Kemptener Zeichenlehrers Ludwig Weiß im Stadtarchiv Kempten

Farbtafel 27.2   Ansicht von Kempten auf einem Glasbild im nördlichen Seitenschiff der St. Mang-Kirche, 1896 gestiftet von dem Großkaufmann und Konsul Johann Leonhard Kluftinger.

Farbtafel 28.1 Bürgermeister Adolf Horchler (1881–1919), gemalt von Otto Keck 1919

Farbtafel 28.2 Oberbürgermeister Dr. Otto Merkt (1919–1942), gemalt von Otto Keck 1937

Farbtafel 28.3 Oberbürgermeister August Fischer (1952–1970)

Farbtafel 28.4 Oberbürgermeister Dr. Josef Höß (seit 1970)

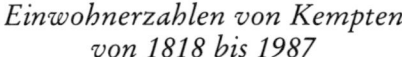

Einwohnerzahlen von Kempten
von 1818 bis 1987

Quelle: Amtliche Einwohnerzahlen des Hauptamtes Kempten

Auch Wirtschaft, Handel und Verkehr nahmen eine sehr günstige Entwicklung. Nicht zuletzt durch eine Krise im Industriezweig der Leinweberei wurde eine vermehrte Umgestaltung zur Grünlandwirtschaft durchgeführt mit Käse- und Milcherzeugung. Begünstigt wurde dieser Wandel zu »verderblichen Gütern« auch durch den Anschluß an die Eisenbahn. 1843 wurde laut dem 1. Eisenbahn-Dotationsgesetz die Erbauung einer Staatsbahn von der Landesgrenze bei Hof über Nürnberg, Augsburg und Kempten nach Lindau beschlossen und finanziell abgesichert. Der Eisenbahnbau gestaltete sich aber bei Kempten als sehr schwierig, da die Iller überbaut werden mußte. Das Steilufer auf der Ostseite und die wesentlich tiefere Lage der Alststadt auf dem gegenüberliegenden Ufer verhinderten ein Überqueren des Flusses in der Altstadt und infolgedessen auch den Bau des Bahnhofs in zentraler Lage. Aufgrund der topographischen Verhältnisse wurde ein Kopfbahnhof angelegt, der bis zur Errichtung des jetzigen Durchgangsbahnhofes zum Zankapfel werden sollte.

Zwischen 1852 und 1909 entstanden fünf Eisenbahnlinien, welche Kempten mit größeren Zentren verbanden bzw. in Kempten ihren Ausgangspunkt hatten. Bis auf eine sind diese Strecken noch heute in Betrieb: 1. Die zweigleisige Hauptbahn Augsburg/München–Buchloe–Kempten und 2. deren Fortsetzung Kempten–Immenstadt–Lindau: 1852 wurde die Linie Kaufbeuren–Kempten eröffnet, ein Jahr später führte sie bis Immenstadt und im selben Jahr, 1853, nach Oberstaufen und Lindau. Die Bahnlinie erhielt den Namen »Ludwigs-Süd-Nordbahn« und war nach über zehnjähriger Bauzeit fertiggestellt.

3. Die eingleisige Hauptbahn Kempten–Memmingen–Neu-Ulm (Illerbahn): Das Hauptinteresse Bayerns lag bei der Errichtung der Strecke Augsburg–Kempten, so daß der Staat kein Geld mehr für andere Linien bereitstellen wollte. Man schloß deshalb einen Vertrag, wonach die Stadt den Bau der Bahnstrecke übernahm, die dann der Staat zum Zweck des Betriebes pachten sollte. Die Städte Memmingen und Kempten nahmen Darlehen auf. 1862 wurde der Abschnitt Neu-Ulm–Memmingen und 1863 der Abschnitt Memmingen–Kempten eingeweiht.

4. Die eingleisige Nebenbahn Kempten–Pfronten–(Reutte/Tirol): Ab 1880 wurden durch regelmäßig alle vier Jahre erlassene Lokalbahngesetze Zubringerstrecken zu Hauptbahnen genehmigt. Die Strecke Kempten–Pfronten wurde 1895 eröffnet und 1905 bis an die österreichische Grenze verlängert.

5. Die eingleisige Nebenbahn Kempten–Isny: Diese Strecke wurde 1909 eröffnet. 55 Jahre später trug sich die Bahn mit Stillegungsgedanken, die aber aufgrund zahlreicher Proteste seitens der Bevölkerung 1969 vorübergehend aufgegeben wurden.

Durch den ständig zunehmenden Verkehr wurden die Verlegung des Rangierbahnhofes nach Eich, also südlich an den damaligen Bahnhof anschließend, und der Neubau der Illerbrücken notwendig. Diese Maßnahmen wurden 1904-1906 durchgeführt. Aber nicht nur die Güterzüge umfuhren wie geplant Kempten, sondern auch die Schnellzüge, wogegen die Stadt Kempten erfolgreich protestierte. Ab 1913 liefen die Schnellzüge wieder in den mehrmals erweiterten Kopfbahnhof ein. 1925 war die Situation jedoch wieder die alte, da die Reichsbahn aufgrund von Ablieferungsverpflichtungen eine rein kaufmännische Betriebsführung befolgte und die verkehrspolitischen Bedürfnisse Kemptens für nebensächlich erachtete.

Als am alten Bahnhof kostspielige Erneuerungen nötig wurden, entschloß man sich zur Errichtung eines neuen Durchgangsbahnhofes, der 1965 begonnen wurde. 1966 wurden die Baupläne nochmals geändert, weil man das Bahnterrain von 2,5 auf 10,5 Hektar vergrößerte[3].

Von ebensolcher Bedeutung wie Straße und Schiene war für die moderne Zeit das Postwesen. Seit der territorrialen Neuordnung 1806 war die Post im späteren Regierungsbezirk Schwaben dem Augsburger Oberpostamt unterstellt. Das Postgebäude befand sich bis 1846 in der Feilbergstraße. Nach siebenjährigem Aufenthalt im Gasthof Zum Goldenen Straußen wurde die Post 1853 in den Bahnhof einquartiert. Die Bevölkerung war damit wenig einverstanden, da das Postamt bisher zentral gelegen war. 1904 zog die Post dann in die Haslacher Straße um, da die Räume im Bahnhof zu klein und finster waren. Schon 1808 wurde die erste Postfiliale in der Residenz eingerichtet. Da das königliche Amtsgericht die Räume für Registraturzwecke benötigte, zog die Post 1879 in die Gerberstraße um. 1903 wurde eine zweite Postfiliale in der Salzstraße eröffnet[4].

Mit der Jahrhundertwende gewann das Auto eine immer größere Bedeutung. Die Innovationen auf diesem Gebiet gingen von der Motorpost aus und begannen mit der Eröffnung der Linie Kempten–Altusried–Kimratshofen.

Auch im Bereich der Architektur und des Bauwesens sind wichtige Neuheiten bzw. Veränderungen geschehen. 1835-1841 entstand in der Neustadt das Stiftsspital, das ehemalige Landgerichtsgebäude beherbergte nach einem Umbau die Mädchenschule und das Waisenhaus. 1847 war die neue hölzerne Brücke über die Iller fertiggestellt. Weitere Neubauten des 19. Jahrhunderts waren die Gewerbehalle, das Militärlazarett, der Ausbau der St.-Lorenz-Kirche, das Elektrizitätswerk, der Neubau der Handelsbank und der Bayerischen Staatsbank, die Wittelsbacherschule und die neue Realschule[5]. Durch diese Baumaßnahmen wurde der Zentralitätsverlust, den Kempten durch die Eingliederung ins bayerische Königreich erlitten hatte, zu mindern bzw. auszugleichen versucht.

Im Hinblick auf das ständig steigende Verkehrsaufkommen wurden von der Stadt verschiedene Anwesen bereits frühzeitig erworben, um Straßendurchbrüche zu ermöglichen. So wurde 1892 der Durchbruch vom Residenzplatz über die Gerberstraße zur Altstadt fertiggestellt. 1903 folgte mit der Anlage der heutigen Freitreppe die wohl auffälligste, aber auch vielumstrittene Verbindung zwischen Alt- und Neustadt[6]. Gleichzeitig mit diesen Maßnahmen leitete die Stadt straßenbautechnische Verbesserungen ein: So wurden bis zum Jahre 1886 34 Straßen neu gepflastert. Bis zum Jahre 1914 hatte man 120 Straßen, Wege und Plätze entweder neu geschaffen, erweitert oder gepflastert. Gleichzeitig mit dem Straßenbau dehnte man die Kanalisation aus. Bis zum Jahre 1881 war in dieser Hinsicht sehr wenig geschehen, in den darauffolgenden Jahren dagegen wurden über 100 Straßen kanalisiert.

Auch die Trinkwasserversorgung mußte verbessert werden. Die seit 1845 bestehende Leitung aus Kottern reichte für die ständig anwachsende Bevölkerung nicht mehr aus. Deshalb schloß die Stadt Kempten mit dem dortigen Wasserwerk 1886 einen Vertrag, der ihr garantierte, fast die gesamte Menge des an den fabrikeigenen Berghängen zutage tretenden Quellwassers für ewige Zeiten nutzen zu können.

Im Zuge der bautechnischen, straßenbaulichen und infrastrukturellen Verbesserung waren Modernisierungen auch bei der Beleuchtung nötig. Die Straßenbeleuchtung bestand bis 1809 aus ganzen neun Laternen in der Altstadt. Erst 1857 wurde eine Gasanstalt eingerichtet, im selben Jahr brannten bereits 149 Laternen. 1901 wurde die elektrische Beleuchtung geschaffen, deren weiterer Ausbau jedoch die Gasbeleuchtung nicht verdrängte.

Entwicklungen nach dem Zweiten Weltkrieg

Der Erste Weltkrieg, die Inflation und die Weltwirtschaftskrise gingen natürlich auch an Kempten nicht spurlos vorüber, haben aber die Stadt und die Region insgesamt weniger verändert als der Zweite Weltkrieg und die Nachkriegszeit. Am 19. Juli 1944 fielen die ersten Bomben auf Kempten und am 27. April 1945 besetzten, von Norden kommend, amerikanische Truppen die Stadt.

Die große Zahl der Aussiedler und Heimatvertriebenen (ca. 10 000, siehe auch Abb. S. 481) stellten nach dem Krieg die Gemeinden und Städte vor kaum zu bewältigende Probleme der Wohnungs- und Arbeitsbeschaffung. Der starke Aufschwung nach 1945 äußerte sich in Kemptens intensivster Bautätigkeit während seiner 2000jährigen Geschichte. In den großflächigen Neubaugebieten entstanden meist Einfamilienhäuser, deren architektonische Schönheit zu wünschen übrig läßt und deren Anlage und Eintönigkeit heute oft als häßlich bezeichnet wird, die aber primär zweckgebunden waren und als schnelle Abhilfe der Wohnungsnot verstanden werden müssen. Auf diese Weise wuchsen ursprünglich dörfliche Bereiche mit der Stadt zusammen und wurden in die Stadtgrenzen integriert[7].

Die Altstadt Kemptens behielt trotz der großen Bauaktivität an den Stadtgrenzen ihre Funktion als Wohnbereich. Der Verdrängung der Wohnbevölkerung aus der Innenstadt wurde durch die auf einige Kerngebiete bzw. Hauptstraßen konzentrierten zentralen City-Funktionen entgegengewirkt. Seit 1958 versucht man darüberhinaus, durch Sanierungsmaßnahmen die Attraktivität der Altstadt zu erhalten bzw. zu steigern. Dabei beschränkte man sich anfangs auf die Sanierung einzelner unter Denkmalschutz stehender Objekte. Die Ensemblesanierung, die jeweils Einheiten wie etwa ein Häuserviertel oder einen Straßenzug als erhaltenswert einstuft, ohne daß herausragende, unter Denkmalschutz stehende Gebäude vorhanden sein müssen, begann erst im Verlauf der Arbeiten.

Seit 1963 ist die Kemptener Altstadtsanierung in das Studien-Modellvorhaben des Bundes für die Stadt- und Dorferneuerung einbezogen[8]. Die Schwerpunkte liegen dabei auf Verbesserungen im sanitären Bereich, Trockenlegung feuchter Gebäude und Fassadenverschönerung. Der Einfluß auf die Bevölkerung bleibt nicht aus, weil sich mit der Sanierung auch der Wohncharakter der Altstadtviertel verändert[9] und das Angebot an besserem Wohnraum zunimmt. Mit den infrastrukturellen Verbesserungen und der Steigerung des Wohnkomforts ist jedoch ein Anstieg des Mietpreisniveaus verbunden, was die finanziellen Möglichkeiten verschiedener, ursprünglich dort ansässiger Bevölkerungsgruppen (etwa alte Menschen, ausländische Bevölkerung und Alleinstehende) übersteigt. Heute ist man bemüht, solchen Abwanderungstendenzen entgegenzutreten, indem man beispielsweise alten Menschen durch Seniorenheime in der Altstadt die Zentrumsnähe zu erhalten sucht.

Auch der Anteil der ausländischen Wohnbevölkerung ist in der Altstadt verhältnismäßig hoch (je nach Wohnblock zwischen 12 und 23 %), während er für das gesamte Stadtgebiet 10,1 % (bei 6126 ausländischen Einwohnern im Jahre 1988) beträgt[10].

Eine deutliche Erweiterung des Stadtgebietes brachte die Gebietsreform von 1972: die Gemeinden Sankt Mang und Sankt Lorenz mit zusammen 12000 Einwohnern wurden eingemeindet; das Stadtgebiet vergrößerte sich von 24 auf 63 Quadratkilometer. 1988 betrug Kemptens Einwohnerzahl 60814 Einwohner; die Stadt hat damit eine Größenordnung erreicht, der sowohl die innerstädtischen als auch die regionalen und überregionalen Verkehrsanbindungen angepaßt werden müssen.

In den 80er Jahren wurde die aus der östlichen (Teilstück der A 7) und der südlichen Stadtumfahrung (Teilstück der A 98) bestehende Anbindung mit mehreren Auffahrten fertiggestellt; außerdem tangieren vier Bundesstraßen (B 12, B 19, B 309, B 472) als mögliche Fernverbindungen die Stadt Kempten. Zweck dieser Stadtumgehungen ist eine Entlastung der engen Innenstadt vom Durchgangsverkehr[11]. Durch derartige verkehrsberuhigende oder eher verkehrsverlagernde Maßnahmen und die maßvoll durchgeführte, erhaltende Sanierung wird Kemptens Bestreben nach einer Verschönerung und Bewahrung des historischen Stadtbildes durchaus günstig beeinflußt.

1 Stadt Kempten (Hrsg.): Flächennutzungsplan der Stadt Kempten, Kempten 1975.

2 Wolfgang Haberl: Kempten: Führer durch unsere Stadt: Bewahrtes und Verborgenes, Kempten 1980.

3 Bernd Volker von Bonin: Die Geschichte des Bahnhofes Kempten in volks- und betriebswirtschaftlicher Hinsicht, München 1971.

4 Julius Sesar: II. Beiträge zur Geschichte der bayerischen Post in Kempten (1806-1920), München 1964.

5 Rottenkolber, Allgäu, Bd. 4: Das 19. Jahrhundert.

6 Herrmann, Kempten.

7 Petzet, Kempten.

8 Städtebaugesellschaft für Sanierungs- und Entwicklungsmaßnahmen m. b. H. (Hrsg.): Altstadtsanierung Kempten/Allgäu, Kempten 1980.

9 Bayerisches Landesamt für Denkmalpflege (Hrsg.): Handwerk und Denkmalpflege. Berichte zu den Baudenkmälern, München 1984.

10 Stadt Kempten: Amtliche Statistik des Einwohnermeldeamtes der Stadt Kempten aus dem Jahre 1988.

11 Horst Matzerath (Hrsg.): Städtewachstum und innerstädtische Strukturveränderungen: Probleme der Urbanisierungsprozesse im 19. und 20. Jahrhundert, Stuttgart 1984.

Stadtsanierung und Denkmalpflege

Michael Petzet

»Das als Handelsplatz an der Illerbrücke erstarkende mittelalterliche Kempten wird von der Siedlung um St. Mang ausgehend gegen Westen in die höhere Lage der Fischerstraße und Klostersteige erweitert, seit dem 13. Jahrhundert mit einer Befestigung umgeben, die im 15. Jahrhundert auch die Brennergassenvorstadt zwischen Burghalde und Iller und die Illervorstadt am rechten Ufer vor der Brücke einbezieht. In jahrhundertelangen Kämpfen – Höhepunkt der Sturm der Bürger auf die Burghalde 1363 – befreit sich die Stadt von der Oberhoheit der Äbte. Nach dem Freiheitsbrief durch Rudolf von Habsburg 1289 bringt die ›Goldene Bulle‹ Karls IV. 1361 die endgültige Anerkennung der freien Reichsstadt. 1347 schließt sie sich dem Schwäbischen Städtebund, 1488 dem Schwäbischen Bund an. 1525 benützt Bürgermeister Gordian Seuter die bedrängte Lage des Fürstabts im Bauernkrieg, um die Stadt im ›Großen Kauf‹ von den letzten grundherrlichen Rechten des Klosters zu befreien... Das Kempten des Jahres 1628 zeigt die Ansicht von Hain und Raidel: Seitlich des Kirchplatzes vor der im 15. Jahrhundert erneuerten Mangkirche und des anschließenden Rathausplatzes gegen das Klostertor im Westen die engen mittelalterlichen Straßenzüge, aus denen sich einige Patrizierhäuser der Renaissance wie das Schlößle und Reichsstraße 2 abheben. Nach der Erweiterung der ihrer Befestigung beraubten Altstadt in die Vorstädte des 19. Jahrhunderts konnten selbst die durch das moderne Geschäftsleben bedingten Veränderungen dies ursprüngliche, um einige Barockbauten wie das Rote Haus und den Londoner Hof bereicherte Bild nicht ganz zerstören...«[1].
Soweit die das Ensemble der alten Reichsstadt skizzierende Einleitung des Verfassers zu seinem vor dreißig Jahren erschienenen Kurzinventar, in dem noch der nach dem Krieg fast unversehrt erhaltene Bestand an historischen Wohnhäusern beschrieben wird, der von der gleichzeitig, 1958, eingeleiteten Sanierungswelle überrollt werden sollte. Schon seit 1963 wurde die Sanierung der ehemaligen Reichsstadt als ein das Städtebauförderungsgesetz vorbereitendes »Studien- und Modellvorhaben zur Stadt- und Dorferneuerung« von Bund und Land mit erheblichen Mitteln gefördert, und seit 1972 wurde auch die ehemalige Stiftsstadt Sanierungsgebiet, große, in vieler Hinsicht modellhafte Sanierungsvorhaben, die inzwischen als abgeschlossen zu betrachten sind, während noch ein weiteres neues Sanierungsgebiet »Unter der Burghalde« hinzugekommen ist.
In einer Rückschau auf »30 Jahre Stadtumbau« hat sich die Stadt Kempten 1988 ein bemerkenswertes Selbstporträt gezeichnet[2]. In einer Chronologie der Stadtentwicklung werden hier dreißig Jahre des Suchens, der Erfolge und auch der Fehlentwick-

lungen in der Stadtsanierung vorgestellt. So offen, wie der programmatische Satz am Ende des ersten Kapitels: »Die Broschüre will nicht nur eine Bilanz der Leistungen und Erfolge sein, sie will auch Probleme und offene Fragen ansprechen«, steht diesem Text als Eingangsbild die Photographie eines Abbruchs gegenüber. Sieht man sich das Bild genauer an, erkennt man in den Resten des zur Hälfte noch stehenden Gebäudes im zweiten und dritten Obergeschoß die Ständerbohlenkonstruktion eines spätgotischen Wohngebäudes. Diese selbstbewußte Art, die jüngste Stadtgeschichte im Spiegel der Zeitströme nicht nur in Form von Glanzlichtern zu präsentieren, sondern auch stadtplanerische Irrtümer nicht zu verschweigen, macht vielleicht auch dem Denkmalpfleger Mut, aus seiner Sicht auf das Ergebnis von dreißig Jahren Stadterneuerung in Kempten zurückzublicken. Wenn dabei Kritik anklingt, so liegt es in der Natur der Sache: Der denkmalpflegerische Auftrag des Bewahrens muß unvermeidbar in die Konfliktzonen einer vorrangig wirtschaftlich orientierten Stadtplanung führen.

Am Anfang zwei Feststellungen, die Kempten zu einem herausragenden Beispiel für die Stadtsanierungsgeschichte der historischen Städte in der Bundesrepublik machen:

– Kempten hat kaum Kriegszerstörungen erfahren; gerade die Reichsstadt war ein historisch authentischer Stadtorganismus, als die Sanierungsbemühungen begannen.

– Kempten ist eine Pionierstadt für alle Aufgaben, die im Rahmen der Stadtsanierung auftreten. Kemptens Erfahrungen hatten Auswirkungen auf den Inhalt und auf die Praxis der Anwendung des Städtebauförderungsgesetzes. Wie kaum eine andere Stadt eignet sich deshalb Kempten heute zur Beschreibung des Machbaren und der Grenzen des Machbaren im Umgang mit einer alten Stadt.

Diese beiden Tatsachen sind vielleicht auch verantwortlich dafür, daß in Kempten zwar alle Probleme exemplarisch auftraten, daß aber das Gesamtergebnis kaum »modellhaft« sein konnte. Die Broschüre »30 Jahre Stadtumbau« erschließt das Beispiel Kempten fast als ein Lehrstück.

Bekäme der einstige Inventarisator der Denkmäler Kemptens diese Stadt nach dreißig Jahren zum erstenmal wieder zu Gesicht, er könnte nur eine gewaltige Verlustrechnung aufmachen: Ganze Stadtquartiere durch mehr oder weniger »gesichtslose« Neubauten ersetzt, Straßendurchbrüche, brutale Kontraste wie das inzwischen durch neue Dächer mühsam kaschierte Parkhaus im Herzen der Altstadt oder das Kaufhaus als »Konkurrenz« zur fürstäbtlichen Residenz, auch hinter den wenigstens teilweise bewahrten historischen Fassaden Auskernungen und durchgreifende Erneuerung unter Verlust kostbarer Täfeldecken, Stuckdekorationen und all der übrigen, im Inventar noch beschriebenen historischen Ausstattungen, selbst die bekannten Gasthäuser eines nach dem anderen hinwegsaniert – die Gasthäuser zum Kreuz, zum Lamm, zur Gans, zum Mohren und zu den sieben Hansen. Auch dem heutigen Besucher, der Kempten vor der Sanierung nicht gekannt hat, ist vielleicht der geschichtliche Ruhm einer Stadt, die auf eine römische Gründung und auf eine auch in der Stadtgestalt ausgeprägte große Vergangenheit zurückblicken kann, invornherein bekannt. Der Besucher geht in die Altstadt, um »Geschichte« zu erleben. Das Ergebnis aber wird zu einem Wechselbad der Eindrücke, wenn im überschaubaren Gebiet der Reichsstadt die historischen Gebäude und in ihrer Nachbarschaft die inzwischen höchst unmodern gewordene Moderne ins Auge fallen. Was, oder wo ist die Reichsstadt Kempten? Ist es der Rathausplatz, die Fußgängerzone, die Kronenstraße oder die Gerberstraße?

Aus der Sicht des Denkmalpflegers ist das heutige Altstadtensemble sicher kein einzelner dieser Stadträume – eher schon alle zusammengenommen ein wenig. Am stärksten begegnet man heute der Altstadt auf dem St. Mang-Platz mit den südlichen und östlichen Teilen seiner Nachbarschaft und im Quartier Unter der Burghalde. Friedrich Spengelin hat 1977 in einer der eindrucksvollsten Stadtbildanalysen dieser Zeit allein durch die Beschreibung der Stadtgestalt eine Brücke zwischen der geschichtlichen Qualität der Stadt, ihrem Gegenwartsbestand und ihren aktuellen Entwicklungsaufgaben hergestellt[3]. Der methodische Ansatz dieser Stadtbildanalyse ist die Darstellung der gestalterischen Qualitäten. Die Denkmalpflege entwickelte in den siebziger Jahren erst ihren methodischen Apparat zur gutachterlichen und beratenden Betreuung von städtebaulichen Aufgaben in schutzwürdigen Altstadtkernen, und die gesetzliche Grundlage war erst 1973 durch das Bayerische Denkmalschutzgesetz mit seiner Definition von Ensembles gegeben worden.

Der hohe Rang, den Kempten unter den historischen Städten Bayerns einnahm, hat schon bald auch zu einzelnen kritischen Äußerungen zur Praxis der Stadtsanierung geführt, insbesondere Kritik an der unübersehbar großen Zahl der Abbrüche in der Altstadt. Doch sicherlich war die Stimme der Denkmalpflege nicht immer deutlich genug, und erst der Verfasser hat mit der Äußerung »in Kempten wurde viel gesündigt« anläßlich der Eröffnung einer Ausstellung zum Denkmalschutzjahr 1975 eine heftige Kontroverse ausgelöst[4]. Selbst damals stand das Landesamt für Denkmalpflege mit seiner Kritik noch im Gegensatz zu den übrigen fachlichen Äußerungen, die mehrheitlich zustimmend zu den großen Sanierungserfolgen in Kempten Stellung nahmen.

Heute darf man rückblickend feststellen, daß sich seit den späten siebziger und besonders im Verlauf der achtziger Jahre in der Sanierungspraxis, gerade auch in der Sanierung im Rahmen des Städtebauförderungsgesetzes, eine aus der Sicht der Denkmalpflege höchst positive Verlagerung auf Objekterhaltung eingestellt hat, ganz so wie es die Denkmalpflege seit langem gefordert hatte. Das besondere Interesse der Denkmalpflege an der historischen Bausubstanz mußte früher, als dies andere Beteiligte erkennen konnten, den spezifischen Konflikt offen legen, der mit der städtebaulichen Erneuerung von historischen Altstadtquartieren ja zwangsläufig verbunden ist. Denn als Anwalt für Geschichtlichkeit war es gerade die Aufgabe der denkmalpflegerischen Fachbehörde, gegenüber der kommunalen Verwaltung mit ihrem viel breiter angelegten Verantwortungsbereich auch solche Forderungen der Stadterhaltung zu stellen, die sich scheinbar nicht oder nur mit großer Mühe in ein übergreifendes kommunalpolitisches Entwicklungsziel einfügen ließen.

Inzwischen sind mit den denkmalpflegerischen Interessen sorgfältig abgestimmte

Tafel 65   Die 1964 eingeweihte evangelische Johanneskirche auf dem Haubenschloß, Architekt Dipl. Ing. Wolf Molitor

Tafel 66.1 Die 1971 gegründete Fachhochschule Kempten in der Bahnhofstraße, aufgenommen 1989

Tafel 66.2 Der 1969 eröffnete Durchgangsbahnhof mit dem im Bau befindlichen Mittleren Ring, aufgenommen 1967/1968

Tafel 67.1 Neugestaltete Altstadtgasse An der Sutt. Beispiel der Kemptener Altstadtsanierung

Tafel 67.2 Entenbrunnen von Hans Wachter vor der Städtischen Sing- und Musikschule, errichtet 1984

Tafel 68   Der 1989 eröffnete Engelhalde-Park in einer rekultivierten Kiesgrube mit Blick auf St. Lorenz und St. Mang

Stadtsanierungspläne auch in Kempten eine Selbstverständlichkeit, und dank der seit Jahren bewährten guten Zusammenarbeit des Landesamtes für Denkmalpflege mit der Stadt als Unterer Denkmalschutzbehörde ist auch eine ganze Reihe von gut gelungenen privaten Instandsetzungsmaßnahmen an Bürgerhäusern, zum Beispiel Vogtstraße 8, zu verzeichnen, auch durch bauforscherische Untersuchungen vorbildlich vorbereitete Maßnahmen wie zum Beispiel die Instandsetzung der ehemaligen reichsstädtischen Münze und des Hauses Schützenstraße 11[5] oder so bedeutende Einzelmaßnahmen wie 1983 die Instandsetzung des Ponikau-Hauses mit seinem Rokokosaal durch die Volksbank Kempten.

Doch aus der hier nur angedeuteten Rückschau auf die vergangenen Jahrzehnte der Stadtsanierung bietet sich nicht die Betrachtung weiterer mehr oder weniger gelungener Einzelbeispiele für Instandsetzung und Sanierung an, sondern mit Blick auf die aktuellen Fragen der Stadterneuerung in unserer Gegenwart einige allgemeinere Überlegungen zur Position der Denkmalpflege im Umgang mit der alten Stadt.

Stadterneuerung im Ensemble bedeutet, das Sanierungskonzept aus der Substanz heraus zu entwickeln. Die historische Bausubstanz eines Ensembles aber wird nicht allein aus den überlieferten »Glanzlichtern« der Baugeschichte gebildet: Das Ensemble besteht aus allen Gebäuden, Flächen und Räumen, die als bedeutungsvolle Klammer eine gemeinsame Geschichte haben. Für ein denkmalgerechtes Sanierungskonzept ist es wichtig, daß zunächst einmal alle Teile, gleich aus welcher Zeit sie stammen und ungeachtet ihrer Bedeutung und ihres technischen und funktionalen Zustandes, als Ausgangslage für die Stadtsanierung zu betrachten sind, selbst wenn dann bei praktischen Maßnahmen natürlich auch nach Qualitäten unterschieden werden muß. Von außen kommende Einzelkonzepte können im Rahmen der Sanierungsplanung zwar punktuelle Probleme lösen. Sie können aber zu einer Sanierungshypothek werden, wenn sie den aus dem Gesamtbestand entwickelten Konzepten als Fremdkörper im Wege stehen. Denn die Erfahrung aus vielen Stadtsanierungen zeigt doch, daß unter dem Zwang der ständigen Anpassung des Sanierungskonzeptes und der Sanierungspraxis gerade solche Lösungen entwicklungsfähig oder korrigierbar sind, die nicht nur aufgrund der erkannten individuellen Probleme, sondern auch in Kenntnis ihrer städtebaulich funktionalen Rahmenbedingungen gefunden wurden.

Das Sanierungskonzept sollte sich also nicht ausschließlich an den »Glanzlichtern« des Stadtbildes orientieren, sondern es muß sich an die Gegebenheiten des vorhandenen Gesamtbestandes halten. Denn die herausragenden historischen Monumente sind trotz ihrer geschichtlichen und funktionalen Verknüpfung mit dem Stadtorganismus in diesem doch stets Sonderaufgaben. Wenn die Sanierung der herausragenden Gebäude oder besonderer Quartiere nicht konzeptionell aus dem Gesamtbestand der Altstadt entwickelt ist und auf diese – zum Beispiel auf die bescheidenen Quartiere des Wohnens und Arbeitens – auch nicht übertragbar ist, so entsteht zwangsläufig eine neue städtebauliche Realität aus bloßen »Sanierungsinseln«, ja auch »Sanierungswüsten«, denen dann gewisse vom Abbruch verschonte »Traditionsinseln«, zum Beispiel das Müßigengelzunfthaus, beziehungslos gegenüberstehen. In Kempten sind solche Inselsituationen gerade als Relikte einer Flächensanierungspraxis früherer Jahre beim Gang durch die Altstadtquartiere immer wieder zu erleben.

Das Aufgabenspektrum der Stadtsanierung in einem Altstadtkern reicht von der Konservierung über die Restaurierung bis zur Modernisierung, von der Reparatur über den Umbau bis zur totalen Erneuerung. Eines allerdings bedeutet Sanierung im Ensemble sicherlich niemals: Die Herstellung eines anderen Zustandes, der zum totalen Bruch mit der historischen Kontinuität führt. Stadterhaltung richtet sich dabei ganz konkret auf alle Bereiche, die in Substanz, Gestalt und Funktion Bestandteil der historischen Stadt in der Gegenwart sind. Dazu gehören auch alle städtebaulichen »Gestaltmerkmale«, die Zeichen moderner städtebaulicher Funktionen sind.

In der Öffentlichkeit besteht überwiegend die Vorstellung, daß es Themen der Baugestaltung sind, die es im Rahmen der Stadterneuerung zu bewältigen gilt. Wichtiger sind aber auch aus der Sicht der Denkmalpflege die stadtbildformenden Kräfte, die vom fließenden und ruhenden Verkehr, von den baulichen Ansprüchen der Wirtschaft und der Versorgung sowie von den Ansprüchen an die Wohnumfeldgestaltung oder moderne Funktionsabläufe im Arbeitsbereich und im Freizeitverhalten ausgehen. Bei der Entscheidung über Erhaltung oder Erneuerung von einzelnen Gebäuden gibt es keinen Kompromiß zwischen denkmalpflegerischen Forderungen auf der einen und stadtgestalterischen Forderungen auf der anderen Seite, der über den Weg bloß formal-ästhetischer Lösungen zu erreichen wäre. Verantwortliche Entscheidungen in diesem Konflikt sollten zu Lösungen führen, die zugleich Ansätze für die Bewältigung weiterer Problemfelder darstellen. Nachempfundene »historische« Bauquartiere oder die Kaschierung von nicht wiedergutzumachenden Einbrüchen in die Stadtgestalt durch historisierende Phantasiebauten führen hier kaum zum Ziel. Denn diesen und ähnlichen Lösungen ist gemeinsam, daß sie ausschließlich die Aufgabe der »Beschwichtigung« haben. Bezogen auf Stadterhaltung im Rahmen des Ensembles bieten sie dagegen wenig. Im Gegenteil, sie sind der sichtbare Verzicht auf Auseinandersetzung mit dem Konfliktthema Erhalten und Erneuern. Geschichtliche Authentizität im Ensemble wird durch bloße »Rekonstruktion« und durch »Erinnerungsprojekte« sogar manchmal mehr beeinträchtigt als durch sichtbar zeitgenössische Lösungen, die auf gewandelte Nutzungsansprüche und Funktionsabläufe reagieren. Auch rein ästhetisch begründete Stadtbildkorrekturen an Gestaltungsleistungen der jüngeren Vergangenheit scheinen manchmal nur der Anfang von ewigen »Nachbesserungen«, die kaum zu einem erträglichen Ergebnis von akzeptabler Dauer führen, selbst wenn man in diesem Zusammenhang keineswegs von der Maxime ausgehen sollte, daß jede heute ungeliebte funktionale Architektur etwa der sechziger Jahre übermorgen als Baudenkmal eingeordnet werden könne.

Stadterhaltung findet im übrigen an jedem Gebäude statt. Die Entscheidung über den Umgang mit einzelnen Gebäuden reicht dabei von der durchgreifenden Sanierung bis zum Ruhenlassen oder zumindest bis zur einfachen Reparatur, die in der Lage ist, ein gewisses Maß an Funktionsfähigkeit wiederherzustellen. Dabei sind die sehr unterschiedlichen Charakteristika der Stadtquartiere zu beachten, die als Spiegel ihrer historischen Entwicklung zur Gesamtheit der Stadtgeschichte beitragen. In Kempten sind insbesondere die Strukturmerkmale, die das Verhältnis des einzelnen Gebäudes zur Parzelle betreffen, weitgehend aufgelöst. Wo diese Zusammenhänge noch bestehen, wie um den St. Mang-Platz herum und unter der Burghalde, da müßten solche historische Bedeutung tragenden städtebaulichen Strukturmerkmale in Zukunft sorgfältigst geschützt und auch durch Zuordnung verträglicher Funktionen erhalten werden.

Das Ziel der Stadterhaltung als Grundkonzept einer rechtverstandenen Stadtsanierung sollte sich aber nicht auf die historischen, »denkmalgeschützten« Gebäude beschränken. Nicht nur, daß eine Altstadt auch schützenswerte Gebäude und bauliche Bereiche hat, die zwar selbst nicht Träger geschichtlicher Bedeutung sind, die aber als Bestandteil des Ensembles zur geschichtlichen Bedeutung der ganzen Stadt beitragen, – es gibt auch gebaute und gestaltete Bereiche aus der Gegenwart, auf die sich das Erhaltungsprinzip anwenden läßt. Zum Teil kann dies durch Rücksicht in Gestaltungsfragen geschehen. Zum sehr viel größeren Teil allerdings muß dies durch die verträgliche Einfügung in den funktional und räumlich organisierten Stadtkörper der Gegenwart erreicht werden. Bei jeder städtebaulichen Entscheidung ist ja ein Netzwerk von Gebäuden, Räumen, Funktionen und »Gestaltungsmerkmalen« betroffen. In einem so stark verflochtenen Komplex, wie er durch eine Altstadt gebildet wird, gibt es keine städtebaulich relevante Entscheidung, die nicht zugleich auch korrigierend auf frühere Entscheidungen einwirkt. Und je weiter sich ein neues Projekt von den Bestandsmerkmalen abhebt, desto gravierender können die Irritationen in der bestehenden städtebaulichen Struktur sein, – die zerstörerischen Einbrüche als Folgen von Fußgängerzonen, neuen Verkehrsachsen, Garagen, Kaufhäusern usw. sind, nicht nur in Kempten, sondern in vielen Städten der Bundesrepublik, unübersehbar.

Eine Abwägung der Gewinne und Verluste einer Stadtsanierung kann natürlich auch unter den hier umschriebenen allgemeineren Gesichtspunkten nicht allein aus der Sicht des Denkmalpflegers erfolgen, der im »Modellfall« Kempten zunächst einmal die Verlustbilanz zieht und in Erinnerung an das Verlorene die notwendige »Trauerarbeit« zu leisten hat, während auf der anderen Seite der Bilanz die vitale Allgäu-Metropole mit einzelnen dominierenden Baudenkmälern wie der berühmten Lorenzkirche steht, – das moderne Kempten von heute, das sich gerade in den letzten Jahren, vor allem mit seinen vorbildlichen Bemühungen um das archäologische Erbe des einstigen Cambodunum, wieder auf seine große Geschichte besinnt.

1 Petzet, Kempten, S. 1/2. – Die folgenden Abschnitte beruhen zu einem großen Teil auf vorbereitenden Texten von Manfred Mosel, dem ich, ebenso wie Gunther Becker, dem zuständigen Gebietsreferenten des Bayerischen Landesamtes für Denkmalpflege, auch eine Reihe von Anregungen und Hinweisen zu verdanken habe.

2 30 Jahre Stadtumbau Kempten im Allgäu, hrsg. von Dr. Josef Höß, Kempten 1988.

3 Friedrich Spengelin, Lothar Kistler, Fred Angerer u. a.: Stadtbild und Stadtlandschaft, Planung Kempten/Allgäu, Analyse und Bewertung des Zustands von Landschafts- und Stadtbild, Empfehlungen zu deren Schutz, Pflege und Entwicklung im Rahmen der städtebaulichen Planung für die Stadt Kempten, Studien und Modellvorhaben des Bundes und des Freistaates Bayern, o. O., o. J. (1977).

4 Allgäuer Zeitung 1975, Nr. 150 vom 4.7., Nr. 151 vom 5./6.7., Nr. 155 vom 10.7., Nr. 157 vom 12./13.7.

5 Über das Beispiel Schützenstraße 11 in Kempten siehe Gert Mader: Die Praxis des Umgangs mit Baudenkmälern und ihrer Ausstattung. In: Das Baudenkmal und seine Ausstattung, Substanzerhaltung in der Denkmalpflege, Schriftenreihe des Deutschen Nationalkomitees für Denkmalschutz Bd. 31, S. 51–58.

Forschung

Zum Stand der Forschung

Wolfgang Haberl

Es mag vielleicht unüblich sein, dem gegenwärtigen, aber doch stets fließenden »Stand« der Forschung einen gesonderten Platz einzuräumen, da sich dieser ja aus den Beiträgen und Anmerkungen dieses Bandes ergibt, aber Geschichte der Erforschung ist hier auch ein Stück Stadtgeschichte selbst.

Sieht man nun von Lobschriften und Beschreibungen[1] und den Zusammenstellungen von Kesel[2], Zorn[3] und Boxler[4] ab, so begegnet in der Einleitung zu Philipp Jakob Karrers überarbeiteter »Reformations-Geschichte der Altstadt Kempten«[5] erstmals ein Ansatz zu einer Stadtgeschichte. Der Dekan zu St. Mang schreibt hier: »Kempten verdiente wegen seines hohen Alters und seiner Schicksale eine vollständige Beschreibung und Geschichte... Möchten Umstände zur Herausgabe einer solchen Geschichte sich günstig zeigen, und möchte sich ein sachkundiger Mann, der Zeit und Muße hätte, dazu finden!« Und bereits sechs Jahre später ist er selbst jener »sachkundige Mann«, der eine »Getreue und vollständige Beschreibung und Geschichte der Altstadt Kempten« herausbringt. Den beiden Kempten aber gilt erst die zweibändige »Geschichte der Stadt und der gefürsteten Grafschaft Kempten von den ältesten Zeiten bis zu ihrer Vereinigung mit dem baierischen Staat« von Johann Baptist Haggenmüller[6]. Dieser arbeitet mit, wenn auch wenigen, Fußnoten, die aber aus den Repertorien und Regesten, auch des Stadtarchivs Kempten, wenn auch etwas mühsam und nur lückenhaft, erschlossen werden können. Doch ist nur ihm eine Darstellung der beiden Kempten zu verdanken. Bei dieser ist es dann auch durch fast ein volles Jahrhundert geblieben. Erst Josef Rottenkolber brachte 1932 seine »Geschichte des hochfürstlichen Stiftes Kempten« und 1935 seine »Geschichte der Stadt Kempten im 19. Jahrhundert (1800–1914)« heraus. Eine knappe Zusammenfassung der Geschichte der beiden Kempten aber schrieb Rottenkolber erst 1954: »Aus Kemptens vergangenen Tagen.« Hier findet der Leser auch erstmals ein freilich unvollständiges Literaturverzeichnis.

Seitdem aber wird eine neue Geschichte der beiden Kempten vermißt. Und auch der vorliegende Band kann einem solchen Wunsch nur teilweise entsprechen, übersteigt doch die Darstellung eines Flächenstaates die Schilderung der von diesem eingeschlossenen Stadt um ein Vielfaches. Doch hat Peter Blickle[7] die territorialgeschichtlichen Zusammenhänge aufgezeigt, und auch Richard Dertsch[8] legt ein beide Kempten umfassendes Material vor. Diese beiden Darstellungen sind bis zur Stunde die wesentlichsten »Kompendien«.

Sieht man von Zollhoefers Übersicht im Bayerischen Städtebuch[9] und den beiden gestrafften Zusammenfassungen Layers im »Spindler«[10] ab, so ergibt sich zwar eine

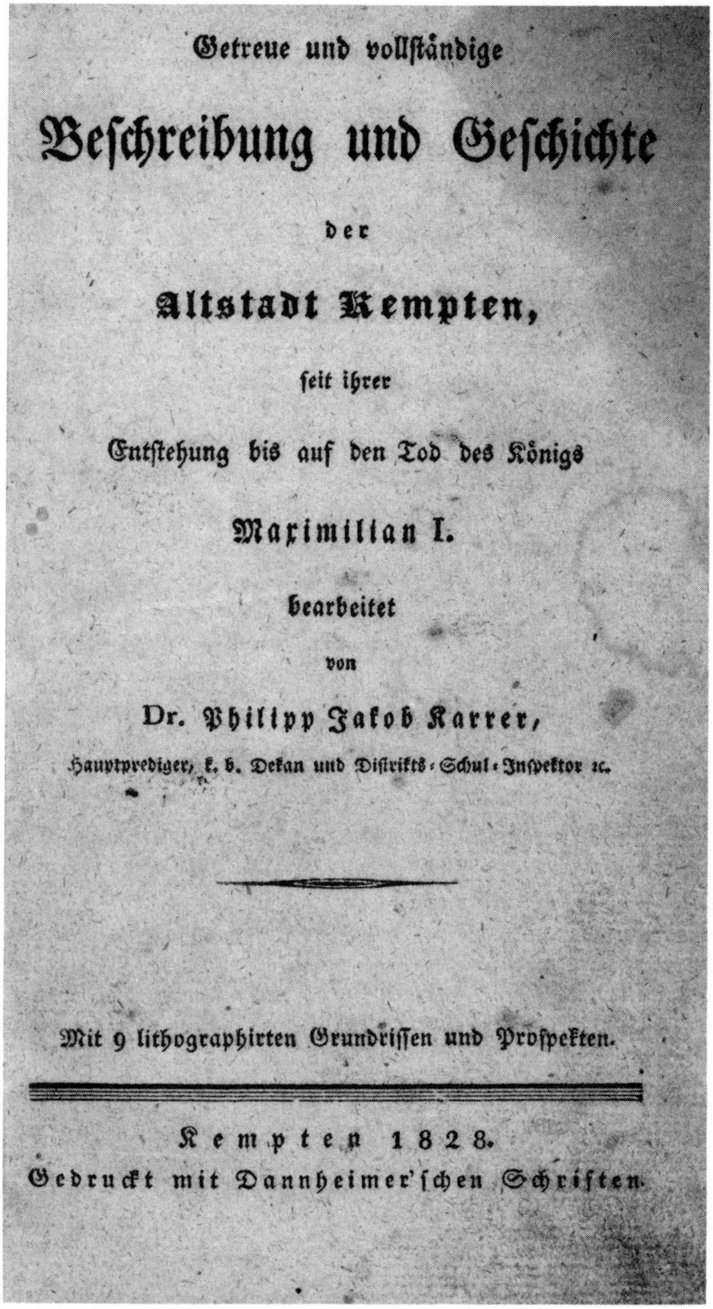

Getreue und vollständige

Beschreibung und Geschichte

der

Altstadt Kempten,

seit ihrer

Entstehung bis auf den Tod des Königs

Maximilian I.

bearbeitet

von

Dr. Philipp Jakob Karrer,

Hauptprediger, k. b. Dekan und Distrikts-Schul-Inspektor ꝛc.

Mit 9 lithographirten Grundrissen und Prospekten.

Kempten 1828.

Gedruckt mit Dannheimer'schen Schriften.

nicht geringe Zahl verschiedenartigster Aufsätze[11], deren Detailwissen aber nach einer Zusammenfassung geradezu ruft. Dies gilt für alle Bereiche stadtgeschichtlicher Forschung.

Fast völlig fehlen Darstellungen zur Wirtschaftsgeschichte[12] und auch die Erstellung einer Häusergeschichte[13]. Nicht zuletzt fehlt der vergleichende Blick über die territorialen Grenzen hinaus[14], weiß sich doch Kempten eingebunden in die vielfachen Bezüge des Allgäus, die politischen und geistigen Kräfte Ostschwabens und die Farbigkeit des südwestdeutschen Ambiente.

Lücken bestehen auch im Bereich von Verfassung und Gerichtswesen[15] und in dem so weiten Feld all dessen, was man mit dem Stichwort »Kulturgeschichte« umschreibt. Hier weisen nur die »Musikgeschichte der Fürstabtei Kempten«[16] und die Monographien zu Aegid Verhelst[17] und Johann Georg Üblher[18] neue Wege.

Diese werden sich auch aus der Restaurierung von St. Lorenz ergeben, tritt doch nun die Leistung des Graubündners Johann Serro stärker hervor.

Ein offener Wunsch ist ein Führer durch das zweitälteste Gotteshaus der Stadt, die Keckkapelle[19].

Gut erforscht sind dagegen die Wahrzeichen der Stadt: Siegel, Wappen und Stadtfarben[20].

Kritisch kaum dargestellt aber ist das Stadtbild, das schon 1914 als »so sehr verwischt«[21] beklagt wurde. Mit dem Hinauswachsen in die Landschaft müßten heute auch die neuen Stadtteile erforscht und dargestellt werden.

Wenig erforscht ist die Zeitgeschichte; Herbert Müller[22] hat hier einen bemerkenswerten Anfang gesetzt.

Für eine Erfassung der mundartlichen Eigenheiten dürfte es bereits zu spät sein, falls es überhaupt je eine ausgeprägte Stadt-Mundart gab.

Eine Art Renaissance aber erlebt die Erforschung des Ursprungs der Stadt, wobei die Archäologische Abteilung auch die Spuren des Mittelalters und der Frühen Neuzeit freilegt.

Neue Anregungen erhält eine längst fällige Darstellung der städtischen Sammlungen. Die »Alpenländische Galerie«[23] mag eine »Vorstufe« in der fürstäbtlichen Bildersammlung[24] sehen.

Auf gesicherte Ergebnisse kann die Erforschung der Druckereien[25], der Zeitungen[26] und der Münzen[27] zurückgreifen.

Ein Desiderat besonderer Dringlichkeit ist eine anschaulich beschreibende Darstellung der in den verschiedenen Archiven liegenden Quellen, zumal jetzt wesentliche Bestände aus dem Bayerischen Hauptstaatsarchiv in das neue Staatsarchiv Augsburg kommen und für Kempten und das Allgäu leichter zu erreichen sind. Wie methodisch notwendig dieser Wunsch ist, zeigen die rd. 40 Ortschroniken, die nach 1945 im Allgäu erschienen sind, Quellen aber meist nicht oder sehr ungenau nennen.

Hier nun schließt sich der bewußt knapp gespannte Bogen zu Haggenmüller und seinem bescheidenen Anmerkungsapparat.

So bleiben – vielleicht immer – mehr Ansätze zu klärenden Antworten –, insgesamt

Farbtafel 29 Das Kemptener Rathaus nach dem Umbau 1985–1987, auf der östlichen Fassade das frühere reichsstädtische Wappen

Farbtafel 30/31 Kempten, Luftaufnahme aus dem Jahr 1988 (freigegeben durch die Regierung von Oberbayern GS 300/314/88)

Tafel 69.1 Moderne Technologie in einem Kemptener Milchindustriebetrieb

Tafel 69.2 Präzision aus Kempten: Wechsel- und Magazin-Einheiten für Werkzeugmaschinen

stets ein Anreiz zu Abrundung und Zusammenfassung. Daher tut es vor dem Hintergrund der jeweils »geistigen Situation der Zeit« (Jaspers) not, in gewissen und nicht zu großen zeitlichen Abständen historisches Kommen und Gehen neu zu formulieren.

1 Heide-Weißhaar-Kiem: Lobschriften und Beschreibungen ehemaliger Reichs- und Residenzstädte in Bayern bis 1800. o.O. (Mittenwald), o.J. (1982).

2 Jacob Kesel: Kemptisches Denckmahl oder Geist- und Weltliche Geschichte der Uralten Schwäbischen Reichs-Stadt Kempten. Ulm, o.J. (1727).

3 Johann Zorn: Sammlung der merkwürdigsten Ereignisse in der ehemaligen Reichsstadt Kempten, seit deren Entstehung, bis zur Auflösung der Reichsunmittelbarkeit im Jahre 1802. Kempten, 1820.

4 L. Boxler: Sammlung der merkwürdigsten Ereignisse in dem ehemaligen fürstlichen Reichsstifte Kempten seit dessen Entstehung bis zur Auflösung im Jahre 1802. Kempten, 1822.

5 Kempten, 1822.

6 Kempten, Bd. 1:1840, Bd. 2:1847.

7 Peter Blickle: Kempten (= HAB, Teil Schwaben. Heft 6), München 1968.

8 Richard Dertsch: Stadt- und Landkreis Kempten. (HONB, Schwaben, Bd. 4), München 1966.

9 Band V, Bayern, Teil 2, Stuttgart-Berlin-Köln-Mainz, 1974, S. 291–299.

10 Adolf Layer: Das Fürststift Kempten. In: HdBBayG 3, 2. Teilbd., 2. Aufl., München 1979, S. 963–967 und (Reichsstadt) Kempten, ebd. S. 1035–1037.

11 Wolfgang Haberl: Kempten. Führer durch unsere Stadt. Bewahrtes und Verborgenes, o.O. (Kempten), o.J. (1980), S. 98–112.

12 Abgesehen von: Ursula Grünefeld: Die wirtschaftliche Entwicklung der Stadt Kempten/Allgäu im 19. Jahrhundert. Dipl.-Arbeit Erlangen-Nürnberg 1977 und: Wolfgang Keichel: Die wirtschafts- und sozialgeschichtliche Entwicklung der Stadt Kempten/Allgäu seit der Jahrhundertwende. Diplomarbeit Fachhochschule Nürtingen, 1979.

13 Beispiele: Friedrich Zollhoefer: Aus der Geschichte eines Kempter Patrizierhauses. Das sogenannte »Ponikau-Haus«. In: AGF 56/57

(1957), S. 12–20 und: Das Rathaus zu Kempten im Wandel der Geschichte, Kempten, o.J. (1987).

14 vgl. eine Reihe von Beiträgen der letzten Jahre von Wolfgang Haberl in der Zeitschrift »Das schöne Allgäu«, insbes. Beziehungen zu Tirol.

15 Peter Beck: Das Stadtbuch der Stadt Kempten von 1358. Diss. Kiel 1973.

16 Adolf Layer: Musikgeschichte der Fürstabtei Kempten, Kempten, 1975.

17 Dagmar Dietrich: Aegid Verhelst 1696–1749, o.O. (Weißenhorn), o.J. (1986).

18 Norbert Jocher: Johann Georg Üblher (1703–1763). In: AGF 88 (1988), S. 10–349.

19 Grundlage wäre: Nicole v. Schmoller: Die ehemalige Leprosenkapelle St. Stephan im Keck in Kempten und ihre Wandmalereien. Mag.-Arbeit München 1984.

20 Eduard Zimmermann: Kempter Wappen und Zeichen. Hrsg. und ergänzt von Friedrich Zollhoefer (= AGF 60–64, 1960/64).

21 Willi Kaiser: Kemptens mittelalterliche Stadtbefestigung. In: AGF 1914, Nr. 1, NF, Nr. 10, S. 2.

22 Herbert Müller: Aufnahme, Ablehnung und Anpassung – Die Flüchtlinge und Vertriebenen in Kempten (Allgäu) 1945–1950. In: AGF 87 (1987), S. 144–162 und: Parteien- oder Verwaltungsvorherrschaft? Die Kommunalpolitik der Stadt Kempten (Allgäu) zwischen 1929 und 1953, München 1988.

23 Alfred Schädler: Die Alpenländische Galerie in Kempten, ein künftiges Zweigmuseum des Bayerischen Nationalmuseums. In: AGF 83/84 (1984), S. 56–78.

24 Max Fürst: Das Gemälde-Verzeichnis der ehemaligen fürstäbtilichen Kunstkammer des Stiftes Kempten. In: AGF 11 (1898), S. 1–9.

25 Adolf Layer: Die Druckerei der Fürstabtei Kempten nach dem Dreißigjährigen Krieg. In: Gutenberg-Jahrbuch 1961, S. 177–181. – Adolf Layer: Die Druckerei der Fürstabtei Kempten im 18. Jahrhundert. In: Gutenberg-Jahrbuch 1962, S. 303–307. – Friedrich Zoll-

hoefer: Beiträge zur älteren Geschichte des Buchdrucks in Kempten. In: AGF 71 (1971), S. 23–31.

26 Hans Zech: Geschichte der im bayerischen Allgäu bis 1900 erschienenen Zeitungen, Diss. München 1949. – Hans Schneider: Der Allgäuer. Werden und Wirken einer Heimatzeitung seit 1945. Diss. München 1952.

27 Max Bernhart: Die Münzen der Reichsstadt Kempten. S.A. aus den Mitt. d. Bayer. Numismat. Gesellsch., Jg. XLIV, 1926. – Hans Gebhart: Die Münzgeschichte des Stiftes Kempten, S.A. aus den Mitt. d. Bayer. Numismat. Gesellsch., Jg. LI, 1933. – Peter Stenger: Bildnismedaillen der Fürstäbte von Kempten. In: AGF 83/84 (1984), S. 106–124.

Anhang

Der personelle Aufbau des Fürststifts Kempten im 18. Jahrhundert

(nach: Das Fürststift Kempten am Vorabend seiner Aufhebung. Die Typographia Ducalis und ihre liturgischen Druckwerke, Kempten 1970)

S. hochfürstliche Gnaden
der hochwürdigste des hl. Röm.-Reichesfürst
Herr Herr
Abt des fürstl. Hochstiftes Kempten
Ihrer Majestät
der röm.-Kaiserin Erzmarschall

Das Hochwürdige Hochadelige Kapitel
Großdekan
Vicedekan und Kustos
(20 Kapitulare)

Hochfürstlich-Kemptische Erzämter		Hochfürstlich-Kemptische Erbämter
Kurbayern	Truchseß	Freiherr Roth von Schreckenstein
Kursachsen	Schenk	Freiherr von Bodmann
Graf von Montfort	Marschall	von Pappus Freiherr von Tratzberg
Landgraf von Wellenberg	Kämmerer	Keller von Schleitheim
		Freiherr von und zu Isenburg

Hofstaat

Hochfürstliche geheime Räte (10–15)
Hofkavaliere (4)   Kabinettssekretär   Beichtvater   Hofkapläne (3)   Hof- und Leibmedici (3)
Leibchirurgen   Hofbarbierer

Oberhofmarschallamt

Oberhofmarschall   Kammerdiener (4)   Kammerlakaien (2)   Kapelldiener (1)

Hoffourieramt

Hoffourier   Laufer (3)   Hayducken (2)   Tafeldecker   Hoflakaien (4)
Hoftorwart   Kapitelbedienstete (10)   Portner   Unterportner   Einheizer (6)

Hofkellerei

Hofkellermeister   Mundschenke (2)   Hofküfermeister   Kellereiverwalter zu Lana

Hofkuchel

Hofkontrolleur   Haushofmeister   Kuchelmeister   Mundköche (3)   Tafelköche (2)
Tafelköchinnen (2)   Konviktköchin   Feldkoch u. Bratmeister   Spülerinnen (4)
Geflügelputzerin   Gewölbdiener

Hofkonditorei

Hofkonditorei-Inspektor   Hofkonditor (3)   Mund- u. Hofbäcker

Hof- und Kammermusik

Musik-Intendant (1 Kapitular)   Kapellmeister   Konzertisten (6)   Organisten (2)   Sopranisten (5)
Altisten (3)   Tenorist   Bassisten (4)   Violinisten (8)   Violoncellisten (3)   Violonist   Viola (2)
Fagottist   Oboisten (2)   Flötisten (2)   Waldhornisten (2)   Kalkant

Oberstallmeisteramt

Oberstallmeister   Unterstallmeister   Edelknaben (6)   Hofmeister   Sprach- u. Tanzmeister
Friseur   Bedienter   Hoftrompeter (2)   Pauker

Reitschule und Hofstall

Oberbereiter   Unterbereiter (19)   Reitknechte   Hofschmied   Hofsattler   Hofwagner

Oberjägermeisteramt

Oberjägermeister   Jagdjunker   Oberjäger (3)   Forst- u. Revierjäger: Im Stift, Altusried, Betzigau,
Bayersried, Buchenberg, Theinselberg, Dietmannsried, Friesenried, Görisried, Grönenbach,
Obergünzburg, Grünegg, Hellengerst, Kimratshofen, Kürnach, Lauterach, Meschberg, Osterwald,
Sulzberg, Thingau, Wagegg

Hochfürstliches Konsistorium

Präsident und Generalvikar (1 Kapitular) Konsistorialräte (6) Geistliche Räte (5)
Geistlicher Ratssekretär Hochstiftsbeichtvater Chorvikare (4)

Hochfürstliche Kustorei

Oberstkustos (1 Kapitular) Kustoreischreiber Sakristane (2) Kustoreischneider Kirchendiener

Oberstheiligenamt

Oberstheiligenpfleger (1 Kapitular) Oberstheiligenamtsverwalter Kanzlist
Heiligenpfleger (in den 49 Patronatskirchen und Bruderschaften)
Pfarrvikar Hochstiftprediger (2) Vikariatskapläne (2) Pfarrmesner
Piaristen-Kolleg Franziskaner-Konvente in Heiligkreuz und Lenzfried Franziskanerinnen-Konvent
in Lenzfried

Hochfürstliche Regierung

Präsident (1 Kapitular) Kanzler Hof- u. Regierungsräte (8) Expeditions-Sekretär Advokaten (3)
Kanzleiverwandte (2) Kanzleidiener Kanzleibote

Hochfürstlicher Polizeirat

Präsident (1 Kapitular) Rat Sekretär Armenkassa-Direktorium
Armenkassapfleger Adjunkt Polizeidiener

Hochfürstliche Militärkommission

Präsident (1 Kapitular) Räte (2) Aktuar Kreiskontingentskompanien: Kavallerie (Rittmeister,
Furier, Feldtrompeter, Feldscher) Infanterie (Hauptmann, Oberleutnant, Fähnrich, Furier, Feldscher)

Hochfürstlicher Lehenhof

Lehenpropst (1 Kapitular) Lehenrat Lehensekretär Kanzlist

Hochfürstliches Archiv

Archivar (1 Kapitular) Adjunkt Kanzlisten

Hochfürstliche Pflegeämter

Landvogtei diesseits der Iller, Pflegämter Lautrach, Grönenbach, Sulzberg u. Wolkenberg, Falken,
Thingau, Kemnath, Liebentann, Herrschaft Ronsberg-Stein, Obervogtei Binswangen
jeweils: Pfleger, Pflegamtsverwalter, Amtsschreiber, Amtsdiener

Landtafelamt

Aktuar

Fürstlich hochstift-kemptischer Landen frei-kaiserliches Landgericht

Landrichter Beisitzer (12) Aktuar Fiskal Prokurator

Hochfürstliche Hofkammer

Präsident (1 Kapitular)   Direktor   Hofkammerräte (6)   Sekretär   Buchhalter
Kanzleiverwandte (5)   Akzessisten (3)   Hofkammerratsdiener

Hochfürstliches Kastenamt

Oberkastenherr (1 Kapitular)   Kastenamtsverwalter   Kastenschreiber
Kastenknechte (4)   Hofmüller
Malzmüller   Zehntmeister (7)   Schrannenmeister   Kornmesser (2)

Hochfürstliches Brauamt

Brauamtsverwalter   Braumeister: Kempten, Günzach, Grönenbach, Lautrach

Hochfürstliches Zahlamt

Oberzahlmeister (1 Kapitular)   Zahlmeister   Zahlamtsschreiber   Gefälleinnehmer (2)   Exekutor

Hochfürstliches Bauamt

Oberstbauherr (1 Kapitular)   Bauamtsverweser   Werkmeister   Hofzimmermeister
Steinhauermeister   Brunnenmeister   Landmaurermeister   Landzimmermeister
Ziegelmeister

Hochfürstliches Oberforstamt

Oberforstamtsdirektor (1 Kapitular)   Forstmeister   Forstamtsverwalter
Forstschreiber   Holzmagazinaufseher   Holzwarte

Hochfürstliche Hofbuchdruckerei

Oberstbuchdruckereiherr (1 Kapitular)   Direktor   Faktor   Schreiber   Buchdruckereikunstverwandte (22)
Buchhandlungskommissionär   Papiermachermeister   Papierer (15)

Hochfürstliches Fischeramt

Oberfischerherr (1 Kapitular)   Fischereischreiber   Hoffischer (4)   Seefischer (4)   Fluß- und
Bachfischer (13)   Weiherwarte (25)

Hochfürstliche Hofapotheke

Hofapotheker   Provisor   Subjekt   Praktikant   Laboranten (2)   Stößer   Pulvermacher

Hochfürstliches Gartenamt

Oberstgartenherr (1 Kapitular)   Hofgärtner in Kempten, Grönenbach, Lautrach   Obergesell   Gesell

Hochfürstliche Landschaft

Präsident (1 Kapitular)   Kassier   Schreiber   Landesausschüsse mit 14 Deputierten   Exekutor

Hochfürstliche Schulkommission

Kommissar (1 Kapitular)   Räte (2)

Hochfürstliche Spitalkommission

Oberstspitalherr (1 Kapitular)   Spitalverwalter in Kempten, Legau, Grönenbach und Leprosenhaus in
Obergünzburg

Die Kempter Bürgermeister 1379–1525

erarbeitet von Gerhart Nebinger

Die Behauptung der Chroniken, Heinrich Schulthaiß wäre der erste Bürgermeister Kemptens gewesen, denen noch Karrer und Haggenmüller folgten, wurde von Baumann und K. O. Müller bezweifelt und von Vock endgültig widerlegt. Zimmermann-Zollhoefer bringen Heinrich Schulthaiß richtig mit Jahr 1381, nennen aber in Klammer noch die irrigen Daten 1356/79 der Gebhart'schen Chronik. Immerhin ist es in Anbetracht des üblichen Jahreswechsels der Bürgermeister (vgl. unten z. B. Kuntzelmann und Stainbrecher) nicht ausgeschlossen, daß Heinrich Schulthaiß bereits vor seinen urkundlich verbürgten Nennungen von 1381, also zwischen 1363/1379 ein- oder mehrmals Bürgermeister gewesen sein kann. Abkürzungsverzeichnis am Schluß des Beitrags.

Hans (Johann) *Stainbrecher.* 21. 3., 24. 3., 22. 4., 14. 8. *1379* (F 138, R 79, F 140, RB X,38; ZZ 326).

Heinrich (Heinz) *Schulthaiß.* 1. 4., 3. 8. *1381* (R 87, K; ZZ 299).

Hildprand *Huber* (ehemal. Landammann des Gottshaus Kempten) 6. 8. *1382* (F 155; ZZ 176 mit irrigen Angaben).

Hans *Stainbrecher. 1383* (WU).

Jakob *Kuntzelman.* 23. 2., 20. 5. *1385* (K, F 165; ZZ 69).

Hans *Stainbrecher.* 25. 5., 23. 8. *1386* (Dertsch 308 = RB X,184; R 96).

Ulrich *Grünenberg.* 24. 12. *1386* (K). Ob der Vorname richtig ist, und nicht etwa Frik oder Heinrich heißen sollte? Vgl. ZZ 140.

Frik *Grünenberg.* 19. 11. *1387* (F 170).

Jakob *Kuntzelman. 1389* (WS 62).

Jakob *Kuntzelman.* 15. 10. *1391* (F 187).

Jakob *Kuntzelman* (C-). 11. 3. *1393* (Vock, Hochstift 581).

Frik *Grünenberg,* eines alten adelichen Geschlechts. *1393.* Wird abgesetzt und aller Ämter beraubt (WS; Haggenmüller I, 194).

Hans *Holzmüller. 1396.* (WS; ZZ 173).

Hans *Pfender.* 25. 5. *1401* (Diercks 87).

Jakob *Kuntzelman.* 9. 5. *1402* (Diercks 88), 3. 7. 1402 (K und WS; ZZ 4; Wappen: Fliegende Taube. 1405 war ein Kuntzelman im Regiment alhie, eines anderen Wappens: ein halber Geier).

Simon *Amman. 1403* (WU).

Heinrich *Pfender.* 10. 11., 19. 12. *1404* (R 144, R 145; ZZ 245).

Cunrat *Louffner* (Lofner). 19. 12. *1406* (R 154; ZZ 194).

Heinrich *Pfender.* 26. 3., 22. 9. *1410* (R 172, R 182; WS: fürnehmen Geschlechts).

Cunrat *Louffner.* 7. 9. *1411* (R 187).

Frik *Schellang.* 9. 1., 16. 1. *1412* (R 189; RB XII,110; ZZ 280).

Cunrat *Louffner* (Lauffner). 28. 7. *1413* (R 195).

Heinrich *Pfender.* 27. 10. *1414* (R 200).

Frik *Schellang.* 11. 12. *1414* (RB XII,180), 27. 2., 4. 4., 31. 12. *1415* (K; R 205, R 215), 17. 7. *1416* (RB XII,229).

Heinrich *Pfender.* 14. 5., 25. 5. *1417* (R 230, R 231).

Cunrat *Rüst.* 6. 3., 22. 4., 24. 4., 22. 5., 11. 8. *1419* (K; R 243, 244, 245, 247).

Heinrich *Pfender.* 21. 7., 23. 8. *1420* (K; R 257).

Frik *Schellang.* 23. 1., 10. 3. *1421* (R 259, R 261 = RB XII,364).

Heinrich (Heintz) *Pfender.* 10. 5., 24. 7. *1422* (K; R 269, R 270).

Frik *Schellang.* 18. 5., 19. 7. *1423* (F 327, R 276).

Frik *Schellang.* 1. 6., 30. 12. *1426* (HStA München, GU Babenhausen 3; K).

Ulrich *Vogt.* 17. 7. *1427* (R 315; ZZ 113).

Heinrich *Pfender.* 5. 4., 30. 8., 17. 9. (K; F 373, F 374).

Peter *Seger.* 28. 6. *1432* (R 353–354 = RB XIII,237; ZZ 306 nicht als Bürgermeister genannt).

Ulrich *Vogt.* 4. 5. *1433* (Spital Isny 248; ist Trager der Grete von Reiche, Witwe des † Cunrat von Wyler, Bürgers zu Kempten, welch letzterer als »der fromm fest« noch 9. 8. 1432 lebte; Spital Isny 242). – 2. 9. 1433 (K).

Hug *Rudolf(f).* 3. 10. *1436* (K), 31. 10. *1437* (R 420; ZZ 272).

Oswalt *Rüst.* 20. 12. *1439* (F 495), 25. 1. *1440* (K).

Oswalt *Rüst.* 23.2.*1443* (F 552).

Jörg *Vogt.* 8.4.*1443* (F 554; ZZ 113).

Oswalt *Rüst.* 1.3.*1444* (Nik.Pfl.Isny 211; er und Ruf Schellang, Bürger zu Kempten, sind Vögte der Kinder des † Päntelin von Haimenhofen). Oswalt Rüst: Altbürgermeister: 20.9.1457 (Königsegg 118), 19.4.1465 (F 834), 16.4.1466 (K), 1467 (WU): d.Ä.

Jörg *Vogt.* 4.4.*1448* (K).

Ulrich *Vogt.* 4.4., 13.11.*1449* (S 145, F 629). Altbürgermeister: 23.2.1456 (F 711).

Jörg *Vogt.* 14.4.*1450* (F 632).

Ruf *Schellang.* 2.6.*1450* (K; ZZ 280).

Jörg *Vogt.* 9.12.*1450* (K), 6.4., 1.6.*1451* (K), 15.1., 8.2.*1452* (S 155: d.Ä.; F 648).

Ruf *Schellang.* 14.4., 15.5., 2.6., 24.7., 27.9.*1452* (R 510, R 513; K; R 516). Altbürgermeister 1453 (WU).

Jörg *Vogt* d.Ä. 26.4.*1453* (K), Altbürgermeister 1454 (WU).

Hans *Rüst* dürfte hier einzureihen sein. Siegelt als Altbürgermeister 3.1., 23.2.1456 (F 707, F 711), laut WU noch 1457, 1467 genannt.

Hans *Vogt.* *1455* (WS? ZZ 114).

Ruf *Schellang.* 13.12.*1456* (K).

Hans *Bach.* *1457* WU; nicht bei ZZ). (Etwas unklar: 3.1.1457 Hans Bach und Heinz Todel, R 536).

Ruf *Schellang.* 20.9.*1457* (Königsegg 118), *1458* (WS, WU).

Jörg *Vogt* d.Ä. 29.5., 29.9.*1460* (K; F 770).

Hans *Mair* genannt Färwer, oder auch Hans *Färwer.* 28.5., 18.12.*1460* (Dertsch 945, F 776), 13.1., 26.3., 15.4.*1461* (K; Dertsch 956, K; ZZ 207). Altbürgermeister 30.3.1465 (F 832), 1466 (WU), 1470 (WU).

Hans *Rüst* (ob d.J.?). 8.1., 22.1., 2.9.*1463* (F 808; K).

Ruf *Schellang.* *1464* (WS).

Vitus (Veit) *Sailer.* 3.4.*1465* (BHStAM, Urk.R-Stadt Memmingen 374; ZZ 303). Altbürgermeister 26.3.1466 (R 595).

Hans *Rüst.* 14.11., 4.12.*1465* (Diercks 90, K).

Simon *Erhart.* 14.2., 5.8.*1467* (Königsegg 109, R 605). Altbürgermeister 1468 (WU).

Hans *Rüst.* 3.12.*1467* (K), 30.5.*1468* (R 615).

Albrecht *Schellang.* 11.11.*1468* (R 619; ZZ 280).

Simon *Erhart.* 2.12.*1468* (Diercks 91), 18.4., 12.8.*1469* (F 882; K). Altbürgermeister 1472 (WU).

Oswalt *Rüst.* (Ob d.J.?). *1469* (WU).

Vitus (Veit) *Sailer.* 1.9.*1470* (K).

Jos *Rüst.* 18.2.*1472* (K; ZZ 274: 1472, 1476!) Altbürgermeister 1473 (WS).

Simon *Erhart.* 4.1., 22.2., 31.7.*1473* (R 651–652; K). Altbürgermeister 1473 (WU), 1474 (WU).

Ruf *Suit(t)er* (Sut(t)er, Seutter). 7.12.*1473* (K; ZZ 308).

Heinrich *Stüdlin* (Steudlin) dürfte *1475* einzureihen sein, der 20.11.1476 (F 1029) als Altbürgermeister siegelt, 15.10.1478 (F 1077) zu Landeck im Etschland lebt, und 7.5.1479 als Altbürgermeister (F 1098) vom Ottobeurer Abt mit Zinsen in Wohmbrechts belehnt wird. Vgl. auch ZZ 329.

Ruf *Suit(t)er* (u.ä.) 15.7.*1476* (F 1019).

Hans *Mair* gen. Färber/Verwer. 10.12.*1476* (F 1035–1036), 29.1.*1477* (F 1042). Altbürgermeister 8.12.1483 (F 1243).

Ruf *Suit(t)er* (u.ä.) 9.2.*1478* (S 274).

Jos *Rüst.* 4.1., 11.6.*1479* (F 1083; K).

Ruf *Suit(t)er* (u.ä.). 25.9., 19.10.*1480* (F 1139, S 299).

Ulrich *Kauffmann.* *1482* (Pestjahr!) WS, ZZ 70).

Ruf *Suit(t)er* (u.ä.). 1.6.1482 (R 710). Altbürgermeister 1483 (WU).

Jos *Rüst.* 23.4., 2.5., 24.7.*1483* (F 1220; K; F 1231). Altbürgermeister 4.3.1485 (F 1271).

Ruf *Suit(t)er* (u.ä.) 4.11.*1484* (R 733).

Michael *Sailer* (Sayler). *1485* (WS).

Frik *Grünenberg.* *1486* (WS).

Ob etwa *1487* Hans *Rüst?* Dieser genannt 1489 (WU) Altbürgermeister.

Ruf (Rudolf) *Suit(t)er* (u.ä.). 11.9., 9.12.*1488* (K).

Hans *Mang.* 21.2.*1489* (K; ZZ 209).

Ruf *Suit(t)er* (u.ä.) 24.3.*1490* (F 1362).

Jörg *Rüst* (Rist) 21.2., 25.5.*1491* (K; R 790), 3.11.1491 (K; hier irrig Jos statt Jörg), 12.12.*1492* (F 1432), 5.3., 30.3.*1493* (K; F 1445). Altbürgermeister 13.4.1497 (Diercks 92), 13.1.1511 (F 1892), 19.5.1513 (K). – Es gab offenbar gleichzeitig zwei Jörg Rüst: Bürgermeister und Stadtammann. Vgl. ZZ 274.

Paulin (Pauls) *Mair* (Mayr) 24.1., 23.3., 13.7., 22.9.*1495* (F 1498, F 1503 = K; F 1510, F 1524), Altbürgermeister 1496 (WU).

Rudolf (Ruf) *Suitter* (Seuter) und Cunrat *Brugkschlegel* sind Bürgermeister (wechselnd) nebeneinander ab *1496/1497* (*Suitter:* 11. 8. 1496 [F 1539]); *Brugkschlegel:* 15. 3. 1497 (F 1557) bis 1506/1507, (K) (*Suitter:* 9. 11. 1506 [F 1779], *Brugkschlegel* 17. 6. 1507 [R 877]).

Suitter siegelt als Bürgermeister: 5mal K; F 1469, F 1676, F 1778, R 835. 23. 4. 1500 (F 1623) ist Suitter zugleich Vogt des Junkers Joachim von Bergen.

Brugkschlegel siegelt als Bürgermeister: 5mal K; F 1607, F 1685, F 1688, F 1753, F 1757, F 1780, F 1789. Am 28. 7. 1506 (K) siegelt er als Verweser des Bürgermeister-Amts. Vgl. auch ZZ 37.

Ab 1498 wird es üblich, den amtierenden Bürgermeister als »im Amt geschworenen Bürgermeister« zu bezeichnen (z. B.: 10. 1. 1498, F 1469; 17. 2. 1503, F 1688).

Ebenso wechselnd nebeneinander sind Bürgermeister Rudolf *Suitter* ab *1507* (WS) bzw. 7. 6. 1508 (F 1828) bis 26. 7. *1514* (F 1968) und Paulin (Pauls) *Mair* ab 1. 12. *1508 (K)* bis *4. 12. 1514 (S 855).* – Die Nennung eines siegelnden Altbürger-

meisters Jakob Mayr von Kempten 31. 1. *1508* (BHStAM, Urk.RStadt Lindau 988) dürfte Verwechslung mit Paulin M. sein, ebenso die bei WS für 1506 erwähnte Romfahrt eines Bürgermeisters Peter Mayr.

Weitere besiegelte Urkunden innerhalb der genannten Jahre, von Suitter: 2mal K; F 1878, F 1911; von Mair: 7mal K; F 1857, F 1890, S 800, S 838, R 898.

Das nächste Bürgermeisterpaar sind der verbleibende Paulin *Mair* 6. 2. *1515* (F 1980) wohl bis ca. 1520 (amtiert noch 25. 9. 1517 (K), siegelt als Altbürgermeister 29. 6. 1520 (F 2141) und der berühmte Gordian *Seuter* ab 7. 12. 1515 (K), der die Unabhängigkeit der Stadt vom Stift errang. Statt Mair siegelt ab 18. 5. 1520 (R 941), Berchtold Herman (vgl. ZZ 161) offenbar 25. 7. 1522 (S 1034) durch Mair abgelöst, dann Herman 16. 12. 1523 (K), wieder Mair 15. 4. 1524 (K), worauf dann ab 15. 3. 1525 (F 2289) Heinrich Seltman (vgl. ZZ 307).

Abkürzungen:

»wie vorne« bedeutet im folgenden S. 111/112 (Beitrag Nebinger)

Baumann = wie vorne Anm. 5 u. 8. – *Dertsch* = wie vorne Anm. 40. – *Diercks* = wie vorne Anm. 14. – *F* = BHStAM, Urkunden Fürststift Kempten. – *Haggenmüller* = wie vorne Anm. 6. – *K* = Urkunden Stadtarchiv Kempten (Zeitlich geordnet, ohne Numerierung). – *Karrer* = wie vorne Anm. 7. – *Königsegg* = BHStAM, Urkunden Grafschaft Königsegg-Rothenfels. – *Müller,* K. O. = wie vorne Anm. 20. – *Nik.Pfl.Isny* = Immanuel Kammerer, Isnyer Regesten, 1. Teil, Nikolauspflegearchiv, Kempten 1953 (= AHB 42 = AAG XXVII). – *R* = BHStAM, Urkunden

Reichsstadt Kempten. – *R. B.* = Regesta Boica (München 1822–1854). – *S* = BHStAM, Gerichtsurkunden Sonthofen-Rettenberg. – *Spital Isny* = Immanuel Kammerer, Regesten der Urkunden des Spitalarchivs Isny 1331–1792, Karlsruhe 1960 (= Inventare der nichtstaatlichen Archive in Baden-Württemberg, Heft 7). – *Vock* = wie vorne Anm. 29. – *Vock, Hochstift* = Walther E. Vock, Die Urkunden des Hochstiftes Augsburg 769–1420, Augsburg 1959 (SFG, Reihe 2a, Bd. 7). – *WS* = Abschnitt: Familiengeschichtliches aus der Schwarz'schen Chronik, S. 59f. in »Kempter Bürger aus sechs Jahrhunderten«, wie vorne Anm. 15. – *WU* = Abschnitt: Kempter Bürger und Einwohner in Urkunden vor 1500, S. 25f., wie vorgenannt in Anm. 15. – *ZZ* = wie vorne Anm. 16.

Bürgermeister und Oberbürgermeister der Stadt Kempten im 19. und 20. Jahrhundert

Leonhard Fehr	1804–1807
Wolfgang Jakob Stadtmüller	1807–1811

Am 1. Februar 1811 endete die Tätigkeit des bisherigen Magistrats. Ehemalige Reichs- und Stiftsstadt wurden vereinigt und einem Municipalrat unterstellt. Diesem stand entweder der kgl. Stadtrichter oder der kgl. Commissär und Polizeidirektor vor. 1818 wurden wieder Stadtmagistrate gebildet.

Georg Matthias von König	1818–1824
Leonhard Friedrich Schachenmayr	1824–1830
Franz Heinrich Schnitzer	1830–1836
Heinrich Wöhrnitz	1836–1842
Dr. med. Karl Karrer	1842–1848
Franz Heinrich Schnitzer	1848–1850
Albert Kummer	1851–1854
Sebastian Arnold	1854–1873
Franz Seraph Korrn	1873–1881
Adolf Horchler	1881–1919
Dr. Otto Merkt	1919–1942
Anton Brändle	1942–1945
Bernhard Stirnweiß	1945–1946
Dr. Anton Götz	1946–1948
Dr. Georg Volkhardt	1948–1952
August Fischer	1952–1970
Dr. Josef Höß	seit 1970

Abkürzungen

ABLG Schw	Augsburger Beiträge zur Landesgeschichte Bayerisch-Schwabens, Bde. 1–3, Sigmaringen 1979–1985
ADB	Allgemeine Deutsche Biographie
AfKG	Archiv für Kulturgeschichte
AGF	Allgäuer Geschichtsfreund
AGHA	Archiv für die Geschichte des Hochstifts Augsburg, 6 Bde., Augsburg 1909–1929
AJb	Alemannisches Jahrbuch
ANRW	Aufstieg und Niedergang der römischen Welt, Festschrift für Josef Vogt, hrsg. von H. Temporini u. W. Haase, Berlin/New York 1972 ff.
Baumann, Forschungen	Franz Ludwig Baumann: Forschungen zur schwäbischen Geschichte, Kempten 1899
Baumann, Allgäu	Franz Ludwig Baumann: Geschichte des Allgäus, Bde. 1–3, Kempten 1881–1890. Nachdruck Aalen 1971–1973
Beck, Stadtbuch	Peter Beck: Das Stadtbuch der Stadt Kempten von 1358. Zugleich ein Beitrag zu Verfassung und Gerichtswesen im alten Kempten, Diss. jur. Kiel 1973
Beiträge BKG	Beiträge zur bayerischen Kirchengeschichte
BlBLfFam	Blätter des Bayerischen Landesvereins für Familienkunde
BlDtLG	Blätter für Deutsche Landesgeschichte
Blendinger, Mediatisierung	Friedrich Blendinger: Die Mediatisierung der schwäbischen Reichsstädte. In: Hubert Glaser (Hrsg.): Krone und Verfassung (Katalog Wittelsbach und Bayern III/1), München/Zürich 1980
Blickle, Dokumente II/4	Peter und Renate Blickle (Bearb.): Schwaben von 1268 bis 1803 (Dokumente zur Geschichte von Staat und Gesellschaft in Bayern, Abt. II, Bd. 4), München 1979
Blickle, Kempten	Peter Blickle: Kempten (HAB Schwaben 6), München 1968
Blickle, Memmingen	Peter Blickle: Memmingen (HAB Schwaben 4), München 1967
Brandmüller, Geistiges Leben	Walter Brandmüller: Geistiges Leben im Kempten des 17. und 18. Jahrhunderts. In: ZBLG 43 (1980), S. 613–631
BVBl	Bayerische Vorgeschichtsblätter
BZfG	Baseler Zeitschrift für Geschichte und Altertumskunde
Cod	Codex
DA	Deutsches Archiv für Geschichte und Erforschung des Mittelalters
DAg	Der Allgäuer
Daniel	Der Daniel Nordschwaben. Zeitschrift für Landschaft, Geschichte, Kultur und Zeitgeschehen
DSA	Das schöne Allgäu
FS	Franziskanische Studien
Gbl	Gesetzblatt
Gottlieb, Augsburg	Gunther Gottlieb u. a. (Hrsg.): Geschichte der Stadt Augsburg von der Römerzeit bis zur Gegenwart, Stuttgart 1984
GP	Germania Pontificia
HAB Schwaben	Historischer Atlas von Bayern, Teil Schwaben
Haggenmüller	Johann Baptist Haggenmüller: Geschichte der Stadt und der gefürsteten Grafschaft Kempten von den ältesten Zeiten bis zu ihrer Vereinigung mit dem bayerischen Staate, 2 Bde., Kempten 1840/1847. Nachdruck Kempten 1988
HdbBayG I–IV	Handbuch der Bayerischen Geschichte, hrsg. von Max Spindler, 4 Bde., München 1967–1974. Bd. 1, 2. Aufl. 1981, Bd. 2, 2. Aufl. 1988, Bd. 3/2, 2. Aufl. 1979

Heimgarten	Der Heimgarten. Heimatbeilage zur Allgäuer Zeitung 1909–1940
Herrmann, Kempten	Norbert Herrmann: Kempten und das Oberallgäu. Bilder aus der Geschichte der Stadt und des Landkreises, 2. Aufl. Kempten 1984
HGBl	Hansische Geschichtsblätter
HMB	Halbmonatsbericht
Hochvogel	Der Hochvogel. Heimatbeilage zum Allgäuer Tagblatt 1924–1934
HONB	Historisches Ortsnamenbuch von Bayern
Horn / Meyer, Lindau	Adam Horn / Werner Meyer: Stadt und Landkreis Lindau (Kunstdenkmäler von Schwaben IV), München 1954
HStA München	Bayerisches Hauptstaatsarchiv München
Fst	Fürststift
KL	Klosterliteralien
KU	Klosterurkunden
MüB	Münchner Bestand
NA	Neuburger Abgabe
RU	Reichsstadt Urkunden
UK	Urkunde(n)
HZ	Historische Zeitschrift
Jb	Jahrbuch
JbFlF	Jahrbuch für Fränkische Landesforschung
JbNG	Jahrbuch für Numismatik und Geldgeschichte
JbUA	Jahrbuch der Universität Augsburg
JE	Jaffé / Ewald: Regesta Pontificum Romanorum
JHLkA	Jahresbericht des Heimatvereins für den Landkreis Augsburg
JbVAB	Jahrbuch des Vereins für Augsburger Bistumsgeschichte
Karrer, Kempten	Philipp Jakob Karrer: Getreue und vollständige Beschreibung und Geschichte der Altstadt Kempten seit ihrer Entstehung bis auf den Tod des Königs Maximilian I., Kempten 1828
Karrer, Reformationsgeschichte	Philipp Jakob Karrer: Reformationsgeschichte der Altstadt Kempten, Kempten 1822
Kießling, Bürgerliche Gesellschaft	Rolf Kießling: Bürgerliche Gesellschaft und Kirche in Augsburg im Spätmittelalter (Abhandlungen zur Geschichte der Stadt Augsburg 19), Augsburg 1971
Kießling, Stadt und Land	Rolf Kießling: Die Stadt und ihr Land. Umlandpolitik, Bürgerbesitz und Wirtschaftsgefüge in Ostschwaben vom 14. bis ins 16. Jahrhundert, Köln / Wien 1989
Kießling / Schmid, Dokumente III / 3	Rolf Kießling / Anton Schmid (Bearb.): Die bayerische Staatlichkeit (Dokumente zur Geschichte von Staat und Gesellschaft in Bayern, Abt. III, Bd. 3), München 1979
KoAkMG	Konstanzer Arbeitskreis für mittelalterliche Geschichte
LandesA	Landesarchiv
Lebensbilder Schw	Lebensbilder aus dem Bayerischen Schwaben, München 1952 ff.
LKA	Landeskirchliches Archiv
LkA	Landkreisarchiv
MB	Monumenta Boica, München 1763 ff.
MBK	Mittelalterliche Bibliothekskataloge Deutschlands und der Schweiz
MBNG	Mitteilungen der Bayerischen Numismatischen Gesellschaft
MG	Monumenta Germaniae Historica, 1862 ff.
Arn	Arnolf
Capit	Capitularia
Const	Constitutiones et acta publica
DD	Diplomata
F I	Friedrich I.
H I	Heinrich I.
H IV	Heinrich IV.

K III	Konrad III.
LdD	Ludwig der Deutsche
LL	Leges
O I	Otto I.
O II	Otto II.
SS	Scriptores
SS rer. Germ.	Scriptores rerum Germanicarum in usum scholarum seperatim editi
MGBl	Memminger Geschichtsblätter
MGG	Musik in Geschichte und Gegenwart, Kassel 1949–1979
MIÖG	Mitteilungen des Instituts für österreichische Geschichtsforschung
MOLA	Mitteilungen des oberöstereichischen Landesarchivs
Müller, Parteien	Herbert Müller: Parteien- oder Verwaltungsvorherrschaft? Die Kommunalpolitik der Stadt Kempten (Allgäu) zwischen 1929 und 1953, Augsburg 1988
Müller, Reichsstädte	Karl Otto Müller: Die oberschwäbischen Reichsstädte, ihre Entstehung und ältere Verfassung, Stuttgart 1912
NA	Neues Archiv der Gesellschaft für ältere deutsche Geschichtskunde
Ndr.	Nachdruck
NL	Nachlaß
Petzet, Kempten	Michael Petzet: Stadt und Landkreis Kempten (Kunstdenkmäler von Schwaben V), München 1959
Petzet, Sonthofen	Michael Petzet: Landkreis Sonthofen (Kunstdenkmäler von Schwaben VIII), München 1964
PfarrAStL	Pfarrarchiv St. Lorenz, Kempten
PfarrAStM	Pfarrarchiv St. Mang, Kempten
RB	Regesta Boica, München 1822–1854
Rbl	Regierungsblatt
Reg. Augsb.	Wilhelm Volkert und Friedrich Zoepfl (Hrsg.): Die Regesten der Bischöfe und des Domkapitels von Augsburg, Bd. I: Von den Anfängen bis 1152, Augsburg 1985
RI	Regesta Imperii, 1898 ff.
Rottenkolber, Allgäu	Josef Rottenkolber: Geschichte des Allgäus, Bd. 4, Kempten 1938
Rottenkolber, Allgäuer Klosterbibliotheken	Josef Rottenkolber: Die Schicksale Allgäuer Klosterbibliotheken in der Zeit der Säkularisation. In: ZBlfB 49 (1932), S. 431–438
Rottenkolber, 19. Jahrhundert	Josef Rottenkolber: Geschichte der Stadt Kempten im 19. Jahrhundert. 1800–1914, Kempten 1935
Rottenkolber, Säkularisation	Josef Rottenkolber: Die Fürstabtei Kempten am Vorabend der Säkularisation und ihr Übergang an Bayern (Allgäuer Heimatbücher 4), Kempten 1927
Rottenkolber, Stift	Josef Rottenkolber: Geschichte des Hochfürstlichen Stiftes Kempten, München o. J. (1933). Auch in: AGF 34 (1932), S. 1–128 und 35 (1933), S. 129–282
Rottenkolber, Studien	Josef Rottenkolber: Studien zur Geschichte des Stiftes Kempten. Ein Beitrag zur Kirchengeschichte Deutschlands im Mittelalter. In: StMBO 39 (1918), S. 265–303
Rottenkolber, Vergangene Tage	Josef Rottenkolber: Aus Kemptens vergangenen Tagen, Kempten 1954
Spindler/Diepolder, Atlas	Max Spindler/Gertrud Diepolder: Bayerischer Geschichtsatlas, München 1969
Schwarzmaier	Hansmartin Schwarzmaier: Königtum, Adel und Klöster im Gebiet zwischen oberer Iller und Lech (Veröffentlichungen der SchwFG I/7), Augsburg 1961
SchwBl	Schwäbische Blätter
SchwFG	Schwäbische Forschungsgemeinschaft
StA	Staatsarchiv

StadtA	Stadtarchiv
StB München	Bayerische Staatsbibliothek München
Cgm	Codex germanicus Monacensis
Clm	Codex latinus Monacensis
StStB Augsburg	Staats- und Stadtbibliothek Augsburg
StMBO	Studien und Mitteilungen zur Geschichte des Benediktinerordens
TRE	Theologische Realenzyklopädie
VB	Verwaltungsbericht des Magistrats bzw. der Stadt Kempten
VSWG	Vierteljahresschrift für Wirtschafts- und Sozialgeschichte
WA Br	Martin Luther: Briefwechsel Bde. 1–14 (Martin Luther: Kritische Gesamtausgabe = Weimarer Ausgabe, Bd. 4), Weimar 1930–1970
Wbl	Wochenblatt
Weitnauer, Bürger	Alfred Weitnauer: Kempter Bürger aus sechs Jahrhunderten (Allgäuer Heimatbücher 35), Kempten 1942
Weitnauer, Chronik	Alfred Weitnauer: Allgäuer Chronik, 4 Bde., 2. Aufl. Kempten 1981–1984. Bd. 5 (Register) bearb. von Else Fröscher, Kempten 1984
Weitnauer, Hohe Schulen	Alfred Weitnauer: Allgäuer auf Hohen Schulen (Allgäuer Heimatbücher 10), Kempten 1939
WJbSL	Württembergisches Jahrbuch für Statistik und Landeskunde
ZAA	Zeitschrift für Agrargeschichte und Agrarsoziologie
ZBlfB	Zentralblatt für Bibliothekswesen
ZBLG	Zeitschrift für Bayerische Landesgeschichte
ZBKG	Zeitschrift für Bayerische Kirchengeschichte
ZHVS	Zeitschrift des Historischen Vereins für Schwaben und Neuburg
Zittel, Familienstreit	Bernhard Zittel: Der »Familienstreit« zwischen Reichsstadt und Stift Kempten. In: MOLA 14 (1984), S. 177–195
ZKW	Zeitschrift des Deutschen Vereins für Kunstwissenschaft
Zorn, Handels- und Industriegeschichte	Wolfgang Zorn: Handels- und Industriegeschichte Bayerisch-Schwabens 1648–1870 (Veröffentlichungen der SchwFG I/6), Augsburg 1961
ZWürttLG	Zeitschrift für Württembergische Landesgeschichte
Nachtrag:	
Gottlieb, Raumordnung	Gunther Gottlieb (Hrsg.): Raumordnung im Römischen Reich. Zur regionalen Gliederung in den gallischen Provinzen, in Rätien, Noricum und Pannonien. Schriftenreihe der Phil. Fakultäten der Universität Augsburg, Bd. 38, München 1989 (erscheint Ende 1989)

Personen- und Ortsregister

bearbeitet von Franz-Rasso Böck

Das Orts- und Personennamenregister verwendet die Namen in der jeweils üblichen und gängigen Form. Wo das erforderlich ist, stehen der volle Name oder Varianten in Klammern wie z.B. Satzger (Satschger) und im Falle römischer Eigennamen. Außerdem enthält das Register in Einzelfällen Querverweise. Orte, die nur im Teil I (Frühgeschichte) vorkommen, finden sich unter ihrem lateinischen und deutschen Ortsnamen, in allen anderen Fällen steht der heutige Ortsname. Nicht berücksichtigt sind Firmennamen, Mönchsorden und Kirchen.
(Abkürzungen: Bf.=Bischof; Fst.=Fürst; Gde.=Gemeinde; Gf.=Graf; Hz.=Herzog; Kard.=Kardinal; Kf.=Kurfürst; Kg.=König; Kgin.=Königin; Ks.=Kaiser; Mgf.=Markgraf; Mgft.=Markgrafschaft; P.=Papst; Pfgf.=Pfalzgraf; röm.=römisch)

Bildnachweis

Allgäuer Heimatmuseum Kempten: Tafeln 13.1, 13.2, 24.2

AZ-Archiv, Kempten: Tafeln 46.2, 51.1, 52.2, 54.1, 56.1, 64, 66.2

Bayerisches Hauptstaatsarchiv München: Farbtafeln 8, 9, 10, 15, 20

Bayerisches Nationalmuseum München: Tafeln 20 (Hl. Andreas), 28

Dannheimer Tobias, Kempten: Tafel 45

Foto Norbert Bachmann: Tafeln 57.1, 58

Foto A. Bösel, Kempten: Tafeln 52.1, 53.2, 54.3

Foto Deidl, Sonthofen: Tafel 46.1

Foto V. Knollenmüller, Kempten: Tafel 53.3

Foto Dr. A. Miller, München: Tafeln 12.1, 13.1, 13.2, 14, 15, 16, 18, 19, 20 (Madonna) 23, 25, 26, 27, 29, 34.1, 34.2, 35

Foto Peter Schäfer, Kempten: Tafel 53.2

Foto Jörg Schollenbruch, Kempten: Tafel 63.2

Foto Sienz, Kempten: Tafeln 11, 12.1, 22, 30, 31, 32, 33, 37.1, 37.2, 40.4, 41.1, 51.2, 54.2, 56.2, 57.2, 59.3, 65, 66.1, 67.1, 67.2, 68; Farbtafeln 11, 12, 13, 14, 19.1, 19.2, 21.1, 21.2, 22.1, 22.2, 23.1, 23.2, 24, 27.2, 28.1, 28.2, 28.3, 28.4, 29, 30/31

Foto Stieglitz, Kempten: Tafel 55.2

Foto-Studio H. Müller, Dietmannsried: 32.1

Foto-Studio Peter Kolbe, Kempten: Tafeln 59.1, 59.2, 60.1, 60.2, 61.1, 61.2, 62.1, 62.3

Foto-Studio Herbert Hübner, Kempten: Tafel 59.3, 62.2

Foto K. Wolf, Martinszell: Tafel 43.1, 43.2

Germanisches Nationalmuseum Nürnberg: Farbtafeln 5, 6

Museum of Art Raleigh, North Carolina: Tafel 17

Niedersächsische Landesgalerie Hannover: Tafel 25.1

A. Ott GmbH: 32.2

Pfarrarchiv St. Lorenz, Kempten: Tafel 34.1

Privatbesitz: Tafel 35, 63.1

Reisensburg, Günzburg: Farbtafel 18

Sepp Rostra, Augsburg: Tafel 34.2

Stadtarchäologie Kempten: Tafeln 1.1, 1.2, 2, 3.1, 3.2, 4.1, 4.2, 5.1, 5.2, 6.1, 6.2, 7.1, 7.2, 8.1, 8.2, 9.1, 9.2, 10.1, 10.2, 21, 22; Farbtafeln 1, 3, 4, 26

Stadtarchiv Kempten: Tafeln 12.2, 38.1, 38.2, 38.3, 38.4, 39.1, 39.2, 39.3, 39.4, 40.1, 40.2, 40.3, 44, 47.1, 47.2, 47.3, 48.1, 48.2, 49.1, 50.1, 50.2, 52.2, 55.1, 55.3; Farbtafeln 2, 13, 14, 16, 17, 25, 27.1

Das Stadtwappen Kempten (Allgäu) versinnbildlicht anschaulich die beiden geschichtlichen Ursprünge Kemptens: Der goldene Adler erinnert an die ehemalige Reichsstadt Kempten. Roter Turm und grüner Hügel, die die Burghalde darstellen, deuten auf das Stift Kempten, dem die Burg einmal gehörte.
(Siehe auch die Seiten 363 und 364!)

Plan
deß Hochfürstl. Stiffts
Kempten
und der dabey gelegenen
Reichs Statt gleichen
Nahmens.